Politische Vierteljahresschrift Sonderheft 27/1996

Deutsche Vereinigung für Politische Wissenschaft

Rechtsextremismus

Ergebnisse und Perspektiven der Forschung

Herausgegeben von
Jürgen W. Falter, Hans-Gerd Jaschke
und Jürgen R. Winkler

Westdeutscher Verlag

Der Westdeutsche Verlag ist ein Unternehmen der Bertelsmann Fachinformation.

Satz: ITS Text und Satz GmbH, Herford
Druck und buchbinderische Verarbeitung: Lengericher Handelsdruckerei, Lengerich
Gedruck auf säurefreiem Papier
Printed in Germany

ISSN 0032-3470

ISBN 3-531-12928-7

Inhaltsverzeichnis

V. Organisierter Rechtsextremismus im internationalen Vergleich

VI. Reaktionen der Gesellschaft

Einleitung: Stand und Perspektiven der Forschung

Jürgen R. Winkler / Hans-Gerd Jaschke / Jürgen W. Falter

1. Der Gegenstand der Rechtsextremismusforschung

Der historische Anfang dessen, was man heute Rechtsextremismusforschung nennt, erfolgt zeitgleich mit dem Aufstieg der europäischen faschistischen Bewegungen. Theodor Geigers Analyse der „Panik im Mittelstand", Siegfried Kracauers Essay über die Angestellten oder auch Sigmund Neumanns Untersuchung über das Weimarer Parteiensystem werden ergänzt durch eine Vielzahl sozialpsychologischer Ansätze, aus denen die von Wilhelm Reich hervorragen, aber auch von den Faschismustheorien aus dem Umfeld der Arbeiterbewegung und in den dreißiger und vierziger Jahren von den Faschismusanalysen des exilierten Frankfurter Instituts für Sozialforschung, von denen die „Dialektik der Aufklärung" wohl nach wie vor als die wichtigste zu sehen ist. Nachdem in den vierziger Jahren in den USA wegweisende Studien erschienen waren, wurde darauf aufbauend auch in Deutschland die Auseinandersetzung mit dem Rechtsextremismus wieder ein bedeutsames Thema. Angehörige unterschiedlicher sozialwissenschaftlicher Fächer näherten sich mit verschiedenen Fragestellungen und methodischen Ansätzen den vielfäligen Gegenständen und trugen so zur Diversifikation des Forschungsgebietes bei. Zu den Autoren, die an ausgewählten Fragen des Wissenschaftsgebietes arbeiteten, zählen u.a. Theodor W. Adorno, Gordon Allport, Karl Dietrich Bracher, Juan J. Linz, Seymour Martin Lipset und Talcott Parsons – um nur wenige Pioniere zu nennen. Trotz der unterschiedlichen wissenschaftlichen Herkunft, der Zugangsweisen und Fragestellungen waren sich die Beteiligten darüber einig: Studien über Rechtsextremismus sollten dazu beitragen, die Bevölkerung und die politisch verantwortlichen Stellen über demokratiefeindliche Bestrebungen von rechtsaußen aufzuklären und Kriterien zur Beurteilung politischer Prozesse bereitzustellen. Sie sollten mithin Informationen systematisch erheben und bewerten sowie Prinzipien entwickeln, die die erhobenen Informationen erklären.

Die Frage nach dem Gegenstand der Rechtsextremismusforschung läßt sich nicht völlig zufriedenstellend beantworten, weil sich auch Nachbardisziplinen seiner bemächtigen. Da sich diese Unterdisziplin mit der Beschreibung, Erklärung und Vorhersage politischer Strukturen und Prozesse, menschlicher Orientierungen und Handlungsweisen befaßt, teilt sie ihren Forschungsgegenstand mit Untergebieten nicht nur der Politikwissenschaft, sondern auch der Soziologie, der Psychologie, der Geschichts- und der Erziehungswissenschaft. Die Abgrenzung der politologischen Forschung zu den diversen Teildisziplinen anderer Sozialwissenschaften besteht u.a. in der Fragesetzung und Ausrichtung auf die unterschiedlichen Formen politischer Ereignisse, Strukturen und Prozesse im politischen Spektrum.

Der Gegenstand Rechtsextremismus kann sich einerseits auf Herrschaftssysteme wie etwa den Nationalsozialismus oder andere rechte Diktaturen beziehen (vgl. u.a. Bracher 1969; Kershaw 1985; Linz 1975), andererseits aber auch auf die diversen Organisationen und Institutionen, die in politischen Systemen im intermediären Bereich an der Artikulation und Aggregation von Interessen beteiligt sind. Hierzu zählen etwa rechtsextreme Bewegungen sowie formelle und informelle Gruppierungen. Eine der wichtigsten dieser Strukturen stellen die rechtsextremen Parteien dar, weil ihnen – neben anderen Funktionen – die Rekrutierung des politischen Personals zukommt (vgl. u.a. Dudek/Jaschke 1983; Falter 1994; Jaschke 1993; Niethammer 1969; Stöss 1989). Darüber hinaus bezieht er sich auf bestimmte inhaltliche Positionen und Orientierungen von Indidividuen und/oder Organisationen, die außerhalb mehr oder weniger festgelegter Normen angesiedelt werden. Hierunter fallen die in der Bevölkerung und den rechtsextremen Organisationen verbreiteten politischen Ideologien, Ideenhaushalte und Überzeugungssysteme, in denen Konzepte wie zum Beispiel Autoritarismus, Antipluralismus, Antiparlamentarismus, Antisemitismus, Nationalismus, Ethnozentrismus oder Dogmatismus zum Tragen kommen (vgl. u.a. Adorno u.a. 1950; Falter 1994; Heitmeyer 1987; Lederer/Schmidt 1995; Oesterreich 1993). Darunter fallen zudem die Orientierungen gegenüber vergangenen und existierenden rechten Diktaturen wie z.B. dem Nationalsozialismus in Deutschland (vgl. u.a. von Borries 1995), dem Faschismus in Italien oder auch – um eine neuere Form eines rechtsextremen Herrschaftssystems zu nennen – dem Rechtsfundamentalismus im Irak. In neuerer Zeit wird schließlich auch die Gewaltproblematik mehr und mehr zu den Gegenständen gezählt (vgl. u.a. Heitmeyer u.a. 1995; Otto/Merten 1993; Willems u.a. 1993).

Mitverantwortlich für das Interesse der Öffentlichkeit an den rechtsextremistischen Aktivitäten, den politischen Einstellungen der Bevölkerung und den Erfolgen extrem rechter Parteien ist die historische Dimension dieser Thematik. Der Nationalsozialismus dient als extremer Prototyp, auf den alle neueren Formen von Rechtsextremismus bezogen werden. Wahlerfolge von Parteien wie der NPD in den sechziger Jahren und der Republikaner Anfang der neunziger Jahre lassen bei zahlreichen Beobachtern Zweifel an der Stabilität des politischen Systems der Bundesrepublik Deutschland aufkommen. Immer wieder wird – vor allem im Ausland – die Frage aufgeworfen, wie stabil die Demokratie in Deutschland ist und ob eine Gefahr von rechts droht.

Ebenso wie andere Wissenschaftsgebiete weist die Rechtsextremismusforschung unübersehbare konjunkturelle Schwankungen auf. Politische Ereignisse und Prozesse, die aus demokratietheoretischer Sicht negativ bewertet werden, bieten mehr oder weniger große Anreize, sich den Themen zu widmen. Zu den wichtigsten dieser politischen Ereignisse und Prozesse zählen der Aufstieg faschistischer Bewegungen in der Zwischenkriegszeit und deren Machtübernahme in Deutschland und Italien, die Genese rechtsgerichteter Diktaturen in Lateinamerika, die relativen Erfolge extrem rechter Politiker und Bewegungen in den USA in den fünfziger und frühen sechziger Jahren und seit den achtziger Jahren in Westeuropa sowie die zahlreichen rechtextrem motivierten Gewalthandlungen Anfang der neunziger Jahre in der Bundesrepbublik Deutschland, die weltweit starkes Aufsehen erregten.

Es verwundert daher nicht, daß zu den herausragenden Forschungsgegenständen der frühen Rechtsextremismusforschung der Aufstieg des Nationalsozialismus (Bracher/Sauer/Schulz 1962; Lipset 1960), das nationalsozialistische Herrschaftssystem (Bracher

1969; Fraenkel 1941; Neumann 1942) und damit zusammenhängende Fragestellungen wie die Anfälligkeit der Bevölkerung für rechtsextreme Ideologien und deren Nachwirkungen in der Bundesrepublik Deutschland zählten (vgl. Adorno u.a. 1950). Wegen der vielen noch offenen Fragen, der kontroversen Interpretationen und der Fortschritte im Bereich der sozialwissenschaftlich-statistischen Methodologie hat das Thema auch noch in den achtziger und neunziger Jahren ein starkes wissenschaftliches Interesse gefunden (vgl. u.a. Falter 1991; Hennig 1977; Kater 1983; Kershaw 1985; Winkler 1995a). Daneben spielen in der bundesdeutschen Forschung vor allem Untersuchungen über die Aktivitäten, Hintergründe und Vernetzungen, der Geschichte und Soziologie der temporären und langlebigen rechtsextremen Organisationen in der Bundesrepublik Deutschland wie der NPD, der Republikaner und deren Vorfeldorganisationen eine herausgehobene Rolle (Backes/Jesse 1993; Dudek/Jaschke 1984; Falter 1994; Hennig 1991; Jaschke 1993; Niethammer 1969; Pfahl-Traughber 1993; Stöss 1989; Tauber 1967). Hierher gehören ebenso Untersuchungen über die Organisation, Programmatik, Publizistik, Mitglieder und Wähler der NPD und der Republikaner als auch solche über die rechtsextremen Jugendorganisationen im Vorfeld der Parteien sowie über herausgehobene Personen des organisierten Rechtsextremismus. Insgesamt besteht an Überblicken über die historische Entwicklung des organisierten Rechtsextremismus in der Bundesrepublik Deutschland kein Mangel.

Einen dritten Schwerpunkt der bundesdeutschen Rechtsextremismusforschung bilden schließlich die in der Gesellschaft verbreiteten Facetten rechtsextremer Orientierungen wie zum Beispiel autoritäre, ausländerfeindliche, antisemitische, nationalistische und antidemokratische Denkhaltungen (Birsl 1994; Falter 1994; Gessenharter/Fröchling/Krupp 1978; Heitmeyer 1987; Lederer/Schmidt 1995; Oesterreich 1993; Sinus 1981). Seit den Wahlerfolgen der Republikaner bei der Wahl zum Berliner Abgeordnetenhaus im Januar 1989 und den in der Öffentlichkeit stark beachteten fremdenfeindlichen Aktionen in Hoyerswerda, Rostock, Solingen und Mölln mit ihren zahlreichen Nachahmungstaten in den Jahren 1991, 1992 und 1993 haben zudem Arbeiten zu den Themenkomplexen Jugend, Gewalt, Migration und Ethnisierung an Bedeutung gewonnen (Heitmeyer u.a. 1992, 1995; Jaschke 1994; Otto/Merten 1993; Willems u.a. 1993).

Wichtig sind ferner Untersuchungen aus dem Bereich der Vergleichenden Politikwissenschaft. Zu nennen sind hier in erster Linie die Arbeiten zum Rechtsextremismus in den USA (vgl. u.a. Bell 1964; Hixon 1992) sowie die zahlreichen Überblicke zum Rechtsextremismus in ausgewählten Ländern (vgl. u.a. Betz 1994; von Beyme 1988; Greß/Jaschke/Schönekäs 1990; Hainsworth 1992; Ignazi 1994; Kitschelt 1995; Merkl/Weinberg 1993). Während sich die frühere amerikanische Forschung hauptsächlich mit den Ursprüngen des McCarthyismus, der radikalen Rechten in den frühen sechziger Jahren und der Unterstützung für Georg Wallace sowie mit Autoritarismus und Vorurteilen beschäftigte, konzentriert sich die neuere Forschung auf die seit den siebziger Jahren erstarkte Neue Rechte sowie auf ethnische Konflikte und rassistische Orientierungen in der Bevölkerung.

Seit den neuerlichen Wahlerfolgen rechtsextremer Parteien in Westeuropa und dem zeitweiligen Anstieg rechtsextrem motivierter Gewalt Anfang der neunziger Jahre haben sich Vertreter mehrerer sozialwissenschaftlicher Disziplinen mit unterschiedlichen Forschungsinteressen und Methoden mit dem Gegenstand Rechtsextremismus befaßt (vgl. Jaschke 1994; Kowalsky / Schroeder 1994; Winkler 1995b). Der vorliegende Band versucht die Bandbreite der neueren sozialwissenschaftlichen Rechtsextremismusforschung zu dokumentieren; er präsentiert Analysen, theoretische Zugänge und empirische Befunde zu zentralen Aspekten der Forschung. Die dafür verfaßten Aufsätze beschäftigen sich u.a. kritisch mit der Verwendung des Rechtsextremismusbegriffs (Druwe/Mantino), mit Ansätzen zur Erklärung verschiedener Aspekte des Rechtsextremismus (Birsl; Franke; Winkler), mit jugendlichem Rechtsextremismus (Demirovic/Paul; Hoffmann-Lange; Scherr), mit dem Verhältnis von Jugend, Gewalt und Rechtsextremismus (Birzer/Gessenharter; Brosius/Esser; Eckert/Willems/Würtz; Möller/Heitmeyer), mit der Bedeutung von Migration (Fijalkowski; Küchler) und Ethnisierung (Jaschke), mit der Frage, ob es sich beim Rechtsextremismus um eine soziale Bewegung handelt (Koopmanns/Rucht), mit dem Rechtsextremismus in West- (Backes; Betz) und Osteuropa (von Beyme), in Italien (Merkel) und den USA (Minkenberg), mit den Wahlerfolgen der rechtsextremen Parteien in der Bundesrepublik Deutschland (Klein/Falter), Frankreich (Mayer) und im europäischen Vergleich (Husbands), mit unterschiedlichen Einstellungsdimensionen von Rechtsextremismus (Bergmann/Erb; Gabriel) sowie Reaktionen der Gesellschaft (Dudek; Grunenberg; Herz; Jesse). Die Gesamtheit der Beiträge bietet einen einigermaßen repräsentativen Überblick über die derzeitige wissenschaftliche Beschäftigung mit dem Rechtsextremismus Mitte der neunziger Jahre, und zwar sowohl hinsichtlich der Erkenntnisse als auch der bestehenden Lücken. Die historische Dimension der Forschung – Nationalsozialismus, NSDAP, Faschismus etc. – konnte aus Platzgründen nicht mit einbezogen werden[1].

2. *Zwei zentrale Erklärungsgrößen: Einstellungen und Handlungsweisen*

Die zentralen Erklärungsgrößen in diesem Band stellen verschiedene Formen rechtsextremer Einstellungen und Handlungsweisen dar, wie sie in der neueren sozialwissenschaftlichen Forschung diskutiert werden. Schon 1967 haben Erwin K. Scheuch und Hans-Dieter Klingemann den Rechtsextremismus (sie sprachen noch von Rechtsradikalismus, inzwischen hat sich die Redeweise, wenn auch nicht notwendigwerweise der Gegenstand gewandelt) als „normale Pathologie westlicher Industriegesellschaften" bezeichnet. Der Rechtsextremismus stellte in ihren Augen gewissermaßen ein alltägliches Krankheitsphänomen dar. Damit wollten sie auf die Allgegenwart rechtsextremer Einstellungen in den hochentwickelten Staaten der westlichen Hemisphäre hinweisen (vgl. Scheuch/Klingemann 1967). Für die Länder Osteuropas gab es damals keine Umfragedaten, die eine ähnliche Aussage erlaubt hätten, doch ließ sich aus der Scheuch-Klingemannschen Theorieskizze durchaus ableiten, daß es auch in diesen Staaten von der gesellschaftlichen Entwicklung Bedrohte geben müsse, die sich wie ihre westlichen Pendants bei entsprechender persönlicher Prädisposition in soziale Stereotypen und romantisierend-reaktionäre Vorstellungen flüchten würden. Konzen-

1 Anja Haegele und Susanne Schödel haben die Beiträge korrekturgelesen und mit zu einem einheitlichem Erscheinungsbild beigetragen. Ihnen sei an dieser Stelle ausdrücklich gedankt.

triert man sich auf die Einstellungsebene, so erscheint Rechtsextremismus in der Tat als ein nahezu ubiquitäres Phänomen. Die meisten Staaten Westeuropas weisen eine relativ stabile Verteilung der unterschiedlichsten Indikatoren politischer Einstellungen auf dem Links-Rechts-Kontinuum über die Zeit auf, was Veränderungen in die eine oder die andere Richtung freilich nicht ausschließt (vgl. den Beitrag von Gabriel in diesem Band).

Auf der Ebene des Wahlverhaltens, der Mitgliedschaft in Organisationen und weiteren Verhaltensformen wie zum Beispiel rechtsextrem motivierten Gewalthandlungen dagegen lassen sich sowohl im Zeitverlauf als auch zwischen den verschiedenen Ländern außerordentlich starke Schwankungen beobachten (vgl. die Beiträge von Betz und Husbands in diesem Band). Die Forschung macht allein in der Bundesrepublik bisher drei klar unterscheidbare Wellen rechtsextremer Wahlerfolge aus: die erste Anfang der fünfziger Jahre, sie endete mit dem Verbot der neonazistischen SRP durch das Bundesverfassungsgericht; die zweite Mitte bis Ende der sechziger Jahre, als die NPD im Gefolge der ersten ernsthafteren Rezession seit Einsetzen des Wirtschaftswunders Einzug in sieben Landtage hielt und den Sprung in den Bundestag 1969 mit 4,3 Prozent nur knapp verfehlte; und die vorläufig letzte an der Schwelle von den achtziger zu den neunziger Jahren, als die Republikaner beachtliche Wahlerfolge bei verschiedenen Landtagswahlen und der Europawahl 1989 erzielten (vgl. u.a. Winkler 1994; Zimmermann/Saalfeld 1993). Derartige Schwankungen zwischen relativer Bedeutungslosigkeit und beachtlichen Wahlerfolgen von am rechten Rand des politischen Spektrums angesiedelten Parteien gab es in Deutschland bereits im Kaiserreich und in der Zwischenkriegszeit. Erinnert sei an die Erfolge antisemitischer Abgeordneter im Kaiserreich und verschiedener völkisch-nationalsozialistischer Gruppierungen Mitte der zwanziger Jahre. Wahlkonjunkturen rechter Randparteien sind jedoch keineswegs ein deutsches Phänomen, sondern auch in anderen Ländern zu beobachten, etwa den skandinavischen Staaten, Belgien, Frankreich, Österreich und Italien, ja selbst der Schweiz und neuerdings den Niederlanden.

Auch andere Formen rechtsextrem motivierten Verhaltens haben ihre Konjunkturen, wie der Anstieg und das nachfolgende Abflauen fremdenfeindlicher Gewalttaten in Deutschland zwischen 1991 und 1993 (vgl. die Beiträge von Brosius/Esser, Eckert/Willems/Würtz und Koopmanns/Rucht in diesem Band) und das Anwachsen verschiedener rechtsextremer Organisationen nach 1989 sowie der zwischenzeitlich erfolgte Rückgang der Mitgliederzahlen von Parteien wie der NPD und der DVU (vgl. u.a. Backes/Jesse 1993; Pfahl-Traughber 1993).

Es ist folglich von einer relativ stabilen Verteilung rechtsextremer Einstellungsmuster in Europa und den USA auf der einen und von starken Schwankungen rechtsextremer Äußerungsformen auf der politischen Verhaltensebene auf der anderen Seite auszugehen. Dies wirft die Frage auf, woher die sichtlich raum-zeit-übergreifende Existenz rechtsextremer Orientierungen rührt und worauf die in so augenfälligem Gegensatz dazu stehenden Schwankungen auf der Verhaltensebene zurückzuführen sind. Zu fragen ist darüber hinaus zum einen, wann und unter welchen Umständen sich die vorhandenen Einstellungen in entsprechendes Verhalten umsetzen, und zum anderen, ob und inwiefern rechtsextreme Handlungsformen auch ohne Vorliegen rechtsextremer Einstellungen vorliegen können.

Was die Wahl einer rechtsextremen Partei betrifft, so scheint es nach dem gegenwärtigen

Kenntnisstand der empirischen Wahlforschung so, als würde die Stimmabgabe für rechtsextreme Parteien immer dann verstärkt erfolgen, wenn sowohl auf der politischen Angebotsseite als auch auf der Nachfrageseite eine bestimmte Konstellation vorliegt, die sich formal wie folgt skizzieren läßt: (a) Es existiert, historisch mehr oder minder zufällig, ein sichtbares, hinreichend attraktives organisatorisches und/oder personelles Angebot in Form einer rechtsextremen Partei und/oder eines charismatischen Politikers (Schönhuber, LePen, von Thadden, Poujade); (b) auf die erwähnten, lange Zeit nur subkutan existierenden rechtsextremen Einstellungsmuster in der Bevölkerung wirkt verstärkt politische Unzufriedenheit, die sich auf einen Mangel an Vertrauen in die Lösungskompetenz von Regierung und (etablierter) Opposition in Bezug auf wichtige politische Probleme zurückführen läßt, was dann verstärkt zur Wahl rechter und rechtsextremer Protestparteien führt. Stimmen diese Prämissen, ist – nicht nur hierzulande, sondern überall dort, wo sie erfüllt sind und keine weiteren institutionellen Regelungen dies verhindern – mit immer wieder hochbrandenden Wellen von Rechtsextremismus zu rechnen.
Die Kenntnis dieser Mechanismen erlaubt in begrenztem Maße Gegensteuerung, sei sie nun institutioneller Natur wie im Falle des relativen Mehrheitswahlsystems angelsächsischer Provenienz, sei sie politischer Natur, indem Regierung und Opposition auf den Politikfeldern Handlungsfähigkeit beweisen, die Ausgangspunkt des Vertrauensverlustes in die Lösungskompetenz der etablierten Parteien sind. Ein Beispiel dafür ist die Asyldebatte in der Bundesrepublik: Sobald sich Regierung und Opposition auf eine Grundgesetzänderung geeinigt hatten – man mag zu ihr stehen wie man will – und damit das Thema aus den Medien verschwand, setzte der Abstieg der Republikaner ein (vgl. Falter 1994).
Theorien des Rechtsextremismus, die sich auf den Bereich von Einstellungen und Verhalten beziehen, haben mithin eine dreifache Zielrichtung: (a) zu erklären, wie es zu dieser schon oft konstatierten Allgegenwart rechtsextremer Orientierungsmuster kommt, wie sich rechtsextreme Einstellungssyndrome auf der individuellen Ebene herausbilden und auf der Aggregatebene erhalten, (b) begreiflich zu machen, wann, d.h. unter welchen Umständen sich rechtsextreme Parteien und Gruppierungen formieren, was die Bedingungen ihres organisatorischen Erfolges und Überlebens sind und (c) zu prognostizieren, unter welchen Umständen sich rechtsextreme Einstellungen in entsprechendes Wahl- und sonstiges Verhalten umsetzen. Von einer derartigen erklärungskräftigen Theorie des Rechtsextremismus sind wir jedoch weit entfernt, Bruchstücke existieren bisher bestenfalls für Teilbereiche.

3. Wege der Forschung: Methoden und Zugangsweisen

Rechtsextremismusforschung ist gekennzeichnet durch Kontroversen um den Rechtsextremismusbegriff und die inhaltliche Füllung weiterer zentraler Begriffe, um theoretische Positionen und wissenschaftstheoretische Grundlagen, um Untersuchungsformen und Erhebungsmethoden. Auch dieser Band zeigt eine Vielfalt von Begriffsverwendungen, theoretischen Ansätzen und Methoden.
Weder in der Öffentlichkeit noch unter den mit Fragen des Rechtsextremismus befaßten Wissenschaftlern herrscht Einigkeit darüber, was denn mit diesem Begriff genau ge-

meint ist. Wieweit die Definitionen auseinandergehen, belegt auch dieser Band, der – dem Charakter der PVS-Sonderhefte entsprechend – sowohl wissenschaftlich als auch politisch pluralistisch zusammengesetzt ist. Welche Denkinhalte und Organisationen als rechtsextrem einzustufen sind, ist umstritten, die Grenzen der Begrifflichkeit sind fließend, wobei sich mancher sehr weit definierte Begriff „Rechtsextremismus" schon da einsetzen läßt, wo andere von „konservativ" oder „nationalkonservativ" reden würden. Mit verschiedenen Definitionen von Rechtsextremismus und den unliebsamen Folgen begrifflicher Unschärfe beschäftigt sich aus wissenschaftstheoretischer Sicht der Beitrag von Ulrich Druwe und Susanne Mantino. Wegen der einmal völlig anders gewählten Perspektive stellt der Beitrag eine Ergänzung zu den zahlreichen Erörterungen des Rechtsextremismusbegriffs dar. Der Umstand, daß – anders als bei einigen anderen klassischen Forschungsgebieten der Politikwissenschaft – Rechtsextremismus kein Gebiet allein der Politikwissenschaft darstellt, sondern eines, auf dem sich gleich mehrere Wissenschaftsdisziplinen bewegen, hat nicht gerade geholfen, die Unübersichtlichkeit abzubauen.

Der unterschiedliche, ja zum Teil willkürliche Gebrauch des Ausdrucks „Rechtsextremismus" hat freilich – auch bei ansonsten strengem Vorgehen – erhebliche Konsequenzen auf das Ergebnis, vor allem dann, wenn man Aussagen über Rechtsextremismuspotentiale intendiert. Manche Untersuchungsergebnisse stellen Artefakte dar, d.h. sie sind durch den Meßprozeß selbst künstlich erzeugt. Hinzu kommt, daß die willkürliche Verwendung des Ausdrucks genauso wie die oftmals willkürliche Operationalisierung in Umfragestudien den Vergleich der Untersuchungsergebnisse erschwert, wenn nicht sogar weitgehend verhindert: man kann häufig nicht feststellen, ob zwei Untersuchungen sich hinsichtlich des Ergebnisses decken, und zwar selbst dann nicht, wenn die Studien verbal übereinstimmen.

Im Unterschied zu anderen Wissenschaftsgebieten orientieren sich die meisten Rechtsextremismusstudien darüber hinaus – wenn überhaupt – oft nur in lockerer Form an sozialwissenschaftlichen Forschungsansätzen und theoretischen Konzeptionen. Zwar finden sich in den meisten Arbeiten Hinweise auf Hintergrundtheorien (u.a. Anomietheorie, Theorie der autoritären Persönlichkeit, Faschismus-, Klassen- und Massentheorie, Modernisierungsansätze, Sozialisations-, Desintegrations- und Lerntheorien, psychoanalytische Theorien, Extremismustheorie). Systematische Darstellungen und Bezüge werden jedoch nur selten hergestellt. Eine derartige Vorgehensweise ist mit dem Problem behaftet, daß die Argumentation solange nur schwer nachvollzogen werden kann, wie der theoretische Hintergrund nicht explizit gemacht oder auf eine Arbeit verwiesen wird, in der der theoretische Bezugsrahmen paradigmatisch vorgestellt wird. Freilich gibt es Ausnahmen von der Regel. Hierzu zählen u.a. die Arbeiten von Heitmeyer (1987, 1992), in denen Bezüge zu Identitäts-, Sozialisations- und Modernisierungstheorien hergestellt werden, die Arbeiten von Lederer und Schmidt (1985), die sich auf die Theorie der autoritären Persönlichkeit beziehen oder auch einige Wahlstudien, die von Theorien des Wählerverhaltens ausgehend, die Erfolge rechtsextremer Parteien thematisieren. Die unterschiedlichen theoretischen Zugangsweisen zur Entschlüsselung von Problemen dokumentiert auch dieser Band. Sie reichen vom ökonomischen Ansatz (Franke), einer integrativen, kognitiv-rationalen Perspektive (Winkler), sozialisationstheoretischen Ansätzen (Birsl; Möller/Heitmeyer) und einer

behavioralistischen Zugangsweise (u.a. Klein/Falter; Gabriel) bis hin zu kritisch-hermeneutischen und postmodernen approaches (Herz).
Vom methodologischen Standpunkt aus betrachtet, dominieren unter den politikwissenschaftlichen Studien zum Rechtsextremismus zwei Forschungszugänge: die Umfrageforschung und die Einzelfallanalyse. Die ältere und in der Literatur häufiger anzutreffende Vorgehensweise kann als Form der Einzelfallanalyse angesehen werden. Sie besteht darin, die in Frage kommenden Objekte einzeln zu studieren und detaillierte Informationen über sie zu sammeln, seien es historische, biographische oder andere Informationen aus erster und/oder zweiter Hand – etwa aus der bereits verfügbaren Literatur. Es ist wichtig, sich darüber bewußt zu sein, daß lediglich solche Informationen gesammelt und berichtet werden, die mit dem theoretischen Hintergrundwissen im Einklang stehen, auch wenn dies den Autoren selbst nicht bewußt sein mag: Rechtsextremismusforscher, die von der Psychoanalyse geprägt sind, legen in Studien über rechtsextreme Orientierungen mehr Wert auf Einzelheiten über die frühe Kindheit und die Konflikte mit den Eltern, während in Studien von Autoren, die von der kognitiven Psychologie geprägt sind, stärker auf die Wahrnehmungs- und Verarbeitungsprozesse von Informationen geachtet wird. Einzelfallanalysen sind zwar nicht so objektiv wie andere Methoden, sie haben aber im Vergleich zu Umfragestudien erhebliche Vorteile, wenn es darum geht, eine detaillierte Darstellung eines Gegenstandes zu liefern, einen angeblich universellen Aspekt eines theoretischen Aussagengebäudes zu entkräften oder Hypothesen zu entwickeln, die sich durch kontrollierte Untersuchungen überprüfen lassen. Der Nachteil von Fallstudien – hierzu zählen vor allem die zeitgeschichtlich angelegten Arbeiten über rechtsextreme Parteien, Organisationen, Persönlichkeiten etc. – besteht hingegen darin, daß sie keine große Rolle für Bestätigungen von Hypothesen spielen und überdies keine befriedigenden Aussagen über Ursache-Wirkung-Beziehungen erlauben. Wenn man die Vorzüge und Nachteile bedenkt, macht es mithin keinen Sinn, eine Vorgehensweise gegen eine andere auszuspielen.
In der Rechtsextremismusforschung – vor allem in den erziehungswissenschaftlichen und psychologischen Disziplinen – spielen ferner qualitative Methoden (z.B. kaum standardisierte Interviews, Gruppendiskussionen, Verhaltensbeobachtungen) eine erhebliche Rolle. Angewendet werden sie hauptsächlich in Studien, in denen es um die Sozialisation von Jugendlichen geht (vgl. u.a. Heitmeyer 1992; Hopf 1995). Allerdings werden bei dieser Vorgehensweise häufig zwei Probleme übersehen. Zum einen kann man aus der Befragung von einem oder zwei Dutzend willkürlich ausgewählten Jugendlichen keine validen Aussagen über die Jugendlichen in einer Gesellschaft ableiten. Zum anderen ist eine derartige Vorgensweise mit dem Problem behaftet, daß die Erhebung der Informationen in einer Interaktionssituation stattfindet. Jugendliche als wahrnehmende, interpretierende Wesen reagieren auf den Untersuchungsvorgang und können Orientierungen äußern, die unter anderen Umständen so nicht hervorgetreten wären. Es wäre daher wünschenswert, daß die Studien näher auf die Untersuchungssituationen, Interaktionsmuster etc. eingehen, als dies in den vorliegenden Studien der Fall ist. Die psychologische Artefaktforschung hat gezeigt, daß Probanden auf Pretests, bei denen erkennbar ist, worum es in der Untersuchung geht, auf die von den Untersuchungsleitern ausgesendeten verbalen und non-verbalen Signale, die Einrichtung der Umgebung, die Abfolge der einzelnen Schritte usw. reagieren, so daß

manche Ergebnisse unter anderen Bedingungen möglichwerweise anders ausgefallen wären. Daraus kann nun aber nicht der Schluß gezogen werden, auf reaktive Verfahren ganz zu verzichten. Nicht-reaktive Meßverfahren sind als Alternativen für bestimmte Forschungszusammenhänge alleine nicht brauchbar.
Auch die auf standardisierten oder teilstandardisierten, repräsentativen und nichtrepräsentativen Umfragen basierenden Untersuchungen sind mit erheblichen Problemen behaftet, die im allgemeinen hinreichend bekannt sind. Im Vergleich zu Umfrageforschungen in anderen sozialwissenschaftlichen Forschungsbereichen sind in unserem Falle die Reliabilität und Validität der Untersuchungsverfahren die Schwachstelle, zumal dann, wenn man Aussagen über die Rechtsextremismuspotentiale, die Verbreitung rechtsextremer Denkhaltungen und deren Zurückführung auf Konstrukte als Bestimmungsfaktoren thematisiert. Zum einen rührt das Problem aus dem Umstand, daß die zur Messung theoretischer Konstrukte wie Rechtsextremismus, Antisemitismus, Gewaltorientierung, Ausländerfeindlichkeit, Nationalismus, Anomie, Autoritarismus etc. verwendeten Items in vielen Fällen einfach nicht vergleichbar sind. Um ein plausibles, häufig anzutreffendes Beispiel zu erwähnen: Wenn sich die Items zur Messung von Rechtsextremismus lediglich auf Ausländer beziehen, macht es keinen Sinn, die Ergebnisse mit denen aus Untersuchungen zu vergleichen, in denen sie sich auf mehrere Bereiche eines hypothetischen Rechtsextremismussyndroms beziehen. Zum anderen rührt das Problem aus dem Umstand, daß wir es im Bereich der Rechtsextremismusforschung zwar zu einem großen Teil mit theoretischen Konstrukten zu tun haben, bisher aber kaum Anstrengungen einer Konstruktvalidierung vorgenommen wurden. Wie schwierig dieses Unterfangen ist, zeigen die wenigen bekannten Versuche, relevante theoretische Merkmale wie z.B. Ausländerfeindlichkeit, Gewaltorientierung und Rechtsextremismus zuverlässig und valide zu bestimmen. Die wissenschaftliche Erforschung von Rechtsextremismus hat diesem Problem bisher keineswegs die erforderliche Aufmerksamkeit geschenkt. Dies mag u.a. daher rühren, daß die meisten Rechtsextremismusforscher zu sehr auf Tagesaktualität bedacht sind und die mühselige und zeitraubende, wenig einbringende Grundlagenforschung vernachlässigen. Die unzureichende Grundlagenforschung dürfte überdies zu dem insgesamt relativ schlechten Image der Rechtsextremismusforschung in der scientific community beigetragen haben.

4. Konflikt und Freiheit: Kontroversen und offene Fragen

Ebenso wie in anderen Forschungsbereichen stößt man in der Rechtsextremismusforschung auf zahlreiche Gegensätze. Einig ist man sich, daß Forschung sein muß, strittig ist aber zum einen, was man unter Rechtsextremismus verstehen soll und welche Fragen zentral sind und daher erforscht werden sollten, zum anderen, welche Forschungsmethoden am meisten zum Verständnis der Prozesse beitragen. Außerdem existiert eine Vielzahl von Meinungen darüber, welche Faktoren welche Formen von Rechtsextremismus beeinflussen, abgesehen von der schon erwähnten Willkür der verwendeten Konstrukte zur Bestimmung der beeinflussenden und beeinflußten Merkmale. Schließlich unterscheiden sie sich hinsichtlich der Methoden, die dem Gegenstand angemessen sind. Die Kontroversen rühren zu einem beträchtlichen Teil auch aus dem Umstand, daß über den Komplex Rechtsextremismus heute zwar eine umfangreiche Literatur vorliegt, aber dennoch zahlreiche Fragen näherer Untersuchungen bedürfen.

Schließlich ist die Situation im Bereich der Rechtsextremismusforschung dadurch gekennzeichnet, daß mehrere lose definierte Ansätze bzw. theoretische Annahmen nebeneinander bestehen. Von einer fruchtbaren kumulativen Forschung, deren Ziel die Lösung von wissenschaftlichen Problemen ist, kann nicht gesprochen werden. Es sind fast keine grundlegenden theoretischen und empirischen Arbeiten vorgelegt worden, die eine Forschungstradition begründeten. Am ehesten kommt dieses Verdienst noch der Arbeit von Adorno u.a. (1950) über die autoritäre Persönlichkeit zu, die unmittelbar nach dem Zweiten Weltkrieg zahlreiche Nachfolgestudien anregte. Angesichts der methodologischen und theoretischen Kritik nach zwei Jahrzehnten anregender Forschung erlebte sie dann einen tiefen Einbruch und erfuhr erst in neuerer Zeit wieder in einem modifiziertem Gewand eine gewisse Konjunktur.

Probleme vieler Darlegungen von Erklärungsansätzen von Rechtsextremismus (vgl. z.B. Pfahl-Traughber 1993) bestehen u.a. darin, daß erstens der Theoriebegriff nicht expliziert wird – was notwendig ist, da unterschiedliche Theoriebegriffe existieren –, zweitens nicht hinreichend zwischen den unterschiedlichen Aspekten von Rechtsextremismus und drittens kaum zwischen Theorie und Hypothese unterschieden wird. Je nach dem zu erklärenden Aspekt (z.B. die Wahl einer rechtsextremen Partei, der Eintritt in eine rechtsextreme Partei, die Herausbildung von rechtsextremen Orientierungen bei Jugendlichen, die Genese eines relativ stabilen Persönlichkeitsmerkmals, die Ausübung einer fremdenfeindlichen Gewalthandlung etc.) werden jedoch unterschiedliche Erklärungen verlangt. Die Frage, warum eine rechtsextreme Partei einen Mitgliederzuwachs verzeichnet, erfordert eine andere Antwort als die Frage, warum eine rechtsextreme Partei bei Wahlen erfolgreich ist, ganz zu schweigen von der Frage, wie sich rechtsextreme Orientierungen herausbilden. Daß die theoretische Durchdringung des Objektbereiches nach wie vor unzureichend ist, zeigt sich auch darin, daß kaum Klarheit darüber besteht, welche Stellung die immer wieder erwähnten Konzepte in welchen Begründungszusammenhängen einnehmen. So ist zum Beispiel nicht klar herausgearbeitet, ob es sich – um ein Beispiel zu nennen – bei dem Anomiekonzept in Erklärungsansätzen von Rechtsextremismus um einen Bestandteil des Rechtsextremismussyndroms selbst handelt oder um eine hinreichende, notwendige oder zureichende Bedingung von Rechtsextremismus.

Die mangelnde theoretische Fundierung mag auch erklären, warum Sozialwissenschaftler die Entwicklung der Republikaner bei den Wahlen Anfang der neunziger Jahre so unterschiedlich beurteilten. Während die einen die Bundesrepublik Deutschland bereits mit Weimar verglichen und die Etablierung einer rechtsextremen Partei im deutschen Parteiensystem voraussagten, prognostizierten andere nach einigen Mißerfolgen der Partei 1990 ihren Niedergang. Weder haben die Republikaner in den neunziger Jahren jedoch zu einer nenneswerten Transformation des nationalen Parteiensystems beigetragen, noch sind sie nach den Mißerfolgen im Jahr 1990 von der politischen Bühne verschwunden. Die Fehlurteile hängen zum einen mit dem Charakter der Republikaner und zum anderen mit den vermeintlichen Ursachen ihrer Erfolge zusammen.

Ein weiterer Mangel besteht ohne Zweifel darin, daß die amerikanischen Untersuchungen über ethnische Konflikte und Rassismus, die zu den zentralsten Arbeitsgebieten sozialwissenschaftlicher Forschung in den Vereinigten Staaten überhaupt zählen, sowie die Arbeiten über die fundamentalistisch-religiöse Neue Rechte hierzulande kaum beachtet worden sind. Studien über ethnische und rassistische Fragen spielen in den USA wegen deren multikultureller Zusammensetzung traditionellerweise eine erheblich größere Rolle als in Westeuropa. Es wäre wünschenswert die *Ethnical Studies* unter den für die Rechtsextremismusforschung relevanten Aspekten systematisch bezüglich inhaltlicher und methodologischer Aspekte aufzuarbeiten und sie so der bundesdeutschen scientific community bekannt zu machen.

Die Bemühungen der Rechtsextremismusforscher waren schließlich bisher kaum darauf gerichtet, effiziente Gegenstrategien zu entwickeln, um durch Kontrolle der unerwünschten Prozesse die Herausbildung rechtsextremer Orientierungen zu bremsen und zur Immunisierung gegenüber rechtsextremen Bewegungen und Parteien beizutragen. Da Versuche zur Beschränkung rechtsextremer Orientierungen und Organisationen dort ansetzen müssen, wo die Quellen lokalisiert werden, helfen gutgemeinte Hinweise auf Modernisierungsprozesse, die Konkurrenzsituation oder die Struktur des kapitalistischen Systems wenig weiter. Die Rechtsextremismusforscher haben es bisher versäumt, auszuloten, mit welcher Wahrscheinlichkeit konkrete Maßnahmen Wirkungen zeigen. Rational begründete Handlungsanweisungen verlangen, mögliche Wirkungen und Nebenwirkungen auf der Grundlage der verfügbaren wissenschaftlichen Erkenntnisse durchzuspielen. Da wir zu wenig darüber wissen, wie wir bestimmte Maßnahmen implementieren können und wie wirksam bestimmte Strategien sind, liegt ein weiteres großes interdisziplinäres Forschungsfeld bereit.

Es zeigt sich mithin, daß die Rechtsextremismusforschung erst in den Anfängen steckt und noch viel Einzelforschung notwendig ist, um die zahlreichen Lücken, offenen Fragen, Forschungsdesiderate aufzufüllen bzw. zu klären.

Literaturverzeichnis

Adorno, Theodor W./Frenkel-Brunswick, Else/Levinson, Daniel J./Sanford, R. Nevitt, 1950: The Authoritarian Personality. New York/Evanston/London.

Backes, Uwe/Jesse, Eckhard, 1993: Politischer Extremismus in der Bundesrepublik Deutschland. Berlin.

Bell, Daniel (Hrsg.), 1964: The Radical Right. Garden City.

Betz, Hans-Georg, 1994: Radical Right-Wing Populism in Western Europe. New York.

Beyme, Klaus von (Hrsg.), 1988: Right-Wing Extremism in Western Europe. London.

Birsl, Ursula, 1994: Rechtsextremismus: weiblich – männlich? Eine Fallstudie zu geschlechtsspezifischen Lebensverläufen, Handlungsspielräumen und Orientierungsweisen. Opladen.

Borries, Bodo von, 1995: Das Geschichtsbewußtsein Jugendlicher. Eine repräsentative Untersuchung über Vergangenheitsdeutungen, Gegenwartswahrnehmungen und Zukunftserwartungen von Schülerinnen und Schülern in Ost- und Westdeutschland. Weinheim/München.

Bracher, Karl Dietrich, 1980: Die deutsche Diktatur. Entstehung, Struktur, Folgen des Nationalsozialismus. Berlin 1969.

Bracher, Karl-Dietrich/Sauer, Wolfgang/Schulz, Gerhard, 1962: Die nationalsozialistische Machtergreifung. Köln/Opladen.

Dudek, Peter/Jaschke, Hans-Gerd, 1984: Entstehung und Entwicklung des Rechtsextremismus in der Bundesrepublik. Zur Tradition einer besonderen politischen Kultur. 2 Bde. Opladen.

Falter, Jürgen W., 1991: Hitlers Wähler. München.

Falter, Jürgen W., 1994: Wer wählt rechts? Die Wähler und Anhänger rechtsextremistischer Parteien im vereinigten Deutschland. München.

Fraenkel, Ernst, 1941: The Dual State. New York.

Gessenharter, Wolfgang/Fröchling, Helmut/Krupp, Burkhard, 1978: Rechtsextremismus als normativ-praktisches Forschungsproblem. Eine empirische Analyse der Einstellungen von studierenden Offizieren der Hochschule der Bundeswehr Hamburg sowie militärischen und zivilen Vergleichsgruppen. Weinheim/Basel.

Greß, Franz/Jaschke, Hans-Gerd/Schönekäs, Klaus, 1990: Neue Rechte und Rechtsextremismus in Europa. Bundesrepublik, Frankreich, Großbritannien. Opladen.

Hainsworth, Paul (Hrsg.), 1992: The Extreme Right in Europe and the USA. London/New York.

Heitmeyer, Wilhelm, 1987: Rechtsextremistische Orientierungen bei Jugendlichen. Empirische Ergebnisse und Erklärungsmuster einer Untersuchung zur politischen Sozialisation. Weinheim/München.

Heitmeyer, Wilhelm u.a., 1992: Die Bielefelder Rechtsextremismus-Studie. Erste Langzeituntersuchung zur politischen Sozialisation männlicher Jugendlicher. Weinheim/München.

Heitmeyer, Wilhelm u.a., 1995: Gewalt. Schattenseiten der Individualisierung bei Jugendlichen aus unterschiedlichen Milieus. Weinheim/München.

Hennig, Eike, 1991: Die Republikaner im Schatten Deutschlands. Zur Organisation der mentalen Provinz. Frankfurt a.M.

Hennig, Eike, 1977: Bürgerliche Gesellschaft und Faschismus in Deutschland. Frankfurt a.M.

Herz, Thomas A., 1975: Soziale Bedingungen für Rechtsextremismus in der Bundesrepublik Deutschland und in den Vereinigten Staaten. Meisenheim am Glan.

Hixson, William B., 1992: Search for the American Right Wing. An Analysis of the Social Science Record, 1955-1987. Princeton, New Jersey.

Hopf, Christel u.a., 1995: Familie und Rechtsextremismus – Analyse qualitativer Interviews mit jungen Männern. Weinheim/München.

Ignazi, Piero, 1994: L'estrema destra in Europa. Bologna.

Jaschke, Hans-Gerd, 1994: Rechtsextremismus und Fremdenfeindlichkeit. Begriffe, Positionen, Praxisfelder. Opladen.

Jaschke, Hans-Gerd, 1993: Die „Republikaner". Profile einer Rechtsaußen-Partei. 2., erw. Aufl. Bonn.

Kater, Michael H., 1983: The Nazi Party. A Social Profile of Members and Leaders, 1919-1945. Cambridge, Mass.

Kershaw, Ian, 1985: The Nazi Dictatorship. Problems and Perspectives of Interpretation. London.

Klingemann, Hans Dieter/Pappi, Franz Urban, 1970: Politischer Radikalismus. Theoretische und methodologische Probleme der Radikalismusforschung. München.

Kitschelt, Herbert, 1995: The Radical Right in Western Europe. A Comparative Analysis. Ann Arbor.

Kowalsky, Wolfgang/Schroeder, Wolfgang (Hrsg.), 1994: Rechtsextremismus. Einführung und Forschungsbilanz. Opladen.

Lederer, Gerda/Schmidt, Peter (Hrsg.), 1995: Autoritarismus und Gesellschaft. Trendanalysen und vergleichende Jugenduntersuchungen 1945-1993. Opladen.

Linz, Juan J., 1975: Totalitarian and Authoritarian Regimes, in: *Fred I. Greenstein/Nelson W. Polsby* (Hrsg.), Handbook of Political Science. Bd. 3: Macropolitical Theory. Reading, 175-411.

Lipset, Seymour Martin, 1960: Political Man. The Social Basis of Politics. New York.

Merkl, Peter H./Weinberg, Leonard (Hrsg.), 1993: Encounters with the Contemporary Radical Right. Boulder.

Neumann, Franz, 1942: Behemoth. The Structure and Practice of National Socialism. London.

Niethammer, Lutz, 1969: Angepaßter Faschismus. Politische Praxis der NPD. Frankfurt a.M.

Oesterreich, Detlef, 1993: Autoritäre Persönlichkeit und Gesellschaftsordnung. Der Stellenwert psychischer Faktoren für politische Einstellungen – eine empirische Untersuchung von Jugendlichen in Ost und West. Weinheim/München.

Otto, Hans-Uwe/Merten, Roland (Hrsg.), 1993: Rechtsradikale Gewalt im vereinigten Deutschland. Jugendprobleme in gesellschaftlichen und biographischen Umbruchsituationen. Opladen.

Pfahl-Traughber, Armin, 1993: Rechtsextremismus. Eine Bestandsaufnahme nach der Wiedervereinigung. Bonn.

Scheuch, Erwin K./Klingemann, Hans-Dieter, 1967: Theorie des Rechtsradikalismus in westlichen Industriegesellschaften, in: Hamburger Jahrbuch für Wirtschafts- und Sozialpolitik 12, 11-29.

Sinus, 1981: 5 Millionen Deutsche: „Wir sollten wieder einen Führer haben ..." Die SINUS-Studie über rechtsextremistische Einstellungen bei den Deutschen. Mit einem Vorw. von *Martin Greiffenhagen.* Reinbek bei Hamburg.

Stöss, Richard, 1989: Die extreme Rechte in der Bundesrepublik. Entwicklung – Ursachen – Gegenmaßnahmen. Opladen.

Tauber, Kurt P., 1967: Beyond Eagle and Swastika. German Nationalism since 1945, 2. Bände. Middletown.

Willems, Helmut (zus. mit *Roland Eckert/Stefanie Würtz/Linda Steinmetz*), 1993: Fremdenfeindliche Gewalt, Einstellungen, Täter, Konflikteskalationen. Opladen.

Winkler, Jürgen R., 1994: Die Wählerschaft der rechtsextremen Parteien in der Bundesrepublik Deutschland, in: *Wolfgang Kowalsky/Wolfgang Schroeder* (Hrsg.), Rechtsextremismus. Einführung und Forschungsbilanz. Opladen, 69-88.

Winkler, Jürgen R., 1995a: Sozialstruktur, politische Traditionen und Liberalismus. Eine empirische Längsschnittstudie zur Wahlentwicklung in Deutschland 1871-1933. Opladen.

Winkler, Jürgen R., 1995b: Rechtsextremismus als Objekt der neueren sozialwissenschaftlichen Forschung, in: Politische Vierteljahresschrift 36, 300-319.

Zimmermann, Ekkart/Saalfeld, Thomas, 1993: The Tree Waves of West German Right-Wing Extremism, in: *Peter H. Merkl/Leonard Weinberg* (Hrsg.), Encounters with the Contemporary Radical Right. Boulder, 50-74.

I.

Theorie und Modell

Bausteine einer allgemeinen Theorie des Rechtsextremismus. Zur Stellung und Integration von Persönlichkeits- und Umweltfaktoren

Jürgen R. Winkler

1. Einleitung

Die Beschäftigung mit Rechtsextremismus hat eine derart große Anzahl von Publikationen hervorgebracht, daß das Forschungsfeld von niemandem völlig überschaut wird. Gefördert wurde diese Entwicklung durch die Diversifikation des Untersuchungsgegenstandes. Vertreter mehrerer Disziplinen haben verschiedene Objekte unter den Bereich subsumiert und sind mit jeweils unterschiedlichen Forschungsinteressen und Methoden einer großen Anzahl von Fragestellungen nachgegangen, zu deren Beantwortung diverse Begriffe, Konzepte und Theorien benutzt worden sind. Obwohl interdisziplinäre Forschung gefordert wird, ist die *scientific community* noch weit von einer fruchtbaren Synthese der Perspektiven entfernt. Und auch innerhalb der Politikwissenschaft stößt man auf zahlreiche Gegensätze bezüglich dessen, was unter Rechtsextremismus zu verstehen ist und erforscht werden soll, welche Faktoren unterschiedliche Formen von Rechtsextremismus beeinflussen und welche Konstrukte und Methoden dem Gegenstand angemessen sind. Die Vielfalt der Gegenstände, Begriffe, Konstrukte und Hypothesen, die häufig nur vage angedeutet und kaum aufeinander bezogen werden, lassen viel Platz für die unterschiedlichsten Interpretationen.

Die primäre Aufgabe der Rechtsextremismusforschung liegt darin, innerhalb ihres Gegenstandsbereiches diejenigen spezifischen Konstellationen aufzudecken, die für die Existenz, Struktur und Wirkungsweise von Formen des Rechtsextremismus ausschlaggebend sind, d.h. in der Konstruktion von fruchtbaren Theorien. Es kennzeichnet den Entwicklungsstand eines Wissenschaftszweiges, inwieweit er über gehaltvolle Theorien verfügt. Im Bereich der Rechtsextremismusforschung wird eine unübersehbare Anzahl von theoretischen Aussagen zumindest implizit behauptet, die Aufzählung von Ursachen häufig als Theorie bezeichnet. Allerdings zeigt bereits eine kurzfristige Beschäftigung mit dem Thema, wie heterogen die Forschungssituation und wie wenig entwickelt die Theorienproduktion ist. Ein weiteres Kennzeichnen des Entwicklungsprozesses eines Wissenschaftsgebietes ist es, ob und inwiefern versucht wird, vorhandene Theorien und Theoriebausteine aufeinander zu beziehen und in umfassendere theoretische Systeme einzubetten, d.h. die nur wenig verknüpften Erkenntnisse zu erschließen und in überschaubare Aussagengefüge zu bündeln. Vor allem in der neueren Literatur findet sich eine Vielzahl von Erklärungsangeboten, wobei häufig die benutzen Gesetze unterschlagen und unabhängige, intervenierende und abhängige

Variablen vermengt werden. Daher hat sie auch das Problem nicht befriedigend zu lösen vermocht, wie sich die vielfältigen Faktoren zueinander in Beziehung setzen.
Um die Theoriedebatte sinnvoll weiterführen zu können, bietet es sich bei ihrem gegenwärtigen Stand an, die Bausteine neu zu ordnen und in einem größeren Rahmen zu lokalisieren. Ich werde im folgenden die wichtigsten Konzepte der Theoriedebatte aufgreifen und einige kritische Anmerkungen zur traditionellen Rechtsextremismusforschung vortragen, wobei die Urheber bestimmter theoretischer Positionen im Mittelpunkt stehen. So kann am besten beurteilt werden, ob und inwieweit in den vergangenen Jahrzehnten ein theoretischer Fortschritt erzielt worden ist. Dabei möchte ich versuchen, das theoretische Rüstzeug bereitzustellen, das einen weitgespannten Analyserahmen zur theoretischen Entschlüsselung der Zusammenhänge zwischen Umwelteinflüssen, dem Verhältnis der Individuen zur Gesellschaft, den internen Zuständen und Handlungsformen ermöglicht, und zugleich die Umrisse einer theoretischen Position skizzieren, die sich insgesamt als ein alternatives Frage- und Analyseprogramm für die wissenschaftliche Auseinandersetzung mit dem Phänomen Rechtsextremismus versteht. Ich werde zeigen, daß die in der einschlägigen Literatur anzutreffenden Erklärungsansätze korrigiert, präzisiert oder ergänzt werden müssen.
Für die Zwecke dieser Analyse reicht es, mit Jaschke (1994: 31) von einem allgemeinen Rechtsextremismusbegriff auszugehen, worunter man alle Handlungsformen und Einstellungen subsumieren kann, „die von der rassisch oder ethnisch bedingten sozialen Ungleichheit der Menschen ausgehen, nach ethnischer Homogenität von Völkern verlangen und das Gleichheitsgebot der Menschenrechts-Deklaration ablehnen, die den Vorrang der Gemeinschaft vor dem Individuum betonen, von der Unterordnung des Bürgers unter die Staatsräson ausgehen und die den Wertepluralismus einer liberalen Demokratie ablehnen und Demokratisierung rückgängig machen wollen." Da ich mit der modernen Wissenschaftstheorie davon ausgehe, daß die Überzeugungskraft einer Theorie von ihrer ökonomischen und integrativen Leistung abhängt, der Theoriebegriff in der Rechtsextremismusforschung eher diffus gebraucht wird und die Beurteilung des Forschungsstandes von der jeweils eingenommenen theoretischen Position abhängt, ist es notwendig, zunächt mein Theorieverständnis offenzulegen. In den nächsten Abschnitten werde ich sodann die im Zentrum verschiedener Forschungsprogramme stehenden Kernvorstellungen darstellen, einige ihrer Mängel anführen, Korrekturen vorschlagen und ihre Stellung in einer umfassenden Theorie des Rechtsextremismus verorten.

2. Zur Relevanz theoretischer Rechtsextremismusforschung

Der Begriff der Theorie ist einer der am meisten amorphen Begriffe der Sozialwissenschaften. Autoren, die sich mit Rechtsextremismus beschäftigen, verwenden ihn für ganz unterschiedliche Sachverhalte, die von reinen Vermutungen über solide geprüfte Hypothesen bis hin zu präzisen Modellen reichen. Ganz allgemein kann man unter einer Theorie eine Menge von Begriffen und Aussagen verstehen, welche angeben, wie die Referenzobjekte der relevanten Begriffe aufeinander wirken. In der modernen Wissenschaftstheorie herrscht heute weitgehend Übereinstimmung darüber, daß eine Theorie nicht einfach mit einer Hypothese gleichgesetzt werden kann, weil Theorien, anders als dies bei einer empirischen Hypothese der Fall ist, nicht direkt überprüft werden können (Stegmüller 1989). Man spricht daher auch von umfassenden Theorien, um deutlich zu machen, daß sie der Organisation einer Anzahl von gesetzesartigen Aussagen oder Hypothesen dienen. Dadurch ermöglichen sie es, einen großen Forschungsbereich einheitlich zu erfassen, was ohne sie nicht möglich wäre. Die Leistungsfähigkeit einer Theorie des Rechtsextremismus liegt darin, daß sie nicht nur die Möglichkeit der Erklärung der auf dem Gebiet herangezogenen Gesetze bietet, sondern stets allgemeiner ist als diese insgesamt. Um eine konkrete Beschreibung liefern, eine Erklärung eines Ereignisses vortragen oder auf der Basis des theoretischen Wissens Prognosen und Handlungsanleitungen geben zu können, muß die angewandte Forschung der Theorie eine Menge von Aussagen hinzufügen, die über den Zustand des intendierten Objektbereiches zu einem bestimmten Zeitpunkt informiert, d.h. man muß die Werte der relevanten Variablen erheben.

In forschungstechnischer Hinsicht kann man zwei leitende Prinzipien bei der Konstruktion von Theorien unterscheiden, und zwar eine ökonomische und eine integrative. Rechtsextremismustheorien sollen einerseits die Anzahl der Aussagen, die sich auf Relationen zwischen den Merkmalen ihrer Objektbereiche beziehen, reduzieren. Andererseits sollen sie Begriffe, Konstrukte und Hypothesen, die verwandt werden, um eine bestimmte Klasse von Sätzen zu kennzeichnen, mit Begriffen, Konstrukten und Hypothesen verknüpfen, die zur Kenntlichmachung einer anderen Klasse von Sätzen genutzt werden. Je mehr die ökonomische und die integrative Funktion erfüllt werden, desto eher liefert die Theorie eine systematische und einheitliche Beschreibung von Prozessen und Objekten, die ohne sie nicht vergleichbar wären. Ihr Nutzen liegt darüber hinaus in ihrer Funktion als Darstellungs-, Erklärungs-, Prognose- und Validierungsmittel. Sie dient als Mittel zur Beschreibung von Aspekten des Rechtsextremismus. Ohne sie wüßte niemand, was für die Beschreibung relevant und was redundant ist. Die Theorie teilt uns mit, warum das eingetreten ist, was der Fall ist; sie erlaubt die Erklärung einer großen Zahl verschiedener Phänomene mit demselben Begriffsapparat. Sie ist mithin denkökonomisch, da nicht mehr für jedes erklärungsrelevante Ereignis oder jede erklärungsrelevante soziale Regelmäßigkeit ad hoc eine eigene Erklärung gefunden werden muß. Schließlich dient sie der Prognose unbekannter Ereignisse und sozialer Regelmäßigkeiten in Vergangenheit, Gegenwart und Zukunft; sie erlaubt die Vorhersage der Wirkung bestimmter Handlungen.

Theorien des Rechtsextremismus haben einerseits Konsequenzen, die sich auf beobachtbare Phänomene beziehen, andererseits müssen sie sich prinzipiell an Beobachtungen und sozialwissenschaftlichen Messungen ausweisen. Auch wenn die in ihr vorkommenden Regularitäten von einer einflußreichen Gruppe der *scientific community* als vertraut und wahr empfunden werden, so brauchen sie doch nicht wahr zu sein. Es kann sich um Vorurteile handeln, die einer empirischen Nachprüfung nicht standhalten. Obwohl sie niemals als völlig sicher oder definitiv richtig bezeichnet werden können, so stärken Konfirmierungen doch ihre Geltung. Eine Konfirmierung liegt vor, wenn ein beobachtbares Faktum mit einer Folgerung übereinstimmt. Stimmen Fakten nicht mit den Implikationen überein, so lassen sie die Theorie als fragwürdig erscheinen. Nicht-Übereinstimmungen heischen nach Ergänzungen oder Korrekturen.

Am weitesten verbreitet ist noch immer ein Verfahren, das Auftreten eines Phänomens zu „erklären“, indem ad hoc Ursachen von Rechtsextremismus eingeführt werden.

Obwohl dieses Verfahren methodologisch unhaltbar ist (vgl. u.a. Wilson 1973), hat es an Beliebtheit nicht eingebüßt. Unzureichend sind derartige „Erklärungen" bzw. „Theorien", weil lediglich Ursachenbehauptungen aufgestellt werden, ohne die Gesetze anzugeben, die implizit angewendet werden. Die Autoren führen keine Argumente dafür an, warum die behaupteten und nicht andere Zustände als relevant zu betrachten sind. Ursachenbehauptungen gewinnen jedoch erst dann an Relevanz, wenn auf generelle Hypothesen verwiesen wird, in denen eine Ursache-Wirkung-Beziehung zwischen den aufgeführten Randbedingungen und den erklärungsrelevanten Phänomenen besteht. Ein weiterer Kritikpunkt ist der, daß nicht geprüft wird, ob die implizit angewendeten Gesetze empirisch zutreffen. Sieht man zum Beispiel die kapitalistische Produktionsweise als Ursache von Rechtsextremismus an (Heitmeyer 1993), so unterstellt man, daß ein soziales Gesetz gültig ist, das diese Beziehung ausdrückt. Wendet man ein solches Gesetz an, so ist ein Hinweis auf Untersuchungen wünschenswert, in denen die genannte Beziehung empirisch überprüft wird, um Informationen über den genaueren Inhalt und die Leistungsfähigkeit einer derartigen Hypothese zu erhalten. Zu kritisieren ist ferner, daß die Relationen zwischen den implizit angewendeten Gesetzen im allgemeinen nicht geprüft werden. Schriften, in denen lediglich Ursachenbehauptungen aufgestellt und die Beziehungen zwischen ihnen nicht thematisiert werden, ist mit Mißtrauen zu begegnen, weil mittels eines derartigen Verfahrens alles erklärt werden kann.

Viele Darstellungen der Theorien und Erklärungsansätze von Rechtsextremismus lassen sich dadurch charakterisieren, daß soziale, ökonomische, kulturelle u.a. Faktoren nebeneinandergestellt werden, wobei gleichzeitig monokausale Ansätze zurückgewiesen und für Mehrfaktorenansätze plädiert wird (vgl. u.a. Stöss 1989, 1994; Jaschke 1994). Die Vertreter sogenannter Mehrfaktorenansätze übersehen allerdings die Tatsache, daß sich die verschiedenen Faktoren auf unterschiedlichen Ebenen zu je spezifischen theoretischen Systemen organisieren lassen. So unterschlägt etwa die Vorstellung, sozialstrukturelle oder psychische Merkmale stünden in einem direkten Verursachungszusammenhang mit dem Verhalten, die Tatsache, daß diese individuellen Merkmale menschliches Handeln durch Bewertungs- und Erwartungszusammenhänge vermittelt beeinflussen. Während in anderen Forschungsgebieten seit langem nicht so sehr methodologische Auseinandersetzungen darüber geführt werden, welche Art von Faktoren das in Frage stehende Explanandum erklären, sondern darüber, wie die vielfältigen Faktoren in einem systematischen Zusammenhang zu bringen sind, ist die Rechtsextremismusdiskussion immer noch von unreflektiertem Faktorendenken dominiert.

3. Die Stellung von Persönlichkeitsmerkmalen in Erklärungsansätzen von Rechtsextremismus

Zum persönlichkeitsbezogenen Forschungsprogramm können alle Versuche gezählt werden, in denen die zu erklärenden Tatbestände aus der Persönlichkeitsstruktur von Menschen hergeleitet werden. Die Idee ist, daß sich hinter den Bewertungen von Objekten verschiedener Bereiche eine konstante Größe verberge, die der Persönlichkeitsstruktur der Menschen entstamme. Allein nach der Art der im Mittelpunkt der Theorien stehenden Persönlichkeitsmerkmale und -konstrukte lassen sich diverse

Theorien über Rechtsextremismus unterscheiden. Die erste und einflußreichste Richtung innerhalb dieser Theorienfamilie stellt Autoritarismus als Kernkonstrukt in den Mittelpunkt der Forschungen (vgl. u.a. Adorno u.a. 1950; Oesterreich 1993; Lederer/Schmidt 1995; Altemeyer 1981; Hopf 1993). Eine zweite heterogene Richtung ist auf die Struktur mentaler Systeme fixiert. Hierzu zählt das Dogmatismus-Konzept (Rokeach 1960; Roghmann 1966) oder auch das von Schumann (1986) entwickelte Konstrukt „Stabilität zu einem stabilen kognitiven Orientierungssystem" (ASKO). Eine dritte Gruppe geht von einer Rechtskonservativismus-Liberalismus-Dimension aus (McClosky 1958; Kerlinger 1984) und eine vierte stellt schließlich die Konstrukte Materialismus versus Postmaterialismus bzw. Linkslibertär versus Rechtsautoritär in das Zentrum der Untersuchungen (Inglehart 1977, 1989; Ignazi 1992).

Als exemplarisch für einen persönlichkeitsbezogenen Zugriff kann die Arbeit der Mitarbeiter des Instituts für Sozialforschung in Frankfurt angesehen werden, die nach der Machtergreifung durch die Nationalsozialisten dann in den vierziger Jahren in Berkeley fortgesetzt wurde. Die Berkeley-Gruppe stimmte darin überein, daß es eine „Persönlichkeitsgrundlage des Faschismus" (Fromm), d.h. eine tief verankerte, stabile autoritäre Persönlichkeitsstruktur gebe, die z.B. die Bewertung von Fremdgruppen bestimme. Autoritäre Persönlichkeiten unterwerfen sich Autoritäten und bezeugen Mächtigen Gehorsam, während sie sich Schwachen gegenüber als überlegen und aggresiv gebärden. In ihrer Wertordnung rangieren externalisierte Werte wie Sicherheit, Ordnung und Pflichterfüllung an oberster Stelle. Menschen mit einer autoritären Persönlichkeit weisen nach Adorno u.a. (1950) eine geschlossene rechtsextreme Ideologie auf und neigen dazu, rechtsextreme Gruppierungen und Herrschaftssysteme zu unterstützen. Der Studie über die autoritäre Persönlichkeit folgte eine unübersehbare Flut von Untersuchungen, in denen ähnlichen Fragestellungen nachgegangen wurde. Dabei haben viele Autoren jedoch andere Akzente gesetzt und ihren Untersuchungen modifizierte Autoritarismuskonzepte zugrundegelegt (vgl. u.a. Altemeyer 1981; Hopf 1993; Oesterreich 1993; Lederer/Schmidt 1995).

Rokeach (1960) hat die Konfundierung struktureller und inhaltlicher Elemente in dem Konzept der autoritären Persönlichkeit kritisiert und statt dessen mit der Dogmatismustheorie eine „ideologiefreie" Weiterentwicklung vorgeschlagen, die den Autoritarismus als einen Spezialfall einschließt. Autoritarismus existiere nicht nur auf dem extrem rechten Pol des politischen Spektrums, sondern in allen politischen und kulturellen Bereichen. Der Idee nach sollte das theoretische Konstrukt Dogmatismus unabhängig von der politischen Rechts-Links-Dimension sein. Rokeach unterscheidet zwischen einem geschlossenen und einem offenen Orientierungssystem. Unter ersterem versteht er eine auf eine Reihe von Kernüberzeugungen hinsichtlich einer absoluten Autorität zentrierte, relativ geschlossene kognitive Organisation meinungskonformer und meinungskonträrer Aussagen über die Wirklichkeit. Es zeichnet sich dadurch aus, daß negative Einstellungen nur wenig differenziert sind, ein pessimistisches Weltbild, Angst und die Beschäftigung mit Machtfragen vorherrschen. Weitere Kennzeichen sind der Glaube an eine absolute Natur der Autorität und die Intoleranz gegenüber anders eingestellten Personen. Je geschlossener das Überzeugungssystem einer Person sei, desto weniger sei sie in der Lage, eine Vielzahl unterschiedlicher Aspekte einer Handlungssituation wahrzunehmen. Geschlossene Orientierungssysteme lägen um so eher vor, je undifferenzierter Informationen abgelehnt, die Welt und die eigene Lebenssituation als bedrohlich eingeschätzt, Autoritäten verabsolutiert werden. Zu Meinungs- und Einstellungsänderungen komme es bei dogmatischen Individuen nur, wenn sich der gesamte Denkrahmen wandle.

In der von Inglehart (1977) vorgeschlagenen Theorie stehen ebenfalls Persönlichkeitsmerkmale im Zentrum. In diesem Falle ist die Persönlichkeitsstruktur über Wertprioritäten definiert, d.h. über die von den Individuen verinnerlichte Auffassung vom Wünschenswerten, welche über die kognitiven, affektiven und evaluativen Einstellungen gegenüber Objekten das politische Verhalten beeinflussen. Die Wertstruktur der Individuen prägt die Wahrnehmung der Umwelt und bestimmt, welche Mittel zur Erreichung von Zielen eingesetzt werden. Ähnlich wie in der Konzeption von Rokeach handelt es sich bei Werten in der Konzeption von Inglehart um zentrale Steuerungskräfte, die es gestatten, Handlungen als legitim oder illegitim anzusehen. Die zentrale verhaltenswirksame Wertedimension sieht Inglehart in der Materialismus-Postmaterialismus-Dimension, wobei sicherheits- und ordnungsbezogene Werte als materialistische und Werte wie Freiheit der Meinungsäußerung, Toleranz gegenüber Minderheiten oder Umweltverschönerung als postmaterialistische Werte bezeichnet werden. Mit dem Konzept der materialistischen Persönlichkeit erfaßt Inglehart eine der Dimensionen der autoritären Persönlichkeit auf eine neue Art und Weise. Mit Inglehart (1989) geht u.a. Ignazi (1992) davon aus, daß das Persönlichkeitsmerkmal Materialismus – rechtsautoritär umgedeutet – rechtsextreme Einstellungen und Verhaltensweisen bestimmt. Der Aufstieg rechtsextremer Parteien in Westeuropa wird als Gegenbewegung zu den grün-libertären Parteien der Postmaterialisten interpretiert.

Alle genannten Ansätze müssen eine befriedigende Antwort auf die Frage liefern, wie man die theoretisch postulierten Persönlichkeitsmerkmale begründen kann. Zur Erfassung potentiell faschistischer Menschen entwickelten Adorno u.a. (1950) zu diesem Zweck die F-Skala, womit sie ein äußerst einflußreiches Instrument vorlegten, das zahlreiche Nachfolgestudien anregte und auch heute noch empirische Studien zum Rechtsextremismus anleitet. Gerade die konkrete Bestimmung des Persönlichkeitsmerkmals hat aber auch zu einer heftigen Kritik an der Studie geführt. Das verwendete Meßinstrument sei z.B. mehrdimensional, an nicht-repräsentativen Stichproben entwickelt und bildungsabhängig, und es sei fraglich, ob es tatsächlich ein Persönlichkeitsmerkmal messe (vgl. Hymann/Sheatsley 1954). Rokeach entwickelte zur Messung seines Kernkonzepts die sogenannte D-Skala, aber auch ihr wurde vorgeworfen, nicht valide zu sein (vgl. Ehrlich 1978; Roghmann 1966). Während das Instrument der F-Skala darauf zielt, Rechtsextremisten im engeren Sinne zu identifizieren, ist verschiedentlich auch der Versuch unternommen worden, die zahlenmäßig größere Gruppe der konservativen, aber nicht aggressiv oder im Sinne von Scheuch und Klingemann (1967) pathologischen Persönlichkeiten von liberalen abzugrenzen (vgl. McClosky 1958; Kerlinger 1984), ohne allerdings den Versuch zu unternehmen, dies in eine umfassendere Theorie einzubetten und das Problem, Konservativismus definitorisch abzugrenzen, befriedigend zu lösen. Dem von Inglehart benutzten Persönlichkeitsmerkmal werden insofern Zweifel entgegengebracht, als das vorgeschlagende Meßinstrument eine Vielzahl von politischen Zielen beinhaltet. Es sei ebenfalls nicht valide, d.h. messe nicht die Intension des Merkmals, da die Beantwortung der zu seiner Messung herangezogenen Statements zu stark von äußeren Einflüssen bestimmt werde. Ein großer Teil der Kritik an den persönlichkeitsbezogenen Theorieansätzen ist mithin

methodologischer Natur. Sie betrifft die Validität der verwendeten Skalen und damit die Gültigkeit der von den Autoren behaupteten empirischen Befunde.
Fast alle persönlichkeitsbezogenen theoretischen Anläufe verweisen an der einen oder anderen Stelle auf die Bedeutung der familiären Sozialisation. Die Herausbildung und Übernahme von Werten hänge von der Familienstruktur, den Autoritätsbeziehungen und Erziehungsarten ab. Dabei legen einige Autoren einen besonderen Wert auf die frühe Kindheitsphase, andere betonen eher die Lebensjahre zwischen der Geschlechtsreife und dem Eintritt in das Erwachsenenleben. Viele Sozialforscher waren in den zwanziger und dreißiger Jahren der Auffassung, die Erziehung in den Familien generiere und verfestige bestimmte Charakterstrukturen. Auch Adorno u.a. (1950) gingen von der Vorstellung aus, die Quelle der autoritären Persönlichkeit sei in der familiären Sozialisation bzw. Erziehung zu suchen. Sie stellen eine Verbindung zwischen der Familienstruktur, der primären Sozialisation, den kognitiven Prozessen und der Vorurteilsneigung her. Die Quelle des Rechtsextremismus liege in der frühkindlichen Sozialisation innerhalb einer autoritären Familie. Die potentiellen Rechtsextremisten wüchsen im Laufe einer vaterdominanten autoritären familiären Sozialisation heran. Andere Einflußbereiche werden als sekundär angesehen und daher weitgehend ausgeklammert. Personen, die in einem derartigen Familienmilieu heranwüchsen, würden später auch starke Vorurteile gegenüber ethnischen Minderheiten aufweisen und dazu neigen, physische Gewalt anzuwenden (vgl. LeVine/Campbell 1972). Die Hypothese, Rechtsextremismus, Fremdenfeindlichkeit und Vorurteile seien mit elterlicher Disziplin und Strenge verbunden, hat sich in der Forschungspraxis jedoch nur mäßig bewährt. Nach dem Stand der empirischen Forschung ist davon auszugehen, daß ein mittleres Maß an Strenge den größten Einfluß hat (Witte 1989). Auch die Pionierarbeit von Rokeach ist der Idee behaftet, die Herausbildung von Persönlichkeitsmerkmalen hänge in erster Linie von der Familienstruktur und den Kindheitseinflüssen ab. Adorno u.a. und Rokeach raten den Rechtsextremismusforschern also, ihre Aufmerksamkeit auf ähnliche Bereiche zu lenken. Der Unterschied liegt zum einen in dem verhaltensbeeinflussenden Kernkonzept und zum anderen in der benutzten Hintergrundtheorie. Während als erklärende Größen der autoritären Persönlichkeit in erster Linie Konzepte der Psychoanalyse dienen, geht Rokeach von Konzepten der kognitiven Psychologie aus. In der bundesdeutschen Rechtsextremismusforschung ist die familiäre Sozialisation kaum thematisiert worden. Ideen über den Einfluß der sozialen Umwelt verdrangen die Vorstellung über den prägenden Einfluß der familiären Sozialisation. Mit vielen anderen meint Wacker (1979: 118) urteilen zu können, „die Hoffnung, politische Orientierungen und politische Verhaltensweisen aus familialen Sozialisationsbedingungen ableiten zu können", habe sich nicht erfüllt. Erst in einigen wenigen neueren Veröffentlichungen wird dem innerfamiliären Bereich größere Aufmerksamkeit geschenkt. Im deutschsprachigen Raum geht vor allem Hopf (1993) davon aus, die familiäre Sozialisation stelle eine der Hauptbedingungen der Genese rechtsextremer Orientierungssysteme dar. Sie betont die biographischen und sozialen Erfahrungen in der Familie, d.h. die Eltern-Kind-Beziehung für die Moral- und Persönlichkeitsentwicklung und die daraus resultierende Handlungsdisposition.
Die Vermutung, eine spezifische Art der familiären Sozialisation sei für die Herausbildung von Rechtsextremismus verantwortlich, führte bei vielen dazu, die konkreten Alltags- bzw. Lebensbedingungen der Menschen und die vielfältigen kulturellen Ein-

flüsse zu vernachlässigen. Die Konzentration auf eine Bezugsgruppe im Prozeß der primären Sozialisation negiert den Einfluß weiterer Bezugsgruppen. Ebenso wichtig wie die familiäre Erziehung dürfte aber beispielsweise die schulische Sozialisation sein, vor allem für die Herausbildung und Stabilität von Wertorientierungen in einer Gesellschaft. Beeinflussend können dabei sowohl die Autoritätsbeziehungen als auch die vermittelten Werte sein (vgl. z.B. Almond/Verba 1963: 260ff.).

Keine Rolle spielt die Erziehung in der Theorie von Inglehart. Dagegen werden hier die sozioökonomischen Lebensumstände stärker berücksichtigt, als dies in den zuvor genannten Theorien der Fall ist. Nach Inglehart bildet sich das verhaltenswirksame Persönlichkeitsmerkmal in Abhängigkeit von der ökonomischen Prosperität heraus. Diejenigen Menschen, die unter ungünstigen ökonomischen Bedingungen aufwüchsen, generierten ein materialistisches Überzeugungssystem. Dagegen verinnerlichten Personen, die unter ökomomisch günstigen Bedingungen heranwachsen, ein postmaterialistisches Orientierungssystem. Begründet wird dieser Sachverhalt durch die Mangelhypothese, die besagt, daß Individuen die höchste Priorität für solche Bedürfnisse entwickeln, die am wenigsten befriedigt sind. Um das Verhalten erwachsener Personen erklären zu können, führt Inglehart eine spezifische Form der Sozialisationshypothese ein, indem er argumentiert, Individuen zeigten in ihrem späteren Leben Werthaltungen, die ihre Sozialisationsbedingungen widerspiegeln. Das heißt: Personen, die in Zeiten ökonomischer Knappheit aufwachsen, orientierten sich auch noch im höheren Alter an materialistischen Wertüberzeugungen und gehören somit zu den potentiellen Trägern rechtsextremer Bewegungen. Keine Neigung zum Rechtsextremismus würden dagegen Personen aufweisen, die in Zeiten materieller Befriedigung aufwachsen. Stellt die Verinnerlichung postmaterialistischer Wertorientierungen in der Persönlichkeitsstruktur eine Barriere für die unterschiedlichen Formen von Rechtsextremismus dar, so verringert der von Inglehart (1977, 1989) charakterisierte Trend vom Materialismus zum Postmaterialismus mittelfristig die Erfolgsaussichten rechtsextremer Bewegungen. Ingleharts Theorie der Wertegenese stellt ohne Zweifel eine Überzeichnung des Einflusses der wirtschaftlichen Situation auf die politische Sozialisation dar. Denn Werte werden auch durch die formale Erziehung und Ausbildung sowie durch die Vielzahl menschlicher Kontakte in unterschiedlichen Lebensbereichen erlernt. Obwohl Inglehart nicht müde wird, die Wirkung der politischen Kultur auf unterschiedliche Phänomene zu betonen, weist er ihr interessanterweise gerade – was das Lernen von Wertorientierungen angeht – keine wirklich prägende Kraft zu, womit er sich in einen theoretischen Widerspruch verwickelt. Die politische Sozialisationsforschung zeigt entgegen der Annahme von Inglehart zudem, daß die Sozialisation keineswegs auf das Kindes- und Jugendalter begrenzt ist, sondern einen lebenslangen Prozeß darstellt. Mit dem Wechsel von Lebensaltern, Lebensumständen, geographischer und sozialer Mobilität bewegen sich Individuen zwischen verschiedenen Bezugsgruppen. Damit verbunden ist eine ständige Anpassung des Orientierungssystems an die Umwelt.

Persönlichkeitsmerkmale der genannten Art werden in diversen Begründungszusammenhängen zur Erklärung unterschiedlicher Klassen von Ereignissen herangezogen. Diese umfassen Ausländerfeindlichkeit und Antisemitismus, den Aufstieg rechtsextremer Bewegungen und Parteien, die Ausübung rechtsextremer Gewalthandlungen und auch die Errichtung rechtstotalitärer politischer Systeme. Unklar ist, ob das Vorliegen des Persönlichkeitsmerkmals eine notwendige oder sogar hinreichende Bedin-

gung rechtsextremen politischen Verhaltens darstellt. Welche Beziehungen zwischen einem rechtsautoritären Persönlichkeitsmerkmal auf der einen Seite und dem extrem rechten Wählerverhalten und Einstellungspotential auf der anderen Seite bestehen, ist auch nach einem halben Jahrhundert noch nicht geklärt (vgl. z.B. Scheuch 1970; Veen/Lepszy/Mnich 1993; Lederer/Schmidt 1995; Falter 1994).
Einigkeit besteht unter den genannten Autoren darüber, daß die im Kern ihrer Theorien stehenden Persönlichkeitsmerkmale überdauernde und stabile Verhaltenskorrelate darstellen, die sich bei einigen schon in der frühen Kindheit, bei anderen in der Jugend verfestigen und auch in kritischen Zeiten im wesentlichen erhalten bleiben. Dagegen spricht, daß die Umwelt den Menschen verändern kann, daß einschneidende äußere Einflüsse ihn zu einer Revision seines Überzeugungssystems verleiten. Zwar werden in der Kindheit und Jugend hinsichtlich der Persönlichkeitsbildung wichtige Weichen gestellt. Dennoch können sich verschiedene Persönlichkeitsmerkmale in unterschiedlichen Lebensabschnitten herausbilden. Da die Menschen lebenslangen Einflüssen ausgesetzt sind, kann sich ihre Persönlichkeitsstruktur im Laufe der Zeit noch verändern. In komplexen Gesellschaften machen der rasche soziale Wandel und die Mobilität vieles in der Kindheit und Jugend Erlernte überflüssig und stellen neue Anforderungen, die neues Lernen und Umlernen erfordern. Diese Lernprozesse sind nicht unabhängig von den Effekten der frühen Sozialisation; sie stehen mit ihnen in einer Wechselwirkung. Da dispositionelle Eigenschaften keine zureichenden Erklärungen von Formen des Rechtsextremismus liefern können, muß die Theorie um interaktionelle Prozesse zwischen Individuen und ihrer Umwelt (Situation) ergänzt werden. Geht man davon aus, daß sich so etwas wie Persönlichkeitsmerkmale herausbilden, und unterstellt man, daß diese lediglich Grundausstattungen darstellen, die durch äußere Einflüsse (Verstärker) bestätigt oder auch korrigiert werden können, so wird die Aufmerksamkeit stärker auf die nähere und entferntere politische, soziale, wirtschaftliche und kulturelle Umwelt der Menschen sowie auf das Personen-Umwelt-Verhältnis gerichtet.

4. Formen und Wirkungen von Ungleichgewichtszuständen

Eine zweite Autorengruppe richtet ihre Aufmerksamkeit in erster Linie auf die Zugehörigkeit von Personen zu Kollektiven, deren Veränderungen und Interaktionen. In ihrem Mittelpunkt stehen eine Vielzahl von hypothetischen Konstrukten wie Ungleichheit, Unzufriedenheit, Statuspolitik, Deprivation, Frustration, Modernisierungsverlierer usw. Am einflußreichsten hat sich die Idee erwiesen, die Hofstadter (1964) und Lipset (1964a) vorgetragen haben: Personen, die ihren Status in Gefahr sehen, neigten dazu, rechtsextreme Bewegungen zu unterstützen und auch andere rechte Handlungsformen zu wählen. Rechtsextreme politische Systeme würden errichtet, Organisationen seien erfolgreich und andere Formen rechtsextremer Handlungen umso eher anzutreffen, je mehr Personen in einer Gesellschaft einen Status einnehmen, der niedriger ist als der gewünschte oder gewohnte. Die Idee ist hinter zahlreichen Konzepten versteckt, die gegenwärtig in diversen Begründungszusammenhängen vorgetragen werden (vgl. u.a. Falter 1991, 1994; Jaschke 1994; Stöss 1989; Veen/Lepszy/Mnich 1993; Winkler 1995). Am weitesten verbreitet ist jene Form der Statuspolitik, in der die Erfolge rechtsextremer Parteien auf materielle Bedrängnisse zurückgeführt werden.

Zur Erklärung der politischen Orientierung sozialer Gruppen wird auch der Begriff der relativen Deprivation eingeführt. Darunter versteht man einen Zustand der Enttäuschung und Unzufriedenheit, dessen Grund in einer Kluft zwischen dem Ist und dem Wunsch liegt. Deprivation meint also die Nicht-Erfüllung bestimmter Erwartungen bzw. Bedürfnisse und hat mithin einen ähnlichen Bedeutungsgehalt wie Statuspolitik. Einen Unterschied kann man in der Prestige-Dimension sehen, die in dem Konzept der Statuspolitik, nicht aber in dem der Deprivation thematisiert werden muß. Letzteres bezieht sich überdies sowohl auf materielle als auch auf immaterielle Güter, und man könnte daher je nach Bereich, in dem ein Mangel wahrgenommen wird, von wirtschaftlicher, sozialer, kultureller und politischer Deprivation sprechen. Eine relative Benachteiligung kann dazu führen, daß sich Personen gegen die wahrgenommenen Verursacher der Benachteiligung zusammenschließen. Autoren, die Deprivation mit einer nicht hinreichenden Ausstattung von Individuen mit wirtschaftlichen Gütern gleichsetzen oder mit negativen Wirtschaftsentwicklungen auf der Makroebene identifizieren, gehen von einer stark reduzierten, empirisch gehaltsarmen Deprivationstheorie aus.

Die Zahl der Veröffentlichungen, in denen die Erfolge rechtsextremer Parteien auf ökonomische Faktoren zurückgeführt werden, ist unübersehbar. Am einflußreichsten ist die These vom Zusammenhang zwischen Wirtschaftskrisen und Rechtsextremismus, die auch Klönnes (1989: 545) Annahme leitet, die Wahlerfolge von NPD und Republikanern seien Resultat von „Existenznöten und materiellen Bedrängnissen". Letzterer hat in diesem Zusammenhang die Formel vom „Aufstand der Modernisierungsopfer" geprägt. Hier ist aus der These von den Statusverlierern die der Modernisierungsverlierer geworden. Die wichtigste Barriere gegen den Aufstieg rechtsextremer Bewegungen sei demnach eine positive Entwicklung der wirtschaftlichen Rahmenbedingungen. Da sich die zuletzt genannten theoretischen Aussagen auf ökonomische Größen beschränken, sind sie allerdings weniger gehaltvoll als die generelle Hypothese. Empirisch haben sie sich wenig bewährt. Die Erfolge rechtsextremer Bewegungen lassen sich entweder überhaupt nicht oder nur unter Hinzuziehung zusätzlicher theoretischer Annahmen auf ökonomische Ungleichgewichtszustände zurückführen. Verweise auf objektiv meßbare wirtschaftliche Rahmenbedingungen können zwar in die Beschreibung der Umweltsituation eingehen. Als eine gesicherte Erkenntnis gilt jedoch, daß gleiche oder ähnliche Umweltsituationen von verschiedenen Individuen unterschiedlich verarbeitet werden. Andererseits können verschiedene Personen ungleiche ökonomische Situationen gleich wahrnehmen und ähnliche Reaktionen zeigen. Die moderne Verhaltensforschung geht denn auch davon aus, daß ökonomische Reize (Inflation, Wirtschaftswachstum, Arbeitslosigkeit etc.) situationsabhängig sind und verschiedene Wirkungen hervorrufen können.

Alle Arbeiten, in denen Ausdrücke wie Deprivation, Statuspolitik, Modernisierungsverlierer, Frustration etc. im Zentrum des Erklärungsansatzes stehen, bleiben die Antwort auf die Frage schuldig, warum gerade eine rechtsextreme Bewegung und nicht eine andere politische Gruppierung einen Aufschwung erlebte. Ungleichgewichtszustände rufen nicht notwendigerweise bestimmte Einstellungen oder Handlungen hervor, sondern haben je nach Logik der Situation unterschiedliche Handlungskonsequenzen. Status- und Deprivationstheorien, die die Erfolge rechtsextremer Bewegungen auf Unzufriedenheit zurückführen, können daher keinen wesentlichen Beitrag zu deren Erklärung leisten. Zwar lassen sich subjektive Entbehrungen bei den Anhängern rechtsextremer Oppositionsbewegungen nachweisen (vgl. Falter 1994; Veen/Lepszy/Mnich 1993), doch noch häufiger dürften sie vorliegen, ohne daß rechtsextreme Bewegungen unterstützt werden.

In den Theorien von Hofstadter und Lipset fungieren Ungleichgewichtszustände in Form der Statuspolitik als intervenierende Größe zwischen äußeren Umwelteinflüssen und Persönlichkeitsmerkmalen auf der einen und den erklärungsrelevanten rechtsextremen Verhaltensweisen auf der anderen Seite. Sie stellen eine notwendige, aber keine hinreichende Bedingung für Handlungen dar, die mit dem Etikett rechtsextrem versehen werden. Ungleichgewichtszustände werden allerdings nicht herangezogen, um rechte Einstellungen oder die Herausbildung entsprechender Persönlichkeitsmerkmale zu erklären. Die besondere Betonung der Statuspolitik bei Hofstadter und Lipset hat dazu geführt, daß ihre Theorien des Rechtsextremismus in vielen Sekundärdarstellungen auf die Statuspolitikthese (auch Hofstadter-Lipset-Hypothese genannt) reduziert und der Theorie der autoritären Persönlichkeit von Adorno u.a. gegenübergestellt wurden. Geht es in der Theorie der autoritären Persönlichkeit jedoch darum, ihre Konzeption zu begründen und die Herausbildung stabiler rechtsautoritärer Orientierungen zu erklären, so wird eine spezifische Persönlichkeitskonzeption in der Theorie der Statuspolitik als gegeben vorausgesetzt. Sie tritt nicht an die Stelle von Persönlichkeitsmerkmalen, sondern als intervenierender Mechanismus zwischen Persönlichkeitsmerkmale und rechtsextremes politisches Verhalten. Rechtskonservative Personen, die eine Position in der Gesellschaft besetzen, die niedriger ist als die gewohnte oder gewünschte, neigten zu rechtsextremen Handlungsformen. Es sind also – um ein Beispiel zu nennen – nicht die Arbeitslosen generell, die zur Wahl rechtsextremer Parteien neigen; sie neigen unter bestimmten Umständen sogar eher zur Wahl linksextremer Parteien, wie dies Falter (1991) am Beispiel der Weimarer Republik zeigt. Es sind vielmehr die von vornherein rechtskonservativen bzw. rechtsautoritären Arbeitslosen, die über eine Disposition zu extrem rechten Verhaltensformen verfügen. An den Arbeiten von Lipset hat Polsby (1960) allerdings zu Recht bemängelt, daß die Persönlichkeitsmerkmale viel zu unpräzise gefaßt werden.

Einen wesentlichen Bestimmungsfaktor von Ungleichgewichtszuständen stellen zum einen die von den Individuen internalisierten Ansprüche und deren Einlösung und zum anderen die Positionierung in der Sozialstruktur dar. Ungleichgewichtszustände treten auf, wenn Personen glauben, legitime Ansprüche auf Belohnungen zu haben, diese aber nicht erhalten. Die Kluft zwischen dem Ist- und Soll-Zustand kann daher rühren, daß sich bei gleichbleibender Erwartung die Positionierung verschlechtert, die Erwartungen bei gleichbleibender Lage steigen oder die Erwartungen schneller steigen als sich die Positionierung verbessert. Nach Davies (1962) entsteht relative Deprivation durch Aufschwung-Abschwung-Sequenzen der wirtschaftlichen Entwicklung. Im Aufschwung gewöhnten sich die Menschen an einen steigenden Lebensstandard und erwarteten, daß es ihnen auch in Zukunft immer besser gehen werde. Da im Abschwung eine Korrektur der Erwartungen nicht schnell genug erfolge, entstehe eine Lücke zwischen den Ansprüchen und dem, was die Leute tatsächlich bekämen. Nach Hofstadter lassen sich in der Geschichte von Gesellschaften Perioden ausmachen, in denen Fragen des sozialen Status nach vorne rücken. Statuspolitik trete vor allem in Phasen sozialen, ökonomischen, kulturellen und administrativen Wandels auf, und zwar umso eher, je stärker derartige Veränderungen von einigen Gruppen der Gesellschaft abgelehnt werden und Personen mit bestimmten Persönlichkeitsmerkmalen (Pseudokonservative) vorgeben, die vermeintlich nationalen Werte zu erhalten. In der Literatur werden auch „Mißstände in den allgemeinen Lebensbedingungen der Menschen", also negativ bewertete „Wohnverhältnisse, nachbarschaftliche Beziehungen, soziale Kontakte und soziale Versorgung, kulturelle Infrastrukturen und Freizeitangebote" (Stöss 1989: 236) für die Erfolge rechtsextremer Gruppierungen verantwortlich gemacht. Gebiete, in denen die allgemeinen Lebensbedingungen negativ bewertet werden, seien „prädestiniert (..) für die Herausbildung von rechtsextremen Nachwuchs" (Stöss 1989: 236). Genau genommen handelt es sich hierbei nicht um Randbedingungen von Rechtsextremismus, wie es Stöss nahelegt, sondern um Randbedingungen von Ungleichgewichtszuständen.

Ein Hauptunterschied zwischen Hofstadters und Lipsets Theorie des Rechtsextremismus besteht in dem herausgehobenen Einfluß, den letzterer der politischen Elite einer Gesellschaft beimißt. Nach Lipset (1964b) ist ein Teil der Elite ebenso wie ein Teil der Bevölkerung von ihrer Wertorientierung her als rechtskonservativ zu bezeichnen. Es seien vor allem diese Teile der Eliten und der Bevölkerung, die in Modernisierungsphasen ihren Status bedroht sehen. Statusbedrohende Bedeutung wird u.a. der Immigration beigemessen. Immigrationsprozesse und damit zusammenhängende ethnische Konflikte werden mithin nicht als direkte Ursache von Rechtsextremismus, sondern als Randbedingungen von Ungleichgewichtsprozessen angesehen. Die gesellschaftlichen Veränderungen führten zu einer politischen Gegenbewegung. Rechtskonservative Eliten würden gerade in derartigen Perioden versuchen, ihre Wählerbasis zu erweitern und sich dabei vor allem auf nationalpopulistische Themen konzentrieren und ethnische Unterschiede herausstreichen. Um Personen zu mobilisieren, würden sie vorgeben, den sozialen Status breiterer Bevölkerungskreise zu verteidigen und den unterer Schichten anzuheben, die am meisten von den Immigrationsprozessen oder dem sozialen Wandel bedroht seien. Der Erfolg rechtsextremer Bewegungen hänge ferner davon ab, ob es der rechtskonservativen Elite einer Gesellschaft gelinge, innerhalb der etablierten politischen, kulturellen und wirtschaftlichen Eliten Unterstützung zu finden. Noch deutlicher als Lipset unterstreicht Rogin (1967) die Rolle gesellschaftlicher Eliten. Für ihn sind Ungleichgewichtszustände auf seiten der Massen sogar von untergeordneter Bedeutung. Entscheidend sei vielmehr, ob ein relevanter Teil der Elite frustiert sei und ob es ihr gelinge, den Massen überzeugende Deutungen anzubieten.

Betrachtet man reine Persönlichkeitstheorien und die von Deprivationen oder Statuspolitik ausgehenden Theorien als alternative Ansätze, wie dies in Übersichten häufig geschieht, ohne Elemente der jeweils anderen Theorie zu integrieren, so stehen die vorliegenden persönlichkeitsbezogenen Theorien in einem logischen Widerspruch zu den zumeist vorgetragenen Ungleichgewichtstheorien. Aus der Theorie der autoritären Persönlichkeit ergibt sich die Negation der Deprivationstheorie und umgekehrt. Denn nach ersterer bildet sich die rechtsextreme Verhaltensdisposition im Zuge der frühen familiären Erziehung, nach letzterer aber aufgrund nicht erfüllter Erwartungen heraus. Daraus folgt, daß sie nicht beide zutreffen können. Darstellungen zum Rechtsextremismus, in denen derartige Theorien einfach nebeneinandergestellt werden, um dem Vorwurf der Monokausalität zu entgehen, sind daher skeptisch zu betrachten. Ein Ausweg aus dem Dilemma könnte in einer Reformulierung der Sozialisationshypothese und der Einführung von Deprivationstoleranzen bzw. Ungleichgewichtstoleranzen bestehen. Ich schlage vor, unter Deprivationstoleranz die Fähigkeit einer Person zu verstehen, eine vorübergehende oder dauerhafte Deprivationen zu ertragen. Unter einer Ungleichgewichtstoleranz kann man dann die Fähigkeit einer Person verstehen, einen vorübergehenden oder dauerhaften Ungleichgewichtszustand zu ertragen. Persönlichkeitsmerkmale stellen vermutlich neben individuellen Deprivations- bzw. Ungleichgewichtserfahrungen eine wesentliche Determinante solcher Toleranzen dar.

5. *Die Integration in die Gesellschaft*

Eine dritte Richtung setzt an den Folgen des sozialen Wandels der modernen Industriegesellschaft an. Einig sind sich die Theoretiker der Moderne und Postmoderne darin, daß ein intensiver Gesellschaftswandel zu steigender Verunsicherung, Ohnmachtsgefühlen und Statusängsten führe: Je schneller der soziale Wandel stattfinde, desto eher würden sich anomische Zustände und Ängste ausbreiten. Sie folgen darin Durkheim, der schon um die Jahrhundertwende Gesellschaften mit intensivem Wandel als anomisch charakterisierte. Er ging von der Annahme aus, in Phasen, in denen kaum gesellschaftliche Veränderungen stattfänden, sei menschliches Handeln durch allgemeinverbindliche, internalisierte Normen geregelt. In Modernisierungsphasen würde sich diese Beziehung zwischen Individuum und Gesellschaft auflösen. Die normativen Erwartungen würden an Verbindlichkeit verlieren mit der Folge, daß – im Extremfall – individuelle Ansprüche keiner gesellschaftlichen Steuerung mehr unterliegen und sich in abweichenden Handlungsformen wie z.B. Kriminalität und Selbstmord äußern. Parsons hat später den Gedanken aufgegriffen und eine Präzisierung des Gegenpols von Anomie vorgenommen. Er bezeichnet ihn als Zustand der vollständigen Integration.
Scheuch und Klingemann (1967) folgen dem Gedanken Durkheims, nehmen aber zwei Modifikationen vor. Zum einen tauschen sie das Explanandum aus, ohne die zentrale Randbedingung über Bord zu werfen, und sie verbinden die hypothetischen Kernkonstrukte von Durkheim und Rokeach, indem sie einen Zusammenhang zwischen Anomie und Rigidität im Denken bzw. einem geschlossenen Orientierungssystem herstellen. Zum anderen gehen sie in der Begründung von Anomie zwar auch von der Bezugsgruppentheorie aus, sehen aber nicht in der Erosion normativer Erwartungen, sondern in den widersprüchlichen Erwartungen, die von unterschiedlichen Bezugsgruppen ausgehen, die entscheidende Randbedingung der Desintegration. Dabei gehen sie von zwei Annahmen aus. Erstens seien die westlichen Industriegesellschaften einem ständigen Wandel unterworfen und zweitens rufe Wandel notwendigerweise Spannungen hervor. Begründet wird die Entstehung von Orientierungslosigkeit und Unsicherheit mit dem Argument, intensive ökonomische Wandlungsprozesse würden ständig Anpassungen und funktionale Veränderungen an Arbeitsstätten erfordern, die in Konflikt stünden mit den sich nur langsam verändernden Werthaltungen und Verhaltensweisen in den primären Bezugsgruppen. Die Individuen würden mithin widersprüchlichen Anforderungen (cross pressures) ausgesetzt, was Spannungen hervorrufe. Die These von Scheuch und Klingemann von der „normalen Pathologie" des Rechtsradikalismus sieht eine notwendige Bedingung in dem Auseinanderklaffen von

ökonomischen und technischen Wandlungsprozessen auf der einen und dem Hinterherhinken des soziokulturellen Wandels auf der anderen Seite. Die Verknüpfung zum Rechtsextremismus wird durch die etwas vage Aussage hergestellt, eine mögliche Form der Auflösung von Unsicherheit sei Rigidität im Denken. Desorientierte Personen würden den bestehenden Widersprüchlichkeiten ausweichen und ein starres Wert- und Orientierungssystem herausbilden. Gesellschaftlicher Wandel beeinflusse Rechtsextremismus mithin nicht direkt; er führe vielmehr zu kognitiven Verschiebungen auf der Einstellungsebene. Mit anderen Worten: Modernisierungsprozesse erhöhen die Wahrscheinlichkeit, daß Personen eine spezifische „pathologische" Persönlichkeitsstruktur herausbilden. Da Scheuch und Klingemann die Herausbildung eines starren Wertesystems nur als einen mehrerer möglicher Wege der Auflösung von Unsicherheit konstatieren und zudem davon ausgehen, daß nur bei einer Minderheit eine „pathologische" Persönlichkeitsstruktur entstehe, tritt die Frage auf, warum sich unter den beschriebenen Bedingungen bei einigen Menschen rigide Denkhaltungen herausbilden, bei anderen aber nicht.

Anders als die Vertreter orthodoxer Persönlichkeitstheorien behaupten Scheuch und Klingemann nicht, das Vorliegen einer „pathologischen" Persönlichkeitsstruktur äußere sich automatisch in rechtsextremen Handlungsformen. Personen mit entsprechenden Verhaltensdispositionen seien aber von politischen Bewegungen mobilisierbar, die eine Verminderung von Spannungen versprechen und die als störend empfundenen Personengruppen als politische Feinde betrachten. Menschen mit einem rigiden Denk- und Orientierungssystem neigten unter bestimmten Bedingungen zur Unterstützung von solchen Parteien bzw. Bewegungen, die einen Abbau eben dieser Spannungen versprechen. Nach Scheuch und Klingemann tun dies sowohl linksextreme als auch rechtsextreme Parteien bzw. Bewegungen. Personen mit rigiden Denk- und Orientierungssystemen neigen dazu, entsprechende Parteien bzw. Bewegungen zu unterstützen, wenn die politischen Vorstellungen dieser Personen denen der entsprechenden Partei bzw. Bewegung entsprechen. Es sind vor allem zwei Bedingungen, die die Mobilisierung des latenten Potentials durch rechtsextreme Bewegungen erleichtern. Erstens müssen sich Personen in einem Zustand des Ungleichgewichts befinden, was Scheuch und Klingemann zwar nicht explizit postulieren, ihre Ausführungen über die Rolle der wirtschaftliche Effizienz aber nahe legen. Erst wenn das politische System für Ungleichgewichtszustände verantwortlich gemacht wird und an Legitimation einbüßt, gelänge es rechtsextremen Bewegungen, das latente Potential zu mobilisieren. Gewinnt eine rechtsextreme Partei mit zunehmender Größe jedoch an Legitimität, so würden auch Personen zu ihr stoßen, bei denen die pathologische Persönlichkeitsstruktur weniger oder kaum vorliegt. In dieser Phase seien die Entscheidungen in geringerem Maße von der Persönlichkeitsstruktur und der Ideologie bestimmt. Dieser Sachverhalt hängt eng mit der zweiten Bedingung zusammen, nämlich den in der Gesellschaft vorfindbaren extremistischen politischen Empfindungen, Philosophien und Verhaltensformen. Daraus folgt, daß die ideologische Basis rechtsextremer Bewegungen mit dem Aufstieg selbst einem Wandel unterworfen ist. Während die Wählerschaft einer rechtsextremen Partei in der Durchsetzungsphase durch relativ geschlossene Orientierungssysteme gekennzeichnet ist, erweist sie sich als ideologisch heterogener, wenn die Partei als legitime Alternative wahrgenommen wird.

Eine ähnliche Idee hatte ein Vierteljahrhundert zuvor schon Parsons entwickelt. Er konnte allerdings die Dogmatismustheorie noch nicht kennen und somit Ideen von Rokeach in seinen Interpretationsansatz integrieren. Parsons (1942) ging davon aus, daß der Nationalsozialismus jene Individuen aufgesammelt habe, die durch den sozialen Wandel strukturell entwurzelt worden seien. In diesem Zusammenhang griff er das Anomiekonzept von Durkheim auf und postulierte, daß die Desorientierten den Weg zur nationalsozialistischen Bewegung gefunden hätten, um der Anomie zu entgehen. Kornhauser (1959) hat diesen Grundgedanken in seiner Theorie der Massengesellschaft ebenfalls aufgegriffen. Stärker als andere Autoren betont er, moderne Industriegesellschaften seien arm an intermediären Institutionen. Sein Argument lautet, Massenbewegungen würden um so eher entstehen, je weniger Menschen Bindungen an intermediäre Organisationen aufwiesen. Desintegrierte Personen seien von neuen Bewegungen leichter zu erfassen. Schon Parsons wies darauf hin, daß der Aufstieg rechtsextremer Bewegungen nicht allein mit dem Hinweis auf Desintegrationsprozesse erklärt werden könne. Die Existenz eines genügend großen anomischen Potentials in der Gesellschaft stelle nur eine von mehreren günstigen Bedingungen dar.

Die von Parsons, Kornhauser, Scheuch und Klingemann propagierten Gedanken wurden leider kaum beachtet. Erst im Anschluß an Heitmeyer (1987) geht ein beträchtlicher Teil der neueren bundesdeutschen Jugendforschung wieder von einem Zusammenhang zwischen den drei hypothetischen Konstrukten Modernisierung, Desorientierung und Rechtsextremismus aus. Im Zentrum der Überlegungen steht der Gedanke, mit der Individualisierung, d.h. der Erosion traditioneller Sozialmilieus, dem Schwinden verbindlicher Normen und den vielfältigen neuen Anforderungen in unterschiedlichen Handlungsbereichen würden vor allem bei Jugendlichen Identitätsprobleme „provoziert", die mit Ohnmachtsgefühlen, sozialer Vereinzelung und Handlungsunsicherheit einhergingen. Mit dem Rückgang allgemeinverbindlicher normativer Erwartungen werde die Identitätsbildung der Jugendlichen in krisenhaften Zeiten erschwert. Ausgangspunkt ist also die Annahme, traditionelle Sicherheiten würden im Modernisierungsprozeß an Bedeutung verlieren, genauer: die primären Bezugsgruppen an verhaltensprägender Kraft einbüßen. Nach Heitmeyer äußert sich die Individualisierung quasi automatisch in Orientierungslosigkeit, Statusangst und Rechtsextremismus. Zur Begründung dienen die Prämissen, desorientierte und um Identität bemühte Jugendliche würden sich auf die Suche nach verhaltenssichernden Gewißheiten, Stärke, Schutz und Geborgenheit begeben; und Jugendliche, die einen Mangel an Geborgenheit etc. wahrnehmen, würden rechtsextreme Orientierungen herausbilden. Es komme zur Abwertung und Ausgrenzung anderer, um Anschluß oder Aufstieg zu erreichen.

Im politischen Bereich äußern sich Desintegrationsprozesse in der Abnahme von Parteiloyalitäten. Diese werden oft schon im Elternhaus erworben und stabilisieren sich im Laufe des Lebens, wenn nicht entgegenlaufende Einflüße einwirken. Die Parteiidentifikation eines Wählers schwächt sich im allgemeinen ab, wenn die Partei der „ersten Wahl" wiederholt in politischen Fragen eine andere Position einnimmt als er selbst. Zahlreiche Wahl- und Parteienanalytiker weisen darauf hin, mit der Auflösung sozialer Milieus im Zuge des Modernisierungsprozesses gehe auch eine Erosion der traditionellen Parteibindungen einher. Begleitende Umstände seien die Abnahme der Stammwählerschaft, das Anwachsen der Wechselwähler und der Protestwähler. Tatsächlich ist auch in der Bundesrepublik eine Abnahme der traditionellen Parteibindungen zu beobachten (vgl. u.a. Gehring/Winkler 1996). Allerdings kann man keinen allgemeingültigen Zusammenhang zwischen der Modernisierung einer Gesellschaft und politischen Desintegrationsprozessen postulieren. In der Phase der Industrialisierung entwickelte zum Beispiel ein Teil der Industriearbeiterschaft eine Parteibindung an die Sozialdemokratie heraus; und auch die Grünen haben in den achtziger Jahren eine nennenswerte Schar loyaler Parteianhänger gewinnen können. Modernisierungsprozesse wirken vielmehr auf Ungleichgewichtszustände, die wiederum einen Einfluß auf die Themenkonjunktur haben. Hierüber vermittelt bauen sie beständig Parteibindungen auf und ab, und zwar je nach den Reaktionen der politischen Eliten. Während Desintegration bei Durkheim zu Kriminalität und Selbstmord, bei Scheuch und Klingemann zu einer „pathologischen" Persönlichkeitsstruktur und bei Parsons und Kornhauser zur Unterstützung extremistischer Bewegungen führen, bewirken sie bei Heitmeyer Rechtsextremismus auf der Einstellungsebene und Gewalt auf der Verhaltensebene. Gemeinsam ist den theoretischen Anläufen die Auffassung, Orientierungslosigkeit nehme mit dem Grad des gesellschaftlichen Wandels zu. Nimmt man die Ansätze ernst, so müßte man in den modernen Gesellschaften nicht nur ein beträchtliches Ausmaß an Anomie beobachten können. In den am meisten entwickelten Gesellschaften müßten auch die geschlossensten Überzeugungssysteme und die größten Rechtsextremismuspotentiale sowie die mitglieder- und wählerstärksten rechtsextremen Bewegungen anzutreffen sein. Was die Entwicklung in Deutschland angeht, so müßten heute erheblich höhere Rechtsextremismuspotentiale als früher beobachtet werden können. Nimmt man keine nähere Spezifikation vor, so müßten schließlich Formen von Rechtsextremismus in Ostdeutschland weiter verbreitet sein als in Westdeutschland, und junge Frauen müßten wegen der ausgeprägteren anomischen Tendenzen stärker zum Rechtsextremismus neigen als junge Männer. Falls dies nicht der Fall ist, so kann dies einerseits daran liegen, daß die allgemeinen Hypothesen falsch sind oder daran, daß sie nur unter näher zu spezifizierenden situativen Umständen gültig sind, d.h. auch andere Kräfte auf den konstatierten Zusammenhang einwirken. Ohne nähere Spezifikationen lassen alle Versionen des Desintegrationsansatzes die Frage ungeklärt, warum Modernisierungsprozesse notwendigerweise zu rechtsextremen Einstellungen und Gewalthandlungen oder weiteren Verhaltensformen führen.

Ungleichgewichts- und Desintegrationshypothesen gleich welcher Art haben erhebliche Probleme, die realen Beziehungen zu beschreiben. Ihre Darstellungsleistung ist beschränkt. Wahrscheinlich befinden sich alle Personen mehr oder weniger in Ungleichgewichtszuständen im genannten Sinne, und wahrscheinlich ist ein beträchtlicher Bevölkerungsteil der modernen Gesellschaften mehr oder weniger desintegriert. Und dennoch weist nur ein kleiner Teil der Bevölkerung rechtsextreme Orientierungen auf und beteiligt sich an rechtsextremen Handlungsformen. Selbst wenn man nur die Gruppe der stark desintegrierten und deprivierten Personen betrachtet, wird man doch feststellen müssen, daß nur ein geringer Teil von ihnen rechtsextreme Orientierungen oder Handlungsweisen aufweist. Derartige Beobachtungen schränken die Darstellungs- und Erklärungsleistungen der zur Zeit führenden Hypothesen zur Erklärung von Rechtsextremismus erheblich ein.

6. Die vielfältigen Wirkungen der politischen Kultur

Ungleichgewichtszustände und Desintegrationsprozesse führen also nicht automatisch zu rechtsextremen Handlungsweisen. Die Existenz bestimmter psychischer Dispositionen schränkt die Alternativen zwar ein, läßt aber immer noch viele Optionen offen. Befriedigendere Erklärungen und Voraussagen sind möglich, wenn die kulturellen Rahmenbedingungen kontrolliert werden. Die von den Mitgliedern eines politischen Systems und den gesellschaftlichen Bezugsgruppen geteilten Werte, Glaubensüberzeugungen und Einstellungen gegenüber den politischen Akteuren, Institutionen und Prozessen werden allerdings häufig in Erklärungsansätzen des Rechtsextremismus unterschätzt. Dabei bestimmt die – stark durch Traditionen beeinflußte und häufig über Symbole erworbene und weitergegebene – politische Kultur in mehrerer Hinsicht Formen von Rechtsextremismus. Erstens beeinflußt sie im Sozialisationsprozeß das Lernen politischer Einstellungen, sie stellt zweitens eine kulturelle Gelegenheitsstruktur dar, die die Äußerung bestimmter Ansichten, die Wahl von Optionen und Entscheidungen beeinflußt. Darüber hinaus stellt sie neben der Positionierung in den gesellschaftlichen Subsystemen eine wesentliche Determinante von Ungleichgewichtszuständen dar.

Parsons (1942) argumentiert, daß anomische Personen von rechtsextremen Gruppen kaum mobilisiert werden könnten, wenn dem die politische Kultur und die Legitimität des politischen Systems entgegenstehe. Rechtsextreme Bewegungen würden erst dann zur Mobilisierung der anomischen Menschen in der Lage sein, wenn in der Gesellschaft eine Ideologie verbreitet sei, die wenigstens einige ihrer Symbole und Ideologiefragmente als legitim erachte. In seinen Arbeiten zum historischen Rechtsextremismus in Deutschland postuliert er daher, ein fehlender ökonomischer Individualismus, ausgeprägtes Statusdenken, der verbreitete Romantizismus und religiöser Autoritarismus stellten günstige Bedingungen für den Aufstieg der NSDAP dar. Auch Almond und Verba (1963) führen den Sieg der Nationalsozialisten auf die Verteilung spezifischer politischer Einstellungen in der Weimarer Republik zurück. Sie gehen davon aus, die Stabilität politischer Systeme hänge von der Art der politischen Kultur eines Landes ab. Die primär auf den Output des politischen Systems gerichteten Erwartungen und die geringe Unterstützung der Strukturen des Systems hätten eine kulturelle Gelegenheitsstruktur dargestellt, die die Zerstörung der liberalen Demokratie und die Duldung rechtsextrem motivierter Gewalthandlungen ermöglichte. Selbst Lipset (1964b) betont die Rolle der politischen Kultur für die Entwicklung des Rechtsextremismus in den USA, wenn er schreibt, die US-Amerikaner seien wenig tolerant gegenüber Minoritäten. Ihre einzigartige Geschichte habe eine besondere Ideologie des amerikanischen Lebensweges hervorgerufen. Darüber hinaus weise die amerikanische Gesellschaft keine homogene Elite auf; sie sei vielmehr in zahlreiche regionale, ethnische und kulturelle Eliten gespalten. McCarthy habe sich in in einer Phase des kulturellen Wandels für den Erhalt der traditionellen amerikanischen Werte eingesetzt.

Die politische Kultur stellt atmosphärische Bedingungen her, die einerseits auf die politische Sozialisation und damit auf die Herausbildung tiefer in der Persönlichkeit verankerter Merkmale einwirken, andererseits aber auch die Schwelle heben oder senken, die überwunden werden muß, bevor sich Ungleichgewichtszustände bei rechtsautoritären oder mit anderen Persönlichkeitsmerkmalen ausgestatteten Individuen in rechtsextremen Verhaltensformen äußern. Die besonderen kulturellen Bedingungen nach dem Zweiten Weltkrieg in den Vereinigten Staaten können nach Polsby (1960) zum Beispiel erklären, warum in den fünfziger Jahren gerade Deutsch-Amerikaner zum *McCarthyism* neigten. Das Vorliegen bestimmter Wertvorstellungen und die Verbreitung politischer Einstellungen in einem politischen System stellt eine kulturelle Gelegenheitsstruktur dar. Je verbreiteter autoritäre, ethnisch-nationalistische und kollektivistische Wertvorstellungen und je kohärenter diese Einstellungen in einer Gesellschaft sind, desto wahrscheinlicher ist die Herausbildung rechtsextremer Orientierungen und desto günstiger sind die Entwicklungschancen rechtsextremer Bewegungen.

Folgt man den Lerntheorien, so entwickeln Kinder und Jugendliche ihre Sichtweisen nicht von selbst. Vielmehr greifen sie auf Angebote zurück, die das kulturelle Subsystem der Gesellschaft bereitstellt. Dabei ist die Wahrscheinlichkeit der Übernahme eines Denkangebotes um so höher, je näher es an die Individuen herantritt. Während dies früher die kulturellen Angebote in den primären Bezugsgruppen taten, treten heute die Massenmedien stärker in den Vordergrund. Je stärker und länger rechte Themen die politische Agenda beherrschen und je näher sie an Individuen herantreten, desto mehr verdichtet sich dieses kulturelle Angebot und erhöht das Lernen entsprechender Orientierungen. Die Übernahme rechtsextremer Ideologieelemente ist besonders dann wahrscheinlich, wenn Individuen Bezugsgruppen angehören, die selbst ausgeprägte rechtsextreme Orientierungen aufweisen. Im Gegensatz zu Heitmeyer (1987) kann man davon ausgehen, daß gerade die Integration in derartige Milieus die Übernahme von rechtsextremen Orientierungen erhöht. Folgt man der Bezugsgruppentheorie noch einen weiteren Schritt, so muß man auch konstatieren, daß die Erosion derartiger Milieus die Lernchancen rechtsextremer Denkhaltungen verringert. Bedenkt man, daß in vielen Bezugsgruppen Anfang der fünfziger Jahre noch rechtsextreme Denkhaltungen verbreitet waren, dann muß man davon ausgehen, daß durch die Auflösung tradierter Bindungen im Modernisierungsprozeß der Rechtsextremismus nicht forciert wurde, sondern an Boden verloren hat. Hier ist eine Schnittstelle zur Theorie sozialer Vergleiche (Festinger 1957), die von der gut begründeten Annahme ausgeht, daß sich die Meinungen und Einstellungen von Personen durch soziale Vergleiche stabilisieren, wenn eine Basis-Ähnlichkeit mit den Vergleichsgruppen gegeben ist. Vorurteile gegenüber ethnischen Minderheiten müssen sich nicht im Verhalten niederschlagen. Es finden sich allerdings kaum situative Hindernisse zur Unterdrückung diskriminierender Verhaltensweisen, wenn die Vorurteile gegenüber ethnischen Minderheiten von der Mehrheit der Bevölkerung geteilt werden. Diese Aussage deckt sich mit der bewährten Theorie von Fishbein und Ajzen (1975), die behauptet, daß die Handlungsformen von den Meinungen über die Konsequenzen eines Verhaltens und den Meinungen darüber abhängen, wie sich wichtige Bezugsgruppen äußern werden. Wenn eine Person, die motiviert ist, eine rechtsextreme Handlungsform zu wählen, glaubt, daß die wichtigen Bezugsgruppen diese Handlungsoption tolerieren, dann wird der Option wahrscheinlich auch eine entsprechende Entscheidung folgen. Wenn die Person dagegen glaubt, daß die Handlungsoption nicht toleriert, sondern negativ sanktioniert wird, folgt ihr wahrscheinlich auch keine entsprechende Handlungsentscheidung. Die politische Kultur stellt somit eine wesentliche Determinante einer Handlungsschwelle dar, d.h. des Ausmaßes, bei dem Personen mit bestimmten Persönlichkeitsmerkmalen bei einem äußeren Reiz ein rechtsextremes Verhalten an den Tag legen. Einerseits kann der kulturelle Kontext die Herausbildung von Fremdenfeindlichkeit und rechtsextremen Handlungsformen direkt beeinflussen. Andererseits kann er einen vermittelnden Einfluß ausüben. Als Verstärker kann er zur Aktivierung einer schlummernden Fremdenfeindlichkeit führen, die Legitimation senken und somit die Aufrittswahrscheinlichkeit rechtsextremer Handlungsformen erhöhen.

In allen modernen Gesellschaften gibt es schließlich konkurrierende Wertekulturen, die die Gefahr kultureller Konflikte in sich bergen, zumal in Zeiten, in denen eine einmal offiziell in Geltung befundene und von wichtigen Institutionen getragene Wertordnung durch eine neue erst relativiert und dann abgelöst wird. Parsons (1964) und Rogin (1967) zum Beispiel führen das Anwachsen rechtsextremer Bewegungen auf kulturelle Konflikte in der Gesellschaft zurück. In seiner Erklärung des Aufstiegs der McCarthy-Bewegung geht Parsons mit anderen davon aus, daß der soziale Wandel gesellschaftliche Spannungen hervorruft. Zentral für seine Argumentation ist der Gedanke, daß die sozialen Spannungen von einem Kulturkonflikt überlagert und damit verschärft werden. Während die sozialen Spannungen aus einem Funktionsverlust der traditionellen Strukturen resultierten, basiere der Kulturkonflikt auf in den Eliten konkurrierenden normativen Vorstellungen über die Konstruktion der Gesellschaft. Im konkreten Falle habe es sich um einen Konflikt zwischen der nationalen und kosmopolitischen Orientierung gehandelt. In seinen Arbeiten über den historischen Rechtsextremismus in Deutschland argumentierte Parsons schon früher, es habe sich bei der nationalsozialistischen Bewegung um eine spezifische Revolte gegen die Rationalisierungstendenzen der modernen Gesellschaft gehandelt. Personen mit Wertstrukturen, die rechtsextreme Bewegungen begünstigen, würden sich bei einer günstigen kulturellen Gelegenheitsstruktur dann rechtsextremen Bewegungen anschließen, wenn sie ihre Werte nicht mehr in ausreichendem Maße vertreten sehen. Zeichnet sich die gesellschaftliche Modernisierung zunehmend durch eine kosmopolitische Ausrichtung aus, so kann man in den Eliten und Trägern rechtsextremer Bewegungen durchaus Modernisierungsgegner sehen, und zwar unabhängig davon, ob sie auch in sozialer oder ökonomischer Hinsicht objektiv oder subjektiv einen Statusverlust erleiden. Rogin (1967) führt ähnliche Argumente an, betont aber stärker als Parsons die aktive Rolle der politischen Elite im Modernisierungsprozeß, in dem die traditionelle und lokale Orientierung zunächst einer nationalen und schließlich einer kosmopolitischen weicht. Rechtsextreme Bewegungen würden einen Auftrieb erleben, wenn nennenswerte Teile der rechtskonservativen, kulturell frustrierten gesellschaftlichen Elite die Ängste der eher parochial orientierten Personen mobilisieren könnten. Da in den fünfziger Jahren die Menschen in den Kleinstädten und auf dem Land der traditionellen Kultur verbundener gewesen waren und eine kosmopolitische Orientierung mehr gefürchtet hatten als die Menschen in den Großstädten, konnte er die beobachtete sozialstrukturelle Zusammensetzung des amerikanischen Rechtsextremismus besser erklären, als dies Lipset gelungen war. Die empirische Annahme von Theorien, die von einem Kulturkonflikt – sei es zwischen einer nationalen und kosmopolitischen, traditionellen und modernen oder postmodernen Orientierung – ausgehen, ist die Annahme einer teilweise fragmentierten Kultur. Die theoretische Kernaussage lautet, daß bei einem Aufeinandertreffen verschiedener Gruppen mit unterschiedlichen kulturellen Traditionen, Wertsystemen und voneinander abweichenden moralischen Standards diejenigen systemfeindliche Reaktionen äußern, die sich auf Grund des Modernisierungsprozesses in einer schwächeren Position befinden.

7. Schlußfolgerungen

Befriedigende Rechtsextremismustheorien sollten bestimmte Klassen von Phänomenen erklären können, so beispielsweise, warum sich bestimmte Persönlichkeitsstrukturen und politische Orientierungen herausbilden. Darüber hinaus sollten sie angeben, welche Klasse von Handlungen bzw. Verhaltensweisen sie zu erklären beabsichtigen und Auskunft darüber geben, unter welchen Zusatzbedingungen mit unterschiedlichen Formen rechtsextremen Verhaltens zu rechnen ist. Und schließlich sollten sie Sätze enthalten, die darüber informieren, wie Persönlichkeitsmerkmale und rechtsextreme politische Orientierungen unter unterschiedlichen äußeren Einflüssen wirken. Den Erfolg der Theorienkonstruktion kann man messen, indem man u.a. die Frage zu beantworten versucht, wieviel die Theorie zu den in Frage stehenden Problemen sagt und inwieweit das, was sie sagt, zutrifft. Um die Leistungsfähigkeit von Theorien des Rechtsextremismus beurteilen zu können, sind daher hauptsächlich zwei Gesichtspunkte zu berücksichtigen. Zum einen sollen sie die mit den Instrumenten der Sozialforschung festgestellten empirischen Verallgemeinerungen und vorhandenen Hypothesen erklärbar machen; zum anderen sollen sie es ermöglichen, bisher noch nicht hinreichend begründete Zusammenhänge vorherzusagen, die empirischen Überprüfungen zugänglich sind. Dies erfordert, daß sie einen hinreichenden Allgemeinheitsgrad aufweisen und keine konkreten Phänomene enthalten. Die Systematisierungsleistung liegt darin, daß sie die empirischen Befunde, einfachen Generalisierungen und einzelnen Hypothesen in einfacher, übersehbarer und handlicher Weise zusammenfaßt. Sollen die Theorien Realitätsausschnitte beschreiben und Tatbestände erklären oder voraussagen, reicht es allerdings nicht aus, wenn sie einen hohen Informationsgehalt haben. Sie müssen darüber hinaus realitätsgerecht sein, d.h. von bewährten sozialwissenschaftlichen Aussagegebäuden ausgehen. Bewähren können sich die Theorien und Hypothesen nur, wenn sie strengen Überprüfungen unterzogen werden. Man müßte also zunächst analysieren, wie streng die einzelnen Theorien und Hypothesen bisher tatsächlich geprüft wurden, um herauszufinden, wie sie sich bewährt haben. Eine Form der Überprüfung von empirischen Theorien besteht darin, aus den theoretischen Systemen Folgerungen abzuleiten und untereinander und mit anderen Aussagen zu vergleichen. Ein wesentliches Problem der Aufsummierung von Ursachenbehauptungen besteht darin, daß sich aus ihnen zum einen widersprüchliche Konsequenzen ableiten lassen und zum anderen Tür und Tor für ad-hoc-Erklärungen öffnen. Isoliert betrachtet, sind sie für wissenschaftliche Zwecke unbrauchbar. So folgt zum Beispiel aus der allgemeinen Desintegrationshypothese von Heitmeyer, daß die in ihrer Jugend wenig in Bezugsgruppen eingebundenen Jugendlichen rechtsextreme Einstellungen herausbilden, während sich die Genese derartiger Orientierungen bei Adorno u.a. schon während der frühkindlichen Sozialisation, und zwar unabhängig von der Einbindung in Bezugsgruppen, abspielt. Nach Heitmeyer (1987, 1993) ist es ausgeschlossen, daß Jugendliche, die intermediären Institutionen mit homogenen Wertorientierungen angehören, den Weg zum Rechtsextremismus finden; nach Lipset können intermediäre Organisationen wie Bauernverbände, wenn die Mitglieder depriviert sind, rechtsextremes politisches Verhalten an den Tag legen, wie dies im übrigen die Hinwendung von Agrarverbänden zum Nationalsozialismus in der Weimarer Republik eindrucksvoll belegt. Für jede erklärende Hypothese, die zu einem bestimmten Zeitpunkt oder unter spezifischen Umständen durchaus zutreffende Beschreibungen liefert, lassen sich Zeiträume und Umstände finden, für die sie keine Gültigkeit beanspruchen kann.

Das Problem kann zwar nicht vollständig gelöst, aber doch verringert werden, indem man zunächst versucht, Sätze auf einen einheitlichen Nenner zu bringen. Die Methode besteht darin, von den konkreten Phänomenen weiter zu abstrahieren und die Gemeinsamkeiten von hypothetischen Konstrukten zu identifizieren. Damit ist der erste Anlauf zur anspruchsvolleren Theoriebildung unternommen. Der empirische Gehalt der Hypothesen, die ein Aussagengebäude bilden, fällt dann in aller Regel nicht mit der Menge der vorliegenden empirischen Befunde und Hypothesen zusammen, sondern geht über die bisherige Erfahrung hinaus. Erklärungsansätze, in denen versucht wird, Rechtsextremismus auf ökonomische Deprivation zurückzuführen, nehmen beispielsweise nur einen Aspekt eines allgemeineren Konstrukts in den Blick. Wenn man ökonomische Deprivation dagegen als eine Form eines Ungleichgewichtszustandes auffaßt, verfügt man über eine allgemeinere Hypothese, die viel besser geeignet ist, zutreffende Beschreibungen und Erklärungen zu liefern. In Überprüfungen und Anwendungen darf man dann nicht nur ökonomische Deprivation in den Blick nehmen. Vielmehr muß man in Erfahrung bringen, welche Arten von Ungleichgewichtszuständen in den relevanten Situationen gegeben waren. Dies setzt freilich eine genauere Situationsanalyse und ein komplexeres Forschungsdesign voraus als die Überprüfung des Zusammenhangs von ökonomischer Deprivation und Rechtsextremismus. Ein Problem besteht ohne Zweifel darin, ohne weitere Kenntnisse der Logik der Situation nicht wissen zu können, welche Art von Ungleichgewichtszuständen für welche Personengruppen relevant sind. Geht man in einer allgemeinen Theorie des Rechtsextremismus von Ungleichgewichtszuständen statt von ökonomischer Deprivation, Statuspolitik usw. aus, so kommt man gleich mehreren Zielen näher: Die Theorie wird übersichtlicher, einfacher, gehaltvoller und realistischer, weil sie weniger hypothetische Konstrukte und allgemeine Gesetze enthält, d.h. sparsam bezüglich des Vokabulars ist.

Ein anderes Problem hängt damit zusammen, daß in der Literatur die gleichen Ausdrücke für verschiedene Sachverhalte verwendet werden, andererseits aber gleiche Sachverhalte häufig auch mit unterschiedlichen Ausdrücken belegt werden. Da in zahllosen Begründungszusammenhängen nicht klar ist, welche Intensionen den verwendeten Begriffen zukommen, wird das Textverständnis erheblich erschwert. Genauere Bedeutungsanalysen dürften zeigen, daß manche Hypothesen, die scheinbar unvereinbar sind, identisch sind, und daß andere zwar nicht identische, aber doch ähnliche Sachverhalte ausdrücken. Durch Hinweise auf die Urheber der Konzepte könnten manche Verwirrungen erspart bleiben. In einigen Fällen wird sich nicht vermeiden lassen, daß theoretische Konzepte, die sich in ihrer ursprünglichen Form als unfruchtbar erwiesen haben, modifiziert werden, statt sie völlig zu verwerfen. Hierzu zählen die diskutierten Persönlichkeitskonzepte, die nicht so festgelegt und stabil sind, wie ihre Urheber dies annehmen. Nimmt man eine realistische Interpretation vor, indem man unter derartigen Persönlichkeitsmerkmalen interne Zustände versteht, die sich zwar bereits relativ früh herausbilden, im Laufe der politischen Sozialisation aber ständigen Anpassungsprozessen ausgesetzt sind, so können sie sich auch in einer allgmeinen Theorie des Rechtsextremismus als äußerst fruchtbar erweisen. Hierfür sind zwei Gründe maßgebend: Erstens liegen keine alternativen hypothetischen Konstrukte vor. Zweitens benötigt man in einer allgemeinen Theorie des Rechtsextremismus sowohl überdauernde Merkmale, die nur langsame Änderungen interner Zustände erfahren, als auch fluktuierende äußere Merkmale, die sich relativ schnell ändern können, und mit den interen Zuständen in einem Wechselverhältnis stehen. Dabei muß man sich noch nicht einmal für ein bestimmtes Persönlichkeitsmerkmal entscheiden. Vielmehr kann sich je nach Explanandum mal das eine, mal das andere als fruchbar erweisen. Faßt man Rechtsextremismus als eine Form des politischen Extremismus auf, ist es vermutlich besser, von einem Dogmatismuskonzept auszugehen als von einem Konservatismus- oder Materialismuskonzept. Soweit sich die hypothetischen Persönlichkeitskonstrukte nicht logisch widersprechen, sondern in dem Sinn ergänzen, daß ein Merkmal P in einem theoretischen Modell bestimmte Ereignisse erklären kann, die ein anderes Modell mit dem Merkmal P' nicht erklären kann, wäre eine Eliminierung bestimmter Persönlichkeitsmerkmale problematisch. Ein theoretischer Pluralismus hinsichtlich der Persönlichkeitskonstrukte wäre hier vorzuziehen. Darüber hinaus muß man davon ausgehen, daß je nach Verwendung modifizierter hypothetischer Persönlichkeitskonstrukte bei gegebenen Umweltbedingungen, Ungleichgewichtszuständen und dem Ausmaß der Desintegration unterschiedliche Wirkungen auftreten. Welche Reaktionen bei Personen mit bestimmten internen Eigenschaften unter variierenden äußeren Einflüssen, Ungleichgewichtszuständen etc. auftreten, ist eine noch nicht hinreichend untersuchte Frage, die der dringenden Bearbeitung bedarf.

Ziel einer Theorie des Rechtsextremismus ist es, die letztendlich auf Lernprozesse zurückführbaren internen Zustände und die auf Entscheidungen beruhenden Handlungen der Akteure im Kontext gesellschaftlicher Situationen zu erklären, d.h. die relevanten internen und externen Rahmenbedingungen und theoretischen Postulate zu benennen, auf die erklärungsrelevante Ereignisse, Strukturen und Prozesse zurückgeführt werden können. Dies ist eine unverzichtbare Voraussetzung, will man für die politische Praxis relevante Aussagen treffen, die der methodologischen Kritik standhalten. Die von internen Zuständen ausgehenden klassischen persönlichkeitstheoretischen Ansätze unterschätzen nicht nur das Eigengewicht situativer Faktoren für die Genese rechtsextremen politischen Verhaltens; sie sind auch nicht in der Lage, befriedigende Antworten auf die Genese der internen Zustände zu liefern. Es kann heute als eine empirisch abgesicherte Erkenntnis gelten, daß sich rechtsextreme Persönlichkeitsmerkmale und Orientierungen nicht automatisch in rechtsextremen Handlungsweisen äußern. Der Zusammenhang wird vielmehr durch eine Reihe weiterer Faktoren beeinflußt. Zum einen muß man die Einstellungshierarchie bedenken. Einstellungen hinsichtlich „Ruhe und Ordnung" können bei rechtsextremen Personen beispielsweise höher in der Einstellungshierarchie angesiedelt sein als Vorurteile gegenüber ethnischen Minderheiten, was sie davon abhalten mag, sich an fremdenfeindlichen Aktionen zu beteiligen. Zum anderen muß man die „Logik der Situation" berücksichtigen, d.h. die Wahrnehmung und Bewertung von Ereignissen, Handlungsoptionen und -konsequenzen, die ihrerseits von der persönlichen Grundausstattung der Individuen, d.h. deren Überzeugungssystemen beeinflußt werden.

Vom theoretischen Standpunkt aus harren zahlreiche Probleme der Bearbeitung. Hierzu zählt die theoretische und empirische Analyse der Beziehungen zwischen den hypothetischen Konstrukten, die in der Diskussion einen großen Platz einnehmen. Insgesamt sind unsere Kenntnisse von der Struktur, Funktion und Wirkungsweise der im Bereich der Rechtsextremismusforschung verwendeten hypothetischen Konstrukte in den einzelnen Gebieten bei weitem noch nicht ausreichend. Eine systematische Durchforstung dieser Frage hat noch nicht richtig begonnen.

Literaturverzeichnis

Adorno, Theodor W./Frenkel-Brunswick, Else/Levinson, Daniel J./Sanford, R. Nevitt, 1950: The Authoritarian Personality. New York/Evanston/London.

Almond, Gabriel/Verba, Sidney, 1963: The Civic Culture. Political Attitudes and Democracy in Five Nations. Princeton, N.J.

Altemeyer, Bob, 1981: Right-Wing Authoritarianism. Winnipeg.

Davies, James C., 1962: Toward a Theory of Revolution, in: American Sociological Review 27, 5-19.

Ehrlich, Howard, 1978: Dogmatism, in: *Harvey London/John E. Exner* (Hrsg.), Dimensions of Personality. New York, 129-164.

Falter, Jürgen W., 1991: Hitlers Wähler. München.

Falter, Jürgen W., 1994: Wer wählt rechts? Die Wähler und Anhänger rechtsextremistischer Parteien im vereinigten Deutschland. München.

Festinger, Leon, 1957: A Theory of Cognitive Dissonance. Evanston.

Fishbein, Martin /Ajzen, Icek, 1975: Belief, Attitude, Intention and Behavior. Reading.

Gehring, Uwe W./Winkler, Jürgen R., 1996: Parteiidentifikation, Kandidaten- und Issueorientierungen als Determinanten des Wahlverhaltens in Ost- und Westdeutschland, in: *Oscar W. Gabriel* (Hrsg.), Politische Einstellungen und politisches Verhalten im Transformationsprozeß. Opladen (i.E.).

Heitmeyer, Wilhelm, 1987: Rechtsextremistische Orientierungen bei Jugendlichen. Empirische Ergebnisse und Erklärungsmuster einer Untersuchung zur politischen Sozialisation. Weinheim/München.

Heitmeyer, Wilhelm, 1993: Gesellschaftliche Desintegrationsprozesse als Ursachen von fremdenfeindlicher Gewalt und politischer Paralysierung, in: Aus Politik und Zeitgeschichte, B 2-3, 3-13.

Hofstadter, Richard, 1964: The Pseudo-Conservative Revolt, in: *Daniel Bell* (Hrsg.), The Radical Right. Garden City, 75-95.

Hymann, Herbert H./Sheatsley, Paul B., 1954: The Autoritarian Personality. A Methodological Critique, in: *Richard Christie/Maria Jahoda* (Hrsg.), Studies in the Authoritarian Personality. Glencoe, 50-122.

Hopf, Christel, 1993: Rechtsextremismus und Beziehungserfahrungen, in: Zeitschrift für Soziologie 22, 449-463.

Ignazi, Piero, 1992: The Silent Counter-Revolution. Hypotheses on the Emergence of Extreme Right-Wing Parties in Europe, in: European Journal of Political Research 22, 3-34.

Inglehart, Ronald, 1977: The Silent Revolution. Changing Values and Political Styles Among Western Publics. Princeton.

Inglehart, Ronald, 1989: Kultureller Umbruch. Wertewandel in der westlichen Welt. Frankfurt a.M.

Jaschke, Hans-Gerd, 1994: Rechtsextremismus und Fremdenfeindlichkeit. Begriffe, Positionen, Praxisfelder. Opladen.

Kerlinger, Fred N., 1984: Liberalism and Conservativism. The Nature and Structure of Social Attitudes. Hillsdale.

Klönne, Arno, 1989: Aufstand der Modernisierungsopfer, in: Blätter für deutsche und internationale Politik 34, 545-548.
Kornhauser, William, 1959: The Politics of Mass Society. New York/London.
Lederer, Gerda/Schmidt, Peter (Hrsg.), 1995: Autoritarismus und Gesellschaft. Trendanalysen und vergleichende Jugenduntersuchungen 1945-1993. Opladen.
LeVine, Robert A./Campbell, Donald D., 1972: Ethnocentrism. Theories of Conflict, Ethnic Attitudes, and Group Behavior. New York.
Lipset, Seymour Martin, 1964a: The Sources of the Radical Right, in: *Daniel Bell* (Hrsg.), The Radical Right. Garden City, 75-95.
Lipset, Seymour Martin, 1964b: Three Decades of the Radical Right: Coughlinites, McCarthyites, and Birchers, in: *Daniel Bell* (Hrsg.), The Radical Right. Garden City, 373-446.
Lipset, Seymour Martin, 1960: Political Man. New York.
McClosky, Herbert, 1958: Conservatism and Personality, in: American Political Science Review 52, 27-45.
Oesterreich, Detlef, 1993: Autoritäre Persönlichkeit und Gesellschaftsordnung. Der Stellenwert psychischer Faktoren für politische Einstellungen – eine empirische Untersuchung von Jugendlichen in Ost und West. Weinheim/München.
Parsons, Talcott, 1964: Social Strains in Amerika, in: *Daniel Bell* (Hrsg.), The Radical Right. Garden City, 209-229.
Parsons, Talcott, 1942a: Democracy and Social Structure in Pre-Nazi Germany, in: Journal of Legal and Political Sociology 1, 96-114.
Parsons, Talcott, 1942b: Some Sociological Aspects of the Fascist Movements, in: Social Forces 20, 138-147.
Polsby, Nelson W., 1960: Toward an Explanation of McCarthyism, in: Political Studies, 250-271.
Roghmann, Klaus, 1966: Dogmatismus und Autoritarismus. Meisenheim am Glan.
Rogin, Michael P., 1967: The Intellectuals and McCarthy: The Radical Specter. Cambridge, Mass.
Rokeach, Milton, 1960: The Open and Closed Mind. New York.
Scheuch, Erwin K., 1970: Die NPD als rechtsextreme Partei, in: Hamburger Jahrbuch für Wirtschafts- und Gesellschaftspolitik 15, 321-333.
Scheuch, Erwin K./Klingemann, Hans-Dieter, 1967: Theorie des Rechtsradikalismus in westlichen Industriegesellschaften, in: Hamburger Jahrbuch für Wirtschafts- und Sozialpolitik 12, 11-29.
Schumann, Siegfried, 1986: Politische Einstellungen und Persönlichkeit, Frankfurt/M.
Stegmüller, Wolfgang, 1989: Hauptströmungen der Gegenwartsphilosophie. Eine kritische Einführung. 7. Aufl., Stuttgart.
Stöss, Richard, 1994: Forschungs- und Erklärungsansätze – ein Überblick, in: *Wolfgang Kowalsky/ Wolfgang Schroeder* (Hrsg.), Rechtsextremismus. Einführung und Forschungsbilanz. Opladen, 23-66.
Stöss, Richard, 1989: Die extreme Rechte in der Bundesrepublik. Entwicklung – Ursachen – Gegenmaßnahmen. Opladen.
Veen, Hans-Joachim/Lepszy, Norbert/Mnich, Peter, 1993: The Republikaner-Party in Germany. Right-Wing Menace or Protest Catchall? Westport, Conn./London.
Wacker, Ali, 1979: Zur Aktualität und Relevanz klassischer psychologischer Faschismustheorien. Ein Diskussionsbeitrag, in: *Gerhard Paul/Bernhard Schoßig* (Hrsg.), Jugend und Neofaschismus. Provokation oder Identifikation? Frankfurt a.M., 105-137.
Wilson, John M.O., 1973: Introduction to Social Movements. New York.
Winkler, Jürgen R., 1995: Sozialstruktur, politische Traditionen und Liberalismus. Eine empirische Längsschnittstudie zur Wahlentwicklung in Deutschland 1871-1933. Opladen.
Witte, Erich H., 1989: Sozialpsychologie. München.

Rechtsextremismus und Fremdenfeindlichkeit: Reagieren Frauen anders? Zur theoretischen Verortung der Kategorie Geschlecht in der feministischen Rechtsextremismus-Forschung*

Ursula Birsl

Die Befunde aus der Wahl- und Gewaltforschung scheinen auf den ersten Blick eine eindeutige Sprache zu sprechen: Es sind mehrheitlich die Stimmen von Männern, die rechtsextremistischen Parteien in der Geschichte der Bundesrepublik phasenweise immer wieder zu Wahlerfolgen verhelfen, und es sind in aller Regel männliche Jugendliche, die für fremdenfeindliche Gewalttaten verantwortlich gemacht werden müssen. Seit Beginn der neunziger Jahre wird nun nicht nur, aber überwiegend in der Frauenforschung darüber diskutiert, ob Rechtsextremismus und Fremdenfeindlichkeit wirklich in erster Linie männerspezifische Phänomene sind, oder ob auch Frauen empfänglich für antidemokratische, autoritäre und fremdenfeindliche Politik und Verhaltensweisen sein können, die Zugangswege und Ausdrucksformen jedoch geschlechtsspezifisch unterschiedlich motiviert sind. Denn aus den empirischen Ergebnissen – so die Argumentation der meisten Forscherinnen – könne nicht automatisch geschlossen werden, daß Frauen, nur weil sie öffentlich weniger in Erscheinung treten, Flüchtlingen freundlicher gesonnen sind oder gar per se rechtsextremistischen Ideologemen gegenüber resistenter sind. Es hänge vielmehr davon ab, ob das Interesse in der Forschung vorrangig den rechtsextremistischen Organisationen, gewaltbereiten Subkulturen und peer groups gilt oder auch auf rechtsextremistische Einstellungen gerichtet ist, bei denen die Unterschiede zwischen den Geschlechtern nicht so gravierend sind. Weiterhin sei ausschlaggebend, ob das Geschlechterverhältnis und der geschlechtsspezifisch unterschiedliche Zugang zur Politik und Umgang mit Gewalt ausreichend Berücksichtigung finden. Damit wird die Forderung verbunden, in der Rechtsextremismus-Forschung das Geschlecht als soziale Strukturkategorie zu begreifen und ihm als solches in Untersuchungen einen ebenso zentralen Stellenwert einzuräumen wie der sozialen Herkunft oder dem Bildungsniveau.

Mittlerweile liegen eine Vielzahl von Beiträgen zu dieser Debatte vor, von denen sich die Mehrheit mit den Lebensverhältnissen und Orientierungen von Frauen beschäftigen. Untersuchungen, die sich männerspezifischen oder geschlechtervergleichenden Aspekten widmen, sind hingegen noch unterrepräsentiert. Während diese vorrangig empirisch orientiert sind, wird die Forschung zu „Frauen und Rechtsextremismus" in erster Linie noch durch eine theoriegeleitete Auseinandersetzung mit dem Phänomen

* Für Anmerkungen und Anregungen zu diesem Beitrag möchte ich Peter Lösche und Cornelius Schley herzlich danken.

beherrscht, und sie ist zum Teil durch konkurrierende Erklärungsmodelle geprägt. Diese Erklärungsmodelle sollen im Zentrum dieses Beitrages stehen und daraufhin untersucht werden, welche theoretischen Konzepte ihnen zugrunde liegen und wie tragfähig sie sind, den frauenspezifischen Ursachen und Erscheinungsformen von Rechtsextremismus, Fremdenfeindlichkeit und Gewalt auf die Spur zu kommen.
Um besser verstehen zu können, worum sich die feministische Debatte dreht und was sie zu erklären versucht, wird zuvor jedoch noch ein kurzer Blick auf einige zentrale empirische Befunde aus der Einstellungs-, Wahl- und Gewaltforschung geworfen[1]. Allerdings: In den meisten Untersuchungen wird dem Geschlecht bislang nur eine untergeordnete, eher deskripitive und wenig analytische Bedeutung beigemessen. Deshalb bieten sie nur eingeschränkt Erkenntnisse über das Verhältnis von Frauen zu Rechtsextremismus, Fremdenfeindlichkeit und Gewalt. Eine „Trendwende" ist erst in zarten Ansätzen zu vermerken. Da die Frauenforschung sich relativ spät in die Debatte eingeschaltet hat und sich von daher noch in der „Sondierungsphase" befindet, kann im nachfolgenden nicht auf empirische Beiträge zurückgegriffen werden, die die Bedeutung der Kategorie „Geschlecht" ausleuchten und zugleich verallgemeinerbare Aussagen zulassen.

1. *Die gar nicht so „feinen Unterschiede"*

Die Ergebnisse aus der Einstellungsforschung geben trotz einiger Differenzen im großen und ganzen ein einheitliches Bild über die Zustimmungsbereitschaft von Frauen und Männern zu rechtsextremistischen und fremdenfeindlichen Ideologien. Allerdings liegen nur aus der Jugendforschung repräsentative Untersuchungen neueren Datums vor. Die Sinus-Studie von 1981 ist die bisher letzte Repräsentativerhebung unter der gesamten bundesdeutschen Wahlbevölkerung, in der mit Hilfe von drei Einstellungsskalen und einem im Vergleich großen Sample von fast 7.000 Befragten recht umfassend rechtsextremistische Einstellungen gemessen wurden. Die Ergebnisse über das quantitative Ausmaß des rechtsextremistischen Einstellungspotentials sind für die Situation in den neunziger Jahren naturgemäß nicht mehr aussagekräftig. Von Interesse ist heute aber noch der Befund, daß „Frauen und Männer gleichermaßen anfällig bzw. unerreichbar für rechtsextreme Ideologie sind" (Sinus-Studie 1981: 87)[2].
Zu einem vergleichbaren Ergebnis kommt auch das Deutsche Jugendinstitut in seinem Jugendsurvey von 1992 beim Einstellungssyndrom „Nationale Identität und Nationalismus": Zwar neigen weibliche Jugendliche hiernach etwas weniger zu traditionellem Nationalstolz, nationalistischen Haltungen oder zu rechten Gruppen, aber die Unterschiede sind nicht besonders stark ausgeprägt (vgl. Westle 1995: 233). Interessant dabei

1 Auf eine detaillierte Darstellung von empirischen Ergebnissen kann an dieser Stelle verzichtet werden, da sie durch die Beiträge von Oscar W. Gabriel, Jürgen W. Falter und Ursula Hoffmann-Lange in diesem Band erfolgt.

2 Die Studie ist einer breiten methodischen Kritik unterzogen worden, auf die in diesem Zusammenhang nicht eingegangen werden kann. Vgl. hierzu stellvertretend Reumann und Zundel (1981). Eine aktuellere Untersuchung hat das Eurobarometer 1989 vorgelegt, in der ebenfalls ein gleich hoher Anteil an Frauen und Männern EG-weit der Gruppe zugeordnet wurde, die als „entschieden ausländerfeindlich eingestellt" (92) bezeichnet wird.

ist, daß sich jedoch die befragten jungen Frauen im Jugendsurvey wiederum bei der Selbsteinordnung auf einer Links-Rechts-Skala deutlich weniger als Männer am „eher rechten“ oder „rechten“ Rand im politischen Spektrum verorten (vgl. Hoffmann-Lange 1995: 169).

Darüber, daß sich rechtsextremistische Einstellungen nicht unbedingt in den Wahlpräferenzen abbilden, herrscht in der Wahl- und Einstellungsforschung Einigkeit. Aber es sind insbesondere Frauen, die nur wenig Neigung verspüren, ihre Stimme einer Partei im extrem rechten Spektrum zu geben. Sie stellen im Durchschnitt nicht mehr als ein Drittel der Wählerinnen und Wähler dieser Parteien. Unter Umständen greift hier ein ähnlich gearteter „gender gap“ im Verhältnis zwischen politischen Einstellungen und Wahlpräferenzen, den Molitor in einer Sekundäranalyse von Daten des IPOS bei Frauen mit eher links orientierten Einstellungen beobachtet hat: „Bei den Frauen vertritt in der Regel ein größerer Anteil ‘linke’ Positionen; die Effekte dieser ‘linken’ Positionen auf die ‘Wahlentscheidung’ sind dagegen teilweise bei den Männern höher, so daß eine gewisse Kompensation stattfindet“ (Molitor 1992: 119). Die zitierten Befunde aus Einstellungsuntersuchungen legen den Schluß nahe, daß auch geschlechtsspezifisch unterschiedliche Effekte von rechtsextremistischen Einstellungen auf Wahlentscheidungen oder auch von rechtsextremistischen Einstellungen auf politische Selbstverortung ausgehen; gesichert ist das allerdings noch nicht, und es ist bisher ungeklärt, welche Motive für das unterschiedliche Wahlverhalten und die unterschiedliche Selbsteinschätzung verantwortlich gemacht werden können.

Auf alle Fälle ist es nach Falter schon fast ein historisch belegtes, „ehernes Gesetz“, nach dem „extremistische Parteien zunächst mehr von Männern als von Frauen gewählt werden. Erst wenn sie durch größere Wahlerfolge gewissermaßen hoffähig geworden sind, ziehen diese Parteien eine in etwa ausgeglichene Zahl von Männer- und Frauenstimmen an“ (Falter 1994: 28). So zumindest lehren es die Wahlergebnisse der NSDAP bis 1933 (vgl. Falter 1991: 136ff). Nach Auffassung von Roth ist die bisherige Zurückhaltung von Frauen auf das Erscheinungsbild der rechtsextremistischen Parteien zurückzuführen. Sie präsentieren sich patriarchalisch, aggressiv und verbal schwülstig und schließen „Gewalt als Mittel zur Durchsetzung von politischen Zielen“ (Roth 1990: 32) nicht aus. Für Roth kann aus dem geringeren Wählerinnenanteil also nicht geschlossen werden – und das bestätigt auch eine Untersuchung vom IPOS –, daß Frauen „ausländerfreundlicher seien als Männer oder in der Frage des politischen Asyls liberaler und deshalb die Republikaner stärker ablehnen“ (Roth 1990: 32f.).

Wählen Frauen eine rechtsextremistische Partei, dann unterscheiden sich ihre Motive nach den Erkenntnissen von Molitor kaum von denen der Männer: „Sowohl männliche als auch weibliche REP-Wähler heben sich in den Einstellungen von der Gesamtwählerschaft ab. Unterschiede zwischen männlichen und weiblichen REP-Wählern sind vergleichsweise gering. Lediglich bei einigen Einstellungen, wie z.B. der Einschätzung der allgemeinen wirtschaftlichen Lage, der Beurteilung der richtigen Besetzung von Spitzenpositionen sowie den Fragen zu Kriminalität und gewalttätigen Demonstrationen, zeigen sich größere Differenzen; bei diesen Einstellungen ist das Profil der weiblichen REP-Wähler noch ausgeprägter konturiert als das der männlichen REP-Wähler“ (Molitor 1992: 127). Die geringsten Unterschiede zwischen den Geschlechtern waren bei der „Unzufriedenheit mit der Demokratie“ und bei der „Ablehnung des Rechtes auf Asyl“ zu verzeichnen (vgl. Molitor 1992: 127).

Das Wahlverhalten von Frauen ist zudem nicht in allen Altersgruppen und Regionen gleich. Bei der Wahl zum Berliner Abgeordnetenhaus 1989 war beispielsweise der Anteil der 25- bis 60jährigen Wählerinnen der „Republikaner" nur geringfügig niedriger als der der Männer. Bei der Landtagswahl in Baden-Württemberg von 1992 konnte diese Partei immerhin 8,5% der wahlbeteiligten Frauen für sich gewinnen. Dieses Stimmenergebnis läßt den höheren Mobilisierungsgrad unter Männern eher zweitrangig erscheinen, wenn es um die frauenspezifische Anfälligkeit für Rechtsextremismus geht. Unterm Strich ist allerdings am unterschiedlichen Wahlverhalten von Frauen und Männer nur wenig „rumzudeuteln".
Ähnlich verhält es sich mit den Zahlen des Bundesamtes für Verfassungsschutz und der Polizei über die Beteiligung von Frauen und Männern an Gesetzesverletzungen, bei denen ein rechtsextremistischer und fremdenfeindlicher Hintergrund vermutet wird. Sie werden zu weit über 95% von männlichen Tätern begangen; auch die schweren Straftaten wie Tötungsdelikte oder Körperverletzungen sind fast ausschließlich „Männersache" (vgl. Verfassungsschutzbericht 1994: 79f., 94; Willems et al. 1993: 105, 112f.). Über die Anzahl, Rolle und Bedeutung von weiblichen Mitgliedern in gewaltbereiten Subkulturen und peer groups gibt es allerdings bislang keine Erkenntnisse. Auch ob die Zahl der aktiven „Reenies" und „Skingirls" zunimmt, wie häufig vermutet wird, ist nicht sicher. Hier bewegt sich die Forschung im Feld der Spekulationen.
Etwas anders sieht es im Bereich der Gewaltakzeptanz aus. Sie ist zwar nach dem DJI-Jugendsurvey überwiegend bei männlichen Jugendlichen anzutreffen, allerdings – und das ist interpretationsbedürftig – findet sie sich nicht nur besonders ausgeprägt bei jungen Männern mit traditioneller Geschlechtsrollenorientierung, sondern auch am häufigsten bei jungen ostdeutschen Frauen, die ebenfalls einem traditionellen Rollenverständnis anhängen (vgl. Hoffmann-Lange/Schneider/Gille 1993: 118). Das läßt zwei Erklärungsvarianten zu: Nach der ersten – sollte das Ergebnis noch durch andere Untersuchungen bestätigt werden – widerspräche es der weitverbreiteten Annahme, daß gerade die traditionellen frauenspezifischen Sozialisationsnormen und frauenspezifischen Gewalterfahrungen eine Befürwortung von direkter personeller Gewalt – im Gegensatz zu Fragen struktureller Gewalt – weitgehend ausschließen. Hiernach bestätigte sich auch nicht die Befürchtung von Möller, daß erst durch eine Anpassung weiblicher Jugendlicher an männliche Verhaltensnormen künftig die Zahl der jungen Frauen steigen wird, die fremdenfeindliche Gewalt akzeptieren (vgl. Möller 1991: 41). Die Ursachen müßten also auch in den traditionellen Sozialisationserfahrungen von Frauen gesucht werden. Nach der zweiten Erklärungsvariante wäre davon auszugehen, daß bei der Befragung in Ostdeutschland mit den selben Statements, die auch westdeutschen Jugendlichen vorgelegt wurden, nicht unbedingt die selben Dimensionen gemessen worden sind. Denn die jeweils anderen politischen und geschlechtsspezifischen Sozialisationserfahrungen in Ost und West dürften sich im Antwortverhalten durch unterschiedliche Interpretationen von Fragen abbilden.

2. *Zur theoretischen Verortung der Kategorie Geschlecht im Kontext von Rechtsextremismus und Fremdenfeindlichkeit*

Die empirischen Befunde zeigen, daß geschlechtsspezifische Aspekte eine nicht unerhebliche Rolle bei der Bewertung von rechtsextremistischen und fremdenfeindlichen Phänomenen spielen. Sie machen aber auch deutlich, daß über die geschlechtsspezifischen Dimensionen bisher nur spekuliert werden kann. In der feministischen Debatte, die im übrigen hauptsächlich in den Erziehungswissenschaften stattfindet, wurde deshalb zu Beginn der neunziger Jahre zum Teil heftig Kritik an der Rechtsextremismus-Forschung geäußert: Ihr wurde vorgeworfen, sich lange Zeit zu stark organisationsbezogen mit Rechtsextremismus und Fremdenfeindlichkeit befaßt zu haben. Denn dadurch, daß Frauen in rechtsextremistischen Organisationen kaum vertreten sind, nur sehr zurückhaltend Parteien wie die „Republikaner", die NPD oder DVU bei Wahlen unterstützen oder bei gewalttätigen Übergriffen vor allem von Skinheads nur selten in Erscheinung treten, hätten sie erst gar nicht in den Blick der Forschung geraten können. Zudem habe man es nicht für weiter erklärungsbedürftig empfunden, die Gründe für diese Unterrepräsentanz genauer zu durchleuchten. Darüber hinaus werde bei der Suche nach gesellschaftlichen Ursachen in erster Linie die „männliche Normalbiographie" sowie männerspezifische Sozialisations- und Verhaltensmuster als Interpretationsfolie auch für die Orientierungen und das Verhalten von Frauen herangezogen. Auch wenn politische Einstellungen gemessen werden, von ihnen auf Parteipräferenzen und Wahlverhalten geschlossen wird, orientieren sich die meisten Untersuchungen – so ein weiterer Kritikpunkt – an einem traditionellen, männlich geprägten Politikverständnis („maskuline Ethik" und institutionenbezogene Form der Politik). Wichtig sei es hingegen, sowohl die Erscheinungsformen als auch die Ursachen von Rechtsextremismus und Fremdenfeindlichkeit unter geschlechtsspezifischen Gesichtspunkten zu untersuchen. Dabei bestünde vor allem der (Nachhol-) Bedarf, die frauenspezifischen Zugänge zur Politik sowie die Stellung und die Sozialisationserfahrungen von Frauen in der geschlechtshierarchischen Gesellschaft zu klären (vgl. u.a. Meyer 1991, 1993; Siller 1991; Birsl 1992). Die Kategorie „Geschlecht" dürfte hiernach nicht mehr länger als deskriptive Variable verstanden werden. Denn das Geschlecht – so die Argumentation – übernimmt in seiner sozialen Konstruiertheit die Funktion eines „sozialen Platzanweisers" und entscheidet über die gesellschaftliche Positionierung und die sozialen Lebenschancen von Frauen und Männern (vgl. Siller 1994: 188). Dementsprechend ist das Geschlecht als soziale Strukturkategorie und damit in der Forschung als analytische Kategorie zu betrachten. Erst dadurch könnte geklärt werden, warum „sich die Geschlechter auf der Einstellungsebene in bezug auf rechtsextremistische Ideologien weniger unterscheiden als auf der Verhaltens- und Handlungsebene" und wie es zu der größeren „Diskrepanz zwischen politischen Einstellungen und Wahlverhalten bei Frauen" (Siller 1994: 185f.) kommt.

2.1 Erklärungsmodelle zu Frauen und Rechtsextremismus

Um nun frauenspezifische Zugangswege zu Rechtsextremismus und Fremdenfeindlichkeit nachvollziehen zu können, werden in der feministischen Debatte unterschiedliche theoretische Ansätze bemüht, die sich zu drei dominierenden Erklärungsmodellen verdichtet haben. Sie beschäftigen sich

1. mit der Situation von Frauen im Spannungsfeld zwischen Diskriminierung und Dominanz in der patriarchalen Wohlstandsgesellschaft, die unter psychoanalytischen Aspekten aus der Weiblichkeitstheorie[3] diskutiert wird,
2. mit frauenspezifischen Konfliktlagen in der durch Individualisierungsschübe gekennzeichneten Risikogesellschaft, die in Anlehnung an Durkheims Überlegungen zu anomischen Tendenzen in gesellschaftlichen Wandlungsprozessen herausgearbeitet werden,
3. mit der konflikthaften Lebensrealität von Frauen im Prozeß der doppelten Vergesellschaftung, die mit Hilfe von biographischen Forschungsansätzen[4] untersucht wird.

Das erste Erklärungsmodell nach der Dominanzkulturthese gewinnt zunehmend in der feministischen Forschung an Raum. Es beschäftigt sich in erster Linie mit dem Phänomen „Rassismus“. Eingebracht haben es die Psychologinnen Holzkamp und Rommelspacher. Nach ihrer Interpretation ist „ein typischer Mechanismus einer Dominanzkultur“, die „eigene Privilegierung und Vorteilnahme nicht sehen (zu) wollen und die Probleme auf andere zu projizieren“. Es ist also eine Kultur, „die von sich glaubt, Normalität und Spannungen mit anderen durch Bemächtigung 'lösen' zu können“ (Holzkamp/Rommelspacher 1991: 36). Auch „die weißen westlichen Frauen“ profitieren als „patriarchal Unterworfene“ vom herrschenden System der westlichen Gesellschaften: So profitieren sie sowohl vom Wohlstand als auch von der politischen und kulturellen Dominanz; sie internalisieren das „Überlegenheitsdenken dieser Kultur“ und „sind in dieser Gesellschaft Ein- und Ausgeschlossene zugleich“ (Rommelspacher 1994: 40). Für Frauen heißt das, daß sie sich zwischen der doppelten und gleichzeitigen Bestimmung aus Diskriminierung und Dominanz selbstvergewissern müssen und in einer „multiplen Identität“ einzufinden haben (vgl. Rommelspacher 1994: 34f.). Die Zuwanderung von Ausländerinnen und Ausländern scheint das labile Gleichgewicht dieser doppelten Bestimmung zu stören, was in „Rassismus“ umschlagen kann: Auf seiten der Dominanzkultur ist es zum einen der Lebensstil, der durch das andere kulturelle Verhalten der Fremden in Frage gestellt wird. Zum anderen geht es darum, den Wohlstand zu verteidigen und ihn zugleich gegenüber ärmeren Einwanderinnen und Einwanderern zu rechtfertigen (vgl. 34f.). „Dieser 'Wohlstandschauvinismus' (...) ist im Prinzip maßlos: Es geht nicht allein um die Konkurrenz um real knappe Güter wie Wohnungen und Arbeitsplätze, sondern der Dominanzanspruch

---

3 Dabei werden auch psychoanalytische Theorien der Geschlechterdifferenz angesprochen, die u.a. mit Namen wie Margaret Mead (1958) oder in der neueren Debatte Nancy Chodorow (1985) und Carol Gilligan (1991, 1992) verbunden sind. Hierbei geht es allgemein gesagt um einen dualistischen Ansatz (weiblich vs. männlich), über den versucht wird, spezifisch weibliche Fähigkeiten und Eigenschaften insbesondere über die Universalität der weiblichen Reproduktionsfähigkeit neu zu bewerten Diese Besonderheiten erklären wiederum spezifisch weibliche Verhaltensweisen, Moralvorstellungen und Potenzen (vgl. hierzu ausführlicher Gildemeister 1988: 487).

4 Biographische Ansätze haben die Lebensläufe und die kulturellen Formen der Alltags- oder Lebenswelten im Zentrum stehen. Ziel ist es, die Pluralität und Differenziertheit von Biographien einzufangen. Lebenslagen und soziale Strukturen werden zwar nicht vollständig ausgeblendet, jedoch spielen sie keine zentrale Rolle (vgl. Lenz 1991: 13).

will sich überall bestätigen“ (Rommelspacher 1994: 35)[5]. Die Empathiefähigkeit und Fürsorglichkeit von Frauen als Inbegriff „weiblicher Moral“ (Gilligan) schützt nach Einschätzung von Holzkamp und Rommelspacher nicht vor fremdenfeindlichen, „rassistischen“ Einstellungen, sondern können im Zusammenhang mit dem Dominanz- und Überlegenheitsstreben umschlagen. So meint Rommelspacher, daß was „in dieser Debatte um weibliche Fürsorglichkeit (...) übersehen wird, daß dies(es) Einfühlungsvermögen von Frauen in erster Linie, um nicht zu sagen ausschließlich, ihren Angehörigen gilt, also den Menschen, mit denen frau unmittelbar Kontakt hat (...). Denn Dasein für andere heißt nicht Dasein für alle (...). In der Sorge um die anderen konstituiert sich immer schon Ausschluß“ (Rommelspacher 1994: 38). Holzkamp sieht in den „Grenzen typisch weiblicher Fürsorge“ (Holzkamp 1994: 45) die Ursachen für Fremdenfeindlichkeit. Die Grenzen ergeben sich aus dem engen Zuschnitt der geschlechtsspezifischen Arbeitsteilung, der für Frauen eine Beschränkung vor allem auf den familiären Raum bedeutet. „In der geschlechtsspezifischen Arbeitsteilung ist die Abwehr des Fremden, das 'Nur mein Bereich gilt' angelegt; die Außenwelt wird als diffus gefährlich erlebt. Dies ist eines der wichtigen Resultate weiblicher Sozialisation. Diese Ängste werden mit der Angst vor Fremden weiter potenziert und aufgeladen“ (Holzkamp 1994: 45).

Das ist eng mit der frauenspezifischen Diskriminierung verschränkt. So stabilisiert gleichzeitig auf seiten der Diskriminierung „der Rassismus den Sexismus“ (Holzkamp 1994: 39)[6] und das hierarchische Geschlechterverhältnis. Der „Rassismus“ ermöglicht es hiernach Frauen, sich in ihrer untergeordneten und von (sexueller) Gewalt geprägten Rolle positiv einzufinden. Das geschieht durch zwei Mechanismen: Die Angst von Frauen vor (sexueller) Gewalt wird auf ausländische Männer projiziert, um von den eigenen Männern abzulenken und sie zu entlasten. Dabei ist es unerheblich, ob konkrete Gewalterfahrungen durch einen ausländischen Mann gemacht wurden oder nicht. Der zweite Mechanismus speist sich aus der pauschalen Diskriminierung islamischer Frauen als „rückschrittlich und unterdrückt“. Damit nährt „die westliche Frau (...) vor allem auch Illusionen über die eigene Freiheit und Emanzipation und wird unkritisch den eigenen Formen von Unterdrückung gegenüber“ (Holzkamp 1994: 40).

Die These von der Individualisierung in der Risikogesellschaft und damit *das zweite Erklärungsmodell* war zunächst für Siller (1991) und Meyer (1991, 1993) der Ausgangspunkt ihrer Überlegungen. Beide versuchten in Anlehnung an Heitmeyer (1989) und auf der Grundlage von Becks gesellschaftlicher Gegenwartsanalyse (1983, 1986), die Individualisierungsthese für die biographische Rekonstruktion frauenspezifischer Lebensverläufe fruchtbar zu machen und hierin Hinweise für die spezifischen Zugangs-

---

5 Vgl. zur These vom „Wohlstandschauvinismus“ die Untersuchung von Held et al. (1991) und die Kritik an der konzeptionellen Anlage der Studie bei Birsl (1994: 129f.).

6 In der feministischen Debatte gibt es noch einen weiteren Diskussionsstrang, der sich mit dem Zusammenhang zwischen „Sexismus und Rassismus“ auseinandersetzt und ebenfalls mit der Dominanzkulturthese verbunden ist. Er beschäftigt sich jedoch nicht mit der Frage, wie sich aus „sexistischer“ Diskriminierung „rassistische“ Orientierungen bei Frauen begründen lassen, sondern damit, daß das Konstruktionsprinzip des „Sexismus“ eng mit dem des „Rassismus“ verknüpft ist. Beides orientiert sich hiernach an der „Verletzungsoffenheit“ von Frauen und Fremden im „sozialen Raum“ und der „Verletzungsmacht“ von männlichen Mitgliedern einer Dominanzkultur (vgl. hierzu stellvertretend Wobbe 1994 und die Kritik an diesem Ansatz bei Lenz 1994).

wege von Frauen zum Rechtsextremismus zu finden. Den ersten empirischen Zugriff suchten sie denn auch in den Ergebnissen der ersten Studie von Heitmeyer zu rechtsextremistischen Orientierungen bei Jugendlichen, nach denen die befragten jungen Frauen im Gegensatz zu den jungen Männern trotz tendenziell stärkerer „Orientierungsprobleme" (Siller 1991: 25) oder „anomischer Tendenzen" – wie Heitmeyer (1989: 128) es nennt – eine geringere Bereitschaft zeigten, „autoritär-nationalisierenden Sichtweisen" zuzustimmen[7]. Ihre Kritik an der theoretischen Anlage der Untersuchung fußt auf der geschlechtsneutralen Behandlung der Individualisierungsthese, die diesen Befund widersprüchlich erscheinen läßt (vgl. Siller 1991: 25; Meyer 1993: 214). Dadurch könne nämlich nicht erklärt werden, warum Mädchen auf „Orientierungsprobleme" nicht in gleicher Weise reagieren wie Jungen. Erst unter Berücksichtigung von geschlechtsspezifischen Sozialisationserfahrungen und Lebensperspektiven sei diese Widersprüchlichkeit aufzulösen. Denn es ist davon auszugehen, daß Frauen und Männer erstens nicht den gleichen Konflikten in ihrer Lebenssituation ausgesetzt sind und zweitens auf Konflikte mit einem unterschiedlichen Repertoire an Handlungsstrategien reagieren.

Diese Kritik hat Siller veranlaßt, die Untersuchung von Individualisierungsprozessen in frauenspezifischen Lebensverläufen hintanzustellen und sich erst einmal der grundlegenden Strukturiertheit des hierarchischen Geschlechterverhältnisses und ihrer Auswirkungen auf die Lebensrealität von Frauen zu widmen. Dadurch sollen die spezifischen Konflikte konkretisiert werden, die mögliche Zugangswege zu rechtsextremistischen oder fremdenfeindlichen Vorstellungen ebnen. Sie vertritt *das dritte Erklärungsmodell*: Anknüpfungspunkt ist das Konstruktionsprinzip der Zweigeschlechtlichkeit, nach dem das Geschlecht als „sozialer Platzanweiser" wirkt, „der Frauen einen besonderen und vor allem einen minderen Platz in der Gesellschaft und einen niedrigen Status in der Erwerbsarbeit zuweist" (Siller 1994: 188). Was nicht bedeutet, daß das Geschlechterverhältnis vom gesellschaftlichen Wandel unangetastet geblieben ist: „Einerseits ist für sie (die Frauen, U.B.) eine Berufsorientierung zwar selbstverständlich geworden. Auch für sie gilt die Zunahme von Freiräumen zur eigenen Lebensgestaltung bei gleichzeitig zunehmender größerer Eigenverantwortlichkeit als Folge gesellschaftlicher Individualisierungsprozesse. Andererseits sind sie weiterhin hauptsächlich zuständig für reproduktive Tätigkeiten in der Familie. Daran hat sich kaum etwas

7 Die „Orientierungsprobleme" gelten hier als Folgeerscheinungen und als ein zentraler Indikator für die von Beck diagnostizierten Individualisierungsprozesse, die „den sozialen Klassenunterschieden ihren realen, lebensweltlichen Identitätsgehalt (rauben). Die Gruppen verlieren für sich und im Wechselspiel füreinander ihre Besonderheiten und damit ihre identitätsbildende Kraft" (Heitmeyer 1983: 68). Die Anforderungen an die soziale, geographische und alltägliche Mobilitätsfähigkeit nehmen zu; Lebenslagen und Lebenswege differenzieren sich aus und werden „durcheinander gewirbelt"; soziale Ungleichheitsstrukturen bleiben zwar bestehen, verlieren aber im Alltagsdiskurs an Bedeutung und somit auch ihre soziokulturelle Wirkkraft (vgl. Heitmeyer 1986: 124ff.). Nach Heitmeyer erhöhen diese Vereinzelungsprozesse die Belastungen bei sozialer Ausgrenzung und unterminieren die Dauerhaftigkeit von sozialer Integration, so daß sich Desintegrationsprozesse abzeichnen, die vor allem auf der Identitätsebene zum grundlegenden Problem mutieren. Da die Herausbildung einer eigenständigen Identität aber eine der wesentlichen altersspezifischen Entwicklungsaufgaben während der Adoleszenz ist, sieht Heitmeyer in dem gesellschaftlichen Strukturwandel ein besonderes Gefährdungspotential für die Jugendphase (Heitmeyer 1989: 77).

geändert" (Siller 1994: 188). Gildemeister beschreibt diesen von Siller angesprochenen Prozeß als eine Flexibilisierung von Rollenverpflichtungen, ohne daß sich allerdings Grundsätzliches ändert: „So verliert die 'Normalbiographie' – gerade auch die weibliche – den Charakter der Selbstverständlichkeit. Die jeweiligen Inhalte und Ausprägungen der Geschlechterrolle verändern sich und werden z.T. unscharf: dies aber, *ohne* daß dabei das grundlegende binäre Konstruktionsprinzip des Geschlechterverhältnisses angetastet wird" (Gildemeister 1988: 500). Frauen unterliegen damit einer doppelten und ungleichzeitigen Vergesellschaftung (Becker-Schmidt 1991) in ihrer traditionellen Rolle in der Reproduktionssphäre und in ihrer Erwerbsrolle auf dem Arbeitsmarkt. Die doppelte Vergesellschaftung von Frauen ist konstitutiv für eine „doppelte Lebensrealität" (Siller 1994: 192) zwischen der Welt der Reproduktionsarbeit und der Welt der Erwerbsarbeit. Hieraus ergibt sich eine Konfliktkonstellation, die Zugangswege zu Rechtsextremismus und Fremdenfeindlichkeit öffnen kann. In einer ersten Auswertung von zehn biographischen Interviews mit Berufsschülerinnen sieht Siller ansatzweise bestätigt, daß eigene, frauenspezifische Diskriminierungserfahrungen in der Erwerbsarbeit „auf die gesellschaftlich noch schwächere Gruppe der Fremden" (Siller 1994: 193) übertragen werden. Sie stellt hierbei auch eine Kopplung mit „autoritär-nationalistischen" Vorstellungen fest: „Eigenes Vorrecht und eigene Überlegenheit können so zumindest über den Status als deutsche Frau demonstriert werden" (Siller 1994: 193), der ihnen über die Dominanzkultur gegenüber Fremden zugewiesen ist (vgl. Siller 1994: 192). Weiterhin habe sich in den Interviews gezeigt, daß die grundlegende Angst von Frauen vor gewalttätigen Übergriffen in eine Angst vor Übergriffen durch ausländische Männer umgedeutet wird, auch wenn entsprechende Gewalterfahrungen nicht vorliegen. Siller meint in diesem Zusammenhang den rassistischen und ideologisch geprägten Mythos vom „'schwarzen Mann' als Vergewaltiger" (Siller 1994: 194) wiederzuerkennen. Nach den Ergebnissen der Befragung gäbe es keine Indizien dafür, daß „Frauen zu rechtsextremistischen Ideologien tendieren, weil diese die Aufwertung der Hausfrauen- und Mutterrolle durch die Überhöhung sogenannter 'fraulicher Werte' beinhalten" (Siller 1994: 194).

Der Ansatz von Meyer bildet mehr oder weniger einen Querschnitt aus allen drei Erklärungsmodellen, wobei die Individualisierungsprobleme nicht mehr im Vordergrund stehen. Für ihre weitere Argumentation ist im wesentlichen noch die „gesellschaftliche und persönliche Desorientierung" von Bedeutung, die unter dem Eindruck der Flexibilisierung von Rollenzumutungen eine neue Dynamik erhält. Denn auch Meyer sieht das binäre und hierarchische Konstruktionsprinzip des Geschlechterverhältnisses unangetastet (vgl. Meyer 1993: 213, 214). So müssen Frauen das „Wegfallen eindimensionaler Lebenswegvorgaben und die Möglichkeit zu Alternativen (...) solange als problematisch empfinden, wie sie durch sie doppelt und dreifach belastet werden" (Meyer 1993: 215). In Anlehnung an Holzkamp und Rommelspacher macht sie das Wechselspiel aus Dominanzstreben, Unterordnung und frauenspezifischer Diskriminierung für Affinitäten von Frauen zu Rechtsextremismus, Fremdenfeindlichkeit und auch zur Gewalt verantwortlich. Es dient dazu, die Widersprüche und Orientierungsprobleme in der lebensweltlichen Erfahrung von Frauen zu kompensieren und ihnen die Teilhabe an gesellschaftlicher Macht zu ermöglichen: „Frauen projizieren eigene, nicht-erlaubte Machtbedürfnisse und nicht-gelebte Gewaltphantasien auf das 'starke' Geschlecht: sie *lassen* kämpfen, sie *lassen* (sich) dominieren und erhalten dafür

männlichen Schutz und Teilhabe an der symbolischen (und oft auch materiellen) Macht des Stärkeren. Dieses durch Prozesse der weiblichen Sozialisation und der strukturellen Geschlechterdynamik moderner Gesellschaften tief verankerte Bedürfnis nach Selbstaufgabe kommt rechten Gruppen in ihrer Anziehungskraft auf Frauen zugute. Ein in weiblicher Sozialisation vermitteltes Unterordnungsverhältnis hat eben auch seine verlockenden Seiten: Anerkennung, Liebe und Aufwertung quasi natürlicher Eigenschaften von Frauen" (Meyer 1993: 215).
Die Widersprüchlichkeit potenziert sich nach Meinung von Meyer aus psychoanalytischer Sicht durch die „Selbstentwertung von (eigenständiger) Weiblichkeit und sogenannten weiblichen Werten", indem eine „nach außen aggressive und nach innen dominant auftretende Männlichkeit" (Meyer 1993: 216) bestätigt und bestärkt wird. Ein weiteres „Mosaiksteinchen in dem Erklärungsbild weiblicher Anfälligkeit für rechtes Gedankengut" macht sie in einer patriarchalen Kultur aus, die auf das engste verbunden ist „mit einer Frauenmißachtung, mit einer Verachtung von sogenannten weiblichen Werten und Eigenschaften, und somit kulturell auch bei Frauen selbst tief verwurzelt" (Meyer 1993: 216) ist. Im Sinne der Psychoanalytikerin Mitscherlich (1985) werden die hieraus resultierende Angst und der Selbsthaß zur Triebfeder, die unbewußte Verachtung der eigenen Person auf „Fremde" umzuleiten und sich rechtsextremistischen Parteien zuzuwenden (vgl. Meyer 1993: 216).
Ob die sozialen und psychischen Konfliktkonstellationen dazu führen, daß Frauen künftig einer verstärkten Anfälligkeit für Rechtsextremismus und Fremdenfeindlichkeit unterliegen, möchte Meyer allerdings noch dahingestellt sein lassen, da „der Weg der gesellschaftlichen (Selbst-) Zurückweisung und kollektiven Degradierung von Frauen bis hin zum Rechtsextremismus (...) weiterhin eine offene Frage" (Meyer 1993: 217) ist.

2.2 Schlußfolgerung: „Differenz und Differenzen"

„Differenz und Differenzen" ist nach Borst ein „Wortspiel mit ernstem Hintergrund" (Borst 1994: 8). Beide Begriffe kennzeichnen eine zeitliche und räumliche Dimension in der Entwicklung der Frauenbewegung und der Frauenforschung: „War in den 80er Jahren 'Differenz' ein Synonym für die gesellschaftliche Geschlechterkonstruktionen, so drängte sich allmählich angesichts einer kontroversen Debatte über die Beteiligung von Frauen an den Verbrechen der Nationalsozialisten die Frage auf, von welcher Differenz (zwischen den Geschlechtern, U.B.) und welcher Gleichheit (unter Frauen, U.B.) zukünftig zu sprechen sei. Denn der Opfer-Täter-Diskurs machte mit aller Entschiedenheit deutlich, daß Frauen in Abhängigkeit von ihrer jeweiligen gesellschaftlichen Position Unterdrückende oder Unterdrückte, bisweilen beides zugleich sind" (Borst 1994: 8). Vor allem in den USA[8] seit Ende der achtziger Jahre und nunmehr auch verstärkt in der Bundesrepublik findet eine Auseinandersetzung damit statt, Frauen nicht nur qua Geschlechtszugehörigkeit zu definieren, sondern immer auch ihre sozialstrukturelle Positionierung („als Angehörige von Klassen") und kulturelle

8 Vgl. den in der Bundesrepublik zum Teil heftig kritisierten Beitrag der US-Amerikanerin Judith Butler (1991) zu „Frauen" als Subjekt des Feminismus.

Zugehörigkeit miteinzubeziehen[9]. Diesem noch zaghaften „Paradigmawechsel" mag es ebenfalls geschuldet sein, daß sich Teile der Frauenforschung neben der Diskussion um die Rolle von Frauen im Nationalsozialismus nunmehr auch mit frauenspezifischen Zugangswegen zum aktuellen Rechtsextremismus beschäftigen. Die Auseinandersetzung mit den frauenspezifischen Aspekten des Nationalsozialismus hat vielleicht auch erst die Debatte zu „Frauen und Rechtsextremismus" möglich gemacht. Geschlechtsspezifischen Dimensionen in der Rechtsextremismus-Forschung wurden in der Vergangenheit von seiten der Frauenforschung nur wenig Beachtung geschenkt. Das dürfte daran liegen, daß rechtsextremistische Organisationen und Einstellungen sowie rechte Gewalt eher als männerbündische Zusammenschlüsse, Orientierungen und Verhaltensweisen gesehen wurden. Auch heute noch ist das Argument anzutreffen, daß Frauen hierfür gar nicht anfällig sein können, da rechtsextremistische Ideologien ihren Interessen und Emanzipationsbestrebungen zuwiderlaufen[10] und nicht den „weiblichen" Wertkategorien und Orientierungen entsprechen.

In den hier vorgestellten Erklärungsmodellen wird die frauenspezifische Dimension von Rechtsextremismus und Fremdenfeindlichkeit aus der Rolle von Frauen in der patriarchalen Gesellschaft heraus analysiert, in der sie zugleich als Unterdrückte und Unterdrückende reagieren. Während die These von der Individualisierung in der Risikogesellschaft als Erklärungsmodell nur noch rudimentär weiterverfolgt wird, gerät die Dominanzkulturthese in unterschiedlichen Varianten immer mehr in den Mittelpunkt. Siller sieht in dem durch die Dominanzkultur ideologisch verklärten Status von deutschen Frauen allerdings nur einen Rahmen, in dem unüberwindbare Widersprüche und Konflikte aus der frauenspezifischen, „doppelten Lebensrealität" besonders auf Fremde projiziert und damit kompensiert werden können. Im Gegensatz zu den Vertreterinnen der Dominanzkulturthese ist diese bei Siller also nicht von zentraler Bedeutung; ihr geht es in erster Linie um die soziale Konstruktion und Strukturiertheit des Geschlechterverhältnisses. Die hieraus erwachsene Konflikthaftigkeit in der Lebenswelt von Frauen wird als Ursache für politische Umformungsprozesse angesehen, die Fremdenfeindlichkeit mit einschließen. Die Dominanzkultur gibt dabei nur die Richtung der Umformungsprozesse an.

Bei der These von der Gleichzeitigkeit von Diskriminierung und Dominanz in der patriarchalen Wohlstandsgesellschaft spielt zwar ebenfalls die soziale Geschlechterkonstruktion eine zentrale Rolle; sie wird jedoch in einen psychoanalytischen Kontext gestellt. Das Geschlechterverhältnis wird dualistisch gefaßt, und „rassistische" Einstellungen und Verhaltensweisen bei Frauen werden trotz des Paradigmawechsels aus der Opfer-Täter-Sicht bewertet. Demnach reagieren Frauen aufgrund ihrer geschlechtsspezifischen Diskriminierung mit eigener Unterordnung, Selbsthaß und Angst, was zur Abwehr in „Rassismus" umschlagen kann.

Nach der dualistischen Sichtweise gibt es *„die* weiße westliche Frau", *den* weiblichen Lebenszusammhang oder *die* Weiblichkeit. Auch die Dominanzkultur unterliegt einer

---

9 Zur Frage „Klasse und Geschlecht" stellvertretend Frerichs/Steinrücke (1995).

10 Dabei wird übersehen, daß das nicht nur Frauen betrifft. Rechtsextremistische Ideologien weisen zwar Frauen eine biologistisch begründete Rolle in der Reproduktionssphäre zu. Die gesellschaftliche Hierarchisierung wird aber ebenfalls durch naturalistische Ideologeme zementiert, von der Männer ebenfalls betroffen sind – also es wird für „Natur" gehalten, was „Gesellschaft" ist, und das gilt für das Geschlecht *und* die Sozialstruktur.

dualistischen Interpretation, denn sie umfaßt „Eingeschlossene“, zu denen auch „die weiße westliche Frau“ gehört, die nicht nur Unterdrückte, sondern ebenfalls Unterdrückende ist, und Ausländerinnen und Ausländer als „Ausgeschlossene“[11].

Vor dem Hintergrund der dualistischen Argumentation stellt sich die Frage, für wen die Projektionsmechanismen in diesem Erklärungsmodell Gültigkeit haben. Denn die Differenzen zwischen Frauen durch ihre sozialstrukturelle Einbindung – also die unterschiedlichen frauenspezifischen Lebensverhältnisse – werden nicht untersucht; auch die Verhaltensweisen von Männern werden nicht unter sozialen Kategorien betrachtet. Die sozialstrukturellen Determinanten bestimmen aber sowohl die geschlechtsspezifischen Sozialisationsnormen und -verläufe als auch die kulturellen Ausprägungen entscheidend mit, die sich in Einstellungen und Verhaltensweisen wiederfinden. Das heißt nicht, daß es keine geschlechtsspezifischen Ungleichheitsmuster gibt, sie zur Nebensache erklärt werden sollen, oder sie mit den Entstehungsbedingungen von Rechtsextremismus und Fremdenfeindlichkeit nichts zu tun haben; sie prägen sich aber sozial und kulturell unterschiedlich aus.

Ähnliches gilt für die Dominanzkultur. Im kultursoziologischen Sinne existieren in einer Gesellschaft mehrere Kulturen, die sowohl sozial verankert als auch religiös beeinflußt sind. Sie stehen zueinander in einem Austauschprozeß, aber auch in einem Spannungsverhältnis. Auf die jeweilige Kultur, die dominiert, beziehen sich soziale Gruppen durchaus unterschiedlich, und nicht jede soziale Gruppe ist gleichermaßen uneingeschränkte Trägerin der dominanten Kultur. Die dominante Kultur setzt sich im übrigen auch immer aus mehreren Kulturen und nie nur aus einer Kultur zusammen. Innerhalb dieser sozialen Gruppen wirkt kulturell differenziert dann wiederum das hierarchische Geschlechterverhältnis.

Die Zweigeschlechtlichkeit und die dominierende Kultur dualistisch zu betrachten, führt also fast zwangsläufig dazu, Einstellungen und Verhaltensweisen auch nur dualistisch entlang der Kategorien „weiblich versus männlich“ und „Dominanz versus Diskriminierung“ ohne ihre Differenzen wahrzunehmen. Projektionsmechnanismen in Richtung auf Rechtsextremismus und Fremdenfeindlichkeit in diesem Zusammenhang vorrangig psychoanalytisch zu erklären, bedeutet darüber hinaus, die Lebensverhältnisse außen vor zu lassen und beides – das Geschlecht und die Dominanz – aus ihrem sozialen und kulturellen Kontext zu lösen. Frauen und Männer werden dadurch unbeabsichtigt auf ihr Geschlecht reduziert[12].

11 Der „weißen Frau“ stehen zudem nicht-weiße oder vielmehr schwarze „Fremde“ gegenüber. Das „Weiß-Schwarz“-Modell stammt ursprünglich aus der US-amerikanischen und englischen Diskussion, und es ist fraglich, ob es überhaupt auf bundesdeutsche Verhältnisse übertragbar ist. „In Deutschland baut der alltägliche Rassismus neben biologistischen Ideologien auf religiös-kulturell begründeten Projektionen des Unterschieds auf, vor allem im Antisemitismus und in antiislamischer Türkenfeindlichkeit“ (Lenz 1994: 52).

12 Vor einem ähnlichen Problem steht die „kritische Männerforschung“, die ebenfalls versucht, über psychoanalytische und auf das „andere“ Geschlecht bezogene Ansätze, männerspezifische Sozialisationsverläufe und Gewaltbereitschaft zu untersuchen (vgl. stellvertretend Böhnisch/Winter 1994).

3. Ausblick

Resümierend hat sich aus den vorgestellten Forschungsergebnissen ein sehr deutliches Differenzierungsmuster zwischen den Geschlechtern herausgeschält: Sowohl bei „politischen Einstellungen versus Wahlverhalten" als auch „Gewaltakzeptanz versus Gewaltbereitschaft" zeigt sich die geschlechtsspezifische Dimension. Obwohl bei Frauen ein zu Männern ähnliches Ausmaß an Affinitäten zu Rechtsextremismus, Fremdenfeindlichkeit und teilweise in Ostdeutschland zur rechten Gewalt vorausgesetzt werden kann, bleiben sie in ihrem Verhalten eher „unauffällig". Bei Männern scheinen sich Einstellungen in einem ausgeprägteren Maße in Handlungen umzumünzen. Jedoch ist zu berücksichtigen, daß diese Handlungen eher den erwarteten Verhaltensnormen entsprechen und dadurch öffentlich stärker als die von Frauen wahrgenommen werden.

In diesem Sinne kann also durchaus ein „gender gap" unterstellt werden. Es gehört noch in das Reich der Spekulationen, ob künftig sowohl beim Wahlverhalten als auch bei der Gewaltakzeptanz und -bereitschaft ein Angleichungsprozeß zwischen Frauen und Männern stattfinden wird. Insofern kann aus heutiger Sicht die Frage, ob Frauen im Kontext von Rechtsextremismus und Fremdenfeindlichkeit anders reagieren als Männer, in dieser verallgemeinernden Weise positiv beantwortet werden.

Die Auseinandersetzung in der Frauenforschung mit dem Thema „Frauen und Rechtsextremismus" zeigt allerdings auch, daß das „andere" in der Rechtsextremismus-Forschung bisher noch weitgehend eine „black box" ist. Die Erklärungsmodelle haben allesamt deutlich gemacht: Die Zurückhaltung von Frauen gegenüber rechtsextremistischen Parteien und rechter Gewalt ist nicht darauf zurückzuführen, daß sie das „friedfertigere Geschlecht" sind, sondern daß ihre Einstellungen sich aufgrund von geschlechtsspezifischen Sozialisationsnormen anders äußern. Sie haben darüber hinaus auch einige Argumente dafür geliefert, die Ursachen von Rechtsextremismus und Fremdenfeindlichkeit bei Frauen in eben diesen Sozialisationsnormen zu suchen. Das heißt also, daß nicht erst ein Anpassungsprozeß der Orientierungs- und Verhaltensnormen von weiblichen Jugendlichen an die von männlichen Jugendlichen einsetzen muß, damit sich auch bei Frauen Affinitäten entwickeln.

Die Kritik an den Erklärungsmodellen verweist auf die Schwierigkeiten, die „black box" zu füllen und auf Anforderungen an eine Forschung, die sich zum Ziel gesetzt hat, den geschlechtsspezifischen Dimensionen von Rechtsextremismus und Fremdenfeindlichkeit auf die Spur zu kommen. Denn dabei gilt es, verschiedene Forschungsstränge aufzugreifen und zu bündeln, die bisher relativ separat behandelt wurden. Ein kurzer Abriß dürfte das veranschaulichen:

Seit einiger Zeit wird über das andere Politikverständnis von Frauen debattiert. Es wird davon ausgegangen, daß sowohl der Zugang, den Frauen zur Politik finden, als auch die politischen Prioritätensetzungen und Verhaltensweisen sich von denen der Männer unterscheiden[13]. Das bedeutete mit Blick auf Rechtsextremismus und Fremdenfeindlichkeit, daß sich die Einstellungssyndrome in ihrer inhaltlichen Konstruktion

13 Welche Vorstellungen über das Politikverständnis vorherrschen, kann hier nicht dargestellt werden. Vgl. hierzu stellvertretend Meyer (1992), Hoecker (1987, 1995) und Ballhausen et al. (1986).

voneinander unterscheiden müßten; also Skalen, die rechtsextremistische Einstellungssyndrome messen sollen, dürften in der Zusammensetzung ihrer Dimensionen und Variablen bei befragten Frauen und Männern nicht identisch sein. Daß vieles dafür spricht, zeigt eine Jugendstudie in Südniedersachsen (vgl. Birsl 1994; Birsl/Busche-Baumann/Bons/Kurzer 1995), in der nach Geschlechtern getrennte Rechtsextremismus-Skalen konfirmiert wurden. Danach spielten antidemokratische Einstellungen im Kontext des rechtsextremistischen Einstellungssyndroms bei den weiblichen Jugendlichen im Gegensatz zu den männlichen Befragten keine Rolle, und beispielsweise fremdenfeindliche Einstellungen setzten sich in beiden Geschlechtergruppen sehr unterschiedlich zu einer Dimension zusammen. Bei den männlichen Jugendlichen war wiederum festzustellen, daß sie mit den Statements zum naturalistischen Frauenbild, das die „Republikaner" in ihrem Programm von 1989 vertreten, nichts anfangen konnten, während das Antwortverhalten der jungen Frauen hier durchaus ein klares Bild von ihren Affinitäten zu den biologistischen Rollenvorstellungen abgab (vgl. Birsl 1994: 179ff.)[14].

Dem schließt sich gleich die Frage nach der politischen Sozialisation an. Nach dem Ansatz von Siller zielt heute die frauenspezifische Sozialisation auf die Bewältigung einer „doppelten Lebensrealität", die sich sowohl aus der Reproduktionssphäre als auch aus der Erwerbsarbeit zusammensetzt. Hagemann-White spricht dabei von einer „Vereinbarkeitsleistung", die Mädchen in ihrer Lebenskonzeptfindung zu meistern haben (vgl. 1992, S. 68ff.). Nur weil dem Faktor „Erwerbsarbeit" auch in der frauenspezifischen Sozialisation nun mittlerweile ein anderer Stellenwert eingeräumt wird (ohne daß die geschlechtsspezifische Arbeitsteilung und die Anforderung, sich ebenfalls uneingeschränkt in der Haus- und Erziehungsarbeit „zu bewähren", aufgebrochen sind), heißt das noch lange nicht, daß sich die Sozialisationsmuster bei beiden Geschlechtern angleichen. Die frauenspezifische Sozialisation bleibt in erster Linie eine reproduktionistische und individualisierte, die in ihrer ursprünglichen Normensetzung eine Orientierung auf die „außerhäusliche" öffentliche Sphäre und somit auch auf die öffentlich politische Sphäre nicht einschließt. Das Politikverständnis, das in Untersuchungen abgefragt wird, orientiert sich aber an Themen und Politikfeldern des (öffentlichen) politischen Lebens und der institutionenbezogenen Form von Politik, zu denen Frauen dementsprechend einen anderen Zugang haben dürften. So wäre also zunächst einmal zu prüfen, ob bei Einstellungserhebungen bei Frauen und Männern überhaupt das Gleiche gemessen wird und welche Issues eher frauenspezifische Einstellungen abbilden können.

Da aber nun geschlechtsspezifische Sozialisationsverläufe je nach sozialen Lebensverhältnissen und Positionierungen sowie kulturellen Dispositionen unterschiedlich sind (vgl. hierzu Gottschall 1995), wäre gleichzeitig näher zu untersuchen, in welcher Form Einstellungen und Verhaltensweisen hierdurch beeinflußt werden und wie dabei jeweils wieder das Geschlecht als soziales Strukturmerkmal diskriminierend wirkt. Hier-

14 Vorab war versucht worden, eine für beide Geschlechter gültige Rechtsextremismus-Skala zu konstruieren. Diese sagte aber weder für die jungen Männer noch für die jungen Frauen etwas über die spezifischen Ausprägungen aus. Nach Geschlechtern getrennte Skalen können dieses Problem beheben. Allerdings kann dann nicht mehr ohne weiteres ein quantitativer Vergleich zwischen den Geschlechtern vorgenommen werden, weil zu überprüfen wäre, ob in beiden Fällen wirklich jeweils das Gleiche gemessen wurde.

durch ließen sich dann nicht nur die Differenzen zwischen Frauen, sondern auch ihre Gemeinsamkeiten herausfiltern und das Zusammenspiel der verschiedenen Faktoren untersuchen, die im Sinne von Siller zu den politischen Umformungsprozessen in Richtung auf Rechtsextremismus und Fremdenfeindlichkeit führen können.

Literaturverzeichnis

Ballhausen, Anne/Brandes, Uta/Karrer, Marva/Schreiber, Robert, 1986: Zwischen traditionellem Engagement und neuem Selbstvertrauen – weibliche Präsenz in der Öffentlichkeit. Eine empirische Untersuchung zur politischen und sozialen Partizipation von Frauen. Bielefeld.

Beck, Ulrich, 1983: Jenseits von Stand und Klasse? Soziale Ungleichheit, gesellschaftliche Individualisierung und die Entstehung neuer sozialer Formationen und Identität, in: *Rainer Kreckel* (Hrsg.), Soziale Ungleichheit, Sonderband 2 der Sozialen Welt. Göttingen, 35-74.

Beck, Ulrich, 1986, Risikogesellschaft. Auf dem Weg in eine andere Moderne. Frankfurt a.M.

Becker-Schmidt, Regina, 1991: Individuum, Klasse und Geschlecht aus der Perspektive der kritischen Theorie, in: *Wolfgang Zapf* (Hrsg.), Die Modernisierung moderner Gesellschaften, Verhandlungen des 25. Deutschen Soziologentages in Frankfurt am Main 1990. Frankfurt a.M., 383-395.

Birsl, Ursula, 1992: Frauen und Rechtsextremismus, in: Aus Politik und Zeitgeschichte, Beilage zur Wochenzeitung Das Parlament, B3-4, 22-30.

Birsl, Ursula, 1994: Rechtsextremismus: weiblich – männlich?, Eine Fallstudie zu geschlechtsspezifischen Lebensentwürfen, Handlungsspielräumen und Orientierungsweisen. Opladen.

Birsl, Ursula/Busche-Baumann, Maria/Bons, Joachim/Kurzer, Ulrich, 1995: Jugendlicher Rechtsextremismus und Gewerkschaften, Lebensverhältnisse und politische Orientierungen von Auszubildenden. Opladen.

Böhnisch, Lothar/Winter, Reinhard, 1994: Männliche Sozialisation, Bewältigungsprobleme männlicher Geschlechtsidentität im Lebensverlauf. 2. Aufl., Weinheim/München.

Borst, Eva, 1994: Differenz und Differenzen – Ein Wortspiel mit ernstem Hintergrund, in: *Institut für Sozialpädagogische Forschung Mainz e.V.* (Hrsg.), Differenz und Differenzen: Zur Auseinandersetzung mit dem Eigenen und dem Fremden im Kontext von Macht und Rassismus bei Frauen. Bielefeld, 8-13.

Bundesminister des Inneren (Hrsg.), 1994: Verfassungsschutzbericht 1993. Bonn.

Butler, Judith, 1991: Das Unbehagen der Geschlechter. Frankfurt a.M.

Chodorow, Nancy, 1985: Das Erbe der Mütter. München.

Falter, Jürgen W., 1991: Hitlers Wähler. München.

Falter, Jürgen W., 1994: Wer wählt rechts?, Die Wähler und Anhänger rechtsextremistischer Parteien im vereinigten Deutschland. München.

Frerichs, Petra/Steinrücke, Margareta, 1995: Klasse und Geschlecht, Anerkennungschancen von Frauen im System gesellschaftlicher Arbeitsteilung, in: Aus Politik und Zeitgeschichte, Beilage zur Wochenzeitung Das Parlament, B 36-37, 13-22.

Gildemeister, Regine, 1988: Geschlechtsspezifische Sozialisation. Neuere Beiträge und Perspektiven zur Entstehung des „weiblichen Sozialcharakters", in: Soziale Welt 4, 486-503.

Gilligan, Carol, 1991: Moralische Orientierung und moralische Entwicklung, in: *Gertrud Nunner-Winkler* (Hrsg.), Weibliche Moral. Die Kontroverse um eine geschlechtsspezifische Ethik. Frankfurt a.M./New York, 79-100.

Gilligan, Carol, 1992: Auf der Suche nach der 'verlorenen Stimme' in der weiblichen Adoleszenz – Shakespeares Schwestern unterrichten, in: *Karin Flaake/Vera King* (Hrsg.), Weibliche Adoleszenz. Zur Sozialisation junger Frauen. Frankfurt a.M./New York, 40-63.

Gottschall, Karin, 1995: 'Geschlecht' und 'Klasse' als Dimensionen des sozialen Raums, Neuere Beiträge zum Verhältnis von Geschlechterhierarchie und sozialer Ungleichheit, in: *Angelika Wetterer* (Hrsg.), Die soziale Konstruktion von Geschlecht in Professionalisierungsprozessen. Frankfurt a.M./New York, 33-50.

Hagemann-White, Carol, 1992: Berufsfindung und Lebensperspektive in der weiblichen Adoleszenz, in: *Karin Flaake/Vera King* (Hrsg.), Weibliche Adoleszenz, Zur Sozialisation junger Frauen. Frankfurt a.M./New York, 64-83.

Heitmeyer, W., 1989: Rechtsextremistische Orientierungen bei Jugendlichen. 3. Aufl., Weinheim/München.

Hoecker, Beate, 1987: Frauen in der Politik, Eine soziologische Studie. Opladen.

Hoecker, Beate, 1995: Politische Partizipation von Frauen, Kontinuität und Wandel des Geschlechterverhältnisses in der Politik. Opladen.

Hoffmann-Lange, Ursula, 1995: Politische Grundorientierungen, in: *Ursula Hoffmann-Lange* (Hrsg.), Jugend und Demokratie in Deutschland, DJI-Jugendsurvey 1. Opladen, 159-193.

Hoffmann-Lange, Ursula/Schneider, Helmut/Gille, Martina, 1993: Politische Gewaltbereitschaft Jugendlicher, in: *Deutsches Jugendinstitut* (Hrsg.), Gewalt gegen Fremde, Rechtsradikale, Skinheads und Mitläufer. München.

Holzkamp, Christine, 1994: Wir – nicht nur die anderen ..., Rassismus, Dominanzkultur, Geschlechterverhältnis, in: *Christine Tillner* (Hrsg.), Frauen – Rechtsextremismus, Rassismus, Gewalt, Feministische Beiträge. Münster, 37-47.

Holzkamp, Christine, Rommelspacher, Birgit, 1991: Frauen und Rechtsextremismus, in: Päd. Extra. 1, 33-39.

Lenz, Ilse, 1994: Wir wollen sein ein einig Volk von Brüdern ..., Zur sozialen Konstruktion von Geschlecht und Ethnizität, in: *Christine Tillner* (Hrsg.), Frauen – Rechtsextremismus, Rassismus, Gewalt, Feministische Beiträge. Münster, 49-64.

Lenz, Kurt, 1991: Kulturformen von Jugendlichen: Von der Sub- und Jugendkultur zu Formen der Jugendbiographie, in: Aus Politik und Zeitgeschichte, Beilage zur Wochenzeitung Das Parlament, B27, 11-19.

Mead, Margaret, 1958: Mann und Weib. Hamburg/Reinbek.

Meyer, Birgit, 1991: Mädchen und Rechtsextremismus, in: Blätter für deutsche und internationale Politik 5, 601-611.

Meyer, Birgit, 1992: Die „unpolitische" Frau, Politische Partizipation von Frauen oder: Haben Frauen ein anderes Verständnis von Politik?, in: Aus Politik und Zeitgeschichte, Beilage zur Wochenzeitung Das Parlament, B 25-26, 3-18.

Meyer, Birgit, 1993: Mädchen und Rechtsextremismus. Männliche Dominanzkultur und weibliche Unterordnung, in: *Hans-Uwe Otto/Roland Merten* (Hrsg.), Rechtsradikale Gewalt im vereinigten Deutschland. Opladen, 211-217.

Mitscherlich, Margarete, 1985: Die friedfertige Frau. Frankfurt a.M.

Molitor, Ute, 1992: Wählen Frauen anders?, Zur Soziologie eines frauenspezifischen politischen Verhaltens in der Bundesrepublik Deutschland. Baden-Baden.

Möller, Kurt, 1991: Geschlechtsspezifische Aspekte der Anfälligkeit für Rechtsextremismus in der Bundesrepublik Deutschland, in: Zeitschrift für Frauenforschung 3, 27-48.

Reumann, Kurt, 1981: Studie über Rechtsextremismus – Fallen statt Fragen, in: Gewalt von rechts, Beiträge aus Wissenschaft und Publizistik, 221-233.

Rommelspacher, Birgit, 1994: Rassismus im Interesse von Frauen?, in: Zeitschrift für Frauenforschung 1+2, 32-41.

Roth, Dieter, 1990: Die Republikaner, Schneller Aufstieg und tiefer Fall einer Protestpartei am rechten Rand, in: Aus Politik und Zeitgeschichte, Beilage zur Wochenzeitung Das Parlament, B 37-38, 27-39.

Siller, Gertrud, 1991: Junge Frauen und Rechtsextremismus. Zum Zusammenhang von weiblicher Lebenserfahrung und rechtsextremistischem Gedankengut, in: Deutsche Jugend 1, 23-32.

Siller, Gertrud, 1993: Das Verhältnis von Frauen zu Rechtsextremismus und Gewalt. Theoretische Vorüberlegungen für eine weiterführende Analyse, in: *Hans-Uwe Otto/Roland Merten* (Hrsg.), Rechtsradikale Gewalt im vereinigten Deutschland. Opladen, 219-226.

Siller, Gertrud, 1994: Hindernisse und Zugangswege von jungen Frauen zu rechtsextremistischen Orientierungen, in: *Institut für Sozialpädagogische Forschung Mainz e.V.* (Hrsg.), Differenz und Differenzen: Zur Auseinandersetzung mit dem Eigenen und dem Fremden im Kontext von Macht und Rassismus bei Frauen. Bielefeld, 185-196.

Sinus-Studie, 1981: 5 Millionen Deutsche: „Wir wollen wieder einen Führer haben ...", Die Sinus-Studie über rechtsextremistische Einstellungen bei den Deutschen. Hamburg/Reinbek.

Westle, Bettina, 1995: Nationale Identität und Nationalismus, in: *Ursula Hoffmann-Lange* (Hrsg.), Jugend und Demokratie in Deutschland, DJI-Jugendsurvey 1. Opladen, 195-243.
Willems, Helmut et al., 1993: Fremdenfeindliche Gewalt, Einstellungen, Täter, Konflikteskalation. Opladen.
Wobbe, Theresa, 1994: Welten der Gewalt: Sexismus und Rassismus, in: *Christine Tillner* (Hrsg.), Frauen – Rechtsextremismus, Rassismus, Gewalt, Feministische Beiträge. Münster, 27-36.
Zundel, Rolf, 1981: Keine Gefahr von rechts?, in: Gewalt von rechts, Beiträge aus Wissenschaft und Publizistik, 235-246.

„Rechtsextremismus“. Methodologische Bemerkungen zu einem politikwissenschaftlichen Begriff

Ulrich Druwe unter Mitarbeit von Susanne Mantino

1. Einleitung

Seit Ende der 80er Jahre hat die „Rechtsextremismusforschung“ erheblichen Aufschwung in den Sozialwissenschaften erfahren. Auffällig ist jedoch die Heterogenität der Begriffe, mit denen Forschungsfragen formuliert werden. Die Unklarheit bezüglich der Kennzeichnung des Gegenstandes und damit auch seiner selbst, verleitet zahlreiche Autoren von Rechtsextremismusstudien dazu, ihre Arbeiten mit einer Erörterung der Bedeutung der von ihnen verwendeten Begriffe einzuleiten (vgl. beispielsweise Backes/Jesse 1989: 30ff.; Jaschke 1994: 23ff.; Pfahl-Traughber 1993: 14ff.). Eine systematische Analyse einschlägiger Begriffe, ihrer Bedeutung und ihrer Referenz wird dabei allerdings nicht vorgelegt; dies ist der Gegenstand der folgenden Überlegungen. Die Relevanz präziser Begriffe/Sätze für die Wissenschaft wurde bereits in der Antike – vgl. Platons „Parmenides“ oder das „Organon“ des Aristoteles – erkannt. Aber erst in den 20er Jahren dieses Jahrhunderts, im Zusammenhang mit der sog. linguistischen Wende, rückte die Sprache in das Zentrum speziell wissenschaftstheoretischer Untersuchungen. Wissenschaft ist primär ein sprachliches Unternehmen. Ohne klare Begriffe, zusammengefaßt in korrekten Sätzen, können weder Beschreibungen, noch Schlußfolgerungen, Erklärungen oder Prognosen formuliert werden. Die Analyse der Sprache hat zu weitgehenden Differenzierungen in der Semiotik geführt. Die gegenwärtig immer noch dominierende semantische Theorie (die sog. kalifornische Semantik) unterscheidet bei einem Ausdruck seine Bedeutung (Intension) und seine Referenz (Extension). Jede Klärung des Gebrauchs wissenschaftlicher Termini muß folglich bei der Analyse von Bedeutungen und Referenzen ansetzen.

Einleitend werden im folgenden, zweiten Abschnitt zunächst ausgewählte Studien über Rechtsextremismus (hier alltagssprachlich gemeint) betrachtet, um festzustellen, welche Ausdrücke Sozialwissenschaftler zur Beschreibung des oder der Objektbereiche(s) Rechtsextremismus in welcher Bedeutung verwenden. Eine solche empirische Analyse des wissenschaftlichen Sprachgebrauchs wird mit C. G. Hempel als Bedeutungsanalyse bezeichnet. Von der Bedeutung zu unterscheiden ist die Referenz eines Ausdrucks. Gemeint ist damit der empirische Sachverhalt, auf den sich ein Zeichen bezieht. Die empirischen Sachverhalte, die nach Meinung der hier ausgewählten Autoren den angegebenen Bedeutungen entsprechen, sollen im dritten Abschnitt im Rahmen einer Referenzanalyse bestimmt werden. Im vierten Abschnitt werden die Konsequenzen erörtert, die sich aus dem konstatierten wissenschaftlichen Sprachgebrauch für die Rechtsextremismusforschung ergeben. Es ist unmittelbar einsichtig, daß von einer wissenschaftlichen Gemeinschaft bezüglich eines Gegenstandsbereiches nur dann gesprochen werden kann, wenn eine gemeinsame Wissenschaftssprache besteht. Andernfalls könnte man nicht einmal Konsens darüber erzielen, worüber gesprochen wird, geschweige denn, daß es die Möglichkeit gäbe, Forschungsresultate zu vergleichen und wissenschaftlichen Fortschritt zu erzielen.

2. *Bedeutungsanalyse*[1]

Die Rechtsextremismusforschung (Alltagssprache) bezeichnet ihren Forschungsgegenstand mit unterschiedlichen Ausdrücken und Bedeutungen. Daher ist es zunächst sinnvoll festzustellen, welche Ausdrücke Autoren in ihren Arbeiten verwenden und welche Intensionen sie zugrunde legen. Die geplante Bedeutungsanalyse versteht sich daher als auf bestimmte Autoren zugeschnittene sog. Feststellungsanalyse. Die Auswahl der Arbeiten ist nicht repräsentativ, sie orientiert sich vielmehr an dem Bemühen, der Vielfalt und Bandbreite der in der Rechtsextremismusforschung verwendeten Ausdrücke gerecht zu werden. Berücksichtigt werden die Studien von (in alphabetischer Reihenfolge) Adorno u.a., Backes/Jesse, Falter/Schumann, Heitmeyer, Jaschke, Kornhauser, Lipset, Melzer, Pfahl-Traughber, Scheuch/Klingemann, Schwagerl, Stöss sowie die von Sinus.

Das Konzept der „autoritären Persönlichkeit" geht auf die von der sog. Berkeley-Gruppe (Adorno, Frenkel-Brunswik, Levinson, Sanford) durchgeführte gleichnamige Studie zurück. Adorno u.a. sprechen hierin auch von der faschistischen Charakterstruktur. Die tiefste, gefühlsmäßige Verfassung, die Gedanken über den Menschen und die Gesellschaft dieser Persönlichkeit bilden ein Muster, das nur als antidemokratisch beschrieben werden kann (vgl. Adorno 1950: 636). Merkmale dieses Musters sind Antisemitismus, Ethnozentrismus, Konventionalismus, Autoritarismus, Law-and-Order-Denken, Bedrohungsgefühle durch Fremdes, Zynismus und übertriebene Sexualität (Adorno 1973: 45ff.). Interessant ist, daß der Begriff „autoritär" zwar mit antidemokratisch gleichgesetzt wird; eine linke autoritäre, antidemokratische Persönlichkeit oder Charakterstruktur gibt es gleichwohl bei Adorno u.a. nicht. Ihre Klassifikation der Persönlichkeit zerfällt also lediglich in die Kategorie demokratisch oder antidemokratisch = autoritär = faschistisch.

Uwe Backes und Eckhard Jesse sehen Rechtsextremismus als eine Variante des politischen Extremismus an. Dabei gilt ihnen politischer Extremismus als Gegenbegriff zum demokratischen Verfassungsstaat (vgl. Backes/Jesse 1989: 32). Als solcher umfaßt der Begriff dann vier Ebenen, d.h. extremistisch können sein: politische Einstellungen, Ideologien, Aktionen und Strategien sowie Organisationen (vgl. ebd.: 33). Ihre Begriffsbestimmung lautet: „Der Rechtsextremismus ist eine antiindividualistische, das demokratische Grundaxiom menschlicher Fundamentalgleichheit negierende Abwehrbewegung gegen die liberalen und demokratischen Kräfte und ... den demokratischen Verfassungsstaat." Der Rechtsextremismus plädiert statt dessen für eine politische Ordnung, „in der die auf Herkunft, Leistung, nationaler, ethnischer und rassischer

1 Bei der Auswahl der Studien war uns Dr. Jürgen R. Winkler, Institut für Politikwissenschaft der Johannes Gutenberg-Universität Mainz, behilflich.

Zugehörigkeit basierende fundamentale Ungleichheit des Menschen institutionalisiert ist" (ebd.: 43).
Jürgen W. Falter und Siegfried Schumann (1988: 101) bestimmen u.a. den Begriff des „rechtsextremen Denkens", der für sie durch zehn Elemente charakterisiert ist: „extreme nationalism, ethnocentrism, anti-communism, anti-parlamentarism, anti-pluralism, militarism, law-and-order thinking, a demand for a strong political leader and/or executive, anti-Americanism, and cultural pessimism".
Wilhelm Heitmeyer verwendet in seinen Sozialisationsstudien den Begriff „rechtsextreme Orientierung". Diese Orientierung stellt sich als Folge sozial-struktureller, sozial-interaktiver und individueller Desintegrationsprozesse im Laufe der Sozialisation ein. Anders formuliert sind also rechtsextreme Orientierungen notwendige Folge der Verarbeitung von Desintegrationserfahrungen oder -antizipationen (Heitmeyer 1992: 5). Ihre Funktion besteht darin, für den einzelnen Erklärungen für Handlungsprobleme, wie Ohnmachtserfahrungen, Unsicherheit, Vereinzelung etc. zu liefern und in Stärke in Form von Gewaltakzeptanz, Sicherheit und Zugehörigkeit umzuwandeln. Inhaltliche Grundelemente rechtsextremer Orientierung sind erstens eine „Ideologie der Ungleichheit" mit den Facetten nationalistische/völkische Selbstüberschätzung, Rassismus, eugenische Einteilung in lebenswertes und lebensunwertes Leben, die These von natürlichen Hierarchien, Betonung des Rechts des Stärkeren, Ungleichbehandlung von Fremdem und „Anderem". Zweitens wird Gewalt als Mittel der Konfliktregulierung bzw. als normale politische Aktionsform akzeptiert und gleichzeit der rationale Diskurs abgelehnt (vgl. ebd.: 13f.).
Hans-Gerd Jaschke verwendet in neueren Arbeiten (z.B. Jaschke 1994: 31) den Begriff „Rechtsextremismus". Darunter versteht er „die Gesamtheit von Einstellungen, Verhaltensweisen und Aktionen, organisiert oder nicht, die von der rassisch oder ethnisch bedingten sozialen Ungleichheit der Menschen ausgehen, nach ethnischer Homogenität von Völkern verlangen und das Gleichheitsgebot der Menschenrechts-Deklarationen ablehnen, die den Vorrang der Gemeinschaft vor dem Individuum betonen, von der Unterordnung des Bürgers unter die Staatsräson ausgehen und die den Wertepluralismus einer liberalen Demokratie ablehnen und Demokratisierung rückgängig machen wollen. Unter 'Rechtsextremismus' verstehen wir insbesondere Zielsetzungen, die den Individualismus aufheben wollen, zugunsten einer völkischen, kollektivistischen, ethnisch homogenen Gemeinschaft in einem starken Nationalstaat und in Verbindung damit den Multikulturalismus ablehnen und entschieden bekämpfen. Rechtsextremismus ist eine antimodernistische, auf soziale Verwerfungen industriegesellschaftlicher Entwicklung reagierende, sich europaweit in Ansätzen zur sozialen Bewegung formierende Protestform" (ebd.: 31). Teil des Rechtsextremismus ist nach Jaschke (vgl. ebd.: 40) der „Neonazismus". Er bezieht sich einstellungs- und verhaltensmäßig auf den Nationalsozialismus, wobei dessen Verbrechen geleugnet oder relativiert werden. Vom Rechtsextremismusbegriff abgegrenzt sind bei Jaschke die Begriffe „Rechtsradikalismus", „Rechtspopulismus" und „Neue Rechte". Die ersten beiden Begriffe beziehen sich bei ihm lediglich auf Parteien, politische Gruppen und politische Bewegungen. So bestimmt er „Rechtsradikalismus" als einen unverbindlichen catch-all-term für alle Strömungen rechts des etablierten Konservatismus (vgl. ebd.: 28). „Rechtspopulismus" meint bei ihm Parteien, die sich als Anwalt kleiner Leute präsentieren und sich gegen das Establishment bzw. gegen Verkrustungen des

Systems richten (vgl. ebd.: 32). „Neue Rechte" schließlich grenzt er „auf jene kleinen intellektuellen Zirkel der Nachkriegsgeneration [ein], die bemüht sind, die Ideen der Weimarer 'Konservativen Revolution' aufzugreifen und daraus ein metapolitisches analytisches und programmatisches Konzept für die Gegenwart zu erstellen" (ebd.: 43).

William Kornhauser verwendet in seiner „Theorie der Massengesellschaft" den Begriff der „totalitären" bzw. „extremen Bewegung" gleichbedeutend mit anti-demokratischer Bewegung. Sie basiert auf der Verwundbarkeit der Massengesellschaft durch Atomismus und das Fehlen intermediärer Beziehungen. Unter dem Einfluß von Krisen werden Menschen aller Schichten – „people who are 'available' by virtue of being socially alienated" (Kornhauser 1959: 177) – anfällig für anti-demokratisches Verhalten, so daß sich das Massenverhalten, die Massenbewegung oder die Massengesellschaft zu ihrem extremistischen bzw. totalitärem Pendant wandelt. Je größer die Krise, desto größer ist die extremistische Bewegung (vgl. ebd.: 161). Kornhauser kennt demnach nur einen allgemeinen Extremismusbegriff.

Seymour Martin Lipset verwendet in seinen Studien unterschiedliche Begriffe. Zunächst ist „Extremismus" bei ihm „a generalized measure of deviance from the political norm", wobei die politische Norm die Demokratie ist (Lipset/Raab 1970: 4f.). Die extremistischen Bewegungen kommen nun „denselben Bedürfnissen entgegen wie die konventionellen liberalen Parteien; sie stellen eine Art Ventil für den Druck dar, welchen die Struktur der modernen industriellen Ordnung auf den Mittelstand ausübt" (Lipset 1962: 139). Entsprechend differenziert Lipset den allgemeinen Extremismusbegriff in rechten, linken und einen Extremismus der Mitte (Lipset 1983: 129ff.). Ursache der Enstehung von Extremismus sind sozialer Wandel, Versagen des demokratischen Systems und Angst vor Statusverlust. Die eigentliche Charakterisierung des „rechten Spektrums" erfolgt mit den Begriffen „rechter Extremismus", „Extremismus der Mitte", „Autoritarismus" (ebd.: 87) und „Rechtsradikalismus". Alle Begriffe beziehen sich auf Einstellungen status-verunsicherter Menschen bzw. auf die Status-Politik politischer Bewegungen und Parteien, die darauf ausgerichtet ist, bestimmte Entwicklungen des sozialen Wandels zurückzunehmen (vgl. Lipset/Raab 1970: 485 oder Lipset 1983: 178).

Wolfgang Melzer untersucht in seinen Studien den „Rechtsextremismus als Syndrom" (Melzer 1992: 121). Dieses Syndrom ergibt sich als manifeste Ausländerfeindlichkeit vermittelt durch vier Mediatoren: negative Nationalitätsstereotypen, antisemitisch-ethnozentristische und historisch-nationalisierende Einstellungen bzw. Umdeutungsstrategien der Geschichte, sowie autoritäre Charakterstrukturen (im Sinne von Adorno) (vgl. ebd.: 127).

Armin Pfahl-Traughber bestimmt „Rechtsextremismus" zunächst als „Sammelbezeichnung für antidemokratische Auffassungen und Bestrebungen mit traditionell politisch rechts einzuordnenden Ideologieelementen" (Pfahl-Traughber 1993: 18). Zu diesen Ideologieelementen gehören: ein Nationalismus, der die eigene Nation anderen als überlegen betrachtet; Autoritarismus, jedoch nur im Sinne des Führerstaates; Antipluralismus im Sinne der Betonung der Volksgemeinschaft; eine Ideologie der Ungleichheit/des Sozialdarwinismus und damit verbunden die Ausgrenzung bzw. Abwertung alles Fremden (vgl. ebd.: 18ff.). Rechtsextremismus artikuliert sich nach Pfahl-Traughber (vgl. ebd.: 23) nicht nur latent auf der Ebene eines Weltbildes, sondern vor allem auch manifest als Publikationen mit rechtsextremen Inhalten, als meßbare Orientierung

oder in Form von „Institutionen", wie beispielsweise Gruppen, Organisationen, Parteien, die entsprechend der Ideologie strukturiert sind bzw. Ziele verfolgen.
Scheuch/Klingemann sprechen in ihrem Konzept von Rechtsradikalismus als einer Variante des Extremismus; Extremismus selbst besteht in ablehnendem Verhalten gegenüber der Demokratie. Extremismus ist die Folge raschen gesellschaftlichen Wandels in Industriegesellschaften, der sich für den einzelnen in normativen Brüchen widerspiegelt. „Eine der verschiedenen möglichen Formen der Auflösung von Unsicherheit bei diesen Verhältnissen ist Rigidität im Denken: Ausweichen vor den tatsächlich bestehenden Widersprüchlichkeiten durch ein starres ... Wert- und Orientierungssystem" (Scheuch/Klingemann 1967: 18). „Politische Bewegungen, die dann eine Verminderung der Spannungen versprechen und die einige ohnehin als störend empfundene Personengruppen als politische Feinde identifizieren, sind für diese Personen anziehend" (ebd.: 19). Extremismus als pathologisches Anpassungsverhalten setzt die Verfügbarkeit über eine extremistische politische Philosophie, verstanden als unreflektiertes Orientierungsmuster voraus. Sie vermittelt zwischen dem rigiden Denken und dem manifesten politischen Verhalten, welches in der grundsätzlichen Ablehnung der gegenwärtigen Gesellschaftsform und ihrer politischen Organisation besteht (vgl. ebd.: 21). Extremistische Bewegungen werden nun als „rechts" eingeordnet, „wenn sie die Gegenwart durch eine (verbesserte) Wiederherstellung vergangener Organisationsformen und Werte bekämpfen und Erklärungsschemata aus der Vergangenheit (z.B. biologistisches Denken) anbieten" (ebd.: 23). Das einzige Kriterium einer rechten extremistischen Philosophie ist demnach der Bezug auf Erklärungsschemata der Vergangenheit.
Joachim Schwagerl untersucht „rechtsextremes Denken" und „rechtsextreme Strategien" (vgl. Schwagerl 1993). Als Merkmale rechtsextremen Denkens bestimmt er: Antisemitismus, Abwertung des Parlamentarismus, ein rassenbiologisch determiniertes völkisches Menschenbild, Fremdenfeindlichkeit, Rassismus, Nationalismus, Volk und Nation als Integrationswert, Militarismus, und das Streben nach einem Führerstaat. Die rechtsextreme politische Strategie besteht im Schüren einer Krisenstimmung durch Verstärkung und Ausnutzung von Angst vor Statusverlust, vor Kommunismus und vor Kriminalität, sowie in der Förderung von Bedingungen, die zu einer Volksgemeinschaft bzw. einem Führerstaat mit absoluter Staatsautorität führen. Dazu gehören insbesondere Feindmarkierungen, verfälschende Darstellung der Geschichte und der Versuch, die nationale Opposition zu sammeln.
Richard Stöss verwendet den Begriff des „Rechtsextremismus" für eine bestimmte politische Doktrin. „Als politische Doktrin richtet sich der Rechtsextremismus vor allem gegen liberale und sozialistische Traditionen. In ihrem Mittelpunkt steht ein völkisch fundierter, ethnozentristischer Nationalismus als oberstes Ordnungsprinzip, dem alle anderen Werte und Ziele untergeordnet sind. Die universellen Menschenrechte werden mißachtet oder abgelehnt. Leitbild des Rechtsextremismus ist die hierarchisch strukturierte Volksgemeinschaft, die sich in einem mächtigen autoritären Staat verkörpert, der nach außen expansionistische oder revisionistische Ziele verfolgt" (Stöss 1995: 105f.). Merkmale rechtsextremen Denkens sind nach Stöss: a) Entfremdung, „das Gefühl der Orientierungslosigkeit"; b) Autoritarismus, „zwanghafte Unterordnung unter Personen und Normen der eigenen Gruppe" teilweise im Zusammenhang mit einer politischen Repressionshaltung, durch die staatlichen Autoritäten der Einsatz

rigider Zwangsmittel zugebilligt wird; c) Nationalismus, „dogmatische Identifikation mit der eigenen Nation"; d) Ethnozentrismus, „Ablehnung und Ausgrenzung (ethnischer) Fremdgruppen" (ebd.: 107).

Die Sinusstudie bestimmt das rechtsextreme Weltbild aufgrund von Analysen rechtsextremen Schrifttums sowie durch Befragung von Mitgliedern rechtsextremer Gruppen und Organisationen (Sinus 1984: 24). Die gesammelten Statements wurden mittels Faktorenanalyse in fünf Bereiche (ebd.: 65ff.) unterteilt: 1. Reaktionäres Menschenbild – alles Fremde und Schwache wird abgelehnt (vgl. ebd.: 45ff.); 2. Bedrohung – dieser Faktor bündelt Überfremdungsängste, die Wahrnehmung allgemeiner Krisenerscheinungen und Anti-Amerikanismus bzw. Angst vor dem Verlust der deutschen Identität (vgl. ebd.: 57f.); 3. Harmoniestreben und Antipluralismus – hier spiegelt sich die Unzufriedenheit mit der bundesdeutschen Verfassung bzw. die Hinwendung zum Führerstaat wider (vgl. ebd.: 68); 4. Volk, Vaterland und Familie (vgl. ebd.: 42ff.); 5. „Siegfried-Komplex" – in diesem Faktor gehen der Stolz auf Deutschland sowie die klassischen Feindbilder des Nationalsozialismus (Juden, Kommunismus, das Ausland) eine Verbindung ein (vgl. ebd.: 69). Neben diesen klassischen Faktoren rechtsextremer Einstellungen stellten die Sinus-Autoren fest, daß Rechtsextremismus „die bekannte 'Blut- und Boden'-Romantik...mit modernem Umweltschutz-Impetus verbindet" (ebd.: 74). Des weiteren wird noch auf die Gewaltbereitschaft als rechtsextremes Element verwiesen (vgl. ebd.: 72).

Wenden wir uns nun der ersten Frage zu, mit welchen Ausdrücken Autoren in welchen Bedeutungen arbeiten. Allein auf der Basis der ausgewählten Rechtsextremismusstudien lassen sich elf verschiedene Bezeichnungen finden: „Autoritarismus", „autoritär" (Adorno u.a., Lipset, Melzer), „Extremismus" (Kornhauser, Lipset), „Extremismus der Mitte" (Lipset), „faschistisch" (Adorno u.a., Melzer), „Neonazismus" (Jaschke), „Neue Rechte" (Jaschke), „rechter Extremismus" (Lipset), „Rechtsextremismus", „rechtsextremistisch" (Backes/Jesse, Falter/Schumann, Heitmeyer, Jaschke, Melzer, Pfahl-Traughber, Schwagerl, Stöss, Sinus), „Rechtspopulismus" (Jaschke), „Rechtsradikalismus" (Lipset, Jaschke, Scheuch/Klingemann), „Totalitarismus" (Kornhauser). Die These, wonach sich der Ausdruck „Rechtsextremismus", auch als Adjektiv, in der Forschung durchgesetzt hat, kann relativ zu diesen Studien bestätigt werden.

Die Autoren verbinden mit ihren jeweiligen Ausdrücken folgende Bedeutungen:

1. „Autoritär", synonym zu „faschistisch", wird bei Adorno u.a. sowie bei Melzer charakterisiert durch Antisemitismus, Ethnozentrismus, Konventionalismus, Autoritarismus, Law-and-Order-Denken, Bedrohungsgefühle durch Fremdes, Zynismus und übertriebene Sexualität; „Autoritarismus" setzt Lipset synonym mit „Rechtsradikalismus", er meint damit Einstellungen statusverunsicherter Menschen sowie statusorientierte Politikprogramme von Parteien;
2. „Extremismus" wird von Kornhauser mit „Antidemokratie" gleichgesetzt; bei Lipset wird der Begriff als „Maß der Devianz von der Demokratie" verstanden;
3. „Extremismus der Mitte" verwendet Lipset in der Bedeutung von „antidemokratischer Ideologie der Mittelschicht";
4. „Neonazismus" bei Jaschke ist Teil des „Rechtsextremismus", die Bedeutung bezieht sich auf die Relativierung bzw. Leugnung nazistischer Verbrechen;

5. „Neue Rechte“ verwendet Jaschke als Ausdruck für einen intellektuellen Zirkel, der sich bemüht, die Ideen der Weimarer Konservativen Revolution für die Gegenwart fruchtbar zu machen;
6. Lipset verwendet den Begriff „rechter Extremismus“ in der Bedeutung: eine antidemokratische Ideologie konservativer Bürger;
7. „Rechtsextremismus“ bzw. „rechtsextremistisch“ wird von Backes/Jesse im Sinne von Antiindividualismus, Antidemokratie, Orientierung am ethnischen, rassistischen Nationalstaat verwendet; bei Falter/Schumann bedeutet der Ausdruck: extremer Nationalismus, Ethnozentismus, Antikommunismus, Anti-Parlamentarismus, Anti-Pluralismus, Militarismus, Law-and-Order-Denken, Plädoyer für den Führerstaat, Anti-Amerikanismus und Kulturpessimismus; Heitmeyer bezieht den Ausdruck auf eine Ideologie der Ungleichheit und Gewaltakzeptanz. „Rechtsextremismus“ bedeutet nationalistische/völkische Selbstüberschätzung, Rassismus, eugenische Einteilung in lebenswertes und lebensunwertes Leben, die These von natürlichen Hierarchien, Betonung des Rechts des Stärkeren, Ungleichbehandlung von Fremdem und „Anderem“, Akzeptanz von Gewalt als Mittel der Konfliktregulierung sowie Ablehnung des rationalen Diskurses; bei Jaschke bedeutet derselbe Ausdruck: Rassismus, Ethnozentrismus, Ablehnung der menschlichen Gleichheit und der Menschenrechte, Betonung des Vorrangs der Gemeinschaft vor dem Individuum, Antipluralismus, antidemokratisch, für eine völkische, kollektivistische, ethnisch homogenen Gemeinschaft, starker Nationalstaat, Ablehnung des Multikulturalismus, Antimodernismus; bei Melzer wird der Ausdruck im Sinne von „Syndrom manifester Ausländerfeindlichkeit“ verwendet; „Rechtsextremismus“ ist bei Pfahl-Traughber eine Sammelbezeichnung für antidemokratische Auffassungen und Bestrebungen mit rechten Ideologieelementen (Nationalismus, Autoritarismus im Sinne des Führerstaates, Antipluralismus, Ideologie der Ungleichheit/Sozialdarwinismus); Schwagerl setzt den Ausdruck gleich mit: Antisemitismus, Abwertung des Parlamentarismus, ein rassenbiologisch determiniertes völkisches Menschenbild, Fremdenfeindlichkeit, Rassismus, Nationalismus, Volk und Nation als Integrationswert, Militarismus, und das Streben nach einem Führerstaat; Stöss meint mit „Rechtsextremismus“ Entfremdung, Autoritarismus, (völkischer) Nationalismus, Ethnozentrismus, Antiliberalismus, Antisozialismus, Ablehnung der universellen Menschenrechte, Eintreten für eine hierarchisch strukturierte Volksgemeinschaft, Expansionismus, Revisionismus; und die Sinus-Autoren setzen den Ausdruck gleich mit: reaktionäres Menschenbild, Bedrohungsgefühle, Harmoniestreben und Antipluralismus, Hinwendung zu Volk, Vaterland und Familie, Stolz auf Deutschland, moderner Umweltschutz-Impetus und Gewaltbereitschaft.
8. Den Ausdruck „Rechtspopulismus“ verwendet Jaschke synonym zu „Rechtsradikalismus“, mit beiden Ausdrücken sind Parteien, politische Gruppen oder Bewegungen gemeint, die rechts des etablierten Konservatismus zu finden sind;
9. „Rechtsradikalismus“ bei Jaschke meint Parteien, politische Gruppen oder Bewegungen, die rechts des etablierten Konservatismus zu finden sind; Lipset verwendet den Ausdruck synonym zu „Autoritarismus“, er meint damit Einstellungen statusverunsicherter Menschen sowie für statusorientierte Politikprogramme von Parteien; bei Scheuch/Klingemann ist eine Variante des Extremismus im Sinne von

Ablehnung der Demokratie mit rückwärtsgewandten Erklärungsschemata gemeint;

10. Kornhauser verwendet den Ausdruck „Totalitarismus" gleichbedeutend mit antidemokratischer Bewegung.

In den herangezogenen Studien werden also elf verschiedene Ausdrücke verwendet, die insgesamt mit 42 verschiedenen Bedeutungen versehen sind. Die Suche nach auch nur einer gemeinsamen Intension der Ausdrücke bleibt negativ, es findet sich bei unseren Autoren keine Eigenschaftszuordnung, die explizit allen Ausdrücken gemeinsam ist. Am häufigsten werden die verschiedenen Ausdrücke verbunden mit den Bedeutungen: Ethnozentrismus und Nationalismus (9), Antidemokratie (7), Ausländerfeindlichkeit und Autoritarismus (6), Antipluralismus, Antisemitismus, Rassismus und Volksgemeinschaft (5), Antikommunismus, Bedrohungsgefühle, Ideologie der Ungleichheit, Sozialdarwinismus und Vergangenheitsorientierung (3), Ablehnung der Menschenrechte, Angst vor Statusverlust, Antimodernismus, Antiparlamentarismus, Gewaltakzeptanz, Law-and-Order-Denken, Militarismus und übertriebene Sexualität (2), alle übrigen Eigenschaftszuordnungen werden nur einmal genannt. Interessant ist auch die Spannbreite der zugewiesenen Bedeutungen. So taucht bei Scheuch/Klingemann nur ein Bedeutungselement von „Rechtsradikalismus" auf, nämlich der Hinweis der ideologischen Vergangenheitsorientierung. Am anderen Ende des Spektrums stehen Falter/Schumann, die zehn Elemente verwenden, um die Bedeutung von „Rechtsextremismus" zu bestimmen.

Als Ergebnis dieser Zusammenstellung kann man festhalten, daß die Rechtsextremismusforschung (alltagssprachliche Bedeutung) ohne einheitliche Bezeichnungen und Bedeutungen arbeitet. Statt dessen werden mindestens elf Ausdrücke verwendet. Derselbe Ausdruck wird mit verschiedenen Bedeutungen versehen – so finden sich etwa für „Rechtsextremismus" bzw. „rechtsextremistisch" 37 Bedeutungszuweisungen – und umgekehrt wird dieselbe Bedeutung verschiedenen Ausdrücken zugeordnet, beispielsweise wird Ethnozentrismus verbunden mit „autoritär", „faschistisch" und „rechtsextremistisch", oder „Antidemokratie" wird den Ausdrücken „Extremismus", „Extremismus der Mitte", „Rechtsextremismus" und „Totalitarismus" zugeordnet. Darüber hinaus findet sich teilweise in der gleichen Studie eine uneinheitliche Ausdrucksweise. So ist völlig unverständlich, weshalb Adorno u.a. einmal von „autoritärer/m" gleichbedeutend mit „faschistischer/m" „Persönlichkeit" gleichbedeutend mit „Charakter" sprechen, weshalb Jaschke „Rechtsradikalismus" synonym mit „Rechtspopulismus" verwendet oder weshalb schließlich Lipset die Ausdrücke „Rechtsradikalismus" und „Autoritarismus" synonym setzt.

3. Referenzanalyse

Wenden wir uns nun der Referenz der genannten elf Ausdrücke zu. Die Bedeutung eines Ausdrucks, die Intension oder der Sinn, darf nicht mit seinem Bezug, der Extension verwechselt werden. Die Referenz ist das, wofür ein Ausdruck, ein Name steht oder anders formuliert: die Referenz entspricht dem mit einem Ausdruck bezeichneten realen Sachverhalt.

Betrachten wir die genannten elf Ausdrücke wie „Rechtsextremismus", „Rechtsradikalismus“ etc. unter dem Aspekt, auf welche Sachverhalte sie sich nach Ansicht ihrer Verwender beziehen:

1. Auf die Persönlichkeit von Menschen bezieht sich „autoritär“ oder „faschistisch“, so bei Adorno u.a. und bei Melzer.
2. Bei denselben Autoren beziehen sich die Ausdrücke „autoritär“ oder „faschistisch“ auch auf den Charakter des Menschen, d.h. Persönlichkeit und Charakter sind bei Adorno und Melzer synonyme Sachverhalte.
3. Politische Einstellungen sind die Referenzobjekte für den Ausdruck „Rechtsextremismus“ bei Backes/Jesse, Falter/Schumann, Heitmeyer, Jaschke, Melzer, Pfahl-Traughber, Schwagerl, Stöss und in der Sinus-Studie; dieselbe Referenz hat bei Lipset der Ausdruck „Autoritarismus“; dasselbe Referenzobjekt bezeichnen Scheuch/Klingemann mit „rechtsradikal“.
4. Auf Ideologien bezieht sich der Rechtsextremismusbegriff von Backes/Jesse, Pfahl-Traughber und Stöss; Lipset bezieht hierauf die Begriffe „rechter Extremismus“ bzw. „Extremismus der Mitte“ und Scheuch/Klingemann ihren Begriff „Rechtsradikalismus“.
5. Politisches Verhalten sind die Referenzobjekte für Backes/Jesse, Falter/Schumann, Heitmeyer (hier klingt es nur indirekt an), Jaschke, Melzer, Pfahl-Traughber und Schwagerl mit ihrem Begriff „Rechtsextremismus“; Scheuch/Klingemann beziehen hierauf ihren Begriff des „Rechtsradikalismus“.
6. Auf politische Bewegungen referieren Kornhauser und Lipset mit ihrem Begriff des „Extremismus“.
7. Auf Parteien beziehen Backes/Jesse und Pfahl-Traughber den Begriff „Rechtsextremismus“; Jaschkes verwendet dafür die Begriffe „Rechtsradikalismus“ und „Rechtspopulismus“.
8. Politische Institutionen werden bei Backes/Jesse, Jaschke und Pfahl-Traughber als „rechtsextrem“ bezeichnet; Kornhauser und Lipset bezeichnen sie nur als „extrem“.
9. Politische Systeme können bei Backes/Jesse und Pfahl-Traughber „rechtsextrem“ sein, bei Kornhauser und Lipset sind sie nur „extrem“ und bei Scheuch/Klingemann „rechtsradikal“.
10. Auf Gesellschaften schließlich bezieht sich der Begriff „extrem“ bei Kornhauser und Lipset sowie der Begriff „rechtsradikal“ bei Scheuch/Klingemann.

Weitere Differenzierungen werden bei den Ebenen Verhalten und Institutionen vorgenommen. Rechtsextremes Verhalten kann bedeuten, daß eine Person eine entsprechende Partei wählt (z.B. Falter/Schumann, Stöss), in einer rechtsextremen, rechtsradikalen bzw. rechtspopulistischen Gruppe, Organisation oder Partei Mitglied ist (z.B. Jaschke, Schwagerl) oder gar zu Gewalt als Mittel der Politik greift (z.B. Heitmeyer, Sinus-Studie). Bei der Analyse rechtsextremer Institutionen wird zwischen Parteien, Organisationen und Gruppen sowie Medien differenziert (z.B. Backes/Jesse, Pfahl-Traughber).

Damit kann die Feststellung der uneinheitlichen Verwendung von Ausdrücken und ihren heterogenen Bedeutungen auch auf die Referenz ausgedehnt werden. Derselbe Ausdruck wird nicht nur mit verschiedenen Bedeutungen versehen, sondern gleiche Bedeutungen weisen dann auch noch unterschiedliche Referenzen auf. Des weiteren wird derselbe Sachverhalt, z.B. politische Einstellungen, mit verschiedenen Bedeutungen, etwa antidemokratisch, ethnozentristisch, nationalistisch etc. kombiniert und diese wiederum verschiedenen Ausdrücken zugeordnet, so „rechtsextrem", „rechtsradikal", „autoritär" oder „totalitär".

4. Forschungskonsequenzen

Zum gegenwärtigen Grundkonsens der Wissenschaft gehört die These, daß Wissenschaft ein rationales, intersubjektives Bemühen um Erkenntnis darstellt. Voraussetzung hierfür ist Verständlichkeit. Nur dann können Forschungsfragen exakt formuliert, systematisch Lösungen gesucht, Forschungsergebnisse diskutiert und verglichen werden etc. Verständlichkeit wiederum verlangt, daß die in einer wissenschaftlichen Gemeinschaft verwendeten Ausdrücke bestimmten Bedingungen genügen. Man unterscheidet dabei formale und transformale Kriterien. Als formale Kriterien gelten Eindeutigkeit und Präzision, transformale Kriterien sind die Gültigkeit von Ausdrücken und ihre theoretische Fruchtbarkeit.

Ein Begriff ist dann eindeutig definiert, wenn Personen einer Sprachgemeinschaft ihn mit einer einheitlichen Verwendungsregel benutzen, d.h. wenn der Begriff für alle Mitglieder der Sprachgemeinschaft die gleiche Bedeutung hat. Ein Begriff ist dann präzise definiert, wenn alle Personen, die die Bedeutung oder Intension des Begriffs kennen, bei einem beliebigen vollständigen Ereignis entscheiden können, ob es zu der Extension des Begriffs gehört oder nicht (vgl. Opp 1995: 129). Treffen beide Bedingungen für einen Begriff zu, dann ist er exakt. Ausdrücke sind gültig, wenn sie innerhalb eines Begriffs- bzw. Aussagensystems nicht zu kontradiktorischen Ableitungen führen, d.h. wenn man sie konsistent mit anderen, bewährten Aussagen verbinden kann. Theoretisch fruchtbar sind Begriffe, wenn sie es dem Wissenschaftler ermöglichen, seine Forschungsziele zu erreichen. Für die Erfahrungswissenschaften, wozu auch die Politikwissenschaft gehört, bedeutet dies zumindest, daß man wenigstens „wahre" Aussagen über die Realität formulieren will, sei es, weil man empirische Phänomene beschreiben, erklären, prognostizieren oder Ratschläge für die Politik formulieren möchte.

Wenden wir nun die ersten drei Kriterien auf die Ausdrücke der Rechtsextremismusforschung an. Offensichtlich entsprechen die genannten elf verschiedenen Ausdrücke, die in der Rechtsextremismusforschung Verwendung finden, nicht den genannten formalen Kriterien der Eindeutigkeit und der Präzision für eine wissenschaftliche Gemeinschaft. Derselbe Ausdruck wird von verschiedenen Autoren mit unterschiedlichen Bedeutungen definiert. Bei „rechtsextrem"/„Rechtsextremismus" lassen sich insgesamt 37 Bedeutungsdimensionen finden. Umgekehrt wird eine Bedeutungsdimension verschiedenen Ausdrücken zugeordnet; beispielsweise findet sich die Bedeutungsdimension „nationalistisch" als Eigenschaft der Ausdrücke „rechtsextrem", „autoritär", „neonazistisch" oder „rechtsradikal". Die verwendeten Ausdrücke sind also für die wissenschaftliche Gemeinschaft mehrdeutig, weil sie über mehr als eine Intension verfügen.

Mehrdeutige Ausdrücke erschweren jede wissenschaftliche Diskussion, da jeder inhaltlichen Debatte zunächst eine Erläuterung der Ausdrücke vorangehen muß. Dies setzt voraus, daß sich die beteiligten Wissenschaftler der Mehrdeutigkeit ihrer Ausdrücke überhaupt bewußt sind. Angesichts oft identischer Ausdrücke unterstellt man gern die gleiche Bedeutung, obwohl Bedeutungsanalysen Sinnunterschiede aufdecken würden.

Die Rechtsextremismusforschung ist gegenwärtig dadurch charakterisiert, daß fast jeder Forscher seinen eigenen Rechtsextremismusbegriff mit unterschiedlichen Bedeutungen zugrundelegt. Ein fruchtbarer Austausch von Forschungsergebnissen sowie wissenschaftlicher Fortschritt ist so nicht möglich, in einem strikten Sinn ist er sogar prinzipiell unmöglich. Rekurriert man etwa auf nachpositivistische Wissenschaftskonzepte im Gefolge der Überlegungen Thomas Kuhns oder Paul Feyerabends, so ist die Bedeutung der Ausdrücke von der gesamten Theorie, in der sie vorkommen, abhängig (Kontextabhängigkeit). In unterschiedlichen Theorien – die Rechtsextremismusforschung arbeitet mit Konzepten der Politischen Psychologie bis hin zu solchen der Systemtheorie – haben Begriffe folglich unterschiedliche Bedeutungen mit der Folge von Inkommensurabilität.

Die Mehrdeutigkeit der Rechtsextremismusbegriffe für die wissenschaftliche Gemeinschaft schließt nicht aus, daß ein Ausdruck im Rahmen einer Studie angemessen definiert ist. Eine solche Bedeutungsfestlegung erfolgt in den Sozialwissenschaften zumeist als Nominaldefinition. Bei der Nominaldefinition wird das Definiendum durch eine Definitionskopula äquivalent mit dem Definiens verbunden. Behauptet wird damit die Analytizität des bekannten Definiens mit dem unbekannten Definiendum. In einigen Studien finden sich jedoch Definitionsfehler, so der der Definition mittels inexakter Begriffe, mittels Beispiel oder der der Zirkularität. Für das Problem inexakter Begriffe im Definiens kann die Definition von Backes/Jesse angeführt werden. „Rechtsextremismus" ist bei ihnen gleichbedeutend mit einem Element aus der Menge des Extremismus, und Extremismus ist das Gegenteil des demokratischen Verfassungsstaates. Der demokratische Verfassungsstaat ist offensichtlich durch das in ihm herrschende „Grundaxiom menschlicher Fundamentalgleichheit" definiert. Die Begriffe des Definiens sind nun allerdings selbst ziemlich ungenau; so ist nicht klar, was „Fundamentalgleichheit" sein kann, denn auch in demokratischen Verfassungsstaaten (alltagstheoretisches Verständnis des Ausdrucks) sind Ungleichheiten institutionalisiert, man denke nur an die Unterscheidung von Menschen- und Bürgerrechten. Das zweite Problem der Definition via Beispiel findet sich beispielsweise bei Schwagerl. Er setzt „rechtsextreme Strategien" u.a. gleich mit der Förderung von Bedingungen, die zu einer Volksgemeinschaft bzw. einem Führerstaat mit absoluter Staatsautorität führen. Dazu gehören insbesondere Feindmarkierungen, verfälschende Darstellung der Geschichte und der Versuch, die nationale Opposition zu sammeln. Hier handelt es sich um eine unvollständige Aufzählung und damit um eine offensichtlich unvollständige Definition, die in dieser Form dem Äquivalenzprinzip der Nominaldefinition widerspricht. Eine zirkuläre Definition liegt bei Pfahl-Traughber vor, der „Rechtsextremismus" mit politisch rechts einzuordnenden Ideologieelementen zu definieren versucht.

Begriffe müssen für eine wissenschaftliche Gemeinschaft nicht nur eindeutig, sondern auch präzise sein. Die mangelnde Präzision zahlreicher der in der Rechtsextremismusforschung verwendeten Ausdrücke zeigt sich daran, daß es Sätze über Gegenstände oder Phänomene gibt, deren Zugehörigkeit zur Extension der Rechtsextremismusausdrücke unentscheidbar ist. Was gehört beispielsweise zur Extension des Satzes von Backes/Jesse „Rechtsextreme politische Systeme negieren das demokratische

Grundaxiom menschlicher Fundamentalgleichheit"? Gehört die Bundesrepublik Deutschland zu dieser Extension, weil im Grundgesetz zwischen Menschen- und Bürgerrechten unterschieden wird oder weil Personen unter 18 Jahren nicht wählen dürfen? Was genau ist die Extension von Kornhausers „antidemokratischer Bewegung"? Worauf referiert der pauschale Hinweis von Scheuch und Klingemann, eine rechte, extreme Philosophie beziehe sich „auf die Vergangenheit"? Gehören politikphilosophische Argumentationen unter Bezug auf Aristoteles, wie sie seitens der Freiburger Schule oder von manchen Kommunitaristen (z.B. A. MacIntyre) vorgenommen werden, zur Extension dieser Formulierung? Diese Begriffe sind offensichtlich zu vage, als daß man in jedem Fall exakt entscheiden könnte, ob eine Institution, eine Einstellung, eine Persönlichkeit etc. rechtsextrem ist.
Begriffe sind, so die Definition, dann präzise, wenn alle Personen, die die Bedeutung eines Ausdrucks kennen, entscheiden können, ob ein Gegenstand damit bezeichnet wird, d.h. in seine Extension fällt. So trifft etwa „Pferd" im Deutschen genau auf die Menge aller Pferde zu. Dieser Zusammenhang wird in der kalifornischen Semantik als sog. Verifikationstheorie der Bedeutung beschrieben. Mit Popper auch kann man auch sagen: Die von empirischen Wissenschaftlern verwendeten Begriffe müssen über empirischen Gehalt verfügen. Das empirische Grundvokabular, die Beobachtungsbegriffe, werden über Primitivterme definiert, die sich auf unmittelbar Gegebenes beziehen. Diese Begriffseinführung ist für bestimmte Begriffe jedoch unhaltbar, beispielsweise für die Dispositionsbegriffe, aber auch für quantitative Begriffe. Dispositionsbegriffe bezeichnen nicht unmittelbar beobachtbare Eigenschaften. Solche Eigenschaften treten nur als Reaktion unter bestimmten Bedingungen auf. Dispositionsbegriffe können logisch korrekt nur über sog. Reduktionssätze eingeführt werden, ein Verfahren, welches lediglich eine partielle Definition darstellt.
Präzise Begriffe erfordern die Verbindung mit Beobachtbarem. Ob jemand eine autoritäre Persönlichkeit besitzt, rechtsextreme Einstellungen oder Orientierungen aufweist, ob eine politische Bewegung das demokratische Grundaxiom menschlicher Fundamentalgleichheit, den Wertepluralismus der liberalen Demokratie negiert oder die Geschichte umdeutet oder relativiert – solche Feststellungen sind nicht direkt beobachtbar; sie kann man nur vornehmen, wenn z.B. Personen bestimmte Fragen gestellt werden (Stimulus) und sie eine entsprechende Antwort (Reaktion) geben. Die unterschiedlichen Rechtsextremismusausdrücke sind also indirekt beobachtbare Dispositionsbegriffe.
Die Notwendigkeit der spezifischen Begriffsbestimmung via Reduktionssätze wurde in den vorliegenden Rechtsextremismusstudien nicht vorgenommen. Allerdings werden die Begriffe bei einigen Autoren, beispielsweise Adorno u.a., Falter/Schumann, Stöss, Sinus zumindest auch operational definiert. Mit diesem Vorgehen (Nominaldefinition ergänzt mit operationalen Definitionen) sind jedoch Probleme verbunden; Operationaldefinitionen weisen logische Defizite auf (vgl. Esser/Klenovits/Zehnpfennig 1977: 90ff.). Sie kann man jedoch „heilen", wenn man Operationaldefinitionen als Reduktionssätze rekonstruiert. Ein weiteres Problem ist damit nicht gelöst: Nominaldefinitionen behaupten logisch eine Äquivalenz zwischen Definiens und Definiendum. Definiendum und Definiens (Nationalismus, Ethnozentrismus etc.) selbst sind jedoch jeweils nur partiell definierte Dispositionsbegriffe. Damit ist eine explizite und vollständige Festlegung des Definiendums nicht möglich. Logische Konsequenz ist, daß

es sich in diesen Fällen nicht um eine Äquivalenz, sondern lediglich um eine Implikation handelt. Die Definitionsform der Nominaldefinition ist daher inadäquat. Dennoch kann konstatiert werden, daß die Präzisionsanforderungen der Erfahrungswissenschaften für Begriffe bei Autoren, die „Rechtsextremismus" als Dispositionsbegriff erkennen, und ihn folglich mit operationalen Definitionen verbinden, erfüllt werden. In anderen Studien (beispielsweise bei Backes/Jesse, Lipset, Pfahl-Traughber, Scheuch/ Klingemann oder Kornhauser) wird die Problematik des Dispositionsbegriffs in den skizzierten Studien nicht einmal erkannt.

Eine dritte, transformale Bedingung verlangt, daß Ausdrücke gültig sind. Wissenschaft besteht u.a. darin, ein System anerkannter Erkenntnisse aufzubauen. Ausdrücke sind daher nur dann gültig, wenn sie innerhalb eines bewährten Begriffs- bzw. Aussagensystems nicht zu kontradiktorischen Ableitungen führen, d.h. wenn man sie konsistent mit anderen, bewährten Aussagen verbinden kann. Zwei widersprüchliche Definitionen können folglich nicht beide gültig sein. Damit sind der Beliebigkeit bei der Einführung von Nominaldefinitionen Grenzen gesetzt (vgl. Hempel 1974: 26f.). Die verschiedenen Rechtsextremismusausdrücke sind auf dieser Basis als nicht gültig zu bezeichnen. Sie widersprechen sich wechselseitig. Einige Beispiele sollen dies illustrieren. So definiert beispielsweise Heitmeyer „Rechtsextremismus" als Ausdruck einer Ideologie der Ungleichheit und der Gewaltakzeptanz. Der Aspekt der Ungleichheit definiert u.a. auch die Rechtsextremismusbegriffe von Backes/Jesse und Jaschke; bei ihnen fehlt aber die Gewaltakzeptanz. Daraus folgt ein Widerspruch: Entweder gehört Gewaltakzeptanz zum Rechtsextremismus oder nicht. Bei Jaschke ist Neonazismus Teil des Rechtsextremismus, bei den meisten anderen Autoren gilt dies nicht. Bei Jaschke ist ferner Rechtsextremismus von Rechtsradikalismus strikt zu unterscheiden, überwiegend werden bei anderen Autoren beide Ausdrücke jedoch synonym verwendet.

Resümieren wir die Probleme, die sich aus den unterschiedlichen Begriffsverständnissen ergeben, so besteht das zentrale Problem der „Rechtsextremismusforschung" (alltagssprachliche Bedeutung) im Nichtverfügen über eine exakte Wissenschaftssprache. Daraus folgt, daß es die Rechtsextremismusforschung als gemeinsame Forschungstätigkeit einer wissenschaftlichen Gemeinschaft nicht gibt. Die dargestellten unterschiedlichen Begriffe, Bedeutungen und Referenzen führen dazu, daß es keine Übereinstimmung bezüglich des Forschungsgegenstandes und den Phänomenen und Aspekten gibt, die dann im einzelnen zu erforschen sind. Je nach Begriff wird man in der „Rechtsextremismusforschung" zu unterschiedlichen Phänomenen und Aspekten hingeführt. Entsprechend heterogen sind die zur Überprüfung der behaupteten Sachverhalte verwendeten Indikatoren, Methoden und Meßinstrumente. Diese Heterogenität verhindert nicht nur das Zustandekommen einer sinnvollen wissenschaftlichen Diskussion über „die Sache", weil kein Konsens über die Begriffe und folglich auch nicht über den Forschungsgegenstand besteht, sie verhindert darüber hinaus auch den Vergleich von Forschungsergebnissen (geht man gar von der Kontextabhängigkeit von Begriffen aus, wäre ein Vergleich prinzipiell ausgeschlossen). Ebenfalls ausgeschlossen ist daher der systematische Aufbau eines bewährten Aussagensystems, d.h. wissenschaftlicher Fortschritt.

Literaturverzeichnis

Adorno, Theodor W., 1973: Studien zum autoritären Charakter. Frankfurt a.M.

Adorno, Theodor W./Frenkel-Brunswik, Else/Levinson, Daniel J./Sanford, R. Nevitt, 1950: The Authoritarian Personality. New York.

Backes, Uwe/Jesse, Eckhard (Hrsg.), 1989: Politischer Extremismus in der Bundesrepublik Deutschland. Köln.

Esser, Hartmut/Klenovits, Klaus/Zehnpfennig, Hans, 1977: Wissenschaftstheorie 1. Grundlagen und Analytische Wissenschaftstheorie. Stuttgart.

Essler, Wilhelm K., 1970: Wissenschaftstheorie I. Definition und Reduktion. Freiburg/München.

Falter, Jürgen W./Schumann, Siegfried, 1988: Affenty toward right wing extremism in western europe, in: *Klaus von Beyme* (Hrsg.), Western European Politics. London, 96-110.

Falter, Jürgen, 1994: Wer wählt rechts? Die Wähler und Anhänger rechtsextremistischer Parteien im vereinigten Deutschland. München.

Heitmeyer, Wilhelm, 1985: Identitätsprobleme und rechtsextreme Orientierungsmuster, in: *Dieter Baacke/Wilhelm Heitmeyer* (Hrsg.), Neue Widersprüche. Weinheim/München, 175-198.

Heitmeyer, Wilhelm, 1987: Rechtsextremistische Orientierungen bei Jugendlichen. Weinheim/München.

Heitmeyer, Wilhelm, 1989: Jugend-Staat-Gewalt. Weinheim/München.

Heitmeyer, Wilhelm, 1992: Die Bielefelder Rechtsextremismus-Studie. Erste Langzeituntersuchung zur politischen Sozialisation männlicher Jugendlicher. Weinheim/München.

Heitmeyer, Wilhelm (Hrsg.), 1994: Das Gewalt-Dilemma einer gelähmten Gesellschaft. Frankfurt a.M.

Hempel, Carl G., 1974: Grundzüge der Begriffsbildung in der empirischen Wissenschaft. Düsseldorf.

Jaschke, Hans-Gerd, 1994: Rechtsextremismus und Fremdenfeindlichkeit. Opladen.

Kornhauser, William, 1959: The Politics of Mass Society. Glencoe.

Kromrey, Helmut, 1983: Empirische Sozialforschung. Opladen.

Lipset, Seymour, 1962: Soziologie der Demokratie. Neuwied/Berlin.

Lipset, Seymour, 1963: Three Decades of the Radical Right, in: *Daniel Bell* (Hrsg.), The Radical Right. New York, 373-446.

Lipset, Seymour, 1963: The Sources of the 'Radical Right' (1955), in: *Daniel Bell* (Hrsg.), The Radical Right. New York, 307-372.

Lipset, Seymour, 1967: The First New Nation. New York.

Lipset, Seymour, 1983: Political Man. The Social Basis of Politics. London.

Lipset, Seymour/Raab, Earl, 1970: The Politics of Unreason. Right-Wing Extremism in America 1790-1970. New York.

Melzer, Wolfgang, 1992: Jugend und Politik in Deutschland. Gesellschaftliche Einstellungen, Zukunftsorientierungen und rechtsextremes Potential. Opladen.

Opp, Karl-Dieter, 1995: Methodologie der Sozialwissenschaften. Opladen.

Pawlowski, Tadeusz, 1980: Begriffsbildung und Definition. Berlin/New York.

Pfahl-Traugber, Armin, 1993: Rechtsextremismus. Bonn.

Savigny, Eike von, 1973: Grundkurs im wissenschaftlichen Definieren. München.

Scheuch, Erwin/Klingemann, Hans-Dieter, 1967: Theorie des Rechtsradikalismus in westlichen Industriegesellschaften, in: Hamburger Jahrbuch für Wirtschafts- und Gesellschaftspolitik, 11-29.

Schwagerl, Hans-Joachim, 1993: Rechtsextremes Denken. Merkmale und Methoden. Frankfurt a.M.

Sinus-Studie, 1981: 5 Millionen Deutsche: „Wir sollten wieder einen Führer haben ..." Die SINUS-Studie über rechtsextremistische Einstellungen bei den Deutschen. Reinbek bei Hamburg.

Stegmüller, Wolfgang, 1989ff.: Hauptströmungen der Gegenwartsphilosophie. Stuttgart.

Stöss, Richard, 1989: Die extreme Rechte in der BRD. Opladen.

Stöss, Richard, 1993: Extremismus von rechts. Einige Anmerkungen aus rechtlicher und politikwissenschaftlicher Perspektive, in: *Robert Harnischmacher* (Hrsg.), Angriff von Rechts. Rechtsextremismus und Neonazismus unter Jugendlichen Ostberlins. Beiträge zur Analyse und Vorschläge zu Gegenmaßnahmen. Rostock/Bornheim-Roisdorf, 5-29.

Stöss, Richard, 1993: Latenter und manifester Rechtsextremismus in beiden Teilen Berlins, in: *Oskar Niedermayer/Richard Stöss* (Hrsg.), Wähler und Parteien im Umbruch. Wählerverhalten und Parteiensystem in den neuen Bundesländers. Opladen, 315-348.
Stöss, Richard, 1993: Rechtsextremismus und Wahlen in der Bundesrepublik. In: Aus Politik und Zeitgeschichte, B 11/93, 50-61.
Stöss, Richard, 1994: Rechtsextremismus, in: *Everhard Holtmann* (Hrsg.), Politiklexikon. 2. Aufl., München/Wien, 541-544.
Stöss, Richard, 1995: Determinanten des Rechtsextremismus, in: *Hans-Dieter Klingemann* u.a. (Hrsg.), Zwischen Wende und Wiedervereinigung. Vergleichende Analysen zur politischen Kultur in West- und Ostberlin. Opladen, 102-134.

Ein ökonomisches Modell zur Erklärung der Wahlerfolge rechtsextremer Parteien

Siegfried F. Franke

I. Rechtsextremes Wählerpotential im bipolaren Parteiensystem

Die Erfolge der Republikaner und der DVU in den Jahren 1989 bis 1992[1] enthüllten schlagartig ein erhebliches rechtspopulistisches bzw. rechtsextremes Wählerpotential (Falter 1994: 7, 163; Jaschke 1994a: 123). Die folgenden Wahlen bestätigen diesen Befund, auch wenn die 5 v.H.-Hürde nicht immer übersprungen wurde.[2]
Die Existenz eines solchen Wählerpotentials war in Deutschland wenig beachtet worden (Castner/Castner 1989: 32), während sich rechtspopulistische Parteien in anderen europäischen Ländern bereits etabliert hatten (Backes/Jesse 1989: 42-45; Falter 1994: 17f.), zum Teil kam es auch zur Formierung militanter außerparlamentarischer Gruppierungen (Backes 1993: 49). Um so harscher fiel die von Empörung und moralischen Appellen gekennzeichnete Reaktion der „veröffentlichten Meinung" aus. Moral allein ersetzt indessen nicht die Analyse, die für eine kluge politische Antwort auf rechtsextreme Herausforderungen nötig ist (Jaschke 1994b: 1). Daher wird aus der Sicht der „Ökonomischen Theorie der Demokratie" (Downs 1957) eine Erklärung für die Wahlergebnisse rechtsextremer Parteien in der Bundesrepublik Deutschland vorgestellt, ohne damit ideologische Motive zu leugnen. Allerdings wird unterstellt, daß die dahinter stehenden Werte in modernen Gesellschaften ökonomisch unterlegt sind.
Teil II erweitert das Modell der räumlichen Wählerverteilung, wonach sich rationale Wähler im Zwei-Parteien-System immer für eine der beiden Parteien entscheiden, um die Dimension der Stimmenthaltung. Das Instrument der „Verlustfunktion" greift den Umfang der Enthaltungen ab, der zugleich das Potential für kleinere oder neu aufkommende Parteien bestimmt. Außerdem wird das Begriffspaar „Abwanderung" und „Widerspruch", mit dem Hirschman (1970) die Reaktion unzufriedener Mitglieder oder Partner von Organisationen beschreibt, auf das Wählerverhalten bezogen. Schließlich werden das Wahlrecht, die Einkommenswirksamkeit politischer Maßnahmen sowie weitere Bedingungen betrachtet, die für das Agieren der Parteien relevant sind (Falter/Schumann 1993: 39). In den Teilen III und IV wird das Modell auf rechts-

---

1 Die Republikaner erreichten 1989 elf Sitze (= 7,5 v.H.) in Berlin und sechs Sitze (= 7,1 v.H.) bei der Europawahl. 1992 erzielten sie in Baden-Württemberg sogar 15 Sitze (= 10,9 v.H.), während die DVU 1991 bzw. 1992 sowohl in Bremen als auch in Schleswig-Holstein jeweils sechs Sitze (= 6,2 v.H. bzw. 6,3 v.H.) belegen konnte.

2 Die weniger erfolgreichen Wahlen waren die Folge parteiinterner Grabenkämpfe bei den Republikanern (Stöss 1993: 53; zu den Gründen Jaschke 1994a: 90), der Besonderheiten bei der ersten gesamtdeutschen Bundestagswahl 1990 (Winkler 1994: 74) und taktischer Überlegungen der Wähler wegen der 5 v.H.-Klausel (Bundestagswahl 1994).

extreme Parteien,[3] insbesondere die Republikaner, angewandt, um ihr Entstehen zu erklären und die weitere Entwicklung abzuschätzen.

II. Kleinere Parteien im Modell der Demokratie

1. Ein einfaches Modell für die Bundesrepublik Deutschland

Im einfachen Zwei-Parteien-Modell von Downs (1957) erstreckt sich eine unimodale Wählerverteilung über eine von extrem linken bis zu extrem rechten Einstellungen reichende Skala (Ideologieskala), die ihre höchsten Werte im Bereich mittlerer oder gemäßigter politischer Positionen einnimmt. Diese Ausgangslage ist empirisch gesichert, auch wenn sich der Median im Zeitablauf nach links verschoben hat, d.h. daß der Gipfelpunkt der Wählerdichte links der räumlich gedachten Mitte liegt (Scheuch/ Scheuch 1994). Der ideologische Schwerpunkt der einen Partei liegt rechts der Mitte, der der anderen links der Mitte. Dementsprechend versucht die eine Partei eher rechtsorientierte Wähler anzusprechen, während die andere mehr linksorientierte Wähler für sich gewinnen will. Da die von den Parteien in erster Linie angesprochenen Wähler selten die für eine Regierungsübernahme erforderliche absolute Mehrheit garantieren, ist verständlich, daß beide Parteien zugleich um das relativ große Potential der Mitte werben.

Das Werben um die Mitte ist mit der Gefahr verbunden, daß sich Wähler am rechten oder linken Rand von „ihrer" Partei abwenden und der Stimme enthalten. Vordergründig gesehen dürfte es Stimmenthaltungen nicht geben, weil dem Wähler der Standpunkt einer der beiden Parteien immer näher sein muß als der der anderen Partei. Eine solche Sichtweise vernachlässigt, daß eine bewußte Stimmabgabe dem Wähler vielfältige Kosten und Mühen aufbürdet. Sind die programmatischen Unterschiede der Parteien in den Augen etlicher Wähler gering und die Erwartungen für eine „bessere" Politik gedämpft, so lohnt dieser Aufwand kaum und sie werden sich der Stimme enthalten.

Das Ausgangsmodell, in dem sich der Wähler immer für eine der beiden Parteien entscheidet, ist daher um die Dimension der Stimmenthaltung zu erweitern. Eine zusätzliche Erweiterung betrifft die von Hirschman (1970) herausgearbeitete Möglichkeit, fallweise sogar die „gegnerische" Partei zu wählen, um der „eigenen" Partei eine deutliche Warnung zu geben, sich wieder um die Probleme ihrer Klientel zu kümmern. Die strategische Konsequenz der Parteien zielt darauf, trotz ihrer „Tendenz zur Mitte", weil dort der mehrheitsbringende Wähler zu finden ist, möglichst wenig Wähler an den Rändern zu verlieren. Praktisch erreichen sie dies, indem sie den verschiedenen Gruppen, die sie gewinnen wollen, möglichst plakativ formulierte, auf sie zugeschnittene Themen und glaubwürdige Identifikationsfiguren (z.B. Franz-Josef Strauß oder Willy Brandt) anbieten. Folglich ändern die Parteien im Zeitablauf ihren Charakter

3 Verfassungsrechtlich ist eine genaue Trennung zwischen „rechtsextrem" und „rechtsradikal" zwar wichtig, in der Praxis kommt es jedoch häufig zu fließenden Übergängen (Veen 1994: 1). Außerdem ist diese Unterscheidung für die Erforschung von Bedingungen, Struktur und Motiven einer stark rechtsorientierten Wählerschaft unerheblich (Falter 1994: 11).

von ursprünglich schwerpunktmäßig ideologisch gebundenen Parteien („Weltanschauungsparteien") zu „Volksparteien" mit einer recht diffusen Programmatik.
Um diese Entwicklung abzubilden, ist das Zwei-Parteien-Modell um ein oder zwei kleinere Parteien zu erweitern, die mit den großen Parteien eine Fraktionsgemeinschaft oder Koalition bilden. Solche Verbindungen können lange dauern und wie „eine" Partei wirken, die ein besonders breites Wählerspektrum umfassen kann. Schwierigkeiten treten auf, wenn die Wähler die Rolle des kleineren Koalitionspartners nicht mehr honorieren und zum größeren Partner wechseln, oder wenn dieser Stimmen an die Opposition verliert, was zugleich die Existenz der kleineren Partei bedroht. Nicht selten bahnt sich dann aus politischem Überlebenswillen ein Koalitionswechsel an.
Das Modell, in dem neben zwei Volksparteien eine weitere Partei existiert, die abwechselnd mit einer der beiden anderen koaliert, typisiert das in der Bundesrepublik Deutschland etwa von 1960 bis Anfang der 80er Jahre herrschende Verhältnis von CDU/CSU und SPD einerseits und der FDP andererseits (Vorländer 1992: 266-271). Zwar war das deutsche System 1949 mit mehreren Parteien gestartet, aber die ab 1953 nicht nur in bezug auf ein Bundesland, sondern bundesweit geltende 5 v.H.-Klausel setzte die kleineren Parteien einem Erosions- und Einschmelzprozeß aus, den insbesondere die CDU/CSU rücksichtslos verstärkte und der ihr 1957 die absolute Mehrheit brachte (Jaschke 1994a: 31-36). Hinzu kam das verfassungsgerichtliche Verbot von SRP und KPD. Lediglich die FDP konnte der Übernahme entgehen, weil ihre Klientel weder die christlich basierte CDU/CSU noch die anfangs stark sozialistisch geprägte SPD als Alternative sah. In dem Maße jedoch, in dem die Säkularisierung die beiden großen Parteien zu Volksparteien formte, mußte die FDP Schichten erschließen, die von den sich wandelnden großen Parteien abgestoßen wurden, und den Koalitionswechsel vorbereiten.
Das deutsche Wahlrecht hat nicht nur die Tendenz zum bipolaren Parteiensystem gefördert, sondern die etablierten Parteien lange vor Konkurrenten geschützt. Auf Dauer stellte das Streben der Parteien zur Mitte indessen besondere Anforderungen an ihre Integrationsfähigkeit und Bindungskraft, weil sich zum einen das ideologische Spektrum, das sie abzudecken versuchen, erheblich erweitert. Zum anderen werden viele ihrer Aussagen immer ähnlicher. Sinkt zudem die Glaubwürdigkeit von Identifikationsfiguren oder mangelt es an solchen, so neigen sowohl die Wähler an den Rändern als auch die in der Mitte zur Stimmenthaltung. Auch wird das Mittel der „begrenzten Abwanderung", d.h. die Wahl der gegnerischen Partei aus „Erziehungsgründen", nicht mehr als wirksam erachtet.
Als es 1966 zur Großen Koalition kam, bedeutete das für viele ein massives Abrücken „ihrer" Partei von bisherigen Überzeugungen und die Übernahme von Standpunkten der „gegnerischen" Partei. Aus dieser Sicht machte eine Proteststimme für den „Gegner" offensichtlich keinen Sinn mehr. Das auf der rechten Seite politisch heimatlos gewordene und einer wirksamen Reaktion beraubte Potential von Unzufriedenen wurde von der gut organisierten NPD zum Teil aufgefangen (Jaschke 1994a: 25; Stöss 1989: 139f.). Der Zustrom führte sie 1969 mit 4,3 v.H. an Zweitstimmen fast in den Bundestag. Demgegenüber fehlte eine „Auffangorganisation" auf der linken Seite; dort kam es zur Außerparlamentarischen Opposition. Später freilich vermochte die Neugründung der GRÜNEN aus diesem Potential zu schöpfen. Da sie zugleich um-

weltbesorgte Bürger der Mitte ansprechen konnte, gelang ihr der Sprung in die Parlamente.

2. Ergänzung durch das Konzept der Verlustfunktion

2.1 Zur Erklärung von Stimmenthaltungen

Vereinfacht gilt, daß jede der beiden Volksparteien eine bestimmte Position auf der politischen Skala vertritt. Zu dieser Position gibt es eine zugehörige Verlustfunktion (vgl. Franke 1986), deren parabelförmiger Verlauf von der Differenz zwischen der eigenen politischen Einstellung eines Wählers und der der ihm nahestehenden Partei bestimmt wird. Der Anstieg der beiden Äste dieser Funktion hängt von der Intensität ab, mit der diese Differenz empfunden wird. Diese ist ausgeprägt, wenn „seine" Partei eine Politik treibt, die er ablehnt und die seinen Interessen widerspricht. Vom Anstieg der Funktion, deren Minimum die eingenommene Position der Partei auf der Ideologieskala auf dem Rechts-Links-Spektrum tangiert, hängt es ab, wieviele derjenigen Wähler einer Partei sich der Stimme enthalten, die eigentlich angesprochen werden könnten, weil sie ihr relativ näher stehen als der anderen Partei.
Abbildung 1 stellt für die politischen Positionen S_R und S_L der rechts- bzw. der linksorientierten Partei die zugehörigen Verlustfunktionen dar, deren Anstieg den Umfang der Stimmenthaltungen bestimmt, den die Parteien im Bereich der prinzipiell erreichbaren Klientel hinnehmen müssen. Eine Politik, die beispielsweise der Position S_L entspricht, maximiert den Nutzen für jene Wähler, die genau diese Position S_L teilen; sie haben daher keinen Grund zur Stimmenthaltung. Wähler hingegen, deren Einstellung von S_L abweicht, erleiden Nutzenverluste, die sich mit wachsender Distanz zu S_L vergrößern.
Die Verlustfunktion der Links-Partei (V_L) endet in den Punkten A bzw. B der Wählerverteilungskurve, denn es kann insgesamt nicht mehr an Stimmenthaltungen als Wählerstimmen geben, die einer bestimmten politischen Position zuzurechnen sind. Entsprechendes gilt für die Verlustfunktion (V_R) der Rechts-Partei. Den Punkten A und B entsprechen die Punkte A* und B* auf der Ideologieskala. Damit ist die *potentielle* politische Spannweite der Links-Partei umrissen, wenn sie den Standpunkt S_L einnimmt. Ihre *effektive* politische Reichweite ist allerdings geringer; sie hängt von der Position der konkurrierenden Rechts-Partei ab. Skizziere S_R den politischen Standpunkt der Rechts-Partei mit der zugehörigen Verlustfunktion V_R, so ist deren potentielle politische Reichweite durch C*D* beschrieben. Die Verlustfunktionen der beiden Parteien (V_L und V_R) schneiden sich im Punkte S, der ihre effektiven politischen Reichweiten, nämlich A*S* für die Links-Partei und S*C* für die Rechts-Partei, abgrenzt. Solange sich weder die Einstellungen der Wähler ändern noch die Parteien ihre Standpunkte verlagern, sind die Abschnitte SB bzw. SD der Verlustfunktion der Links- bzw. der Rechts-Partei irrelevant.
In Abhängigkeit von der besetzten Position einer Partei zeigt die Verlustfunktion also an, welches Ausmaß an Wählern trotz vorhandener politischer Differenz zwischen ihrer Einstellung und dem Standpunkt der Partei ihre Stimme dennoch dieser Partei geben, und wieviele Wähler sich der Stimme enthalten, falls es keine Alternative gibt.

Abbildung 1: Wählerreservoir für kleinere Parteien bei normalverteilter Dichtefunktion

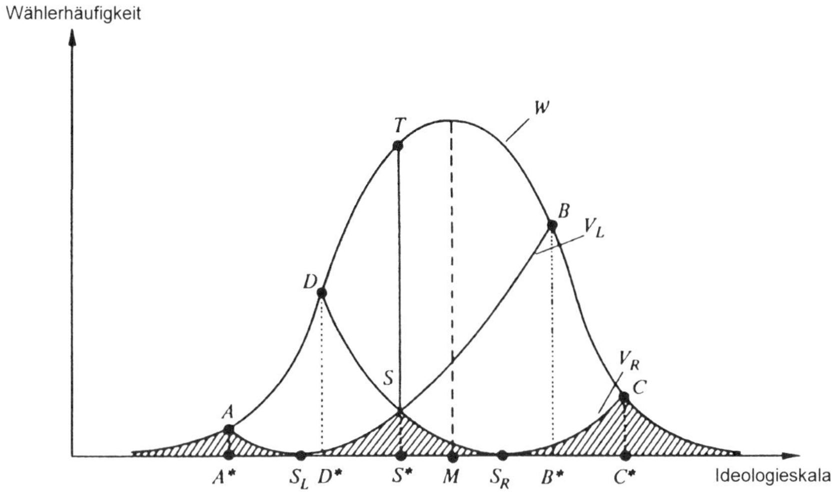

W	Wählerverteilungskurve
S_L	Ideologischer Standpunkt der Links-Partei
S_R	Ideologischer Standpunkt der Rechts-Partei
V_L	Verlustfunktion der Links-Partei
V_R	Verlustfunktion der Rechts-Partei
M	Ideologischer Mittelpunkt
A*B*	Potentielle politische Reichweite der Links-Partei
C*D*	Potentielle politische Reichweite der Rechts-Partei
A*S*	Effektive politische Reichweite der Links-Partei
S*C*	Effektive politische Reichweite der Rechts-Partei
gestrichelt	Verluste der Links- bzw. Rechts-Partei aufgrund von Stimmenthaltungen = Wählerreservoir für kleinere Parteien

Für viele stellt jedoch die andere Partei eine solche Alternative dar. Nur diejenigen, die sich auch von der zweiten Partei nicht angesprochen fühlen, enthalten sich endgültig der Stimme. Das Gesamtpotential aller Stimmenthaltungen ergibt sich durch die Addition der schraffierten Flächen in Abbildung 1.

Wie erwähnt, kann keine der beiden Parteien über ihre effektive politische Reichweite allein bestimmen. Die jeweilige Reichweite hängt nicht nur vom eigenen Standpunkt einer Partei und der zuzuordnenden Verlustfunktion, sondern auch vom gewählten Standpunkt der konkurrierenden Partei und ihrer daraus resultierenden Verlustfunktion ab. Zudem wird deutlich, daß die Partei, die ihren Standpunkt näher an die Mitte schiebt, einen großen Gewinn an Wählerstimmen verbuchen kann, der jenseits der Mitte liegt, während die Verluste an den Rändern begrenzt sind. Das schließlich aus Verärgerung und Apathie gespeiste Stimmenthaltungspotential kann mithin als das Integral über die zwischen den relevanten Ästen der Verlustfunktionen und der Abszisse liegenden Flächen beschrieben werden. Beträgt der numerische Wert für dieses Integral beispielsweise 0,3, das entspricht einer Wahlenthaltung von 30 v.H., so liegt die effektive Wahlbeteiligung bei 70 v.H., da das gesamte Integral über die Wähler-

Abbildung 2: Standpunkteverlagerungen und Wählerbeweglichkeit bei normalverteilter Dichtefunktion

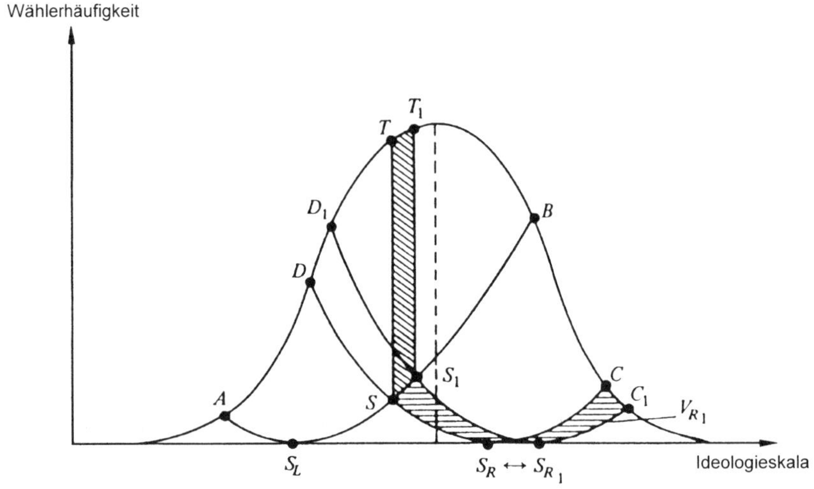

$S_{R1} \leftrightarrow S_R$	Standortwechsel der Rechts-Partei
V_{R1}	Verlustfunktion der Rechts-Partei bei S_{R1}
gestrichelt (schräg)	Stimmenwechsel zwischen Links- und Rechts-Partei bei Standortwechsel $S_{R1} \leftrightarrow S_R$ (= Wählerbeweglichkeit)
gestrichelt (gerade)	Zuwachs/Verlust des Stimmenthaltungspotentials bei Standortwechsel $S_{R1} \leftrightarrow S_R$

verteilungsfunktion 1 sein muß. Das Potential derjenigen Wähler, die sich weder für die Rechts- noch für die Links-Partei entscheiden wollen, bildet zugleich das Reservoir, aus dem etwaige Neugründungen Stimmen schöpfen können (Falter/Schumann 1993: 49).

Abbildung 2 illustriert die oben erläuterten Zusammenhänge: Aufgrund der von der Rechts-Partei eingenommenen politischen Position S_{R1} und der zuzuordnenden Verlustfunktion V_{R1} konnte sie die absolute Mehrheit der abgegebenen Stimmen gewinnen und die Regierungsgewalt übernehmen. Um ihre Mehrheit zu behaupten oder auszubauen, verschiebt die Partei ihre Position noch mehr zur Mitte, und zwar von S_{R1} nach S_R. Dem entsprechen zugleich sich verändernde Verlustfunktionen: Statt V_{R1} jetzt V_R. Unter der Voraussetzung, daß die in der Opposition stehende Links-Partei ihre Position nicht verschiebt und daß sich ihre Verlustfunktion nicht ändert, zeigt sich, daß die Rechts-Partei durch ihre Standpunkte-Verschiebung sowohl Stimmen aus dem Stimmenthaltungspotential der Mitte als auch Stimmen direkt von der Links-Partei hinzugewinnt. Dafür büßt sie am rechten Rand mehr als bisher an Wählern ein. Existiert außer den beiden rechts- bzw. linksorientierten großen Parteien eine kleinere, liberal orientierte Partei, die hauptsächlich vom Potential der mittlere Positionen bevorzugenden Wähler lebt, so ist unmittelbar erkennbar, daß ihre Existenz durch den Ruck zur Mitte der Rechts-Partei bedroht ist. Die natürliche Folge wäre, daß sie ihre Verluste durch Gewinne im gewachsenen Stimmenthaltungspotential am rechten Flügel wettzumachen sucht. Es ist allerdings auch damit zu rechnen, daß sich statt dessen eine neue rechtsradikale Partei formiert.

Es ist müßig darüber zu streiten, ob die FDP 1966 nach der Bildung der Großen Koalition beabsichtigte, auf dem rechten Flügel nach Stimmenkompensation für das beschnittene Potential in der Mitte zu suchen. Immerhin gab es noch bei der Bundestagswahl von 1969 Wanderungen von der FDP zur NPD (Falter 1980). Durch die Existenz bzw. Reaktivierung der NPD, die diese Wählerklientel besser ansprechen konnte, war dieser Weg aber letztlich versperrt. Zugleich war die SPD in den Augen „ihrer" Wähler ebenfalls beträchtlich zur Mitte gerückt. Das dadurch freigewordene Potential konnte von der Außerparlamentarischen Opposition nicht voll ausgeschöpft werden, weil sie sich nicht in die praktische Politik einbrachte. Kein Wunder also, daß sich die FDP ihrer radikal-liberalen Wurzeln entsann und von der FDP zur F.D.P. mutierte, die „alte Zöpfe abzuschneiden" und einen neuen Politikansatz in der Koalition mit der SPD versprach. 1982 kam es zur umgekehrten Reaktion: Die Basis der SPD zwang den gemäßigt eingestellten Kanzler Schmidt zu Rückzügen und engte seinen Spielraum für eine mehrheitsorientierte pragmatische Politik ein. Der Koalitionspartner der FDP rückte also wieder nach links und beschnitt so das linksliberale Potential der F.D.P. Die von der SPD schrittweise preisgegebenen Positionen der Mitte nahm – nach Ablösung des glücklosen Kanzlerkandidaten Strauß – wieder die CDU ein. Die F.D.P. mußte sich daher notgedrungen wieder nach rechts orientieren, was plakativ gesprochen einem Erstarken ihres Wirtschaftsflügels gleichkam.

Das illustrierte Verhalten der Parteien belegt, daß Gründung und Überleben kleinerer Parteien im Rahmen eines bipolaren Parteien-Systems vom ideologischen Schwerpunkt und vom Verlauf der Verlustfunktionen der beiden Volksparteien abhängen. Bestehen strikte Parlamentszutrittsschranken, so ist der Anstieg der Äste der Verlustfunktionen entscheidend für die Existenz solcher kleinerer Parteien. Erst ein nicht nur als vorübergehend begriffener Anstieg der Verlustfunktionen der Volksparteien macht das personell anstrengende und finanziell bedrohliche Abenteuer einer Parteigründung kalkulierbar, weil nur dann eine Chance besteht, sich dauerhaft zu etablieren.

Für beide Volksparteien ergibt sich daraus folgender strategischer Schluß: Es ist am günstigsten, wenn sie ihren politischen Standpunkt soweit wie möglich in die Mitte verlagern, ohne gleichzeitig ihren Charakter als „rechte" oder „linke" Volkspartei zu verlieren, d.h. sie müssen – gerade wegen ihres Strebens zur Mitte – versuchen, den Anstieg der Äste ihrer Verlustfunktionen so gering wie möglich zu halten. Wie oben bereits erwähnt, hängt der Anstieg hauptsächlich davon ab, mit welcher Intensität die Wähler das Differential zwischen ihrer Position und der Position „ihrer" Partei empfinden. Zohlnhöfer (1980) hat mit dem Begriff der „Wählerbeweglichkeit" eine fruchtbare Erklärung der entsprechenden Zusammenhänge ermöglicht. Als Wählerbeweglichkeit bezeichnet er die Neigung eines Wählers, aufgrund des Verhaltens „seiner" Partei ihr die Unterstützung zu entziehen und sich der Stimme zu enthalten oder aus Protest eine andere Partei zu wählen.

2.2 Determinanten der Wählerbeweglichkeit

Um den Einfluß der Wählerbeweglichkeit auf den Verlauf der jeweiligen Verlustfunktion der Parteien zu beschreiben, sind ihre wesentlichen Determinanten zu umreißen. Dazu gehören die individuelle Parteipräferenz der Wähler, ihr Informationsgrad, das Wahlrecht, die Einkommenswirksamkeit politischer Maßnahmen sowie der Homogenitätsgrad der Parteiprogramme.

Je intensiver Wähler ihren Standpunkt empfinden, um so weniger tolerieren sie eine Standpunkte-Verlagerung „ihrer“ Partei. In der Regel nehmen kompromißlose Einstellungen an den politischen Rändern zu, weshalb gerade in diesen Bereichen mit Stimmenthaltungen und ggf. mit Neugründungen von Parteien zu rechnen ist. Um dieser Entwicklung entgegenzuwirken, bemühen sich die großen Parteien, besondere Bindungen zu ihren Mitgliedern, Sympathisanten und Wählern zu knüpfen. Die Pflege dieser Bindungen dämpft Verärgerung und Frustration, falls die Partei ihren ideologischen Schwerpunkt aus machtpolitischen Gründen zur Mitte verlagert. Intensive Parteiidentifikationen hemmen den Anstieg der Verlustfunktionen, während gelockerte Bindungen einen stärkeren Anstieg verursachen.

Der rationale (Durchschnitts-)Wähler ist wenig informiert, weil er verständlicherweise nicht viel Zeit, Mühe und Geld aufwendet, um die außerordentlich komplexe ökonomische, soziale und politische Realität besser zu verstehen, und weil ihm natürlich klar ist, daß *seiner* Stimme – so überlegt sie auch sein mag – im Millionenheer der Wähler kein wirkliches Gewicht zukommt. Ein geringer Informationsgrad der Wähler erleichtert es freilich den Parteien, mit Symbolen zu arbeiten, die die komplexe Realität vereinfachen und auf wenige Themenbereiche konzentrieren (Edelman 1976), sowie glaubwürdige Identifikationsfiguren zu präsentieren, um die Parteiidentifikation ihrer Wähler zu stabilisieren und zu stärken und um so Stimmenthaltungen und Proteststimmen zu begrenzen.

Parlamentszutrittsschranken (z.B. die 5 v.H.-Klausel) sind eine permanente Bedrohung für kleinere Parteien, und sie behindern die Bildung neuer Parteien. Sie werden nämlich zum Argument für die beiden großen Parteien gegenüber wankelmütigen Anhängern: ihre Stimme für eine kleinere Partei sei eine verlorene Stimme und begünstige den politischen Gegner.

Von Bedeutung ist die Einkommenswirksamkeit geplanter oder ergriffener politischer Maßnahmen. Die Wähler sind in dieser Hinsicht außerordentlich sensibel. Negative Einkommenseffekte lassen die Verlustfunktion vor allem im Bereich gemäßigter politischer Einstellungen nach oben schnellen, und zwar deshalb, weil hier überproportional viele Bezieher mittlerer Einkommen (die sog. *Besserverdienenden*) konzentriert sind. Falls sich die beiden großen Parteien im steuerlichen Zugriff in den Augen der betroffenen Gruppen nicht wesentlich unterscheiden, vermag eine kleinere dritte Partei vor allen Dingen die Einkommensinteressen in der Mitte zu akzentuieren, um Wähler an sich zu binden; eine Situation, die offensichtlich auf die FDP lange Zeit zutraf.

Weil sich die Programmatik der Parteien wegen ihrer Tendenz zur Mitte zunehmend ähnelt, gewinnen parteispezifische Symbole an Bedeutung (Edelman 1976: 84f.). Durchschauen die Wähler dieses symbolische Spiel, so werden sie alternative Stimmabgaben erwägen. Die Neigung, neuen, auch populistischen Parteien eine Chance zu geben, wird verstärkt, wenn wichtige politische Themen zu lange von den etablierten Parteien vernachlässigt wurden (Mintzel/Oberreuter 1992b: 501-506). Exemplarisch dafür sind die ignorierten Belange des Umweltschutzes, was die Gründung und Konsolidierung der GRÜNEN begünstigte, und die vernachlässigten Einkommensinteressen der Mittelschicht, was der FDP Profilierungschancen ermöglichte.

III. Zur Erklärung der Erfolge rechtsextremer Parteien

Im allgemeinen präferieren rechts orientierte Wähler konservative Grundpositionen, wobei das Bedürfnis nach nationaler Identität hervorragt (Backes/Jesse 1989: 41f.). Auch konservativ fundierte Parteien, wie etwa die CSU, vermögen diesem Bedürfnis nur begrenzt zu entsprechen. Wie ein Blick auf die parlamentarischen Mehrheiten zeigt, kann die CSU der von einem Teil ihrer Wähler empfundenen Bedrohung durch den – auch nach dem Asylkompromiß von 1993 – hohen Zuzug von Ausländern nicht bremsen.[4] Eine weitere Gefahr für die nationale Identität erblicken viele in der Europäischen Union (Rowold/Immerfall 1992: 387; Stöss 1993: 57), die sie als fernen, undurchsichtigen und undemokratischen Verwaltungsmoloch begreifen,[5] und es ist einzuräumen, daß die Regierung ihre Europapolitik zu wenig erklärt (Bohley 1993).

4 Natürlich war sich – wie manche Äußerung zeigt – auch die SPD über den Mißbrauch des Asylrechts im klaren. Aus wahltaktischen und ideologischen Gründen wollte sich die SPD jedoch lange Zeit nicht mit einer Asylrechtsänderung anfreunden, und der inzwischen geltende Kompromiß wird nicht mit Begeisterung vertreten. Statt dessen konzentrierten führende Parteivertreter ihr Augenmerk auf die Übersiedler (Bürger der damals noch existierenden DDR) und mehr noch auf die Aussiedler (Bürger aus Osteuropa mit deutschen Vorfahren). Die erste Gruppe besaß nach dem Grundgesetz ohnehin immer die deutsche Staatsbürgerschaft, während der zweiten Gruppe – vereinfacht gesprochen – ein Einbürgerungsrecht zustand und nach Art. 116 Abs. 1 GG immer noch zusteht. Überaus populistisch forderte daher der saarländische Ministerpräsident Lafontaine im Frühjahr 1990 während des Wahlkampfes in seinem Bundesland Zuzugsbegrenzungen für Aussiedler.
Diesem Ansinnen wollte sich aus nationalen Gründen die CDU/CSU nicht anschließen (Waffenschmidt 1989), und auch die Republikaner konnten aus ideologischen Gründen die Position Lafontaines nicht übernehmen, obwohl ihre Führung wußte, daß ihre Anhänger die – als Folge des verlorenen Zweiten Weltkrieges zu verstehende – Regelung des Art. 116 GG für obsolet halten (Lepszy: 1989, 7; Roth: 1989, 16f.). Dementsprechend äußern sich die Republikaner in ihrem Landesprogramm für Baden-Württemberg kurz und – bei grundsätzlicher Akzeptanz des Art. 116 Abs. 1 GG – doch deutlich reserviert zum weiteren Zuzug von Aussiedlern (Die Republikaner o.J.: 14).
Im Ergebnis addieren sich die Wellen von Asylbewerbern und – seit dem Zusammenbruch der sozialistischen Systeme im Osten – eine rapide zunehmende Zahl von Aussiedlern. Stellt man die Zu- und Fortzüge über das Gebiet der früheren Bundesrepublik Deutschland einander gegenüber, so ergibt sich seit Jahren ein beträchtlicher Wanderungsgewinn, der seit 1989 jährlich die Millionengrenze deutlich überschreitet. Daß eine solche Zahl die ohnehin schwierige ökonomische, politische und kulturelle Situation kompliziert und den Durchschnittswähler überfordert, liegt auf der Hand (Mühlum 1993: 5, 12; Afheldt 1993: 45-47).

5 Insbesondere in der hessischen Kommunalwahl im März 1993 haben sich – neben regionalen Besonderheiten – Reaktionen auf die überhasteten Verträge von Maastricht bemerkbar gemacht. Nicht nur rechtsorientierte Bürger empfinden den Verlust der DM, die in einer gemeinsamen Europawährung aufgehen soll, als schmerzlich; ist doch die DM in ihren Augen nicht nur ein identitätsstiftendes Symbol, sondern der Garant für ökonomische Stärke und Zukunftsaussichten. Konsequenterweise haben die Republikaner die Abschaffung der DM schon 1992 im Landtagswahlkampf in Baden-Württemberg zu einem zentralen Thema gemacht (Die Republikaner o.J.: 15f., 19).

Die meisten Bürger sind von den komplexen Zusammenhängen der Moderne überfordert. Sie begründen ihre Ängste und konkreten Nöte vielmehr mit individuellen ökonomischen Argumenten, die in der Tat von der Politik lange Zeit nicht wahrgenommen wurden, obwohl die einigungsbedingten Lasten, die hohe Arbeitslosigkeit, die steigenden Anforderungen der modernen Arbeitswelt an die geistige Mobilität der Arbeitnehmer sowie die seit 1993 geltenden Bedingungen des Binnenmarktes die Bürger zunehmend verunsichert haben (Gessenharter 1991: 63, 70). Während untere soziale Schichten um ihre Arbeitsplätze fürchten und vor allem die Wohnungshilfen für Aussiedler anprangern (Rowold/Immerfall: 1992, 387), fühlen sich Bezieher mittlerer Einkommen durch die Abgabenlast überstrapaziert, die sie auch auf eine falsche Zuwanderungspolitik zurückführen. Die Allensbacher Meinungsforscher konstatieren, daß das in bezug auf die Republikaner geprägte Bild von der „Angstpartei der kleinen Leute" nicht stimme, denn die Angst vor Überfremdung bewege immerhin 41 v.H. der Gesamtbevölkerung (Noelle-Neumann 1993). Damit aber spannt sich für rechtsextreme Parteien ein reichliches Potential auf.

Allein die sich auch im Aufschwung haltende hartnäckig hohe Arbeitslosigkeit macht das enorme Angstpotential deutlich, das sich auch durch jene speist, die noch nicht arbeitslos sind, aber die Arbeitslosigkeit fürchten. Afheldt (1993: 45-47) weist nach, daß es auf mikroökonomischer Ebene eine Konkurrenz um Wohnung, Arbeitsplatz und soziale Sicherung zwischen „Einheimischen", zu denen die schon lange ansässigen und integrierten Ausländer zählen, und den Zuwanderern gibt. Diese Rivalität wird durch etwaige makroökonomische Vorteile der Zuwanderung nicht aufgelöst. Hinzu tritt die Verunsicherung, die aus dem rapiden Wertewandel resultiert. Eine zunehmende Zahl von Bürgern, darunter viele Jugendliche und Heranwachsende, sieht sich immer weniger imstande, die Komplexität moderner Gesellschaften zu bewältigen. Für sie signalisiert das Schlagwort von der „multikulturellen Gesellschaft" weniger eine Bereicherung als vielmehr eine Bedrohung. Sie streben statt dessen nach Sicherheit, Klarheit und einfachen Erklärungsmustern für die komplizierte Welt (Roth 1989: 17). Falls das Bundesverfassungsgericht den Asylkompromiß (teilweise) aufhebt und die Asyldebatte wieder aufflammt, ist zu befürchten, daß diese Zusammenhänge erneut ignoriert werden und die Betroffenen jenen zuneigen, die die Fakten zwar darstellen, zugleich aber für ihre verlogenen nationalistischen Parolen werben (Afheldt 1993: 47). In der Tat greift das Programm der Republikaner die erwähnten Ängste und Bedürfnisse auf und bietet einfache, scheinbar plausible Lösungen dafür an (Die Republikaner 1990; 1993; o.J.). Erst die genaue Analyse ihrer Programmatik zeigt, daß praktikable und umsetzbare Konzepte zur Bewältigung der Gegenwartsprobleme fehlen (Lepszy 1989: 4f.). Die Republikaner finden indes Anklang, weil das ökonomische Argument dafür spricht, daß der einfache Wähler, auch wenn er um seine Zukunft fürchtet, relativ uninformiert bleibt. Er hat vielmehr zunehmend das Gefühl, daß „seine" Partei einfach nicht genug für ihn tut und seine Sorgen und Nöte nicht ernstnimmt (Roth 1989: 15f.). Manche Anhänger der CDU bzw. der SPD verkennen zudem den Charakter ihrer Partei als Volkspartei. Die Übernahme rechtspopulistischer Positionen würde die CDU viel Stimmen in der Mitte kosten, während die SPD nicht nur auf die Mitte, sondern auf ihren linken Flügel achten muß. Hinzu kommt die Rücksichtnahme auf aktuelle oder potentielle Koalitionspartner.

Die Zusammenhänge legen nahe, daß sich schließlich der rechte Ast der Verlustfunktion der CDU/CSU nach oben biegen mußte, d.h. daß ihre Anziehungskraft und Integrationsfähigkeit hinsichtlich der dort verankerten Wählerschichten nachließ. Wenn dies so ist, dann handelt es sich bei vielen Wählern rechter Parteien in der Tat „vor allem um ideologisch motivierte Protestwähler" (Falter 1994: 125, 156). Es bedurfte nur eines geeigneten Anlasses, um eine neue, rechtspopulistische Partei entstehen zu lassen. Ein solcher Anlaß war der Milliardenkredit an die ehemalige DDR, der ausgerechnet vom verstorbenen bayrischen Ministerpräsidenten Strauß vermittelt wurde. Es überrascht daher nicht, daß unmittelbar danach die Republikaner in Bayern gegründet wurden (Jaschke 1994a: 75f.).

Die neue, sich zunehmend nach rechts außen entwickelnde Partei vermochte bislang jedoch in beträchtlichem Umfange auch SPD-Anhänger an sich zu ziehen. Es gab bei den letzten Wahlen beträchtliche Stimmenwanderungen von der SPD hin zu den Republikanern (Winkler 1994: 76f.). SPD-Anhänger sind zwar konservativ-national orientierten Werten weniger zugeneigt, sie haben jedoch ähnliche ökonomische Ängste und Probleme wie rechtsorientierte Wähler, und sie haben – insbesondere als Arbeiter – klare Vorstellungen von Recht und Ordnung. So nimmt es nicht wunder, daß in einer alten SPD-Hochburg wie Hamburg selbst Stammwähler ihrer Partei übelgenommen haben, daß sie den permanenten Rechtsbrüchen sozialer Außenseiter tatenlos zugesehen hat (Hafenstraße) (vgl. auch Falter 1994: 56-60). Selbst die Gewerkschaften haben daher die Wanderungsbewegung von traditionellen SPD-Wählern zu den Republikanern nicht aufhalten können (Roth 1989: 14). Jenseits historischer Tradierung und Orientierung wurzeln also die Erfolgsbedingungen des Rechtsextremismus in den aktuellen gesellschaftlichen Verhältnissen (Stöss 1989: 251).

Zwar erreichten die Republikaner die besten Resultate in Bezirken mit einem hohen Anteil an Arbeitern (Falter/Schumann: 1989, 10f.; Roth 1989: 12-16), ihre Attraktion strahlt aber auf andere Wähler aus (Noelle-Neumann 1993). Neben älteren Wählern ziehen sie in bemerkenswertem Umfange auch junge Leute an (Falter 1994: 154; Roth 1989; 10-13; Rowold/Immerfall: 1992, 386-388). Gerade das Interesse junger Wähler spiegelt ihre ökonomischen Ängste sowie ihr Bedürfnis nach einfachen Erklärungen und überzeugend wirkenden Politikern wider (Castner/Castner 1989). Dieser Erwartung versucht die überkommene nationalistische, anti-europäische und fremdenfeindliche Programmatik der Republikaner zu entsprechen (Lepszy 1989: 4-7).

Die polit-ökonomische Erklärung der Wahlerfolge rechtsextremer Parteien enthält zugleich die Begründungselemente dafür, warum der Erfolg im Jahre 1994 nicht angehalten hat: Es ist den Parteien nämlich gelungen, den Anstieg ihrer Verlustfunktionen wieder zu senken. Dabei spielte sicher der Asylkompromiß eine Rolle. Vor allem aber stellte die Koalition aus CDU/CSU und FDP wankelmütige Wähler vor die Entscheidung, ob die bürgerlichen Parteien weiter regieren können oder ob wegen abgewanderter Stimmen ein PDS-dominiertes Patt mit „Rot-Grün" droht. Die Europapolitik hat sich indessen kaum geändert, allerdings hat sich das Problem einer gemeinsamen Europawährung nicht im Wählerbewußtsein halten können, weil der Zeitpunkt ihrer geplanten Einführung den mit maximal einem Jahr anzusetzenden Zeithorizont der Wähler überschreitet.

Zusammenfassend gilt, daß zwar einerseits ein Potential für rechtspopulistische Parteien vorhanden ist, aus dem bei entsprechenden *issues* – z.B. einem etwaigen Wiederaufflammen der Asyldebatte oder bei unmittelbar bevorstehender Abschaffung der

DM – geschöpft werden kann, daß aber andererseits die Abwanderung eines Teils der Wähler der Volksparteien als Protestwahl zu verstehen war (Falter/Schumann 1993: 38).

IV. Ausblick und einige Schlußfolgerungen

Die Erfolge der Republikaner und der DVU sind eine Bedrohung für die CDU/CSU, aber auch die SPD hat Federn lassen müssen. Für die CDU/CSU ist die Situation hingegen besonders schwierig. Offensichtlich kann sie wählerwirksame Programmpunkte der Republikaner nicht übernehmen, weil sie damit riskiert, zuviele Wähler in der Mitte zu verlieren. Das Argument verschärft sich bei linksschiefer Wählerverteilung, wenn also – wie in Deutschland – der Median links vom räumlichen Mittelpunkt liegt, so daß ein besonders breites ideologisches Spektrum abgedeckt werden muß. Außerdem wäre sie als Koalitionspartner für die FDP erledigt. Fraglich ist, ob die Strategie der CDU/CSU, das „Dilemma“ (Jaschke 1994a: 47-61), in dem sie sich befindet, nicht zu akzentuieren und die Republikaner und ihre Programmatik als striktes Tabuthema zu behandeln, dauerhaft greift (Jaschke 1994a: 138f.; Kaltefleiter 1989; Noelle-Neumann 1993).

Der hauchdünne Vorsprung für die Koalition bei der Bundestagswahl 1994 belegt, daß sich der Glaube, die christlich-liberale Koalition habe die größere wirtschaftliche Kompetenz und wahre nationale Interessen gegenüber der Europäischen Union, ziemlich verflüchtigt hat. Da die SPD für diesen Teil von Wählern nicht als Alternative gesehen wird und da wahlarithmetisch gesehen Rot-Grün kein Ausbaumodell, sondern ein Nullsummenspiel zu sein scheint (Bruns 1994: 30), bleibt das Potential der von den traditionellen Parteien abgestoßenen Wähler, aus dem rechtsextreme Parteien schöpfen können, bestehen. Dies belegt die hohe Zahl an Stimmenthaltungen.

Die Republikaner konnten 1994 ihre Möglichkeiten nicht voll nutzen, weil zum einen wahltaktische Überlegungen der Wechselwähler eine Rolle spielten und weil zum anderen parteiinterne Streitigkeiten über das richtige Programm und die richtigen Personen, denen vor allem extreme Parteien besonders ausgesetzt sind, wieder aufflammten und ihr Bild in der Öffentlichkeit beeinträchtigten.

Zwar haben die Republikaner ihre Personalquerelen beigelegt, sie bemühen sich um einen grundgesetzkonformen Anstrich und wollen nicht mit nationalsozialistischem Gedankengut in Verbindung gebracht werden (Rowold/Immerfall 1992: 385f.; Schacht 1991: 14; kritisch dazu Jaschke 1994a: 106-108, 117-120); wesentlich für ihre künftigen Erfolge dürfte jedoch sein, ob Wähler aus dem für sie in Frage kommenden Reservoir eine abermalige Bedrohung ihrer Identität und die Beeinträchtigung ihrer Einkommensinteressen empfinden (Jung/Roth 1994: 15). Kristallisationspunkte dafür könnten die Aufhebung des Asylkompromisses durch Karlsruhe, eine sich wieder verschlechternde Konjunktur und die für Ende der 90er Jahre anvisierte europäische Einheitswährung sein.

Die Landtagswahlen des Jahres 1996 werden zeigen, wie die angedeuteten Entwicklungen die Verlustfunktionen der Volksparteien beeinflußt haben, zugleich aber belegen – ob der Sprung in die Parlamente gelingt oder nicht –, daß die Republikaner nach wie vor ins Parteienspektrum der Bundesrepublik Deutschland drängen (Jaschke

1994a: 60; Stöss 1993: 52). Ursächlich dafür ist, daß die großen Volksparteien wegen der schwindenden traditionellen Bindungen ihren Kampf um günstige Verlustfunktionen immer wieder neu orientieren müssen. Präzisere Aussagen dazu und mögliche Prognosen bedürfen indessen noch der Weiterentwicklung der Theorie des Rechtsextremismus (Winkler 1994: 86).

*Literaturverzeichnis**

Afheldt, Horst, 1993: Sozialstaat und Zuwanderung, in: Aus Politik und Zeitgeschichte, Nr. 7/93, 12. Febr. 1993, 42-52.

Backes, Uwe, 1993: Organisierter Rechtsextremismus im westlichen Europa, in: *Werner Billing/Andreas Barz/Stephan Wienk-Borgert* (Hrsg.), Rechtsextremismus in der Bundesrepublik Deutschland. Baden-Baden, 45-64.

Backes, Uwe/Jesse, Eckhard, 1989: Politischer Extremismus in europäischen Demokratien. Rechts- und Linksextremismus im Vergleich, in: Aus Politik und Zeitgeschichte, Nr. 41-42/89, 6. Okt. 1989, 40-53.

Bohley, Peter, 1993: Europäische Einheit, föderatives Prinzip und Währungsunion: Wurde in Maastricht der richtige Weg beschritten?, in: Aus Politik und Zeitgeschichte, Nr. 1/93, 1. Jan. 1993, 34-45.

Bruns, Tissy, 1994: Bündnis 90/Die Grünen: Oppositions- oder Regierungspartei?, in: Aus Politik und Zeitgeschichte, Nr. 1/94, 7. Jan. 1994, 27-31.

Castner, Hartmut/Castner, Thilo, 1989: Rechtsextremismus und Jugend. Erscheinungsformen – Ursachen – Gegenstrategien, in: Aus Politik und Zeitgeschichte, Nr. 41-42/89, 6. Okt. 1989, 32-39.

Die Republikaner, 1990: Parteiprogramm (beschlossen vom Bundesparteitag in Rosenheim/Bayern am 13./14. Jan. 1990).

Die Republikaner, 1993: Parteiprogramm (verabschiedet am 26./27. Juni 1993 in Ausgsburg).

Die Republikaner, o.J.: Die Republikaner für Baden-Württemberg. Landesprogramm '92.

Downs, Anthony, 1957: An Economic Theory of Democracy. New York.

Edelman, Murray, 1976: Politik als Ritual. Die symbolische Funktion staatlicher Institutionen und politischen Handelns. Frankfurt a.M./New York.

Falter, Jürgen W., 1980: Wählerwanderungen vom Liberalismus zu (rechts-)extremen Parteien, in: *Lothar Albertin* (Hrsg.), Politischer Liberalismus in der Bundesrepublik. Göttingen, 92-124.

Falter, Jürgen W. (mit *Markus Klein*), 1994: Wer wählt rechts? München.

Falter, Jürgen W./Schumann, Siegfried, 1989: Methodische Probleme von Wahlforschung und Wahlprognose, in: Aus Politik und Zeitgeschichte, Nr. 43/89, 20. Okt. 1989, 3-14.

Falter, Jürgen W./Schumann, Siegfried, 1993: Nichtwahl und Protestwahl: Zwei Seiten einer Medaille, in: Aus Politik und Zeitgeschichte, Nr. 11/93, 12. März 1993, 36-49.

Franke, Siegfried F., 1986: Kleinere Parteien im Modell der Demokratie, in: *Erik Boettcher/Philipp Herder-Dorneich/Karl-Ernst Schenk* (Hrsg.), Jahrbuch für Neue Politische Ökonomie, Vol. 5. Tübingen, 68-87.

Franke, Siegfried F., 1993: Bipolare Mehr-Parteien-Systeme und das Aufkommen neuer Parteien: Das Beispiel der Republikaner, in: Wechselwirkungen, Jahrbuch 1992, Aus Lehre und Forschung der Universität Stuttgart [Oktober 1993].

Franke, Siegfried F., 1996: (Ir)rationale Politik. Marburg.

Gessenharter, Wolfgang, 1991: Das Freund-Feind-Denken der Neuen Rechten, in: *Christoph Butterwegge/Horst Isola* (Hrsg.), Rechtsextremismus im vereinten Deutschland, 3., vollst. überarb. und erw. Aufl. Bremen/Berlin, 62-70.

Hirschman, Albert O., 1970: Exit, Voice and Loyalty. Cambridge/Mass.

---

* Die Begrenzung im Rahmen eines Sammelbandes zwingt zu Beschränkungen im Literaturnachweis. Wertungen sind damit nicht verbunden. Weitere Angaben liefern die Beiträge dieses Bandes sowie Franke (1993; 1996).

Jaschke, Hans-Gerd, 1994a: Die „Republikaner". Profile einer Rechtsaußen-Partei, 3., durchges. Aufl. Bonn.

Jaschke, Hans-Gerd, 1994b: Politischer Extremismus in Deutschland. Gefahr für die Demokratie?, in: Das Parlament, 44. Jg., Nr. 15, 15. April 1994, 1.

Jung, Matthias/Roth, Dieter, 1994: Kohls knappster Sieg, in: Aus Politik und Zeitgeschichte, Nr. 51-52/94, 23. Dez. 1994, 3-15.

Kaltefleiter, Werner, 1989: Die Koalition hat eine faire Chance, die Bundestagswahl zu gewinnen. Die Union muß die „Reps" tabuisieren, in: Handelsblatt, Nr. 208, 26. Okt. 1989, 2.

Lepszy, Norbert, 1989: Die Republikaner. Ideologie – Programm – Organisation, in: Aus Politik und Zeitgeschichte, Nr. 41-42/89, 6. Okt. 1989, 3-9.

Mintzel, Alf/Oberreuter, Heinrich (Hrsg.), 1992a: Parteien in der Bundesrepublik Deutschland, 2., akt. und erw. Aufl. Bonn.

Mintzel, Alf/Oberreuter, Heinrich, 1992b: Zukunftsperspektiven des Parteiensystems, in: *Alf Mintzel/Heinrich Oberreuter* (Hrsg.), Parteien in der Bundesrepublik Deutschland, 2., akt. und erw. Aufl. Bonn, 485-508.

Mühlum, Albert, 1993: Armutswanderung, Asyl und Abwehrverhalten. Globale und nationale Dilemmata, in: Aus Politik und Zeitgeschichte, Nr. 7/93, 12. Febr. 1993, 3-15.

Noelle-Neumann, Elisabeth, 1993: Stammwähler, Protestwähler und Sympathiewähler. Die Republikaner schöpfen aus drei Quellen/Der Allensbacher Monatsbericht, in: FAZ, Nr. 65, 18. März 1993, 5.

Roth, Dieter, 1989: Sind die Republikaner die fünfte Partei? Sozial- und Meinungsstruktur der Wähler der Republikaner, in: Aus Politik und Zeitgeschichte, Nr. 41-42/89, 6. Okt. 1989, 10-20.

Rowold, Manfred/Immerfall, Stefan, 1992: Im Schatten der Macht. Nicht-etablierte Kleinparteien, in: *Alf Mintzel/Heinrich Oberreuter* (Hrsg.), Parteien in der Bundesrepublik Deutschland, 2., akt. und erw. Aufl. Bonn, 362-420.

Schacht, Konrad, 1991: Rechtsextremismus heute, in: Zum Nachdenken, N.F. Nr. 34 [Hessische Landeszentrale für politische Bildung], Nov. 1991, 3-15.

Scheuch, Erwin K./Scheuch, Ute, 1994: Noch ist es keine Rückkehr zu Weimarer Verhältnissen, in: Das Parlament, Nr. 1, 7. Jan. 1994, 2.

Stöss, Richard, 1989: Die extreme Rechte in der Bundesrepublik. Opladen.

Stöss, Richard, 1993: Rechtsextremismus und Wahlen in der Bundesrepublik Deutschland, in: Aus Politik und Zeitgeschichte, Nr. 11/93, 12. März 1993, 50-61.

Veen, Hans-Joachim, 1994: „Rechtsextrem" oder „Rechtsradikal"?, in: Das Parlament, 44. Jg., Nr. 15, 15. April 1994, 1.

Vorländer, Hans, 1992: Die Freie Demokratische Partei, in: *Alf Mintzel/Heinrich Oberreuter* (Hrsg.), Parteien in der Bundesrepublik Deutschland, 2., akt. und erw. Aufl. Bonn, 266-318.

Waffenschmidt, Horst, 1989: Sie sind uns herzlich willkommen. Aussiedler in der Bundesrepublik, in: Das Parlament, 39. Jg., 25. Aug. 1989, 4.

Winkler, Jürgen R., 1994: Die Wählerschaft der rechtsextremen Parteien in der Bundesrepublik Deutschland, in: *Wolfgang Kowalsky/Wolfgang Schroeder* (Hrsg.), Rechtsextremismus. Einführung und Forschungsbilanz. Opladen, 69-88.

Zohlnhöfer, Werner, 1980: Das Steuerungspotential des Parteienwettbewerbs im Bereich staatlicher Wirtschaftspolitik, in: *Erik Boettcher/Philipp Herder-Dorneich/Karl-Ernst Schenk* (Hrsg.), Neue Politische Ökonomie als Ordnungstheorie, Tübingen, 82-102.

II.

Jugend, Gewalt und Rechtsextremismus

Zum Stand der Debatte über Jugend und Rechtsextremismus

Albert Scherr

Bis Mitte der 80er Jahre war „jugendlicher Rechtsextremismus" ein Randthema der Jugendforschung und Jugendpolitik, ein Arbeitsfeld für vergleichsweise wenige Spezialisten und Experten. Es wurde angenommen, daß Jugendliche in der Bundesrepublik in ihrer überwiegenden Mehrheit rechtsextreme Positionen entschieden ablehnen. So kommt die 1981 veröffentlichte Studie des Sinus-Instituts zu der Einschätzung, Jugendliche seien „in weit überdurchschnittlichem Maß resistent gegenüber rechtsextremen Ideologien" (Sinus 1981: 87).

Seitdem haben sich die Verhältnisse einschneidend verändert. In den Massenmedien wurde zu Beginn der 90er Jahre das Bild einer rechtsextremen und gewaltbereiten Jugendgeneration gezeichnet. Es hat sich zudem ein Jugenddiskurs entwickelt, in dem Rechtsextremismus sozialwissenschaftlich, politisch und pädagogisch als ein genuines Jugendproblem diskutiert wird. Die zugrundeliegende Unterscheidung zwischen „dem Rechtsextremismus" auf der einen und „dem Rechtsextremismus Jugendlicher" auf der anderen Seite ist nun in mehrerer Hinsicht folgenreich, denn Jugendliche gelten im Unterschied zu Erwachsenen grundsätzlich als erziehungsbedürftig und erziehbar. Jugendpolitische und jugendpädagogische Programme gehen zudem von der Annahme aus, daß es spezifische Schwierigkeiten des Heranwachsens sind, welche die Attraktivität extremistischer Überzeugungen und gewaltförmiger Handlungsweisen begründen. Vor diesem Hintergrund kann die Auseinandersetzung mit dem vermeintlichen Jugendproblem Rechtsextremismus im Rahmen einer Ressortpolitik erfolgen, wobei insbesondere der schulischen und außerschulischen Pädagogik eine zentrale Bedeutung für die gesellschaftliche Problembewältigung zugewiesen wird (s. etwa Bundesregierung 1994; ISS 1994; vgl. Scherr 1993). Darüber hinaus wird es damit möglich, daß jugendlicher Rechtsextremismus im Rahmen einer ausdifferenzierten Jugendforschung behandelt wird, die sozialwissenschaftliche Rechtsextremismustheorien mit eigenständigen Theoremen der Jugendforschung verbindet und deren Untersuchungen eng auf die Frage nach angemessenen jugendpolitischen und pädagogischen Handlungsstrategien bezogen sind.

Nun ist es nicht zu bestreiten, daß die spezifische Attraktivität einiger Formen des Rechtsextremismus für manche Jugendliche nach Erklärungen verlangt, die die Besonderheiten der Lebensphase Jugend berücksichtigen. Hinzuweisen ist hier jedoch darauf, daß ein Folgeproblem der Ausdifferenzierung eines eigenständigen Diskurses darin liegt, daß eine analytische Reduktion ermöglicht wird, auf deren Grundlage Fremdenfeindlichkeit und Gewalt wesentlich als Ausdrucksformen von Entwicklungsproblemen und Sozialisationsdefiziten bzw. einer adoleszenztypischen Rebellion gegen eine – nach offiziellen Verlautbarungen – ausländerfreundliche Gesellschaft gelten.

Dagegen wird hier davon ausgegangen, daß die unter das Etikett „jugendlicher Rechtsextremismus“ subsumierbaren Phänomene im Kontext von Prozessen struktureller Diskriminierung, der Produktion von Vorurteilen und Feindbildern sowie von Ausgrenzungsstrategien zu diskutieren sind, mit denen in der unerklärten Einwanderungsgesellschaft Bundesrepublik auf Arbeitsmigranten und politische Flüchtlinge reagiert wurde und wird.
Darzustellen ist im folgenden der Stand der Forschung[1]. Ich setze bei der 1987 von Heitmeyer vorgelegten Studie an, die als Pionierarbeit der neueren Forschung verstanden werden kann[2]. Zu unterscheiden sind (a) Untersuchungen, die auf der Basis quantitativer Erhebungen fremdenfeindliche bzw. rechtsextreme Einstellungen und Orientierungen Jugendlicher beschreiben und mit gesellschafts- und sozialisationstheoretischen Erklärungsmodellen verbinden; (b) Studien, die mit Hilfe qualitativer Forschungsmethoden einen im weitesten Sinn verstehenden Zugang zu fremdenfeindlichen und rechtsextremen Orientierungen Jugendlicher anstreben; (c) journalistische und wissenschaftliche Arbeiten, die sich mit rechten jugendlichen Subkulturen auseinandersetzen; (d) Untersuchungen zu Jugendlichen im organisierten Rechtsextremismus.
Im folgenden beziehe ich mich nahezu ausschließlich mit dem erstgenannten Untersuchungstypus[3]. Dieser Entscheidung liegt u.a. die Überzeugung zugrunde, daß eine Gefährdung der demokratischen politischen Kultur weniger aus den auch quantitativ eng begrenzten Phänomenen des organisierten Rechtsextremismus und der rechten Subkulturen, als aus Tendenzen zu einer Verbreitung fremdenfeindlicher und antidemokratischer Orientierungen im Alltagsbewußtsein „ganz normaler“, sozial unauffälliger Jugendlicher und Erwachsener erwächst.

I. Die Konstruktion des Phänomens Rechtsextremismus im Diskurs der Jugendforschung

Bezugspunkt der wissenschaftlichen, politischen, pädagogischen und massenmedialen Aufmerksamkeit sind überaus heterogene Formen sozialen Handelns, die unter das Etikett „Rechtsextremismus“ subsumiert werden. Und die Frage, welcher Begriff für eine Beschreibung dieser Phänomene tauglich ist, ist umstritten. Es handelt sich dabei nicht nur um ein bloß definitorisches Problem, denn in der Verwendung von Begriffen wie Rechtsextremismus, Rassismus, Ethnozentrismus, Fremdenfeindlichkeit und Ausländerfeindlichkeit verschränkt sich die analytische Funktion der Unterscheidung mit der normativen Funktion der Bewertung: Diese Begriffe bezeichnen Formen sozialen

---

1 Ich versuche nicht, einen summarischen Überblick über alle einschlägigen Daten, Thesen und Deutungen zu geben, sondern habe mich für eine methodenkritische Darstellung einiger zentraler Arbeiten entschieden. Die Hauptarbeit an diesem Manuskript wurde im Februar 1995 abgeschlossen; seitdem erschienene Veröffentlichungen konnten deshalb nur noch kursorisch berücksichtigt werden.

2 Ein Überblick über bis Mitte der 80er Jahre vorliegende Forschungsarbeiten findet sich bei Heitmeyer (1987: 23-62) sowie bei Birsl (1985: 21-45). Wichtige Beiträge zur neueren Diskussion sind bei Otto und Merten (1994) zusammengestellt (vgl. auch Stöss 1994).

3 Zum zweiten Aspekt s. u.a. Leiprecht (1990), Scherr (1995a) sowie Schubarth und Stenke (1992); zu den Aspekten drei und vier vgl. u.a. Farin und Seidel-Pielen (1992, 1993), Schröder (1992), Stock und Mühlberg (1992).

Handelns, die damit zugleich zu einem Problem erklärt werden, das politisch-pädagogische Interventionen und wissenschaftliche Erklärungen herausfordert. Die definitorischen Unterscheidungen sind zugleich dadurch für die Konstruktion des Gegenstandsbereichs folgenreich, daß unterschiedliche Phänomenbereiche kategorial ein- und ausgegrenzt werden (vgl. Heckmann 1992: 117ff.). So richtet sich etwa beim gängigen Gebrauch des Terminus Rechtsextremismus die Aufmerksamkeit spezifisch auf solche Phänomene, die eine relevante Übereinstimmung mit Ideologien des organisierten Rechtsextremismus aufweisen (Benz 1984: 13; Heitmeyer 1987: 15f.). Zudem verweisen die erwähnten Begriffe auf je spezifische und differente theoretische Kontexte, die der empirischen und theoretischen Arbeit zugrundegelegt werden (vgl. Institut für Sozialforschung 1994: 9ff.).

Die spezifische Eingrenzung, die in der Funktion des Rechtsextremismusbegriffs im politischen und verfassungsrechtlichen Diskurs begründet ist, geht mit erheblichen analytischen Unschärfen einher. Hinzu kommt im Blick auf die aktuelle Entwicklung, daß die historisch relativ neuen Handlungsweisen, Ideologien, Vorurteile und Feindbilder, die Bestandteil der gesellschaftlichen Auseinandersetzung mit Arbeitsmigranten und politischen Flüchtlingen sind, mit diesem Begriff kaum angemessen zu fassen sind. Denn es ist z.B. durchaus denkbar und empirisch belegbar (s.u.), daß Jugendliche sich Vorurteile gegen Asylsuchende zu eigen machen und Verständnis für die Gewalt gegen diese äußern, sich zugleich aber von rassistischen Ideologien und rechtsextremen Organisationen distanzieren.

Zudem sind Begriffe, die die Existenz eines singulären und homogenen Phänomens „Rechtsextremismus“ bzw. „Rassismus“ unterstellen, grundsätzlich problematisch (vgl. Claussen 1994). Denn es ist nicht von vornherein plausibel anzunehmen, daß den heterogenen Formen der Diskriminierung eine singuläre soziale Basis und/oder ein singuläres Syndrom von subjektiven Überzeugungen und Einstellungen zugrundeliegt. Zu berücksichtigen ist vielmehr, daß die intern heterogenen gesellschaftlich zirkulierenden Vorurteile und Feindbilder, Ideologien und Praktiken der Diskriminierung von Individuen aus unterschiedlichen Gründen und vor dem Hintergrund divergierender Lebenslagen aufgegriffen werden können (vgl. Bommes/Scherr 1992: 210ff.). *Insofern kann die sozialwissenschaftliche Forschung nicht sinnvoll nach der singulären Ursache eines homogenen Rechtsextremismus fragen; sie kann lediglich aktuelle und lebensgeschichtlich vorgängige soziale Konstellationen untersuchen, welche die Entwicklung vielfältiger „rechtsextremer“ Orientierungen begünstigen.*

Der weiteren Argumentation liegt deshalb der Begriff Form*en* der Fremdenfeindlichkeit als ein kategorial offener Sammelbegriff zugrunde (vgl. Institut für Sozialforschung 1994: 13ff.). Bezeichnet sind damit intern heterogene Handlungen und Aussagen, die zur Ungleichbehandlung solcher Individuen und Gruppen führen, die von gesellschaftlichen Akteuren als Fremde betrachtet werden und die solche Ungleichbehandlung mit dem Verweis auf spezifische, negativ bewertete Eigenschaften dieser Gruppen begründen und rechtfertigen. Diese Definition schließt ein, daß die Kriterien, nach denen Individuen und Gruppen, die als reguläre Gesellschaftsmitglieder anerkannt und von denen unterschieden werden, die jeweils als Fremde gelten, selbst historisch veränderliches Resultat gesellschaftlicher Auseinandersetzungen sind. Sozialwissenschaftlich sind die diesbezüglich gesellschaftlich bedeutsamen Kriterien der Unterscheidung nicht naturalistisch vorauszusetzen, sondern im Kontext der Analyse von

Prozessen der Konstruktion kollektiver Identitäten und der Dynamik von Etablierten-Außenseiter-Beziehungen (Elias / Scotson 1993; Heckmann 1992: 117ff.) zu untersuchen. Vor diesem Hintergrund ist festzustellen, daß begriffskritische Reflexionen, die sich mit den sozialen und wissenschaftlichen Konstruktionen ihres Gegenstandes auseinandersetzten, im Kontext der Jugendforschung bislang nicht hinreichend erfolgt sind. Ansätze hierzu finden sich vor allem in neueren Theorien des Rassismus, die den Konstruktcharakter des Rassismus betonen (Cohen 1990; Hall 1989; Leiprecht 1990: 11f; Kalpaka / Räthzel 1990; Demirovic 1992).
Problematisch ist eine unreflektierte Begriffsverwendung gerade deshalb, weil die Jugendforschung eng mit der massenmedialen und politischen Öffentlichkeit verschränkt ist. Aussagen wie „Berufsschüler sind ... hochsignifikant rechtsextremistischer eingestellt als Gymnasiasten" (Oesterreich 1993a: 185), oder der „Rechtsextremismus der achtziger und neunziger Jahre (nimmt, A. S.) Züge einer quasi-sozialen Bewegung proletarischer Jugendlicher" (Leggewie 1993: 121) an, legen eine pauschale Etikettierung sozialer Teilgruppen Jugendlicher als potentielle Rechtsextremisten nahe, die massenmedial aufgegriffen werden kann. Jugendforschung ist m.E., gerade aufgrund der öffentlichen Aufmerksamkeit, die ihr zuteil wird, verpflichtet, den Konstruktcharakter ihrer Begriffe und die methodologischen und methodischen Verfahren, auf denen solche Zuschreibungen beruhen, transparent zu machen.

II. Quantitative Studien zu fremdenfeindlichen Meinungen, Einstellungen und Orientierungen

Die im folgenden zunächst darzustellenden Untersuchungen sind – mit Ausnahme der Arbeit von Willems, Würtz und Eckert (1993) – Studien, die mit standardisierten Erhebungsinstrumenten Daten erzeugen und auf dieser Grundlage zum einen eine Quantifizierung des Ausmaßes und der Verbreitung fremdenfeindlicher Orientierungen vornehmen. Zum anderen werden Hypothesen a) über interne Zusammenhänge verschiedener Aspekte fremdenfeindlicher Einstellungen, b) über deren Zusammenhang mit anderen Einstellungen bzw. mit Persönlichkeitsmerkmalen sowie c) über sozialstrukturelle und geschlechtsspezifische Korrelate bzw. Ursachen überprüft.
Festzustellen ist zunächst, daß alle neueren Untersuchungen, weitgehend unabhängig von Differenzen der begrifflichen Konzipierung und der Operationalisierung ihres Gegenstandes, zu dem Ergebnis kommen, daß fremdenfeindliche Orientierungen bei einer quantitativ bedeutsamen Teilgruppe vorzufinden und bei formal gering gebildeten und männlichen Jugendlichen vergleichsweise am stärksten ausgeprägt sind.

1. Ausmaß, sozialstrukturelle und geschlechtsspezifische Zuordnungen von Formen der Fremdenfeindlichkeit

Melzer (1992) geht von den Daten eines Ende 1990 / Anfang 1991 erhobenen repräsentativen Jugendsurveys aus. Von Interesse sind hier zunächst die Zustimmungsquoten zu den beiden Items, die in dieser Studie für manifeste Ausländerfeindlichkeit stehen. 11,1% der westdeutschen und 21,1% der ostdeutschen Jugendlichen kommentieren den Satz „Mich stören die vielen Ausländer bei uns im Land" mit „stimmt genau" (ebd.: 136). Melzer stellt weiter fest, daß „knapp 30% der westdeutschen und über 40% der ostdeutschen Jugendlichen" in seiner Befragung dafür eintreten, „daß alle Ausländer Deutschland verlassen sollten" (ebd.: 137). Allerdings sind es nur 8,2% bzw. 17,9%, die hier die Antwortvorgabe „stimmt genau" ankreuzen und von Melzer deshalb „zum harten Kern des Rechtsextremismus gezählt" (ebd.: 137) werden. Diese zweifellos problematische Zuordnung wird dadurch etwas plausibler, daß nach den erhobenen Daten 11,7% der westdeutschen und 16% der ostdeutschen Jugendlichen ihre Interessen „gut bzw. teilweise" (ebd.: 98) durch die Republikaner vertreten sehen. In bezug auf die als „Anhänger der Republikaner" eingeordneten Jugendlichen wird festgestellt, daß sie „eindeutig männlich dominiert" (ebd.: 101) sind und sich – im Osten erheblich stärker als im Westen – „eindeutig aus jugendlichen Personenkreisen mit niedrigem Sozialstatus und niedrigem Aspirationsniveau" (ebd.: 101) rekrutieren. Ein solcher sozialstruktureller Schwerpunkt liegt auch bei antisemitischen und ethnozentristischen Einstellungen (ebd.: 131f.) und negativen Nationalitätsstereotypen (Melzer/Schubarth 1993: 67) vor, sowie bei der Zustimmung zu historisch-nationalisierenden Aussagen (ebd.: 133f.)

Im Vergleich der geschlechtsspezifischen Ausprägungen der Antworten relativieren Melzer und Schubarth (1993: 74) jedoch ihre These der männlichen Dominanz. Bei westdeutschen Jugendlichen sind demnach keine bzw. nur gering signifikante Zusammenhänge von Geschlecht einerseits und manifester Ausländerfeindlichkeit, Antisemitismus, historisch-nationalisierenden Einstellungen und negativen Nationalitätenstereotypen andererseits festzustellen[4]. Weitgehend bestätigt werden die diesbezüglichen Ergebnisse durch eine nordrhein-westfälische Regionalstudie (Utzmann-Krombholz 1994). Die Zustimmungsquote zu dezidiert fremdenfeindlichen Aussagen (z.B.: „Ausländer provozieren durch ihr Verhalten selbst die Ausländerfeindlichkeit") liegt dort zwischen 24 und 37% und ist bei den Mädchen/Frauen jeweils nur 1 – 4 % geringer als bei den Jungen (ebd.: 198)[5]. Dagegen findet Birsl (1995: 125ff.) in dem Datenmaterial ihrer Regionalstudie signifikante Unterschiede zwischen männlichen und weiblichen Auszubildenden, die in ihrer Studie zur Konstruktion geschlechtsspezifischer Skalen führen: Birsl weist deutliche Unterschiede nicht primär im Ausmaß, aber in der Ausprägung und im Begründungshaushalt des Rechtsextremismus zwischen männlichen und weiblichen Jugendlichen nach (1985: 206ff.). Diese sind – entgegen der Intention der Autorin – jedoch insofern nicht eindeutig als unmittelbarer Ausdruck von Geschlechterdifferenzen interpretierbar, als die befragten Mädchen zudem ein erheblich höheres formales Bildungsniveau aufweisen als die Jungen (ebd.: 208).

Mit diesen Ergebnissen wird die inzwischen gängige – und aus der Wahlforschung auch gut bestätigte – These relativiert, Rechtsextremismus sei im Wesentlichen ein „Männerphänomen" und deshalb durch die Ausprägung der Geschlechterverhältnisse bzw. durch Bedingungen der männlichen Sozialisation erklärbar (s. etwa Rommelspacher 1991, 1993; Siller 1994; Jaschke 1994: 121ff.). Zwischen den heterogenen sozialen Formen, in denen sich Fremden-

4 Dagegen findet Oesterreich (1992: 182) deutlich signifikante Zusammenhänge von Rechtsextremismus und Geschlechstzugehörigkeit in allen der von ihm erhobenen Dimensionen.

5 Eine – in bezug auf ähnliche Items – deutlich größere Geschlechterdifferenz findet sich in einer Regionalstudie für das Land Brandenburg (Sturzbecher/Diedrich 1992: 38).

feindlichkeit artikuliert, ist vor diesem Hintergrund auch in bezug auf die Frage nach ihrer Affinität zu geschlechtsdifferenten Persönlichkeitsmerkmalen, Einstellungen und Handlungsorientierungen zu differenzieren. Zudem ist in Rechnung zu stellen, daß in modernen Gesellschaften auch die Konzepte von Männlichkeit und Weiblichkeit intern, klassen-, schichten- und milieuspezifisch differenziert sind (vgl. Kersten 1993). *Eindeutige geschlechtsspezifische Unterschiede weisen alle vorliegende Studien für den Aspekt der Gewaltakzeptanz nach*: „Während 82% der Mädchen und jungen Frauen Gewalt grundsätzlich ablehnen bzw. Angst vor Gewalt haben, sagen dies nur 72 bzw. 55% der Jungen und jungen Männer" (Utzmann-Krombholz 1994: 20; vgl. Hoffmann-Lange/Schneider/Gille 1993 und Birsl 1995: 208)[6]. Nimmt man dazu vergleichend die Untersuchung von Willems, Würtz und Eckert (1993; vgl. Willems u.a. 1994) in den Blick, dann zeigt sich, daß die Ausübung personaler fremdenfeindlicher Gewalt überwiegend eine Praxis formal gering gebildeter männlicher Jugendlicher und junger Männer ist. Willems u.a. haben eine Analyse polizeilich erhobener Daten über Tatverdächtige im Bereich fremdenfeindlicher Straftaten vorgenommen sowie Gerichtsakten analysiert. Festgestellt wird auf dieser Grundlage, daß die erfaßten fremdenfeindlichen Straf- und Gewalttaten „zu weit über 90%" (edb.: 18) von männlichen Personen der Altersgruppe 15 bis 24 Jahre begangen wurden. Die überwiegende Mehrzahl der Tatverdächtigen verfügt über einen niedrigen formalen Bildungsstatus. Die vorgefundene „klare Dominanz niedriger und mittlerer Bildungsabschlüsse" (ebd.: 23) läßt sich in Verbindung mit den verfügbaren Angaben zum Erwerbs- und Berufsstatus zu der These verdichten, daß „Arbeiter- und kleinbürgerliche Milieus" (ebd.: 29) deutlich überrepräsentiert sind.

In Anschluß an Kaase und Neidhardt (1990) und auf der Grundlage eigener Daten weisen Hoffmann-Lange, Schneider und Gille (1993: 111ff.) dagegen darauf hin, daß Gewaltbereitschaft grundsätzlich nicht „schichten- und klassenmäßig konzentriert" (ebd.: 112) sei. Diese Feststellung steht jedoch nur scheinbar in Widerspruch zu den obigen Studien. Denn auch hier sind die politisch als rechts eingestuften Gewaltbereiten „eher zu den einfachen Bildungsschichten" (ebd.: 114) zu zählen.

Hinweise auf sozialstrukturelle Schwerpunkte von Fremdenfeindlichkeit sind auch den älteren und neueren Studien des Sinus-Instituts (Sinus 1981, 1983: 155ff.; Klär u.a. 1989) zu entnehmen. Ueltzhöffer (1993: 10) faßt diese mit neuren Daten aus der Wahlforschung zu der These einer „Verjüngung und Proletarisierung" der sozialen Basis des „Rechtspopulismus" zusammen. Auch eine von Friedrich und Schubarth (1991) im Freistaat Sachsen durchgeführte Studie kommt zu dem Ergebnis, daß bei den Anhängern rechtsextremer Parteien „Lehrlinge sowie männliche Jugendliche, Leistungsschwächere und Jugendliche mit einem niedrigeren Bildungsabschluß" überrepräsentiert sind, was, wie auch die brandenburgerische Regionalstudie (Sturzbecher/Diedrich 1992), auf eine höhere Zustimmungsbereitschaft formal gering gebildeter Jugendlicher zu explizit fremdenfeindlichen Aussagen hindeutet (vgl. Oesterreich 1993a: 173; Scherr 1995: 44ff.).

---

6 Zur Kritik des Forschungskonstrukts „Gewaltakzeptanz" siehe Hamburger (1993) und Scherr (1994c).

Zwischenresumée

Faßt man die bisher mitgeteilten Ergebnisse zusammen, dann bietet sich ein unscharfes Bild, das Tendenzen, aber keine klaren Konturen erkennen läßt: Alle Untersuchungen weisen erhebliche Zustimmungen zu fremdenfeindlichen Aussagen nach, wobei bei einzelnen Items Größenordnungen von 30 bis 40% vorliegen. Stärkere Zustimmung finden solche Aussagen bei formal geringer Gebildeten, wobei sich eine deutliche und in den Studien weitgehend übereinstimmende Grenzlinie ziehen läßt, wenn man Gymnasiasten und Studenten einerseits von Haupt- und Realschülern, Auszubildenden und jungen Facharbeitern andererseits unterscheidet. Deutlich geringer ist die Zahl derjenigen, die in den Studien im engeren Sinne als „Rechtsextremisten" eingeschätzt werden, weil sie ein relativ kohärentes Einstellungssyndrom aufweisen und/oder Anhänger rechtsextremer Parteien und Organisationen sind. Heitmeyer (1987: 187) quantifiziert die Teilgruppe derjenigen, bei denen rechtsextremistische Handlungsangebote „auf Resonanz stoßen könnten" mit 16,2%, Melzer (1992: 137) spricht von einem „harten Kern" von 10 bzw. 20%. Eine zurückhaltendere Einschätzung legen allerdings die Daten des DJI-Jugendsurveys (Hoffmann-Lange/Schneider/Gille 1993) nahe. Gefragt nach ihrer politischen Selbsteinschätzung bezeichnen sich dort 4,3% (Ost) bzw. 3,8% (West) dezidiert als „rechts", 15,% bzw. 16,5% als „eher rechts" (ebd.: 103).
Die erheblich unterschiedlichen Zustimmungsquoten zu einzelnen Items der Studien sind ein Indiz dafür, daß es sich nicht um ein singuläres und geschlossenes Syndrom der Fremdenfeindlichkeit oder des Rechtsextremismus handelt. Entsprechende statistisch generierte Skalen und Faktoren zeigen zwar auf, daß fremdenfeindliche häufig gemeinsam mit nationalistischen, geschichtsrevisionistischen usw. Aussagen auftreten, in vielen Fällen eben aber auch nicht (Oesterreich 1992: 70; Melzer 1992: 121ff.). In quantitativen Studien angewandte Meßinstrumente bilden bekanntlich den inneren Sinnzusammenhang individueller und sozial geteilter Deutungsmuster nicht ab, sondern können lediglich statistische Häufigkeiten interpretieren. Die Befragten differenzieren zudem – wenn sie danach gefragt werden – zwischen verschiedenen Teilgruppen (Nationalitätengruppen, Arbeitsmigranten und Asylbewerbern), und nicht alle, die den ihnen in Fragebogen angebotenen rassistischen, fremdenfeindlichen, ethnozentristischen, geschichtsrevisionistischen und antidemokratischen Aussagen zustimmen, sympathisieren zugleich mit rechtsextremen Parteien und Organisationen. Birsl (1995) zeigt auf, daß einzelne Dimensionen des Rechtsextremismus wie Fremdenfeindlichkeit und Autoritarismus weitgehend unabhängig voneinander sind und faßt ein Ergebnis ihrer detallierten statistischen Analyse des Datenmaterials zu der Aussage zusammen: „Ein kohärentes rechtsextremistisches Weltbild ist in den Orientierungen der Jugendlichen ... nicht vorfindbar" (ebd.: 209).
Bezüglich der Ausprägung und des Ausmaßes von Geschlechtsdifferenzen finden sich unterschiedliche Ergebnisse. Unstrittig ist, daß die Akzeptanz personaler Gewalt bei männlichen Jugendlichen erheblich stärker ausgeprägt ist, wie auch die Gewalttäter überwiegend Männer sind. Der Überrepräsentanz von Männern bei den Wählern rechtsextremer Parteien entspricht jedoch keine durchgängig höhere Zustimmung zu fremdenfeindlichen Aussagen.

2. Interpretationen der Attraktivität fremdenfeindlicher und rechtsextremer Orientierungen

Ein theoretisch gesicherter Konsens über Ursachen der Fremdenfeindlichkeit und des Rechtsextremismus Jugendlicher oder eine Theorie, die in der Lage wäre, Daten und Theoreme systematisch und konsistent zu integrieren, zeichnet sich bislang nicht ab. Im folgenden kann es deshalb auch hier nur darum gehen, relevante Erklärungsangebote kritisch zu sichten.
Hinzuweisen ist zunächst darauf, daß die Entwicklung der Fremdenfeindlichkeit Jugendlicher in den 90ern zeitlich und inhaltlich einhergeht mit Veränderungen des politischen Meinungsklimas. Nicht nur 24% der bis 24jährigen, auch 18% der über 24jährigen geben in einer Infas-Umfrage im August 1992 an, eine Partei „rechts von der CDU" bereits schon einmal gewählt zu haben oder ggf. künftig zu wählen (Leggewie 1993: 160). Und in der Auseinandersetzung um die Änderung des Artikel 16 GG waren fremdenfeindliche Aussagen, etwa die Rede von „Einwanderungsfluten", „Scheinasylanten" und „Wirtschaftsflüchtlingen" bekanntlich durchaus generationsübergreifend gesellschaftsfähig. Einen direkten kausal interpretierbaren Zusammenhang zwischen Veränderungen der Bevölkerungsmeinung und der Zunahme fremdenfeindlicher Gewalt belegt eine von Ohlemacher (1993) verfaßte Studie (vgl. Willems u.a. 1993: 11ff.). *Erforderlich sind spezifische jugendsoziologische und psychologische Theoreme also nicht generell für die sozialwissenschaftliche Interpretation der Fremdenfeindlichkeit Jugendlicher, sondern für die Analyse der spezifischen Formen, in denen sich Fremdenfeindlichkeit bei Jugendlichen artikuliert.*

2.1 Rechtsextremistische Orientierung als Folge von Individualisierung?

In seiner 1987 veröffentlichten Studie hat W. Heitmeyer (vgl. auch Heitmeyer 1989a, 1990 und 1991) ein – insbesondere in der pädagogischen Fachöffentlickeit – breit rezipiertes Erklärungsmodell vorgelegt. Dieses verbindet einen innovativen Begriff des soziologischen Rechtsextremismus mit einer spezifischen Interpretation des Individualisierungstheorems. Ein nicht zu bestreitender Verdienst dieser Veröffentlichung liegt darin, daß sie auf das Problem der Verbreitung fremdenfeindlicher und antidemokratischer Orientierungen unter Jugendlichen noch vor der seitdem eingetreten Eskalation aufmerksam gemacht und damit wichtige Anregungen für die Jugendforschung und die jugendpolitische Diskussion gegeben hat.
Kritisch zu betrachten ist hier jedoch zunächst das dort beanspruchte Verständnis des Begriffs Rechtsextremismus (vgl. Breyvogel 1994). Leitend für die Reformulierung dieses Terminus ist die Absicht, gegen die Einengung der Problemwahrnehmung auf neonazistische Gruppierungen darauf hinzuweisen, daß eine quantitativ erhebliche Zahl unorganisierter und politisch unauffälliger Jugendlicher „Affinitäten zu rechtsextremistischen Orientierungsmustern" (Heitmeyer 1987: 10) aufweist. Definiert wird Rechtsextremismus bei Heitmeyer durch die Verbindung einer „Ideologie der Ungleichheit der Menschen" (ebd.: 16) mit der „Gewaltperspektive und -akzeptanz als zentralem, integrierendem Kernstück rechtsextremistischen politischen Verhaltens" (ebd.: 16). Die „Gewaltperspektive" wird dabei nicht nur im Sinne direkter, persönlicher

Gewaltausübung oder -bereitschaft gefaßt, sondern als ein Syndrom heterogener Elemente (Ablehnung rationaler Diskurse/Überhöhung von Irrationalismen; Betonung des alltäglichen Kampfes um das Dasein; Ablehnung demokratischer Regelungsformen von sozialen und politischen Konflikten; Betonung autoritärer und militaristischer Umgangsformen und Stile; Gewalt als normale Aktionsform zur Regelung von Konflikten).

Diese Stichwortliste, mit der Heitmeyer sein Gewaltverständnis erläutert, wird im weiteren Gang der Argumentation nicht näher präzisiert. Ersichtlich werden hier Elemente der politischen Ideologie rechtsextremer Parteien und Gruppierungen aufgegriffen, ohne daß die implizit unterstellte Unterscheidung von rechtsextremen und demokratisch-rechtsstaatlichen Überzeugungen weiter analysiert wird. Von Interesse sind – und dies macht meines Erachtens diese Begriffsverwendung verständlich – politische Orientierungen Jugendlicher, die diese in die Nähe des Argumentationshaushalts rechtsextremer Organisationen rückt.

Interpretiert man die gegebenen Stichworte, dann liegt es nahe, ein Gewaltverständnis anzunehmen, das die Übereinstimmung mit autoritären, nicht-demokratischen Konzepten der staatlich-politischen Ordnung in Verbindung mit Versatzstücken eines sozialdarwinistischen Gesellschaftsverständnis als „Gewaltperspektive" bezeichnet. Ein solches Gewaltverständnis wäre jedoch von der Kennzeichnung des jugendlichen Rechtsextremismus durch autoritär-nationalistische und antidemokratische Überzeugungen nur undeutlich unterschieden. Zieht man ergänzend andere Texte heran, in denen Heitmeyer seine Forschungsergebnisse erläutert (Heitmeyer 1990), dann findet sich dort jedoch auch die Erläuterung des Gewaltbegriffs durch das Element der „Akzeptanz personeller Gewalt" (ebd.: 19).

Ein begrifflich klar gefaßtes und theoretisch ausgewiesenes Konzept des „soziologischen Rechtsextremismus" ist dieser Studie also nicht zu entnehmen. Einen Klärungsversuch legen Heitmeyer u.a. im Rückblick auf die erwähnte Untersuchung in der 1992 erschienenen „Bielefelder Rechtsextremismus-Studie" vor. Dort wird Gewaltakzeptanz nunmehr über vier Elemente bestimmt, nämlich die „Überzeugung unabänderlicher Existenz von Gewalt", die „Billigung fremdausgeübter privater bzw. repressiver staatlicher Gewalt", „eigene Gewaltbereitschaft" und „tatsächliche Gewalttätigkeit" (Heitmeyer u.a 1992: 14). Diese vier Elemente werden als „eskalierende(n) Varianten" (ebd.) eines erneut „Gewaltakzeptanz" genannten Phänomens gefaßt. Was begrifflich unter Rechtsextremismus zu verstehen ist, bleibt damit weiterhin unklar. Denn einerseits wird bereits die Überzeugung, daß gewaltlose Verhältnisse nicht denkbar sind, als Variante von Gewaltakzeptanz dargestellt, eine Behauptung, die man mit guten Gründen vertreten kann. Andererseits wird Gewaltakzeptanz durch persönliche Gewaltbereitschaft oder -ausübung definiert, ohne daß der unterstellte Zusammenhang beider Aspekte thematisiert wird[7]. Unterlaufen wird drittens die für den politisch-verfassungsrechtlichen Extremismusbegriff konstitutive Unterscheidung von „staatlicher Gewalt" und „privater Gewalt". Zwar wird nicht generell unterstellt, daß die Akzeptanz staatlicher Gewalt spezifischer Bestand rechtsextremistischer Orientierungen sei, vielmehr steht eine „repressive staatliche Gewalt" (ebd.: 14) in Rede.

7 Birsl (1995: 206) stellt fest, daß die Akzeptanz struktureller Gewalt in keinem signifikanten Zusammenhang mit der Zustimmung zur direkten persönlichen Gewaltanwendung steht.

Erläuterungen dazu, was demgegenüber nicht-repressive staatliche Gewalt sei, sind jedoch wiederum nicht zu finden. Die vorgenommene Bestimmung des Rechtsextremismusbegriffs über die Verbindung von Ideologien der Ungleichheit mit Gewaltakzeptanz bleibt also eher diffus. Vor diesem Hintergrund können, und dies wird weiter unten noch genauer zu diskutieren sein, außerordentlich vielfältige Äußerungen Jugendlicher als Indiz für rechtsextremistische Orientierungen interpretiert werden, womit sie in die Nähe der alltagssprachlich und politisch als rechtsextrem bezeichneten Organisationen gerückt werden.

Gleichermaßen kritikbedürftig ist die Bezugnahme auf das Theorem der Individualisierung[8]. Obwohl das Theorem der Individualisierung in der (jugend-)soziologischen Diskussion als Instrument der Gegenwartsdiagnose umstritten ist (vgl. Scherr 1994b und 1995a: 98ff.) wird es bei Heitmeyer (1987) als zentrale gesellschaftstheoretische Grundlage für die Erklärung des Rechtsextremismus in Anspruch genommen. Es sind hier insbesondere Aussagen über subjektive Verarbeitungsweisen von Individualisierung, die als Erklärungen präsentiert werden. Bezug genommen wird v.a. auf Theoreme, die Individualisierung als Belastungserfahrungen diskutieren[9]. Zentrales Konstruktionselement dieser Deutung des Rechtsextremismus ist die These, daß aus Individualisierungsprozessen Handlungsunsicherheiten, Ohnmachtserfahrungen und Vereinzelungserfahrungen resultieren, die Jugendlichen anfällig für rechtsextreme Orientierungsmuster werden lassen. Heitmeyer unternimmt zum einen den Versuch zu zeigen, welche Plausibilität rechtsextreme Meinungen, Einstellungen und Gruppenbildungsprozesse für Jugendliche besitzen, die sich als handlungsunsicher, ohnmächtig und vereinzelt erfahren. Daneben bildet er Indikatoren, die es ermöglichen sollen, Korrelationen zwischen den Erfahrungs- und Erlebnisdimensionen Jugendlicher aufzuweisen. Aus diesen Indikatoren werden Skalen gebildet, mit denen die Ausprägungen des Selbstkonzeptes/Selbstwertgefühls, des interaktiven Handlungskontextes in Familie und Gleichaltrigengruppe, die schulische/berufliche Position sowie die individuelle Orientierung gegenüber gesellschaftlichen Entwicklungen, Zukunftsperspektiven und autoritär-nationalistischen Sichtweisen gemessen werden. Heitmeyer unterlegt seinem empirischen Prüfverfahren die Hypothese, ein geringeres Selbstwertgefühl in Verbindung mit einer schlechten schulischen bzw. beruflichen Position, geringerer Sicherheit durch Gruppenzugehörigkeiten sowie negativen Einschätzungen der gesellschaftlichen Zukunft (Undurchschaubarkeit, fehlende Einflußmöglichkeiten) (Heitmeyer 1987: 104ff.) führe zu einer stärkeren Hinwendung zu rechtsextremen Orientierungsmustern.

Festzustellen ist jedoch, daß Heitmeyer selbst zu dem Ergebnis gelangt, daß diese Hypothese nicht verifiziert werden konnte[10]. Es sind im Gegensatz zur Ausgangsannahme ein positives Selbstkonzept und ein starkes Selbstwertgefühl die eine starke Korrelation mit autoritär-nationalistischen Sichtweisen aufweisen (vgl. Heitmeyer

8 Die folgenden Abschnitte dieses Kapitels sind z.T. einem gemeinsam mit M. Bommes verfaßten unveröffentlichten Arbeitspapier entnommen.

9 Dies gilt auch für die 1995 publizierte Gewalt-Studie von Heitmeyer u.a., auf die hier nicht weiter eingegangen werden kann (s. Scherr 1995b). Dort wird versucht, unterschiedliche Formen der Verarbeitung von Individualisierungsprozessen in sozialen Milieus auszuweisen und personale Gewaltausübung bzw. Gewaltbereitschaft mittels eines „Desintegrations-Verunsicherungs-Gewalt-Konzepts" zu erklären.

10 Vgl. Herrmann/Schmidt (1995: 313) und Hoffman-Lange/Schneider/Gille (1993: 121).

1987: 156f.). In der Folge kommt Heitmeyer zunächst zu einer selbstkritischen Bewertung seiner Untersuchungsergebnisse und räumt ein, daß nicht länger angenommen werden kann, es seien die von sozialen Problemlagen, Vereinzelungstendenzen und geringem Selbstwertgefühl besonders betroffenen Jugendlichen, die für rechtsextreme Denk- und Handlungsweisen prädisponiert sind. Seine Ergebnisse wiesen vielmehr „auf die gesellschaftliche Verankerung solcher Orientierungsmuster" hin und zeigten, „daß sie keine Sonderform für Deprivierte darstellen" (Heitmeyer 1987b: 189).

In zahlreichen Anschlußveröffentlichungen wird die in der Untersuchung notwendig gewordene Skepsis gegenüber der Deutungshypothese, es seien die Opfer von Individualisierungsprozessen, die für rechtsextreme Orientierungsmuster in besonderer Weise anfällig seien, kaum noch dargestellt; vielmehr wird am postulierten Erklärungsmodell festgehalten „ obwohl sich die zugrundeliegende Behauptung empirisch nicht nachweisen ließ.

Insofern ist es konsequent, daß in der „Bielefelder Rechtsextremismus-Studie" (Heitmeyer u.a. 1992) versucht wird, die These, rechtsextremistische Orientierungen gewännen ihre Attraktivität als Bearbeitungsformen von Individualisierungszumutungen, in einer qualitativen „Langzeituntersuchung zur politischen Sozialisation männlicher Jugendlicher" auszuweisen. Skepsis ist jedoch aus methodologischen und methodischen Gründen angebracht. Denn die Autoren ziehen viel zu generelle Schlußfolgerungen aus ihren Untersuchungen, die sich mit qualitativen Mitteln so nicht belegen lassen (vgl. dazu insbes. die Kap. 8 u. 9). Hintergrund dessen ist die Konzipierung der Untersuchung in der Perspektive, die erhobenen Fälle als Beleg für vorab gemachte theoretische Annahmen zu behandeln, statt die Chance qualitativer Forschung zu nutzen, am Fall Hypothesen und Differenzierungen von Annahmen zu entwickeln und in ihrer analytischen Fruchtbarkeit detailliert darzulegen. So liegt das zentrale Problem der Untersuchung darin, daß die Äußerungen der Probanden auf von den Autoren unterstellte Orientierungsmuster abgesucht und identitätslogisch zugerechnet, aber gerade nicht in ihrem Eigensinn rekonstruiert werden. Methodologisch wird dabei das jeweils von den Interviewten Gesagte weder reflektiert im Hinblick darauf, daß es stets auch eine Auseinandersetzung mit der wiederkehrenden Forschungssituation ist, noch wird es als spezifischer Sinn begriffen, der aus biographisch vorgefundenen Deutungsangeboten (in Auseinandersetzungen mit den Interviewerzumutungen) hergestellt wird.

Die diskutierten Brüche der Argumentation bei Heitmeyer (1987) sowie die neueren Korrekturen, Relativierungen und Neuinterpretationen der Deutungshypothese insbesondere in Heitmeyer u.a. (1992), die als argumentative Stützung der Ausgangsannahmen fungieren, lassen Skepsis gegenüber dem Gesamtmodell als angebracht erscheinen. Denn das zugrundegelegte Erklärungsmodell selbst ist problematisch, sofern es den Rückgriff auf Orientierungsmuster letztlich aus bestimmten Lebensbedingungen, damit verbundenen Erfahrungen sowie der – so wird unterstellt – daraus resultierenden Verfaßtheit von Personen zu erklären versucht. Lebensbedingungen legen aber weder Persönlichkeitsstrukturen noch Orientierungen fest, aus Persönlichkeitsstrukturen im Sinne von Selbstkonzepten kann nicht die Art der Orientierungsmuster, denen Personen folgen, abgeleitet werden und schließlich erlauben Orientierungsmuster keine direkten Rückschlüsse auf den Typ von Personen, die sich in ihnen artikulieren, oder ihre Lebensbedingungen.

2.2 Manifeste Ausländerfeindlichkeit und Rechtsextremismussyndrom

Den Versuch, ein integratives Erklärungsmodell, das Überlegungen aus der Individualisierungsdebatte und zum Zusammenhang von Autoritarismus und Rechtsextremismus zusammenführt, zu entwickeln, haben Melzer und Schubarth (Melzer 1992; Melzer/Schubarth 1993; Schubarth 1993) vorgelegt. Kernelement dieses Modells ist die Annahme, daß manifest ausländerfeindliche Meinungen und Einstellungen mit gesellschaftstrukturellen und lebensweltlichen Bedingungen durch vier Mediatoren vermittelt sind (negative Nationalitätsstereotypen; Antisemitismus/Ethnozentrismus; historisch-nationalisierende Einstellungen; autoritäre Charakterstrukturen).
Ebenso wie in den bisher behandelten Studien wird auch hier also der Versuch unternommen, gesellschaftliche und sozialpsychologische Faktoren zu identifizieren, die als Ursachen und Gründe für Fremdenfeindlichkeit bedeutsam sind. Dagegen wird Gewaltbereitschaft jedoch nicht als Definitionselement des Rechtsextremismus verstanden. Vielmehr weisen die Autoren darauf hin, daß es sich um „zwei verschiedene, nur teilweise sich überschneidende Formen politisch abweichenden Verhaltens" (Melzer/Schubarth 1993: 58) handelt, die analytisch zu unterscheiden sind. Ein weiterer Unterschied zu Heitmeyer und Oesterreich (a.a.O.) ist darin zu sehen, daß manifeste Ausländerfeindlichkeit zudem als ein eigenständiges Phänomen gefaßt wird, das ursächlich auf die Mediatoren zurückgeführt werden soll. Eine Stärke dieser Studie liegt also in der begrifflich vergleichsweise präzisen Fassung des Untersuchungsgegenstands.
Nun haben jedoch auch Melzer und Schubarth nicht versucht, die Entstehung der Mediatoren in konkreten lebensweltlichen Zusammenhängen nachzuvollziehen und nachzuweisen, daß diese eine lebensgeschichtlich vorgängige und in diesem Sinne unabhängige Ursache manifester Fremdenfeindlichkeit sind. Die Lebenssituation der Befragten wird vielmehr nur mit Angaben zur sozialen Lage der Herkunftsfamilie und zu ihrer Bildungsaspiration erfaßt, weshalb diesbezüglich ausschließlich Korrelation von sozialer Position und Geschlecht mit Einstellungen und Meinungen in den Blick treten. Diese werden vor dem Hintergrund theoretischer Überlegungen aus der Individualisierungsdebatte und zu den Folgen der deutsch-deutschen Vereinigung interpretiert. Obwohl die Ergebnisse der Untersuchung sehr eindeutig auf klassen- bzw.- schichtspezifische Verteilungen rechtsextremer Orientierungen hinweisen (Melzer 1992: 94, 101, 132f., 135; Melzer/Schubarth 1993: 73), bleibt dieser Befund weitgehend uninterpretiert. In der Logik der Individualisierungsthese werden gesellschaftliche Ursachen für die Attraktivität des Rechtsextremismus in der „Sinn- und Orientierungskrise" (ebd.: 147) vermutet, von der ostdeutsche Jugendliche in Folge des gesellschaftlichen Umbruchs in besonderer Weise betroffen seien. Folge der deutsch-deutschen Vereinigung sei eine „psychosoziale Extremsituation" (ebd.) der Ostdeutschen, die sich als Deutsche zweiter Klasse fühlen. Zum Rechtsextremismus führt dieses soziale und sozialpsychologische Bedingungsgeflecht Melzer zufolge (ebd.: 148f.) in Verbindung mit Mechanismen der projektiven Bewältigung entsprechender Ängste und Konflikte sowie aufgrund tradierter undemokratischer Mentalitätsbestände (vgl. Schubarth 1993 sowie Friedrich/Schubarth 1991).
Zu diskutieren ist das Verhältnis der Beschreibung solcher sozialstruktureller Prozesse und ihrer Folgen zu den Mediatoren des Modells. Innerhalb dieses Modells lassen

sich enge Zusammenhänge zwischen den erwähnten Einstellungskomplexen und autoritären Charakterstrukturen einerseits mit manifester Ausländerfeindlichkeit andererseits nachweisen (Melzer 1992: 126ff.). Zudem zeigen sich relevante Unterschiede zwischen ost- und westdeutschen Jugendlichen: Während sich bei ersteren die manifeste Fremdenfeindlichkeit stärker mit negativen Nationalitätssterotypen und autoritären Charakterstrukturen verbindet, sind bei den Westdeutschen Korrelationen mit ethnozentrisch-antisemistischen und historisch-nationalisierenden Einstellungen stärker ausgeprägt (ebd.: 140).
Die behauptete „größere Anfälligkeit ostdeutscher Jugendlicher gegenüber autoritären Charakterstrukturen" (Melzer/Schubarth 1993: 72) deuten die Autoren als Folge der Sozialisation unter den Bedingungen eines „autoritären Staates" (ebd.). Unterstellt man, daß diese Annahme zutrifft, dann ist in der Folge das Verhältnis von Gesellschaftsstruktur und Charakterstruktur klärungsbedürftig. Denn sowohl ein erheblicher Teil der westdeutschen Jugendlichen als auch der im autoritären Staatssozialismus aufgewachsenen Ostdeutschen stimmt den Items der Autoritarismusskala zu (Melzer 1992: 134). Und für beide Teilpopulationen ist ein, wenn auch unterschiedlich starker, Zusammenhang des Autoritarismus mit historisch-nationalisierenden Einstellungen, Nationalitätsstereotypen, Antisemitismus/Ethnozentrismus sowie manifester Ausländerfeindlichkeit nachweisbar (ebd.: 139). Betrachtet man die Items der Autoritarismusskala im Einzelnen, dann zeigt sich zudem, daß die Differenzen zwischen den Items erheblich größer sind als die jeweiligen Unterschiede zwischen ost- und westdeutschen Jugendlichen. Festzustellen ist deshalb, daß unter sehr unterschiedlichen gesellschaftlichen Bedingungen eine vergleichbare Größenordnung autoritär disponierter Persönlichkeiten sozialisiert wurde, die unter nunmehr strukturell ähnlichen gesellschaftlichen Bedingungen mit fremdenfeindlichen und rechtsextremen Überzeugungen sympathisieren.
Ein aussagefähiger Vergleich zum Autoritarismus bei west- und ostdeutschen Jugendlichen liegt auch bei Lederer/Kindvater (1995) vor. Dort liegen eine Deutschland-Stichprobe aus dem Jahr 1945, eine BRD-Stichprobe aus dem Jahr 1991, eine DDR-Stichprobe aus dem Frühjahr 1990 sowie eine Rußland-Stichprobe (1991) zugrunde. Auffällig ist nun, daß sich die Werte der drei Stichproben aus den 90ern nur leicht unterscheiden, aber deutlich von den Werten der '45er Erhebung abheben (ebd.: 172).
Vereindeutigende Ableitungen von Persönlichkeitsstrukturen aus gesellschaftlichen Verhältnissen sind vor diesem Hintergrund erneut in Frage zu stellen. Melzer und Schubarth (a.a.O.) können zwar nachweisen, daß die verschiedenen Dimensionen des Rechtsextremismussyndroms wechselseitig zusammenhängen. Ihre Untersuchung macht zudem auf Differenzen in der Ausprägung dieses Syndroms im Ost-West-Vergleich aufmerksam. Der Anspruch, ein konsistentes Erklärungsmodell vorzulegen, das in der Lage ist, gesellschaftsstrukturelle und sozialpsychologische Bedingungen des Rechtsextremismus aufzuklären, wird m.E. jedoch auch hier nicht eingelöst. Belegt wird, daß manifeste Fremdenfeindlichkeit kein isoliertes Phänomen ist, sondern bei einer relevanten Zahl von Jugendlichen mit weitergehenden rechtsextremen Einstellungen einhergeht. Aufgezeigt wird, daß diese mit autoritären Dispositionen korrelieren. Nachgewiesen wird, daß Jugendliche aus den unteren Sozialschichten eine größere Affinität zu rechten und autoritären Einstellungen aufweisen als solche der höheren Bildungsschichten. Die theoretische Analyse dieser Sachverhalte geht jedoch über eine nur

gering explizierte Kombination von Aspekten der Individualisierungs- und Autoritarismusdebatten nicht hinaus.

2.3 Rechtsextremismus und Autoritarismus

In den Studien zum autoritären Charakter der Kritischen Theorie sind autoritäre Charakterstrukturen bekanntlich als sozialpsychologische Basis des Faschismus dargestellt worden. In verschiedenen Varianten wird ein solcher Zusammenhang auch in neueren Studien untersucht, wobei versucht wird, der – v.a. methodischen – Kritik an den älteren Autoritarismus-Studien Rechnung zu tragen. *Die vorliegenden neueren Untersuchungen* (Hopf u.a. 1995; Lederer/Schmidt 1995; Oesterreich 1993 a und b) *kommen nun übereinstimmend zum Nachweis bedeutsamer Zusammenhänge von Autoritarismus und Rechtsextremismus,* unterscheiden sich jedoch erheblich bezüglich ihrer Konzipierung des Autoritarismus und hinsichtlich ihres Verständnisses seiner lebensgeschichtlichen Genese. Die internen Kontroversen der neueren Autoritarismusforschung können hier nicht diskutiert werden[11]. Im folgenden wird ausschließlich auf die Arbeiten von Oesterreich näher eingegangen, denn nur dort liegt eine ausführliche und quantitativ-repräsentative Auseinandersetzung mit der Thematik Fremdenfeindlichkeit und Rechtsextremismus vor.

Oesterreich hat ein innovatives Erklärungsmodell zum Autoritarismus entwickelt, das in einigen Grundzügen an die Individualisierungsdebatte anknüpft. Er verbindet Annahmen über gesellschaftsstrukturelle Aspekte mit einem sozialpsychologischen Konzept und interessiert sich für individuell-psychische Dispositionen als mögliche Ursache der Attraktivität rechtsextremer, ausländerfeindlicher und rassistischer Orientierungen. Die Bereitschaft, sich an Autoritäten zu orientieren, entsteht nach Oesterreich nicht durch autoritär verfaßte Sozialstrukturen, rigide Herrschafts- und Unterordnungsverhältnisse, sondern dann, „wenn Menschen aus Angst und Verunsicherung heraus Sicherheit und Schutz suchen" (1993b: 183). Oesterreich bezieht sich dabei explizit (1993a: 39f.) auf Becks Diagnose der Ambivalenz von Individualisierungsprozessen.

Gesellschaftliche Individualisierungstendenzen und ihre sozialpsychologischen Folgen werden hier jedoch nicht direkt zur Erklärung des Rechtsextremismus herangezogen, sondern indirekt als gesellschaftliche Rahmenbedingungen für die Entstehung autoritärer Dispositionen beansprucht. Von den Varianten der klassischen Autoritarismustheorie grenzt sich Oesterreich v.a. durch die Differenzierung zwischen autoritärer Persönlichkeit und autoritärer Reaktion ab (ebd.: 26f.). Die autoritäre Reaktion wird hier als „eine Basisreaktion menschlichen Verhaltens" (ebd.: 26) gesehen; als Grundkonstante wird unterstellt, daß Menschen sich in verunsichernden Situationen an Instanzen orientieren „von denen sie meinen, daß sie ihnen Schutz und Sicherheit bieten können" (ebd.: 26). Diese Annahme verbindet Oesterreich mit einer spezifischen sozialisationstheoretischen These: Gelingende Sozialisation zeichnet sich demnach dadurch aus, daß autonome Handlungsfähigkeit durch einen Abbau der autoritären Reaktion ermöglicht wird. Dagegen werden autoritäre Reaktionsmuster dadurch er-

11 S. Lederer (1995: 25ff.) und Hopf u.a. (1995: 14).

zeugt und stabilisiert, daß Individuen wiederkehrend Situationen der Überforderung ausgesetzt sind; er nimmt weiter an, daß sich noch „im Erwachsenenalter autoritäre Persönlichkeiten entwickeln können" (ebd.: 30). Das Verhältnis von sozialer Struktur und individueller Persönlichkeitsstruktur wird gegenüber der klassischen Autoritarismustheorie tendenziell umgekehrt: Überfordernde soziale Situationen erzwingen die Flucht in die autoritäre Reaktion, was zur einer Verfestigung autoritärer psychischer Dispositionen führen kann (vgl. Oesterreich 1993a: 216ff.). Autoritäre Persönlichkeiten sind so betrachtet eine begünstigende, aber keine notwendige Bedingung für autoritäres Verhalten.

Dieses Konzept weist nun drei relevante Vorzüge auf: Es nimmt die Kritik der Theorie des autoritären Charakters auf, welche die erhebliche Bedeutung situativer, weitgehend persönlichkeitsunabhängiger Bedingungen für soziales Handeln reklamiert (Baumann 1992: 166ff.), ohne zugleich die psychische Verfaßtheit von Personen für kontingent zu erklären. Zweitens wird die lebensgeschichtliche Genese und Stabilisierung autoritärer Reaktionsbereitschaften nicht an traditionell-autoritäre Sozialstrukturen gekoppelt. In der Folge wird es drittens möglich zu analysieren, daß und warum unter erheblich unterschiedlichen gesellschaftlichen Rahmenbedingungen aufgewachsene Individuen in vergleichbarem Ausmaß autoritäre Reaktionsbereitschaften aufweisen. Angesprochen ist damit ein zentrales Ergebnis der vorgelegten Studie. Die befragten Ost- und Westberliner Schüler unterscheiden sich nicht hinsichtlich autoritärer Persönlichkeitsmerkmale (Oesterreich 1993a: 208f.). Signifikante Unterschieden liegen jedoch zwischen Jungen und Mädchen, zwischen Berufsschülern und Gymnasiasten sowie zwischen Befragten aus formal gering und formal hoch gebildeten Herkunftsfamilien vor. Zusammenfassend charakterisieren läßt sich dies als Syndrom eines männlich dominierten Autoritarismus der formal gering Gebildeten, wobei die Geschlechterdifferenz im Westen stärker ausgeprägt ist als im Osten[12]. Auch Rippl, Seidel und Lederer (1995b: 131) kommen zu dem Ergebnis, daß „die Gruppen der Berufs- und Realschüler ... autoritärere Werte aufweisen, als die ... Gruppen der Gymnasiasten". Sie stellen darüber hinaus fest, daß sich diese Differenz im Zeitvergleich (1979/1991) verringert habe, während generell festzustellen sei, daß in diesem Zeitraum in der BRD ein leichter Anstieg autoritärer Orientierungen stattgefunden habe.

Erwartungsgemäß stellt Oesterreich einen engen statistischen Zusammenhang von Autoritarismus und Rechtsextremismus fest. Die unabhängige Variable Autoritarismus erklärt in seinem Datenmaterial in bezug auf politische Orientierungen „mehr Varianz als Geschlecht, Bildungsniveau des Elternhauses und Schultyp" (ebd.: 219). Für die Variable rechtsextreme Orientierungen können unter Zugrundelegung dieser Merkmale statistisch „fast 40% der Varianz aufgeklärt (werden, A.S.), wobei der Haupteffekt eindeutig bei Autoritarismus liegt" (ebd.). Entsprechend der Konventionen statistischer Beweisführung kann dies als Beleg für die These eines engen Zusammenhanges von Rechtsextremismus und Autoritarismus gelten.

Dies ist nun wenig erstaunlich, wenn man annimmt, daß rechtsextreme Positionen generell an autoritäre, antidemokratische Reaktionsbereitschaften appellieren. Zwar verwendet Oesterreich (1993a: 212) eine Autoritarismusskala, die auf direkte politische Einstellungsfragen verzichtet. Gleichwohl weisen einige Antwortvorgaben (z.B.: „Ich

12 Letzteres widerspricht eindeutig den Ergebnisse, zu denen Melzer (1992) gelangt (s.o.).

lerne gern fremde Menschen kennen"/Negativindikator; „Ich bewundere Menschen, die die Fähigkeit haben, andere zu beherrschen") deutliche Affinitäten zu einem rechten bzw. rechtsextremen Gesellschaftsbild auf. Es handelt sich insofern nicht um völlig unabhängige Variablen.

Problematisch ist auch die vorgenommene Erfassung rechtsextremer Orientierungen. Denn als Indikatoren hierfür werden zu einem erheblichen Teil Items verwendet, die der geltenden Rechtssprechung bzw. den Überzeugungen etablierter Politiker entsprechen, ohne daß eine Klärung des beanspruchten Rechtsextremismusbegriffs vorgenommen wird (z.B.: „Deutschland sollte wieder eine führende Rolle in der Welt übernehmen", „Deutschland darf nicht zum Einwanderungsland für Asylanten aus dem Osten oder der dritten Welt werden", „Bei der Einstellung von Arbeitskräften sollten deutsche grundsätzlich Ausländern vorgezogen werden"). Es sind gerade diese keineswegs eindeutig Rechtsextremismus indizierenden Items, die die höchsten Zustimmungsquoten aufweisen.

Eine differenzierte Betrachtung zeigt auch, daß die Unterschiede zwischen den Berufsschülern und Gymnasiasten sich bei den einzelnen Items differenziert. Zwar stimmen 65,7% (Ost) bzw. 58,7% (West) der Berufsschüler, aber immerhin auch 42,2 bzw. 35,6% der Gymnasiasten der Aussage zu, Deutschland dürfe nicht zum Einwanderungsland für „Asylanten" werden. Dagegen sind nur 15,1 bzw. 15,8% der Berufsschülern und 4,4 bzw. 2,8% der Gymnasiasten der Überzeugung, die Verbrechen des Nationalsozialismus seien in der Geschichtsschreibung weit übertrieben worden (ebd.: 174).

Der Erklärungswert statistisch bedeutsamer Zusammenhänge von autoritärer Persönlichkeit und Rechtsextremismus ist vor diesem Hintergrund eher skeptisch zu betrachten. Denn immerhin sind es relevante Zahlen von Befragten, die gerne andere Menschen kennenlernen (ebd.: 213) und zugleich gegen die Aufnahme von „Asylanten" sind oder dem Satz zustimmen „Ich bewundere Menschen, die die Fähigkeit haben, andere zu beherrschen" (ebd.), aber die Verharmlosung des Nationalsozialismus ablehnen.

Oesterreich (1993a) weist auch selbst verschiedentlich auf notwendige Differenzierungen hin. Interessant ist diesbezüglich seine Betrachtung eines „harten Kerns" von 45 Jugendlichen, die darüber identifiziert werden, daß sie rechtsextreme Organisationen durchgängig „gut" bzw. „sehr gut" finden sowie faschistische Politiker als historisch und politisch bedeutsame Persönlichkeiten benennen. Es handelt sich bei dieser Gruppe durchgängig um männliche Jugendliche, Berufsschüler und Kinder aus formal gering gebildeten Elternhäusern sind überrepräsentiert. Aber auch in dieser Extremgruppe finden sich noch 11,1% Gymnasiasten und 16,7% Söhne, deren Väter das Abitur haben (ebd.: 194). Eine direkte kausale Rückführung von politischen Orientierungen auf zugrundeliegende soziale Verhältnisse ist also auch hier nicht möglich. Auch ihre Aussagen zum Autoritarismus sind nicht konsistent. Vielmehr ordnen sie sich zwar etwa der Seite der Stärkeren zu, sehen sich aber nicht als angepaßt und brave Schüler, sondern eher als solche, die häufiger Auseinandersetzungen mit dem Lehrer haben (ebd.). Dies deutet zumindest darauf hin, daß das Konstrukt Autoritarismus intern differenzierungsbedürftig ist. *Und auch psychische Dispositionen, so kann das Ergebnis der vorliegenden Analyse zusammengefaßt werden, legen politisches Verhalten nicht eindeutig fest. Psychische Verfaßtheit und politische Einstellung sind differente Phänomene, die wechselseitige Affinitäten aufweisen.*

Eine systematische Auseinandersetzung mit den festgestellten Geschlechts- und Schichtunterschieden legt Oesterreich in den zitierten Arbeiten nicht vor. Die diesbezüglichen Ausführungen beschränken sich wesentlich auf den Versuch, die geringen Ost-West-Differenzen zu erklären. Ungeprüft bleiben auch – insbesondere die Schichtspezifika betreffend – mögliche intervenierende Variablen, etwa die Unterschiede der politischen Bildung in Berufs- und Hauptschulen, sowie der mögliche Bildungsbias der Autoritarismus-, Rechtsextremismus- und Rassismusskalen (Oesterreich 1993a: 209). Offenbleiben muß deshalb, „was der Befund eines geringeren Autoritarismus unter Gebildeten letztlich besagt" (ebd.: 211), wie Oesterreich einräumt. Ohne eine Theorie der politischen Sozialisation und der politischen Interessenformulierung bleiben Schlußfolgerungen aus solchen Untersuchungen zu relevanten Teilen spekulativ.

2.4 Fremdenfeindlichkeit als Folge gesellschaftlicher Segmentierung

Einen eigenständigen Ansatz verfolgt das Projekt „Politische Orientierungen jugendlicher ArbeitnehmerInnen" (Held/Horn/Marvakis 1994a; vgl. dies. 1994b). Befragt wurden hier 1.003 16-22jährige ArbeitnehmerInnen in den Regionen Leipzig und mittlerer Neckarraum. Gesellschaftstheoretische Grundlage ist die Annahme, daß die Fremdenfeindlichkeit Jugendlicher vor dem Hintergrund einer Analyse von Strukturen und Prozessen der sozialen Segmentierung zu betrachten ist. Die Studie fragt nicht nach einem homogenen Syndrom des Rechtsextremismus, sondern unterscheidet vier eigenständige Typen politischer Orientierungen (internationale, autoritäre, nationalistische und rassistische). Zudem stellen die Autoren in Rechnung, daß Skalen, mit denen Orientierungsmuster gemessen werden, kein konsistentes Bewußtsein Jugendlicher abbilden. Gegensätzliche Tendenzen in der Beantwortung einzelner Items der Skalen werden hier nicht interpretatorisch ignoriert, sondern in der These berücksichtigt, daß politische Orientierungen Jugendlicher wesentlich durch „ihre Widersprüchlichkeit" (Held/Horn/Marvakis 1994a: 10) gekennzeichnet seien.

Ein bedeutsamer Ausgangspunkt dieser Untersuchung ist das Ergebnis einer vorgängigen Erhebung, bei der festgestellt wurde, daß im Gegensatz zu gängigen Behauptungen sozial benachteiligte Jugendliche in ungesicherten Ausbildungs- und Arbeitsverhältnissen fremdenfeindlichen Aussagen signifikant weniger zustimmen als Nicht-Benachteiligte (Held u.a. 1992). Dieses Ergebnis bestätigt sich in der Grundtendenz auch in den Daten der neueren Erhebung (Held/Horn/Marvakis 1994a: 108ff.). Zudem korrelieren fremdenfeindliche politische Orientierungen nicht signifikant mit dem gemessenen „Gefühl der persönlichen Bedrohung durch die gesellschaftlichen Entwicklungen" (ebd.: 60) und der Unzufriedenheit mit der Wohn-, Arbeits- und Freizeitsituation (ebd.: 61). Vor diesem Hintergrund formulierten die Autoren (1991: 20f.) die These, daß es sich bei der Fremdenfeindlichkeit derer, die im engeren Sinne keine Modernisierungsverlierer sind, um einen „Wohlstandchauvinismus"[13] handelt, dem eine nationalistische „Überidentifikation mit den 'deutschen' Wirtschaftsinteressen" (ebd.: 28) zugrundeliegt.

Vor dem Hintergrund der Einschätzung, daß es nicht ausschließlich und primär Ar-

13 Vgl. Klär u.a. (1989) und Hennig (1991: 238ff.).

beitslose und Jugendliche in offenkundig prekäreren Arbeits- und Ausbildungsverhältnissen sind, die sich als fremdenfeindlich oder rechtsextrem darstellen, fragen die Autoren nach den gesellschaftlichen Bedingungen und den subjektiven Gründen, die solche Jugendlichezu entsprechenden Äußerungen veranlassen. Dazu greifen sie nun nicht Überlegungen auf, die ein erweitertes Verständnis sozialer Deklassierung entwickeln (v.a. Vester u.a. 1993: 199ff.), gemäß dem noch erhebliche Teilgruppen formal gering gebildeter Arbeitnehmer Modernisierungsverlierer sind, welche „ihre Enttäuschung über das gesellschaftlich-politische System besonders häufig in Ressentiments gegen Ausländer umsetzen" (ebd.: 303; vgl. Hennig 1991: 211ff.). Vielmehr wird ein offenes und theoretisch eher diffuses Verständnis sozialer Segmentierung beansprucht (Held/Horn/Marvakis 1994a: 5f.): Soziale Gruppen verfügen demnach über eine unterschiedliche Ressourcenausstattung und grenzen sich entlang der objektiv vorgegebenen Segmentierungslinien voneinander ab. Zweiter angenommener Bezugspunkt von Praktiken der Ab- und Ausgrenzung sind entsprechende gesellschaftlich vorgegebene Orientierungsangebote (ebd.: 2), die in politischen und massenmedialen Diskursen sowie in gesellschaftlich verbreiteten Ideologien und Vorurteilen vorgefunden, also von Jugendlichen nicht erfunden, sondern aufgegriffen werden (vgl. Bommes/Scherr 1992). Der Zusammenhang dieser Analyseebenen wird wie folgt gefaßt: „Die Jugendlichen sehen sich zum einen den Segmentierungsprozessen ausgesetzt, zum anderen den entsprechenden Orientierungsangeboten. Diese werden dann für die Jugendlichen attraktiv, wenn sie für das eigene Handeln nützlich scheinen und andere Möglichkeiten nicht erkennbar sind" (Held/Horn/Marvakis 1994a: 5).

Nun läßt diese Formulierung offen, was unter „Nützlichkeit" zu verstehen ist. Zieht man zur Klärung dieser Frage andere Texte der Autoren heran (Held 1989), dann liegt es nahe zu vermuten, daß hier handlungstheoretische Annahmen der Kritischen Psychologie beansprucht werden, wie sie v.a. von Kalpaka/Räthzel (1990) in den Kontext der Rassismusforschung übersetzt wurden. Demnach sind rassistische Orientierungen deshalb subjektiv nützlich, weil sie es erlauben, sich in gesellschaftlichen Herrschaftsverhältnisses als Handlungssubjekt zu erleben. Ohne daß dieses Konzept an dieser Stelle diskutiert werden kann, ist darauf hinzuweisen, daß die Autoren (1994: 5) einen methodisch außerordentlich problematisch Versuch unternehmen, subjektive Gründe auf der Basis ihrer Daten zu „verstehen". Sie weisen zunächst zutreffend darauf hin, daß die Gründe für politische Überzeugungen in Umfragen nicht schlicht abgefragt werden können. Daraus folgern sie jedoch nicht, daß es qualitativ verfahrender Studien bedarf, um Begründungshaushalte zu rekonstruieren. Vielmehr werden statistische Korrelationen zwischen erhobenen Aussagen ex-post als „Hinweise auf subjektive Gründe" bewertet (ebd.: 5). In der Folge werden vielfältige Korrelationen zwischen den erhobenen Daten interpretiert, ohne daß immer theoretisch begründete Hypothesen zugrundeliegen.

Bevor einige Ergebnisse der empirischen Erhebung dargestellt und diskutiert werden können, sind kurz die verwendeten Skalen zu charakterisieren. Held, Horn und Marvakis (1994a) unterscheiden zwischen Autoritarismus, Rassismus, internationalen Orientierungen sowie expansiven, völkischen und ausgrenzenden nationalen Orientierungen. Die Autoritarismusskala verwendet insbesondere solche Items, die auf eine Anpassungsbereitschaft an geltende Konventionen hinweisen. Rassistische Orientierungen werden über Items erfaßt, die Kernaussagen des klassisch-biologistischen und kulturellen Rassismus abbilden, internationale Orientierungen über solche, die u.a. für eine Bekämpfung der weltweiten Armut plädieren, die Mitverantwortung des bundesdeutschen Wirtschaftssystems für diese Armut und die Verpflichtung der Deutschen gegenüber den Opfern des Faschismus reklamieren. Der Terminus expansive nationale Orientierungen steht für Aussagen, die eine Ausweitung des politischen und wirtschaftlichen Einflusses auf andere Länder positiv bewerten. Als Ausdruck völkisch-nationaler Orientierungen werden Aussagen gefaßt, die „deutsche Tugenden" positiv bewerten und die vermeintlich positive Seite des Nationalsozialismus betonen. Ausgrenzende nationale Orientierungen sind schließlich solche, die sich gegen die Gleichberechtigung von Ausländern in der Bundesrepublik aussprechen und diese für fehlende Wohnungen verantwortlich machen. Im Unterschied zu anderen Untersuchungen sind also weder explizit antidemokratische Überzeugungen noch Aspekte der Gewaltbereitschaft Konstruktionselement der Orientierungen.

Held, Horn und Marvakis (1994a: 27f.) stellen vor diesem Hintergrund zunächst fest, daß die Items der internationalen Orientierung einerseits und der autoritären Orientierung andererseits die stärkste Zustimmung erhalten haben, wobei diese beiden Orientierungen schwach negativ aufeinander bezogen sind. Es bestätigt sich dagegen ein positiver Zusammenhang von Autoritarismus, Rassismus und den Varianten des Nationalismus, wobei auch – mit Ausnahme des Internationalismus – alle anderen Orientierungen mehr oder weniger stark statistisch signifikant positiv korrelieren. Ihre Auswertung konzentrieren die Autoren im folgenden wesentlich auf die Fragen, welcher Orientierungstypus bei ost- und westdeutschen, männlichen und weiblichen, benachteiligten und nicht benachteiligten Jugendlichen sowie Gewerkschaftsmitgliedern und Nicht-Gewerkschaftsmitgliedern am stärksten ausgeprägt sind.

Die deutlichsten Differenzen zwischen den unterschiedenen Gruppen liegen auch hier zwischen den Geschlechtern vor und sichtbar werden auch Differenzen zwischen ost- und westdeutschen Jugendlichen. Die befragten Ostdeutschen tendieren stärker zu rassistischen und völkisch-nationalistischen Orientierungen und ebenso wie in der Untersuchung von Melzer und Schubarth (a.a.O.) zeigt sich auch hier für diese Teilgruppe ein stärkerer Zusammenhang mit autoritären Orientierungen (Held/Horn/Marvakis 1994a: 26ff.). Aufgrund ihrer Daten vermuten die Autoren darüber hinaus, daß es sich bei den ostdeutschen Jugendlichen tendenziell um einen „Rassismus der Ausgrenzung von Armen", bei den Westdeutschen eher um einen „Wohlstandschauvismus" (s.o.) handelt. Begründet wird diese Behauptung mit der Feststellung, daß entsprechende statistische Zusammenhänge „im Osten etwas stärker ausgeprägt als im Westen" (ebd.: 61) sind.

Zu den wichtigsten Ergebnissen der Studie ist die Feststellung zu rechnen, daß die gewerkschaftlich organisierten Jugendlichen im Sample deutlich stärker zu fremdenfeindlichen Positionen tendieren als die nicht-organisierten (ebd.: 114ff.). In der Interpretation dieses Sachverhaltes diskutieren die Autoren Thesen zum Rückgang der politische Identität stiftenden Funktion der Gewerkschaftsmitgliedschaft und zur Teilhabe der Gewerkschaften an der Praxis der Benachteiligung ausländischer Arbeitnehmer. Relativiert wird dieses Ergebnis jedoch durch eine Analyse der sozialen Zusammensetzung der Gewerkschaftsmitglieder. Diese sind mehrheitlich in der Großindustrie vorzufinden und männliche Auszubildende sind hier überrepräsentiert (ebd.:

134), womit zwei intervenierende Variablen ausgemacht sind, die es erlauben, eine direkte kausale Interpretation des statistischen Zusammenhanges in Zweifel zu ziehen. Als zentrales Ergebnis der Studie ist gleichwohl festzuhalten, daß sie relevante empirische Anhaltspunkte für die Behauptung liefert, daß es nicht nur und nicht primär direkt benachteiligte Jugendliche sind, die mit fremdenfeindlichen Positionen sympathisieren. Zudem wird deutlich, daß gewerkschaftlich organisierte Jugendliche in industriellen Kernsektoren im Vergleich stärker autoritären und nationalistischen Orientierungen zustimmen als Benachteiligte und Unorganisierte in Kleinbetrieben. Erklärungsmodelle, die zentrale Ursachen fremdenfeindlicher politischer Orientierungen in Erfahrungen der Ausgrenzung aus den systemintegrativen Mechanismen der Arbeitsmarktes vermuten, greifen für diese Gruppe nicht. Vielmehr deuten die Daten eher darauf hin, daß solche Jugendliche sich Angebote der Ausgrenzung zu eigen machen, die in politischen und massenmedialen Diskursen zirkulieren und die nur vor dem normativen Hintergrund einer politischen Position, die sich z.B. konsequent für die Aufnahme von Flüchtlingen und gegen die Etablierung Deutschlands als politische und militärische Weltmacht ausspricht, als problematischer Nationalismus wahrgenommen werden können. Die zur Charakterisierung der politischen Orientierungen der Jugendlichen herangezogene Typologie der Nationalismen ist eine Typologie gesellschaftlich verbreiteter politischer Positionen. Deshalb besteht kein Anlaß anzunehmen, daß eine vergleichende Erhebung unter erwachsenen Arbeitnehmern andere Ergebnisse erbracht hätte.

Insofern ist es auch konsequent, daß Held, Horn und Marvakis (1994a und b) auf der Suche nach Erklärungen für die festgestellten Sachverhalte auf spezifische Annahmen über Jugend verzichten. Ihr theoretisches Modell sozialer Segmentierung (s.o.) bleibt jedoch zu abstrakt, um einen klar konturierten Interpretationshintergrund für die empirischen Daten bieten zu können. Wie die Segmentierung der Lebenssituation von sozialen Teilgruppen Jugendlicher, Angebote ausgrenzender gesellschaftlicher Orientierungen und subjektive politische Orientierungen aufeinander bezogen sind, bleibt unklar.

III. Resümee

Quantitative Erhebungen, die Daten über eine große Zahl von Jugendlichen und ihre politischen Orientierungen erheben, sind zweifellos ein nützliches Instrument, um die Landschaft fremdenfeindlicher Meinungen und Einstellungen zu kartographieren. Unterstellt man nun weder, daß diese sich schlicht aus sozialen Lagen ableiten lassen, die mit wenigen Indikatoren bestimmt werden, noch, daß politische Überzeugungen eine Widerspiegelung von Persönlichkeitsstrukturen sind, dann ist es wenig erstaunlich, daß die Untersuchungen nicht auf eineindeutige statistische Zusammenhänge stoßen, die umstandslos kausal interpretiert werden könnten. Die Heterogenität der zugrundegelegten theoretischen Konzepte bleibt auch deshalb nach dem Versuch der empirischen Validierung bzw. Falsifizierung jeweiliger Thesen bestehen. Problematisch ist darüber hinaus, daß die Studien die beiden empirisch am evidentesten Phänomene, die Affinität männlicher Jugendlicher bzw. Jugendlicher mit geringem formalen Bildungsniveau zu fremdenfeindlichen Orientierungen, zwar einhellig feststellen. Sie können jedoch nicht über ein entwickeltes theoretisches Konzept verfügen, das es erst erlauben würde, Veränderungen der Sozialstruktur und der Geschlechterverhältnisse in ihrer wechselseitigen Verschränkung als eine Attraktionsbasis für jugendlichen Rechtsextremismus zu begreifen. Dies ist auch darauf zurückzuführen, daß neuere Theorien der Reproduktion sozialer Ungleichheit, insbesondere die an Bourdieu anschließenden Analysen des Verhältnisses von Lebenslagen und Lebensstilen in der bundesdeutschen Jugendforschung bislang kaum aufgegriffen worden sind[14]. Die in Folge ihrer Ausdifferenzierung entstandene Abkoppelung der Jugendforschung von der soziologischen Sozialstrukturanalyse erweist sich auch vor diesem Hintergrund als problematisch. In Ermangelung eines detallierten Wissens über die differenten kulturellen Formen der Bearbeitung spezifischer ausdifferenzierter Lebenslagen[15] bleiben aber Annahmen über Zusammenhänge von sozialer Lage, Geschlecht (gender) und politischem Bewußtsein im schlechten Sinne abstrakt.

In der weiteren Forschung wird es meines Erachtens deshalb einerseits darauf ankommen, die verschiedenen Ursachen und Gründe, die es für manche Jugendliche attraktiv machen, fremdenfeindliche und rechtsextreme Orientierungsangebote aufzugreifen, im Rahmen von Fallstudien detailliert zu untersuchen, die sich auf die je spezifischen konkreten Lebensbedingungen und die Formen, in denen Jugendliche diese handhaben, analytisch und empirisch einlassen.

Für alle künftige, theoretisch und methodisch noch so perfektionierte Jugendforschung gilt jedoch: „Solange jugendlicher Rechtsextremismus nicht als Bestandteil der gesellschaftlichen – generationsübergreifenden – Normalität wahrgenommen wird. hat die Auseinandersetzung mit dem Phänomen ... auch Alibifunktion" (Klönne 1994: 141).

Literaturverzeichnis

Baumann, Zygmunt, 1992: Ethik des Gehorsams (Milgram lesen!), in: *Zygmunt Baumann:* Dialektik der Ordnung. Hamburg, 166-183.

Benz, Wolfgang, 1984: Die Opfer und die Täter. Rechtsextremismus in der Bundesrepublik, in: *Wolfgang Benz* (Hrsg.), Rechtsextremismus in der Bundesrepublik. Frankfurt a.M., 11-44.

Birsl, Ursula, 1995: Rechtsextremismus: weiblich – männlich? Eine Fallstudie. Opladen.

Bommes, Michael/Scherr, Albert, 1992: Rechtsextremismus: Ein Angebot für ganz gewöhnliche Jugendliche, in: *Jürgen Mansel* (Hrsg.), Reaktionen Jugendlicher auf gesellschaftliche Bedrohungen. Weinheim/München, 210-227.

Breyvogel, Wilfried, 1994: Die neue Gewalt Jugendlicher gegen Fremde 1990-1993, in: Sozialwissenschaftliche Literaturrundschau 29, 14-25.

Bundesregierung, 1994: Antwort der Bundesregierung auf die große Anfrage der Abgeordneten Vera Wollenberger und der Gruppe Bündnis90/Die Grünen. BT-Drucksache 12/7008.

Butterwegge, Christoph, 1994: Die ideologische Entsorgung der rassistischen Gewalt, in: Neue Praxis 1, 74-81.

Claussen, Detlev, 1994: Was heißt Rassismus? Darmstadt.

Cohen, Phil, 1990: Gefährliche Erbschaften, in: *Annita Kalpaka/Nora Räthzel* (Hrsg.), Die Schwierigkeit, nicht rassistisch zu sein. Leer, 81-160.

Demirovic, Alex, 1992: Vom Vorurteil zum Neorassismus, in: *Institut für Sozialforschung* (Hrsg.), Aspekte der Fremdenfeindlichkeit. Frankfurt a.M./New York, 21-54.

Elias, Norbert/Scotson, John L., 1993: Etablierte und Außenseiter. Frankfurt a.M.

14 Eine Ausnahme hiervon stellt die Studie von Heitmeyer u.a. (1995) dar.
15 S. dazu Birsl (1995: 221ff.), Heitmeyer u.a. (1995) und Scherr (1995a).

Förster, Peter/Friedrich, Walter/Müller, Harry/Schubarth, Wilfried, 1992: Jugendliche in Ostdeutschland 1992. Leipzig (Forschungsstelle für Sozialanalysen).
Förster, Peter/Friedrich, Walter/Müller, Harry/Schubarth, Wilfried, 1993: Jugend Ost. Zwischen Hoffnung und Gewalt. Opladen.
Friedrich, Walter, 1993: Einstellung zu Ausländern bei ostdeutschen Jugendlichen. „Autoritäre Persönlichkeit" als Stereotyp, in: *Hans-Uwe Otto/Roland Merten* (Hrsg.), Rechtsradikale Gewalt im vereinigten Deutschland. Opladen, 189-199.
Friedrich, Walter/Schubarth, Wilfried, 1991: Einstellungen ostdeutscher Jugendlicher zu Rechts- und Linksextremismus. Leipzig.
Farin, Klaus/Seidel-Pielen, Eberhard, 1992: RechtsRuck. Rassismus im neuen Deutschland.
Farin, Klaus, 1993: Skinheads. München.
Hamburger, Franz, 1993: Gewaltdiskurs und Schule, in: *Wilfried Schubarth/Walter Melzer* (Hrsg.), Schule, Gewalt und Rechtsextremismus. Opladen, 159-172.
Hall, Stuart, 1989: Rassismus als ideologischer Diskurs, in: Das Argument 178, 913-921.
Heckmann, Friedrich, 1992: Ethnische Minderheiten, Volk und Nation. Stuttgart.
Heitmeyer, Wilhelm, 1987: Rechtsextremistische Orientierungen bei Jugendlichen. Weinheim/München.
Heitmeyer, Wilhelm, 1989a: Jugend, Staat und Gewalt in der politischen Risikogesellschaft, in: *Wilhelm Heitmeyer/Kurt Möller/Heinz Sünker* (Hrsg.), Jugend – Staat – Gewalt. Weinheim/München.
Heitmeyer, Wilhelm, 1989b: Rechtsextremistisch motivierte Gewalt und Eskalation, in: *Wilhelm Heitmeyer/Kurt Möller/Heinz Sünker* (Hrsg.), Jugend – Staat – Gewalt. Weinheim/München.
Heitmeyer, Wilhelm, 1990: Jugend auf dem Weg nach rechts?, in: *D. Kollmann* u.a. (Hrsg.), Neofaschismus – (K)Ein langfristiges Problem? Bielefeld, 17-31.
Heitmeyer, Wilhelm, 1991: Warum handeln Menschen gegen ihre eigenen Interessen? Köln.
Heitmeyer, Wilhelm, 1992: Desintegration und Gewalt, in: deutsche jugend 3, 109-122.
Heitmeyer, Wilhelm, 1993: Gesellschaftliche Desintegrationsprozesse als Ursachen von fremdenfeindlicher Gewalt, in: Aus Politik und Zeitgeschichte, B 2-3, 3-13.
Heitmeyer, Wilhelm u.a., 1992: Die Bielefelder Rechtsextremismus-Studie. Weinheim/München.
Heitmeyer, Wilhelm u.a., 1995: Gewalt. Schattenseiten der Individualisierung bei Jugendlichen aus unterschiedlichen sozialen Milieus. Weinheim/München.
Held, Josef, 1989: Subjektbezogene Jugendforschung aus kritisch-psychologischer Sicht, in: *Josef Held* (Hrsg.), Subjektbezogene Jugendforschung. Berlin, 16-41.
Held, Josef/Horn, Hans-Werner/Leiprecht, Rudolf/Marvakis, Athanasios, 1992: „Du mußt so handeln, daß Du Gewinn machst ...". Düsseldorf.
Held, Josef/Horn, Hans-Werner/Marvakis, Athanasios, 1994a: Projekt Politische Orientierungen jugendlicher ArbeitnehmerInnen. Tübingen (Institut für Erziehungswissenschaften I).
Held, Josef/Horn, Hans-Werner/Marvakis, Athanasios, 1994b: Politische Orientierungen und Gewaltbereitschaft bei Jugendlichen in Deutschland, in: deutsche jugend 11, 475-487.
Hennig, Eike, 1991: Die Republikaner im Schatten Deutschland. Frankfurt a.M.
Herrmann, Andrea/Schmidt, Peter, 1995: Autoritarismus, Anomie und Ethnozentrismus, in: *Gerda Lederer/Peter Schmidt:* Autoritarismus und Gesellschaft. Opladen, 287-319.
Hoffmann-Lange, Ursula/Schneider, Helmut/Gille, Martina, 1993: Politische Gewaltbereitschaft Jugendlicher, in: *Deutsches Jugendinstitut* (Hrsg.), Gewalt gegen Fremde. München, 97-126.
Hoffmann-Lange, Ursula/Schneider, Helmut/Gille, Martina, 1994: Politische Gewaltbereitschaft Jugendlicher, in: DJI-Bulletin, Winter, 8-10.
Hoffmann-Lange, Ursula (Hrsg.), 1995: Jugend und Demokratie in Deutschland. Opladen.
Hopf, Christel/Rieker, Peter/Sanden-Marcus, Martina/Schmidt, Christiane, 1995: Familie und Rechtsextremismus. Weinheim/München.
Institut für Empirische Psychologie (Hrsg.), Die selbstbewußte Jugend. Köln.
Institut für Sozialforschung, 1994: Einleitung: Rechtsextremismus, Rassismus, Fremdenfeindlichkeit, in: *Institut für Sozialforschung* (Hrsg.), Rechtsextremismus und Fremdenfeindlichkeit. Frankfurt a.M./New York.
ISS (Hrsg.), 1994: Aktionsprogramm gegen Aggression und Gewalt. Zweiter Zwischenbericht. Bonn.
Jaschke, Hans-Gerd, 1994: Rechtsextremismus und Fremdenfeindlichkeit. Opladen.
Jugendwerk der Deutschen Shell (Hrsg.), 1992: Jugend '92. Opladen.
Kaase, Max/Neidhardt, Friedrich, 1990: Politische Gewalt und Repression. Berlin.

Kalpaka, Annita/Räthzel, Nora, 1990: Wirkungsweisen von Rassismus und Ethnozentrismus, in: *Annita Kapalka/Nora Räthzel* (Hrsg.), Die Schwierigkeit, nicht rassistisch zu sein. Leer, 12-80.

Kersten, Joachim, 1993: Männlichkeitsdarstellungen in Jugendgangs, in: *Hans-Uwe Otto/Roland Merten* (Hrsg.), Rechtsradikale Gewalt im vereinigten Deutschland. Opladen, 227-236.

Klär, Karl-Heinz u.a., 1989: Die Wähler der extremen Rechten. Bonn.

Klönne, Arno, 1994: Jugend und Rechtsextremismus, in: *Wolfgang Kowalsky/Wolfgang Schroeder* (Hrsg.), Rechtsextremismus. Einführung und Forschungsbilanz. Opladen, 129-142.

Kowalsky, Wolfgang/Schroeder, Wolfgang (Hrsg.), 1994: Rechtsextremismus. Einführung und Forschungsbilanz. Opladen.

Lederer, Gerda/Schmidt, Peter (Hrsg.), 1995: Autoritarismus und Gesellschaft. Opladen.

Lederer, Gerda, 1995: Die „Autoritäre Persönlichkeit": Geschichte einer Theorie, in: *Gerda Lederer/Peter Schmidt* (Hrsg.), Autoritarismus und Gesellschaft. Opladen, 25-51.

Leggewie, Claus, 1993: Druck von recht Wohin treibt die Bundesrepublik? München.

Leiprecht, Rudolf, 1990: „da baut sich ja in uns ein Haß auf ...". Zur subjektiven Funktionalität von Rassismus und Ethnozentrismus bei abhängig beschäftigten Jugendlichen. Berlin.

Melzer, Wolfgang, 1992: Jugend und Politik in Deutschland. Opladen.

Melzer, Wolfgang/Schubarth, Wilfried, 1993: Das Rechtsextremismussyndrom bei Schülerinnen und Schülern in Ost- und Westdeutschland, in: *Wolfgang Melzer/Wilfried Schubarth* (Hrsg.), Schule, Gewalt und Rechtsextremismus. Opladen, 57-79.

Oesterreich, Detlef, 1993a: Autoritäre Persönlichkeit und Gesellschaftsordnung. Weinheim/ München.

Oesterreich, Detlef, 1993b: Leben die häßlichen Deutschen im Osten? Vergleich von Ost- und Westberliner Jugendlichen, in: *Hans-Uwe Otto/Roland Merten* (Hrsg.), 1994: Rechtsradikale Gewalt im vereinigten Deutschland. Opladen, 182-18.

Ohlemacher, Thomas, 1993: Bevölkerungsmeinung und Gewalt gegen Ausländer im wiedervereinigten Deutschland. Berlin: Wissenschaftszentrum Berlin (Discussion Paper FS III, 93-104).

Otto, Hans-Uwe/Roland Merten (Hrsg.), 1994: Rechtsradikale Gewalt im vereinigten Deutschland. Opladen.

Rippl, Susanne/Seipel, Christian/Lederer, Gerda, 1995: Wandel des Autoritarismus in Westdeutschland: 1945-1991, in: *Gerda Lederer/Peter Schmidt* (Hrsg.), Autoritarismus und Gesellschaft. Opladen, 102-135.

Rommelspacher, Birgit, 1991: Rechtsextreme als Opfer der Risikogesellschaft. Zur Täterentlastung in den Sozialwissenschaften, in: 1999 2, 75-87.

Rommelspacher, Birgit, 1993: Männliche Gewalt und gesellschaftliche Dominanz, in: *Hans-Uwe Otto/Roland Merten* (Hrsg.), 1994: Rechtsradikale Gewalt im vereinigten Deutschland. Opladen, 200-210.

Scherr, Albert, 1993: Möglichkeiten und Grenzen der Jugendarbeit mit rechten Jugendlichen, in: *Hans-Uwe Otto/Roland Merten* (Hrsg.), 1994: Rechtsradikale Gewalt im vereinigten Deutschland. Opladen, 325-333.

Scherr, Albert, 1994a: Werteerziehung im Geist der wehrhaften Demokratie, in: *Komitee für Grundrechte und Demokratie* (Hrsg.), Jahrbuch Menschenrechte. Sensbachtal.

Scherr, Albert, 1994b: Sind Jugendliche individualisiert? in: Gegenwartskunde 2, 173-184.

Scherr, Albert, 1994c: Die Konstruktion des jugendlichen Gewalttäters, in: Kriminologisches Journal 3, 162-169.

Scherr, Albert, 1995a: Soziale Identitäten Jugendlicher. Opladen.

Scherr, Albert, 1995b: Woher kommt die Gewaltbereitschaft? in: Sozialmagazin 9, 56-59.

Schröder, Burghart, 1992: Rechte Kerle. Skinheads, Faschos, Hooligans. Reinbek.

Schubarth, Wilfried/Stenke, Doris, 1992: „Ausländer"-Bilder bei ostdeutschen SchülerInnen und Schülern, in: Deutschland Archiv 12, 1247-1254.

Seipel, Christian/Rippl, Susanne/Schmidt, Peter, 1995: Autoritarismus, Politikverdrossenheit und rechte Orientierungen, in: *Gerda Lederer/Peter Schmidt* (Hrsg.), Autoritarismus und Gesellschaft. Opladen, 228-249.

Siller, Gertrud, 1994. Frauen und Rechtsextremismus, in: *Wolfgang Kowalsky/Wolfgang Schroeder* (Hrsg.), Rechtsextremismus. Einführung und Forschungsbilanz. Opladen, 143-159.

Sinus (1981): 5 Millionen Deutsche: „Wir wollen wieder einen Führer haben!" Reinbek.

Stöss, Richard, 1994: Forschungs- und Erklärungsansätze – ein Überblick, in: *Wolfgang Kowalsky/ Wolfgang Schroeder* (Hrsg.), Rechtsextremismus. Einführung und Forschungsbilanz. Opladen, 23-68.

Stock, M./Mühlberg, P., 1992: Die Szene von innen. Berlin.

Sturzbecher, Dietmar/Diedrich, Peter, 1992: Die Situation von Jugendlichen in Brandenburg. o.O. (Brandenburgische Landeszentrale für politische Bildung).

Ueltzhöffer, Jörg, 1993: „Wir sollten in Zukunft von Menschenfeindlichkeit reden", in: Frankfurter Rundschau, 16.3.1993.

Utzmann-Krombholz, Hilde, 1994: Rechtsextremismus und Gewalt: Affinitäten und Resistenzen von Mädchen und jungen Frauen. Düsseldorf (Ministerium für die Gleichstellung von Frau und Mann).

Wahl, Klaus, 1993: Fremdenfeindlichkeit, Rechtsextremismus, Gewalt. Eine Synopse, in: *DJI* (Hrsg.), Gewalt gegen Fremde. Weinheim/München.

Willems, Helmut/Würtz, Stefanie/Eckert, Roland, 1993: Fremdenfeindliche Gewalt: Eine Analyse von Täterstrukturen und Eskalationsprozessen. Bonn.

Willems, Helmut u.a., 1994: Fremdenfeindliche Gewalt. Einstellungen, Täter, Konflikteskalation. Opladen.

Vester, Michael u.a. 1993: Soziale Milieus im gesellschaftlichen Strukturwandel. Köln.

Wagner, Bernd (Hrsg.), 1994: Handbuch Rechtsextremismus. Reinbek.

Weiß, Roland, 1994: Rechtsextremismus und vierte Gewalt, in: Soziale Welt 4, 480-504.

Das rechte Einstellungspotential in der deutschen Jugend

Ursula Hoffmann-Lange

1. Einleitung

Als die Republikaner am 28. Januar 1989 bei den Wahlen zum Berliner Abgeordnetenhaus erstmals in einer Landtagswahl die Fünfprozenthürde überspringen konnten, war die Bestürzung nicht nur wegen der befürchteten innen- und außenpolitischen Konsequenzen groß. Ein weiterer Grund lag vielmehr darin, daß die Jungwähler am Wahlerfolg dieser neuen Rechtspartei nicht unwesentlich beteiligt waren. Während das Gesamtergebnis bei 8,1% der Stimmen lag, hatten die Republikaner in der Gruppe der 18- bis 25jährigen 14,3% erhalten, bei den jungen Männern betrug er sogar ganze 18,8%. Dieser überproportionale Erfolg einer Rechtspartei bei der jungen Generation stellte für die Bundesrepublik ein neues Phänomen dar. Demgegenüber war Ende der sechziger Jahre die NPD überwiegend von Angehörigen der älteren Generation gewählt worden. Von daher hatte man stets angenommen, das Mobilisierungspotential von Rechtsparteien beschränke sich auf eine schrumpfende Gruppe unverbesserlicher Altnazis, während die Jugend gegenüber rechten Parolen weitgehend immun sei.
Die Rechtsparteien konnten ihren Überraschungserfolg bei den Jungwählern dann noch bei der Kommunalwahl in Frankfurt am 12. März 1989 mit 9,3% der Stimmen für Republikaner und DVU wiederholen (Gesamtstimmenanteil: 6,5%), während sich ab der Europawahl vom 18. Juni 1989 die Differenzen zwischen den Altersgruppen bei den Stimmen für die Republikaner einebneten (vgl. Hoffmann-Lange/Eilders 1990: 25). Seitdem liegt der Republikaner-Anteil bei den Jungwählern bestenfalls unwesentlich über dem Durchschnitt. Bei der Bundestagswahl 1990 betrug er beispielsweise im Wahlgebiet West, d.h. der alten Bundesrepublik plus Westberlin, 3,4% im Vergleich zum Gesamtergebnis von 2,4% (vgl. Mayer 1991). Dennoch bleibt die Frage bedeutsam, warum junge Menschen sich überhaupt in nennenswerter Zahl für Parteien der Rechten entscheiden, die in vieler Hinsicht an Versatzstücke rechter Ideologien anknüpfen, die längst überwunden erschienen.
Der folgende Beitrag versucht, zur Beantwortung dieser Frage beizutragen, indem er die empirische Stichhaltigkeit zweier theoretischer Erklärungsansätze für die Entstehung rechter politischer Orientierungen bei Jugendlichen überprüft, nämlich des deprivationstheoretischen und des anomietheoretischen. Der *deprivationstheoretische Ansatz* erklärt die Entstehung rechter bzw. rechtsextremer Orientierungen[1] aus der per-

1 Da die Grenzen zwischen „rechts“ und „rechtsextremistisch“ fließend sind, soll hier gar nicht erst der Versuch unternommen werden, beide Phänomene voneinander abzugrenzen. Statt dessen wird im folgenden grundsätzlich der Begriff „rechte Einstellungen“ verwandt, um das gesamte Einstellungsspektrum rechts von der Mitte zu bezeichnen.

sönlichen Betroffenheit durch wirtschaftliche Probleme. Er geht von der Annahme aus, daß sich v.a. Personen mit geringer Berufsqualifikation durch die gegenwärtigen wirtschaftlichen Umstrukturierungsprozesse und die damit einhergehende Arbeitslosigkeit in ihrem ökonomischen Status bedroht fühlen und dies durch rückwärtsgewandte gesellschaftliche Ideale und ausländerfeindliche Einstellungen zu kompensieren versuchen. In diesem Zusammenhang wird häufig auch der Begriff der *Modernisierungsverlierer* verwandt. Von daher liefert dieser Ansatz eine durchaus plausible Erklärung dafür, daß die Parteien der Neuen Rechten vor allem in der Arbeiterschaft erfolgreich sind (vgl. Klönne 1989; Falter 1994).

Der *anomietheoretische Erklärungsansatz*, der in Deutschland vor allem mit dem Namen Wilhelm Heitmeyers (u.a. 1988, 1992, 1993; vgl. auch Gerhardt 1994) verbunden ist, sieht die Ursachen für die Entwicklung rechter Einstellungen demgegenüber primär in Orientierungsproblemen, von denen angesichts der gesellschaftlichen Individualisierung und der damit verbundenen Erosion traditioneller Bindungen und Verhaltenssicherheiten insbesondere junge Menschen betroffen sind (vgl. Heitmeyer 1992).[2]

Im Hinblick auf die sozialen Gruppen, denen die größte Anfälligkeit für rechte Einstellungen und Denkmuster zugeschrieben wird, unterscheiden sich die beiden Ansätze letztlich wenig. Beide postulieren, daß Personen mit schlechten Bildungsvoraussetzungen und niedrigem sozialem Status solchen Denkmustern in besonderem Maße zuneigen.

Im folgenden wird zunächst die Verbreitung ausländerfeindlicher und nationalistischer Einstellungen in der deutschen Jugend dargestellt. Solche Einstellungen sind traditionell ein zentraler Bestandteil des rechten Einstellungssyndroms. Im nächsten Schritt werden dann die Beziehungen dieser Einstellungen zu anderen Facetten des klassischen Rechtsextremismussyndroms analysiert. Und schließlich sollen ihre Zusammenhänge mit sozioökonomischen Deprivationsvariablen und anomischen Tendenzen unter Jugendlichen untersucht werden, die Auskunft über die Tragfähigkeit der beiden skizzierten Erklärungsansätze geben können.

Datenbasis für die hier vorgestellten Analysen ist der Jugendsurvey des Deutschen Jugendinstituts (im folgenden kurz DJI-Jugendsurvey). Es handelt sich dabei um eine im Herbst 1992 durchgeführte Repräsentativbefragung von Jugendlichen und jungen Erwachsenen im Alter von 16 bis 29 Jahren. Die Umfrage fand also in einem Jahr statt, in dem rechte Parteien bei den Landtagswahlen in Schleswig-Holstein und Baden-Württemberg besonders erfolgreich waren (vgl. Falter 1994: 21; Emmert/Stögbauer 1994). Im Herbst 1992 erreichte gleichzeitig auch die Welle fremdenfeindlicher Gewalttaten ihren Höhepunkt (vgl. Willems 1993: 100). Auch wenn sich die Randverteilungen inzwischen geringfügig geändert haben mögen, bietet der DJI-Jugendsurvey, sowohl von der Breite der untersuchten Einstellungen, als auch von der Fallzahl her,

2 Der anomietheoretische Erklärungsansatz ist letztlich nichts anderes als die Wiederbelebung der Denkfigur von der Massengesellschaft, nach der Modernisierung zu einer Atomisierung der Gesellschaftsmitglieder führt und deren Anfälligkeit für extremistische Ideologien erhöht (Kornhauser 1959). Solche modernisierungskritischen Ansätze sind seit Beginn der Industrialisierung von verschiedenen Autoren vertreten worden. Sie betonen die integrative Kraft der Zugehörigkeit zu sozialen Milieus, wie sie beispielsweise durch Klassen- und Konfessionszugehörigkeit konstituiert werden, während gleichzeitig die Bedeutung persönlicher sozialer Netzwerke für die gesellschaftliche Integration eher gering eingeschätzt wird (vgl. Geiger 1951).

das bislang differenzierteste Datenmaterial zu dem in Frage stehenden Themenkomplex.
In den alten Bundesländern beträgt die Fallzahl 4.526, in den neuen Bundesländern 2.564 Befragte (vgl. Hoffmann-Lange 1995). Die Ergebnisse werden in der Regel getrennt nach Ost und West ausgewiesen. Lediglich bei den Korrelations- und Regressionsanalysen werden teilweise nur die Werte für die Gesamtpopulation berichtet.[3]

2. Nationalismus und Ausländerfeindlichkeit

Im DJI-Jugendsurvey wurden nationalistische Einstellungen mit den folgenden fünf Items erfaßt:
- Das oberste Ziel der deutschen Politik sollte es sein, daß Deutschland eine Führungsrolle in Europa übernimmt.
- Deutschland sollte sich niemals mit der Abtrennung seiner Ostgebiete jenseits von Oder und Neiße abfinden.
- Die Deutschen sind anderen Völkern von Natur aus überlegen.
- An der deutschen Kultur sollten sich die anderen ein Beispiel nehmen.
- Der Nationalsozialismus war im Grunde eine gute Idee, die nur schlecht ausgeführt wurde.

Zur Erfassung der Einstellungen gegenüber Ausländern wurden folgende Items verwandt:
- Wenn Arbeitsplätze knapp werden, sollte man die Ausländer wieder in ihre Heimat zurückschicken.
- Ausländer sollten in allen Bereichen die gleichen Rechte haben wie die Deutschen.
- Ich bin für die Anwesenheit von Ausländern in Deutschland, weil sie unsere Kultur bereichern.
- Es wäre am besten, wenn alle Ausländer Deutschland verlassen würden.

Die Befragten konnten ihre Zustimmung bzw. Ablehnung auf einer Antwortskala ausdrücken, die von –3 (stimme überhaupt nicht zu) bis +3 (stimme voll und ganz zu) reichte und keinen neutralen Nullpunkt enthielt.[4]
Die Interkorrelationen zwischen diesen Items sind durchweg zufriedenstellend und weisen einen Durchschnittswert von r=.51 auf. Eine gemeinsame Hauptkomponentenanalyse aller neun Items ergab eine eindimensionale Struktur, bei der der erste Faktor im Westen 56,9% (Ost: 56,2%), der zweite hingegen nur noch 13,0% bzw. 12,3% der Gesamtvarianz erklärt. Da das Niveau der Zustimmung zu den ausländerfeindlichen (bzw. Ablehnung der ausländerfreundlichen) Items weit höher lag als das für die nationalistischen Items, wurde jedoch darauf verzichtet, alle neun Items zu einem gemeinsamen Index zusammenzufassen. Statt dessen wurden zwei additive Indizes gebildet, einer für *Ausländerfeindlichkeit* und einer für *Nationalismus*.[5] Beim Nationa-

3 Bei der Durchführung gemeinsamer Analysen wurde dabei stets ein Disproportionalitätsgewicht verwendet, das die Überrepräsentation der Befragten aus den neuen Bundesländern ausgleicht. Zusätzlich wurden aber stets auch getrennte Analysen berechnet, deren Ergebnisse im Text erwähnt werden, soweit sich hierbei relevante Abweichungen ergaben.

4 Bei der Vercodung wurden den Antwortkategorien die Werte 1 bis 6 zugeordnet.

5 Durch die gewählte Indexbildung erhöhten sich die Reliabilitätskoeffizienten. Für den Index

Abbildung 1: Nationalismus und Ausländerfeindlichkeit unter jungen Menschen in West- und Ostdeutschland

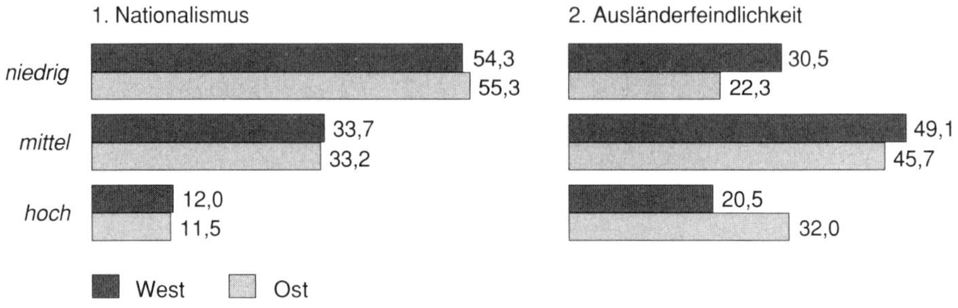

lismus-Index blieb zudem das fünfte Item unberücksichtigt, da aus theoretischen Gründen die Einstellung zum Nationalsozialismus nicht als genuiner Bestandteil von Nationalismus betrachtet werden kann. Denn es handelt sich hierbei ja letztlich nicht um die Einstellung zur deutschen Nation, sondern um die zu einem bestimmten politischen System.

Die Werte in Abbildung 1 zeigen, daß nationalistische Einstellungen bei den jungen Menschen nicht sehr ausgeprägt sind. Nur 12,0% der Befragten im Westen und 11,5% im Osten erreichen hohe Werte, über die Hälfte dagegen niedrige.[6] Ausländerfeindlichkeit ist hingegen wesentlich verbreiteter. Ein Fünftel der Befragten im Westen und sogar fast ein Drittel im Osten weisen hier hohe Werte auf.

Im Hinblick auf die Ausländerfeindlichkeit ist zu berücksichtigen, daß die Antwortverteilungen für die einzelnen Items sehr unterschiedlich waren. Während das Item, daß man bei Arbeitsplatzmangel die Ausländer in ihre Heimat zurückschiken sollte, mit 42,1% im Westen und sogar 60,2% im Osten relativ große Zustimmung erfuhr, befürwortete nur eine Minderheit, daß alle Ausländer Deutschland verlassen sollten, nämlich 23,6% im Westen und 34,7% im Osten. Die Ergebnisse deuten aber insgesamt auf ein beträchtliches Maß an negativen Einstellungen gegenüber Ausländern hin, auch wenn gleichzeitig 56,1% der Befragten im Westen und 42,5% im Osten meinten, die Anwesenheit von Ausländern trage zur Bereicherung der Kultur in Deutschland bei.

Die recht niedrigen Werte für Nationalismus, die im Vergleich zum Westen wesentlich höhere Ausländerfeindlichkeit in den neuen Bundesländern sowie der hohe Prozentsatz von Befragten, die offensichtlich einen Interessenkonflikt um Arbeitsplätze zwischen Deutschen und Ausländern wahrnahmen, legen den Schluß nahe, daß Auslän-

Nationalismus beträgt die Reliabilität alpha=.88, für den Index *Ausländerfeindlichkeit* alpha=.84.
Bei der Indexkonstruktion wurden die Itemwerte pro Befragtem addiert und dann durch die Zahl der Items (jeweils 4) geteilt, so daß der Wertebereich der Indizes dem der ursprünglichen Items entspricht und von 1,0 bis 6,0 reicht. Beim Index Ausländerfeindlichkeit wurden das zweite und dritte Item „umgedreht", die in ausländerfreundlicher Richtung formuliert waren.

6 Für die Analyse wurde folgende Unterteilung der Wertebereiche gewählt: niedrig=1,0-2,4; mittel=2,5-4,4; hoch= 4,5-6,0.

derfeindlichkeit in der deutschen Jugend in erster Linie ein Ausfluß von *„Wohlstandschauvinismus"* ist (vgl. auch Scheuch 1991: 159ff.). Sie kann daher nicht umstandslos als „rechtsextrem" qualifiziert werden, auch wenn man die gefundenen hohen Anteilswerte als durchaus problematisch empfinden mag.

3. Gibt es ein „rechtes" Einstellungssyndrom?

Inwieweit hängen nun nationalistische und fremdenfeindliche Einstellungen mit anderen „rechten" Überzeugungen und Einstellungen zusammen? Traditionell gehören zum rechten Einstellungssyndrom auch die Billigung politischer Gewalt, die Befürwortung staatlicher Repressionsmaßnahmen (Todesstrafe, Unterdrückung unliebsamer Minderheiten) sowie die Vorstellung, daß die Interessen der Gemeinschaft Vorrang vor dem Interesse des Einzelnen haben. Die Korrelationskoeffizienten für die Zusammenhänge zwischen nationalistischen und ausländerfeindlichen Einstellungen einerseits, und anderen Aspekten des rechten Einstellungssyndroms andererseits finden sich in Tabelle 1. Zusätzlich sind hier auch die Beziehungen zur Einstellung gegenüber dem Nationalsozialismus und zur Selbsteinstufung auf der Links-Rechts-Skala enthalten.

Tabelle 1: Zusammenhänge von Nationalismus und Ausländerfeindlichkeit mit anderen Einstellungsvariablen (Pearsons r)

	West		*Ost*	
	Nationalismus	Ausländerfeindlichkeit	Nationalismus	Ausländerfeindlichkeit
Links-Rechts-Orientierung[1]	.27	.32	.50	.54
Nationalsozialismus[2]	.68	.53	.63	.51
Gewaltbilligung[3]	.19	.18	.33	.26
politische Gewaltbereitschaft[4]	–.00	–.03	.18	.08
Todesstrafe[5]	.41	.45	.30	.36
Nationalstolz[6]	.48	.46	.49	.45
Gemeinwohl vor Sonderinteressen[7]	.05	.06	.02	.05

Quelle: DJI – Jugendsurvey 1992.

1 Selbsteinstufung auf der Links-Rechts - Skala von 1 = links bis 10 = rechts
2 „Der Nationalsozialismus war im Grunde eine gute Idee, die nur schlecht ausgeführt wurde." (Wertebereich: 1 = stimme überhaupt nicht zu bis 6 = stimme voll und ganz zu)
3 „In jeder demokratischen Gesellschaft gibt es bestimmte Konflikte, die mit Gewalt ausgetragen werden müssen." (Wertebereich: 1 = volle Ablehnung bis 6 = volle Übereinstimmung)
4 Bereitschaft, zur Durchsetzung politischer Ziele an Aktionen teilzunehmen, bei denen Gewalt gegen Personen oder Sachen nicht ausgeschlossen werden kann. (1 = Bereitschaft vorhanden, 0 = Bereitschaft nicht vorhanden)
5 „Vieles spricht dafür, für bestimmte Verbrechen die Todesstrafe auch in der Bundesrepublik einzuführen." (Wertebereich: 1 = volle Ablehnung bis 6 = volle Übereinstimmung)
6 „Sagen Sie mir bitte, ob Sie stolz sind, ein Deutscher (eine Deutsche) zu sein." (Wertebereich: 1 = gar nicht stolz bis 4 = sehr stolz)
7 „Die Interessen des ganzen Volkes sollten immer über den Sonderinteressen der Einzelnen stehen." (Wertebereich: 1 = volle Ablehnung bis 6 = volle Zustimmung)

Mit Ausnahme der Einstellung zur Todesstrafe sind die Zusammenhänge im Osten stets gleich stark oder sogar noch stärker als im Westen. Die höchsten Koeffizienten ergaben sich mit der Einstellung zum Nationalsozialismus, mit dem Nationalstolz, mit der Einstellung zur Todesstrafe sowie mit der Selbsteinstufung auf der Links-Rechts-Skala. Die Bezüge zur Gewaltbilligung, zur politischen Gewaltbereitschaft und zu der Vorstellung, daß dem Gemeinwohl der Vorrang gegenüber Gruppeninteressen gebührt, sind dagegen weniger eng. Dabei sind die Werte für Nationalismus und Ausländerfeindlichkeit jeweils sehr ähnlich.
Diese Ergebnisse deuten darauf hin, daß das rechte Einstellungssyndrom im Wandel begriffen ist. Dies ergibt sich einmal daraus, daß heute nur noch eine kleine Minderheit der Jugendlichen ausgeprägt nationalistische Einstellungen aufweist. Zum anderen sind jedoch auch die Zusammenhänge mit anderen Einstellungen, die traditionell als eng mit Nationalismus und Ethnozentrismus verbunden betrachtet werden, nicht besonders eng. Statt dessen haben wir es eher mit verschiedenen Facetten „rechter" Einstellungen zu tun, die sich nicht zu einem einheitlichen Einstellungssyndrom zusammenfügen.
Entsprechend führte auch der Versuch, auf der Basis der verfügbaren Daten eine Gruppe von Befragten mit konsistent rechten Einstellungen zu definieren, zu keinem brauchbaren Ergebnis. Denn jede Kombination von mehr als zwei Variablen reduzierte die Fallzahlen dramatisch. So liegt beispielsweise der Anteil derjenigen, die einerseits hohe Werte auf den beiden Indizes für Nationalismus (West: 12,0%, Ost: 11,5%) und Ausländerfeindlichkeit (West: 20,5%, Ost: 32,0%) erreichen und sich gleichzeitig auf der Links-Rechts-Skala als deutlich rechts von der Mitte einstufen (Werte 7 bis 10), bei lediglich 2,6% im Westen und 5,5% im Osten. Verlangt man zusätzlich noch, daß die Befragten das Nationalsozialismus-Item befürwortet haben müssen, so sinkt der Anteilswert gar auf 1,2% bzw. 3,0%.
Die im DJI-Jugendsurvey gefundenen Einstellungskonsistenzen sind deutlich geringer als die von Falter für die deutsche Bevölkerung insgesamt berichteten (1994: 136ff.). In Falters Studie stimmte immerhin ein knappes Viertel der Befragten mindestens sieben von zehn Aussagen der dort verwendeten Rechtsextremismusskala zu, und ein knappes Zehntel befürwortete sogar mindestens acht der vorgegebenen Aussagen (1994: 140f.). Dies mag teilweise an der unterschiedlichen Art der Skalenbildung liegen, teilweise jedoch auch am Alter der im DJI-Jugendsurvey befragten Personen. Das Alter spielt dabei eine doppelte Rolle. Einmal ist das politische Weltbild bei jungen Befragten noch weniger gefestigt als bei älteren. Zum anderen wissen wir jedoch auch aus zahlreichen Umfragen, daß rechte Einstellungen in der heutigen jungen Generation aufgrund der veränderten politischen Bedingungen, des gestiegenen Bildungsniveaus und geänderter Werthaltungen weniger verbreitet sind als in der älteren. Dies zeigte sich bereits in der 1980 durchgeführten SINUS-Studie zum Rechtsextremismus in der alten Bundesrepublik (1981: 87).

4. Determinanten der Ausländerfeindlichkeit bei Jugendlichen

Wie die Werte in Tabelle 2 zeigen, ist der Effekt der Schulbildung auf die Ausländerfeindlichkeit deutlich ausgeprägt. Die Anteilswerte für hohe Ausländerfeindlichkeit liegen bei den Abiturienten im Westen um 30,2%, im Osten um 38,5% unter denen der Befragten, die nur die Hauptschule besucht haben. Im Rahmen des deprivationstheoretischen Ansatzes wird die geringere Ausländerfeindlichkeit von Personen mit hohem Bildungsniveau dabei weniger auf kognitive Faktoren zurückgeführt, sondern primär als Folge ihrer besseren Berufschancen und ihres höheren Maßes an ökonomischer Sicherheit betrachtet.

Tabelle 2: Ausländerfeindlichkeit und Schulbildung (Spalten%)

	West			*Ost*		
	Hauptschule	Mittlere Reife	(Fach-) Abitur	Hauptschule	Mittlere Reife	(Fach-) Abitur
niedrig	13,0	25,7	47,1	7,4	16,5	38,7
mittel	48,7	54,2	44,8	39,1	46,1	46,3
hoch	38,3	20,1	8,1	53,3	37,4	15,0
n	1239	1489	1744	202	1574	719

Quelle: DJI – Jugendsurvey 1992.

Um zu prüfen, ob die zwischen den verschiedenen Bildungsgruppen gefundenen Unterschiede tatsächlich auf deren unterschiedliche Lebenschancen zurückzuführen sind, wurden in einem nächsten Analyseschritt zusätzlich zwei Deprivationsfaktoren berücksichtigt, nämlich zum einem die *Arbeitslosigkeit* der Befragten, und zum anderen die *relative Deprivation*, also die subjektiv wahrgenommene Benachteiligung gegenüber anderen.

Ist die These von den Modernisierungsverlierern korrekt, so sollten Ausländer von den Arbeitslosen in besonderem Maße als Konkurrenten um knappe Arbeitsplätze wahrgenommen werden, und die Ausländerfeindlichkeit sollte daher bei ihnen ausgeprägter sein. Dies ist auch tatsächlich der Fall. Im Westen liegt der Anteil der befragten Arbeitslosen mit hoher Ausländerfeindlichkeit im Westen bei 39,1% (Gesamtgruppe: 20,5%) und im Osten bei 45,4% (Gesamtgruppe: 32,0%).

Eine Kontrolle für das niedrigere Bildungsniveau der Arbeitslosen durch die gleichzeitige Berücksichtigung beider Variablen zeigt, daß im Westen Arbeitslosigkeit nur bei den Hauptschülern zu erhöhter Ausländerfeindlichkeit führt. 55,9% der arbeitslosen Hauptschulabsolventen weisen hier eine hohe Ausländerfeindlichkeit auf, während es in der Gesamtgruppe der Hauptschüler lediglich 38,3% sind.

In den neuen Bundesländern ist der Effekt der Arbeitslosigkeit auf die Ausländerfeindlichkeit bei den Hauptschulabsolventen weniger deutlich ausgeprägt, mit 61,5% hoher Ausländerfeindlichkeit bei den Arbeitslosen im Vergleich zu 53,5% bei allen Befragten mit diesem Bildungsniveau. Hier schlägt sich die Arbeitslosigkeit aber auch noch bei mittlerem Bildungsabschluß in einer erhöhten Ausländerfeindlichkeit nieder (46,0% zu 37,4%). Lediglich bei den Abiturienten ist der Einfluß der Arbeitslosigkeit minimal (18,4% zu 15,0%).

Auch mit zunehmender relativer Deprivation erhöht sich die Ausländerfeindlichkeit. Unter denjenigen Befragten, die sich persönlich stark benachteiligt fühlen, weisen im Westen 36,2% und im Osten 45,9% eine hohe Ausländerfeindlichkeit auf, im Vergleich zu 20,5% bzw. 32,0% in der Gesamtgruppe. Dieser Effekt bleibt auch bei einer Kontrolle für die Schulbildung erhalten. Gleichzeitig läßt sich aber feststellen, daß das Bildungsniveau daneben auch einen eigenständigen Effekt ausübt, der primär kognitiver Natur sein dürfte. Denn auch in den objektiv und subjektiv deprivierten Gruppen erweisen sich die Abiturienten durchweg als resistenter gegenüber ausländerfeindlichen Tendenzen.

Nach Heitmeyer (1993) begünstigen vor allem soziale Desintegrationsprozesse den Rückgriff auf soziale Stereotype und Fremdenfeindlichkeit. Hierfür sind nach seinem Dafürhalten vor allem unterprivilegierte Jugendliche anfällig, deren objektive Lebenschancen gering sind. Um zu prüfen, ob diese Überlegungen Heitmeyers zutreffend sind, sollen hier zunächst die Zusammenhänge zwischen den Benachteiligungsfaktoren und dem Gefühl der sozialen Desorientierung betrachtet werden. Tatsächlich hängt das Gefühl sozialer Desorientierung[7] sowohl mit dem Bildungsniveau, als auch mit dem Gefühl relativer Deprivation zusammen. Dabei ist der Zusammenhang mit der relativen Deprivation im Osten mit r=.42 deutlich enger als im Westen mit r=.31. Im Westen ist dagegen der Zusammenhang mit dem Bildungsniveau enger (r=–.30; Ost: r=–.23).

In einem nächsten Schritt wurde nun untersucht, welche Bedeutung verschiedenen unabhängigen Variablen für die Erklärung sozialer Desorientierung zukommt. Neben Bildung und relativer Deprivation wurden dabei noch die *soziale Zufriedenheit* sowie die *Wahrnehmung von persönlichen Nachteilen der Vereinigung Deutschlands* berücksichtigt. Die Ergebnisse der multiplen Regressionsanalyse finden sich in Tabelle 3.

Tabelle 3: Determinanten sozialer Desorientierung (multiple Regressionsanalyse)

	West			*Ost*			*Insgesamt*[1]		
	b	Beta	Rang	b	Beta	Rang	b	Beta	Rang
Bildungsniveau[2]	–.24	–.25	1	–.20	–.15	4	–.22	–.22	2
relative Deprivation[3]	.24	.21	2	.18	.18	3	.26	.24	1
Nachteile durch die Vereinigung Deutschlands[4]	.10	.08	3	.20	.20	2	.08	.07	4
soziale Zufriedenheit[5]	–.03	–.06	4	–.08	–.21	1	–.05	–.11	3
Konstante	2.66			3.07			2.81		
erklärte Varianz		.17			.28			.19	

Quelle: DJI – Jugendsurvey 1992

1 gewichtet mit West-Ost - Gewicht
2 1 = Hauptschule; 2 = Mittlere Reife, POS; 3 = (Fach-) Abitur
3 1 = gerechter Anteil; 2 = weniger als gerechter Anteil; 3 = sehr viel weniger
4 1 = eher Vorteile; 2 = keine Veränderung oder Vor- und Nachteile gleichermaßen; 3 = eher Nachteile
5 Summenindex: Zufriedenheit mit verschiedenen Lebensbereichen, 0 = unzufrieden; 10 = zufrieden

In den neuen Bundesländern haben die soziale Zufriedenheit und die Wahrnehmung persönlicher Nachteile durch die deutsche Vereinigung den stärksten Einfluß auf die soziale Desorientierung, mit Betawerten von –.21 und .20. Demgegenüber treten die

7 Zur Indexbildung vgl. Krebs (1995: 339ff.).

Effekte der relativen Deprivation und des Bildungsniveaus etwas zurück. Soziale Desorientierung resultiert hier also primär aus relativ konkreten Beeinträchtigungen der eigenen Lebenssituation.

Im Westen sind dagegen vor allem das Bildungsniveau (Beta=–.25) und die relative Deprivation (Beta=.21) bedeutungsvoll. Die Erklärungskraft des Modells ist zudem insgesamt schwächer. Dies dürfte darauf zurückzuführen sein, daß angesichts der stärkeren Individualisierung der Lebensverhältnisse auch die sozialen Orientierungen stärker vom individuellen sozialen Umfeld abhängen.

Berücksichtigt man in einer gemeinsamen Regressionsanalyse als zusätzliche Variable noch das Erhebungsgebiet, so zeigt sich ein nicht unbeträchtlicher Ost-West-Effekt (Beta= .15). Dieser deutet darauf hin, daß die besonderen Bedingungen in den neuen Bundesländern schon für sich genommen ein Gefühl der sozialen Desorientierung begünstigen, das unabhängig von persönlichen Deprivationserfahrungen ist. Dies läßt sich auch schon daran sehen, daß in allen nach Bildung, relativer Deprivation und Zufriedenheit gebildeten Untergruppen die jungen Menschen im Osten ein deutlich höheres Niveau sozialer Desorientierung aufweisen (vgl. Krebs 1995: 344f.).

Das im Osten höhere Niveau sozialer Desorientierung kann daher durchaus als Reflex der objektiv weniger geordneten gesellschaftlichen Verhältnisse und der geringeren Planbarkeit der eigenen Zukunft verstanden werden. Hierzu mag auch beitragen, daß die DDR als paternalistischer Wohlfahrtsstaat im Vergleich zur alten Bundesrepublik zuvor ein sehr viel höheres Maß an individueller Sicherheit geboten hatte und insofern der Verlust an Sicherheit als relativ einschneidend empfunden wird.

Die Analysen haben also die Annahmen der Anomietheorie im Hinblick darauf bestätigt, daß gesellschaftliche Benachteiligung die Entstehung sozialer Desorientierung begünstigt. Da Bildungsabschlüssen in hochentwickelten Gesellschaften große Bedeutung für die Zuteilung von Berufschancen zukommt, kann zudem der relativ starke Einfluß des Bildungsniveaus auf das Gefühl sozialer Desorientierung zumindest teilweise ebenfalls als Konsequenz sozialer Benachteiligungserfahrungen interpretiert werden. Daneben vermittelt eine höhere formale Bildung jedoch auch kognitive Fähigkeiten, sich in der Gesellschaft zurechtzufinden. Insofern dürften also auch die besseren kognitiven Fähigkeiten der Höhergebildeten zu deren geringerem Maß an sozialer Desorientierung beitragen.

Inwieweit ist nun aber auch der zweite Teil der Erklärung Heitmeyers stichhaltig, nämlich daß Deprivation in Verbindung mit sozialer Desorientierung Ausländerfeindlichkeit und Rechtstendenzen begünstigt? Hier zeigen die Korrelationskoeffizienten zunächst, daß das Niveau der Ausländerfeindlichkeit primär mit dem Bildungsniveau (r=–.38), mit sozialer Desorientierung (r=.34) und mit *Normlosigkeit*[8] im Sinne einer instrumentellen Haltung gegenüber sozialen Normen (r=.35) zusammenhängt. Die

8 In der Anomieliteratur wird *Normlosigkeit* als ausschließliche Orientierung des eigenen Verhaltens am erwarteten Erfolg bzw. an der Vermeidung negativer Sanktionen definiert. Normlosigkeit ist ähnlich wie die soziale Desorientierung bei den Jugendlichen in den neuen Bundesländern stärker ausgeprägt, auch wenn der Ost-West-Unterschied hier nicht so groß ist. Im Osten weisen 37,5% der Befragten hohe Werte auf, im Westen 31,6%. In den alten Bundesländern korreliert sie mit sozialer Desorientierung (r=.32), nicht jedoch in den neuen (r=.08). Von daher ist sie analytisch wie auch empirisch von dieser zu trennen. Zur Indexbildung vgl. Krebs (1995: 349ff.).

Zusammenhänge mit subjektiven Benachteiligungsfaktoren, nämlich mit relativer Deprivation (r=.19), wahrgenommenen Nachteilen durch die deutsche Vereinigung (r=.15) und sozialer Zufriedenheit (r=–.03) sind dagegen sehr viel schwächer.
In einer multiplen Regressionsanalyse für die Gesamtgruppe der Befragten erklären die drei unabhängigen Variablen Bildung, soziale Desorientierung und Normlosigkeit 26,0% der Varianz, mit nur minimalen Unterschieden nach West und Ost (vgl. Tabelle 4). Da Normlosigkeit neben sozialer Desorientierung eine zweite anomische Reaktionsform auf die Erosion sozialer Bindungen und Normen darstellt, spricht dieses Ergebnis dafür, daß primär kognitive Fähigkeiten und das Ausmaß der Strukturiertheit der sozialen Verhältnisse die Anfälligkeit für ausländerfeindliche Tendenzen beeinflussen. Die subjektiven Benachteiligungsfaktoren leisten dagegen keinen zusätzlichen Beitrag mehr zur Varianzaufklärung. Die entsprechenden Werte wurden daher in der Tabelle nicht ausgewiesen. Insofern ist also der zu Anfang dieses Kapitels berichtete Effekt von Arbeitslosigkeit und relativer Deprivation auf die Ausländerfeindlichkeit zu relativieren.

Tabelle 4: Determinanten der Ausländerfeindlichkeit (multiple Regressionsanalyse)

	West		*Ost*		*Insgesamt*[1]	
	b	Beta	b	Beta	b	Beta
Bildungsniveau	–.53	–.31	–.56	–.23	–.52	–.29
soziale Desorientierung	.34	.19	.23	.12	.34	.19
Normlosigkeit	.45	.22	.67	.32	.51	.24
Konstante	2.29		2.39		2.19	
erklärte Varianz	.17		.28		.26	

Quelle: DJI – Jugendsurvey 1992.

1 gewichtet mit West-Ost-Gewicht

Die Effekte der unabhängigen Variablen lassen sich noch sehr viel plastischer verdeutlichen, wenn man die Prozentsatzdifferenzen betrachtet, die sich für die Extremgruppen ergeben. Zu diesem Zweck wurden die beiden Variablen soziale Desorientierung und Normlosigkeit zu einem gemeinsamen Index zusammengefaßt. Dies ist insofern gerechtfertigt, als es sich dabei ja um zwei Folgewirkungen gesellschaftlicher Anomie handelt, auch wenn diese auf individueller Ebene nicht sehr eng zusammenhängen.[9] Berücksichtigt man zusätzlich noch die Schulbildung, die ja ebenfalls einen nicht unbeträchtlichen Einfluß auf die Ausländerfeindlichkeit hat, so finden sich in der einen Extremkategorie die Hauptschüler mit einem hohen Wert auf der kombinierten Anomievariablen, und in der anderen Extremkategorie die Abiturienten mit einem niedrigen Wert. In der ersten Gruppe liegt der Anteil der Befragten mit hoher Aus-

9 Hierzu wurden beide Variablen trichotomisiert (niedrig, mittel, hoch) und die Werte dann aufaddiert. Der resultierende Index hat einen Wertebereich von 2 bis 6, wobei dann wiederum je zwei Werte zusammengefaßt wurden, so daß sich insgesamt wieder drei Kategorien ergaben.

Tabelle 5: Die Effekte von Anomie und Bildungsniveau auf Ausländerfeindlichkeit (Prozent mit hoher Ausländerfeindlichkeit)

Anomie	Hauptschule	Mittlere Reife	(Fach-)Abitur
West			
niedrig	19,6	11,0	2,7
mittel	25,7	17,8	7,5
hoch	53,6	30,1	21,0
Ost			
niedrig	26,3	20,7	5,4
mittel	50,0	27,1	13,6
hoch	58,4	48,6	26,1

Quelle: DJI – Jugendsurvey 1992.

länderfeindlichkeit bei über der Hälfte (West 53,6%, Ost 58,4%), in der zweiten ist er hingegen verschwindend gering (West 2,7%, Ost 5,4% (vgl. Tabelle 5).

Alles in allem zeigen die Ergebnisse, daß ungünstige wirtschaftliche Lebensumstände nur indirekt für die Entwicklung fremdenfeindlicher Einstellungen verantwortlich sind: sie fördern die Entstehung sozialer Desorientierung, und diese wiederum leistet der Ausländerfeindlichkeit Vorschub. Der direkte Zusammenhang zwischen ungünstigen Lebensverhältnissen und Ausländerfeindlichkeit ist dagegen nur schwach. Dies bestätigen im übrigen auch die Ergebnisse Kühnels für die Gesamtbevölkerung im Osten (1995: 219). Die These, daß Fremdenfeindlichkeit und Rechtsextremismus Reaktionen der *Modernisierungsverlierer* auf eine sich verschlechternde ökonomische Situation sind, ist von daher zu kurzschlüssig, während die Heitmeyersche Annahme, daß vor allem gesellschaftliche Anomie der Ausländerfeindlichkeit Vorschub leistet, eher mit den empirischen Ergebnissen vereinbar ist. Dieses Ergebnis mag allerdings – durchaus in Einklang mit den Annahmen Heitmeyers – nur für junge Menschen gelten, denn in der Gesamtbevölkerung der neuen Bundesländer konnte Kühnel keinen entsprechenden Zusammenhang feststellen (1995: 218ff.).

5. Das Rechtspotential in der deutschen Jugend

Auch wenn die in Abschnitt 3 vorgestellten Analysen ergaben, daß bestenfalls eine kleine Minderheit unter der heutigen deutschen Jugend ein konsistent rechtes Einstellungsprofil aufweist, bleibt dennoch die Frage nach dem Mobilisierungspotential für rechte politische Gruppen und Parteien bestehen. Dieses dürfte allerdings nicht *alle* Personen mit einer ausländerfeindlichen Einstellung umfassen, sondern nur solche, die von ihrer politischen Grundhaltung her auch in anderen Fragen eher dem rechten politischen Spektrum zuneigen (vgl. Falter 1994: 142f.). Von daher werden für die folgenden Analysen nur solche Befragte dem *Rechtspotential* zugerechnet, die sich selbst als politisch rechts von der Mitte einstufen und gleichzeitig ein hohes Maß an Ausländerfeindlichkeit aufweisen.

Dem relativ engen Zusammenhang zwischen der Links-Rechts-Orientierung und ausländerfeindlichen Einstellungen entsprechend, nimmt der Anteil der Befragten mit hoher Ausländerfeindlichkeit von links nach rechts kontinuierlich zu und ist bei den

Tabelle 6: Links-Rechts-Orientierung und Ausländerfeindlichkeit (Spalten%)

Ausländer-feindlichkeit	links 1 – 2	eher links 3 – 4	Mitte 5 – 6	eher rechts 7 – 8	rechts 9 – 10
West					
niedrig	60,3	45,8	25,3	13,8	8,3
mittel	25,7	35,7	58,4	58,4	28,0
hoch	14,0	18,5	16,3	27,8	63,7
n	272	1261	2020	734	168
Ost					
niedrig	63,9	41,6	13,9	3,6	0,9
mittel	32,3	42,9	56,1	34,7	11,9
hoch	3,8	15,5	30,0	61,7	87,2
n	158	664	1205	392	109

Quelle: DJI – Jugendsurvey 1992.

weit rechtsorientierten Jugendlichen mit 63,7% im Westen und 87,2% im Osten besonders hoch (vgl. Tabelle 6). Im Westen liegt der Anteil der Befragten mit hoher Ausländerfeindlichkeit dabei im Falle einer linken oder mittleren Orientierung durchweg niedrig und steigt erst auf der politischen Rechten deutlich an, während er in den neuen Bundesländern schon bei Befragten, die sich der politischen Mitte zurechnen, stark zunimmt.

Die Korrelationen der Variablen *Rechtspotential* mit anderen Variablen sind durchweg nicht besonders ausgeprägt. Dies dürfte in erster Linie darauf zurückzuführen sein, daß diese Variable eine extrem schiefe Verteilung aufweist und die entsprechende Befragtengruppe recht klein ist. Insofern bietet sich hier eine Analyse der Prozentsatzdifferenzen an, die unter dieser Voraussetzung die tatsächlichen Zusammenhänge besser reflektiert.

Tabelle 7 enthält die Anteilswerte des Rechtspotentials in verschiedenen, nach demographischen Merkmalen und Einstellungsvariablen gebildeten Untergruppen. Sie zeigt zunächst, daß das rechte Mobilisierungspotential in den alten Bundesländern knapp sieben Prozent und in den neuen Bundesländern 13,1% beträgt. Unter den Hauptschülern ist es überdurchschnittlich hoch und erreicht bei den männlichen Hauptschulabsolventen im Osten 33,8%. Hierbei ist jedoch zu bedenken, daß Anteil der Befragten mit Hauptschulabschluß in den neuen Bundesländern lediglich 8,1% umfaßt (West: 27,7%). Umgekehrt ergibt sich daraus jedoch auch, daß die Angehörigen dieser Gruppe hier besonders stark unterprivilegiert sind.

In den bisherigen Analysen wurde auf geschlechtsspezifische Unterschiede nicht eingegangen, obwohl diese durchaus auch im Hinblick auf ausländerfeindliche Einstellungen existieren, wie an anderer Stelle gezeigt wurde (vgl. Hoffmann-Lange u.a. 1993). Die statistischen Zusammenhänge zwischen dem Geschlecht der Befragten und der Ausländerfeindlichkeit sind jedoch nicht besonders eng. Bei der Analyse des Rechtspotentials weist das Geschlecht aber neben dem Bildungsniveau den stärksten Effekt auf, wobei es im Osten die Bedeutung des Bildungsniveaus sogar überflügelt. Das Geschlecht ist vor allem in der Gruppe mit dem niedrigsten Bildungsabschluß bedeutsam und wurde daher in der Tabelle mit ausgewiesen. Hier beträgt die Pro-

Tabelle 7: Das Rechtspotential[1] in verschiedenen demographischen Gruppen und seine Zusammenhänge mit subjektiver Unterprivilegierung sowie politischer Unzufriedenheit

	West		*Ost*	
	n	%	n	%
Insgesamt	311	6,9	337	13,1
Bildungsniveau:				
Hauptschule	150	12,1	55	27,2
–männlich	118	17,5	44	33,8
–weiblich	32	5,7	11	15,3
Mittlere Reife	106	7,1	240	15,2
Abitur	50	2,9	36	5,0
Erwerbsstatus:				
in Ausbildung	93	4,9	132	13,6
erwerbstätig	152	7,6	122	11,2
arbeitslos	34	17,3	70	18,9
sonstiges[2]	28	7,5	13	10,5
relative Deprivation:[3]				
sehr viel weniger als gerechter Anteil	65	17,0	89	18,3
etwas weniger als gerechter Anteil	122	9,9	119	12,2
gerechter Anteil	82	3,9	88	11,4
Zufriedenheit mit verschiedenen Lebensbereichen:[4]				
zufrieden	65	5,1	65	13,5
mittel	153	6,1	170	12,7
unzufrieden	87	13,4	101	14,2
Normlosigkeit:[5]				
niedrig	42	3,5	44	8,5
mittel	118	6,2	93	8,6
hoch	151	10,6	198	20,6
Zufriedenheit mit der Demokratie in der Bundesrepublik:[6]				
niedrig	69	14,9	81	17,6
mittel	111	6,5	147	11,8
hoch	117	5,5	94	12,2

Quelle: DJI – Jugendsurvey 1992.

1 Wie im Text beschrieben, wurde das Rechtspotential definiert als politische Rechtsorientierung (Skalenwerte 7 bis 10) bei gleichzeitig hoher Ausländerfeindlichkeit (Skalenwerte 4,5 – 6,0).
2 Hausfrauen, Wehr- und Zivildienstleistende, Personen in Kurzarbeit/Umschulung und sonstige Erwerbslose
3 „Im Vergleich dazu, wie andere Leute in der Bundesrepublik leben: Glauben Sie, daß Sie Ihren gerechten Anteil erhalten, mehr als Ihren gerechten Anteil, etwas weniger oder sehr viel weniger?“ Die Kategorien gerechter Anteil und mehr als gerechter Anteil wurden in der Tabelle zusammengefaßt.
4 Die Werte des Index wurden folgendermaßen unterteilt: 0,0 – 4,0 unzufrieden; 4,1 – 7,0 mittel; 7,1 – 10,0 zufrieden.
5 Die Werte der 4-stufigen Skala des Index wurden folgendermaßen unterteilt: 1,0 – 2,0 niedrig; 2,1 – 3,0 mittel; 3,1 – 4,0 hoch
6 Je 2 Skalenwerte der 6-stufigen Skala wurden zusammengefaßt.

zentsatzdifferenz im Westen 11,8% und im Osten sogar 18,3%. In den neuen Bundesländern ist der Unterschied zwischen den Geschlechtern aber auch noch bei den Befragten mit Mittlerer Reife vergleichbar hoch (23,2% zu 7,1%; Differenz: 16,1%). Unter den Arbeitslosen ist das Rechtspotential überdurchschnittlich hoch. Es beträgt bei den arbeitslosen Hauptschulabsolventen 26,3% im Westen und 35,4% im Osten. Auch mit relativer Deprivation, sozialer Unzufriedenheit und Normlosigkeit nimmt es deutlich zu. Und schließlich steigt es mit zunehmender politischer Unzufriedenheit ebenfalls an. Allerdings beträgt das Rechtspotential letztlich in nur einer der ausgewiesenen Untergruppen mehr als ein Fünftel der Befragten, nämlich bei den männlichen Hauptschulabsolventen im Osten.

Für die Bestimmung der Mobilisierungschancen rechter bzw. rechter politischer Gruppierungen ist natürlich vor allem die Frage vorrangig, ob die als Rechtspotential definierte Befragtengruppe, die ja ausschließlich über Einstellungsvariablen bestimmt wurde, auch tatsächlich für rechte politische Gruppierungen leichter erreichbar ist, und ob die Zugehörigkeit zu dieser Gruppe Konsequenzen für das politische Verhalten hat.

In der als Rechtspotential definierten Gruppe liegt der Anteil der Befragten mit einer Parteipräferenz für die Republikaner im Westen bei 38,3% und im Osten gar bei 44,9%. In der Gesamtgruppe der Befragten beträgt dieser dagegen nur 5,1% bzw. 8,0%. Auch die Sympathien für Skinheads sind mit 17,4% bzw. 33,5% recht hoch (Gesamtgruppe: 2,5% bzw. 5,9%).

Schließlich zeichnen sich die Angehörigen dieser Gruppe auch noch durch eine überdurchschnittliche politische Protestbereitschaft aus. Der Anteil derjenigen, die nicht genehmigte Demonstrationen für ein akzeptables Mittel zur Durchsetzung politischer Ziele halten, liegt bei 35,9% im Westen und bei 58,2% im Osten, während die entsprechenden Anteilswerte für die übrigen Befragten lediglich 26,0% resp. 34,3% betragen. 27,3% im Westen und 43,9% im Osten wären sogar bereit, zu politischer Gewalt zu greifen (übrige Befragte: 9,1% bzw. 11,6%). Alles in allem deuten die Zahlen also darauf hin, daß es durchaus ein Mobilisierungspotential für rechte politische Gruppierungen unter den heutigen Jugendlichen und jungen Erwachsenen gibt. Allerdings handelt es sich dabei nur um eine relativ kleine Minderheit.

6. Fazit

Die beiden Ansätze zur Erklärung rechter Einstellungen, nämlich der deprivationstheoretische und der anomietheoretische erfreuen sich in der öffentlichen, wie auch in der wissenschaftlichen Diskussion großer Beliebtheit. Denn sie postulieren einen Bezug zwischen Alltagserfahrungen und politischen Einstellungen, der das tatsächliche Anwachsen extrem rechter Gruppen in ökonomischen Krisenzeiten scheinbar plausibel macht. Dabei wird jedoch übersehen, daß Makro- und Mikroprozesse einer unterschiedlichen Logik folgen können. Während es auf der Makro-Ebene tatsächlich deutliche Belege für den Beitrag ökonomischer Probleme zum Anstieg von (rechtem) Protest- und Wahlverhalten gibt (vgl. Gurr 1968; Jagodzinski 1983), zeigen Umfrageergebnisse regelmäßig, daß die persönliche wirtschaftliche Lage *nicht* mit rechten Einstellungen zusammenhängt und kaum Einfluß auf die Wahlentscheidung des einzelnen Wählers hat (u.a. Niedermayer 1990; Westle und Niedermayer 1992).

Ist diese Überlegung zutreffend, so ist die These vom Zusammenhang zwischen wirtschaftlichen Problemen und der Verbreitung rechter Orientierungen zwar auf der gesamtgesellschaftlichen Ebene tragfähig, gilt jedoch nicht gleichermaßen auf der individuellen Ebene. Der Rückgriff auf individualpsychologische Analogien zur Erklärung von Makrophänomenen, so verlockend er auch sein mag, ist daher problematisch. Denn der *lebensweltliche Erklärungsansatz* verkennt, daß politische Einstellungen kein simpler Reflex der persönlichen Lebenssituation sind, sondern daß soziale Situationen immer erst mit Hilfe politischer Deutungsmuster interpretiert werden müssen (vgl. auch Leggewie 1992: 66). Dabei können für ein- und dieselbe Situation durchaus unterschiedliche politische Deutungsmuster in Betracht kommen.

Das rechte Deutungsmuster definiert die Angehörigen sozial schwacher Minderheiten ebenso wie die von „Fremdgruppen" als überflüssige Kostgänger des Staates bzw. als Konkurrenten um knappe Arbeitsplätze. Die Übernahme dieses Deutungsmusters hängt jedoch von einer Vielzahl zusätzlicher Bedingungen ab, nicht zuletzt von der Verfügbarkeit alternativer Deutungsmuster (z.B. eines „linken") und der Bindekraft der etablierten Parteien (vgl. Scheuch/Klingemann 1967: 20). Insofern haben wir es auf der individuellen Ebene bestenfalls mit einer *indirekten Wirkung politischer Belastungsfaktoren* zu tun.

Umgekehrt ist aber die Wahrnehmung ökonomischer Probleme natürlich nicht auf diejenigen beschränkt, die von ihnen persönlich betroffen sind. Vielmehr wissen wir aus der Forschung über den Zusammenhang von wirtschaftlicher Lage und Wahlverhalten, daß die Wahrnehmung der allgemeinen wirtschaftlichen Lage wichtiger ist als das persönliche wirtschaftliche Wohlergehen. Daher können wirtschaftliche Probleme auch bei persönlich nicht davon betroffenen Personen zu einem Anstieg der Ausländerfeindlichkeit beitragen, sofern diese der Meinung sind, daß die Ausländer eine Belastung für die wirtschaftliche Leistungsfähigkeit Deutschlands darstellen und den Deutschen Arbeitsplätze und Wohnungen wegnehmen. Nicht umsonst werden in der Literatur die Angst vor Statusverlust und Wohlstandseinbußen als wichtiger Faktor bei der Entstehung von Ausländerfeindlichkeit genannt (vgl. Scheuch 1990: 159ff.; Kuechler 1994: 72). Insofern darf man bei der Erklärung der Erfolge rechter Parteien und der Zunahme von Fremdenfeindlichkeit die öffentliche Thematisierung der Ausländerfrage also nicht außer Acht lassen (vgl. Thränhardt 1993; Ohlemacher 1994).

Auch die Annahme, daß Anomie einen Nährboden für rechte Einstellungen darstellt, wird durch die auf individueller Ebene gefundenen Zusammenhänge nur teilweise gestützt. Zwar hängen soziale Desorientierung und Normlosigkeit mit Ausländerfeindlichkeit zusammen, nicht jedoch mit der Bereitschaft zur Unterstützung rechter Gruppen. Letztlich handelt es sich auch bei der Anomietheorie um eine makrosoziologische Theorie, die durch Individualdaten weder bestätigt noch entkräftet werden kann (vgl. Gerhardt 1994).

Ungeachtet der aktuellen ökonomischen Probleme und der Verunsicherung durch die Vereinigung Deutschlands, läßt sich unter den jungen Menschen in Deutschland kein zahlenmäßig bedeutsames rechtes Einstellungspotential ausmachen. Die gefundenen Korrelationen zwischen verschiedenen Elementen des rechten Einstellungssyndroms sind zwar nicht unerheblich. Aber selbst wo sie relativ eng sind, nehmen die Fallzahlen schon bei der gleichzeitigen Anwendung von zwei Kriterien stark ab. Dies ist darauf zurückzuführen, daß die Anteilswerte für alle Elemente des rechten Einstellungssyndroms, mit Ausnahme der Ausländerfeindlichkeit, recht niedrig liegen. Damit soll das in Deutschland unzweifelhaft vorhandene fremdenfeindliche Einstellungspotential keineswegs schöngeredet werden. Aber man sollte es angesichts der Tatsache, daß die Mehrheit der ausländerfeindlichen Jugendlichen in sonstigen Fragen keineswegs der äußersten Rechten zuzurechnen ist, in seiner Bedeutung auch nicht überbewerten.

Literaturverzeichnis

Emmert, Thomas/Stögbauer, Andrea, 1994: Volksparteien in der Krise. Die Wahlen in Baden-Württemberg, Schleswig-Holstein und Hamburg, in: *Wilhelm Bürklin/Dieter Roth* (Hrsg.), Das Superwahljahr. Köln, 86-110.

Falter, Jürgen W., 1994: Wer wählt rechts? München.

Geiger, Theodor, 1951: Die Legende von der Massengesellschaft, in: Archiv für Rechts- und Sozialphilosophie 39, 305-323.

Gerhardt, Uta, 1994: Identifikation und Anomie, in: *Hans-Ulrich Derlien/Uta Gerhardt/Fritz W. Scharpf* (Hrsg.), Systemrationalität und Partialinteresse. Baden-Baden, 59-82.

Gurr, Ted, 1968: A Causal Model of Civil Strife: A Comparative Analysis Using New Indices, in: American Political Science Review 62, 1104-1124.

Heitmeyer, Wilhelm, 1988: Ökonomisch-soziale Alltagserfahrungen und rechtsextremistische Orientierungen bei Jugendlichen, in: *Frank Benseler/Wilhelm Heitmeyer/Dietrich Hoffmann/ Dietmar K. Pfeiffer/Dieter Sengling* (Hrsg.), Risiko Jugend. Leben, Arbeit und politische Kultur. Münster, 219-232.

Heitmeyer, Wilhelm, 1992: Rechtsextremistische Orientierungen bei Jugendlichen, 4. Auflage. Weinheim/München.

Heitmeyer, Wilhelm, 1993: Gesellschaftliche Desintegrationsprozesse als Ursachen von fremdenfeindlicher Gewalt und politischer Paralysierung, in: Aus Politik und Zeitgeschichte, B2-3, 3-13.

Hoffmann-Lange, Ursula (Hrsg.), 1995: Jugend und Demokratie in Deutschland. Opladen.

Hoffmann-Lange, Ursula/Eilders, Christiane, 1990: Das rechtsradikale Potential unter Jugendlichen in der Bundesrepublik, in: DISKURS 0, 24-30.

Hoffmann-Lange, Ursula/Gille, Martina/Ott, Sybille/Schneider, Helmut, 1993: Angleichung oder Stabilisierung geschlechtsspezifischer Muster?, in: Frau und Mann zwischen Tradition und Emanzipation. Stuttgart, 95-118.

Jagodzinski, Wolfgang, 1983: Ökonomische Entwicklung und politisches Protestverhalten 1920-1973. Eine kombinierte Quer- und Längsschnittanalyse, in: Politische Vierteljahresschrift, Sonderheft 14, 18-43.

Klönne, Arno, 1989: Aufstand der Modernisierungsopfer, in: Blätter für deutsche und internationale Politik 34, Heft 5, 545-548.

Kornhauser, William, 1959: The Politics of Mass Society. Glencoe.

Krebs, Dagmar, 1995: Soziale Desorientierung und Devianzbereitschaft, in: *Ursula Hoffmann-Lange* (Hrsg.), Jugend und Demokratie in Deutschland. Opladen, 337-357.

Kuechler, Manfred, 1994: Germans and 'Others': Racism, Xenophobia, or 'Legitimate Conservatism'?, in: German Politics 3, 47-74.

Kühnel, Wolfgang, 1995: Fremdenfeindlichkeit und Nationalismus. Korrelate sozialer Deprivation und politischer Unzufriedenheit?, in: *Hans Bertram* (Hrsg.), Ostdeutschland im Wandel: Lebensverhältnisse – politische Einstellungen. Opladen, 207-229.

Leggewie, Claus, 1992: „Nationalpopulismus" – der neue Rechtsextremismus, in: *Theo Schiller* (Hrsg.), Parteien und Gesellschaft. Stuttgart, 61-69.

Mayer, Hans-Ludwig, 1991: Wählerverhalten bei der Bundestagswahl 1990 nach Geschlecht und Alter, in: Wirtschaft und Statistik, Heft 4, 248-260 und 138*-141*.

Niedermayer, Oskar, 1990: Sozialstruktur, politische Orientierungen und die Unterstützung extrem rechter Parteien in Westeuropa, in: Zeitschrift für Parlamentsfragen 21, 564-582.

Ohlemacher, Thomas, 1994: Public Opinion and Violence Against Foreigners in the Reunified Germany, in: Zeitschrift für Soziologie 23, 222-236.
Scheuch, Erwin K., 1991: Wie deutsch sind die Deutschen? Bergisch Gladbach.
Scheuch, Erwin K./Klingemann, Hans D., 1967: Theorie des Rechtsradikalismus in westlichen Industriegeselschaften, in: *Heinz-Dieter Ortlieb/Bruno Molitor* (Hrsg.), Hamburger Jahrbuch für Wirtschafts- und Sozialpolitik, Band 12. Tübingen, 11-29.
SINUS, 1981: 5 Millionen Deutsche: „Wir sollten wieder einen Führer haben ...". Reinbek.
Thränhardt, Dietrich, 1993: Die Ursprünge von Rassismus und Fremdenfeindlichkeit in der Konkurrenzdemokratie, in: Leviathan 21, 336-357.
Westle, Bettina/Niedermayer, Oskar, 1992: Contemporary right-wing extremism in West Germany, in: European Journal of Political Research 22, 83-100.
Willems, Helmut, 1993: Fremdenfeindliche Gewalt. Opladen.

Rechte Tendenzen unter Studierenden an hessischen Hochschulen*

Alex Demirović / Gerd Paul

1. Einleitung

Stand die politische, publizistische und teilweise auch wissenschaftliche Diskussion über das Phänomen des Rechtsextremismus eine Weile lang sehr unter dem Eindruck der fremdenfeindlichen Gewaltwelle seit 1991, so wird in der Forschung mittlerweile nachdrücklich darauf hingewiesen, daß eine Analyse des Rechtsextremismus, die sich allein auf die militante Neonaziszene und rechtsextreme Gewalt konzentrieren würde, die Komplexität des Phänomens verkürzt. Der Blick muß sich auf die Konfiguration von materiellen Bedingungen und politischen Konstellationen, Einstellungen und Deutungsmustern in der Bevölkerung, auf Wähler- und Politikerverhalten, Organisationsnetzwerke und den Bereich zivilgesellschaftlicher Organisation, also die Zirkel von rechten Intellektuellen und ihre Praxis, die Zeitschriften, Verlage, Musikszene und Sportclubs, richten. Insbesondere die Felder der sozioökonomischen, politischen und kulturellen Normalität, also die Bereiche und Vorgänge, in denen sich die rechtsextremen Orientierungen ausbilden, bedürfen der Analyse (vgl. Hennig 1994; Stöss 1994). Diese allgemeine Überlegung rechtfertigt es zu fragen, ob und in welchem Umfang auch unter Studierenden Elemente der rechten Ideologie verbreitet sein könnten.
In den fünfziger und frühen sechziger Jahren gab es Anhaltspunkte dafür, daß unter den Studierenden ein elitäres Selbstverständnis fortbestand und sich eine neue Form von Antidemokratismus entwickelt hatte, die die Zustimmung zu demokratischen Normen und Verfahren allein von deren wirtschaftlicher Effizienz abhängig machte (vgl. Habermas u.a. 1961). Doch anders als befürchtet wurde, unterstützte und trug die Mehrheit der Studierenden in der Krisenphase der zweiten Hälfte der sechziger Jahre einen Demokratisierungsschub, der in der Folge weite Bereiche der bundesdeutschen Gesellschaft erfaßte. Damit – und wohl auch mit der durch die Bildungsreform verstärkten Veränderung der sozialen Zusammensetzung der Studierendenschaft – änderte sich das öffentliche Bild von den Studierenden ebenso wie deren Selbstverständnis. Seither können sie mehrheitlich als links, alternativ, linksliberal, demokratisch, antinationalistisch und antielitär orientiert gelten.

---

* Es handelt sich im folgenden um Ergebnisse einer am Institut für Sozialforschung durchgeführten Erhebung, die von der hessischen Landesregierung finanziell gefördert wurde. In einer Zufallsstichprobe wurden von uns im Juni und Juli 1994 1.384 Studierende an den fünf hessischen Hochschulen Darmstadt, Frankfurt, Giessen, Marburg, Kassel standardisiert befragt. Daneben wurden zahlreiche offene Interviews und Gruppengespräche durchgeführt.

Bestätigt wird dies auch durch die Tatsache, daß die Beteiligung von Studierenden an rechtsextremistisch motivierter Gewalt gegen „Fremde" außerordentlich gering ist (vgl. Willems u.a. 1993). Offene Aktivitäten von neonazistischen oder konservativ-revolutionären studentischen Gruppen an bundesdeutschen Hochschulen lassen sich zwar feststellen, sind aber in nur geringem Maße verbreitet. So hat an der Duisburger Universität ein Nationaler Studentenbund Deutschlands durch seine Angriffe auf „volksschädliche Elemente" von sich reden gemacht (vgl. Kritisches Forum 1994); an den Universitäten Mannheim und München kandidierte eine von Redakteuren der „Jungen Freiheit" initiierte Liste für die Wahlen zum Studentenparlament. An der Frankfurter Universität kam es zu dem Versuch, den RCDS durch jungkonservative, der „Jungen Freiheit" und den „Republikanern" nahestehende Studierende zu unterwandern. Aus diesem Umfeld wurden Flugblätter gegen die Diskriminierung von Eliten und die „Umerziehung" der Studierenden durch Jürgen Habermas verteilt. Bekannt ist auch, daß einzelne Burschenschaften sich rechtsextrem orientieren und ihre organisatorischen und finanziellen Ressourcen für Veranstaltungen der neuen Rechten und deren Publikationen zur Verfügung stellen. In Universitätsgebäuden lassen sich zahllose antisemitische, rassistische und sexistische Schmierereien feststellen (vgl. Demirović/Paul 1994).

Die Bereitschaft unter Studierenden, sich in rechtsextremen studentischen Gruppen zu organisieren und entsprechend politisch zu handeln, ist, so legen die Beobachtungen nahe, gering. Doch könnte unter Studierenden eine rechte Ideologie verbreitet sein. Bildung würde dies nicht verhindern, sondern ihnen vor Augen führen, daß es in einer demokratischen Gesellschaft mit starken Tabus auf und Verboten von nationalistischen, rassistischen und antidemokratischen Äußerungen von Nachteil ist, sich offen zu äußern oder entsprechend zu handeln. Darüber hinaus fragt sich, was das spezifische Handeln von Studierenden wäre. So ist zu überlegen, daß es eine naturwüchsige und ideologisch bedingte Arbeitsteilung geben könnte. In diesem Sinne wäre es das Selbstverständnis von rechtsextrem orientierten Studierenden, daß sie als Angehörige einer Elite eher diejenigen sind, die eine Masse führen, die das Verhalten der Masse interpretieren und sich zu deren Sprechern, Vordenkern und Lenkern machen. Im Sinne dieses Selbstverständnisses würden sich Studierende nicht mit Gewalttätern gemein machen müssen. Es würde ausreichen, deren Handlungen als zwar unzulässige, aber verständliche Reaktion auf die „Überfremdung" des deutschen Volkes durch Ausländer zu interpretieren – eine „Überfremdung", die als das Resultat des Handelns der Deutschland dem Westen ausliefernden politischen Klasse betrachtet wird, gegen die sich die gewalttätige „deutsche Jugend" nur instinktiv wehrt. Das von dieser in hilflosem Protest angemeldete Interesse an der Integrität des deutschen Volkes, so der Anspruch der neuen Rechten auf Repräsentation, müsse von einer neuen Elite nun wirklich wahrgenommen werden. Dann würde es auch nicht mehr zur Gewalt kommen. Für die Analyse des Rechtsextremismus ist weiterhin zu bedenken, daß sich rechte ideologische Positionen nicht in allen politischen Konjunkturen gleichermaßen intensiv äußern müssen. Die Elemente rechter Ideologie können in den Kontext eines verfassungskonformen Selbstverständnisses eingebettet sein und müssen sich noch nicht zu einer komplexen und zusammenhängenden Ideologie abgespalten und verdichtet haben. Es kommt in diesem Fall noch nicht zu einer Repräsentationsbeziehung

zwischen den Gewalttätern, den Wählern und der „Elite" der intellektuellen Sprecher und Organisatoren.
Aufgrund dieser Überlegungen wird im folgenden danach gefragt, wieweit sich unter Studierenden wichtige Elemente einer rechten Ideologie finden lassen. Als solche Elemente begreifen wir Nationalismus, Fremdenfeindlichkeit/Rassismus, Antidemokratismus/autoritäre Staatlichkeit, rechten Populismus und Elitismus (vgl. Stöss 1989; Institut für Sozialforschung 1994; Jaschke 1994; Falter 1994; Hennig 1994). Diese einzelnen ideologischen Muster müssen bei Rechten nicht alle gleichermaßen vorkommen und gleich intensiv ausgebildet sein. Umgekehrt können sie sich entsprechend der Logik ideologischer Prozesse auch verdichten. Dies bedeutet, daß ein ideologisches Element die Bedeutungen der anderen Elemente absorbiert und zum Ausdruck bringt. Es ermöglicht auf diese Weise, alles zu sagen, ohne es doch ausdrücklich sagen zu müssen, um verstanden zu werden. Dieser Mechanismus ist gerade von besonderer Bedeutung, wenn der Rassismus unter starken gesellschaftlichen Tabus steht, der Nationalismus jedoch als legitime gesellschaftliche Äußerungsform akzeptiert oder akzeptabel gemacht wird. In einem solchen Fall der in private oder subkulturell-milieuartige Zusammenhänge abgedrängten Kommunikationspraktiken wird ein gesellschaftlich legitimes Ideologem gleichsam das Medium, in dem eine rechte Orientierung zirkulieren kann.

2. Demokratie, politische Position und autoritärer Staat

Der überwiegende Teil der Studierenden äußert sich deutlich demokratisch auf vier Fragen, die das Grundverständnis demokratisch verfaßter Gesellschaften betreffen, deren Mitglieder das Recht zu unterschiedlichen Interessen ebenso haben wie dazu, es öffentlich zur Geltung zu bringen und in Opposition zum im Regierungshandeln verkörperten Mehrheitswillen zu stehen.

Tabelle 1: Verhältnis zu demokratietheoretischen Prinzipien

	Gesamt	Zustimmung in %	Ablehnung in %
1. In jeder demokratischen Gesellschaft gibt es bestimmte Konflikte, die mit Gewalt ausgetragen werden müssen.	N=1364	5	90
2. Die Auseinandersetzungen zwischen verschiedenen Interessengruppen und ihre Forderungen an die Regierung schaden dem Allgemeinwohl.	N=1360	14	71
3. Aufgabe der politischen Opposition ist es nicht, die Regierung zu kritisieren, sondern sie in ihrer Arbeit zu unterstützen.	N=1351	18	65
4. Der Bürger verliert das Recht zu Streiks und Demonstrationen, wenn er damit die öffentliche Ordnung gefährdet.	N=1353	28	55

Tabelle 1 zeigt, daß der allergrößte Teil der Studierenden Gewalt als Mittel der Politik ablehnt. Die Vorstellung von einem gleichsam über dem Interessenkonflikt als Grundlage des demokratischen Prozesses schwebenden Allgemeinwohl stößt gleichfalls bei einer deutlichen Mehrheit auf Ablehnung. Doch scheint die Konsequenz der Ablehnung eines über den Interessenkonflikten liegenden Allgemeinwohls nicht von allen geteilt zu werden. Denn die Bereitschaft, im Namen der öffentlichen Ordnung demokratische Grundrechte der Interessenwahrnehmung, nämlich Demonstrations- und Streikrecht, einzuschränken, ist relativ stark ausgeprägt, wenn die innere Sicherheit durch unkonventionelle Partizipationsformen in Gefahr zu geraten droht. Dies läßt auf eine etatistische und antidemokratische Tendenz schließen, die sich insbesondere unter Studierenden der Fachgebiete Jura, Wirtschaftswissenschaften und Mathematik und eher unter den Sympathisanten der konservativen politischen Richtungen findet.

Um diese Ergebnisse zusammenzufassen und einen Gesamteindruck zu erhalten, haben wir einen Index Demokratieprinzipien gebildet. Dieser faßt die Fragen 2-4 aus Tabelle 1 zusammen; die Frage nach der Gewalt konnte außer acht gelassen werden, da die Faktorenanalyse zeigte, daß das Antwortverhalten für diese Frage einer anderen Dimension zugehört. Nach diesem Index akzeptieren 6 Prozent der Befragten demokratische Prinzipien sehr konsistent, weitere 30 Prozent sind demokratieorientiert, unentschieden sind 40 Prozent, ablehnend 20 Prozent und deutlich ablehnend 4 Prozent.

Die Mehrheit der von uns befragten Studierenden hält sich entsprechend dem Links-Rechts-Schema für links (61%). 18 Prozent sehen sich im Verhältnis zur Bevölkerung rechts von der Mitte; die Mitte selbst wird von weiteren 14 Prozent angegeben. Im Vergleich zu den Ergebnissen des DJI-Jugendsurveys, denen zufolge die Gruppe der Linken ein gutes Drittel, die Mitte 45 Prozent und die Gruppe der Rechten etwa 20 Prozent umfaßt (Hoffmann-Lange 1995: 168), orientiert sich die Mehrheit der Studierenden von der Mitte weg nach links, während die rechte Gruppierung ähnlich groß bleibt. Die Studierenden polarisieren sich auf der Links-Rechts-Achse also etwas stärker, als dies in der vergleichbaren Altersgruppe ansonsten der Fall ist.

Die statistische Analyse zeigt, daß die Zuordnung zum Links-Rechts-Schema und die Haltung gegenüber demokratischen Prinzipien sich entsprechen. Demgemäß kann die überwiegende Mehrheit der Linken als demokratieorientiert gelten; und ebenso finden sich eher unter den Rechtsorientierten als unter denen, die sich dem Links-Rechts-Schema nicht zuordnen können, jene, die Demokratieprinzipien eher ablehnen. Diejenigen, die auf der Links-Rechts-Achse eine mittlere Position einnehmen, sind auch hinsichtlich ihrer Haltung gegenüber Demokratieprinzipien unentschieden.

Die Sympathieverteilung für politische Richtungen bestätigt das Bild. Die größte Zustimmung erhalten die grün-alternative (Mittelwert auf einer 7stufigen Skala: 4,9), die sozialdemokratische (4,7) und die linksliberale Richtung (4,1). Sie werden als links angesehen. Die Sympathiewerte der drei von den Befragten für rechts gehaltenen Richtungen liegen deutlich darunter: liberal-konservativ (3,4), christlich-konservativ (3,1), national-konservativ (1,8). Die letztgenannte Richtung, die nationalistisch Orientierte direkt anspricht, erfährt Zustimmung bei fünf Prozent der Befragten. Von diesen finden sich die meisten in den Studienrichtungen Jura, Wirtschaftswissenschaften und Medizin. Die grün-alternative Richtung ist für die große Mehrheit der Befragten gleichsam eine Art universeller Signifikant des politischen Selbstverständnisses, insofern er ganz unterschiedliche politische Orientierungen zusammenfassen kann, die sonst wenig miteinander verbindet: so gibt es Sympathisierende dieser Richtung mit eher sozialdemokratischer, linksliberaler, sozialistischer, kommunistischer und christlich-konservativer Ausrichtung. Für eine Minderheit gilt dies jedoch nicht, und zwar besonders für zwei (rechnerisch ermittelte) konservative Meinungsgruppen mit großen Ähnlichkeiten zwischen den Mitgliedern. Die eine Gruppe umfaßt etwa sechs Prozent der Befragten, die große Sympathie für die national-konservative Richtung zeigen, sich überwiegend christlich- oder liberal-konservativ verstehen, sich scharf gegen Sozialisten und Kommunisten abgrenzen und gegenüber der grün-alternativen, sozialdemokratischen und linksliberalen Richtung maximal zu einem Viertel positive Sympathiewerte zeigen. Das andere konservative Richtungscluster (etwa 11%) ist diesem in vielen Hinsichten sehr ähnlich, doch wird, abweichend davon, die national-konservative Richtung scharf abgelehnt. In beiden Clustern schätzen sich die – mehrheitlich männlichen – Befragten nach dem Rechts-Links-Schema als weit vom Durchschnitt rechts stehend ein. Überdurchschnittlich ist die Rekrutierung aus den Fachrichtungen Jura, Wirtschafts- und Ingenieurwissenschaften.

Unzufriedenheit mit dem parlamentarischen System, seinen Parteien und Politikern, wie sie öffentlich häufig unter dem Stichwort der Politikverdrossenheit diskutiert wird, ist unter den Studierenden ziemlich ausgeprägt (29% geben an, ziemlich und sehr politikverdrossen zu sein (N=1375), weitere 45% der Befragten geben an, dies zum Teil zu sein; 65% sind der Ansicht, Politik bestünde nur aus Unehrlichkeit und Kungelei (N=1365)). Diese Angaben lassen sich aber kaum als ein Mangel an Vertrauen in die politischen Institutionen der bundesdeutschen Demokratie verstehen, denn diese wird von 78 Prozent der Befragten für die im Vergleich mit allen anderen „immer noch beste politische Ordnung" gehalten. Wird „Politikverdrossenheit" als ein populistisches Konstrukt betrachtet, an dessen Erzeugung auch die Demoskopie beteiligt ist (vgl. Schedler 1993), dann läßt sie sich als ein Hinweis darauf verstehen, daß auch die Studierenden eher eine populistische als eine reflektierte Kritik politischer Institutionen vertreten. Wie in der Populismusdiskussion allgemein (vgl. Laclau 1981; Hall 1986), so wurde auch für Politikverdrossenheit im besonderen darauf hingewiesen (Hennig 1994), daß die populistische Anrufung ihre Dynamik nach zwei Richtungen hin entfalten kann, einer partizipatorisch-demokratischen und einer autoritär-rebellischen. Da dafür die Erwartung von Beteiligungschancen und der Bildungsfaktor von entscheidender Bedeutung sind, ist unter Studierenden eine eher partizipatorische Option zu erwarten. 71 Prozent glauben, daß der „normale Bürger nicht genug Gelegenheit hat, auf politische Entscheidungen Einfluß zu nehmen". Für mehr Bürgerbeteiligung sind dementsprechend fast vier Fünftel der Befragten, die Politikverdrossenen sogar in stärkerem Maße als die Unverdrossenen. Groß ist auch die Zustimmung zu Statements, die noch weitergehende demokratische Entscheidungsrechte fordern. Volksentscheide finden bei 60 Prozent, Formen der direkten Demokratie bei knapp der Hälfte der Befragten Zustimmung (N=1356). Unter den Politikverdrossenen ist diese Tendenz zu einer demokratischen Optimierungsoption in der Regel etwas stärker ausgeprägt als unter den Unverdrossenen. In dieses Bild fügt sich ein, daß die Politikverdrossenheit mit der Zustimmung zu linken Positionen und politischen Richtungen steigt. Eine Ausnahme stellen die Rechtsorientierten mit Sympathien für die national-konservative Richtung dar, die ähnlich stark politikverdrossen sind. Generell neigen die Politikverdrossenen eher zu einer eskapistischen und ich-zentrierten Distanz

zur Politik und bewerten Gefühle, eine naturnahe Lebensweise, aber auch Selbstbehauptung und Spaß höher als die Gruppe der Unverdrossenen.
Faktoranalytisch läßt sich ein rechtspopulistisches Bedrohungssyndrom feststellen, das sich aus den Elementen: Angst vor Kriminalität, Linksradikalismus und Terrorismus und der Option für den Selbstschutz der Bürger und für die Wiedereinführung der Todesstrafe zusammensetzt. 15 Prozent der Befragten sind von diesem rechtspopulistischen Bedrohungssydrom erfaßt. Zwar gehören die meisten der Politikverdrossenen eher zu denen, die diesem Syndrom nicht zuzurechnen sind. Aber es wird auch deutlich, daß die Politikverdrossenheit mit der rechtspopulistischen Orientierung wächst (zu diesem Zusammenhang auch Hennig 1994).
Wie oben schon festgestellt, weist unser Index Demokratieprinzipien darauf hin, daß es bei einem Teil der Studierenden eine antidemokratische Tendenz gibt, die durch eine etatistische Orientierung ergänzt wird. Gut zwei Fünftel aller Befragten stimmen zu, daß Erhaltung und Sicherung einer stabilen Wirtschaft einen starken Staat verlangen. Ebenso viele sprechen sich für eine entscheidungsstarke politische Führung aus[1] – der größere Teil dieser Gruppe (70%) beansprucht, zukünftig selbst zu den Führungskräften zu gehören. Die Befürworter von starker Führung finden sich eher in den Rechts- und Ingenieurwissenschaften, sind häufiger Männer als Frauen, sympathisieren deutlich stärker mit konservativen politischen Richtungen und gehören zu den Ablehnern demokratischer Prinzipien. Entsprechend spielt für sie das demokratische Selbstverständnis der Elite eine wenig ausgeprägte Rolle. Als Motiv für die Zustimmung wird vor allem Intelligenz und Sachkompetenz der Elite angegeben.

3. *Xenophobie*

Als ein ziemlich sicherer Indikator für eine rechte Orientierung kann die Ablehnung von Individuen als Fremden gelten. Die Mehrheit unserer Befragten äußert sich liberal und multikulturell orientiert. Nur eine kleine Gruppe von jeweils sechs Prozent fühlt sich von „Ausländern" bedroht und ist der Ansicht, es sollten keine weiteren „Ausländer" mehr nach Deutschland kommen.
In einer besonderen Fragebatterie haben wir zahlreiche Statements zu Deutschland als Einwanderungsland vorgegeben. Darunter solche wie „Kriminelle Ausländer sollte man sofort ausweisen" oder „Einwanderer müssen ein Bekenntnis zu den Werten der westlichen Demokratie ablegen". Im ersten Fall stimmten mehr als die Hälfte zu, im zweiten Fall ein knappes Drittel. Diese Ergebnisse zeigen, daß das Phantasma der Fremdheit rigide und gleichsam vordemokratische Gefühlslagen erzeugen kann, die die konsensuellen Grundlagen darstellen könnten, für die virtuell Betroffenen rechtsstaatliche Prinzipien außer Kraft zu setzen.
Aus der Zusammenfassung einiger in der Faktorenanalyse hochladenden Statements haben wir einen Xenophobie-Index gebildet. Dieser führt zu dem Ergebnis, daß 60 Prozent der Befragten fremdenfeindliche Statements ablehnen; ein Viertel verhält sich

1 Beide miteinander korrelierenden Items bilden mit einem weiteren Item, der Zustimmung zu einem Präsidialregime als Lösungsmodell für die politischen Probleme der Bundesrepublik einen Faktor (Reliabilitätswert Alpha=,60).

neutral. 15 Prozent der Befragten sind bereit, sich xenophob zu äußern. Betrachten wir die Xenophoben unter den Gesichtspunkten ihres politischen Selbstverständnisses nach dem Links-Rechts-Schema, dann zeigt sich, daß etwa die Hälfte dieser Gruppe sich für rechts hält, etwa 17 Prozent verhalten sich unentschieden, eine etwa gleich große Gruppe rechnet sich der Linken zu. Der Rest kann sich im Links-Rechts-Schema nicht zuordnen. Noch markanter ist die Verteilung entsprechend unserem Index Demokratieprinzipien. Eine entschiedene Zustimmung zu den Demokratieprinzipien läßt sich bei den Xenophoben überhaupt nicht feststellen; gerade 10 Prozent bejahen sie vorsichtig. Gut die Hälfte lehnt sie ab; ein gutes Drittel ist unentschieden.

Im Zusammenhang mit der rechtsextremistischen Gewaltwelle seit 1991 wurde sehr häufig und kontrovers über das Verhältnis von Fremdenfeindlichkeit und Rassismus diskutiert (vgl. Institut für Sozialforschung 1994; Jaschke 1994). Wir betrachten im folgenden traditionelle und neue Formen des Rassismus als Intensivierung einer umfassenderen fremdenfeindlichen Orientierung in verschiedener Gestalt.

Eine rassistische Einstellung ist offenkundig dann vorhanden, wenn biologischen (häufig phänotypischen) Merkmalen von Individuen in einem komplexen semiotischen Prozeß eine solche Bedeutung gegeben wird, die die Individuen einer als biologisch verstandenen Gruppe zuordnet, und diese als minderwertig und unterlegen eingestuft wird (vgl. Miles 1991: 102). Komplizierter wird es jedoch, wenn es sich um Formen wie Antisemitismus oder Antipolonismus handelt, Formen also, deren Aggressionsobjekt Menschen sind, die sich nicht nach phänotypischen Merkmalen (Hautfarbe, Haare) unterscheiden lassen. „Die Menschen, die als Juden unters Dekret fallen, müssen durch umständliche Fragebogen erst eruiert werden ... Der faschistische Antisemitismus muß sein Objekt gewissermaßen erst erfinden" (Horkheimer/Adorno 1987: 237). In diesem Sinn einer kulturalistischen Erfindung von Fremden kann die Strategie der neuen Rechten, sich kritisch vom biologischen Rassismus zu distanzieren, aber die unaufhebbare kulturelle Andersartigkeit von Individuen zu betonen, als ein verallgemeinerter Antisemitismus charakterisiert werden (vgl. Balibar/Wallerstein 1991). Es wird von einem allgemeinen Recht nicht der Menschen, sondern der Völker ausgegangen, die ein Recht haben, ihre kulturelle Identität zu schützen (vgl. Benoist 1988). So wie die Völker der dritten Welt ein Recht auf Identität und Schutz vor Kolonialisierung haben, so hätten auch die Einwanderungsländer ein Recht auf Schutz vor der kolonialisierenden „Überfremdung" durch Migranten oder die amerikanische Kultur. Insgesamt handelt es sich bei dieser Argumentation aber um Camouflage. Auch im traditionellen Rassismus wurde zunächst von kulturellen Merkmalen zur Identifikation und administrativen Definition einer Rasse ausgegangen. Denn andere Unterscheidungsmerkmale gibt es nicht, um sogenannte rassische Differenzen festzustellen. Die konstruierten biologischen Merkmale (Kopfform, Intelligenz) sollten schließlich die unterstellte kulturelle Andersartigkeit wissenschaftlich erklären. Geradeso, wenn auch etwas moderner in der Verwendungsweise der biologischen Terminologie, verhält es sich aktuell mit der Konzeption der neuen Rechten. Diese vertritt die Ansicht, daß die kulturelle Schöpfungskraft die genetische Selektion bestimmt und sich im genetischen Material sedimentiert. Eine „Durchmischung" würde den Genpool des Europäers verändern und schließlich dessen kulturelle Kraft vermindern. Das Phantasma der „kulturellen Überfremdung" ist also schließlich doch mit der Vorstellung einer biologischen Überlegenheit verbunden. Ein Aspekt des rechten Syndroms ist also eine Form

von Rassismus, die ihrer Argumentation nach nicht rassistisch ist, doch Kultur selbst als ein Kriterium unaufhebbarer Andersartigkeit betrachtet. Dies kann auch die politische Kultur einschließen (vgl. dazu auch Demirović/Paul 1994).
Die traditionelle Form des Rassismus, so wie er in Deutschland nach dem Holocaust weitgehend verstanden wird, nämlich als Antisemitismus, scheint unter den Studierenden relativ gering ausgeprägt. Sieben Prozent der Befragten (N=1292) halten Juden für unsympathisch. Die Faktorenanalyse zeigt jedoch, daß es sich dabei um eine eher antireligiöse Haltung zu handeln scheint. Erst die Identifizierung derjenigen, die gleichermaßen xenophob sind und Juden unsympathisch finden, gibt unserer Ansicht nach Aufschluß über Antisemitismus. In diesem Sinn betrachten wir drei Prozent als rassistisch motivierte Antisemiten.
Im Sinne der Überlegungen zu einer neuen Form kulturalistisch begründeten Rassismus haben wir danach gefragt, wieweit die Studierenden dem politischen Ziel der „Abwehr von kultureller Überfremdung" zustimmen können. Das Statement findet bei 12 Prozent Zustimmung (N=1354). Die Studienrichtungen weichen von diesem Durchschnittswert teilweise erheblich ab. So stimmen Studierende der Kulturwissenschaften unterdurchschnittlich mit acht, der Ingenieurwissenschaften mit 15 und Jurastudenten gar mit 18 Prozent zu. Die Antworten allein auf diese einzelne Frage schon als Hinweis auf eine neue Form rassistischer Orientierung zu deuten, wäre eine Überinterpretation. Deswegen bestimmen wir die neorassistische Orientierung als die Verbindung von allgemeiner Fremdenfeindlichkeit mit dem Phantasma kultureller Überfremdung. Es lassen sich sechs Prozent der Befragten als neorassistisch Orientierte betrachten, weitere drei Prozent können als anfällig gelten.

4. *Nationalismus*

Ein wesentliches Merkmal für Rechtsextremismus ist der Nationalismus. Ähnlich wie bei Xenophobie gibt es enorme theoretische wie empirische Schwierigkeiten, den Nationalismus präzise so zu definieren, daß er eine rechte Orientierung anzeigt. Häufig wird deswegen zwischen blindem Patriotismus, übersteigertem Nationalismus oder traditionalem Nationalbewußtsein, normalem oder reflektiertem Nationalgefühl und schließlich konstruktivem Patriotismus oder postnationalem Bewußtsein unterschieden (vgl. Blank/Schmidt 1993; Hoffmann-Lange 1995: 213ff.). Die von uns Befragten unterscheiden im Regelfall etwas weniger komplex zwischen trivialen Formen einer nationalen kollektiven Identifizierung: die Begeisterung von Sportfans für ihre nationalen Mannschaften oder „harmlose" ethnozentrische Stereotype einerseits und übersteigerte Formen andererseits, wenn sich nämlich mit einer Wertschätzung der eigenen Nation ein Überlegenheits- und Führungsanspruch über andere Nationen verbindet. Unklar ist, wie plausibel diese Unterscheidungen sind, insofern der dynamische Aspekt unberücksichtigt bleibt. So könnte im Fall spezifischer politischer Konstellation die zunächst harmlos wirkende Form nationaler Begeisterung gleitend in nationalen Chauvinismus übergehen; anders gesagt, jene könnte in kühleren Phasen politischer Verhältnisse ein politisches Muster sein, das nationale Stimmungen in einer weniger bedrohlichen, allerdings durchaus riskanten Form auf Dauer stellt, bis sie sich in heißeren Phasen radikalisieren. Und selbst der konstruktive Patriotismus einer Iden-

tifizierung mit den Verfassungsnormen ist – wie oben erwähnt – nicht immun gegen eine kulturrassistische Abwertung von Individuen und Gruppen.
Wir haben schon darauf hingewiesen, daß eine national-konservative politische Richtung nur bei fünf Prozent der Befragten Unterstützung findet. Doch die Antworten auf eine Reihe von Statements, die auf eine nationale Orientierung im weiteren Sinne zielen, zeigen, daß die Gruppe der Nationalisten insgesamt doch größer sein muß.

Tabelle 2: Verhältnis zu Deutschland als Nation

	Gesamt	Zustimmung in %	Ablehnung in %
1) Stärkung der Rolle Deutschlands in Europa	N=1364	30	43
2) Stärkung des Zusammengehörigkeitsgefühls unter den Deutschen	N=1357	28	54
3) Stärkung der deutschen Identität	N=1361	14	69
4) Die Deutschen sollten mehr Nationalgefühl haben	N=1374	13	74
5) Förderung des Nationalstolzes	N=1366	8	82

Tabelle 2 zeigt, daß eine relativ große Gruppe der Studierenden die Deutschen als ein nationales Kollektiv versteht und ein entsprechendes nationales Selbstverständnis gefördert sehen möchte. Die einzelnen Statements korrelieren sehr stark miteinander. Die Statements 2-5 laden auf einen Faktor (Reliabilitätswert der daraus gebildeten Skala Alpha=,88), der unserem Nationalismus-Index zugrunde liegt. Dieser Index weist eine Gruppe von 16 Prozent nationalistisch Orientierter aus.
Ebenso wie die in Tabelle 2 aufgeführten Items erschien uns als ein weiteres gutes Instrument zur Bestimmung einer nationalistischen Orientierung das Statement: „Unter die deutsche Vergangenheit gehört ein Schlußstrich", dem 28 Prozent der Befragten (N=1370) zustimmen. Dieses Statement rührt an das Grundverständnis der politischen Kultur in der Bundesrepublik. Denn es zielt darauf, die Haltung gegenüber einer Tradition des Nationalismus in Deutschland zu prüfen, der nicht nur mit Militarismus und Autoritarismus verbunden war, sondern schließlich in imperiale Eroberungs- und rassistische Vernichtungspolitik mündete. Diese Vergangenheit und ihre Ursachen gleichsam mit einem Bilanzstrich für beendet zu halten, weist darauf hin, daß die Schlußstrichforderung keinesfalls allein historistisch und neutral gemeint sein kann. Vielmehr ist zu vermuten, daß deren Befürworter sehr wohl um ihre Implikationen, nämlich ein offensives nationalistisches und fremdenfeindlich-rassistisches Selbstverständnis, wie auch darum wissen, daß es durch starke politische Kräfte gefesselt wird. Dieser Zusammenhang ist nicht nur aus einer Fülle rechtsextremistischer Literatur zu belegen, sondern wird auch von den Probanden in unseren Interviews und Gruppengesprächen immer wieder hergestellt.
Doch ins Verhältnis zu unserem Nationalismus-Index gesetzt, zeigt sich, daß von 370 Befürwortern eines Schlußstrichs eine bemerkenswert große Gruppe von 45 Prozent zu einer antinationalen Position neigt, etwa ein Viertel wählt einen mittleren Wert und verhält sich also unentschieden. Knapp dreißig Prozent gehören ausdrücklich zur Gruppe der national Orientierten.

Anders als wir aufgrund der Interviews vermutet haben, steht die Schlußstrichforderung allerdings nicht nur im Zusammenhang mit einer nationalistischen, sondern etwas stärker sogar noch mit einer fremdenfeindlichen Orientierung. Die genauere Betrachtung zeigt, daß von den Schlußstrichbefürwortern etwa ein Fünftel sowohl nationalistisch wie fremdenfeindlich orientiert ist, 14 Prozent sind fremdenfeindlich, ohne nationalistisch zu sein und für elf Prozent gilt das Umgekehrte. Weder nationalistisch noch fremdenfeindlich ist eine Gruppe von 27 Prozent derjenigen, die einen Schlußstrich unter die deutsche Vergangenheit befürworten.

5. Zusammenhänge

Es ist deutlich geworden, daß es in den einzelnen Dimensionen von Demokratie, Xenophobie und Nationalismus jeweils Gruppen gibt, die sich der Tendenz nach als undemokratisch orientiert (24%), fremdenfeindlich-rassistisch (15%) und nationalistisch (16%) bestimmen lassen. Jede dieser Tendenzen ist für sich bedeutsam. Denn es ist nicht anzunehmen, daß eine rechte Ideologie gleichsam über Nacht vollständig und konsistent das Denken und Fühlen eines Individuums und eines Kollektivs bestimmt. Vielmehr entwickelt sich eine solche Ideologie von verschiedenen ideologischen Elementen her und wird erst allmählich und in komplizierten und vielfältigen öffentlichen und privaten Kommunikationen zu einer komplexen und aktiven Weltkonzeption ausgearbeitet. Unter den Bedingungen einer demokratisch verfaßten staatlichen Gewalt und starken Tabus über nationalistische und rassistische Äußerungen müssen die Sprecher in vielen alltäglichen öffentlichen und privaten Situationen einen enormen Druck überwinden und sich wechselseitig in einem vorsichtigen Annäherungsprozeß versichern, daß rechte Ideologeme ein Element ihres Konsenses und Medium ihrer Verständigung sind.[2] Dieser Prozeß ist von keiner inneren Teleologie gesteuert und kann nach politischen Umständen abbrechen. Allerdings ist theoretisch zu vermuten, daß spezifische politische Konstellationen, z.B. außenpolitische Gründe oder das Verpflichtungsniveau demokratischer Normen und Institutionen, den Formierungsprozeß der rechten Ideologie in der Weise prägen, daß seine einzelnen Bausteine sich zwar bilden, jedoch voneinander isoliert bleiben, sich sogar diffus präsentieren und nicht die Gestalt einer selbstbewußten Weltsicht annehmen.
Von großer Bedeutung für die Bestimmung rechter ideologischer Tendenzen unter den Studierenden ist vor allem, ob es unter den Befragten auch eine Personengruppe gibt, bei denen die einzelnen Elemente der rechten Ideologie alle vorhanden sind. Dies läßt sich durch die Kreuztabellierung der verschiedenen Indizes feststellen. Dabei ergibt sich, daß eine Gruppe von sieben Prozent sowohl fremdenfeindlich wie nationalistisch orientiert ist. Für einen Teil der nationalistisch Orientierten stellen also nationale Äußerungen eine Form der ideologischen Verdichtung dar und sind ein Einstiegs-

2 Dieser Druck existiert in spezifischen subkulturellen und milieuspezifischen Kontexten, dem Stammtisch oder rechtsextremen Gruppen, nicht, da hier rechte und autoritär-populistische Ideologeme das Medium der Verständigung darstellen. Im Gegenteil wird hier der öffentliche Druck selbst wiederum skandalisiert. Daraus resultiert auch das gerade unter jungen neuen Rechten zu beobachtende Gefühl, nonkonformistisch zu sein und gegen den Mehrheitskonsens die Freiheit des Denkens für sich zu beanspruchen.

ideologem in die rechte Ideologie wie auch eine der Möglichkeiten, in einer gesellschaftlich halbwegs legitimierten Form rechte Ansichten zu äußern. Diese Gruppe der xenophoben Nationalisten ist keineswegs ganz rechts angesiedelt, sondern bewegt sich auf der Links-Rechts-Achse eher im Bereich der rechten Mitte. Damit wird auch für unsere Befragtengruppe eine Beobachtung bestätigt, die andere Autoren gemacht haben (vgl. Jäger/Jäger 1991; Hennig 1993; Lohmann 1994).

Betrachten wir die einzelnen Dimensionen hinsichtlich ihres Zusammenhangs zur demokratischen Orientierung, so zeigt sich, daß jeweils um die acht Prozent eine undemokratische und fremdenfeindliche oder eine undemokratische und nationalistische Orientierung miteinander verbinden. Alle drei Aspekte – eine Demokratieprinzipien ablehnende, fremdenfeindliche und nationalistische Orientierung – finden sich schließlich bei einer Gruppe von etwa vier Prozent vereinigt. Diese Gruppe läßt sich als harter autoritärer Kern unter den Studierenden identifizieren. Die Konturen dieser Gruppe – also soziale Hintergründe und der Gesamtkomplex von Orientierungen – lassen sich mit dem Mittel der Clusteranalyse etwas genauer darstellen. In diese Analyse gehen alle faktoranalytisch ermittelten zusammenfassenden Dimensionen, die in Indizes umgesetzt wurden, ein: Stellung zu „Fremden", zu verschiedenen Demokratiekonzepten, zur Nation, zur Inklusion oder Exklusion von Minderheiten und Benachteiligten; ebenso wurden die Ideologeme der Leistung, des Wertkonservatismus erfaßt wie technokratische und elitäre Politikvorstellungen, gesellschaftliche Zukunftsvorstellungen und die Rechts-Links-Einordnung. Insgesamt lassen sich in unserem Sample neun große Meinungsgruppen unterscheiden; in zweien davon lassen sich die Elemente der rechten Ideologie, nämlich Xenophobie, Nationalismus, rechter Populismus, Etatismus, ein elitäres Selbstverständnis und eine starke Leistungsorientierung sowie schließlich die Abneigung gegen den Sozialstaat und radikaldemokratische Vorstellungen und Forderungen besonders ausgeprägt feststellen. Das erste der beiden Cluster ist stärker rechts und umfaßt 14 Prozent der Befragten, dem zweiten, etwas weniger ausgeprägt rechts, lassen sich zehn Prozent zuordnen. Wird diese ein knappes Viertel unserer Befragten umfassende Gruppe mit dem oben beschriebenen, scharf rechten politischen Richtungscluster zusammengespannt, dann ergibt sich eine Gruppe von etwa fünf Prozent. Vor allem in dieser Meinungsgruppe, die sich überdurchschnittlich häufig Demokratie ablehnend, nationalistisch und fremdenfeindlich äußert und entsprechend politisch optiert, finden sich diejenigen, die oben als der autoritäre Kern unter den Studierenden identifiziert wurden.

Die dieser äußerst rechten Meinungsgruppe zuzurechnenden Studierenden finden sich überdurchschnittlich in den Fachrichtungen Wirtschaftswissenschaften und Jura. Das für sie eher durch materielle Werte (hohes Einkommen und Karriereaspiration) motivierte Studium empfinden sie als weitgehend unproblematisch. Sie studieren zielstrebig, sind stark leistungsorientiert und sehen ihre Zukunft fast ausschließlich positiv. Die vielfach geäußerten Zweifel über die unsichere spätere Arbeitssituation sind ihnen eher fremd. Wissenschaft wird stärker fachlich als an gesellschaftlichen Zielsetzungen orientiert gesehen. Fast alle (94%, Durchschnitt 60%) stimmen zu, daß die Wissenschaft sich für die Sicherung des Industriestandortes Deutschland einsetzen sollte.

Diese ausgeprägt rechte Meinungsgruppe besteht zu gut zwei Dritteln (70%) aus Männern. Knapp jeder zweite (48%) hat seinen Wehrdienst absolviert (Gesamt 29%). Das Elternhaus ist überdurchschnittlich (Vater und Mutter) durch einen akademischen

Hintergrund (mehr als die Hälfte der Väter hat einen Hochschul- oder Fachhochschulabschluß) mit entsprechenden Berufen im höheren öffentlichen Dienst, in der Industrie und im Dienstleistungssektor geprägt (Manager, Kaufmann, Arzt sind häufig genannte Berufe). Gut jeder Dritte (36%, Durchschnitt 22%) wohnt bei den Eltern und ist damit in der Regel auch zufrieden.

Im Zeitaufwand für Studium und Freizeitbeschäftigungen weichen sie kaum vom Durchschnitt der Studierenden ab. Sie informieren sich hauptsächlich durch die F.A.Z., aber auch durch Spiegel und Focus. Ihr hochschulpolitisches Interesse ist – wie bei allen Studierenden – relativ gering. Die Sympathie gilt dem RCDS, der in den wenigen Fällen aktiver hochschulpolitischer Arbeit Bezugspunkt ist. Als politischer Gegner in der Hochschule werden „Linke“ allgemein, „der Asta“, „Marxisten“, „Jusos“ und „linke Listen“ identifiziert. Vergleichsweise sehr hoch ist die Mitarbeit in studentischen Verbindungen: 13 Prozent der rechten Meinungsgruppe engagieren sich regelmäßig (Durchschnitt 2%) und sieben Prozent manchmal (Durchschnitt 1%). Jeder zehnte (Durchschnitt 2%) ist in politischen Parteien aktiv, vorwiegend in der CDU.

Trotz einer (allerdings unterdurchschnittlichen) verbalen Zustimmung zur Gleichstellung der Frauen lehnen sie Frauenförderung ab. Personen des alternativen Spektrums, wie Kernkraftgegner und „68er“, Kriegsdienstverweigerer und Antifaschisten, schlägt eine breite Ablehnung entgegen. Der allgemein akzeptierten Forderung nach der Beseitigung der Diskriminierung sexueller Minderheiten können sie wenig abgewinnen, nahezu die Hälfte ist sogar dagegen. Die Bereitschaft zur Inklusion Benachteiligter in der Gesellschaft ist gering, was sich in einer schwachen Zustimmung zu politischen Maßnahmen positiver Diskriminierung ausdrückt.

Der Prozeß der politischen Schwächung des Sozialstaats und der zunehmenden sozialen Polarisierung wird ebenso wie der Rechtsextremismus und die Fremdenfeindlichkeit als eher unproblematisch wahrgenommen. Gesellschaftliche Probleme werden in der Form rechtspopulistischer Ängste vor Linksradikalen, Werteverfall und wachsender Kriminalität artikuliert. Als Gegenmaßnahmen werden überdurchschnittlich häufig die Bildung von Selbstschutzgruppen der Bürger (38%) und die Wiedereinführung der Todesstrafe (49%) befürwortet.

Als Fazit ergibt sich, daß sich unter den Studierenden, gleichsam konzentrisch um einen Kern gelagert, Schichten unterschiedlicher Intensitätsgrade einer rechten Ideologie finden lassen. Die äußerste Schicht besteht aus einer zunächst noch unverbundenen Verteilung von rechten Ideologemen. Dies gilt je nach ideologischem Aspekt für etwa jeweils 15-20 Prozent der Befragten. Eine zweite Schicht ist ideologisch dichter, insofern einzelne dieser Ideologeme miteinander verbunden sind. Der Anteil der Personen, bei denen dies der Fall ist, wird geringer und umfaßt etwa acht bis zehn Prozent der Studierenden. Schließlich läßt sich eine Gruppe von etwa fünf Prozent feststellen, die sich dadurch auszeichnet, daß bei ihr tatsächlich alle relevanten Merkmale einer rechten Ideologie vorhanden sind (vgl. ausführlicher Demirović/Paul 1996).

Diese Verteilung der Meinungen entspricht etwa den Untersuchungsergebnissen der Wahlforschung. Hier wird angenommen, daß sich in der deutschen Bevölkerung – vergleichbar der Bevölkerung anderer entwickelter Industriestaaten – etwa 15 Prozent weiche und fünf Prozent harte Rechtsextremisten finden lassen (vgl. Falter 1994). Dies bedeutet, daß die Studierenden, verglichen mit der Bevölkerung, auf den ersten Blick als politisch normal orientiert gelten können (vgl. auch Bargel 1994: 31). Doch sind

Einschränkungen angebracht. Denn die Feststellung gilt für die Größe und Struktur der rechten Seite des politischen Spektrums, da, wie oben festgestellt wurde, im Unterschied zur vergleichbaren Altersgruppe unter Studierenden die Mitte schwächer, die linke Seite deutlich stärker besetzt ist. Das gesellschaftliche Normalitätsmuster ist also ungleich verteilt. Es kann deswegen auch davon gesprochen werden, daß die politische Kultur unter den Studierenden nicht nur in mehrere Tendenzen zerfällt, sondern sich auch polarisiert. Diese Polarisierung verläuft wenigstens teilweise entlang den Grenzen von Fachgruppen. Denn die universitäre Ausbildung und Bildung ebenso wie die Fachorientierung und ihre seligierende Wirkung auf Studienentscheidungen scheinen auf die politische Orientierung der Studierenden einen ungleichmäßigen und nachhaltigen Einfluß auszuüben. Die rechtsautoritär orientierten Studierenden werden in ihrer Haltung durch das Studium – sofern dies durch die Veränderungen der Hochschulen und des Studiums während der vergangenen Jahre überhaupt noch zu erwarten ist – wahrscheinlich kaum irritiert, da sie stark berufsorientiert sind und ein eher pragmatisches Verhältnis zum Studium haben. Zudem könnte es sich auch um spezifische Bildungserfahrungen handeln, insofern die entsprechenden Studienfächer Jura und Wirtschaftswissenschaften mit den ihnen eigenen Sozialisations- und Denkmustern eine solche sei es etatistisch-institutionalistische oder sei es an Führung und Effizienz orientierte Haltung noch bestärken.

Die Tatsache, daß sich rechtsautoritär Orientierte häufiger unter Studierenden der Rechts- und Wirtschaftswissenschaften finden, muß zu einer weiteren Einschränkung der These führen, daß es sich um eine in Industriegesellschaften üblicherweise anzutreffende normale Verteilung politischer Orientierungen handelt. Das politische Interesse und die Bereitschaft zu politischem Handeln sowohl in studentischen Organisationen mit antidemokratischen Traditionen wie in demokratischen Institutionen ist unter den Studierenden dieser Fächer überdurchschnittlich ausgeprägt. Zudem werden sie durch die universitäre Ausbildung dazu disponiert, relevante Führungspositionen in Wirtschaft, Politik und Verwaltung einzunehmen. Durch ihre Ausbildung und zukünftige Funktion verfügen sie also eher als die meisten Studierenden oder gar die „normale“ Bevölkerung über die habituellen Dispositionen, die intellektuellen Mittel und institutionellen Positionen, den Prozeß der Meinungs- und Entscheidungsfindung zu bestimmen. Ist eine undemokratische, nationalistische und fremdenfeindlich-rassistische Orientierung aber auch nur unter einem Teil solcher Funktionsträger akzeptabel, muß dies nachhaltige negative Konsequenzen für die Institutionen der demokratischen Gesellschaft haben. So stellt sich schließlich die Frage, ob sich eine moderne Industriegesellschaft eine solche statistische Normalität leisten kann – und das nicht nur, weil diese immer wieder blitzschnell in Hetze, Terror, Verfolgung und Mord umzuschlagen droht. Eine solche Normalität könnte eine selbstselektive Wirkung entfalten, insofern rechte Orientierungen, gerade in einer diffusen Gestalt und vermittels winziger symbolischer Andeutungen, zu einem Muster der Rekrutierung in Führungspositionen werden. Die Erwartung, daß demokratische Verfahren und Institutionen eine ausreichende Bindung und Begrenzung des Handlungsspielraums solcher Personen erlauben, würde darüber täuschen, daß die förmlichen Regeln demokratischer Institutionen schließlich durch informelle Machtmechanismen zunehmend entformalisiert und schließlich transformiert werden können.

Literaturverzeichnis

Balibar, Etienne/Wallerstein, Immanuel, 1991: Klasse – Rasse – Nation. Hamburg.

Bargel, Tino, 1994: Student und Politik im vereinten Deutschland. Herausgegeben vom Bundesministerium für Bildung und Wissenschaft. Bonn.

Benoist, Alain de, 1988: Die Religion der Menschenrechte; in: *Pierre Krebs* (Hrsg.), Mut zur Identität. Struckum, 41-74.

Blank, Thomas/Schmidt, Peter, 1993: Verletzte oder verletzende Nation? Empirische Befunde zum Stolz auf Deutschland, in: Journal für Sozialforschung, 391-415.

Demirović, Alex/Paul, Gerd, 1994: Eliten gegen die Demokratie?, in: Institut für Sozialforschung 1994, 59-89.

Demirović, Alex/Paul, Gerd, 1996: Demokratisches Selbstverständnis und Herausforderung von rechts. Student und Politik in den den neunziger Jahren. Frankfurt a.M./New York.

Falter, Jürgen, 1994: Wer wählt rechts? Die Wähler und Anhänger rechtsextremistischer Parteien im vereinigten Deutschland. München.

Hall, Stuart, 1986: Popular-demokratischer oder autoritärer Populismus, in: *Helmut Dubiel* (Hrsg.), Populismus und Aufklärung. Frankfurt a.M., 84-105.

Hennig, Eike, 1993: Rechter Extremismus. Ein Protest vom Rand der Mitte, in: Vorgänge 120, 6, Dezember, 31-39.

Hennig, Eike, 1994: Politische Unzufriedenheit – ein Resonanzboden für Rechtsextremismus?, in: *Wolfgang Kowalsky/Wolfgang Schröder* (Hrsg.), Rechtsextremismus. Einführung und Forschungsbilanz. Opladen, 339-380.

Hoffmann-Lange, Ursula (Hrsg.), 1995: Jugend und Demokratie in Deutschland. DJI-Jugendsurvey 1. Opladen.

Horkheimer, Max/Adorno, Theodor W., 1987: Dialektik der Aufklärung, in: *Max Horkheimer,* Gesammelte Schriften, Bd. 5. Frankfurt a.M.

Institut für Sozialforschung, 1994: Rechtsextremismus und Fremdenfeindlichkeit. Frankfurt a.M./New York.

Jäger, Margret/Jäger, Siegfried, 1991: Aus der Mitte der Gesellschaft (I). Zu den Ursachen von Rechtsextremismus und Rassismus in Europa. Dortmund.

Jaschke, Hans-Gerd, 1994: Rechtsextremismus und Fremdenfeindlichkeit. Opladen.

Kritisches Forum, 1994: Rassismus und Sexismus an der Universität GH Duisburg. Duisburg.

Laclau, Ernesto, 1981: Politik und Ideologie im Marxismus. Kapitalismus – Faschismus – Populismus. Berlin.

Lohmann, Hans-Martin (Hrsg.), 1994: Extremismus der Mitte. Vom rechten Verständnis deutscher Nation. Frankfurt a.M.

Miles, Robert, 1991: Rassismus. Einführung in die Geschichte und Theorie eines Begriffs. Hamburg.

Schedler, Andreas, 1993: Die demoskopische Konstruktion von 'Politikverdrossenheit', in: PVS 3, 414-435.

Stöss, Richard, 1989: Die extreme Rechte in der Bundesrepublik. Entwicklung – Ursachen – Gegenmaßnahmen. Opladen.

Stöss, Richard, 1994: Forschungs- und Erklärungsansätze – ein Überblick, in: *Wolfgang Kowalsky/Wolfgang Schröder* (Hrsg.), Rechtsextremismus. Einführung und Forschungsbilanz. Opladen, 23-66.

Willems, Helmut/Würtz, Stefanie/Eckert, Roland, 1993: Fremdenfeindliche Gewalt: Eine Analyse von Täterstrukturen und Eskalationsprozessen. Bonn.

Erklärungsmuster fremdenfeindlicher Gewalt im empirischen Test

Roland Eckert / Helmut Willems / Stefanie Würtz

Der steile Anstieg fremdenfeindlicher Straf- und Gewalttaten seit 1991 hat eine intensive Diskussion um die Wiederkehr von Rassismus, Chauvinismus und Rechtsextremismus ausgelöst. Oftmals ging es dabei freilich mehr um neue Munition für alte Fronten als um die Beantwortung der offenen Fragen sowie der politisch-praktischen Herausforderung, die diese Entwicklung für unsere Gesellschaft darstellt. Erfolgreiche Präventionspolitik ist jedoch auf eine sorgfältige Ursachenanalyse angewiesen. Da die Diskussion jedoch lange Zeit (und z.T. auch heute noch) unabhängig von den wissenschaftlichen Ergebnissen und empirischen Daten geführt wurde, hat eine Trierer Forschungsgruppe[1] – unterstützt zunächst von der Deutschen Forschungsgemeinschaft, vom Jugendministerium und schließlich vom Innenministerium a) repräsentative Bevölkerungsumfragen darauf hin analysiert, ob sich in den achtziger und frühen neunziger Jahren Veränderungen in den Einstellungen zu Ausländern andeuten; b) bei 6.400 Tatverdächtigen (wegen fremdenfeindlicher Straftaten) anhand der Polizeiakten die sozialen Hintergründe und Tatkontexte ermittelt; c) Gerichtsakten über 154 Täter darauf hin überprüft, inwieweit darin Hinweise auf familiale, schulische oder berufliche Probleme bei den Gewalttätern aufscheinen; d) die Entstehungs-, Eskalations- und 'Erfolgs'bedingungen fremdenfeindlicher Gewalt in ihrem historischen Ablauf an Hand von offiziellen Dokumentationen und Berichten, Pressedarstellungen und Interviews rekonstruiert. Die Ergebnisse dieser Analysen sind eindeutiger, als es ursprünglich zu vermuten war, und könnten dazu beitragen, aus dem Ritual der Schuldzuweisungen herauszukommen und Präventionspolitik in Angriff zu nehmen. Denn so viel dürfte feststehen: Das Problem ist nicht bewältigt, auch wenn die Zahl der Gewalttaten mittlerweile wieder gesunken ist (Willems u.a. 1994: 12-19).

Im folgenden sollen die aus soziologischer Sicht wichtigsten Erklärungsansätze der jüngsten Debatte über Fremdenfeindlichkeit und Rechtsextremismus in der BRD jeweils kurz dargestellt und dann mit den empirischen Daten unserer eigenen Untersuchungen sowie aus anderen Studien konfrontiert werden. Der Diskurs über fremdenfeindliche Gewalt wurde durch fünf 'legitime' und eine 'illegitime' Erklärung bestimmt.

Die erste Erklärung war, daß die fremdenfeindlichen Gewalttäter *Kinder der antiautoritären Revolte* vor 25 Jahren seien: sie hätten nie eine grenzenaufzeigende, Normenakzeptierende Erziehung genossen (Scheffler); sie seien Erziehungswaisen (Leggewie),

---

1 Die Forschungsgruppe hat ihre Arbeiten in einer Vielzahl von Publikationen zugänglich gemacht, darunter insbesondere: Willems, Helmut (zusammen mit *Eckert, Roland/Würtz, Stefanie/Steinmetz, Linda*), 1993: Fremdenfeindliche Gewalt. Einstellungen, Täter, Konflikteskalation. Opladen (Leske + Budrich); *Willems, Helmut/Würtz, Stefanie/Eckert, Roland*, 1994: Analyse fremdenfeindlicher Straftäter, Bonn (BMI).

Abbildung 1: Altersgruppen der Tatverdächtigen (in Prozent der gültigen Fälle)

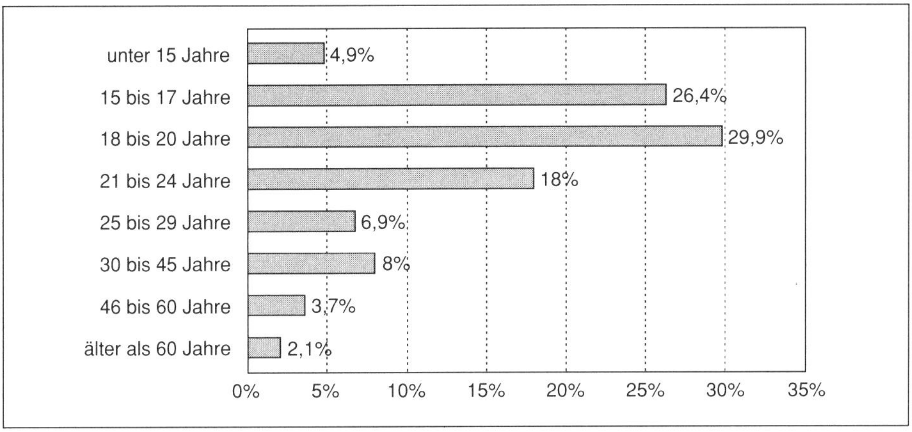

weil die Protagonisten der antiautoritären Bewegung mit dem Kampf gegen das 'Autoritäre' zugleich auch jede Form von Erziehung verdächtig gemacht hätten; ja sie hätten sich nie der notwendigen Anstrengung der 'Zivilisierung' unterwerfen müssen (Schneider). Erstaunlicherweise wurde dieser Vorwurf, der seit 30 Jahren eher von konservativen Kritikern der 68er Generation vorgetragen wurde, in den letzten Jahren sogar von Exponenten der antiautoritären Bewegung angenommen[2] und gegen sich selbst gerichtet.

Tatsächlich sind es – wie die Analyse der Polizeiakten zeigt – vornehmlich Jugendliche und junge Erwachsene, die bei den fremdenfeindlichen Straf- und Gewalttaten dominieren (Abbildung 1). Insofern haben wir es hier tatsächlich vorwiegend mit einer Altersgruppe zu tun, deren Eltern Ende der sechziger Jahre Jugendliche und junge Erwachsene waren. Dieser allein statistische, lebenszyklische Zusammenhang reicht jedoch keineswegs aus, um die fremdenfeindlichen Täter der 90er Jahre im Kontext der antiautoritären Revolte und ihren entsprechenden Milieus zu verankern. Dazu bedarf es zusätzlicher und spezifischer Informationen. Nach allem, was wir über die antiautoritäre Bewegung wissen, war diese ganz eindeutig ein bildungsbürgerliches Phänomen. Die Bewegung rekrutierte sich in erster Linie aus Gymnasialschülern, Studenten, Wissenschaftlern, Lehrern, Journalisten etc., die alle zu Gruppen der 'höher Gebildeten' und heute zu den Arrivierten und Erfolgreichen zu zählen sind. Und soweit wir über die intergenerationale Sicherung des Bildungs- und Sozialstatus informiert sind, haben es diese bildungsbürgerlichen, antiautoritären Milieus durchaus verstanden, einen adäquaten Bildungsabschluß bei ihren Kindern sicherzustellen. Ent-

2 Den wichtigsten Einfluß auf diese öffentliche Debatte hatten: *Beate Scheffler,* 1992: „Trau keiner/m unter 30" – Brauchen wir eine neue Revolte?, in: *Die Grünen* (Hrsg.), Halbzeit, Zweieinhalb Jahre Grüne im Landtag NRW, Düsseldorf, 47; *Claus Leggewie,* 1993: Plädoyer eines Antiautoritären für Autorität, in: Die Zeit, 5.3.1993, Nr. 10, 93; *Peter Schneider,* 1993: Erziehung nach Mölln, in: Kursbuch, Heft 113. Die These von einem unmittelbaren familialen Zusammenhang zwischen fremdenfeindlichen Gewalttätern und einem eher antiautoritären-bildungsbürgerlichen Elternhaus wurde insbesondere durch die Medienberichterstattung über einen der Tatverdächtigen am fünffachen Mord in Solingen verbreitet.

Abbildung 2: Formaler Bildungsabschluß der Tatverdächtigen zur Tatzeit (in Prozent der gültigen Fälle)

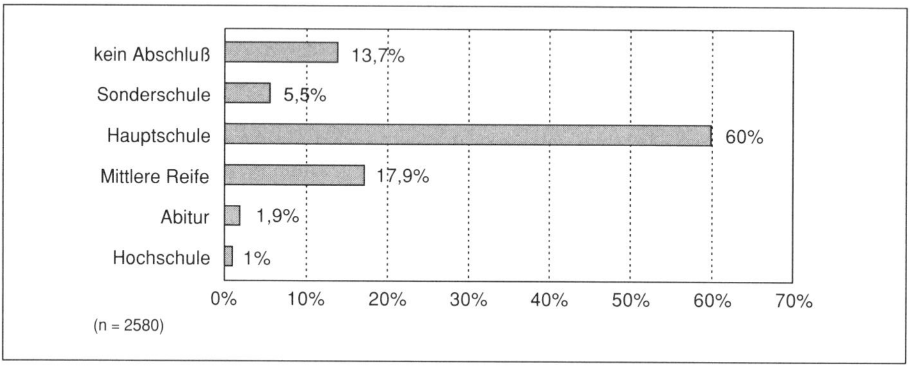

sprechend der These, die fremdenfeindlichen Gewalttäter seien die Kinder der 68er Generation, müßte sich dieser Bildungszusammenhang zwischen Eltern- und Kindergeneration an Hand von Informationen über die Täter nachweisen lassen, d.h. höhere Bildungsabschlüsse müßten unter den Tätern in einem größeren Ausmaß zu finden sein.

Wie die Täteranalysen zeigen, ist gerade das Gegenteil der Fall: die fremdenfeindlichen Straf- und Gewalttäter haben hinsichtlich der Schul- und Berufsbildung ein deutliches, über den Werten für die Jugend insgesamt, liegendes Schwergewicht im unteren Bereich der Bildungsschichtung. Es sind weder in erster Linie Schulabbrecher oder Personen ohne jeden formalen Bildungsabschluß, noch zu einem größeren Anteil Abiturienten oder Studenten, sondern ganz überwiegend Jugendliche mit Hauptschulabschluß und mittlerer Reife (Abbildung 2). Dies läßt die These von den 'antiautoritär-unerzogenen' Kindern der 68er Generation mehr als fragwürdig erscheinen.

In der antiautoritären Bewegung waren zudem Frauen stark vertreten und hatten zunehmend ihre Gleichberechtigung eingefordert. Auch bei den gewaltaffinen Gruppen im Gefolge der Studentenbewegung spielten Frauen eine wichtige Rolle (RAF, Rote Zora). In den diversen fremdenfeindlichen und rechtsradikalen Gruppen zeigt sich freilich ein ganz anderes, nämlich deutlich traditionales, patriarchalisches Muster, mit einer hohen Relevanz von traditionellen Männlichkeitsvorstellungen. Dies wird sowohl in der Mitgliederstruktur dieser Gruppen als auch in der geschlechtsspezifischen Verteilung bei den Gewalttätern deutlich: Frauen sind nur mit 4,5% unter den Tatverdächtigen vertreten.

Die These, die fremdenfeindlichen Straf- und Gewalttäter seien die Kinder der 68er Generation, kann daher aufgrund dieser verschiedenen empirischen Daten eindeutig zurückgewiesen werden. Auch die etwas weitere Version dieser These, die vor allem die kulturellen und erziehungspraktischen Wirkungen der antiautoritären Revolte verantwortlich macht, vermag nicht zu überzeugen. So ist mittlerweile hinreichend bekannt, daß die antiautoritäre Bewegung jenseits ihrer eigenen Milieus nur relativ geringen Einfluß auf andere Bevölkerungsgruppen (v.a. auf niedrige Bildungsschichten) und deren Erziehungspraktiken hatte. Zudem ist die These für die Entstehung von Fremdenfeindlichkeit und Gewaltbereitschaft in der DDR ganz offensichtlich unbrauchbar, da die entsprechenden Effekte der antiautoritären Revolte aus der BRD dort nur in einem sehr geringen Ausmaß ('Prenzlauer Berg Milieu') festzustellen waren. Dessen unbeschadet mag es durchaus sinnvoll sein, eine neue Erziehungsdebatte zu führen, die Grenzen und Chancen von Erziehung in der gegenwärtigen Gesellschaft verdeutlicht (Eckert 1995).

Das nächste Erklärungsmuster, das *Individualisierungstheorem*, geht davon aus, daß die wirtschaftliche und kulturelle Entwicklung zu einer fortschreitenden „Individualisierung" führe, deren Kehrseite die Desintegration aus übergreifenden Verbindlichkeiten in Religion, Verwandtschaft, Klasse und Politik sei. Es wurde in den fünfziger Jahren von konservativen Autoren wie Arnold Gehlen (1957/1961) entwickelt, in den siebziger Jahren von Peter Berger (Berger u.a. 1973/1987: 59-74) ausgearbeitet, in den achtziger Jahren von Ulrich Beck (1986) in ein Konzept der „Risikogesellschaft" integriert. Ungeachtet seiner konservativen Ursprünge, wurde es nach dem Niedergang des „Spätkapitalismus"-Theorems der Frankfurter Schule für den ansteigenden Deduktionsbedarf linker Zeitdeutungen in Anspruch genommen. Dabei kam es zu rasanten Rochaden: daß Menschen sich im Verlauf der Modernisierung aus verpflichtenden Traditionen, nachbarschaftlichen Ordnungen und verwandtschaftlicher Beanspruchung herauslösen, wurde noch in den siebziger Jahren eher als Emanzipation („Verringerung von Beschränkungen für die Artikulation und Befriedigung menschlicher Bedürfnisse" [Lempert 1974: 29]) gefeiert; nun galt es zunehmend als *Desintegration* („Auflösung von Beziehungen zu anderen Personen oder Institutionen, Auflösung der faktischen Teilnahme an gesellschaftlichen Institutionen; Auflösung der Verständigung über gemeinsame Norm- und Wertvorstellungen" [Heitmeyer 1992: 76]). So gut mit diesem Individualisierungstheorem die abnehmende Bindungskraft von Kirchen, Gewerkschaften und Parteien erfaßt wurde, so wenig erklärungskräftig blieb es in der Anwendung auf rechtsextreme Orientierungen und Handlungen. Bereits in der Untersuchung über rechtsextremistische Orientierungen bei Jugendlichen, die Heitmeyer 1987 veröffentlichte, sprachen die empirischen Ergebnisse [Heitmeyer 1987: 160, 169] eher gegen seine eigene These. Gleichwohl konnte sich dieses sofort verfügbare, gut ausgearbeitete und offenbar gegen Falsifikationen immune Theorem medienweit durchsetzen. Auch die Bielefelder Längsschnittstudie [Heitmeyer u.a. 1992] über 31 Jugendliche konnte es nicht belegen. Die mittlerweile vorgenommene Erweiterung des Individualisierungstheorems um ein 'Instrumentalisierungskonzept' hilft hier auch nicht recht weiter. Nach diesem Konzept ist die Ursache für Fremdenfeindlichkeit und Ethnozentrismus in der Verwertungslogik der Industriegesellschaft generell angelegt: der Zwang zur 'Selbstdurchsetzung' führe zu einer Instrumentalisierung von Beziehungsmustern (Sieger-Besiegte) und damit letztlich zu einer Form des „materiellen Nationalismus" (Heitmeyer u.a. 1992: 596). Zurecht hat Wulf Hopf gegen diese allgemeinen Konzepte eingeworfen, daß sie als potentielle Trägerschichten von Fremdenfeindlichkeit, Nationalismus und Rechtsextremismus prinzipiell „alle Lohnabhängigen, wenn nicht gar alle Gesellschaftsmitglieder" (Hopf 1995: 11) umfassen. Sie sind daher nicht in der Lage, ganz spezifische Handlungsmuster wie z.B. fremdenfeindliche Gewalttaten zu erklären, ohne eine Reihe zusätzlicher Erklärungsvariablen und Entstehungskontexte in die Theorie mit aufzunehmen (vgl. auch die Kritik von Winkler 1995). Der neuerliche Versuch (Heitmeyer u.a. 1995), in den vom Sinus-Institut (nach

Abbildung 3: Ortsgröße der Tat (in Prozent der gültigen Fälle)

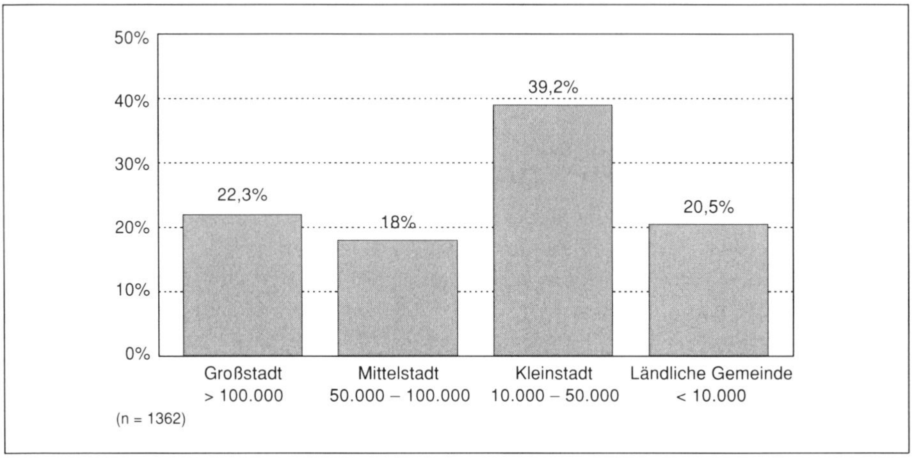

nicht der Überprüfung zugänglichen Kriterien) konstruierten Milieus unterschiedliche Gewaltpotentiale von Jugendlichen auszumachen, führt ebenfalls zu wenig neuer Erkenntnis, weil die durch das Konstrukt 'soziale Milieus' erklärte Varianz von Gewaltbereitschaft nicht hoch ist (zwischen 6% und 15%) und wir dann immer noch nicht wissen, welche milieudefinierenden Faktoren dabei wirklich eine Rolle spielen. Zu vermuten ist, daß in der überdurchschnittlichen Gewaltaffinität einzelner Milieus vor allem zwei Faktoren zum Ausdruck kommen, die auch in unserer Täteranalyse von größter Bedeutung sind: das männliche Geschlecht (im aufstiegsorientierten Milieu sind 63,5% Männer) und der niedrige Bildungsstatus (zumeist Haupt- und Realschüler) in allen überdurchschnittlich gewaltaffinen Milieus. Dies wäre dahingehend zu interpretieren, daß die Selektionsleistung des Bildungssystems und die Selektionserfahrungen der Individuen in ihm in einem engen und wechselseitigen Zusammenhang mit Gewaltbereitschaften stehen (vgl. dazu Eckert 1995: 197-198). Bedeutsam für die Diskussion ist hingegen ein anderes Ergebnis der neuesten Bielefelder Studie. Die einzige Desintegrationsdimension, die sich signifikant auf 'Verunsicherung', eine der theoretisch postulierten Voraussetzungen der Gewaltaffinität, auswirkt, ist eine „fehlende Unterstützung durch Familie und Freunde sowie starker Konformitätsdruck durch die Freundesgruppe“ (Heitmeyer 1995: 161). Dies stimmt zwar nicht für die Gesamtheit der fremdenfeindlichen Täter, wohl aber für Teilgruppen (den 'Schläger' und den 'Ethnozentristen') mit der von uns vorgenommenen Analyse überein – ist freilich gerade nicht als Spezifikum der fremdenfeindlichen Gewalt anzusehen. Die Erklärungskraft von Desintegrations- und Individualisierungskonzept für Gewalt und Fremdenfeindlichkeit erscheint daher insgesamt recht begrenzt.

Die Untersuchungen des Deutschen Jugendinstituts (Bertram u.a. 1993) haben zudem deutlich gemacht, daß Individualisierung regional erheblich variiert und hochgradig von Kontextfaktoren abhängig ist. Wir haben daher in unseren Analysen auch nach der Ortsgröße der Tatorte gefragt und stellten fest, daß es sich bei der fremdenfeindlichen Gewalt zunächst nicht um ein primär großstädtisches Phänomen handelt, sondern daß Kleinstädte und Dörfer eine ganz entscheidende Rolle spielen.

Abbildung 4: Herkunft der Tatverdächtigen – bezogen auf den Tatort (in Prozent der gültigen Fälle)

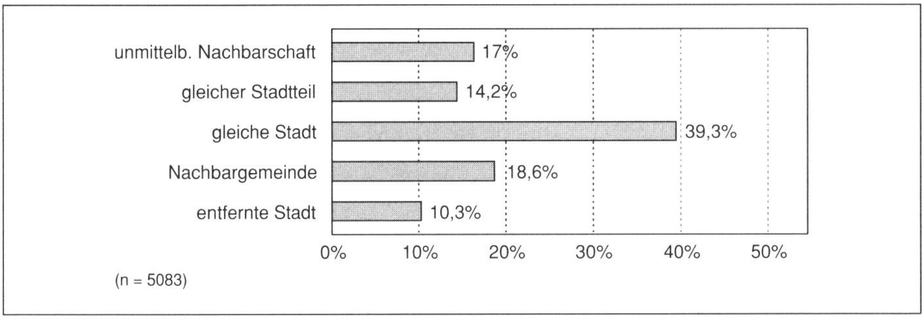

Wie Abbildung 3 verdeutlicht, sind – zumindest in der ersten Eskalationsphase 1991/92 – die Großstädte nur mit ca. 22% unter den Tatorten vertreten, während entsprechend der Statistik zur Verteilung der Wohnbevölkerung über die verschiedenen Gemeindegrößen hinweg ihr Anteil bei 32,2% für 1991 liegt. Insbesondere Kleinstädte (zwischen 10.000 und 50.000 Einwohnern) mit 39,2% (gegenüber 30,9% im Bevölkerungsdurchschnitt) und Mittelstädte zwischen 50.000 und 100.000 mit 18% (gegenüber 8,5% im Bevölkerungsdurchschnitt) sind unter den Tatorten deutlich stärker vertreten, als dies die Wohnort-Statistik nahelegen würde (Statistisches Bundesamt 1993: 62-63). Es ist zu vermuten, daß Individualisierung hier nicht so weit fortgeschritten ist, wie man dies für die großstädtischen Milieus annehmen muß (wiewohl man da natürlich vorsichtig sein muß, weil Individualisierungsschocks, die die Großstädter schon überwunden haben, möglicherweise jetzt aufs flache Land zukommen). Nun könnte es sein, daß die Tatverdächtigen aus eher großstädtischen, individualisierten und desintegrierten Milieus zu den Tatorten anreisen. Daher haben wir zusätzlich nach der Herkunft der Tatverdächtigen, bezogen auf den Tatort, gefragt.
Wie Abbildung 4 erkennen läßt, gibt es in der überwiegenden Zahl der Fälle einen unmittelbaren Zusammenhang zwischen dem Tatort und dem Wohnort der Täter: der Tatort ist in der Regel in der unmittelbaren Nachbarschaft, in dem gleichen Stadtteil oder der gleichen Stadt angesiedelt. Es handelt sich ganz offenbar um lokale Aktionen, bei denen auch eine überregionale Steuerung kaum zu erkennen ist. Diese starke Konzentration der fremdenfeindlichen Straf- und Gewalttaten in Kleinstädten und ländlichen Gemeinden sowie die Verortung der Taten in lokalen Milieus ist möglicherweise darauf zurückzuführen, daß neu eingerichtete Asylbewerberheime auf dem flachen Lande zu stärkeren kognitiven Dissonanzen führen als in einer Stadt, in der die Anwesenheit 'Fremder' bereits 'vertraut' ist und entsprechend Lernerfahrungen bei der Bevölkerung bereits vorhanden sind. Der vielfach dokumentierte Beifall der Anwohner (z.B. in Rostock-Lichtenhagen: „Das sind keine Kriminellen, das sind unsere Kinder") macht vollends deutlich, daß in Begriffen, die Robert K. Merton in anderem Zusammenhang entwickelt hat, eher die Integration in *lokale* Milieus und dementsprechend *parochiale* Orientierungen den gewalttätigen Protest gegen die *kosmopolitische* 'Zumutung' von Zuwanderung motiviert haben dürfte (Merton 1949). Umgekehrt ist für die friedlichen Gegendemonstrationen, die Lichterketten im Winter 1992/93 an-

zunehmen, daß hier eher die *ökumenische* Ethik ('eine Welt') des *kosmopolitischen* und hochgradig individualisierten Bildungsbürgertums zum Ausdruck kam. Vor diesem Hintergrund erscheint es nicht sehr sinnvoll, Individualisierung und Desintegration als Erklärungsvehikel heranzuziehen, auch wenn diese Theoreme seit einiger Zeit den soziologischen Diskurs beherrschen und sicherlich *andere* Phänomene gut erklären können. In den Begriffen Durkheims, des Begründers der Desintegrationsthese: Gerade bei einer höheren Bedeutung von „mechanischer Solidarität" können kulturelle Dissonanzerlebnisse zu Ethnozentrismus und Xenophobie führen, wenn nämlich das 'Fremde' die wechselseitige Realitätsverstärkung, die „conscience collective", gefährdet.

Ein drittes Erklärungsmodell hatte insbesondere im Ausland Bedeutung. Nach der Wiedervereinigung trete der deutsche Chauvinismus, befreit von der Furcht vor der Sowjetunion und ohne die Bedürfnisse nach Schutz durch die westliche Allianz, wieder hervor[3]. In der Tat zeigt die Analyse der Polizei- und Gerichtsakten, daß die Täter und ihr Umfeld weit über das rechtsextreme Feld hinausgingen; und zweifellos fühlen sich rechte und rechtsextreme Gruppen seit 1989 ermutigt und wittern ihre Chance. Wie sich an einigen Orten zeigen läßt (z.B. Rostock), haben sie angesichts der Konflikte vor Ort die Hoffnung entwickelt, Zugang zu breiteren Bevölkerungsgruppen zu finden. Zudem haben überall dort, wo die großen Parteien das Ausländerthema im Wahlkampf dramatisiert haben, kleine ausländerfeindliche Parteien profitiert, weil die dafür mobilisierbaren Bevölkerungsgruppen den parlamentarischen Parteien selbst keine Kompetenz im Hinblick auf dieses Problem zusprachen. Doch wenn die These von einem wiedererstarkten deutschen Chauvinismus und von einer anwachsenden Fremdenfeindlichkeit in der deutschen Bevölkerung als Hintergrund fremdenfeindlicher Gewalttaten stimmt, dann müßten entsprechende Einstellungsveränderungen in den verschiedenen repräsentativen Bevölkerungsumfragen der letzten Jahre schon vor den fremdenfeindlichen Aktionen der neunziger Jahre erkennbar sein. Eine Reanalyse der ALLBUS- und EUROBAROMETER-Daten, die den Langzeit- und Ländervergleich über die achtziger Jahre hinweg ermöglichen, zeigt jedoch, daß sich die Einstellungen der Deutschen zu Fremden oder Einwanderern in den achtziger und auch in den frühen neunziger Jahren nicht sonderlich verändert haben: und wenn sie sich verändert haben, dann haben sie sich eher verbessert als verschlechtert. So haben sich beispielsweise die Einstellungen zu den „Gastarbeitern" in der Bundesrepublik zwischen 1980 und 1990 keineswegs verschlechtert, sondern deutlich zugungsten der Gastarbeiter verändert. Negative Einstellungen, in denen etwa eine verstärkte Anpassung von „Gastarbeitern" gefordert oder ihre politische Betätigung abgelehnt wird, nehmen anteilsmäßig ab, positive Einstellungen nehmen eher zu (siehe Hill in Willems 1993). Die Einstellungsverteilungen weisen allenfalls gegen Ende der achtziger Jahre stärkere Tendenzen einer Polarisierung auf: angesichts der sich entwickelnden Debatte um die Asylpolitik und die Immigration verringern sich die Anteile der 'Meinungslosen'.

Für die Jahre 1990, 1991, 1992 (in denen erstmals auch die neuen Bundesländer einbezogen wurden) wurden nicht mehr die Einstellungen zu „Gastarbeitern", sondern die Einstellungen zu Zuzugsregelungen für verschiedene Ausländergruppen (Aussiedler, Asylbewerber, EG-Arbeitnehmer, Nicht-EG-Arbeitnehmer) abgefragt. Bezogen

3 So berichtet aus den USA von *F.M. Oppenheimer* in FAZ vom 12.01.1994, 6.

auf die Aussiedler hat sich die Zahl derer, die ihren Zuzug zwar weiter ermöglichen, zugleich aber begrenzen wollen, von 61,8% im Jahr 1990 auf 71,8% im Jahr 1992 erhöht; die Zahl derer jedoch, die ihren Zuzug ganz unterbinden wollen, also der extrem negativen Einstellungen, hat sich von 20,4% auf 10,3% halbiert. Auch bezüglich der Asylbewerber läßt sich eine Reduzierung der *extrem* fremdenfeindlichen Positionen feststellen. 1990 wollte noch fast jeder Dritte (30,4%) den Zuzug ganz unterbinden, 1992 nur noch 21,9%. Zugleich hat sich auch hier die Zahl der Befragten, die einen begrenzten Zuzug präferieren, von 50,4% auf 64,8% erhöht. In bezug auf diese beiden 'Ausländergruppen' können wir also eine Verstärkung der Gruppe feststellen, die gemäßigtere und pragmatische Positionen vertreten, während sich insbesondere die *extreme* Ablehnung deutlich reduziert hat. Insgesamt ist hinsichtlich aller vier Ausländergruppen eine leichte Reduzierung der extrem fremdenfeindlichen Positionen zwischen 1990 und 1992 (also nach der Vereinigung) festzustellen. Lediglich hinsichtlich des Zuzugs von Asylbewerbern wird 1992 wieder häufiger ein Verbot gefordert als noch 1991: 21,9% wollen 1992 den Zuzug von Asylbewerbern ganz unterbinden gegenüber 18,4% für 1991 (vgl. Hill 1993).

Insgesamt zeigt der Vergleich über die Jahre 1980 bis 1990, daß sich die Gruppe der extremen Ethnozentristen, derjenigen Befragten also, die bzgl. aller Ausländergruppen jeweils extrem negative Einstellungen aufweisen, von 13,8% (im Jahr 1980) auf 5,7% (im Jahr 1990) reduziert hat (dies gilt natürlich nur für die alten Bundesländer) und für den Zeitraum zwischen 1990 bis 1992 eine Stagnation festzustellen ist (wenngleich hier auch kurzfristige und für die verschiedenen Ausländergruppen unterschiedliche Trendentwicklungen erkennbar sind). Diese generellen Entwicklungstrends werden auch durch die Auswertung der IPOS-Daten zur Aufnahme politisch Verfolgter bestätigt. Der Anteil derer, die grundsätzlich keine politisch Verfolgten aufnehmen wollen, hat sich von 1989 auf 1992 reduziert und liegt im Osten niedriger (7%) als im Westen (10%) (IPOS 1992).

Auch die EUROBAROMETER-Daten zeigen, daß die frühere Bundesrepublik keineswegs im Vergleich mit den anderen europäischen Ländern als besonders ausländerfeindlich einzustufen ist. Zwar weist sie z.T. über dem Durchschnitt für alle EG-Staaten liegende Werte der Intoleranz und Ablehnung von Fremden aus, doch gilt dies ebenfalls für eine Reihe von anderen Staaten (Belgien, Frankreich, Großbritannien, Dänemark), die entsprechend hohe ausländische Bevölkerungsanteile besitzen. Dies in Rechnung zu stellen, ist von großer Bedeutung, weil „sowohl die Kognition als auch die Bewertung der „Anderen“ in den westeuropäischen Ländern wesentlich von der Anzahl und der Herkunft der Ausländer im eigenen Land bestimmt“ (wird) (Fuchs u.a. 1993: 252).

Festzuhalten bleibt somit, daß die Fremdenfeindlichkeit in der Bevölkerung insgesamt über einen längeren Zeitraum keineswegs angestiegen ist. Die fremdenfeindlichen Straf- und Gewalttaten, die seit 1991 eskaliert sind und die Gesellschaft erschüttert haben, sind somit nicht auf eine generelle Verschiebung des Meinungsklimas in der Bevölkerung insgesamt zurückzuführen. Die Daten sprechen gegen die Annahme eines wiedererwachten deutschen Chauvinismus und Rassismus, zumindest, wenn es um mehr als den rechten Rand des politischen Spektrums geht.

Dieser wichtige Befund soll freilich nicht verdecken, daß angesichts der Konflikte und Spannungen in den Kommunen seit Beginn der 90er Jahre bei Teilen der Bevölkerung

– z.B. im Umkreis von Asylbewerberheimen und insbesondere auch bei Teilen der Jugendlichen – z.T. eine deutliche Ausbreitung und Intensivierung fremdenfeindlicher Einstellungen zu verzeichnen ist. So zeigt etwa die repräsentative Jugendbefragung von IPOS aus dem Jahre 1993 (IPOS 1993), daß mehr als die Hälfte aller befragten Jugendlichen im Alter von 14-27 Jahren sich dafür ausgesprochen hatten, künftig weniger Asylbewerber als bisher aufzunehmen (58% im Westen, 60% im Osten). Zugleich hatten weit mehr als 10% der Jugendlichen Verständnis dafür, daß Leute gewalttätig gegen Ausländer vorgehen, wobei mit 18% der befragten Jugendlichen in den neuen Bundesländern die entsprechenden Anteile besonders hoch waren (im Westen 8%). Der Zusammenhang zwischen Gewaltbereitschaft bzw. Gewaltbilligung einerseits und politisch 'rechten' Orientierungen und Ausländerfeindlichkeit andererseits ist auch im DJI Jugendsurvey von 1992 (Hoffmann-Lange 1995) deutlich herausgearbeitet worden. Offensichtlich gibt es also eine relativ starke Minderheit unter den Jugendlichen, die Gewalt gegen Asylbewerber akzeptiert und entsprechend große Distanz und Ablehnung gegenüber Asylbewerbern zeigt: sie ist besonders ausgeprägt in den neuen Bundesländern sowie bei männlichen Jugendlichen mit niedrigem Bildungsabschluß. Doch auch hier zeigen die jüngsten Daten (IPOS 1995) keine Zunahme bei den fremdenfeindlichen und gewaltaffinen Potentialen unter Jugendlichen, sondern eher eine Reduzierung.

Dann gab es viertens die These, die gewaltbereiten und fremdenfeindlich-autoritären Jugendlichen seien allesamt 'Opfer' familialer Desintegration bzw. gestörter und belastender familialer Beziehungsstrukturen (Hopf, W. 1991; Hopf, Ch. u.a. 1995). So waren auch Familienpolitiker wie Christa Meves (1993) wieder zur Stelle, die alle Übel auf die *Vernachlässigung der Kinder*, insbesondere durch berufstätige Mütter, zurückführen: eine konservative Version der Desintegrationsthese. Wir haben versucht diese Thesen zu familialen Ursachen und Hintergründen für die Entwicklung ethnozentristischer Vorstellungen und Feindbilder an Hand der biographischen Information in den Gerichtsurteilen zu insgesamt 154 Straftätern zu überprüfen. Je nach dem Grad der Verfestigung von rechtsextremistischen Ideologien, von fremdenfeindlich/ethnozentristischen Einstellungen und von Gewaltbereitschaften/-affinitäten haben wir verschiedene Tätertypen unterschieden:

a) die Rechtsextremisten, mit festem ideologischem Weltbild, verfestigter, oft rassistisch begründeter Fremdenfeindlichkeit und einer entsprechend legitimierten, aber durch politisch-strategische Interessen kontrollierten Gewaltbereitschaft;
b) die Ethnozentristen, mit verfestigten ethnozentristischen Vorurteilen und Feindbildern, aber zugleich mit einer deutlichen Distanz zu rechtsextremistischen Ideologien und Parteien, bei denen eine z.T. generalisierte, v.a. hinsichtlich der „Ausländer" und „Fremden" legitimierte und normalisierte Gewaltbereitschaft zu finden ist, die jedoch stärker expressive Bedürfnisse denn strategisch-instrumentellem Kalkül folgt;
c) die 'kriminellen Jugendlichen' oder 'Schlägertypen', bei denen rechtsextremistische Ideologien und auch ausländerfeindliche und ethnozentristische Stereotypen und Einstellungen nur gelegentlich stark ausgeprägt und fest verankert sind, bei denen aber eine starke Gewaltaffinität und eine Normalisierung der Gewalt als Mittel der Auseinandersetzung anzutreffen ist;

d) schließlich die Mitläufer, bei denen weder verfestigte rechtsextremistische Orientierungen oder fremdenfeindliche Stereotypen noch dezidiert Gewaltaffinität festzustellen sind.

Wir haben nun versucht zu überprüfen, inwiefern sich für diese unterschiedlichen Typen fremdenfeindlicher Straftäter Gemeinsamkeiten und Unterschiede hinsichtlich familialer und biographischer Erfahrungen finden lassen (Abbildung 5).

Abbildung 5: Tätertypen

	Mitläufer	Schläger	Ethnozentrist	Rechtsextreme
rechtsextremes Weltbild	–	–	–	+ +
verfestigte Ausländerfeindlichkeit	–	– +	+ +	+ +
Elternhaus	intakt, bürgerlich	'Problemfamilien' Gewalt- und Erziehungsopfer	häufiger familiäre Probleme	intakt, kleinbürgerlich, bürgerlich
private/berufliche Probleme	–	+ + häufiger familiäre/berufliche Probleme	– +	–
Schulausbildung/-abschluß	erfolgreicher Haupt-/Realschulabschluß	häufig abgebrochene Schul- und Berufsausbildung	Hauptschulabschluß	erfolgreiche Hauptschule und oft Realschulabschluß
Vorstrafen	–	+	–	z.T. politische Straftaten
berufliche Situation	feste Berufsausbildung und/oder Arbeitsplatz, geringe Arbeitslosigkeit	häufige und hohe Arbeitslosigkeit, geringe Beständigkeit	erhöhte Arbeitslosigkeit	fester Arbeitsplatz und Berufsausbildung
Gewaltanwendung, -bereitschaft	gruppendynamische Aspekte	actionorientiert, alltägliche Normalität der Gewalt Keine Legitimation benötigt, nur neue Feindbilder	diffuse Gewaltbereitschaft, instrumentell-expressive Mischung	ideologisch legitimierte, strategisch gefestigte Gewaltbereitschaft, gegen bestimmte Feindbilder: Fremde, 'Nichtdeutsche', unmännlich

Bei den *Schlägern*, die entsprechend der Polizeiakten auch durch eine hohe 'unpolitische' Kriminalität gekennzeichnet sind, stehen tatsächlich in starkem Maß Problemfamilien, abgebrochene Schulausbildungen sowie hohe und dauerhafte Arbeitslosigkeit im Hintergrund. Hier kann man also ohne Zweifel von Desintegration sprechen, auch wenn diese weniger mit neuerlichen Individualisierungsschüben zu tun hat, wie ein Blick in den Bereich der Jugenddelinquenz in den letzten 40 Jahren verdeutlicht. Für diese Teilgruppe könnte die These gestörter Familienbeziehungen durchaus gelten, wobei freilich der angenommene Zusammenhang mit der Berufstätigkeit der Mütter immer noch offen und nach den Befunden der Familiensoziologie auch nicht sehr wahrscheinlich ist. Diese Jugendlichen sind nach den Polizeiakten auch früher schon durch 'unpolitische' Randale auffällig geworden. Abbildung 6 verdeutlicht, daß gegen mehr als 40% der fremdenfeindlichen Straftäter bereits wegen sonstiger (d.h. nichtpolitischer Straftaten) ermittelt wurde, 27,2% weisen gar eine entsprechende Verurteilung auf. (Im Vergleich dazu sind Vorbelastungen wegen politisch motivierter Straftaten relativ gering)[4]. Diese Jugendlichen haben nun an vielen Orten für ihre Gewalttätigkeit zum erstenmal Beifall und Anerkennung geerntet und damit eine Karriere vom Schläger zum Kämpfer erlebt. Dies verweist bereits auf die Bedeutung der politischen Konfliktlage für die Erklärung der spezifischen Ausrichtung der Gewalt.

Abbildung 6: 'Vorbelastung der Tatverdächtigen (in Prozent der gültigen Fälle)

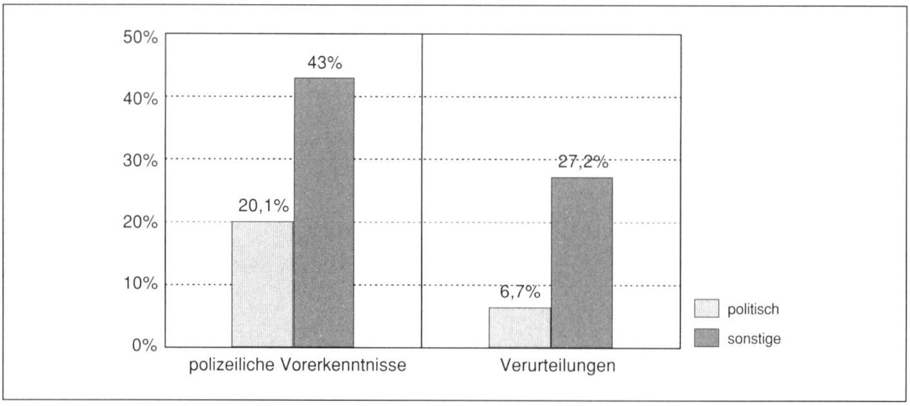

Anders sieht es dagegen bei den *Mitläufern* und erstaunlicherweise auch bei den dezidiert *Rechtsextremen* aus, die beide einen etwas höheren Bildungsstand haben, bei denen die Hinweise auf gestörte Familien seltener sind und die auch einen besseren Stand in der Berufsausbildung haben. Die *Ethnozentristen* – die durch Fremdenfurcht oder Fremdenfeindlichkeit motiviert sind, ohne dies mit einer rechtsextremen Ordnungsvorstellung zu verbinden – liegen in ihren biographischen Voraussetzungen zwischen den Schlägern auf der einen Seite und den Mitläufern und Rechtsextremen auf der anderen Seite. In den biographischen Brüchen bei 'Schlägern' und 'Ethnozentristen' zeigt sich freilich nicht vielmehr als die Überlappung fremdenfeindlicher Gewalt mit herkömmlicher Jugendkriminalität. Darum erklären sie gerade nicht das Spezifische der Welle von Gewalt 1991-1994.
Ein fünftes Erklärungsmodell sah die Gewaltwelle im Zusammenhang mit der Wirtschaftskrise, die sich in den neunziger Jahren zuspitzte, in der dann nach altem Muster

4 Sicherlich sind diese Prozentanteile von bereits vorher aktenkundig gewordenen Straftätern z.T. auch deshalb so hoch, weil die polizeiliche Ermittlungsarbeit sich an den vorhandenen Akten orientiert und daher eher jene fremdenfeindlichen Straftäter ermitteln konnte, über die sie bereits Informationen hatte.

Vorurteile und Sündenbockprojektionen aktiviert würden. Tatsächlich haben die niedrigqualifizierten Gruppen der Bevölkerung seit der mikroelektronischen Revolution der achtziger Jahre und durch den sich verschärfenden internationalen Konkurrenzdruck in den neunziger Jahren einen immer schwereren Stand auf dem Arbeitsmarkt. Und daraus resultieren durchaus objektive Gründe, die Konkurrenz von Einwanderern um Arbeit, Wohnung und vielleicht auch um Sozialhilfe zu fürchten.[5] Insbesondere in den Begriffen des „Wohlstandschauvinismus" und der „Modernisierungsverlierer" ist dieser Zusammenhang konzeptionalisiert worden. Dabei bezieht sich der Begriff 'Wohlstandschauvinismus' auf den Wunsch, die Früchte des erarbeitenden Wohlstands nicht mit anderen teilen zu wollen und hat damit implizit ebenfalls jene verunsicherten, von der Angst vor Deklassierung und Statusverlust eher betroffenen Teile der Mittelschichten und der oberen Unterschicht im Blick, die mit dem Begriff des „Modernisierungsverlierers" gekennzeichnet sind. Entsprechende Überlegungen zu potentiellen Trägerschichten fremdenfeindlich/ethnozentristischer Einstellungen werden durch unsere Analyse von täterbezogenen Daten durchaus gedeckt.

Die jugendlichen Straf- und Gewalttäter entstammen keineswegs anteilsgleich allen gesellschaftlichen Schichten: es sind vor allem Angehörige der unteren sozialen Schichten sowie eher niedriger bis mittlerer Bildungsschichten, die hier besonders stark vertreten sind (vgl. Abbildung 2).

Gleichwohl ist der Zusammenhang zwischen der Genese von Feindbildern und Vorurteilen und wirtschaftlichen Krisen so, wie er theoretisch vermutet wird, in der Wirklichkeit wohl nur selten aufzufinden. So war die Welle fremdenfeindlicher Straftaten bereits unterwegs, bevor sich die Auswirkungen weltwirtschaftlicher Probleme auch in Deutschland zeigten. Dies mag darauf hinweisen, daß bereits die Antizipation von möglichen Statusverlusten oder Deklassierungen ausreicht, um entsprechende Abwertungs- und Abwehrdynamiken auszulösen. Zugleich machen unsere täterbezogenen Daten jedoch auch deutlich, daß in neuen sozialen Konflikten nicht erst eigene Gewaltbereitschaften erzeugt werden müssen, sondern daß es z.T. zur Instrumentalisierung bzw. zum Transfer von bereits vorhandenen Gewaltpotentialen kommen kann – was sich beschleunigend auf die Eskalationsdynamik auswirkt.

Schließlich gab es noch eine sechste Erklärung, die aber als illegitim galt, weil in ihr die Opfer zu Tätern gemacht würden – wie es unter Vermischung von ätiologischen und moralischen Kategorien hieß. Fremdenfeindliche Gewalt hatte ihr zufolge etwas mit den *Einwanderungsschüben* und den in ihnen generierten Erfahrungen der ansässigen Bevölkerung Ende der achtziger und Anfang der neunziger Jahre (Aussiedler, Übersiedler und Asylbewerber) zu tun, die (abzüglich der „Auswanderer") von 1988-1993 etwa drei Millionen Menschen mehr nach Deutschland brachten: Allein die Aussiedlerzuwanderung betrug zwischen 1988 und 1992 ca. 1,4 Millionen, die Zuwanderung von Asylbewerbern im gleichen Zeitraum ca. 1,1 Millionen (vgl. Ronge 1993: 19-20). Die Forschungsgruppe hat darum in einer dritten, sehr aufwendigen Untersuchung den Verlauf der Konflikte und Gewaltaktionen vor Ort nachgezeichnet, und

5 Dies ist ein altes Phänomen: Bereits 1870 schrieb Karl Marx in einem Brief an seine Freunde in New York: „Der gewöhnliche englische Arbeiter haßt den irischen Arbeiter als einen Konkurrenten, welcher den standard of life herabdrückt. Er fühlt sich ihm gegenüber als Glied der *herrschenden Nation* ..." (Marx an Sigfrid Meyer und August Vogt am 9. April 1870).

zwar nicht nur in Hoyerswerda und Rostock-Lichtenhagen, sondern auch in einer Fülle von eher zweitrangigen Tatorten.

Es läßt sich eine Abfolge von Eskalationsstufen erkennen:

1. Die Einwanderung von Aussiedlern und Asylbewerbern führte dazu, daß Kommunen mit der Aufnahme zunehmend überfordert waren; es wurden Entscheidungen getroffen, von denen die ansässige Bevölkerung z.T. in starkem Maße betroffen ist, ohne daß ihr eine Mitsprachemöglichkeit eingeräumt worden wäre;
2. Zwischen Asylbewerbern, Anwohnern und Kommunalverwaltungen kommt es zu Spannungen. Die Spannungen resultieren zum einen aus den unmittelbaren Veränderungen im Wohnumfeld der ansässigen Bevölkerung (Fremdheitserfahrungen) durch die Ansiedlung von Asylbewerber- und Aussiedlerheimen und kristallisieren zum anderen in der Vorstellung von Ungerechtigkeit und Privilegierung der Ausländer, die – so die Vorstellungen – nicht (wie die deutschen Bürger) Beiträge und Steuern zahlen mußten, dennoch aber vom Staat mit Sozialhilfezahlungen und durch bevorzugte Vermittlung von Wohnraum stärker als die einheimische Bevölkerung unterstützt und alimentiert würden.
3. Lokale und überlokale Berichterstattung heizt entsprechende Ressentiments und Vorstellungen von Ungerechtigkeit an und trägt zu einer Dramatisierung und Generalisierung der Probleme als „Ausländerproblem" bei;
4. Die symbolische Dramatisierung des Asylstreits im Parteienwettbewerb in Bonn bei gleichzeitiger Unfähigkeit, die Asylverfahrenspraxis zu reformieren, eröffnet Chancen für rechte und rechtsextremistische Politiker: sie können für radikale politische Lösungen ('Ausländer raus') und zugleich auch für undemokratische Vorgehensweisen (Gewaltanwendung) Unterstützung mobilisieren;
5. Die ersten Angriffe gegen Asylbewerberunterkünfte machen die Unterstützung des lokalen Umfeldes deutlich: gewaltaffine Jugendcliquen und fremdenfeindliche Gruppen (Skins u.a.) greifen Asylbewerber- und Aussiedlerheime an, in dem Gefühl, stellvertretend für die Anderen 'deutsche Interessen' zu vertreten;
6. Schwache und verunsicherte Polizeipräsenz in den neuen Bundesländern minimieren das Risiko für die ersten Täter. Gewalt erweist sich zudem als erfolgreich: die Ayslbewerber werden abgezogen;
7. Über die Medienberichterstattung wird die erfolgreiche Gewalt zum Modell für landesweite Nachahmung;
8. Fremdenfeindliche Gewalt wird über die Asylbewerber hinaus von rechtsextremen Gruppen auf andere Opfergruppen wie Türken, Juden, Behinderte und Homosexuelle generalisiert. Eine fremdenfeindliche Bewegung ist in ersten Ansätzen erkennbar.

Die Ereignisanalyse zeigt, daß sich die Welle fremdenfeindlicher Gewalt zunächst gerade *nicht* auf Basis tradierter, im kollektiven Bewußtsein bereitgestellter gesellschaftlicher Vorurteile und Feindbilder des Rechtsradikalismus (Juden, Türken etc.) entwickelte, sondern anfangs einen ganz spezifischen Kristallisationspunkt und ein klar umrissenes Feindbild und Opferbild hatte: die „Asylanten" oder speziell noch die angeblichen „Schein- oder Wirtschaftsflüchtlinge" bzw. in den neuen Bundesländern die „Vertragsarbeiter", die nicht nach Vietnam oder Mozambique zurückkehren wollten. Dieses Feindbild vom „Scheinasylanten", der nicht berechtigt sei, hier zu sein, dessen Versuch, hier zu bleiben als kriminell eingestuft wurde und dessen Anwesenheit in der Nachbarschaft als Provokation empfunden wurde, hat dann auch jenen Mut gemacht, die rassistischen Ideologien anhängen und für die der „Asylant" nur stellvertretend für alle Fremden und alles „Nicht-Völkische" und „Nicht-Deutsche" steht. Diese Generalisierung hat sich bisher allerdings weitgehend auf den Kern der fremdenfeindlichen, rechten und gewaltbereiten Gruppen beschränkt.

Viel spricht also für die „illegitime" Erklärung: Die Gewalt hat etwas mit unverarbeiteten Einwanderungsschüben zu tun. Eine singuläre Situation, nämlich die Überforderung der Kommunen durch zwei sich überlappende Einwanderungswellen (der Aussiedler und der Asylbewerber) hat zu Konflikten geführt, die nun in einer zweiten Phase die Konstitution einer fremdenfeindlichen Bewegung in Deutschland möglich machen. Daß diese Gefahr auch fortan nicht von der Hand zu weisen ist, zeigt der internationale Vergleich, zeigen die Konflikte in den Niederlanden, in Großbritannien, in Frankreich und Schweden – in Ländern mit einer unbezweifelten freiheitlichen Tradition. In den Begriffen Mertons kann Xenophobie und die aus ihr resultierende Gewalt als parochiale Abwehrreaktion gegenüber kosmopolitischen 'Zumutungen' verstanden werden. Sie kumuliert bei Bevölkerungsgruppen, die aufgrund ihrer niedrigen Qualifikationen mit Einwanderern um Arbeitsplätze, Wohnungen und potentiell auch Sozialhilfe konkurrieren. Die Fürsorge des Staates für die neuen Migrationsgruppen wird als 'ungerechte Bevorzugung' empfunden, was weniger als Wohlstandschauvinismus denn als spezielle Form relativer Deprivation interpretiert werden kann. Die Zukunft verspricht hier nichts Gutes: Sowohl die technologische Entwicklung als auch die weltwirtschaftliche Konkurrenz drängen dahin, daß diese Gruppen in unserer Gesellschaft an Zahl wachsen werden. Die Deklassierung niedrigqualifizierter Bevölkerungsgruppen und die Einwanderungsschübe stellen eine explosive Mischung dar, mit der wir heute und in Zukunft konfrontiert sein werden.

Xenophobie mag in Teilen ein universales Phänomen sein. Gleichwohl bilden sich fremdenfeindliche Stereotype in Situationen, in denen Fremdheitserlebnisse, Bedrohungs- oder Konkurrenzerfahrungen nicht bewältigt werden, bevor sie als Vorurteile ultrastabil werden und dann in ökonomischen Krisen immer wieder aktualisiert werden können. Nur wenn wir diese Entstehungsbedingungen von Fremdenfeindlichkeit analysieren, haben wir die Chance, präventiv zu intervenieren und uns nicht auf einen bloß moralischen Diskurs zu beschränken. Fremdheit kann sich über Lernprozesse in Vertrautheit verwandeln: das zeigt in Deutschland die Integration historischer Einwanderungswellen von Hugenotten, Polen und „Flüchtlingen" nach 1945; das zeigt vielerorts auch die Integration von Italienern, Griechen und Türken.

So sollten wir die Schrecken der letzten Jahre als Warnung begreifen: In einer sich bildenden Weltgesellschaft werden nicht nur Kapital und Waren verkehren, sondern auch Menschen wandern. Diese Wanderungsbewegungen werden sich in einer freiheitlichen und die Menschenrechte achtenden Gesellschaft nur beschränkt kontrollieren und steuern lassen. Fatal wäre es, wenn die dadurch aufbrechenden Probleme und Konflikte wieder einmal lediglich dem 'falschen Bewußtsein' der jeweils anderen Seite angelastet würden. Kulturell heterogene Gesellschaften werden ihren Bürgern eine Fülle von Verstehensleistungen abfordern. Diese fallen den kosmopolitisch orientierten Bildungsbürgern leichter, weil sie in ihrer Lebensform weniger auf kulturelle Gemeinsamkeiten und auf Bestätigung durch ihre Nachbarn (conscience collective) angewiesen sind (weil die „mechanische Solidarität" Emile Durkheims für sie also nicht so im Vordergrund steht). Um so dringlicher sind sie herausgefordert, auch die zu verstehen, die sich durch verstärkte Zuwanderung ökonomisch oder kulturell bedroht fühlen. In den Prozessen der Modernisierung und überlokalen Integration, die – von Europa ausgehend – die Welt umformen, war die Bildung von Nationen ein notwendiges Stadium. Heute haben die westlichen Industriegesellschaften deren Grenzen ökonomisch und kulturell längst hinter sich gelassen. Nicht alle haben hier Schritt halten können. Niemand sollte mehr als wir Deutsche wissen, welche Schrecken Nationalismus und Rassismus über die Völker bringt; niemand ist mehr als wir zu weltbürgerlichen Orientierungen aufgerufen, die ihre Nagelprobe in der Aufnahme von Verfolgten und dem Schutz von Flüchtlingen finden. Überlokale und übernationale Solidarität kann aber nicht einfach vorausgesetzt werden, vielmehr müssen die Erfahrungsräume immer wieder neu hergestellt werden, in denen sich Konkurrenz in Kooperation und Fremdheit in Vertrautheit verwandeln kann. Hierfür reichen Gesinnungsbekundungen nicht aus, vielmehr ist konkrete Integrationsarbeit in Betrieben und Gemeinden, in Gewerkschaften und Parteien zu leisten. Aber auch erzieherische Bemühungen in Schulen und Jugendgruppen sind geboten. Denn die Herausforderungen von Kulturkontakt und globaler Integration können ganz unterschiedlich beantwortet werden: Fundamentalistische Abschließung und weltbürgerliche Öffnung können gleichermaßen subjektiv Sinn machen. Es wird u.a. von 'Bildung' innerhalb und außerhalb der Schulen abhängen, wo (zwischen diesen Extremwerten) Menschen ihren Platz finden. Schlüsselqualifikation des Weltbürgers dürfte hier 'Empathie' sein: die Fähigkeit, die Welt auch aus der Perspektive anderer oder Fremder zu betrachten[6]. Sie läßt sich fördern, wenn der Konflikt zwischen lokaler Identität und kulturellem Pluralismus erst einmal als reale Problemlage anerkannt ist.

Literaturverzeichnis

Beck, Ulrich, 1986: Risikogesellschaft. Auf dem Weg in eine andere Moderne. Frankfurt a.M.

Berger, Peter L./Berger, Brigitte/Kellner, Hansfried, 1987: Das Unbehagen in der Modernität, Frankfurt a.M.

Bertram, Hans/Bayer, Hiltrud/Bauerreiß, Renate, 1993: Familienatlas: Lebenslagen und Regionen in Deutschland. Opladen.

Eckert, Roland, 1995: Mehr Autorität als Antwort auf Gewalt? Grenzen und Chancen der Erziehung bei Jugendlichen, in: *Ansgar Klein* (Hrsg.), Wertediskussion im vereinten Deutschland. Köln, 160-163.

Eckert, Roland/Willems, Helmut, 1992: Konfliktintervention – Perspektivenübernahme in gesellschaftlichen Auseinandersetzungen. Opladen.

Fuchs, Dieter/Gerhards, Jürgen/Roller, Edeltraud, 1993: Wir und die Anderen. Ethnozentrismus in den zwölf Ländern der europäischen Gemeinschaft, in: Kölner Zeitschrift für Soziologie und Sozialpsychologie 45/2, 238-253.

Gehlen, Arnold, 1957: Die Seele im technischen Zeitalter. Hamburg.

Heitmeyer, Wilhelm, 1987: Rechtsextremistische Orientierungen bei Jugendlichen. Weinheim/München.

Heitmeyer, Wilhelm, 1992: Soziale Desintegration und Gewalt, Mitglieder-Rundbrief der Deutschen Vereinigung für Jugendgerichte und Gerichtshilfen e.V., März/Juni 1992, 76-77.

6 Siehe dazu den Versuch, ein entsprechendes Trainingskonzept zu entwickeln und zu erproben in: *Eckert, Roland/Willems, Helmut,* 1992: Konfliktintervention – Perspektivenübernahme in gesellschaftlichen Auseinandersetzungen. Opladen.

Heitmeyer, Wilhelm/Buhse, Heike/Liebe-Freund, Joachim/Möller, Kurt/Müller, Joachim/Ritz, Helmut/Siller, Gertrud/Vossen, Johannes, 1992: Die Bielefelder Rechtsextremismus-Studie. Weinheim / München.

Heitmeyer, Wilhelm/Collmann, Birgit/Conrads, Jutta/Matuschek, Ingo/Kraul, Dietmar/Kühnel, Wolfgang/Möller, Renate/Ulbrich-Hermann, Matthias, 1995: Gewalt. Schattenseiten der Individualisierung bei Jugendlichen aus unterschiedlichen Milieus. Weinheim / München.

Hill, Paul B., 1993: Die Entwicklung der Einstellungen zu unterschiedlichen Ausländergruppen zwischen 1980 und 1992, in: *Helmut Willems* (zus. mit *Roland Eckert/Stefanie Würtz/Linda Steinmetz*), Fremdenfeindliche Gewalt, Einstellungen, Täter, Konflikteskalation. Opladen, 25-67.

Hoffmann-Lange, Ursula (Hrsg.), 1995: Jugend und Demokratie in Deutschland – Jugendsurvey 1., Opladen.

Hopf, Christel/Rieker, Peter/Sanden-Marcus, Martina/Schmidt, Christiane, 1995: Familie und Rechtsextremismus – Analyse qualitativer Interviews mit jungen Männern. Weinheim/München.

Hopf, Wulf, 1991: Familiale und schulische Bedingungen rechtsextremer Orientierungen von Jugendlichen, in: ZSE 11, 43-59.

Hopf, Wulf, 1995: Ethnozentrismus und Ökonomismus – Die „Leistungsgesellschaft" als Deutungsmuster für soziale Ausgrenzung. Manus.

IPOS, 1992: Einstellungen zu aktuellen Fragen der Innenpolitik in Deutschland. Mannheim.

IPOS, 1993: Jugendliche und junge Erwachsene in Deutschland Februar/März 1993, Ergebnisse jeweils einer repräsentativen Bevölkerungsumfrage in den alten und neuen Bundesländern.

IPOS, 1995: Jugendliche und junge Erwachsene in Deutschland Februar/März 1995, Ergebnisse jeweils einer repräsentativen Bevölkerungsumfrage in den alten und neuen Bundesländern.

Leggewie, Claus, 1993: Plädoyer eines Antiautoritären für Autorität, in: Die Zeit, 5.3.1993, Nr. 10, 93.

Lempert, Wilhelm, 1974: Berufliche Bildung als Beitrag zur gesellschaftlichen Demokratisierung. Frankfurt a.M.

Merton, Robert K., 1949: Patterns of Influence: Local and Cosmopolitan Influences, in: *ders.* (1968): Social Theory and Social Structure. New York.

Meves, Christa, 1993: Wahrheit befreit. Stein am Rhein.

Ronge, Volker, 1993: Ost-West-Wanderung nach Deutschland, in: Aus Politik und Zeitgeschichte, B 7/93, 16-28.

Scheffler, Beate, 1992: „Trau keiner/m unter 30" – Brauchen wir eine neue Revolte?, in: *Die Grünen* (Hrsg.), Halbzeit, Zweieinhalb Jahre Grüne im Landtag NRW. Düsseldorf, 47-49.

Schneider, Peter, 1993: Erziehung nach Mölln, in: Kursbuch 113, 131-141.

Statistisches Bundesamt (Hrsg.): Statistisches Jahrbuch 1993 für die Bundesrepublik Deutschland. Wiesbaden.

Willems, Helmut (zus. mit *Eckert, Roland/Würtz, Stefanie/Steinmetz, Linda*), 1993: Fremdenfeindliche Gewalt, Einstellungen, Täter, Konflikteskalationen. Opladen.

Willems, Helmut/Würtz, Stefanie/Eckert, Roland, 1994: Analyse fremdenfeindlicher Straftäter, in: Texte zur Inneren Sicherheit, hrsg. vom Bundesministerium des Innern. Bonn.

Winkler, Jürgen R., 1995: Rechtsextremismus als Objekt der neueren sozialwissenschaftlichen Forschung, in: Politische Vierteljahresschrift 36, 300-319.

Rechtsextremistische Einstellungen und Gewalt in jugendkulturellen Szenen

Renate Möller / Wilhelm Heitmeyer

1. Die Fragestellung

Die Diskussion zur Gewalt bei Jugendlichen kreist dominierend um politische Gruppen etwa aus dem rechtsextremistischen Terrain, um jene, die sich im klassischen subkulturellen Sinne festgefügter Stilbildungen und sozialstruktureller Verortungen als Skinheads darstellen oder etwa als „erlebnisorientierte" Hooligan-Truppen durch die Stadien ziehen. Die z.T. spektakulären Präsentationen und Grausamkeiten sichern Aufmerksamkeit und Untersuchungsinteresse. Weniger interessant erscheinen jene Jugendliche, die auffällig „normal" den unterschiedlichen jugendkulturellen Vorlieben fröhnen, sich durch die vielfältigen konsumkulturellen Stilangebote „zappen", feste Gruppen inzwischen nicht mehr als Identitätsstütze benötigen, sondern eher die „Szene" bevorzugen zur eigenen Identitätsbespiegelung.

Studiert man empirische Untersuchungen zum Thema Jugendgewalt, dann zeigt sich relativ eindeutig, daß männliche Jugendliche eher zu Gewalttätigkeiten neigen als weibliche Jugendliche. Das Geschlecht, und das heißt genauer: die geschlechtsspezifische Sozialisation mit all ihren Konsequenzen, hat demnach einen entscheidenden Einfluß auf jugendliches Gewaltverhalten und dominiert alle übrigen Einflußfaktoren, die das Verhältnis von Jugend und Gewalt bestimmen. Ebenso weisen alle Untersuchungen bei Jugendlichen mit niedrigem Ausbildungsniveau höhere Gewaltwerte als bei Jugendlichen mit höherem Ausbildungsniveau aus; dasselbe gilt für den Sozialstatus, der deutlich mit den öffentlich und auch wissenschaftlich beachteten Gewaltformen Jugendlicher (körperliche Gewalt, Vandalismus, ethnisch motivierte Gewalt etc.) kovariiert. Jugendliche Angehörige der unteren Schichten, das zeigen Untersuchungen, die mit dem Schichtenkonzept arbeiten und sich durchaus anwaltschaftlich für diese Jugendlichen einsetzen, stellen das Gros jugendlicher Gewalttäter – dabei muß allerdings berücksichtigt werden, daß schon in der (wissenschaftlichen) Operationalisierung des allgemeinen und weiten Phänomens Gewalt ein Schichtenbias eingebaut ist. Konkretionen von 'Gewalt' stellen trotz Differenzierung doch letztlich die 'harten' physischen Gewaltformen, Drangsalierungen, Beleidigungen, Sachbeschädigungen usw. heraus, während psychische Gewaltvarianten, Intrigen, subtiles Machtstreben und Unterdrückung bzw. Instrumentalisierung anderer weitgehend unbeachtet bleiben.

So kommt es, daß im Kontext der Gewalt von Jugendlichen immer wieder die klassischen Erklärungsmuster wie geschlechtsspezifisches Rollenhandeln, bildungs- und schichtspezifisch gebrochene Normalitätsvorstellungen, restriktive und hoffnungslose

Lebensbedingungen, strukturelle Benachteiligungen von Lebenschancen bemüht werden. Auch unsere Daten unterstützen die oben skizzierten Befunde. Doch reichen unserer Meinung nach diese Einflußfaktoren zur Erklärung moderner Gewaltphänomene allein nicht aus. Geschlecht und soziale Stellung, die auch in modernen Gesellschaften noch zusammenhängen, 'erklären' letztendlich die verschiedenen Gewaltvarianten nur unzureichend, da viele männliche und viele unterprivilegierte Jugendliche *nicht* zu Gewalt greifen und auf der anderen Seite Gewalt auch bei weiblichen Jugendlichen oder bei Jugendlichen aus behüteten und sozial gesicherten Verhältnissen zu finden ist.

In diesem Beitrag wollen wir nun differenzierte empirische Figurationen aktueller jugendkultureller Präferenzen aufzeigen und in den Zusammenhang mit rechtsextremistischer Menschenfeindlichkeit unterschiedlicher Facetten und damit verbundener Gewalt stellen. Wir werden also danach fragen, inwieweit gewaltförmige und/oder menschenverachtende Einstellungen szenespezifisch mehr oder weniger stark ausgeprägt sind. Dazu werden wir die *jugend*theoretische Seite des Analyseansatzes mit dem *soziologischen* Individualisierungskonzept verbinden und die *politik*theoretische Seite an die Ausformulierung eines Konzeptes zur Menschenfeindlichkeit anschließen. Das Untersuchungskonzept setzt also bei schon bisher favorisierten sozialisationstheoretischen Positionen an, variiert zugleich die Gruppierungskategorien, nachdem zuletzt ein Milieukonzept erprobt wurde (Heitmeyer u.a. 1995), erweitert die politiktheoretische Seite der Einstellungsdimensionen und setzt sie erneut der empirischen Analyse aus, um so eine kontinuierliche Weiterentwicklung und Verdichtung bisheriger Theorieentwicklung anzustreben.

2. Der Individualisierungs-Ansatz

„Individualisierung bedeutet (...), daß die Biographie der Menschen aus vorgegebenen Fixierungen herausgelöst, offen, entscheidungsabhängig und als Aufgabe in das individuelle Handeln jedes einzelnen gelegt wird. Die Anteile der prinzipiell entscheidungsverschlossenen Lebensmöglichkeiten nehmen ab, und die Anteile der entscheidungsoffenen, selbst herzustellenden Biographien nehmen zu. Individualisierung von Lebensläufen heißt also hier (...): Sozial vorgegebene Biographie wird in selbst hergestellte und herzustellende transformiert, und zwar so, daß der einzelne selbst zum 'Gestalter seines eigenen Lebens' wird und damit auch zum 'Auslöffler der Suppe, die er sich selbst eingebrockt hat'" (Beck 1983: 58f.).

Die individuelle Verwirklichung eines 'sinnvollen Lebensentwurfes' hängt von heteronomen Strukturbedingungen der Gesellschaft und von den bisherigen Lebensereignissen ab (auch Jugendliche sind schon 'geworden' und müssen sich mit Realitäten ihrer gelebten Biographie arrangieren). Und die Sinnhaftigkeit des Lebens ist nicht zuletzt von den weiterhin existierenden, wenn auch diffundierten normativen Standards der sozialen Herkunft, der Sozialisation, abhängig. Auch unter individualisierten Lebensbedingungen wirken traditionale Lebensmuster (geschlechts-, regional- oder klassen- und schichtspezifisch) weiter; allerdings nicht mehr als ein homogenes Gesamt ('kollektives Weltbild'), sondern partikularisiert und gebrochen durch mediale, jugend- und konsumkulturelle Standards.

Theoretisch und empirisch hat dies zur Folge, daß moderne Gesellschaften durchaus noch mit den stratifikatorischen Kriterien sozialer Ungleichheit, also je nachdem als Klassen- oder geschichtete Gesellschaften, beschreibbar sind. Allerdings reichen die 'harten' sozialökonomische Kriterien zu einer Analyse der Gewohnheiten von Jugendlichen in modernen Industriegesellschaften nicht mehr aus.
Unterschiedliche theoretische Positionen treffen sich in dieser Sicht gesellschaftlicher Pluralisierung und sozialkultureller Diffundierung: Zu nennen ist hier Bourdieu (1987), der in der Dominanz des Ästhetischen den modernen Ausdruck der kapitalistischen Klassengesellschaft sieht; Vester u.a. (1993), für die die Klassengesellschaft ebenfalls im Kern fortbesteht, allerdings durch den Bedeutungszugewinn des Ästhetischen eine Pluralisierung erfährt; Hradil (1987), der soziale Lage und alltagsästhetische Lebensstile als äquivalente Einflußgrößen gesellschaftlicher Aufgliederung sieht bis hin zu Schulze (1992), der die soziale Auffächerung nur noch horizontal, losgelöst von sozialökonomischen Bedingungsfaktoren beschreibt. Auf eine ausführliche Debatte der einzelnen Standpunkte soll an dieser Stelle nicht eingegangen werden. Uns erscheint es vielmehr wichtig, in unserer empirischen Pilotstudie an theoretische Konzepte anzuknüpfen, die alte Schichtvariablen ersetzen bzw. kombinieren mit weiteren Variablen. Damit wird speziell der Versuch unternommen, mit einem auf jugendkulturelle Lebensstilkonzepte ausgerichteten Ansatz nach differenzierten Mustern zur Erklärung gewalthaltiger und rechtsextremistischer Orientierungen und Handlungen zu suchen.
Für das Individuum ist nun in die Individualisierung von Lebenslagen und Lebenswegen eine nicht zu übersehende Ambivalenz eingelagert. Generell ergibt sich diese Ambivalenz, die zum zentralen Lebensparadigma (Hoffmann-Nowotny 1988: 661) geworden ist, aus dem Zuwachs vermehrter Handlungsmöglichkeiten auf der einen Seite und gleichzeitig einsetzenden Gefährdungslagen und Risiken durch den Zwang zu einer Bewältigung von immer komplexeren Lebensaufgaben ohne den Rückhalt stabiler Vergemeinschaftungsformen.
Die Ambivalenzen stellen also erhöhte Anforderungen an Jugendliche und insbesondere an ihre Fähigkeiten zur Identitätsbildung, also zu wissen, wer man ist mit seinen Emotionen und seiner Handlungskompetenz, wozu man gehört, und zu wissen, warum das, was man tut, auch sinnvoll ist. Die Fähigkeiten zur Bearbeitung von Ambivalenzen gehen dabei einher mit jenen zur Ausbalancierung von Ambiguitäten und des Umgangs mit Kontingenzen. Vor diesem Hintergrund ist anzunehmen, daß der Sozialisationsprozeß von komplizierten Suchbewegungen gekennzeichnet ist, um Mitgliedschaften und soziale Beziehungen zu entwickeln und zu sichern, Statuspositionen zu erwerben, identitätsrelevante Handlungskompetenzen und emotionale Sicherheit zu gewinnen, Lebensplanungskonzepte aufzubauen und um in bezug auf Familie, Schule, Gleichaltrigengruppe, Politik und Beruf handlungsfähig zu sein.
Gerade angesichts der Spannbreite der Ambivalenzen ist mit ganz unterschiedlichen Bearbeitungsweisen zu rechnen. Wie aber kann Autonomie unter den Bedingungen der ambivalenten Individualisierungsprozesse erreicht werden, in denen generalisierte Individualkonkurrenz und standardisierte, institutionenabhängige Individuallage eingelagert sind? Denn wir haben es mit einer brisanten, inkonsistenten Konstellation zu tun: Der Vergesellschaftungsmodus der „Individualisierung" ermöglicht Entscheidungsfreiräume, die sich auch als Subjektivierung von Werten und Normen auswirken; die im Kapitalismus verankerte Verwertungslogik hingegen erzwingt zunehmend ein

utilitaristisch-kalkulatives Verhalten, so daß die neuen Möglichkeitsräume damit ausgefüllt zu werden drohen.
Damit gerät die Identitätsbildung unter Bedingungen moderner Gesellschaften in Präsentations- und Integrationsnotwendigkeiten, die durch Konkurrenzdruck und Standardisierungsbedingungen gekennzeichnet und erschwert werden. Individuelle Präsentation und soziale Integration erfolgen dazu über kognitive und sprachliche *Leistung* (u.a. in der Schule), körperlich-ästhetische und konsumkulturelle *Attraktivität* und körperlich-muskulöse oder verbal-symbolische *Stärkedemonstration*. Die Konsequenzen des Individualisierungszwangs können entlang der zentralen Dimensionen, Selbstdurchsetzung und Unterscheidung beschrieben werden.
Die *Selbstdurchsetzung* erhält eine besondere Gestalt dadurch, daß sich im Zuge der Ökonomisierung aller Lebensbereiche vor allem Zweckrationalität durchgesetzt hat. Mithin ist ein utilitaristisch-kalkulatives Verhalten funktional. Eine Hintergrundvariante stellen machiavellistische Einstellungen dar. Das Machiavellismus-Konzept basiert auf dem Definitionsansatz von Cristie/Geis (1970). Im Kern geht es um die effektive Kontrolle anderer, die wir mit Selbstdurchsetzung bezeichnen. Dazu sind in die Definition folgende Charakteristika eingegangen: Ein relativer Gefühlsmangel in zwischenmenschlichen Beziehungen; ein strategischer Umfang mit gängigen Moralvorstellungen, Normen und Konventionen; die Neigung, die Schwachstellen anderer Menschen ausfindig zu machen; geringe ideologische Bindung und hohe Bereitschaft zu taktischen Verhaltensweisen.

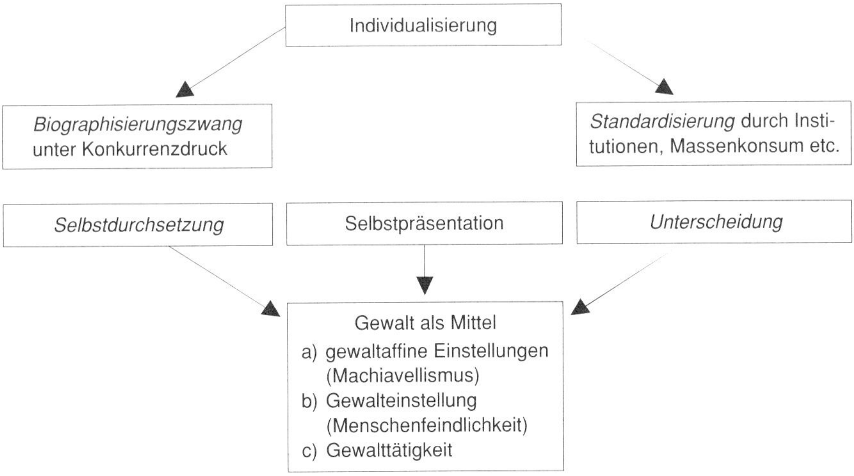

Die *Unterscheidung* gehört mit zu den entscheidenden Zwängen der Individualisierung. Denn: „Wer nicht wahrgenommen wird, ist ein Nichts, wer nicht auffällt, ein Niemand" (Türcke 1994: 32). „Sein ist wahrgenommen werden" (Türcke 1994: 32). Was für die „Sensationsgesellschaft" insgesamt und für Medien speziell gilt, ist auch für Jugendkulturen gültig. Denn es ist notwendig, sich unter Individualisierungszwang gegen den gesellschaftlich funktionalen Standardisierungsdruck durchzusetzen. Ein Medium dazu ist die Verfügung über Geld, denn man „steht" auf „Marken", um im hoffnungslosen Unterscheidungswettlauf vorne zu sein. Sohn-Rethels Kennzeichnung des Markt-

Menschen „Ich bin nichts, alles was ich bin, bin ich durch das Geld" ist auf bedrückende Weise schon bei Jugendlichen realitätsnah. Dies zeigt sich in der Spiegel-Untersuchung (1994): Arbeit bedeutet für 49% der befragten Jugendlichen vor allem Geld. Eine instrumentalistische Arbeitsorientierung, die gegenüber sachlichen Interessen dominiert und meist ein Effekt aufgenötigter Anpassung an ökonomische Strukturen und Erfordernisse der Berufstätigkeit ist, hängt, das zeigt unsere Analyse (Heitmeyer u.a. 1995), eng mit Gewalt zusammen. Hier wäre die Frage zu stellen, ob sich dieser Zusammenhang in verschiedenen Jugendkulturen stärker oder schwächer ausprägt. Anzunehmen ist, daß die konsumkulturellen und hedonistischen jugendkulturellen Figurationen einen wesentlich stärkeren Zusammenhang aufweisen als andere. Sie hängen gewissermaßen mit der von ihnen gewählten „Lösung" der äußerlichen Identitätspräsentation am Tropf des Geldes. Gleichzeitig steht die konsumkulturelle und hedonistische Variante besonders unter dem Druck der Standardisierung durch Massenmode etc. Wenn hier kein Entkommen ist, gibt es dann Auswege über Hedonismus, also über das Lustprinzip des Erlebens, indem die Grenzen von Verhaltensweisen immer weiter ausgedehnt werden, weil Befriedigung nur in Abhängigkeit immer neu aufgebauter Spannungszustände möglich wird. Das Soziale im Sinne der Achtung der Integrität des anderen steht ständig zur Disposition, der jeweils andere könnte „im Wege stehen" beim „Sensation seeking" und bei dem Versuch der Unterscheidung. Gleichwohl werden die anderen aber auch als 'Publikum' dringend gebraucht. Anzeichen dafür sind die Risikoschrauben bei Jugendlichen, die bei ihren Freizeitvergnügen die Achtlosigkeit gegenüber ihrer eigenen körperlichen und seelischen Integrität demonstrieren und die von Opaschowsky (1994) mehrfach berichteten Ergebnisse aus der Freizeitforschung, in der eine „normale" aggressive Rücksichtslosigkeit zahlreicher Jugendlicher deutlich wird.
Zusammenfassend stellt sich die Frage, wie Jugendliche mit diesem Präsentations- und Plazierungsdruck umgehen, also Unterscheidungen entwickeln (über Lebensstile, alltagsästhetische Präferenzen etc.) und Selbstdurchsetzung realisieren. In diesem Focus gilt es also im folgenden, die jugendkulturellen Szenen empirisch darzulegen und damit auch eine spezielle Form der Selbstdurchsetzung, nämlich die uns interessierende gewalthaltige Variante in ihren szenespezifischen Ausprägungen zu analysieren. Da mit Gewalt immer auch Motivlagen bzw. Legitimationsmuster verbunden sind, wird im folgenden kurz ein Ansatz für die in diesem Kontext besonders interessierenden Formen menschenfeindlicher Gewaltlegitimation skizziert.

3. Das Konzept menschenfeindlicher Gewaltlegitimationen

Die bisher von uns vertretene Operationalisierung von Rechtsextremismus basiert auf den Elementen der Ideologie der Ungleichheit bzw. Ungleichwertigkeit und Gewalt. Diese kategoriale Bestimmung bedarf angesichts der vielfältigen anzutreffenden Einstellungs- und Legitimationsvarianten einer zusätzlichen Differenzierung, die gegen die entdifferenzierenden Kategorien wie „Rassismus" oder „Neonazißmus" gerichtet sind. Deshalb ist ein Tableau angelegt worden, das diesen Erfordernissen entsprechend Rechnung trägt (vgl. Heitmeyer 1992: 677).
Versammelt sind darin solche Syndromvarianten, zugeordnete Argumentationskerne

Tabelle 1: Menschenfeindliche Gewaltlegitimationen

Syndromvariante	*Argumentationskern*	*Dominierende psychische Verankerung*
Rassismus (Antisemitismus)	Abwertung anderer aufgrund der Bewertung biologischer Unterschiede („natürliche" Höherwertigkeit)	Glauben
Ethnozentrismus	Eigene Aufwertung durch Reklamation von kultureller und ökonomischer Leistung (Entwicklungsunterschiede)	Stolz/Überheblichkeit
Fremdenfeindlichkeit/ Ressourcenangst	Konkurrenz gegen ethnisch andere (Ressourcen, kulturelle „Überfremdung")	Angst
Heterophobie	„Norm"-Abweichung (Nicht-Zulassen von „Anders-Sein" bei ethnisch Gleichen: Homosexuelle, Behinderte etc.)	Angst
Etablierten-Rechte	Raum-zeitliche Vorrangstellung und Ansprüche gegenüber „Außenseitern" (z.B. auch durch ansässige Ausländer gegen den Zuzug „neuer" Ausländer)	Egoismus/ Selbstdurchsetzung

und psychische Verankerungselemente, die allesamt auf Ungleichwertigkeit anderer Personen oder Gruppen ausgerichtet sind und für Ausgrenzungsforderungen wie für Legitimation von Gewalt herangezogen eben eine rechtsextremistische Figuration abgeben, die vor allem auch jenseits parteipolitischer oder organisationsbezogener Zugehörigkeit verbreitet und wirksam sind. Dies ist in der hier dominierenden jugendbezogenen Sichtweise von besonderer Bedeutung, weil sich das kulturelle wie politische Leben fast ausschließlich abseits entsprechender Institutionen abspielt.

4. Empirische Ergebnisse: Jugendkulturelle Szenen und die Bedeutung rechtsextremistischer Gewalt

Ein zentraler Punkt des Lebensstilkonzeptes ist das Spannungsverhältnis zwischen symbolisch vorgegebenen Folien für Gruppenidentitäten und der individuellen Realisierung bzw. Konkretisierung dieser Lebenstilvorgaben durch die einzelne Person. Zugehörigkeit zu einer dieser virtuellen Gemeinschaften verlangt eine Akzeptanz gegenüber der Definitionsmacht heterogener Interessen, denen die einzelnen Stilangehörigen zu genügen suchen, um sich die Anerkennung eines virtuellen Lebensstilpublikums zu sichern. Darüber hinaus evozieren extern vorgegebene Stilangebote eine stilbezogene Abgrenzung nach außen, einerseits gegenüber einer vermeintlich dominanten gesamtgesellschaftlichen Kultur, anderseits aber auch gegenüber jugendkulturellen Konkurrenzangeboten. Dieser Prozeß ist geprägt durch Darstellung und Selbstinszenierung, Fremd- und Selbstbeobachtung. In der „Beobachtungs- und Inszenierungsgesellschaft" (Soeffner 1992) gewinnen diese Aspekte eine herausragende Bedeutung. Die Distinktionssymbole im Bourdieuschen Sinne, nämlich wahrnehmbare Differenzierungsmerkmale in der Art sich zu kleiden und sich einzurichten, präferierte Freizeitaktivitäten und Freizeitorte aber auch mediale Vorlieben, Film- und Fernsehgenres oder Musikstile, dienen als Codes für die Zugehörigkeit zu bestimmten Stilkonfigurationen.

In der 1994 durchgeführten Jugendstudie, die als Pilotstudie zur Erfassung lebensstilrelevanter Variablen konzipiert war, wurden ca. 800 Jugendliche im Alter von 15 bis 21 Jahren in den alten Bundesländern mit Hilfe eines standardisierten Instrumentes unter anderem zu den oben angesprochenen alltagsästhetischen Merkmalen befragt. Darüber hinaus sind in der Untersuchung auch die klassischen Sozial- und Strukturvariablen erhoben worden. In einem ersten Schritt konnten die alltagsästhetischen Merkmale faktoranalytisch zu acht Faktoren verdichtet werden, die man als jugendkulturelle Lebensstilelemente oder -muster bezeichnen kann. Diese Faktoren bilden die Basis für einen weiteren Analyseschritt: Die Generierung von Gruppierungen, die wir im folgenden als Szenen bezeichnen werden, vermittels clusteranalytischer Verfahren. An dieser Stelle führen wir über Variablen zur Ausbildungsperspektive sozialökonomische Faktoren in unser Modell ein, um der sozialen Lage Rechnung zu tragen.

Um unsere Fragestellung, inwieweit sich die so generierten Szenen in ihren Gewaltpotentialen auf der Einstellungs- und der Verhaltensebene unterscheiden, einer empirischen Analyse zu unterziehen, konnten wir teilweise auf etablierte Skalen zurückgreifen. So haben wir zur Messung gewaltaffiner Einstellungen u.a. die Skala von Henning/Six (1977) eingesetzt, die das oben beschriebene Konzept von Christie/Geis operationalisiert. Das Konzept der „menschenfeindlichen Einstellungen" ist mit fünf Skalen erfaßt worden, deren Bedeutungsgehalt in Punkt 3 dargestellt wurde. Zur Erfassung tatsächlich begangener Gewalthandlungen wurden die Jugendlichen befragt, ob sie in den letzten zwölf Monaten „Sachen von anderen absichtlich zerstört oder beschädigt haben", „jemanden absichtlich geschlagen oder verprügelt haben", „Ausländer erniedrigt" bzw. „körperliche Gewalt gegen Ausländer angewendet haben".

Als Ergebnis unserer Analyse können wir neun Szenen präsentieren, die sich in ihren Gewalteinstellungen und ihren Gewalthandlungen deutlich unterscheiden. Alle neun Szenen werden im folgenden bezüglich ihrer alltagsästhetischen Präferenzen, ihrer Wertorientierungen, ihrer Bildungsaspiration, ihrer Problemlösungsstrategien, und ihres Gewaltverhaltens beschrieben.

Szene I (13% der befragten Jugendlichen, 36% männlich, 64% weiblich).

- *Alltagsästhetische Charakterisierung:* Diese Gruppierung läßt sich durch das 'Hochkulturschema' (Schulze 1992) beschreiben. Die Wohnung soll komfortabel, aber auch gemütlich sein, die Kleidung stilvoll und qualitativ hochwertig. Im Fernsehen werden informative Sendungen wie kulturelle Beiträge, politische Magazine oder Dokumentationen dem Unterhaltungsangebot auf Show- und Quizniveau vorgezogen, allerdings sind auch Spielfilme und Filmkomödien beliebt. Der Musikstil wird von kulturell anerkannten Klängen dominiert, die Jugendlichen hören Soul, Jazz, Blues und klassische Musik. Insgesamt werden also auf allen Ebenen kulturell hochwertige Angebote bevorzugt. Allerdings soll die Selbstdarstellung nicht zeitlos und zurückhaltend ausfallend, eine Tendenz zu extrovertierten, phantasievollen Präsentationsformen gibt diesem Muster einen jugendkulturellen Touch. Dabei spielt das Äußere für die Jugendlichen eine vergleichsweise untergeordnete Rolle. Ablehnung erfahren, die eher auf passive Zurückgezogenheit orientierten Lebensstilmuster, insbesondere eine Mischung aus coolem Ambiente und computerzentrierter Freizeitgestaltung. Auch Sport und Besuche in Kneipen und Discotheken werden von den an etablierten, kulturell hochwertigen Mustern orientierten Jugendlichen nicht geschätzt.

- *Werthaltungen:* Für die Jugendlichen in diesem Szene spielen die christlichen Werte der Nächstenliebe eine wichtige Rolle. Das zeigt sich im Streben nach Harmonie aber auch in der aktiven Sorge um andere. Die Jugendlichen bekennen sich zu einem sozialen Engagement, das den anderen respektiert und auf Emanzipation ausgerichtet ist. Kulturelle Werte werden von ihnen höher bewertet als ökonomischer Erfolg, allerdings vor dem Hintergrund, daß sie selbstbewußt und auf die eigenen Kräfte und Fähigkeiten vertrauend keine ökonomischen Engpässe antizipieren. Sie schätzen eine engagierte Variante selbstbewußten Machertums 'im guten Sinne'. Traditionalismus, Hedonismus und instrumentalistische Arbeitsorientierungen werden abgelehnt. Nur 30% der Jugendlichen fühlen sich von den Parteien nicht vertreten, ca. 50% sind Anhänger von SPD und Grünen.
- *Lage und Bildungsaspiration:* Szene I ist eine Gruppierung mit außerordentlich hohem Bildungsniveau, nahezu alle Jugendlichen streben das Abitur (96%) und daran anschließend eine Hochschulausbildung (98%) an. Insgesamt sind die Jugendlichen mit ihrer Situation zufrieden, sie sind sicher ihre Ausbildungs- und Berufsziele zu erreichen.
- *Problemlösungsstrategien:* Bei den Problemlösungsstrategien dieser Jugendlichen fällt auf, daß gewaltförmigen Orientierungen deutlich widersprochen wird. Die Jugendlichen versuchen nicht, ihre Probleme Ausländern anzulasten oder durch die Forderung nach einem starken Staat mit einer straffen Ordnung Gewaltausübung auf eine abstrakte Instanz zu verlagern. Auch eine abwartende Problemorientierung wird abgelehnt. Demgegenüber erfahren konstruktive und hilfesuchende Varianten hohe Zustimmung.
- *Gewaltprofil:* Sowohl gewaltaffinen Einstellungen als auch menschenfeindliche Positionen wird in aller Schärfe widersprochen. Bei den Gewalthandlungen liegen die Jugendlichen deutlich unter dem Durchschnitt, Gewalttätigkeiten gegenüber Ausländern kommen gar nicht vor.

Resümee: Eines der zentralen Probleme der Modernisierung ist die Überlappung von Modernisierungsanforderungen und Traditionen. Beides gleichzeitig zu realisieren, ist ressourcenabhängig, wobei die wichtigste Ressource für die Jugendlichen Bildung ist. Auch wenn heute ein gehobener Schulabschluß nicht mehr die Eintrittskarte zu privilegierten und finanziell entsprechend attraktiven Berufspositionen ist, so gilt doch, daß die Unmöglichkeit, einen entsprechenden Schulabschluß zu erlangen, mit ziemlicher Sicherheit Probleme beim Übergang in das Beschäftigungssystem nach sich zieht. Dies wird von den Jugendlichen durchaus antizipiert, und so ist es nicht verwunderlich, daß gerade die Jugendlichen in dieser Szene, für die die schulische und berufliche Ausbildung keine Probleme bedeuten, einerseits gewaltaffine und fremdenfeindliche Einstellungen dezidiert zurückweisen und andererseits nur wenige Gewalttätigkeiten verüben. Diese Jugendlichen können die an sie herangetragenen Anforderungen bewältigen, ohne in einen Konflikt zwischen Moderne, Selbstdarstellung und Traditionen zu geraten. Auch für die im folgenden beschriebene Szene II gilt das hier formulierte Resümee.

Szene II (12% der befragten Jugendlichen, 43% männlich, 57% weiblich).

- *Alltagsästhetische Charakterisierung:* Zentrales Moment der alltagsästhetischen Präsentation ist der Sport. Der Kleidungsstil wird als praktisch und natürlich beschrieben, beliebte Aufenthaltsorte in der Freizeit sind der Schulhof und der Sportplatz; dementsprechend dominieren Sport und Spiel. Darüber hinaus werden auch Besuche in Kneipen und Discotheken geschätzt. Ablehnung erfahren die eher auf passive Zurückgezogenheit orientierten Lebensstilmuster, insbesondere eine Mischung aus coolem Ambiente und computerzentrierter Freizeitgestaltung. Auch flippige, ausgefallene Formen der Selbstdarstellungen werden von den Sportsfreunden eher abgelehnt.
- *Werthaltungen:* Zu ihren Wertorientierungen machen die Jugendlichen nur wenig dezidierte Angaben. Traditionelle Werte und eine instrumentalistische Arbeitsorientierung werden abgelehnt, überdurchschnittliche Zustimmung zu spezifischen Werthaltungen kann man jedoch nicht verorten. Dies Ergebnis deutet auf eine eher unreflektierte Lebensweise in Geworfenheit hin. Die Jugendlichen leben in gewisser Weise zufrieden, und sie sind sicher ihre Lebensentwürfe realisieren zu können.
- *Lage und Bildungsaspiration:* Das Bildungsniveau dieser Gruppe ist außerordentlich hoch, nahezu alle Jugendlichen streben das Abitur (95%) und daran anschließend eine Hochschulausbildung (77%) an.
- *Problemlösungsstrategien:* Bei den Problemlösungsstrategien fällt auf, daß sie eigentlich nicht genannt werden. Der Forderung nach einem starken Staat und nach einer straffen Ordnung findet man nicht. Gewaltförmigen und ausländerfeindliche Orientierungen wird deutlich widersprochen. Aber auch konstruktive Varianten der Problembearbeitung werden selten genannt, was die Interpretation zuläßt, daß diese Jugendlichen unterdurchschnittlich stark belastet sind.
- *Gewaltprofil:* Gewaltaffinen Positionen und menschenverachtenden Einstellungen wird deutlich widersprochen. Handfeste Gewalttätigkeiten gegen Ausländer kommen so gut wie gar nicht vor. Auch bei nicht fremdenfeindlich motivierter Gewalt gegen Personen und bei Sachbeschädigungen liegen die relativen Häufigkeiten unter dem Durchschnitt.

Szene III (16% der befragten Jugendlichen; 36% männlich, 64% weiblich).

- *Alltagsästhetische Charakterisierung:* Diese Jugendlichen pflegen in ihrer Selbstpräsentation in Kleidung und Wohnambiente einen eher korrekten, sachlichen Stil. Man gibt sich qualitätsbewußt und ordentlich. Die Medienrezeption bewegt sich im 'Trivialschema', Shows und Quizsendungen gehören zu den beliebten Fernsehprogrammen, bei der Musik dominiert Discosound. Ihre Freizeit verbringen die Jugendlichen eher im privaten Bereich. Freizeitaktivitäten wie Kneipen und Discobesuche oder auch der Besuch von Theatern und Museen werden nur selten ausgeübt. Charakteristisch ist eine an kulturellen und technischen Freizeitangeboten desinteressierte Zurückgezogenheit. Diese Gruppe ist besonders auffällig in ihrer strikten Ablehnung anderer Stilmuster. Einzig die von ihnen präferierte Unauffälligkeit wird akzeptiert. Jugendkulturelle Flippigkeit und auch vermeintlich großbürgerliches Kulturinteresse lehnen die Jugendlichen ab.
- *Werthaltungen:* Die Jugendlichen halten an einer kollektivistischen Orientierung und an 'autoritären Tugenden' fest. Dahinter verbirgt sich eine Zustimmung zu tradi-

tionellen Rollen- und Arbeitsmustern, eine Wertschätzung von Sparsamkeit, Sauberkeit und Ordnung, ein Bekenntnis zu Disziplin und Pflichterfüllung verbunden mit einer Ablehnung derer, die diese Einstellungen nicht teilen oder andere Lebensentwürfe präferieren. Christliche Werte, im Sinne christlicher Nächstenliebe werden eher abgelehnt und auch emanzipatorische Werte finden keine Zustimmung. Hier handelt es sich eher um eine Tradition des gestählten Körpers und des gehorsamen Geistes. Im Rahmen der Parteiendemokratie der Bundesrepublik haben die Jugendlichen ihren Platz nicht gefunden, mehr als 60% fühlen ihre Interessen von keiner Partei vertreten.

- *Lage und Bildungsaspiration:* Überdurchschnittlich viele Jugendliche aus dieser Szene sind mit ihren Leistungen nicht zufrieden und glauben nicht, die von ihnen angestrebten Ziele in Beruf und Ausbildung erreichen zu können. Zwei Drittel der Jugendlichen besuchen die Haupt- (33%) oder Realschule (35%), ebenso viele streben eine kaufmännische Lehre (64%) an und 20% eine gewerbliche. Diese jungen Menschen verfügen nicht über Bildungskapital, was sich auch ganz lebenspraktisch für sie negativ auswirkt. So fühlen sich noch nicht einmal 40% fähig, bei Problemen auf institutionelle Hilfsangebote zuzugreifen.
- *Problemlösungsstrategien:* Gewalthaltige Formen der Problemlösung werden von den Jugendlichen aus dieser Gruppierung abgelehnt. Sie tendieren eher zum Abwarten, statt selbst (konstruktiv oder auch destruktiv) aktiv zu werden. Überdurchschnittlich häufig geben die Jugendlichen beim Versuch, ihre Probleme zu lösen, auf. Mitschwimmen und Nicht-auffallen gehören zu ihren (Über-)Lebensmaximen. Der Wunsch nach einer straffen Ordnung unterstreicht die hohe Passivität, die Initiativlosigkeit und mangelnde Bereitschaft, selbstverantwortlich zu handeln sowie die daraus resultierende Angewiesenheit auf äußere Schutz- und Stützinstanzen dieser Gruppierung.
- *Gewaltprofil:* Aktive Gewalthandlungen kommen in dieser Gruppe ausgesprochen selten vor. Die relative Seltenheit von Gewalthandlungen sollte jedoch nicht zu einer Charakterisierung als besonders friedfertig verführen. Die Jugendlichen lehnen zwar aktive Gewalt ab, unterstützen jedoch autoritäre und Law&Order-Positionen deutlich. Auch auf den Skalen zur Erfassung menschenverachtender Einstellungen zeigen die Jugendlichen überdurchschnittlich hohe Werte, wobei insbesondere eine Kombination aus Ressourcenängsten und Rassismus auffällig ist. Daß sich diese Einstellungen nicht in akuter Gewalttätigkeit zeigen, mag einerseits an dem hohen Anteil von Mädchen und jungen Frauen in dieser Gruppe liegen, korrespondiert jedoch auch mit den alltagsästhetischen Merkmalen dieser Gruppe, die durch den Wunsch, nicht aufzufallen dominiert werden. So werden zwar Vorurteile und menschenverachtenden Einstellungen gepflegt, aber sie werden nicht handlungspraktisch relevant.

Resümee: Die Frage, warum wir in dieser Szene so wenig Gewalt finden, läßt sich aus der Konstellation alltagsästhetischer Präferenzen und Wertorientierungen ableiten. Die alltagsästhetische Orientierung steht nicht in Opposition zu den unterstellten Mehrheitsstandards, sondern orientiert sich daran, d.h. die Jugendlichen würden sich selber als „normal“ bezeichnen, sie sind so, „wie alle anderen auch“. Die, die anders sind, sind „auffällig“ und gehören nicht zu den Normalen. Diese hohe Angepaßtheit dieser Gruppe gekoppelt mit ihren traditionellen Wertorientierungen, „zügelt“ aggressive, sichtbare Gewaltformen und zwar durch die Antizipation von Strafen und sozialer Kontrolle. Man will die bürgerliche Normalbiographie nicht aufs Spiel setzen. Gewalt ist eine Sache der Obrigkeit.

Szene IV (14% der befragten Jugendlichen, 47% männlich, 53% weiblich).

- *Alltagsästhetische Charakterisierung:* Für diese Gruppe ist die Ablehnung aller vorgefertigten Stilangebote kennzeichnend. Ganz oben auf der Ablehnungsliste stehen flippige, verrückte Stilelemente. Aber auch biedere Kleinbürgerlichkeit wird überhaupt nicht geschätzt, genausowenig wie das coole, medienorientierte Stilmuster. Bei dieser Szene haben wir es mit typischen Nonkonformisten zu tun. Der Lebensmittelpunkt ist die eigene Wohnung, die dominanten Freizeitbeschäftigungen sind Herumhängen und Musikhören. Diese Jugendlichen zeichnen sich durch eine starke Passivität aus, die durch die Ambivalenz zwischen ihren moralisierenden Werten und der von ihnen als technokratisch erlebten Gesellschaft gefördert wird. Gerade für eine Gruppierung, die sich durch Opposition und Ablehnung definiert, ist ein relativistisches Umfeld identitätsstörend. Allerdings haben sich die Jugendlichen noch nicht völlig von der Gesellschaft abgewandt; ab und an wird ihr Rückzug von kulturellen Ambitionen durchbrochen. Dann besuchen die Jugendlichen schon einmal ein Theater oder Museum oder gehen ins Kino, wobei sich an eine solche Aktionen ein Kneipenbesuch anschließen kann.
- *Werthaltungen:* Es zeigt sich eine Tendenz zur Orientierung an 'autoritären Tugenden': Disziplin und Pflichterfüllung, Sauberkeit und Ordnung. Damit soviel 'Unsichtbarkeit' gelebt werden kann, bedarf es anscheinend eines stabilen Gerüstes, das vorgibt, was man zu tun und zu lassen hat. Da bieten sich die traditionellen Wert- und Rollenmuster an. Hedonistische Einstellungen werden zurückgewiesen. Gleichzeitig macht sich ein sozialökonomischer Fatalismus breit, der sich in der Zustimmung zu dem Item: „Für unsereins gibt es wenig Chancen, es zu etwas zu bringen" manifestiert. Diese negative Grundstimmung wird auch in den hohen Verunsicherungswerten (Anomia) dieser Jugendlichen sichtbar.
- *Lage und Bildungsaspiration:* Betrachtet man das Ausbildungsprofil, dann fällt auf, daß die gesamte Spannbreite von Hauptschülern bis Gymnasiasten in dieser Gruppe vertreten ist. Als Indiz für die pessimistische, selbstzweiflerische Grundstimmung kann die auf Lehrberufe konzentrierte Berufsbildungsperspektive dieser Jugendlichen gewertet werden. Trotz eines Anteils von 38% Gymnasiasten findet sich nicht ein Jugendlicher in dieser Gruppe, der eine Berufsausbildung auf Hochschul- oder Fachhochschulniveau plant. Dieses Berufswahlverhalten kann aber auch auf das Ursprungsmilieu der Jugendlichen verweisen und wäre dann ein Indikator dafür, daß die Bildungsreform zwar für alle Schichten den Weg zum höheren Schulsystem geebnet hat. Allerdings zeigt sich, daß bei der Berufswahl diese scheinbare Nivellierung wieder schichtspezifisch zerfällt.
- *Problemlösungsstrategien:* In ihren Problemlösungsstragien vertreten diese Jugendlichen keine dezidierten Positionen. Allerdings werden gewalthaltige Orientierungen zurückgewiesen.
- *Gewaltprofil:* Die Gruppierung zeigt sich im wesentlichen unauffällig. Es kommen Formen gewalttätiger Handlungen vor, allerdings finden sich hierfür keine menschenverachtenden Legitimationsmuster. Der Modus der Zurückgezogenheit, der

die Alltagpraxis dieser Jugendlichen prägt, spiegelt sich auch in ihrem Gewaltprofil wider.

Resümee: In dieser Szene finden wir eine komplexe Situation vor: Die Werthaltung wird negativ definiert durch die Antihaltung gegen traditionelle gesellschaftliche Normen. Diese Antihaltung setzt sich jedoch aus traditionellen Wertmustern zusammen (Ganzheitlichkeit, Gruppenzusammengehörigkeit, Einsatz für Ziele und Werte, etc.), so daß sich auch Aversionen zu modernen, relativistischen Werthaltungen ergeben. Es werden zum Teil noch „feste Standpunkte“ (Wertrigorismus) vertreten, gleichzeitig findet aber auch eine Rebellion gegen das Alte statt, so daß wir es hier mit einer Szene zu tun haben, die zwischen Traditionalismus und Moderne zu verorten ist.

Szene V (19% der befragten Jugendlichen, 66% männlich, 34% weiblich).

- *Alltagsästhetische Charakterisierung:* Das Präferenzmuster dieser Gruppe läßt sich als Mischung von Trivial- und Aktionschema charakterisieren. Neben seichter TV-Unterhaltung werden auch Horror-, Action- und Science-fiction-Filme geschätzt. Die Jugendlichen pflegen eher unauffällige, im privaten Bereich zu verortende, medienzentrierte Freizeitaktivitäten. Öffentliche Räume und Plätze lehnen die Jugendlichen aus Szene V als Aufenthaltsorte ab.
- *Werthaltungen:* Wir haben es in dieser Gruppe mit Hedonisten zu tun, die sich nicht um Sicherheiten kümmern sondern lieber ihr Leben spontan und mit Thrill jetzt erleben wollen. Technikinteresse und der Glaube an die Möglichkeiten und Chancen der technischen Entwicklung sind weit verbreitet. Diese Jugendlichen sind medien-, nicht körperorientiert. Auseinandersetzungen finden im Cyberspace, nicht im Boxring statt. Traditionelle Werte spielen in ihrem Wertesystem keine Rollen. Der Staat wird akzeptiert und die Jugendlichen stellen sich den ökonomischen und gesellschaftlichen Anforderungen, Aussteigerattitüden im Sinne von „alles hinschmeißen“ stoßen auf Ablehnung.
- *Lage und Bildungsaspiration:* Die alltagsästhetische Charakterisierung verweist bereits darauf, daß den Jugendlichen private Räume zur Verfügung stehen. Dies erlaubt Rückschlüsse auf einen zumindest tendenziell abgesicherten sozioökonomischen Hintergrund, der sich auch in den Ausbildungsaspirationen zeigt: obwohl der Anteil an Gymnasiasten in dieser Gruppe mit 64% nur durchschnittlich hoch ist, strebt kein einziger Jugendlicher einen Lehrberuf an, d.h. die Jugendlichen geben sich nicht mit dem zur Zeit angestrebten Schulabschluß zufrieden, sondern haben höhere Qualifizierungsambitionen.
- *Problemlösungsstrategien:* In dieser Gruppierung findet sich eine zwiespältige Position zu gewalthaltigen Problemlösungsansätzen, allerdings manifestieren sich die Neigungen zu Gewalt auf der Einstellungs- und nicht auf der Verhaltensebene. Die Jugendlichen in dieser Szene zeigen keine hohen Anomiawerte.
- *Gewaltprofil:* Die Jugendlichen zeigen deutliche Zustimmung zu machiavellistischen, autoritären und Law&Order-Positionen. Ressourcenängste und rassistische Einstellungen sind weit verbreitet, darüber hinaus wird in dieser Gruppe Homosexualität dezidiert abgelehnt. Mental scheint sich hier ein kleinbürgerliches Normalitätssyndrom zu manifestieren, das sich aus den Komponenten „man kann es zu was bringen“, „Ressourcen sollten für Deutsche bereitgehalten werden“ und „Anderssein ist unerwünscht“ zusammensetzt. Physische Gewaltanwendung ist mit diesem Mu-

ster nicht verbunden. Immerhin haben die Jugendlichen etwas zu verlieren: Sie haben das Ziel gehobene gesellschaftliche Positionen zu bekleiden, und sie sind davon überzeugt, daß sie dieses Ziel auch erreichen werden.

Resümee: In dieser Gruppe zeigt sich eine Ambivalenz zwischen der alltagsästhetischen Verortung, die unauffällig und am Mehrheitsstandard angepaßt ist und der Wertorientierung, die auf individualistische Werte und den daran angebundenen Präsentationsmustern ausgerichtet wird. Gekoppelt mit der hohen Aufstiegsorientierung der Szeneangehörigen hat man es hier mit einer prinzipiell gewaltförderlichen Sachlage zu tun. Eine (labile) Beruhigung erfährt dieses Muster dadurch, daß die Szeneangehörigen vom Erfolg ihres Aufstiegsprojektes überzeugt sind. Gewalthaltige Formen der Problemlösung oder Auseinandersetzung könnten zu einer Gefährdung der Lebenspläne führen. Diese Konstellation erklärt, daß die Gruppierung zwar gewaltaffinen und fremdenfeindlichen Positionen zustimmt, diese gewaltbilligenden Einstellungen jedoch nicht in Handlungen umsetzt.

Szene VI (10% der befragten Jugendlichen; 74% männlich, 26% weiblich).

- *Alltagsästhetische Charakterisierung:* Die Selbstpräsentation kristallisiert in einem coolen Ambiente, das allerdings nicht nur Darstellungsfunktion hat, sondern auch praktisch und komfortabel sein soll. Passend dazu ist der Computer ein beliebter Freizeitpartner. Allerdings werden auch Fernsehen und Video geschätzt, wobei die Präferenzen in diesem Bereich dem 'Spannungsschema' entsprechen: Action, Horror und Science-fiction sind die beliebtesten Genres. Theater- und Museumsbesuche haben in diesem Stilmuster keinen Platz, aber auch Kinobesuche sind bei diesen jungen Medienfreunden nicht sonderlich beliebt. Dennoch handelt es sich hier nicht um Jugendliche, die die Zurückgezogenheit in den privaten Bereich pflegen. Öffentliche Räume werden als Freizeitorte geschätzt und besucht, und zwar gerade solche Orte, die nicht über spezifische Funktionen definiert sind, sondern Zonen, die immer wieder neu erschlossen und besetzt werden können.
- *Werthaltungen:* Christliche Glaubensgrundsätze geben überdurchschnittlich vielen jungen Menschen in dieser Gruppierung Hilfe bei Problemen und Halt bei der Lebensführung. Trotzdem kann man die Jugendlichen nicht als traditionsorientiert bezeichnen, insbesondere 'autoritäre Tugenden' lehnen sie ab. Obwohl sie selbstbewußt und optimistisch sind, haben diese Jugendlichen keine 'Macher-Ambitionen'. Sie stehen den ökonomischen Zwängen und den gesellschaftlichen Ansprüchen eher locker, distanziert gegenüber. Selbstverwirklichung und Kreativität aber auch der Einsatz für andere sind ihnen nicht wichtig.
- *Lage und Bildungsaspiration:* Fast 90% der Jugendlichen aus Szene VI sind sicher, daß sie ihre Ziele in Ausbildung und Beruf erreichen werden, wobei sie sich nicht sonderlich belastet fühlen. Nahezu 85% der Jugendlichen in dieser Gruppierung besuchen das Gymnasium oder eine Fachoberschule, keiner der Jugendlichen strebt einen Lehrberuf an, für zwei Drittel der Jugendlichen ist der Hochschulabschuß das Ziel nach Beendigung der Schulzeit.
- *Problemlösungsstrategien:* Gewalthaltigen Problemlösungsstrategien stehen die Jugendlichen aus dieser Gruppierung ambivalent gegenüber; Ablehnung und Zustimmung treten gleichermaßen auf. Allerdings fehlt ein ideologischer Überbau für Gewalttätigkeiten, weder machiavellistische Einstellungen noch Law&Order-Posi-

tionen finden Zustimmung oder werden als Legitimationsmuster herangezogen. Diese Jugendlichen trauen sich zu, ihre Probleme konstruktiv zu lösen, wobei staatliche Hilfen für sie indiskutabel sind. Anomische Tendenzen findet man in dieser Gruppierung nicht.

– *Gewaltprofil:* Unter den Jugendlichen ist der Anteil derer, die Gewalt gegen Sachen verübt haben, außerordentlich hoch. Bei allen anderen Gewaltformen sind die Jugendlichen jedoch nicht auffällig. Auf den Skalen zur Messung menschenverachtender Einstellungen erreichen sie durchschnittliche Werte, sind also auch in diesem Aspekt unauffällig.

Resümee: Auch in dieser Szene liegt in der alltagsästhetischen Präsentation ein Schlüssel zur Erklärung ihres gewalthaltigen Verhaltens. Die Jugendlichen sind modern in dem Sinne, daß traditionelle Formen der sozialen Kontrolle nicht mehr greifen. Sie agieren auf hohem, egozentrischem Aktivitätsniveau vor dem Hintergrund individualistischer, aber prinzipieller Werte. Diese Kombination begünstigt eine „Öffentlichkeit der Gewaltoption", durchaus auch im anwaltschaftlichen Sinne. So kann Gewalt gegen Sachen als legitime Form der Interessenvertretung verstanden und praktiziert werden.

Szene VII (6% der befragten Jugendlichen, 67% männlich, 33% weiblich).

– *Alltagsästhetische Charakterisierung:* Ein widersprüchliches Stilmuster kennzeichnet diese Gruppierung. Einerseits werden Kleinbürgerlichkeit und Gemütlichkeit geschätzt, andererseits will man durch flippiges Auftreten auffallen, und gleichzeitig soll auch noch Coolness demonstriert werden. Sport und körperbetonte Aktivitäten stehen hoch im Kurs. Der gestählte Körper ist für die Jugendlichen dieser Gruppe, denen Aussehen wichtiger ist als allen anderen Jugendlichen, von großer Bedeutung. Daß sie ihren Körper durchaus auch als Waffe austrainieren, zeigen die Problemlösungsstrategien.
– *Werthaltungen:* Der Lebensstil dieser Gruppe ist an harter Selbstdurchsetzung orientiert. Die Maxime lautet, Hauptsache mir geht es gut. Darüber hinaus hängen sie kollektiven Orientierungen und 'autoritären Tugenden' an. Traditionelle Rollenbilder werden perpetuiert, Disziplin und Pflichterfüllung verlangen sie von sich und anderen und körperliche Stärke und Leistungsfähigkeit ist für sie ein Wert an sich. Diskurs und unterschiedliche Meinungen stören bei diesem festgefügten Weltbild nur. Gesellschaftliche Anerkennung und beruflicher Erfolg sind von großer Bedeutung, während Kunst und Kultur keinen Stellenwert im Wertesystem dieser Jugendlichen haben.
– *Lage und Bildungsaspiration:* In dieser Gruppe zeigt sich eine Diskrepanz zwischen dem schulischen Bildungsprofil und den beruflichen Ambitionen der Jugendlichen. Mit 36% Realschülern und immerhin 29% Gymnasiasten ist das Bildungsprofil nur leicht unterdurchschnittlich. Trotzdem wird von keinem Jugendlichen eine weitere Ausbildung auf einer Fachschule, einer Fachhochschule und einer Hochschule angestrebt. Kaufmännische Lehrberufe oder der Besuch einer Berufsfachschule werden als nächstes Ausbildungsziel genannt. Auch wenn sich die Jugendlichen durch die Anforderungen, die die Ausbildung an sie stellt, hoch belastet fühlen, sind sie sich doch sicher, ihr Ziel erreichen zu können. Anomische Züge zeigen diese Jugendlichen nicht.

- *Problemlösungsstrategien:* Durchgängig zeigt sich eine hohe Zustimmung zu gewalthaltiger Problemorientierung. Die anderen sollen wissen, daß man mit ihnen nicht spaßen kann. Sie streben die Herrschaft über Schwächere an und schlagen auch schon einmal zu, um ihre Position deutlich zu machen. Ein zu schwaches Deutschland, eine zu laxe Ordnung und die Ausländer werden für viele Probleme verantwortlich gemacht. Könnte man das ändern, dann würde es auch weniger Probleme geben. Neben diesen eher kämpferischen Strategien zählt „Mitschwimmen" zu einer bewährten Taktik, die allerdings in dieser Gruppierung nicht weniger gewalthaltig sein muß.
- *Gewaltprofil:* Gewaltaffine Einstellungen und Gewaltbilligung findet man bei der überwiegenden Anzahl der Jugendlichen in dieser Gruppierung. Darüber hinaus zeigen die Jugendlichen einen starken Rassismus sowie fremdenfeindlich motivierte Ressourcenängste. Sie sind die einzige Gruppe, die starke Vorurteile Behinderten gegenüber hat, was sich in die von ihnen gepflegte Kultur körperzentrierter Stärke und Leistungsfähigkeit durchaus einpaßt. Auf allen Skalen, die menschenfeindliche Einstellungen messen, finden wir in dieser Gruppe die höchsten Werte. Die Befürwortung von Gewalt bleibt jedoch nicht auf der Einstellungsebene. Insbesondere der Anteil von Gewalttaten gegen Personen liegt deutlich über dem Durchschnitt und auch Sachbeschädigungen und Erniedrigung von Ausländern kommen überdurchschnittlich häufig vor.

Resümee: Hemdsärmeliges Draufgängertum ist Bestandteil dieser jugendkulturellen Selbstdefinition, die alltagsästhetischen Vorlieben fokussieren auf Körperbetontheit als Unterscheidungsmerkmal. Hierbei handelt es sich überwiegend um männliche Jugendliche, zu deren Vorstellungen von Männlichkeit und Machotum Prügeleien, Überlegenheitsgehabe und Deutschtum gehören. In ihren Werthaltungen präsentieren sich die Jugendlichen instrumentalistisch: auf gesellschaftlicher Ebene werden die Werte traditioneller Gemeinschaftsformen hochgehalten, dient es jedoch dem eigenen Vorteil, dann werden individualistische und machiavellistische Positionen vertreten. Gewalthandlungen bieten eine Chancen zur Demonstration körperlicher Stärke, die für die Jugendlichen eine wichtige Rolle spielt. Dieser Szene zeigt eine deutliche Nähe zu klassischen proletarischen Milieus, in denen Gewalt nicht abwertend als abweichendes Verhalten diffamiert wird, sondern in bestimmten Interaktion durchaus einen ritualisierten Normalitätsstatus hat.

Szene VIII (6% der befragten Jugendlichen, 65% männlich, 35% weiblich).

- *Alltagsästhetische Charakterisierung:* Das Präferenzmuster dieser Gruppe läßt sich als Mischung von Trivial- und Aktionsschema charakterisieren. Neben seichter TV-Unterhaltung werden auch Horror-, Action- und Science-fiction-Filme geschätzt. Auch bei ihren Musikvorlieben liegen die Jugendlichen eher im Mainstream; Discomusik und Techno sind angesagt während Jazz, Blues und Klassik abgelehnt werden. In der Freizeit gehen die Jugendlichen eher unauffälligen, im privaten Bereich zu verortenden, vielfach medienzentrierten Aktivitäten nach. Aber man findet sie auch in öffentlichen Räumen und Plätzen. Dies kann ein Indikator für fehlende eigene Sozialräume sein. Da die finanziellen Ressourcen dieser Jugendlichen eher beschränkt sind, fehlen die Mittel für die Nutzung kommerzieller Angebote. Darüber hinaus kann auch auf beengte familiäre Wohnverhältnisse geschlossen werden, so daß die Jugendlichen Freiräume auf Plätzen und in Parks suchen.

- *Werthaltungen:* 'Autoritäre Tugenden', wie bereits für Szene III beschrieben werden auch von den Jugendlichen aus dieser Gruppierung vertreten. Darüber hinausgehend werden emanzipative und eigenverantwortliche Anforderungen an Beruf und Partnerschaft scharf abgelehnt. Gesellschaftliches Ansehen und Erfolg im Beruf sind sehr wichtig. Daß man beides erreichen kann, wenn man sich hinreichend anstrengt gehört zur Lebensphilosophie. Dies impliziert natürlich auch den vermeintlichen Umkehrschluß, daß mangelnder Erfolg als persönliches Versagen zugerechnet werden kann.
- *Lage und Bildungsaspiration:* Das Bildungsniveau in dieser Gruppe ist eher niedrig, ca. 70% besuchen die Haupt- (27%) oder Realschule (38%), nur 10% streben das Abitur an. Ihre berufliche Zukunft sehen die Jugendlichen in Lehrberufen, wobei der kaufmännische Bereich nahezu doppelt so häufig angezielt wird, wie der gewerbliche.
- *Problemlösungsstrategien:* Bei ihren Problemlösungsstrategien fahren diese Jugendlichen eine harte, gewaltorientierte Linie. 42% erklären, daß sie nicht mit sich spaßen lassen und im Notfall auch gewalttätig reagieren. Überdurchschnittlich viele wollen ihre Mitmenschen beherrschen, damit sie keine Probleme machen, fordern ein starkes Deutschland, in dem dann die Deutschen weniger Probleme hätten oder machen pauschal die Ausländer für Probleme verantwortlich. Diese Bündel rechter und nationalistischer Einstellungen macht deutlich, daß es weniger um das Lösen von Problemen geht, als vielmehr um eine Ursachen- und Schuldzuschreibung. Die Ausländer oder nicht näher beschriebene Andere verursachen Probleme, hielte man diese in Schach, zum Beispiel durch eine straffe Ordnung, dann würde es gar nicht so viele Probleme geben. Über aktive Problemlösungskompetenz verfügen überdurchschnittlich viele Jugendliche in dieser Gruppe nicht, was durch das geringe Vertrauen in die eigenen Fähigkeiten verstärkt und unterstrichen wird.
- *Gewaltprofil:* Der Anteil an Jugendlichen die bereits Gewalthandlungen verübt haben, ist in dieser Gruppe extrem hoch. Insbesondere bei Gewalthandlungen gegen Personen übertrifft diese Gruppierungen die acht übrigen. 42% der Jugendlichen aus Szene VIII geben an, im letzten Jahr andere Personen geschlagen und verprügelt zu haben. Diese extrem hohen Gewaltraten gepaart mit auf Stärke und Ungleichheitsideologien beruhenden Einstellungen lassen in dieser Gruppierung eine brisantes Potential rechtsextremistischer Jugendlicher vermuten. Mit 25% liegt der Anteil der Jugendlichen, die sich von keiner Partei vertreten fühlen in dieser Gruppierung sehr niedrig, der Anteil der Jugendlichen, die eine klare politische Linie verfolgen ist mit knapp 20% sehr hoch. Daß 25% der Jugendlichen die Republikaner für die Partei halten, die ihre Interessen am besten vertritt, paßt hier genau ins Bild. Allerdings sollten die Prozentangaben nur als Tendenzen gesehen werden, denn die Gruppierung umfaßt nur knapp 5% der befragten Jugendlichen und ist damit sehr klein.

Resümee: Ihre alltagsästhetische Orientierung am Mehrheitsstandard wird von den Jugendlichen in dieser Szene zu einer moralischen Norm verdichtet. Sie sind in ihrer Selbstsicht die „Normalen", antizipieren jedoch ökonomische Ungleichheiten und Defizite, für deren Ursache die sogenannten „Anderen" herhalten müssen. Diese Anderen stellen damit eine Bedrohung dar, gegen die vorzugehen zu einer moralischen Pflicht wird. Gewalttätigkeit erfährt dadurch eine hohe Legitimation, sie wird fast schon zur Notwendigkeit, die man nicht allein dem Staat übertragen kann.

Szene IX (6% der befragten Jugendlichen, 53% männlich, 47% weiblich).

- *Alltagsästhetische Charakterisierung:* Zentrales Element der Selbstdarstellung ist ein flippiges, verrücktes Outfit. Diese Attribute charakterisieren den Wohnstil und die Kleidung, wobei in der Wohnung ein Touch ins coole Ambiente bevorzugt wird. Es soll auf keinen Fall der Eindruck von Sachlichkeit, Korrektheit und Ordnung hervorgerufen werden, man gefällt sich eher als Bürgerschreck, kleinbürgerliche Attitüden sind verpönt. In dieser Gruppe scheint eine Ästhetik des Häßlichen gepflegt zu werden, in der die Unwichtigkeit des Äußeren gleichzusetzen ist mit einer Selbstpräsentation, die sich von den gesellschaftlich gepflegten Schönheitsidealen vorsätzlich absetzt. In der Freizeit spielt die Nutzung von Medien eine große Rolle; Action-, Horror- und Science-fiction-Filme im Fernsehen oder als Video sind beliebt. Sport wird als Freizeitbeschäftigung kategorisch abgelehnt. Szene IX ist die einzige Gruppierung, in der auch Oi-Freunde zu finden sind.
- *Werthaltungen:* Bei den Werthaltungen der Jugendlichen zeigt sich eine gewisse Verzweiflung. Einerseits streben sie konstruktive Formen zwischenmenschlicher Harmonie an, andererseits formulieren sie ein trotziges „Hauptsache mir geht es gut, andere interessieren nicht". Sie vertreten hedonistische Einstellungen, liebäugeln aber auch mit politischem und sozialem Engagement. Die antizipierte ökonomische Chancenlosigkeit dieser Gruppierung schlägt sich in einer Mischung aus Fatalismus – „ich habe sowie keine Chancen es zu etwas zu bringen, ganz egal wie ich mich anstrenge" – und Instrumentalismus – „Arbeit ist zum Geld verdienen da, mehr will ich gar nicht erreichen" – nieder. Sie reduzieren massiv ihr Aspirationsniveau, um sich keine weiteren Frustrationserlebnisse zumuten zu müssen. Eine Alternative, die Situation erträglich zu machen, ist der Traum vom Aussteigen, eine weitere scheinen unüberlegte Spontankäufe zu sein und die letzte ist Gewalt.
- *Lage und Bildungsaspiration:* Das Bildungsniveau in dieser Gruppe ist mit 17% Haupt-, 44% Real- und 19% Gymnasialschülern eher niedrig. Der überwiegende Teil der Jugendlichen strebt eine kaufmännische Lehre an, Fachschul-, Fachhochschul- oder gar Hochschulkarrieren werden von keinem der Jugendlichen in Betracht gezogen. Insgesamt sind diese Jugendlichen hoch verunsichert. Die Angst- und Anomiewerte liegen weit über dem Durchschnitt. 50% fühlen sich durch die Ansprüche von Schule und Ausbildung stark belastet, wobei nur 56% die Hoffnung haben, ihre Ziele auch erreichen zu können, d.h. sie fühlen sich unter Druck gesetzt ohne auf den Erfolg ihrer Mühen hoffen zu können.
- *Problemlösungsstragien:* Die Problemlösungsstrategien dieser Jugendlichen zeigen starke autoaggressive Züge. Gewalthaltige Lösungsversuche erhalten keine Zustimmung, was nicht heißt, daß diese Jugendlichen nicht auch gewalttätig sind. Gewalthandlungen haben für sie jedoch keine problemlösende Funktion, sondern eher den Status von Verzweiflungstaten oder Ventilen, um den Druck erlebter sozialer Ambivalenz, dem sie sich ausgesetzt fühlen, wenigstens für kurze, exzessive Momente zu reduzieren. Es zeigt sich die Tendenz, Probleme über Fremdzuschreibung bearbeitbar zu machen, ein starkes Deutschland, eine straffe Ordnung und weniger

Ausländer scheinen Garanten für eine Reduzierung von Probleme zu sein. Staatliche Hilfen bei Problemen sind für diese Jugendlichen unerreichbar. Aufgeben, d.h. die Erkenntnis, daß sie ihre Probleme nicht lösen können, gehört zu einer von vielen Jugendlichen aus dieser Gruppierung gemachten Erfahrung.

- *Gewaltprofil:* Gewaltbilligung und die Zustimmung zu gewaltaffinen Positionen findet man in dieser Gruppe überdurchschnittlich häufig. Menschenfeindliche Einstellungen vertreten diese verunsicherten Jugendlichen jedoch selten. Ganz oben auf der Skala aktiver Gewalthandlungen steht die Sachbeschädigung: immerhin 43% der Jugendlichen geben an, im letzten Jahr Sachen anderer absichtlich beschädigt oder zerstört zu haben. Auch an Gewalthandlungen gegen Personen und besonders an ausländerfeindlichen Gewalttaten sind die Jugendlichen aus dieser Gruppe überdurchschnittlich häufig beteiligt. Diese Konstellation von Einstellung und Handeln zeigt, daß die Jugendlichen zu expressiven Gewaltformen neigen. Prinzipiell kann jeder als Opfer getroffen werden, da nicht wie auch immer geartete Legitimationsmuster die Opfer von Gewalthandlungen identifizieren, sondern eher sich aus dem Alltag ergebende Gelegenheitsstrukturen.

Resümee: Die alltagsästhetischen Präferenzen der Jugendlichen dieser Szene machen deutlich, daß sie sich selbst in Frontstellung zu den sogenannten Etablierten definieren. Bei diesen Jugendlichen zeichnen sich Problemfelder ab. Gewalt, als gesellschaftlich negativ sanktionierte Handlungsform, wird für sie zu einem Medium der Selbstdarstellung und instrumentell eingesetzt. Allerdings bedeutet eine Präferenz für harte Durchsetzungsformen nicht automatisch, daß andere herabgesetzt oder als minderwertig angesehen werden, es ist eher die eigene Person, die absolut gesehen überhöht werden soll. Die Jugendlichen setzen Gewalt einerseits als Spaß oder Unterhaltungsprogramm ein, andererseits aber auch als Kompensation für ihre als defizitär empfundene Situation. Dieser Trend zur expressiven Gewalt hat auch konsistent zur Folge, daß sich auf der Einstellungsebene damit keine Ausprägungen menschenfeindlicher Überzeugungen verbinden.

Tabelle 2 gibt einen Überblick über die für unsere Themenstellung relevanten szenespezifischen Konstellationen. Wir haben in dieser Übersicht die alltagsästhetische Verortung entlang der Differenz traditionell versus stilorientiert vorgenommen, um mögliche Widersprüche zwischen prinzipiellen ästhetischen Orientierungen und Wertorientierungen im Überblick deutlicher herauszustellen. Die empirische Analyse zeigt, daß sich die einzelnen Szenen in ihren Einstellungen zu menschenverachtenden Positionen stark unterscheiden. Auch die relativen Häufigkeiten gewalttätiger Jugendliche in den einzelnen Szenen weichen signifikant voneinander ab. Der Blick auf szenespezifische Besonderheiten ermöglicht eine differenziertere Analyse von Ursachenmustern für Gewalttätigkeiten, wodurch es uns möglich ist, vorschnelle Kausalbeziehungen zu vermeiden. So zeigen die Daten, daß zwischen aktiver Gewaltanwendung und menschenverachtenden Einstellungen ein Zusammenhang, aber kein Automatismus besteht.

In den einzelnen Szenen kann man unterschiedliche Regulierungsmechanismen erkennen, die deutlich von den alltagsästhetischen Verortungen beeinflußt sind. Exemplarisch sei hier auf die Szenen III und V verwiesen. In beiden Gruppierungen sind menschenfeindliche Einstellungen relativ fest verankert, gleichzeitig kommen jedoch

Tabelle 2: Die Szenen im Überblick

			Befindlichkeit	
	Alltagsästhetik	*Wertorientierung*	*Zufriedenheit*	*Aktivitätsniveau*
I 13%	stilorientiert, etabliert	individualistisch, prinzipiell	hoch	hoch, konstruktiv
II 12%	stilorientiert, unauffällig, sportlich	individualistisch	hoch	∅
III 16%	Mehrheitsstandard, egozentrisch, unauffällig, „normal"	traditionell, angepaßt	gering	niedrig
IV 14%	Nonkonformistisch, nicht angepaßt, nicht stilorientiert	traditionell, nicht angepaßt, nicht individualistisch	gering, fatalistisch	niedrig
V 19%	Mehrheitsstandard, angepaßt	individualistisch, hedonistisch	hoch	hoch, egozenztrisch
VI 10%	stilorientiert, unauffällig, cool	individualistisch, prinzipiell	hoch	hoch, egozentrisch
VII 6%	stilorientiert, auffällig, körperbetont	traditionell, ange- paßt/individuali- stisch, machiavellistisch	∅	hoch
VIII 6%	Mehrheitsstandard, angepaßt	traditionell, angepaßt	gering	hoch
IX 6%	stilorientiert, auffällig	individualistisch, desorientiert	gering, fatalistisch	∅

Zustimmung zu:				*Regulierung*
gewalthaltigen Problemlösungen	*menschenfeindlichen Einstellungen*	*gewaltaffinen Einstellungen*	*Aktive Gewalt-anwendung*	*Gewaltreduzierend: – Gewaltfördernd: +*
niedrig	FR: 2% R: 0% E: 1%	niedrig	S: 9% P: 17% EF: 0% KF: 0%	–: hoher Bildungsstand
niedrig	FR: 7% R: 0% E: 3%	niedrig	S: 16% P: 18% EF: 1% KF: 1%	–: hoher Bildungsstand
niedrig (starker Staat)	FR: 18% R: 0% E: 8%	hoch	S: 11% P: 10% EF: 4% KF: 3%	–: Antizipation von Strafen und sozialer Kontrolle, Gewalt soll vom Staat ausgehen
niedrig	FR: 13% R: 3% E: 5%	∅	S: 16% P: 17% EF: 9% KF: 5%	–: Rückzug, Abwendung
ambivalent	FR: 16% R: 5% E: 12%	hoch	S: 18% P: 19% EF: 8% KF: 7%	–: erfolgssichere Aufstiegsorientierung
ambivalent	FR: 10% R: 0% E: 9%	niedrig	S: 29% P: 20% EF: 6% KF: 5%	+: Öffentlichkeit der Gewaltoption
hoch (starker Staat)	FR: 26% R: 2% E: 10%	hoch	S: 23% P: 30% EF: 15% KF: 8%	+: Überlegenheitsdemonstration, proletarischens Ursprungsmilieu
hoch (starker Staat)	FR: 11% R: 5% E: 22%	hoch	S: 28% P: 42% EF: 11% KF: 11%	+: Ungleichheitsideologien, moralische Rechtfertigung
autoaggressiv (starker Staat)	FR: 28% R: 3% E: 8%	hoch	S: 43% P: 34% EF: 17% KF: 19%	+: antizipierte Chancenlosigkeit, Ambivalenz

Legende: In den Spalten 'menschenfeindliche Einstellungen' und 'Aktive Gewaltanwendung' ist jeweils der Anteil der Jugendlichen in der Szene angegeben, der der Einstellung zustimmt bzw. die Gewalthandlung ausführt. Dabei bedeuten: FR: Fremdenfeindlichkeit/Ressourcenangst (Durchschnittliche Zustimmung: 14%), R: Rassismus (∅ 2%), E: Ethnozentrismus (∅ 8%) sowie S: Gewalt gegen Sachen (∅ 18%), P: Gewalt gegen Personen/Prügeleien (∅ 20%), EF: Erniedrigung Fremder (∅ 7%) und KF: Körperverletzung Fremder (∅ 5%).

Gewalthandlungen relativ selten vor. In beiden Szenen sind es je spezifische Muster, die eine Freisetzung von Gewalt verhindern: in Szene I ist es die in Alltagsästhetik und Werthaltung fest verankerte Antizipation von Kontrollen und Strafen, in Szene V die Überzeugung von einen erfolgreichen Aufstieg.
Im Hinblick auf die Präsentationspotentiale der Jugendlichen bestätigt sich, daß jene Jugendlichen, die in besonderer Weise über individualisierungsadäquate Ressourcen verfügen, die in der bildungsabhängigen Marktgesellschaft in Gestalt kognitiver Leistungen hoch bewertet werden, harte körperbetonte Durchsetzungsformen ablehnen. Dem gegenüber stehen jene Szenen, die statt dessen über weniger hoch bewertete Ressourcen verfügen und deshalb zur sozialen Plazierung und individuellen Präsentation in vielfältigen Varianten und Intensitäten überdurchschnittlich häufig auch menschenfeindliche Einstellungen aufweisen und gewalttätige Verhaltensweisen situativ oder habitualisiert zeigen. Das Tableau macht die besonderer Brisanz der Konstellation in Szene VIII deutlich, wo wir rechtsextremistische Orientierungen vorfinden. Aber auch in den Szenen VII und IX ist ein kritisches Potential zu vermuten.

5. *Fazit*

Der vorgestellte Untersuchungszuschnitt zielt auf die Erklärung von menschenfeindlicher Gewalt in jugendkulturellen Szenen, wobei an dieser Stelle noch einmal betont werden soll, daß diese Szenen sich in Interaktion mit anderen gesellschaftlichen Systemen, der Politik, den Medien etc. herausbilden und permanent entwickeln. Gerade bei Jugendlichen muß man mit ständigen Änderungen der aktuellen Szenenzugehörigkeit rechnen, genauso wie auch die Definition der Szenen sich einer längerfristigen Festschreibung entzieht. Gerade bei dem sensiblen Forschungsgegenstand Gewalt erscheint es uns notwendig, explizit zu betonen, daß es nicht die Jugendlichen sind, die die gesellschaftliche Tagesordnung schreiben. Die Themensetzung erfolgt nicht aus den Szenen heraus, sondern wird vielmehr über das politische System, die Medien und andere Instanzen beeinflußt.
Die im analytischen Tableau kombinierten empirischen Daten jugendspezifischer Szenen einerseits und menschenfeindlicher Gewalt andererseits verweisen vor allem darauf, daß diejenigen Szenen, die die höchsten Gewaltergebnisse aufweisen, in ihren Wertorientierungen, ästhetischen Präferenzen und Verhaltensweisen eine hochgradige Ambivalenz aufweisen, also die gesellschaftlich angelegte Ambivalenz in sich widerspiegeln. Unsere Erklärung greift deshalb auf das Individualisierungstheorem zurück und postuliert, daß diese Gruppen die größten Schwierigkeiten mit diesen Bedingungen des Aufwachsens haben. *Eine* Variante, um mit dem gesellschaftlichen Druck von *Durchsetzung* und *Unterscheidung* subjektiv „umzugehen", besteht in der Anwendung menschenfeindlicher Gewalt. Diese Gewalt wird zum Mittel der *Ambivalenzreduktion*, läßt Hoffnung auf eine Verringerung von Verunsicherung, also von Angst und Anomia (vgl. Heitmeyer u.a. 1995: 162f.) aufkommen und verspricht *Durchsetzungs*erfolge. Die menschenfeindlichen Positionen *legitimieren* außerdem die Handlung und kommentieren die *Unterscheidung* von Fremden und Schwachen. Insgesamt entwickelt sich ein Verhalten, das jenseits demokratischen Politikhandelns angesiedelt ist. Gleichwohl

wird auf diese Weise *Selbstwirksamkeit* erfahrbar, indem die öffentliche Präsentation gelingt und die Wahrnehmung durch andere gesichert ist.
Die Selbstwirksamkeit und die Präsentationsergebnisse sind im ästhetisierten Konsum- und Freizeitbereich direkt wahrnehmbar. Die Rückmeldungen auf Attraktivitätanstrengungen sind direkt, die Selbstwirksamkeit wird sofort überprüfbar. Anders ist dies im Fall der Politik. Die Auflösung von Utopien, Zugehörigkeit, deutungs- und aktionsmächtiger Gruppen wie auch insgesamt die Auflösung von einfachen Aktions-Reaktionsmustern in institutionellen Interaktionsfeldern gehören mit zum Ursachenkranz. Insofern ist auch abnehmendes Politikinteresse nicht sonderlich überraschend, das auch nicht durch intensives Umdefinieren des Politikbegriffs zu retten ist, mit dem gerade im wissenschaftlichen Bereich hantiert wird. Dort wo sich nicht nur aufgrund der medialen Vermittlung von Politik, sondern gerade wegen solcher Prozesse die Kollektive auflösen, wird die Selbstwirksamkeit als entscheidendes Motiv zurückgedrängt. Von daher sind gerade die Versuche zur Absenkung des Wahlalters unter dem Gesichtspunkt moralischen wie „überschießenden“ und angesichts der Probleme zu Recht unduldsamen Verhaltens von Jugendlichen absurd, weil die beabsichtigte politische Integration und Partizipation vorrangig als geschickte Vereinnahmung und individuelle Stillegung zu werten ist, da weder *Selbstwirksamkeit*, öffentliche *Wahrnehmung* noch *Unterscheidbarkeit* in diesem institutionellen Verfahren eine Rolle spielen. Wenn dies so wäre, könnte die z.T. rapide abnehmende Wahlbereitschaft der 18- bis 25jährigen nicht erklärt werden.
Statt dessen stellen sich Fragen, wie eine jugendspezifische politische Kultur reanimiert werden kann. Eines der wesentlichen Elemente müßte ein Ernstnehmen der alltagsästhetischen Differenzierungsmerkmale und Selbstbeschreibungen sein. Nimmt man die These einer milieuspezifischen Ausdifferenzierung der Gesellschaft ernst, dann kann eine Entfremdung zwischen Parteien und ihren 'angestammten Sozialmilieus (Schichten)' nicht verwundern. Das politische System führt sich selbst ad absurdum, wenn es diesen Abwanderungstendenzen vermeintlich vereinnahmter Wählerpotentiale mit der Kreation einer 'Nichtwählerpartei' begegnet. Politikverdrossenheit erscheint vor diesem Hintergrund vielmehr als Kommunikationsproblem. Definieren sich (nahezu) alle Parteien als Volksparteien und verbinden damit den Anspruch, durch ihr Programm die Interessen aller zu vertreten, dann sind sie dem Irrtum aufgesessen, mit der Auflösung der harten sozialökonomischen Schichtgrenzen sei so etwas wie Gleichheit entstanden. Zumindestens partielle Gleichheit der potentiellen Wähler mag noch gegolten haben, als sich die sozioökonomischen Schichten in der Parteienlandschaft widerspiegelten. Heute muß sich das politische System jedoch auf die gesellschaftliche Pluralisierung in Form von Milieus bzw. Szenen einstellen, und zwar nicht nur, um für Jugendliche interessant zu werden. Gerade diese Altersgruppe gibt sich jedoch mit der Auswahl zwischen phantasielosen Traditionalisten und prinzipienlosen Modernisierern nicht zufrieden. Sollen politische Inhalte an die Adressaten vermittelt werden, dann bedarf es Dolmetscherkompetenzen, um zwischen dem politischen System auf der einen Seite und der Szenenvielfalt auf der anderen Seite zu vermitteln.
Konkret könnten das jene Möglichkeiten sein, durch die massenmediale wie alltagsnahe „Wut“-Plätze konzipiert werden, um überhaupt Ahnungen von Ernstgenommenwerden und Selbstwirksamkeit aufkommen zu lassen. Ansonsten besteht neben der dra-

matisch zunehmenden Gefahr der Abwendung der Jugendlichen vom politischen System auch die Gefahr eines Nichtwahrnehmens von den jugendkulturellen Szenen und ihren Präferenzen durch das politischen System. Menschenverachtende und rechtsextremistische Szenarien, Einstellungen etc. werden dann erst gar nicht in ihrer möglichen Entwicklungsqualitität erkannt, wenn sie sich nur von den Stereotypen konventioneller rechtsextremistischer oder neonarzistischer Varianten fernhalten.

Literaturverzeichnis

Beck, Ulrich, 1983: Jenseits von Stand und Klasse? Soziale Ungleichheiten, gesellschaftliche Individualisierungsprozesse und die Entstehung neuer Formationen und Identifikationen, in: *Reinhard Kreckel* (Hrsg.), Soziale Ungleichheiten (Soziale Welt, Sonderband 2). Göttingen, 35-74.

Bourdieu, Pierre, 1987: Die feinen Unterschiede. Kritik der gesellschaftlichen Urteilskraft. Frankfurt a.M.

Christie, Richard/Geis, Florence L., 1970: Studies in Machiavellism (Eds.). New York.

Heitmeyer, Wilhelm u.a., 1995: Gewalt. Die Schattenseiten der Individualisierungsprozesse bei Jugendlichen aus unterschiedlichen Milieus. Weinheim/München.

Heitmeyer, Wilhelm, 1992: Die Gefahren eines „schwärmerischen Antirassismus", in: Das Argument. Sonderheft Rassismus.

Hennig, H. Jörg/Six, Bernd, 1977: Konstruktion einer Machiavellismus-Skala, in: Zeitschrift für Sozialpsychologie 8(3), 1977, 185-198.

Hoffmann-Nowotny, Hans Joachim, 1988: Gesamtgesellschaftliche Determinanten des Individualisierungsprozesses, in: Zeitschrift für Sozialreform 34(11/12), 659-670.

Hradil, Stefan, 1987: Sozialstrukturanalyse in einer fortgeschrittenen Gesellschaft. Opladen.

Opaschowsky, H., 1994: „Voll gestreßt": Was Jugendliche in der Freizeit aggressiv macht. (Manuskript) BAT Freizeit-Forschungsinstitut. Hamburg.

Schulze, Gerhard, 1992: Die Erlebnisgesellschaft. Kultursoziologie der Gegenwart. Frankfurt a.M./New York.

Soeffner, Hans-Georg, 1992: Die Auslegung des Alltags. Frankfurt a.M.

SPIEGEL Spezial: Die Eigensinnigen. Selbstporträt einer Generation. Hamburg 11/1994.

Türcke, Ch., 1994: Die Sensationsgesellschaft, in: Die Zeit, Nr. 35, 32.

Vester, Michael, 1993: Soziale Milieus im gesellschaftlichen Strukturwandel zwischen Integration und Ausgrenzung. Köln.

Jugendliche „rechtsextreme" Gewalttäter im Spiegel qualitativ-dialogischer Sozialforschung

Markus Birzer / Wolfgang Gessenharter

1. Die Fragestellung des Forschungsprojekts

Die Fakten sind klar: Zwei Jugendliche schleudern in der Nacht auf den 3.10.1991 einen Brandsatz auf ein von 20 Asylbewerbern bewohntes Haus. In der Öffentlichkeit werden die mutmaßlichen Täter konsensual als rechtsextreme (oder auch rechtsextremistische) Straftäter bezeichnet. Doch vor Gericht äußern die Jugendlichen, sie hätten sich nur als verlängerter Arm der Erwachsenen gefühlt. Diese hatten vorher wochenlang gegen die Errichtung und den Betrieb der Asylunterkunft protestiert und polemisiert (vgl. Süddeutsche Zeitung vom 25.4.92).

Kann die öffentliche Vorverurteilung als rechtsextreme Straftat vor diesem Hintergrund aufrechterhalten werden, obwohl das Tatobjekt „Asylbewerber" und der Tatzeitpunkt, die Nacht zum „Tag der deutschen Einheit", diesen Schluß nahelegen? Generell: Mag diese Etikettierung als „rechtsextreme Straftat" manchmal auch stimmen, so kann in anderen Fällen über diese Zuschreibung, sei es durch vorschnelle Bezeichnung in den Medien, durch die Strafverfolgungsbehörden oder durch die Gerichte, erst nachträglich eine rechtsextreme Tatbegründung und/oder Motivation bei den Tätern implantiert werden – vielleicht sogar mit dem „Erfolg", daß die Täter diese Begründungen dann auch für sich übernehmen. Die Frage ist also: Sind die (mutmaßlichen) Täter ein- und erstmalige „Zufalls- oder Provokationstäter", möglicherweise noch in alkoholisiertem Zustand, oder – das andere Extrem – veritable Rechtsextremisten mit einem gefestigten und geschlossenen Weltbild, deren Tat die konsequente Umsetzung der ideologischen Überzeugungen darstellt? Oder liegen sie irgendwo zwischen diesen beiden Polen, wobei dann für die jeweilige Lokalisierung zu analysieren wäre, inwiefern sie für ihre „Konstruktion von Wirklichkeit" ideologische Angebote rechtsextremer oder neurechter Art aus dem gesellschaftlichen Bereich synkretistisch eingearbeitet hätten? Auf diese Fragen sind korrekte Antworten nötig, um eine erfolgreiche Ursachenanalyse, sinnvolle Prävention und nicht zuletzt einen verantwortungsvollen Umgang mit den Straftätern gewährleisten zu können. Entscheidend ist also, die verschiedenen Ebenen von Wirklichkeitskonstruktion miteinander zu verbinden, nämlich die Individual-, Gruppen- (oder Meso-) und gesellschaftlich-politische Makroebene. Forschungen zu diesem „Mikro-Makro-Puzzle" (Stöss 1994: 25) werden regelmäßig angemahnt (Willems 1993: 147-148; Klönne 1994: 141), durchgeführt wurden sie indes bislang nur selten. Das hier vorgestellte Projekt wird im Auftrag des Niedersächsischen Justizministeriums in Zusammenarbeit mit einer Jugendvollzugsanstalt durchgeführt. Es ist primär explorativer Art und soll 1. klären, inwieweit bei den jugendlichen Straftätern, die bislang mit der Zuschreibung „rechtsextrem" bedacht wurden, bei der Tat eine rechtsextreme Einstellung vorhanden war, 2. ob und in welchen Ausprägungen sich zum Untersuchungszeitpunkt eine rechtsextreme Orientierung nachweisen läßt, 3. was dies im Einzelfall inhaltlich bedeutet und 4. inwiefern der Strafvollzug rechtsextreme/neurechte Tendenzen abschwächt, verschärft oder in ihren inhaltichen Dimensionen verändert.

2. *„Rechtsextreme jugendliche Strafgefangene" als Untersuchungsgegenstand*

Bei dieser Probandengruppe handelt es sich in mehrfacher Hinsicht um eine ausgesprochen schwierige Klientel, weil hier Probleme kumuliert auftreten, die uns sonst oft nur isoliert begegnen. Ist der Untersuchungsgegenstand (Rechts-)Extremismus wegen seiner unscharfen Konturen selbst bereits schwer eingrenzbar, so stellt die „Jugendlichkeit" der Täter für eine komparative Untersuchung ein weiteres Problem dar, da die Mehrzahl der Täter im Jugendvollzug eher „junge Erwachsene" sind. Die größten Anforderungen an Datenerhebung, -aufbereitung und -analyse werden jedoch durch die Situation des Strafvollzugs, in der sich die Interviewten befinden, gesetzt (zu dieser Problematik vgl. allgemein Hoffmeyer-Zlotnik 1992).
Vereinzelte politikwissenschaftlich orientierte Untersuchungen zu diesem Themenkomplex lassen interessante Ansätze zur Lösung der Probleme, darüber hinaus aber auch spezifische Defizite erkennen. Auf der Basis einer quantitativen Analyse 1.398 polizeilicher Ermittlungsakten zu fremdenfeindlichen Gewalt- und Straftaten und einer unsystematisierten Inhaltsanalyse weiterer 53 Urteilsschriften identifiziert die Forschergruppe um Willems beispielsweise als einen von vier Tätertypen – neben dem „Mitläufer", dem „kriminellen Jugendlichen", dem „Schlägertyp" und dem „Ausländerfeind oder Ethnozentrist" – den „politisch motivierte(n), rechtsextremistische(n) oder rechtsradikale(n) Täter" (Willems 1993: 200-207), der charakterisiert wird durch eine engere Anbindung an rechtsextreme Parteien oder Gruppierungen mit einer demonstrativen Zurschaustellung seiner Überzeugungen und der seine Gewaltbereitschaft ideologisch legitimiert. Aggregatdaten bedürfen aber zum Verständnis des individuellen sozialen Handelns der Ergänzung durch Informationen über die jeweiligen „Merkmale und Einstellungen, Erfahrungen und Sinnkonstruktionen" (Willems 1993: 148).
In seiner Studie erkennt auch Kalinowsky (1993: 250) nach einer quantitativen Inhaltsanalyse von 1.382 rechtskräftig abgeschlossenen Strafverfahren eine Gruppe von „eindeutig feststellbare(n)" Rechtsextremisten. Die Zuordnung zu dieser Gruppe erfolgte dann, wenn die Tatmotivation oder das Handlungsziel darauf hindeuteten, eine Mitgliedschaft in einer rechtsextremen Gruppierung oder Organisation vorlag oder der Täter selbst seine politische Heimat im Bereich des Rechtsextremismus verortete. Was in diesem Zusammenhang explizit unter „Rechtsextremismus" verstanden wurde, bleibt jedoch im Unklaren. Die grundsätzlichen Schwierigkeiten und Unzulänglichkeiten einer solchen Aktenanalyse sind auch Kalinowsky bekannt: So würden „Quellen ausgewertet, die das Produkt einer formalen Organisation sind" (245). Der Forscher sei deshalb in einer „kommunikativen Distanz zur konkreten historischen Situation" (245). Durch sein empirisch-deskriptives und aggregatstatistisches Vorgehen bestehe

zudem die Gefahr, „qualitative Prozesse und Entwicklungen aus den Augen zu verlieren" (241).
Dennoch, die Ergebnisse lassen interessante Rückschlüsse auf das Verhältnis zwischen Justiz und Rechtsextremismus zu (vgl. hierzu auch Jaschke 1991) und zeigen – ebenso wie die umfangreiche Literatur zum Etikettierungsproblem (vgl. Neubacher 1994 und dortige Literatur) und zur (einschlägigen) Jugendforschung (Melzer 1992; Krüger 1993; Otto/Merten 1993; Förster u.a. 1993) – Anknüpfungspunkte für eine ergänzende qualitative Forschung.

3. Die Verbindung normativer und methodischer Forschungsgrundlagen

Gerade bei der Analyse von Sinnorientierungs- und Handlungsstrukturen straffällig gewordener Jugendlicher ist es unumgänglich, sich der normativen Voraussetzungen seiner eigenen Forschungsansätze und -methoden zu versichern (Gessenharter u.a. 1978). Denn die Norm, die den von uns angewandten Dialogischen Interviews zugrunde liegt, nämlich die Orientierung an der unaufgebbaren und unaufhebbaren Würde des Menschen (nach Art.1 GG), stößt in diesem Bereich auf manch harten Widerstand: Zum einen ist es die Einschränkung der persönlichen Freiheitsrechte durch den Strafvollzug, die sicherlich ein restriktives framework darstellt, wenngleich die offiziellen Ziele und Aufgaben resozialisierenden Strafvollzugs zeigen, daß die genannte Norm dort zur Geltung kommen soll. Im übrigen muß auch in „normalen" gesellschaftlichen Situationen durchaus mit bestimmten Restriktionen gerechnet werden. Das Eingehen auf den Aspekt „soziale Erwünschtheit" gehört bekanntlich zum Repertoire empirischer Sozialforschung, und dies nicht nur bei Personen, die im Sinne der F-Skala (vgl. Adorno 1973: 181) „autoritäre Unterwürfigkeit" zeigen. Zum andern dürften gerade unsere Probanden erhebliche Probleme mit ihrer eigenen Würde und der anderer Menschen haben, denn ihre Straffälligkeit besteht ja meist in der Verletzung der Menschenwürde anderer, oft als Reaktion auf die (empfundene) Nichtachtung ihrer eigenen Würde (vgl. Gessenharter 1992). Zudem kann es als Kernstück rechtsextremer Ideologie gelten, eben diese Würde des Individuums zugunsten der Würde eines – wie auch immer gearteten – Kollektivs möglichst gering anzusetzen (vgl. Gessenharter 1994a: 63-76).
Die von uns auch in anderen Untersuchungen bereits angewandten Dialogischen Interviews (Gessenharter u.a. 1990; Gessenharter u.a. 1994) stellen primär Daten über die Wahrnehmung der Situation durch einen Befragten zur Verfügung. Die Art und Weise, wie Individuen diese Situation wahrnehmen, kann auf der Basis eines entscheidungstheoretischen Ansatzes als Ergebnis einer Entscheidung verstanden werden. Diese Entscheidung wird gefällt auf dem Hintergrund des jeweils zur Verfügung stehenden „Wissensvorrats", den jedes Individuum sich im Laufe seines Lebens aneignet, mit dem die „Wirklichkeit" erfaßt und beurteilt wird und der „sein Verhalten in der Alltagswelt reguliert" (Berger/Luckmann 1980: 21). Gleichwohl wird dieses „Wissen" aber auch in sozialen Kontexten erworben und weiterentwickelt, trägt also auch deren Handschrift. Dem Wissenschaftler obliegt nun die Aufgabe, herauszukristallisieren, „auf Grund welcher Vorgänge ein bestimmter Vorrat von Wissen gesellschaftlich etablierte Wirklichkeit werden konnte" (Berger/Luckmann 1980: 3), des

weiteren, inwieweit die individuelle Wirklichkeit „von theoretischen Konstruktionen intellektueller und sonstiger Ideenverkäufer mitbestimmt wird" (Berger/Luckmann 1980: 21), und drittens, welche Optionen aus diesem „Wissensvorrat" einem bestimmten Individuum bzw. bestimmten soziostrukturell definierten Individuen oder Gruppen zu bestimmten Zeitpunkten zur Verfügung standen und schließlich – viertens – von ihnen tatsächlich benutzt wurden.

Das von uns in anderen Projekten angewandte Dialogische Verfahren (zur differenzierten Beschreibung vgl. Feindt 1994) wird bei Datenerhebung und -interpretation auch hier wieder eingesetzt, weil es uns den genannten Zielen und Rahmenbedingungen am ehesten gerecht zu werden scheint. Folgende Merkmale sind für dieses Verfahren konstitutiv:

- Die Interviews sind qualitativ;
- sie sind offen im Sinne einer Institutionalisierung kommunikativer Rahmenbedingungen;
- sie sind leitfadengestützt, d.h. ziel- und themenorientiert;
- sie zielen sowohl auf kognitive, emotive sowie Verhaltensaspekte ab;
- sie sind transparent, d.h. zwar anonymisiert, aber dennoch für Sekundäranalysen verfügbar, weil vollständig protokolliert (ggf. auch unter Einbeziehung non-verbaler Expressivität);
- die durch die Interviews gewonnenen Daten werden in feedback-Schleifen mit den Befragten *gemeinsam* evaluiert;
- die in Interview-Situationen üblicherweise auftauchenden Inkonsistenzen werden nicht in erster Linie als kognitive Dissonanzen interpretiert, sondern als Lerneffekte.

Sicherlich besteht die Gefahr, daß ein derartig differenziertes und ambitioniertes Verfahren an der (Vollzugs)wirklichkeit der „totalen Institution" (Goffman 1973) Gefängnis scheitern kann; durch die verfahrensbedingten Merkmale, insbesondere der angebotenen Chancen für die Entfaltung der individuellen Persönlichkeit, dürften sich jedoch nach unserer Einschätzung die vorhandenen Barrieren leichter aufbrechen lassen. Sollte sich dies nicht erreichen lassen, wird man ein Scheitern wohl nur über ein derartig sensibles Instrument nachvollziehbar belegen können.

Insgesamt sind 40-60 Dialogische Interviews geplant, die selbstverständlich die freiwillige Teilnahme voraussetzen. Erfahrungsgemäß dauern die Gespräche bis zu drei Stunden. Sie werden von zwei geschulten Interviewern geführt und protokolliert. Die Fallzahl von 40 bis 60 Probanden erscheint im Vergleich zu quantitativen „repräsentativen" Untersuchungen niedrig. Angesichts des wesentlich höheren zeitlichen und personellen Aufwands pro Interview tritt hier jedoch das Ziel der Repräsentativität in den Hintergrund. Die markantesten Vorteile der qualitativen Erhebung liegen demgegenüber in der Fähigkeit, zu einem Themenkomplex individuelle Meinungen, Einstellungen und Werte, detaillierte Begründungen und Interpretationen und komplizierte Zusammenhänge, Denkweisen und Handlungsperspektiven erfassen zu können, weil wir die Befragten als „Experten" ihrer jeweiligen Lebenswelt verstehen. Zudem können durch Dialogische Interviews hier temporäre Wechselwirkungen erfaßt werden, da Beurteilungen zur Vergangenheit, zur Situation im Strafvollzug und von Zukunftsperspektiven erfragt werden können. Das Dialogische Verfahren gilt, wie erwähnt, auch innerhalb des Forschungsprozesses, so daß die gewonnenen Erkenntnisse nicht nur mit den Befragten selbst diskutiert werden, sondern die Daten und

Ergebnisse immer jeweils mit den auftraggebenden Stellen einer Evaluation und Interpretation unterzogen werden. Dies führt nicht nur zu Lerneffekten bei den jugendlichen Strafgefangenen, sondern unterstützt auch den Resozialisierungsauftrag des Strafvollzugs. Zu unserem Methodenset gehören des weiteren eine Analyse der Gerichts- und Personalakten und ein Reihe von ebenfalls leitfadengestützten Experteninterviews und/oder Moderatorenrunden (vgl. hierzu Gessenharter u.a. 1994, Feindt 1994) mit den im Strafvollzug tätigen Sozialarbeitern, Psychologen, Justizvollzugsbeamten und Abteilungsleitern, ggf. mit Richtern, Bewährungshelfern und zuständigen Ministerialbeamten.

Neben den über die Interviews gewonnenen Perzeptionsdaten zu den drei Ebenen ist es nötig, diese Ebenen auch eigenständig zu betrachten. Denn Voraussetzung für eine sinnvolle Durchführung und Ergebnisinterpretation der Dialogischen Interviews ist die Kenntnis des „Wissensvorrats" bzw. „Optionshorizonts", der den Befragten überhaupt zur Verfügung stand.

4. Zur sozialen Konstruktion einer Gegnerschaft: Ausländer und Asylbewerber

Die Dialogischen Interviews beziehen sich stark auf den Politikaspekt der Ausländer- und Asylpolitik. Das hat inhaltliche und methodologische Gründe. Entsprechende Zusammenhänge, wie sie in dem Forschungsprojekt beleuchtet werden, sollen deshalb hier kurz skizziert werden (vgl. hierzu auch Gessenharter/Fröchling 1991): Von 2.232 Gewalttaten mit erwiesener oder vermutender rechtsextremistischer Motivation im Jahre 1993 waren 1.609 fremdenfeindlich motiviert (Bundesministerium des Innern 1994; zur quantitativen Entwicklung und der Problematik der Zählung vgl. Willems 1993: 97-104). Warum aber richten sich die Gewalttaten in so hoher Zahl gegen Fremde? Aus verschiedenen Untersuchungen wissen wir (Melzer 1992; Förster u.a. 1993; Gessenharter u.a. 1994), daß die Ablehnung von Ausländern sich nur selten aus individuellen Erfahrungen speist. Meinungen, Einstellungen und Verhalten bezogen auf Ausländer bilden sich also durch andere Instanzen. Freunde, Bekannte und Gruppen spielen hier genauso eine Rolle wie massenmedial vermittelte kollektive Einschätzungen. Wenn die ideologische Grundposition, auf der diese Einschätzungen und Beurteilungen in bezug auf Ausländer aufbauen, beispielsweise durch eine völkisch-nationale Orientierung geprägt ist, die die Homogenität eines Volkes in den Vordergrund stellt und alle die Stabilität/Identität des eigenen Volkes gefährdenden Erscheinungen – etwa ein starker Zuzug von „volksfremden" Gruppierungen – als Bedrohung definiert, die unter Umständen sogar mit Gewalt abgewendet werden müßte, werden die Vertreter dieser Position keine Mühe scheuen, Begründungen zur Untermauerung dieses Sachverhalts zu (er)finden und diese der Öffentlichkeit nahezubringen. Bezüglich der „Ausländer" wurden in den letzten Jahren immer wieder Quantitätsargumente („Das Boot ist voll!"), Kostenargumente („Asylbewerber kosten den Steuerzahler zuviel!"), Mißbrauchsargumente („Asylbetrüger", „Wirtschaftsflüchtlinge"), Kriminalitätsargumente („Kriminalität steigt alarmierend – 27 Prozent Ausländer-Anteil") und Dramatisierungsargumente („Asylantenflut", „Angst vor Überfremdung") ins Feld geführt. Die Sinnhaftigkeit, Hintergründe und Wahrheitsgehalte solcher Argumentationen wurden in den vergangenen Jahren bereits vielfach kritisiert (Gessenharter

1994a: 228-254; Geißler 1995). Dies soll hier nicht weiter fortgesetzt werden. Fatal sind allerdings die Wirkungen, denn derartige ideologische Grundpositionen sind „intellektuelle Hilfen bei der Interpretation von Wirklichkeit, die sich ja normalerweise viel heterogener darstellt, als es je in der intellektuellen Rekonstruktion zum Ausdruck gebracht werden könnte" (Gessenharter/Fröchling 1991: 45). Die Minderheit der Ausländer ist so nicht nur eine Minderheit per se, sondern auch das Produkt einer „gesellschaftlichen Konstruktion von Wirklichkeit".
Bezieht man eine verbreitete Sichtweise nach Art des „Sozialdarwinismus" ein, so ist die bisher von uns vorgenomme Fixierung auf die Minderheit „Ausländer" keineswegs zwingend. Gewaltobjekte sind dann vielmehr auch alle anderen Minderheiten, die man als noch unter sich stehend empfindet, also z.B. Behinderte, Obdachlose oder Homosexuelle. Daraus folgt, daß einerseits bei Vorliegen einer fremdenfeindlichen Straftat nicht unbedingt auf rechtsextreme Orientierungen geschlossen werden muß und andererseits rechtsextreme Straftaten nicht nur am Handlungsziel „Ausländer/Asylbewerber" festgemacht werden können. In unserem Projekt werden wir uns dennoch paradigmatisch auf die Minderheit „Ausländer" beziehen.

5. Die einzelnen Untersuchungsebenen

5.1 Mikroebene: Protest, Gewalt und Strafvollzug

Der von Wilhelm Heitmeyer u.a. (1992) in vielen Publikationen dargelegte und in der Jugend- und Rechtsextremismusforschung häufig rezipierte Erklärungsversuch, Rechtsextremismus als Folge einer Kausalkette ausgehend von umfassenden Modernisierungstendenzen zu verstehen, die zu gesellschaftlicher Desintegration und zu Individualisierungs- und Auflösungsprozessen führen, die wiederum Gewalt als akzeptable Lösung für Konflikte legitimieren, wurde vor allem hinsichtlich der behaupteten besonderen Anfälligkeit von „Modernisierungsverlierern" für Rechtsextremismus und Fremdenfeindlichkeit korrigiert. Im Vordergrund stehen demnach nicht mehr die objektiv beobachtbaren Lebenssituationen, sondern die subjektiv wahrgenommenen Lebenslagenerfahrungen (Held u.a. 1992) und die politisch-sozialisatorischen Rahmenbedingungen (Melzer 1992; Fröchling 1993). Ins Blickfeld rücken folglich nicht mehr so sehr allein die sozialbiographischen-strukturellen Daten (von Kalinowsky 1993 wurden z.B. erhoben: sozialökonomischer Status des Vaters; Berufsprofil; Schulbildung; Berufliche Ausbildung; familiäre Bedingungen; Familienkonstellation; Vorstrafenbelastung). Vielmehr interessieren wir uns für die perzipierte Lebenssituation, die politisch-ideologischen Orientierungen und Verhaltensweisen vor Begehung der Straftat, bzw. vor der Verhaftung oder vor dem Gerichtsverfahren. Diese subjektiv empfundenen Problemlagen können nun beim einzelnen in der Tat anomische Tendenzen und ein (relatives) Deprivationsgefühl hervorrufen, zwei Indikatoren, die seine gesellschaftliche Desintegration widerspiegeln (Kowalsky/Schroeder 1994: 15). Dies deutet insgesamt auf ein vorhandenes Unzufriedenheitspotential hin; doch erst in Verbindung mit demokratietheoretisch-systembezogenen Hinweisen auf Demokratie(un)zufriedenheit und auf mangelndes Vertrauen in die Institutionen der Bundesrepublik kann daraus Protestverhalten entstehen. Isoliert betrachtet kann dies allerdings trotz allem noch nicht erklären, warum die Folge ausgerechnet eine Hinwendung zum Rechtsextremismus sein soll (Hennig 1994: 340; Neubacher 1994: 127-128). Auf der Individualebene können nämlich auch individualpsychologische Dispositionen eine erhebliche Rolle spielen. Informationen hierüber können nur über Expertenbefragungen der die Strafgefangenen betreuenden Anstaltspsychologen und durch Auswertung der mittlerweile auch zum Bereich Rechtsextremismus vorliegenden psychologisch-wissenschaftlichen Literatur (Raue 1992; Streeck-Fischer 1992; Marx 1993; Bielicki 1993) erfolgen.

Zentrales erstes Moment bildet auf der Individualebene also die begangene Straftat, wenngleich ansatzimmanent nicht die reine täterorientierte Gewaltanalyse präferiert wird, sondern die Einbettung der Straftat in die lebensweltlichen Interaktionsprozesse erfolgt. Dazu gehört die Ermittlung längerfristiger Einflüsse auf die Gewaltbereitschaft, situativer Faktoren der Tat (Nachahmungstaten, Gegengewalt, motivierende Anreize, befohlene Gewalt, Alkohol) und der gesellschaftlichen Rahmenbedingungen (Lösel 1995: 11).

Beziehen sich diese Daten auf die Zeit vor der Verurteilung, liegt bei der Analyse auf der Individualebene ein zweiter Schwerpunkt auf der Betrachtung der Zeit nach der Tat bzw. der Verurteilung und der Situation im Strafvollzug selbst. Unklarheit – und damit verbunden große Verunsicherung – herrscht nämlich beim Auftraggeber der Studie darüber, ob nicht Radikalisierung und „Rechtsextremisierung" erst durch den Strafvollzug selbst bewirkt oder verstärkt werden (worauf manches hindeutet) und damit die Idee der Resozialisierung ins Gegenteil verkehren. Ausgelöst werden könnte dies erstens durch verschiedenartige Etikettierungs- und Stigmatisierungsprozesse (Jaschke 1991; Farin/Seidel-Pielen 1993; Neubacher 1994: 181) unterschiedlicher Akteure (Medien, Ermittlungsbehörden, Richter etc.), zweitens durch die besondere, von hierarchischen Prinzipien geprägte Situation in der „totalen Institution" (Goffman 1973) Gefängnis und/oder drittens durch intensive Werbeaktionen rechtsextremistischer Organisationen, die hoffen, „junge Gefangene für ihre Propagandaziele zu gewinnen", und sie mittels getarnten Werbematerials „zu rechtsextremen Aktionen aufzustacheln" versuchen, indem sie den Inhaftierten „vorgaukeln, sie seien als 'nationale politische Gefangene' Opfer eines zu bekämpfenden Staates, der 'sein nationales Erbe' verleugne" (Best 1993: 535). Zum Programm erhoben hat dies etwa die im Verfassungsschutzbericht aufgeführte „Hilfsorganisation für nationale politische Gefangene und deren Angehörige e.V. (HNG)" (Bundesministerium des Innern 1994: 111). Eine zweifelsfreie Beurteilung dieser Problematik wäre nur dann zu geben, wenn eindeutig festgestellt werden könnte, daß für den Befragten vor der Tat und als Motiv für die Tat keinerlei rechtsextreme oder neurechte Orientierungen, Verhaltensweisen oder Kontakte bestanden oder wenn innerhalb des Interviews explizit auf das Zustandekommen einer diesbezüglichen Einstellung erst innerhalb des Strafvollzuges hingewiesen würde. Dabei müssen aber gerade hier Selbsteinschätzungen der Interviewten mit besonderer Vorsicht beurteilt werden, könnten sie doch beispielsweise erst durch die Etikettierung entstanden sein. Auch eine Durchsicht der Gerichtsprotokolle könnte bei der Beantwortung dieser Frage lediglich vorsichtige Rückschlüsse zulassen, weil zu bedenken ist, daß es sich bei diesen Daten um „Konstruktionen auf der Basis von Konstruktionen" (Willems 1993: 150) handelt. Ergebnisse zu diesem Themenbereich werden also tendenziell eher von „objektivistischen" Analysen geläufiger Etikettierungs- und Stigmatisierungsprozesse, aus der Beobachtung des Gefängnisalltags und durch die Einschätzung des Wirkvolumens der HNG zu erwarten sein, als durch die Interviews selbst. Ein dritter und letzter Bereich auf der Individualebene beschäftigt sich bei den kurz vor der Entlassung stehenden Strafgefangenen mit den angestrebten Zukunftsperspektiven und stellt im großen und ganzen eine Evaluation der durchgeführten Resozialisierungsprogramme dar.

5.2 Mesoebene: Gruppenprozesse, Gruppenhandeln und Neue soziale Bewegung

Auf dieser Ebene interessieren insbesondere drei verschiedene Aspekte, die jeweils einen Teil zur Aufklärung der Verbindung zwischen Mikro- und Makroebene beitragen können.

Willems hat festgestellt, daß „die These von den 'irregeleiteten Einzeltätern' bei fremdenfeindlichen und rechtsextremistischen Straf- und Gewalttaten aus soziologischer Sicht als nicht zutreffend beurteilt werden" (Willems 1993: 135) kann. 93,4% der untersuchten Taten wurden vielmehr von Gruppen oder aus Gruppen heraus begangen. Der Einfluß von Gruppen, zumindest was das Tat*handeln* betrifft, ist eindeutig. Ob es sich dabei allerdings um organisierte rechtsextremistische Gruppierungen, Skinheads oder informelle Cliquen handelte, konnte von den Autoren nicht festgestellt werden. Soweit also aus Prozeßakten oder Interviewäußerungen die Relevanz dieses Themenkomplexes deutlich wird, müssen die individuell wahrgenommenen Gruppenprozesse, die zum individuellen Gewalthandeln beigetragen haben, erfragt werden – mit aller oben geforderten Vorsicht.

Noch viel wichtiger für unsere Fragestellung jedoch ist die Bedeutung von politisch-ideologischen Situationsdeutungen und Sinnorientierungen innerhalb der jeweiligen Gruppierungen. Wurden hier politische Themen diskutiert oder war die Gruppe apolitisch? Diese grobe Polarisierung wird sich in der Realität kaum finden lassen, denn Gruppenstrukturen und -prozesse sind subtiler. Oftmals ist das Bedürfnis nach Anerkennung, Kameradschaft und Geborgenheit in einem sozialen Milieu Grund für eine Gruppenzugehörigkeit, und nur selten bestimmt sich der Eintritt in eine Gruppierung als Ausdruck der eigenen gefestigten ideologischen Orientierung (Holzer 1994). Die Kernstücke gruppendynamischer Prozesse, wie die Umwertung von Normen bzw. deren situative Außerkraftsetzung durch Neutralisierung und das Erlernen abweichenden Verhaltens als Form gesellschaftlicher Konfliktregelung – meist längerfristige Prozesse –, sind bei Untersuchungen der rechtsextremen Szene (Farin/Seidel-Pielen 1993) deutlich geworden. Informationen jedoch über Interna der Binnenstrukturen rechtsextremer Gruppierungen, deren Wahrnehmungen durch die Gruppenmitglieder, und der Stellenwert dieser Prozesse für das eigene Verhalten liegen viel zu selten vor (Schomers 1990).

Umstritten ist, ob und inwieweit eine Instrumentalisierung bereits bestehender Gruppierungen oder informeller Netzwerke durch rechtsextreme oder neurechte Politiker und Gruppierungen gegeben sein könnte. Erweitert läuft dieses Thema auf die Frage hinaus, ob es sich bei der Häufung der fremdenfeindlichen Gewalttaten in den vergangenen Jahren um eine „(neue) soziale Bewegung von rechts" handelt (zur Diskussion vgl. insbesondere die Aufsätze im Forschungsjournal „Neue Soziale Bewegungen"

Heft 2/1994 und Heft 4/1994; Bergmann 1994; Willems 1994). Diesem Ansatz folgen mittlerweile auch einige politikwissenschaftliche Analysen (Jaschke 1994; Leggewie 1994). Obwohl hier noch intensiv diskutiert wird, läßt sich offenbar soviel sagen: Soziale Bewegungen greifen auf „kollektive Deutungsmuster" zurück, „in denen bestimmte Problemdefinitionen, Kausalzuschreibungen, Ansprüche, Begründungen und Wertorientierungen in einen mehr oder weniger konsistenten Zusammenhang gebracht werden, um Sachverhalte zu erklären, Kritik zu fundieren und Forderungen zu legitimieren" (zit. nach Leggewie 1994: 322). Handelt es sich bei diesen „kollektiven Deutungsmustern" nun um rechtsextreme oder neurechte Sinnorientierungen und sind diese Sinnorientierungen bei den jugendlichen Straftätern rekonstruierbar – über die Umwege von Gruppenprozessen oder nicht –, so wäre die Relevanz dieser Orientierungen für individuelles Gewalthandeln belegt.

5.3 Makroebene: Rechtsextremismus und Neue Rechte

Welche Sinndeutungsangebote und kollektiven Orientierungsmuster sind auf dem „Markt" und könnten die Gewalthandlungen „rechtsextremer" jugendlicher Straftäter mitbeeinflußt haben? Der Konvergenzpunkt extrem rechter Ideologien – in welchen spezifischen Facetten sie auch vertreten werden – läßt sich als Ablehnung der im Grundgesetz in Artikel 1 formulierten universal geltenden individuellen Menschenwürde und den in Artikel 20 und 28 GG dargelegten Staatszielen einer föderativ angelegten, sozial- und rechtsstaatlich verfaßten und demokratisch strukturierten „offenen Republik" (Oberndörfer 1991; Gessenharter 1994a; Birzer 1996) beschreiben. Am Grade der Abweichungen von diesen Verfassungsnormen bzw. von deren Bekämpfung läßt sich das rechte Spektrum trotz manchmal nebulöser und fluktuierender Konturen in Zielen, Inhalten und Strategien bemessen und darstellen. Dessen oberstes Prinzip, die Gegnerschaft zum demokratisch orientierten Verfassungsstaat westlichen Musters, wird hauptsächlich von folgenden Ideologiekonstrukten (vgl. zu den unterschiedlichen Definitionsmerkmalen Gessenharter 1994b) getragen: „völkischer Nationalismus" (Kellershohn 1994), Antiliberalismus, Antiparlamentarismus, Homogenitätsbestrebungen, Freund-Feind-Unterscheidung, „Überbetonung der Gemeinschaft (Volksgemeinschaft)" (Schwagerl 1993: 109), autoritärer Staat mit elitären Strukturen, antiindividualistische Kollektivorientierung, Mißachtung der universalen Bürger- und Menschenrechte und Kampf gegen das Gleichheitspostulat. Weitere graduelle Unterscheidungen lassen sich in diesem Bereich an der verbalen und manifesten Militanz der diese Ideologiestandpunkte vertretenden Personen und Gruppierungen festmachen. Zwischen diesem rechtsextremen Spektrum und dem Konservativismus, gleichermaßen als Scharnier oder Brücke, ist seit Jahren ein weiterer Bereich zu identifizieren, der mit dem Begriff „Neue Rechte" bezeichnet wird (Feit 1987; Fröchling/Gessenharter 1995; Pfahl-Traughber 1994 und 1995). Diese modernisierte Variante des Rechtsextremismus läßt sich nicht so sehr durch grundsätzliche Ideologie-„Neuheiten" charakterisieren; vielmehr ist es die Art und Weise, wie deren Vertreter ihre Politikvorstellungen herleiten, begründen und durchzusetzen versuchen, die sie von den „Alten Rechten" abhebt. In den Bibliotheken der Neuen Rechten stehen die Werke antidemokratischer Autoren der Weimarer Zeit, allen voran diejenigen von Carl Schmitt. Deren Gedanken werden für den Kampf um die „kulturelle Hegemonie", die der politischen Vorherrschaft vorangehe, aufgenommen, und immer mehr werden diese in durchsetzungsfähige Politikkonzepte übersetzt. Oft ist es für die politische Öffentlichkeit nicht einfach, die Grundgesetz-konträren Absichten der Neuen Rechten sofort zu erkennen, weil diese Ziele in der Absicht „politischer Mimikry" nur undeutlich ausgesprochen werden (Gessenharter 1995).

In jenen Kreisen der politisch-pädagogischen Praxis (Schacht u.a. 1995), die sich seit dem Anwachsen von ausländerfeindlichen Gewalttaten immer mehr den rechten Tätergruppen zuwenden, wird zwar zunehmend die Bedeutung eines „Extremismus der Mitte" (in unserer Terminologie: der Neuen Rechten) für die ideologische Orientierung und Motivation dieser Täter erkannt (vgl. zu diesem Begriff Lohmann 1994). In der breiten Öffentlichkeit jedoch werden die Gefahren, die von den Neuen Rechten für die demokratische Ordnung der Bundesrepublik ausgehen, die ihre Ideen über ein breites Netzwerk von Verlagen, Wissenschaftlern, Publizisten und auch Burschenschaften transportieren und damit bereits nachweisbar in wichtige Politikfelder, wie die Asylpolitik und in Medien, wie Die Welt und Frankfurter Allgemeine Zeitung (Gessenharter 1994a) vordringen konnten, erst wahrgenommen, seit die Verfassungsschutzbehörden, z.B. in Hamburg oder Nordrhein-Westfalen, sich intensiv mit dem Phänomen beschäftigen und diesen „intellektuellen Rechtsextremismus ... für gefährlicher als die rechtsextremistischen Gruppen alter Prägung" (Verfassungsschutzbericht Nordrhein-Westfalen 1994: Vorwort) halten. Von den Neuen Rechten wird, knapp formuliert, ein starker, autoritärer und militanter Staat gefordert, der seine innen- wie außenpolitischen Freunde und Feinde klar zu bestimmen vermag und die Homogenität des Volkes in den Vordergrund stellt, wofür unter Umständen die individuellen Menschen- und Bürgerrechte in den Hintergrund treten müßten – soweit auch das Standardrepertoire Alter Rechter. Die Neue Rechte geißelt aber darüber hinaus die Umerziehungsergebnisse der westlichen Besatzungsmächte und will ihre Form des völkischen Nationalismus vom offenbar verkaufsstrategisch schlechten Image des Nationalsozialismus bereinigt sehen. Des weiteren stehen ethnopluralistische Konzepte und umfangreiche Versuche, das Geschichtsbild Deutschlands zu relativieren, nebeneinander.

Es ist nun nicht zu erwarten, daß wir bei der Mehrzahl der jugendlichen Straftäter diese rechtsextremen bzw. neurechten Ideologien – oder auch nur größere Fragmente davon – exakt identifizieren können. Dafür dürften diese Gedanken grosso modo zu differenziert sein. Dennoch sind sie für jenen o.g. ideologischen „Wissensvorrat" bzw. für die „Konstruktion von Wirklichkeit" auf der rechten Seite sicherlich konstitutierend. Es ist ja nicht zufällig, daß ausgerechnet während der öffentlichen und durchaus turbulenten Diskussion um die Asylrechts-Neugestaltung zu Beginn der 90er Jahre die Zahl der ausländerfeindlichen Straftaten sprunghaft stieg, was wiederum die Diskussion noch weiter anheizte und somit für längere Zeit einen schieren circulus vitiosus in Gang setzte (Gessenharter 1994a: 215-154). Im übrigen spricht einiges dafür, daß sich in manchen Bereichen der öffentlichen Diskussion in den letzten Jahren eine 'Rechtsverschiebung' im politischen Koordinatennetz beobachten läßt (Prantl 1994). Eine solche Verschiebung hätte im übrigen nicht nur Einfluß auf jenen „Wissensvorrat" jugendlicher Täter, sondern auch, mit wichtigen Rückwirkungen auf sie, auf die Beurteilung ihrer Taten und ihrer Tatmotivationen. So wird z.B. – wenngleich nicht unumstritten (Jaschke 1991) – behauptet, daß bei fremdenfeindlichen oder rechtsextremistischen Taten von Seiten der Polizei keine oder nur geringe Intervention betrieben wird. Dies hätte wiederum den Effekt von Stigmatisierung potentieller Opfer und gleichzeitig, aufgrund des geringen Entdeckungsrisikos (Lösel 1995: 15), eine Ermunterung für weitere Taten zur Folge (Frommel 1995: 133). Und gar nicht selten wird einer nach wie vor brandgefährlichen „linken" Gewaltszene eine eher harmlose rechte gegenübergestellt, deren Orientierung und Motivation mehr „labil-gefühlsmäßig" bzw. „dumpf und kaum ideologiegetragen" (Schmitt Glaeser 1995: 60) seien. Auch die bisher vorherrschende Rechtsprechung, nach der „Brandanschläge auf Asylbewerberheime durch Jugendliche in der Regel nicht als versuchte Tötungshandlungen zu werten seien" (Frommel 1995: 130), kann sowohl als Folge wie als Anstoß dieser Rechtsverschiebung interpretiert werden.

6. Abschließende Bemerkungen

Auf Anhieb erscheint die Frage durchaus berechtigt, ob für die wissenschaftliche Auseinandersetzung mit jugendlichen „rechten" Straftätern wirklich eine derart umfangreiche mehrebenenanalytische Herangehensweise nötig ist. Betrachtet man jedoch die Tathandlungen als Ergebnisse von – wie auch immer zustandegekommenen – Entscheidungen, wird der Blick auf die einschlägige Definition der Situation, auf die Normen, Zukunftsperspektiven usw. unabweislich. Damit geraten aber sofort alle gesellschaftlich vorhandenen Deutungsangebote, Wissensvorräte etc. ins Visier. Aus eben jenen aber speisen sich auch alle Gedankengänge, die zur Verfolgung und Aburteilung eben jener Taten führten – mit allen Konsequenzen für die (nachträgliche) Selbstinterpretation der jungen Strafgefangenen. Ein auf Resozialisierung ausgerichteter Strafvollzug wird nur dann seine Aufgaben erfüllen können, wenn er seine eigenen Ziele, Normen und Aufgaben ständig reflektiert – vor dem Hintergrund eben jener „gesellschaftlichen Konstruktionen von Wirklichkeit". Das Dialogische Verfahren kann dabei helfen, die Verschränkung von Tätern und Gesellschaft (mit ihren Sanktionsmitteln) ständig im Blick zu behalten.

Literaturverzeichnis

Adorno, Theodor W., 1973: Studien zum autoritären Charakter. Frankfurt a.M.

Berger, Peter L./Luckmann, Thomas, 1980: Die gesellschaftliche Konstruktion der Wirklichkeit. Frankfurt a.M.

Bergmann, Werner, 1994: Ein Versuch, die extreme Rechte als soziale Bewegung zu beschreiben, in: *Werner Bergmann/Rainer Erb* (Hrsg.), Neonazismus und rechte Subkultur. Berlin, 183-207.

Best, Peter, 1993: Probleme der Jugendgewalt aus kriminalpolitischer Sicht, in: Zentralblatt für Jugendrecht 11, 532-536.

Bielicki, Julian S., 1993: Der rechtsextreme Gewalttäter. Eine Psycho-Analyse. Hamburg.

Birzer, Markus, 1996: Rechtsextremismus – Definitionsmerkmale und Erklärungsansätze, in: *Jens Mecklenburg* (Hrsg.), Handbuch des deutschen Rechtsextremismus. Berlin, 24-35.

Bundesministerium des Innern (Hrsg.), 1994: Verfassungschutzbericht 1993. Bonn.

Farin, Klaus/Seidel-Pielen, Eberhard, 1993: Skinheads. München.

Feindt, Peter H., 1994: Das Dialogische Verfahren – Konfliktlösung durch Anerkennung, in: Vierteljahresschrift für Sicherheit und Frieden 3, 158-163.

Feit, Margret, 1987: Die „Neue Rechte" in der Bundesrepublik. Frankfurt a.M./New York.

Förster, Peter/Friedrich, Walter/Müller, Harry/Schubarth, Wilfried, 1993: Jugend Ost: Zwischen Hoffnung und Gewalt. Opladen.
Fröchling, Helmut, 1993: Fremdenfeindlichkeit in der Bundesrepublik Deutschland im Spiegel sozialwissenschaftlicher Forschungsansätze – Ein Überblick, vervielf. Ms. Hamburg.
Fröchling, Helmut/Gessenharter, Wolfgang, 1995: Rechtsextremismus und Neue Rechte in Deutschland, in: Österreichische Zeitschrift für Politikwissenschaft 3, 275-290.
Frommel, Monika, 1995: Fremdenfeindliche Gewalt, Polizei und Strafjustiz, in: *Konrad Schacht/ Thomas Leif/Hannelore Janssen* (Hrsg.), Hilflos gegen Rechtsextremismus? Köln, 129-155.
Geißler, Rainer, 1995: Das gefährliche Gerücht von der hohen Ausländerkriminalität, in: Aus Politik und Zeitgeschichte, B 35/95, 30-39.
Gessenharter, Wolfgang, 1992: „Arbeitslos! Wohnungslos! Wehrlos?" Zur aktuellen Gewaltproblematik in Deutschland, in: Vierteljahresschrift für Sicherheit und Frieden 3, 124-135.
Gessenharter, Wolfgang, 1994a: Kippt die Republik? Die Neue Rechte und ihre Unterstützung durch Politik und Medien. München.
Gessenharter, Wolfgang, 1994b: Das rechte Lager in Deutschland – Phantom oder Gefahr?, in: Gegenwartskunde 4, 419-430.
Gessenharter, Wolfgang, 1995: Utopien der „Neuen Rechte", in: Tribüne. Zeitschrift zum Verständnis des Judentums 135, 40-48.
Gessenharter, Wolfgang/Birzer, Markus/Feindt, Peter H./Fröchling, Helmut/Geismann, Ulla M., 1994: Zusammenleben mit Ausländern. Eine empirische Studie. Hamburg.
Gessenharter, Wolfgang/Fröchling, Helmut, 1991: Vom Umgang mit Minderheiten – ein soziostrukturelles Problem in der politischen Kontroverse, in: *Wolfgang Gessenharter/Helmut Fröchling* (Hrsg.), Minderheiten – Störpotential oder Chance für eine friedliche Gesellschaft? Baden-Baden, 15-52.
Gessenharter, Wolfgang/Fröchling, Helmut/Krupp, Burkhard, 1978: Rechtsextremismus als normativ-praktisches Forschungsproblem. Weinheim/Basel.
Gessenharter, Wolfgang/Krupp, Burkhard/Fröchling, Helmut/Feindt, Peter, 1990: Umwelthandeln und Umweltforschung, vervielf. Ms. Hamburg.
Goffman, Erving, 1973, Asyle. Frankfurt a.M.
Heitmeyer, Wilhelm, u.a., 1992: Die Bielefelder Rechtsextremismus-Studie. Weinheim/München.
Held, Josef/Horn, Hans/Leiprecht, Rudolf/Marvakis, Athanasios, 1992: „Du mußt so handeln, daß Du Gewinn machst ...". 2. Aufl., Duisburg.
Hennig, Eike, 1994: Politische Unzufriedenheit – ein Resonanzboden für Rechtsextremismus?, in: *Wolfgang Kowalsky/Wolfgang Schroeder* (Hrsg.), Rechtsextremismus. Opladen, 339-380.
Hoffmeyer-Zlotnik, Jürgen H.P., (Hrsg.) 1992: Analyse verbaler Daten. Opladen.
Holzer, Willibald I., 1994: Rechtsextremismus, in: *Stiftung Dokumentationsarchiv des österreichischen Widerstandes* (Hrsg.), Handbuch des österreichischen Rechtsextremismus. Wien, 12-96.
Jaschke, Hans-Gerd, 1991: Streitbare Demokratie und Innere Sicherheit. Opladen.
Jaschke, Hans-Gerd, 1994: Rechtsextremismus und Fremdenfeindlichkeit. Opladen.
Kalinowsky, Harry H., 1993: Kampfplatz Justiz. Paffenweiler.
Kellershohn, Helmut, 1994: Das Plagiat. Der Völkische Nationalismus der Jungen Freiheit. Duisburg.
Klönne, Arno, 1994: Jugend und Rechtsextremismus, in: *Wolfgang Kowalsky/Wolfgang Schroeder* (Hrsg.), Rechtsextremismus. Opladen, 129-142.
Kowalsky, Wolfgang/Schroeder, Wolfgang, 1994: Einleitung, in: *Wolfgang Kowalsky/Wolfgang Schroeder* (Hrsg.), Rechtsextremismus. Opladen, 7-20.
Krüger, Heinz-Hermann, (Hrsg.) 1993: Handbuch der Jugendforschung. 2. Aufl., Opladen.
Leggewie, Claus, 1994: Rechtsextremismus – eine soziale Bewegung?, in: *Wolfgang Kowalsky/Wolfgang Schroeder* (Hrsg.), Rechtsextremismus. Opladen, 325-338.
Lohmann, Hans-Martin, (Hrsg.) 1994: Extremismus der Mitte. Frankfurt a.M.
Lösel, Friedrich, 1995: Entwicklung und Ursachen der Gewalt in unserer Gesellschaft, in: Gruppendynamik 1, 5-22.
Marx, Rita, 1993: Rechtsradikale Jugendgewalt. Psychoanalytische Fragestellungen, in: *Hans-Uwe Otto/Roland Merten* (Hrsg.), Rechtsradikale Gewalt im vereinigten Deutschland. Bonn, 166-175.
Melzer, Wolfgang, 1992: Jugend und Politik in Deutschland. Opladen.
Neubacher, Frank, 1994: Jugend und Rechtsextremismus in Ostdeutschland. Bonn.

Oberndörfer, Dieter, 1991: Die offene Republik. Zur Zukunft Deutschland und Europas. Freiburg.
Otto, Hans-Uwe/Merten, Roland, (Hrsg.) 1993: Rechtsradikale Gewalt im vereinigten Deutschland. Bonn.
Pfahl-Traughber, Armin, 1994: Brücken zwischen Rechtsextremismus und Konservatismus, in: *Wolfgang Kowalsky/Wolfgang Schroeder* (Hrsg.), Rechtsextremismus. Opladen, 160-182.
Pfahl-Traughber, Armin, 1995: Vier Thesen zur Verwendung des Begriffs „Neue Rechte", in: Blick nach rechts 1, 4-5.
Prantl, Heribert, 1994: Deutschland – leicht entflammbar. München/Wien.
Raue, Jochen, 1992: Jugendliche und Neonazismus – Psychoanalytische Anmerkungen zu einem Zeitphänomen, in: Beiträge zur analytischen Kinder- und Jugendlichenpsychotherapie 74, 16-27.
Schacht, Konrad/Leif, Thomas/Janssen, Hannelore (Hrsg.), 1995: Hilflos gegen Rechtsextremismus? Köln.
Schmitt Glaeser, Walter, 1995: Über Ursachen politisch motivierter Privatgewlt und ihre Bekämpfung, in: Zeitschrift für Rechtspolitik 2, 56-63.
Schomers, Michael, 1990: Deutschland ganz rechts. Köln.
Schwagerl, H. Joachim, 1993: Rechtsextremes Denken. Frankfurt a.M.
Stöss, Richard, 1994: Forschungs- und Erklärungsansätze – ein Überblick, in: *Wolfgang Kowalsky/Wolfgang Schroeder* (Hrsg.), Rechtsextremismus. Opladen, 23-66.
Streeck-Fischer, Annette, 1992: „Geil auf Gewalt". Psychoanalytische Bemerkungen zu Adoleszenz und Rechtsextremismus, in: Psyche 46, 745-767.
Willems, Helmut, 1993: Fremdenfeindliche Gewalt. Opladen.
Willems, Helmut, 1994: Kollektive Gewalt gegen Fremde: historische Episode oder Genese einer sozialen Bewegung von rechts?, in: *Werner Bergmann/Rainer Erb* (Hrsg.), Neonazismus und rechte Subkultur. Berlin, 209-226.

Massenmedien und fremdenfeindliche Gewalt

Hans-Bernd Brosius / Frank Esser

Die Frage nach der Wirkung von Gewalt auf Rezipienten gehört mit zu den zentralen Forschungsfeldern der Publizistik- und Kommunikationswissenschaft. Typischerweise steht dabei die Wirkung fiktionaler Gewalt auf Kinder und Jugendliche im Mittelpunkt der Forschungsinteressen, also die Unterhaltungswirkung. Vergleichsweise wenig ist dagegen die Wirkung von Gewaltdarstellungen in Informationsprogrammen untersucht worden, also die Wirkung politischer Berichterstattung. Der vorliegende Beitrag liefert Daten zu der Frage, ob die Berichterstattung der Massenmedien einer Ausbreitung von fremdenfeindlichen Straftaten und damit einer Eskalation der Gewalt Vorschub geleistet hat: Führt also die Berichterstattung über fremdenfeindliche Straftaten dazu, daß potentielle Täter sich ermutigt fühlen, selbst Ausländer und Asylbewerber anzugreifen? Im ersten Schritt werden in knapper Form die Hauptergebnisse referiert. Im zweiten Schritt werden kommunikationswissenschaftliche Theorien der Wirkung von Gewalt in den Medien auf ihre Anwendbarkeit für das Phänomen „Massenmedien und fremdenfeindliche Gewalt" untersucht. Im letzten Schritt wird ein Modell der Gewalteskalation entwickelt, bei dem die tatsächliche Ereignislage, die Problemsicht der Bevölkerung, die Motivlage der Straftäter und die Berichterstattung der Massenmedien zusammenwirken.

1. Fremdenfeindliche Straftaten in Deutschland

Die Zuwanderung von Ausländern und Asylbewerbern wurde bereits Mitte der achtziger Jahre von der Bevölkerung zunehmend kritisch verfolgt (vgl. Kepplinger/Brosius/Staab 1986). Durch den unerwarteten Fall der Mauer verschwand das Thema vorübergehend von der Agenda, obwohl die Zuwanderung sich seit dem Zusammenbruch der kommunistischen Diktaturen Osteuropas stark erhöhte. Als die erste Euphorie über das wiedervereinte Deutschland abgeklungen war, nahm die Besorgnis der Bevölkerung wieder deutlich zu, verbunden mit wachsenden Anzeichen von Fremdenfeindlichkeit und Ausländerhaß.

Seit Januar 1991 weist das Bundeskriminalamt (BKA) fremdenfeindliche Straftaten gesondert aus. Darunter werden Tötungsdelikte, Körperverletzungen, Sprengstoffanschläge, Brandanschläge und sonstige Straftaten verstanden, die aufgrund einer intoleranten Haltung gegen Personen wegen ihrer Nationalität, Hautfarbe, Religion, Herkunft oder ihres Bleiberechts in Deutschland verübt werden. Zwischen Januar 1991 und Juli 1993 zählte das BKA insgesamt 13.224 solcher Straftaten. Davon waren neun Prozent Brandanschläge auf Unterkünfte von Ausländern und Asylbewerbern. Weitere

10 Prozent waren Angriffe und Tätlichkeiten gegen Personen. Der Großteil (81 Prozent) bestand aus Bedrohungen, Beleidigungen, Belästigungen, Schändungen, Volksverhetzung und dem Tragen verfassungsfeindlicher Symbole (Lageberichte 1993 und 1994 des BKA). Seit 1994 sind das Thema „Ausländer und Asylbewerber“ und die Zahl der Straftaten stark rückläufig, was vermutlich eine indirekte Folge der Verschärfung der Asylrechtsbestimmungen (Änderung des Artikel 16 GG zum 1. Juli 1993) war.
Über die Jahre 1991 bis 1993 verteilen sich die Straftaten nicht gleichmäßig. Eine zentrale Rolle spielten vier herausragende, besonders gewalttätige Anschläge: die mehrtägigen Ausschreitungen von Hoyerswerda (ab 17. September 1991) und Rostock (ab 22. August 1992) sowie die Brandanschläge von Mölln (23. November 1992) und Solingen (28. Mai 1993). Diese „Schlüsselereignisse“ haben die Entwicklung der fremdenfeindlichen Straftaten deutlich beeinflußt. Wie Abbildung 1 zeigt, verläuft die Eskalation der Gewalt nicht kontuierlich, sondern in großen Sprüngen. Neue Wellen werden jeweils durch die besonders spektakulären Schlüsselereignisse ausgelöst, wobei sich die Gewalt in den Zwischenphasen hochschaukelt.

2. Die Rolle der Massenmedien

Im Zusammenhang mit diesen Schlüsselereignissen wurde die Rolle der Massenmedien kritisch diskutiert. Von verschiedener Seite wurde der Vorwurf laut, daß die unkommentierte, sensationalistische Berichterstattung potentielle Täter zu Nachahmungstaten motiviert habe (vgl. Kühnel 1993; Kummer 1993; Willems/Würtz/Eckert 1993; Scharf 1994; zusammenfassend Brosius/Esser 1995: 71-74, 208-220). Hermann Meyn, Vorsitzender des Deutschen Journalistenverbandes, sagte: „Gerade auch wir Journalisten haben etwas damit zu tun, was die Täter in Hoyerswerda und Hünxe, in Solingen und Mölln angerichtet haben. ... Es hat Formulierungen, Bilder und Kommentare gegeben, die wie Streichhölzer an den Benzinflaschen der rechten Gewalttäter wirken konnten“ (Meyn, 1993: 79). Gerade den aktuellen und schnellen Fernsehsendungen wurden diese Anstiftungswirkungen zugeschrieben. So ließen die Reporter während den Ausschreitungen von Hoyerswerda und Rostock Rechtsradikale mit ausländerfeindlichen Parolen und applaudierende Anwohner, die zum Teil den Hitlergruß entboten, frei und unreflektiert zu Wort kommen.
In Abbildung 1 zeigt die graue Linie die monatliche Häufigkeit von Meldungen in den Fernsehnachrichten zum Thema „Ausländer und Asylbewerber“. Die schwarze durchgezogene Linie zeigt die Entwicklung fremdenfeindlicher Straftaten von Januar 1991 bis Juli 1993 auf der Grundlage von Daten des Bundeskriminalamts. Der graphische Vergleich zwischen den beiden Linien zeigt, daß sich die Anzahl der Straftaten und die Berichterstattung zum Thema relativ ähnlich entwickelten. In den Monaten *nach* den vier Schlüsselereignissen von Hoyerswerda, Rostock, Mölln und Solingen war jeweils ein dramatischer Anstieg fremdenfeindlicher Straftaten und eine Intensivierung der Berichterstattung zu vermerken. Aus der parallelen Entwicklung der Kurven kann man allerdings noch nicht auf eine Anstiftungswirkung der Medien schließen. Die monatliche Aggregierung läßt mindestens zwei Interpretationen der Abbildung zu. Zum einen können die Medien über vorgekommene Straftaten berichtet

Abbildung 1: Anzahl fremdenfeindlicher Straftaten und Anzahl der Berichte zum Thema „Ausländer und Asylbewerber" in den Fernsehnachrichten von August 1990 bis Juli 1993

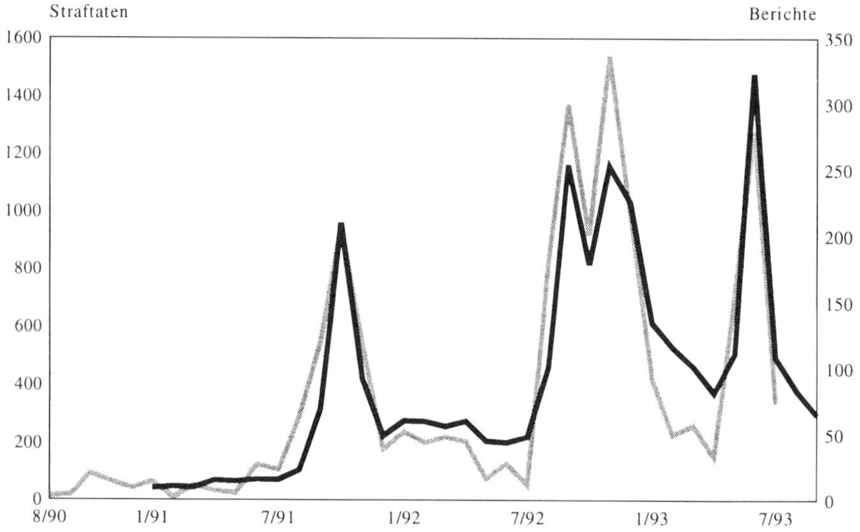

Quellen: Bundeskriminalamt und Konrad-Adenauer-Stiftung (Basis: Tagesschau, Tagesthemen, heute, heute-journal sowie die Hauptnachrichten von SAT1 und RTL).
Daten auf Monatsbasis; schwarze Linie Straftaten, graue Linie Berichterstattung

haben. Zum anderen können Straftaten aufgrund der Berichterstattung nachgeahmt worden sein.

Wir haben in einem größeren Forschungsprojekt die Nachahmungswirkung untersucht. Hierzu haben wir die wöchentliche Entwicklung der Berichterstattung von *Frankfurter Allgemeine* und *Süddeutscher Zeitung, Bild, Spiegel, Deutsche Nationalzeitung,* dpa und der Fernsehnachrichten mit den von den Landeskriminalämtern registrierten Straftaten zeitreihenanalytisch verglichen. Die Einzelheiten der Methode und Ergebnisse können der entsprechenden Buchpublikation entnommen werden (vgl. Brosius/Esser 1995). Die folgende Darstellung konzentriert sich auf das Fernsehen, die Befunde sind jedoch für die Printmedien ähnlich.

Für den Zeitraum von August 1990 bis Juli 1993 zählten wir insgesamt 2891 Berichte in den Fernsehnachrichten von ARD, ZDF, RTL und SAT.1 zum Thema Ausländer und Asylbewerber. Nur 15 Prozent der Beiträge widmeten sich den fremdenfeindlichen Straftaten selbst. Der Schwerpunkt der Berichterstattung lag auf Meldungen, die politische Sachverhalte zum Thema hatten (37 Prozent der Beiträge).[1] Weitere Schwerpunkte waren Beiträge über Gegenaktionen (20 Prozent)[2], Strafverfolgung (12 Prozent) und Hintergrundinformation (13 Prozent).

1 In der Mehrzahl der Fälle handelte es sich um Meldungen über die Asyldebatte, in der die Parteien über gesetzliche Möglichkeiten der Zuwanderungsbeschränkung diskutierten.

2 In der Mehrzahl der Fälle handelte es sich um Meldungen über Lichterketten, Demonstrationen, Mahnmale und Stellungnahmen und Aktionen von Politikern, Künstlern, Sportlern

Die Anzahl der Straftaten und die Anzahl der Fernsehberichte über Ausländer und Asylbewerber von August 1990 bis Juli 1993 wurden auf Wochenbasis einer zweistufigen Zeitreihenanalyse unterzogen.[3] Zunächst wurde mit den beteiligten Reihen eine ARIMA-Modellierung (Box/Jenkins 1970) vorgenommen. Hiermit kann man alle systematischen Bestandteile einer Reihe identifizieren und entfernen, so daß beispielsweise nicht aufgrund eines gemeinsamen Trends ein Scheinzusammenhang auftritt. Die Residuen der ARIMA-Modellierung wurden im zweiten Schritt mit einer Kreuzkorrelationsanalyse auf ihre zeitliche Dynamik untersucht. Liegt die höchste Korrelation zwischen zwei Reihen bei einer Zeitverschiebung von 0 Wochen, kann man keine Kausalität unterstellen. Liegt sie dagegen nicht bei 0, sind die Voraussetzungen für die kausale Interpretation in die eine oder andere Richtung gegeben. Negative Zeitverschiebungen bedeuten in der folgenden Analyse, daß die Berichterstattung der Zunahme von Straftaten zeitlich vorausgeht (Medien als eine Ursache von Gewalt), positive Zeitverschiebungen, daß die Zunahme von Straftaten der Berichterstattung zeitlich vorausgeht (Gewalt als eine Ursache von Berichterstattung). Die Zeitverzögerung in Wochen gibt Auskunft über die Latenzzeit des Zusammenhangs; seine Stärke läßt sich an der Höhe der Kreuzkorrelationskoeffizienten ablesen.

Tabelle 1: Der Einfluß von Fernsehnachrichten auf die Ausbreitung fremdenfeindlicher Straftaten (N=157 Wochen)
– Kreuzkorrelationen nach ARIMA-Modellierung –

	Zeitverzögerung in Wochen				
	– 2	– 1	0	+1	+2
Berichte über ...					
Straftaten	– 0,05	0,38	**0,55**	0,27	0,05
Gegenaktionen	– 0,15	0,32	**0,54**	0,14	0,02
Politisches Handeln	0,27	**0,32**	**0,34**	0,13	0,10
Strafverfolgung	– 0,03	0,24	**0,49**	0,20	0,11
Rechtsradikalismus	0,00	0,19	**0,28**	0,15	0,12
Hintergrundinformation	0,00	0,16	0,19	**0,27**	0,15
Gesamtberichterstattung	– 0,13	**0,45**	**0,52**	0,08	0,05

Alle Koeffizienten größer als 0,18 signifikant mit $p < 0,05$. Die abhängige Variable ist die wöchentliche Anzahl von Straftaten. Liegt die höchste Kreuzkorrelation bei –1 oder –2, geht die Berichterstattung der Ausbreitung von Straftaten voraus. Liegt die höchste Kreuzkorrelation bei +1 oder +2, folgt die Berichterstattung der Ausbreitung von Straftaten. Liegt sie bei 0, entwickeln sich Berichterstattung und Straftaten parallel und zeitgleich.

Die beiden Zeitreihen – die wochenweise Anzahl tatsächlich verübter Straftaten und die Anzahl der Berichte im Fernsehen zum Thema „Ausländer und Asylbewerber" – wurden zunächst für den gesamten Untersuchungszeitraum von August 1990 bis Juli 1993 einer Kreuzkorrelationsanalyse unterzogen. Tabelle 1 zeigt die Ergebnisse. Der Einfluß der Berichterstattung insgesamt (unterste Tabellenzeile) sowie der Berichterstattung über die einzelnen thematischen Schwerpunkte (oberer Tabellenteil) wurde

und sonstigen Prominenten, die sich gegen Fremdenfeindlichkeit und Rassismus aussprachen.

3 Für Einzelheiten der Methoden und ihrer Implikationen vgl. Brosius/Esser (1995: 132-143).

mit der Gesamtzahl der Straftaten verglichen. Die höchsten Korrelationen sind jeweils durch Fettdruck hervorgehoben. Bis auf eine Ausnahme lag der höchste Korrelationskoeffizient jeweils bei einer Zeitverzögerung von 0 Wochen. Dies bedeutet, daß entweder die Medien zeitgleich über die Straftaten berichteten oder daß die Nachahmung innerhalb so kurzer Zeit (ein oder zwei Tage) stattfand, daß es mit dieser Analyse nicht nachzuweisen ist. Offensichtlich entwickelten sich Berichterstattung und Straftaten parallel, so daß unsere Hypothese, daß die Fernsehberichterstattung zu einer Ausbreitung von fremdenfeindlichen Straftaten führte, zeitreihenanalytisch nicht bestätigt werden kann. Auch bei einer weiteren Differenzierung der Straftaten in Brandanschläge, Personenangriffe und sonstige Straftaten fanden sich keine Bestätigungen für Nachahmungseffekte.

Die bisherige Analyse betrachtete den Untersuchungszeitraum von Mitte 1990 bis Mitte 1993 (157 Wochen) als eine homogene Einheit. Dies wird jedoch der Dynamik der Ereignislage, den Wogen der öffentlichen und parlamentarischen Diskussion, der einsetzenden journalismusinternen Debatte über die eigene Arbeitsweise und der unterschiedlichen Qualität der Schlüsselereignisse nicht gerecht. Die ersten beiden Schlüsselereignisse waren mehrtägige Massenveranstaltungen mit internationaler Live-Berichterstattung, die trotz offener, bürgerkriegsähnlicher Konfrontation glücklicherweise nur zu leichten Verletzungen bei Asylbewerbern, Randalierern und Polizisten geführt haben. Anders als diese beiden Angriffe in Osten waren die beiden Schlüsselereignisse im Westen heimtückische Brandanschläge, bei denen einzelne Täter am Werk waren, die durch ihre rechtsradikale Gesinnung bereits zuvor aufgefallen waren. Es gab insgesamt acht Tote, ausschließlich Frauen und Kinder, die lange in Deutschland lebenden, türkischen Gastarbeiterfamilien angehörten. Hunderttausende protestierten nach diesen beiden Anschlägen gegen Fremdenfeindlichkeit und Ausländerhaß. Nicht zuletzt die unterschiedliche Qualität der Schlüsselereignisse ließ es angemessen erscheinen, den Untersuchungszeitraum in zwei Phasen einzuteilen (vgl. Brosius/Esser 1995: 149-160). Die erste Phase umfaßt den Zeitraum von August 1990 und September 1992, die zweite Phase reicht von Oktober 1992 bis Juli 1993. Die erste Phase ist von einer allmählich ansteigenden Anzahl ausländerfeindlicher Anschläge und den beiden Ausschreitungen im Osten Deutschlands (Hoyerswerda und Rostock) gekennzeichnet. Beide Angriffe konnten aus Sicht der fremdenfeindlichen Randalierer als Erfolg gewertet werden, da die Asylbewerber evakuiert wurden und die Stadt im rechten Jargon „ausländerfrei" wurde. Dies müßte nach der sozialen Lerntheorie zu einer besonders starken Nachahmung solcher Taten führen, da die Belohnung der Akteure (des Handlungsvorbildes) ein wesentlicher Faktor hierfür ist. Die zweite Phase ist von einer weiteren, enormen Steigerung der Straftaten und den beiden Brandanschlägen im Westen Deutschlands (Mölln und Solingen) gekennzeichnet. Die Anschläge hatten drei bzw. fünf Tote zur Folge und konnten aus der Sicht der Täter nur bedingt als Erfolg gewertet werden. Die Bevölkerung bekundete in vielen, groß angelegten Gegenaktionen (z.B. Lichterketten) ihr Entsetzen und machte deutlich, daß sie fremdenfeindliches Handeln und Gedankengut nicht länger tolerieren wolle. Die Nachahmungseffekte müßten schwächer ausfallen.

Unsere Analyse bestätigt diese Vermutungen: Berechnet man die Kreuzkorrelationen für die erste Phase, zeigte sich durchgehend der stärkste Zusammenhang bei einer Zeitverzögerung von –1. Eine steigende Anzahl von Berichten führte also eine Woche später zu einer Zunahme von Straftaten. Den Medien schien in der Tat eine Anstifterrolle zuzukommen. Für die Gesamtberichterstattung lag beispielsweise die Korrelation bei r = 0,58 (vgl. Tabelle 2). Aber auch die Berichterstattung über einzelne Themen führte zu einer Zunahme von Straftaten. Man könnte verallgemeinert sagen, daß jede Form der Thematisierung ein Anwachsen der Straftaten nach sich zog. Dies bedeutet, daß die Berichterstattung über Anschläge ebenso weitere Anschläge provozierte wie die Berichterstattung über politische Aspekte des Themas. Unsere Hypothese einer Anstiftungswirkung des Fernsehens wurde für die erste Phase des Untersuchungszeitraums (113 von 157 Wochen) bestätigt. Es gab jedoch keine spezifischen Nachahmungseffekte der Art, daß beispielsweise die Berichterstattung über Brandanschläge vor allem zu weiteren Brandanschlägen führte. Wir haben auch die Berichterstattung über bestimmte Typen von Straftaten mit dem tatsächlichen Auftreten dieser Straftaten verglichen, ohne daß sich Wirkungen des Fernsehens zeigten.

Für die zweite Phase nach September 1992 ergaben die Zeitreihenanalysen kaum Nachahmungseffekte (vgl. ausführlich Brosius/Esser 1995: 156-175). Berichterstattung und Straftaten entwickelten sich zeitgleich. Eine Ausnahme betrifft die Beiträge über politische Aspekte des Themas. Wurde im Fernsehen häufig über die Asylrechtsdebatte und den lähmenden Parteienstreit über das Für und Wider von Zuzugsbeschränkungen und Grundgesetzänderung berichtet, häuften sich zwei Wochen später die Straftaten ($r = 0,430$; $p < 0,05$). Die zeitgleiche Kreuzkorrelation lag dagegen nur bei $r = 0,200$ und war nicht signifikant. Da nur diese eine Kreuzkorrelation signifikant war, muß man dies vorsichtig interpretieren. So könnte man vermuten, daß die ereignisorientierte Darstellung von Gewalt im ersten Zeitraum für Nachahmungstaten gesorgt hat und daß daraufhin das Thema so „heiß" wurde, daß allein schon die Erwähnung politischer Sachverhalte die Gewalttäter motivierte. Man könnte ebenfalls vermuten, daß in diesem Zeitraum Politiker in den Medien als unfähig und unwillig dargestellt (oder wahrgenommen) wurden, eine schnelle Lösung für das drängende Problem zu finden und daß dadurch die Frustration der Gewalttäter erhöht wurde und als Auslöser für fremdenfeindliche Gewalt wirkte („Wenn die nichts tun, tun wir was").

Tabelle 2: Der Einfluß von Fernsehnachrichten auf die Ausbreitung fremdenfeindlicher Straftaten zwischen August 1990 und September 1992 (N=113 Wochen) – Kreuzkorrelationen nach ARIMA-Modellierung –

	Zeitverzögerung in Wochen				
	– 2	– 1	0	+1	+2
Berichte über ...					
Straftaten	0,17	**0,58**	**0,66**	0,23	0,13
Gegenaktionen	– 0,08	**0,37**	**0,36**	0,13	0,10
Politisches Handeln	0,15	**0,43**	**0,41**	0,15	0,31
Strafverfolgung	0,10	**0,38**	0,23	0,14	0,17
Rechtsradikalismus	– 0,09	**0,48**	0,32	0,08	0,11
Hintergrundinformation	0,02	**0,47**	0,30	0,22	0,19
Gesamtberichterstattung	0,16	**0,58**	0,30	0,11	0,24

Alle Koeffizienten größer als 0,22 signifikant mit $p < 0,05$. Zur Leseanleitung siehe Tabelle 1.

Abbildung 2: Verteilung der fremdenfeindlichen Straftaten in NRW 14 Tage vor und 14 Tage nach dem Schlüsselereignis von Solingen

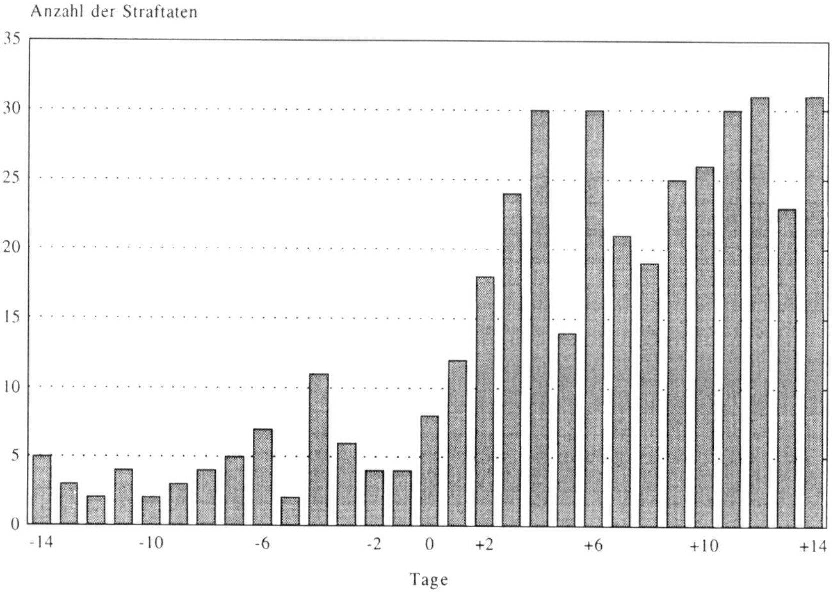

Die ab November 1992 (nach Mölln) massiv einsetzenden Aktionen gegen Ausländerhaß und Fremdenfeindlichkeit haben Nachahmungstäter offensichtlich nicht abgeschreckt. Zwar wurden durch Lichterketten breite Bevölkerungsschichten mobilisiert; auch konnten die Nachahmungstäter erleben, daß die vermutete Duldung oder sogar heimliche Unterstützung ihrer Taten in der Bevölkerung nicht so groß war. Dennoch blieb auch nach den Gegenaktionen die Anzahl der fremdenfeindlichen Straftaten, wie man aus Abbildung 1 ersehen kann, weiterhin erhöht, ja sie erreichte nach dem Brandanschlag von Solingen mit fast 1.500 Straftaten einen traurigen Rekord. Dies legt die Annahme nahe, daß auch in der zweiten Phase ein Anstiftungseffekt vorliegt, er aber so kurzfristig wirkte, daß die bisherige Zeitreihenanalyse auf Wochenbasis diese Effekte nicht nachweisen konnte.

Um dieser Annahme nachzugehen, analysierten wir die Schlüsselereignisse in der zweiten Phase auf Tagesbasis. Wie aus Abbildung 2 zu ersehen ist, traten im Fall Solingen schon innerhalb von zwei bis drei Tagen eine Fülle von fremdenfeindlichen Nachahmungstaten in Nordrhein-Westfalen auf.[4] In der Grafik ist die tägliche Anzahl der Straftaten vierzehn Tage vor und vierzehn Tage nach Solingen abgetragen. Der abrupte und für mehrere Tage anhaltende Anstieg der Straftaten kann ohne die massenmediale Ausbreitung der Meldung über den Brandanschlag wohl kaum erklärt werden. Mit anderen Worten war die Zeitreihenanalyse auf Wochenbasis nicht differenziert genug, um die schnelle Reaktion der Straftäter auf die Nachricht des Mord-

4 Nordrhein-Westfalen stellte uns als einziges Bundesland die präzisen Daten der einzelnen fremdenfeindlichen Straftaten auf Tagesbasis zur Verfügung.

anschlags von Solingen abzubilden. Dieser Effekt zeigte sich im Fall von Mölln weniger deutlich, weil hier noch die Nachwirkungen der Ausschreitungen von Rostock wirksam waren (vgl. Brosius/Esser 1995: 181-183).

Als Einwand gegen die Ansteckungswirkung der Berichterstattung könnte vorgebracht werden, daß die Erhöhung der Straftaten nicht durch nachahmende Gewalttäter, sondern durch eine erhöhte Sensibilität der Bevölkerung zustande kam. Das hieße, die Anzahl der Straftaten hätte sich nicht verändert, sondern die Bevölkerung und betroffene Ausländer hätten der Polizei nur häufiger Straftaten gemeldet, nachdem eine besonders drastische Tat stattgefunden hat. Die Wirkung der Berichterstattung über spektakuläre Schlüsselereignisse bestünde dann darin, daß die Bevölkerung bzw. betroffene Ausländer sensibler werden, und nicht darin, daß fremdenfeindliche Gewalttäter aktiver werden. Wenn diese Vermutung zutrifft, wäre jedoch anzunehmen, daß die Zunahme von Straftaten nach den Schlüsselereignissen ausschließlich im Bereich solcher Vergehen liegt, über die die Polizei vornehmlich durch Anzeigen erfährt (Schmierereien, Belästigungen, Bedrohungen oder Volksverhetzung). Größere Straftaten, die auch ohne Anzeige verfolgt werden (Sprengstoffanschläge, Brandanschläge, Körperverletzungen, Tötungsdelikte), müßten gleich häufig bleiben, da hier die Sensibilität der Bevölkerung nicht wirksam würde. Wir haben daher für Solingen die tägliche Häufigkeit von schweren Straftaten untersucht. Nach Solingen nahm die Zahl der schweren Straftaten von 14 auf 33 um mehr als das Doppelte zu. Dies belegt, daß das Schlüsselereignis auch schwere fremdenfeindliche Straftaten nach sich zog. Die Fallzahl ist – im Vergleich zu den kleineren Straftaten – geringer. Dennoch kann man die These beibehalten, daß die Ereignisse und die Berichterstattung darüber Straftaten motivierten. Zwar kann nicht ausgeschlossen werden, daß ein Teil der kleineren Straftaten durch eine veränderte Sensibilität der Bevölkerung aktenkundig wurde, eine ausschließliche Erklärung für den Anstieg liefert die Sensibilität jedoch nicht.

Wenn man die Befunde zusammenfaßt, zeigt sich folgendes: Wir finden eine Anstiftungswirkung der Medienberichterstattung über Ausländer auf das Auftreten fremdenfeindlicher Straftaten. Die Wirkung läßt sich hauptsächlich auf die zentralen Schlüsselereignisse (Hoyerswerda, Rostock, Mölln und Solingen) und die Berichterstattung darüber zurückführen. Zum einen wurde über die Ereignisse selbst intensiv berichtet. Zum anderen wurden andere Aspekte (Asyldebatte, Gegenaktionen, Rechtsradikalismus) kurz darauf thematisiert. Innerhalb weniger Tage kam es dann zu einer Flut von weiteren Straftaten. Spezifische Nachahmungseffekte ließen sich dabei nicht feststellen: Brandanschläge lösten nicht nur weitere Brandanschläge, sondern auch sämtliche anderen Typen fremdenfeindlicher Straftaten aus. Die Art der Berichterstattung hatte keinen Einfluß auf die Ausbreitung von Straftaten. Die Eskalation von Gewalt fand sich sowohl nach der unreflektierten Berichterstattung über Hoyerswerda und Rostock als auch nach der zurückhaltenden und verurteilenden Berichterstattung über Mölln und Solingen. Wie kann man diese explosionsartige Ausbreitung fremdenfeindlicher Gewalt aufgrund der Berichterstattung erklären?

3. *Theorien zum Zusammenhang von Massenmedien und Gewalt*

Die Wirkungsforschung hat zur Frage, ob durch Gewaltdarstellungen in den Medien Menschen zu eigenen Gewalthandlungen angeregt werden, eine Fülle von Theorien und empirischen Befunden vorgelegt (vgl. für einen Überblick Kunczik 1994). Diese befassen sich in der Regel aus psychologischer Perspektive mit der Wirkung fiktionaler Gewalt auf Kinder und Jugendliche. Folgende vier Theorien bieten sich an, die Wirkung der Massenmedien auf die Ausbreitung fremdenfeindlicher Gewalt zu beschreiben.

1. *Stimulations- oder Erregungstheorien* (Berkowitz 1970; Berkowitz/Rawlings 1963; Tannenbaum/Zillmann 1975; Zillmann 1971) halten die durch die Gewaltdarstellung ausgelöste Erregung für das zentrale Element der Medienwirkung. Wenn ein Individuum aus anderen Gründen bereits frustriert ist, führt die Rezeption gewalthaltiger Stimuli dazu, daß eigenes aggressives Verhalten gezeigt wird. Dabei ist vor allem nach dem „excitation transfer"-Modell von Zillmann Mediengewalt keine notwendige Bedingung für gewalttätiges Verhalten. Jede Art von Darstellung, die eine Erregung der Rezipienten bewirken kann, führt im Kontext einer Frustration und einer Möglichkeit, sich gewalttätig zu verhalten, zu einer verstärkten Gewaltbereitschaft der Rezipienten. Die Konzeption der Stimulationstheorien und ihre empirische Überprüfung gehen von relativ kurzen Zeiträumen (bis zu einer Stunde) zwischen Rezeption und gewalttätigem Verhalten aus. Aufgrund der Tatsache, daß jede Art von erregendem Medieninhalt Aggression auslösen kann und die Latenz nur kurzfristig ist, kann man Wellen von fremdenfeindlicher Gewalt nach den Schlüsselereignissen mit diesen Theorien nur schwer erklären.

2. Das zweite Erklärungsmodell für die Wirkung dargestellter Gewalt ist die *Theorie des sozialen Lernens* (Bandura 1973, 1989, 1994), die ein generelles Modell liefert, wie ein Mensch neue Verhaltensweisen erlernt. Die Lerntheorie besagt, daß Rezipienten die dargestellte Gewalt als Modell begreifen und zunächst in ihr Verhaltensrepertoire aufnehmen. Bei entsprechender Gelegenheit wird dann das Verhalten auch ausgeübt. Zwischen der Rezeption von Gewalt und der Nachahmung kann also ein größerer Zeitraum liegen. Die Theorie des sozialen Lernens hat mehrere Faktoren identifiziert, die die Wahrscheinlichkeit einer Nachahmung des Verhaltens von Modellpersonen beeinflussen. Erstens wird das Verhalten einer Modellperson bereitwilliger nachgeahmt, wenn es auffällig und außergewöhnlich ist bzw. wenn die Modellperson prominent ist. Zweitens erleichtert eine Ähnlichkeit zwischen der Modellperson und dem Rezipienten die Nachahmung. Zahlreiche empirische Studien belegen, daß Ähnlichkeiten bezüglich Geschlecht, Alter und sozialem Status die Wahrscheinlichkeit, daß ein Modell nachgeahmt wird, deutlich erhöhen (vgl. Bandura 1973). Drittens spielen die Konsequenzen des Verhaltens der Modellperson eine wichtige Rolle. Ein Modell wird häufiger nachgeahmt, wenn dessen Verhalten belohnt oder nicht sanktioniert wird (vgl. Bandura, Ross/Ross, 1963).[5] Viertens richtet sich die Wahrscheinlichkeit

5 Aufschlußreich ist, daß die Wirkung einer Belohnung des Modells für die Nachahmung ähnlich förderlich war wie keine gezeigte Reaktion. Da gerade die Ausübung von Gewalt im Fernsehen häufig ohne direkte Konsequenzen bleibt (der Gewaltausübende wird selten sofort bestraft, Konsequenzen der Gewaltausübung, z.B. das Leiden der Opfer werden selten gezeigt), muß man an diesem Punkt von einem hohen Nachahmungspotential ausgehen.

der Nachahmung auch danach, ob für das eigene Verhalten positive oder negative Konsequenzen antizipiert werden. Aggressives Verhalten wird entsprechend der Annahmen der sozialen Lerntheorie nur dann nachgeahmt, wenn das soziale Umfeld, in dem sich ein Rezipient befindet, ein solches Verhalten toleriert oder gutheißt. Wenn also im eigenen sozialen Umfeld die Anwendung von Gewalt zur Lösung von Konflikten nicht legitim ist, werden Rezipienten auch unter ansonsten günstigen Nachahmungsbedingungen selten Gewalt anwenden. Alle bisher genannten Aspekte der Beziehung zwischen gezeigter Modellperson und Rezipient führen nur dann zur Nachahmung, wenn die Motivation und die Situation zu einer entsprechenden Handlung vorhanden ist. Gerade für das Thema Ausländerfeindlichkeit dürften spezifische Motive (etwas gegen die Ausländer tun) und unspezifische Motive (Aktionismus und „Randale") zusammenwirken, zumal häufig die enthemmende Wirkung von Alkoholkonsum hinzukommt (vgl. Willems, Würtz/Eckert 1993). Gegen die soziale Lerntheorie spricht, daß wir keinen Zusammenhang zwischen der Berichterstattung über spezifische Straftaten und Nachahmungstaten fanden und daß vor allem in der zweiten Phase auch die politische Berichterstattung zur Ausbreitung von Straftaten beitrug.[6]

3. *Suggestiv-imitative Theorien* (z.B. Tarde 1912; Redl 1949; Wheeler 1966) schreiben der Darstellung von Gewalt geradezu ansteckende Wirkung zu. Wheeler (1966) und Steede/Range (1989) beschreiben vier Teilprozesse solcher Ansteckungseffekte. Erstens muß auf Seiten des Gewaltausübenden eine psychologische Motivation vorhanden sein, das medial präsentierte gewalttätige Verhalten auszuüben. Dies würde bedeuten, daß beispielsweise Selbstmörder sich schon längere Zeit mit dem Gedanken tragen, ihr Leben zu beenden, und durch das konkrete Vorbild den letzten Anstoß bekommen. Zweitens muß der Täter in der Lage sein, das Verhalten zu imitieren, beispielsweise durch den Besitz einer Schußwaffe. Drittens muß die nachzuahmende Tat an prominenter Stelle und relativ ausführlich in den Medien dargestellt werden. Viertens muß er das beobachtete Verhalten tatsächlich ausführen. Der Berichterstattung kommt damit eine Suggestionswirkung zu, die für die Gruppe von Personen am größten ist, die die Art der dargestellten Gewalt (z.B. gegen Ausländer) vorher schon ausüben wollte, aber durch wie auch immer geartete gesellschaftliche Kontrolle daran gehindert wurde. Wird also Gewalt gegen Ausländer im Fernsehen gezeigt, ist die Ansteckungswirkung für solche Personen am größten, die solche Gewalt schon immer zeigen wollten, sich aber bisher durch gesellschaftliche Normen und Regeln davon abhalten ließen.
Zum ersten Mal wurde der Suggestionseffekt nach der Publikation von Goethes Roman „Die Leiden des jungen Werther" im Jahre 1774 beschrieben. In mehreren europäischen Städten wurde das Buch verboten, weil zahlreiche Personen sich auf die gleiche Weise

6 Auch im Bereich politischer Gewalt sind Wirkungen der Berichterstattung dokumentierbar, die als Imitation oder Nachahmung im Sinne der sozialen Lerntheorie interpretiert werden können. Wenn beispielsweise die Massenmedien über Terrorismus intensiv berichteten, fanden etwa sieben Monate später mehr Terroranschläge statt, als zu erwarten wäre (vgl. Brosius/Weimann 1991). Gerade bei Terroristen nehmen die Medien eine zentrale Rolle ein. In den meisten Fällen ist das Ziel der Terroristen eben nicht, ein Objekt zu zerstören oder Personen zu verletzen. Das Hauptziel besteht darin, die größtmögliche Medienaufmerksamkeit zu bekommen; und die Erfahrungen zeigen, daß ihnen das hervorragend gelingt. Gewalt ist offenbar immer berichtenswert, und die Medien stürzen sich geradezu auf terroristische Anschläge, Attentate oder Entführungen. Sie sind damit häufig die Werkzeuge der Terroristen (vgl. Weimann/Brosius 1989).

wie im Buch beschrieben umbrachten, oft mit dem Buch in der Jackentasche und in der typischen blaugelben Kleidung des Werther. Der französische Soziologe Gabriel Tarde beschreibt zu Beginn dieses Jahrhunderts eine Welle von Nachahmungstaten nach Bekanntwerden der Taten von „Jack the Ripper". Seither sind viele Fälle dokumentiert, die ganz offensichtlich die Medienberichterstattung zum Vorbild hatten (vgl. Kunczik 1994 oder Brosius/Esser 1995 für einen Überblick). Fast alle diese Fälle haben mit Gewalt, Verbrechen oder Terorrismus zu tun. Vor allem die Darstellung von Selbstmord in den Medien führt zu suggestiven Nachahmungseffekten. Faßt man die empirischen Befunde zusammen, so erhärtet sich die These, daß die Berichterstattung über Selbstmord mit einer Zeitverzögerung von 3 bis 7 Tagen zu Nachahmungstaten führt (vgl. zusammenfassend Schmidtke/Häfner 1986; Phillips, Carstensen/Paight 1989; Goldney 1989).
Suggestionswirkungen treten in der Regel bei einer stark ichbezogenen Motivation (wie beispielsweise Selbstmordbereitschaft) auf. Gerade die Publizität einer Straftat oder eines sonst auffälligen Verhaltens spielt hier eine entscheidende Rolle. Die Nachahmung wird von der Motivation getrieben, auf sich aufmerksam zu machen, selbst Publizität zu erhalten (vgl. Brosius/Esser 1995: 71-79). In bezug auf fremdenfeindliche Straftaten spricht das relativ schnelle Ansteigen von Straftaten (innerhalb von zwei bis drei Tagen) nach einem intensiv berichteten Schlüsselereignis für die Suggestionstheorie. Dagegen spricht wiederum, daß auch die Berichterstattung über politische Themen eine Zunahme der Gewalttaten bewirkte und daß es nicht zu einer spezifischen Nachahmungswirkung kam, daß also nicht vorwiegend Brandanschläge nachgeahmt wurden.

4. Der vierte Ansatz zur möglichen Erklärung der Wellen fremdenfeindlicher Gewalt ist die *Theorie des Priming* (vgl. Berkowitz/Rogers 1986; Jo/Berkowitz 1994). Die zentrale Hypothese des Ansatzes besagt, daß die Rezeption eines Sachverhalts dazu führt, daß dieser Sachverhalt im Gedächtnis des Rezipienten eine zeitlang aktiviert bleibt, so daß die Gedanken um diesen Sachverhalt kreisen und ähnliche Sachverhalte assoziiert werden. Durch die wiederholte Rezeption von Gewalt kommt es zu einer wiederholten und damit längerfristigeren Aktivierung von gewaltbezogenen Gedanken und Assoziationen. Wird die Gewalt jeweils im Kontext eines bestimmten Themas gezeigt, kann es durch Verallgemeinerungen auch zu assoziativen Verknüpfungen zwischen der Erwähnung eines Themas und gewalttätigen Gedanken und Gefühlen kommen. Im Gegensatz zu Suggestion und Stimulation steht beim Priming nicht so sehr die affektive und emotionale Reaktion auf Berichterstattung über Straftaten als vielmehr die kognitive Verarbeitung und Bewertung eines Sachverhalts im Mittelpunkt. Bezogen auf fremdenfeindliche Gewalt könnte man mit dem Priming-Konzept unter anderem die Wirkung der Berichterstattung über politische Aspekte auf die Zunahme von fremdenfeindlicher Gewalt erklären.

Keines der aufgeführten theoretischen Modelle kann die rapide Zunahme fremdenfeindlicher Gewalt aufgrund der Medienberichterstattung vollständig erklären. Die Stimulationstheorie kann nicht erklären, warum nur durch die Berichterstattung über Ausländer, und nicht über andere erregende Sachverhalte, fremdenfeindliche Gewalttaten ausgelöst werden. Die aus der sozialen Lerntheorie ableitbaren, spezifischen Vorhersagen über die Wahrscheinlichkeit von Nachahmungstaten lassen sich mit unseren Daten nicht bestätigen. Am ehesten scheint eine Kombination von Suggestions- und Priming-Theorie angemessen. Die Suggestionstheorie kann die motivationale Schubkraft auf Seiten der Gewalttäter erklären, nicht jedoch die Wirkung der Berichterstattung über politische Themen. Diese könnte jedoch durch die Priming-Theorie abgedeckt werden, wenn man unterstellt, daß es zu assoziativen Verknüpfungen des Themas an sich mit Gewalt kommt. Warum die Berichterstattung einen so ausgeprägt suggestiven Charakter hatte und warum die Gewalttäter das Thema „Ausländer und Asylbewerber" insgesamt unter der Perspektive der Gewalt sahen, bedarf jedoch einer zusätzlichen Analyse der Umstände und Hintergründe. Dies soll im folgenden in unserem Eskalationsmodell geschehen.

4. Eskalation von Gewalt

Obwohl Fernsehen und Printmedien nach unseren Befunden maßgeblich zur Ausbreitung von Straftaten beitrugen, kann man den Medien selbstverständlich nicht die alleinige Schuld zuschreiben. Die Rolle der Medien läßt sich am besten in einem Eskalationsmodell darstellen, das auch andere Einflußfaktoren (vgl. Eckert/Willems 1994) auf die explosionsartige Ausbreitung ausländerfeindlicher Gewalt berücksichtigt:

1. Stufe: Ab 1987 nahm die Zahl der nach Deutschland einreisenden „Fremden" deutlich zu. Diese setzten sich aus drei Gruppierungen zusammen: Asylbewerber aus Osteuropa und den Staaten der Dritten Welt (vornehmlich Polen, Rumänien, Bulgarien, Sowjetunion, Afrika), Kriegsflüchtlinge aus dem ehemaligen Jugoslawien sowie deutschstämmige Aussiedler, die als Fremde wirkten. Die Zahl der Asylbewerber stieg beispielsweise von 35.000 im Jahre 1984 auf 438.000 im Jahre 1992 und addierte sich in diesem Zeitraum auf 1,4 Millionen. Die Zahl der Aussiedler stieg im selben Zeitraum von jährlich 36.000 auf 230.000 und addierte sich auf 1,6 Millionen. Die Aufnahme und Unterbringung der Fremden oblag den Städten und Gemeinden, die sich damit völlig überfordert sahen. Aufgrund von Engpässen bei der Unterbringung und Verteilung wurden zahlreiche Sammelunterkünfte provisorischer Natur eingerichtet, auch in Gebieten, in denen bis dahin nur wenig Ausländer lebten. Sie wurden in Schulen, Hotels, Jugendherbergen, Zelten, Turnhallen, Containern und Schiffen einquartiert. Die Fremden wurden durch die Art ihrer Unterbringung für alle sichtbar. Diese erhöhte Sichtbarkeit der Fremden unterscheidet die jetzige Zuwanderungswelle von früheren, bei denen die Ausländer (damals häufig Gastarbeiter) reibungsloser in das Land diffundierten und einer Arbeitstätigkeit nachgingen.

2. Stufe: Die provisorische, bisweilen abenteuerliche Art der Unterbringung, interkulturelle Spannungen in den „Lagern", fehlende Beschäftigungsmöglichkeiten, Diebstahlkriminalität und mangelnde Perspektive auf Seiten der Asylbewerber und Sozialneid und Sorge über die gestörte Ordnung auf Seiten der Deutschen erzeugte Spannungen zwischen beiden Gruppen. Dadurch wurde das Problembewußtsein der Bevölkerung geschärft. Im Jahre 1992 glaubten mehr als 70 Prozent der Bevölkerung, daß zu viele Ausländer ins Land kommen wollen. Gleichzeitig wurde die Politik in den Augen der Bevölkerung nicht mit dem Problem fertig. Insgesamt 62 Prozent meinten, daß die Politiker sich nicht ernsthaft um eine Lösung des Asylproblems kümmerten. Ein Fünftel meinte gar: „Ich bin nicht für Gewalt, aber offensichtlich muß man erst auf diese Weise Rabbatz machen, damit sich überhaupt etwas tut" (vgl. Brosius/Esser, 1995: 101-107). Die wachsende Frustration und das verlorene Vertrauen in einen politischen Lösungswillen erzeugte einen Handlungs- und Legitimationsdruck. Potentielle Straftäter erlebten sowohl in ihrer eigenen Nahwelt, als auch durch das von den Medien verbreitete Meinungsklima eine Stimmung in der Bevölkerung, daß das Problem rasch und effektiv angepackt werden sollte. Ausländerfeindlich eingestellte Jugendliche mußten den Eindruck bekommen, daß die öffentliche Meinung plötzlich auf ihrer Seite war. Die Bevölkerung würde ihre Aktionen zwar nicht offen gutheißen, aber insgeheim ein gewisses Verständnis aufbringen. Dieses durch die Medien verbreitete Meinungsklima wurde durch plakative Metaphern und symbolhafte Formulierungen wie „Springflut", „Ansturm", „Hineindrängen" und „volles Boot" verschärft, die in den Köpfen der Rezipienten regelrechte innere Monologe auslösten und das Bild einer bedrohlichen Notwehrsituation entstehen ließen (vgl. auch Jäger/Link, 1993).

3. Stufe: Bis zu diesem Punkt im Eskalationsmodell ging von den Medien noch keine direkte, sondern nur eine latente Wirkung aus. Es gab zwar einzelne Kampagnen (Bild startete im August 1991 eine auf Emotionen abzielende Artikelserie über angebliche Auswüchse des Asylmißbrauchs) und Negativetikettierungen, die aber noch nicht zur Eskalation beitrugen, sondern sie höchstens vorbereiteten. Straftaten selbst fanden bis dahin zwar vereinzelt statt, wurden aber von den nationalen Medien noch nicht als neue, ernstzunehmende Entwicklung, als „Thema" erkannt. Als aber eine der Ausschreitungen, in diesem Fall Hoyerswerda, außer Kontrolle geriet, die Gewalt plakativ und unreflektiert im Fernsehen dargestellt wurde, einem Millionenpublikum die Unterstützung der Straftäter durch die applaudierenden Anwohner vor Augen geführt wurde, explodierte die gereizte Stimmung. Die tagelange Berichterstattung über die Ausschreitungen, die bald als Stichflammenjournalismus bezeichnet wurde, führte zu einer regelrechten Welle der Gewalt. Die Gewalttäter erlebten die ausländerfeindlichen Angriffe in Hoyerswerda als Erfolg, denn die Asylbewerber wurden aus ihrer Stadt abtransportiert. Der Erfolg und der Publizitätsbonus hatten Suggestivcharakter für weitere Straftäter. Durch omnipotente Medienpräsenz konnte „jeder Halbirre die Hoffnung hegen, mit einer benzingefüllten Bierflasche in der einen Hand, die andere zum Hitlergruß erhoben, auf der ersten Seite der *New York Times* zu erscheinen", schrieb Hans Magnus Enzensberger (1993: 70).

Zuerst lernten die Täter aus den Medien Gewalt als erfolgversprechendes Mittel zur Problemlösung kennen, dann lernten sie, daß sie sich fast blind auf große Medienresonanz bei ihren Taten verlassen konnten. Quasi reflexhaft stürzten sich die Medien nun auf alle Formen der „Gewalt von rechts", selbst auf kleinste Straftaten. Dadurch verliehen sie dieser „neuen Bewegung" eine kollektive, identitätsstiftende Bedeutung, die ihr ohne *Tagesschau* und *Explosiv* wahrscheinlich gar nicht zugekommen wäre. Indem jeder Nachahmungstäter, der Teil dieser neuen, vielbeachteten Bewegung sein wollte, selbst auf anonyme Prominenz hoffen konnte, ging von der Berichterstattung eine hohe Motivation auf Gewalttäter aus. Die Art der Berichterstattung war schnell zweitrangig. Für die in der zweiten Phase unseres Untersuchungszeitraums einsetzende behutsame, um Kontext und Aufklärung bemühte Berichterstattung waren die

Täter gar nicht mehr empfänglich, genauso wenig wie für Lichterketten und öffentliche Aufrufe. Die unspezifische, aber intensive Thematisierung von Ausländern und Asylbewerbern reichte aus, um Staftaten auszulösen. Innerhalb der Bezugsgruppen brachte man sich vor Anschlägen nicht selten mit eigenen Enthemmungsmitteln wie Oi-Musik, Pogo-Tanz, großen Mengen Alkohol und nationalsozialistischem Film- und Propagandamaterial in die 'rechte' Stimmung.

Die starke Wirkung der Massenmedien muß vor dem Hintergrund der verschiedenen Stufen des Eskalationsmodells gesehen werden. Durch die tatsächlichen Zuwanderungsströme, die daraus resultierenden Schwierigkeiten in den Kommunen, die vermeintliche Unfähigkeit der Politiker und die daraus erwachsende Legitimation von Gewalt in größeren Bevölkerungsteilen entwickelten die Gewalttäter die Motivation, gegen Fremde vorzugehen. Wohlgemerkt sind alle genannten Vorstufen und Entwicklungen notwendig gewesen, um der Berichterstattung diesen ansteckenden Charakter zu geben. Ohne die Vorgeschichte wären die gleichen Berichte wesentlich harmloser gewesen.

Gewalt zieht die Medien magisch an. Im Bereich des Terrorismus ist die symbiotische Beziehung zwischen Gewalttätern und Journalismus als „Theater des Terrors" beschrieben worden (Weimann/Winn 1993). Vor allem politisch motivierte Gewalt wird immer auf Resonanz in den Medien stoßen. Die Art der Berichterstattung – bedenkt man die Stufen des Eskalationsmodells, aber auch unsere empirischen Befunde – hat dabei nur wenig Einfluß auf die Nachahmungsbereitschaft. Das nicht nur für den Journalismus pessimistische Fazit lautet, daß selbst durch eine verantwortungsvolle, aufklärende Berichterstattung Nachahmung kaum verhindert werden kann.

Literaturverzeichnis

Bandura, Albert, 1973: Aggression. A Social Learning Analysis. Englewood Cliffs: Prentice-Hall.

Bandura, Albert, 1989: Die sozial-kognitive Theorie der Massenkommunikation, in: *Jo Groebel/Peter Winterhoff-Spurk* (Hrsg.), Empirische Medienpsychologie. München: Psychologie Verlags Union, 7-32.

Bandura, Albert, 1994: Social Cognitive Theory of Mass Communication, in: *Jennings Bryant/Dolf Zillmann* (Hrsg.), Media effect advances in theory and research. Hillsdale: Erlbaum, 61-90.

Bandura, Albert/Ross, Dorothea/Ross, Sheila, 1963: Imitation of Film-Mediated Aggressive Models, in: Journal of Abnormal and Social Psychology 66, 3-11.

Berkowitz, Leonhard, 1970: The Contagion of Violence: An S-R Mediational Analysis of Some Effects of Observed Aggression, in: Nebraska Symposium on Motivation 18, 95-135.

Berkowitz, Leonhard/Rawlings, Edna, 1963: Effects of Film Violence on Inhibitions Against Subsequent Aggression, Journal of Abnormal and Social Psychology 66, 405-412.

Berkowitz, Leonhard/Rogers, Karen H., 1986: A Priming Effect Analysis of Media Influence, in: *Jennings Bryant/Dolf Zillmann* (Hrsg.), Perspectives on Media Effects. Hillsdale: Erlbaum, 57-81.

Box, George. E. P./Jenkins, Gwilym. M., 1970: Time Series Analysis: Forecasting and Control. San Francisco: Holden-Day.

Brosius, Hans-Bernd/Eps, Peter, 1993: Verändern Schlüsselereignisse journalistische Selektionskriterien? Framing am Beispiel der Berichterstattung über Anschläge gegen Ausländer und Asylanten, in: Rundfunk und Fernsehen 41, 512-530.

Brosius, Hans-Bernd/Esser, Frank, 1995: Eskalation durch Berichterstattung? Massenmedien und fremdenfeindliche Gewalt. Opladen: Westdeutscher Verlag.

Brosius, Hans-Bernd/Weimann, Gabriel, 1991: The contagiousness of mass mediated terrorism. in: European Journal of Communication 6, 63-75.

Bundeskriminalamt, 1993: Lagebericht 1992. Rechtsextremismus/-terrorismus und fremdenfeindlich motivierte Straftaten. Meckenheim: Bundeskriminalamt, unveröffentlichter Bericht.

Bundeskriminalamt, 1994: Lagebericht 1993. Rechtsextremismus/-terrorismus und fremdenfeindlich motivierte Straftaten. Meckenheim: Bundeskriminalamt, unveröffentlichter Bericht.

Eckert, Roland/Willems, Helmut, 1994: Ethnische Konflikte, Wahlkampf/Gewalt, in: *Polizei-Führungsakademie* (Hrsg.), Polizeiliche Maßnahmen gegen Rechtsextremismus, Fremdenfeindlichkeit und Gewalt. Münster: o.V., 55-73.

Enzensberger, Hans Magnus, 1993: Aussichten auf den Bürgerkrieg. Frankfurt a.M.: Suhrkamp.

Goldney, Robert D., 1989: Suicide: The Role of the Media, in: Australian and New Zealand Journal of Psychiatry 23, 30-34.

Jäger, Siegfried/Link, Jürgen (Hrsg.), 1993: Die vierte Gewalt. Rassismus in den Medien. Duisburg: DISS-Verlag.

Jo, Eunkyung/Berkowitz, Leonhard, 1994: A Priming Effect Analysis of Media Influences: An Update, in: *Jennings Bryant* und *Dolf Zillmann* (Hrsg.), Media Effects. Advances in Theory and Research. Hillsdale: Erlbaum, 43-60.

Kepplinger, Hans Mathias/Brosius, Hans-Bernd/Staab, Joachim Friedrich, 1986: Die Definitionsmacht der Massenmedien bei sozialen Problemen. Eine Inhaltsanalyse der Ausländerberichterstattung 1984. Mainz: Institut für Publizistik, unveröffentlichtes Manuskript.

Kühnel, Wolfgang, 1993: Gewalt durch Jugendliche im Osten Deutschlands. Versuch einer Ursachen- und Bedingungsanalyse, in: *Hans-Uwe Otto/Roland Merten* (Hrsg.), Rechtsradikale Gewalt im vereinigten Deutschland. Opladen: Leske + Budrich, 237-246.

Kummer, Jochen, 1993: Ausländerkriminalität. Legenden und Faktoren zu einem Tabu. Frankfurt a.M.: Ullstein.

Kunczik, Michael, 1994: Gewalt und Medien. Köln: Böhlau.

Meyn, Hermann, 1993: Beitrag zum sozialen Frieden. Eröffnungsrede auf dem DJV-Verbandstag in Stuttgart, in: Journalist 12, 78-80.

Phillips, David P./Carstensen, Lundie L./Paight, Daniel J., 1989: Effects of Mass Media News Stories on Suicide, with New Evidence on the Role of Story Content, in: *Cynthia R. Pfeffer* (Hrsg.), Suicide Among Youth: Perspectives on Risk and Prevention. Washington: American Psychiatric Press, 101-141.

Redl, Fritz, 1949: The Phenomenon of Contagion and „Shock Effect" in Group Therapy, in: *Kurt R. Eissler* (Hrsg.), Searchlights on delinquency. New York: International Universities Press, 315-328.

Scharf, Wilfried, 1994: Zur Berichterstattung über Rechtsextremismus in der deutschen Presse, in: Communications 18, 255-290.

Schmidtke, Armin/Häfner, Heinz, 1986: Die Vermittlung von Selbstmordmotivation und Selbstmordhandlung durch fiktive Modelle, in: Der Nervenarzt 57, 502-510.

Steede, Kevin K./Range, Lillian M., 1989: Does Television Induce Suicidal Contagion with Adolescents?, in: Journal of Community Psychology 17, 166-172.

Tannenbaum, Percy H./Zillmann, Dolf, 1975: Emotional Arousal in the Facilitation of Aggression Through Communication, in: *Leonhard Berkowitz* (Hrsg.), Advances in Experimental Social Psychology, Vol. 8. New York: Academic press, 149-192.

Tarde, Gabriel, 1912: Penal philosophy. Boston: Little and Brown.

Weimann, Gabriel/Brosius, Hans-Bernd, 1989: Die Attraktivität von Gewalt. Über welche internationalen Terroranschläge berichten die Medien?, in: Publizistik 34, 329-339.

Weimann, Gabriel/Winn, Conrad, 1993: The Theater of Terror. Mass Media and International Terrorism. White Plains: Longman.

Wheeler, Ladd, 1966: Toward a Theory of Behavioral Contagion. in: Psychological Review 73, 179-192.

Willems, Helmut, Würtz, Stefanie/Eckert, Roland, 1993: Fremdenfeindliche Gewalt: Eine Analyse von Täterstrukturen und Eskalationsprozessen, Forschungsbericht für das Bundesministerium für Frauen und Jugend, Juni 1993.

Zillmann, Dolf, 1971: Excitation Transfer in Communication-Mediated Aggressive Behavior, in: Journal of Experimental Social Psychology 7, 419-434.

III.

Migration und Ethnisierung

Transnationale Migration und Rechtsradikalismus

Jürgen Fijalkowski

1. Die Leitfrage

Ausländerfeindlichkeit mit der Parole „Ausländer raus! Deutschland den Deutschen!" ist in den politischen Auseinandersetzungen der Gegenwart im vereinigten Deutschland geradezu das Hauptmerkmal geworden, an dem man rechtsextremistische Einstellungen und Verhaltensbereitschaften erkennt. Da Deutschland in der Tat während der letzten drei Jahrzehnte nicht unbeträchtliche transnationale Zuwanderungen ethnokulturell andersartiger Bevölkerungsgruppen erfahren hat, entsteht die Frage, inwieweit diese Zuwanderung mit ihren Folgen auch ursächlich für die gegen fremde Zuwanderer gerichteten Manifestationen des Rechtsextremismus sein mag. Die heimliche Formel lautet:

Transnationale Migrationen	→	ethnokulturelle Heterogenisierung	→	Rechts-extremismus	→	Ausländer-feindlichkeit

Die Ideologen und Täter eines ausländerfeindlichen Rechtsextremismus benennen die Zuwanderung und ihre Folgen zwar selbst gern als Motiv und Rechtfertigung ihres Verhaltens. Aber man muß einen Unterschied zwischen Geschehnisverursachungen und ideologiekritisch zu betrachtenden Rechtfertigungsversuchen machen. Es hängt von genauer zu untersuchenden weiteren Bedingungen ab, ob überhaupt, und wenn: inwieweit, transnationale Zuwanderung von ethnokulturell heterogenen Bevölkerungsgruppen dazu beiträgt, in der Bevölkerung einer Aufnahmegesellschaft Einstellungen und Verhaltensbereitschaften von Fremdenfeindlichkeit und Rechtsextremismus zu erzeugen oder auszubreiten. Dabei ergibt sich ein sehr verschiedenenes Bild je nach dem, ob man mehr die Meinungs- und Einstellungsforschung, oder die Wahlerfolge ausländerfeindlicher Parteien, oder ob man die Polizei- und Kriminalstatistik beachtet. In Deutschland erscheinen Rechtsextremismus und Ausländerfeindlichkeit derzeit als ein kleines Problem, wenn man auf die Ergebnisse der Wahlen und der Meinungsforschung achtet. Sie stellen sich aber als ein keineswegs so marginales Problem dar, wenn man die Polizei- und Kriminalstatistik und die Medienaufmerksamkeit beachtet, die diese auf sich zieht, auch wenn es sich bei denen, die die Angehörigen sichtbarer Minderheiten auf der Straße oder an ihren Wohnplätzen verbal und tätlich mit wachsender Rücksichtslosigkeit angreifen, im Verhältnis zur Gesamtheit der Bevölkerung nur um eine kleine Minderheit handelt. Aber welche Bedeutung kommt den Maßen und Arten der Zuwanderung bei der Erklärung von Rechtsextremismus zu?

2. Zum wanderungsgeschichtlichen Horizont

Im Horizont einer umfassenderen Wanderungsgeschichte (vgl. Fijalkowski 1994), die die Bewegungen in Europa seit Ende der nationalsozialistischen Vorherrschaft und des Zweiten Weltkriegs betrachtet, ist zunächst einmal zu konstatieren: im Vergleich zu den Problemen, die nach 1945 bei der Integration von 11,6 Millionen deutschen Heimatvertriebenen zu bewältigen waren, nehmen sich die Probleme doch recht klein aus, denen man seit der Zuwanderung aus anderen europäischen und nichteuropäischen Herkunftsgebieten konfrontiert ist, die in den 60er Jahren erfolgte. Gleichwohl muß man am Zeitpunkt des Übergangs in die 60er Jahre wanderungsgeschichtlich für Deutschland eine neue Periode ansetzen, und zwar nicht nur wegen der Errichtung der Mauer und des Endes der Nachkriegszeit, das sie wanderungsgeschichtlich anzeigt, sondern auch im größeren Zeithorizont. War Deutschland in der Zeit vor dem Zweiten Weltkrieg vor allem Auswanderungs- und Durchwanderungsland sowie Grenzgängerland, so war es nach dem Zweiten Weltkrieg vor allem ein Land der Rekonzentration von Deutschen auf einem verkleinerten Kernterritorium (vgl. Fijalkowski 1984; Bade 1992). Seit den 60er Jahren aber wird Deutschland nun Einwanderungsland in einem vorher unbekannten Sinne. Dabei müssen zwei Phasen unterschieden werden: zum einen die Phase der Anwerbung von Gastarbeitern und deren Niederlassung; sie liegt im Windschatten des Eisernen Vorhangs und reicht von 1961 bis Mitte der 80er Jahre; und zum anderen die Phase der Rückkehr der ehemaligen Ostblockstaaten nach Europa; sie setzt zum Ausgang der 80er Jahre ein, überlappt sich in ihren Anfängen mit dem inzwischen beendeten deutschen Asylstreit, und dauert weiterhin an.

Gravierende Folgeerscheinung der Anwerbungsaktionen ist die allmähliche Verwandlung von Gastarbeiterfamilien in dauerhafte Ansiedler geworden. Anfang der 80er Jahre gab es in der westdeutschen Bundesrepublik eine Ausländerbevölkerung im Umfang von 4,5 Millionen, die 7,2% der Wohnbevölkerung und 9,1% der Beschäftigten entsprach. Der Nationalitätengliederung nach waren dies zu 33% Türken, zu 14% Jugoslawen, danach kommen Italiener, Spanier und Griechen, insgesamt 30% aus EG-Ländern und 23% aus anderen europäischen Nicht-EG-Ländern. Im Lauf der 80er Jahre stabilisierte sich diese Ausländerbevölkerung im wesentlichen, trotz wachsender Beschäftigungsprobleme und trotz Rückkehrförderung, weil sich Familiennachzug und Nachwuchs einer zweiten Generation weiterhin fortsetzten. Von Seiten der Politik der deutschen Regierungen hat man insgesamt versucht, die Anwerbung und Ansiedlung dieser Gastarbeiter zu einer in sich geschlossenen Periode in der deutschen Wanderungsgeschichte zu machen, die in der nicht wiederholbaren Vollintegration der zweiten Generation der Gastarbeiterfamilien zu beenden versucht bzw. in der Herstellung von EU-Freizügigkeit aufgehoben wird. In der Tat sind nicht mehr nur die Gastarbeiter aus Italien sondern auch die Gastarbeiter aus den Anwerbeländern Griechenland, Spanien, Portugal inzwischen zu vollgültigen EU-Europäern mit entsprechender EU-Freizügigkeit geworden. Sondergruppen hingegen sind, abgesehen von den kleinen nordafrikanischen Gruppen, aus verschiedenen Gründen vor allem die Türken und die Jugoslawen bzw. Ex-Jugoslawen geblieben; die Türken, weil sie zwar die größte Gruppe in Deutschland darstellen, aber unentschieden geblieben ist, ob die Türkei nun EG-Mitglied werden soll oder nicht, die Ex-Jugoslawen, weil Jugoslawien inzwischen in Bürgerkriegen zerfallen ist.

Die Anwerbung und Ansiedlung der Gastarbeiterbevölkerung aus den Mittelmeerländern hat, und zwar vor allem in den urbanen Regionen, eine zum Teil erhebliche Heterogenisierung der Bevölkerung mit sich gebracht. An sie hatten sich die Deutschen erst zu gewöhnen, denn Deutschland ist im Weltvergleich ein ethnokulturell eher homogenes Land, dessen 80 Millionen Bevölkerung zu 92% aus Deutschstämmigen besteht. Nach der am Ende der 80er Jahre gegebenen Größenordnung sind die Hauptgruppen der heterogenen Neuansiedler vor allem Türken, (reichlich 1,5 Millionen), sodann Jugoslawen (knapp 600.000), Italiener (etwa 550.000), Griechen (etwa 280.000), Spanier (etwa 150.000) und Portugiesen (etwa 80.000). Die Türken haben Gruppengrößen weit über 30.000 in Köln, Hamburg, Duisburg und München, weit über 130.000 in Berlin. Die Jugoslawen haben Gruppengrößen zwischen 20.000 und 42.000 Menschen in Berlin, Frankfurt und Stuttgart, weit über 50.000 Menschen in München. Für die Italiener sind gut über 20.000 Menschen in München und Köln, für die Griechen, Spanier und Portugiesen Gruppen zwischen 5.000 und 10.000 Menschen in München, Stuttgart, Frankfurt, Hannover, Hamburg und Berlin nachweisbar. Polen gibt es zwischen 5.000 und 25.000 Menschen in Berlin, München, Hamburg, Frankfurt und Köln usw. Es gibt in Deutschland etwa 380 Groß- und Mittelstädte. Beachtet man nur Gruppengrößen von über 5.000 Menschen pro Herkunftsnationalität, so gibt es in Deutschland über 120 potentielle oder manifeste Ausländergemeinden und manche örtlichen Konzentrationen entsprechen denen ganzer Kleinstädte (vgl. Fijalkowski 1988a).

3. Zur Entwicklung der Akzeptanzbereitschaft in Deutschland

Der Prozeß der Gewöhnung der altansässigen deutschen Bevölkerung an die neuen Zuwandererminderheiten verlief langsam, aber erkennbar. In der politischen Diskussion gab es eine begleitende Polarisierung zwischen regressiven deutschen Ethnonationalisten auf dem Rechtsaußen-Flügel und rigorosen egalitären Humanisten auf dem Linksaußen-Flügel. In der moderaten Mitte aber wuchsen allmählich Toleranz und eine vorsichtige Wendung vom Nationalstaatskonservatismus zum liberalen Multikulturalismus (vgl. Fijalkowski 1991). Zur Erleichterung der Akzeptanz für die heterogenen Zuwanderer trug zweifellos bei, wenn es sich bei den neuen Minderheiten zugleich um EG Europäer handelte, und auch, daß im Schatten des Ost-West-Gegensatzes die EG-Integration unablässig fortschritt. Schwieriger hatten es die Zuwanderer aus den orientalisch-islamischen Nachbarschaften.

Seit dem Übergang in die zweite Hälfte der 80er Jahre, und zumal seit der Aufhebung des Eisernen Vorhangs entstand nun aber eine gründlich veränderte Wanderungssituation. Es kam im Vergleich zur vorhergehenden Periode der 60er bis 80er Jahre erneut zu einem Anstieg der absoluten Zuwandererzahlen nach Deutschland, und es veränderten sich die unter ihnen hervortretenden Typen (für die Statistiken vgl. OECD 1992): Zu Beginn der 80er Jahre, nach Beendigung der offiziellen Anwerbung von Gastarbeitern und unter der Einwirkung von Rückkehrförderungsmaßnahmen, war sogar ein Abwanderungsplus von bis zu 250.000 Personen der Ausländerbevölkerung entstanden. Während die Zahlen deutscher Spätaussiedler und von Asylbewerbern sich bei jeweils um die 35.000 Neuzugängen hielten, wurde der Gesamtsaldo der Zu-

und Wegzüge über die deutschen Grenzen, soweit er sich aus Ausländerbevölkerung, deutschen Spätaussiedlern und Asylbewerberzuwanderungen zusammensetzt, 1984 sogar negativ.

Seit Mitte der 80er Jahre setzte dann aber ein rapider Anstieg des Saldos bei den Zuzügen in die Bundesrepublik ein. 1988, im Jahr vor der deutschen Vereinigung, betrug der Saldo der Zu- und Wegzüge aller Art über die westdeutschen Grenzen etwa 550.000 Personen. 1989 und 1990 verdoppelte sich diese Zahl auf fast eine Million. Die öffentliche politische Diskussion in Deutschland hat diese Veränderungen mit einer eigentümlich verzerrenden Konzentration auf das Problem des sogenannten Asylrechtsmißbrauchs wahrgenommen (vgl. Fijalkowski 1993). Deshalb erschienen alle im Asylverfahren Abgelehnten nun als Asylrechts-„Mißbraucher", obschon sie, wenn nicht Armuts- oder Katastrophenflüchtlinge, vielfach nur ganz normale Erwerbsinteressenten und Wanderer sind, die für sich und ihre Familien nach besseren Lebenschancen suchen: Sie hätten nur auch gern die Freizügigkeitsrechte, die man inzwischen als EU-Europäer hat. Inzwischen hat die Abänderung des deutschen Asylrechts die Mengen der als Asylbewerber Zugang Suchenden in der Tat erheblich reduziert und das Problem teils in das der schwierigen Kontrolle illegaler Grenzübertritte und teils auf die als verfolgungsfrei geltenden, ärmeren und weniger attraktiven Nachbarländer verlagert. Erheblicher sind inzwischen die Wellen von Flüchtlingen und Vertriebenen, die die ethnonationalen Konflikte vor allem im ehemaligen Jugoslawien erzeugt haben: Von den über drei Millionen dieser Bürgerkriegsopfer befinden sich etwa eine halbe Million außerhalb der Grenzen des ehemaligen Jugoslawien, und von diesen wiederum etwa die Hälfte in Deutschland.

Auch in der Entwicklung der Akzeptanzbereitschaft der deutschen Bevölkerung gegenüber den transnationalen Zuwanderern sind am Übergang in die 90er Jahre Brüche zu konstatieren. Die Entwicklung war zunächst nicht unfreundlich verlaufen[1]. Kaum aber war Mauer geöffnet, die Europa und Deutschland teilte, und kaum war 1990 die völkerrechtliche Anerkennung für die Vereinigung jener beiden deutschen Teilstaaten erreicht, die nach Ende des vom deutschen Faschismus heraufbeschworenen Zweiten

1 Zur Entwicklung der Einstellungen der Deutschen gegenüber den Ausländern vergleiche man: 1. die Auswertung von Forschungsberichten, die der interministeriale Arbeitsstab der Beauftragten der Bundesregierung für Ausländerfragen in den *„Mitteilungen der Beauftragten der Bundesregierung für die Integration der ausländischen Arbeitnehmer und ihrer Familien"* im Nov. 1987 in Bonn vorgelegt hat, sowie die Ergebnisse der „Allgemeinen Bevölkerungsumfrage der Sozialwissenschaften" (ALLBUS), hrsg. vom Zentrum für Umfragen und Analysen Mannheim (ZUMA) und Zentralarchiv der empirischen Sozialforschung Köln (ZA), die 1980, 1984, 1988 die gleichen für das Thema relevanten Fragen enthielt; und 2. die Ergebnisse des im Auftrag der Generaldirektion „Information, Kommunikation und Kultur" der Kommission der Europäischen Gemeinschaften 1988 durchgeführten *European Omnibus Survey*: Rassismus, Ausländerfeindlichkeit und Intoleranz – Menschenrechte und Ausländer in der EG, 1989; 3. die Bemerkungen von *Jürgen Fijalkowski* (1991): „Awareness of National Identity and Concepts of Citizenship in Germany – Ten Definitions and Theses on Trends of Change, and on the Recent Whirlpool": in: *Fijalkowski, Jürgen/Merkens, Hans/Schmidt, Folker* (Hrsg.), Dominant National Cultures and Ethnic Identities. Freie Universität Berlin. Typoskript 1991; 4. die von EMNID bundesweit vor und nach dem Mord an drei Türkinnen in Mölln zur Losung „Ausländer raus" durchgeführte Umfrage, veröffentlicht im *SPIEGEL* 50/1992 sowie 5. Die im Auftrag der *Ausländerbeauftragten des Senats von Berlin* 1990 und im Okt./Nov. 1992 durchgeführten Umfragen, veröffentlicht als Presseerklärung der Ausländerbeauftragten vom 5.2.1993.

Weltkrieg entstanden waren, so machte Deutschland auch schon wieder durch eine Welle von Ereignissen von sich reden, die offenbar Anzeichen eines sich neu belebenden aggressiven Nationalismus waren: Gewalttaten gegen Fremde. Die wichtigsten Manifestationen sind genügend dokumentiert worden (vgl. Fijalkowski 1995a). Für die größere Weltöffentlichkeit, die sich des nationalsozialistischen Holocaust und der Entfesselung des Zweiten Weltkriegs erinnert, lag und liegt es nahe, in der Welle dieser Vorfälle die Neubelebung eines aggressiven deutschen Nationalismus zu sehen, der sich diese Fremden um so lieber zum Ziel nimmt, wenn er ihnen zu der Andersartigkeit ihres Aussehens und ihrer Sitten obendrein Mißbrauch deutschen Asyl- oder Gastrechts meint nachweisen zu können. Inzwischen hat es im Verlauf der Jahres 1992 entschiedene Bemühungen der Bundesregierung wie der Regierungen der Länder und der örtlichen Behörden um verbesserte Polizeiarbeit und Strafverfolgung der Gewalttaten, auch vielerlei und von breiter Spontaneität unterstützte Initiativen freier Bürgerorganisationen, der großen Interessenverbände und der großen Medien der Bundesrepublik gegen Fremdenhass und Ausländerfeindlichkeit sowie eine Menge Öffentlichkeitsarbeit zur Korrektur des Bildes gegeben, das sich die Öffentlichkeit von den Deutschen macht. Aber bis in die Gegenwart ist es immer wieder zu Vorfällen gekommen, und ob nicht der Schwelbrand unter der Oberfläche weiterglimmt, erscheint ungewiß.

4. Fehlannahmen über Zuwanderungsdruck und Fremdenfeindlichkeit

Die Annahme einer Kausalbeziehung zwischen gewachsenem Zuwanderungsdruck ethnokulturell heterogener Personengruppen auf der einen Seite und dem Aufwallen von aggressivem Ethno-Nationalismus auf der anderen Seite ist Bestandteil der Hintergrundstheorien nicht zuletzt auch derer gewesen, die 1993 die Novellierung des Deutschen Asylrechts durchgesetzt haben. Die Novellierung wurde mit dem Argument befürwortet, es gelte, den Zuwanderungsüberdruck abzubauen und so zugleich auch die Quelle auszutrocknen, aus der sich die nationalistische Aggression gegen Fremde und andersartige Minderheiten speise. In dieser Weise argumentieren auch Autoren wie Hainsworth (1992) und Bjorgo/Witte (1993). Nach dieser Auffassung erscheint nationalistisch und rechtsextremistisch motivierte Ausländerfeindlichkeit im wesentlichen als Reaktion auf die Wahrnehmung stärker vermehrten Zuzugs von Fremden, die ihre ethnokulturelle Andersartigkeit in die Aufnahmegesellschaft hineintragen. Und sie erscheint insbesondere als Abwehrreaktion gegen solche Zuwanderungsinteressenten, die sich zwar selbst als Verfolgte und Asylsuchende identifizieren, sich bei genauerem Zusehen der Anerkennungsbehörden dann aber in acht von zehn Fällen als „bloße Wirtschaftsflüchtlinge“ erweisen und von einer entsprechend voreingenommenen deutschen Teilöffentlichkeit dann gar als ausgemachte Zudringlinge angesehen werden können. Aber inwieweit sich die stattgefundene Zuwanderung als ein Zuwanderungsdruck tatsächlich ausmachen läßt, hängt zunächst einmal schon von der Beachtung ab, die den unterschiedlichen Arten von Zuwanderern geschenkt wird, sowie vom gewählten Zeithorizont und den Einschätzungen der übrigen Determinanten längerfristiger Bevölkerungsentwicklung.

So war es höchst irreführend, wenn die deutsche Diskussion sich vor allem auf die Asylbewerber und den Mißbrauch der Asylrechtsregelungen konzentrierte, ohne auf

die Anteilsgrößen der verschiedenen Komponenten des Zuzugs über die Außengrenzen und auf das Saldenverhältnis zwischen Zuwanderung und Abwanderung näher einzugehen. Der hohe Anstieg der Zuwandererzahlen in Westdeutschland am Übergang der 80er in die 90er Jahre führte sich nicht so sehr auf Veränderungen der Gastarbeiterbewegungen oder der Asylbewerberzahlen, als vielmehr darauf zurück, daß infolge der Öffnung der deutschen Grenzen und infolge der im ganzen Ostblock erleichterten Ausreisemöglichkeiten Wellen von DDR-Deutschen und volksdeutschen Spätaussiedlern kamen:
1988, im Jahr vor der Öffnung der innerdeutschen Teile des Eisernen Vorhangs betrug der Saldo zwischen Zu- und Abwanderungen aller Art über die Grenzen der damaligen Bundesrepublik 550.000 Personen (vgl. zum folgenden: Statistisches Bundesamt 1992). In den Jahren 1989 und 1990 verdoppelte sich diese Zahl der Zuwanderer auf etwa eine Million. Darunter aber waren 1989: 344.000 Deutsche aus der DDR und 377.000 Volksdeutsche aus Osteuropa, 1990 waren es 197.000 DDR-Deutsche und 397.000 Spätaussiedler. Seit 1991, d.h. dem Jahr nach der formellen völker- und staatsrechtlichen Vereinigung der beiden deutschen Teilstaaten, hörte die Zuwanderung von Deutschen aus den neuen in die nunmehr die alten genannten Bundesländer auf, transnationale Migration zu sein und verschwand aus der Statistik der grenzüberschreitenden Bewegungen, weil sie nunmehr zur Binnenwanderung geworden war, als die sie freilich weiterhin stattfand. Die Spätaussiedlerzahlen sind seit 1991 und 1992 auf je rd. 220.000 im Jahr zurückgebracht worden, und zwar dadurch, daß die Bundesregierung dem Zustrom gegengesteuert hat; sie tat und tut dies mit Hilfe von Abkommen, die das Ziel verfolgen, den deutschstämmigen Minderheiten in Rußland das Verbleiben am Orte attraktiver zu machen. Der Saldo der Zu- und Wegzüge der aus ehemaliger Gastarbeiteranwerbung entstandenen Bevölkerung über die Außengrenzen sowie von Bürgern der Mitgliedsstaaten der Europäischen Gemeinschaft hielt sich im selben Zeitraum 1989-1992 auf der Höhe von jährlich etwa 200.000 Personen.
Am hohen Anstieg der Zuzüge, die für die Jahre der Wende charakteristisch waren, waren die Asylbewerber also nur als nachrangige Anteilsgruppe beteiligt. Sie bildeten nur eine unter mehreren Kategorien von Zuwanderern, und sie waren ebenfalls nur eine Teilgruppe in der Gesamtheit derer, die sich auf den Wohnungs- und Arbeitsmärkten ebenso wie in den Sphären der Alltagskommunikationen bemerkbar machten, weil sie Wohnungen, Arbeitsplätze, Sprachunterricht benötigten. Zweifellos waren insbesondere die Lokalbehörden mit zum Teil immensen Schwierigkeiten der Erstversorgung dieser Menschen mit Obdach, Nahrung und Vermittlung in das Alltagssystem gesellschaftlicher Existenz konfrontiert. Diese Probleme wurden durch die „deutschen" Zuwanderer verschiedener Art und durch die aus EG-Vernetzungen herstammenden Zuwanderer kaum weniger verursacht als durch die Asylbewerber. Die Agression richtete sich aber nicht so sehr gegen die volksdeutschen Spätaussiedler oder die im EU-Europa beheimateten Zuwanderer, als vielmehr gegen diese Asylbewerber sowie mit fast ebensolcher Stärke gegen jene älteren Zuwanderer aus Gastarbeiter-Anwerbungszeiten, und gegen beide insbesondere dann, wenn sie als Nichteuropäer erkennbar waren.
Wenn es überhaupt einen kausalen Kontext zwischen den beiden Phänomen aufwallenden Zuwanderungsdrucks von außen und wachsender Fremdenfeindlichkeit im inneren gibt, so handelt es sich um einen nur sehr weitläufig vermittelten Zusammen-

hang. Man mag an den bekannten Tropfen denken, der ein Faß zum Überlaufen bringt, aber die Schmutz- und Abwässer, die sich in diesem Faß finden, sind vor allem im Innern der betroffenen Gesellschaft und aus deren anderweitigen und ohnehin existenten Problemen entstanden. Daher hat eine Verminderung bestehenden Zuwanderungsdrucks auch wenig bis gar keinen Effekt auf Fremdenfeindlichkeit, ebenso wie umgekehrt Wellen demonstrativer Fremdenfreundlichkeit auch nicht eo ipso schon Wellen von Zuwanderungsinteressenten nach sich ziehen. Vor allem vermag der besondere Zustrom solcher Asylbewerber, die anschließend nicht als Asylberechtigte anerkannt werden können, das Anschwellen aggressiven Nationalismus nicht zu erklären. Denn seit der 1993 erfolgten Modifikation des deutschen Asylrechts und dem entsprechend erschwerten Zugang zum deutschen Staatsgebiet sind zwar die Zahlen dieser besonderen Art von Zuwanderern effektiv und unübersehbar zurückgegangen, aber die Probleme aggressiven Nationalismus sind noch keineswegs ebenso wieder verschwunden.

5. Quellen der Fremdenfeindlichkeit

Die Quellen von Fremdenfeindlichkeit fließen vor allem aus Problemen, die in einer Gesellschaft ohnehin bestehen, und zwar ungeachtet des Zuzugs und der Anwesenheit von Fremden. Man kann die Quellen in den Tendenzen verorten, die die Herausbildung einer „Zweidrittel-Gesellschaft" zur Gefahr machen (vgl. Natter/Riedlsperger 1988, mit Blick auf die deutsche Situation: Geißler 1992: 184-196). Die Aggression, die sich die Fremden als Sündenböcke aussucht, um ihnen Schuld zu geben und eigenen Mutwillen an ihnen auszulassen, entsteht aus den Ressentiments derer, die selbst in irgendeiner Weise durch Marginalisierung gefährdet sind. Manche mochten die Asylbewerber schlicht beneiden, weil das Obdach und die Unterstützung, die ihnen gegeben wurde, von etwas abgezweigt wurde, auf das man angesichts minderen eigenen Selbstwertbewußtseins und eigener Hilfsbedürftigkeit vorrangigen Anspruch zu haben meint. Die entsprechenden Ideologien der rechtsradikalen Bewegungen mobilisieren diese Ressentiments ebenso wie sie von ihnen profitieren. Effektiv marginalisierte oder von Marginalisierung bedrohte Menschen blicken mit Mißfallen auf ihr eigenes Schicksal, finden es dann im Aussehen wie in der Außenseiterposition der Fremden symbolisiert und übertragen auf diese dann genau die Verachtung, das Mißfallen und den Haß, die sie bei sich selbst angesammelt haben. Menschen, die selbst von sozioökonomischer und/oder soziokultureller Marginalisierung betroffen oder gefährdet sind, klagen einen Mangel zunächst an familiär und nachbarschaftlich privater und dann auch an öffentlicher und zivilgesellschaftlicher Solidarität ein, wenn sie rufen, daß „Deutschland den Deutschen", „Frankreich den Franzosen" etc. gehört. Indem sie ihre Agression und ihre Ressentiments in destruktiver Gewalt ausleben, genießen sie die letzte Befriedigung, die Außenseitern und Randexistenzen in ihrer Machtlosigkeit und Selbstverachtung noch bleibt.

Man darf diese Frustrationstheorie der Agression allerdings nicht unvermittelt makrogesellschaftlich und auch nicht nur sozioökonomisch interpretieren. Denn etliche Täter ausländerfeindlicher und anderer Aggression kommen nachweislich auch aus Milieus, in denen Menschen nur gelegentlich wenn überhaupt durch drohenden oder

realen Verlust ihrer Arbeitsplätze oder Wohnungslosigkeit durch Mietvertragskündigungen bedroht sind. Einer Studie von Gerichtsakten zufolge, die im April 1993 aus der Universität Trier vorgelegt worden ist (vgl. Willems 1994), waren 75% der Gewalttäter gegenüber Fremden unter 20 Jahren und 95% männlich. Nur 10 bis 15% waren durch politischen Rechtsextremismus motiviert, hatten gleichwohl aber ordentliche Schulabschlüsse erworben und hatten ordentliche Arbeitspätze. Die verbleibenden 85 bis 90% mischten sich aus Jugendlichen ohne ideologische Bindungen überhaupt, die sich jedoch aus den verschiedensten Gründen als sozial benachteiligt ansahen oder denen die familiale Wärme fehlte, und die sich in dem Wunsch, ihre Probleme mitteilen und teilen zu können, dann mehr oder weniger spontan bestimmten jugendlichen Aktionsgruppen angeschlossen hatten, die nicht zuletzt dadurch charakterisiert waren, daß sie schon vorher jugendliche Delinquenten aus schlecht funktionierenden und hochgradig desintegrierten Familien angezogen hatten.
So führt die Analyse der Quellen von Ausländerfeindlichkeit weiter zu umfassenderen Prozessen der gesellschaftlichen Desintegration, die vor allem auch die privaten Sozialvernetzungen der Zivilgesellschaft und der Familien und die dort geltenden Wertorientierungen und Verhaltensmuster betreffen. Sieht man die Tätergruppen hinter den berichteten Gewalttaten gegen Ausländer genauer an, so fällt mehrerlei auf: die Jugendlichkeit vieler der Täter, die hohe Bedeutung der Gruppendynamik von Banden für die Entstehung und den Ablauf der Aktionen, sowie die offensichtliche Verbindung der Tätergruppen zu bestimmten Subkulturen in ihrem Hintergrund. Von den engeren Gewalttätergruppen selbst sind dabei die Organisationen und Organisationsbemühungen mitsamt den entsprechenden Aktivisten zu unterscheiden, die in den Milieus dieser subkulturellen Szene Aufmerksamkeit zu mobilisieren und Anhang zu gewinnen versuchen. Und von beiden wiederum zu unterscheiden sind die allgemeinere gesellschaftlich-politische Situation und das Medium der Wahrnehmungskategorien und Wertorientierungen, in dem diese Situation alltagskulturell interpretiert wird. Inmitten des Hintergrund-Diskurses um das richtige Verständnis der Erbschaftsbelastungen und Gegenwartsaufgaben Deutschlands an einem epochalen Einschnitt der Geschichte vagabundieren auch die Viren von vielerlei Kurzschluß- Ideologien als Dunstwolken umher.
Zu den Manifestationen aggressiven Nationalismus in entsprechenden Straftaten gehört also auch der Hintergrund von Szenekulturen und rechtsextremistisch werbenden Organisationen sowie der Hintergrund übergreifender Bewegungen im ideologischen Klima der politischen Wahrnehmungskategorien, Interpretationsmuster und Wertorientierungen. Im letzteren Bereich werden mit einigem Argwohn vor allem die intellektuellen Diskurse beobachtet, die um die Neubestimmung der deutschen Identität und die angemessene Interpretation der Geschichte ausgetragen werden, Diskurse, die die Intellektuellen, Leitartikler, Redakteure, Moderatoren, sowie ihre Gäste aus Wissenschaft und Politik etc. vor allem in den anspruchsvolleren Zeitschriften, überregionalen Zeitungen und Fernsehsendungen ebenso wie in den zahlreichen mehr oder weniger partei- oder kirchennahen Akademien austragen, wo sie ihr Multiplikatorenpublikum finden.
Einige Analytiker und Autoren argumentieren, daß die Wurzeln der Aggressivität aus dem innersten Kern der sich mit so erheblicher Geschwindigkeit modernisierenden Gesellschaften sprießen und dort keimen, wo die traditionellen Milieus sich auflösen

und rücksichtslose Selbstdurchsetzung als der Weg des Erfolges in der Gesellschaft der allgemeinen Konkurrenz zum obersten Leitwert und zum Hauptmuster des Verhaltens wird (vgl. Heitmayer u.a. 1992). Aggression gegen heterogene Minderheiten reflektiert insofern nur die Anomie, die beschleunigten sozialen Wandel begleitet. Das Problem wird weiter verschärft, wenn obendrein diejenigen Teile der Gesellschaft, die an sich zu den erfolgreichen sozialen Aufstiegern gehören, durch spezifische Ungewißheiten und Diskontinuitäten ihrer kollektiven Sozialidentität verunsichert sind. Das trifft auf Deutschland aus historischen Gründen spezifisch zu, haben Verunsicherungen und Übersteigerungen der nationalen Identifikation einander in der deutschen Geschichte doch mehrfach abgewechselt.

6. Die Bedeutung der Bürden der deutschen Vergangenheit

Die Bürden der Vergangenheit und der Gegenwart resultieren in einer spezifischen Konfusion über die nationale Identität, die der klaren Begriffe der historischen Bestimmung entbehrt. Es ist diese Ungewißheit der Nationalidentität, die dazu beigetragen hat, die Reaktionen zu verzögern, mit denen die politisch-gesellschaftlichen Eliten ebenso wie die weitere Öffentlichkeit den rechtsradikalen Provokationen begegnet sind. Zum Teil muß die verspätete Entschiedenheit der Reaktionen der deutschen Behörden auch aus schlichter Unterschätzung des Ausmaßes der Problematik sowie aus Inkompetenz und Unfähigkeiten auf seiten der Polizeikräfte erklärt werden. Jedenfalls können die Akte der Bandenaggressivität gegen Ausländer und heterogene Minderheiten ebensowenig wie die sie umgebenden Revitalisierungen ethnonationalistischer Ideologien aus gewachsenem Zuwanderungsdruck erklärt werden. Ihre Wurzeln liegen in Mängeln der allgemeinen Sozialintegration und einem noch immer unsicheren Verständnis des Sinnes nationaler Zusammengehörigkeit und des Sinnes von Staatsbürgerschaft (vgl. Fijalkowski 1995b).

Jedoch muß große Vorsicht gegenüber vorschnellen Kausalitätsannahmen geübt werden. So sind Hans-Dieter Klingemann und Richard Hofferbert (1993) unter Bezugnahme auf Stöss (1991) und Kuechler (1993) der Frage nachgegangen, inwieweit man von polizeilich aufgenommenen fremdenfeinlichen Tätlichkeiten auf einen Hintergrund in der politischen Kultur des Landes schließen und sie als Zeichen für fortdauernde Belastungen der deutschen politischen Kultur ansehen darf. Und sie sind dabei zu dem Ergebnis gekommen, daß diese fremdenfeindliche Aggressivität ein Polizeiproblem, nicht aber ein Problem der politischen Kultur in Deutschland sei. Auch Thomas Ohlemacher (1993) ist derselben Grundfrage nachgegangen. Er hat das Mehr oder Weniger an Fremdenfeindlichkeit, das sich in der Bevölkerungsmeinung ausmachen läßt, durch die Politbarometer-Frage operationalisiert: „Glauben Sie, daß die meisten Asylbewerber das deutsche Asylrecht mißbrauchen, oder glauben Sie das nicht?". Und Gewalt hat er mit den Zahlen gemessen, die dem Bundeskriminalamts zu Brand- und Sprengstoffanschlägen sowie anderen Angriffen gegen ausländische Personen vorliegen. Regressionanalysen ohne und mit Zeitversetzung der Daten ergeben nach Ohlemachers Untersuchung, daß es eine Art wechselseitiger Eskalation und Deeskalation der beiden Größen gibt (allgemein zum Thema Gewalt vgl. Fijalkowski 1988b).

Die empirischen Daten zeigen mit Bezug auf die aggressive Fremdenfeindlichkeit unterschiedliche Entwicklungen. Während – nach Angaben des Bundesamts für Verfassungsschutz in einer Pressekonferenz des Bundes-Innenministers vom 6. Feb. 1993 – die Fallzahlen krimineller Angriffe, die von Rechtsextremisten und meist jungen Leuten begangen wurden, im Jahre 1992 um 50 Prozent auf 2.285 Fälle anstiegen, zeigten – nach Angaben der Ausländerbeauftragten des Senats von Berlin in einer Presseerklärung vom 5. Februar 1993 – die Ergebnisse von Meinungsumfragen, daß die deutsche Öffentlichkeit sich deutlich gegen die Parolen der Fremdenfeindlichkeit zu wenden begann. Im November 1992, vor dem Brandanschlag in Mölln, bei dem drei Türken durch Molotowcoctails verbrannten, die von zwei jungen Deutschen geworfen worden waren, lehnten nur 43 Prozent der Befragten die Aussage ab, daß die Ausländer Deutschland besser verlassen sollten. Nach diesem Brandanschlag und den Berichten, die darüber in den Medien zu finden waren, waren es aber alsbald 69 Prozent, die die fremdenfeindlichen Parolen ablehnten, in Berlin sogar 89 Prozent. Die Akzeptanz und die Zurückweisung von Fremden in Deutschland unterscheidet sich im übrigen nicht sehr vom Durchschnitt der EU-Länder 1992. Der Ausgabe Nr. 37 des „Eurobarometer" zufolge überstieg im Europäischen Durchschnitt die Ablehnung der Fremden (103 Punkte auf einer Skala von 400 Punkten) die Akzeptanz für die Fremden (69 Punkte). In Westdeutschland betrug das Verhältnis 135:55 Punkte. Die Zahlen für Frankreich und Großbritannien sind ähnlich (vgl. auch Fuchs/Gerhards/Roller 1993). Um der aggressiven Fremdenfeindlichkeit und der sie begleitenden rechtsextremistischen Ideologie an ihren Quellen entgegentreten zu können, sind demzufolge auch nicht so sehr wirksamere Abwehr unerwünschter Fremdzuwanderung, als vielmehr konsequentere Regulierung der transnationalen Migrationen im Rahmen Europäischer Integration und auszubauende Assoziation mit den mittel- und osteuropäischen wie mit den transmediterranen Nachbarn, und im übrigen eine umfassend angelegte Politik der Sozialintegration erforderlich.

Summa summarum: den Zusammenhang zwischen transnationalen Migrationen und Ausländerfeindlichkeit interpretiert man besser nach der Formel:

Transnationale Migrationen	→	ethnokulturelle Hetero-genisierung	→	Ausländer-feindlichkeit	←	Rechts-extremismus	←	Binnengesell-schaftliche Disparitäten

Literaturverzeichnis

Bade, Klaus, 1992: Einheimische Ausländer: 'Gastarbeiter' – Paniergäste – Einwanderer, in: *Klaus Bade* (Hrsg.), Deutsche im Ausland – Fremde in Deutschland. Migration in Geschichte und Gegenwart. München: Beck, 393-400.

Bjorgo, T./Witte, R., 1993: Racist Violence in Europe. New York: St. Martins Press.

Fijalkowski, Jürgen, 1984: Gastarbeiter als industrielle Reservearmee? Zur Bedeutung der Arbeitsimmigration für die wirtschaftliche und gesellschaftliche Entwicklung der Bundesrepublik Deutschland, in: Archiv für Sozialgeschichte Bd. XXIV. Bonn, 399-456.

Fijalkowski, Jürgen, 1988a: Ethnische Heterogenität und soziale Absonderung in deutschen Städten. Zu Wissensstand und Forschungsbedarf. Occasional Papers Nr. 13 des Forschungsgebietsschwerpunktes „Ethnizität und Gesellschaft" der Freien Universität Berlin. Berlin: Das Arabische Buch.

Fijalkowski, Jürgen, 1988b: Gewalt als Ausdruck sozialer, kultureller und politischer Defizite, in: Gewalt als Phänomen in der modernen Gesellschaft. Düsseldorf u.a.: Econ, 75-86.

Fijalkowski, Jürgen, 1991: Nationale Identität versus multikulturelle Gesellschaft, in: *Werner Süß* (Hrsg.), Die Bundesrepublik in den achtziger Jahren. Opladen: Leske + Budrich, 235-250.

Fijalkowski, Jürgen, 1993: Aggressive Nationalism, the Problem of Immigration Pressure, and Asylum Policy Disputes in Today's Germany. Occasional Papers des German Historical Institute Washington D.C., veröffentlicht auch in: International Migration Review Vol. XXVII, No. 4, Winter 1993, 850-869.

Fijalkowski, Jürgen, 1994: Die Bundesrepublik und das Migrationsproblem – Historische Erfahrungen und aktuelle Herausforderungen, in: *Manfred Knapp* (Hrsg.), Migration im neuen Europa. Internationale Beziehungen Bd. 5. Stuttgart: Steiner, 113-128.

Fijalkowski, Jürgen, 1995a: Agressive nationalism and immigration in contemporary Germany, in: *Richard Caplan/John Feffer* (Hrsg.), Europe's New Nationalism. Oxford University Press, im Erscheinen.

Fijalkowski, Jürgen, 1995b: Die kleine und die große Integration – Anmerkungen zum Stellenwert einer Novellierung des deutschen Staatsangehörigkeitsrechts, in: Zeitschrift: Vorgänge, im Erscheinen.

Fuchs, Dieter/Gerhards, Jürgen/Roller, Erich, 1993: Wir und die anderen. Ethnozentrismus in den zwölf Ländern der Europäischen Gemeinschaft, in: Kölner Zeitschrift für Soziologie und Sozialpsychologie 45(2), 238-253.

Geißler, Rainer, 1992: Die Sozialstruktur Deutschlands. Opladen.

Hainsworth, Paul (Hrsg.), 1992: The Extreme Right in Europe and the USA. New York: St. Martins Press.

Heitmayer, Wilhelm et al., 1992: Die Bielefelder Rechtsextremismus – Studie. Weinheim/München.

Klingemann, Hans-Dieter/Hofferbert, Richard, 1993: Democracy, Extremism, and the 'Wall in the Mind': Public Beliefs in United Germany. Paper submitted to: Journal of Democracy, 7-13 (9-12).

Kuechler, Manfred, 1993: The Germans and the Others: Racisme, Xenophobia, or Self-Defense? Paper APSA Meeting Washington.

Natter, Ehrenfried/Riedlsperger, Alois (Hrsg.), 1988: Zweidrittelgesellschaft. Wien.

Ohlemacher, Thomas, 1993: Bevölkerungsmeinung und Gewalt gegen Ausländer im wiedervereinigten Deutschland. Empirische Anmerkungen zu einem unklaren Verhältnis. WZB-Discussion Paper FS III, 93-104.

Organization for Economic Co-operation and Development OECD, 1992: Continuous Reporting System on Migration SOPEMI 1990, Trends in International Migration 1992. Paris.

Statistisches Bundesamt (Hrsg.), 1992: Statistisches Jahrbuch 1992. Wiesbaden.

Stöss, Richard, 1991: Right-Wing Extremism in East and West Germany, 1990 – A Comparison, Paper: Western European Studies Center Minnesota.

Willems, Helmut, 1994: Fremdenfeindliche Gewalt – Einstellungen, Täter, Konflikteskalation. Leverkusen/Opladen.

Ethnisierungsprozesse in der Arbeitswelt und ihre politischen und sozialen Folgen*

Hans-Gerd Jaschke

1. Zur Entwicklung der politischen und gesellschaftlichen Rahmenbedingungen

In den neueren Debatten über Rechtsextremismus und Fremdenfeindlichkeit werden eine ganze Reihe von ursächlichen gesellschaftlichen Entstehungszusammenhängen für entsprechende Orientierungsmuster immer wieder diskutiert. Die Familie, der sekundäre Sozialisationsprozeß, politische Entfremdung, umfassende soziale Deprivation – diese Stichworte mögen andeuten, wo die Ansatzpunkte gesehen werden. Neben diese strukturellen Faktoren treten kürzerfristige katalysatorische Effekte, wie etwa der Protest gegen die „Asylantenschwemme", Nachahmertaten während der Gewaltwelle zwischen „Rostock" und „Hoyerswerda", stimulierende Effekte der Medien oder auch wahlpolitisch bedeutsame Strategien der Parteien. All dies sind legitime Ansatzpunkte der sozialwissenschaftlichen Diskussion, denn Rechtsextremismus und Fremdenfeindlichkeit sind, darin besteht weitreichender Konsens, multikausale Erscheinungsformen der Abwendung von der Demokratie.
Die folgenden Überlegungen gehen davon aus, daß die sozialen Beziehungen in den Betrieben als in der bisherigen Debatte zu wenig bedachte eigenständige Quelle der Herausbildung und der Formierung von Fremdenfeindlichkeit zu betrachten sind. Der Blick auf den Arbeitsprozeß in diesem Zusammenhang ist in der Geschichte der Sozialwissenschaften schon in den zwanziger Jahren gerichtet worden. Kracauer (1971), Jahoda (1975) und Fromm (1980) untersuchten noch vor 1933 verschiedene Aspekte betrieblicher Sozialbeziehungen, um die Anfälligkeit von Arbeitern und Angestellten für die NS-Propaganda zu untersuchen. Allerdings betrachteten sie das Deutsche Reich als ethnisch relativ homogene Gesellschaft, in der Xenophobie als Projektion entstand, nicht jedoch in den betrieblichen Konflikten zwischen den Ethnien. Kaum erforscht ist hingegen das Verhältnis zwischen ethnischen Gruppen im Betrieb und in Verwaltungen als eigenständige Quelle von ethnischen Konflikten und Fremdenfeindlichkeit in einem Gesellschaftstyp, den man als multikulturell oder multiethnisch bezeichnen könnte. Die unter Rationalisierungs- und Veränderungsdruck geratenen Arbeitsbezie-

* Die folgenden Anmerkungen basieren auf einigen theoretischen Überlegungen und empirischen Ergebnissen des DFG-geförderten Forschungsprojekts „Soziale Polarisierung und Stadtmodernisierung", das 1992-1995 am Institut für Sozialforschung durchgeführt wurde. In diesem Aufsatz wird aus Platzgründen auf detaillierte empirische Nachweise verzichtet. Der interessierte Leser sei verwiesen auf die in zwei Einzelbänden in der Reihe „Studien des Instituts für Sozialforschung" bei Campus erscheinenden Abschlußberichte (voraussichtlich Herbst 1996 bzw. Anfang 1997).

hungen unter Bedingungen einer weitreichenden Krise der Arbeitsgesellschaft bringen Bewegung in das Verhältnis zwischen Deutschen und Nicht-Deutschen. Diese Dynamik provoziert sowohl integratives, „multikulturelles" Miteinander als auch desintegratives, öffentlich wenig bekanntes Gegeneinander der Ethnien unter den Voraussetzungen verschärfter Konkurrenz um Arbeitsplätze. Über die in den konkreten Arbeitsbeziehungen sich formierenden Konflikttypen und -verläufe ist insgesamt gesehen wenig bekannt. Gerade darin liegen jedoch Gefahren einer Form von Fremdenfeindlichkeit, die sich eher leise, aber dauerhaft in die Arbeits- und Klientelbeziehungen einschleicht, die sich verfestigen könnte und die neue Strukturen der sozialen und ethnischen Diskriminierung schafft.

Die wenigen bisher vorliegenden Untersuchungen dieser Zusammenhänge haben deutlich gemacht, daß die in der Extremismus-Debatte geläufigen Grenzziehungen zwischen „Demokraten" und „Extremisten", „Rassisten" und „Antirassisten" usw. für die betriebliche Ebene wenig brauchbar sind. Dörre spricht selbst für die Gruppe der aktiven Gewerkschaftsmitglieder von „fließenden Übergängen zu autoritär-rechten Orientierungen" und von einem komplexen „Zwiespalt zwischen Modernität und Tradition" bei jungen Arbeitern (Dörre 1994: 170ff.). Dörres wie auch andere neuere empirische Untersuchungen (v.Freyberg 1994, 1994a) legen es nahe, die konventionelle Begrifflichkeit (Rechtsextremismus, Rassismus, Fremdenfeindlichkeit) mit sehr großer Vorsicht zu benutzen, denn: „Fremdenfeindlichkeit" in den Betrieben ist – so lautet die hier vertretene These – in ihren Erscheinungsformen und Ausmaßen stark abhängig vom betrieblichen Kontext, von der Struktur der Arbeitsbeziehungen und daraus resultierenden Konfliktpotentialen und -eskalationen mit ethnischen Hintergründen. Spannungen zwischen Deutschen und Nicht-Deutschen am Arbeitsplatz sind keineswegs naturwüchsig, sie reagieren vielmehr – vermittelt durch den betrieblichen Kontext – auf gesellschaftliche Veränderungen. Es sind vor allem drei politisch-gesellschaftliche Entwicklungen, welche die Dynamik einer veränderten Konstellation in den Betrieben und Verwaltungen überlagern.

1) Seit Mitte der siebziger Jahre befindet sich die Bundesrepublik in einer Phase der sozialen Polarisierung, die durch die Vereinigung 1989/90 noch verschärft wurde. Einige zentrale Begriffe der sozialwissenschaftlichen Debatte (Zwei-Drittel-Gesellschaft, Individualisierung, soziale Polarisierung) verweisen auf Veränderungen einer dynamischer gewordenen Sozialstruktur, die begleitet werden von einer Krise der Arbeits- und Wohnungsmärkte und der öffentlichen Finanzen, welche die soziale Teilhabe des unteren Drittels gefährdet. „Soziale Polarisierung" meint also nicht nur die Ausweitung des oberen und des unteren Drittels der Gesellschaft – um es vereinfacht auszudrücken –, sondern der Begriff verweist auf den Prozeß einer unter Druck geratenen Sozialstruktur.

Kontroverse Debatten reflektieren den Verlauf sozialer Polarisierung in Deutschland. Die Diskussion über die Armutsentwicklung hat – auf bescheidenen empirischen Grundlagen – zu zwei unterschiedlichen Paradigmen geführt. Die wachsende Armut im unteren Drittel der Gesellschaft kann mit guten Gründen als Zeichen einer dauerhaften, sich verfestigenden Abkoppelung einer wachsenden Zahl von Menschen von dem Wohlstandszentrum der Gesellschaft verstanden werden (Hanesch u.a. 1994). Nicht zuletzt die größer werdende Gruppe der Langzeitarbeitslosen ist ein Indiz dafür.

Diese Interpretation basiert auf einem ressourcenbezogenen Ansatz, der die relative Unterversorgung bestimmter sozialer Gruppen in wichtigen Bereichen – Wohnen, Einkommen, Bildung, Berufs- und Arbeitsmarktchancen – zu einem umfassenden Armutsbild verdichtet. Im Gegensatz dazu gibt es jedoch auch Hinweise auf die große Fluktuation der Armutspopulation, die der These einer dauerhaften Verarmung identischer Gruppen widerspricht und auf die Flexibilität des Armutsrisikos hinweist (Zwick 1994; Bieback/Milz 1995). Dieser Ansatz stützt sich auf das Konzept der temporär eingrenzbaren Lebenslagen und betont die Besonderheiten und die Vielfalt des Armutsrisikos, das in einer individualisierten Gesellschaft nicht mehr auf bestimmte soziale Gruppen eingeschränkt werden könne. Für unseren Zusammenhang bleibt indes festzuhalten: Beide Interpretationsvarianten stützen die These einer wachsenden sozialen Polarisierung.
Die Debatte um die nachlassende soziale Integrationskraft der Gesellschaft nennt die Pluralisierung der alten sozialen Milieus, die Individualisierung und die Entkoppelung von sozialen Lagen und den entsprechenden Mentalitätsformen als historische und gesellschaftliche Triebkräfte sozialer Desintegration (Vester 1993: 73). Sie wird motiviert durch heterogene Gruppen, die sich dem „mainstream" verweigern, etwa im Bereich der Jugendlichen und der politischen Apathie, aber auch im Bereich der nicht-deutschen Wohnbevölkerung. Anstöße erhält sie darüberhinaus von der Krise der sozialen Sicherungssysteme und der lokalen Sozialpolitik. Als Folge davon können Betroffene immer schwerer erreicht werden, städtische soziale Brennpunkte werden zu Kristallisationszentren von Gettoisierungstendenzen. Richtet man hingegen den Blick auf die makropolitischen Akteure, so betont die Debatte um die soziale Integration die Schwächen der politischen und intermediären Instanzen in einer pluralistischen Gesellschaft, in der Legitimationspolitik und Bindewirkungen perspektivisch dem Zerfall ausgesetzt seien.

2) Der als Prozeß verstandene Trend einer sozialen Polarisierung hat Folgewirkungen für die Struktur der sozialen Ungleichheit. Die Einkommensschere öffnet sich weiter, die Konkurrenz um knappe Güter (Arbeitsplätze, Wohnungen) wird härter. Das zentrale Legitimationsmuster für soziale Ungleichheit im Betrieb gerät unter Druck: Qualifikation, Leistung und erreichte berufliche Position sowie formale Gleichheit und universalistischer Wettbewerb legitimieren „offiziell" die Spannbreite sozialer Ungleichheit in Betrieben und Verwaltungen. Geschlechtsspezifische, ethnische oder Alterskriterien dürfen keine Rolle spielen, wenn es um Leistung und Qualifikation geht. Dieses „meritokratische Prinzip" ist als Grundmuster sozialer Selektion und sozialer Ungleichheit weitgehend akzeptiert, doch es scheint, daß die Krise der Arbeitsgesellschaft dieses Prinzip aushöhlt und damit zugleich die Legitimation sozialer Ungleichheit in den Betrieben. Die Armutsberichterstattung der zurückliegenden Jahre zeigt deutlich, daß bestimmte Gruppen von Ausschlußmechanismen besonders hart betroffen sind: Wenn Alte, Frauen und Ausländer stärker von Arbeitslosigkeit betroffen sind, so widerspricht dies dem meritokratischen Prinzip einer „Leistungsgesellschaft" und heizt den Konkurrenzkampf an zwischen Männern und Frauen, Alten und Jungen, vor allem aber zwischen Deutschen und Nicht-Deutschen. Askriptive und für subjektive Deutungen besonders wichtige Merkmale wie Nationalität, Sprache, Religion, Herkunft, Kleidung usw. können in den Verteilungskonflikten wichtiger werden (Esser

1988) und das meritokratische Prinzip aufweichen. Dies aber bedeutet in der Konsequenz eine Verstärkung von Schließungsprozessen auf der einen und eine Stabilisierung oder gar Radikalisierung der „ethnischen Kolonien" (Heckmann 1994).

3) Die ungeklärte Entwicklung der Zuwanderung ist die dritte makrotheoretische Variable einer veränderten Konstellation in den Betrieben. Ein tiefgreifender gesellschaftlicher Widerspruch hat sich in die Arbeitsbeziehungen eingenistet: Offiziell versteht sich die Bundesrepublik als eine ethnisch homogene Gesellschaft, in der Ausländer einen Gaststatus einnehmen, dem wie selbstverständlich der Imperativ weitreichender Assimilation beigegeben ist. Die Realität – zumindest in den westlichen Ballungsräumen – ist freilich die einer multiethnischen Konfliktgesellschaft mit ethnisch und generationsspezifisch stark differenzierter und eingeschränkter Assimilationsbereitschaft.
Zu dieser Realität gehört das Aufbrechen der über Jahrzehnte hinweg seit der ersten Gastarbeiter-Generation ausgefüllten Rolle der Arbeitsmigranten. Sie besetzen zunächst „rasch und innovativ die ihnen zugänglichen Positionen, sofern sie mit generalisierten Belohnungen verbunden sind, und sie bleiben relativ widerstandslos aus Bereichen heraus, die schon von den Einheimischen beansprucht werden" (Esser 1988: 245). Diese Regelhaftigkeit von Prozessen der Arbeitsmigration wird von zwei Seiten her ein Stück weit aufgelöst: Auf der einen Seite reklamieren die gut ausgebildeten, weitgehend assimilierten jungen Migranten der dritten Generation die gut bezahlten, bisher Deutschen vorbehaltenen Positionen des tertiären Sektors, und auf der anderen Seite beansprucht eine sehr heterogene Gruppe von Zuwanderern (Aussiedler, Asylbewerber, Bürgerkriegsflüchtlinge) materielle und soziale Teilhabe und wird von vielen als Bedrohung für das soziale Sicherungssystem angesehen.
Zu den zeithistorischen Rahmenbedingungen einer Analyse von Ethnisierungsprozessen in der Arbeitswelt gehört die generationsspezifische Betrachtung der Geschichte der Arbeitsmigration in Deutschland. Sie ist geprägt von einer zunehmenden Heterogenität der nicht-deutschen Minderheiten, indem die Loyalitäten zur Herkunftskultur tendenziell schwächer werden – beginnend mit der zweiten Migranten-Generation, die kaum noch eine „Gäste"-Mentalität aufweist – die Loyalitäten zu Wertmustern der deutschen Gesellschaft hingegen teils sozialintegrativ voranschreiten, teils aber auch durch Ausgrenzungsprozesse blockiert werden, etwa durch die ausgrenzende politische Negation der Zuwanderungsgesellschaft. Ebenso deutlich hingegen ist der allmähliche sozialstrukturelle „Einbruch" der Migranten, zumal in den westdeutschen großstädtischen Ballungsräumen, in die soziale Hierarchie durch wachsende berufliche Qualifikation, wachsende Anzahl der Selbständigen und wachsendes Selbstbewußtsein der Migranten beim Einklagen ihrer Rechte. Umgekehrt sind „Ausländer" aber auch weiterhin am meisten von Armut und beruflicher Dequalifikation betroffen. Die Gruppe der relativ etablierten ehemaligen Gastarbeiter und deren Kinder und Enkel sind im unteren Teil der sozialen Schichtung deutlich überrepräsentiert. Mitte der achtziger Jahre gehören 60 Prozent der Ausländer in Deutschland zu den Haushalten un- und angelernter Arbeiter (Deutsche: 17 Prozent, vgl. Geißler 1992: 156ff.). Ihre Lebenschancen waren und sind stärker eingschränkt durch Arbeitslosigkeit, unsichere Arbeitsplätze, schlechte Wohnungen, gesundheitliche Risiken am Arbeitsplatz und geringe Bildungsmöglichkeiten.

Soziale Polarisierung und nicht mehr nur „meritokratisch" legitimierte soziale Ungleichheit unter Bedingungen einer ungeklärten Zuwanderung sind die entscheidenden strukturellen Gegebenheiten, in die das Miteinander (oder Gegeneinander) der Ethnien in den Betrieben und Verwaltungen eingezwängt ist. Hinzu treten die in den neunziger Jahren durch die Asyldebatte verstärkte Ethnisierung sozialer Konflikte (Jaschke 1992; Radtke 1996): Nicht die soziale Rolle als Taxifahrer, Arbeiter oder Sozialhilfeempfänger prägt die Debatte über Ausländer, sondern die kulturelle Differenz und das Anders-Sein der Nicht-Deutschen. Eine genauere und exemplarische Betrachtung am Beispiel zweier Berufsgruppen des öffentlichen Dienstes setzt die Berücksichtigung von allgemeinen ethnischen Konflikttypen voraus, die unabhängig von konkreten historischen Entwicklungen moderne Zuwanderungsgesellschaften kennzeichnen.

2. *Zur Struktur multiethnischer Arbeitsbeziehungen*

Die Konfliktebene zwischen deutschen und nicht-deutschen Arbeitnehmern besteht im Wesentlichen in zwei Handlungszusammenhängen:

1) Konflikte um die soziale und materielle Teilhabe beziehen sich auf die Entlohnung, soziale Leistungen, Wohnraumversorgung, den beruflichen Status, Positionskämpfe innerhalb der betrieblichen Hierarchie und die Chancengleichheit beim Erwerb von materiellen Gratifikationen. Klassische Verteilungskonflikte dieser Art sind kein Spezifikum multikultureller Arbeitsbeziehungen, sie gelten prinzipiell für alle abhängig Beschäftigten. Einen besonderen Charakter gewinnt dieses Anspruchsgeflecht in dem Augenblick, wo die „meritokratische Triade" unter Druck gerät, wenn also Nicht-Deutsche stärker von Entlassung bedroht sind, wenn sie Diskriminierungsängste äußern und wenn umgekehrt Deutsche das Aufbrechen der „meritokratischen Triade" forcieren, um unter Verweis auf askriptive Merkmale eigene Ansprüche gegen diejenigen der Nicht-Deutschen durchzusetzen. Der eigentliche Konfliktherd besteht in diesem Fall im Wechsel des Legitimationsprinzips: Der Rückzug auf „angeborene" Kriterien, die nicht genommen werden können (ethnische und nationale Zugehörigkeit) setzt die traditionellen, funktionalistischen Regeln innerbetrieblicher Konkurrenz außer Kraft und betreibt die Aufwertung der eigenen Ethnie und zugleich den potentiellen Ausschluß der Nicht-Dazugehörigen, deren Rückzug auf die eigene ethnische Gemeinschaft auf diese Weise noch vorangetrieben wird.
Dieser Konflikttypus erweitert die betrieblichen Hierarchien um eine weitere Dimension: Wenn ethnische Zugehörigkeit eine Rolle spielt bei Beförderungen, Entlassungen, bei innerbetrieblicher Qualifikation und bei der Zuteilung angesehener oder weniger angesehener Arbeit, dann werden meritokratisch legitimierte Hierarchien überkreuzt von ethnischen Beziehungs- und Solidar- (bzw. Konflikt)gemeinschaften. Ausschlußmechanismen und der Rückzug auf die eigene Bezugsgruppe sind dann naheliegende Folgen.

2) Bei Konflikten um die kulturelle Teilhabe geht es um Feiertage, religiöse Praxis und alltägliche Lebensrhythmen, um Sitten und Gebräuche von Minderheitenkulturen unter Bedingungen einer mehr oder weniger fremden hegemonialen Mehrheitskultur.

Sie stehen in einem prinzipiellen, mehr oder weniger großen Spannungsverhältnis zur Rationalität der Betriebe. Umgekehrt kann bei den Trägern ebendieser Mehrheitskultur diese Dominanz als beeinträchtigt, bedroht oder gefährdet angesehen werden durch die kulturelle Praxis der Migranten. Die Ebene kultureller Konflikte und kultureller Autonomie ist nach der einen Seite hin der Gradmesser für den Umgang mit Minderheiten, für die Liberalität und Toleranz der Mehrheitsgesellschaft, nach der anderen Seite hin ein Gradmesser für die Öffnungs- und Integrationsbereitschaft der ethnischen Minderheiten. Rassismus und Ausgrenzung auf der einen, fundamentalistischer Rückzug auf der anderen Seite sind Eck- und Endpunkte einer mißlungenen sozialen Integration. Auseinandersetzungen um kulturelle Praktiken sind immer auch Kämpfe um das legitime Ausmaß an noch zu erduldender Fremdheit, um Perspektiven der Integration und des Ausschlusses.

Bei Identitätskonflikten schließlich, die auf das Engste mit Fragen der kulturellen Praxis verbunden sind, geht es, dramatisch ausgedrückt, um Sein oder Nichtsein, um die grundsätzliche Frage der Assimilation. Sprache, Kleidung/Aussehen und alltägliches Verhalten sind unmittelbare Indikatoren für den Prozeß der Assimilation einerseits, für die Frage des Dazugehörens und des Ausschlusses andererseits. Diese Ebene umfaßt auch die sehr persönlichen Risiken der Demütigung, des Verletzt-Seins, der möglichen vielfältigen Kränkungen. Während Kulturkonflikte in den Betrieben eher die betrieblichen Abläufe insgesamt tangieren (Arbeitszeiten, Urlaubsregelungen, Arbeitstempo, Leistungsbereitschaft, Bildung von Solidargemeinschaften, Elemente des „Klassenbewußtseins"), spielen Identitätskonflikte eher auf der kollegialen und individuellen Ebene, in den zwischenmenschlichen Beziehungen eine bedeutende Rolle. Sie berühren nicht Sach- oder Einzelfragen, sondern die Gesamtheit der personalen Existenz in der fremden Kultur.[1]

Um die hier angedeuteten theoretischen Annahmen an konkreten empirischen Beispielen zu diskutieren, scheint die Unterscheidung einer betriebsinternen und einer betriebsexternen Ebene sinnvoll, denn sie kommt einerseits der Realität einer multiethnischen Arbeitswelt näher und andererseits erlaubt sie eine weiter differenzierte Betrachtung. Der betriebsinterne Blick konzentriert sich auf die Arbeitsbeziehungen von Deutschen und Ausländern im Betrieb selbst, auf Konfliktherde, -verläufe und auf Strategien des Umgangs mit ihnen. Das betriebsexterne Beispiel betrachtet die Arbeitsbeziehungen zwischen Deutschen und Nicht-Deutschen aus einer anderen Perspektive: Dabei geht es um Ausländer als Klientel. Für die Innenbeziehung wird das Beispiel der Müllarbeiter in Frankfurt/Main gewählt, für die Außenbeziehung das Beispiel der Schutzpolizei in Frankfurt/Main. Beide Fallstudien beziehen sich auf einen großstädtischen Kontext, in dem multiethnische Konflikte deutlicher sich abzeichnen als in ländlichen Regionen und beide betrachten Betriebe des öffentlichen Dienstes. An den Schnittstellen zwischen Staat und Gesellschaft in urbanen Ballungsräumen zeigen sich, so unsere Vermutung, die multiethnischen Problemlagen besonders deutlich.

---

1 Auf der individuellen Ebene erscheinen Identitätskonflikte als wichtige Ursachen für Gewaltbereitschaft und fundamentalistische Orientierungen bei Migranten. Loch hat dies am Beispiel der Biographie eines von der Polizei erschossenen jungen Maghrebiners aus Lyon, der sich zum Terroristen entwickelt hatte, eindrucksvoll geschildert (vgl. Loch 1995).

3. *Ausländer als Kollegen*[2]

In der Frankfurter Müllabfuhr häuften sich zu Beginn der neunziger Jahre innerbetriebliche Konflikte. Ausgangspunkt war ein überdurchschnittlich hoher Krankenstand, der durch die spezifischen Arbeitsbelastungen allein nicht erklärbar war. Mit der Zunahme der Fehlzeiten wuchs der Streß auf allen Ebenen der Hierarchie. Die Konflikte zwischen Vorgesetzten und Untergebenen und unter den Kollegen nahmen an Intensität zu und beeinträchtigten das Betriebsklima. Schließlich war kaum noch zu klären, ob das Betriebsklima so unerträglich war, weil der hohe Krankenstand und die ständige Personalknappheit alle unter Streß setzte oder ob die Fehlquote so hoch war, weil das schlechte Betriebsklima die Kollegen krank machte.

Die Müllabfuhr brauchte wegen des hohen Krankenstandes in verstärktem Ausmaß sogenannte „Springer", Arbeiter, die nicht einem festen Wagen und einem festen Team zugeordnet sind, sondern dort aushelfen, wo gerade ein Mann fehlt. Dies setzt gute Kenntnis der Touren voraus und die flexible soziale Kompetenz, mit unterschiedlichen Teams am Wagen zusammenarbeiten zu können. Springer waren jedoch keineswegs besonders gut qualifizierte Kollegen, denn betriebsintern wurde die Arbeit als Springer eher geringgeschätzt. Sie waren Lückenbüßer, in einer schwachen Position in der Gruppe und gehörten eher zu den Neuen und Jungen, zu denen, die sich noch nicht gut auskannten, zu den häufig Kranken und Unzuverlässigen, die von ihren Vorgesetzen zum Springer degradiert wurden.

Damit war ein Teufelskreis installiert. Wer besonders häufig fehlte, konnte damit rechnen, den Schutz des Teams zu verlieren und ans untere Ende der betrieblichen Hierarchie herabgestuft zu werden. Wer dann Springer war, litt besonders unter den Arbeitsbelastungen wegen des ständigen Personalmangels mit den Folgen, daß der Krankenstand anstieg und noch mehr Kollegen „springen" mußten. Die Ethnisierung dieses arbeitsorganisatorischen Konfliktes war nahezu zwangsläufig, weil in der Frankfurter Müllabfuhr wie selbstverständlich die Vorgesetztenpositionen weitgehend von Deutschen besetzt wurden, so daß die Springerpositionen den ausländischen Kollegen vorbehalten waren. Indem also die Figur des Springers als Instrument der Disziplinierung fungierte, wurde zugleich und de facto der ausländische Springer bzw. der ausländische Kollege Opfer von Disziplinierungsmaßnahmen.

In der Urlaubsregelung wurde eine komplexere Form der institutionellen Diskriminierung sichtbar. Handelt es sich beim Springer eher um den klassischen, oben angedeuteten Konflikt um materielle Teilhabe in Form von Rangordnungskämpfen, so treten bei den Auseinandersetzungen um die Urlaubsregelung Elemente kultureller und identitärer Konflikte hinzu. Unter Berücksichtigung des Gebotes formaler Gleichbehandlung aller stellt ein Rotationsverfahren sicher, daß alle Kollegen die gleiche Chance haben, in regelmäßigen Abständen während der Schulferien Urlaub zu nehmen. Dennoch wirkt diese Regelung diskriminierend: Die Familien mit Kindern und die ausländischen Kollegen mit langen Heimfahrten sind objektiv benachteiligt. Selbst eine demokratische, formale Gleichbehandlung führt zu einem Dilemma, indem eine bestimmte Gruppe objektiv benachteiligt wird und eine neutrale Regelung so unweigerlich zu Ethnisierungsprozessen führt. Die Konflikte um die gerechte Urlaubsrege-

2 Vgl. zum folgenden Abschnitt Freyberg (1996).

lung, der Anspruch der ausländischen Kollegen, hier Sonderrechte geltend machen zu können, waren ein zentrales Feld, in dem deutsche Kollegen feindselige Zurückweisungen formulierten. Übersehen wurde dabei die kulturelle und identitäre Substanz der Erwartungen und Forderungen der ausländischen Kollegen: die besondere Rolle der familiären Beziehungen in den Orientierungsmustern und Lebensplanungen der Migranten und ihre Bedeutung für die Arbeitsmotivation und die Berufszufriedenheit.
Eine dritte Konfliktstruktur kann als der bedeutendste innerbetriebliche Faktor von struktureller Diskriminierung betrachtet werden: Der leistungspolitische Kompromiß benachteiligt die Schwächsten, die Springer und Lader und wirkt damit wiederum als objektiv wirksame Strategie der Ethnisierung gegen die ausländischen Beschäftigten. Die Teams am Müllwagen haben weitgehend freie Hand in der Zeitdisposition, sie können also durch geschickte Arrangements Zeit einsparen. Diese Vorteile bezahlen sie durch insgesamt steigenden Arbeitsdruck wegen der Ausweitung der Touren, Erhöhung der Tonnenzahl usw. Verlierer des leistungspolitischen Kompromisses sind zwangsläufig einmal mehr die Lader und Springer, denn sie stehen relativ weit abseits der Absprachen innerhalb der mittleren Vorgesetztenebene. Diese Form der Selbstregulierung kann zum Multikplikator für personell vermittelte Macht, Diskriminierung, Willkür und Tyrannei werden. Sie wird zum Nährboden für ethnische Diskriminierungen, wenn die Belegschaft diese Selbstregulierung nicht mehr oder nur noch unter den Bedingungen harter gegenseitiger Repression schafft und die hierarchisch bedingte Ungleichheit innerhalb der Belegschaft zugleich eine ethnische ist, wenn also, wie bei der Frankfurter Müllabfuhr, die Trennlinien zwischen oben und unten mit denjenigen zwischen deutschen Vorgesetzten und ausländischen Untergebenen zusammenfallen.
Zusammengefaßt sind es diese drei Faktoren innerbetrieblicher Arbeitsbeziehungen, welche diskriminierende Folgewirkungen und eine spezifische Ausprängung sozialer Ungleichheit für die ausländischen Beschäftigten nach sich ziehen: Springer- und Urlaubsregelung sowie der leistungspolitische Kompromiß. Die objektive Wahrnehmung des Springers als schlecht angepaßtem, unzuverlässigem, häufig krankem Untergebenen und letztem Glied in der Hierarchie macht ihn zum potentiellen Lastesel und Sündenbock für die Teams. Durch die Besetzung dieser Rolle mit ausländischen Arbeitern verwandelt sich die arbeitsorganisatorische Diskriminierung des Springers in die ethnische Benachteiligung des ausländischen Kollegen. Der leistungspolitische Druck gerade auf die unteren Ebenen der Hierarchie und die Konflikte um die Urlaubsregelung bewirken eine umfassende Struktur der Diskriminierung. Das Interviewmaterial bestätigt denn auch die Vermutung von ethnisch polarisierten Deutungen innerhalb der Belegschaft.
Auf deutscher Seite hieß es: „Sie sind faul, die Ausländer, die Springerkanaken. Sie haben keine Arbeitsmoral, keine Verantwortung für ihre Arbeit. Wenn ihnen was nicht paßt, machen sie gleich krank. Sie drücken sich, wo sie können. Werden sie mal von den Vorgesetzten kritisiert, sind sie sofort beleidigt und beschimpfen uns als Rassisten und Faschisten". Und, gleichsam als Resümee: „Daran sieht man doch, die Ausländer taugen nicht zum Vorgesetzten, bestenfalls zum Springer".
Auf der Seite der ausländischen Kollegen dagegen hieß es: „Sie diskriminieren uns. Wir müssen die härteste und unangenehmste Arbeit machen. Nur 'Ali', 'Kameltreiber', 'Kanake' hören wir. Wir machen denen die Arbeit, die aber sind faul, lassen uns schaffen. Sie sind Rassisten, Faschisten, und wenn man sie kritisiert, dann kehren sie

sofort den Vorgesetzten heraus". Ein Resümee aus dieser Sicht lautete: „Daran sieht man, wir können noch so gut sein, als Ausländer haben wir nie eine Chance hochzukommen, gar selber Vorarbeiter zu werden".

Für unsere Ausgangsfragestellung nach der Bedeutung von innerbetrieblichen Arbeitsbeziehungen für die Entstehung von Fremdenfeindlichkeit war die Frage von großer Bedeutung, ob sich die geäußerten Meinungen zu einem umfassenderen fremdenfeindlichen Orientierungsmuster verdichten. Vor dem Hintergrund von Gruppendiskussionen und einer schriftlichen Befragung von rund 120 deutschen Müllarbeitern können die Ergebnisse thesenförmig wie folgt zusammengefaßt werden. Bezogen auf die Zustimmung zu autoritären, ethnozentristischen und diskriminierenden Statements, die einen primären Zusammenhang mit der alltäglichen Erfahrungswelt repräsentieren, zeigt sich – zumal bei den gewerkschaftsnahen Arbeitern – ein deutliches fremdenfeindliches Potential. 72 Prozent jener, die die Gewerkschaften heute für notwendiger halten als früher, stimmen dem Stadtbild zu: „Frankfurt ist eine Stadt mit zu vielen Ausländern". 22 Prozent dieser Gruppe empfinden im Alltag Menschen ausländischer Herkunft als störend. Nur eine Minderheit von fünf Prozent lehnt das diskriminierende Statement ab. „Bei der Besetzung von Vorgesetztenstellen sollen zuerst deutsche Beschäftigte berücksichtigt werden", nur 14 Prozent lehnen das Statement ab: „Bei Personalabbau und Entlassungen sollte zuerst den ausländischen Arbeitern gekündigt werden". Breite Zustimmung (41 Prozent) fanden Statements, denen zufolge es viel schwerer ist, mit ausländischen Kollegen zusammenzuarbeiten. Durchaus vereinbar ist es für viele Arbeiter, „im Alltag Menschen ausländischer Herkunft als nicht störend" zu akzeptieren und dennoch deutliche, abwertende Vorbehalte gegen ihre ausländischen Kollegen und deren Einstellungen zur Arbeit zu artikulieren. Etwa 20 Prozent dieser Teilgruppe nennen jeweils als Grund für Kooperationsschwierigkeiten mit ausländischen Kollegen deren mangelnde Unterordnungsbereitschaft und ihre Art, sich von deutschen Kollegen abzusondern. 25 Prozent und mehr werfen den ausländischen Kollegen mangelndes Pflicht- und Verantwortungsbewußtsein vor und die Hälfte jener Befragten, die sonst im Alltag Ausländer als „nicht störend" empfinden, kritisiert an ihnen, daß sie „bei Konflikten überempfindlich sind".

Diese Befunde belegen keineswegs ein tiefsitzendes und verfestigtes fremdenfeindliches Syndrom. Sie deuten vielmehr darauf hin, daß die objektive Zunahme innerbetrieblicher Konflikte zwischen Deutschen und Nicht-Deutschen dazu führt, daß auch in den subjektiven Deutungen der Betroffenen Ethnisierungsprozesse eingesetzt haben. Zwar fanden sich auch auf der allgemeinen Ebene politischer Einstellungen Hinweise für eine verbreitete Bereitschaft zum Ausschluß von Zuwanderern aus wohlstandschauvinistischen Motiven heraus, doch der Zusammenhang von primären Arbeitserfahrungen und Fremdenfeindlichkeit scheint uns offensichtlich und diskussionswürdig. Zwei theoretische Folgerungen lassen sich an dieser Stelle andeuten.

Die Befunde verweisen zum Einen auf die begrifflichen Schwächen der Extremismusdebatte. Die Orientierungsmuster der Müllarbeiter gegenüber den ausländischen Kollegen und gegenüber den allgemeinen Fragen der multikulturellen Gesellschaft lassen sich mit den Begriffen „rechtsextremistisch", „fremdenfeindlich" oder „rassistisch" nicht oder nur unzureichend beschreiben. Treffender wäre vielleicht die heuristische Konstruktion einer betriebsbedingten „Bereitschaft zur ethnischen Diskriminierung", die jedoch keineswegs mit den klassischen Stereotypen der Xenophobie verbunden sein muß.

Zum anderen geben die Befunde für die Ursachendebatte einige Hinweise. Die ethnische und kulturelle Differenz als solche erscheint nicht als der eigentliche Konfliktherd. Der betriebliche Kontext der ethnisch gekreuzten, sich in asymmetrischer Richtung bewegenden Struktur der Arbeitsbeziehungen scheint vielmehr der nicht ursächliche, aber der auslösende Faktor „fremdenfeindlicher" Orientierungen zu sein, er weckt die Bereitschaft zur ethnischen Diskriminierung. In diese Orientierungsmuster sind freilich gesellschaftliche Einflüsse eingelagert, die mit der Krise der Arbeitsgesellschaft in Zusammenhang zu bringen sind. Soziale Polarisierung und ungeklärte Zuwanderung führen zum Aufweichen der „meritokratischen Triade" und fördern die Bereitschaft, nach Kriterien der Hautfarbe und der Herkunftskultur zu selektieren, sie unterstützen ein ethnozentristisches, wohlstandschauvinistisches Selbstverständnis.

4. Ausländer als Klientel

Eine Reihe von öffentlichen Betrieben und Verwaltungsstellen beschäftigt sich ausschließlich, überwiegend oder zumindest häufig mit Nicht-Deutschen: Die ungezählten deutschen Bediensteten bei Ausländer-, Sozial-, Jugend-, Arbeits- und Wohnungsämtern, Sozialstationen in den großen Städten, städtischen Kindergärten, Haupt- und Sonderschulen, in Asylbewerberheimen und Justizvollzugsanstalten bearbeiten Ausländer in je spezifischer Rollenzuweisung. Auch dort, wo das Verhältnis von Deutschen und Nicht-Deutschen nicht professionell, sondern auf migrationsbedingter Kollegialität beruht, ist die Konfliktdynamik unübersehbar. So etwa in der Baubranche, wo ausländische Billiganbieter die Konkurrenzverhältnisse am Arbeitsmarkt verschärfen und damit auch ethnische Konflikte provozieren. Die sich dabei alltäglich formierenden Bilder, Erfahrungs- und Einstellungsmuster und die multiethnischen Konfliktmuster zwischen deutschen Amtsautoritäten und ausländischer Klientel gehören zur terra incognita der sozialwissenschaftlichen Diskussion. An diesen wichtigen Schnittstellen zwischen Staat und Gesellschaft bilden sich jedoch Sichtweisen der neuen Heimat oder des Gastlandes auf der einen und mit Autorität versehene Handlungsroutinen auf der anderen Seite. Das Interaktionsgeflecht bei diesen Behörden entscheidet nicht unwesentlich darüber, wie das Verhältnis zwischen Deutschen und Nicht-Deutschen alltäglich funktioniert und ausgestaltet wird. Das Beispiel der städtischen Schutzpolizei verleitet zu der Annahme, daß sich hier in besonderem Maße Fremdenfeindlichkeit generiert, denn die vorurteilsbehafteten, medial vermittelten gesellschaftlichen Bilder des kriminellen fremden Eindringlings verwandeln sich im Arbeitsalltag der Polizei in die Realität des ausländischen Tatverdächtigen. Bornewasser/Eckert (1995: 90) sprechen von einer Kumulation spezifischer Belastungen, die zu Fremdenfeindlichkeit von Polizeibeamten führe: „Die 'Sinnlosigkeit' des Alltagshandelns einer Vielzahl von ausländischen Straftätern gegenüber, die Demütigung durch deren Wissen von der Folgenlosigkeit polizeilichen Handelns und die Vorstellung, daß das Rechtssystem hier keine 'Gerechtigkeit' schaffen kann, sind eine Legitimation rechtlich nicht gedeckter Übergriffe ('Selbstjustiz') – um so mehr, je länger diese Erfahrungen andauern".

Die hohe und im längerfristigen Vergleich ansteigende Zahl nicht-deutscher Tatverdächtiger bedeutet für Frankfurter Polizeibeamte häufigere Arbeitskontakte mit dieser Klientel. Im Jahr 1993 sind in den Akten 30.000 ausländische Tatverdächtige verzeichnet, im Jahr 1985 waren es nur 11.500.[3] Obwohl das formale Gleichbehandlungsgebot eine unterschiedliche Behandlung deutscher und nicht-deutscher Tatverdächtiger ausschließt, haben sich unterhalb dieses Gebots doch zwei Ebenen von Handlungsorientierungen herausgeschält, die eine Ethnisierung der Klientel durch die Polizei bewirken: Die Makroebene der öffentlichen Meinung macht ausländische Tatverdächtige insgesamt, aber auch Teilgruppen wie Asylbewerber oder rumänische Diebesbanden zu unerwünschten Kostgängern des Sozialstaats, zu Parasiten und zu einer Bedrohung der öffentlichen Ordnung, so daß die Polizei schon dadurch einem besonderen öffentlichen Druck unterliegt. Die zweite Ebene betrifft die tatsächlichen Arbeitsbelastungen. Hier unterscheiden sich die Fälle teilweise erheblich. Sprachprobleme, „fremde" Verhaltensweisen und ausländer- und asylrechtliche Komplikationen führen zu einem größeren bürokratischen Aufwand und zu schwerer kalkulierbaren Kommunikationssituationen, so daß der steigende Anteil nicht-deutscher Tatverdächtiger zu größeren Arbeitsbelastungen führt.

In sozialen Brennpunkten wie der Drogenszene, benachteiligten Stadtteilen mit hoher ausländischer Wohnbevölkerung und im Umfeld von Asylbewerberunterkünften verdichten sich die Arbeitsbelastungen sowohl für die beteiligten Revierbeamten als auch für polizeiliche Sondergruppen. Auf diese Weise kann sich ein eigentümliches Handlungsgeflecht ergeben, wobei die direkte Ebene der asymmetrischen Kommunikation unterfüttert ist von unausgesprochenen sozialstrukturellen Hintergründen, die in die Kommunikation eingehen, aber dennoch keinen offiziellen Rang einnehmen: Ausländische Tatverdächtige sind nicht selten von schweren Schicksalen betroffen (Bürgerkriegsflüchtlinge, Armutsmigranten, Langzeitarbeitslose usw.) und gehören zur sozialen Unterschicht. Polizisten sind für diese Gruppe weniger „Freund und Helfer" denn ein wichtiger und personifizierbarer Teil staatlicher Repression. Umgekehrt potenzieren sich allgemeine Arbeitsbelastungen wie Schichtdienst, weite Entfernungen zwischen Wohn- und Arbeitsort, Personalmangel und mangelnde Kooperation mit anderen Behörden (Sozialarbeit, Justiz, Ausländerbehörde), fehlende dienstliche Fortbildung und relativ geringe Bezahlung zu einer den schwierigen Kommunikationsbedingungen nicht angemessenen Arbeitsorientierung, die den Primat der Sanktion und der Amtsautorität deutlich in den Vordergrund schiebt und die Aspekte der Prävention und der Konfliktvermeidung nachrangig werden läßt. Auf diese Weise kann sich eine wechselseitige Ethnisierung sozialer Beziehungen herausbilden, deren Konfliktpotential einen deeskalierenden, vernünftigen und demokratischen Umgang miteinander eher verhindert.

Rechtsextremismus und Fremdenfeindlichkeit in den Reihen der Polizei sind als re-

---

3 Polizeipräsidium Frankfurt/Main (1993: 210). Innerhalb der Gesamtgruppe der nicht-deutschen Tatverdächtigen beträgt der Anteil der in Frankfurt gemeldeten ausländischen Arbeitnehmer, Gewerbetreibenden, Schüler und Studenten – des Kerns der in Deutschland lebenden Ausländer – nur 9 Prozent. Die restlichen gut 90 Prozent und damit der überwiegende Hauptanteil der sogenannten „Ausländerkriminalität" entfallen auf die Gruppen Asylbewerber, Touristen/Durchreisende und „sonstige", Berechnung nach den Angaben in Polizeipräsidium Frankfurt/Main (1993: 220).

gressive Folgewirkungen eines weder in der Polizeiausbildung noch in der Polizeipraxis angemessen berücksichtigten Umbruches in der Klientel und den damit gegebenen neuen Anforderungen an den Polizeiberuf zu betrachten. Der politisch ungelöste Einwanderungskonflikt, die ethnische Unterschichtung der Gesellschaft durch mehr als dreißigjährige Arbeitsmigration, die Heterogenisierung der Migranten und deren Identitätskonflikte verlangen nach interkulturellen Sozial- und Handlungskompetenzen und nach der dauerhaften Reflexion höchst eindimensionaler Erfahrungshaushalte im dienstlichen Umgang mit verdächtigen Ausländern. Dies kann ein beachtlicher Teil der Polizeibeamten nur unzureichend erbringen, weil er in der Aus- und Fortbildung nicht darauf vorbereitet wird. Fremdenfeindliche Einstellungen und Attitüden können sich vor allem dann entwickeln, wenn folgende polizeilichen Erfahrungsfelder *zusammentreffen*:

- Wenn ein häufiger, ritueller Umgang mit der ausländischen Klientel das polizeiliche Tätigkeitsfeld beherrscht, charakterisiert durch Wahrnehmungsverzerrungen wegen erfahrungsbedingter Selektion und Interpretation von Erfahrungen, so daß ungerechtfertigte sozialstaatliche Bevorzugung vermutet wird (z.B. Asylbewerber). Es handelt sich um ein Klientel, das aufgrund seines Verhaltens überdurchschnittlich intensiven Arbeitsanfall verursacht, das gesellschaftlich ausgegrenzt wird und gleichzeitig über nur geringe Beschwerdemacht verfügt.
- Wenn sich ein bürokratischer Kontext herausgebildet hat, bei dem die notwendige Kooperation mit der Justiz, der Sozialarbeit, der Ausländerbehörde und städtischen Dienststellen als negativ oder gescheitert wahrgenommen bzw. der Staat insgesamt als unentschlossen und schwach gedeutet wird.
- Wenn ein Betriebsklima vorherrscht, bei dem das diskriminierende Alltagsverhalten gegenüber bestimmten ethnischen Gruppen und Minderheiten unterhalb der rechtsförmigen Ebene aus Gründen der Kameraderie und des Korpsgeistes goutiert oder geduldet wird.
- Wenn bei Dienstbesprechungen und in der Fortbildung diese Konflikte unberücksichtigt bleiben bzw. tabuisiert werden.
- Wenn das allgemeine politische und gesellschaftliche Klima bestimmte Ausländergruppen indirekt oder direkt als unerwünscht markiert, diskriminiert, stigmatisiert und als verfolgenswert hinstellt („Scheinasylanten", Sinti und Roma, „Russenmafia" usw.), und auf diese Weise eine neben der rechtsförmigen zusätzliche zweite Legitimationsebene für repressives Vorgehen eröffnet wird bzw. hartes Vorgehen als gesellschaftlich erwünscht aufgefaßt werden muß – artikuliert z.B. in den „Stammtisch-Mentalitäten" und der Boulevard-Presse. Fremdenfeindliche Orientierungs- und Verhaltensmuster sind angesichts dessen rückwärts gewandte Rationalisierungsmechanismen, die das komplex gewordene Feld der ethnisch-kulturellen Beziehungen vereinfachen und auflösen in Stereotype und Bilder devianter Ausländergruppen, deren Ausgrenzung legal und legitim erscheint.

Untersuchungen in der Frankfurter Schutzpolizei deuten auf starke Polarisierungen hin im Hinblick auf Einstellungen gegenüber Nicht-Deutschen. Zurückweisungen der städtischen Multikulturalität finden sich am ehesten im mittleren und nicht im gehobenen/höheren Dienst, im Schichtdienst stärker als im Tagesdienst, eher bei jenen, die mehr als 60 km von Frankfurt entfernt wohnen und stärker bei Einsatzhundertschaften als beim Revierdienst. Die Ablehnung der multikulturellen Stadtgesellschaft verbindet sich mit einem gewissen Ausmaß an „Politikverdrossenheit", relativ geringer Berufszufriedenheit, einer eher negativen Wahrnehmung des Betriebsklimas und der Nicht-Akzeptanz der Stadt und der Stadtpolitik. „Fremdenfeindlichkeit" in den Reihen der Polizei erscheint so als Ausdruck einer tiefsitzenden und umfassenden Unzufriedenheit, nicht aber als isoliert zu betrachtendes Symptom sozialer Desintegration.

5. Betriebsinterne und -externe Ebene im Vergleich

Sowohl bei der betriebsinternen wie auch der externen Ebene unserer Beispiele ist die Struktur der Beziehungen zwischen Deutschen und Nichtdeutschen gekennzeichnet von der strukturellen Benachteiligung der Ausländer, die überkreuzt und verstärkt wird von einer ethnischen Diskriminierung. Intern sind es die betriebliche Hierarchie, der folgenreiche leistungspolitische Kompromiß und innerbetriebliche Regelungen (Springer, Urlaub), die das „meritokratische" Prinzip aushöhlen und zu tiefsitzenden Konflikten führen. Extern sind es die nach wie vor prekäre Lebensperspektive von Ausländern in Deutschland im allgemeinen und von ausländischen Tatverdächtigen im besonderen, aber auch die über die Amtsautorität ungleich verteilten Chancen des polizeilichen Gehörs, welche die Polizisten in eine stärkere Position versetzen, die ihrerseits jedoch durch eine Reihe von arbeitsbedingten Problemlagen einen Widerspruch erzeugt zwischen der Amtsautorität und der tatsächlichen Souveränität in der Konfliktsituation. Nicht zuletzt die zunehmende Globalisierung und Internationalisierung von Produktion und Dienstleistungen erhöht zumal in den Ballungsräumen die sozialen Umlaufgeschwindigkeiten, deren Schattenseiten unmittelbar auf die polizeiliche Arbeit durchschlagen.

Klassische Auseinandersetzungen um materielle Gratifikationen prägen die betriebsinterne multiethnische Konfliktstruktur. Rangordnungskämpfe und Auseinandersetzungen um Zeitrhythmen bilden den Kern innerbetrieblicher Auseinandersetzungen bei den Müllarbeitern. Kulturelle und identitäre Konfliktmuster spielen eher am Rande eine Rolle. Die gesellschaftliche Aufweichung der „meritokratischen Triade" drängt die Ausländer stärker in die Rolle der Sündenböcke. Demgegenüber ist die klassische Ebene des Konflikts um materielle Güter im Gegenüber von Polizisten und Ausländern eine eher vermittelte, insoweit sie die soziale Lage und die Lebensplanung der Ausländer betrifft, die von Polizisten jedoch nicht unmittelbar beeinflusst werden können. Kulturelle und identitäre Konflikte – mithin an Durchsetzungschancen gemessen asymmetrische Kämpfe um die Geltung von Normen – bilden das Zentrum der Auseinandersetzung zwischen Polizisten und Ausländern.

Diese Normen liegen im Bereich politisch-gesellschaftlicher Regelungen und sie entziehen sich von daher – im Gegensatz zum Müllabfuhrbetrieb – einer direkten Einflußnahme der Akteure, sie sind zwischen Polizisten und ausländischen Tatverdächtigen nicht verhandelbar. Auf diese Weise ist eine doppelte Ohnmacht vorprogrammiert: Weder die einen noch die anderen können die vorgegebenen Normen verändern. Unzufriedenheit und Konfliktbereitschaft richten sich dennoch leicht gegen den jeweils anderen als (falschen) Verursacher einer problematischen Situation. Während die betriebsinterne Ebene direkte Gestaltungsspielräume offen läßt, führen Polizisten und Ausländer in gewisser Weise „Stellvertreterkriege": Die einen repräsentieren die staat-

liche Repression, die anderen das ungelöste Migrationsproblem und die soziale Ungleichheit zwischen Erster und Dritter Welt. Weitaus weniger als im Betrieb selbst können hier Konflikte „gelöst" werden. Ethnische Konflikte zwischen den Beteiligten lassen sich offenbar allenfalls stillstellen, nicht aber im eigentlichen Sinne befriedigend und für alle Seiten akzeptabel lösen. Gleichgültigkeit und Fatalismus sind unübersehbare alltägliche Orientierungsmarken gegenüber den Zuwanderern. Die auffällige und nahezu gleichförmige Indifferenz sowohl von Müllarbeitern als auch von Polizisten gegenüber allgemeinen Problemen der Ausländerintegration deuten darauf hin, daß die Bereitschaft zum Teilen in dem Augenblick (weiter) nachläßt, wenn damit Kosten verbunden sind und unter Umständen eigene Privilegien zur Disposition gestellt werden müßten. Auf die Frage, in welchen Bereichen die Stadtpolitik keine Kürzungen vornehmen dürfe – Mehrfachnennungen waren möglich – entschied sich nur eine Minderheit von 13 Prozent der Müllarbeiter, 14 Prozent der Polizeibeamten in Revieren, 10 Prozent der Einsatzhundertschaften für den Politikbereich „Ausländerintegration".
Die Beispiele der städtischen Müllwerker und der Polizeibeamten legen es nahe, die vor allem in der politischen Debatte geläufige Kontakt-These der Integration zurückzuweisen. Häufiger Kontakt verschiedener Ethnien führt als solcher keineswegs automatisch zu gegenseitiger Anerkennung, sondern er kann, umgekehrt, möglicherweise Konflikte und Xenophobie erst ermöglichen. Unsere Beispiele deuten darauf hin, daß fremdenfeindliche Konfliktzonen durch eine bestimmte, eindimensionale und unreflektierte Form des Kontakts erst geschaffen worden sind. Die Beziehungen der Polizeibeamten zu Nicht-Deutschen beschränken sich weitgehend auf straffällige Ausländer, Müllwerker müssen sich mit ausländischen Kollegen auseinandersetzen, deren Arbeitsorientierung sich von ihrer unterscheidet: Bedingt durch die soziale Positionierung in der Betriebshierarchie verhalten sich die ausländischen Kollegen „gleichgültiger" gegenüber der Arbeit. Ihnen geht es um den möglichst günstigen Verkauf der Ware Arbeitskraft, während die deutschen Arbeiter als „kleine Chefs" die entsprechenden Verhaltensattribuierungen entwickeln müssen (Freyberg: 1996).
Fremdenfeindlichkeit bei Müllwerkern und bei Polizeibeamten wird gefördert und vorangetrieben, wenn die beschriebenen ethnischen Konfliktstrukturen unter Druck gesetzt werden durch

- ausbleibende innerbetriebliche Regelungen, Tabuisierungen der Konflikte, Duldung von Diskriminierung. Es scheint gerade die Latenz der Konflikte, die xenophobe Reaktionen hervorbringt. Insofern ist der offene und reflexive, auf Dauer gestellte dienstliche Umgang damit eine Vorbedingung zur Entschärfung ethnischer Konflikte und zum Abbau von Fremdenfeindlichkeit.
- mangelnde Kooperation beteiligter anderer Behörden. Insbesondere für den Bereich der Polizei ist die Beteiligung anderer Behörden an den Einzelfällen, etwa der Justiz, der Ausländerbehörden und des Jugendamtes ein wichtiges Merkmal sowohl von präventiver wie von repressiver Polizeistrategie. Wenn sich diese Behörden in den Augen der Polizisten verweigern, notwendiges Handeln verzögern oder aufschieben, entsteht die Gefahr, daß die Unzufriedenheit der Polizeibeamten auf die Klientel übertragen wird.
- makropolitische Kontexte, die bestimmte Ausländergruppen öffentlich diskriminieren und als unerbetene Kostgänger des Sozialstaats bezeichnen und dadurch die „meritokratische Triade" unterhöhlen. Der Fernbereich politischen Handelns mani-

festiert sich in Stimmungslagen und Orientierungsmaßstäben, er kann bestimmte soziale Gruppen als legitime Zuwanderer definieren (etwa die EG-Ausländer und die Aussiedler), er kann aber auch andere aufgrund askriptiver Merkmale oder aufgrund unterstellter mangelnder Integrationsbereitschaft als unerwünscht bezeichnen (etwa Menschen, die das Asylrecht „mißbrauchen" oder ausländische Kriminelle) und ausgrenzendem Handeln damit eine Legitimationsbasis verleihen.

Zurück zu unserer Ausgangsthese: Rechtsextremismus, Fremdenfeindlichkeit, Rassismus sind, so macht das Beispiel der Arbeitsbeziehungen in zwei städtischen Berufsgruppen deutlich, wenig geeignet, um der Komplexität multiethnischer Konflikte gerecht zu werden. Die Fixierung der neueren sozialwissenschaftlichen Debatte auf diese Begrifflichkeit übersieht die ethnische Konflikthaftigkeit und die alltägliche Reproduktion des prekären Verhältnisses zwischen den Ethnien und die daraus resultierenden Chancen der Befriedung einerseits, und der Risiken fremdenfeindlicher Abwehr- und Ausschlußmentalitäten andererseits. Haß auf Fremde, latente und offene Vertreibungsbereitschaft sind das hervorstechende Merkmal des offenen, politisch organisierten Rechtsextremismus aller Schattierungen in den neunziger Jahren. Die Frage danach, welche Chancen ihm mittel- und längerfristig einzuräumen sind, entscheidet sich nicht zuletzt anhand der Erfahrungen, die in der Arbeitswelt mit dem komplexen Verhältnis Deutsche/Ausländer gemacht werden. Umgekehrt ist diese Ebene aber auch ein entscheidender Hintergrund für die Perspektive einer Radikalisierung des islamischen Fundamentalismus in Deutschland. Würde er Auftrieb erhalten in einer abweisenden, Desintegration fördernden Arbeitswelt, dann wäre dies womöglich ein Katalysator für rechtsextremen Protest. Es erscheint eine wichtige Aufgabe künftiger sozialwissenschaftlicher Rechtsextremismusforschung, diesen Zirkel genauer zu untersuchen und nach Möglichkeiten zu suchen, ihn an seiner Entfaltung zu hindern.

Literaturverzeichnis

Bieback, Karl-Jürgen/Milz, Helga (Hrsg.), 1995: Neue Armut. Frankfurt a.M./New York.

Bornewasser, Manfred/Eckert, Roland, 1995: Belastungen und Gefährdungen von Polizeibeamtinnen und -beamten im alltäglichen Umgang mit Fremden. Abschlußbericht zum Projekt „Polizei und Fremde" (hektographiert).

Dörre, Klaus, 1994: Sehnsucht nach der alten Republik?, in: *Wilhelm Heitmeyer* (Hrsg.), Das Gewalt-Dilemma. Frankfurt a.M., 166-194.

Esser, Hartmut, 1988: Ethnische Differenzierung und moderne Gesellschaft, in: Zeitschrift für Soziologie 4, 235-248.

Freyberg, Thomas v., 1994, Betriebliche Konfliktpotentiale zwischen Ausländern und Deutschen. Das Beispiel der Abfallwirtschaft in Frankfurt/M., in: *Peter Kühne/Nihat Öztürk/Klaus-W. West* (Hrsg.), Gewerkschaften und Einwanderung. Eine kritische Zwischenbilanz. Köln, 259-273.

Freyberg, Thomas v., 1994a: Ausländerfeindlichkeit am Arbeitsplatz. Zur Untersuchung ethnischer Konflikte zwischen deutschen und ausländischen Beschäftigten, in: *Institut für Sozialforschung* (Hrsg.), Rechtsextremismus und Fremdenfeindlichkeit. Studien zur aktuellen Entwicklung. Frankfurt a.M./New York, 129-166.

Freyberg, Thomas v., 1996: Müllwerker im Amt für Abfallwirtschaft (unveröffentlichtes Manuskript).

Fromm, Erich, 1980: Arbeiter und Angestellte am Vorabend des Dritten Reiches. Stuttgart.

Geissler, Rainer, 1992: Die Sozialstruktur Deutschlands. Opladen.

Haensch, Walter, u.a. 1994: Armut in Deutschland. Der Armutsbericht des DGB und des Paritätischen Wohlfahrtsverbandes. Reinbek.
Heckmann, Friedrich, 1994: Ethnische Vielfalt und Akkulturation im Eingliederungsprozeß, in: *Klaus J. Bade* (Hrsg.), Das Manifest der 60. Deutschland und die Einwanderung. München, 148-163.
*Jahoda, Marie u.*a., 1975: Die Arbeitslosen von Marienthal. Frankfurt.
Jaschke, Hans-Gerd, 1992: Formiert sich eine neue soziale Bewegung von rechts? Folgen der Ethnisierung sozialer Konflikte, in: Blätter für deutsche und internationale Politik 12, 1437-1447.
Kracauer, Siegfried, 1971: Die Angestellten. Frankfurt a.M.
Loch, Dietmar, 1995: „Ich habe einfach meinen Platz nicht gefunden". Das triste Leben in tristen Vorstädten. Ein Gespräch mit dem jungen Franco-Maghrebiner Khaled Kelkal, der von der französischen Polizei erschossen wurde, in: Frankfurter Rundschau, 12.10., 20.
Polizeipräsidium Frankfurt/Main (Hrsg.), 1993: Polizeiliche Kriminalstatistik 1993. Frankfurt a.M.
Radtke, Frank-Olaf, 1996: Fremde und Allzufremde – Prozesse der Ethnisierung gesellschaftlicher Konflikte, in: *Friedrich-Ebert-Stiftung* (Hrsg.), Ethnisierung gesellschaftlicher Konflikte. Bonn, 7-18.
Vester, Michael, 1993: Neue soziale Milieus und pluralisierte Klassengesellschaft, in: *Institut für Sozialforschung* (Hrsg.), Mitteilungen Heft 3. Frankfurt a.M., 63-106.
Zwick, Michael M. (Hrsg.), 1994: Einmal arm, immer arm? Frankfurt a.M./New York.

Xenophobie im internationalen Vergleich

Manfred Küchler

1. Einleitung

Xenophobie oder Fremdenfeindlichkeit ist ein integraler Bestandteil rechtsextremer Orientierungen. Parteien auf der politischen Rechten vertreten üblicherweise Positionen, die gegen Ausländer oder ethnische Minderheiten gerichtet sind; Anhänger solcher Parteien haben in der Regel wenig Sympathie für Fremde. Dieser Zusammenhang ist wohletabliert und bedarf keiner weiteren detaillierten Dokumentation. Xenophobie geht jedoch über Rechtsextremismus im engeren Sinne hinaus, nicht jede fremdenfeindliche Einstellung kann legitimerweise gleich als rechtsextremistisch klassifiziert werden. Andererseits können derartige Einstellungen einen Nährboden für die Ausprägung umfassenderer extremistischer Haltungen bilden, einen Ausgangspunkt für die Ausbildung eines komplexen rechtsextremistischen Syndroms. Und – für sich allein – sind fremdenfeindliche Einstellungen eine potentielle Bedrohung der humanen demokratischen Kultur eines politischen Systems. Deshalb wollen wir in diesem Beitrag den Versuch unternehmen, das Potential fremdenfeindlicher Haltungen in der breiten Bevölkerung quantitativ zu bestimmen und besonders anfällige Segmente in der Bevölkerung zu identifizieren. In Anbetracht der erheblichen Probleme einer validen Messung solcher Haltungen, werden wir uns dieser Frage in vergleichender Perspektive nähern – vergleichend zwischen den Staaten der Europäischen Union (Gemeinschaft) und vergleichend im Zeitablauf.[1]

Konzeptionell gehen wir bei diesem Versuch davon aus, daß negative Einstellungen gegenüber Fremden auf einem Kontinuum angesiedelt sind, das von „Rassismus“ an einem Endpunkt hin zu (legitimem) „Konservatismus“ am anderen Ende reicht. Rassimus wird verstanden als ein fundamentaler Glaube an die Überlegenheit der eigenen Rasse oder ethnischen Gruppe, der sich auf der Handlungsebene in einem Spektrum widerspiegelt, das von der Verweigerung gleicher Rechte und Entfaltungsmöglichkeiten für andere ethnische Gruppen bis zum Völkermord und Gewalttätigkeit gegen einzelne reicht. Ein Beispiel dafür ist der Nationalsozialismus im Dritten Reich. Im Gegensatz dazu ist Konservatismus definiert durch eine Orientierung, die Werte, Normen und Praktiken der eigenen Gruppe zu bewahren und gegen fremde Einflüsse aufrechtzuerhalten sucht. Dies führt zu mangelnder Offenheit für andere Praktiken und einer mangelnden Bereitschaft zur Anpassung und zum Wandel hin auf andere

1 Longitudinale Vergleiche haben im allgemeinen höhere Validität als auf einen einzigen Zeitpunkt beschränkte Analysen, da sich ein systematischer Meßfehler im Zeitvergleich wegkürzt. Der internationale Vergleich liefert einen generellen Bezugspunkt, relativ zu dem die Befunde für ein bestimmtes Land (etwa Deutschland) interpretiert werden können.

Kulturen. Ein – auf den ersten Blick vielleicht befremdliches Beispiel – ist der orthodoxe Judaismus (in den USA). Zwischen diesen beiden Extremen liegt ein weiter Bereich von Xenophobie, gekennzeichnet durch Abwehrreaktionen auf von der eigenen Gruppe abweichendes Verhalten und abweichende Praktiken. Diese Abwehrreaktionen reichen von Ausschluß, Segregation und Kontaktvermeidung bis zu Herabsetzung, Einschüchterung und Verfolgung. Negative Haltungen gegenüber Fremden reichen somit von schlichtweg kriminellen bis hin zu auch in einem humanen demokratischen System akzeptierbaren – wenn auch moralisch oder politisch nicht wünschenswerten – Handlungen.

Der Begriff der Xenophobie ist mithin vielschichtig und damit kaum in eindeutiger Weise operationalisierbar. Die in standardisierten Surveys üblichen Meßinstrumente (Fragen) erlauben in der Regel nicht, die Befragten exakt auf dem oben beschriebenem Kontinuum negativer Einstellungen gegenüber Fremden zu lokalisieren. Was also an Xenophobie quantitativ in Massenbefragungen ermittelt werden kann, ist eine nützliche, aber grobe Approximation. Erschwerend dabei kommt hinzu, daß die Benennung des – technisch gesprochen – Einstellungsobjekts einen erheblichen Einfluß auf die Antworten hat. Ob beispielsweise in der Frageformulierung von „Ausländern", „Mitbürgern anderer Nationalität", „Fremden", „Gastarbeitern" oder von einer spezifischer definierten Untergruppe (etwa „Türken") die Rede ist, kann erhebliche Auswirkungen auf die Antworten haben.[2] Unglücklicherweise variieren Frageformulierungen häufig im Zeitablauf, was die Validität von Vergleichen beeinträchtigt. Eine Patentlösung für diese Probleme gibt es nicht. Wir werden jedoch die Frageformulierungen für die hier präsentierten Daten im einzelnen dokumentieren, um dem Leser Gelegenheit zu geben, eigene Schlußfolgerungen hinsichtlich des eigentlichen Sinngehalts der Antworten zu ziehen.[3]

Datenbasis für die hier präsentierten Analysen sind die *Eurobarometer* Umfragen in den Länder der Europäischen Union.[4] Basierend auf den Empfehlungen zweier ad hoc-Kommissionen (*Commission of Inquiry on Racism and Xenophobia*) sind beginnend mit dem Frühjahr 1991 (EB35) mehrere Fragen zu diesem Thema regelmäßig eingeschaltet worden (1992: EB37, 1993: EB39, 1994: EB41.1).[5] Einige dieser Fragen – wenn

---

2 Wie stark der Einfluß derartiger Variationen ist, läßt sich gemeinhin nicht sagen. Gelegentliche kontrollierte („split-half") Experimente haben einen Einfluß qualitativ eindeutig belegt. Quantitativ sind die Befunde weniger eindeutig. So zeigt sich z.B. im ALLBUS 1994 eine nur geringe Differenz zwischen der Vorgabe „Gastarbeiter" und „in Deutschland lebende Ausländer", wenn es um Einstellungen gegenüber dieser Gruppe geht, und ein sehr viel ausgeprägterer Effekt, wenn von Kontakthäufigkeit die Rede ist.

3 Ich kann an dieser Stelle die interessante zusätzliche Problematik der funktionalen Äquivalenz von Fragen über Sprachgrenzen hinweg nicht vertiefen, siehe dazu etwa Kuechler (1987). Um die Intention der Primärforscher unverzerrt wiederzugeben, werden alle Fragen in den Tabellen im englischen Orginaltext zitiert, der die Grundlage für die landesspezifischen Fassungen bildet. Für Paraphrasierungen im Haupttext werden aus stilistischen Gründen jedoch die deutschen Versionen der Fragen benutzt.

4 Siehe aber auch Kuechler (1994, 1996) für eine auf Deutschland zentrierte Darstellung des gleichen Themas, in der auch Daten aus anderer Quelle (insbesondere ALLBUS Daten) herangezogen werden. Eine deskriptive Darstellung der *Eurobarometer*-Daten für 1991 und 1992 findet sich auch bei Wiegand (1995).

5 Leider sind diese Fragen 1995 nicht gelaufen, obwohl die ursprüngliche Kommisionsempfehlung eine kontinuierliche Trendbeobachtung vorsah. Die Daten für 1994 unterliegen derzeit noch Weitergabebeschränkungen, während die älteren Daten über das Zentralarchiv

auch teilweise in deutlich modifizierten Formen – können rückverfolgt werden bis zum Herbst 1988 (EB30).

2. *Ausländeranteil: Realität und Perzeption*

In den letzten fünf Jahren sind in vielen europäischen Ländern – aber auch in den USA – Ausländer und Immigranten zunehmend als ein öffentliches Problem definiert worden bei aller Unterschiedlichkeit der konkreten Situation im Einzelfall. Die Zahl von „Fremden" ist in den letzten drei Jahrzehnten kontinuierlich gestiegen; in einigen Ländern (Großbritannien, Frankreich, Niederlande) primär als Folge der Entkolonialisierung und den damit verbundenen Aufenthalts- oder Einwanderungsrechten für ehemalige Kolonialuntertanen, und in anderen Ländern primär als Folge anfangs gewünschter, dann geduldeter Arbeitsmigration (Deutschland, Belgien). Unabhängig vom jeweiligen legalen Rahmen ist die treibende Kraft hinter diesen Wanderungsbewegungen das ausgeprägte ökonomische Nord-Süd Gefälle, zu dem sich nach dem Zusammenbruch der kommunistischen Herrschaftssysteme in Osteuropa noch ein paralleles West-Ost Gefälle gesellt hat. Auch die zu Beginn der neunziger Jahre dramatisch ansteigende Welle von politisches Asyl Suchenden, die vornehmlich Deutschland getroffen hat (siehe etwa Kuechler 1994, 1996), ist ihrem Kern nach als ökonomisch motivierte Wanderung einzustufen, unbeschadet eines Segments genuin politisch Verfolgter und der Gruppe der Bürgerkriegsflüchtlinge aus dem ehemaligen Jugoslawien. Die Manifestation von Ausländern und Immigranten als öffentliches Problem erster Ordnung in den neunziger Jahren ist nicht von ungefähr gekommen, sie stellt die Kulmination eines längerfristigen und allem Anschein nach nur beschränkt reversiblen Prozesses dar, dessen endgültige Konsequenz nur schwer abzuschätzen ist. Im besten Fall wird am Ende ein vereintes multikulturelles Europa stehen, im schlechtesten Fall werden ethnische Segmentierungen nicht nur schon vollzogene nationalstaatliche Einigungsprozesse unterminieren oder zerstören und weitere Fortschritte in Richtung auf eine europäische Integration verhindern, sondern darüber hinaus zu gewaltsamen Konflikten führen. Für die theoretische und politikorientierte Debatte dieses Problems kann hier nur auf die Literatur verwiesen werden (zusammenfassend BAFl/IZ 1995). Aber selbst die scheinbar simple Aufgabe, das Ergebnis dieser Wanderungsprozesse quantitativ zu beschreiben, erweist sich als schwierig. Als „Ausländer" im Sinne der amtlichen Statistik wie in Hinblick auf bestimmte formale Rechte (etwa das Wahlrecht) gilt gewöhnlich ein Einwohner, der nicht die Staatsangehörigkeit des Aufenthaltslandes besitzt. Diese juristische Definition von „Ausländer" ist aber nicht unbedingt deckungsgleich mit dem, was der einzelne Bürger als „Ausländer" wahrnimmt. Nordafrikaner mit französischer Staatsangehörigkeit werden nicht uneingeschränkt als „Franzosen" wahrgenommen und akzeptiert, Pakistani mit britischem Paß nicht unbedingt als „Briten" und Aussiedler deutscher Volksabstammung oft nicht als „Deutsche". Wenn

---

in Köln frei zugänglich sind. Ich danke an dieser Stelle Wolfgang Gibowski (Bundespresseamt), Karlheinz Reif (Europäische Kommission) und Hermann Schmitt (Europawahlen-Projekt an der Universität Mannheim), die mir für diesen Beitrag den Zugang zu den Daten von 1994 ermöglicht haben. Ich danke ferner den Kollegen vom ZA für die technische Unterstützung bei der Datenbeschaffung.

es um die Perzeption von „Ausländern" in der Bevölkerung geht, dann ist es angemessener – konzeptionell, nicht in einem Umfrageinstrument (Fragebogen) – mit einem sozial definierten Konzept zu arbeiten, etwa dem soziologischen Begriff des „Fremden". Der Ausländeranteil der amtlichen Statistik ist somit nicht deckungsgleich mit dem Anteil an Ausländern in der Wahrnehmung der Bevölkerung. Das Ausmaß dieser Diskrepanz variiert mit den rechtlichen Regelungen von Einwanderung und Naturalisierung eines Landes. Angesichts des äußerst restriktiven deutschen Einwanderungs- und Staatsangehörigkeitsrechts ist die Diskrepanz in Deutschland relativ klein, erheb-

Tabelle 1: Zahl der Ausländer im Land, 1988 – 1994 (alle Angaben in Prozent)

A. „Generally speaking, how do you feel ...
[1988: ... about the number of people of another nationality living in our country:]
[1991-1993: ... about people living in (our country) who are not nationals of the European Community countries:]
[1994: ... about foreigners living in (our country):]
are there *too many*, a lot but not too many or not many?"

B. „..., I would like you to tell me if there are *many* such people [people of other nationality], a few, or none who live in your neighborhood?"

Land	1988 (A)	1991 (A)	1992 (A)	1993 (A)	1994 (A)	1988 (B)	Amtl. Anteil	(Jahr)
D	–	55	55	60	50	–	8.5	(94)
D-W	45	*58*	*57*	*60*	*51*	7	*10.3*	
D-E	–	*45*	*48*	*57*	*45*	–	*1.3*	
F	44	56	52	56	53	17	6.3	(91)
UK	45	54	50	50	48	7	4.3	(91)
NL	31	44	49	47	42	15	5.0	(93)
I	34	63	65	64	56	4	1.7	(94)
B	43	56	53	54	58	20	9.1	(91)
DK	34	43	46	43	38	12	3.1	(91)
IRL	7	12	11	8	9	2		
E	18	25	23	25	29	4	1.2	(91)
P	14	18	28	25	22	1	1.2	(92)
GR	19	29	45	57	63	5	2.3	(91)

Quellen: Eurobarometer 30, Eurobarometer 35, Eurobarometer 37, Eurobarometer 39, Eurobarometer 41.1, „Daten und Fakten zur Ausländersituation".

Anmerkungen:

1. Alle Prozentwerte beziehen sich auf die Gesamtzahl der Befragten in einem Land, fehlende Werte („weiß nicht") sind in die Prozentuierung einbezogen.
2. Die Werte für 1988 und 1994 basieren auf eigenen Auswertungen der Rohdaten, die Werte für 1991-1993 sind den jeweiligen Ergebniszusammenfassungen entnommen, die unter dem Titel „Eurobarometer" von der Europäischen Kommission veröffentlicht werden. Diese Werte scheinen auf einer landesspezifischen demographischen Gewichtung der Ausgangsdaten zu basieren. Eine solche Gewichtung wurde auch für 1994 vorgenommen, während die Daten für 1988 ungewichtet sind. Die Gewichtung für 1994 hat jedoch nur einen geringen Effekt. Nur für Deutschland-West liegt der Prozentwert nach Gewichtung um 3 Punkte höher. Für alle übrigen Länder liegt der Effekt der Gewichtung unter einem Prozentpunkt.
3. Die amtlichen Ausländeranteile sind einer Veröffentlichung der Beauftragten der Bundesregierung für die Belange der Ausländer entnommen, die im Oktober 1994 unter dem Titel „Daten und Fakten zur Ausländersituation" erschienen ist (Tabelle 34, S. 60).

lich kleiner als in Groß-Britannien oder Frankreich. Nach der amtlichen Statistik liegt (West-)Deutschland mit 10,3 Prozent Ausländern in der Bevölkerung weit vor Frankreich (6,3 Prozent) und Groß-Britannien (4,3 Prozent), dicht gefolgt lediglich von Belgien mit 9,1 Prozent (siehe Tabelle 1). Der Anteil an „Fremden" in Deutschland, Frankreich und Großbritannien differiert hingegen weit weniger.

Als erstes Maß etwaiger Xenophobie eignet sich eine Frage nach der Zahl der Ausländer aus der subjektiven Sicht der Befragten. Unter den drei Antwortvorgaben „zu viele", „viele – aber nicht zu viele" und „nicht viele" spiegelt die erste zweifellos eine negative Einstellung wider, unbeschadet der tatsächlichen objektiven Situation, während die anderen beiden Antwortmöglichkeiten wertneutral oder gar positiv sind. Der Prozentsatz von „zu viele"-Antworten ist deshalb ein geeigneter Indikator für den Grad an Xenophobie in einem Land. Unglücklicherweise ist der Fragestamm nicht konstant. Während bei der Befragung im Juni/Juli 1994 von „Ausländern" die Rede war, wurde von 1991 bis 1993 gezielt nach Menschen gefragt, die nicht die Staatsangehörigkeit eines Landes der Europäischen Gemeinschaft hatten, während 1988 pauschaler nach allen im Lande Lebenden mit ausländischer Staatsangehörigkeit gefragt wurde (siehe wiederum Tabelle 1). Trotz der (formal) restriktiveren Definition von „Ausländer" in den Daten von 1991, zeigt sich zwischen 1988 und 1991 in allen Ländern ein Anstieg an Xenophobie, am deutlichsten in Italien mit fast 30 Prozentpunkten (von 34 auf 63 Prozent) und mit über zehn Prozentpunkten in (West-) Deutschland, Frankreich, Belgien und den Niederlanden. In den gleichen fünf Ländern und zusätzlich in Großbritannien sind 1991 über 50 Prozent aller Befragten der Auffassung, daß es zu viele Ausländer in ihrem Land gibt. Mit einer Ausnahme, Griechenland, bleiben die Daten zwischen 1991 und 1993 (Befragung jeweils im Frühjahr) konstant, sie schwanken lediglich innerhalb statistischer Fehlermargen. Griechenland hingegen verzeichnet einen dramatischen Anstieg von 19 Prozent in 1988 über 29 Prozent in 1991 auf 57 Prozent in 1993 und weiter auf 63 Prozent im Sommer 1994, eine Folge der politischen und wirtschaftlichen Instabilität in den unmittelbaren Nachbarstaaten (Jugoslawien, Bulgarien).

Für 1994 ist das Bild weniger eindeutig. Für Deutschland ist ein Absinken um 10 Prozentpunkte zu verzeichnen, vermutlich ein Reflex auf die drastisch gesunkenen Asylbewerberzahlen infolge der Grundgesetzänderung, die zum 1. Juli 1993 wirksam geworden ist. Auch Italien verzeichnet einen leichten Rückgang (um 8 Prozentpunkte). Ob dies jedoch schon eine genuine Trendwende anzeigt, ist zweifelhaft. Als erstes Fazit bleibt festzuhalten, daß – mit Ausnahme von Irland, Spanien, und Portugal – in den Mitgliedsstaaten der EU etwa zwischen 40 und 60 Prozent der Bevölkerung der Meinung sind, daß „zu viele Ausländer" in ihrem Land leben.

Offenkundig besteht ein Zusammenhang zwischen Ausmaß der Wanderungsbewegungen, Problemperzeptionen und negativen Haltungen gegenüber Ausländern. Die Anzahl von Ausländern in einem Land scheint jedoch zwar eine hinreichende, aber keineswegs eine notwendige Bedingung für ein hohes Maß an Xenophobie in einem Land zu sein. Die Relation zwischen Ausländeranteil und Grad der Xenophobie ist keineswegs linear, wie es uns manche vereinfachende Analysen glauben machen wollen (etwa Fuchs u.a. 1993). Griechenland wie Italien weisen bei niedrigem Ausländeranteil einen hohen Grad an Xenophobie auf, und trotz eines doppelt so hohen Ausländeranteils liegt der Xenophobiepegel in Westdeutschland nur um acht Prozentpunkte über dem der Niederlande. Subjektive Perzeption und objektive Lage können weit auseinanderklaffen, sowohl im Aggregat wie auf der Ebene des einzelnen. Letzteres wird durch eine 1988 gestellte Zusatzfrage belegt, die sondiert, wieviele Ausländer im unmittelbaren Erfahrungskontext des Befragten, in der Nachbarschaft, leben. Nur ein geringer Prozentsatz von Befragten gab an, daß „viele" (im Gegensatz zu „einige" oder „keine") Ausländer in ihrer Nachbarschaft leben. Daß ein erheblich höherer Prozentsatz dennoch der Meinung war, daß es im Land „zu viele" Ausländer gibt, deutet darauf hin, daß negative Einstellungen zu Ausländern ihre Wurzel nicht primär in unmittelbar selbst erlebten Beeinträchtigungen der Lebenswelt der Befragten haben – seien sie real oder als solche definiert, sondern daß generalisierte Ängste und Antizipationen einen weit stärkeren Einfluß haben. Nicht unmittelbare faktische Betroffenheit, sondern antizipierte Betroffenheit ist das entscheidende Vermittlungsglied zwischen objektiver Lage (Ausländeranteil) und subjektiver Reaktion (Xenophobie).

3. Wichtigkeit des Ausländerproblems und Politikpräferenzen

Die Meinung, daß „zu viele" Ausländer im Land leben, ist in sich bereits ein Indikator, daß Ausländer als Problem definiert werden. Eine weitere Frage im Eurobarometer von 1994 erlaubt jedoch die Stärke des Problemdrucks präziser zu bestimmen. Über 70 Prozent der Befragten in Griechenland, Belgien, Deutschland und Italien sehen in Einwanderern und politisches Asyl Suchenden ein „großes Problem", und nur in Spanien, Portugal und Irland sind deutlich weniger als die Hälfte der Befragten dieser Meinung (siehe Abbildung 1). Erwartungsgemäß sehen rund 90 Prozent der Befragten mit negativer Haltung gegenüber Ausländern in diesen ein großes Problem. Aber selbst unter Befragten mit neutraler oder positiver Haltung schließen sich rund 40 Prozent dieser Auffassung an. Auch wenn das Ausländerproblem nicht (mehr) an der Spitze des Problemliste steht,[6] so ist das Interesse an diesem Thema dennoch groß. Damit stellt sich die Frage nach Lösungsmöglichkeiten, nach bevorzugten Politikoptionen.

Global wird in den *Eurobarometer* Umfragen danach gefragt, ob die Rechte „dieser Menschen" (der Ausländer) ausgeweitet werden, eingeschränkt werden oder so bleiben sollen wie bisher. Wiederum zeigt sich in praktisch allen Ländern zwischen 1988 und 1991 ein Anstieg des Prozentsatzes derjenigen, die für eine Einschränkung sind (siehe Tabelle 2) und weitgehende Konstanz zwischen 1991 und 1994 auf einem Niveau von rund 15 Prozent (Spanien) bis zu rund 50 Prozent (Belgien). Eine Ausnahme bildet Griechenland, wo der Anteil derer, die Einschränkungen fordern, kontinuierlich angestiegen ist und 1994 den EU-Spitzenwert von 54 Prozent erreicht. Eine weitere Ausnahme ist Deutschland, wo sich dieser Anteil von 43 Prozent in 1992 auf 29 Prozent in 1994 verringert hat. Leider wurde diese Frage 1993 im *Eurobarometer* nicht gestellt. Angesichts ähnlicher Daten aus anderen Quellen ist es jedoch wahrscheinlich, daß

6 Monatliche (*Politbarometer*) Daten zeigen für Deutschland, daß die Bedeutsamkeit des Ausländerthemas nach Spitzenwerten in den Jahren 1992 und 1993 deutlich abgenommen hat und daß dieses Thema im Wahlkampf 1994 praktisch keine Rolle gespielt hat (Kuechler 1996).

Abbildung 1: Wichtigkeit des Ausländerproblems 1994

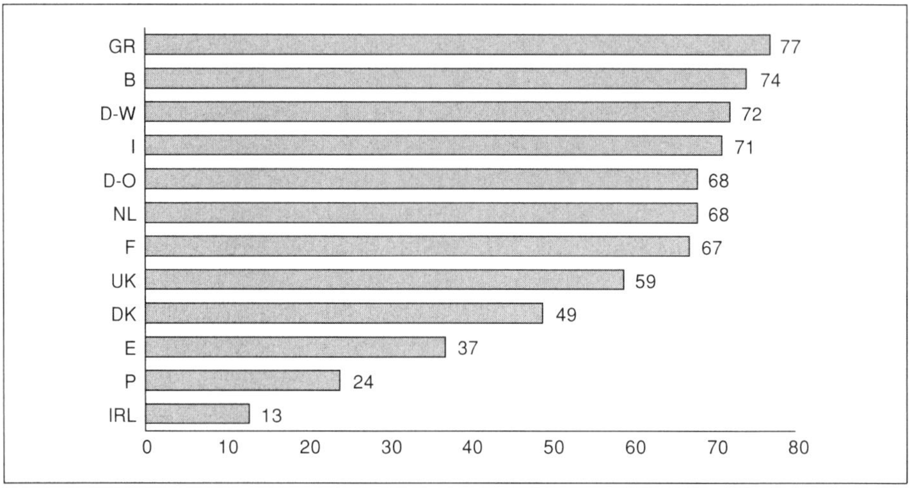

Tabelle 2: Rechte für Ausländer, 1988 – 1994

1988 (EB30): „Talking about these [people living in (country) are neither (nationality) nor citizens of the European Community] people, do you think we should extend their rights, restrict their rights, leave things as they are?"

1991-1992 (EB35/37): „Thinking of people living in (our country) who are not nationals of the EC countries, do you think that their rights should be extended, restricted or left as they are?"

1994 (EB41.1): „Still thinking of these people [foreigners living in (our country)], do you think their rights should be extended, restricted or left as they are?"

	Prozent „restricted"			
Land	1988	1991	1992	1994
D	–	37	41	30
D-W	*23*	*39*	*43*	*29*
D-E	–	*28*	*33*	*32*
F	24	41	40	41
UK	25	43	41	36
NL	15	29	29	32
I	8	28	28	28
B	32	50	48	48
DK	30	32	43	34
IRL	17	22	17	14
E	5	12	14	15
P	8	11	16	19
GR	14	27	35	54

der Anteil für Deutschland 1993 wesentlich höher lag und damit der Rückgang drastischer ist, als es Tabelle 2 ausweist. Einmal mehr zeigt sich hier der Effekt der praktisch vollzogenen Einschränkungen (Änderung von Art. 16 des Grundgesetzes und flankierende Maßnahmen). Andererseits ist der Wert von fast 30 Prozent für

Deutschland in 1994 auf dem Hintergrund bereits vollzogener Einschränkungen eher ein Indikator *steigender* Xenophobie als ein Anzeichen sich abschwächender Fremdenfeindlichkeit.

Das deutlich niedrigere Niveau der Prozentwerte in Tabelle 2 (verglichen mit Tabelle 1) zeigt bereits, daß nicht alle, die „zu viele" Ausländer im Land sehen, auch für eine Einschränkung bisheriger Rechte eintreten. Eine Analyse auf der Befragtenebene zeigt, daß nur rund 60 Prozent dieser Befragten hierin eine wünschenswerte Maßnahme sehen – mit allerdings erheblicher Varianz zwischen den einzelnen Ländern. Geht es bei dieser Frage – wenn auch recht pauschal – um Maßnahmen, die bereits im Lande weilende Ausländer betreffen, so ist ein anderer Frageblock (in den Jahren 1991, 1992 und 1993) dem Problem gewidmet, welche Gruppen (weiter) aufgenommen werden sollen: Arbeitsimmigranten aus dem Raum südlich des Mittelmeers, Arbeitsimmigranten aus Osteuropa, politisches Asyl Suchende aus Ländern mit Menschenrechtsverletzungen und (nur in 1993) Bürger anderer EG-Staaten. Die letzte Gruppe ist hierbei von besonderem Interesse, weil keinem Land eine solche Option offensteht. Mit dem Vertrag von Maastricht und der Komplettierung des Binnenmarkts ist die uneingeschränkte Freizügigkeit aller Bürger der EU-Staaten, die schon im Vertrag von Rom als Politikziel definiert ist, realisiert worden. Ohne Aufkündigung des Gesamtpakts kann somit kein EU-Mitgliedsstaat hier eine abweichende Regelung treffen, auch wenn der Druck der öffentlichen Meinung dahin tendieren sollte. Eine Mehrheit für eine Aufhebung der EU-Freizügigkeit findet sich jedoch zum Befragungszeitpunkt (Frühjahr 1993) auch in keinem Mitgliedsstaat. Jedoch ist in mehreren Ländern (u.a. Deutschland, Frankreich, Großbritannien) immerhin eine signifikante Minderheit von 15-20 Prozent der Auffassung, daß Niederlassungswillige aus anderen EG-Staaten nicht aufgenommen werden sollten (siehe Tabelle 3).

Leider sind die Antwortmöglichkeiten („ohne Einschränkungen aufnehmen", „mit Einschränkungen aufnehmen" und „nicht aufnehmen") recht unglücklich gewählt. Die Mittelkategorie läßt vielerlei Interpretationen zu und bietet eine bequeme Möglichkeit, eine im Grunde auf Nichtaufnahme gerichtete Haltung zu verschleiern. Die in Tabelle 3 dargestellten Prozentsätze zeigen deshalb möglicherweise nur die Spitze eines (fremdenfeindlichen) Eisbergs.

Generell liegen diese „Nichtaufnahme"-Prozentsätze für Bürger anderer EG-Staaten niedriger als die für Asylsuchende und Arbeitsimmigranten, aber die Differenz beträgt in der Regel nur rund 10 Prozentpunkte. Deutlich ist hingegen der Einfluß der geopolitischen Lage eines Landes. So zeigt sich Frankreich gegenüber Arbeitsimmigranten aus Osteuropa weniger abweisend als Deutschland (29 vs. 34 Prozent für kategorische Nichtaufnahme in 1993), während sich die Situation für Arbeitsimmigranten aus dem afrikanischen Mittelmeerraum umkehrt (37 Prozent in Frankreich gegenüber 25 Prozent in Deutschland für 1993). Klare longitudinale Trends lassen sich innerhalb der relativ kurzen Zeitspanne von nur zwei Jahren kaum ausmachen, am ehesten läßt sich noch für Griechenland ein kontinuierlicher Anstieg konstatieren.

Tabelle 3: Aufnahme von Ausländern, 1991 – 1993

Frageformulierung 1991-92:

A(B) „Some people from different countries of the South of the Mediterranean (coming from Eastern Europe) wish to work here in the European Community (in the West). For this type of immigration, what do you think should be done here in the EC: accept them without restrictions, accept them but with restrictions or not accept them?"

C. „Some people, suffering from human rights violations in their country are seeking political asylum. For this type of immigration, ... "

Frageformulierung 1993:

A. „If people from different countries of the South of the Mediterranean wish to work here in the European Community, do you think that they should be accepted without restrictions, accepted but with restrictions or not accepted?"

B. „And what about people coming from Eastern Europe who wish to work in the West? ... "

C. „And what about people suffering from human rights violations in their country who are seeking political asylum? ... "

D. „And what about citizens of other countries of the European Community who wish to settle in (our country)? ... "

Prozent „not accept them"

	Aus dem Süden (A)			Aus dem Osten (B)			Asylsuchende (C)			Aus EU (D)
	91	92	93	91	92	93	91	92	93	93
D	25	29	25	26	32	34	24	25	21	16
D-W	*25*	*30*	*22*	*26*	*33*	*32*	*27*	*29*	*23*	*14*
D-E	*26*	*27*	*36*	*23*	*28*	*39*	*11*	*12*	*12*	*21*
F	33	34	37	22	24	29	24	29	30	18
UK	26	27	28	23	26	28	20	20	19	19
NL	28	34	23	22	29	23	16	18	11	16
I	15	14	16	15	14	17	15	17	18	10
B	34	33	32	27	27	28	29	29	25	16
DK	25	37	30	19	29	26	8	10	8	7
IRL	12	10	13	13	10	13	18	13	16	6
E	11	10	13	9	7	10	7	8	7	5
P	7	11	9	7	10	11	7	10	11	5
GR	26	28	32	24	30	31	18	19	24	19

4. Meinungen über Ausländer: Ein Xenophobie-Index

Die bisher diskutierten Indikatoren geben für sich interessante Aufschlüsse über die öffentliche Meinung, wie politisch mit dem Ausländerproblem umgegangen werden sollte. Bestimmte Antwortmuster lassen sich eindeutig als fremdenfeindlich klassifizieren, während andere in unterschiedlicher Weise interpretiert werden können. Alle diese Indikatoren erlauben jedoch nicht, auf der individuellen Ebene eine graduelle Einstufung etwaiger Fremdenfeindlichkeit vorzunehmen. Diesem Aspekt wollen wir uns nun widmen.

1994 wurde den Befragten eine Batterie von sechs negativ formulierten Aussagen über Ausländer vorgelegt und dann erhoben, ob die Befragten einer jeden Aussage eher

Abbildung 2: Xenophobie-Index 1994

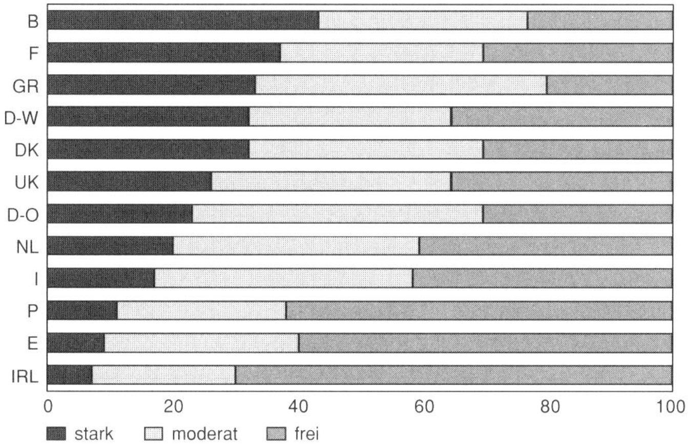

zustimmten oder eher nicht zustimmten. Die Zahl der zustimmenden Antworten kann dann als eine Xenophobie-Skala betrachtet werden.[7] Für eine rein deskriptive Darstellung ist es nützlich, die Rohwerte zu drei Typen zusammenzufassen: Befragte mit starker Xenophobie (4-6 zustimmende Antworten), Befragte mit moderater Xenophobie (2-3 zustimmende Antworten) und Befragte frei von Xenophobie (maximal eine zustimmende Antwort). Geordnet nach dem Anteil von Befragten mit starker Xenophobie führt Belgien mit über 40 Prozent die Liste an, gefolgt von Frankreich, Griechenland, Westdeutschland und Dänemark mit jeweils über 30 Prozent (siehe Abbildung 2). Das westdeutsche Profil zeigt jedoch eine Besonderheit, indem hier die drei Xenophobie-Typen fast genau gleichhäufig vertreten sind. Auffallend ist auch, daß Italien mit unter 20 Prozent stark xenophober Befragter ein sehr liberales Profil ausweist, unbeschadet der Tatsache, daß 1994 über 50 Prozent (und 1993 gar über 60 Prozent) der Italiener der Meinung waren, daß „zu viele" Ausländer in Italien leben (siehe noch einmal Tabelle 1).

Eine sehr ähnliche Batterie von Aussagen wurde bereits 1988 im *Eurobarometer* eingesetzt. Angesichts eines unterschiedlichen Frageformats ist eine analoge Skalenbildung jedoch nicht sinnvoll. Tabelle 4 zeigt die Antwortverteilungen für die einzelnen Aussagen im Vergleich von 1988 zu 1994. Auch bei diesem Vergleich ist die Unterschiedlichkeit des Frageformats in Rechnung zu stellen. Die Werte für 1994 liegen meist deutlich höher, teilweise um rund 40-50 Prozentpunkte (etwa Westdeutschland, Belgien und Frankreich in bezug auf das soziale Wohlfahrtssystem). Was dabei genuiner Einstellungswandel ist und was methodisches Artefakt, läßt sich quantitativ leider nicht bestimmen. Zumindest für die Aussagen zum sozialen Sicherungssystem, zur Arbeits-

7 Diese Skala genügt herkömmlichen Kriterien. Unter Ausschluß der „weiß nicht" Antworten, also einer dichotomen Antwortvorgabe, ergibt sich für den gepoolten Datensatz (unter Ausschluß der wesentlich kleineren Stichproben für Luxemburg und Nord-Irland) ein Wert von über .70 (genauer: .78) für Cronbachs Alpha.

Tabelle 4: Meinungen über Ausländer, 1988/1994

A. 1988: If there are a lot of their children in school it reduces the level of education
1994: Foreigners' children in school reduce the standard of education
B. 1988: They exploit social security benefits
1994: Foreigners exploit our social welfare system
C. 1988: Their presence increases unemployment for (nationals)
1994: The presence of foreigners in our country increases unemployment
D. 1988: Their presence is one of the causes of delinquency and violence
1994: The presence of foreigners is one of the causes of delinquency and violence
E. 1988: Marrying into always ends badly
1994: Being married to a foreigner generally ends badly
F. 1988: To have them as neighbors creates problems
1994: Having foreigners as neighbors creates problems

Prozent in Zustimmung

	A Schulen		B Sozial		C Arbeit		D Krimin.		E Heirat		F Nachbar	
	88	94	88	94	88	94	88	94	88	94	88	94
D-W	23	31	14	62	27	52	11	56	7	27	8	24
D-E	–	17	–	63	–	61	–	59	–	21	–	21
F	28	36	32	71	34	56	22	59	11	36	7	28
UK	27	36	21	67	36	67	15	30	9	11	11	25
NL	28	28	20	44	25	53	11	48	4	19	4	15
I	9	13	8	39	41	64	14	49	5	18	6	16
B	20	43	33	74	39	70	24	61	12	37	12	30
DK	35	39	26	58	30	45	18	56	12	38	8	24
IRL	11	8	5	25	22	36	3	7	3	18	2	12
E	5	7	3	20	26	59	9	36	2	9	3	11
P	12	17	11	22	31	52	10	31	3	6	2	8
GR	16	16	15	44	45	93	26	71	7	14	7	47

Anmerkungen:
Die folgende Liste von Aussagen wurde sowohl 1988 (EB30) als auch 1994 (EB41.1) den Befragten vorgelegt. Das Frageformat differiert jedoch sehr stark: 1988 war für fünf verschiedene Gruppen zu entscheiden, ob die jeweilige Aussage zutrifft. Die Zahlen hier beziehen sich auf „people of another nationality"; die anderen vier Gruppen waren: „people of another race", „people of another religion", „people with another culture" und „people belonging to another social class". 1994 wurde für die (umformulierten) Aussagen erhoben, ob die Befragten eher zustimmten oder eher nicht zustimmten („tend to agree" vs. „tend to disagree").

losigkeit und zur Kriminalität ist jedoch von einem substantiellen Anstieg an Zustimmungen (d.h. an ausländerfeindlichen Meinungen) in allen EU-Ländern auszugehen.

5. Soziodemographisches Erklärungsmodell

Abschließend wollen wir versuchen, über die nationalen Durchschnittswerte hinaus Xenophobie-Potentiale soziodemographisch zu identifizieren, d.h. ein multiples Regressionsmodell mit dem oben eingeführten Xenophobie-Index (in seiner ungruppierten Form) als abhängiger Variable und soziodemographischen Merkmalen als unabhängigen Variablen betrachten. Ausgehend von früheren Analysen sind insbesondere die folgenden drei Merkmale von Bedeutung: Lebensalter, Bildung und generelle politische Orientierung – letzteres gemessen anhand der Selbstplazierung auf einer zehnstufigen Links-Rechts-Skala. Wie bereits eingangs diskutiert, erwarten wir, daß eine „rechte" politische Orientierung einhergeht mit einer stärkeren Tendenz zur Xenophobie. Das Alter der Befragten ist konzeptionell hier weniger als Verortung in einem bestimmten Abschnitt des Lebenszyklus zu verstehen als vielmehr als Indikator spezifischer historischer Kontextbedingungen in der primären Sozialisationsphase. Mit anderen Worten: Wir erwarten, daß jüngere (später geborene) Befragte weniger zur Xenophobie neigen als ältere und daß die größere Offenheit der jüngeren sich nicht mit zunehmenden Alter abschleift.[8] In Anbetracht der Unterschiedlichkeit der Bildungssysteme ist eine einheitliche Operationalisierung des Konzepts Bildung schwierig; im *Eurobarometer* wird das Alter bei Abschluß der Schulbildung („age at end of full-time education") erhoben und dann in drei Ausprägungen zusammengefaßt: bis zu 15 Jahren, 16-19 Jahre, älter als 19 Jahre.[9] In das Regressionsmodell wird darüber hinaus ein Satz von Dummy-Variablen einbezogen, die summarisch landesspezifische Faktoren repräsentieren. Für sich allein erklären diese Landesvariablen 12,4 Prozent der Varianz (multiples R=.35) des Xenophobie-Index im gepoolten Datensatz.[10] Nach Einbeziehung der drei soziodemographischen Merkmale erhöht sich der Anteil erklärter Varianz auf 19,8 Prozent und alle drei Merkmale erweisen sich als hochsigfinikant. Und – wie erwartet – führen höhere Bildung, Zugehörigkeit zu einer jüngeren Alterskohorte und eine politische Orientierung nach Links zu einem niedrigeren Grad an Xenophobie. Dagegen leisten Geschlecht, subjektive Schichteinstufung und Urbanitätsgrad, die konzeptionell als plausible Erklärungsfaktoren erscheinen mögen, über die drei zunächst betrachteten Merkmale hinaus empirisch keinen nennenswerten Beitrag zur Erklärung des Xenophobie-Index. Die Prüfung auf mögliche Interaktionseffekte führt jedoch zu einem verfeinerten Modell, dessen Schätzwerte in Tabelle 5 im einzelnen dargestellt sind.

Bildung und politische Orientierung interagieren in ihrem Einfluß auf xenophobe Einstellungen, d.h. die Stärke des Effekts der politischen Orientierung (auf Xenophobie) variiert in Abhängigkeit vom Bildungsniveau; je höher die (formale) Bildung, desto stärker der Einfluß der politischen Orientierung auf den Grad von Xenophobie. Hochgebildete Rechte und Linke unterscheiden sich in Hinblick auf Xenophobie weit stärker als Personen mit geringer Schulbildung. Anders gedeutet ist der Effekt von Bildung auf Xenophobie sehr viel ausprägter unter Linken als unter Rechten. Nach den par-

---

8 Für Deutschland läßt sich diese Hypothese mit Hilfe von ALLBUS Daten aus dem Zeitraum 1980-1994 auch empirisch belegen (Kuechler 1996). Mit den heute zur Verfügung stehenden Eurobarometer Daten läßt sich der zweite Teil der Hypothese jedoch nicht empirisch prüfen.

9 Zur Reduzierung von „fehlenden Angaben" wurden noch in Ausbildung befindliche Befragte der Gruppe zugeschlagen, die ihrem derzeitigen Lebensalter korrespondiert. Ein 19jähriger Student am Anfang seines Hochschulstudiums fällt damit in die mittlere Bildungskategorie (inkorrekt) ebenso wie ein 17jähriger Realschüler, der in Kürze seine Ausbildung beendet (korrekt). Die bei diesem Vorgehen möglichen Klassifizierungsfehler sollten den Gang der Analyse jedoch nicht maßgeblich beeinträchtigen.

10 Die Unterstichproben für Nord-Irland und Luxemburg werden hier – wie bei allen anderen Analysen zuvor – ausgeschlossen. Die Daten für die restlichen Länder (Westdeutschland und Ostdeutschland getrennt) gehen mit ihrer jeweiligen landesspezifischen demographischen Gewichtung – ebenso wie zuvor – in den gepoolten Datensatz ein.

Tabelle 5: Regressionsschätzung

Xenophobie =	1.424 + 2.314*Belgien + 1.743*Dänemark + 1.453*Westdeutschland + 1.826*Griechenland + 0.930*Italien + 0.456*Spanien + 2.012*Frankreich + 1.178*Niederlande + 0.339*Portugal + 1.310*Großbritannien + 1.590*Ostdeutschland – 0.855*Bildung + 0.110*Alter – 0.058*L-R Skala + 0.100*(Interaktion: Bildung/LR).

Multiples R = .454; R Quadrat = .206;

Xenophobie-Index (0-6); Alter (15-); Bildung (1-3); L-R Skala (1-10);

Landesindikatoren (1-0) mit Irland als Basiskategorie.

Alle Koeffizienten sind signifikant auf dem .01 Niveau.

Kombinierter Effekt von Bildung und Politischer Orientierung (partielle Prädiktorwerte)

L-R Skala Bildung	1 (extrem links)	3 (links)	8 (rechts)	10 (extrem rechts)
1 (niedrig)	– 0.81	– 0.73	– 0.52	– 0.44
2 (mittel)	– 1.57	– 1.29	– 0.58	– 0.64
3 (hoch)	– 2.33	– 1.84	– 0.30	– 0.16

tiellen Prädiktorwerten (siehe Fuß von Tabelle 5) macht Bildung unter rechtsorientierten Befragten keinen substantiellen Unterschied mehr. Am rechtsextremen Rand (Skalenpunkt 10) indizieren die Schätzwerte sogar einen inversen Effekt, d.h. hochgebildete Rechtsextreme zeigen einen höheren Grad an Xenophobie als Befragte gleicher politischer Couleur mit geringerer Bildung. Im Vergleich zu Bildung und politischer Orientierung ist der Alters-(Generations-)Effekt – obwohl statistisch hochsignifikant – substantiell von geringerer Bedeutung. Das Regressionsmodell weist für jede Kohortendifferenz von zehn Jahren lediglich einen Anstieg von .1 Punkten auf der von Null bis sechs reichenden Xenophobie-Skala auf; konkreter: die Zwanzigjährigen haben im Schnitt einen um .4 Punkte niedrigeren Xenophobie-Indexwert als die Sechzigjährigen. Dies ist in etwa die gleiche Differenz, wie sie sich zwischen extrem Linken und extrem Rechten mit geringer Bildung zeigt, aber weniger als ein Fünftel der Differenz zwischen extrem Linken und extrem Rechten mit hoher Bildung.

6. Zusammenfassung und Ausblick

Soziodemographische Faktoren erklären gewöhnlich – und so auch hier – nur einen (bescheidenen) Teil des betrachteten Phänomens, und sie liefern angesichts ihres statischen Charakters selten Hinweise auf mögliche Interventionen. Selbst wenn man die hier gemessene Dauer der Schulbildung als einen Indikator für ein allgemeineres, übergreifendes Konzept von Bildungs- und Aufklärungseinflüssen (nicht zeitlich beschränkt auf eine bestimmte Phase im Lebenszyklus) interpretiert, dann legen diese Resultate eher Skepsis nahe, welchen Effekt öffentliche (Aufklärungs-)Kampagnen haben können. Andere Analysen (Kuechler 1994) haben jedoch einen weiteren Erklärungsfaktor lokalisiert, der zumindest im Prinzip politischer Intervention zugänglich ist. Danach werden fremdenfeindliche Haltungen nachhaltig von einer Sicht beeinflußt, die man als 'relative Deprivation' beschreiben kann, einem Gefühl, daß es den Ausländer besser geht als einem selbst, daß sie unverdiente Privilegien besitzen.[11] Drastischer formuliert: eine wesentliche Triebfeder hinter ausländerfeindlichen Haltungen ist ökonomisch und sozial motivierter Neid. Dieser Neid und die damit verbundenen – wenn auch nicht notwendig als solche bewußten – Ängste sind dann auch ein primärer Ansatzpunkt für rechtspopulistische Agitation („Deutschland den Deutschen", „Americans first" usw.). Politische Intervention kann derartige Ängste nicht eliminieren, sie kann jedoch Erwartungen und Anspruchsniveaus nachhaltig beeinflußen.

Xenophobie, das belegen die hier präsentierten Daten sehr nachdrücklich, ist kein genuin deutsches Problem. Welchen Maßstab man auch immer anlegt, die Situation in den unmittelbaren Nachbarstaaten Frankreich und Belgien ist keinesfalls besser. Selbst in den Niederlanden, die in vieler Hinsicht als ein Hort der Liberalität erscheinen, sind fremdenfeindliche Haltungen weit verbreitet. Ist die Situation in Deutschland also „normal", gibt es keinen besonderen Grund zur Beunruhigung? Dies wäre eine allzu bequeme Schlußfolgerung. Auch wenn demokratische Werte und Normen im Deutschland der neunziger Jahre solide verankert sind, die Staatsbürgerkultur in Deutschland nicht mehr in Frage steht, so bleibt die Erinnerung an die tragische Geschichte. In einem Europa voller Antisemitismus war es in Deutschland, wo Fremdenfeindlichkeit zu systematischem Völkermord geführt hat. Und die jüngsten Ereignisse in Bosnien geben ein weiteres erschreckendes Beispiel dafür, wie kurz der Weg von einer humanen Kultur zur Barbarei sein kann. Rassismus und Xenophobie sind weitverbreitet in Europa, „normal" ist diese Situation weder in Deutschland noch anderswo. Mit wenigen Ausnahmen müssen alle Länder der Europäischen Union sich diesen Problemen stellen und Lösungen finden, die über Krisenmanagement und Stückwerkreformen hinausgehen. Xenophobie ist ein europäisches Problem, aber es ist wenig mehr als eine bequeme Ausflucht, die Probleme von Immigration und Naturalisierung auf nationaler Ebene mit dem Hinweis auf die Notwendigkeit von gesamteuropäischen Lösungen auf die lange Bank zu schieben. Auch wenn sich im Hinblick auf fremdenfeindliche Haltungen in der Bevölkerung ein allgemein gültiges Muster abzeichnet, so ist die objektive rechtliche, soziale und wirtschaftliche Situation in den einzelnen Ländern der EU doch sehr unterschiedlich. Bevor sich ein multikulturelles Europa realisieren kann, müssen die einzelnen Länder für sich Wege zu einem friedvollen und produktiven Miteinander unterschiedlicher ethnischer Gruppen finden. Das Grundproblem ist das gleiche, die Wege zu seiner Lösung werden jedoch sehr unterschiedlich sein.

---

11 Im EB30 (1988) wurde konkret gefragt: „Would you say that over the last five years people like yourself in (country) have been economically a lot better off, the same, worse off, or a lot worse off than most (outgroup) people living here?"

Literaturverzeichnis

BAFI/IZ (= Bundesamt für die Anerkennung ausländischer Flüchtlinge und Informationszentrum Sozialwissenschaften) (Hrsg.), 1995: Einwanderung und Asyl. Nürnberg/Bonn.

Fuchs, Dieter/Gerhards, Jürgen/Roller, Edeltraut, 1993: Wir und die anderen – Ethnozentrismus in den zwölf Ländern der europäischen Gemeinschaft, in: Kölner Zeitschrift für Soziologie und Sozialpsychologie 45, 238-253.

Kuechler, Manfred, 1987: The Utility of Surveys for Cross-National Research, in: Social Science Research 16, 229-244.

Kuechler, Manfred, 1994: The Germans and the 'Others': Racism, Xenophobia, or Legitimate Conservatism?, in: German Politics 3, 47-74.

Kuechler, Manfred, 1996: Deutschland den Deutschen? – Migration and Naturalization in the 1994 Campaign and Beyond, in: *Russell Dalton* (Hrsg.), Germany Votes 1994 (tentative title). Providence/Oxford.

Wiegand, Erich, 1995: Ausländerfeindlichkeit in der Festung Europa: Einstellungen zu Fremden im europäischen Vergleich, in: *BAFI/IZ (= Bundesamt für die Anerkennung ausländischer Flüchtlinge und Informationszentrum Sozialwissenschaften)* (Hrsg.), Einwanderung und Asyl. Nürnberg/Bonn, 31-39.

IV.

Bewegungen, Wahlen und politische Einstellungen

Rechtsradikalismus als soziale Bewegung?

Ruud Koopmans / Dieter Rucht

Seit Anfang der neunziger Jahre erlebte Deutschland eine neue Welle des Rechtsradikalismus mit einem in der Nachkriegsgeschichte unerreichten Ausmaß von Aggressivität und Gewalt. Die Deutungen dieses Phänomens divergieren. Was die Gewaltaktivitäten angeht, so wird zuweilen unterstellt, es handle sich um das Werk eher unpolitischer jugendlicher Einzeltäter bzw. kleiner, miteinander unverbundener Cliquen. Eine ganz andere Perspektive bestünde darin, die Gesamtheit rechtsradikaler Strukturen und Aktivitäten als Ausdruck einer sozialen Bewegung zu verstehen.
Es ist durchaus folgenreich, welche dieser Sichtweisen eingenommen wird. Wenn von einem bewegungsförmigen Zusammenhang diverser rechtsradikaler Erscheinungsformen ausgegangen wird, kommen Fragen auf, die bei einer anderen Betrachtungsweise kaum gestellt werden: Welcher Art und Intensität sind organisatorische Verbindungen zwischen diversen rechtsradikalen Gruppierungen? Ist von einer längerfristigen Existenz des Rechtsradikalismus auch dann auszugehen, wenn manifeste Mobilisierungen in den Hintergrund treten? Besteht eine günstige Gelegenheitsstruktur, die dem Gesamtsyndrom des Rechtsradikalismus eine hohe Thematisierungs- und Polarisierungskraft verleiht?
Im folgenden wird untersucht, ob und, falls ja, in welchem Sinne neuerdings von einer rechtsradikalen Bewegung in der Bundesrepublik Deutschland gesprochen werden kann. Wir referieren dazu in einem ersten Schritt die bisherige Diskussion zu dieser Frage und stellen dann einen Bewegungsbegriff vor, den wir als Maßstab zur Beantwortung unserer Ausgangsfrage anlegen wollen. Im zweiten Teil beziehen wir empirische Tatbestände des Rechtsradikalismus auf diesen Bewegungsbegriff. Schließlich diskutieren wir die Erklärungskraft gängiger und prominenter Theorien für die rechtsradikale Gewaltwelle. Da sich diese als begrenzt erweisen, greifen wir ergänzend neuere, in der Bewegungs- und Protestforschung vorgeschlagene Erklärungskonzepte auf.

1. Zur Diskussion des Rechtsradikalismus als soziale Bewegung

Begriff und Konzept der sozialen Bewegung haben eine lange Tradition in den Sozialwissenschaften. Allerdings setzte in der Bundesrepublik eine systematische, an den internationalen Diskussionsstand anschließende Bewegungsforschung erst ab den späten 1970er Jahren ein. Die aufkommende Bewegungsforschung konzentrierte sich weitgehend auf die *neuen* sozialen Bewegungen, die, wie eine neuere Arbeit zeigt, zwischen 1975 und 1989 drei Viertel der bundesdeutschen Protestmobilisierung ausmachen (Koopmans 1995: 51). Trotz der intensiven Befassung mit (neuen) sozialen Bewegungen und einer sich teilweise auch professionalisierenden Bewegungsforschung (Rucht 1991) herrscht kein völliges Einvernehmen darüber, wie eine soziale Bewegung zu definieren sei. Das liegt wohl weniger an den ideosynkratischen Neigungen der Diskutanten, sondern vielmehr an der Diffusität des Gegenstandes, charakterisiert durch einen hohen Formenreichtum, die Abwesenheit eindeutig faßbarer oder gar verfaßter Organisationsstrukturen sowie dem Fehlen eindeutiger „Systemgrenzen". Gleichwohl enthalten die meisten der gängigen Definitionen sozialer Bewegung einen gemeinsamen Kern.

Während es mit Blick auf den Faschismus und Nationalsozialismus üblich ist, die Selbstbezeichnung als „Bewegung" im wissenschaftlichen Sprachgebrauch zu übernehmen, gilt dies nicht mit gleicher Selbstverständlichkeit für den Rechtsradikalismus von den Nachkriegsjahren bis zur Gegenwart. Dies mag daran liegen, daß der Bewegungsbegriff oft mit Massenhaftigkeit und Dynamik assoziiert wird, also jenen Eigenschaften, die rechtsradikale Zirkel kaum für sich beanspruchen konnten. So ist es auch nicht erstaunlich, daß – mit Blick auf den zeitgenössischen Rechtsradikalismus – erst in den 1990er Jahren in sozialwissenschaftlichen Kreisen die nicht nur beiläufige Rede[1] von einer rechtsradikalen Bewegung aufkam.

Mit der in einem Aufsatztitel gestellten Frage „Formiert sich eine neue soziale Bewegung von rechts?" hat Hans-Gerd Jaschke (1992; vgl. auch 1993) den wohl entscheidenen Anstoß für die nachfolgende Debatte geliefert. Der Autor bejaht die Frage und führt aus: „Wir haben es heute nicht mehr, wie noch bis in die 80er Jahre, mit einer politischen Subkultur von Außenseitern und Ewiggestrigen zu tun, die auf breite Ablehnung in der Mehrheitsgesellschaft stößt und in ihrem abgeschotteten politisch-sozialen Milieu verbleibt ... Verschiedene Anzeichen deuten darauf hin, daß nach der Studentenbewegung ... und den 'neuen sozialen Bewegungen' nun eine neue, von ihren Zielen her gänzlich andersartige, nun von rechts kommende Bewegung ihren Anfang nimmt" (Jaschke 1992: 1443). In einer Fußnote zur zitierten Passage erläutert Jaschke, daß er dem Begriffsverständnis von Rammstedt (1978) und Brand/Büsser/Rucht (1983) folge. Allerdings legt Jaschke nicht die Kritierien, welche die zitierten Autoren vorgeschlagen haben, explizit auf seinen Gegenstand an, sondern listet lediglich eine Reihe von „Anzeichen" der anhebenden rechten Protestbewegung auf: das populistische Aufgreifen von Alltagsinteressen, die Existenz rechtsintellektueller Gruppierungen, eine partielle, bisweilen terroristische Militanz am Rande der Bewegung, eine beachtliche Breitenwirksamkeit, dezentrale Strukturen usw. (Jaschke 1992: 1444). Es scheint vor allem die über ein Sektendasein hinausgehende Breitenwirkung des Rechtsradikalismus zu sein, die Jaschke dazu verleitet, den Bewegungsbegriff auf den Rechtsradikalismus anzuwenden.

Richard Stöss hat in einem Tagungsbeitrag (1993) gegen Jaschkes These vom Aufkommen einer rechtsradikalen Bewegung vehement Stellung bezogen. So sei es „schlichter Unfug", den früheren Rechtsextremismus generell als eine Veranstaltung von Außenseitern darzustellen und damit seine Verquickung mit dem bürgerlichen Lager zu unterschlagen. Zum zweiten sei es „wissenschaftlich unhaltbar", den Rechtsextremis-

1 Die beiläufige Etikettierung als „rechtsextreme Bewegung" findet sich bereits bei Dudek/Jaschke (1984).

mus als „Protest" von rechts zu bezeichnen. Dies liefe zudem auf eine Verharmlosung und Täterentlastung hinaus und münde in die neuerdings beliebte These, der Rechtsextremismus sei eine Reaktion auf die linken Bewegungen der sechziger und siebziger Jahre (Stöss 1993: 26f.). In der überarbeiteten und publizierten Fassung seines Beitrags fällt die Kritik etwas verhaltener aus. Als zusätzliche Argumente gegen eine „neue soziale Bewegung von rechts" führt Stöss an, daß der manifeste Rechtsextremismus zu 90 Prozent aus Parteien und Organisationen bestehe, die sich nicht die Mühe machten, ihre Forderungen intellektuell aufzubereiten. Die von Jaschke erwähnten rechtsintellektuellen Zirkel seien dagegen ebenso winzig wie einflußlos und zudem keineswegs neu. Allenfalls möge man den jugendspezifischen Subkulturen den Bewegungscharakter zubilligen, nur dürften jene nicht umstandslos dem Rechtsradikalismus zugeschlagen werden. Sofern Jaschke jedoch mit seiner These vor allem auf fremdenfeindliche bzw. rassistische jugendliche Gewalttaten ziele, läge nicht nur eine unzulässige Einschränkung des Begriffs Rechtsradikalismus vor, sondern es wäre auch nicht zu erkennen, daß es sich bei diesem Gewaltpotential um eine Bewegung handle. Ganz generell bezweifelt Stöss, daß sich ein analytischer Nutzen daraus ergebe, wenn der Rechtsradikalismus zur sozialen Bewegung erklärt wird (Stöss 1994: 53f.).

Mit diesen knappen und teilweise apodiktisch gehaltenen Bemerkungen wird freilich kein sonderlich fruchtbarer Dialog eröffnet, zumal es Stöss versäumt, sich auf einen wie immer gearteten Begriff sozialer Bewegung zu beziehen.[2] Auch zielt er teilweise an der Frage der Bewegungsförmigkeit des heutigen Rechtsradikalismus vorbei. So mag zwar Jaschke darin irren, dem früheren Rechtsradikalismus einen Außenseiterstatus zu bescheinigen, doch spricht dies nicht gegen die Bewegungsförmigkeit des heutigen Rechtsradikalismus. Vielmehr könnte man – im Sinne von Jaschkes nur angedeutetem Bewegungsbegriff – nicht nur den gegenwärtigen, sondern vielleicht sogar den früheren Rechtsradikalismus als soziale Bewegung bezeichnen.[3] Weiterhin ist unklar, wieso der Protestbegriff, der Stöss zufolge eine Verharmlosung des Rechtsradikalismus bedeutet, auch ein Argument dagegen sein soll, den Rechtsradikalismus als soziale Bewegung zu verstehen. Und schon gar nicht läuft die Verwendung des Bewegungsbegriffs für den Rechtsextremismus auf eine Verharmlosung hinaus, wie bereits die Bezeichnung des Nationalsozialismus als Bewegung zeigt. Schließlich führt die Rede von einer rechtsradikalen Bewegung keineswegs zwangsläufig zu der These, diese Bewegung sei durch linke Bewegungen induziert worden, wie Stöss suggeriert. Er führt somit ein Scheingefecht gegen die Verwendung des Bewegungsbegriffs. Dessen Berechtigung ist auf dieser Argumentationsbasis und ohne Rekurs auf explizite Definitionsmerkmale nicht entscheidbar.

Im Rahmen einer kleinen Fachtagung am Wissenschaftszentrum Berlin wurde 1993 die Frage der Bewegungsförmigkeit des Rechtsradikalismus in den Mittelpunkt gerückt

---

2 Dies ist auch ein Manko einiger nachfolgender Diskussionsbeiträge zum Bewegungscharakter des Rechtsradikalismus. Exemplarisch dafür Leggewie (1994).

3 Dies tut Jaschke auch an anderer Stelle, wenn er die aufkommende NPD als „Kulminationspunkt der bereits Ende der vierziger Jahre entstehenden rechtsradikalen Bewegung" bezeichnet (Jaschke 1991: 56). Zu Recht macht Butterwege (1994: 38) in diesem Zusammenhang darauf aufmerksam, daß diese Aussage der ein Jahr später formulierten These Jaschkes widerspricht, bis weit in die 1980er Jahre habe es sich lediglich um eine rechtsradikale Subkultur gehandelt.

und, wie zu erwarten, kontrovers diskutiert.[4] Christoph Butterwege (1993, 1994) wendet sich gegen die vorgebliche „Verklärung" des Rechtsradikalismus als soziale Bewegung. Raschkes weithin anerkannte Definition sozialer Bewegung[5] hält er für „zu abstrakt und formal, als daß sie Aufschluß darüber geben könne, was eine soziale Bewegung ausmacht – im Unterschied zu Phänomenen wie dem Rechtsradikalismus" (Butterwege 1994: 38). Insbesondere scheint Butterwege an dieser Definition zu stören, daß sie unabhängig von der eingeschlagenen ideologischen Richtung gelten soll und somit der jugendliche Rechtsextremismus ebenso wie die ihn bekämpfenden Anti-Rassismus-Initiativen die Definitionskriterien erfüllten. Nachdem auf diese Weise Raschkes Definition ad acta gelegt wurde, zitiert Butterwege Rammstedts Definition einer sozialer Bewegung[6] und greift speziell das darin enthaltene Merkmal des Protests heraus. Dieser sei „seinem Wesen nach eine bewußte Herausforderung der Obrigkeit. Deshalb findet er gewöhnlich am hellichten Tag, neofaschistischer Terror aber meist in der Nacht statt" (Butterwege 1994: 39). Den Protestbegriff will Butterwege nur auf progressive Gruppen angewandt wissen: „Daher wären unter sozialen Bewegungen nur Strömungen und Bestrebungen zu verstehen, die auf (mehr) politische Partizipation, soziale Emanzipation und eine Transformation der Gesellschaft abzielen, was basisdemokratische Willensbildungs- und Entscheidungsprozesse einschließt, nicht aber solche, die als Reaktion darauf entstehen und sich der gesellschaftlichen Regression (...) verschreiben" (ebd.).

Dieses eigenwillige, in der deutschen wie der internationalen Diskussion kaum geteilte Verständnis von Protest und sozialen Bewegungen[7] bietet zwar eine klare Antwort auf die Frage nach dem Bewegungscharakter des Rechtsextremismus, doch stellt es nur eine Scheinlösung dar. So verquer der Vorwurf an Raschkes allgemeine Definition sozialer Bewegung ist, sie erfasse nicht die spezifische inhaltliche Ausrichtung des Rechtsextremismus (was ja nicht Anspruch einer allgemeinen Definition sein kann), so verfehlt ist die Strategie, politisch-ideologisch unbestimmte Begriffe wie Protest und soziale Bewegung gleichsam als Adelsprädikat für politisch genehme Gruppierungen zu reservieren, ohne die Frage nach gemeinsamen Formmerkmalen progressiver und regressiver Bewegungen überhaupt zu stellen. Erstaunlich ist auch, daß Butterwege am Schluß seines Beitrags unvermittelt auf den von den kritisierten Diskutanten gar nicht benutzten Begriff des „Jugendprotests" umschwenkt, welcher von den wirklichen Ursachen des Rechtsradikalismus und der Entwicklung geeigneter Gegenstrategien ablenke. Dieser Vorwurf trifft gerade nicht diejenigen, die den Rechts-

4 Diese Tagung fand im November 1995 eine Fortsetzung in einem ebenfalls am Wissenschaftszentrum Berlin durchgeführten Workshop zum Thema „Rechtsextremismus als soziale Bewegung?". Die Beiträge erschienen im Januar 1996 in der „Berliner Debatte Initial".

5 Bei einer sozialen Bewegung handelt es sich um „einen mobilisierenden kollektiven Akteur, der mit einer gewissen Kontinuität auf der Grundlage hoher symbolischer Integration und geringer Rollenspezifikation mittels variabler Organisations- und Aktionsformen das Ziel verfolgt, grundlegenden sozialen Wandel herbeizuführen, zu verhindern, oder rückgängig zu machen" (Raschke 1987: 77).

6 „Unter sozialer Bewegung soll ein Prozeß des Protests gegen bestehende soziale Verhältnisse bezeichnet werden, ein Prozeß, der bewußt getragen wird von einer an Mitgliedern wachsenden Gruppierung, die nicht formal organisiert zu sein braucht" (Rammstedt 1978: 130).

7 Die einzige uns bekannte Ausnahme ist Hofmann, bei dem es lapidar heißt: „Soziale Bewegung ist *Emanzipationsbewegung*" (1970: 7).

radikalismus als soziale Bewegung verstehen. Butterweges Einsprüche sind somit kein Beitrag zur Klärung der Angemessenheit analytischer Kategorien, sondern ein politisch inspirierter Versuch, Begriffe wie Protest und Bewegung per Dezision für ein bestimmtes Lager zu reservieren.

Dies gilt sicher nicht für den Diskussionsbeitrag von Thomas Ohlemacher, der ebenfalls die weithin akzeptierte Definition von Joachim Raschke zugrundelegt. Sein Fazit: Beim Rechtsradikalismus handele es sich nicht um eine rechte Bewegung, sondern – in Anlehnung an einen Terminus von Nullmeier/Raschke (1989: 252) – um „kollektive Episoden". Allerdings geht Ohlemacher nicht alle von Raschke genannten Bewegungskriterien konsequent durch. Das wäre für sich genommen kein Manko, könnte doch, bei strengen Maßstäben, die Nicht-Erfüllung eines oder mehrerer Kriterien bereits als zureichender Hinweis dafür gelten, daß keine rechte Bewegung vorliegt. Jedoch ist Ohlemachers Vorgehen in doppelter Weise problematisch. Zum ersten rekurriert er, ebenso wie Bergmann/Erb, auf die von Neidhardt/Rucht (1993) entwickelte Systematik der Stabilisierungsbedingungen sozialer Bewegungen, um mit Blick darauf festzustellen, daß alle Felder dieser Systematik „Leerstellen (sind), die nur am Rande in der Forschung erwähnt, aber in keinem Falle systematisch untersucht wurden" (Ohlemacher 1994: 20). Wenn jedoch die Forschungslage derart dürftig wäre, so ließe sich auch nicht feststellen, ob die von Raschke genannten – und teils in der erwähnten Systematik enthaltenen – Definitionsmerkmale einer sozialen Bewegung erfüllt oder nicht erfüllt sind. Statt der definitiven Antwort Ohlemachers („Wider die Rede von einer rechten Bewegung im wiedervereinigten Deutschland") wäre also eher Nachdenklichkeit angebracht. Zum zweiten vermischt Ohlemacher die definitorische Frage der Bewegungsförmigkeit mit der Frage nach den Erfolgsbedingungen des Rechtsradikalismus. In Antwort darauf konstatiert er, daß es sich „bei den rechtsradikalen bzw. -extremen Ausschreitungen um weichere Phänomene unterhalb der Bewegungsebene" handele (1994: 21) und nennt dann fünf, hier nur stichwortartig wiedergegebene Gründe „für eine solche Sicht der Dinge": (1) das Ausbleiben größerer Mobilisierungserfolge, (2) die fehlende hohe symbolische Integration, (3) eine eher hohe Rollenspezifikation bei insgesamt geringen Kontakt- und Mobilisierungsmöglichkeiten der organisierten Zusammenschlüsse, (4) die Abwesenheit einer kompakten, in sich schlüssigen und breite Zustimmung findenden Ideologie und schließlich (5) die stark expressiven, ins Irrationale gehenden Momente des Rechtsradikalismus.

Mit diesen Gesichtspunkten thematisiert Ohlemacher einerseits einzelne von Raschkes Kriterien, bringt aber andererseits, im Gegensatz zu seinem expliziten Vorhaben, auch unvermittelt eigene Kriterien wie eine kompakte Ideologie oder den Rationalitätsgrad der Handelnden ins Spiel. Insgesamt besteht sein Verdienst darin, die Diskussion an nachvollziehbaren und nachprüfbaren Kriterien auszurichten. Freilich sind Ohlemachers empirische Hinweise zu knapp und in ihrem Referenzobjekt zu unbestimmt, als daß die These von der Existenz einer rechtsradikalen Bewegung widerlegt wäre.

Bergmann/Erb (1994; vgl. auch Bergmann 1994) gehen mit einer Reihe von Argumenten kritisch auf Ohlemacher ein und ziehen dabei Vergleiche zu den neuen sozialen Bewegungen, deren Bewegungsförmigkeit auch Ohlemacher anerkennt. Die Autoren wenden sich gegen zu strenge Maßstäbe bezüglich einzelner Definitionskriterien, zumal wenn der Entwicklungsstand langjähriger und voll entfalteter Bewegungen mit dem der eher am Anfang stehenden rechtsextremen Bewegung verglichen werde. Im

übrigen sehen es Bergmann/Erb als verfehlt an, nur vom Paradigma neuer sozialer Bewegungen auszugehen, um auf diese Weise – wie Ohlemacher – zu Defizitanzeigen zu kommen, die nicht nur der frühen Entwicklungsphase rechter Bewegungen, sondern auch strukturellen Problemen rechter Mobilisierung geschuldet seien.
Im Rückgriff auf Ahlemeiers systemtheoretische Vorschläge begreifen Bergmann/Erb eine soziale Bewegung „als Reproduktion und Verknüpfung von Mobilisierungsereignissen" (1994: 28). Im einzelnen wenden sich die Autoren kritisch gegen die von Ohlemacher vorgebrachten Argumente. Zum ersten hegen sie Zweifel an dessen Einschätzung der quantitativen Dimension des Rechtsradikalismus: „Faßt man die rechte Bewegung im wesentlichen als ausländerfeindliche Bewegung, dann dürfte das Argument Ohlemachers von der geringen Bevölkerungsresonanz wohl kaum zutreffen ..." (Bergmann/Erb 1994: 31). Zum zweiten sehen Bergmann/Erb durchaus sozialintegrative Momente innerhalb des Rechtsradikalismus: „Wenn man der rechten ausländerfeindlichen Bewegung symbolische Integration, Wir-Gefühl und eine schlüssige Ideologie bestreitet, dann stellt man definitorische Ansprüche an soziale Bewegungen, die selbst viele der neuen sozialen Bewegungen nicht erfüllt haben" (1994: 31). Drittens betonen die Autoren Ansätze einer Vernetzung sowohl in organisierter Form als auch in den eher informellen Formen bei Skinheads und anderen Gruppen Jugendlicher (1994: 31). Viertens wenden sich die Autoren dagegen, eine fremdenfeindliche Bewegung vor allem in der gewaltbereiten jugendlichen Subkultur zu lokalisieren: „Vielmehr ist diese nur ein (mobilisierungsbereites) Segment in einem großen Feld miteinander in loser Beziehung stehender Parteien, Vereinen, Gruppen, Lesezirkeln, Zeitungen, Verlagen, Kulturwerken bis hin zu Nazi-Rockbands, nationalen Liedermachern und ihren Fanklubs, die gerade nicht mehr die auf der traditionellen Rechten üblichen Formen der Führer- und Kaderpartei annehmen, sondern dezentral strukturiert, wenig organisiert, hierarchiefeindlich, ideologisch uneinheitlich (...) und aktionsorientiert sind" (Bergmann/Erb 1994: 29f.). Schließlich halten es Bergmann/Erb für verfehlt, rechten Aktionszusammenhängen jegliche Rationalität abzusprechen, weil sie universalistische Normen verletzen. „Denn ihre Gewaltaktionen gegen Ausländer sind, bezogen auf ihr Ziel, den soziokulturellen Wandel hin zu einer multikulturellen Gesellschaft zu verhindern oder rückgängig zu machen, durchaus ein rationales (und partiell ja auch erfolgreiches) Mittel" (ebd.: 27).
Es fällt schwer, auf Basis bloß angedeuteter empirischer Hinweise zu entscheiden, ob die von Bergmann/Erb vorgebrachten Einwände gegen Ohlemacher zutreffen. Insbesondere glauben wir, daß die Debatte zur Bewegungsförmigkeit des Rechtsradikalismus nur dann gewinnbringend weitergeführt werden kann, wenn nicht nur eine explizite und möglichst operationalisierbare Definition einer sozialer Bewegung zugrundegelegt wird, sondern auch der darauf zu beziehende Sachverhalt umfangslogisch möglichst eindeutig bestimmt wird. In diesem Sinne wollen wir zunächst unser Verständnis von sozialer Bewegung und Rechtsradikalismus erläutern, um dann bestimmte empirische Phänomene und Befunde darauf zu beziehen.
Unter einer *sozialen Bewegung* verstehen wir mobilisierte Netzwerke von Individuen, Gruppen und Organisationen, die mittels Protest grundlegenden sozialen Wandel herbeiführen oder verhindern wollen (Neidhardt/Rucht 1991: 450; Rucht 1994: 76f.). Damit werden keineswegs triviale Eingrenzungen vorgenommen. Weder fallen bloße Einstellungen noch alle kollektiven Handlungspraktiken unter den Bewegungsbegriff.

(1) Die Kategorie des *Netzwerks* setzt voraus, daß mehr oder weniger enge kommunikative Zusammenhänge zwischen Gruppen und Organisationen als den kollektiven „Bausteinen" einer Bewegung bestehen. Die auf der Mikroebene angesiedelten Elemente einer Bewegung können einen sehr unterschiedlichen Organisationsgrad aufweisen. Das Spektrum reicht von informellen Zirkeln bis hin zu straff geführten Parteien und Verbänden. Entscheidend bleibt jedoch, daß die Verknüpfung der Bewegungselemente auf der Meso- und Makroebene nicht den Verbindlichkeitsgrad einer Organisation erreicht. Bewegungen verfügen auf diesen Ebenen typischerweise weder über formelle Regeln der Mitgliedschaft, interne Hierarchie und Arbeitsteilung noch über verbindliche Programme, die alle Bewegungsgruppen verpflichten könnten. Kurz: Bewegungen haben Organisation, aber sie sind keine Organisation. (2) Das Merkmal der *Protestmobilisierung* weist darauf hin, daß es sich bei Bewegungen nicht um bloß ideologische Übereinstimmungen bzw. reine Gesinnungsgemeinschaften handelt, sondern daß eine zielorientierte Handlungspraxis vorliegen muß, in der eine massive Unzufriedenheit mit bestimmten politischen Verhältnissen oder sozialen Gruppen zum Ausdruck gebracht wird. Proteste reichen von rhetorischen Bekundungen bis hin zu Gewaltakten. Die damit verbundenen argumentativen bzw. expressiven Darlegungen gegenüber Gegnern und/oder Publikum sind lediglich der äußerlich sichtbare Teil von Bewegungen, welche nach innen hin ein weitaus facettenreicheres Handlungsspektrum aufweisen. (3) Das Kriterium einer auf *sozialen Wandel* gerichteten Protestpraxis besagt, daß von einer Bewegung nur dann die Rede sein soll, wenn sie Grundfragen gesellschaftlicher und politischer Ordnung aufwirft. Definitorisch ausgeschlossen werden damit einzelne Protestaktivitäten, die sich beispielsweise lediglich gegen einen bestimmten Amtsträger oder eine konkrete administrative Maßnahme richten. In diesen Fällen könnte man von Protestkampagnen sprechen. Erst wenn derartige Aktivitäten einen Bestandteil wesentlich weiterreichender Bemühungen um sozialen und politischen Wandel darstellen und auch sozial mit anderen Kräften verknüpft sind, die diesen grundsätzlichen Wandel anstreben, können auch solche thematisch sehr begrenzten Proteste einer Bewegung zugerechnet werden.

Bevor wir darauf eingehen, ob der heutige Rechtsradikalismus die genannten Bewegungsmerkmale aufweist, gilt es zunächst zu klären, in welchem Sinne im weiteren von Rechtsradikalismus gesprochen wird. Auf die Schwierigkeiten einer Begriffsbestimmung von Rechtsradikalismus bzw. Rechtsextremismus ist vielfach hingewiesen worden (z.B. Benz 1992). Die juristische, in der Extremismusforschung übernommene Unterscheidung zwischen dem im Prinzip legalen Rechts*radikalismus* und dem verfassungswidrigen Rechts*extremismus* erscheint uns unter sozialwissenschaftlicher Perspektive nicht bedeutsam. Schon um die Differenz zur politisch engagierten, aber sozialwissenschaftlich wenig ambitionierten Extremismusforschung kenntlich zu machen, bevorzugen wir den Begriff des Rechtsradikalismus. Darunter verstehen wir politische Einstellungen und/oder Taten, die sich sowohl innen- als auch außenpolitisch frontal gegen universalistische Prinzipien von Gleichheit, Toleranz und Pluralismus richten. Dies geht oft mit der Diskriminierung, Ausgrenzung oder sogar aktiven Verfolgung von sozialen Minderheiten und insbesondere bestimmten ethnischen Gruppen einher.[8] Erst wenn dieses ideologische Syndrom des Rechtsradikalismus die von

8 Zu neueren Bestimmungen von Rechtsradikalismus bzw. Rechtsextremismus vgl. Stöss (1989) und Benz (1992).

uns vorgeschlagenen allgemeinen Merkmale einer sozialen Bewegung erfüllt, sprechen wir von einer rechtsradikalen (sozialen) Bewegung. Andere und spezifischere Erscheinungsformen könnten dagegen als rechtsradikale Einstellungen, Diskurse, Parteien, Protestaktionen, Subkulturen etc. bezeichnet werden. Nicht alle rechtsradikalen Erscheinungsformen fallen unter den Bewegungsbegriff. Ein Beispiel dafür wäre die aggressive Provokationsgeste jugendlicher Skinheads, die weder rechtsradikalen Überzeugungen entspringen muß noch die allgemeinen Merkmale einer sozialen Bewegung erfüllt. Es spricht somit vieles dafür, den Bewegungsbegriff auf ein quantitativ vorerst nicht bestimmbares Segment rechtsradikaler Gruppierungen anzuwenden, wobei selbst für diesen Teil die genannten Kriterien in unterschiedlicher Prägnanz erfüllt sein mögen.

2. Empirische Befunde zur Bewegungsförmigkeit des Rechtsradikalismus

Abgesehen von der empirischen Vielgestalt und Diffusität des Gegenstandes gibt es zwei weitere Gründe, warum die Diskussion um die Bewegungsförmigkeit des Rechtsradikalismus bisher kontrovers geblieben ist. Erstens ist oft unklar, auf welche Erscheinungsformen von Rechtsradikalismus und/oder Ausländerfeindlichkeit rekurriert wird. Zweitens besteht eine Neigung, die Frage ohne Differenzierungen anzugehen. So bleibt zum Beispiel die naheliegende Möglichkeit außer Betracht, daß – analog zu den neuen sozialen Bewegungen – vielleicht *mehrere*, nur lose oder überhaupt nicht verknüpfte rechte Bewegungen nebeneinander existieren. Neben dieser Überlegung wäre es auch angebracht, die Frage der Bewegungsförmigkeit des Rechtsradikalismus relativ, im Sinne eines Mehr oder Weniger zu diskutieren, anstatt sie mit einem uneingeschränkten Ja oder Nein beantworten zu wollen.
Betrachten wir die jüngsten Erscheinungsformen von Rechtsradikalismus und Ausländerfeindlichkeit, dann lassen sich mindestens sechs verschiedene Phänomene unterscheiden: (1) Rechtsradikale Parteien, (2) (neonazistische) außerparlamentarische Organisationen (z.B. *Nationale Offensive*), (3) neurechte intellektuelle Zirkel, Zeitschriften und Verlage, (4) rechtsradikale und ausländerfeindliche Subkulturen (v.a. Skinheads), (5) gewalttätige Ausschreitungen gegen Ausländer und Asylbewerber und (6) ausländerfeindliche und rechtsradikale Einstellungsmuster bei Teilen der Bevölkerung.
Wie wir oben vorgeschlagen haben, soll von einer sozialen Bewegung nur dann die Rede sein, wenn – abgesehen von sonstigen Kritierien – mehrere Gruppierungen bzw. Organisationen miteinander verknüpft sind. Zwar ist niemand daran gehindert, „Republikaner", „Skinheads", „Neue Rechte" oder „Nationale Offensive" als soziale Bewegung aufzufassen, doch würden herkömmliche Kategorien wie „Partei", „Subkultur", „ideologische Strömung" oder „Verband" für diese Phänomene nicht nur ausreichen, sondern sogar mehr analytische Schärfe bieten.
Legen wir die drei Kriterien für Bewegungsförmigkeit an, so fällt es nicht schwer, diese innerhalb des rechtsradikalen Lagers nachzuweisen. Auf grundlegenden sozialen Wandel (oder dessen Verhinderung) gerichtete Zielsetzungen und Ideologien sind bei der Neuen Rechten, bei den meisten neonazistischen Organisationen und, etwas weniger ausgeprägt, auch bei den rechtsradikalen Parteien vorhanden. So wenden sich diese Gruppierungen entschieden gegen elementare und weithin akzeptierte gesell-

schaftliche und politische Entwicklungstendenzen, etwa den Trend zu einer multikulturellen Gesellschaft und den Prozeß der europäischen Integration. Dagegen plädieren sie für eine „nationale" Politik, die innenpolitisch auf die Wiederherstellung einer ethnisch homogenen Gemeinschaft und außenpolitisch auf eine eigenständige, allein von nationalen Interessen bestimmte Rolle Deutschlands im internationalen Kräftefeld zielt. Legitimiert werden solche Politikvorstellungen durch die von neurechten Kreisen verbreitete Ideologie des Ethnopluralismus.

Kommunikative und organisatorische Vernetzungstendenzen sind ungleich schwerer nachweisbar, zumal unser Wissen aufgrund der teilweise konspirativen Verhaltensweisen der Gruppierungen sehr beschränkt ist. Dennoch gibt es gerade in jüngster Zeit zahlreiche Hinweise auf eine zunehmende Vernetzung zwischen neonazistischen Organisationen und Personenzusammenschlüssen, die teilweise auch die Subkultur der Skinheads einschließen. Die Verbote der wichtigsten neonazistischen Organisationen ab Ende 1992 haben eine solche Vernetzung zwar erschwert, aber nicht verhindert. Zum einen bedienen sich militante rechtsradikale Gruppierungen erfolgreich moderner Kommunikationssysteme wie Mailboxen und Info-Telefone; sie können dadurch ihre organisatorische Schwäche teilweise kompensieren. Zum anderen hat der wachsende gesellschaftliche Druck auf den militanten Rechtsradikalismus ungewollt zu einer zunehmenden Solidarisierung und kampagnenförmigen Zusammenarbeit von vorher eher in Spannung zueinander stehenden Gruppierungen geführt (dazu Uhrlau 1996). Ein prominentes Beispiel dieser Zusammenarbeit ist die „Anti-Antifa-Kampagne".

Das dritte, für die Bewegungsförmigkeit mitentscheidende Element der Protestmobilisierung ist im rechtsradikalen Lager leicht aufzufinden. Hier springt zuerst die massive Welle ausländerfeindlicher Anschläge in der ersten Hälfte der neunziger Jahre ins Auge. Neben diesen eher spontanen, meist anonymen und von kleinen Gruppen Jugendlicher begangenen Gewaltakten sind aber auch gelegentliche rechtsradikale Aufmärsche mit bis zu einigen tausend Teilnehmern zu verzeichnen. Solche öffentlichen Bekundungen von Präsenz finden meist zu symbolträchtigen Anlässen wie dem Volkstrauertag oder dem Todestag von Rudolf Hess statt.

Die Feststellung, daß die hier herangezogenen Definitionsmerkmale für soziale Bewegungen innerhalb des rechtsradikalen Spektrums nachweisbar sind, ist nicht neu. Die bisherige Diskussion hat es aber weitgehend dabei belassen und aus dem Vorhandensein der Ingredenzien auch auf die Existenz der Speise, d.h. einer rechtsradikalen Bewegung, geschlossen. Um eine solche Folgerung zu rechtfertigen, muß aber gezeigt werden, daß die drei für eine soziale Bewegung konstitutiven Elemente auch miteinander verknüpft sind und – ganz entscheidend – in der Protestmobilisierung zusammentreffen. Gerade weil soziale Bewegungen nicht über einen institutionalisierten Zugang zum politischen System verfügen, sind sie darauf angewiesen, durch Proteste öffentliche Aufmerksamkeit für ihre Anliegen, Deutungsmuster und Forderungen zu gewinnen. Solange die ideologischen Vorstellungen neurechter und neonazistischer Kreise nur im internen Kommunikationsnetz kursieren, kann auch nur eingeschränkt von einer sozialen Bewegung die Rede sein.

Datenquellen

Um die Frage der Bewegungsförmigkeit des Rechtsradikalismus zu beantworten, bedarf es Informationen über rechtsradikale und ausländerfeindliche Mobilisierung – Informationen, die sich nicht, wie beim Verfassungsschutz und den Kriminalämtern, auf bestimmte Straftaten beschränken, sondern zum Beispiel auch Angaben über die inhaltliche Ausrichtung der Taten und über die Beteiligung von Organisationen enthalten.
Hier können zwei Datensätze hilfreich sein, die am Wissenschaftszentrum Berlin entstanden sind. Der erste, erstellt im Rahmen des Projektes „Einwanderungspolitik, Rechtsradikalismus und Ausländerfeindlichkeit (ERA)", umfaßt neben inhaltsanalytischen Daten zu einwanderungspolitischen Fragen auch detaillierte Angaben über in Medien berichtete rechtsradikale Proteste einschließlich von Gewaltakten. Die Erhebung ist noch nicht abgeschlossen; bisher liegen nur die Daten aus der *Frankfurter Rundschau* für den Zeitraum Januar 1990 bis Juni 1993 vor. Der zweite Datensatz entstand im Rahmen des Projektes „Dokumentation und Analyse von Protestereignissen in der Bundesrepublik Deutschland, 1950-1993" (Prodat). Es bezieht sich auf das gesamte Spektrum von Protestereignissen (ab 1989 auch einschließlich des Gebiets der [ehemaligen] DDR). Auch für diesen Datensatz wurden Tageszeitungen als Quelle benutzt (*Frankfurter Rundschau* und *Süddeutsche Zeitung*). Im Rahmen dieses Beitrags werden wir uns auf rechtsradikale Proteste im Zeitraum 1985-1992 beschränken. Beide Datensätze beruhen auf Stichproben. Beim ersten Datensatz wurde jede zweite Zeitungsausgabe kodiert (Montag, Mittwoch und Freitag); im zweiten Fall jede Montagsausgabe sowie alle übrigen Ausgaben jeder vierten Woche. Trotz der unterschiedlichen Codebücher, Quellen und Stichproben korrelieren die Daten aus beiden Projekten in außergewöhnlich hohem Maße. So ergibt sich für die monatliche Entwicklung der Zahl rechtsradikaler Proteste für den überlappenden Zeitraum von 1990 bis 1992 eine Korrelation von .98 zwischen den beiden Datensätzen.
Gegen den Gebrauch von aus Medien stammenden Protestdaten kann man einwenden, daß sie eher Medienaufmerksamkeitszyklen als reale Entwicklungen abbilden. Ein Vergleich der monatlichen Entwicklung der Zahl rechtsradikaler Gewalttaten von 1990 bis 1992 in unseren beiden Datensätzen mit den Verfassungsschutzdaten bestätigt diese Vermutung jedoch nicht. Im Gegenteil: Auch hier ergeben sich Korrelationen, die strengsten Reliabilitätskriterien genügen (.92 für den ersten und .91 für den zweiten Datensatz). Aufgrund dieser Korrelationen zwischen unseren beiden Datensätzen sowie zwischen diesen und den Verfassungsschutzdaten können wir davon ausgehen, daß unsere Daten in ausreichendem Maße die tatsächliche Entwicklung rechtsradikaler Proteste abbilden.

Ergebnisse

Aus den hier nicht ausgewiesenen Daten zur Entwicklung rechtsradikaler Proteste von 1985 bis 1992 geht der starke Anstieg solcher Proteste in den frühen neunziger Jahren hervor, wie er bereits aus den offiziellen Statistiken bekannt ist. Bemerkenswert ist jedoch der Sachverhalt, daß gewaltförmige Proteste das Aktionsrepertoire des

Rechtsradikalismus sehr stark dominieren. Insbesondere geht die enorme Zunahme rechtsradikaler Mobilisierung ab 1991 nur ganz unwesentlich auch auf nicht gewaltförmige Aktionsformen (z.B. Demonstrationen) zurück.
Tabelle 1 enthält die Verteilung der Proteste zwischen Januar 1990 und Juni 1993 im Hinblick auf die wichtigsten Aktionsformen. Gewalttaten machen mehr als drei Viertel der Aktionen aus, wobei Brandstiftung und Gewalt gegen Personen (Prügeleien usw.) am häufigsten vorkommen. Für (andere) soziale Bewegungen typische, auf öffentliche Zustimmung gerichtete Aktionsformen wie Demonstrationen oder ziviler Ungehorsam spielen dagegen bei der rechtsradikalen Mobilisierung eine untergeordnete Rolle. Auch die sehr geringe Zahl von konventionellen Protesten verbaler Art deutet darauf hin, wie wenig die Proteste auf Öffentlichkeit ausgerichtet sind. Statt dessen zielt die große Mehrheit der Gewaltakte direkt auf die Opfergruppen (v.a. Ausländer und speziell Asylbewerber), während die öffentliche Aufmerksamkeit für diese Akte eher einen unvermeidlichen Nebeneffekt darzustellen scheint.

Tabelle 1: Aktionsformen rechtsradikaler und ausländerfeindlicher Proteste, Januar 1990 bis Juni 1993 (Prozentwerte)

Form	Anteil
Verbale Aussagen, Presseerklärungen u.ä.	6,4
Tagung	1,8
Total konventionell	*8,2*
Demonstration, Kundgebung	3,0
Sonstige demonstrative Formen	1,2
Total demonstrativ	*4,2*
Illegale Demonstration	1,5
Bedrohung	1,9
Schmierereien usw.	3,3
Sonstige konfrontative Formen	4,2
Total konfrontativ	*10,9*
Demonstration mit Gewalt	2,1
Sachbeschädigung	15,6
Brandstiftung	26,0
Bombenanschlag	1,4
Direkte Gewalt gegen Personen	24,9
Sonstige gewalttätige Formen	6,7
Total Gewalt	*76,7*
Total alle Formen (N=667)	*100*

Versuche, breite Bevölkerungskreise mittels öffentlicher und gemäßigter Aktionsformen (etwa Demonstrationen, Informationsstände, Flugblätter usw.) zu mobilisieren, sind selten. Die insgesamt schwache Mobilisierung offenbaren insbesondere die geringen Teilnehmerzahlen an rechtsradikalen und ausländerfeindlichen Protesten. An allen von 1990 bis Juni 1993 erhobenen Protesten beteiligten sich insgesamt lediglich 35.000 Menschen (Doppelzählungen eingeschlossen).[9] Der Umfang der gesamten

9 In diesem Zusammenhang ist darauf hinzuweisen, daß für einen relativ hohen Anteil

rechtsradikalen Mobilisierung in dieser Periode entspricht somit dem einer einzigen, mittelgroßen und nicht gerade seltenen Demonstration einer neuen sozialen Bewegung. Angesichts dieser Zahlen, die auch durch die Daten des Prodat-Projekts bestätigt werden, ist es fraglich, ob die Bezeichnung „soziale Bewegung" als Sammelbegriff für die jüngste Welle rechtsradikaler Proteste wirklich berechtigt ist. Zudem deutet die zeitliche Entwicklung nicht auf eine zunehmende Bewegungsförmigkeit hin, sofern unterstellt wird, daß Bewegungen eine breite Mobilisierung anstreben und nicht nur öffentliche Aufmerksamkeit erregen, sondern vor allem öffentliche Zustimmung erringen wollen. So ist der Anteil nicht gewaltförmiger Proteste, die noch am ehesten Akzeptanz finden können, von 49% im Jahr 1990 auf 17% im Jahre 1993 zurückzugegangen.

Die Besonderheit des rechtsradikalen Aktionsrepertoires zeigt sich weiterhin, wenn wir – auf Basis des zweiten Datensatzes aus dem Prodat-Projekt – das Aktionsrepertoire rechtsradikaler Proteste im Zeitraum von 1985 bis 1992 mit dem aller übrigen Proteste vergleichen. Dem Gewaltanteil von 80% bei rechtsradikalen Protesten stehen lediglich 9% bei den übrigen Protesten gegenüber. Demonstrationen und Kundgebungen waren bei weitem die wichtigsten Formen unter den übrigen Protesten (44%), während ihr Anteil bei rechtsradikalen Proteste lediglich 12,5% (mit abnehmender Tendenz) betrug.

Tabelle 2: Ziele rechtsextremer und ausländerfeindlicher Proteste, Januar 1990 bis Juni 1993 (Prozentwerte)

Ziele	Anteil
Ausländerfeindliche Ziele	9,3
Antisemitische Ziele	1,5
Revisionistische Ziele (2. Weltkrieg /Nationalsozialismus)	3,2
Großdeutsche Ziele (gegen Anerkennung Oder-Neisse Grenze usw.)	0,7
Gegen Verbote und Kriminalisierung	1,1
Antilinke Ziele (inklusive Anti-Antifa)	2,2
Sonstige Ziele	6,3
Keine Zielsetzung	75,7
Total (N=667)	100,0

Die geringe Ausrichtung rechtsradikaler Proteste auf Öffentlichkeit und den politischen Entscheidungsprozeß wird durch die inhaltlichen Ziele rechtsradikaler Aktionen bestätigt (vgl. Tabelle 2). Am auffälligsten dabei ist die weitgehende „Sprachlosigkeit" rechtsradikaler Aktionen. Bei mehr als drei Vierteln aller Aktionen wurde überhaupt kein konkretes Ziel formuliert, obwohl die Kriterien zur Kodierung eines politischen Ziels nicht besonders streng formuliert worden waren. Dagegen werden die meisten Gewaltakte der radikalen Linken von für die Öffentlichkeit bestimmten Bekennerschreiben begleitet, welche oft eine ausführliche Begründung der Aktion und konkrete Forderungen enthalten.

(47,1%) rechtsradikaler Proteste keine Teilnehmerzahlen vorliegen. Dies gilt freilich in fast gleichem Maße auch für nicht rechte Proteste. Da ein hoher Anteil rechtsradikaler Proteste aus Gewaltaktionen bestehen, an denen fast immer nur Kleingruppen beteiligt sind, bleibt die Feststellung richtig, daß der Rechtsradikalismus extrem mobilisierungsschwach ist.

Sofern bei rechtsradikalen Aktionen überhaupt Ziele formuliert wurden, ist das Ausländerthema mit Abstand am häufigsten vertreten. Typische rechtsradikale Ziele, die mit umfassenden Vorstellungen sozialen Wandels zusammenhängen, etwa antisemitische, revisionistische und „großdeutsche" Äußerungen bzw. Forderungen, stellen nur einen sehr geringen Anteil (insgesamt 5,8%) aller rechtsradikalen Proteste. Auch hinsichtlich der Ziele ergibt sich eher eine Abnahme als eine Zunahme bewegungsförmiger Elemente: Im Jahre 1990 wurde noch bei 45% der Aktionen ein explizites Ziel formuliert; 1993 war dies nur noch bei 23% der Fall.

Tabelle 3: Direkte physische Objekte rechtsradikaler und ausländerfeindlicher Proteste, Januar 1990 bis Juni 1993 (Prozentwerte)

Objekt	Anteil
Ausländer(-heime)	19,3
Asylbewerber(-heime)	37,2
Aussiedler(-heime)	1,2
Jüdische Objekte (vor allem Friedhöfe)	3,2
Linke	6,3
Politiker/Behörden	0,9
Polizei	1,8
Willkürliche Objekte (Personen und Sachen)	9,0
Sonstige Objekte	4,9
Kein Objekt	16,3
Total (N=667)	100,0

Die inhaltliche Ausrichtung rechtsradikaler Proteste läßt sich also in den meisten Fällen nicht aus explizit formulierten Problemdeutungen, Forderungen oder Losungen ableiten. Entsprechende Hinweise bieten hier eher die konkreten physischen Angriffsziele rechtsradikaler Aktionen, deren Verteilung in Tabelle 3 wiedergegeben wird.[10] Noch deutlicher als bei den inhaltlichen Zielen ist hier die starke Dominanz des Ausländerthemas. Auffallend innerhalb dieser Kategorie ist einerseits die Konzentration auf Asylbewerber, andererseits der sehr geringe Anteil von Protesten, die sich gegen Aussiedler richten. Diese sehr ungleiche Objektwahl des Protests ist keineswegs selbstverständlich angesichts der Tatsache, daß die Zahlen von Asylbewerbern und Aussiedlern ungefähr gleich groß waren, beide soziale Gruppen oft geballt in Heimen untergebracht wurden und teilweise aus den gleichen Herkunftsländern stammen. Die Konzentration der Proteste auf Asylbewerber ist eher ein Indiz für die zentrale Bedeutung, die der öffentlichen Asyldebatte für die Entfaltung rechtsradikaler Gewalt zukam (siehe unten). Im Vergleich dazu blieb die politische Diskussion um die Integration von Aussiedlern und die Begrenzung ihres weiteren Zustroms relativ zurückhaltend und sachlich.
Auffällig ist weiterhin, daß in nur in 2,7% der Protestereignisse Staatsorgane (Polizei, Politiker, Behörden) Objekt rechtsradikaler Aktionen waren. Auch hier ist der Unter-

10 Als Objekte sind hier die Personen, Gebäude oder Sachen zu verstehen, die bei rechtsradikalen Aktionen direkt angegriffen, bedroht, beschmiert, beschädigt usw. werden. Aktionen, die auf kein erkennbares Objekt gerichtet sind (16,3 Prozent aller rechtsradikalen Proteste), bestehen vor allem aus gemäßigten demonstrativen und konventionellen Aktionen.

schied zu linksradikalen Protesten, die gerade solche Objekte bevorzugen, besonders groß. Dies unterstreicht noch einmal den Befund, daß rechtsradikalen Aktionen eher diffuse ausländerfeindliche Gefühle (durch die politische Debatte in Richtung Asylbewerber kanalisiert) und kaum weiterreichende soziale und politische Forderungen zugrundeliegen. Entsprechend waren auch kaum rechtsradikale Aktionen gegen Ausländer- und Asylbehörden zu verzeichnen.

Tabelle 4: Beteiligung von rechtsradikalen Organisationen und Personenzusammenschlüsse an Protesten, Januar 1990 bis Juni 1993 (Prozentwerte)

	Anteil
Rechtsradikale Parteien (REPs, DVU, NPD, Deutsche Liga)	6,4
Neonazistische Organisationen (Deutsche Alternative, FAP usw.)	6,5
Skinheads	12,0
„Neonazis"/„Rechtsradikale"	21,0
Keine Organisation	54,1
Total (N=667)	100,0

Formen und Ziele der Mobilisierung legen es nahe, die jüngsten rechtsradikalen (oder vielleicht besser: ausländerfeindlichen) Aktivitäten eher als eine Mobilisierungswelle denn als eine soziale Bewegung anzusehen. In diese Richtung weisen auch die in Tabelle 3 dargestellten Befunde zur Beteiligung rechtsradikaler Organisationen an der Mobilisierung. Wie schon von Willems et al. (1993) auf der Basis von Strafprozeßdaten gezeigt wurde, spielen rechtsradikale Organisationen nur eine geringe Rolle für die Protestmobilisierung. Dies gilt noch mehr, wenn wir nur die unkonventionellen, also eher bewegungstypischen Proteste betrachten: Nur in 6,2% solcher Proteste war eine rechtsradikale Organisation nachweisbar beteiligt. Bedeutsamer für die Mobilisierung ist dagegen die Subkultur der Skinheads (13,5% der nicht konventionellen Proteste wurden Skinheads zugeschrieben). Selbst wenn wir das in Massenmedien vorgenommene Labeling der Akteure als „Neonazis" oder „Rechtsradikale" einbeziehen, ist in weniger als 50% der Fälle ein rechtsradikaler organisatorischer Hintergrund festzustellen. Darüber hinaus verringert sich die relative Bedeutung von Organisationen im Laufe der Zeit von 28% im Jahr 1990 auf 11% im Jahr 1993 (und von 13% auf 2% für nicht konventionelle Proteste).

Abbildung 1 faßt die Ergebnisse zusammen. Gewalt dominiert das rechtsradikale Aktionsrepertoire; auf Öffentlichkeit oder politische Entscheidungsträger gerichtete Aktionen mit konkreten Zielsetzungen oder Forderungen sind eher selten; rechtsradikale Organisationen sind nur sehr beschränkt an der Protestmobilisierung beteiligt. Im Zeitverlauf hat die Mobilisierungswelle nicht zu einer signifikanten Zunahme bewegungstypischer Proteste geführt. Im Vergleich zu 1990 hat die Gewalt zwar sehr stark zugenommen, aber fast kaum der Anteil von Demonstrationen. Das gleiche gilt für den Aktivitätsgrad rechtsradikaler Organisationen und für Proteste mit expliziten Zielsetzungen oder Forderungen. Nur im zweiten Halbjahr 1992 (vor allem im Zeitraum unmittelbar nach den Ereignissen in Rostock) findet man Ansätze zur Herausbildung einer nennenswerten rechtsradikalen Bewegung, die über bloße Gewalt gegen Ausländer und Asylbewerber hinausweist. Dagegen deuten die Daten für das Jahr

Abbildung 1: Rechtsradikale Proteste 1990 – Juni 1993

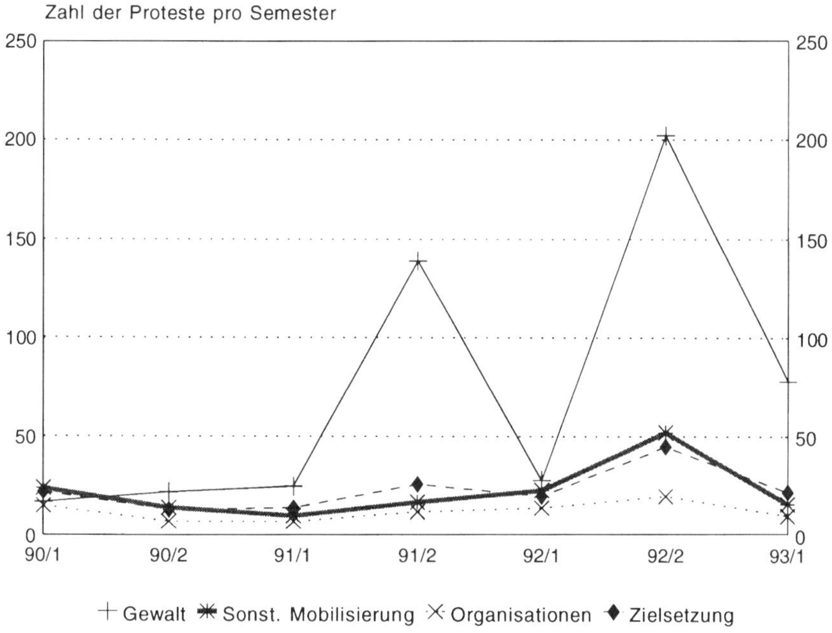

Quelle: ERA.

1993 darauf hin, daß gerade die eher bewegungsförmigen Mobilisierungen aufgrund von Organisationsverboten und der zunehmenden Repression nach den Ereignissen in Mölln rückläufig sind. Im ersten Halbjahr 1993 fanden zwar noch immer weitaus mehr Gewalttaten statt als vor der Mobilisierungswelle im Jahre 1990; jedoch sind sonstige Mobilisierungsformen, Aktivitäten von rechtsradikalen Organisationen sowie Proteste mit expliziter Zielsetzung wieder auf das Ausgangsniveau zurückgefallen.
Im Gesamtbild sprechen die vorgestellten Befunde eher gegen als für die Existenz einer umfassenden rechtsradikalen Bewegung. Sieht man von bloßen Einstellungsmustern und Diskussionszirkeln einmal ab, so haben wir es mit drei nur lose verknüpften Phänomenen zu tun, wovon nur eines, und auch dieses nur mit Einschränkungen, die Bezeichnung „soziale Bewegung" im Sinne unserer Definition verdient:
Erstens existieren rechtsradikale Parteien, deren Beziehungen untereinander eher durch Abgrenzung und Konkurrenz als durch Zusammenarbeit gekennzeichnet sind. Diese Parteien scheinen kaum mit neonazistischen Organisationen und jugendlichen Gewalttätern in Verbindung zu stehen und sind nur selten in Proteste involviert. Somit spricht auch wenig dafür, diese Parteien als „Bewegungsparteien" zu verstehen, wie dies für die Grünen in bezug auf die neuen sozialen Bewegungen möglich ist.
Das zweite und für die Mobilisierung weitaus wichtigste Phänomen ist die massive Welle ausländerfeindlicher (vor allem gegen Asylbewerber gerichteter) Gewalt, die aber vor allem von Jugendlichen getragen wird. Diese Gewalttaten gehen kaum mit expliziten Forderungen oder Vorstellungen sozialen Wandels einher. Auch gibt es keine Indizien für eine nennenswerte überregionale Vernetzung oder Koordination dieser

Gewalttaten (Willems et al. 1993). Gewiß haben diese Gewalttaten eine politische Bedeutung, aber diese erhalten sie nur durch ihre Einbettung in eine öffentliche Debatte, die nicht von den Gewalttätern selbst initiiert ist. Deshalb muß es auch nicht verwundern, daß mit dem Bedeutungsverlust des Asylthemas auf der politischen Agenda auch die Gewalt gegen Ausländer und Asylbewerber nachgelassen hat.
Drittens existiert eine Reihe außerparlamentarischer neonazistischer Organisationen, teilweise vernetzt mit der Subkultur der Skinheads. Diesen Teil des rechtsradikalen Spektrums kann man durchaus als soziale Bewegung betrachten. Hier kursieren explizite Vorstellungen sozialen Wandels und konkrete politische Forderungen. Hier findet man organisatorische Kerne und eine netzwerkartig verbundene „Szene". Aus diesen Kreisen stammen auch die – allerdings relativ wenigen und in ihrem Anteil kaum zunehmenden – bewegungstypischen, an die Öffentlichkeit adressierten Mobilisierungen. Jedoch handelt es sich hierbei um eine relativ schwache Bewegung, die nur in sehr beschränktem Maße durch die Rückwirkungen der Gewaltwelle gestärkt worden ist. Im Jahr 1993 zählte der Verfassungsschutz ungefähr 1.500 Mitglieder neonazistischer Organisationen und 5.600 Skinheads und „militante Rechtsextremisten". Auch ist die Mobilisierung aus diesen Kreisen mit insgesamt einigen zehntausend Teilnehmern in einem Zeitraum von dreieinhalb Jahren nicht beeindruckend. Außerdem hat es den Anschein, daß die Mobilisierung dieser Gruppierungen nach den Organisationsverboten 1992 und 1993 und den immer wirksamer durchgesetzten Demonstrations- und Versammlungsverboten nachgelassen hat.

3. *Interpretationen zum Aufstieg und Abschwung der rechtsradikalen Gewalt*

Die vorgestellten Protestereignisdaten, aber auch die Statistiken des Bundesamtes für Verfassungschutz zeigen, daß die Mobilisierungswelle in den frühen 1990er Jahren zu einem erheblichen Anteil aus mehr oder weniger gewaltsamen Aktivitäten bestand, die sich namentlich gegen Asylbewerber richteten. Dieser steile Anstieg und inzwischen erkennbare Rückgang gewaltförmiger Mobilisierung kann, so unsere These, nicht ausreichend mit zwei in der Rechtsextremismusforschung gängigen Theorien, nämlich sozialstrukturellen und sozialpsychologischen Ansätzen, erklärt werden. Gegen Modernisierungstheorien (z.B. Heitmeyer 1992) spricht u.a., daß (1) die Gewaltneigung in einigen bundesdeutschen Regionen (Bremen und Berlin), aber auch im Ausland keineswegs immer dort besonders hoch ist, wo viele Modernisierungsverlierer zu erwarten sind, (2) sich das Profil der Gewalttäter kaum mit dem von Modernisierungsverlierer deckt (Willems et al. 1993) und (3) die relative Trägheit des Modernisierungsprozesses nicht mit den kurzatmigen Wellen der Gewalt in Einklang zu bringen ist. Theorien relativer Deprivation (z.B. Gurr 1970) haben gerade mit Blick auf das Gebiet der DDR sowie den zeitlichen Zusammenhang zwischen gestiegenden Asylbewerberzahlen und der Gewaltwelle eine höhere Plausibilität. Doch spricht auch eine Reihe empirischer Befunde gegen die Geltung dieser Theorien.[11] Damit richtet sich

11 Zum Beispiel waren ausländerfeindliche Einstellungen in der Phase von 1978 bis 1992 rückläufig (Wiegand 1992). Weiterhin korreliert der Anteil von Asylbewerbern in manchen Ländern (Großbritannien) eher negativ mit der Gewaltneigung (Koopmans 1996).

die Aufmerksamkeit auf die Leistungsfähigkeit von Konzepten, die in der Protestforschung entwickelt wurden.

Namentlich in den vergangenen Jahren sind kontextorientierte Ansätze zur Erklärung des Ausmaßes und der Art von Protestmobilisierung entwickelt worden. Unter dem Sammelbegriff von *„political opportunity structure"* wurden hinderliche bzw. förderliche Bedingungen für Mobilisierungen hervorgehoben. Dazu zählen Faktoren wie der Zugang zum politischen System, die Stärke des Staates (etwa im Hinblick auf seinen Zentralisierungsgrad), der Grad der Geschlossenheit unter den Eliten und die Stabilität von Wählerbindungen (Tarrow 1983 und 1994). Andere Autoren haben dieses Konzept aufgegriffen, variiert und erweitert (Rucht 1994; Kriesi 1995).

Weitgehend unabhängig von diesen Konzeptualisierungen hat sich etwa zeitgleich ein zweiter Forschungsstrang entwickelt, der die Problematisierungsfähigkeit bestimmter Protestthemen im Rahmen von Bedingungen und Strategien des *„framing"* in den Mittelpunkt rückt (Snow et al. 1986). Der Framing-Ansatz betont, daß objektive Tatsachen nur zu Mobilisierung führen können, wenn es einem Protestakteur gelingt, diese Tatsachen als soziales Problem zu definieren und Schuldige, Verantwortliche und Lösungen für dieses Problem zu benennen. In der radikalen konstruktivistischen Variante dieses Ansatzes wird sogar behauptet, daß eine „objektive" Grundlage nicht einmal eine notwendige Voraussetzung für den Erfolg solcher Definitions- und Interpretationsprozesse sei.

Der Opportunity-Ansatz ergänzt das Framing-Modell, indem er betont, daß Definitions- und Mobilisierungserfolge von Protestakteuren immer abhängig sind von externen, vor allem: *politischen* Gelegenheitsstrukturen. Ohne solche Gelegenheiten, als relative Außenseiter im politischen System, ohne geregelten Zugang zu den Entscheidungszentren und mit geringen eigenen Ressourcen wären Bewegungen nicht imstande, ihre Problemdefinitionen in der Öffentlichkeit und der Politik zur Geltung zu bringen.

Schließlich wurde in jüngster Zeit auch auf die Notwendigkeit und Leistungsfähigkeit einer interaktionsorientierten Bezugsgruppentheorie hingewiesen, bei der als relevante Aktionspartner neben dem im Konzept politischer Gelegenheitsstrukturen ohnehin benannten Staat auch Parteien/Interessengruppen und die Öffentlichkeit (gegliedert in Unterstützer, Bystander und Gegner) ins Spiel kommen (Neidhardt/Rucht 1991). Hierbei bleibt zu betonen, daß sich die Positionen und Handlungen aller Akteure weitgehend über die Massenmedien darstellen, welche ihrerseits nicht nur ein neutrales Forum, sondern einen Akteur eigener Güte bilden.

Mehrere Gründe veranlassen uns dazu, die drei genannten Theoriestränge nicht zu trennen. Zum ersten gehen wir davon aus, daß objektiv gegebene politische Gelegenheitsstrukturen nicht einfach als solche auf Mobilisierungen wirken, sondern nur als *wahrgenommene* Strukturen. Diese Wahrnehmung beinhaltet immer einen Prozeß der kollektiven Deutung als Handlungschance oder -restriktion. Insoweit kommen auch Prozesse des Framing ins Spiel. Zum zweiten richten sich Anstrengungen des Framing nicht nur an die unmittelbare Trägerschaft von Protestakteuren, sondern auch an das

---

Schließlich sind mit Deprivationstheorien weder die großen Unterschiede der rechtsradikalen Gewalt zwischen einzelnen neuen Bundesländern noch der Sachverhalt zu erklären, daß manche alte Bundesländer höhere Gewaltniveaus als einzelne neue Länder aufweisen.

gruppenexterne Mobilisierungspotential bzw. die breite Öffentlichkeit. Bestandteil der Gelegenheitsstruktur ist somit das Repertoire vorhandener – und durch die Protestierenden nur begrenzt beeinflußbarer – Werthaltungen und Problemdeutungen in der Bevölkerung. In diesem Sinne ist vorgeschlagen worden, das übliche Faktorenset politischer Gelegenheitsstrukturen um den Faktor der „kulturellen Resonanz" (Gamson 1988) für die Themen und Forderungen eines Protestakteurs zu ergänzen (vgl. Rucht 1994: 310ff.). Weiterhin ist in Rechnung zu stellen, daß sich Protestakteure im Medium der Öffentlichkeit vermitteln und dabei auf Akteure treffen, die zu den erhobenen Forderungen Positionen einnehmen, die als Verbündete, Gegner oder Dritte Parteien auftreten.

Würde man alle diese Faktoren in Rechnung stellen, so entstünde ein sehr komplexes Erklärungsmodell. Aus sachlichen und pragmatischen Erwägungen werden wir uns mit einem weitaus schlichteren Erklärungsversuch bescheiden. Uns geht es speziell um die Erklärung der rechtsradikalen Gewalt, die fast 80 Prozent aller rechtsradikalen Protestaktivitäten ausmacht. Hierbei konzentrieren wir uns auf die öffentliche Thematisierung und politische Debatte von Fragen, die im Zentrum der Mobilisierungs- und Thematisierungsanstrengungen rechtsradikaler Gruppen stehen. Hierzu gehört namentlich die Asylproblematik. Dabei ist zu klären, ob die Entwicklung rechtsradikaler Gewalt diese Thematisierungsprozesse erst ausgelöst hat oder ob die Asyldebatte eher als „Gelegenheitsstruktur" diente, an der rechtsradikale Gruppen anknüpfen konnten.

Öffentliche Thematisierung der Asylfrage

Die Resonanz des Asylthemas in Politik und Massenmedien sowie deren Zusammenhang mit der Entwicklung rechtsradikaler Gewalt sind bislang nicht systematisch über längere Zeiträume hinweg differenziert gemessen und analysiert worden (ansatzweise jedoch Brosius/Esser 1995). Wir behelfen uns mit einem sehr groben quantitativen Indikator, nämlich dem Stellenwert des Asylthemas in der links-alternativen „tageszeitung" (taz), und ziehen zusätzlich einige qualitative Informationen heran.

Unsere Auswertung der Berichterstattung in der taz erlaubt eine genauere Analyse des Zusammenhangs zwischen Asyldebatte und rechtsradikaler Gewalt. Gezählt wurden nur solche Berichte, welche die Stichwörter „Asyl" und „Grundgesetz" enthielten. Bekanntermaßen konzentrierte sich die Asyldebatte auf die umstrittene Frage der Änderung des Grundgesetzes.

Abbildung 2 zeigt für den Zeitraum 1990 bis Juni 1994 das Bild einer weitgehend parallelen Entwicklung von Asylbewerberzahlen, der Asyldebatte und der Entwicklung rechtsradikaler Gewalt. Eine Analyse der Zusammenhänge zwischen den Zeitreihen ergibt, daß die Asyldebatte einen deutlichen Effekt auf die Entwicklung rechtsradikaler Gewalt hatte, während der umgekehrte Effekt nicht signifikant war. Außerdem zeigt sich, daß die Entwicklung der Gewalt stärker von der Intensität der Asyldebatte als von der Entwicklung der Asylbewerberzahlen beeinflußt wurde (Koopmans 1996).

Die Effekte der Asyldebatte auf die Wahrnehmung von Ausländern und Asylbewerbern als ein soziales Problem spiegeln sich auch sehr deutlich in Umfragedaten. Von Juni

Abbildung 2: Asylbewerberzahlen, Asyldebatte und rechtsradikale Gewalt 1990 – Juni 1993

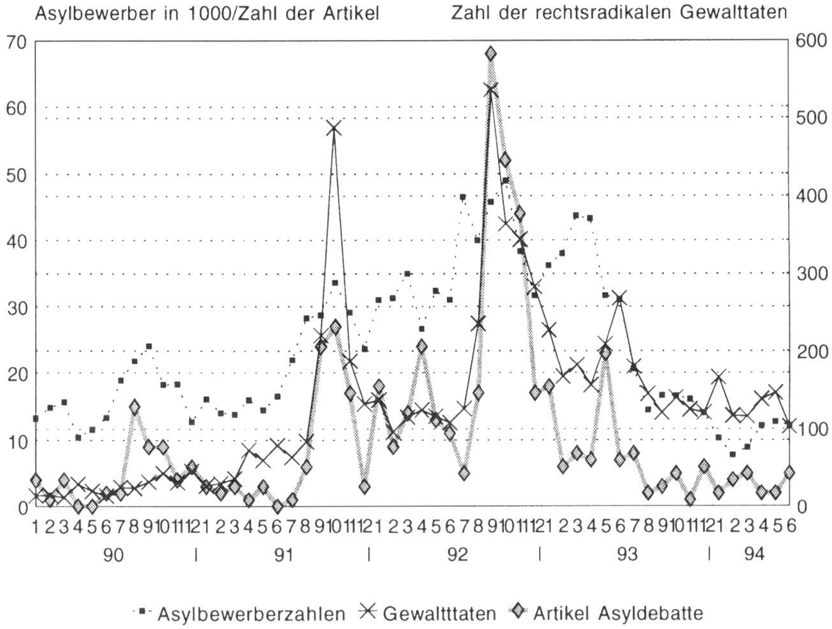

Quellen: Bundesinnenministerium; Verfassungsschutzberichte; die tageszeitung.

bis August 1991 hatte sich die Zahl der Befragten, die Ausländer/Asyl als wichtigstes Problem betrachteten, in den alten Bundesländern schon mehr als verdreifacht (bis 35%) und in den neuen Bundesländern mehr als verdoppelt (bis 20%). Nach Hoyerswerda setzte sich dieser Trend weiter fort. Ab Oktober 1991 wurde der Themenkomplex Ausländer/Asyl zum wichtigsten Problem in den alten Bundesländern und hielt anderthalb Jahre diese Position, während in den neuen Bundesländern nur die Arbeitslosigkeit als wichtigeres Problem angesehen wurde.

Diese Ergebnisse deuten darauf hin, daß die polarisierte Asyldebatte der etablierten Parteien – überwiegend ungewollt – eine relativ klar identifizierbare Gruppe zu einem potentiellen Objekt rechtsradikaler Aggression machte. Dies galt zumal unter den Zusatzbedingungen eines parallelen Anstiegs deutschstämmiger Aussiedler aus Osteuropa sowie der Flüchtlinge bzw. Übersiedler aus der DDR. Wurden die damit verbundenen finanziellen, administrativen und sozialen Probleme, die sich im Grunde nicht anders als der Anstieg der Asylbewerber auswirkten, stillschweigend hingenommen, so konzentrierte sich die politische Debatte allein auf die Asylfrage. Da sich hierbei zunächst eine politische Handlungsblockade ergab, erschien aus rechtsradikaler Sicht Selbsthilfe geboten.

Mit dem Asylthema, vor allem durch politische Eliten auf die Tagesordnung gesetzt, wurde es plötzlich möglich, diffuse Unzufriedenheit und Deprivationserfahrungen zielgerichtet zu artikulieren. Dazu trug nicht nur die verbreitete Rede von der „Asylantenflut" oder den „Scheinasylanten" bei. Einige Vertreter der etablierten Parteien

gingen weitaus offensiver vor.[12] Auch die Tatsache, daß verantwortliche Politiker zwar mit verbalen Verurteilungen, nicht aber mit entschiedeneren symbolischen Reaktionen und praktischen Maßnahmen auf die anhebende Gewaltwelle reagierten, wirkte nicht gerade hemmend auf die weitere Gewaltentwicklung. Wenig hilfreich waren die verschiedentlich gebotenen ad hoc-Erklärungen zu den Ursachen und Hintergründen rechtsradikaler Gewalt, in denen die Figur des verirrten Einzeltäters hervorgehoben oder verständliche Sorge für Bedrohungsgefühle der Bevölkerung infolge von Ausländerkriminalität, Arbeitslosigkeit und Wohnungsnot geäußert wurde. Fällt dieses Verständnis allzu nachhaltig aus, so mögen sich auch Gewalttäter und ihre klammheimlichen Sympathisanten legitimiert fühlen, das zu vollziehen, was die Politiker nicht tun können oder tun wollen. Der in Reaktion auf Gewalttaten erfolgte Abzug von Asylbewerbern in Rostock und Hoyerswerda mag aus dieser Perspektive als Erfolg bürgerschaftlicher Selbsthilfe verbucht werden, auch wenn er von politischer Seite als Schutzmaßnahme für die von Ausschreitungen Bedrohten gedacht war.
Es scheint, als habe bei manchen Politikern erst das Weiterlaufen der Gewaltwelle und das Bangen um den „guten Ruf" Deutschlands im Ausland, verbunden mit drohenden Einbußen bei Handelsbeziehungen und befürchteten Investitionsrückgängen, eine entschiedenere Handlungsbereitschaft ausgelöst. Diese äußerte sich dann auch in konsequenteren Überwachungsmaßnahmen, einer strengeren Strafverfolgung, Organisationsverboten usw. Damit haben sich möglicherweise auch die subjektiven Kostenkalküle von Gewalttätern so verändert, daß im Gesamttrend ein Rückgang der Gewalttaten zu verzeichnen ist. Ob auch die verstärkten bürgerschaftlichen Mobilisierungen gegen Ausländerfeindlichkeit – etwa Lichterketten, Nachbarschaftshilfen, Antifa-Gruppen – hierzu einen Beitrag leisteten, muß offen bleiben.

4. Schluß

Die aktuelle Debatte um die Bewegungsformigkeit des Rechtsradikalismus leidet zum Teil darunter, daß (a) nicht immer ein expliziter Begriff sozialer Bewegung zugrundeliegt, (b) der empirische Objektbereich des Rechtsradikalismus oft unbestimmt bleibt bzw. ganz unterschiedliche Teilphänomene im Vordergrund stehen und (c) eine uneingeschränkte Alternative im Sinne eines Entweder/Oder gesucht wird. Ausgehend von einem Begriff sozialer Bewegung, der Zieldimension, Organisationsform und Aktionsform verknüpft, haben wir empirische Aspekte des Rechtsradikalismus hinsichtlich ihres Bewegungscharakters diskutiert und sind zu einem differenzierten Ergebnis gekommen. Es existiert keine singuläre, alle heterogenen Erscheinungsformen umfassende rechtsradikale Bewegung. Allerdings gibt es Hinweise auf bewegungsförmige Elemente *innerhalb* des Rechtsradikalismus, die im Laufe der Zeit mehr oder

12 Es ist daran zu erinnern, daß am 12.9.1991 Volker Rühe als damaliger Generalsekretär der CDU alle Fraktionsvorsitzenden beider Parteien auf kommunaler und Landesebene dazu aufforderte, „die Asylpolitik zum Thema zu machen und die SPD dort herauszufordern". Damit verbunden war ein für die politische Auseinandersetzung bestimmter Fragenkatalog, der sich auf Ort, Dauer und Kosten der Unterbringung von Asylbewerbern bezog und auch die Frage enthielt, welche Auswirkungen sich für die bisherigen Besucher/Benutzer öffentlicher Einrichtungen ergäben (dazu Funke 1993: 40f.).

weniger ausgeprägt sind. Am deutlichsten gilt dies für die Phase rechtsradikaler Gewalt zu Anfang der 1990er Jahre, sofern es sich nicht um voneinander isolierte Aktionen handelte.

Die Zu- und Abnahme rechtsradikaler Gewalt in der ersten Hälfte der 1990er Jahre ist mit Modernisierungstheorien kaum und mit Theorien relativer Deprivation partiell zu erklären. Im Rückgriff auf einige Annahmen der neueren Bewegungsforschung konnten Argumente dafür aufgeboten werden, daß ein kleiner Teil des durchaus beachtlichen rechtsradikalen Potentials in den frühen 1990er Jahren zu Gewalttaten mit überwiegend ausländerfeindlicher Stoßrichtung übergeht. Hauptgründe für den Anstieg der Gewaltwelle sehen wir (a) in der Zuspitzung der Asyldebatte, die das Gewaltpotential auf ein konkret faßbares Problem lenkte, und (b) der politischen Blockade, die zunächst keine Lösung der Asylproblematik erwarten ließ. Erst nach der mit der gesetzlichen Neuregelung abebbenden Asyldebatte und der verstärkten Repression gegen rechtsradikale Gruppierungen gehen die Gewaltaktivitäten deutlich zurück, bleiben freilich über dem Ausgangsniveau Ende der 1980er Jahre. Insoweit sich Teilphänomene des Rechtsradikalimus als soziale Bewegung verstehen lassen, können auch einzelne in diesem Forschungsfeld entwickelte Konzepte einen fruchtbaren Analyse- und Erklärungsrahmen bieten.

Literaturverzeichnis

Benz, Wolfgang, 1992: Die Opfer und die Täter. Rechtsextremismus in der Bundesrepublik, in: *Wolfgang Benz* (Hrsg.), Rechtsextremismus in der Bundesrepublik. Voraussetzungen, Zusammenhänge, Wirkungen. Frankfurt a.M.: Fischer, 9-37.

Bergmann, Werner, 1994: Ein Versuch, die extreme Rechte als soziale Bewegung zu beschreiben, in: *Werner Bergmann/Rainer Erb* (Hrsg.), Neonazismus und rechte Subkultur. Berlin: Metropol, 183-207.

Bergmann, Werner/Erb, Rainer, 1994: Kaderparteien, Bewegung, Szene, kollektive Episode oder was? Forschungsjournal Neue Soziale Bewegungen 7(4), 26-34.

Brand, Karl-Werner/Büsser, Detlef/Rucht, Dieter, 1983: Aufbruch in eine andere Gesellschaft. Neue soziale Bewegungen in der Bundesrepublik. Frankfurt a.M.: Campus.

Brosius, Hans-Bernd/Esser, Frank, 1995: Eskalation durch Berichterstattung? Massenmedien und fremdenfeindliche Gewalt. Opladen: Westdeutscher Verlag.

Butterwegge, Christoph, 1993: Rechtsextremismus als neue soziale Bewegung? Forschungsjournal Neue Soziale Bewegungen 6(2), 17-24.

Butterwegge, Christoph, 1994: Mordanschläge als Jugendprotest – Neonazis als Protestbewegung? Forschungsjournal Neue Soziale Bewegungen 7(4), 35-41.

Dudek, Peter/Jaschke, Hans-Gerd, 1984: Entstehung und Entwicklung des Rechtsextremismus in der Bundesrepublik. Zur Tradition einer besonderen politischen Kultur. 2 Bde. Opladen: Westdeutscher Verlag.

Funke, Hajo, 1993. Brandstifter: Deutschland zwischen Demokratie und völkischem Nationalismus. Göttingen: Lamuv.

Gamson, William A., 1988: Political Discourse and Collective Action, in: *Bert Klandermans/Hanspeter Kriesi/Sidney Tarrow* (Hrsg.), From Structure to Action: Comparing Social Movement Research Across Cultures. Greenwich, Conn.: JAI Press, 219-244.

Gurr, Ted Robert, 1970: Why Men Rebel. Princeton: Princeton University Press.

Heitmeyer, Wilhelm, 1992: Die Widerspiegelung von Modernisierungsrückständen im Rechtsextremismus, in: *Karl-Heinz Heinemann/Wilfried Schubarth* (Hrsg.), Der antifaschistische Staat entläßt seine Kinder. Köln: Verlag Wissenschaft und Politik, 100-115.

Hofmann, Werner, 1970: Ideengeschichte der sozialen Bewegung des 19. und 20. Jahrhunderts. Berlin: Walter de Gruyter.

Jaschke, Hans-Gerd, 1991: Streitbare Demokratie und Innere Sicherheit. Grundlagen, Praxis und Kritik. Opladen: Westdeutscher Verlag.
Jaschke, Hans-Gerd, 1992: Formiert sich eine neue soziale Bewegung von rechts? Folgen der Ethnisierung sozialer Konflikte. Blätter für deutsche und internationale Politik 12, 1437-1447.
Jaschke, Hans-Gerd, 1993: Rechtsradikalismus als soziale Bewegung. Was heißt das? Vorgänge 2, 105-116.
Koopmans, Ruud, 1995: Democracy from Below: New Social Movements and the Political System in West Germany. Boulder, CO: Westview Press.
Koopmans, Ruud, 1996: Explaining the Rise of Racist and Extreme Right Violence in Western Europe: Grievances or Opportunities? European Journal of Political Research (im Erscheinen).
Kriesi, Hanspeter, 1995: The Political Opportunity Structure of New Social Movements: Its Impact on Their Mobilization, in: *J. Craig Jenkins/Bert Klandermans* (Hrsg.), The Politics of Social Protest: Comparative Perspectives on States and Social Movements. Minneapolis: University of Minnesota Press, 167-198.
Leggewie, Claus, 1994: Rechtsextremismus – eine soziale Bewegung?, in: *Wolfgang Kowalsky/Wolfgang Schroeder* (Hrsg.), Rechtsextremismus. Einführung und Forschungsbilanz. Opladen: Westdeutscher Verlag, 325-338.
Neidhardt, Friedhelm/Rucht, Dieter, 1991: The State of the Art and Some Perspectives for Further Research, in: *Dieter Rucht* (Hrsg.), Research on Social Movements: The State of the Art in Western Europe and the USA. Frankfurt a.M./Boulder, CO: Campus und Westview Press, 421-464.
Neidhardt, Friedhelm/Rucht, Dieter, 1993: Auf dem Weg in die „Bewegungsgesellschaft"? Über die Stabilisierbarkeit sozialer Bewegungen. Soziale Welt 44(3), 305-326.
Nullmeier, Frank/Raschke, Joachim, 1989: Zur Einführung in die Analyse sozialer Bewegungen, in: *Stephan von Bandemer/Göttrik Wewer* (Hrsg.), Regierungssystem und Regierungslehre – Fragestellungen, Analysekonzepte und Forschungsstand eines politikwissenschaftlichen Kernbereichs. Opladen: Leske + Budrich, 249-272.
Ohlemacher, Thomas, 1994: Schmerzhafte Episoden: Wider die Rede von einer rechten Bewegung im wiedervereinigten Deutschland. Forschungsjournal Neue Soziale Bewegungen 7(4), 16-25.
Rammstedt, Otthein, 1978: Soziale Bewegung. Frankfurt a.M.: Suhrkamp.
Raschke, Joachim, 1987: Zum Begriff der sozialen Bewegung, in: *Roland Roth/Dieter Rucht* (Hrsg.), Neue soziale Bewegungen in der Bundesrepublik Deutschland. Frankfurt a.M.: Campus, 19-29.
Rucht, Dieter, 1991: The Study of Social Movements in West Germany: Between Activism and Social Science, in: *Dieter Rucht* (Hrsg.), Research on Social Movements: The State of the Art in Western Europe and the USA. Frankfurt a.M./Coulder, CO: Campus und Westview, 175-202.
Rucht, Dieter, 1994: Modernisierung und neue soziale Bewegungen. Deutschland, Frankreich und USA im Vergleich. Frankfurt a.M.: Campus.
Snow, David A./Rochford, E. Bourke/Worden, Steven K./Benford, Robert D., 1986: Frame Alignment Processes, Micromobilization, and Movement Participation. American Sociological Review 51(4), 464-481.
Stöss, Richard, 1989: Die extreme Rechte in der Bundesrepublik. Opladen: Westdeutscher Verlag.
Stöss, Richard, 1993: Forschungs- und Erklärungsansätze für Rechtsextremismus. Einige Thesen. Referat für das Symposium „Rechtsextremismus – Produkt der Moderne oder Überbleibsel des Faschismus?" Bilanz der Rechtsextremismusforschung. Heppenheim, 14./15. Juli.
Stöss, Richard, 1994: Forschungs- und Erklärungsansätze – ein Überblick, in: *Wolfgang Kowalsky/Wolfgang Schroeder* (Hrsg.), Rechtsextremismus. Einführung und Forschungsbilanz. Opladen: Westdeutscher Verlag, 23-66.
Tarrow, Sidney, 1983: Struggling to Reform: Social Movement and Policy Change During Cycles of Protest. Western Societies Program. Occasional Paper No. 15. Cornell University.
Tarrow, Sidney, 1994: Power in Movement: Social Movements, Collective Action and Politics. Cambridge: Cambridge University Press.

Uhrlau, Ernst, 1996: Binnenstruktur und Vernetzungstendenzen rechtsextremer Mobilisierung im Vergleich zu anderen Bewegungen. Berliner Debatte Initial 1, 12-20.

Wiegand, Erich, 1992: Zunahme der Ausländerfeindlichkeit? Einstellungen zu Fremden in Deutschland und Europa. ZUMA-Nachrichten 16, Nr. 31 (November), 7-28.

Willems, Helmut/Würtz, Stefanie/Eckert, Roland (unter Mitarbeit von *Manfred Lerch* und *Linda Steinmetz*), 1993: Fremdenfeindliche Gewalt: Eine Analyse von Täterstrukturen und Eskalationsprozessen. Forschungsbericht, vorgelegt dem Bundesministerium für Frauen und Jugend und der Deutschen Forschungsgemeinschaft.

Die dritte Welle rechtsextremer Wahlerfolge in der Bundesrepublik Deutschland

Markus Klein / Jürgen W. Falter

1. Einleitung und Problemstellung

Die Bundesrepublik Deutschland hat in ihrer Nachkriegsgeschichte drei Wellen von Wahlerfolgen rechtsextremer Parteien erlebt, die im Abstand von jeweils ca. zwei Jahrzehnten die Aufmerksamkeit der politischen Öffentlichkeit auf sich zogen (vgl. Zimmermann/Saalfeld 1993; Falter 1994: 14ff.; Roth/Schäfer 1994: 115ff.):
Die *erste Welle* hob unmittelbar nach der Gründung der Bundesrepublik an, als Abgeordnete der äußersten Rechten in den ersten Deutschen Bundestag einziehen konnten. In den darauffolgenden Jahren bis 1955 erzielten außerdem verschiedene rechtsextreme Splitterparteien bei Landtagswahlen zum Teil bemerkenswerte Ergebnisse (vgl. Zimmermann/Saalfeld 1993). Die in diese erste Welle fallenden Wahlerfolge werden in der Literatur weitgehend übereinstimmend als „Nachwehen der alten Ordnung" interpretiert: Die Wählerschaft der extrem rechten Parteien habe sich damals in erster Linie aus ehemaligen Nationalsozialisten rekrutiert, die „mit dem Niedergang des Dritten Reichs ihre Privilegien verloren hatten und dem neuen demokratischen System eher ablehnend gegenüberstanden" (Roth/Schäfer 1994: 115). Das Wirtschaftswunder, die innen- und außenpolitischen Erfolge der Bundesrepublik Deutschland sowie die deutliche Rechtsverschiebung der CDU habe schließlich Mitte der fünfziger Jahre den Niedergang der extremen Rechten eingeleitet (vgl. Winkler 1994: 72).
Die *zweite Welle* folgte Mitte der sechziger Jahre: Die erst 1964 gegründete *Nationaldemokratische Partei* (NPD) schaffte bei sieben der insgesamt acht zwischen 1966 und 1968 stattfindenden Landtagswahlen den Sprung über die 5%-Hürde und verpaßte bei der Bundestagswahl 1969 den Einzug in den Bundestag mit 4,3% der Stimmen nur knapp (vgl. Zimmermann/Saalfeld 1993: 54). Auch hinsichtlich der Ursachen dieser zweiten Welle rechtsextremer Wahlerfolge besteht in der Literatur weitgehend Konsens: Neben der Bildung der Großen Koalition und dem Entstehen der Außerparlamentarischen Opposition wird insbesondere die erste größere Rezession in der Geschichte der Bundesrepublik Deutschland in den Jahren 1966/67 genannt. Ihr Ende fand diese Welle mit dem konjunkturellen Wiederaufschwung und der politischen Rechtsverschiebung der CDU nach dem Ausscheiden aus der Großen Koalition (vgl. Winkler 1994: 73).
Die *dritte Welle* schließlich nahm ihren Ausgangspunkt im Jahr 1989, als die Partei der *Republikaner* (REP) überraschend den Sprung in das Berliner Abgeordnetenhaus und das Europaparlament schaffte. Sie zog sich in Gestalt einer Reihe von Landtagswahlerfolgen sowohl der Republikaner als auch der Deutschen Volksunion (DVU) bis in

das Jahr 1992 hinein (vgl. Falter 1994: 21). Hinsichtlich der Ursachen dieser bislang letzten Welle rechtsextremer Wahlerfolge herrscht in der wissenschaftlichen Diskussion bis heute Uneinigkeit. Das Anliegen der vorliegenden Studie besteht darin, die miteinander rivalisierenden Erklärungsangebote skizzenartig nachzuzeichnen, die wichtigsten empirischen Befunde zu referieren und weiterführende empirische Analyseergebnisse zu präsentieren.

2. *Konkurrierende Hypothesen über die Determinanten der Rechtswahl während der dritten Welle rechtsextremer Wahlerfolge*

Die Diskussion über die Wahlerfolge der Republikaner wurde zunächst von zwei Hypothesen bestimmt, die sich durch sehr unterschiedliche Annahmen über die Motive und Beweggründe der Rechtswähler auszeichnen: Die *Hypothese von der rationalen Protestwahl* und die *Hypothese von der ideologischen Bekenntniswahl* (vgl. Falter 1994; Klein/Falter 1996).

2.1 Die Hypothese der rationalen Protestwahl

Die *Hypothese der rationalen Protestwahl* besagt, daß vor allem unzufriedene und politikverdrossene Bürger rechtsextreme Parteien wählten, um der etablierten Politik einen „Denkzettel" zu verpassen (vgl. Roth 1990; Veen/Lepszy/Mnich 1991; Pappi 1991; Roth/Schäfer 1994). Die Wahlentscheidung sei also weniger durch ideologische als vielmehr durch taktische Motive geprägt: Die Wähler der Rechtsparteien wollten durch ihre Entscheidung für eine systemkritische Partei den etablierten Akteuren des politischen Spiels ihren Unmut signalisieren und diese dadurch zu Kurskorrekturen in bestimmten politischen Sachfragen, insbesondere aber der Asylpolitik, bewegen. Protestwähler wählten – so die Vorstellung – also kurzfristig gegen ihre eigentliche ideologische Überzeugung und gegen ihre eigentliche Parteipräferenz, um mittelfristig Veränderungen bei den etablierten Parteien zu erreichen, die diese für sie wieder wählbar machen.

2.2 Die Hypothese der ideologischen Bekenntniswahl

Die *Hypothese der ideologischen Bekenntniswahl* geht demgegenüber davon aus, daß es sich bei den Wählern rechtsextremer Parteien durchaus um „echte" Rechtsextreme handle, die ihre Wahlentscheidung primär aus ideologischen Gründen träfen (vgl. EMNID 1989, Stöss 1993). Das Bekenntnistabu, mit dem rechtsextreme Parteien in Deutschland lange Zeit belegt gewesen wären, sei im Zuge der sich zunehmend verschärfenden Auseinandersetzung um die Asylpolitik sukzessive abgebaut worden, so daß rechtsextreme Wähler mit den Republikanern wieder eine wählbare politische Heimat am äußersten rechten Rand des Parteienspektrums besessen hätten. Dieser Enttabuisierungsprozeß sei durch die unerwarteten Wahlerfolge der Republikaner im

Jahr 1989, ihre damit verbundene parlamentarische Repräsentanz sowie die umfassende Medienberichterstattung über die Partei weiter beschleunigt worden.
Eine Erweiterung der These der ideologischen Bekenntniswahl schließlich stellt die sog. *Modernisierungsverliererhypothese* dar, die ihren Erklärungsanspruch auch auf die Ursachen rechtsextremer Einstellungsmuster ausweitet (vgl. Schacht 1990, Falter 1994). Sie besagt in ihrer Substanz, daß alle modernen Industriegesellschaften sich in einem stetig beschleunigenden Prozeß des sozialen, kulturellen, wirtschaftlichen und technologischen Wandels befänden, der von den Mitgliedern dieser Gesellschaften ständige Anpassungsleistungen verlange. In jeder Gesellschaft gebe es nun aber auch bestimmte Bevölkerungsgruppen, die diese Anpassungsleistungen nicht erbringen könnten und deren ökonomischer und sozialer Status daher bedroht sei. Diese potentiellen Modernisierungsverlierer seien vorrangig in der Gruppe der Niedriggebildeten, der Arbeiter, der beruflich weniger Erfolgreichen und der Personen mit niedrigem bis niedrigstem Einkommen zu finden; sie reagierten auf ihre sich verschärfende soziale Benachteiligung mit einem Gefühl subjektiver Deprivation. Dieses wiederum führe zur Ausbildung gewisser psychologischer Abwehrmechanismen: So flüchteten sich die Modernisierungsverlierer in rassische und nationalistische Überlegenheitsphantasien, um wenigstens bezüglich dieser invarianten Merkmale auf der Siegerseite zu stehen, sie projizierten die Ursachen ihres Versagens auf vermeintliche Sündenböcke wie Ausländer und Asylanten und trösteten sich mit der verklärten Erinnerung an vergangene, angeblich bessere Zeiten. Diese rechtsextremen Einstellungen wiederum seien schließlich die Ursache dafür, daß Modernisierungsverlierer die einfachen Parolen und Lösungsmuster rechtsextremer Parteien besonders attraktiv fänden.

3. Vorarbeiten

Der erste Versuch, die eben vorgestellten Hypothesen einem systematischen empirischen Test zu unterziehen, wurde von Falter (1994) vorgelegt. Seine Analysen zeigen, daß beide Hypothesen einem empirischen Test nicht standhalten. Zwar neigen Politikverdrossene *und* Personen mit rechtsextremem Weltbild überdurchschnittlich häufig zur Wahl der Republikaner, was zunächst beide Hypothesen zu bestätigen scheint, doch konnte Falter durch multivariate Analysen außerdem zeigen, daß Politikverdrossenheit und Rechtsextremismus für sich genommen nicht ausreichen, die Wahlentscheidung zugunsten der Republikaner zu erklären: So führt Politikverdrossenheit nur dann zur Wahl der Republikaner, wenn sie mit rechtsextremistischen Einstellungen zusammentrifft, während umgekehrt rechtsextreme Einstellungsdispositionen nur dann zur Wahl der Republikaner führen, wenn sie mit Politikverdrossenheit zusammentreffen. Es besteht – analysetechnisch gesprochen – ein *Interaktionseffekt* zwischen Rechtsextremismus und Politikverdrossenheit, d.h. nicht-ideologisch motivierter Protest spielt bei der Wahl rechtsextremer Parteien ebensowenig eine Rolle, wie ideologische Prädispositionen, die nicht gleichzeitig auch von massiven Unzufriedenheitsgefühle begleitet werden. Erst die Koinzidenz beider Einstellungssyndrome hebt die Bereitschaft zur Rechtswahl spürbar.
Da Falter außerdem zeigen konnte, daß Befragte, die das vielzitierte untere Drittel der Gesellschaftspyramide ausmachen, besonders häufig zur Wahl extrem rechter

Parteien neigen (1994: 154), schloß er auf die Gültigkeit einer modifizierten Variante der Modernisierungsverliererhypothese, der folgende Kausalkette zugrundeliegt: Objektive soziale Benachteiligung führt zu subjektiven Deprivationsgefühlen, diese wiederum begünstigen Politikverdrossenheit und rechtsextremistische Denkmuster, das Zusammentreffen dieser beiden Einstellungssyndrome schließlich fördert die Wahl rechter Flügelparteien (1994: 157). Da diese Kausalkette mit dem Gefühl sozialer Benachteiligung nicht nur eine mögliche Ursache rechtsextremer Einstellungsmuster, sondern auch eine mögliche Ursache von Politikverdrossenheit umfaßt, könnte sie folglich eine *hinreichende* Erklärung der Wahl extrem rechter Parteien darstellen. Weiterführende Analysen zeigen aber, daß diese Kausalkette einem stringenten empirischen Test nicht standhält (vgl. Klein/Falter 1996): Insbesondere läßt sich kein Effekt der subjektiven Deprivation auf rechtsextreme Einstellungsmuster nachweisen. Die Koinzidenz von Rechtsextremismus, subjektiver Deprivation und Politikverdrossenheit gerade bei Personen mit niedrigem sozialen Status erklärt sich vielmehr durch den engen Zusammenhang von sozialem Status und Bildung: Personen mit niedriger Bildung finden sich zum einen in der Regel am unteren Ende der Schichtungspyramide wieder, was ein Gefühl sozialer Benachteiligung und damit in der Folge auch der Politikverdrossenheit begünstigt, zum anderen sind sie aufgrund ihrer geringen kognitiven Flexibilität und ihrer eher geringen Integration in das gesellschaftliche Wertesystem für einfache Denk- und Erklärungsmuster besonders anfällig.

4. Desiderata der Forschung

Als Desiderata der bisherigen Forschung über die Wahlerfolge der Republikaner können zwei Punkte genannt werden: Zum einen wäre es wünschenswert, die von Falter und Klein berichteten empirischen Analysen (Falter 1994; Klein/Falter 1996), die im wesentlichen auf der Grundlage von Umfragedaten aus den Jahren 1993/94 vorgenommen wurden, anhand von Daten aus dem Jahr 1989 zu replizieren, um Gewißheit darüber zu erlangen, ob die von ihnen beschriebenen Mechanismen der Republikaner-Wahl auch zu deren elektoralen Glanzzeiten Gültigkeit besaßen. Genau dies wird von Roth und Schäfer bezweifelt, wenn sie andeuten, daß die Wählerschaft der Republikaner in den Jahren 1993/94 womöglich bereits auf deren ideologische Kernklientel zusammengeschmolzen sei, während 1989 ihr überwiegender Teil noch aus nichtideologischen Protestwählern bestanden habe (vgl. Roth/Schäfer 1994:126f). Zum zweiten ist zu bemängeln, daß der Asylproblematik zwar in allen theoretischen und empirischen Arbeiten eine zentrale Bedeutung zugesprochen wird, daß sich dies aber in einer entsprechend systematischen Berücksichtigung dieser Variable bisher nicht niedergeschlagen hat. Beide Punkte versucht die vorliegende Analyse aufzugreifen.

5. Der empirische Befund auf der Aggregatebene

Betrachten wir zunächst auf der Aggregatebene die Entwicklung einiger wichtiger Größen im Zeitverlauf, da nur so die dritte Welle rechtsextremer Wahlerfolge in ihrer Gesamtheit und ihrer zeitlichen Dynamik in den Blick gerät: In Abbildung 1 ist dazu für den Zeitraum von 1977 bis 1994 die Entwicklung der drei Variablen abgetragen, die in den beiden konkurrierenden Hypothesen von zentraler Bedeutung sind:

- Als Indikator für *Politikverdrossenheit* wurde die Frage „Glauben Sie, daß heute bei uns in der Bundesrepublik die richtigen Leute in den führenden Positionen sind oder glauben sie das nicht?" herangezogen, die seit 1977 durchgängig in den Politbarometern der Forschungsgruppe Wahlen erhoben wird. Wir gingen dabei davon aus, daß immer dann, wenn mehr als die Hälfte der Bevölkerung glaubt, die falschen Leute befänden sich in führender Stellung, von einem Zustand massiver Politikverdrossenheit gesprochen werden kann, da in einer repräsentativen Demokratie im Normalfall eigentlich immer eine Mehrheit die politische Elite unterstützen sollte. Die horizontale gestrichelte Linie in Abbildung 1 symbolisiert diesen Schwellenwert. Die vertikalen gestrichelten Linien grenzen die Zeiträume ab, in denen nach unserer Definition von Politikverdrossenheit gesprochen werden kann.
- Als Indikator für *rechtsextreme Einstellungen* haben wir die Selbsteinstufung auf dem Links-Rechts-Kontinuum benutzt und dabei zwei unterschiedliche Varianten ausgewiesen. Die Kurve *Weit Rechts* weist den Prozentanteil der Befragen aus, die sich auf dem äußersten rechten Skalenpunkt einstufen, während die Kurve *Rechts* den

Abbildung 1: Die Entwicklung der Politikverdrossenheit, des rechtsextremen Einstellungspotentials und der Bereitschaft zur Wahl rechtsextremer Parteien – Bundesrepublik Deutschland (alte Bundesländer) 1977-1994 –

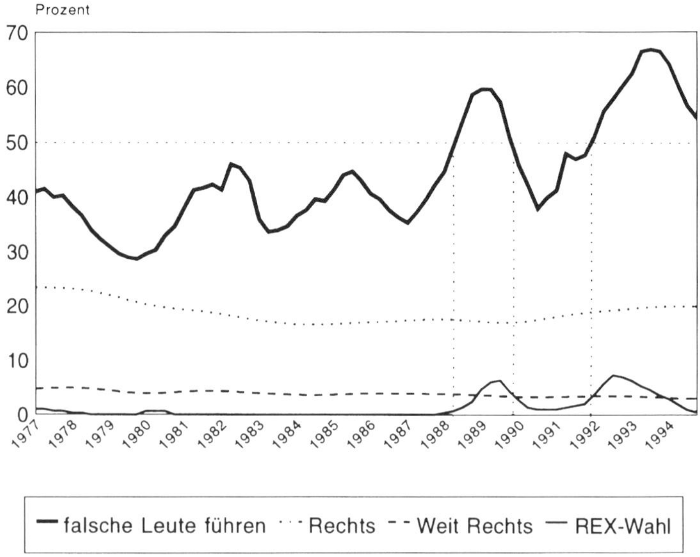

Datenbasis: Die Zahlen für die Bereitschaft zur Wahl rechtsextremer Parteien sowie den Indikator „Falsche Leute in führender Stellung" wurden quartalsweise auf der Grundlage der Politbarometer der Forschungsgruppe Wahlen berechnet, die Selbsteinstufung auf dem Links-Rechts-Kontinuum hingegen auf der Grundlage der halbjährlich erhobenen Eurobarometer der Europäischen Kommission.

Anmerkung: Eintragungen sind dreigliedrige gleitende Mittel.

Abbildung 2a: Die Entwicklung der Politikverdrossenheit und des wichtigsten politischen Themas
– Bundesrepublik Deutschland (alte Bundesländer) 1977-1994 –

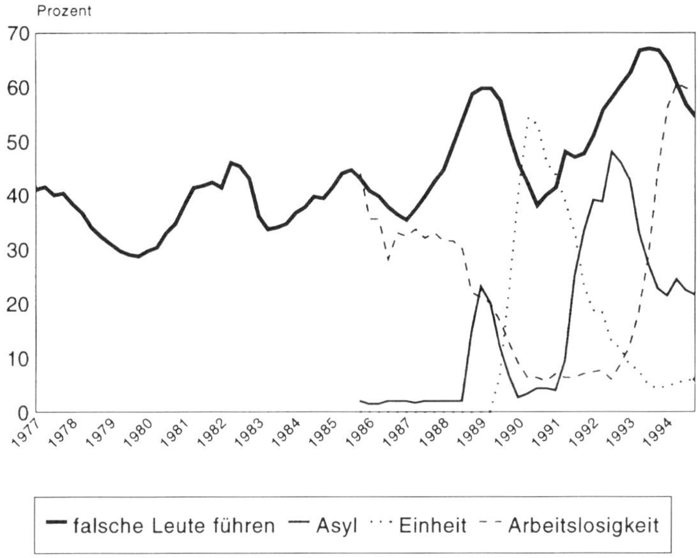

Datenbasis: Politbarometer der Forschungsgruppe Wahlen.

Anmerkung: Eintragungen sind dreigliedrige gleitende Mittel.

Prozentanteil der Befragen ausweist, die sich auf einem der drei äußerst rechten Skalenpunkte einstufen.
- Abhängige Variable ist in beiden Hypothesen die Bereitschaft zur *Wahl der Republikaner*, die wir in Abbildung 1 über die bekannte Wahlsonntagsfrage erfaßt haben.

Betrachtet man den Verlauf der in Abbildung 1 abgetragenen Kurven, so scheint sich auf den ersten Blick die Protestwahlhypothese zu bestätigen, da die Bereitschaft zur Wahl rechtsextremer Parteien in schöner Gleichförmigkeit mit der Politikverdrossenheit steigt und sinkt, während das rechtsextreme Einstellungspotential über die Zeit weitgehend stabil bleibt. Die Wahlerfolge der Republikaner fallen genau in diejenigen Phasen, in denen nach unserer Definition massive Politikverdrossenheit herrscht.[1] Ein genauerer Blick zeigt allerdings, daß die Bereitschaft zur Wahl rechtsextremer Parteien im Laufe der Jahre 1993/94 wieder absinkt, obgleich weiterhin Politikverdrossenheit vorherrscht. In diesem Zusammenhang kann vermutet werden, daß Politikverdrossenheit womöglich nicht gleich Politikverdrossenheit ist und sich inhaltlich aus sehr unterschiedlichen Quellen speist. Es erscheint folglich sinnvoll, das in den Augen der Bevölkerung wichtigste politische Thema in die Betrachtung miteinzubeziehen (vgl. Abbildung 2a).

1 Da es sich hierbei um Makrodaten handelt, steht der Befund von Falter (1994), daß Politikverdrossenheit nur in Interaktion mit rechtsextremen Einstellungen zur Rechtswahl führt, nicht im Widerspruch zu diesem Ergebnis.

Abbildung 2b: Die Entwicklung der Politikverdrossenheit, der Bedeutung des Asyl-Themas und der Bereitschaft zur Wahl rechtsextremer Parteien – Bundesrepublik Deutschland (alte Bundesländer) 1977-1994 –

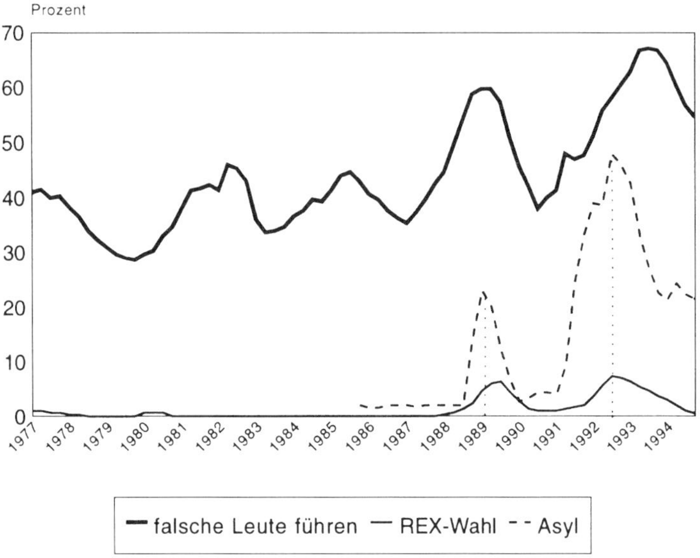

Datenbasis: Politbarometer der Forschungsgruppe Wahlen.

Anmerkung: Eintragungen sind dreigliedrige gleitende Mittel.

Dabei zeigt sich, daß die Konjunkturen der Politikverdrossenheit bis Ende 1992/Anfang 1993 analog zu den Konjunkturen des Asylthemas verlaufen und die beiden Kurven erst beginnend mit dem Jahr 1993 einen getrennten Verlauf nehmen: Während das Asylthema an Bedeutung verliert, stagniert die Politikverdrossenheit auf hohem Niveau. Die Politikverdrossenheit ist jetzt wohl in erster Linie das Ergebnis der als unbefriedigend wahrgenommenen Lösungskompetenz der politischen Parteien hinsichtlich des Problems Arbeitslosigkeit. Wie Abbildung 2b zeigt, folgt die Kurve der Wahlbereitschaft zugunsten rechtsextremer Parteien ab diesem Zeitpunkt dem Asylthema. Überhaupt scheint die Entwicklung der Wahlbereitschaft zugunsten der Republikaner sehr eng mit der Dynamik des Asylthemas zusammenzuhängen: Die Gipfelpunkte beider Linien fallen zusammen (vertikale gestrichelte Linien); ihre Abwärts- und Aufwärtsbewegungen koinzidieren.

Es kann folglich nicht ausgeschlossen werden, daß der zunächst beobachtete Zusammenhang von Politikverdrossenheit und der Wahlbereitschaft zugunsten rechtsextremer Parteien in erster Linie die Konjunkturen des Asylthemas reflektiert. Die eigentlich relevante Kausalkette würde dann lauten: Die Unzufriedenheit mit dem als unzureichend gelöst wahrgenommenen Asylproblem führt zu Politikverdrossenheit und der Wahl extrem rechter Parteien. Der zunächst beobachtete Zusammenhang zwischen Politikverdrossenheit und der Rechtswahl wäre folglich eine klassische Scheinkorrelation. Da sich diese vermutete Kausalkette auf die Mikroebene bezieht und ihr stringenter empirischer Test folglich auch nur auf der Grundlage von Individualdaten vollzogen werden kann, enden die Möglichkeiten der Aggregatdatenanalyse an dieser Stelle.

6. Der empirische Befund auf der Individualebene

Für die empirische Analyse auf der Individualebene steht uns eine für das Gebiet der alten Bundesrepublik repräsentative EMNID-Umfrage aus dem Jahr 1989 zur Verfügung, die sich schwerpunktmäßig mit dem Thema „Rechtsextremismus" befaßt und erstmals für wissenschaftliche Zwecke zugänglich gemacht wurde. Befragt wurden insgesamt 2261 Personen, von denen 110 eine Wahlabsicht zugunsten der Republikaner angaben, so daß eine hinreichend große Zahl von Fällen für die Analyse zur Verfügung steht.

Wir beginnen die Individualdatenanalyse mit einem empirischen Test der Protestwahlhypothese: In einem ersten Schritt werden wir prüfen, inwieweit das Gefühl der Politikverdrossenheit einen Einfluß auf die Wahlentscheidung zugunsten der Republikaner ausübt. Hierzu haben wir zunächst einige Einzelindikatoren zusammengestellt (vgl. Tabelle 1).

Es zeigt sich u.a., daß Personen, die glauben, daß es den Parteien nur um Wählerstimmen gehe, daß Politik ein schmutziges Geschäft sei, daß die großen Parteien nicht fähig seien die zahlreichen Probleme der Gesellschaft zu lösen und daß die Politiker gar nicht wissen was die einfachen Leute denken, überdurchschnittlich häufig zur Wahl der Republikaner neigen. Ebenso erhöht die Unzufriedenheit mit der Demokratie

Tabelle 1: Die Republikaner-Wahl nach der Politikverdrossenheit

		Rechtswähler*	N
Was würden Sie ganz allgemein zu der Demokratie in der Bundesrepublik Deutschland, d.h. zu unseren politischen Parteien und zu unserem ganzen politischen System sagen? Sind Sie damit sehr zufrieden, zufrieden, weniger zufrieden oder unzufrieden.	sehr zufrieden	2	176
	zufrieden	3	1297
	weniger zufrieden	7	592
	unzufrieden	18	144
Den Parteien geht es eigentlich nur um die Wählerstimmen, aber nicht darum, was die Leute denken.	lehne ab	1	497
	stimme zu	6	1711
Es gibt keine großen Unterschiede zwischen den politischen Parteien.	lehne ab	5	1262
	stimme zu	5	952
In der Politik kann man sich nicht zurechtfinden, weil das meiste hinter den Kulissen passiert.	lehne ab	3	642
	stimme zu	6	1560
Politik ist ein schmutziges Geschäft.	lehne ab	3	698
	stimme zu	6	1508
Unsere großen Parteien sind nicht mehr fähig, die zahlreichen Probleme unserer Gesellschaft zu lösen.	lehne ab	2	749
	stimme zu	7	1455
Die meisten Politiker wissen gar nicht mehr, was die einfachen Leute denken.	lehne ab	2	386
	stimme zu	6	1816

* Prozentanteil Rechtswähler in der jeweiligen Kategorie.

Abbildung 3: Der Einfluß der Politikverdrossenheit auf die Wahl der Republikaner

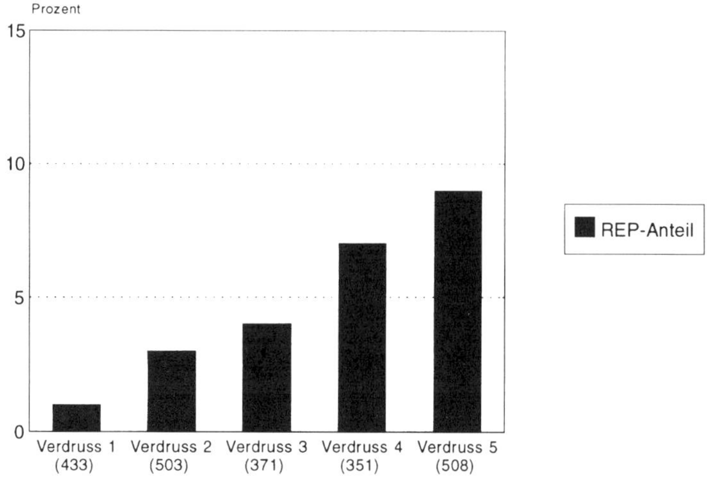

Anmerkung: Verdruss 1: Skalenwert im 1. Quintil der Skala „Politikverdrossenheit"; Verdruss 2: Skalenwert im 2. Quintil; Verdruss 3: Skalenwert im 3. Quintil; Verdruss 4: Skalenwert im 4. Quintil; Verdruss 5: Skalenwert im 5. Quintil.

die Wahrscheinlichkeit der Rechtswahl. Faßt man diese Einzelitems zu einer Skala zusammen, so zeigt sich ein deutlicher Zusammenhang zwischen der Politikverdrossenheit und der Bereitschaft zur Wahl der Republikaner (vgl. Abbildung 3).

Wenn die oben geäußerte Vermutung stimmt, daß nicht Politikverdrossenheit, sondern die Unzufriedenheit mit der Asylfrage die eigentlich entscheidende Determinante der Rechtswahl darstellt, dann müßte sich folglich auf bivariater Ebene ein Zusammenhang zwischen der Wahrnehmung des Asylproblems und der Rechtswahl zeigen. Hierzu haben wir zunächst wiederum eine Reihe von Einzelindikatoren zusammengestellt (vgl. Tabelle 2).

Dabei zeigt sich, daß Personen, die eine Einschränkung des Grundrechts auf Asyl befürworten, die die Asylpraxis als zu großzügig beurteilen, die Asylanten des Mißbrauchs sozialer Leistungen bezichtigen, die glauben, in Deutschland gebe es zu viele Ausländer und die außerdem einen Zusammenhang sehen zwischen dem Zuzug von Asylanten auf der einen und Arbeitslosigkeit und Wohnungsnot auf der anderen Seite, besonders häufig Republikaner wählen. Faßt man auch hier die Einzelitems zu einer Skala zusammen, so zeigt sich ein deutlicher Zusammenhang zwischen der Unzufriedenheit mit der Asylpolitik und der Bereitschaft zur Wahl der Republikaner (vgl. Abbildung 4).

Der nächste Analyseschritt besteht nun darin, zu prüfen, ob der oben postulierte Zusammenhang zwischen der Unzufriedenheit mit der Asylpolitik und der Politikverdrossenheit auf der Individualebene tatsächlich existiert, was die Voraussetzung für das Vorliegen einer Scheinkorrelation darstellt. Dazu ist in Abbildung 5 der Prozentanteil der Politikverdrossenen in Abhängigkeit von der Skala „Unzufriedenheit mit der Asylpolitik" abgetragen. Dabei zeigt sich, daß ein deutlicher Zusammenhang

Tabelle 2: Die Republikaner-Wahl nach der Wahrnehmung des Asylproblems

		Rechtswähler*	N
Gibt es nach Ihrer Meinung in der Bundesrepublik ...	zu viele Ausländer	7	1602
	Ausländer in richtiger Zahl	1	485
	oder können ruhig noch mehr Ausländer in die Bundesrepublik kommen	0	117
Und was meinen Sie zu den Asylbewerbern, also den Menschen aus allen Teilen der Welt, die in der Bundesrepublik aufgenommen werden, wenn sie in ihrer Heimat politisch verfolgt wurden. Was soll die Regierung in Bonn tun:	sollen weiterhin alle Asylbewerber, die in ihrer Heimat politisch verfolgt wurden, aufgenommen werden –	1	410
	oder sollen Beschränkungen eingeführt werden?	6	1803
Die Sozialhilfe für Asylbewerber, die jetzt genauso hoch ist wie für Deutsche in gleicher Situation, soll um 20% gekürzt werden.	lehne ab	1	819
	stimme zu	7	1371
Unser Grundgesetz gewährleistet das Recht auf Asyl für politisch Verfolgte aus anderen Ländern. Wie beurteilen Sie die Handhabung dieses Rechts in der Bundesrepublik? Wird dieses Recht Ihrer Meinung nach eher zu großzügig gehandhabt, eher zu eng oder gerade richtig?	eher zu eng	1	266
	gerade richtig	1	412
	eher zu großzügig	7	1524
Nach offiziellen Zahlen wird etwa 90% der Ausländer, die Anträge auf politisches Asyl stellen, das Asyl in der Bundesrepublik verweigert. Was schätzen Sie, wie viele Ausländer in der Bundesrepublik bleiben, obwohl ihre Asylanträge abgelehnt wurden? (...) Und wie viele sollten Ihrer Meinung nach bleiben dürfen?	fast alle/die meisten/ etwa die Hälfte	2	531
	nur eine Minderheit	3	620
	sehr wenige	8	1012
Und inwieweit treffen diese Aussagen auf die Asylanten zu?			
– Sie mißbrauchen die Leistungen unseres sozialen Systems.	etwas/nicht	1	700
	stark/ziemlich	7	1508
– Durch ihre Anwesenheit hier bei uns steigt die Arbeitslosigkeit der Deutschen.	etwas/nicht	3	1096
	stark/ziemlich	6	1111
– Sie verschärfen die Wohnungsnot der Deutschen.	etwas/nicht	2	848
	stark/ziemlich	7	1361

* Prozentanteil Rechtswähler in der jeweiligen Kategorie.

zwischen beiden Skalen existiert: Je unzufriedener eine Person mit der Asylpolitik, desto politikverdrossener ist sie.

Der letzte Schritt beim empirischen Test der Protestwahlhypothese besteht nun in der Beantwortung der Frage, ob der oben festgestellte Zusammenhang zwischen Politikverdrossenheit und der Wahl der Republikaner auch bei Kontrolle des Asylthemas bestehen bleibt. In Abbildung 6 ist daher der Zusammenhang zwischen Politikverdrossenheit und Rechtswahl jeweils getrennt für die Gruppe der mit der Asylpolitik

Abbildung 4: Der Einfluß der Unzufriedenheit mit der Asylpolitik auf die Wahl der Republikaner

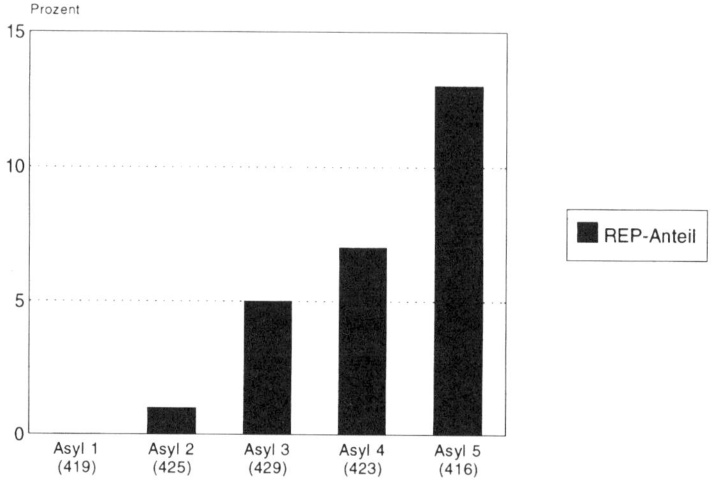

Anmerkung: Asyl 1: Skalenwert im 1. Quintil der Skala „Asylproblematik"; Asyl 2: Skalenwert im 2. Quintil; Asyl 3: Skalenwert im 3. Quintil; Asyl 4: Skalenwert im 4. Quintil; Asyl 5: Skalenwert im 5. Quintil.

Abbildung 5: Der Zusammenhang zwischen der Unzufriedenheit mit der Asylpolitik und der Politikverdrossenheit

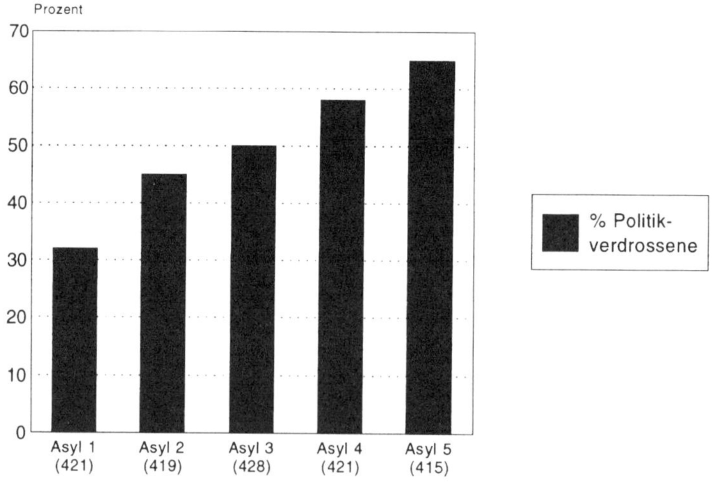

Anmerkung: Asyl 1 bis Asyl 5: Wie in Abbildung 4.
Politikverdrossene: Skalenwert in der oberen Hälfte der Skala „Politikverdrossenheit".

Abbildung 6: Der Einfluß der Politikverdrossenheit auf die Wahl der Republikaner kontrolliert nach der Unzufriedenheit mit der Asylpolitik

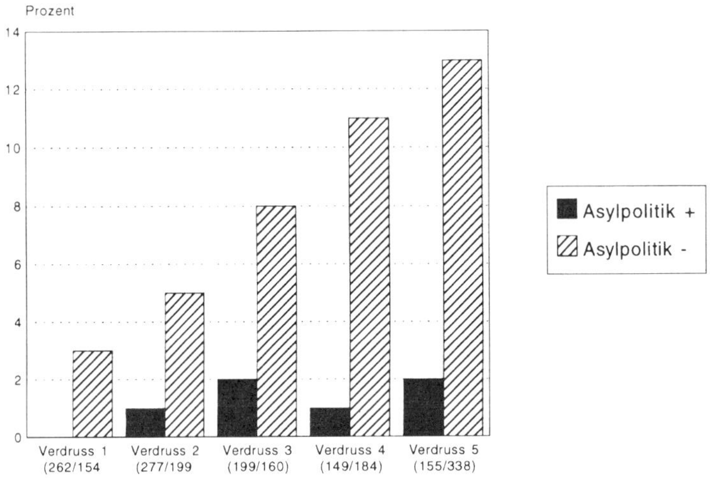

Anmerkung: Verdruss 1 bis Verdruss 5: Wie in Abbildung 1.
Asylpolitik +: Mit der Asylpolitik zufrieden,
Asylpolitik –: Mit der Asylpolitik unzufrieden.

unzufriedenen (gestrichelte Balken) und der mit der Asylpolitik zufriedenen Befragten (schwarze Balken) bestimmt worden.

Zwar verschwindet der Zusammenhang nicht, wie es bei einer bloßen Scheinkorrelation zu erwarten gewesen wäre, doch zeigt sich ein deutlicher Interaktionseffekt: Der Zusammenhang zwischen Politikverdrossenheit und Rechtswahl bleibt nur in der Gruppe der mit der Asypolitik unzufriedenen Befragten erhalten. Nicht Politikverdrossenheit an sich führt also zur Wahl rechtsextremer Parteien, sondern nur Politikverdrossenheit, die sich inhaltlich aus der Unzufriedenheit mit der Asylpolitik speist. Die Protestwahlhypothese in ihrer unspezifischen Form muß folglich zurückgewiesen werden, aber in einer inhaltlich spezifizierten Variante scheint sie zunächst haltbar.

Gleichwohl kann mit diesem Befund die Hypothese der ideologischen Bekenntniswahl noch nicht als widerlegt gelten: Vielmehr bleibt zu prüfen, ob rechtsextreme Einstellungsmuster wirklich keinen Einfluß auf die Wahlentscheidung zugunsten der Republikaner ausüben. Hierzu haben wir zunächst wiederum einige Einzelindikatoren zusammengestellt, die die unserer Ansicht nach wichtigsten Teildimensionen des rechtsextremen Einstellungssyndroms abdecken: Nationalstolz (vgl. Tabelle 3), Affinität zu Diktatur und Nationalsozialismus (vgl. Tabelle 4) sowie Ausländerfeindlichkeit, Ethnozentrismus und Antisemitismus (vgl. Tabelle 5). Die Zustimmung zu den einzelnen Items geht dabei in allen Fällen mit einer deutlich erhöhten Bereitschaft einher, Republikaner zu wählen.

Faßt man auch hier die einzelnen Items zu einer Skala zusammen, die angibt, inwieweit die Befragten über ein geschlossenes rechtsextremes Weltbild verfügen, so zeigt sich

Tabelle 3: Die Republikaner-Wahl nach dem Nationalstolz

		Rechts-wähler*	N
Bei feierlichen Anlässen wird die dritte Strophe des Deutschlandliedes, also „Einigkeit und Recht und Freiheit" gesungen. Halten Sie das für richtig, oder sollte man statt dessen die erste Strophe singen, also „Deutschland, Deutschland über alles", oder sollte man sich für eine andere Nationalhymne entscheiden.	3. Strophe/ andere Hymne	3	1826
	1. Strophe	13	378
„Ich bin stolz ein Deutscher zu sein". Bitte sagen Sie mir, ob Sie das von sich sagen. Bitte sagen Sie mir das anhand dieser Skala.	trifft überhaupt nicht zu 6	1	122
	5	2	149
	4	2	242
	3	2	520
	2	6	575
	trifft voll und ganz zu 1	9	605
Meinen Sie, wir sollte uns mit der jetzigen deutsch-polnischen Grenze, der Oder-Neiße-Linie, abfinden oder nicht abfinden.	abfinden	3	1488
	nicht abfinden	9	707
Wir Deutschen treten im Ausland viel zu bescheiden auf.	stimme überhaupt nicht zu 1	2	547
	2	4	480
	3	4	441
	4	6	313
	5	10	239
	stimme voll und ganz zu 6	10	180

* Prozentanteil Rechtswähler in der jeweiligen Kategorie.

in Übereinstimmung mit den Annahmen der Bekenntniswahlhypothese ein deutlicher Zusammenhang zwischen Rechtsextremismus und Rechtswahl (vgl. Abbildung 7). Würde man an dieser Stelle die Analyse abbrechen, so müßte man konstatieren, daß sowohl die Protestwahlhypothese in ihrer inhaltlich spezifizierten Form als auch die Bekenntniswahlhypothese einem empirischen Test standhalten. Bei der Wählerschaft der Republikaner würde es sich folglich um eine „eigentümliche Koalition aus unzufriedenen Protest- und ideologischen Bekenntniswählern" (Falter/Klein/Schumann 1994: 218) handeln. Doch ein solcher Schluß wäre verfrüht: Da Ethnozentrismus und Ausländerfeindlichkeit zentrale Teilkomponenten des rechtsextremen Einstellungssyndroms darstellen, steht zu vermuten, daß gerade Rechtsextreme besonders unzufrieden mit der Asylpolitik sind. Der Zusammenhang zwischen Rechtsextremismus und Rechtswahl könnte folglich durchaus eine Scheinkorrelation darstellen, die bei Kontrolle der Unzufriedenheit mit der Asylfrage verschwindet. Doch prüfen wir zunächst die Prämisse: Sind Rechtsextreme wirklich besorgter über das Asylproblem als Nicht-Rechtsextreme? Dazu ist in Abbildung 8 der Prozentanteil der Befragten, die mit der Asylpolitik unzufrieden sind, in Abhängigkeit von der Skala „Rechtsextremismus" abgetragen (schwarze Balken). Darüber hinaus ist außerdem der Prozentanteil der Befragten abgetragen, die die Republikaner für die geeignete Partei zur Lösung des Asylproblems halten (schraffierte Balken). Es zeigt sich der erwartete Zusammenhang: Je rechtsextremer eine Person eingestellt ist, desto unzufriedener ist sie mit der Asyl-

Tabelle 4: Die Republikaner-Wahl nach der Affinität zu Diktatur und Nationalsozialismus

		Rechts-wähler*	N
Zwei Männer streiten sich über Wert oder Unwert von Demokratie und Diktatur. Der eine sagt: „Ob Demokratie oder Diktatur, ist gar nicht so wichtig, die Hauptsache ist, daß wirkliche Staatsmänner an der Spitze stehen." Der andere sagt: „Diktatur ist immer eine Gefahr, ich ziehe die Demokratie in jedem Fall vor."	Welcher der beiden Meinungen stimmen Sie zu?		
	Meinung 2	4	1756
	Meinung 1	10	444
Würden Sie sagen, daß Hitler ohne den Krieg und ohne die Judenverfolgung einer der größten deutschen Staatsmänner gewesen wäre?	wäre er nicht gewesen	3	1364
	ja, wäre er gewesen	9	829
Es wird ja auch heute noch darüber diskutiert, wie Hitler in der Geschichte einzustufen ist. Hier habe ich eine Skala mit 11 Werten. +5 bedeutet, daß er absolut positiv eingestuft ist, –5 bedeutet, daß er absolut negativ eingestuft ist. Bitte sagen Sie mir, wo Sie Hitler einstufen würden.	–5/–4/–3	2	1443
	–2/–1	7	248
	0	8	244
	+1/+2	14	230
	+3/+4/+5	14	42
Wir sollten eine Führerpersönlichkeit haben, die Deutschland zum Wohle aller mit starker Hand regiert. Stimmen Sie ..	überhaupt nicht zu 1/2	2	1173
	3/4	6	623
	5/voll und ganz zu 6	11	402
Waren die Generäle und Offiziere, die Widerstand gegen Hitler leisteten, Verräter oder Patrioten?	Patrioten	4	1834
	Verräter	13	289
Wenn Sie heute an die Zeit des Dritten Reiches denken, was würden Sie sagen: Hatte der Nationalsozialismus im ganzen gesehen nur schlechte Seiten, mehr schlechte Seiten, gute und schlechte Seiten oder mehr gute Seiten?	nur schlechte Seiten	1	391
	mehr schlechte Seiten	2	846
	gute u. schlechte Seiten	8	911
	mehr gute Seiten	21	63

* Prozentanteil Rechtswähler in der jeweiligen Kategorie.

politik, gleichzeitig wächst die Wahrscheinlichkeit, daß sie den Republikanern Lösungskompetenz in diesem Politikfeld zuschreibt. Allerdings hält selbst unter den 20% rechtextremsten Befragten gerade ein Viertel, die Republikaner für lösungskompetent, während in diesem Segment immerhin über 80% unzufrieden mit der Asylpolitik sind. Da die Voraussetzung für das Vorliegen einer Scheinkorrelation erfüllt ist, muß in einem nächsten Schritt geprüft werden, ob der Zusammenhang zwischen Rechtsextremismus und Rechtswahl auch bei Kontrolle der Unzufriedenheit mit der Asylpolitk erhalten bleibt. Wie Abbildung 9 zeigt, verschwindet der untersuchte Zusammenhang zwar nicht, fällt aber in der Gruppe der mit der Asylpolitik zufriedenen Befragten (schwarze Balken) deutlich schwächer aus als in der Gruppe der mit der Asylpolitik unzufriedenen Befragten (schraffierte Balken). Es besteht folglich auch in diesem Fall ein Interaktionseffekt: Zwischen Rechtsextremismus und Unzufriedenheit mit der Asylpolitik kommt es zu einer Art „katalytischen Reaktion", d.h. latent vorhandene rechtsextreme Orientierungen werden insbesondere dann für das Wahlverhalten relevant, wenn sie durch das Asylthema aktualisiert werden.

In einem weiteren Zwischenschritt soll nun detaillierter untersucht werden, welche

Tabelle 5: Die Republikaner-Wahl nach Ausländerfeindlichkeit, Ethnozentrismus und Antisemitismus

		Rechtswähler*	N
Was ist Ihrer Meinung nach die zutreffende Bezeichnung für die Ausländer, die hier in der Bundesrepublik leben: sind es Gäste oder sind es Mitbürger oder sind es Fremde?	Mitbürger	1	888
	Gäste	6	691
	Fremde	11	576
Die Lebensart von Ausländern kann unsere Lebensart bereichern.	stimme stark zu	0	239
	stimme eher zu	2	922
	lehne eher ab	7	744
	lehne stark ab	12	307
Ausländische Jugendliche sind aggressiver und gewalttätiger als deutsche Jugendliche.	lehne stark ab	2	399
	lehne eher ab	3	969
	stimme eher zu	8	585
	stimme stark zu	9	257
Menschen, die aus unterschiedlichen Kulturen kommen, müssen sich fremd bleiben.	lehne stark ab	2	314
	lehne eher ab	3	915
	stimme eher zu	7	738
	stimme stark zu	12	243
Wir sollten darauf achten, daß wir das Deutsche rein erhalten und Völkervermischung verhindern. Stimmen Sie ...	überhaupt nicht zu 1	1	597
	2	4	340
	3	4	397
	4	6	357
	5	8	226
	voll und ganz zu 6	13	281
Was halten Sie von den Wiedergutmachungsleistungen, die wir an die bei uns lebenden Juden zahlen? Sind sie Ihrer Meinung nach zu hoch, angemessen oder zu niedrig?	zu niedrig	2	124
	angemessen	2	1040
	zu hoch	8	1010

* Prozentanteil Rechtswähler in der jeweiligen Kategorie.

Datenbasis: EMNID-Zeitgeiststudie 1989.

Bedeutung der wahrgenommenen Lösungskompetenz in der Asylpolitik zukommt: Hierzu haben wir in Abbildung 10 den Zusammenhang zwischen der Unzufriedenheit mit der Asylpolitik und der Rechtswahl dargestellt, allerdings kontrolliert nach der wahrgenommenen Lösungskompetenz. Es zeigt sich, daß in der Gruppe der Befragten, die die Republikaner nicht für lösungskompetent halten (schwarze Balken), kein Zusammenhang zwischen der Unzufriedenheit mit der Asylpolitik und der Rechtswahl besteht, während dieser in der Gruppe derjenigen, die die Republikaner für die lösungskompetenteste Partei halten (schraffierte Balken), um so stärker ausfällt. Die Unzufriedenheit mit der Asylpolitik übersetzt sich also nur dann in eine Wahlentscheidung zugunsten der Republikaner, wenn diesen auch Lösungskompetenz zugebilligt wird.

Abbildung 11 zeigt darüber hinaus, daß sich auch ein Interaktionseffekt zwischen Rechtsextremismus und wahrgenommener Lösungskompetenz im Politikfeld Asyl nachweisen läßt: Rechtsextreme wählen nur dann Republikaner, wenn sie die Partei gleichzeitig auch für lösungskompetent in der Asylpolitik halten (schraffierte Balken).

Abbildung 7: Der Einfluß rechtsextremer Einstellungen auf die Wahl der Republikaner

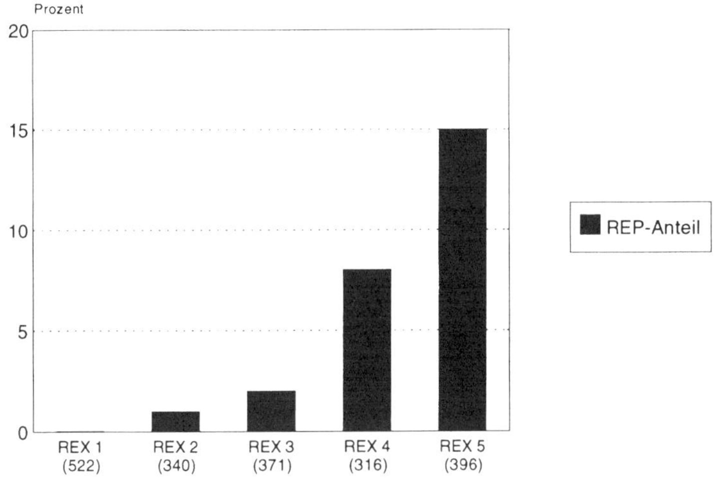

Anmerkung: REX 1: Skalenwert im 1. Quintil der Skala „Rechtsextremismus"; REX 2: Skalenwert im 2. Quintil; REX 3: Skalenwert im 3. Quintil; REX 4: Skalenwert im 4. Quintil; REX 5: Skalenwert im 5. Quintil.

Abbildung 8: Die Unzufriedenheit mit der Asylpolitik und die wahrgenommene Lösungskompetenz in der Asylpolitik nach dem Vorhandensein rechtsextremer Einstellungen

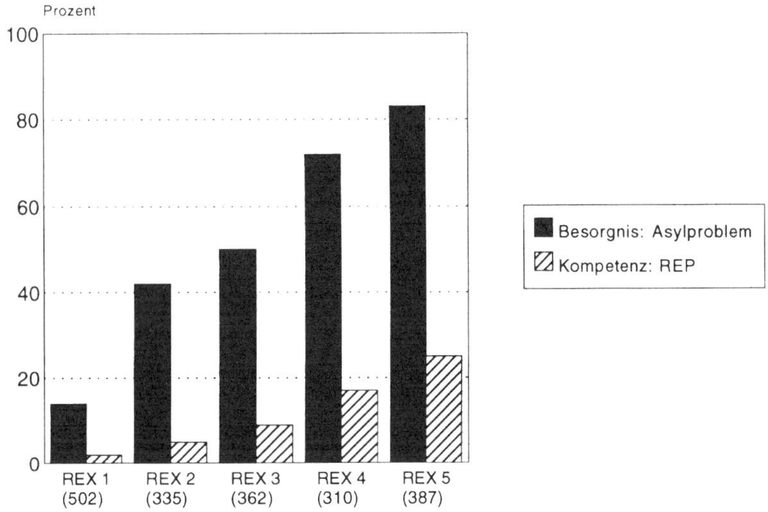

Anmerkung: REX 1 bis REX 5: Wie in Abbildung 7.
Unzufrieden mit Asylpolitik: Skalenwert in der oberen Hälfte der Skala „Asylproblematik".
Kompetenz REP: Republikaner als kompetenteste Partei zur Lösung des Asylproblems genannt.

Abbildung 9: Der Einfluß rechtsextremistischer Einstellungen auf die Wahl der Republikaner kontrolliert nach der Unzufriedenheit mit der Asylpolitik

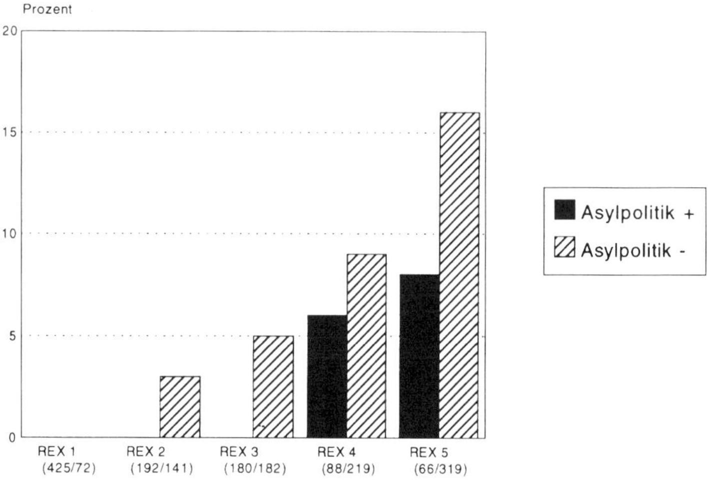

Anmerkung: REX 1 bis REX 5: Wie in Abbildung 5.
Asylpolitik +: Mit der Asylpolitik zufrieden,
Asylpolitik –: Mit der Asylpolitik unzufrieden.

Abbildung 10: Der Einfluß der Unzufriedenheit mit der Asylpolitik und der wahrgenommenen Lösungskompetenz in der Asylpolitik auf die Wahl der Republikaner

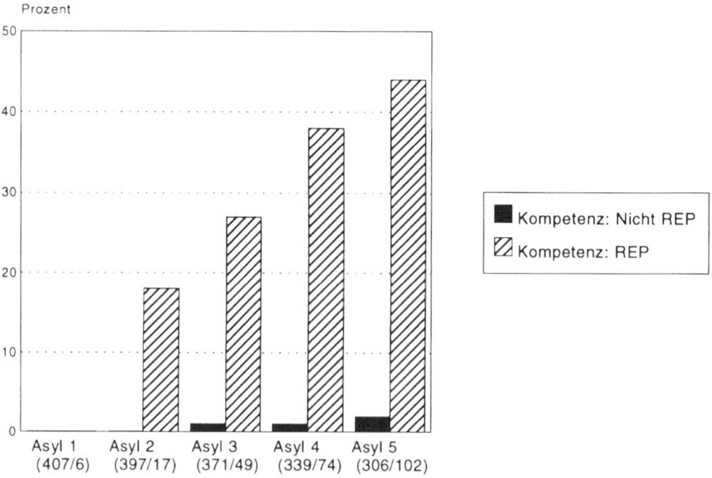

Anmerkung: Asyl 1 bis Asyl 5: Wie in Abbildung 4.
Kompetenz REP: Republikaner als kompetenteste Partei zur Lösung des Asylproblems genannt, Kompetenz Nicht REP: andere oder keine Partei am kompetentesten zur Lösung des Asylproblems.

Abbildung 11: Der Einfluß rechtsextremistischer Einstellungen auf die Wahl der Republikaner kontrolliert nach der Unzufriedenheit mit der Asylpolitik

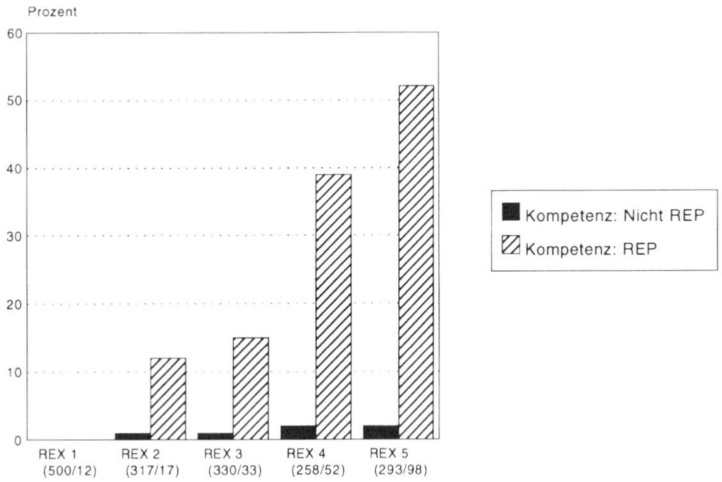

Anmerkung: REX 1 bis REX 5: Wie in Abbildung 5.
Asylpolitik +: Mit der Asylpolitik zufrieden,
Asylpolitik –: Mit der Asylpolitik unzufrieden.

Ist diese Kompetenzzuschreibung nicht gegeben (schwarze Balken), wählen selbst Rechtsextreme nicht die Republikaner.

Als Zusammenfassung der bisherigen theoretischen Argumentation und der bisher erzielten empirischen Befunde haben wir in einem weiteren Analyseschritt ein pfadanalytisches Modell konstruiert, das die kausalen Verkettungen der betrachteten Variablen offenlegt und außerdem alle potentiellen Einflußfaktoren wechselseitig statistisch kontrolliert. Am Anfang dieses Modells steht die Variable „rechtsextremistische Einstellungen", die als relativ stabile Persönlichkeitsdisposition aufgefaßt wird und folglich eine modellexogene Variable darstellt. Auf der nächsten Ebene folgt die Unzufriedenheit mit der Asylpolitik, da Rechtsextreme aufgrund ihrer ethnozentristischen und ausländerfeindlichen Grunddispositionen das Asylproblem als besonders drängend und bedrohlich wahrnehmen sollten. Da – wie oben nachgewiesen wurde – die Unzufriedenheit mit der Asylpolitik Politikverdrossenheit befördert, steht diese Variable auf der nächsten Stufe des Modells. Sodann folgt die Kompetenzzuschreibung zugunsten der Republikaner im Politikfeld Asyl: Hierbei konnte davon ausgegangen werden, daß alle drei vorgelagerten Einflußgrößen zumindest potentiell einen Einfluß auf die Kompetenzzuschreibung aufweisen. Zu erklärende Variable des Modells ist die Wahlabsicht zugunsten der Republikaner, wobei dieser Variable noch zwei Interaktionsterme vorgelagert sind, die sich bei den bisherigen Analysen als bedeutsam erwiesen haben, nämlich die Interaktion der Kompetenzuschreibung zugunsten der Republikaner mit dem Rechtsextremismus und der Unzufriedenheit mit der Asylpolitik.[2] Diese Interaktionsterme werden modellendogen nicht erklärt und dienen aus-

2 In einem hier nicht berichteten Modell wurden zunächst auch die beiden theoretisch durch-

Abbildung 12: Ein pfadanalytisches Modell der Determinanten der Rechtswahl – Bundesrepublik Deutschland (alte Bundesländer) 1989 –

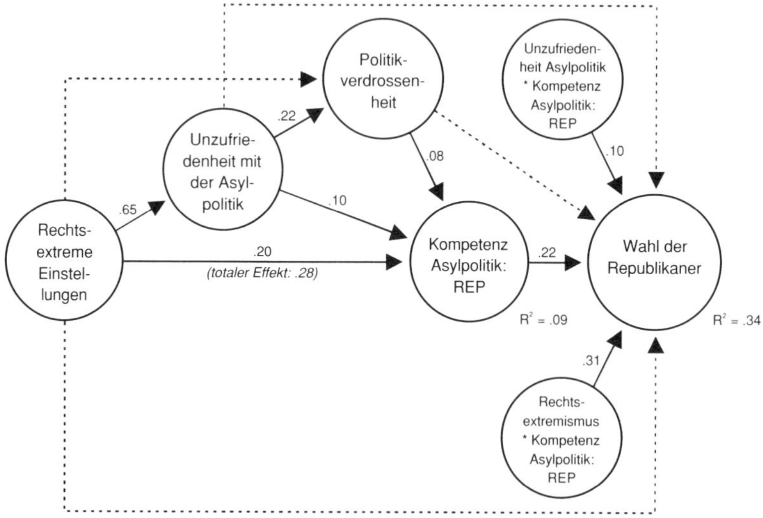

Anmerkung: Gestrichelte Pfade sind auf dem .01 Niveau statistisch nicht signifikant.

schließlich der Dekomposition der Effekte der betreffenden Variablen in Haupt- und Interaktionseffekte.

Die empirische Schätzung dieses Modells bestätigt unsere theoretischen Vermutungen weitgehend (vgl. Abbildung 12): Rechtsextremismus weist einen überaus starken Effekt auf die Unzufriedenheit mit der Asylpolitik auf (beta .69), diese wiederum begünstigt annahmegemäß die Herausbildung von Politikverdrossenheit (beta .22). Alle drei Variablen üben einen signifikanten Effekt auf die Kompetenzzuschreibung zugunsten der Republikaner aus, wobei dieser beim Rechtsextremismus am stärksten (beta .20) und bei der Politikverdrossenheit am schwächsten (beta .08) ausfällt. Allerdings muß hervorgehoben werden, daß die Varianz der Variable „wahrgenommene Lösungskompetenz" nur zu einen relativen geringen Teil modellendogen erklärt wird (R^2=.09). Dies deutet darauf hin, daß es sich bei dieser Größe um eine „Politikvariable" handelt, d.h. daß die wahrgenommene Problemlösungskompetenz der Republikaner wohl in erster Linie von deren tatsächlichem oder massenmedial vermittelten Erscheinungsbild abhängt und nur peripher von individuellen Merkmalen der Befragungspersonen. Hervorzuheben ist außerdem, daß weder von den rechtsextremen Einstellungen, noch von der Unzufriedenheit mit der Asylpolitik, noch von der Politikverdrossenheit ein

aus plausiblen Interaktionsterme „Rechtsextremismus*Unzufriedenheit mit der Asylpolitik" und „Rechtsextremismus*Politikverdrossenheit" mitgeschätzt. Da beide Terme im Rahmen des Gesamtmodells keine signifikanten Effekten aufwiesen, wurden sie aus Gründen der Übersichtlichkeit und zur Reduktion der Multikollinearität aus dem Endmodell herausgenommen. Gleiches gilt für den Interaktionsterm „Unzufriedenheit mit der Asylpolitik*Politikverdrossenheit" der zunächst als möglich Determinante der Kompetenzzuschreibung zugunsten der Republikaner ebenfalls mitgeschätzt wurde.

Tabelle 6: Determinanten der Wahlabsicht für die Republikaner
Ergebnisse einer binären LOGIT-Analyse
– Bundesrepublik Deutschland (alte Bundesländer) 1989 –

Prädiktoren	**Logit-Koeffizient** β_k	**Effekt-koeffizient** $\exp(\beta_k)$	**stand. Effektkoeff.** $\exp(\beta_k{*}s_k)$	**Signi-fikanz-niveau**
Rechtsextremismus	,94	2,56	2,55	,00
Unzufriedenheit mit der Asylpolitik	,45	1,57	1,56	,12
Politikverdrossenheit	,40	1,50	1,50	,02
Kompetenz Asylpolitik: REP	3,42	30,80	2,95	,00
(Konstante)	–5,09			,00
Modellanpassung: Pseudo R^2: 45,3% (Chi^2: 327.853; df: 4; p: .00)				
N=1839				

Schätzungen für Kategorie Republikaner-Wahlabsicht (Referenzkategorie: Keine Republikaner-Wahlabsicht)

Datenbasis: EMNID-Zeitgeiststudie 1989.

eigenständiger Effekt auf die Wahl der Republikaner ausgeht: Einzig die Kompetenzzuschreibung weist einen Haupteffekt auf die Wahlabsicht auf, der aber durch einen noch bedeutenderen Interaktionseffekt zwischen Rechtsextremismus und Problemlösungskompetenz ergänzt wird. Außerdem zeigt sich eine signifikante Interaktion zwischen der Unzufriedenheit mit der Asylpolitik und der Kompetenzzuschreibung zugunsten der Republikaner. Alle drei Effekte zusammengenommen erklären rund ein Drittel der Varianz der abhängigen Variablen.

Der wichtigste qualitative Befund, den das pfadanalytische Modell liefert, besteht in der Tatsache, daß alle drei Variablen, die einen signifikanten Effekt auf die Rechtswahlabsicht aufweisen, die Kompetenzzuschreibung im Politikfeld Asyl enthalten. Es handelt sich bei dieser Variable gleichsam um einen der Wahlentscheidung unmittelbar vorgelagerten „Filter", indem die Kompetenzzuschreibung zugunsten der Republikaner eine notwendige Voraussetzung für ihre Wahl darzustellen scheint. Die Bedeutung rechtsextremer Einstellungen für die Wahl der Republikaner besteht hingegen darin, daß sie zum einen die Kompetenzzuschreibung zugunsten der Republikaner befördern (totaler Effekt .28) und zum anderen den Effekt der Kompetenzzuschreibung katalytisch verstärken (Effekt des Interaktionsterms .31).

Die besondere Bedeutung der Kompetenzzuschreibung im Politikfeld Asyl für die Wahl der Republikaner wird auch durch die simultane Schätzung der Effekte der Prädiktoren im Rahmen eines binären Logit-Modells (vgl. Urban 1993) bestätigt, bei dem die Notwendigkeit der expliziten Spezifikation von Interaktionstermen entfällt, da diese implizit bereits mitgeschätzt werden (vgl. Kühnel/Jagodzinski/Terwey 1989): Hier weist die Kompetenzzuschreibung vor rechtsextremistischen Einstellungen den stärksten Effekt auf, während sich kein signifikanter Effekt der Unzufriedenheit mit der Asylpolitik und der Politikverdrossenheit nachweisen läßt.

Diese Befunde bedürfen allerdings aufgrund einer erhebungstechnischen Eigenheit der analysierten Umfrage der weiteren Validierung: Da die Problemlösungskompetenz

Abbildung 13: Der gemeinsame Einfluß der Unzufriedenheit mit der Asylpolitik, des Rechtsextremismus und der Kompetenzzuschreibung im Politikfeld Asyl auf die Wahl der Republikaner und die Nichtwahl
– Bundesrepublik Deutschland (alte Bundesländer) 1994 –

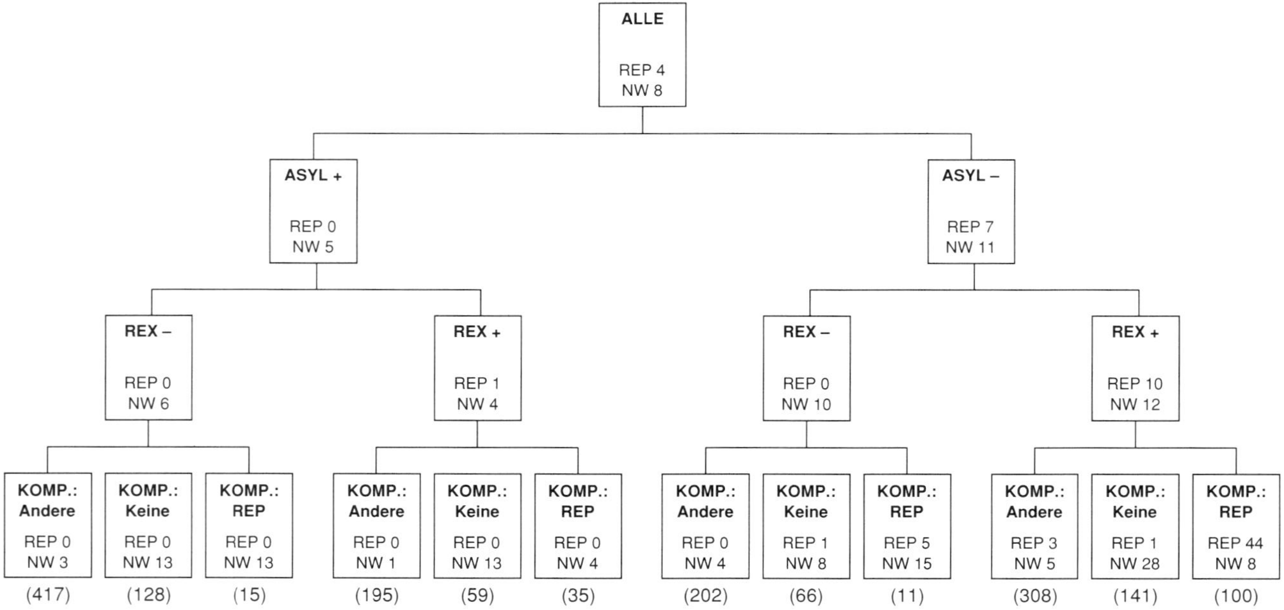

Anmerkung: ASYL+: Mit der Asylpolitik zufrieden; ASYL–: Mit der Asylpolitik unzufrieden. REX–: Skalenwert in der unteren Hälfte der Skala "Rechtsextremismus"; REX+: Skalenwert in der oberen Hälfte der Skala "Rechtsextremismus". KOMP.: Andere: Kompetenzzuschreibung im Politikfeld Asyl zugunsten einer anderen Partei als den Republikanern. KOMP.: Keine: Kompetenzzuschreibung im Politikfeld Asyl zugunsten keiner Partei. KOMP.: REP: Kompetenzzuschreibung im Politikfeld Asyl zugunsten der Republikaner.

im Politikfeld Asyl auf eine Art und Weise erhoben wurde, die es den Befragten nicht ermöglichte, *keiner* Partei Lösungskompetenz zuzubilligen, also eine „forced choice" Situation vorlag, wird der Effekt der Kompetenzzuschreibung zugunsten der Republikaner möglicherweise überschätzt. Wir haben deshalb parallel Umfragedaten aus dem Januar 1994 analysiert (vgl. Klein/Falter 1996), bei denen dieses Problem nicht auftrat, um mögliche Verzerrungen unserer Analyseergebnisse ausschließen zu können. Desweiteren enthalten diese Daten auch eine Frage nach der Wahlteilnahme, was es uns außerdem ermöglicht, das Phänomen der Nichtwahl in die Analyse miteinzubeziehen.

Die Ergebnisse dieser Analysen sind in Abbildung 13 in Gestalt eines Kontrastgruppenbaumes zusammengestellt. Unsere bisherigen Befunde werden dabei weitgehend bestätigt: Die größte Affinität zu den Republikanern weisen rechtsextreme Befragte auf, die mit der Asylpolitik unzufrieden sind und außerdem den Republikanern die größte Lösungskompetenz hinsichtlich des Asylproblems zubilligen. Von diesem Personen geben 44% an, Republikaner wählen zu wollen. Ist die Kompetenzzuschreibung zugunsten der Republikaner nicht gegeben, so sinkt der Republikaneranteil in der Gruppe der mit der Asylpolitk unzufriedenen Rechtsextremen auf 1% bzw. 3% ab. Auffällig ist dabei wiederum, daß von den Befragten dieser Gruppe, die in der Asylpolitik keine Partei für lösungskompetent halten, 28% nicht zur Wahl gehen wollen. Dies bedeutet inhaltlich, daß Nichtwahl und Republikanerwahl in bestimmten Grenzen durchaus funktionale Äquivalente darstellen: Ist die Kompetenzuschreibung zugunsten der Republikaner nicht gegeben, so kann sich die Unzufriedenheit mit der Asylpolitik auch in Nichtwahl niederschlagen.

Abschließend seien die beschriebenen Zusammenhänge auch noch durch ein auf derselben Datengrundlage durchgeführtes multinomiales Logit-Modell (vgl. Urban 1993) illustriert (vgl. Tabelle 7), wobei auch hier wiederum die Notwendigkeit der expliziten Spezifikation von Interaktionstermen entfällt. Dabei zeigt sich, daß die Wahl der Republikaner sowohl im Vergleich zur Nichtwahl als auch im Vergleich zur Wahl etablierter Parteien am stärksten durch die Prädiktoren „Rechtsextremismus" und „Kompetenz Asylpolitik: REP" beeinflußt wird, was unsere bisherigen Befunde bestätigt. Die stärkste Determinante der Nichtwahl im Vergleich zur Wahl etablierter Parteien stellt in diesem Modell die Variable „Kompetenz Asylpolitik: Keine Partei" dar; der Prädiktor „Politikverdrossenheit" hingegen, der gemeinhin als wichtigste Einflußgröße der Nichtwahl betrachtet wird, weist einen deutlich schwächeren Effekt auf (standardisierter Effektkoeffizient 2.23 vs. 1.60).[3] Hier bestätigt sich nochmals der eben erwähnte Befund, daß Nichtwahl und Republikanerwahl in bestimmten Grenzen durchaus funktionale Äquivalente darstellen.

3 Überraschend mag auf den ersten Blick sein, daß auch die Kompetenzzuschreibung zugunsten der Republikaner die Wahrscheinlichkeit der Nichtwahl im Verhältnis zur Wahrscheinlicheit der Wahl etablierter Parteien erhöht. Dies ist aber eher technisch bedingt, da in diesem Teil des Modells die Republikaner-Wahl als Entscheidungsalternative überhaupt nicht berücksichtigt wurde.

Tabelle 7: Determinanten der Wahlabsicht für die Republikaner
Ergebnisse einer multinomialen LOGIT-Analyse
– Bundesrepublik Deutschland 1994 –

Prädiktoren	**Logit-Koeffizient** β_k	**Effekt-koeffizient** $exp(\beta_k)$ [Kehrwert]	**stand. Effektkoeff.** $exp(\beta_k * s_k)$ [Kehrwert]	**Signifi-kanz-niveau**
	REP-Wahl vs. Wahl etablierter Parteien			
Rechtsextremismus	,09	1,10	3,70	,00
Politikverdrossenheit	,85	2,34	1,47	,08
Besorgnis Asylpolitik	1,17	3,23	1,80	,02
Kompetenz Asylpolitik: REP	4,20	66,79	3,45	,00
Kompetenz Asylpolitik: Keine Partei	1,21	3,38	1,68	,06
(Konstante)	–10,90			,00
	Nichtwahl vs. Wahl etablierter Parteien			
Rechtsextremismus	,01	1,01	1,17	,18
Politikverdrossenheit	1,03	2,79	1,60	,00
Besorgnis Asylpolitik	,34	1,40	1,18	,12
Kompetenz Asylpolitik: REP	1,83	6,22	1,71	,00
Kompetenz Asylpolitik: Keine Partei	1,89	6,63	2,23	,00
(Konstante)	– 4,87			,00
	REP-Wahl vs. Nichtwahl			
Rechtsextremismus	,86	1,09	3,17	,00
Politikverdrossenheit	– ,18	,84 [1,19]	,92 [1,09]	,75
Besorgnis Asylpolitik	,84	2,30	1,52	,11
Kompetenz Asylpolitik: REP	2,37	10,75	2,01	,00
Kompetenz Asylpolitik: Keine Partei	– ,67	,51 [1,96]	,75 [1,33]	,32
(Konstante)	– 6,03			,00
Modellanpassung:	Pseudo R^2: 29,5% (Chi^2: 409.025; df: 10; p: .00)			
N=1637				

Datenbasis: EMNID-Nichtwählerstudie 1994

7. Schlußfolgerungen

Unsere Analyseergebnisse unterstreichen die besondere Bedeutung einer Variablen, die in allen bisherigen Arbeiten über die Wahlerfolge der Republikaner nicht oder nur unsystematisch berücksichtigt wurde: Der Kompetenzzuschreibung im Bereich der Asylpolitik. Dieser Befund ist in mancherlei Hinsicht bemerkenswert. Zunächst steht er im Widerspruch zur Annahme der rationalen Protestwahl, denn wenn es den Wählern der Republikaner wirklich nur darum ginge, die Partei ihrer ersten Wahl zu „disziplinieren" und zu einer Kurskorrektur im Bereich der Asylpolitik zu veranlassen, dann dürfte die wahrgenommene Lösungskompetenz der Republikaner für die Wahlentscheidung keine Rolle spielen, da Protestwähler den Republikanern keine Regierungsverantwortung wünschen. Darüber hinaus kann auf der Grundlage unserer Analyseergebnisse vermutet werden, daß die Republikaner selbst 1989 ihr Wählerpotential bei weitem nicht ausgeschöpft hatten, da selbst stark rechtsextreme Befragte den Republikanern nur zu 25% Lösungskompetenz in der Asylpolitik zubilligten. Da es sich bei der Kompetenzzuschreibung um eine „Politikvariable" handelt, d.h. eine Größe, die durch die Parteien prinzipiell beeinflußt werden kann, bestanden an dieser Stelle praktische Gestaltungsspielräume, die von den Republikanern nicht genutzt wurden. Das vorrangig durch interne Querelen und Abgrenzungsprobleme gegenüber dem organisierten Rechtsextremismus geprägte Bild der Partei in der Öffentlichkeit mag dabei dazu beigetragen haben, daß das Vertrauen in die Problemlösungskapazität der Republikaner nur gering ausgeprägt war. Um so größer sind die möglichen Gefahren für die Zukunft: Sollten die nationalliberalen Kräfte in der F.D.P. Oberhand gewinnen, so stünde zu erwarten, daß eine derart gewendete F.D.P. sehr viel größere Chancen hätte, das Wählerpotential, das rechtspopulistische Parteien in Deutschland unter bestimmten Bedingungen ganz zweifellos haben, besser auszuschöpfen als dies den Republikanern gelang. Denn daß das Asylthema oder ähnlich gelagerte Konflikte über kurz oder lang auf die politische Tagesordnung zurückkehren werden, sei es durch eine neuerliche Thematisierung der Aussiedlerproblematik oder sei es in Gestalt der illegalen Zuwanderung, daran kann unserer Ansicht nach kaum ein vernünftiger Zweifel bestehen. Die Herausforderung für die etablierten Parteien besteht demzufolge darin, in diesem Politikfeld Handlungs- und Lösungskompetenz unter Beweis stellen zu müssen.

Literaturverzeichnis

EMNID, 1989: Dem Tod oder dem Triumph entgegen. Wer wählt rechtsradikal? Die Republikaner und die anderen Bundesbürger. Ergebnisse dreier SPIEGEL-Umfragen, in: DER SPIEGEL, Nr. 21, 36-48.

Falter, Jürgen W. (in Zusammenarbeit mit *Markus Klein*), 1994: Wer wählt rechts? Die Wähler und Anhänger rechtsextremistischer Parteien im vereinigten Deutschland. München: Beck.

Falter, Jürgen W./Schumann, Siegfried, 1992. Die Republikaner, in: *Peter Eisenmann/Gerhard Hirscher* (Hrsg.), Die Entwicklung der Volksparteien im vereinten Deutschland. München: Verlag Bonn Aktuell, 191-228.

Falter, Jürgen W./Klein, Markus/Schumann, Siegfried, 1994: Politische Konflikte, Wählerverhalten und die Struktur des Parteienwettbewerbs, in: *Oscar W. Gabriel/Frank Brettschneider* (Hrsg.), Die EU-Staaten im Vergleich. Strukturen, Prozesse, Politikinhalte. Opladen: Westdeutscher Verlag, 194-220.

Falter, Jürgen W./Klein, Markus, 1996: The Mass Basis of the Extreme Right in Contemporary Europe in a Comparative Perspective, in: *Frederick D. Weil* (Hrsg.), Research on Democracy and Society, Vol. 2. Greenwich (i.E.).

Jagodzinski, Wolfgang/Friedrichs, Jürgen/Dülmer, Hermann, 1993: Urban Conflict and Voting Pattern. Some Tentative Generalizations from the last State Election in Hamburg. Paper presented at the Colloquium „Towards an Open City. Tolerance and Urban Life". Antwerpen.

Klein, Markus/Falter, Jürgen W., 1996: Die Wähler der Republikaner zwischen sozialer Benachteiligung, rechtem Bekenntnis und rationalem Protest, in: *Oscar W. Gabriel/Jürgen W. Falter* (Hrsg.), Wahlen und politische Einstellungen in westlichen Demokratien. Frankfurt a.M./ Bern: Peter Lang, 149-173.

Kolinsky, Eva, 1992: A Future for Right Extremism in Germany, in: *Paul Hainsworth* (Hrsg.), The Extreme Right in Europe and the USA. London, 61-94.

Kühnel, Steffen/Jagodzinski, Wolfgang/Terwey, Michael, 1989: Teilnehmen oder Boykottieren: Ein Anwendungsbeispiel der binären logistischen Regression mit SPSSx, in: ZA-Information 25, 44-75.

Pappi, Franz Urban, 1989: Die Republikaner im Parteiensystem der Bundesrepublik Deutschland. Protesterscheinung oder politische Alternative?, in: Aus Politik und Zeitgeschichte B21, 37-44.

Roth, Dieter, 1989: Sind die Republikaner die fünfte Partei? Sozial- und Meinungsstruktur der Wähler der Republikaner, in: Aus Politik und Zeitgeschichte B41-42, 10-20.

Roth, Dieter, 1990: Die Republikaner. Schneller Aufstieg und tiefer Fall einer Protestpartei am rechten Rand, in: Aus Politik und Zeitgeschichte B37-38, 27-39.

Roth, Dieter/Schäfer, Hartmut, 1994: Der Erfolg der Rechten. Denkzettel für die etablierten Parteien oder braune Wiedergeburt?, in: *Wilhelm Bürklin/Dieter Roth* (Hrsg.), Das Superwahljahr. Deutschland vor unkalkulierbaren Regierungsmehrheiten? Köln: Bund-Verlag, 111-131.

Schacht, Konrad, 1990: Gesellschaftliche Modernisierung, Wertewandel und rechtsextremistische Orientierungen, in: *Kurt Bodewick u.a.* (Hrsg.), Die schleichende Gefahr. Rechtsextremismus heute. Essen, 77ff.

Scheuch, Erwin K. (unter Mitarbeit von *Hans-Dieter Klingemann*), 1967: Theorie des Rechtsradikalismus in westlichen Industriegesellschaften, in: Hamburger Jahrbuch für Wirtschafts- und Gesellschaftspolitik, 12. Jg. Tübingen: Mohr, 11-29.

Stöss, Richard, 1989: Die extreme Rechte in der Bundesrepublik. Entwicklung, Ursachen, Gegenmaßnahmen. Opladen.

Stöss, Richard, 1993: Rechtsextremismus in Berlin 1990. Berlin: Freie Universität Berlin/Zentralinstitut für sozialwissenschaftliche Forschung (Berliner Arbeitshefte und Berichte zur sozialwissenschaftlichen Forschung, Nr. 80).

Urban, Dieter, 1993: LOGIT-Analyse. Statistische Verfahren zur Analyse von Modellen mit qualitativen Response-Variablen. Stuttgart/Jena/New York.

Veen, Hans-Joachim/Lepszy, Norbert/Mnich, Peter, 1991: Die Republikaner-Partei zu Beginn der 90er Jahre. Programm, Propaganda, Organisation, Wähler- und Sympathisantenstrukturen (Forschungsinstitut der Konrad-Adenauer-Stiftung, Interne Studien, Nr.14/1991). St. Augustin.

Winkler, Jürgen R., 1994: Die Wählerschaft der rechtsextremen Parteien in der Bundesrepublik Deutschland, in: *Wolfgang Kowalsky/Wolfgang Schroeder* (Hrsg.), Rechtsextremismus. Einführung und Forschungsbilanz. Opladen, 69-88.

Zimmermann Ekkart/Saalfeld, Thomas, 1993: The Tree Waves of West German Right-Wing Extremism, in: *Peter H. Merkl/Leonard Weinberg* (Hrsg.), Encounters with the Contemporary Radical Right. Boulder/San Francisco/Oxford, 50-74.

Die Anhängerschaft des Rechtsextremismus in Westeuropa. Eine Überprüfung der Wellenhypothese anhand von Umfragen-Zeitreihen in fünf Ländern*

Christopher T. Husbands

1. Einleitung

Die Wahlerfolge der rechtsextremen und rassistischen politischen Parteien in verschiedenen Ländern Westeuropas haben seit Mitte der achtziger Jahre zahlreiche Kommentare und Analysen angeregt.[1] Einige Autoren sehen im Zuwachs der Anhängerschaft dieser Parteien eine potentielle Gefahr für die demokratischen politischen Systeme, dessen Ursache u.a. in der Verschlechterung der Verhältnisse zwischen Einheimischen und Ausländern oder Mitgliedern der ethnischen Minderheiten bestehe. Die rechtsextremen Parteien stellten überdies ein Sammelbecken für allerlei Protestwähler dar. Die früher vor allem in Deutschland im Zusammenhang mit den Wahlerfolgen der Sozialistischen Reichspartei (SRP) in den fünfziger Jahren geäußerte Erwartung, rechtsextreme Parteien und Ideologien stellten Überbleibsel der Vorkriegsperiode dar, welche mit der Zeit langsam aussterben würden, hat sich als naiv erwiesen.

In der Diskussion über die Erfolge der rechtsextremen Parteien in Westeuropa sind zahlreiche Gründe für deren Wachstum angeführt worden, wobei viele Autoren eine größere Anzahl von möglichen Ursachen für das Hervortreten des Rechtsextremismus verantwortlich machen (vgl. z.B. Husbands 1988, 1992a; Hainsworth 1992b; Betz 1994: 37-106), auf die hier nicht näher eingegangen werden soll. Der Aufstieg der rechtsextremen Parteien wirft darüber hinaus die Frage auf, ob und inwiefern es in den achtziger und frühen neunziger Jahren eine sich gegenseitig beeinflussende „Welle" des Rechtsextremismus in Westeuropa gegeben hat. Die Frage lautet: Inwiefern handelt es sich bei den rechtsextremen Parteien in Westeuropa um ein gleichartiges Phänomen und inwiefern handelt es sich um für die einzelnen Länder spezifische Phänomene. Nicht neu ist die Beobachtung, daß die Probleme des Rechtsextremismus in den verschiedenen Ländern Westeuropas nicht dieselbe Wichtigkeit haben (vgl. u.a. Miles 1994; Leggewie/Meier 1995). Für die Wellenhypothese ist nicht entscheidend, ob die rechtsextremen Parteien in mehreren Ländern gleichermaßen erfolgreich sind (was

* Der Autor dankt der British Academy, der Nuffield Foundation und der London School of Economics and Political Science für die finanzielle Unterstützung zur Beschaffung der Daten.

1 Es ist hier nicht der Platz für eine Diskussion darüber, wie man Rechtsextremismus oder Rassismus definieren sollte und wie die Beziehung zwischen den beiden Erscheinungen ist. Solche Erörterungen haben andere angestellt; ich überlasse ihnen die Minuzien dieser Debatte (vgl. zum Beispiel von Beyme 1988; Elbers/Fennema 1993: 10-17; Mudde 1995; Meijerink/Mudde/van Holsteyn 1995; und viele andere).

nicht der Fall ist). Gefragt wird vielmehr danach, ob die Zunahmen und Abnahmen seiner Anhängerschaft in verschiedenen Ländern parallel verlaufen und inwiefern sie unabhängige Phänomene darstellen. Die Beantwortung dieser Frage ist für die Erklärung von Rechtsextremismus von erheblicher Bedeutung. Sollte es sich erweisen, daß die Erfolge rechtsextremer Parteien in einem Land einen günstigen Einfluß auf die Erfolge rechtsextremer Parteien in einem anderen Land haben, so hat dies erhebliche Implikationen für die Formulierung eines allgemeinen Erklärungsmodells von Rechtsextremismus. Eine Konsequenz wäre zum Beispiel, daß man auch übernationale Faktoren in Betracht ziehen muß, statt die zu erklärenden Ereignisse nur auf die Rahmenbedingungen in den einzelnen Ländern zurückzuführen.

Um diese Forschungsfrage beantworten zu können, werde ich die Trends in der Massenanhängerschaft der rechtsextremistischen und rassistischen politischen Parteien in verschiedenen Ländern ermitteln, in einigen relevanten Fällen auch im Hinblick auf die geographische Verteilung ihrer Stimmen. In einem Teil der Analyse werde ich mich auf die fünf westeuropäischen Länder konzentrieren, in denen rechtsextreme Parteien während der achtziger und neunziger Jahre rassistische und fremdenfeindliche Gedanken propagierten: Frankreich, die Niederlande, Österreich, die Bundesrepublik Deutschland und Belgien (nur Flandern).[2] Das Hauptaugenmerk gilt mithin nur den größeren Parteien, die wegen ihrer Wahlerfolge in die regelmäßig durchgeführten politischen Umfragen aufgenommen werden.

Die verwendeten Daten wurden von verschiedenen Instituten erhoben und für die Zwecke der Analyse aufbereitet. Bei der abhängigen Variable handelt es sich um die sogenannte „Sonntagsfrage". Gefragt wird nach der Stimmenabsicht in einer angenommenen Wahl für das nationale Parlament.[3] Überdies gehe ich im folgenden davon aus, daß die herangezogenen Daten valide sind und keine größeren Meßfehler enthalten. Von kleineren Ausnahmen abgesehen, habe ich die Umfragedaten benutzt, wie sie von den Instituten berichtet und veröffentlicht worden sind. Da einige Institute in den Monaten August und/oder Dezember keine Daten erhoben, aber für die Zwecke der Analyse vollständige Zeitreihen mit monatlichen Daten erforderlich sind, habe ich die in einigen wenigen Zeitreihen fehlenden Monatswerte mittels eines einfachen Interpolationsverfahrens berechnet und den Originaldaten als Schätzwerte hinzugefügt. Die vierteljährlichen Zahlen sind einfach als ungewichtete Mittelwerte der relevanten monatlichen Daten berechnet worden. Angemerkt sei schließlich, daß ich keinen Versuch unternommen habe, die Umfragedaten irgendeiner Art von Ausgleichungsverfahren auszusetzen – zum Beispiel der Medianwertsausgleichung (Mosteller/Tukey 1977: 43-77; Marsh 1988: 157-179) oder dem Prozeß der gleitenden Durchschnitte (Bortz 1977: 37-39). Explorative Analysen mittels derartiger Verfahren zeigten keine wesentlichen Wirkungen auf die Ergebnisse. Als Analyseneinheiten der Studie werden in der Regel Nationen bzw. Quasi-Nationen betrachtet. Ich habe keinen Versuch unternommen, äquivalente Analysen für Subgruppen (z.B. soziale Klassen oder Geschlechter)

---

2 Italien wird in der folgenden Analyse nicht berücksichtigt. Ich beschränke mich vielmehr auf die Länder Nord- und Mitteleuropas. Die Geschichte des Rechtsextremismus in Italien seit dem Ende des Zweiten Weltkrieges unterscheidet sich erheblich von der der genannten Länder.

3 Die Niederlande sind im übrigen das einzige Land, in dem nicht sonntags gewählt wird.

durchzuführen, um etwa zu prüfen, inwiefern sich die Wahltendenzen innerhalb sozialer Gruppen ähneln.
Ich werde zunächst in aller Kürze die Parteien skizzieren, die in die Analyse einfließen und sodann deren tatsächlichen Wahlerfolge zwischen 1981 und 1995 mit den in den Umfragen geäußerten Wahlabsichten vergleichen. Es folgt eine Analyse der Trends bei der Anhängerschaft der rechtsextremen Parteien in den fünf genannten westeuropäischen Ländern auf der Grundlage von Umfragen der Jahre 1982 bis 1995, wobei Zeitreihen betrachtet werden, um die Trends darstellen zu können. Um die Beziehungen zwischen den zeitlichen Entwicklungen in den verschiedenen Ländern in Erfahrung zu bringen, werden die Daten anschließend einer Korrelations- und Hauptkomponentenanalyse unterzogen. Abschließend erörtere ich einige Folgerungen, die sich aus der empirischen Analyse ergeben.

2. *Die rechtsextremistischen und rassistischen Parteien in fünf westeuropäischen Ländern*

Die Untersuchung konzentriert sich, wie gesagt, auf die rechtsextremen Parteien in fünf westeuropäischen Ländern. Um meine Ausführungen nachvollziehen zu können, sollen die in die empirische Analyse einbezogenen rechtsextremen Parteien kurz angeführt werden.[4]

Frankreich: Der *Front National* [FN]. Seit 1983 hat die Partei eine bedeutende Anhängerschaft. Nationale Umfragestudien erlauben es, ihre Entwicklung seit Anfang des Jahres 1982 nachzuzeichnen[5] (vgl. Husbands 1991; Hainsworth 1992c; Safran 1993; und Marcus 1995).

Die Niederlande: Die *Centrumdemocraten* [CD] und die *Centrum Partij '86* [CP '86]. Der Vorläufer des CP '86, die *Centrum Partij*, hatte in den Jahren 1983 und 1984 auch in den Umfragen eine gewisse Unterstützung erhalten, sie spaltete sich jedoch und Teile gingen in der CD auf. Die CP löste sich daraufhin auf, wurde aber 1986 als CP '86 wieder gegründet (vgl. Husbands 1992b; Buijs/van Donselaar 1994).[6]

Österreich: Die *Freiheitliche Partei Österreichs* [FPÖ] (seit Januar 1995 zu *Die Freiheitlichen* [Die F] umbenannt). Die Partei – ohne Zweifel das erfolgreichste Beispiel des Rechtsextremismus in Westeuropa – wurde 1955 in Wien durch Vertreter des *Verbands der*

4 Am Schluß jedes Absatzes werden ein paar Hinweise auf die wichtigsten zusammenfassenden Werke über die jeweilige Partei gegeben. Übersichten über die rechtsextremen und rassistischen Parteien in mehreren Ländern geben u.a. Hainsworth (1992a), Butterwegge/Jäger (1993), Elbers/Fennema (1993), Merkl/Weinberg (1993), Betz (1994) und Ignazi (1994).

5 Die verwendeten Daten messen die Anhängerschaft des FN in Prozent der Befragten mit einer Parteipräferenz. Ich danke Herrn Romain Pache des Instituts Brulé Ville Associés (BVA) dafür, daß er mir die Daten der seit 1982 regelmäßig gesammelten politischen Umfragedaten seiner Firma beschafft hat.

6 Die niederländischen Daten, Anteile der Befragten mit einer Präferenz, betreffen die CP von 1983 bis 1986 und die CD von 1990 bis 1995. Ich danke Herrn Dr. René Bos vom Nederlandse Instituut voor de Publieke Opinie en Marktonderzoek [NIPO] für die wöchentlichen Ergebnisse seiner Organisation seit 1983; die hier benutzten monatlichen Werte sind ungewichtete Mittelwerte der wöchentlichen Zahlen.

Unabhängigen [VdU] und der *Freiheitspartei* [FP] als Vertreterin der freien Marktwirtschaft in der österreichischen Politik gegründet. Jörg Haider als Mitglied des selbstbewußteren nationalistischen Flügels der Partei wurde im September 1986 auf ihrer 18. Tagung zum Vorsitzenden gewählt. Haiders Sieg brachte eine Wende zur Xenophobie, zu einem ausschließenden Nationalismus und zu einem Kulturkampf gegen Künstler und die Linke, welche zu beträchtlichen Stimmengewinnen führte (vgl. Luther 1991; Januschek 1993; Bailer/Neugebauer 1993; Plasser/Ulram 1995).[7]

Bundesrepublik Deutschland: *Die Republikaner* [Die REP]. Die Partei besteht zwar schon seit 1983, trat als eine einflußreiche nationale Kraft aber erst im Januar 1989 nach einem unerwarteten Erfolg bei der Berliner Wahl zum Abgeordnetenhaus hervor. Nach der Vereinigung der beiden deutschen Staaten hatten Die REP nur einen bescheidenen Erfolg in den neuen Bundesländern (vgl. Leggewie 1990; Stöss 1990; Falter 1994).[8]

Belgien (Flandern): Der *Vlaams Blok* [VB]. Die Partei spaltete sich Ende der siebziger Jahre von der Volksunie [VU] ab und ist die stärkste Kraft des organisierten flämischen Nationalismus. Bei Wahlen trat sie erstmals im November 1991 in beachtlichem Maße hervor (vgl. Husbands 1992c; Swyngedouw 1994; und Billiet/de Witte 1995).[9]

3. Die Wahlerfolge der rechtsextremen Parteien von 1981 bis 1995

Ehe Einzelheiten der statistischen Analyse berichtet werden, ist es sinnvoll, die Entwicklung der rechtsextremen Parteien bei den Wahlen in den fünf Ländern darzustellen. Der Beobachtungszeitraum beschränkt sich, wie gesagt, auf die 15 Jahre umfassende Periode von 1981 bis 1995. Tabelle 1 zeigt die Anteile der Parteien an den abgegebenen gültigen Stimmen, und zwar für alle nationalen Wahlen, an denen die Parteien teilgenommen haben. Darüber hinaus enthält sie für einige Länder auch die Ergebnisse von Regionalwahlen. Aufgrund der unterschiedlichen Kandidaturen und der Dauer der Legislaturperioden variiert die Anzahl der Wahlen in den fünf Nationen stark.
So sind zum Beispiel für Frankreich vierzehn Wahlzeitpunkte, für die Niederlande elf, die Bundesrepublik Deutschland (alte Bundesländer) sieben, Belgien (Flandern) acht, Österreich sechs und für die neuen Bundesländer der Bundesrepublik Deutsch-

7 Ich danke Frau Dr. Imma Palme vom Institut für empirische Sozialforschung für den größten Teil der österreichischen Zeitreihen. Die neuesten Daten aus dem Jahre 1995 sind die Ergebnisse des österreichischen Gallup-Instituts, die regelmäßig in der Wochenzeitschrift NEWS veröffentlicht werden.

8 Die Daten für die REP verdanke ich der Forschungsgruppe Wahlen.

9 Die belgischen Daten wurden vom Institut DIMARSO gesammelt, heute eine Schwestergesellschaft der französichen Umfragenorganisation SOFRES. Die Zahlen bis zum Ende 1992 sind aus den *Political Yearbooks of Belgium* entnommen (durch die belgische Zeitschrift für Politikwissenschaft *Res Publica* publiziert); diejenigen seit Anfang 1993 sind aus den Akten der Zeitung *De Morgen*. Ich danke Herrn Walter Pauli, der mir die Daten zugänglich gemacht hat. Die Sammlung der VB-Daten ist auf Flandern beschränkt. Es wäre wünschenswert, eine getrennte Untersuchung über die Trends für den *Front National* [FN] im wallonischen Gebiet auszuführen; dieser Wunsch wird durch die Tatsache vereitelt, daß DIMARSO in seinen dort durchgeführten Umfragen alle Wähler für den FN (und für die *Avant-garde d'initiative régionaliste* [AGIR], eine weitere rechtsextreme Gruppierung) zu den „Sonstigen“ zählt.

Tabelle 1: Anhängerschaft der rechtsextremistischen Parteien in Wahlen auf der nationalen oder fast nationalen Ebene (mit gleichzeitigen Umfragenzahlen) in fünf westeuropäischen Ländern, 1981 – 1995 (in Prozentwerten)

	Frankreich			Die Niederlande				Österreich		
	FN	Umf	Abs	CP/ CP'86	CD	Umf[1]	Abs	FPÖ	Umf	Abs
1981										
NL 26 Mai[2]				0,1	–	*	*			
NL 8 Nov										
1982										
NL 8 Sep[3]				0,8	–	*	*			
1983										
NL 6 Mär										
NL 24 Apr								5,0	*	*
1984										
EP 14-17 Jun	11,0	8	–3,0	2,5	–	1,2	–1,3			
1985										
Ka 10 Mär	8,7	7	–1,7							
NL 13 Okt										
1986										
NL 26 Jan										
Lä 16 Mär	9,6	7	–2,6							
NL 16 Mär	9,7	7	–2,7							
NL 21 Mai				0,4	0,1	0,2[4]	–0,2			
NL 23 Nov								9,7	3,9	–5,8
1987										
Lä 18 Mär				–	0,3	*	*			
NL 13 Dez										
1988										
Pr 25 Apr	14,4	8	–6,4							
NL 5 Jun[5]	9,7	8	–1,7							
Ka 25 Sep	5,2	8	+2,8							
1989										
EP 15-18 Jun	11,7	10	–1,7	–	0,8	*	*			
NL 6 Sep				–	0,9	*	*			
1990										
NL 7 Okt								16,6	13,5	–3,1
NL 2 Dez										
1991										
Lä 6 Mär				0,3	1,0	0,5	–0,5			
NL 24 Nov										
1992										
Ka 22 Mär	12,2	15	+2,8							
Lä 22 Mär	13,9	15	+1,1							
Pr 26 Apr								16,4	13,3	–3,1
1993										
NL 21 Mär	12,5	11	–1,5							
1994										
Ka 20 Mär	9,8	12	+2,2							
NL 3 Mai				0,4	2,5	2,7	+0,2			
EP 9-12 Jun	10,5	12,5	+2,0	–	1,0	1,7	+0,7			
NL 9 Okt								22,6	22,0	–0,6
NL 16 Okt										
1995										
Lä 8 Mär[7]				0,1	1,0	1,4	+0,4			
Pr 23 Apr[8]	15,0	13	–2,0							
NL 21 Mai										
NL 17 Dez								22,1	25,0	+2,9

Fortsetzung *Tabelle 1:*

	Bundesrepublik Deutschland [West]					Bundesrepublik Deutschland [Ost]					Belgien [Flandern]			
	DVU	NPD	REP	Umf	Abs	DVU	NPD	REP	Umf	Abs	FN	VB	Umf	Abs
1981														
NL 26 Mai[2]											–	1,1	*	*
NL 8 Nov														
1982														
NL 8 Sep[3]														
1983														
NL 6 Mär	–	0,2	–	*	*									
NL 24 Apr														
1984														
EP 14-17 Jun	–	0,8	–	*	*						–	1,3	*	*
1985														
Ka 10 Mär														
NL 13 Okt											–	1,4	*	*
1986														
NL 26 Jan	–	0,6	–	*	*									
Lä 16 Mär														
NL 16 Mär														
NL 21 Mai														
NL 23 Nov														
1987														
Lä 18 Mär														
NL 13 Dez											–	1,9	*	*
1988														
Pr 25 Apr														
NL 5 Jun[5]														
Ka 25 Sep														
1989														
EP 15-18 Jun	1,6	–	7,1	6	–1,1						–	4,1	*	*
NL 6 Sep														
1990														
NL 7 Okt														
NL 2 Dez	–	0,6	2,3	1	–1,3	–	–	1,3	1	–0,3				
1991														
Lä 6 Mär														
NL 24 Nov											1,1	6,6	4[6]	–2,6
1992														
Ka 22 Mär														
Lä 22 Mär														
Pr 26 Apr														
1993														
NL 21 Mär														
1994														
Ka 20 Mär														
NL 3 Mai														
EP 9-12 Jun	–	–	4,2	2	–2,2	–	–	3,0	1	–2,0	2,9	7,8	7	–0,8
NL 9 Okt														
NL 16 Okt	–	–	2,0	*	*	–	–	1,3	*	*				
1995														
Lä 8 Mär[7]														
Pr 23 Apr[8]														
NL 21 Mai											2,3	7,8	9	+1,2
NL 17 Dez														

Erläuterungen zu Tabelle 1:

Umf = Gleichzeitige Umfragenzahl; Abs = Abstand (Minuszeichen bedeutet Unterschätzung durch Umfragen und Pluszeichen umgekehrt); – = keine Kandidatur; * = nicht verfügbar.

EP = Wahl für das Europäische Parlament; Ka = Kantonswahlen (Frankreich); Lä = Länderwahlen (Frankreich, Regionen; Niederlande, Provinzen); NL = Wahl für die nationale Legislative (Frankreich, Nationale Sammlung; Niederlande, Zweite Kammer; Österreich, Nationalrat; BRD, Bundestag; Belgien, Abgeordnetenkammer); Pr = Präsidentenwahl.

Frankreich: FN = *Front National;* Niederlande: CP = *Centrum Partij*; CP '86 = *Centrum Partij '86;* CD = *Centrumdemocraten;* Österreich: FPÖ = *Freiheitliche Partei Österreichs* (seit Januar 1995 *Die Freiheitlichen*); BRD: DVU = *Deutsche Volksunion*; NPD = *Nationaldemokratische Partei Deutschlands;* REP = *Die Republikaner;* Belgien: FN = *Front National*; VB = *Vlaams Blok.*

Anmerkungen

1 Wenn es sich um mehr als eine Partei handelt, gilt die Umfragenzahl mit einer Ausnahme für die in der Nebenspalte dargestellte Partei.
2 Auch 0,2% für die *Boerenpartij* und 0,1% für die *Nederlandse Volksunie.*
3 Auch 0,3% für die *Rechtse Volkspartij* (die ehemalige *Boerenpartij*).
4 Dies ist die in Anm. 1 erwähnte Ausnahme; diese Umfragenzahl gilt für die *Centrum Partij.*
5 Auch 0,1% für andere rechtsextremistische Gruppierungen.
6 In dieser Tabelle sind die Umfragenzahlen für den *Vlaams Blok* bereinigt, um dessen Anhängerschaft in ganz Belgien darzustellen. Die originalen Stichproben des Umfrageninstituts sind allein auf Flandern begrenzt.
7 Auch 0,2% für den *Nederlands Blok.*
8 Auch 0,3% für die *Fédération pour une nouvelle Solidarité.*

land drei Wahlzeitpunkte berücksichtigt. Soweit Daten zur Verfügung stehen, enthält Tabelle 1 darüber hinaus Verteilungen, wie sie Umfragen entnommen werden können, um so ermitteln zu können, ob die jeweilige Partei in der betreffenden Wahl im Vergleich zu den Umfrageergebnissen schlechter oder besser abschneidet. Wie zu sehen ist, unterstützt ein Vergleich der Daten keineswegs die Vermutung, rechtsextreme Parteien würden in den realen Wahlen höhere Anteile als in den gleichzeitig stattfindenen Umfragen erzielen – angeblich wegen der Unfähigkeit der Meinungsforschungsinstitute, die Anhänger rechtsextremer Parteien erfassen zu können.

Tabelle 1 gibt Aufschluß über zwei wichtige Sachverhalte: 1. über das Ausmaß des Erfolgs von einigen dieser Parteien, und 2. über das Abschneiden der rechtsextremen Parteien bei realen und hypothetischen Wahlen im Vergleich. In Frankreich findet der parteipolitische Rechtsextremismus schon im Jahre 1984 eine beträchtliche Unterstützung bei den Wahlen. Bis Mitte der neunziger Jahre vermochte er mit einer Ausnahme ständig rund zehn bis 15 Prozent der Stimmen zu gewinnen. Die Ausnahme betrifft die Departmentwahlen vom September 1988. In neun der 14 Fälle übersteigen die tatsächlichen Wahlergebnisse des Front National die in den Umfragen erzielten Zustimmungsraten. Der durchschnittliche Überschuß in diesen neun Wahlen beträgt 2,6 Punkte, die mit dem mittleren Stimmenanteil von 11,4 Prozent in den begleitenden Wahlen zu vergleichen ist. In den fünf Fällen, in denen der Front National in den Wahlen schlechter abschneidet als in den Umfragen (drei Departmentwahlen, eine Regionenwahlrunde und überraschend eine Wahl für das Europäische Parlament),[10]

10 Dieser Befund ist überraschend, weil die Europawahlen oft als sogenannte „second-order elections" betrachtet werden, in denen extremistische Parteien und Protestparteien besser abschneiden als in nationalen Wahlen (vgl. z.B. Reif/Schmitt 1980).

erzielte er im Mittel 10,3 Prozent der Stimmen und damit einen um 2,2 Punkte niedrigeren Anteil als in den gleichzeitigen Umfragen. Diese Differenzen zeigen einen fortdauernden Mangel der Leistungsfähigkeit der Umfrageforschung bezüglich der Schätzung der Anhängerschaft des Front National. Anzumerken ist, daß dieses Problem nicht auf das Institut beschränkt ist, das die Daten sammelte. Ich werde zeigen, daß es bei anderen Instituten in anderen Ländern nicht besser bestellt ist. Auch wenn der Einwand erhoben wird, daß die Umfragedaten auf der Basis einer „Sonntagsfrage" bezüglich des nationalen Parlaments gesammelt wurden, kann man ihn im Hinblick auf die Tatsache zurückweisen, daß die Durchschnittsunterschätzung im Fall der drei Wahlen zum nationalen Parlament auch –2,0 Punkte ausmacht.

In den Niederlanden zeigen sich andere Beziehungen. Für sechs der elf niederländischen Wahlen in Tabelle 1 stehen auch Umfragedaten zur Verfügung. Während die extreme Rechte in den drei Wahlen mit einem Durchschnittsergebnis von 1,3 Prozent in den Umfragen 0,7 Punkte weniger erhält, schneidet sie in drei weiteren Wahlen mit einem Durchschnittsergebnis von 1,5 Prozent in den Umfragen um 0,4 Punkte besser ab. Die niederländische CD ist damit ein interessantes Beispiel für eine rechtsextreme Partei, die bei den realen Wahlen das Ausmaß ihrer Zustimmung in Umfragen nicht erreichen kann.

Die österreichischen Freiheitlichen ähneln dagegen dem französischen Front National. Nachdem die Partei am 18. September 1986 eine Kurskorrektur vorgenommen und Haider als Vorsitzenden gewählt hatte, übertraf sie bei den Nationalratswahlen am 23. November 1986 ihre Umfrageergebnisse um fast 6 Punkte. In den zwei nationalen Wahlen Anfang der neunziger Jahre (einschließlich der Präsidentschaftswahl), bei denen die FPÖ scheinbar einen ständigen Aufschwung erfuhr, betrug die Differenz noch über 3 Punkte. Erst in der Wahl vom 9. Oktober 1994 glichen sich die Wahl- und Umfrageergebnisse an. Das Ergebnis der Nationalratswahl vom Dezember 1995 zeigte dann zwei interessante Entwicklungen: Erstens waren die Stimmenanteile der Freiheitlichen entgegen den in der Öffentlichkeit geäußerten Erwartungen zurückgegangen (freilich nur um 0,5 Prozentpunkte im Vergleich mit 1994), und zweitens war das Ausmaß der Anhängerschaft der Freiheitlichen in den Umfragen erheblich überschätzt worden.

In der Bundesrepublik Deutschland und in Belgien (Flandern) können wir noch weitere Beispiele für die Unterschätzung der rechtsextremen Parteien durch die Meinungsforschung sehen. Unter den drei Fällen der alten Bundesländer, in denen die Republikaner im Mittel 4,5 Prozent der Stimmen erhielten, wurden sie in den politischen Umfragen im Mittel um 1,5 Punkte unterschätzt. In den zwei Wahlen der neuen Bundesländer erzielten die Republikaner im Mittel nur 2,15 Prozent der Stimmen, in den Umfragen nur ein Prozent. In Flandern liegen für drei Fälle sowohl die tatsächlichen Wahlergebnisse als auch die Umfrageergebnisse vor. In zwei Fällen wurde die Anhängerschaft der rechtsextremen Parteien (im Mittel der beiden Fälle 7,2 Prozent) um durchschnittlich 1,7 Punkte unterschätzt. In der Wahl für die Abgeordnetenkammer am 21. Mai 1995 erreichte der Vlaams Blok dagegen nicht die in den Umfragen geäußerte Raten. Vermutlich ist es kein Zufall, daß die rechtsextremen Parteien in den Niederlanden, in Österreich und in Belgien (Flandern) erst in jüngster Zeit in den Umfragen bessere Resultate erzielen als bei den Wahlen. Möglicherweise schwenkt ein kleiner Teil der Wahlberechtigten, der eigentlich den rechtsextremen Parteien nahesteht, unmittelbar vor den Wahlen um. Es könnte aber auch sein, daß die Über- oder Unterrepräsentanz der rechtsextremen Parteien in den Umfragen technischer Natur ist. Möglicherweise werden von den Instituten wegen einer vermuteten Zurückhaltung der Wähler der rechtsextremen Parteien Gewichtungsmethoden angewandt, die letztendlich zu einer Verzerrung führen. Glücklicherweise kann man einige Performanzindikatoren entwickeln, die über die Genauigkeit der Umfragedaten in den fünf Ländern Auskunft geben. Eine Möglichkeit wäre, den Mittelwert der absoluten Differenzen zwischen den Wahl- und Umfrageergebnissen als Zähler durch den Mittelwert der Wahlergebnisse als Nenner zu teilen. Führt man eine derartige Operation durch, so ergeben sich für die einzelnen Länder folgende Werte: Frankreich 0,22, die Niederlande 0,39, Österreich 0,18, Bundesrepublik Deutschland (West) 0,34, Bundesrepublik (Ost) 0,53 und Belgien (Flandern) 0,21. Betrachtet man die ganzen Zeitreihen, so zeigen die Indikatoren – die freilich nur eine provisorische statistische Kontrolle für die unterschiedlichen Anhängerschaftsebenen verkörpern –, daß die französischen, österreichischen und belgischen Umfrageergebnisse realitätsgerechter sind als die niederländischen und deutschen Daten (vor allem im Osten).

4. Die Entwicklung der Wähleranteile in den Umfragen von 1982 bis 1995

Ich bin nun an einem Punkt angelangt, an dem die Umfragedaten einer genaueren Analyse unterzogen werden können mit der Absicht, die langfristigen Trends vergleichend zu betrachten. Zur Verfügung stehen in erster Linie monatlich erhobene und berichtete Daten für die fünf erwähnten Länder (in den Niederlanden wurden die Daten wöchentlich erhoben). Auf dieser Basis habe ich einen vierteljährlichen Mittelwert berechnet. Angemerkt sei an dieser Stelle, daß die Zeitreihen keineswegs vollkommen sind; die Verfügbarkeit der Umfragen über rechtsextreme Parteien hängt teilweise davon ab, ob es die Umfrageinstitute für nutzbringend gehalten haben, die Wahlabsichten für die betreffenden Parteien getrennt auszuweisen. Im Falle Frankreichs beispielsweise besteht eine durchgehende Zeitreihe der Wahlabsichten zugunsten des Front National vom Jahre 1982 an bis in die Gegenwart. Auch für Österreich stehen Daten aus der weiteren Vergangenheit zur Verfügung; ich richte die Aufmerksamkeit in dieser Analyse aber auf die Periode seit der Machtübernahme Haiders, also auf die Daten von Mitte 1986 bis 1995. Der Fall Belgien stellt ein Problem dar. Obwohl der Vlaams Blok seit seinem Wahlerfolg im Dezember 1987 keine unbedeutende politische Erscheinung mehr war, ging das belgische Umfrageninstitut DIMARSO erst Anfang 1990 dazu über, die Wahlabsichten für den VB zu berichten. Die Zeitreihe für Belgien beginnt daher erst mit dem Jahr 1990. In den Niederlanden und der Bundesrepublik Deutschland haben wir schließlich mehrere unterbrochene Zeitreihen. Für Perioden, in denen die relevanten rechtsextremen Parteien nur geringe Unterstützung erhielten, fehlen kontinuierliche Daten.

Abbildung 1 zeigt die Wahlabsichten für die rechtsextremen Parteien in den fünf westeuropäischen Ländern von 1982 bis 1995. Obwohl sie auf den ersten Blick etwas kompliziert zu sein scheint, kann man doch auf Anhieb bestimmte Tendenzen und Muster erkennen. Die graphische Darstellung eignet sich vor allem, um einen ersten Überblick über die Entwicklungstendenzen zu erhalten. Die präzisen Zeitstrukturen

Abbildung 1: Vierteljährliche Anhängerschaft der rechtsextremistischen/rassistischen Parteien bei Umfragen in fünf westeuropäischen Ländern, 1982 – 1995 (in Prozentwerten)

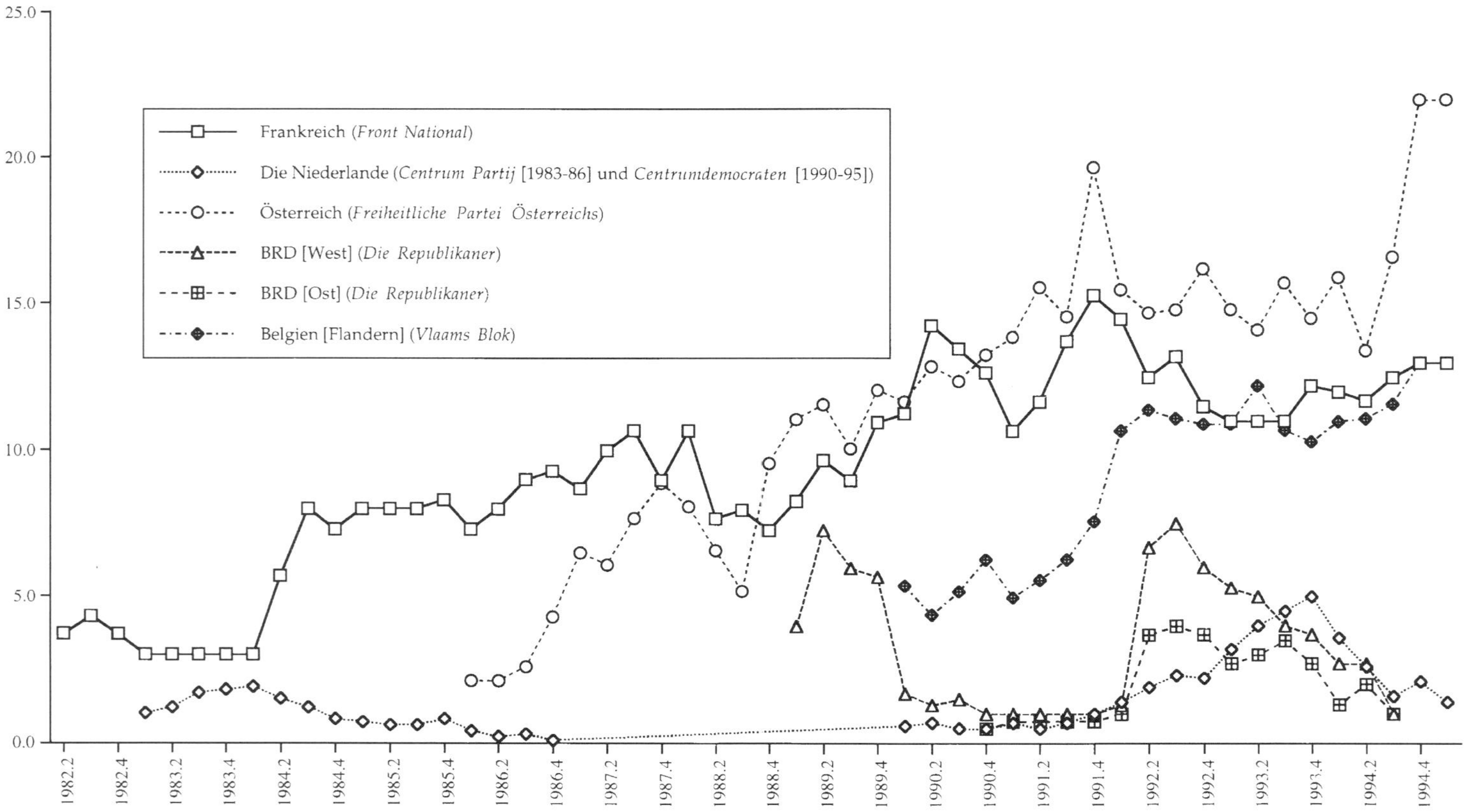

Tabelle 2: Verschiedene univariate statistische Kennwerte zu Anhängern von rechtsextremistischen Parteien bei vierteljährlichen und monatlichen Umfragen (in Prozentwerten) in fünf westeuropäischen Ländern während relevanter Zeiträume[1]

	1. Vierteljährliche Daten						
	Frankreich	Niederlande (1)	Niederlande (2)	Österreich	BRD [West]	BRD [Ost]	Belgien [Flandern]
Mittelwert	9,4	0,9	2,0	11,9	3,4	2,0	9,0
Standardabweichung	3,4	0,6	1,4	5,1	2,3	1,3	2,9
Maximum	15,3	1,9	5,0	22,0	7,5	4,0	13,0
Minimum	3,0	0,1	0,5	2,1	1,0	0,5	4,4
Zeitraum	82.2-95.2	83.1-86.4	90.1-95.1	86.1-95.1	89.1-94.3	90.4-94.3	90.1-94.4

	2. Monatliche Daten							
	Frankreich	Niederlande (1)	Niederlande (2)	Österreich	BRD [West] (1)	BRD [West] (2)	BRD [Ost]	Belgien [Flandern]
Mittelwert	9,3	0,9	2,0	12,0	3,1	4,4	2,8	9,0
Standardabweichung	3,4	0,6	1,4	5,2	2,5	2,1	1,2	3,0
Maximum	17,0	2,0	5,6	23,0	10,0	8,0	5,0	13,4
Minimum	3,0	0,0	0,1	1,3	1,0	1,0	1,0	3,5
Zeitraum	82.4–94.12	83.1–86.12	90.1–95.3	86.1–95.4	89.1–91.4	92.3–94.9	92.3–94.8	89.12–94.12

1 Die einschlägigen Parteien entsprechen denjenigen mit Umfrageergebnissen in Tabelle 1.

der Daten in Abbildung 1 (sowie ihrer monatlichen Äquivalente) werden später durch statistische Techniken ermittelt.

Einen mit der Zeit lang- oder mittelfristigen Trend nach oben sieht man klar in den französischen, österreichischen und flämischen Zahlen, obgleich es natürlich ein paar Unregelmäßigkeiten in den Reihen gibt. Die deutschen (alte und neue Bundesländer) und niederländischen Daten zeigen dagegen keine eindeutigen Trends. Die Wahlabsichten zugunsten der rechtsextremen Parteien schwanken scheinbar auf und ab, und zwar je nach Umständen der Zeit. Um ihre potentielle Wählerschaft zu mobilisieren, ist ihre Anhängerschaft häufig auf die Sammlung der treuen „Gläubigen" begrenzt (manchmal unter 1 Prozent der Wählerschaft). Unter günstigeren äußeren Umständen dagegen – oft nachdem das politische und ideologische Klima durch rechtsextreme Themen wie Fremdenfeindlichkeit beeinflußt wurde – wächst häufig sehr plötzlich die Stimmenanzahl dieser Parteien. Der Aufstieg der REP in der ersten Hälfte des Jahres 1989 ist hierfür ein gutes Beispiel.

Tabelle 2 faßt dieses Bild in statistischer Form zusammen und verstärkt es. Sie enthält verschiedene univariate statistische Kennwerte der vierteljährlichen und monatlichen

Daten. Erwartungsgemäß unterscheiden sich die Fälle Frankreich, Österreich und Flandern. Die Angaben für Österreich machen deutlich, wie weit die Freiheitlichen um Haider während des letzten Jahrzehnts an Zuspruch in der wahlberechtigten Bevölkerung gewonnen haben.

5. Die Beziehungen zwischen den Entwicklungen in den fünf Ländern

Eine Hauptfrage bezüglich der Entwicklung der rechtsextremen Parteien in Westeuropa betrifft die Beziehung zwischen den Wahlabsichten zugunsten dieser Parteien in den Ländern Westeuropas. Um in Erfahrung bringen zu können, inwiefern die Wählerrekrutierungen der rechtsextremen Parteien in den einzelnen Ländern voneinander abhängen, ist es in einem ersten Schritt sinnvoll, die Relationen zwischen den Anteilen der Parteien auf der Grundlage der verfügbaren vierteljährlichen und monatlichen Daten zu betrachten. Da die monatlichen Daten einerseits größere Zufallsfehler aufweisen dürften und andererseits echte kurzfristige Schwankungen enthalten, zeigen die auf ihnen beruhenden Berechnungen – erwartungsgemäß – ein etwas heterogeneres Bild als die auf den vierteljährlichen Reihen beruhenden. Tabelle 3 präsentiert die bivariaten Beziehungen zwischen den Parteianteilen in den Ländern getrennt für die vierteljährlichen und monatlichen Zeitreihen. Es wird deutlich, daß die bivariaten Zusammenhänge unterschiedlicher Art sind. So zeigen die auf den monatlichen und auf den vierteljährlichen Daten beruhenden Berechnungen zum Beispiel einen sehr starken positiven Zusammenhang zwischen den Zeitreihen für die Jahre 1990 bis 1994 für Frankreich und Österreich sowie den alten und neuen Bundesländern der Bundesrepublik Deutschland von Ende 1990 bis Anfang 1994. Auf der anderen Seite zeigt sich eine mäßig negative Beziehung zwischen dem Abschneiden der rechtsextremen Parteien in der Bundesrepublik und in Frankreich.
Um der Struktur der Beziehungen weiter auf den Grund zu gehen, habe ich zwei Hauptkomponentenanalysen durchgeführt. Grundlage bilden die in Tabelle 3 dargestellten Matrizes.[11] Führt man eine Faktorenanalyse auf der Grundlage der Koeffizienten für die vierteljährlichen Daten durch, so ergibt sich ein einzelner Faktor, auf dem Frankreich und Österreich stark negativ, die Niederlande, die Bundesrepublik Deutschland und Flandern dagegen stark positiv laden. Die auf den monatlichen Daten basierende Faktorenanalyse erzeugt hingegen mehrere Faktoren. Auf dem ersten Faktor laden Frankreich und Österreich positiv, die alten und neuen Bundesländer der Bundesrepublik Deutschland dagegen negativ. Auf dem zweiten Faktor laden die Niederlande und Belgien (Flandern) positiv, was zeigt, daß die Entwicklung des Rechtsextremismus in diesen beiden Ländern während des größten Teils des Zeitraumes von Ende 1989 bis 1995 ziemlich ähnlich verlaufen ist, auch wenn sich die Entwicklung hinsichtlich des Niveaus doch beträchtlich unterscheidet. Lediglich in jüngster Zeit – Rückgang des Anteils der niederländischen Centrumdemocraten bei fortdauerndem Erfolg des flämischen Vlaams Blok – weichen die Entwicklungen beträchlich vonein-

11 Die beiden Matrizes enthalten Koeffizienten für unterschiedliche Zeiträume, also aus keiner vollkommen rechteckigen Kreuzdatei. Aus diesem Grund mußten die negativen Eigenwerte durch Nullen ersetzt werden.

Tabelle 3: Pearsons Korrelationskoeffizienten vierteljährlicher und monatlicher Umfragedaten über die Anhängerzahlen (in Prozentwerten) von rechtsextremistischen Parteien in Paaren von westeuropäischen Ländern während relevanter Zeiträume[1]

1. Vierteljährliche Daten

	Frankreich	Niederlande (1)[2]	Niederlande (2)[3]	Österreich	BRD [West]	BRD [Ost]	Belgien [Flandern]
Frankreich	–	–0,820	–0,432	0,777	–0,486	–0,355	–0,194
Niederlande (1)	83.1–86.4	–	–	–	–	–	–
Niederlande (2)	90.1–95.1	–	–	0,065	0,574	0,631	0,716
Österreich	86.1–95.1	–	90.1–95.1	–	–0,270	–0,140	0,481
BRD [West]	89.1–94.3	–	90.1–94.3	89.1–94.3	–	0,957	0,667
BRD [Ost]	90.4–94.3	–	90.4–94.3	90.4–94.3	90.4–94.3	–	0,680
Belgien (Flandern)	90.1–94.4	–	90.1–94.4	90.1–94.4	90.1–94.3	90.4–94.3	–

2. Monatliche Daten

	Frankreich	Niederlande (1)[2]	Niederlande (2)[3]	Österreich	BRD [West] (1)	BRD [West] (2)	BRD [Ost]	Belgien [Flandern]
Frankreich	–	–0,798	–0,098	0,701	–0,436	0,011	–0,075	–0,168
Niederlande (1)	83.1–86.12	–	–	–	–	–	–	–
Niederlande (2)	90.1–95.3	–	–	0,030	–0,073	–0,036	0,131	0,638
Österreich	86.1–94.12	–	90.1–95.3	–	–0,473	–0,040	–0,067	0,413
BRD [West] (1)	89.1–91.4	–	90.1–91.4	89.1–91.4	–	–	–	0,276
BRD [West] (2)	92.3–94.9	–	92.3–94.9	92.3–94.9	–	–	0,688	–0,028
BRD [Ost]	92.3–94.8	–	92.3–94.8	92.3–94.8	–	92.3–94.8	–	–0,142
Belgien (Flandern)	89.12–94.12	–	90.1–94.12	89.12–94.12	89.12–91.4	92.3–94.9	92.3–94.8	–

1 Werte über die Obenlinks-/Untenrechtsdiagonale dieser Matrizes sind Pearsons Korrelationskoeffizienten. Zahlen unter der Diagonale sind die relevanten Zeiträume der jeweiligen Koeffizienten.

2 Die Daten für die Niederlande (1) sind für die *Centrum Partij*.

3 Die Daten für die Niederlande (2) sind für die *Centrumdemocraten*.

Tabelle 4: Ladungen aus Hauptkomponentenanalysen relevanter Korrelationskoeffizienten vierteljährlicher und monatlicher Umfragen zu Anhängerschaftszahlen (in Prozentwerten) von rechtsextremistischen Parteien in fünf westeuropäischen Ländern, wie in Tabelle 3 mitgeteilt[1]

	1. Vierteljährliche Daten
	Faktor 1
Frankreich	*– 0,994*[2]
Niederlande (2)	*0,927*
Österreich	*– 0,871*
BRD [West]	*0,982*
BRD [Ost]	*0,984*
Belgien [Flandern]	*0,838*
Prozentsatz der Varianz aufgeklärt:	87,4

	2. Monatliche Daten	
	Faktor 1	Faktor 2
Frankreich	*0,721*	– 0,664
Niederlande (2)	– 0,040	*0,962*
Österreich	*0,935*	– 0,247
BRD [West] (2)	*– 0,858*	– 0,431
BRD [Ost]	*– 0,917*	– 0,322
Belgien [Flandern]	0,325	*0,896*
Prozentsatz der Varianz aufgeklärt:	52,5	40,8

1 Kaisernormierung. Bei den monatlichen Daten wurden die ausgezogenen Faktoren durch Varimaxrotation rotiert.
2 Faktorenladungen von mehr als 0,7 oder weniger als –0,7 sind kursiv gedruckt.

ander ab. Dennoch ist ein deutliches flämisch-niederländisches Muster der Entwicklung des Rechtsextremismus zu erkennen, welches ein Resultat einer gegenseitigen Beeinflussung darstellen könnte. Ebenso verhält es sich mit den beiden Teilen Deutschlands. Verantwortlich für die flämisch-niederländische Kovarianz dürften die direkte Nachbarschaft und die selbe Sprache sein. Wegen des Minderheitenstatus der niederländischen Sprache bilden die Niederlande und Flandern paradoxerweise viel mehr eine einzige Kulturgemeinschaft als das größere deutschsprachige Gebiet mit den unterschiedlichen Entwicklungen der rechtsextremistischen Parteien.
Was die Entwicklung in Frankreich und Österreich angeht, so ist der Fall anders gelagert. Warum sollten Frankreich und Österreich ähnliche Entwicklungsbahnen während einer so langen Periode aufweisen, wenn diese nicht mit den Trends in den anderen westeuropäischen Ländern übereinstimmen? Wahrscheinlich wirken zum größeren Teil endogene Faktoren, die zufällig in den gleichen Zeiträumen an Bedeutung gewonnen haben.
Versuche, Ansteckungseffekte zwischen den Ländern Westeuropas – z.B. von einem Land, in dem der Rechtsextremismus schon früh Wahlerfolge erzielen konnte, auf die Nachbarländer – zu prüfen, haben widersprüchliche Ergebnisse hervorgebracht. Wenn solche Wirkungen bestehen, sollte man stärkere Beziehungen zwischen den negativ verzögerten Daten für das Ursprungsland und den nicht verzögerten Daten der Nachzügler erwarten als zwischen den gleichzeitig erhobenen Daten. Verzögert man zum

Beispiel die französischen Daten, weil hier die Rechtsextremisten am frühesten große Erfolge verzeichneten, und berechnet man deren Korrelation mit den unverzögerten österreichischen Zahlen, so erhält man entgegen den Erwartungen nicht höhere, sondern sogar niedrigere Koeffizienten als bei einem Vergleich der unverzögerten Zeitreihen beider Länder. Lediglich der Zusammenhang zwischen den flämischen und den niederländischen Wahlabsichten für die rechtsextremen Parteien wird durch das Verzögern stärker. Betrachtet man Flandern mit dem starken Hervortreten des Vlaams Blok um 1991 als das Land, von dem der niederländische Rechtsextremismus seine Impulse erhielt, und verzögert man daher die monatlichen Flandern-Daten um zwei Monate, so steigt der Zusammenhang von 0,638 geringfügig auf 0,681 an. Das ist ein weiterer Hinweis auf die Existenz eines spezifischen flämisch-niederländischen Modells.

Noch eine weitere Beobachtung widerspricht der Wellenhypothese. Wenn solche Wellen verschiedene Länder erfassen sollten, wäre zu erwarten, daß ein Modell die beste Beschreibung der Erfolge der rechtsextremen Parteien in den westeuropäischen Demokratien liefert. Die Analyse zeigt jedoch, daß man zur Voraussage der Erfolge der rechtsextremen Parteien in den europäischen Ländern in den hier betrachteten Zeiträumen (vgl. Abbildung 1) unterschiedliche Erklärungsmodelle benötigt: manchmal eignet sich ein lineares Modell, ein andermal ein parabolisches Modell, wieder ein andermal ein logarithmisches Modell am besten, wobei selbst die Stärke der Einflüsse sowie deren Richtung variieren (vgl. Bortz 1977: 232-245).

6. Schlußfolgerung

Die Anwendung der Metapher einer Welle zur alltäglichen Beschreibung eines zuerst unerwarteten und unerwünschten Phänomens wie des Rechtsextremismus ist verführend, besonders weil der Mensch damit die durch Wasser symbolisierten Gefahren verbindet. Freilich ist dieser Gebrauch heutzutage viel weniger verbreitet als Anfang der neunziger Jahre, wenigstens unter Sozialwissenschaftlern. Die Gefahr und die Zentralität des Rechtsextremismus sind in verschiedenen Ländern offensichtlich nicht identisch; die Möglichkeit der gleichzeitigen und sich vielleicht gegenseitig verstärkende Ebbe und Flut ihrer Anhängerschaftszahlen bleibt weiterhin bestehen. Die vorgetragene Analyse hat keine eindeutig interpretierbaren Ergebnisse hervorgebracht und die Vielfältigkeit der Verhältnisse gezeigt.

Die Leistungsfähigkeit der Umfrageforschung zur Messung der Stärke des Rechtsextremismus in den verschiedenen Ländern variiert. Die Wahlabsichten zugunsten der rechtsextremen Parteien folgen keinem einheitlichen Trend. Drei Ländergruppen lassen sich mittels der Korrelations- und Faktorenanalyse unterscheiden: Flandern und die Niederlande, West- und Ostdeutschland sowie Frankreich und Österreich (obwohl die genaue Beziehung zwischen diesen beiden Ländern nicht sehr deutlich hervortritt).

Welche Impliktionen ergeben sich aus der empirischen Analyse? Die Befunde bestätigen eine oft anzutreffende Ansicht über die Entwicklung des Rechtsextremismus bei Wahlen. Es existieren wenigstens zwei Typen von Rechtsextremismus, nach denen die fünf betrachteten Länder auf eine andere Weise als in der oben erwähnten Klassifizierung gruppiert werden können. Zum einen kann man sogenannte „flutartig auftretende

Parteien" unterscheiden, deren Wähler sich nur vorübergehend der Partei anschließen (z.B. in den Niederlanden und der Bundesrepublik), und zum anderen sogenannte „Engagementsparteien", deren Wähler sowohl über eine gemeinsame politische und weltanschauliche Orientierung als auch über emotionale Beziehungen zu den Parteien verfügen (z.B. in Frankreich, Österreich und Flandern). Dieser zweite Typ stellt die eigentliche Gefahr für die westeuropäischen Demokratien dar. In den Ländern mit rechtsextremen Parteien vom ersten Typ stellen sie zwar auch ein nicht bedeutungsloses Ärgernis dar, aber keine wirkliche Gefährdung der demokratischen Strukturen.

Literaturverzeichnis

Bailer, Brigitte/Neugebauer, Wolfgang, 1993: Die FPÖ: vom Liberalismus zum Rechtsextremismus, in: *Stiftung Dokumentationsarchiv des österreichischen Widerstandes* (Hrsg.), Handbuch des Österreichischen Rechtsextremismus. Wien, 327-428.

Betz, Hans-Georg, 1994: Radical Right-Wing Populism in Western Europe. Basingstoke.

Beyme, Klaus von, 1988: Right-Wing Extremism in Post-War Europe, in: West European Politics 11, 1-18.

Billiet, Jaak/de Witte, Hans, 1995: Attitudinal Dispositions to Vote for a 'New' Extreme Right-wing Party: The Case of 'Vlaams Blok', in: European Journal of Political Research 27, 181-205.

Bortz, Jürgen, 1977: Lehrbuch der Statistik für Sozialwissenschaftler. Berlin.

Buijs, Frank J./van Donselaar, Jaap, 1994: Extreem-rechts: Aanhang, Geweld en Onderzoek. Leiden.

Butterwegge, Christoph/Jäger, Siegfried (Hrsg.), 1993: Rassismus in Europa. Köln.

Elbers, Frank/Fennema, Meindert, 1993: Racistische Partijen in West-Europa: Tussen Nationale Traditie en Europese Samenwerking. Leiden.

Falter, Jürgen W., 1994: Wer Wählt Rechts? Die Wähler und Anhänger rechtsextremistischer Parteien im vereinigten Deutschland. München.

Hainsworth, Paul (Hrsg.), 1992a: The Extreme Right in Europe and the USA. London.

Hainsworth, Paul, 1992b: Introduction: The Cutting Edge: The Extreme Right in Post-War Western Europe and the USA, in: *Paul Hainsworth* (Hrsg.), The Extreme Right in Europe and the USA. London, 1-28.

Hainsworth, Paul, 1992c: The Extreme Right in Post-War France: The Emergence and Success of the Front National, in: *Paul Hainsworth* (Hrsg.), The Extreme Right in Europe and the USA. London, 29-60.

Husbands, Christopher T., 1988: The Dynamics of Racial Exclusion and Expulsion: Racist Politics in Western Europe, in: European Journal of Political Research 16, 701-720.

Husbands, Christopher T., 1991: The Support for the *Front National*: Analyses and Findings, in: Ethnic and Racial Studies 14, 381-415.

Husbands, Christopher T., 1992a: The Other Face of 1992: The Extreme-right Explosion in Western Europe, in: Parliamentary Affairs, 45, 267-284.

Husbands, Christopher T., 1992b: The Netherlands: Irritants on the Body Politic, in: *Paul Hainsworth* (Hrsg.), The Extreme Right in Europe and the USA. London, 95-125.

Husbands, Christopher T., 1992c: Belgium: Flemish Legions on the March, in: *Paul Hainsworth* (Hrsg.), The Extreme Right in Europe and the USA. London, 126-150.

Ignazi, Piero, 1994: L'Estrema Destra in Europa, Bologna.

Januschek, Franz, 1993: Jörg Haider und der Rechtspopulismus in Österreich, in: *Christoph Butterwege/Siegfried Jäger* (Hrsg.), Rassismus in Europa. Köln, 144-160.

Leggewie, Claus, 1990: Die Republikaner: Ein Phantom nimmt Gestalt an. Berlin.

Leggewie, Claus/Meier, Horst, 1995: Republikschutz: Maßstäbe für die Verteidigung der Demokratie. Reinbek bei Hamburg.

Luther, Kurt Richard, 1991: Die Freiheitliche Partei Österreichs, in: *Herbert Dachs* u.a. (Hrsg.), Handbuch des Politischen Systems Österreichs. Wien, 247-262.

Marcus, Jonathan, 1995: The National Front and French Politics: The Resistible Rise of Jean-Marie Le Pen. Basingstoke.
Marsh, Catherine, 1988: Exploring Data: An Introduction to Data Analysis for Social Scientists. Cambridge.
Meijerink, F.G. J./Mudde, C.E./van Holsteyn, J.J.M., 1995: Rechtsextremisme: Opmerkingen over Theorie en Praktijk van een Complex Verschijnsel, Acta Politica 30, 381-397.
Merkl, Peter H./Weinberg, Leonard (Hrsg.), 1993: Encounters with the Contemporary Radical Right. Boulder, CO.
Miles, Robert, 1994: A Rise of Racism and Fascism in Contemporary Europe? Some Skeptical Reflections on Its Nature and Extent, in: New Community 20, 547-562.
Mosteller, Frederick/Tukey, John W., 1977: Data Analysis and Regression: A Second Course in Statistics. Reading, MA.
Mudde, Cas, 1995: Right-wing Extremism Analyzed, in: European Journal of Political Research 27, 203-224.
Plasser, Fritz/Ulram, Peter A., 1995: Wandel der politischen Konfliktdynamik: Radikaler Rechtspopulismus in Österreich, in: *Wolfgang C. Müller/Fritz Plasser/Peter A. Ulram* (Hrsg.), Wählerverhalten und Parteiwettbewerb: Analysen zur Nationalratswahl 1994. Wien, 471-503.
Reif, Karlheinz/Schmitt, Hermann, 1980: Nine Second-order National Elections – A Conceptual Framework for the Analysis of European Election Results, in: European Journal of Political Research 8, 3-44.
Safran, William, 1993: The National Front in France: From Lunatic Fringe to Limited Respectability, in: *Peter H. Merkl/Leonard Weinberg* (Hrsg.), Encounters with the Contemporary Radical Right. Boulder, CO, 19-49.
Stöss, Richard, 1990: Die »Republikaner«: Woher sie kommen; Was sie wollen; Wer sie wählt; Was zu tun ist. Köln.
Swyngedouw, Marc, 1994: De Opkomst en Doorbraak van Agalev en Vlaams Blok in de Jaren Tachtig en Negentig, in: Acta Politica 29, 453-476.

Rechtsextremismus und Antisemitismus

Werner Bergmann / Rainer Erb

Rechtsextremismus- und Antisemitismusforschung haben sich zu spezialisierten Arbeitsgebieten entwickelt. Erstere ist primär Politik-Analyse und hat ihren Schwerpunkt in Organisations-, Partei- und Wähleranalysen. Dies hat zur Folge, daß Antisemitismus wohl immer als ein ideologischer Kernbestand des Rechtsextremismus namhaft gemacht, jedoch nur selten explizit analysiert wird (vgl. z.B. Stöss 1989; als Übersicht Kreutzberger 1994). Die stärker historisch orientierte Antisemitismusforschung betreibt gesamtgesellschaftliche Ideologie- und Einstellungsanalysen und widmet sich den Erscheinungsformen der Judenfeindschaft im gegenwärtigen Rechtsextremismus nur am Rande (Ginzel 1991; siehe z.B. das Jahrbuch für Antisemitismusforschung 1992ff.). Eine Ausnahme bildet das Thema „Revisionismus", das in den letzten Jahren das Interesse der Wissenschaft auf sich gezogen hat (Lipstadt 1994; Benz 1989, 1995; Bailer et al. 1995). Verglichen damit, gibt es nur wenig zum Antisemitismus in der rechtsextremen Ideologie (Wetzel 1995), Literatur (Ginzel 1991; Erb 1994b; zu Computerspielen Benz 1989) und Praxis (Stöss 1986; zu Friedhofschändungen zuletzt Neiss 1995). Wenig Aufmerksamkeit haben bisher die Versuche einer Modernisierung der Rassentheorie gefunden, die an die Soziobiologie (Jensen) und Verhaltensforschung (Eibl-Eibesfeld, Eysenck) anknüpfen (Billig 1981; Moreau 1983) und sich z.T. mit einer biologistischen rechten Ökologie verbinden. Auch vergleichende Arbeiten zum Antisemitismus im internationalen Rechtsextremismus sind selten (Wetzel 1990, 1995a, 1995b; Material dazu im Antisemitism World Report seit 1992ff.).
Dieser Befund überrascht, da Konsens darüber besteht, daß Antisemitismus nach wie vor eine prägende Rolle – vor allem im deutschen – Rechtsextremismus spielt, die wir zunächst kurz skizzieren wollen. Zentralwert für alle rechtsextremen Gruppierungen ist das ethnische Kollektiv. In seiner näheren Bestimmung gibt es Unterschiede zwischen einem ethnopluralistischen Verständnis von Nation, das vorgeblich keine Wertunterschiede zwischen Nationen macht, und völkisch-rassistischen Vorstellungen eines Volksorganismus, der anderen Völkern überlegen ist. Gemeinsam ist ihnen die Vorstellung, das eigene Kollektiv sei bedroht und müsse sich zur Wehr setzen. Das rechte Lager sieht drei Bedrohungsdimensionen:

1) Nach dem Sieg über den Nationalsozialismus hätten Anglo-Amerikaner und Juden ihr westliches Wert- und Politikmodell auf Deutschland übertragen, wogegen sich die Rechte unter dem Etikett der „nationalen Selbstbehauptung" wehrt. Mit diesem verschwörungstheoretischen Ansatz löst sie ihr zentrales Dilemma: einerseits erlaubt er Aussagen über die wahren Ursachen der Gefährdung Deutschlands, andererseits kann er die fehlende Resonanz ihrer Appelle in der Bevölkerung erklären, indem nämlich die Eliten und weite Teile des Volkes durch „Umerziehung", Manipulation der öffent-

lichen Meinung und Entmündigung durch Konsum gegen ihre wahren Interessen handelten.

2) Sowohl ethnopluralistische wie völkisch-rassistische Konzepte sehen in der ethnischen Homogenität eine tragende Säule kultureller und nationaler Identität. Deshalb erscheinen die Idee einer multikulturellen Gesellschaft und die Existenz ethnischer Minderheiten als Bedrohung. Rechtsextremisten erklären die Einwanderung des letzten Jahrzehnts als eine von den „Hintergrundskräften" gesteuerte Wanderung zur Schwächung der ethnischen Substanz Deutschlands. Alle Forderungen nach erleichterter Einwanderung und Einbürgerung lehnen sie prinzipiell ab, weil sie dahinter die weitergehende Absicht sehen, die im Zweiten Weltkrieg gescheiterte Dezimierung des deutschen Volkes mit anderen Mitteln zu vollenden. Damit kommt den Juden eine Doppelrolle zu: sie werden einmal als fremde Minderheit abgelehnt und zugleich noch als mächtige Feinde projiziert.

3) Die kritische Aufarbeitung der jüngsten deutschen Geschichte wird abgelehnt, weil sie das Kollektiv von seiner historischen Herkunft abschneidet und ihm damit die Entwicklung eines positiven Selbstbildes unmöglich macht. Sie wird auch deshalb bekämpft, weil sie mit der Kritik des Nationalsozialismus auch dessen Ideologie einschließlich der Ideen der Konservativen Revolution delegitimiert, von der sich der heutige Rechtsextremismus nicht völlig getrennt hat und mit der er von außen identifiziert wird.[1] Die größte Hürde für ein positives Selbst- und Geschichtsbewußtsein sowie eine völkisch-nationalistische Politik bildet dabei der Mord an den europäischen Juden. Mit Strategien des Verschweigens, Aufrechnens, Relativierens und Leugnens wird versucht, ihm seine zentrale Bedeutung zu nehmen.[2] Alle diese Strategien haben notwendig antisemitische Implikationen, weil sie entweder die Opfer nachträglich zu Schuldigen machen[3] oder die Überlebenden zu egoistischen Profiteuren, die aus materiellen Gründen die Vergangenheit nicht ruhen lassen wollen.

In allen drei Dimensionen wird Juden eine herausragende negative Rolle attribuiert, da sie dem schimärischen Charakter des Antisemitismus entsprechend als die mächtigen Akteure im Hintergrund begriffen werden. Der Antisemitismus stellt also in der extremen Rechten nicht nur ein Traditionselement dar oder tritt bloß situativ auf, sondern ist für ihre Ideologie und Politik konstitutiv. Wenn wir im folgenden den

1 In der Forsa-Umfrage von 1994 wird sehr gut sichtbar, daß die Anhänger der Republikaner „die Ideen des Nationalsozialismus" zu 76% für „gar nicht so schlecht" halten (Bev. insg. 24%), auf der anderen Seite jedoch bestreiten, daß die „heutigen Rechtsradikalen in Deutschland ... das gleiche (wollen) wie die Nationalsozialisten": 71% nein; 16% stimmen zu. Diese Identifikation nehmen dagegen 53% der Gesamtbevölkerung vor, noch stärker ist dies auf der politischen Linken: Anhänger der SPD: 59%, B'90/Grüne: 61%, PDS: 80%.

2 Hinsichtlich der Leugnung des Holocaust gibt es allerdings große Unterschiede im rechten Lager. Während sie für den Neonazismus zum ideologischen Kernbestand zählt, glaubten 1994 nur 8% der Republikaner-Anhänger, „daß an der These, es sei nur Propaganda der Siegermächte, daß die Nazis Millionen von Menschen umgebracht haben, etwas dran" sei, weitere 6% antworteten „weiß nicht" (Forsa 1994).

3 Diese Schuldumkehr hat im Rechtsextremismus vielfältige und bizarre Formen angenommen, die von Behauptung einer Kriegserklärung durch den Zionistischen Weltkongreß 1933 über eine jüdische (Mit-)Täterschaft am Holocaust bis hin zu Annahmen reichen, die Größen des Dritten Reiches seien zumindest „teiljüdischer" Abstammung gewesen. (siehe Ginzel 1991: 274ff.)

Republikanern besondere Aufmerksamkeit widmen, so ist dies einmal in ihrem Erfolg begründet, zum anderen in der Datenlage, da diese Partei und ihre Wähler in den letzten Jahren am gründlichsten untersucht worden sind. Die an den Republikanern gewonnenen Einsichten sind für das rechte Lager generalisierbar.

1. *Verbreitung des Antisemitismus bei Anhängern und Wählern rechtsextremer Parteien*

Auf der Basis der gesamtdeutschen Antisemitismus-Umfrage des Emnid-Instituts vom Dezember 1991 wollen wir dem Zusammenhang antisemitischer Einstellungen mit rechtsextremen Einstellungen und entsprechenden politischen Präferenzen nachgehen. Das antisemitische Potential haben wir über einen additiven Index ermittelt.[4] Die deutliche Differenz zwischen Ost- und Westdeutschen (4,1% zu 16,4% – vergleichbare Ergebnisse bei Wittenberg et al. 1991; Jodice 1991; Golub 1994) korrespondiert mit der Messung rechtsextremer Einstellungen, die 1994 ebenfalls ein deutliches West-Ost-Gefälle offenbarte: im Westen war das Einstellungspotential mehr als doppelt so groß wie im Osten (Falter 1994: 149f.; Stöss 1994: 110f.).[5] In Antisemitismusstudien sind rechtsextreme Einstellungen empirisch bisher auf zweifache Weise erfaßt worden: einmal über die Selbsteinstufung der Befragten mittels einer 10- oder 100stufigen Links/Rechts-Skala, zum anderen über die Mitgliedschaft, die Wahl bzw. über die Wahlabsicht für eine rechtsextreme Partei (Bergmann/Erb 1991: 87ff.). Beide Operationalisierungen belegen einen signifikanten Zusammenhang zwischen einer extrem rechten Orientierung und der Ablehnung von Juden.[6] Der Zusammenhang von politischer Orientierung und Antisemitismus weist in Ost- und Westdeutschland das gleiche Muster auf, wenn auch auf unterschiedlichem Niveau.

4 Folgende Items sind in den Index eingegangen: 1) „Wenn Ihnen jemand sagen würde, viele Juden versuchen, aus der Vergangenheit des Dritten Reiches heute ihren Vorteil zu ziehen und die Deutschen dafür zahlen zu lassen". 2) „Die Juden sind mitschuldig, wenn sie gehaßt und verfolgt werden" 3-5) Auf einem Eigenschaftsprofil deutliche Entscheidung für die Eigenschaften „überheblich", „rücksichtslos" und „mißtrauisch". 6) „Glauben Sie, das meiste, was über Konzentrationslager und Judenverfolgung berichtet wird, ist wahr oder ist da vieles übertrieben dargestellt worden?" 7) „Die Juden haben auf der Welt zuviel Einfluß". 8) „Wie sympathisch sind Ihnen die in Deutschland lebenden Juden?" Auf diesem Index eine Grenze zu ziehen, von der ab Personen als antisemitisch betrachtet werden sollen, ist letztlich arbiträr. Wir verwenden das Kriterium der Kohärenz, so daß wir Befragte erst dann als deutlich antisemitisch einstufen, wenn sie mehr als 3 der 8 Items zugestimmt haben.

5 Je nach cutting point läßt sich das Potential unterschiedlich groß errechnen. Bei acht Zustimmungen betrug das West-Ost-Verhältnis: 10,5% zu 4%. Unter den 10 Statements sollten zwei die Dimension Antisemitismus messen: „Die Juden haben einfach etwas Besonderes und Eigentümliches an sich und passen nicht so recht zu uns" und „Auch heute noch ist der Einfluß der Juden zu groß". Die Zustimmung der Republikaner-Wähler lag hier 1994 bei über 40%, bei den übrigen Wahlberechtigten bei unter 20% (Falter 1994: 149), damit war die Differenz geringer als etwa bei Items zur Ausländerfeindlichkeit (87% zu 27%).

6 Das Abflachen der Kurven (siehe Abbildung) im extremen Bereich (1 bzw. 10) geht auf die zahlenmäßig sehr geringe Besetzung dieser Positionen zurück. Vgl. ähnliche Ergebnisse für NPD-Wähler 1987 und Republikaner-Wähler 1989 in Bergmann/Erb 1991: 90ff.; für 1994 bei Falter: 136ff.

Abbildung 1: Antisemitismus/politische Orientierung 1991

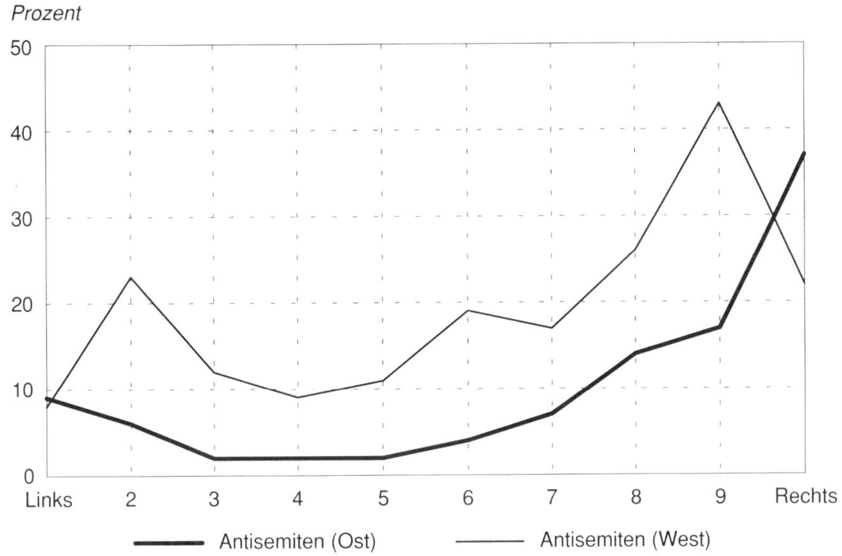

Daten: Emnid 1991.

Die Auswertung nach der Wahlabsicht spiegelt dieses Rechts-Links-Muster in Ost und West ebenfalls wider. Im Osten wie im Westen sind jeweils zwei Fünftel der „Republikaner"-Wähler antisemitisch. Allerdings gibt es in der Alterszusammensetzung eine charakteristische Differenz: Im Osten ist über die Hälfte ihrer Wähler unter 35 Jahre alt, und im Westen sind drei Viertel über 35 Jahre.[7] Dieses unterschiedliche Wählerpotential macht ein Dilemma der „Republikaner" deutlich, die es im Westen mit einer älteren, passiv-autoritären Klientel zu tun hat, im Osten mit einem jugendlich aktionistischen Potential. Die Parteiführung hat darauf mit zunehmender politischer Radikalität und offenerem Antisemitismus geantwortet.

Für die Interpretation der Verteilung des Antisemitismus über die Wähler der Parteien hinweg lassen sich Ergebnisse der Parteienforschung nutzen. Die CDU/CSU bindet überdurchschnittlich viele Wähler mit antisemitischer Einstellung. Dies geht zum Teil auf ihre konservativ-nationale Programmatik (vgl. bestätigend Weil 1997), teils aber auch auf einen starken Anteil älterer Wähler zurück. Die FDP besaß von Beginn der Bundesrepublik an zwei Flügel: einen nationalliberalen Wirtschaftsflügel und einen sozialliberalen Flügel, der sich vor allem für den Schutz der Bürger- und Freiheitsrechte einsetzt. Der Austausch von Mitgliedern und Wählerschaft ging in den letzten Jahren zu Lasten dieses liberalen Flügels, so daß mit der Dominanz der Nationalliberalen der Antisemitismus unter FDP-Wählern heute verbreiteter ist als in den 80er Jahren

7 Falter fand 1994 (34ff.) ebenfalls die starke Dominanz der jüngeren Generation im Osten, während sich für die alten Bundesländer kein eindeutig erkennbares Altersprofil für die Wähler der Rechtsparteien (Wahlabsicht) ergab. Diese Differenz zu den antisemitischen Rechtswählern deutet darauf hin, daß der Antisemitismus im Westen stärker eine Generationsfrage ist als rechtsextreme Einstellungen generell.

Abbildung 2: Antisemitismus nach Parteipräferenz (Ost und West 1991)

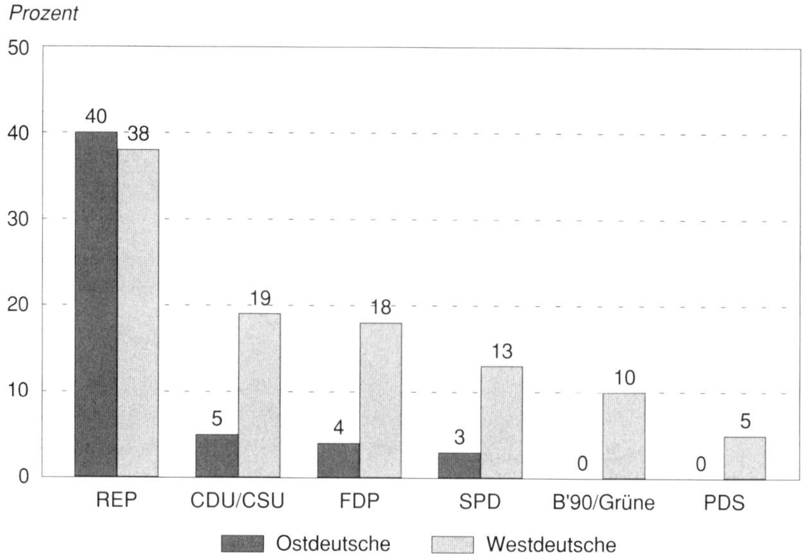

Daten: Emnid 1991.

(vgl. für 1987 Bergmann/Erb 1991: 91). Mit unserem Index ließen sich in Ostdeutschland unter den Wählern von Bündnis90 und PDS keine Antisemiten feststellen.

Die empirische Studie von Elisabeth Noelle-Neumann (1993) zur Anhänger- und Wählerschaft der Republikaner im Hinblick auf ihre Einstellung zu Juden (und zum Staat Israel[8]) im Vergleich zur Gesamtbevölkerung bestätigt unsere Ergebnisse und ermöglicht darüber hinaus noch eine genauere Differenzierung innerhalb dieses rechten Potentials. Die Antwortverteilung auf der von Noelle-Neumann verwendeten Eigenschaftsliste mit 31 Items (negative und positive Eigenschaften von Juden) zeigt deutliche Abstufungen zwischen den Anhängern und Stammwählern der Republikaner, den Protestwählern, dem Wählerpotential[9] und der Gesamtbevölkerung. Für die explizit antijüdischen Stereotypen ergibt sich folgende Antwortverteilung:

---

8 Die Differenzen zwischen der Bevölkerung insgesamt und den Anhängern bzw. Wählern der Republikaner fallen geringer aus als bei den antijüdischen Stereotypen (Noelle-Neumann 1993: Tab A 9). Auf der extremen Rechten wird Israel zusammen mit dem „Weltjudentum" als Teil der „zionistischen Weltverschwörung" bekämpft.

9 Zur Definition: Stammwähler sind diejenigen, die die Republikaner auf Platz 1 der Sympathierangfolge setzen und keine zweite Partei bei der nächsten Bundestagswahl für wählbar halten; Protestwähler setzen die Republikaner ebenfalls auf Platz 1, und es besteht die Möglichkeit, daß die an zweiter Stelle genannte Partei bei der nächsten Bundestagswahl gewählt wird bzw. Erst- oder Zweitstimmenwahlabsicht für die Republikaner; Potentialwähler setzen die Republikaner auf Platz 2 der Sympathierangfolge (Noelle-Neumann 1993, Tab. A5). Bereits in der Emnid-Umfrage 1989 hatten sich Kern- und Randwähler der Republikaner in ihrer Sympathie für Juden und in weiteren Fragen zum Nationalsozialismus deutlich unterschieden (Bergmann/Erb 1991: 93). Lepszy hatte deshalb 1989 die Republikaner als „heterogene Protestpartei" klassifiziert, die eine große Differenz zwischen Mitgliedern und Wählern aufweist (1989: 4). Heute dürften wegen des Abschmelzens der

Tabelle 1:

„Hier steht verschiedenes, was andere Leute über Juden gesagt haben. Welche Eigenschaften findet man Ihrer Ansicht nach besonders häufig bei Juden?"

		Republikaner			
	Bev. insg.	Anhänger	Stamm	Protest	Potent.
n=	2179	51	29	66	48
Eigenschaft	%	%	%	%	%
Gerissen, schlau	44	70	62	63	64
Empfindlich	36	55	58	44	35
Nachtragend/unversöhnlich	33	77	73	58	46
Geldgierig/raffgierig	31	70	66	59	46
Politisch radikal	29	56	61	47	35
Machthungrig	23	47	47	41	44
Geizig	21	50	56	40	25
Rücksichtslos	21	56	54	41	37
Unberechenbar	20	51	37	48	33
Überheblich	19	51	55	32	35
Verschwörerisch	19	53	62	36	27
Falsch/hinterhältig	12	49	56	29	20
Zerstörerisch/zersetzend	8	42	48	23	15
Feige	6	23	26	18	8
Häßlich	4	23	32	11	8
Mittelwert (x)	22	52	53	39	32

Quelle: Noelle-Neumann 1993, Tab. A 7, Auswahl.

Tendenziell stimmen diese Ergebnisse mit den Emnid-Daten von 1991 überein: dort erwiesen sich ca. 40% derjenigen, die eine Präferenz für die Republikaner äußerten, als antisemitisch, in diesem Fall sind es bei den Anhängern und Stammwählern sogar etwas über die Hälfte, doch umfaßt auch das weitere Wählerpotential einen größeren Anteil an Antisemiten als die Gesamtbevölkerung. Noelle-Neumann hat die Aussagen über Juden auch noch nach ihrer Altersverteilung ausgewiesen, dabei allerdings nur zwei Generationen unterschieden: die 16-44jährigen und die ab 45 Jahre. Unter den Anhängern der Republikaner ist die generationelle Differenz noch stärker ausgeprägt als in der Gesamtbevölkerung: die jüngeren Republikaner sind wesentlich häufiger antisemitisch eingestellt als ihre Altersgenossen, aber deutlich seltener als die älteren Republikaner (44% zu 60%), so daß man sagen kann, daß im „gemäßigten" rechten Spektrum der Antisemitismus seine Zentralität in Zukunft einbüßen könnte.[10] Geht man andererseits aber davon aus, daß der Antisemitismus heute seine Dynamik vor allem aus der Schuldfrage gewinnt und somit im engen Zusammenhang mit der Haltung gegenüber der NS-Zeit und der „Vergangenheitsbewältigung" steht, dann muß man annehmen, daß er eine zentrale Position auch im Weltbild der „gemäßigten Rechten" behalten dürfte. Einstellungsuntersuchungen haben für die Anhänger der

Wählerbasis und der Radikalisierung der Partei die Wähler sich dem Einstellungsprofil der Mitglieder angenähert haben (vgl. Falter 1994: 155).

10 Dieses Ergebnis ist allerdings aufgrund der geringen Fallzahlen mit einer gewissen Vorsicht zu betrachten.

Republikaner ein deutlich von der Bevölkerung abweichendes Meinungsprofil in der Einschätzung des Nationalsozialismus und des Zweiten Weltkriegs ergeben. 76% von ihnen sahen die „Ideen des Nationalsozialismus" als „gar nicht so schlecht" an, während die Zustimmung bei den Wählern anderer Parteien zwischen 30% bei den CDU/CSU-Wählern und 12% bei den PDS-Wählern lag (Forsa 1994). Entsprechend kritisch fiel die Haltung zur Vergangenheitsbewältigung und zur Entschädigung der Opfer aus, die nahezu alle Anhänger der Republikaner beendet sehen möchten (Schlußstrich 89%; Bev.insg. 53%; mit ähnlichen Ergebnissen: Der Spiegel, Nr. 15/1989; Nr. 21/1989).

2. *Antisemitismus in rechtsextremen Parteien und Organisationen*

2.1 Rechtsextreme Parteien

Während der einzelne Antisemit seine Einstellung verschweigen kann und meist auch verschweigt (Bergmann/Erb 1991), müssen Parteien und Organisationen zur Wahrnehmung ihrer Funktionen ihre Meinungen kommunizieren. Deshalb nimmt, wenn sich neue Sammlungsbewegungen oder Parteien auf der extremen Rechten bilden, der öffentlich wahrnehmbare Antisemitismus zu. Sein Sichtbarwerden beruht in der ersten Phase auf der Sammlung der bisher isolierten Antisemiten unter einem Dach, in der zweiten Phase kommt es innerhalb der Organisationen durch Schulung zu einer Intensivierung des Antisemitismus, der dann nach außen getragen wird. Die Entwicklung der „Republikaner" verlief in dieser Hinsicht typisch. Zunächst aus dem konservativen Spektrum der CSU heraus gegründet, übernahmen bald radikalere Kräfte die innerparteilichen Positionen. Es kam zu einem Mitgliederaustausch, da sich immer mehr Personen mit einem rechtsextremen bis neonazistischen Vorlauf anschlossen. Die Folge war, daß deren Themen und Interessen die Partei zunehmend bestimmten. Dazu gehörte die „Bewältigung der Vergangenheitsbewältigung", die „Entkriminalisierung der deutschen Geschichte" und die Polemik gegen die jüdische Gemeinde, die als „fünfte Besatzungsmacht" zum Feind erklärt wurde. Dieser Radikalisierungsprozeß zwang die Parteiführung zu einer Imagekorrektur. Auf dem Parteitag 1990 in Ruhstorf wurde die Abgrenzung vom „extremistischen Rand" beschlossen und etliche Funktionäre mußten die Partei verlassen. Da in den folgenden Jahren weder die erhoffte bürgerliche Respektabilität und Professionalisierung der Partei noch Wahlerfolge erreicht werden konnten, setzte die Parteiführung im Wahlkampf 1994 offen auf eine Radikalisierung[11], so daß erstmals in der deutschen Nachkriegsgeschichte jüdische

11 Parteiintern soll Schönhuber davon gesprochen haben, wie er von dem 20%-Potential an Antisemiten in der Bevölkerung 5% als Wähler gewinnen könnte, nämlich indem er in der „Judenfrage" schärfer rangehen würde (er meinte natürlich ein Viertel des Potentials, was dann ca. 5% der Wählerstimmen ausmachen würde.) In seinem jüngsten Buch dementiert Schönhuber diese Aussage (1995: 76), während sein ehemaliger Organisationsleiter, Udo Bösch, behauptet, dieser habe die Angriffe gegen Bubis in Kenntnis des in Umfragen ermittelten antisemitischen Potentials begonnen. Für Bösch ist Schönhuber ein „knallharter Antisemit", der für seinen Angriff das einstimmige Votum vom Vorstand und Präsidium der Partei erhalten habe (Backes/Jesse 1994: 156).

Repräsentanten öffentlich von Führern rechtsextremer Parteien angegriffen wurden.[12] Von dieser Taktik machten auch die anderen rechtsextremen Parteien Gebrauch.[13] Diese kalkulierten Tabuverletzungen dienen dazu, sich medienwirksam als mutige Verfechter unbequemer Wahrheiten darzustellen. Auch Beleidigungsverfahren sind in diese Strategie einbezogen, sollen doch die Gerichte zu Foren der Selbstdarstellung gemacht werden. Da die zentralen Issues der Rechtsparteien – nationale Einheit und Abwehr von Zuwanderung – ab 1993 kaum mehr Erfolg versprachen, blieb die antisemitisch-geschichtsrevisionistische Option übrig, mit der man sich gegenüber den Volksparteien profilieren konnte. Hinzu kamen zwei externe Faktoren. Einmal hatte Bubis die rechten Parteien mit seinen Verbotsforderungen herausgefordert, zum anderen erzeugten neue revisionistische „Forschungsergebnisse" (Leuchter Report, Rudolf-Gutachten etc.) die Erwartung, bei der „Bewältigung der Vergangenheitsbewältigung" die rechte Position stärken zu können.
Schönhuber versucht in seinen Reden antisemitische Topoi effektvoll zu setzen und aktiviert in seinen Beiträgen weitverbreitete Ressentiments; z.B. einen Schlußstrich unter die Vergangenheit zu ziehen, Deutschland aus einer Kollektivschuldhaftung zu entlassen, einen „verordneten Philosemitismus" abzulehnen (Funke 1989).[14] Das Bemühen um Respektabilität und Wählerrücksichten limitiert die antisemitische Agitation und hat dazu geführt, daß Schönhuber wegen seiner Begegnung mit dem DVU-Vorsitzenden, Gerhard Frey, und wegen seiner antisemitischen Ausfälle als Vorsitzender abgelöst wurde. Bei den anderen rechtsextremen Parteien und den Neonazis, wo diese Rücksichten fehlen, wird Antisemitismus und Rassismus in schriftlicher Form, in Versammlungen und öffentlichen Auftritten sowie in Form krimineller Aktivitäten aggressiv ausagiert.

12 Schönhuber bezeichnete auf einer Pressekonferenz im März 1994 den Vorsitzenden des Zentralrats der Juden, Ignatz Bubis, als den „größten Volksverhetzer" im Land, nachdem dieser nach dem Brandanschlag auf die Lübecker Synagoge von „geistigen Brandstiftern" auf der politischen Rechten gesprochen hatte.

13 Günter Deckert, der 1991 den Vorsitz der NPD übernommen hatte und einen Radikalisierungskurs steuerte, verbat sich von Michel Friedman, Mitglied im Direktorium des Zentralrats der Juden und im Bundesvorstand der CDU, jede Einmischung in die inneren Angelegenheiten Deutschlands und forderte ihn auf, nach Israel zu gehen. Die Abgeordneten der DLVH im Landtag von Schleswig-Holstein verlangten, daß der Zuschuß für die jüdischen Gemeinden eingestellt werde. Vgl. auch die Publikationen, z.B. Die National-Zeitung, Die Nordlichter und Berlin-Brandenburger Zeitung. Soweit wir sehen, liegt die letzte Inhaltsanalyse der National-Zeitung mehrere Jahre zurück (Dudek/Jaschke 1981).

14 Das für die „Reden bei Veranstaltungen" vorbereitete Schulungsmaterial des Landesverbandes Nordrhein-Westfalen der Republikaner vom Februar 1990 unterrichtet in dieser Technik. So solle der Kandidat in seine Rede einen Passus wie den folgenden einbauen: „Ein Mann wie Philipp Jenninger, der vor dem Deutschen Bundestag ... die Wahrheit beim Namen nennt, mußte gehen, weil dem deutschen Oberhasser, Galinski, die Betonung nicht paßte". Das Fazit lautet: „Liebe Freunde, wir REPUBLIKANER erklären, der Weg des deutschen Volkes nach Canossa ist beendet und zwar für alle Zeiten und für alle Generationen."

2.2 Neonazis und jugendliche Subkultur

Vor allem aus zwei Gründen nimmt das „Feindbild Jude" im Neonazismus einen zentralen Platz ein: Die explizite Fortführung der nationalsozialistischen Ideologie und Politik übernimmt auch deren Konzept des „Weltkampfes" zwischen Semiten und Antisemiten. Der Politikstil der Neonazis bedarf konkreter angreifbarer „Feinde" – Ausländer, Linke und Juden –, gegen die der Kampf auch militant geführt wird.
Der antisemitische Code des Nationalsozialismus wird in seiner manichäischen Struktur übernommen, wonach die Juden als Chiffre, als Urheber und Nutznießer aller mit der Modernisierung verbundenen Phänomene (Parlamentarismus: Parteienstreit vs. völkisch-rassistischer Führerstaat; Liberalismus: Gleichheitsidee vs. naturgegebene Ungleichheit; Internationalismus vs. nationale Selbstbehauptung) gelten. Auf die seit der NS-Zeit grundlegend veränderte Situation reagieren die Neonazis mit einem weiteren Abstraktionsschritt. Sie müssen sich erklären, wieso sie selbst marginalisiert und politisch verfolgt werden. Dies gelingt mit der Unterscheidung zwischen den im Vordergrund handelnden Politikern, Journalisten, Lehrern usw. und im Hintergrund wirkenden Kräften. Mit der Niederlage des Dritten Reiches und den (vorgeworfenen) Verbrechen hat die Macht der Juden in ihren Augen weiter zugenommen, so daß Deutschland als politisch nicht souveränes, wehrlos allen Forderungen und Einflußnahmen ausgesetztes Land erscheint. Damit ist Antisemitismus bei den Neonazis strukturell gegeben und entzündet sich nicht situativ anhand spezifischer Ereignisse. Ihr Kampf gegen das politische System ist im Grunde einer gegen den Einfluß des Judentums. Die Neonazis wissen, daß sie für diesen „Weltenkampf" kaum politische Unterstützung finden. Aus ihrer Sicht verfehlen die rechtsextremen Wahlparteien letztlich den Kern des Problems, indem sie an abgeleiteten Fragen ansetzen und nicht erkennen, daß etwa die Einwanderung „ein jüdischer Plan zur Auslöschung der Deutschen" ist und die europäische Währungsunion die moderne „Zinsknechtschaft" bedeutet. Mit seiner Anknüpfung an den Nationalsozialismus steht dem Neonazismus die gesamte antisemitische Tradition zur Verfügung, die er geringfügig fortentwickelt und die er als historisches Beweismaterial für die Dauer jüdischen Dominanzstrebens nutzt (NS-Kampfruf Nr.106, April 1994 trägt die Schlagzeile: „2000 Jahre Antisemitismus"). In ihren Publikationen und Schulungsmaterialien werden dabei alle im modernen Antisemitismus entwickelten Erklärungsmuster verbreitet.
Mit der Intention der Wiederbelebung des Nationalsozialismus ist notwendig die Leugnung der deutschen Kriegsschuld und der Ermordung der Juden verknüpft. Die von ihnen nicht abgestrittene antijüdische Politik des Nationalsozialismus sehen sie als völkerrechtlich zulässige Notwehrreaktion auf die angebliche Kriegserklärung des Zionistischen Weltkongresses von 1933. Den Holocaust halten sie für eine britisch-zionistische Propagandalüge zur finanziellen und moralischen Erpressung Deutschlands. Diese revisionistische Strömung ist seit Ende der 80er Jahre mittels eines neuen „Arguments" zu einer Kampagne ausgeweitet worden: chemische Analysen der Gaskammern in Auschwitz hätten ergeben, daß die Ruinen keine Konzentration an Giftgas aufwiesen, die man „naturgesetzlich" dort hätte erwarten müssen. Diese „harten naturwissenschaftlichen Tatsachen" widerlegen nach Auffassung der Neonazis die Zeugenaussagen und geschichtswissenschaftlichen Untersuchungen. Die Strafverfolgung der „Auschwitzlüge" beweist ihnen, daß sie im Besitz einer unbequemen „Wahrheit"

sind, gegen deren Verbreitung der Staat zum Mittel der Einschränkung von Meinungs- und Wissenschaftsfreiheit greift. – Dieses staatliche „Unrecht“ legitimiert zusätzlich dazu, das System mit allen Mitteln zu bekämpfen.

Zu diesen Mitteln gehören neben der Propagandatätigkeit auch die Angriffe auf Objekte der Erinnerung an die Juden und ihr Schicksal (vgl. Schittenhelm 1994). Vielfach weist die Art der Schändung von jüdischen Friedhöfen und Gedenkstätten auf rechtsextreme Urheber hin.[15] Der polizeiliche Schutz von Gemeindeeinrichtungen und Synagogen verhindert, daß diese zum Ziel von Angriffen werden. Übergriffe auf Juden sind wegen deren äußerlicher Unauffälligkeit selten. Daß aber eine Gewaltbereitschaft ihnen gegenüber besteht, wird in etlichen Fällen von versuchtem Totschlag und schwerer Körperverletzung sichtbar, in denen das nichtjüdische Opfer zuvor als „Jude“ oder „Judenknecht“ tituliert wurde (Verfassungschutzbericht 1993: 87).

Es ist falsch anzunehmen, daß die mit einer Zeitverzögerung gegenüber fremdenfeindlichen Straftaten seit 1991 steigende Zahl antisemitischer Delikte (1990: 208; 1991: 367; 1992: 627; 1993: 656; 1994: 1366; 1995: 957) ausschließlich auf das Konto der organisierten Neonazis ging. Vielmehr gilt für antisemitische wie für fremdenfeindliche Gewalttaten, daß mit der Entstehung eines autonomen rechten Gewaltmilieus die Neonazis von der Erzeugung und Ausübung von Gewalt entlastet sind. Dieses Milieu besitzt partiell rassistische und antisemitische Einstellungen, begeht aber diese Straftaten nicht im direkten Auftrag neonazistischer Organisationen (Willems 1993). Bei der Analyse der Struktur der Täter antisemitischer Straftaten ist zu berücksichtigen, daß die polizeiliche Aufklärungsquote nur bei durchschnittlich 20% liegt. Ein Grund dafür ist, daß es sich zum großen Teil um Deliktformen wie Beleidigung, Bedrohung und Volksverhetzung handelt, die oft aus der Anonymität heraus begangen werden. Das Profil der ermittelten Täter läßt sich folgendermaßen skizzieren: Es handelt sich überwiegend um Männer (ca. 90%); der Altersdurchschnitt dieses Täterkreises liegt höher als bei den fremdenfeindlichen Tätern, weil sich viele ältere Menschen als Verfasser, Versender und Verleger antisemitischer Pamphlete beteiligen.[16] Beim Alter der antisemitischen Gewalttäter ergibt sich vermutlich kein Unterschied zu den fremdenfeindlichen. Insgesamt läßt sich der antisemitische Täterkreis als stärker politisch motiviert und organisiert kennzeichnen, die Zahl der Wiederholungstäter ist hier auffallend hoch. Die Mehrheit der Täter wohnt in Westdeutschland, weil dort die rechte Infrastruktur seit Jahrzehnten etabliert ist und ebensolange eine Verteilerpraxis antisemitischen Schrifttums existiert. Anhand des Schrifttums dieser Organisationen und rechtsextremen Verlage wollen wir einige zentrale Themen und Argumentationsmuster herausarbeiten.

---

15 Das Bundesamt für Verfassungsschutz hat etwa bei den Schändungen jüdischer Friedhöfe in den Jahren 1992-93 in ca. 50% der Fälle Anhaltspunkte für eine Täterschaft von Rechtsextremisten (Antisemitisch motivierte Straftaten, Nov.1993). Ideologischen Flankenschutz liefern die NPD mit ihrer Revisionismus-Kampagne oder Die Nationalen, die im Berliner Wahlkampf 1995 den „Abriß aller 'Holocaust'-Denkmäler sowie aller Denkmäler für die Siegermächte des 2. Weltkrieges“ forderten (Die Nationalen, Berlin, Programm zu den Wahlen zum Berliner Abgeordnetenhaus, Okt. 1995).

16 Im Frühjahr 1995 wurde an Personen des öffentlichen Lebens und der jüdischen Gemeinden ein „Deutsches Manifest“ verschickt, das die Juden bis zum 8. Mai zum Verlassen des Landes aufforderte. Als Autor wurde ein 69jähriger Mann aus Essen, angeblich ein ehemaliger SS-Offizier, ermittelt.

3. Antisemitische Ideologie

Innerhalb des rechten Lagers lassen sich Unterschiede im Grad der Intellektualisierung, der Militanz und der direkten Bezugnahme auf die NS-Ideologie erkennen. In bezug auf den Antisemitismus finden sich diese Differenzen zwischen einer intellektuellen Neuen Rechten, einer alten Rechten, Neonazis und einer gewalttätigen Subkultur in Stil, Offenheit des Ausdrucks und Radikalität politischer Forderungen wieder, doch kann man hinter den formalen Unterschieden dieselben antijüdischen Konstruktionen finden.

Die Schriften der „alten Rechten" müssen ihren rassistischen Antisemitismus für ihre Leser nicht explizieren und können sich mit Andeutungen und Chiffren begnügen (statt: jüdische Weltverschwörung heißt es neutral „Hintergrundskräfte"). Ihr Denken kreist um die angebliche Opferrolle Deutschlands. Indem sie anhand aktueller Ereignisse und Gedenktage über die ungerechte Behandlung und die deutschen Leiden berichten, erheben sie unausgesprochen Vorwürfe gegen die Verursacher, ohne die Juden dabei konkret zu nennen, da sie davon ausgehen, daß ihre Leser den Text ihrem antisemitischen Vorwissen entsprechend komplettieren werden.[17]

Zur „alten Rechten" gehören auch Strömungen, die sich offen zum Nationalsozialismus bekennen (z.B. Die Bauernschaft, 1968 von Thies Christophersen gegründet; Recht und Wahrheit, seit 1983; Deutschland Report, seit 1993, zuvor Remer-Depesche), die den Holocaust leugnen und die gesamte antisemitische Tradition reproduzieren (z.B. die Talmud-Polemik).

In den Publikationen der Neuen Rechten (wie Nation und Europa, Staatsbriefe, Europa vorn, Junge Freiheit) steht Antisemitismus nicht im Vordergrund.[18] Das Streben nach Aktualität und das Risiko der Strafverfolgung läßt sie offenen Antisemitismus meiden. Mit ihrem Politik- und Geschichtsbild ist Antisemitismus jedoch untrennbar verwoben, weil sie Deutschland durch die NS-Verbrechen auf eine negative Sonderrolle festgelegt sehen. Gegen diese Stigmatisierung fordern sie Gleichbehandlung, die wahre Darstellung der Geschichte sowie ein Selbstbestimmungsrecht. Auf die Frage, wer den Deutschen diese Rechte verweigert, geben sie eine mehrstufige Antwort: es sind zunächst die „umerzogenen" Deutschen selbst, die durch ihre Politiker mit ihren Lizenzparteien und der Lizenzpresse zu dieser Selbstkasteiung (Nationalmasochismus) gebracht worden sind. Dahinter müssen jedoch Lizenzgeber und Umerzieher identifiziert werden. Es werden die Siegermächte des Zweiten Weltkrieges genannt, hinter denen aber

17 Exemplarisch bringt dies ein Flugblatt der NPD zum 50. Jahrestag des Kriegsendes zum Ausdruck, das mit dem Begriff der Befreiungslüge auf die Auschwitzlüge anspielt. Zur Analyse der verwendeten sprachlichen Mittel vgl. das Gutachten von Bredehöft/Januschek 1994.

18 Daß die Neue Rechte durchaus ein Forum für vehementen Antisemitismus bieten kann, zeigt die Publikation des Aufsatzes „Zu den Ursachen der Judenfeindschaft" von Germar Rudolf (in: Staatsbriefe 8/9, 1995, 56-63), der wegen seines „Gutachtens" zu einer Haftstrafe verurteilt wurde. In diesem Aufsatz wird die alte antisemitische These vom „politischen Messias" des Judentums, der ihnen die Weltherrschaft bringen wird, verbreitet. Eine derart ausführliche Explikation überkommener Topoi ist ungewöhnlich und zeigt eine Intensivierung der Schulung an. Gewöhnlich wird diese These in den Publikationen nur angesprochen, aber nicht begründet, z.B. Recht und Wahrheit 11/12, 1995, 21: Es droht „ein Weltstaat als zionistische Diktatur unter einem Diktator, des Königs aus dem Hause David".

letztlich das internationale Judentum steckt.[19] Diese Ableitungskette muß nicht in jedem Text bis an ihr Ende expliziert sein. Typisch für ihren Argumentationsstil ist die Technik des indirekten Zitierens und des uneigentlichen Sprechens. Tatsachenbehauptungen werden in Frageform gekleidet, Distanzierungen vom Nationalsozialismus werden alsbald wieder relativiert, da ja die Ursachen und die Geschichte des Nationalsozialismus nicht authentisch dargestellt worden seien. Damit werden das Dritte Reich und der Judenmord in eine Sphäre des Zweifels, der Manipulation und der Interessenpolitik gerückt.

Neue und alte Rechte konstruieren einen Konflikt zwischen Deutschen und Juden und interpretieren ihn im Kontext der Vergangenheitsbewältigung. In den Zwangsvorstellungen der Alt- und Neonazis stellt sich dieser Konflikt als ein naturgegebener, rassisch begründeter dar, der sich weltgeschichtlich bis auf die gewaltsame Verbreitung der „artfremden" jüdisch-christlichen Religion unter den Germanen zurückführen läßt (vgl. die „Jahresweiser" von Arnulf Priem; die „Germanenbriefe für Naturwissenschaft und Naturreligion"; das „Thule-Seminar" von Pierre Krebs). Sie wähnen sich in einem Entscheidungskampf zwischen dem arisch-deutschen und dem jüdisch-zionistischen Prinzip, in dem es ideologisch keine Rücksichten gibt. Entsprechend enthalten ihre Publikationen einen brutalen Antisemitismus, der die NS-Ideologie reproduziert und Gewalt legitimiert. Deshalb ist jede Schändung eines jüdischen Friedhofs mit SS-Runen oder einem Hakenkreuz durch Neonazis ein Schritt zur mit Auschwitz begonnenen „Endlösung".

Studien zum fremdenfeindlichen Gewaltmilieu und zu den Subkulturen der Skinheads und Hooligans haben gezeigt (Stöss 1986; Farin/Seidel-Pielen 1993; Willems 1993; Erb 1994a), daß diese die rassistisch-antisemitische Ideologie nicht vollständig beherrschen, sondern antijüdische Parolen vielfach aus Lust an der Provokation und Tabuverletzung verwenden. Allerdings verbreiten die Ideologieproduzenten dieser Szene, die zumeist Kontakt zum organisierten Neonazismus haben, in Fanzines, Rundbriefen und Liedertexten einen rassistischen Antisemitismus, der subkulturelle Symbole der angelsächsischen Länder aufgreift (KKK = Ku-Klux-Klan, ZOG = Zionistic Occupation Government, eingedeutscht als: Zionistische Okkupationsgewalt) und sich weniger diskursiv als expressiv darstellt. In Zeichnungen und Karikaturen wird eher ein Unterschichtenstereotyp des Juden verbreitet, das ihn als häßlich, mauschelnd lüstern und kriminell vorführt (Ostjudenstereotyp). Musik und Texte des Nazi-Rock sind Einübungen in Gewalt.

4. Resümee

Für den Rechtsextremismus erfüllt der Antisemitismus die Funktion, eine nationale Kränkung durch Projektion eigenen Verschuldens und Versagens auf eine „Fremdgruppe" zu kompensieren. Bereits nach dem Ersten Weltkrieg verweigerte die völkische Bewegung in ihrem Kampf gegen den Versailler Vertrag die Einsicht in die Ursachen

19 Die Penetranz, mit der an die Pläne Ilya Ehrenburgs auf sowjetischer und Henry Morgenthaus auf amerikanischer Seite erinnert wird, macht klar, daß für die Rechtsextremen der Urheber deutschfeindlicher Politik „der Jude" ist.

von Krieg und Niederlage („Dolchstoßlegende"). Nach dem Zweiten Weltkrieg versucht die extreme Rechte von diesem Grundmuster wieder Gebrauch zu machen. Allerdings unterscheidet sich die Situation heute in zwei wichtigen Punkten. Die Ablehnung des Nationalsozialismus gehört zum bundesdeutschen Selbstverständnis, eine neue „Dolchstoßlegende" fand bei den Eliten keine Resonanz. Verleugnungen und historische Umdeutungen bleiben deshalb auf den extremistischen Rand begrenzt. Zum zweiten kann die soziale Frage heute nicht mehr als „Judenfrage" gedeutet werden, sondern wird als „Ausländerfrage" verallgemeinert. „Verjudung" wird zu einem abstraktem Prinzip, das durch „Fälle" tautologisch konkretisiert wird. Das schimärische Judentum verkörpert das universalistische Prinzip und wird als politisch-ökonomische Macht identifiziert, die für alle anti-nationalen Entwicklungen in Deutschland verantwortlich ist. Das antisemitische Denken arbeitet verschwörungstheoretisch, es unterstellt ein verborgenes Zentrum, über dessen schädliche Aktivitäten aufzuklären ein Impetus des Rechtsextremismus ist. Er kann den sozialen Wandel in der Bundesrepublik nicht nachvollziehen und sieht hinter der Demokratisierung und Liberalisierung der Gesellschaft nur eine politische gesteuerte „Umerziehung" der Deutschen. Durch diese Fixierung auf die Vergangenheitsbewältigung ist er mit seinen Deutungen in der Kultur der 50er Jahre stehen geblieben und kann keine politikfähigen Konzepte entwickeln.

Literaturverzeichnis

Backes, Uwe/Jesse, Eckhard, 1994: Dokumentation 1993: Interview mit Udo Bösch, in: Jahrbuch für Extremismus und Demokratie 6, 137-161.

Bailer-Galanda, Brigitte et al., 1995: Wahrheit und „Auschwitzlüge". Zur Bekämpfung „revisionistischer" Propaganda. Wien.

Benz, Wolfgang, 1995: Realitätsverweigerung als antisemitisches Prinzip: Die Leugnung des Völkermords, in: *ders.* (Hrsg.), Antisemitismus in Deutschland. München, 121-139.

Benz, Wolfgang, 1989: KZ-Manager im Kinderzimmer. Rechtsextreme Computerspiele, in: *ders.* (Hrsg.), Rechtsextremismus in der Bundesrepublik. Frankfurt a.M., 224-231.

Bergmann, Werner/Erb, Rainer, 1991: Antisemitismus in der Bundesrepublik Deutschland. Ergebnisse der empirischen Forschung von 1946-1989. Opladen.

Billig, Michael, 1981: Die Rassistische Internationale. Zur Renaissance der Rassenlehre in der modernen Psychologie. Frankfurt a.M.

Bredehöft, Sonja/Januschek, Franz, 1994: Doppelzüngler. Die Sprache der „Republikaner". Duisburg.

Dudek, Peter/Jaschke, Hans-Gerd, 1981: Die Deutsche National-Zeitung. Geschichte, Inhalte, Aktionen. München.

Emnid-Institut, 1992: Antisemitismus in Deutschland. Repräsentativbefragung im Auftrag des „Spiegel". Bielefeld.

Erb, Rainer, 1994a: Gruppengewalt und Rechtsextremismus in den neuen Bundesländern, in: Jahrbuch für Antisemitismusforschung 3, 140-164.

Erb, Rainer, 1994b: Antisemitismus in der rechten Jugendszene, in: *Werner Bergmann/Rainer Erb* (Hrsg.), Neonazismus und rechte Subkultur. Berlin, 31-76.

Falter, Jürgen W., 1994: Wer wählt rechts? Die Wähler und Anhänger rechtsextremistischer Parteien im vereinigten Deutschland. München.

Farin, Klaus/Seidel-Pielen, Eberhard, 1993: Skinheads. München.

Forsa, 1994: Die Deutschen und der Nationalsozialismus. Kenntnisse, Einschätzungen, Urteile, Befragung im Auftrag der Zeitung „Die Woche" (Mai 1994). Typoscript.

Funke, Hajo, 1989: „Republikaner". Rassismus, Judenfeindschaft, nationaler Größenwahn. Berlin.

Ginzel, Günther B., 1991: Antisemitismus von Rechts. Zur Funktion des Antisemitismus in der rechtsextremen Literatur, in: *ders.* (Hrsg.), Antisemitismus. Erscheinungsformen der Judenfeindschaft gestern und heute. Köln, 269-284.

Golub, Jennifer, 1994: Current German Attitudes Toward Jews and Other Minorities. New York.

Jodice, David A., 1991: United Germany and Jewish Concerns: Attitudes Toward Jews, Israel, and the Holocaust. New York.

Kreutzberger, Wolfgang, 1994: Antisemitismus im Rechtsradikalismus der Gegenwart, in: Vorgänge 126/2, 56-69.

Lepszy, Norbert, 1989: Die Republikaner. Ideologie – Programm – Organisation, in: Aus Politik und Zeitgeschichte, B41-42, 6.10.1989, 3-9.

Lipstadt, Deborah E., 1994: Betrifft: Leugnen des Holocaust. Zürich.

Moreau, Patrick, 1983: Die neue Religion der Rasse. Der Biologismus und die kollektive Ethik der Neuen Rechten in Frankreich und Deutschland, in: *Iring Fetscher* (Hrsg.), Neokonservative und „Neue Rechte". München, 117-162.

Neiss, Marion, 1995: Diffamierung mit Tradition – Friedhofsschändungen, in: *Wolfgang Benz* (Hrsg.), Antisemitismus in Deutschland. München, 140-156.

Noelle-Neumann, Elisabeth, 1993: Rechtsextremismus in Deutschland. Eine Dokumentation des Beitrags in der Frankfurter Allgemeinen Zeitung Nr. 65 vom 18. März 1993. Allensbach.

Schittenhelm, Karin, 1994: Mahnmal Putlitzbrücke: Ein antisemitischer Bildersturm und seine Folgen, in: Jahrbuch für Antisemitismusforschung 3, 121-139.

Schönhuber, Franz, 1995: In Acht und Bann. Politische Inquisition in Deutschland. Berg am Starnberger See.

Stöss, Richard, 1986: Pronazistisches Protestverhalten unter Jugendlichen. Schüler – Fußballfans – Punks – Skinheads – Nazi-Rocker, in: *Alphons Silbermann/Julius H. Schoeps* (Hrsg.), Antisemitismus nach dem Holocaust. Köln, 163-188.

Stöss, Richard, 1989: Die extreme Rechte in der Bundesrepublik. Entwicklung, Ursachen, Gegenmaßnahmen. Opladen.

Stöss, Richard, 1994: Rechtsextremismus in einer geteilten politischen Kultur, in: *Oskar Niedermayer/Klaus von Beyme* (Hrsg.), Politische Kultur in Ost- und Westdeutschland. Berlin, 105-139.

Weil, Frederick D., 1997: Ethnic Intolerance, Extremism and Democratic Attitudes in Germany since Reunification, in: *Hermann Kurthen/Werner Bergmann/Rainer Erb* (Hrsg.), Antisemitism and Xenophobia in Germany after Unification. New York (im Druck).

Wetzel, Juliane, 1990: Antisemitismus im internationalen Rechtsextremismus, in: *Herbert A. Strauss u.a.* (Hrsg.), Der Antisemitismus der Gegenwart. Frankfurt a.M., 101-123.

Wetzel, Juliane, 1995a: Antisemitismus und Rechtsextremismus in Italien, in: Jahrbuch für Antisemitismusforschung 4, 148-165.

Wetzel, Juliane, 1995b: Antisemitismus als Element rechtsextremer Ideologie, in: *Wolfgang Benz* (Hrsg.), Antisemitismus in Deutschland. München, 101-120.

Willems, Helmut, 1993: Fremdenfeindliche Gewalt. Einstellungen, Täter, Konflikteskalation. Opladen.

Wittenberg, Reinhard/Prosch, Bernhard/Abraham, Martin, 1991: Antisemitismus in der ehemaligen DDR, in: Tribüne 30, Heft 108, 102-120.

Rechtsextreme Einstellungen in Europa: Struktur, Entwicklung und Verhaltensimplikationen*

Oscar W. Gabriel

1. Das Untersuchungsproblem: Rechtsextremismus in Deutschland im europäischen Vergleich

Die Häufung ausländerfeindlicher Gewaltaktionen und die Erfolge rechtsextremer Gruppen bei Kommunal-, Landtags- und Europawahlen am Beginn der 90er Jahre ließen bei vielen Beobachtern die Befürchtung aufkommen, der Rechtsextremismus könnte in Deutschland eine Renaissance erleben. In Anbetracht des Verlaufs der deutschen Geschichte in der ersten Hälfte des 20. Jahrhunderts besteht zwar Anlaß, dem Phänomen des Rechtsextremismus in Deutschland mit besonderer Wachsamkeit zu begegnen, jedoch wäre es verfehlt, die Unterstützung rechtsextremer Prinzipien und die Präferenz für rechtsextreme Parteien als ein spezifisch deutsches Phänomen einzustufen. Vielmehr treten seit dem Ende des Zweiten Weltkrieges in allen demokratischen Staaten rechtsextreme Gruppierungen auf und erzielten insbesondere seit der Mitte der 80er bei nationalen Wahlen mitunter gute Resultate. Damit steht die empirische Forschung vor der Aufgabe, die Frage zu beantworten, ob die neueste politische Entwicklung in der westlichen Welt auf einen Rechtsruck in der Bevölkerung hindeutet und welche Faktoren gegebenenfalls hinter dieser Entwicklung stehen.

Ungeachtet der intensiven politischen und wissenschaftlichen Debatte über das Erstarken des Rechtsextremismus sowie dessen Ursachen und Folgen, haben international empirische vergleichende Studien über die Verbreitung rechtsextremer Orientierungen und Verhaltensdispositionen immer noch Seltenheitswert (vgl. z.B. Bauer/Niedermayer 1990; Betz 1991; von Beyme 1988; Falter/Schumann 1988; Falter/Schumann/Klein 1994; Ignazi/Ysmal 1992; Ignazi 1992; Lepszy 1993). Nahezu hoffnungslos erscheint die Lage bezüglich längerfristig angelegter, international vergleichender empirischer Analysen. Die erheblichen Lücken in der empirischen Extremismusforschung können nur durch eine systematische, kumulative Nutzung der vorhandenen Datenbestände abgebaut werden.

Neben der unbefriedigenden Forschungslage begründet die unterschiedliche Erfolgs-

* Die in diesem Beitrag benutzten Daten wurden vom *Zentralarchiv für empirische Sozialforschung* (ZA), Universität zu Köln zugänglich gemacht. Sie wurden im Rahmen der *Eurobarometer*-Umfragen der EG-Kommission erhoben und vom ZA für die Analyse aufbereitet und dokumentiert. Weder die Primärforscher noch das Zentralarchiv tragen irgendeine Verantwortung für die Analyse und Interpretation der Daten in diesem Beitrag. Der Verfasser dankt Rudolf Günter Deinert für die Unterstützung bei der Datenauswertung. Eine ausführlichere Fassung des letzten Teiles der Arbeit wird in dem vom Verfasser und Jürgen W. Falter herausgegebenen Sammelband „Wahlen und politische Einstellungen in westlichen Demokratien", Frankfurt 1996, publiziert.

bilanz rechtsextremer Parteien in westlichen Demokratien die Notwendigkeit einer international vergleichenden Analyse rechtsextremer Orientierungen und ihres Einflusses auf die Wahlerfolge rechtsextremer Parteien. Diese werden vor allem in Nationen wahrscheinlich, in denen das Wahlrecht den Einzug extremistischer Gruppierungen in Parlamente erleichtert, eine starke rechtsextreme Tradition existiert und rechtsextreme Einstellungen in der Bevölkerung weit verbreitet sind. Wie bereits ein flüchtiger Blick auf die europäische Parteienlandschaft zeigt, reichen jedoch weder Wahlsystemeffekte noch rechtsextreme Traditionen zur Erklärung der Erfolge rechtsextremer Gruppierungen aus. Es liegt also nahe, eine der wichtigsten Bedingungen der elektoralen Stärke der Rechtsextremen in der Unterstützung rechtsextremer Prinzipien durch die Bevölkerung zu sehen. Um die Prüfung dieser Annahme geht es in diesem Beitrag, in dessen Mittelpunkt die folgenden drei Fragen stehen:

1. Welche politischen Einstellungen werden in der Literatur mit dem Begriff „Rechtsextremismus" in Verbindung gebracht?
2. Wie verbreitet sind diese Einstellungen in den Mitgliedsstaaten der Europäischen Union, und läßt sich an Hand der vorliegenden Daten auf eine zunehmende Resonanz rechtsextremer Orientierungen schließen?
3. Wie setzen sich rechtsextreme Orientierungen in Parteipräferenzen um?

Diesen Fragen entspechend gliedert sich der Beitrag in drei Teile: Nach einer Präsentation der Datenbasis werden die für die empirische Untersuchung zentralen Konzepte „Rechtsextremismus", „Ausländerfeindlichkeit" und „Systemunterstützung" vorgestellt und Befunde zur Verbreitung der betreffenden Orientierungen sowie der Absicht zur Wahl rechtsextremer Parteien im Untersuchungszeitraum vorgelegt. Im Anschluß daran werden mittels einer Diskriminanzanalyse Unterschiede und Gemeinsamkeiten im Profil der Wählerschaft rechtsextremer Parteien herausgearbeitet.

2. Die Daten

Als Grundlage der folgenden empirischen Untersuchung dienen Daten zweier Eurobarometer. Der im Frühjahr 1988 erhobene Eurobarometer 30 zum Schwerpunktthema „Migration und Ausländer" enthielt detaillierte Informationen über die Unterstützung rechtsextremer Prinzipien, einige dieser Fragen wurden vier Jahre später im Eurobarometer 37 repliziert. Auch wenn die für unsere Untersuchung verfügbaren Daten keineswegs als zufriedenstellend einzustufen sind, erledigt sich die Frage nach Alternativen mangels besserer Daten von selbst (genauere Angaben zur Länderauswahl und zum Stichprobenumfang finden sich im Anhang 1).

Nach Bauer/Niedermayer (1990: 16) kann man das rechtsextreme Potential mittels der *Selbsteinstufung auf dem Links-Rechts-Kontinuum*, der *Absicht zur Wahl rechtsextremer Parteien* und für den Rechtsextremismus typischer *Einstellungsindikatoren* erfassen. Die Links-Rechts-Selbsteinstufungsskala eignet sich jedoch nur begrenzt als Indikator rechtsextremer Orientierungen, weil nicht alle Personen mit rechtsextremen Einstellungen oder Verhaltensformen auf dieser Skala eine extreme Position einnehmen (auf die Präsentation entsprechender Daten wird aus Platzgründen verzichtet). Diese Form der Bestimmung des ideologischen Standortes bleibt deshalb in den folgenden Untersuchungen unberücksichtigt.

Mittels der Wahlabsichtsfrage läßt sich das rechtsextreme Potential ebenfalls nicht exakt erfassen. Abgesehen davon, daß die Charakterisierung bestimmter Parteien als „rechtsextrem" gewisse Probleme aufwirft, sind hierfür vor allem zwei Gründe maßgeblich: Die Wahl einer rechtsextremen Partei kann aus ganz unterschiedlichen Motiven erfolgen, unter anderem aus Protest gegen eine etablierte Partei. Schließlich dürfte es auch unter den Anhängern demokratischer Parteien eine mehr oder minder große Zahl rechtsextrem eingestellter Wähler geben, die sich freilich im Hinblick auf die Kohärenz ihres Überzeugungssystems deutlich von der Kernwählerschaft der rechtsextremen Parteien unterscheiden (vgl. Falter 1994: 136-153, 155-156). In diesem Beitrag stehen rechtsextreme *Einstellungen* im Vordergrund, die vor allem auf ihre Verhaltensrelevanz geprüft werden (Detailinformationen über diese Einstellungen finden sich im folgenden Abschnitt).

3. Zum Begriff „Rechtsextremismus" und zur Beschreibung rechtsextremer Einstellungen

An Versuchen, das Phänomen des Rechtsextremismus zu definieren und zu beschreiben, besteht kein Mangel. Obgleich die vorliegenden Begriffsbestimmungen und Beschreibungen in Einzelheiten divergieren, konstatiert Pfahl-Traughber (1995: 11-12) zu Recht eine Übereinstimmung in der Einschätzung des Rechtsextremismus als „Gegenmodell zur konstitutionellen Demokratie ... Dabei negieren Rechtsextremisten das Ethos menschlicher Fundamentalgleichheit, indem sie der Zugehörigkeit zu einer 'Nation', 'Rasse' oder 'Region' den höchsten Stellenwert in ihren Vorstellungen von Gesellschaft und Politik zubilligen. Gleichzeitig werden damit nicht zur eigenen Gruppe gehörende Menschen in unterschiedlicher Form herabgewürdigt. Diese Vorstellungen verbinden sich dann mit allgemein antidemokratischen Auffassungen, welche sich im Rechtsextremismus in besonderer ideologischer Form ausdrücken: Dazu gehört der Autoritarismus, der den 'starken Staat' über die Gesellschaft stellt, und das antipluralistische und identitäre Politikverständnis, womit für die homogene 'Volksgemeinschaft' plädiert wird".

3.1 Ausländerfeindlichkeit und Ethnozentrismus

Zu den zentralen Elementen eines rechtsextremen Weltbildes gehören der Nationalismus und der Ethnozentrismus sowie die Hypostasierung der Idee der Volksgemeinschaft. Alle Analysen des Rechtsextremismus enthalten Hinweise auf die Relevanz dieser Vorstellungen, und sie spielen auch bei der Erklärung der jüngsten Erfolge rechtsextremer Parteien eine Rolle. Diese Gruppierungen mobilisieren die in der Bevölkerung vorhandene Ausländerfeindlichkeit, die ihrerseits eine Abwehrreaktion von Teilen der Bevölkerung auf den Zustrom von Ausländern nach Westeuropa darstellt. Negative Einstellungen zu Ausländern basieren auf einer Vermischung mehrerer Motive. An erster Stelle dürfte die Furcht vor einer Überfremdung stehen, in der man eine Gefahr für die kulturelle Identität der eigenen Nation sieht. Als weiterer Motivkomplex gelten sozio-ökonomische Statusängste und Neidgefühle. Vielfach werden die Ausländer als Konkurrenten auf dem Arbeits- und Wohnungsmarkt angesehen, die zudem das Sozialsystem des Zuwanderungslandes ausbeuten (vgl. z.B. Backes 1990: 13-14; Betz 1991: 9-10; Falter 1994: 110-115; Ignazi 1993: 23-24; Jaschke 1994: 64-77, 90-99; Lepszy 1993; Mudde 1995: 210-214).

Die Klärung der in der Literatur gelegentlich diskutierten Frage, ob es sich bei den Einstellungen zu Ausländern eher um kurz- oder mittelfristig wandelbare Issueorientierungen oder um ein stabiles, fest in der Persönlichkeitsstruktur verankertes Orientierungssyndrom handelt (vgl. u.a. Jaschke 1994: 64-77; Mudde 1995: 210-214; Scheuch / Klingemann 1967: 13), wäre für eine Interpretation der politischen Tragweite der Erfolge rechtsextremer Parteien außerordentlich hilfreich. Bedauerlicherweise erlauben es die verfügbaren Daten aber nicht, die Struktur dieser Orientierungen genauer zu untersuchen.

Die Einstellung zu Ausländern wurde in den Jahren 1988 und 1992 mittels dreier Indikatoren erfaßt. Je einer davon bezog sich auf die Bewertung der Anwesenheit von Menschen anderer *Nationalität* und *Rasse* im eigenen Land (störend oder nicht störend) und einer auf die Forderung nach einer Einschränkung oder Ausweitung der *Rechte von Ausländern* (vgl. genauere Angaben zur Formulierung der Fragen im Anhang 2). Diese drei Indikatoren wurden für die Analysen in den ersten Teilen dieses Beitrages zu einem additiven Ethnozentrismusindex verknüpft. Wie Tabelle 1 zeigt, bilden die zwölf EU-Mitgliedsstaaten sowie Norwegen im Hinblick auf die Verbreitung negativer Einstellungen zu Ausländern zwei Gruppen: In Spanien, Portugal, Italien, Luxemburg, Irland und den Niederlanden war kein nennenswertes Ausmaß an Ausländerfeindlichkeit festzustellen. Relativ starke negative Affekte gegen Ausländer wurden demgegenüber in Belgien, Westdeutschland, Dänemark, Griechenland, Frankreich und Großbritannien ermittelt, wobei der in Belgien gemessene Wert erheblich höher ausfällt als in den übrigen Ländern. Für Ostdeutschland und Norwegen liegt jeweils nur eine Messung aus dem Jahre 1992 vor. Ausweislich dieser Werte sind diese beiden Untersuchungspopulationen der Ländergruppe mit überdurchschnittlich ausländerkritischen Einstellungen zuzuordnen.

In der öffentlichen Diskussion finden sich Aussagen über das *Ausmaß* und die *Zunahme* von Ausländerfeindlichkeit in Europa. Nach den in Tabelle 1 enthaltenen Daten haben sich die negativen Einstellungen zu Ausländern im hier untersuchten Zeitraum in sämtlichen Ländern verstärkt. Im Hinblick auf das Ausmaß dieser Veränderung fallen jedoch Griechenland und Italien deutlich aus dem Rahmen; in diesen beiden Ländern nahm die Ausländerfeindlichkeit wesentlich stärker zu als in den übrigen Staaten, in denen nur moderate Einstellungsänderungen zu verzeichnen waren.[1]

1 Auf der Basis der Daten aus dem Jahr 1988 wäre es möglich, die Struktur ausländerfeindlicher Einstellungen genauer zu untersuchen. Im Hinblick auf die notwendige Begrenzung des Umfanges muß dies in diesem Beitrag jedoch unterbleiben. Zudem soll erwähnt werden, daß sich die hier vorgetragenen Ergebnisse über die Gruppierung der Länder durch Clusteranalysen erhärten lassen. Dies gilt auch für die folgenden Ausführungen über die Antisystemaffekte.

Tabelle 1: Ethnozentrismus in europäischen Staaten, 1988-1992
(Angaben: Mittelwerte)

	1988	1992	MW	N	Eta
Belgien	1,96	2,43	2,19	1775	,12*
Dänemark	1,75	2,07	1,92	1780	,10*
Deutschland-W.	1,76	2,11	1,94	1815	,10*
Deutschland-O.		1,79		908	
Frankreich	1,63	2,03	1,83	1781	,11*
Griechenland	1,34	2,36	1,90	1536	,26*
Großbritannien	1,59	1,99	1,80	1777	,13*
Irland	1,12	1,40	1,26	1632	,11*
Italien	0,76	1,44	1,10	1819	,21*
Luxemburg	1,01	1,47	1,30	726	,16*
Niederlande	1,27	1,64	1,46	1729	,13*
Norwegen		2,33		844	
Portugal	0,88	1,17	1,03	1556	,13*
Spanien	0,69	1,06	0,88	1595	,15*

Informationen zum Wortlaut der Erhebungsfragen und zur Indexbildung siehe Anhang
* alle Beziehungen sind mindestens auf dem 95%-Niveau statistisch signifikant.

3.2 Antisystemaffekte

Neben dem Ethnozentrismus und Nationalismus spielt in den meisten Untersuchungen des Rechtsextremismus ein zweiter Variablenkomplex eine Rolle, den man als Antisystemaffekt bezeichnen kann. Dieser Sammelbegriff umfaßt ein ziemlich heterogenes Spektrum politischer Orientierungen. In der Tradition der Totalitarismusforschung der fünfziger und sechziger Jahre steht die Interpretation des Rechtsextremismus als einer genuin antidemokratischen Bewegung, die in der Ablehnung demokratischer Grundprinzipien mit dem Linksextremismus übereinstimmt (so vor allem: Backes/ Jesse 1993). Während die Subsumption von Links- und Rechtsextremismus unter das Totalitarismuskonzept umstritten ist (vgl. Jaschke 1994: 29), besteht in der Forschung Konsens in der Einstufung des Rechtsextremismus als Bewegung gegen die Demokratie. Rechtsextreme lehnen die demokratischen Grundwerte der Freiheit und Gleichheit sowie die institutionellen Grundlagen einer demokratischen Ordnung (Pluralismus, Gewaltenteilung, Rechtsstaatlichkeit, demokratische Legitimation politischer Herrschaft) ab und sprechen sich für autoritäre politische Systeme mit monistischen Herrschaftsstrukturen, einer geschlossenen politischen Willensbildung, einer Unterordnung des Rechts unter die Politik sowie einem Primat des Kollektivs gegenüber dem Individuum aus. Scheuch und Klingemann (1967: 13) faßten diese Elemente rechtsextremer Orientierungen wie folgt zusammen: „Rechtsradikal eingestellte Personen lehnen eher die bestehenden politischen Institutionen insgesamt ab und haben die Tendenz, die in einer Demokratie üblichen Spielregeln nicht zu akzeptieren" (vgl. auch: Ignazi 1992: 21-23; Mudde 1995: 214-218; Stöss 1989: 19). Allerdings ist schon aus taktischen Gründen nicht damit zu rechnen, daß die rechtsextremen Gruppen oder Personen ihre antidemokratischen Neigungen offen zu erkennen geben.
Unter dem Gesichtspunkt der Systemorientierungen könnte man zwischen alten und

Tabelle 2: Antisystemaffekte in europäischen Staaten, 1988-1992 (Angaben: Mittelwerte)

	1988	1992	MW	N	Eta
Belgien	2,09	2,01	2,05	1859	,03
Dänemark	1,61	1,19	1,40	1962	,19*
Deutschland-W.	1,59	1,64	1,62	2037	,02
Deutschland-O.		2,17		1024	
Frankreich	2,05	2,18	2,11	1862	,05*
Griechenland	1,56	1,99	1,78	1862	,18*
Großbritannien	2,02	1,78	1,91	1897	,09*
Irland	2,33	2,09	2,21	1852	,08*
Italien	2,44	2,67	2,55	1986	,07*
Luxemburg	1,53	1,27	1,37	723	,12*
Niederlande	1,60	1,57	1,59	1873	,01
Norwegen		1,42		939	
Portugal	1,90	1,63	1,77	1895	,11*
Spanien	2,02	1,80	1,91	1837	,08*

Informationen zum Wortlaut der Erhebungsfragen und zur Indexbildung siehe Anhang
* alle Beziehungen sind mindestens auf dem 95%-Niveau statistisch signifikant.

neuen Rechtsparteien differenzieren. Für erstere ist die Ablehnung der *Demokratie als Ordnungsmodell* typisch, für letztere eine *diffuse Unzufriedenheit mit dem politischen Status Quo,* die nicht notwendigerweise eine Ablehnung demokratischer Prinzipien impliziert. Diese Differenzierung läßt sich durch die für unsere Analyse verfügbaren Daten zumindest annäherungsweise erfassen. Als Indikator einer prinzipiellen Ablehnung des politischen Regimes eignet sich die Regimepräferenz der Befragten (Demokratie, Diktatur oder Indifferenz), die diffuse Unzufriedenheit mit dem politischen System kann durch die Frage nach der Demokratiezufriedenheit gemessen werden. Auch aus diesen beiden Items wurde für den ersten Teil der Analysen ein additiver Index gebildet.

Tabelle 2 gibt einen Überblick über die Struktur und Entwicklung der Antisystemorientierungen in den untersuchten Ländern: In Italien, Irland, Frankreich und Belgien und Ostdeutschland steht die Bevölkerung dem politischen System ziemlich kritisch gegenüber, Dänemark, Westdeutschland, Luxemburg, die Niederlande und Norwegen bilden die Kontrastgruppe, und Griechenland, Großbritannien, Spanien sowie Portugal liegen zwischen diesen Extremen.

Anders als die Einstellung zu Ausländern entwickelten sich die Antisystemorientierungen im Zeitraum 1988 bis 1992 in den einzelnen Ländern sehr unterschiedlich. In den Niederlanden, Westdeutschland und Belgien blieb die Systemunterstützung auf unterschiedlichem Niveau stabil, in Griechenland nahmen die Antisystemaffekte stark zu, in Italien und Frankreich wurden sie geringfügig stärker. Eine gegenläufige Tendenz zeigte sich vor allem in Dänemark, in abgeschwächter Form aber auch in Luxemburg, Portugal und Spanien (vgl. Tabelle 2).

4. *Ethnozentrismus, Antisystemorientierung und die Bereitschaft zur Wahl rechtsextremer Parteien*

Eine tiefergehende Analyse der Bedeutung von Antisystemaffekten und ethnozentrischen Orientierungen für die Wahl rechtsextremer Parteien muß sich auf die fünf Länder beschränken, in denen rechtsextreme Gruppierungen in den letzten Jahren eine gewisse Resonanz in der Wählerschaft fanden. Dabei handelt es sich um Belgien (Vlaams Blok), Dänemark (Fortschrittspartei (FKP)), Deutschland (Republikaner, NPD und DVU), Frankreich (Front National) und Italien (MSI und Lega Nord).[2] Diese Gruppierungen unterscheiden sich zwar in ihren Zielen und in der Radikalität ihres öffentlichen Auftretens voneinander, auf der Basis ihrer Programme und ihrer Aussagen in Wahlkampagnen rechnen die meisten Studien sie jedoch der europäischen Rechten zu (vgl. Backes 1990; Betz 1991; Hafeneger 1989; Ignazi 1992). Im folgenden Teil wird der Zusammenhang zwischen der Ausländerfeindlichkeit, den Antisystemaffekten und der Bereitschaft zur Wahl einer rechtsextremen Partei mittels einer Diskriminanzanalyse geprüft. Dabei stehen zwei Fragen im Vordergrund:

- Bilden ethnozentrische und antisystemische Orientierungen in den untersuchten Ländern jeweils eigenständige Dimensionen eines rechtsextremen Einstellungsraumes und welche Position nehmen die in diesen Ländern auftretenden Parteien in diesem Einstellungsraum ein?
- Wie gut läßt sich die Bereitschaft zur Wahl rechtsextremer Parteien mittels der Variablenkomplexe „Ausländerfeindlichkeit" und „Antisystemorientierungen" schätzen?

4.1 Zur Struktur des Einstellungsraumes in Westeuropa

In die Diskriminanzanalyse geht als Zielvariable die *Wahlabsichtsfrage* ein, als Prädiktorgrößen finden vier der fünf zuvor behandelten Einstellungsitems Verwendung. Als Indikatoren von Antisystemaffekten fungieren die *Demokratiezufriedenheit* und die *Regimepräferenz*; negative Einstellungen zu Ausländern werden durch die Einschätzung *der Anwesenheit von Menschen anderer Rassen als störend* sowie eine *positive Haltung zur Einschränkung der Rechte von Ausländern* abgebildet. Die Bewertung der Anwesenheit von Menschen anderer Nationalität als störend blieb in der folgenden Analyse unberücksichtigt. Hierfür waren zwei Gründe maßgeblich. Zunächst erscheint die Kategorie „Menschen anderer Nationalität" als zu diffus, um ethnozentrische Orientierungen zu erfassen. Zu diesem Personenkreis gehören unter anderem Bürgerinnen und Bürger benachbarter Länder, gegen die sich in der Regel keine ausländerfeindlichen Gefühle richten. Das Stimulusobjekt „Menschen anderer Rasse" ist demgegenüber eindeutiger. Ungeachtet dieser inhaltlichen Überlegungen – und auch in einem gewissen Widerspruch zu ihnen – korrelieren die Items „Menschen anderer Nationalität" und „Menschen anderer Rasse" so hoch miteinander, daß die Verwendung nur eines dieser

2 Analysen für die rechtsreligiösen Parteien in den Niederlanden zeigen, daß diese Gruppierungen nicht der rechtsextremen und rechtspopulistischen Szene zugeordnet werden können. Auf die Einbeziehung Norwegens wird aus Gründen der Vergleichbarkeit verzichtet, denn für dieses Land liegen nur Daten aus dem Jahr 1992 vor.

Indikatoren methodisch angemessen erscheint.[3] Alle vier Variablen leisten einen statistisch signifikanten Beitrag zur Trennung der Wählergruppen in den fünf untersuchten Ländern.

Da Antisystemorientierungen und Ausländerfeindlichkeit als konzeptuell voneinander zu unterscheidende Prädiktorgrößen rechtsextremer Wahlabsichten eingeführt wurden, ist zu prüfen, ob unser Schätzmodell diese beiden Grunddimensionen adäquat abbildet. Im Falle einer eindeutigen Trennung zwischen beiden Dimensionen müßten die Demokratiezufriedenheit und die Präferenz für eine demokratische Ordnung auf einer Diskriminanten laden, die Ethnozentrismus-Items auf einer zweiten. Ein solches Ergebnis würde zugleich die im ersten Teil dieses Beitrages vorgenommene Indexbildung validieren.

Nach dem Kriterium der statistischen Signifikanz ist die Differenzierung zwischen zwei Merkmalsdimensionen lediglich für Dänemark und Deutschland angemessen, in Belgien, Frankreich und Italien ergaben sich dagegen drei statistisch signifikante Diskriminanzfunktionen. Da die statistische Signifikanz lediglich eine Entscheidungshilfe bei der Beurteilung der Qualität von Schätzmodellen leistet, inhaltliche Überlegungen aber keineswegs überflüssig macht, ist diese Lösung auf ihre substantielle Plausibilität zu prüfen. Dabei erwies sich die Zwei-Diskriminanten-Lösung in vier der fünf Länder als inhaltlich angemessen, in Italien ist eine Drei-Diskriminanten-Lösung ebenso brauchbar, allerdings nur bei Berücksichtigung aller drei Ethnozentrismusindikatoren. Aus Gründen der Vergleichbarkeit liegen den folgenden Ausführungen die zweidimensionalen Lösungen zugrunde. Für Italien wird knapp auf die Ergebnisse der alternativen Modellschätzung eingegangen.

Die inhaltliche Bedeutung der Diskriminanten ergibt sich aus den in Tabelle 3 ausgewiesenen Ladungen der Variablen auf den Diskriminanzfunktionen. Die ermittelten Ladungsmuster unterstreichen in den meisten Fällen die Relevanz der Unterscheidung zwischen Antisystemorientierungen und ethnozentrischen Einstellungen für die Analyse des Rechtsextremismus.

Außer in Italien bilden die Einstellungen zu Ausländern und die Unterstützung des politischen Systems ein für die Abgrenzung verschiedener Wählergruppen angemessenes Koordinatensystem, wobei das Gewicht dieser beiden Dimensionen und ihre inhaltliche Bedeutung von Land zu Land variieren. In Italien entfällt bei einer Zwei-Diskriminanten-Lösung die Ethnozentrismusdimension. Statt dessen differenzieren sich mit der Demokratiezufriedenheit (erste Diskriminante) und der Präferenz für eine demokratische Ordnung (zweite Diskriminante) zwei unterschiedliche Aspekte des Verhältnisses der Bevölkerung zum politischen System aus. Eine eigenständige Ethnozentrismusdimension entsteht erst dann, wenn man eine dritte Diskriminante extrahiert und sämtliche verfügbaren Ethnozentrismusindikatoren berücksichtigt. Nach dem Kriterium der statistischen Signifikanz ist eine solche Lösung angemessen (auf die Vorlage entsprechender Tabellen wird verzichtet).

In den anderen vier Ländern liefert das Diskriminanzmodell die erwarteten Trennfunktionen. In Belgien und Dänemark laden die Einstellungen zu den Ausländern auf der ersten und die Systemorientierungen auf der zweiten Diskriminanzfunktion, in

3 Bei Verwendung eines aus diesen beiden Items gebildeten Indexes ergeben sich keine wesentlich anderen Befunde als die nachfolgend präsentierten.

Tabelle 3: Die Ladung der Variablen auf den Diskriminanten (rotierte Lösung, standardisierte Effekte)

	B	D	DK	F	I
– Erste Diskriminante –					
Menschen anderer Rasse nicht störend	,62		,34	,27	
Rechte von Ausländern ausweiten	**,63**	–,46	**,85**	–,23	
Demokratiezufriedenheit		**,85**		,35	**,99**
Demokratiepräferenz		,36		**,82**	
Wilks Lambda	,87	,84	,84	,81	,81
Chi^2	221,3*	305,6*	302,6*	349,7*	373,3*
df	32	28	40	32	48
Can. Corr.	,28	,30	,33	,38	,35
Gebundene Varianz 1	61,2	54,2	68,7	75,1	62,0
Gebundene Varianz 2	64,4	55,1	69,9	56,9	64,4
– Zweite Diskriminante –					
Menschen anderer Rasse nicht störend	,23	,34	,51		,47
Rechte von Ausländern ausweiten	–,34	**,63**	–,35	**,95**	,23
Demokratiezufriedenheit	**,71**		**,83**		
Demokratiepräferenz	,57	,48			**,79**
Wilks Lambda	,95	,92	,95	,95	,92
Chi^2	87,3*	141,2*	97,2*	91,3*	145,8*
df	21	18	27	21	33
Can. Corr.	,19	,26	,21	,19	,23
Gebundene Varianz 1	25,4	41,6	26,6	16,6	25,4
Gebundene Varianz 2	35,6	44,9	30,1	43,1	35,7

Ladungen < .20 sind nicht wiedergegeben.
* alle Beziehungen sind mindestens auf dem 95%-Niveau statistisch signifikant.
Die fettgedruckten Werte bezeichnen die Markierungsitems der Diskriminanten.
Gebundene Varianz 1: Anteil der Varianz bei Berücksichtigung sämtlicher Diskriminanten; Gebundene Varianz 2: Anteil der Varianz bei Berücksichtigung der für die folgende Analyse relevanten Diskriminanten.

Deutschland und Frankreich verhält es sich umgekehrt. Dies bedeutet, daß sich die Parteianhänger in Belgien und Dänemark vornehmlich in ihren Einstellungen zu den Ausländern voneinander unterscheiden, während in Deutschland und Frankreich die Systemorientierungen die parteipolitisch relevantere Trennlinie bilden. Schon wegen der unterschiedlichen Ladungsmuster auf den Diskriminanten ist der politische Raum dieser Ländergruppen aber nicht vollständig gleichartig strukturiert.

In Belgien spielen die beiden Ethnozentrismus-Items eine ungefähr gleich große Rolle als Unterscheidungskriterium zwischen den einzelnen Wählergruppen. In Dänemark, Deutschland und Frankreich ist die Einstellung zu den Rechten von Ausländern weitaus wichtiger als die Einstellung zur Anwesenheit von Menschen anderer Rasse (vgl. Tabelle 3). Die für Italien ermittelte dritte Diskriminante wird ebenfalls primär durch die Einstellung zu den Rechten von Ausländern geprägt.

Auf der Systemdimension ergeben sich in den untersuchten Ländern ebenfalls unterschiedliche Konstellationen. In Dänemark ist Systemunterstützung gleichbedeutend mit Demokratiezufriedenheit, die Regimefrage spielt für die Wahlabsicht keine Rolle.

In abgeschwächter Form gilt diese Feststellung auch für Deutschland, wo die Systemunterstützung primär durch die Demokratiezufriedenheit bestimmt ist, während die Regimepräferenz auf der Systemunterstützungsdimension schwächer lädt als auf der Ethnozentrismusdimension. In Belgien ist die Demokratiezufriedenheit gleichfalls der für die Systemunterstützung maßgebliche Faktor, allerdings weist die Regimepräferenz ebenfalls eine klar erkennbare Beziehung zu dieser Achse des politischen Raumes auf. In Frankreich schließlich wird die Systemunterstützung weitgehend durch die Regimepräferenz bestimmt (vgl. Tabelle 3).

Im Hinblick auf die Systemunterstützung besteht somit ein deutlicher Unterschied zwischen Dänemark auf der einen und Frankreich auf der anderen Seite. Für den Parteienwettbewerb in dem ersten der beiden Länder spielt ein diffuses Unbehagen am Zustand der Demokratie eine wichtige Rolle, die Regimefrage hingegen stellt sich nicht. Dagegen trennt die Einstellung zur demokratischen Ordnung in Frankreich die Wähler verschiedener Parteien voneinander. In Belgien, Deutschland und Italien beeinflussen beide Arten politischer Unterstützung die Parteipräferenz, in Deutschland spielt jedoch – anders als in Italien und Belgien – die Unzufriedenheit mit dem Funktionieren der Demokratie eine größere Rolle.

Nach den bisher vorgelegten Ergebnissen sind ethnozentrische Überzeugungen und Antisystemaffekte zwar für die Strukturierung des Einstellungsraumes von vier der fünf Länder relevant, jedoch weisen die Koordinaten des politischen Raumes in jedem der fünf Länder eine besondere inhaltliche Prägung auf. Diesem Umstand kann für das Erscheinungsbild des Rechtsextremismus in den untersuchten Ländern eine große Bedeutung zukommen; denn es macht einen Unterschied, ob sich Wähler primär auf Grund von Politikverdrossenheit, antidemokratischen Neigungen oder negativen Einstellungen zu Ausländern einer rechtsextremen oder rechtspopulistischen Partei zuwenden. Bevor diese Frage genauer geprüft wird, sind einige Annahmen über die Lage der rechtsextremen Wählergruppen im politischen Raum zu formulieren.

Im Hinblick auf die Position der Wähler rechtsextremer Parteien auf der Ethnozentrismusdimension enthält die Literatur eindeutige Erwartungen. Demnach gehören negative Einstellungen zu Menschen anderer Rasse zu den Charakteristika eines rechtsextremen Überzeugungssystems. Unter Anhängern linksextremer Parteien ist dies auf Grund der internationalistischen Tradition ebensowenig zu erwarten wie in der Wählerschaft zentristischer oder links-alternativer Parteien. Die Anhänger rechtsextremer Parteien dürften in allen untersuchten Ländern eine Extremposition auf der Ethnozentrismusachse einnehmen, wie auch der Stellenwert der Ausländerpolitik in den Wahlkampagnen der Rechtsextremen unterstreicht.

Etwas komplizierter stellt sich die Sachlage für die Unterstützung des politischen Systems dar. Zwar sind bei den Wählern rechtsextremer Parteien starke Antisystemaffekte wahrscheinlich, dies kann aber auch für das linksextreme Lager – z.B. die französischen oder italienischen Kommunisten – gelten. Kritische Einstellungen zum aktuellen Zustand der Demokratie schließlich indizieren nicht notwendigerweise extremistische Dispositionen, sondern treten auch bei Anhängern demokratischer Oppositionsparteien auf (vgl. Gabriel 1992: 145-151). Allerdings sind sie im demokratischen Wählerspektrum schwächer ausgeprägt als bei Wählern extremistischer Parteien. Die Wähler rechts- und linksextremer Parteien dürften sich jedoch durch die *Verbindung* von Ethnozentrismus und Antisystemorientierungen klar voneinander unterscheiden.

Tabelle 4: Die Lage der Wählerschaft rechtsextremer Parteien im politischen Raum

Belgien Partei	Ablehnung Ethnozentr.	System- unterstützung
GRUENE	,48	–,30
SP/PS	,09	,01
PVV/PRL	–,15	,07
CVP/PSC	,05	,20
VU	–,34	–,10
VB	**–1,35**	**–,82**
KEINE	–,19	–,50
Deutschland Partei	System- zufriedenheit	Ablehnung Ethnozentr.
GRUENE	–,57	,44
SPD	–,06	,10
FDP	,14	,10
CDU/CSU	,35	–,07
REP/NPD	**–,92**	**–1,41**
KEINE	–,27	–,26
Dänemark Partei	Ablehnung Ethnozentr.	System- zufriedenheit
SVP	,59	–,22
GRUENE	,99	–,50
SP	–,02	,01
RV	,24	,30
VENSTRE	–,04	,30
KONS	–,22	,15
CD	–,25	–,04
FKP	**–,79**	**–,43**
KEINE	–,11	–,26
Frankreich Partei	System- unterstützung	Ablehnung Ethnozentr.
PC	–,24	,33
PS	,27	,26
ECO	,13	,17
UDF	,17	,03
RPR	,00	–,31
FN	**–1,37**	**–,95**
KEINE	–,54	,11
Italien Partei	System- zufriedenheit	Demokratie- präferenz
RC	–,38	–,06
PDS	–,39	,14
PSI	,04	,10
PSDI	,05	–,23
PRI	,24	,27
VERDI	–,11	,42
DC	,60	,08
LEGA	**–,52**	**–,59**
PLI	–,21	,21
MSI	**–,38**	**–1,20**
KEINE	–,62	–,14

Von dem bereits erwähnten Sonderfall Italien abgesehen, ist die Wählerschaft aller rechtsextremen Gruppierungen im Ethnozentrismus-Sektor des politischen Raumes positioniert. Die Wähler des Vlaams Blok, der Republikaner/NPD, des FN und der Fortschrittspartei nehmen auf der Ethnozentrismus-Achse erwartungsgemäß die Extremposition ein (vgl. Tabelle 4). Auf der für Italien ermittelten dritten Diskriminanten befinden sich die Wähler der Lega Nord ebenfalls in der erwarteten Position. Dagegen sind die potentiellen Wähler des MSI überraschenderweise nicht als besonders ethnozentrisch einzustufen. Schließlich indizierte die geringe Distanz zwischen den Lega-Wählern und den übrigen italienischen Wählergruppen die untergeordnete Bedeutung der Ethnozentrismusdimension im Einstellungsraum Italiens. Negative Einstellungen zu den Ausländern bilden somit ein Band, das die Wähler aller untersuchten Rechtsparteien miteinander vereint. Lediglich die MSI-Wähler weichen vom vorherrschenden Muster ab.

Die Lage der Wähler einzelner Parteien auf der Antisystemdimension entspricht ausnahmslos den Erwartungen. In sämtlichen untersuchten Ländern fällt die Systemunterstützung in der rechtsextremen Wählerschaft schwächer aus als in der Gesamtbevölkerung. Allerdings variiert – wie bereits dargelegt – dieser Einstellungskomplex von Land zu Land. In Belgien, Deutschland und Frankreich nehmen die rechtsextremen Wähler die Extremposition auf der Antisystemachse ein. In Dänemark bewertet eine andere Gruppe den aktuellen Zustand der Demokratie noch negativer als dies die Rechtsextremen tun, jedoch weisen auch diese stark systemkritische Einstellungen auf. Erneut unterscheiden sich die MSI-Wähler von den Anhängern anderer europäischer Rechtsparteien. Sie stehen dem Status Quo zwar überdurchschnittlich kritisch gegenüber, teilen diese Einschätzung aber mit den Wählern des RC und des PDS.

Die Diskriminanzanalysen weisen den Wählern rechtsextremer Parteien fast ausnahmslos eine inhaltlich plausible Position im Einstellungsraum ihrer Länder zu. Gemeinsam ist allen diesen Gruppierungen die Unzufriedenheit mit dem bestehenden politischen System. Dagegen diskriminieren die Präferenz für eine nichtdemokratische Ordnung und die Einstellung zu den Ausländern deutlich innerhalb der europäischen Rechten. Wie eine zusammenfassende Einordnung der sechs untersuchten Gruppierungen im politischen Raum der fünf untersuchten Länder verdeutlicht, stellen die Ausländerfeindlichkeit und die Unzufriedenheit mit der Demokratie ein Bindeglied

Abbildung 1: Typen rechtsextremer Parteien in Westeuropa

<table>
<tr><td colspan="2" rowspan="2"></td><td colspan="2">Ausländerfeindlichkeit</td></tr>
<tr><td>relevant</td><td>irrelevant</td></tr>
<tr><td rowspan="3">Antidemokratische Ordnungsvorstellungen</td><td>stark</td><td>Front National (F)</td><td>MSI (I)</td></tr>
<tr><td>vorhanden</td><td>Vlaams Blok (B)
NPD/REP (D)
Lega Nord (I)</td><td></td></tr>
<tr><td>irrelevant</td><td>Fortschrittspartei (DK)</td><td></td></tr>
</table>

zwischen den meisten rechtsextremen bzw. rechtspopulistischen Gruppen dar. Diese Verknüpfung ist lediglich bei den MSI-Wählern nicht anzutreffen. Als Repräsentanten einer harten antidemokratischen Rechten erweisen sich der Front National und der MSI. In abgeschwächter Form gilt diese Aussage für die deutschen Rechtsextremen sowie die Wähler der Lega Nord und des Vlaams Blok. In der Wahl der dänischen Fortschrittspartei manifestiert sich Politikverdrossenheit und Ausländerfeindlichkeit, aber keine Absage an demokratische Ordnungsprinzipien. In den anderen hier untersuchten Ländern setzen sich rechtsextreme Orientierungen nicht in die Wahl einer rechtsextremen Partei um, sondern werden von den etablierten Parteien absorbiert.

4.2 Zur Genauigkeit des Schätzmodells

Ein leistungsfähiges Diskriminanzmodell zeichnet sich durch eine möglichst gute Annäherung der theoretisch geschätzten an die empirisch ermittelte Gruppenzugehörigkeit der Befragten aus. Unser Modell erreicht eine um so größere Schätzgenauigkeit, je stärker die auf der Basis der Ethnozentrismus- und Antisystemvariablen vorgenommene Gruppenbildung mit der Wahlabsicht der Probanden übereinstimmt.
Der Darstellung der Ergebnisse sei eine Bemerkung vorangestellt. Die Aufgabe des folgenden Abschnittes besteht nicht darin, ein optimales Schätzmodell des Wählerverhaltens insgesamt zu liefern. Würde dieses Anliegen verfolgt, dann müßten zusätzlich zu den Ethnozentrismus- und Antisystemindikatoren Größen wie die Position von Individuen in der Sozialstruktur, Wertorientierungen, Issueorientierungen und Kandidatenpräferenzen in die Analyse einbezogen werden (vgl. für viele andere: Bürklin 1988). Da dies in unserer Untersuchung aus theoretischen Gründen unterblieb, fällt die Schätzgüte des *Gesamtmodells* zwangsläufig suboptimal aus. Dagegen zeigt unser Modell, welche Wählergruppen besonders markante Einstellungen zum politischen System und zu Ausländern aufweisen und für welche dies nicht zutrifft.
Wie aus Tabelle 5 hervorgeht, eignet sich unser Diskriminanzmodell in den meisten Fällen sehr gut zur Schätzung rechtsextremer Wahlabsichten. Mehr als sechzig Prozent der Wähler des Vlaams Blok, der NPD/Republikaner, und des Front National werden korrekt „ihren" jeweiligen Parteien zugeordnet. Für die Fortschrittspartei und den MSI liegen die Trefferquoten über fünfzig Prozent. Selbst der enttäuschend niedrige Anteil korrekt zugeordneter Lega-Wähler stellt sich günstiger dar, wenn man berücksichtigt, daß 41 Prozent von ihnen der anderen Gruppierung im rechtsextrem Spektrum des italienischen Parteiensystems, dem MSI, zugeordnet werden. Im Falle der Drei-Diskriminanten-Lösung erhöht sich die Schätzgenauigkeit für die Lega auf beachtliche 38 Prozent, was aus der exponierten Lage der Wähler dieser Partei auf der Ethnozentrismus-Achse resultiert.
Im Vergleich mit den rechtsextremen Gruppierungen liefert das Diskriminanzmodell für die Wähler der übrigen Parteien – wie erwartet – erheblich schlechtere Schätzergebnisse. Jedoch liegt der Anteil korrekt zugeordneter Befragter in einigen Fällen deutlich über dem durch Zufallsverteilungen gesetzten Niveau. Dies gilt vornehmlich für die Wähler der führenden Regierungsparteien (CVP/PSC, CDU/CSU, PS, DC) sowie die Anhänger kleiner – häufig links-alternativer – Gruppierungen. Auch die

Tabelle 5: Anteil der korrekt klassifizierten Befragten (Angaben: Prozentanteile)

Belgien	13,7	**Deutschland**	16,2	**Frankreich**	20,9
GRUENE	50,0	GRUENE	8,7	PC	0,0
SP/PS	0,3	SPD	0,7	ECO	0,4
PVV/PRL	9,3	FDP	29,8	PS	50,1
CVP/PSC	36,1	CDU/CSU	39,0	UDF	6,6
VB	**66,7**	**NPD/REP**	**64,2**	RPR	27,5
KEINE	16,7	KEINE	10,2	**FN**	**63,5**
				KEINE	6,7
Dänemark	9,9	**Italien**	15,0		
SVP	0,0	RC	0,0		
GRUENE	20,0	VERDI	36,6		
SP	0,2	PDS	0,0		
RV	56,6	PSI	0,5		
Venstre	6,1	PSDI	0,0		
Kons	16,7	PRI	0,0		
CD	0,0	PLI	0,0		
FKP	**54,7**	DC	46,9		
KEINE	2,4	**LEGA**	**3,1**		
		MSI	**57,8**		
		KEINE	27,2		

Kleinere und politisch wenig bedeutende Gruppierungen sind in den Berechnungen, aber nicht in der Tabelle berücksichtigt.

Fehlkassifikationen, die hier nicht im Detail erörtert werden können, lassen zumeist ein plausibles Muster erkennen (auf die Vorlage von Tabellen wird verzichtet).

5. Zusammenfassung und Schlußfolgerungen

Die in der Wissenschaft, den Massenmedien und der politisch interessierten Öffentlichkeit verbreitete Deutung der jüngsten Wahlerfolge rechtsextremer und rechtspopulistischer Parteien als Produkt von Ausländerfeindlichkeit, Politikverdrossenheit und dem Vorhandensein eines genuin antidemokratischen Potentials in den europäischen Demokratien entspricht zum Teil den tatsächlichen politischen Gegebenheiten, zum Teil muß sie modifiziert oder differenziert werden. In allen hier untersuchten europäischen Ländern steht hinter den Erfolgen der Rechtsparteien eine negative Einstellung zu Ausländern, ein Unbehagen am politischen Status Quo kommt generell hinzu. Die Einstellung, die am stärksten innerhalb der Rechtswählerschaft differenziert, ist die Präferenz für eine demokratische Ordnung. Wenn man diese Orientierung als Kriterium für die Unterscheidung zwischen einer antidemokratischen und einer systemimmanent operierenden Rechten verwendet, markieren der französische Front National und die dänische Fortschrittspartei die Extrempositionen. Der MSI ist zwar dem antidemokratischen Spektrum zuzurechen, seine Wähler nehmen jedoch bezüglich des Merkmals „Ausländerfeindlichkeit“ eine Sonderstellung innerhalb der euro-

päischen Rechten ein. Die übrigen in diesem Beitrag untersuchten Gruppierungen stellen Grenzfälle dar.
Die in Westeuropa auftretenden Rechtsparteien sind offenkundig dazu in der Lage, aus dem vorhandenen systemkritischen und ausländerfeindlichen Potential Nutzen zu ziehen, jedoch ist dies nicht in allen Ländern der Fall. Griechenland weist im Hinblick auf die Verbreitung rechtsextremer Einstellungen in der Bevölkerung keine wesentlich schlechteren Voraussetzungen für einen politischen Durchbruch einer rechtsextremen oder rechtspopulistischen Partei auf als Deutschland oder Dänemark, eine entsprechende Gruppierung konnte sich bisher jedoch noch nicht dauerhaft etablieren. Auf der anderen Seite fällt es auf der Basis des Ethnozentrismuskonzeptes nicht leicht, die Erfolge der italienischen Rechtsparteien zu erklären. Rechtsextreme Orientierungen finden sich in allen europäischen Ländern, und zwar unabhängig davon, ob eine rechtsextreme Partei auf dem Wählermarkt auftritt. Auf der anderen Seite verdeutlichen gerade die in Dänemark und Frankreich ermittelten Erkenntnisse über die Einstellungskorrelate der Wahl von Rechtsparteien die beträchtliche Bandbreite innerhalb des rechten Spektrums. Aktuelle Daten aus Italien könnten möglicherweise zusätzliche Aufschlüsse über die Erfolgsbedingungen europäischer Rechtsparteien vermitteln.

Literaturverzeichnis

Backes, Uwe, 1990: Extremismus und Populismus von Rechts, in: Aus Politik und Zeitgeschichte B46-47/90, 3-14.

Backes, Uwe/Jesse, Eckhard, 1993: Politischer Extremismus in der Bundesrepublik Deutschland. Köln.

Bauer, Petra/Niedermayer, Oskar, 1990: Extrem rechtes Potential in den Ländern der Europäischen Gemeinschaft, in: Aus Politik und Zeitgeschichte B46-47/90, 15-26.

Betz, Hans-Georg, 1991: Radikal rechtspopulistische Parteien in Westeuropa, in: Aus Politik und Zeitgeschichte B44/91, 3-14.

Beyme, Klaus von, 1988: Right-Wing Extremism in Post War Europe, in: *Klaus von Beyme* (Hrsg.), Right-Wing Extremism in Western Europe. London, 1-18.

Bürklin, Wilhelm P., 1988: Wählerverhalten und Wertewandel. Opladen.

Falter, Jürgen W., 1994: Wer wählt rechts? Die Wähler und Anhänger rechtsextremistischer Parteien im vereinigten Deutschland. München.

Falter, Jürgen W./Schumann, Siegfried, 1988: Affinity Towards Right-Wing Extremism in Western Europe, in: *Klaus von Beyme* (Hrsg.), Right-Wing Extremism in Western Europe. London, 96-110.

Falter, Jürgen/Schumann, Siegfried/Klein, Markus, 1994: Politische Konflikte, Wählerverhalten und die Struktur des Parteienwettbewerbs, in: *Oscar W. Gabriel/Frank Brettschneider* (Hrsg.), Die EU-Staaten im Vergleich. Strukturen, Prozesse, Politikinhalte. Opladen, 194-220.

Gress, Franz/Jaschke, Hans-Gerd/Schönekäs, Klaus, 1990: Neue Rechte und Rechtsextremismus in Europa. Bundesrepublik, Frankreich, Großbritannien. Opladen.

Hafeneger, Benno, 1989: Die Vernetzung der extremen Rechten in Westeuropa, in: *Martina Kirfel/Walter Oswalt* (Hrsg.), Die Rückkehr der Führer. Modernisierter Rechtsextremismus in Westeuropa. Wien, 185-200.

Ignazi, Piero, 1992: The Silent Counter Revolution: Hypotheses on the Emergence of Extreme Right Wing Parties in Europe, in: European Journal of Political Research 22, 3-34.

Ignazi, Piero/Ysmal, Colette, 1992: New and Old Extreme Right Parties. The French Front Nationale and the Italian Movimento Sociale, in: European Journal of Political Research 22, 101-121.

Jaschke, Hans-Gerd, 1994: Rechtsextremismus und Fremdenfeindlichkeit. Begriffe, Positionen. Praxisfelder. Opladen.

Lepszy, Norbert, 1993: Rechtspopulismus und Rechtsextremismus in Europa. St. Augustin (Konrad Adenauer Stiftung, Dokumentation).

Mudde, Cas, 1995: Right-Wing Extremism Analysed: A Comparative Analysis of Ideologies of Three Alledged Right-Wing Extremist Parties (NPD, NDP, CP'86), in: European Journal of Political Research 27, 203-224.

Pfahl-Traughber, Armin, 1995: Rechtsextremismus in Deutschland. Bestandsaufnahme und Problemaufriß, in: *Konrad Schacht/Thomas Leif/Hannelore Janssen* (Hrsg.), Hilflos gegen Rechtsextremismus? Ursachen – Handlungsfelder – Projekterfahrungen. Köln, 11-42.

Scheuch, Erwin K./Klingemann, Hans Dieter, 1967: Theorie des Rechtsradikalismus in westlichen Industriegesellschaften, in: Hamburger Jahrbuch für Wirtschafts- und Gesellschaftspolitik, 11-29.

Stöss, Richard, 1989: Die extreme Rechte in der Bundesrepublik. Opladen 1989.

Anhang

1. Stichprobenumfang in den untersuchten Ländern:

Belgien: 2060; Dänemark: 2006; Deutschland-West: 2116; Deutschland-Ost (nur 1992): 1112; Frankreich: 2006; Griechenland: 2000; Großbritannien: 2033; Irland: 2013; Italien: 2104; Luxemburg: 796; Niederlande: 2008; Norwegen (nur 1992): 1000; Portugal: 2000; Spanien: 2013,

2. Indikatoren zur Messung der Variablen Rechtsextremismus, Antisystemorientierung und Ethnozentrismus:

Rechtsextremismus:

„Welche Partei würden Sie wählen, wenn [am nächsten Sonntag Bundestagswahl] wäre?"

Antisystemorientierungen:

1.) „Sind Sie mit der Art und Weise, wie die Demokratie [in der Bundesrepublik] funktioniert alles in allem gesehen – sehr zufrieden – zufrieden – ziemlich unzufrieden oder völlig unzufrieden"?

2.) „Ich habe hier auf der Liste drei Ansichten über verschiedene Staatsformen. Welche davon kommt Ihrer eigenen Ansicht am nächsten?

- Die Demokratie ist die beste aller Staatsformen, ganz gleich wie die Umstände ansonsten sein mögen.
- Ob unser Staat eine Demokratie oder eine Diktatur ist, macht für Leute wie mich keinen Unterschied.
- Unter bestimmten Umständen könnte eine Diktatur durchaus gut sein."

Der Index „Antisystemorientierungen" ist ein additiver Index aus den beiden Items 1. und 2. mit einem Wertebereich von 1 = starke Systemunterstützung bis 6 = starke Antisystemorientierung.

Ethnozentrismus:

1.) „In bezug auf Leute, die [in der Bundesrepublik] leben, aber weder [Bundesbürger] noch Bürger eines anderen Mitgliedslandes der Europäischen Gemeinschaft sind: Sollten wir Ihrer Meinung nach deren Rechte ausweiten, deren Rechte beschränken oder sollte es so bleiben wie bisher?"

2.) „Manche Leute empfinden die Einstellungen, Gebräuche und Lebensweisen von Menschen, die von ihnen selbst verschieden sind, als störend. Wie ergeht es Ihnen persönlich damit?

– Empfinden Sie in Ihrem täglichen Leben die Anwesenheit von Menschen anderer Nationalität als störend oder ist das nicht der Fall?"

3.) „Und empfinden Sie die Anwesenheit von Menschen anderer Rasse als störend?"
Der Index „Ethnozentrismus" ist ein additiver Index aus den Items 1., 2. und 3. mit einem Wertebereich von 1 = starker Anti-Ethnozentrismus bis 6 = starker Ethnozentrismus.

Links-Rechts-Skala:

In der Politik spricht man von „Links" und „Rechts". Wie würden Sie persönlich Ihren Standpunkt auf dieser Liste (Vorlage einer 10-Punkte Skala) einordnen?: 1. Links ... 10. Rechts.
Die Werte wurden zusammgefaßt zu 1 = 1; 2 bis 4 = 2; 5 bis 6 = 3; 7 bis 9 = 4 und 10 = 5.

V.

Organisierter Rechtsextremismus im internationalen Vergleich

Radikaler Rechtspopulismus in Westeuropa

Hans-Georg Betz

1. Einleitung

Der scheinbar unaufhaltsame Aufstieg radikal rechtspopulistischer Parteien stellt eine der wichtigsten politischen Herausforderungen an das etablierte Parteiensystem dar. Entwicklung und Erfolgsbilanz radikal rechtspopulistischer Parteien lassen sich an ihren Ergebnissen bei nationalen Wahlen ablesen (Tabelle 1). Zu den erfolgreichsten westeuropäischen Parteien gehören die Freiheitliche Partei Österreichs (seit 1995 „F-Bewegung"), der französische Front National und der belgische Vlaams Blok (im flämischen Teil Belgiens erreichte er im Mai 1995 über 12 Prozent der Stimmen). Dagegen stagnieren die italienische Lega Nord (bei den Regionalwahlen im Frühjahr 1995 erhielt sie zwischen 10 und 18 Prozent der Stimmen), die dänische Fremskridtspartiet und die schweizerischen Freiheitlichen (früher „Autopartei"). Aber auch der Niedergang der deutschen Republikaner war kein Einzelfall. Eine ähnliche Entwicklung durchlief die schwedische Ny Demokrati (nachdem Ian Wachtmeister die Partei anfangs 1994 verließ) sowie, weniger dramatisch, die norwegische Fremskrittspartiet.

Der Durchbruch des radikalen Rechtspopulismus fällt zusammen mit einer Periode tiefgreifenden sozio-kulturellen Wandels in den meisten westlichen Gesellschaften (vgl. Betz 1994). Standen am Anfang der achtziger Jahre noch Forderungen nach einer grundlegenden Wende in der Umweltpolitik, einer Neudefinierung der Arbeit, sozialer und gesetzlicher Besserstellung von sozialen Randgruppen, sowie realer Gleichstellung von Frauen in Beruf und Gesellschaft im Mittelpunkt der politischen Auseinandersetzung, so stiegen am Ende der achtziger Jahre Fragen nach den Folgen ungebremster Einwanderung, des „überzüchteten" Wohlfahrtsstaats und der damit verbundenen „Anspruchsmentalität" zu zentralen politischen Themen auf. Sie sind Ausdruck einer neuen politischen Kultur des Ressentiments, die sich im Zuge weltweiter technologischer und wirtschaftlicher Veränderungen grenzübergreifend ausbreitet.

Der folgende Beitrag analysiert den Aufstieg radikal rechtspopulistischer Parteien im westeuropäischen Vergleich anhand ihrer Programmatik und sozialen Basis. Parteien werden dem radikalen Rechtspopulismus zugerechnet, wenn sie 1. das Prinzip individueller oder sozialer Gleichheit ablehnen und sich darüber hinaus für sozio-ökonomische und sozio-politische Rahmenbedingungen stark machen, die individuelle oder soziale Ungleichheiten begünstigen oder betonen; 2. grundlegende Veränderungen des bestehenden sozio-ökonomischen oder sozio-politischen Systems propagieren, ohne dabei jedoch die demokratische Verfassungsordnung an sich in Frage zu stellen; und 3. an latente öffentliche Gefühle der Verdrossenheit, Enttäuschung oder Angst

Tabelle 1: Wahlergebnisse radikal rechtspopulistischer Parteien

	LN	AP	FN	REP	ND	FP(D)	FP(N)	FPÖ	VB
1980									
1981						8.9	4.5		1.1
1982									
1983									
1984			11.0*			3.6			1.3*
						3.5*			
1985							3.7		1.4
1986			9.8					9.7	
1987		2.6				4.8			1.9
1988			14.4**			9.0			
			9.7						
1989	1.8*		11.7*	7.1*		5.3*	13.0		4.1*
1990				2.1		6.4		16.6	
1991		5.1			6.7				6.6
1992	8.7								
1993							6.3		
1994	8.4			1.9		6.4			22.5
	6.6*		10.5*	3.9*					7.8*
1995			15.0**						7.8

* = Europawahlen; ** = Französische Präsidentschaftswahlen; LN (Lega Nord); AP (Autopartei); FN (Front National); REP (Republikaner); ND (Ny Demokrati); FP(D) (Fremskridtspartiet, Dänemark); FP(N) (Fremskrittspartiet, Norwegen); VB (Vlaams Blok)

appellieren sowie ihre politischen Forderungen mit Hinweis auf den common sense der „schweigenden Mehrheit" legitimieren. Dabei sind alle diejenigen Parteien ausgeschlossen, die theoriegeleitet sind oder einen elitären Anspruch erheben. Dies trifft vor allem auf die italienische Alleanza nazionale (früher MSI) zu (Ignazi 1994: 116-121).

2. *Programmatik*

Der Erfolg radikal rechtspopulistischer Parteien gründet nicht zuletzt auf ihrer Fähigkeit, widersprüchliche gesellschaftliche Forderungen in griffige Politikformeln umzugießen. Verfolgen einige Parteien durchaus ihre eigenen spezifischen Ziele (z.B. Föderalismus [Lega Nord]; Separatismus [Vlaams Blok]; Verkehrsproblematik [schweizerische Freiheitliche]), ist ihnen doch ein programmatischer Kern gemein. Dazu gehört 1) ein Komplex Anti-politisches Establishment; 2) ein Komplex Neoliberalismus/Neoindividualismus; sowie 3) ein Komplex Einwanderung/Unsicherheit/Arbeitslosigkeit. Die Kritik des radikalen Rechtspopulismus richtet sich in erster Linie gegen das politische Establishment. So polemisiert der Vlaams Blok gegen die „politische Mafia" der etablierten Parteien und deren „politisches Banditentum"; attackiert Jean-Marie Le Pen die „Viererbande" aus RPR, UDF, PS und PC. Der „Nomenklatur" (Bossi) wird vorgeworfen, die Macht an sich gerissen und sich den Staat als „Beutestück" einverleibt zu haben (Haider 1993: 126). Im Zuge dieser Entwicklung habe sich eine politische Klasse herausgebildet, die sich mit Hilfe von Kompromissen an der Macht halte und so „konfliktunfähig" geworden sei (Autopartei 1991: 4). Ihr einziges Ziel sei es, sich

auf Kosten der Allgemeinheit zu bereichern und ihre „Macht durch Privilegien, Ämterpatronanz, Gelegenheitskorruption und Günstlingswirtschaft" zu festigen (Haider 1994: 41).
Die scharfe Kritik an der politischen Klasse hat während der letzten Jahre an strategischer Bedeutung gewonnen und steht auch bei den dezidiert ausländerfeindlichen Parteien dem Thema Einwanderung an Signifikanz nicht nach (Guillebaud 1995: 29). Dabei greifen sie in ihrer Diktion und Zielsetzung weitverbreitete Ressentiments gegenüber dem politischen Establishment auf als Ausgangspunkt ihrer Forderungen nach grundlegenden institutionellen Strukturveränderungen. So Jörg Haider: „Die Politik dieses Landes muß sich ändern – und zwar gründlich, von der Wurzel her, also radikal. (...) Wir wollen eine österreichische Kulturrevolution mit demokratischen Mitteln, wir wollen die herrschende politische Klasse und die intellektuelle Kaste stürzen" (Haider 1993: 135, 201). Beispielhaft für das Ausmaß der politischen Veränderungsforderungen sind die Vorstellungen der Lega Nord, die ihren politischen Aufstieg vor allem ihrem entschlossenen Eintreten für die Umwandlung des zentralistischen Staats in eine föderalistische Zweite Republik verdankte. Dabei drohte die Lega immer wieder mit der Aufteilung Italiens in drei eigenständige Republiken oder gar mit der totalen Abspaltung der norditalienischen Regionen (Bossi/Vimercati 1992: 154-170).
Mit ähnlicher Zielsetzung macht sich die FPÖ für die Abschaffung des Kammerwesens und der staatlich organisierten Sozialpartnerschaft stark, die lange Zeit das Rückgrat des Machtverteilungssystems der beiden großen Volksparteien bildeten. Dazu propagiert sie einen langen Katalog an institutionellen Änderungen, so die Forderungen nach der Einführung von Volksabstimmungen über wichtige Gesetzesvorlagen oder nach der Besetzung von möglichst vielen politischen Ämtern durch Direktwahl (Haider 1994: 52). Ähnliche Forderungen sind unter anderem auch von der norwegischen Fremskrttspartiet und von den Republikanern erhoben worden (Fremskrittspartiet 1989: 6; Republikaner 1990: 6). Dabei machen zumindest einige der Vertreter des radikalen Rechtspopulismus aus ihrer populistischen Grundüberzeugung keinen Hehl. So Jörg Haider, wenn er erklärt: „So gesehen sind wir populistisch, weil wir mit dem Kopf des Bürgers denken, weil wir um die Zustimmung der Bürger kämpfen, weil wir uns nicht wie die Altparteien auf Macht und Anpassungsdruck verlassen, der den Bürger gefügig machen soll" (Haider 1992: 6).
Ein zweiter Kernpunkt radikal rechtspopulistischer Programmatik liegt in ihrem Eintreten für einen dezidierten Neoliberalismus. Dabei übernimmt der radikale Rechtspopulismus jedoch vom Liberalismus nur dessen wirtschaftliche Forderungen, nicht jedoch dessen klassische Forderungen nach individueller Gleichheit und Emanzipation. Dagegen verficht er oftmals eine Mischung aus Neoindivualismus und traditionellen Werten, die nicht ohne innere Widersprüche und Spannungen ist. Der vielleicht radikalste Ausdruck von rechtspopulistischem Neoindividualismus findet sich im Grundsatzbekenntnis der schweizerischen Freiheitlichen, die „ein Höchstmaß an individueller Freiheit in allen Lebensbereichen erhalten und ausbauen" und als „mündige Bürger" keine „Bevormundungs-, Beschränkungs- und Mangelwirtschaft mit wesentlichen Abstrichen an Eigenverantwortung, Komfort und Wohlstand" hinnehmen wollen (Autopartei 1991: 1).
Dagegen wenden sich die österreichischen Freiheitlichen in ihren jüngsten Programmen

ausdrücklich gegen „das Prinzip der Gewinn- und Lustmaximierung des Einzelnen, materialistisches Denken und Bindungslosigkeit", ohne jedoch gleichzeitig ihre Forderungen nach einer radikalen Wende in der Wirtschaftspolitik abzuschwächen. Nach dem Motto, Leistung müsse sich (wieder) lohnen, erhebt die Partei einen Katalog von Forderungen, um den staatlichen Zugriff auf die Wirtschaft weitmöglichst zurückzudrängen: „umfassende Privatisierung aller im Eigentum der öffentlichen Hand befindlichen Unternehmen und eine Verwaltungsreform mit dem Ziel eines schlanken öffentlichen Dienstleistungssektors", Abbau der öffentlichen Subventionen bei gleichzeitiger Entlastung produktiver Betriebe, Reduzierung der öffentlichen Haushalte sowie „Absenkung der Abgabenquote auf unter 40 Prozent sowie verfasssungsrechtliche Verankerung der 40-Prozent-Grenze als unabdingbare Höchstgrenze" (FPÖ 1995: 3, 10).

Ähnliche betont marktliberale Positionen finden sich nicht nur bei den skandinavischen Parteien (vgl. Andersen/Bjørklund 1994: 64; Strøm/Leipart 1994: 158) und der Lega Nord (Moioli 1991: 163-172), sondern auch beim Front National, den Republikanern und sogar beim Vlaams Blok, der von früheren solidaristischen Vorstellungen abzurücken scheint (Le Pen 1985: 65; Loch 1991: 84; Steg 1989: 572; Mudde 1995: 17).

Ein essentielles Merkmal des rechtspopulistischen Neoliberalismus ist sein dezidiertes Eintreten für die Interessen kleiner und mittlerer Unternehmer als „tragende Säule der Volkswirtschaft" und Verkörperung zentraler liberaler Tugenden wie Eigeninitiative, Risikobereitschaft und individuelle Durchsetzungskraft (Autopartei 1991: 14). Gleichzeitig legitimiert rechtspopulistische Mittelstandspolitik Forderungen nach wirtschaftlicher und politischer Dezentralisierung und den Abbau von staatlichen Subventionen für die Großindustrie (Poche 1993: 24-25). Dabei argumentiert die Lega Nord, daß Kleinunternehmer in der neuen globalisierten Wirtschaft aufgrund der Informationsrevolution, die auch kleineren Unternehmen eine beträchtliche Produktivitätssteigerung ermöglicht, eine „revolutionäre" Rolle spielen werden.[1]

Die Kehrseite diese Programms ist die betonte Feindseligkeit gegenüber dem sozialen Netz, das als „Hängematte für Leistungsunwillige" abqualifiziert wird (Autopartei 1991: 19; Haider 1993: 168). Ähnlich drastisch formuliert es die Lega Nord, wenn sie den „Geist des *assistenzialismo*" wesentlich für die wirtschaftlichen Probleme Italiens verantwortlich macht.[2] Dabei argumentiert die Lega durchaus widersprüchlich. So begründete sie vor den Wahlen 1994 ihre ablehnende Haltung gegenüber dem Wohlfahrtsstaat damit, der „*statalismo*" sei nichts anderes als ein „Individualismus, der die soziale Natur des Menschen leugnet und in der Gesellschaft nichts anderes als eine utilitaristische Assoziation sieht und der sich in einem Kollektivismus auflöst, der den Menschen seiner persönlichen Würde beraubt und ihn zu einem reinen Objekt gesellschaftlicher und wirtschaftlicher Prozesse reduziert."[3]

Trotz solcher Widersprüchlichkeiten stellen neoliberalistische und neoindividualistische Vorstellungen einen Eckstein radikal rechtspopulistischer Programmatik dar. Kein anderer Programmpunkt fügt sich so sehr in die Logik rechter Grundprinzipien mit

1 Interview mit Umberto Bossi, Il Sabato, 16. November 1991, S. 21.
2 Interview mit Umberto Bossi, Oggi, 21 Dezember 1992, S. 66f.
3 Segretaria Politica Federale Lega Nord, Sinesi programma elettorale per le elezioni politiche '94, Mailand, 1994, o.S.

ihrer Bejahung grundsätzlicher Ungleichheit und gleichzeitig in die Dynamik der gegenwärtigen gesellschaftlichen Modernisierungs- und Individualisierungstendenzen, wonach mehr Freiheit weniger Gleichheit, weniger Gleichheit mehr Konkurrenz, und mehr Konkurrenz weniger Solidarität, dafür aber mehr an rücksichtsloser Durchsetzung bedingt (Heitmeyer 1993: 4; vgl. auch Krall 1992: 371).

Der dritte Kernpunkt radikal rechtspopulistischen Selbstverständnisses ist die Ausländerfeindlichkeit. Sie ist Teil eines umfassenderen Komplexes von issues, die alle auf die Verteidigung der eigenen Gemeinschaft abgestellt sind (Commers 1992: 139). Am prägnantesten hat dies der Vlaams Blok mit seinem Schlachtruf „Eigen volk eerst" auf den Punkt gebracht.[4] Die wirkungsvollste Formel besteht darin, Einwanderung mit vermehrter Arbeitslosigkeit und Kriminalität sowie vermehrten Sozialkosten gleichzusetzen. So ein Flugblatt der Republikaner: „Sozialstaat retten: Asylbetrüger ausweisen! Arbeitslosigkeit beseitigen: Einwanderung stoppen! Verbrechen bekämpfen: ausländische Straftäter abschieben!" Ähnlich argumentieren der Vlaams Blok und der Front National (Mudde 1995). Für alle drei besteht die Lösung des „Ausländerproblems" in der Repatriierung der ausländischen Bevölkerung bei gleichzeitiger Schließung der Grenzen (Betz 1994: 126-139).

Eine differenziertere Position vertreten die dezidiert neoliberalen Parteien. So bekennen sich die österreichischen Freiheitlichen zwar zum Recht auf Asyl, betonen jedoch, Österreich sei kein Einwanderungsland. Solange die Probleme Wohnungsnot und Arbeitslosigkeit nicht gelöst seien, fordert die Partei ein Einwanderungsstop. Die Integration der ausländischen Wohnbevölkerung habe Priorität. In Zukunft sollten sich Einwanderungsquoten nach Bedarf, Qualifikation und Integrationsbereitschaft der Bewerber richten (Haider 1994: 60). Eine ähnliche Position hat auch die Lega Nord entwickelt. Richtete sich die Feindseligkeit der Lega anfangs vor allem gegen ihre südlichen Landsleute, die verhaßten „Terroni", so verblaßte diese zusehends am Ende der achziger Jahre, um Warnungen vor der drohenden „Invasion der Schwarzen und Araber" Platz zu machen (Vimercati 1990: 88; Bossi /Vimercati 1992: 141-150). Dabei ist die Position der Lega durchaus widersprüchlich. Warnte Bossi noch vor sozialen Spannungen infolge des Angebots an billigen Arbeitskräften, so zeigt ein Wahlkampfvideo in einer langen Sequenz afrikanische Arbeiter bei der Schwerarbeit an einer Mailänder Baustelle mit der unterschwelligen Botschaft, man habe nichts gegen nichteuropäische Arbeiter, solange sie das Arbeitsethos des Nordens – zentrales Merkmal des „Lombardismus" – übernehmen (Rusconi 1994: 21; Braun 1994: 109-110; Schmidtke/Ruzza 1994: 22).

Gerade hier kommen die wahren Motive der Ausländerfeindlichkeit des radikalen Rechtspopulismus zum Vorschein. Mehr noch als um die angebliche Sicherung von Arbeitsplätzen und Bewahrung des erreichten gesellschaftlichen Wohlstands geht es ihnen um eine Verteidigung der europäischen Kultur, die angeblich durch das sich rasch verändernde Gesicht der Gesellschaft bedroht wird (Mudde 1995a). Das zentrale Symbol ist das Gespenst der „Islamisierung Europas". Auch wenn nicht alle Vertreter die schrillen Warnungen der Republikaner übernehmen, hinter dem „Vordringen des aggressiven und intoleranten Islam" in Europa stehe der Griff nach der „religiöse(n) Weltherrschaft", so sind sie sich doch darin einig, die Gesellschaftsordung des Islam

4 Dies ist natürlich eine Imitation des Front National-Mottos „Les Français d'abord".

sei den „westlichen Werten entgegengesetzt". Deshalb sei seine kulturelle und rechtliche Gleichstellung zu bekämpfen (Haider 1993: 93; Annemans/Dewinter 1991: 18-19; Bossi/Vimercati 1993: 206). Dabei geht es auch um die Abwehr des „Alptraums" der multikulturellen Gesellschaft (Haider 1993: 94; Bossi/Vimercati 1992: 148). Hier mischen sich konkretes Problembewußtsein angesichts fallender Geburtenraten und Vergreisung der einheimischen Bevölkerung mit diffusen Überfremdungsängsten angesichts der Einsicht, daß Renten und Wohlstand in Zukunft nur mit Hilfe von mehr ausländischen Arbeitskräften garantiert werden können. Diese Angst, die autochtone Bevölkerung könnte aufgrund demographischer Entwicklungen zu „Fremden im eigenen Land" werden, steht auch hinter dem entschlossenen Eintreten der „nationalpopulistischen" Parteien gegen die Abtreibung, wogegen die neoliberalen Parteien diese Entscheidung grundsätzlich der Frau überlassen wollen.

Bedrohungsängste motivieren auch den Ruf einiger Parteien nach Protektionismus. Angesichts verschärfter internationaler Konkurrenz von Billiglohnländern und der Gefahr eines internationalen „Wirtschaftskrieges" ruft vor allem der Front National nach „pragmatischen Schutzmaßnahmen" gegen „disloyalen Wettbewerb" und die Auslagerung von Arbeitsplätzen in Billiglohnländer (Front National 1993: 244-246). Aber auch ansonsten neoliberale Parteien öffnen sich dieser Argumentation. So propagiert Jörg Haider einen „selektiven Protektionismus", um dem System des Freihandels mit „seinen falschen, jeglicher Moral entkleideten Prämissen" entgegenzusteuern „im Interesse der Erhaltung von Arbeitsplätzen" in der heimischen Industrie (Haider 1993: 216-217).

Die rechtspopulistische Programmatik paßt so weder in das Schema des klassischen Rechtsextremismus noch in das des klassischen Rechtsradikalismus. Die Mehrheit dieser Parteien ist weder eindeutig reaktionär noch anti-modernistisch. Vor allem ihr radikaler Neoliberalismus und Neoindividualismus ist eher ein Vorgriff auf die postmodernen Forderungen nach „existence design" und „meritocracy". Reaktionär sind dagegen die starken heterophoben Strömungen, die der Logik postmoderner Entwicklungen hin zu mehr Vielfalt eindeutig zuwiderlaufen. Sie sind in gewissem Maße Ausfluß des ideologischen Erbes nationalistischer und rechtsextremistischer Organisationen und Personen, die zum Teil zum harten Kern einiger dieser Parteien gehören (vgl. u.a. Buzzi 1991; Leggewie 1989; Mudde 1995; Scharsach 1992). Zum Teil sind sie aber auch eine Antwort auf Veränderungen im Meinungsklima und somit Ergebnis ihrer populistischen Strategie.

3. Wahlmotivation und sozio-strukturelle und sozio-kulturelle Basis

Was motiviert bestimmte Bevölkerungsgruppen in hochentwickelten westlichen Demokratien zur Wahl radikal rechtspopulistischer Parteien? Einer Reihe von Umfragen zufolge gehört Immigration zu den wichtigsten Motiven für die Wahl radikal rechtspopulistischer Parteien. Bei den Wählern der dezidiert ausländerfeindlichen Parteien rangiert es sogar als Nummer eins (vgl. Mayer 1993). So begründeten 1991 fast zwei Drittel der Vlaams Blok-Wähler ihre Wahl mit diesem issue, und 1995 mehr als die Hälfte der Front National-Wähler (Billiet/de Witte 1995: 185; Dupin 1995: 9; vgl. auch Roth 1989: 16). Dabei finden sich auch stark ausgeprägte xenophobe Einstellungen.

So stimmten 1991 über 60 Prozent der Vlaams Blok Anhänger zu, Muslime stellten eine Gefahr für Kultur und Sitten dar; die Hälfte stimmte zu, man müsse dafür sorgen, die eigene Rasse rein zu erhalten und Völkervermischung zu verhindern.[5] Aber auch für die Wähler der eher neoliberalen Parteien stellt Einwanderung eines der wichtigsten politischen Probleme dar. So 1991 für 48 Prozent der Wähler der schweizerischen Autopartei, 1993 für 42 Prozent der norwegischen Fremskrittspartiet und 1994 für 49 Prozent der FPÖ-Wähler.

Ein zweites wichtiges issue ist die Parteienverdrossenheit. So gaben 1994 mehr als zwei Drittel der FPÖ-Wähler an, für Haiders Partei gestimmt zu haben, weil diese ernsthaft gegen Skandale und Privilegien ankämpft. Und 1991 begründete immerhin ein Drittel der Vlaams Blok-Wähler ihre Wahl mit Unmut über die traditionellen Parteien (vgl. auch Longchamp/Hardmeier 1992: 23; Aardal 1994: 177; Plasser/Ulram 1994: 54). Weitere Motive sind die Steuerpolitik bei den Sympathisanten der Lega Nord sowie der skandinavischen Parteien, Kriminalität und Unsicherheit bei den Wählern des Front National und der Republikaner, Verkehrsfragen bei den Anhängern der schweizerischen Demokraten (Mannheimer 1994: 135; Aardal 1994: 177; Gilljam/Holmberg 1993: 93; Mayer/Moreau 1995). Dagegen scheint Arbeitslosigkeit keine entscheidende Rolle zu spielen: Bei den französischen Präsidentschaftswahlen begründeten weniger als ein Viertel der Le Pen-Wähler ihre Wahl mit diesem issue (gegenüber 29 Prozent der Gesamtbevölkerung; Dupin 1995: 9). Und dies trotz der Tatsache, daß sich zwischen 1988 and 1992 die Zahl der Front National-Anhänger, die fürchteten, ihren Arbeitsplatz zu verlieren, von 49 auf 63 Prozent erhöht hatte (Dupoirier 1994: 60).

Eine zweite Analyseebene des Wahlverhaltens stellt auf sozio-strukturelle Faktoren ab. Dabei stützt eine Reihe von Untersuchungen die Modernisierungsverliererthese (Scharsach 1992: 150; Falter 1994: 71ff.). Danach sympathisieren in einer Mehrzahl von Fällen vor allem diejenigen Gruppen mit dem radikalen Rechtspopulismus, die sich von den gegenwärtigen grundlegenden wirtschaftlichen Veränderungen besonders bedroht sehen: Arbeiter, junge Leute mit niedrigem oder überhaupt keinem Bildungsabschluß sowie Arbeitslose. So stieg Jean-Marie Le Pens Anteil der Stimmen unter den Arbeitern von 16 Prozent (1988) auf 27 Prozent (1995). Eine ähnliche Entwicklung vollzog sich in Dänemark und auch in Österreich, wo 1995 34 Prozent aller Facharbeiter die FPÖ wählte (Dupin 1995: 10; Andersen 1992: 201; Plasser/Ulram 1995: 33). Wahlökologische Untersuchungen legen nahe, daß es sich bei diesen Wählern oft um Menschen handelt, deren soziale Lage von verschärfter Konkurrenz um eine schrumpfende Zahl von Arbeitsplätzen, von Wohnungsnot und sozialer Isolation, materieller Unsicherheit und Angst vor Arbeitsplatz- und Statusverlust bestimmt ist (Perrineau 1988; Hennig 1991; Swyngedouw 1991; Jaschke 1992; Schultze 1992; Vester et al. 1993: 179-182; Friedrich/Jagodzinski 1994). In diesem Kontext erweist sich die Anwesenheit von Einwanderern als zusätzlicher – jedoch keineswegs ausschlaggebender – wahlrelevanter Faktor (Hennig 1991: 150; Loch 1991: 90-94; Lewis-Beck/Mitchell 1993). Dabei ist es bezeichnend, daß radikal rechtspopulistische Parteien wie Front National oder FPÖ bedeutende Zugewinne vor allem in traditionell sozialistischen und/oder kommunistischen Arbeitermilieus erzielen konnten (vgl. Plasser/Ulram 1991: 117; Schain 1995:

5 Daten von Jaak Billiet.

15). Um den französischen Soziologen Emmanuel Todd zu zitieren: „In der Entscheidung für Le Pen wiegt der wirtschaftliche Verfall (la déstructuration économique) der Welt der Arbeiter genauso schwer wie die Sorgen mit Hinsicht auf das Problem der Einwanderung“ (Guillebaud 1995: 26).

Dabei gibt es durchaus einen Zusammenhang zwischen objektiver Lage und subjektivem Bewußtsein. So erklärte 1993 mehr als ein Drittel der Sympathisanten der radikalen Rechten in der Bundesrepublik, gesellschaftlich benachteiligt zu sein (Neu 1994: 5). Ähnlich in Frankreich, wo 1995 ein Drittel derjenigen, die sich selbst zur Kategorie der Benachteiligten zählten, für Le Pen stimmten (Dupin 1995: 8; Giacometti/Paris 1995: 10). Symptomatisch für die tiefe Verunsicherung und ausgeprägte Zukunftsangst bei den Wählern einiger rechtspopulistischer Parteien ist auch das wachsende Mißtrauen gegenüber dem freien Handel und Warenverkehr sowie gegenüber einer weiteren Vertiefung des europäischen Integrationsprozesses. So sprachen sich 1994 mehr als drei Viertel der Anhänger des Front National für protektionistische Maßnahmen aus; 79 Prozent sagten, sie fürchteten sich vor den Folgen eines vereinten Europas (Grunberg 1995: 88).

Objektive und subjektive Deprivationsmomente erklären den Erfolg des radikalen Rechtspopulismus jedoch nur zum Teil. Denn eine beträchtliche Minderheit unter ihren Anhängern ist besser gebildet, fühlt sich weder zum unteren Drittel der Gesellschaft gehörig noch hat sie Angst vor der Zukunft. Ein Beispiel ist die Lega Nord, deren harter Kern vor allem in den wohlhabenden, wirtschaftlich und technologisch hochentwickelten Provinzen der Poebene zu Hause ist (Natale 1991). Unter ihren Anhängern dominieren kleine und mittlere Unternehmer und Handwerker im privaten, produzierenden Gewerbe und deren Angestellte und Arbeiter (Diamanti 1993: 70; Rusconi 1994: 23). Starke Anteile dieser Gruppen finden sich unter anderem auch bei der FPÖ und bei den schweizer Freiheitlichen (Longchamp/Hardmeier 1992: 22-23). Daneben sind noch drei weitere signifikante Merkmale zu erwähnen: Radikal rechtspopulistische Parteien sind „Männerparteien“ (Hofmann-Göttig 1989). Dabei erzielen diese Parteien ihre besten Ergebnisse vor allem bei jüngeren Wählern (Betz 1994: 142-148). So stimmte bei den französischen Präsidentschaftswahlen jeder fünfte 18- bis 24jährige Wähler, doch nur jede zehnte Wählerin in dieser Altersgruppe für Le Pen (Giacometti/Paris 1995: 10). Schließlich zeichnen sich die Wähler radikal rechtspopulistischer Parteien in vielen Fällen durch ihre relativ lockere Kirchenbindung aus (Billiet 1995; Roth 1989: 14; Ricolfi 1993: 135-138; Falter 1994: 82-87; Mayer/Perineau 1992: 130; Ulram/Plasser 1994: 42).

Eine dritte Analyseebene geht davon aus, daß Wahlverhalten immer mehr auch von Wertvorstellungen abhängt. Eines der gängigsten Argumente besagt, das Aufkommen radikal rechtspopulistischer Parteien sei eine materialistisch/autoritäre Reaktion auf die Ausbreitung postmaterialistisch/linkslibertärer Werte (Minkenberg/Inglehart 1989; Inglehart 1990: 277). Empirische Daten liefern ein durchaus differenziertes und widersprüchliches Bild. Zwar ist ein überdurchschnittlich großer Anteil rechtspopulistischer Wähler stark stabilitätsorientiert und auf die Bewahrung des erreichten materiellen Wohlstands ausgerichtet. Dabei reden diese Wähler einem betonten Individualismus das Wort, „der in einer militanten Ausprägung nahtlos“ zur Befürwortung autoritärer Lösungen führen kann (Plasser/Ulram 1994: 16). So sprachen sich 1993 fast drei Viertel der FPÖ-Anhänger für die Privatisierung der Österreichischen Bundesbahnen und über 60 Prozent für die der Post aus. Zur selben Zeit meinten fast 60 Prozent, eigentlich brauche man kein Parlament, sondern einen „starken Mann", der Entscheidungen rasch durchsetzen kann.[6] Neoliberale und individualistische Einstellungen finden sich nicht nur bei den Sympathisanten der Lega Nord, sondern auch bei einer Minderheit der Anhänger des Front National und des Vlaams Blok (CENSIS 1993: 66; Grunberg/Schweisfurth 1993: 58; Swyngedouw 1993: 98).

Während dies Ingleharts These bestätigt, lassen andere Ergebnisse einigen Zweifel aufkommen. So weisen gerade die Anhänger besonders autoritärer rechtspopulistischer Parteien betont unkonventionelle Züge auf. In der Abtreibungsfrage zum Beispiel sind die Wähler des Vlaams Blok weitaus liberaler als die Partei selbst (Billiet/de Witte 1995: 189). Ähnliche Abweichungen in Moralvorstellungen lassen sich auch bei den Sympathisanten des Front National feststellen. So stimmten 1994 immerhin 43 Prozent von ihnen der Feststellung zu, die Ehe sei als Institution überholt (Farthouat 1995: 183). Betont libertäre Wertvorstellungen finden sich jedoch besonders bei den Sympathisanten neoliberaler Parteien. So waren die Anhänger der norwegischen Fremskrittspartiet „in Fragen des freien Vertriebs von Pornographie" sowie die Wähler von Ny Demokrati in Fragen des freien Alkohlkonsums am liberalsten von allen Wählern (Andersen/Bjørklund 1994: 77; Gilljam/Holberg 1993: 149). Zu ähnlichen Ergebnissen kommt eine Studie über junge Lega-Sympathisanten, die eine besonders hohe Toleranzschwelle gegenüber „abweichendem Verhalten" wie Drogenkonsum, Steuerhinterziehung, oder gar Selbstmord aufweisen (Ricolfi 1993: 138-141).

4. Neue Politik in der globalisierten Informationsgesellschaft

Zusammenfassend läßt sich konstatieren, daß es radikal rechtspopulistischen Parteien offenbar gelungen ist, sich ein durchaus eigenständiges Wählerprofil zu erschließen. Umfragen zeigen, daß es sich dabei keineswegs immer nur um kurzlebige Protestwähler handelt. So stimmten 1995 bei den französischen Präsidentschaftswahlen mehr als vier Fünftel derjenigen, die bereits 1993 dem Front National ihre Stimme gegeben hatten, für Le Pen. Untersuchungen zur Frage des Zeitpunkts der Wahlentscheidung ergeben ein ähnliches Bild. So erklärten fast zwei Drittel der Le Pen-Wähler, ihre Entscheidung bereits einige Monate vor den Wahlen getroffen zu haben (Dupin 1995: 9; Giacometti/Paris 1995: 11).

Dabei profitieren sie von grundlegenden Erscheinungen des gegenwärtigen sozio-ökonomischen und sozio-kulturellen Wandels. Eine zentrale Rolle spielen dabei generelle Verunsicherungen im Zuge einer sich zunehmend globalisierenden Wirtschaft (Afheldt 1995; Jones 1995; Amin/Thrift 1994). Um ihre Wettbewerbsfähigkeit angesichts sich verschärfender Konkurrenzbedingungen auf den internationalen Märkten zu behaupten, setzen immer mehr Unternehmen auf eine Steigerung der Produktivität via einer drastischen Reduzierung von Arbeitskräften. Gleichzeitig begünstigt die rasche Ausbreitung informationsintensiver Arbeitsplätze im Produktions- und Dienstleistungssektor diejenigen Arbeitnehmer, die über ausreichendes kulturelles Kapital verfügen und mobil und flexibel sind, die Chancen der globalen Informationswirtschaft zu

6 Vgl. SWS-Rundschau 33/1993: 350-351, 482.

nutzen. Das Ergebnis ist die sukzessive Aufsplitterung der Gesellschaft: Auf der einen Seite die neuen, internationalen Leistungseliten, auf der anderen ein wachsendes Heer von Lohnabhängigen mit sinkenden Chancen auf dem Arbeitsmarkt.

Diese wirtschaftlichen Entwicklungen verstärken die Individualisierungstendenzen der letzen Jahre. So werden immer mehr Menschen aus traditionellen Bindungen freigesetzt und auf sich selbst verwiesen (Beck 1984). Die Folgen werden einerseits als eine Verschlechterung der Lebenschancen erfahren: Stagnierende Einkommen, eine Ausweitung der Kluft zwischen arm und reich, der drohende soziale Abstieg, sowie das Gefühl, ungeschützt tiefgreifenden Entwicklungen ausgesetzt zu sein, gegenüber denen sich sogar nationalstaatliche Ordungspolitik zusehends als ohnmächtig erweist. Das Ergebnis sind Verunsicherung und Zukunftsangst. So fürchteten 1992 mehr als die Hälfte der arbeitenden Bevölkerung in Frankreich um ihren Arbeitsplatz; und Anfang 1995 meinten 43 Prozent der Franzosen, was sie am meisten beunruhigte, sei, daß das Erreichte infrage gestellt werden könnte (Dupoirier 1994: 60; Leipowitz 1995: 6).

Andererseits bringt die globale Informationsgesellschaft eine neue Schicht von dynamischen postindustriellen Unternehmern hervor, deren Initiativgeist und Eigenverantwortungsbereitschaft traditionellen korporatistischen Entscheidungs- und Verteilungsmechanismen grundlegend zuwiderlaufen. Von ihnen werden die globalen Veränderungen durchaus als eine Chance begriffen, verkrustete Strukturen aufzuweichen und individueller Leistung breiteren Raum zu bieten. Dabei haben diejenigen Parteien die besten Erfolgsaussichten, denen es gelingt, zwischen zwei gegensätzlichen Positionen zu lavieren: „Sich einerseits als Agent eines überfälligen Modernisierungskurses und anderseits als Anwalt der Modernisierungsverlierer zu präsentieren" und somit gleichzeitig die neuen postmodernen Leistungseliten sowie das verunsicherte untere Drittel der Gesellschaft anzusprechen (Misik 1994: 966). Dies geht jedoch nicht ohne Widersprüche. Denn forcierte Modernisierung unterwandert auch gerade diejenigen traditionellen Werte und Institutionen, als deren Anwalt der radikale Rechtspopulismus sich gerne aufspielt (vgl. Haider 1994: 40).

Zum zweiten profitieren radikal rechtspopulistische Parteien vom Niedergang traditioneller Parteien in repräsentativen Demokratien im Zuge der Medialisierung und der damit verbundenen Personalisierung der Politik (Stichwort „Videokratie"), sowie der inflationsartigen Steigerung der Zahl von Umfragedaten (vgl. Putnam 1995: 6-8). Beide Entwicklungen erlauben die direkte Kommunikation zwischen Wählern und politischer Klasse bei gleichzeitiger Umgehung traditioneller Institutionen und ebnen damit dem neuen telegenen Populismus den Weg, der nicht zuletzt vom Charisma seiner Interpreten (wobei Umberto Bossi, Filip Dewinter [Vlaams Blok], Jörg Haider, und Jean-Marie Le Pen sicherlich die herausragenden Vertreter sind) lebt (vgl. Aimer 1988: 4-5; Misik 1994: 367). Dies heißt jedoch nicht, daß radikal rechtspopulistische Parteien auf traditionelle Strukturen verzichten würden. Im Gegenteil, einige Parteien haben viele ihrer Mittel darauf verwendet, straffe Organisationen mit geradezu leninistisch-zentralistischen Strukturen aufzubauen (Vimercati 1990: 82)

Geht man davon aus, daß es sich sowohl bei der Globalisierung der Wirtschaft und den damit einhergehenden sozialen und kulturellen Spannungen als auch bei der Eröffnung neuer, direkter Kanäle politischer Kommunkation und den damit verbundenen neuen Problemen politischer Kommunikation und Repräsentation um dauerhafte Erscheinungen handelt, so ist die langfristige Einnistung des radikalen Rechtspopulismus in westeuropäischen Demokratien nicht auszuschließen.

Literaturverzeichnis

Aardal, Bernt, 1994: The 1994 Storting Election: Volatile Voters Opposing the European Union, in: Scandinavian Political Studies 17, 171-180.

Afheldt, Horst, 1995: Ausstieg aus dem Sozialstaat, in: Aus Politik und Zeitgeschichte, B25-26, 3-12.

Aimer, Peter, 1988: The Rise of Neo-Liberalism and Right Wing Protest Parties in Scandinavia and New Zealand: The Progress Parties and the New Zealand Party, in: Political Science 40, 1-15.

Amin, Ash/Thrift, Nigel (Hrsg.), 1994: Globalization, Institutions, and Regional Development in Europe. Oxford.

Andersen, Jørgen Goul, 1992: Denmark: the Progress Party – Populist Neo-Liberalism and Welfare Chauvinism, in: *Paul Hainsworth* (Hrsg.), The Extreme Right in Europe and the USA. New York, 193-205.

Andersen, Jørgen Goul/Bjørklund, Tor, 1994: Struktureller Wandel, neue Konfliktlinien und die Fortschrittsparteien in Dänemark, Norwegen und Schweden, in: *Franz Urban Pappi/Hermann Schmitt* (Hrsg.), Parteien, Parlamente und Wahlen in Skandinavien. Frankfurt a.M./New York, 57-89.

Annemans, Gerold/Dewinter, Filip, 1991: Dossier Vreemdelingen, deel 1: Gastarbeid. Merksem.

Autopartei-Die Freiheitlichen, 1991: Parteiprogramm.

Betz, Hans-Georg, 1994: Radical Right-Wing Populism in Western Europe. New York.

Billiet, Jaak B., 1995: Church Involvement, Ethnocentrism, and Voting for a Radical Right-Wing Party: Diverging Behavioral Outcomes of Equal Attitudinal Dispositions, in: Sociology of Religion 56, 303-326.

Billiet, Jaak/de Witte, Hans, 1955: Attitudinal dispositions to vote for a „new" extreme right-wing party: The case of the „Vlaams Blok", in: European Journal of Political Research 27, 181-202.

Bossi, Umberto/Vimercati, Daniele, 1992: Vento dal nord. Mailand.

Bossi, Umberto/Vimercati, Daniele, 1993: La rivoluzione. Mailand.

Braun, Michael, 1994: Italiens politische Zukunft. Frankfurt a.M.

Buzzi, Paul, 1991: Le Front national entre national-populisme et extrémisme de droite, in: regards sur l'actualité 169, 31-43.

CENSIS, 1993: La società dietro il voto, Centro Studi Investimenti Sociali. Rom.

Commers, Ronald, 1992: Antwerpen: Eine europäische Stadt driftet nach rechts, in: *Christoph Butterwegge/Siegfried Jäger* (Hrsg.), Rassismus in Europa. Köln, 135-143.

Diamanti, Ilvo, 1993: La Lega. Rom.

Dupin, Eric, 1995: Dimanche, les électeurs ont confirmé la pérennité du clivage gauche-droite, in: Libération, 25. April, 9-11.

Dupoirer, Élisabeth, 1994: Les Français à l'épreuve de la crise, in: SOFRES, L'état de l'opinion. Paris, 55-75.

Falter, Jürgen W., 1994: Wer wählt rechts? München.

Fartouat, Jean-René, 1995: La nouvelle famille, in: SOFRES, L'état de l'opinion 1995. Paris, 175-193.

Fremskrittspartiet, 1989: Political Program of The Progress Party (Norway) 1989-1993.

Friedrichs, Jürgen/Jagodzinski, Wolfgang, 1994: Städtische Konflikte und Wahlverhalten, in: Hamburg in Zahlen 2, 36-41.

Front National, 1993: 300 mesures pour la renaissance de la France. Paris.

Giacometti, Pierre/Paris, Gilles, 1995: La structure de l'électorat de M. Chirac a beaucoup changé en sept ans, in: Le Monde, 25. April, 10-11.

Gilljam, Mikael/Holmberg, Sören, 1993: Väljarna inför 90-talet. Stockholm.

Grunberg, Gérard, 1995: Les élections européennes en France, in: SOFRES, L'état de l'opinion. Paris, 81-100.

Grunberg, Gérard/Schweissfurth, Etienne, 1993: Social Libertarianism and Economic Liberalism, in: *Daniel Boy/Nonna Mayer* (Hrsg.), The French Voter Decides. Ann Arbor, 45-64.

Guidebaud, Jean-Claude, 1995: Comment combattre le Front national, in: Le Nouvel Observateur, 15.-21. Juni, 26-32.
Haider, Jörg, 1992: Wiener Erklärung. Wien.
Haider, Jörg, 1993: Die Freiheit, die ich meine. Frankfurt a.M./Berlin.
Haider, Jörg, 1994: Österreicherklärung. Wien.
Heitmeyer, Wilhelm, 1993: Gesellschaftliche Desintegrationsprozesse als Ursachen von fremdenfeindlicher Gewalt und politischer Paralysierung, in: Aus Politik und Zeitgeschichte B2-3, 3-13.
Hennig, Eike, 1991: Die Republikaner im Schatten Deutschlands. Frankfurt a.M.
Hofmann-Göttig, Joachim, 1989: Die Neue Rechte: Die Männerparteien, in: Aus Politik und Zeitgeschichte B41-42, 21-31.
Ignazi, Piero, 1994: L'estrema destra in Europa. Bologna.
Ignazi, Piero, 1994: Postfascisti? Bologna.
Inglehart, Ronald, 1990: Culture Shift in Advanced Industrial Society. Princeton.
Jaschke, Hans-Gerd, 1992: Nicht-demokratische politische Partizipation in der sozial polarisierten Stadt, in: *Karl Starzacher/Konrad Schacht/Bernd Friedrich/Thomas Leif* (Hrsg.), Protestwähler und Wahlverweigerer. Köln, 94-112.
Jones, Barry, 1995: Globalisation and Interdependence in the International Political Economy. London/New York.
Krall, Hannes, 1992: Rechtspopulismus am Beispiel Jörg Haider, in: Journal für Sozialforschung 32, 363-375.
Leggewie, Claus, 1989: Die Republikaner: Phantombild der Neuen Rechten. Berlin.
Leibowitz, Nicole, 1995: La France populiste, in: le nouvelle Observateur, 9-15 März, 4-7.
Le Pen, Jean-Marie, 1985: Pour la France. Paris.
Le Pen, Jean-Marie, 1989: L'Espoir. Paris.
Lewis-Beck, Michael/Mitchell, Glenn E., 1993: French Electoral Theory: The National Front Test, in: Electoral Studies 12, 112-127.
Loch, Dietmar, 1991: Der schnelle Aufstieg des Front National. München.
Longchamp, Claude/Hardmeier, Sibylle, 1992: Analyse der Nationalratswahlen 1991, VOX Publikation Nr. 43. Adliswil/Bern.
Mannheimer, Renato, 1993: The Electorate of the Lega Nord, in: *Gianfranco Pasquino/Patrick McCarthy* (Hrsg.), The End of Post-War Politics in Italy. Boulder/San Francisco/Oxford, 85-107.
Mannheimer, Renato, 1994: La natura compositiva dell'elettorato leghista, in: *Renato Mannheimer/Giacomo Sani* (Hrsg.), La rivoluzione elettorale. Mailand, 119-148.
Mayer, Nonna, 1993: Ethnocentrism, Racism, and Intolerance, in: *Daniel Boy/Nonna Mayer* (Hrsg.), The French Voter Decides. Ann Arbor, 21-43.
Mayer, Nonna/Moreau, Patrick, 1995: Electoral Support for the German Republikaner and the French National Front (1989-1994), Diskussionsbeitrag, ECPR Bordeaux.
Mayer, Nonna/Perrineau, Pascal, 1992: Why do they vote for Le Pen?, in: European Journal of Political Research 22, 123-141.
Minkenberg, Michael/Inglehart, Ronald, 1989: Neoconservatism and Value Change in the USA: Tendencies in the Mass Public of a Postindustrial Society, in: *John R. Gibbins* (Hrsg.), Contemporary Political Culture. London/Newbury Park/New Delhi, 81-109.
Misik, Robert, 1994: Österreich in der Bredouille, in: Die Neue Gesellschaft/Frankfurter Hefte 41, 965-968.
Mölzer, Andreas, 1990: Jörg! Der Eisbrecher. Klagenfurt.
Moioli, Vittorio, 1991: Il tarlo delle leghe. Trezzo sull'Adda.
Mudde, Cas, 1995: One against All, All against One: A Portrait of the Vlaams Blok, in: Patterns of Prejudice 29, 5-28.
Mudde, Cas, 1995a: Right-wing extremism analyzed, in: European Journal of Political Research 27, 203-224.
Natale, Paolo, 1991: Lega Lombarda e insediamento territoriale: un'analisi ecologica, in: *Renato Mannheimer* (Hrsg.), La Lega Lombarda. Mailand, 83-121.
Neu, Viola, 1994: Das Wählerpotential rechter Parteien Ende 1993, Interne Studien und Berichte Nr. 73/1994, Konrad-Adenauer-Stiftung. Sankt Augustin.
Perrineau, Pascal, 1988: Front national: l'écho politique de l'anomie urbaine, in: Esprit 136/137, 22-38.

Plasser, Fritz/Ulram, Peter, 1991: Analyse der Wiener Gemeinderatswahlen 1991, in: Österreichisches Jahrbuch für Politik '91. Oldenbourg, 97-120.

Plasser, Fritz/Ulram, Peter, 1994: Radikaler Rechtspopulismus in Österreich, Forschungsbericht, Fessel + GfK Institut für Marktforschung.

Plasser, Fritz/Ulram, Peter/Neuwirth, Erich/Sommer, Franz, 1994: Analyse der Nationalratswahl vom 9. Oktober 1994, Fessel + GfK Institut für Marktforschung. Wien.

Plasser, Fritz/Ulram, Peter/Neuwirth, Erich/Sommer, Franz, 1995: Analyse der Nationalratswahl 1995, Fessel + GfK Institut für Marktforschung. Wien.

Poche, Bernard, 1993: La Ligue Nord face à l'Etat italien: entre la décomposition territoriale et la recomposition institutionnelle, in: Revue politique et parlementaire 95, November/Dezember, 21-33.

Republikaner, 1990: Parteiprogramm. Bonn.

Putnam, Robert D., 1995: Troubled Democracies: Trends in Citizenship in the Trilateral World, Diskussionsbeitrag, Workshop on Comparative Analysis of Post-Communist Democratization and Political Participation. Washington.

Ricolfi, Luca, 1993: Lo spazio politico e la collocazione della Lega, in: *Allessandro Cavalli/Antonio de Lillo* (Hrsg.), Giovani anni 90. Bologna, 127-154.

Roth, Dieter, 1989: Sind die Republikaner die fünfte Partei? in: Aus Politik und Zeitgeschichte B41-42, 10-20.

Rusconi, Gian E., 1994: Die Nation als Interessengemeinschaft?, in: Merkur 48, 15-25.

Savelli, Giulio, 1992: Che cosa vuole la Lega. Mailand.

Schain, Martin, 1995: The National Front and Agenda Formation in France, Diskussionsbeitrag, European Community Studies Association. Charleston.

Scharsach, Hans-Henning, 1992: Haider's Kampf. Wien.

Schmidtke, Oliver/Ruzza, Carlo E., 1993: Regionalistischer Protest als „Life Politics", in: Soziale Welt 44, 5-29.

Schultze, Rainer-Olaf, 1992: Weder Protest noch Parteienverdrossenheit, in: Die Neue Gesellschaft/Frankfurter Hefte 39, 886-889.

Steg, Thomas, 1989: Mit alten Rezepten zu neuen Ufern, in: Gewerkschaftliche Monatshefte 40, 571-576.

Strøm, Kaare/Leipart, Jørn Y., 1994: Ideologie, Strategie und Wettbewerb im norwegischen Parteiensystem der Nachkriegszeit, in: *Franz Urban Pappi/Hermann Schmitt* (Hrsg.), Parteien, Parlamente und Wahlen in Skandinavien. Frankfurt a.M./New York, 149-175.

Swyngedouw, Marc, 1991: Het Vlaams Blok in Antwerpen: Een analyse van de verkiezingsuitslagen sinds 1985, in: *Hugo De Schampheleire/Yannis Thanassekos* (Hrsg.), Extreem rechts in West-Europa. Brüssel.

Swyngedouw, Marc, 1992: National Elections in Belgium: The Breakthrough of the Extreme Right in Flanders, in: Regional Politics & Policy 2, 62-75.

Taggart, Paul, 1995: New Populist Parties in Western Europe, in: West European Politics 18, 34-51.

Vester, Michael/von Oertzen, Peter/Geiling, Heiko/Hermann, Thomas/Müller, Dagmar, 1993: Soziale Milieus im gesellschaftlichen Strukturwandel. Köln.

Vimercati, Daniele, 1990: I lombardi alla nuova crociata. Mailand.

Ideologie und Programmatik rechtsextremer Parteien – Unterschiede und Gemeinsamkeiten

Uwe Backes

1. Einleitung

Auch wer den Begriff der „Partei" im Namen führt, kann den damit verbundenen Status nicht für sich beanspruchen, wenn er das nötige Mindestmaß an Ernsthaftigkeit bei der Verfolgung der politischen Ziele – meßbar an Kriterien wie Mitgliederzahl, Organisationsstruktur, Hervortreten in der Öffentlichkeit – vermissen läßt (BVerfGE 91: 276-294). Ganz in diesem Sinne konzentriert sich die folgende Untersuchung auf jene Vereinigungen des – sich selbst so definierenden – „nationalen Lagers", die sich als „Sammlungsbewegungen" gerieren, offen um Anhänger und Wähler werben, eine festere Mitglieder- und Organisationsstruktur aufweisen und die Kandidatur bei Wahlen sowie den Mandatsgewinn in Parlamenten als Hauptinhalt ihrer politischen Strategie ansehen. Damit ist bereits eine Einengung des in Frage kommenden ideologischen Spektrums verbunden, scheiden doch die sich eng am historischen Nationalsozialismus orientierenden, seine Formen, Symbole und programmatischen Inhalte nachahmenden und übernehmenden Gruppierungen aus der Betrachtung aus. Statt dessen geht es um folgende Organisationen (Backes/Jesse 1993; Backes/Moreau 1994; Dudek/Jaschke 1984; Fascher 1994; Jaschke 1990; Leggewie 1989, 1990; Linke 1994): an erster Stelle „Die Republikaner" (REP). 1983 von abtrünnigen CSU-Mitgliedern gegründet und zwei Jahre später von dem Vorsitzenden Franz Schönhuber in ein betont „nationales" Fahrwasser gelenkt, sorgten sie seit 1989 mit unerwartet hohen Wahlergebnissen vor allem auf Landesebene für Aufsehen. Im Verlaufe ihrer wechselhaften Entwicklung dürften sie im Zeitraum zwischen Ende 1989 und Ende 1993 mehrmals die Schwelle von 20.000 Mitgliedern überschritten haben. Die „Deutsche Volksunion" (DVU) des in München wirkenden Verlegers Gerhard Frey umfaßte nach Angaben des Verfassungsschutzes Ende 1994 20.000 (Ende 1993: 26.000) Mitglieder, bei denen es sich im wesentlichen um die organisierte Leserschaft der beiden Wochenzeitungen Freys (Deutsche National-Zeitung und Deutsche Wochen-Zeitung) und nur in wenigen Fällen um echte Parteiaktive handelt. Erst seit 1987 trat die 1971 gegründete DVU (zunächst: „DVU – Liste D") als Partei in Erscheinung, war aber bei Wahlen nur in den Bundesländern Bremen und Schleswig-Holstein (zeitweilig) erfolgreich. An dritter Stelle rangiert die älteste „Sammlungsbewegung": Die 1964 gegründete „Nationaldemokratische Partei Deutschlands" (NPD) fiel nach ihrer Wahlerfolgsserie in der zweiten Hälfte der sechziger Jahre nahezu in die politische Bedeutungslosigkeit zurück und konnte auch vom „Aufwind" rechtsaußen seit Ende der achtziger Jahre nicht nachhaltig profitieren. 1994 sank die Zahl ihrer Mitglieder deutlich unter 5.000. Schließlich soll auch die 1990 von enttäuschten NPD- und REP-Mitgliedern gegründete „Deutsche Liga für Volk und Heimat“ (DLVH; bis Oktober 1991: „Deutsche Allianz – Vereinigte Rechte“) in die Betrachtung einbezogen werden, auch wenn sie ihr Ziel – die Einigung des „nationalen Lagers“ – nicht erreicht hat und Ende 1994 lediglich über 900 Mitglieder verfügte (Mitgliederzahlen vgl. Bundesminister des Innern 1995).

Die Untersuchung der ideologisch-programmatischen Unterschiede und Gemeinsamkeiten zwischen den genannten Vereinigungen beginnt bei der Frage nach ihrer Titulierung als „rechtsextreme Parteien“. Welche Merkmale sind damit angesprochen? Angesichts der historischen wie gegenwärtigen Vielfalt von Rechtsextremismen muß eine genauere Kategorisierung vorgenommen werden. Dabei bieten sich in einem ersten Schritt historische Regime und Bewegungen wie Nationalsozialismus und Deutschnationalismus als Vergleichsmaßstab an. Die Suche nach ideologisch-programmatischen Charakteristika darf sich jedoch nicht auf die historische Perspektive beschränken, schließlich agieren die betreffenden Gruppierungen heute zum Teil in einem ganz andersartigen Bedingungsrahmen und sehen sich mit neuen Problemen und Streitfragen konfrontiert. Daher soll in einem weiteren Schritt ein Vergleich mit ähnlich auftretenden Wahlbewegungen der europäischen Nachbarstaaten vorgenommen werden. Auf diese Weise gelangen auch Gesichtspunkte ins Blickfeld, die bei der innerdeutschen Auseinandersetzung nicht im Vordergrund stehen.

Als Quelle für die Analyse von Ideologie und Programmatik bieten sich an erster Stelle die Parteiprogramme an. Auf eine systematische Synopse wird an dieser Stelle jedoch verzichtet, da deren Aussagegehalt eher gering ist. Feurige Bekenntnisse zur freiheitlich-demokratischen Grundordnung sind nicht selten die Antwort auf eine feindliche gesellschaftliche Umwelt und die spezifischen Abwehrinstrumente der deutschen „streitbaren Demokratie“. Neben den Parteiprogrammen sind daher auch andere Quellen heranzuziehen, von denen Aufschluß über die reale Vorstellungswelt von Funktionären und Mitgliedern erwartet werden kann: Parteipresse, Reden führender Repräsentanten, interne Verlautbarungen etc. Überdies lassen das Geschichtsbild und die Verwendung historischer Symbole wichtige Aufschlüsse über das sich nicht immer offen artikulierende Selbstverständnis zu. Es versteht sich, daß die Beweisführung im Rahmen der vorliegenden Untersuchung nicht in extenso geführt werden kann. Die Bezugnahme auf besonders entlarvende Äußerungen muß zumeist genügen.

2. Was qualifiziert die Parteien als „rechtsextrem“?

Obwohl die Begriffe „Rechtsextremismus“ und „rechtsextrem“ (right-wing extremism, extrême droite, estrema destra, extrema derecha etc.) in der Literatur am häufigsten zur politischen Kennzeichnung der hier zu behandelnden Parteien verwendet werden[1], besteht selbst unter den primär wissenschaftlich motivierten Autoren keineswegs Konsens über deren Definition. Eine systematische Sichtung der Literatur ermittelte 26 Rechtsextremismus-Definitionen mit insgesamt 58 unterschiedlichen Definitions-

1 Darüber hinaus trifft man auf eine nicht selten verwirrende Vielzahl an Etikettierungsbegriffen wie Rechtsradikalismus, Ultrarechte, Faschismus, Neofaschismus, Neonazismus, Rechtspopulismus, die sich in ihren Definitionsbereichen überschneiden.

merkmalen. In manchen Fällen handele es sich um „true shopping lists" (Mudde 1995: 7). Dabei werde nicht immer ausreichend zwischen möglichen, notwendigen und hinreichenden Kriterien unterschieden. Zu den am häufigsten genannten Definitionsmerkmalen gehören: (extremer) Nationalismus, Rassismus/Ethnozentrismus, Antikommunismus, Law-and-order-Denken, Antipluralismus, Demokratiefeindschaft. Die Art der Begriffsbestimmung und der Merkmalkombination hängt wesentlich vom Erklärungsansatz ab, den der jeweilige Autor verfolgt, insbesondere ob er ökonomische „Gesetzmäßigkeiten" (z.B. Kühnl 1971, 1990; Butterwegge/Isola 1990; Butterwegge 1995), sozialstrukturelle Entwicklungsbedingungen (z.B. Scheuch/Klingemann 1967), Modernisierungsprozesse (z.B. Heitmeyer 1987, 1992; Stöss 1990), sozialpsychologische Dispositionen (z.B. Adorno 1982; Schumann 1986), das Verhältnis der Geschlechter (z.B. Birsl 1994), politisch-kulturelle Faktoren (z.B. Dudek/Jaschke 1984; Ignazi 1992) oder ideologiegeschichtliche Zusammenhänge in den Mittelpunkt stellt.

Für die Erforschung des Rechtsextremismus ist es ratsam, alle genannten Dimensionen in den Blick zu nehmen. Eine Definition erfolgt jedoch sinnvollerweise auf der ideologisch-programmatischen Ebene, da ökonomische, soziale, sozialpsychologische, politisch-kulturelle, politisch-institutionelle etc. Faktoren zwar mögliche, jedoch keine ausschließlichen Entwicklungsbedingungen für die Entfaltung des (vielgestaltigen) Explanandums zu benennen vermögen. Im folgenden soll „Rechtsextremismus" als Sammelbezeichnung für „rechte" Formen des politischen Extremismus dienen. Als extremistisch gelten politische Gesinnungen und Bestrebungen, die sich gegen grundlegende Werte und Spielregeln demokratischer Verfassungsstaaten (im Kern: das Ethos menschlicher Fundamentalgleichheit, den Pluralismus, das Prinzip der Gewaltenteilung, den Rechtsstaatsgedanken) richten (Backes 1989; Backes/Jesse 1993: 40). Erfaßt werden somit historische Gegenströmungen zu Konstitutionalismus und Demokratie, seien sie stärker antikonstitutionell (Antiliberalismus, Antipluralismus, Antiparlamentarismus, auf staatliche Machtmonopolisierung zielend) oder stärker antidemokratisch (Antiegalitarismus, gegen die Mehrheitregel, gegen das Prinzip der Volkssouveränität) ausgerichtet. Antidemokratische und/oder antikonstitutionelle Strömungen finden sich innerhalb der seit „1789" entfalteten politischen Topographie am „rechten" wie am „linken" Flügel.[2] Wenn man Norberto Bobbio zufolge „Rechte" – im Unterschied zu „Linken" – daran erkennen kann, daß sie bei der Beurteilung von Menschen und bei der Übertragung von Rechten und Pflichten „dem größere Bedeutung beimessen, was die Menschen ungleich statt gleich macht" (Bobbio 1994: 78), so läßt sich die extreme Rechte daran erkennen, daß sie sogar das Ethos menschlicher Fundamentalgleichheit implizit oder explizit negiert und auf eine rechtliche Fixierung und Institutionalisierung von Ungleichheiten zielt, die auf sozialer Herkunft, Leistung, nationaler, ethnischer oder rassischer Zugehörigkeit basieren. Legt man diese Definition

2 Dem Rechtsextremismus entspricht nach diesem Begriffsverständnis mithin ein Linksextremismus, der sich ebenfalls (mit meist antikonstitutioneller Stoßrichtung) gegen den demokratischen Verfassungsstaat richtet und mit dem Rechtsextremismus eine Reihe typischer Denkformen und Mentalitätsbestände (Absolutheitsanspruch, Monismus, Dogmatismus, Fanatismus, Kompromißlosigkeit, Freund-Feind-Denken, Verschwörungstheorien etc.) teilt. Nicht wenige Autoren schließen die Möglichkeit eines Linksextremismus per definitionem aus und nehmen davon allenfalls im Sinne einer seltenen Entartungsform Notiz (siehe etwa Stöss 1989: 18). Die Linksextremismusforschung liegt infolgedessen in noch höherem Maße brach als die zum Rechtsextremismus.

des Rechtsextremismus zugrunde, entsteht ein historischer Bogen, der sich von den Neoabsolutisten und altständischen Konservativen über Bismarckianer, wilhelminische Nationalisten/Imperialisten und Antisemitenparteien, über Deutschnationale, Völkische und „konservative Revolutionäre", über NS-Bewegung und -Regime bis zu den überwiegend subkulturellen Rechtsextremismen nach dem Zweiten Weltkrieg spannt.

Wie sind die hier zur Debatte stehenden Parteien (DLVH, DVU, NPD, REP) in das skizzierte ideen- und ideologiehistorische Panorama einzuordnen? Bevor diese Frage erörtert wird, muß zunächst eine Antwort darauf gegeben werden, ob sie überhaupt dem umzirkelten Bereich des Rechtsextremismus angehören. Denn in ihren Programmen präsentieren sie sich allesamt als geradezu mustergültige „Demokraten" und werden nicht müde, ihre Loyalität gegenüber der „freiheitlichen demokratischen Grundordnung" zu bekunden. Dies ist nicht zuletzt ein Ausfluß der „streitbaren Demokratie", die Verfassungsschutzbehörden ermächtigt, weit in das Vorfeld politisch motivierter Gewalt einzudringen, so daß nicht-militante Extremismen zu einer Legitimitätsstrategie Zuflucht nehmen. Das Phänomen der politischen Mimikry führt dazu, daß schroff antidemokratische und antikonstitutionelle Elemente aus offiziellen Programmtexten weitgehend verschwinden. Das gilt besonders für die REP, deren Parteiführung geschulte Juristen mit einer gründlichen Säuberung der Satzungen und Programme von anstößigen Stellen und der Ausarbeitung von Empfehlungen für die künftige Textgestaltung (Mühlberger 1992) beauftragte. Die REP bekennen sich in § 1 ihrer Bundessatzung überdies „zur freiheitlich demokratischen Grundordnung" und geben im ersten Kapitel des Augsburger Parteiprogramms (von 1993) gar Kernsätze aus dem SRP-Verbotsurteil des Bundesverfassungsgerichts wieder. Loyalitätsbekundungen zum Verfassungskern finden sich in abgeschwächter Form auch bei den anderen „nationalen" Parteien.

Es erstaunt daher nicht, daß die Programme weder „harte" Aussagen gegen Grundprinzipien demokratischer Verfassungsstaaten enthalten, noch alternative Staatsmodelle entwerfen. Sie sind allerdings auch nicht frei von Indizien, die auf Deutschtümelei und Nationalismus deuten und eine genauere Prüfung anhand der Parteipresse und anderer schriftlicher und mündlicher Verlautbarungen erfordern. So plädieren die REP im Augsburger Programm „für den Erhalt des im Grundgesetz verankerten Abstammungsrechtes" – eine überaus einseitige Verfassungsinterpretation –, zitieren das mystifizierende Herder-Wort „Völker sind Gedanken Gottes" voll zustimmend und behaupten „eine geistige babylonische Gefangenschaft der Deutschen" nach 1945 (Präambel). Das Verständnis des Volkes als Abstammungsgemeinschaft, die Betonung „deutscher Interessen" und die Sorge um die Wahrung „nationaler Identität" sind allen hier zu behandelnden Parteien gemeinsam. Ein sich mal gemäßigter, mal schroffer artikulierender Nationalismus bildet gleichsam ihre ideologische Kernsubstanz. Das geltende DVU-Parteiprogramm beginnt mit den Sätzen: „Deutschland soll das Land der Deutschen bleiben. Dem deutschen Volk müssen die gleichen Rechte zustehen, wie allen anderen Völkern auch. Dies schließt das Recht auf das angestammte Land, die nationale Identität und volle Selbstbestimmung ein." Die DLHV versucht den Vorwurf des nationalen Egoismus dadurch zu entkräften, daß sie ein „Recht aller Völker auf Selbstbestimmung, Souveränität und Identität" reklamiert und vor „Gleichmacherei, Überfremdung und Bevormundung" warnt (Präambel). Am konsequentesten hat die NPD in ihren 1987 verabschiedeten „Nationaldemokratische[n] Gedanken für eine lebenswerte Zukunft“ den Ethnozentrismus in das attraktivere Gewand eines Ethnopluralismus gehüllt. Unter Punkt X. wird vor einem „Kulturimperialismus“ gewarnt, der „die Eigeninteressen und das Selbstbestimmungsrecht der Völker“ mißachte: „Der Imperialismus entsteht aus dem Versuch, scheinbar universell gültige Werte durch ideologische Missionen allen Völkern aufzwingen zu wollen.“ Der Satz richtet sich in seiner Unbedingtheit auch gegen die Freiheits- und Menschenrechtsidee demokratischer Verfassungsstaaten. An die Stelle der Individualrechte tritt das Kollektivrecht der „Völker“, die als naturgegebene und homogene Einheiten ihre jeweilige „Identität“ entfalten. Die kulturelle (und politische) Vielfalt im Innern der „Völker“ wird durch die Pluralität in sich homogener „Völker“ ersetzt: „In der Verschiedenheit der Nationen und ihrer Kulturen und in der Unterschiedlichkeit der Menschen sehen wir den zu bewahrenden Reichtum unserer Erde.“ Die NPD hat sich hier aus dem Ideenreservoir der „Nouvelle droite“ und ihrer deutschen Ableger bedient (Greß/Jaschke/Schönekäs 1990; Moreau 1983).

Die nationalistischen Parteien bekunden in ihren Programmen den Respekt vor dem Selbstbestimmungsrecht nicht nur des eigenen Volkes, sondern auch aller fremden Völker. Sobald Angehörige fremder Völker jedoch nach Deutschland kommen – außer als finanzkräftige Besucher –, lösen sie bei ihnen negative Reaktionen aus. Die Forderung nach einer deutlichen Reduktion des ausländischen Bevölkerungsanteils gehört seit den siebziger Jahren zu den programmatischen Kernpunkten. Die nationalistischen Parteien scheuen dabei nicht davor zurück, in Teilen der Bevölkerung verbreitete Ressentiments zu schüren und auszubeuten. Die REP schafften im Januar 1989 ihren Durchbruch in Berlin mit einem Fernsehspot, in dem in aufeinander folgenden Sequenzen, unterlegt mit der Melodie „Spiel mir das Lied vom Tod“, u.a. steinewerfende Vermummte, eine Drogentote und eine Gruppe türkischer Kinder zu sehen waren (Leggewie 1989: 13). Seither hat sich die Partei in ihrer Anti-Ausländerpropaganda gemäßigt. Offen rassistische Äußerungen sind selten geworden. Dies kann man von der DLVH nicht behaupten. Längere Zeit verbreitete sie beispielsweise ein Flugblatt mit dem Steckbrief eines karikierten Afrikaners mit Glupschaugen und wulstigen Lippen.[3] Ein 1995 verbreitetes NPD-Flugblatt warb mit der als Zitat drapierten Überschrift: „Sie saugen uns aus, die Asylanten/Ausländer!“. In einer Berechnungstabelle wurde dem Leser die „ungeheure finanzielle Belastung der deutschen Steuerzahler durch die Gastarbeiter-Ausländer“ vor Augen geführt und die „Anwesenheit von 2,1 Mio. Gastarbeitern“ mit den „Kosten für 2,1 Mio. (deutsche) Arbeitslose“ gleichgesetzt. Im Vergleich zum Thema Ausländer/Asyl nehmen Äußerungen über Juden und den Staat Israel bei allen Parteien deutlich geringeren Raum ein. Verdeckter Antisemitismus läßt sich dennoch in der Parteipresse und in öffentlichen Reden von Parteirepräsentanten in vielfältiger Form nachweisen.

Die Kehrseite der nationalen Gemeinschaftsideologie bildet – allen ethnopluralistischen Phrasen zum Trotz – das rücksichtslose Pochen auf „deutsche Interessen“. Dies zeigt sich auch in der Frage der ehemaligen Ostgebiete. So erkennen die REP den

3 Plakate dieser Machart gehören seit langem zum Propagandaarsenal ähnlicher Parteien in europäischen Nachbarländern, z.B. des französischen Front National, des flämischen Vlaams Blok und der niederländischen CP '86.

Zwei-plus-Vier-Vertrag nicht an, sprechen von einer „Vereinigung von West- und Mitteldeutschland" und verfolgen das „Ziel einer friedlichen Vollendung der deutschen Einheit unter Einbezug Ostdeutschlands" (Kapitel 2). Auch im DLVH-Programm (S. 2) heißt es entschieden: „Der Zusammenschluß von Mittel- und Westdeutschland befugt keine Regierung zu Gebietsabtretungen und Beitrittsverweigerungen, die einen gesamtdeutschen Souverän binden könnten." Die DVU formuliert in ihrem Programm vergleichsweise zurückhaltend: „Die Abtrennung der deutschen Gebiete östlich von Oder und Neiße als Kriegsfolge widerspricht völkerrechtlichen Grundsätzen. Wir wissen aber auch, daß nicht Gewaltanwendung, sondern nur friedliches Einvernehmen unter den Völkern eine Linderung oder auch Korrektur dieser Lage herbeiführen kann und darf." (Punkt 2.) Wie sehr die Parteiführung von Großdeutschlandträumen bestimmt wird, beweist der enge Kontakt Freys mit dem großrussischen Nationalisten Wladimir Schirinowskij, der territoriale Konzessionen im Hinblick auf die ehemaligen deutschen Ostgebiete einschließlich Königsbergs in Aussicht gestellt hat (Schirinowskij 1994: 150 f.; Hirscher/Lange 1994). Daß die DVU möglicherweise noch weiter gesteckte Ziele verfolgt, zeigt ihre scharfe Kritik an FPÖ-Chef Jörg Haider, nachdem dieser sich vom Deutschnationalismus distanziert hatte (Deutsche Wochen-Zeitung, 8. Sept. 1995: 5). In diesen Fragen dürfte weitgehende Einigkeit mit der NPD bestehen, obwohl sich die Partei seit der Vereinigung dazu nicht zusammenhängend programmatisch geäußert hat. Der gelegentliche Abdruck von historischen Deutschlandkarten samt Kommentar in der Parteipresse belehrt darüber, daß sich die Partei treu geblieben ist (z.B. Deutsche Stimme, April 1995: 13).

Die Betonung der nationalen Gemeinschaft und ihrer Interessen führt bei DLVH, DVU, NPD und REP zu einer überaus europakritischen Haltung. Jeder Zusammenschluß, der über einen lockeren Staatenbund hinausgeht, wird grundsätzlich abgelehnt. DVU und DLVH wenden sich in ihren Programmen gegen „Souveränitätsverzichte" und die „Übertragung von Souveränitätsrechten". Die REP greifen die gaullistische Formel vom „Europa der Vaterländer" auf, fordern aber im gleichen Atemzug den „Erhalt unserer Souveränität und unserer Währung" (Kap. 3). Die „Europa-Leitsätze" der NPD sind demgegenüber weit stärker völkisch „aufgeladen": „Die schädliche Ideologie eines ‚einheitlichen Europas' gefährdet die Identität der Völker und schafft nationale Spannungen." Die Partei plädiert sinngemäß für ein möglichst lockeres und weitgefächertes Bündnis europäischer Staaten. Eine Osterweiterung wird wie folgt begründet: „Manche osteuropäischen Völker stehen in ihrer Mentalität gerade uns Deutschen näher als die sogenannte ‚westliche Wertegemeinschaft'". Hier klingt die nicht nur bei der NPD verbreitete Fundamentalkritik am Liberalismus und an der „Dekadenz" der westlichen Demokratien an.

Von den Verhältnissen im „verwestlichten" Deutschland zeichnen die nationalistischen Parteien ein düsteres Bild. Im Europawahlkampf 1994 charakterisierte REP-Chef Schönhuber die Politik der westlichen Alliierten nach 1945 als „Beginn einer Umerziehung, die systematisch den Deutschen nationale Würde, Selbstachtung nahm und Deutschland zu einer beliebig knetbaren Masse der Wünsche der Siegerstaaten machte." (Bundesminister des Innern 1995, gelber Teil: 58) Der Begriff der „Umerziehung" gehört zum ideologischen Standardrepertoire des gesamten „nationalen Lagers". Mit ihm wird das historisch-politische Selbstverständnis des demokratischen Staates in Frage gestellt. Harte, undifferenzierte Attacken gegen die Träger dieser Politik, die „Altpar-

teien“, gehen über das Normalmaß kritischer Auseinandersetzung weit hinaus und legen die Vermutung nahe, daß eine Überwindung der Parteiendemokratie schlechthin intendiert ist. Bekenntnisse zu Pluralismus und Rechtsstaat, wie sie sich in REP-Programmen zuhauf finden, verlieren dadurch an Glaubwürdigkeit. Immerhin werden die Angriffe gegen die „Altparteien“ in der REP-Presse vergleichsweise zurückhaltend geführt. Organe wie die „Deutsche National-Zeitung“ (DVU), die „Deutsche Stimme“ (NPD) und die „Deutsche Rundschau“ (DLVH, 1994 eingestellt) zeichnen sich durch einen schrilleren Tonfall aus und stellen demokratische Politiker (geschont wird allenfalls der rechte Unionsflügel) in aller Regel als Vaterlandsverräter dar.
Das bisher Gesagte verdichtet sich zu folgendem Befund: Aufgrund politischer Mimikry kann man aus programmatischen Äußerungen und öffentlichen Verlautbarungen der untersuchten Parteien kaum eine direkte Ablehnung gegenüber fundamentalen Werten und Spielregeln demokratischer Verfassungsstaaten herauslesen. Dennoch legt eine Reihe von Indizien die Etikettierung als „rechtsextrem“ nahe: Bereits aus der Programmatik wird ersichtlich, daß alle behandelten Parteien eine Ideologie der „nationalen Gemeinschaft“ kultivieren und das „deutsche Volk“ als Abstammungsgemeinschaft ansehen, die es gegenüber fremden Einflüssen zu schützen gelte. Ein inhaltlich als eindeutig fixierbar unterstelltes „Deutschtum“ soll bewahrt bzw. wiederhergestellt werden. Diese Ideologie geht mithin weit über ein nationalkonservatives Nationverständnis – im Sinne eines den politischen Realitäten entsprechenden Rahmens für die Sicherung der Freiheit nach innen und außen – hinaus und stellt die Wertbasis des demokratischen Verfassungsstaates: das Ethos fundamentaler Menschengleichheit, in Frage. Die Ab- und Ausgrenzungsfunktion des – zum Teil ethnopluralistisch drapierten – Nationalismus zeigt sich besonders in der von Xenophobie geprägten Antiausländerprogrammatik, in gelegentlichen Ausfällen gegen die jüdische Minderheit und im starren Festhalten an einer „Großdeutschland“-Vision mit den dazu gehörigen historischen Grenzverläufen. Dieses Bild wird durch eine deutlich europaskeptische Haltung und harte, ehrverletzende Pauschalangriffe gegen die „Altparteien“ und das System der „Umerziehung“ abgerundet.

3. Ideologie und Programmatik im historischen Kontext

Die Qualifizierung als rechtsextrem bedeutet angesichts des skizzierten historischen Bogens nur eine grobe Einordnung. Um die genannten Parteien in ihrer Ideologie und Programmatik genauer zu erfassen, bietet sich in einem ersten Schritt der Vergleich mit historischen Erscheinungsformen an. Besonders nahe liegt die Frage nach dem Verhältnis zum Nationalsozialismus, in dessen Kontinuität die rechtsextremen Gruppierungen nach 1945 vielfach gesehen worden sind. Die Feststellung einer solchen Kontinuität war in den ersten Nachkriegsjahrzehnten geradezu eine Selbstverständlichkeit, handelte es sich doch bei viele Aktivisten des „nationalen Lagers“ um ehemalige „Pgs“. Dies galt auch noch für die 1964 gegründete NPD, die sich weitgehend den Parteiapparat der erfolglosen „Deutschen Reichspartei“ (DRP) einverleibt hatte. Zudem gerierte sich die NPD als Verteidigerin „der Deutschen“ gegen „Siegerwillkür“ und kultivierte einen Mythos der „Verfolgung und Entrechtung“ nach 1945 (Dudek/ Jaschke 1984; Thadden 1984).

Mit wachsendem Abstand zum Ende des NS-Regimes mußten diese Verbindungslinien schon aus personellen Gründen schwächer werden, doch hatte das Attribut „neonazistisch“ auch die frühe NPD nicht angemessen charakterisiert. Die Funktionsträger der 1952 verbotenen SRP mit ihren in der Tat neonationalsozialistischen Zügen waren der DRP weitgehend ferngeblieben und hatten später auch in der NPD keine politische Heimat mehr gefunden. In diesen Kreisen galt die NPD als zu wenig kämpferisch und „verbürgerlicht“. Allenfalls der aktionistische und nationalrevolutionäre NPD-Flügel schien ihnen bündnisfähig. In drei Punkten wich die NPD mehr oder weniger deutlich von der NS-Programmatik ab: 1. Die antikapitalistischen Elemente waren deutlich schwächer ausgeprägt. Von einer „Brechung der Zinsknechtschaft“ (NSDAP-Programm von 1920) war bei der NPD nirgends die Rede. Sie verkörperte demgegenüber stärker eine mittelständisch-besitzbürgerliche Richtung. 2. Bei allen ideologischen Anklägen, wie sie etwa im „Politischen Lexikon“ sichtbar wurden, fehlte doch eine elaborierte, biologisch argumentierende Rassentheorie. Statt dessen fand sich eher eine Volksgemeinschaftsideologie mit verschwommenen Konturen, die allerdings auch als Konzession an den Zeitgeist verstanden werden konnte. 3. Die NPD propagierte nicht den pangermanischen Expansionismus des Nationalsozialismus, sondern beschränkte sich auf das Programm der Alldeutschen und Deutschnationalen: Vereinigung der „Deutschen“ in einem geschlossenen Staatsverband. Mithin ähnelte die Programmatik der NPD mehr der des Deutschnationalismus (der DNVP) als der des Nationalsozialismus (Dudek/Jaschke 1984: 351; Backes/Jesse 1993: 71).
Gewiß ist auch diese Einordnung fragwürdig, da die Übergänge vom einen zum anderen historischen Phänomen fließend waren und auch die NPD keine geschlossene Einheit bildet(e). Die Deckert-NPD mit ihrer stärker aktionsorientierten Strategie und ihrer provokativen propagandistischen Betonung von Revisionismus (Kriegsschuldfrage) und Negationismus („Auschwitzlüge“) scheint überdies dem historischen NS im Vergleich zur Thadden-NPD wieder nähergerückt zu sein, wobei ihr heutiges dogmatisch-eiferndes Auftreten auch durch den Schrumpfungsprozeß zu einer nahezu bedeutungslosen politischen Sekte bedingt sein mag. DLVH und DVU ähneln der NPD in dem Bestreben, das „deutsche Volk“ von der „Last der Vergangenheit“ zu befreien – in erster Linie mittels Verdrängung, Leugnung, Schönfärberei und Relativierung. Vor allem die Frey-Presse wird nicht müde, die Glanzleistungen des „deutschen Soldaten“ zu rühmen und von Deutschen begangene Verbrechen zu minimieren oder zumindest auf ein den übrigen Kriegsparteien entsprechendes Maß zu reduzieren. Wenn die REP auch lange Zeit von einem ehemaligen Angehörigen der Waffen-SS angeführt worden sind, haben sie doch die Verharmlosung der NS-Vergangenheit nicht so weit getrieben und sich nicht zum Sprachrohr für die „Szene“ der Auschwitz-Leugner gemacht. Darin nur eine Strategie zu sehen, wäre eine sehr einseitige Sichtweise. Vielmehr sind der Generationswechsel, der Themenwandel, die veränderten Bedürfnisse der REP-Klientel und das Verblassen der NS-Vergangenheit samt ihrer Folgewirkungen in Rechnung zu stellen, mögen Teile der Medien die Partei auch permanent damit konfrontieren.
So betreiben die REP auch keinen historischen Devotionalienhandel wie – vor allem – die DVU, in deren Verkaufssortiment sich neben Büchern wie dem „Deutschen National-Lexikon“, dem „Deutschen Kalender“, Bildwandkarten über Ostpreußen, Pommern, Schlesien, das Sudetenland, Videos (z.B. mit alten Wochenschauaufnahmen)

auch „deutsche Medaillen“ mit den Köpfen „großer Deutscher“ finden: u.a. Reichskanzler Bismarck, Hitler-Stellvertreter Rudolf Heß, Reichspräsident Hindenburg, General Ludendorff, „Wüstenfuchs“ Rommel, Flieger-As Hans-Ulrich Rudel und Mussolini-Befreier Otto Skorzeny. Wie man sieht, sind die historischen Bezugspunkte verschieden: „gute Nationalsozialisten“ und Kriegshelden stehen neben Repräsentanten des wilhelminischen Obrigkeitsstaates. In der Ahnengalerie fehlen Vertreter der nicht-nationalistischen Rechten (Neoabsolutismus, altständischer Konservativismus). Eine historische Ausdeutung täte dem Freyschen Gemischtwarenladen jedoch zu viel der Ehre an.
In erster Linie geht es um die Befriedigung von Nostalgie-Bedürfnissen – vor allem, aber nicht nur der älteren Generation. Ihre Bedeutung resultiert zu einem Gutteil aus dem Mangel an Vorbildregimen, die der Klientel als zukunftsweisend angepriesen werden könnten. Dieses Manko beherrschte auch bereits die ersten Nachkriegsjahrzehnte. Zwar konnte die NPD Ende der sechziger Jahre noch positive Züge Franco-Spaniens und Salazar-Portugals herausstreichen (Politisches Lexikon 1967: Art. „Franco“, „Salazar“); aber von diesen Systemen ging nicht mehr jene Anziehungskraft aus, wie sie einst das faschistische Italien und – zeitweilig – das NS-Regime auf die extreme Rechte ausgeübt hatten. Dies gilt auch für die Obristen in Griechenland, südamerikanische Militärregime (vor allem unter Perón, Pinochet, Stroessner) und das Südafrika der Apartheid.

4. Ideologie und Programmatik im Spiegelbild aktueller Herausforderungen

Eine wichtige Motivationsquelle für Funktionäre und Anhänger der nationalistischen Parteien, die politisch marginalisiert sind, von einer betont kritischen, nicht selten zu emotionalisierter Berichterstattung neigenden Medienöffentlichkeit begleitet werden und das Selbstbild der „Verfolgten und Geächteten“ kultivieren (zuletzt Schönhuber 1995), bilden die Erfolge politisch verwandter Kräfte des Auslandes. Eine Gegenüberstellung verspricht Aufschlüsse in ideologisch-programmatischer Hinsicht. Galt in den ersten Nachkriegsjahrzehnten den italienischen Neofaschisten des „Movimento Sociale Italiano“ (MSI) aufgrund ihrer parlamentarischen Präsenz, ihres Mitgliederreichtums und ihrer starken organisatorischen Verankerung die größte Aufmerksamkeit, entwickelte sich in den achtziger Jahren der „Front national“ (FN) des Bretonen Jean-Marie Le Pen zum bewunderten Vorbild des „nationalen Lagers“. Die ins Europaparlament gewählten REP gaben 1989 dem FN den Vorzug vor dem MSI und bildeten mit jenen (und dem Vlaams Blok) eine „Technische Fraktion“. Ein Bündnis mit dem MSI hätte sich wegen dessen stärker ausgeprägter Traditionspflege als Belastung erwiesen. Zudem stand zwischen beiden die „Südtirolfrage“. Mit dem FN hingegen gab es keine territorialen Meinungsverschiedenheiten, und dessen politische Programmatik und Strategie erschien erfolgversprechender. In vier Punkten weist die REP-Programmatik Übereinstimmung mit der des FN auf, auch wenn die Partei Le Pens nicht direkt Pate gestanden hat: Nationalismus, Ausländerrückführung, öffentliche Sicherheit und Populismus.
Der FN-Parole „Les français d'abord“ entspricht das „Deutschland zuerst“ bei den REP. Verbindet sich dies bei den Anhängern Le Pens mit französischer Machtentfaltung

nach außen und in den verbliebenen bzw. ehemaligen Kolonien, steht bei den REP die Wiederherstellung historischer Grenzverläufe zur Debatte. In diesem Punkt treffen sie sich mit den übrigen nationalistischen Parteien in Deutschland. Gleiches gilt für das „Asylproblem" und die „Ausländerfrage", mit denen sich unter günstigen Rahmenbedingungen Wähler mobilisieren lassen. Das Thema Ausländer ist im Laufe der Nachkriegsjahrzehnte gleichsam an die Stelle der – für den Rechtsextremismus vor 1945 so zentralen – „Judenfrage" getreten, die in Deutschland schon wegen der geringen Zahlenstärke der jüdischen Minderheit nur mehr eine Nebenrolle spielt. Der starke Anstieg der Asylbewerberzahlen seit Ende der achtziger Jahre hat dem Thema zeitweilig erhöhte Brisanz verliehen. Alle nationalistischen Parteien haben der „Überfremdungsfront" allererste Priorität zugewiesen. Eng damit verflochten ist das Thema „Unsicherheit" (Stichwort: Ausländerkriminalität), ein klassischer Programmpunkt der (extremen) Rechten, der zumeist mit der Kritik an den „Auswüchsen der liberalen Gesellschaft" einhergeht.

Während Nationalismus, Ausländerfrage und Unsicherheit Gemeingut der nationalistischen Parteien sind, gelangt man beim sogenannten „Nationalpopulismus" (Taguieff 1984) zu einem differenzierteren Ergebnis. Es handelt sich um einen politischen Stil, bei dem der „gesunde Menschenverstand" und die Bedürfnisse des „Mannes auf der Straße" gegen „die da oben" ausgespielt werden. Populistische Parteien – die es nicht nur auf der Rechten gibt – scharen sich um charismatische Führer, die von sich behaupten, die „wahren Interessen" des Volkes zu kennen und zur Geltung zu bringen. Populismus bleibt erfolglos, wenn er nicht tatsächlich Forderungen von breiteren Kreisen der Bevölkerung aufgreift, die von den „etablierten" Kräften vernachlässigt werden. Eine gewisse Geschmeidigkeit beim Aufgreifen politischer Themen erscheint also unerläßlich, was den populistischen Parteien wiederum den Vorwurf des Opportunismus von seiten „grundsatztreuerer" Kräfte einträgt.

Das Gesagte läßt sich anhand des Verhältnisses zwischen NPD und REP in der Frage der Wirtschafts- und Sozialpolitik verdeutlichen. Während die NPD am traditionellen Sozialprotektionismus der Rechten festgehalten hat und „das Gegeneinander des Privat- und des Staatskapitalismus auf deutschem Boden durch eine sozial gerechte Gemeinschaftsordnung überwinden" (NPD-Programm von 1987: Punkt IX.) will, haben sich die REP in einigen Forderungen den moderner wirkenden und mehr dem Zeitgeist entsprechenden Forderungen des Neoliberalismus geöffnet. Stärker als die NPD vertrauen sie auf die Kräfte des Marktes, plädieren auch beim Umweltschutz für „marktwirtschaftliche Verfahren" (REP-Programm von 1993, Kap. 8), sprechen sich für die Beseitigung von Monopolen und den Abbau von Subventionen und Bürokratie aus (Saalfeld 1993: 186). In diesen Punkten scheinen die – sehr knapp gefaßten – Programme von DVU und DLVH den REP eher zu folgen als der NPD. Dennoch werden bei den REP – und erst recht bei DVU und DLVH – die neoliberalen Programmelemente bei weitem von den nationalistischen überlagert, will man an die von Hans-Georg Betz vorgenommene idealtypische Unterscheidung (Betz 1994: 108) anknüpfen. Diese Akzentuierung dürfte auch aus einer realistischen Einschätzung des politischen Marktes (neoliberale Themen sind eine wohlfeile Ware) resultieren.

Kann man die REP also bereits dem Typus der neuen rechten „postindustriellen Parteien" zuordnen, die nicht als Reaktion auf die „rote Flut", sondern als Antwort auf die „new politics" der postmaterialistischen Ökopazifisten entstanden sind und weder vor 1945 noch vor 1918 noch vor 1789 zurückwollen, sondern nur mehr Autorität und Stärke von seiten des Staates einfordern? Das Bemühen der REP, den kompromittierenden Schatten der Vergangenheit zu entfliehen, könnte darauf hindeuten. Dies gilt ebenso für manche ökosozialen und neoliberalen Programmelemente, spielten sie in der politischen Praxis der Partei eine wichtige Rolle. Da dies aber kaum der Fall ist, erscheint der Verdacht begründet, daß ihre „Silent Counter-Revolution" (Ignazi 1992, 1994: 256) gegen die von den „Grünen" favorisierte und idealisierte „multikulturelle Gesellschaft" doch zum extremen Gegenteil einer am ethnokulturellen Homogenitätsideal orientierten Gemeinschaft führt, die unter den Bedingungen der modernen Gesellschaft schwerlich eine pluralistische sein könnte. Immerhin werfen die – von innerparteilichen Krisen und Richtungswechseln geprägten – REP solche Fragen auf, während die übrigen nationalistischen Parteien sich stärker in den traditionellen Bahnen der extremen Rechten bewegen. Das weitere Schicksal der REP ist ungewiß: Während Schönhuber im Schoß der Traditionalisten Zuflucht gefunden hat (er wirkt seit 1995 als Kolumnist im „Szene"-Blatt „Nation Europa"), bemüht sich sein Ende 1994 designierter Nachfolger Schlierer – bislang vergebens – um eine Fortsetzung der 1989 so spektakulär errungenen Wahlerfolge.

Literaturverzeichnis

Adorno, Theodor W., 1982: Studien zum autoritären Charakter. 4. Aufl., Frankfurt a.M.

Backes, Uwe, 1989: Politischer Extremismus in demokratischen Verfassungsstaaten. Elemente einer normativen Rahmentheorie. Opladen.

Backes, Uwe/Jesse, Eckhard, 1993: Politischer Extremismus in der Bundesrepublik Deutschland. Berlin.

Backes, Uwe/Moreau, Patrick, 1994: Die extreme Rechte in Deutschland. Geschichte – gegenwärtige Gefahren – Ursachen – Gegenmaßnahmen. 2. erw. Aufl., München.

Betz, Hans-Georg, 1994: Radical Right-Wing Populism in Western Europe. New York.

Birsl, Ursula, 1994: Rechtsextremismus: weiblich – männlich? Eine Fallstudie zu geschlechtsspezifischen Lebensverläufen, Handlungsspielräumen und Orientierungsweisen. Opladen.

Bobbio, Norberto, 1994: Rechts und Links. Gründe und Bedeutungen einer politischen Unterscheidung. Berlin.

Bundesminister des Innern, 1995: Verfassungsschutzbericht 1994, hektograph. Fassung. Bonn.

Butterwegge, Christoph, 1995: Der Rechtsextremismus und die Krise des Sozialen, in: Sozialer Fortschritt 6.

Butterwegge, Christoph/Isola, Horst (Hrsg.), 1990: Rechtsextremismus im vereinten Deutschland. Bremen.

Dudek, Peter/Jaschke, Hans-Gerd, 1984: Entstehung und Entwicklung des Rechtsextremismus in der Bundesrepublik. Zur Tradition einer besonderen politischen Kultur. 2 Bde., Opladen.

Fascher, Eckhard, 1994: Modernisierter Rechtsextremismus? Ein Vergleich der Parteigründungsprozesse der NPD und der Republikaner in den sechziger und achtziger Jahren. Berlin.

Greß, Franz/Jaschke, Hans-Gerd/Schönekäs, Klaus, 1990: Neue Rechte und Rechtsextremismus in Europa. Bundesrepublik, Frankreich, Großbritannien. Opladen.

Heitmeyer, Wilhelm, 1987: Rechtsextreme Orientierungen bei Jugendlichen. Empirische Ergebnisse und Erklärungsmuster einer Untersuchung zur politischen Sozialisation. Weinheim/München.

Heitmeyer, Wilhelm u.a., 1992: Die Bielefelder Rechtsextremismus-Studie. Erste Langzeituntersuchung zur politischen Sozialisation männlicher Jugendlicher. Weinheim/München.

Hirscher, Gerhard/Lange, Klaus, 1994: Schirinowskij und die LDPR – Gefahren für die deutsche und internationale Politik. Forschungsbericht der Akademie für Politik und Zeitgeschehen. München.

Ignazi, Piero, 1992: The Silent Counter-Revolution. Hypotheses on the Emergence of Extreme-Right Wing Parties in Europe, in: European Journal of Political Research 22, 3-34.
Ignazi, Piero, 1994: L'estreme destra in Europa. Bologna.
Jaschke, Hans-Gerd, 1990: Die „Republikaner". Profile einer Rechtsaußen-Partei. Bonn.
Kühnl, Reinhard, 1971: Formen bürgerlicher Herrschaft. Liberalismus – Faschismus. Reinbek bei Hamburg.
Kühnl, Reinhard, 1990: Gefahr von rechts? Vergangenheit und Gegenwart der extremen Rechten. Heilbronn.
Leggewie, Claus, 1989: Die Republikaner. Phantombild der Neuen Rechten. Berlin.
Leggewie, Claus, 1990: Die Republikaner. Ein Phantom nimmt Gestalt an. Berlin.
Lenk, Kurt, 1989: Deutscher Konservatismus. Frankfurt a.M./New York.
Linke, Annette, 1994: Der Multimillionär Frey und die DVU. Daten, Fakten, Hintergründe. Augsburg.
Moreau, Patrick, 1983: Die neue Religion der Rasse. Der Biologismus und die kollektive Ethik der Neuen Rechten in Frankreich und Deutschland, in: *Iring Fetscher* (Hrsg.), Neokonservative und „Neue Rechte". Der Angriff auf Sozialstaat und liberale Demokratie in den Vereinigten Staaten, Westeuropa und der Bundesrepublik. München, 122-162.
Mudde, Cas, 1995: The Defining of the Extreme Right Party Family. Paper presented at the workshop ‚Racist Parties in Europe: A New Political Family' of the ECPR Joint Sessions of Workshops. Bordeaux.
Mühlberger, Johann, 1992: REP. Kommentar zu den Satzungen und Programmen der Partei DIE REPUBLIKANER, 1. Teil: Bundesverband. 2. Aufl., Kirchseeon.
Politisches Lexikon, 1967: Teil II: Personen. 2. Lieferung, Hannover.
Ribhegge, Wilhelm, 1989: Konservative Politik in Deutschland. Von der Französischen Revolution bis zur Gegenwart. Darmstadt.
Saalfeld, Thomas, 1993: The Politics of National-Populism: Ideology and Policies of the German Republikaner Party, in: German Politics 2 (2), 177-199.
Scheuch, Erwin K./Klingemann, Hans D., 1967: Theorie des Rechtsradikalismus in westlichen Industriegesellschaften, in: Hamburger Jahrbuch für Wirtschafts- und Gesellschaftspolitik 12, 11-29.
Schirinowskij, Wladimir, 1994: „Was ich wirklich will". München.
Schönhuber, Franz, 1995: In Acht und Bann. Politische Inquisition in Deutschland. Berg am Starnberger See.
Schumann, Siegfried, 1986: Politische Einstellungen und Persönlichkeit. Ein Bericht über empirische Forschungsergebnisse. Frankfurt a.M. u.a.
Stöss, Richard, 1989: Die extreme Rechte in der Bundesrepublik. Entwicklung – Ursachen – Gegenmaßnahmen. Opladen.
Stöss, Richard, 1990: Die „Republikaner". Woher sie kommen? Was sie wollen? Wer sie wählt? Was zu tun ist? Köln.
Taguieff, Pierre-André, 1984: La rhétorique du national-populisme. Les règles élémentaires de la propagande xénophobe, in: Mots, H. 9, 113-139.
Thadden, Adolf von, 1984: Die verfemte Rechte. Deutschland-, Europa- und Weltpolitik in Vergangenheit, Gegenwart und Zukunft aus der Sicht von rechts. Preußisch Oldendorf.

Rechtsextremismus in Frankreich: Die Wähler des Front National

Nonna Mayer

Die meisten westlichen Demokratien erlebten in den vergangenen zehn Jahren einen Durchbruch extrem rechter Parteien bei Wahlen. In keinem anderen Land jedoch war der Fortschritt so schnell, so stark und so nachhaltig wie in Frankreich, wo der Front National seit 1983 10% oder mehr der gültigen Stimmen in landesweiten Wahlen auf sich vereinte und in den Präsidentenwahlen bis zu 15% erreichte (Abbildung 1). Es ist schon viel über die Bewegung selbst geschrieben worden, ihre Strukturen und ihre Mitgliedschaft (Birenbaum 1992; Camus/Monzat 1992), ihre ideologischen und geschichtlichen Wurzeln (Taguieff 1989; Milza 1987; Winock 1993) und die globalen Faktoren, die ihren Aufstieg erklären (Ignazi 1989; Mayer/Perrineau 1989). Die vorliegende Untersuchung beschränkt sich auf die Wähler des Front National und die Natur ihrer Stimmabgabe. Die Partei, die sie unterstützen und ihre Führer werden in Frankreich von fast allen als „rechtsextremistisch" wahrgenommen.[1] Kann man Wähler des Front National als solche überhaupt analysieren? Lassen sich die klassischen Erklärungen des Rechtsextremismus auf ihr Wahlverhalten überhaupt anwenden? Warum gibt es mehr rechtsextreme Wähler in Frankreich als in den anderen europäischen Demokratien, z.B. in Deutschland? Das sind die Fragen, denen ich nachgehen möchte, indem ich Daten von Nachwahlbefragungen verwende, die jeweils nach den Präsidentenwahlen von 1988 und 1995 durchgeführt wurden, als Jean-Marie Le Pen seine größten Erfolge erzielte (Abbildung 1).[2]

1 Nach periodischen SOFRES-Meinungsumfragen unter der französischen Bevölkerung über 18 Jahren (N=1.000) betrug der Prozentsatz der Personen, die mit der zweiten der folgenden beiden Behauptungen übereinstimmten, 57% im Mai 1984, 68% im Oktober 1985, 76% im Dezember 1988 und war seitdem niemals niedriger als 70%. Die beiden Aussagen lauten: „Jean-Marie Le Pen ist ein Mitglied der Opposition, so wie es die Führer der UDF und der RPR sind" / „Jean-Marie Le Pen gehört zur extremen Rechten, er hat nichts mit RPR und UDF zu tun". Eine im Jahre 1995 durchgeführte Umfrage von CEVIPOF/SOFRES nach den Präsidentenwahlen (Mai 1995; N=4.078) zeigt, daß sich auf einer siebenstufigen Links-Rechtsskala 76% der Befragten Jean-Marie Le Pen und 77% der Befragten den Front National auf der äußersten rechten Position der Skala einordnen.

2 Ich benutze hauptsächlich eine Serie von SOFRES-Umfragen, die nach jeder landesweiten Wahl unter der französischen Bevölkerung von 18 Jahren und älter (N=2.000) durchgeführt werden und die beiden CEVIPOF-Umfragen, die nach den Präsidentenwahlen von 1988 und 1995 mit größeren Stichproben (N=4.032 und N=4.078) durchgeführt wurden. Die Ergebnisse von 1988 sind in Boy und Mayer, The French Voter Decides (1993), ausgewertet worden.

Abbildung 1: Stimmenanteile des Front National

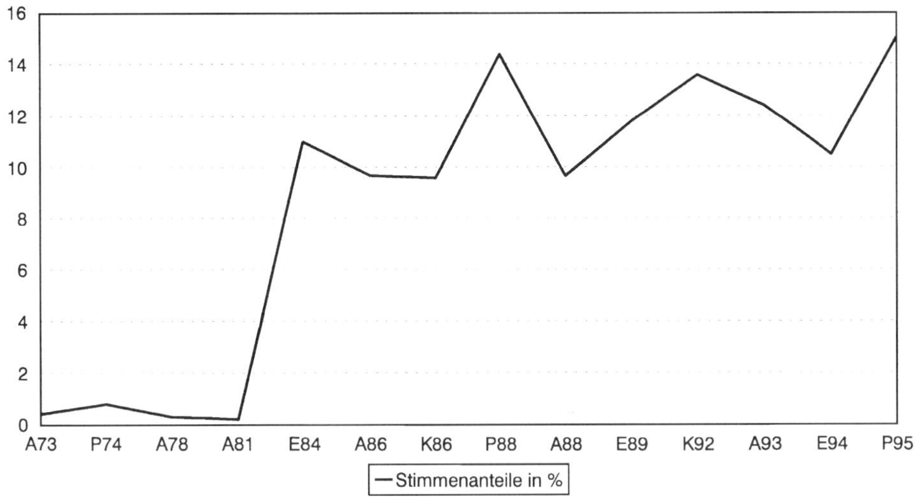

A: Wahlen zur Assemblée Nationale / P: Präsidentenwahlen / E: Europawahlen / K: Kommunalwahlen

Quelle: Frankreich/Innenministerium.

1. Der Durchbruch des Front National bei Wahlen

Der Front National wurde am 5. Oktober 1972 durch Aktivisten der nationalistischen Bewegung Ordre Nouveau (ex-Occident) gegründet. Ziel war die Wiederholung früherer Wahlerfolge der französischen extremen Rechten. Zuvor hatte diese bei ihren Versuchen, parlamentarische Repräsentation zu erringen, keinen Erfolg gehabt, da sie durch die Unterstützung vieler ihrer Mitglieder für die deutsche Besatzungsmacht und das Vichy-Regime diskreditiert und in kleine Grüppchen zersplittert war. Die Bewegung verärgerter Ladenbesitzer und Kleingewerbetreibender, die von Pierre Poujade in den 50ern geführt wurde (Hoffmann 1956) hatte Momente des Erfolgs, als sie in den Parlamentswahlen vom 2. Januar 1956 11,6% der gültigen Stimmen auf sich vereinigen konnte. Aber schon zwei Jahre später wurde sie durch die Algerienkrise und die Rückkehr von Charles De Gaulle ins Amt hinweggefegt. Der Dekolonisierungsprozeß mobilisierte dann nochmals kurzzeitig die extreme Rechte in der Verteidigung eines französischen Algeriens (Algerie française). Aber lediglich 5,2% der Wähler stimmten beim Referendum vom 8. April 1962 über die Übereinkunft von Evian, wo die Unabhängigkeit von Algerien beschlossen wurde, mit nein; der Kandidat der Nationalen Rechten, Jean-Louis Tixier-Vignancour erreichte während der ersten Runde der Präsidentenwahlen von 1965 nicht mehr als 9,2% der Stimmen. Insgesamt erreichte seine Partei, die ARLP (Alliance Républicaine pour les Libertés et le Progrès) und die anderen rechtsextremen Bewegungen während der Parlamentswahlen von 1967 kaum mehr als 100.000 Stimmen. Der Studentenprotest von 1968 vereinigte dann nochmals praktisch die gesamte Rechte gegen die Gefahr von links.

Die Gründung des Front National vier Jahre später wurde durch die Wahlerfolge der neofaschistischen italienischen Partei, des MSI (Movimento Sociale Italiano) inspiriert. Es begann als ein bunter Zusammenschluß, der unter der Führung von Jean-Marie Le Pen Vichy-Nostalgiker, Antigaullisten, Poujadisten und Neofaschisten umfaßte, Intellektuelle genauso wie Aktivisten. Als ehemaliger Fallschirmjäger, früherer Präsident der nationalistischen Studentenvereinigung von Paris, des „Corpo", als gewählter Abgeordneter der „Union et Fraternité Française"-Liste, die 1958 von Pierre Poujade geleitet wurde und von dann an auf der Liste des CNIP (Centre National des Independants et Paysans), als Wahlmanager des „Pro-Algerie-Française"-Kandidaten Tixier-Vignancour hatte Jean-Marie Le Pen das ideale Profil eines politisch respektablen Mannes der Tat. Die Parlamentswahlen von 1973 waren der erste Wahl-Test für die Bewegung. Ihre Kandidaten erhielten weniger als 0,5% der gültigen Stimmen. Von internen Streitigkeiten zerrissen, in Wettbewerb mit ihren Rivalen, der PFN (Parti des Forces Nouvelles) und deren brillantem Führer Pascal Gauchon, durchlief sie während der kommenden zehn Jahre eine ganze Serie von Mißerfolgen. Während der Europawahlen von 1979 konnten die beiden Organisationen wieder keine Einigung über eine gemeinsame Liste erzielen. Während der Präsidentenwahl von 1981 gelang es ihren Führern nicht, die notwendigen 500 Unterschriften von gewählten Repräsentanten zu erhalten, um sich für das Präsidentenamt zu bewerben. In den folgenden Parlamentswahlen erhielt der Front National weniger als 0,2% der gültigen Stimmen. Die Schlußfolgerung eines Buches über die extreme Rechte in Frankreich (L'extrême droite en France), das im Herbst 1983 veröffentlicht wurde, war pessimistisch: „Zersplittert in eine Myriade von winzigen Inseln, von machtlosen Kreisen, von phantomhaften Gruppen lebt sie nur noch in einem Zustand historischer Spuren" (Petitfils 1983: 123).
Nur ein paar Wochen später erfuhr sie in einer lokalen Nachwahl in der kleinen Stadt Dreux eine Wiedergeburt (Gaspard 1990). Am 4. September 1983 erzielte eine Liste, die vom Generalsekretär des Front National Jean-Pierre Stirbois angeführt wurde, das gute Ergebnis von 16,7% während des ersten Wahlgangs. Um die Linke im zweiten Wahlgang zu besiegen, wurde eine gemeinsame Liste von UDF, RPR und Front National gebildet, die die Wahl mit mehr als 55% der Stimmen im zweiten Wahlgang gewann. Die Allianz mit der gemäßigten Rechten, die in den Medien breit diskutiert wurde, versah den Front National mit der politischen Legitimität und Richtbarkeit, nach der er sich so lange gesehnt hatte. In den folgenden Wochen bestätigten andere Nachwahlen das Wählerwachstum der Le Penisten: In Aulnay sous Bois, wo er 9,3% der Stimmen gewann, und im zweiten Wahldistrikt von Morbihan (12%). Ein Jahr später, während der Europawahlen von 1984, unterstützten mehr als 2 Millionen Wähler die Liste des „Front d'opposition nationale pour l'Europe des patries" (11,2% der gültigen Stimmen); und in den Parlamentswahlen von 1986 wurden 35 Front National Abgeordnete in die Nationalversammlung gewählt.
Seitdem lagen seine Wahlerfolge in jeder landesweiten Wahl oberhalb von 10%; ihren historischen Höchststand erreichten sie mit 15% in der letzten Präsidentenwahl. Auf der lokalen Ebene, in einem Land mit mehr als 36.000 Gemeinden, von denen drei Viertel weniger als 700 Einwohner haben, ist ein Fortschritt schwieriger. Dennoch erreichte der Front National während der letzten Gemeinderatswahlen in Städten mit mehr als 30.000 Einwohnern 11,57% der gültigen Stimmen, obwohl das Gesamtergebnis nur 4,3% betrug. Im zweiten Wahlgang eroberte er die Rathäuser von Orange, Ma-

Abbildung 2: Übereinstimmung mit den Ideen Le Pens

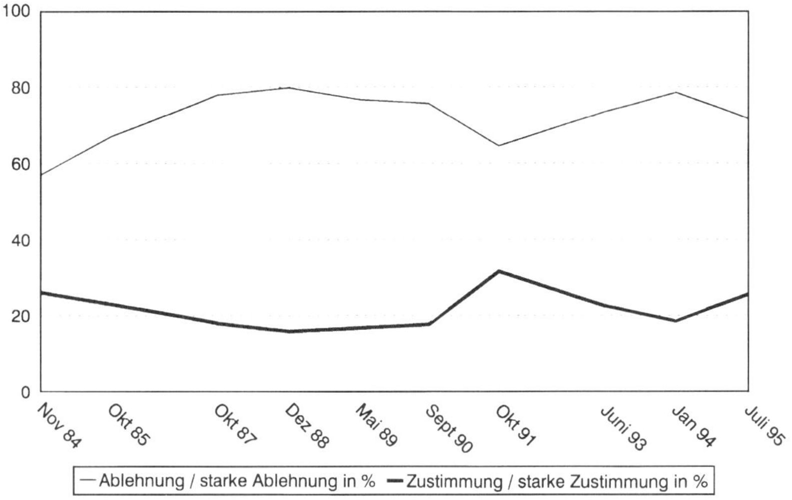

Quelle: SOFRES-Meinungsumfragen.

rignane und Toulon, alles große Städte mit mehr als 100.000 Einwohnern. Heute kann der Front National sich auf mehr als 2.000 gewählte Repräsentanten stützen. Obwohl seine parlamentarische Repräsentation auf eine einzige Abgeordnete während der Parlamentswahlen von 1988 zurückging, nämlich Marie-France Stirbois, die ihren Sitz 1993 verlor, hat der Front National elf gewählte Abgeordnete im Europaparlament von 1994. Der Einfluß von Jean-Marie Le Pen geht weit über seine Wählerschaft hinaus. Gleichgültig, ob sie für den Front National stimmen oder nicht, äußert ein Viertel der Franzosen im Wahlalter Übereinstimmung mit seinen Ideen, wobei der Anteil auf 28% ansteigt, wenn es um Fragen des Asyls und der Einwanderung geht, auf 36%, wo es um Fragen von Ruhe und Ordnung geht und sogar auf 41% bei der Verteidigung traditioneller Werte.[3]

Allmählich schlossen sich die anderen Mitglieder der extremen Rechten der Front National an, von den katholischen Fundamentalisten unter Leitung von Bernard Antony bis hin zu radikaleren Gruppen wie „Militant" oder den „l'oeuvre française". Nur kleine Gruppen blieben außerhalb des Bereichs des Front National, darunter Sezessionisten wie „Alliance populaire", die Monarchisten der NAR (Nouvelle Action royaliste), Studentenaktivisten der GUD (Groupe Union Défense), die Skinheads um Serge Ayoub, alias Batskin, oder Neonazis wie die PNFE (Parti nationaliste français et européen) von Jean-Claude Cornilleau (CRIDA, 1995). Auch die neue Rechte steht abseits, obwohl sie viele Führer des Front National und Teile seines Programms beeinflußt hat. Ihr Guru, Alain de Benoist, der Gründer der Zeitschrift KRISIS, der stärker an eine kulturelle Kriegführung als an Wahlstrategien glaubt, äußert offizielle Ableh-

3 SOFRES/Regionale Pressegruppe, Befragung der französischen Bevölkerung im Wahlalter vom 30. Juni und 01. Juli 1995 (N=1.000).

nung gegenüber einer Partei, die er als rassistisch und fremdenfeindlich empfindet (Taguieff 1995; Telos 1994).

2. *Wer stimmt für Le Pen?*

In ihrer klassischen Untersuchung über den Extremismus in Amerika definieren Lipset und Raab (1970: 4) Extremismus auf der einen Seite als „an die äußerste Grenze des ideologischen Kontinuums heranreichend", auf der anderen Seite als „über die Grenzen hinausgehend", d.h. als eine spezifische Tendenz, demokratische Verfahrensweisen zu verletzen. Um zu überprüfen, ob die Wähler Le Pens diesen Anforderungen entsprechen, sollte man ihre Selbstplazierung auf der Links-Rechts-Skala berücksichtigen sowie ihr Wertsystem und ihre Verpflichtung gegenüber der Demokratie untersuchen.

2.1 Die Le Pen-Wähler und das Links-Rechts-Kontinuum

Mehr als zwei Jahrhunderte hindurch ist die französische politische Debatte durch die Links-Rechts-Spaltung geprägt worden. Obwohl eine wachsende Zahl von Wählern fühlt, daß diese Begriffe bedeutungslos werden, sind immer noch 99% bereit, sich auf der Links-Rechts-Skala selbst einzuordnen (Tabelle 1).[4] Die Wähler Le Pens zählen sich selbst eindeutig zur Rechten, 54% plazieren sich auf den Feldern 5-7 der Skala, zum Vergleich der Gesamtstichprobe sind es 39%. Sie sind außerdem extremer in ihrer Wahl: Der Anteil derjenigen, die die äußerste rechte Position des Rechts-Kontinuums wählen, ist dreimal höher als im Durchschnitt aller Befragten. Dennoch tut dies nur eine sehr kleine Minderheit von 15%, was nicht höher liegt als der Vergleichswert von 1988. Im Vergleich zu den Wählern von Balladur, Chirac oder de Villiers zeichnen sich die Le Pen-Wähler durch ihre klare Tendenz aus, eine linke oder mittlere, d.h. weder links noch rechts gelagerte Position einzunehmen (17 und 28%, im Vergleich mit 11 und 29% im Jahre 1988). Man kann aus diesem Grunde die Le Pen-Wähler nicht einfach als extrem rechte Wählerschaft definieren, obwohl sie im Vergleich zu jeder anderen Gruppierung extremer erscheinen.
Die Streitfragen, die Linke und Rechte trennen, haben sich über die Zeit verändert. Es gibt keine intrinsischen linken oder rechten Werte.[5] Während der Präsidentenwahl 1995 erfolgten die wichtigsten Auseinandersetzungen über Streitfragen wie staatliche Intervention und soziale Errungenschaften, sozialen oder sexuellen Libertinismus,

---

4 67% der Befragten im Jahre 1988, 71% im Jahre 1995 stimmten stark oder teilweise mit der Behauptung überein: „Heutzutage machen die Begriffe Links und Rechts keinen Sinn mehr". Dieses scheinbare Paradoxon kann durch die Tatsache erklärt werden, daß die Unterscheidung immer noch für die Befragten selbst etwas bedeutet, daß sie aber zwischen linken und rechten politischen Parteien und deren Führern keine gravierenden Unterschiede sehen.

5 Für die Art und Weise, wie die Links-Rechts-Spaltung die politische Debatte in Frankreich als eine Art mentales Schema, das ihr Sinn und Verständlichkeit gegeben hat, seit der Revolution strukturiert hat, siehe Frédéric Bon (1979). Zum Inhalt des Links-Rechts-Cleavages zur Zeit der CEVIPOF-Umfrage siehe den Beitrag von Guy Michelat, „In Search of Left and Right" (in: Boy/Mayer 1993: 65-90).

Tabelle 1: Die Selbstplazierung auf der Links-Rechts-Skala nach der Stimmabgabe bei den Präsidentenwahlen 1995 (%)

Skalenposition	links 1	2	3	4	5	6	7 rechts	k.A.
Abstimmungsverhalten bei der Präsidentenwahl (1. Runde):								
links	12	25	39	18	**4**	1	**0**	1
rechts	0,5	1	3	24	**38**	**26**	**7,5**	0
Le Pen	3	4	10	28	**18**	**21**	**15**	1
Insgesamt	6	12	20	22	20	14	5	1

CEVIPOF/SOFRES Nachwahluntersuchung, Mai 1995, N=4078.

Recht und Ordnung und Ethnozentrismus. Bei all diesen Problemen sind die Wähler Le Pens klar auf der rechten Seite der ideologischen Skala (Tabelle 2). Aber sie sind nicht systematisch die extremsten in ihrer Wahl. So sind sie z.B. geringer mit dem Katholizismus verbunden und verurteilen Homosexualität nicht so häufig wie die Wähler Balladurs, Chiracs oder de Villiers; ferner sind sie weniger gewinnorientiert, sie sind häufiger für staatliche Interventionen in wirtschaftlichen und sozialen Angelegenheiten. Lediglich in bezug auf Recht und Ordnung, Nationalismus und Beziehungen zu den Minderheiten unterscheiden sie sich klar von den anderen Wählern als autoritärer und ethnozentrischer (Tabelle 2). Sie sind sehr stark für die Wiederein-

Tabelle 2: Das ideologische Profil der Wähler der Präsidentenwahlen von 1995 (%)

	1	2	3	3–2
	Wahlverhalten 1995			
	links	rechts	Le Pen	
– die Todesstrafe sollte wieder eingeführt werden (++,+)	41	61	86	+ 25
– es ist völlig in Ordnung, daß Muslime, die in Frankreich leben, Moscheen haben, um ihre Religion zu praktizieren (– –,–)	34	42	66	+ 24
– fühlt persönlich „nur französisch"	23	29	45	+ 16
– es gibt zu viele Einwanderer in Frankreich (++,+)	57	84	97	+ 13
– Wahlmotivation „Sicherheit des Volkes"*	47	62	72	+ 10
– Homosexualität ist kein akzeptabler Weg, um seine eigene Sexualität auszuleben (– –,–)	28	43	38	– 5
– es gibt zu viele staatliche Eingriffe**	49	59	48	– 11
– in den kommenden Jahren sollte die Priorität auf der Wettbewerbsfähigkeit der französischen Wirtschaft liegen	16	42	30	– 12
– Katholizismus weckt etwas positive Assoziationen (++,+)	53	**77**	64	– 13

CEVIPOF/SOFRES Nachwahluntersuchung, Mai 1995, N=4078.

++,+: Stimme stark zu, stimme bedingt zu / – –,– lehne stark ab, lehne bedingt ab / *: Werte über 5 auf einer von 1–10 reichenden Skala / **: Werte 1–4 auf einer 7stufigen Skala von „zuviel" bis „nicht genügend".

Tabelle 3: Politische Unzufriedenheit nach der Präsidentenwahlabsicht (%)

Wahlabsicht:	Hue	Jospin	Chirac	Balladur	deVilliers	Le Pen
- was wir in Frankreich brauchen, ist ein wirklicher Anführer, der die Dinge wieder in Ordnung bringt und den Befehl übernimmt	53	44	72	73	62	85
- egal, ob Rechte oder Linke im Amt sind, es ist immer die gleiche Sache	76	68	59	57	76	86
- wenn man die politischen Parteien auflöste, würde das kaum etwas ausmachen	29	32	33	38	53	56
- die meisten Politiker sind korrupt	69	60	57	54	57	83

SOFRES/Nouvel Observateur, 7-9 Februar 1995, N=1.000.

führung der Todesstrafe, feindselig gegen Muslime und Emigranten und definieren sich selber als Franzosen vor allem anderen. Hinsichtlich dieser Position, die den Kern von Jean-Marie Le Pens Programm bilden, erscheinen sie klar als Rechtsextremisten. Die letzte noch zu untersuchende Dimension des Extremismus ist die Beziehung zum politischen System. Im Jahre 1988 lagen die Wähler Le Pens unterhalb des Durchschnitts (-4 Punkte) auf einer Skala, die demokratisches Engagement maß, indem sie eine positive Bewertung der Art, wie die Demokratie in Frankreich funktioniert und eine Bindung an die wichtigsten politischen Grundrechte (die Existenz politischer Parteien, parlamentarische Repräsentation, Wahlrecht) miteinander kombinierte. Auch 1995 noch weisen die Wähler Le Pens die stärksten antidemokratischen Tendenzen auf, wie in einer speziellen Studie über Populismus, die am Vorabend der Präsidentenwahl von 1995 durchgeführt wurde, nachgewiesen werden konnte.[6] Diejenigen, die eine Wahlabsicht zugunsten Le Pens während der ersten Runde der Präsidentenwahlen äußerten, waren auch diejenigen, die den geringsten Wert auf die Existenz politischer Parteien legten, die gegenüber der Bedeutung des Links-Rechts-Konzeptes sich am skeptischsten zeigten, die sich ferner gegenüber den politischen Führern am kritischsten zeigten und sie als korrupt und unfähig, die anstehenden Probleme zu lösen, ansahen. Ihre akute politische Enttäuschung macht sie zu potentiellen Unterstützern eines starken autoritären Führers, und zwar in dem beängstigenden Ausmaß von 4 von 5 Le Pen-Anhängern (Tabelle 3).

3. Erklärungsfaktoren des Rechtsextremismus

Politischer Extremismus sowohl der Rechten als auch der Linken ist oft durch psychologische oder pyschoanalytische Faktoren erklärt worden, so etwa im Rahmen der Frustrations-Aggressionshypothese oder der Sündenbocktheorie (Allport 1958: 325-334). Das bekannteste Werk auf diesem Gebiet ist die Untersuchung der Berkeley-

6 Umfrage SOFRES/Le Nouvel Observateur, 7.-9. Februar 1995; die Stichprobe ist repräsentativ für die französische Bevölkerung über 18 Jahre (N=1.000).

Gruppe „Die autoritäre Persönlichkeit" (Adorno et al. 1950). Ihre Arbeit hat viel Kritik hervorgerufen, und heute gibt es wohl kaum noch jemanden, der an die Existenz demokratischer oder antidemokratischer Persönlichkeiten glaubt. Psychologische und emotionale Stabilität jedoch wird noch immer als ein Faktor angesehen, der politischen Extremismus begünstigt. Umfragen bestätigen die psychologische Dimension der Stimmabgabe für Le Pen. Im Jahre 1988 gab es eine recht starke statistische Beziehung (gamma: 0,36) zwischen der Unterstützung für die Kandidaten des Front National und den Meßwerten auf einer Pessimismusskala, mit deren Hilfe die Angst der Befragten über ihre eigene und die allgemeine wirtschaftliche Situation und das schlechte Funktionieren der Demokratie gemessen werden sollte. Die Wähler Le Pens schienen außerdem mehr Angst vor Arbeitslosigkeit als andere Wähler zu haben. Diese Trends erfahren durch die Daten von 1995 eine weitere Bestätigung. Der Anteil der Le Pen-Wähler, die glauben, daß es für sie oder ihre Familie in den kommenden Monaten eine starke Gefahr der Arbeitslosigkeit gebe, stieg seit 1988 um 5 Prozentpunkte und liegt jetzt bei 29% (in der restlichen Stichprobe beträgt dieser Werte 23%); 46% glauben, daß sich ihre eigene finanzielle Situation in den nächsten 12 Monaten verschlechtern werde (im Vergleich zu 39% in der Stichprobe insgesamt; lediglich die kommunistischen Wähler liegen noch höher, hier beträgt der Anteil 50%). Andere Umfragen haben gezeigt, daß die Wähler Le Pens sich ganz allgemein unsicherer fühlen als andere Wähler, daß sie häufiger als andere Angst haben vor Verkehrsunfällen, Überschwemmungen, Bränden, Einbrüchen usw.[7] Diese Verbindung zwischen Pessimismus und Extremismus gibt es an beiden Enden der Links-Rechts-Skala, weshalb sie nicht alleine zur Erklärung der Wahl Le Pens taugt (Mayer/Percheron, 1989). Aber augenscheinlich handelt es sich um eine bedeutsame Dimension.

Ein zweiter Erklärungsansatz betont die kulturellen und kognitiven Faktoren des Extremismus. Geringe formale Bildung, ein Mangel an intellektueller Differenzierungsfähigkeit oder „Simplismus" (Selznick/Steinberg 1969) lassen Menschen dazu tendieren, eine starre und intolerante Sicht der Gesellschaft zu übernehmen und den Pluralismus zu verwerfen. Sowohl 1995 als auch 1988 hatten die Wähler Le Pens den geringsten formalen Bildungsgrad. Nur 14% waren auf einer Universität oder Fachhochschule gewesen, ein Anteil, der geringer ist als bei den Wählern anderer Parteien (Tabelle 4). Was die Bildungsabschlüsse angeht, hatte im Jahre 1995 lediglich ein Viertel Abitur, während die anderen Wähler rechter Parteien zu einem Drittel Abitur hatten, bei den Sozialisten waren es sogar 36% und bei den Kommunisten 40%. Man sollte ferner berücksichtigen, daß ein sehr großer Anteil der Wähler Le Pens (37%) lediglich eine einfache Berufsausbildung auswies (mit oder ohne Lehre), das ist mehr als in jeder anderen Wählergruppe. Eine solche eher handwerkliche Ausbildung besteht in konkreter, spezialisierter Aneignung der Fertigkeiten eines bestimmten Berufes und weniger in der Aneignung generellen Wissens und der Fähigkeit abstrakten Denkens.

---

7 Eine Untersuchung des IHESI (Institut des hautes études pour la sécurité intérieure) und der OIP (Observatoire inter-régional du politique) aus dem Jahre 1989, die sich mit den Einstellungen der französischen Bevölkerung gegenüber Sicherheitsproblemen befaßte, untersuchte auch die Angst vor natürlichen und technologischen Risiken (Umweltverschmutzung, Erdbeben usw.), Gesundheitsrisiken (Aids, Drogen) und persönlichen Sicherheitsrisiken (Raubüberfälle, Agression). In 13 von 15 derartiger Risiken zeigten sich die Wähler Le Pens ängstlicher als andere Wähler (vgl. Percheron und Perrineau 1990).

Tabelle 4: Die Wählerschaft bei den Präsidentenwahlen 1995 (%)

	Hue	Laguiller	Jospin	Voynet	Chirac	Balladur	deVilliers	Le Pen
Beruf der/des Befragten								
Bauer	1	1	2	4	4	2	12	3
Kaufleute, Handwerker, Gewerbetreibende	2	1	2	2	6	3	6	3
Höheres Management	4	5	6	14	7	5	6	3
Mittleres Management	18	18	13	23	10	11	8	11
Angestellte	21	25	18	23	13	12	9	19
Arbeiter	13	13	13	14	13	7	13	**27**
Erwerbslose	41	37	46	20	47	60	46	34
Abschluß								
keinen	12	14	9	7	11	10	10	**18**
Grundschulabschluß	20	14	19	6	20	22	10	18
Mittlerer Abschluß	27	34	35	28	34	30	46	39
Abitur	13	11	12	14	12	10	11	7
Studium	27	32	24	45	22	27	23	18
Monatliches Haushaltseinkommen								
Keine Angabe	8	5	7	7	11	10	14	7
Weniger als 7.500 FF	28	27	28	22	29	27	24	32
7.501 – 15.000 FF	47	51	41	39	36	40	48	39
Mehr als 20.000 FF	17	17	24	32	24	23	14	22

SOFRES Nachwahluntersuchung, 14.-23. Juni 1988 und 20.-23. Mai 1995, N=2.000

Frühere Studien des Le Pen-Phänomens wie die von Charlot (1985: 40) oder Mitra (1988: 56) fanden dagegen einen positiven Zusammenhang mit dem Bildungsabschluß. Dieses scheinbare Paradoxon kann daraus erklärt werden, daß diese beiden Untersuchungen sich auf Daten über die Europawahl von 1984 stützen. Diese Wahl erfolgte während eines sehr frühen Stadiums der Entwicklung des Front National; überdies erfolgte sie in einem spezifischen Kontext, indem sie wenig Interesse unter den französischen Wahlberechtigten weckte, was zu einer sehr geringen Wahlbeteiligung von nur 55% führte. Zur Wahl gingen hauptsächlich die hoch gebildeten, wohlhabenden, katholischen und rechts orientierten Teile der Wählerschaft, die insgesamt übermobilisiert waren.[8] Durch den sozialistischen Wahlerfolg 1981 radikalisiert, wollten sie die gemäßigte, liberale Kandidatin der Rechten, Simone Veil, nicht unterstützen, sondern benutzten die Zwischenwahlen ohne innenpolitische Konsequenz, um ihre Ablehnung durch die Wahl Le Pens auszudrücken. In den Wahlen zur Nationalversammlung im Jahre 1988 dagegen, als ein Sieg der Opposition möglich erschien, kehrten sie zur gemäßigten Rechten zurück. Wohl noch während der Kantonalswahlen von 1985 erkennbar (Falter/Schumann 1988: 103) verringerte sich die Oberschichtkomponente von Le Pens Wählerschaft während der folgenden Jahre. Seit der Parlamentswahl von 1986 hat es immer eine negative Beziehung zwischen der Wahl des Front National und dem Ausbildungsgrad der Wähler gegeben.

8 Von den Befragten mit Universitätsabschluß gingen 68% zur Wahl, von den Freiberuflern, leitenden Angestellten und vergleichbaren Positionen sowie den großen Geschäftsleuten 69%; unter den früheren Wählern Valéry Giscard d'Estaing waren es 75% (SOFRES/Le Figaro Nachwahluntersuchung vom 19.-21. Juni 1984).

Eine dritte Gruppe von Erklärungsmodellen stellt sozio-ökonomische Faktoren in den Vordergrund. Einige von ihnen verbinden Extremismus mit einer niedrigen sozialen Position, durch die Frustration verursacht wird, wie Lipsets klassische Studie über den Autoritarismus der Arbeiterklasse gezeigt hat (Lipset 1960). Andere unterstreichen die destruktiven Konsequenzen sozialen Wandels und sozialer Modernisierung. Dieser letztere Ansatz wird etwa durch die Schrift Kornhausers (1959) über die Atomisierung der Massengesellschaft illustriert, ferner durch die Veröffentlichung von Lipset und Bendix (1959) über die Folgen sozialen Abstiegs und Aufstiegs und daraus resultierender Statusfrustration, den berühmten Artikel von Lipset (1960: 127-179) über den Extremismus der Rechten, der Linken und der Mitte, schließlich durch die unzähligen Studien über die Proletarisierung der alten Mittelschicht und die faschistischen Neigungen des Kleinbürgertums. Diesen Theorien zufolge tendieren sozial weniger integrierte Wähler auf der einen und die Modernisierungsopfer sowie insgesamt die wirtschaftlich Unsicheren auf der anderen Seite verstärkt zum Rechtsextremismus.
Die Hypothese der sozialen Isolierung wurde am Beispiel der Wahlen von 1988 bestätigt. Zu dieser Zeit hatten die Wähler Le Pens weniger Vertrauen in die wichtigsten Institutionen als alle anderen Wähler: Gerichte, Erziehungssystem, Fernsehen, Religion, Parlament, Regierung usw. Die einzige Ausnahme war die Armee. Überdies waren die Wähler Le Pens in geringerem Maße bereit, Menschenrechtsorganisationen, antirassistische, ökologische oder Friedensbewegungen und Abrüstungsinitiativen zu unterstützen; außerdem waren sie weniger als andere zu kollektiven Aktionsformen, die Gruppensolidarität beinhalteten, wie etwa Demonstrationen, Streiks, sit-ins usw., bereit. Organisiertes politisches Leben und kollektive Handlungsformen waren stets stärker ein Teil linker politischer Kultur, sie waren aber unter den Wählern Le Pens auf einem nochmals erheblich niedrigerem Niveau als bei denen der gemäßigten Rechten. Die Umfrage von 1995 bestätigt und ergänzt diese Resultate. Die Le Pen-Wähler weisen die geringsten Meßwerte auf unserem Protestindikator auf.[9] Danach gefragt, ob sie fühlten, daß sie „gemeinsame Interessen zu verteidigen" hätten mit einer Reihe von Personen, die im gleichen Wohnviertel leben, in der gleichen Region, in anderen europäischen Ländern, mit Personen des gleichen Alters, des gleichen Geschlechts, der gleichen sozialen Schicht, die dieselben politischen Vorstellungen haben oder dieselbe Religion, antworten die Le Pen-Wähler systematisch häufiger als andere Wähler, daß sie keinerlei gemeinsame Interessen aufwiesen. Im Gegenzug antworteten sie auf die Frage, ob sie im Falle „ernsthafter Geldprobleme" auf ihre Familie, Freunde, Nachbarn, Vereine, Gewerkschaften, gewählte Repräsentanten etc. zählen könnten, deutlich häufiger als andere Wähler, daß sie sich überhaupt nicht auf diese Leute verlassen könnten.

9 „Hier ist eine Reihe von Protestaktivitäten aufgeführt, die von Bürgern manchmal benutzt werden, um ihre Meinungen oder Forderungen bekannt werden zu lassen. Könnten Sie mir bitte für jede von ihnen sagen, ob Sie ihr zustimmen oder nicht oder wenigstens unter bestimmten Umständen? Steuerverweigerung/Teilnahme an Straßendemonstrationen/Parolen auf Wände malen/ein Regierungsgebäude besetzen/Sachbeschädigung/Streiken". Der Indikator variiert zwischen 0 (stimme keinem der Statements zu) und 6 (stimme allen der 6 Statements zu). 61% der Le Pen-Wähler weisen den Wert 0 auf, während die anderen Wähler das zu nur 57% tun.

Tabelle 5: Präsidentschaftswahlen von Le Pen und der Front National im Jahre 1988 und 1995

%	1988	1995
Summe	14,5	15,5
Geschlecht		
Männer	18	19
Frauen	11	12
Alter		
18 – 24	16	18
25 – 34	17	18
35 – 49	17	15
50 – 64	11	17
65 oder älter	12	9
Beruf des/der Befragten		
Bauer	13	16
Kaufleute, Handwerker, Geschäftsbesitzer	27	14
Höheres Management	19	7
Mittleres Management	12	14
Angestellte	13	18
Arbeiter	19	30
Religionszugehörigkeit		
Katholik:		
regelmäßig praktizierend	7	10
teilweise praktizierend	16	12
nicht praktizierend	17	18
keine Religionszugehörigkeit	9	14

SOFRES Nachwahluntersuchung, 14.-23. Juni 1988 und 20.-23. Mai 1995, N=2.000.

Was die Modernisierungs- und Proletarisierungsthesen angeht, werden sie von unseren Daten bestenfalls teilweise bestätigt. Von Anfang an ist es Le Pen und seiner Partei gelungen, schichtübergreifende, diversifizierte Unterstützung zu finden, die niemals auf ein bestimmtes Geschlecht, Alter oder Einkommen, eine bestimmte Religion oder eine bestimmte Berufsgruppe beschränkt war (vgl. Tabelle 5), obwohl einige dieser Gruppen Le Pen stärker unterstützen als andere. Die größten Wahlerfolge hat Le Pen in großen Städten, wo die Wähler gegenüber Fragen der Einwanderung und der Sicherheit stärker sensibilisiert sind. Bei welchem Wahltyp auch immer, die Hochburgen der Partei finden sich in den stärker urbanisierten und industrialisierten Teilen Frankreichs, im Norden, Osten, dem Rhônetal und der Region Provence-Alpes – Côte d'Azur. Sie spricht Männer stärker an als Frauen (Tabelle 5), vor allem die jüngeren, und zwar wegen ihrer konservativen Positionen hinsichtlich Abtreibung, Familie, Religion und Frauenarbeit. Ferner erhält sie mehr Stimmen von nicht praktizierenden Katholiken als von praktizierenden, die durch die Lehre des Evangeliums gegen die fremdenfeindliche Botschaft immunisiert sind; sie erhält auch mehr Stimmen bei nicht praktizierenden Katholiken als bei Atheisten, die gewöhnlich links orientiert sind. Im Jahre 1988 war es die unabhängige Mittelschicht, kleine Ladenbesitzer und Handwerker, von denen Le Pen die größte Unterstützung erhielt (27%). Bei diesen Gruppen stach er alle anderen Kandidaten aus. Dies ist jedoch im Jahre 1995, wo die Unterstützung für Le Pen in diesen Gruppen auf 14% absank, nicht mehr der Fall. Dagegen ist es Le Pen und seiner Partei gelungen, die Unterstützung der Arbeiterschaft zu erringen, die von 8% bei den europäischen Wahlen im Jahre 1984 über 11% bei den Parlamentswahlen 1986 und 19% bei den Präsidentenwahlen 1988 sowie 21% bei der Europawahl 1994 auf 30% während der letzten Präsidentenwahl anstieg. Die Arbeiterklasse hat heute innerhalb der Wählerschaft von Le Pen ein größeres Gewicht als jede andere soziale Gruppe, und dies gilt auch für die Arbeitslosen und Wähler mit niedrigem Einkommen, die 1988 noch nicht überrepräsentiert waren (Mayer/Perrineau 1992).[10] Obwohl es heutzutage mehr als doppelt so viele Arbeitslose unter den Le Pen-Wählern gibt wie 1988, machen sie doch nicht mehr als 15% aus, und nur ein Drittel von ihnen gehört zu den niedrigeren Einkommensgruppen. Im Vergleich zu 1988 ist es jedoch eine klare Verschiebung. Sie zeigt, daß man die Unterstützung für eine extremistische Partei bei Wahlen nicht nur durch das psychologische und soziale Profil ihrer Wähler und das extremistische Einstellungspotential, das es in allen postindustriellen Gesellschaften gibt (Scheuch/Klingemann 1967) erklären kann, sondern daß man auch die politischen Handlungsrahmen und die Handlungsalternativen in die Erklärung mit einbeziehen muß.

4. *Die französische Ausnahme*

Wahlverhalten resultiert aus der Begegnung zwischen politischem Angebot und politischer Nachfrage in einem spezifischen zeitlichen und räumlichen Kontext im Rahmen einer bestimmten Wahl. Wie von Beyme es klar formuliert hat: „Viele ältere Erklärungen von Rechtsextremismus haben sich nur auf die Nachfrageseite der Politik konzentriert: Autoritäre Persönlichkeiten oder bestimmte unterprivilegierte Gruppen, die nach rechtsextremen Bewegungen verlangten. Falls sie existierten, wurden sie als Beweis für die Wirklichkeit der Bedeutung dieser Nachfragestruktur angesehen. Die andere Seite der Medaille wurde einfach vernachlässigt: Die Angebotseite der Politik. Fremdenfeindlichkeit drängt das rigide nationalistische Potential nicht in extremistische Parteien hinein, falls Chirac, Thatcher und Kohl als Teil der Programme ihrer herrschenden, gemäßigt konservativen Parteien ein Ventil für diese Gefühle anbieten" (von Beyme 1988: 15-16).

Aus diesem Blickwinkel ist ein Vergleich des französischen und deutschen Rechtsextremismus auf der Wählerebene von Interesse. Unter den vielen Parteien, die sich in den vergangenen Jahren in Europa entwickelt haben, bieten der Front National und die Republikaner viele Ähnlichkeiten (Mayer/Moreau 1995). Sie erzielten beide beachtliche Wahlerfolge in den 80er Jahren. Beide haben sie die Verteidigung der nationalen Identität gegen Einwanderer, Ausländer und Asylbewerber zu ihrem Kernpunkt gemacht. Beide werden sie als rechtsextreme, rassistische Parteien angesehen, die an sich eine Gefahr für die Demokratie darstellen. Und beide erfahren sie eine außergewöhnliche Unterstützung durch die am wenigsten formal gebildeten Wähler, diejeni-

10 Diese letztgenannte Gruppe macht 15% der Le Pen-Wähler aus im Vergleich zu 7% der Wähler der gemäßigten Rechten und 10% der linken Wähler.

gen, die am pessimistischsten, sozial am isoliertesten und politisch am desillusioniertesten sind (Westle/Niedermayer 1992; Falter 1994). Der Front National allerdings ist weiter angewachsen, während die Republikaner von über 7% der gültigen Stimmen bei der Europawahl 1989 auf 3,9% im Jahr 1994 zurückgegangen sind.
In beiden Ländern beruht der Extremismus auf der gleichen Kombination von ökonomischen, ideologischen und politischen Faktoren. Er zog aus der wachsenden Unzufriedenheit und der Politik der etablierten Parteien, für die die Deutschen die Bezeichnung *Parteien- und Politikverdrossenheit* geprägt haben, großen Nutzen (Betz 1994: 55; Minkenberg 1992). Er wuchs mit der Unfähigkeit der Politik, Rezession und Arbeitslosigkeit zu begegnen, mit den Ängsten vor der europäischen Vereinigung, die sowohl von Le Pen als auch von Schönhuber als ein Startsignal für eine Invasion von Einwanderern denunziert wurde, und schließlich bei den Ungewißheiten des Postkommunismus. Stärker noch vielleicht als von Piero Ignazi vorgeschlagen war es eine Reaktion gegenüber postmaterialistischen Werten und der Permissivität der 60er eine „stille Konterrevolution" (Ignazi 1992). Aber es gibt auch zwischen beiden Ländern erhebliche politische Differenzen, die das unterschiedliche Schicksal der Republikaner und des Front National bei den Wahlen erklären.

5. Die „Aktiva" des französischen Front National

In Frankreich war der Schlüsselfaktor des Wahlerfolgs des Front National die Wahl eines sozialistischen Präsidenten nach 23 Jahren rechtsgerichteter Regierungen im Jahre 1981 und die Ernennung von fünf kommunistischen Ministern in der Regierung von Pierre Mauroy. Zuerst radikalisierte der „sozial-kommunistische" Sieg einen Teil der Wähler der Rechten. Zwei Jahre später führte der Wechsel der Sozial- und Wirtschaftspolitik der Linken zu einer Abwendung eines Teils ihrer Anhänger, wodurch die potentielle Wählerschaft der Partei Le Pens erheblich vergrößert wurde. Zum Niedergang der politischen Klasse als ganzer und der Verwischung des Links-Rechts-Gegensatzes trugen ferner der schnelle Wechsel von linken und rechten Regierungen, die „Cohabitation" zwischen einem sozialistischen Präsidenten und einem gaullistischen Premierminister (1986-1988), das Aufkommen einer Rezession und eine ganze Reihe von Affären und Skandalen bei. Dadurch gewannen die Attacken Jean-Marie Le Pens gegen die etablierten Parteien, die er ironisch die „Viererbande" nannte (PC, PS, UDF und RPR) an Stärke.
Der zweite Faktor, durch den der Front National begünstigt wurde, ist in den politischen Ressourcen, die er mobilisieren konnte, zu suchen, und zwar nicht nur im Charisma seines Führers und seiner Fähigkeiten im Umgang mit den Medien, sondern auch in organisatorischen Ressourcen. Nach der Präsidentenwahl 1988 gelang es ihm, seine Wahlerfolge dadurch zu konsolidieren, daß die aktivistische Gruppe des Anfangs in eine strukturierte Organisation von fast 50.000 Mitgliedern umgewandelt wurde, mit Parteischulen, einer eigenen Presse (National Hebdo, Présent, Le Choc du Mois, Minute) und einem Netzwerk von Zirkeln, durch die der Einfluß der Partei in alle Sektoren der Gesellschaft transportiert wurde, mit Jugendgruppen (Front National de la Jeunesse), einer Frauen-, Veteranen- und Geschäftsleute (Entreprise Moderne et

Libertés) sowie einer Bauerngruppierung (Cercle national des agriculteurs) etc. (Birenbaum 1992).
Der dritte Faktor war die Strategie ihrer Opponenten, die ihm halfen, politische Legitimität zu gewinnen. Wie oben gezeigt, gelang dem Front National der Sprung aus dem Wählerghetto, in das er eingesperrt war, als die UDF und der RPR ihm in Dreux ein Wahlbündnis vorschlugen, da ohne die Stimmen der Wähler des Front National ein Sieg über die Linke nicht möglich erschien. Diese Bündnispolitik setzte sich in großem Maßstab während der Regionalwahlen von 1986 fort. Sie dauerte bis zur Wahlniederlage der Linken im Jahre 1992, als die Rechte die extreme Rechte nicht mehr länger brauchte, um siegreich zu sein. Aber auch die Linke trug zur Entwicklung der Partei Le Pens bei. François Mitterrand drängte die Präsidenten der drei öffentlichen Fernsehgesellschaften (TF1, Antenne 2 und FR3), Jean-Marie Le Pen häufiger einzuladen, nachdem er vom Führer des Front National einen Brief erhalten hatte, in dem er die totale Vernachlässigung seiner Partei durch die Medien beklagte. Dem Wunsch des Präsidenten wurde entsprochen, und Le Pen war außerordentlich überzeugend (Faux/Legrand/Perez 1994: 15-24). Dann wurde knapp vor den Parlamentswahlen von 1986 das Wahlrecht geändert. Die Einführung der Verhältniswahl, die kleine Parteien stärker begünstigt als die Mehrheitswahl, begrenzte zwar die Verluste der Sozialisten, erlaubte aber dem Front National, 35 Deputierte in die Nationalversammlung zu entsenden.

6. Die „Passiva" der deutschen Republikaner

Im Gegensatz dazu behinderten mehrere Faktoren den weiteren Wahlerfolg der Republikaner. Der entscheidende war der Fall der Mauer und die Wiedervereinigung. Die Republikaner, für die die Einheit der deutschen Nation den Kern ihres Programms bildete, verloren damit ihr Hauptargument bei Wahlen, während Bundeskanzler Kohl die Früchte des Erfolgs ernten konnte. Trotz aller Bemühungen schafften die Republikaner es nicht, in den neuen Ländern Einfluß zu gewinnen, obwohl die wirtschaftlichen und sozialen Folgen der Wiedervereinigung Zweifel und Unzufriedenheit weckten. Trotz der Wahlerfolge in Baden-Württemberg und Hessen im Jahre 1992 gingen ihre Stimmenanteile drastisch zurück. Überdies beschädigte die Welle rassistischer und fremdenfeindlicher Gewalt, die das Land überzog, ihr Image und schreckte die Wähler ab, obwohl sie nicht direkt dafür verantwortlich waren.[11] Die anderen Parteien reagierten überdies offensiv gegenüber den Republikanern, indem sie das Asylrecht auf sehr restriktive Weise reformierten. Was ihnen zusätzlich half, war die allmähliche Besserung der wirtschaftlichen Lage sowie der Rückgang der Zahl der Flüchtlinge und Asylbewerber. Im Gegenzug förderte noch die politische Strategie des Führers der Republikaner den Niedergang der Partei (Moreau 1994: 320-374). Er versäumte es, eine wirkliche Parteiorganisation zu schaffen, und im Jahr 1994 beging er den Fehler, sich mit Gerhard Freys Deutscher Volksunion (DVU) zu verbünden, einer

11 Nach den Verfassungsschutzdaten von 1993 gab es drei Morde, 27 Brandstiftungen, 172 Attacken gegen Menschen, 364 Sachbeschädigungen und eine Gesamtzahl von 3.840 kriminellen Aktionen gegen Ausländer.

Partei, die ein erheblich extremistischeres Image als die Republikaner hatte. Innerhalb seiner eigenen Partei in Frage gestellt, trat Schönhuber schließlich zurück. Sein Nachfolger, Dr. Rolf Schlierer, hat eindeutig nicht das Charisma, das jener unzweifelhaft besaß. Die Partei verfügt heute über keine starke Führung und ist von internen Rivalitäten zerrissen.
Zu guter Letzt wirkten auch Faktoren gegen die Republikaner, die spezifisch für das deutsche politische System sind. Der föderale Aufbau des Staates, das Wahlsystem und die außerordentlich vielfältigen politischen und religiösen Traditionen der einzelnen Regionen machen es für eine Protestpartei schwer, über das ganze Land hinweg zur gleichen Zeit Wahlerfolge zu erringen. Eine Protestpartei muß eine Region nach der anderen gewinnen, Wahl für Wahl, um die 5%-Barriere zu überspringen. Schließlich sollte man auch die rechtlichen Möglichkeiten gegen antidemokratische und extremistische Parteien erwähnen, die vom Bundesverfassungsgericht, dem Innenministerium und den Ländern benutzt werden können. Es gibt eine Vielzahl von Zwangsaktionen, von der reinen Beobachtung bis zur Erklärung der Verfassungsfeindlichkeit der Partei. Ende 1992 wurden die Republikaner offiziell unter Beobachtung gestellt, und sie wurden Ende März 1995 offiziell als rechtsextremistisch deklariert. Diese Maßnahmen scheinen effektiver zu sein als die französischen Antirassismusgesetze (Pleven 1972; Gayssot 1990), auch wenn letzteres die Strafen im Falle von öffentlich geäußertem Rassismus und Antisemitismus und eines öffentlichen Abstreitens von Verbrechen gegen die Menschlichkeit verschärft hat.

7. Das Auf und Nieder des Rechtsextremismus bei Wahlen

Die Ausdehnung des Front National hat natürlich auch ihre Grenzen. Gerade sein Erfolg hat starke anti-FN- und anti-Le Pen-Gefühle geweckt. Seit seinen Äußerungen über die Gaskammern als unwichtiges Detail in der Geschichte des Zweiten Weltkrieges im Herbst 1987 betrug der Anteil der Franzosen im Wahlalter, die ihn und seine Partei als „Gefahr für die Demokratie" ansehen, stets mehr als zwei Drittel (Abbildung 3). Seitdem hat es in allen Altersgruppen, allen Berufskategorien, bei Männern wie bei Frauen, von den Kommunisten bis zu den Neogaullisten immer eine klare Mehrheit gegeben, die nicht bereit war, für Le Pen-Kandidaten zu stimmen, die jede Form eines Bündnisses zwischen dem Front National und der UDF und der RPR ablehnten, die in scharfer Opposition gegenüber der Ausübung präsidentieller oder ministerieller Verantwortung durch Führer des Front National waren (Mayer/Perrineau 1993). Es hat sich eine anti-Le Pen-Bewegung entwickelt, die durch spezielle anti-Front National-Organisationen wie SCALP (Sections carrément anti-Le Pen), Ras l'Front oder das Manifest gegen den Front National (Mayer 1995). Seit kurzem haben neuere Veränderungen in der französischen politischen Szene dazu beigetragen, das Fortschreiten der Partei zu verhindern. Durch den Sieg bei den Parlamentswahlen von 1993 hatte es die Rechte nicht mehr länger nötig, Wahlbündnisse mit der extremen Rechten einzugehen, um die Linke zu besiegen, deren Wähleranteil von 49% während der ersten Runde der Parlamentswahlen von 1988 auf 31% im Jahre 1993 fiel und deren Kandidat, Michel Rocard, nicht mehr als 15% der gültigen Stimmen bei den Europawahlen 1994 erhielt. Die scharfe Einwanderungspolitik, die von Edouard Balladurs

Abbildung 3: Einschätzung Le Pens und seiner Partei als Gefahr für die Demokratie

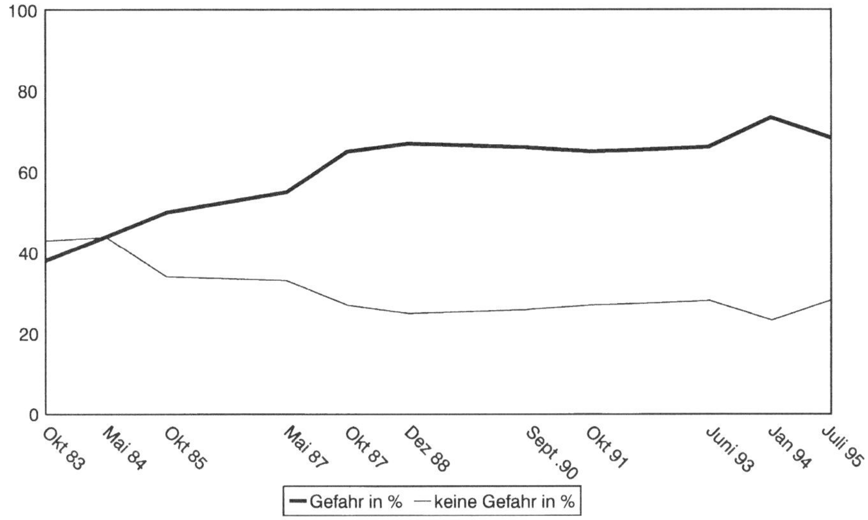

Quelle: SOFRES-Meinungsumfragen.

Innenminister, Charles Pasqua, eingeführt worden war (Einschränkung des Asylrechts, Einschränkung des Rechts auf Einwanderung und Niederlassung von Ausländern), ferner das Aufkommen einer neuen „moralischen" Rechten, die durch Philippe de Villiers und seinem „Mouvement pour les Valeurs" personifiziert wird, führte zu einem allmählichen Niedergang der Wahlergebnisse des Front National von 13,6% bei den Regionalwahlen 1992 über 12,4% bei den Parlamentswahlen bis zu 10,5% bei den Europawahlen 1994 (Abbildung 1). Sogar während der Präsidentenwahl 1995 lag der Stimmenanteil von Jean-Marie Le Pen um nur 0,6 Prozentpunkte über dem Wert von 1988. Wenn jedoch Jacques Chirac als Präsident nicht die Versprechungen halten kann, die er als Kandidat gemacht hat, wird der Front National wieder aufleben, wenn auch in den oben erwähnten Grenzen.

Rechtsextremistische Parteien mögen ihre Konjunktur haben, und unterschiedliche Aussichten in den unterschiedlichen Ländern. Aber die Bedingungen, die ihr Aufkommen gefördert haben, sind immer noch vorhanden, und sogar in Deutschland ist es sehr unwahrscheinlich, daß sie verschwinden werden; denn „angesichts des nicht unwahrscheinlichen Szenarios einer permanent wachsenden Massenarbeitslosigkeit und Hand in Hand damit einem Anwachsen der marginalisierten Segmente auf dem Arbeitsmarkt und der fast sicheren Erwartung weiterer und anwachsender politischer Wechselbereitschaft, die durch eine Kombination eines Rückgangs von Parteibindungen, öffentlicher politischer Unzufriedenheit und einem grundsätzlichen Mangel an Vorstellungen der politischen Klasse, wie Westeuropa aus seinen sozio-ökonomischen Problemen wieder herauskommen könne, gibt es keinen guten Grund zu erwarten, daß die radikale populistische Rechte von der politischen Szene in der nächsten Zukunft verschwinden wird. Im Gegenteil, falls es einer radikalen rechtspopulistischen Partei gelingen sollte, sich als Verteidiger der kulturellen und wirtschaftlichen Festung

Europa zu profilieren, die Westeuropas kulturelle Identität und seinen wirtschaftlichen Wohlstand gegen den Rest der Welt schützten, könnten sie durchaus damit Erfolg haben, im sich herausbildenden politischen Markt Westeuropas eine andauernde Nische zu besetzen" (Betz 1994: 189).

Literaturverzeichnis

Adorno, Theodor W./Frenkel-Brunswick, Else/Levinson, Daniel J./Sanford, Nevitt R., 1950: The Authoritarian Personality. New York: Harper and Row.

Allport, Gordon, 1954: The Nature of Prejudice. Garden City, NY: Doubleday Anchor Books.

Betz, Hans Georg, 1994: Radical right-wing populism in Western Europe. New York: Saint Martin's Press.

Beyme, Klaus von, 1988: Right-wing extremism in Post-war Europe, in: *Klaus von Beyme* (Hrsg.), Right-wing Extremism in Western Europe. London: Frank Cass, 1-18.

Birenbaum, Guy, 1992: Le Front national en politique. Paris: Balland.

Bon, Frédéric, 1979: „Qu'est-ce qu'un vote?", in: H. Histoire. Paris: Hachette, 114-115.

Boy, Daniel/Mayer, Nonna (Hrsg.), 1993: The French Voter Decides. Ann Arbor: The University of Michigan Press.

Camus, Jean Yves/Monzat, René, 1992: Les droites nationales et radicales en France. Lyon: Presses universitaires de Lyon.

Charlot, Monica, 1986: L'émergence du Front national, in: Revue française de science politique 36 (1), 30-45.

CRIDA, Centre de recherche, d'information et de documentation antiraciste, 1995: Rapport 1995. Racisme, extrême droite et antisémitisme en Europe. Paris: CEDIDELP/CRIDA.

Falter, Jürgen W./Schuman, Siegfried, 1988: Affinity toward Right-wing Extremism in Western Europe, in: *Klaus von Beyme* (Hrsg.), Right-wing extremism in Western Europe. London: Frank Cass, 96-110.

Falter, Jürgen W., 1994: Wer wählt Rechts? München: Beck.

Faux, Emmanuel/Legrand, Thomas/Perez, Gilles, 1994: La main droite de Dieu. Seuil.

Gaspard, Françoise, 1990: Une petite ville en France. Paris: Gallimard.

Hoffmann, Stanley, 1956: Le mouvement Poujade. Paris: A. Colin/Presses de la FNSP.

Ignazi, Piero, 1989: Un nouvel acteur politique, in: *Nonna Mayer/Pascal Perrineau* (Hrsg.), Le Front National à découvert. Paris: Presses de la Fondation nationale des sciences politiques, 63-80.

Ignazi, Piero, 1992: The silent counterrevolution. Hypotheses on the emergence of extreme right wing parties in Europe, in: European Journal of Political Research 22, 3-34.

Ivaldi, Gilles, 1994: Les cultures politiques des sympathisants et adhérents du Front national. Enquêtes dans le département de l'Isère. Thèse de doctorat en Science politique. Grenoble.

Kornhauser, William, 1959: The Politics of Mass Society. Glencoe: The Free Press.

Lipset, Seymour M./Raab, Earl, 1970: The politics of unreason. New York: Harper and Row.

Lipset, Seymour M./Bendix, Richard, 1959: Social mobility in industrial society. Berkeley: University of California Press.

Lipset, Seymour M., 1960: Political Man. New York: Anchor Books.

Marcus, Jonathan, 1995: The National Front and French Politics. The resistible ascension of Jean-Marie Le Pen. London: McMillan.

Mayer, Nonna, 1995: The Dynamics of the Anti-National Front Countermovement, in: French Politics and Society 13 (4), 12-32.

Mayer, Nonna/Moreau, Patrick, 1995: Electoral support for the German Republikaner and the French national Front, 1988-1994. Paper presented for the European Consortium of Political Research Joint Sessions, Bordeaux, 27 April-2 May.

Mayer, Nonna/Percheron, Annick, 1989: Extrémismes de gauche, extrémismes de droite dans les années quatre vingts, in: Cahiers du CEVIPOF 4, 111-144.

Mayer, Nonna/Perrineau, Pascal, 1992: Why do they vote for Le Pen?, in: European Journal of Political Research 22, 123-141.

Mayer, Nonna/Perrineau, Pascal, 1993: La puissance et le rejet ou le lepénisme dans l'opinion, in: SOFRES, L'état de l'opinion 1993, 63-78.

Mayer, Nonna/Perrineau, Pascal (Hrsg.), 1996: Le Front national à découvert. Paris: Presses de la FNSP.

Michelat, Guy, 1993: In search of Left and Right, in: *Daniel Boy/Nonna Mayer* (Hrsg.), The French Voter decides. Paris: Presses de la FNSP. 65-89.

Milza, Pierre, 1987: Fascisme français, passé et présent. Paris: Flammarion.

Minkenberg, Michael, 1992: The New Right in Germany. The transformation of conservatism and the extreme right, in: European Journal of Sociology 22, 55-81.

Mitra, Subrata, 1988: The National Front in France – a Single Issue Movement?, in: *Klaus von Beyme* (Hrsg.), Right-Wing extremism in Western Europe. London: Frank Cass, 47-64.

Moreau, Patrick, 1994: Les héritiers du IIIème Reich. Paris: Le Seuil.

Petitfils, Jean-Christian, 1983: L'extrême droite en France. Paris: PUF.

Percheron, Annick/Perrineau, Pascal (in Zusammenarbeit mit *Daniel Boy/Nonna Mayer*), 1990: Attitude des Français à l'égard des problèmes de sécurité, in: Les Cahiers de la Sécurité intérieure 1, April-June.

Scheuch, Erwin K./Klingemann, Hans D., 1967: Theorie des Rechtsradikalismus in Westlichen Industriegesellschaften, in: Hamburger Jahrbuch für Wirtschafts und Gesellschaftspolitik 12, 11-29.

Selznick, Gertrude J./Steinberg, Stephen, 1969: The Tenacity of Prejudice. Antisemitism in Contemporary America. New York: Harper and Row.

Taguieff, Pierre André, 1989: Métaphysique de J.-M. Le Pen/Un programme révolutionnaire, in: *Nonna Mayer/Pascal Perrineau* (Hrsg.), Le Front national à découvert. Paris: Presses de la Fondation nationale des sciences politiques, 173-227.

Taguieff, Pierre-André, 1994: Sur la nouvelle droite. Paris: Descartes.

Telos: The French New Right. New Right, New Left, New Paradigm. Special Double Issue 98-99, Winter 1993-Spring 1994. New York: Telos Press, 22-33.

Tristan, Anne, 1987: Au Front. Paris: Gallimard.

Westle, Bettina/Niedermayer, Oskar, 1992: Contemporary Right-wing Extremism in West Germany. The Republicans and their electorate, in: European Journal of Sociology 22, 83-100.

Winock, Michel, 1992: Histoire de l'extrême droite en France. Paris: Editions du Seuil.

Rechtsextremismus in Italien: Von der neofaschistischen Systemopposition zur postfaschistischen Regierungspartei: Der Aufstieg der Alleanza Nazionale

Wolfgang Merkel

1. Einleitung

Bei den Parlamentswahlen von 1992 erhielt der *Movimento Sociale Italiano* (MSI) 5,4% der italienischen Wählerstimmen. Zwei Jahre später benannte sich der MSI in *Alleanza Nazionale* (AN) um, und stieg unmittelbar darauf bei den vorgezogenen Neuwahlen mit 13,5% zur drittstärksten Partei Italiens auf. Bei den erneut vorgezogenen Parlamentswahlen 1996 steigerte die AN ihren Stimmenanteil noch einmal (15,7%). 1994 zogen 109 Abgeordnete und 48 Senatoren der Nationalen Allianz in die beiden Kammern des italienischen Parlaments ein[1]. Nur wenige Wochen später trat die AN in eine rechte Koalitionsregierung ein und stellte 5 Minister und 12 Staatssekretäre. Damit war zum ersten Mal in der Nachkriegsgeschichte Westeuropas eine neofaschistische Partei Mitglied einer demokratisch gewählten Regierung geworden[2]. Die internationale Gemeinschaft reagierte irritiert auf diesen „historischen" Vorgang. Der französische Staatspräsident François Mitterrand warnte vor dem „Risiko Italien". Der amerikanische Sprachwissenschaftler und Philosoph Noam Chomsky sprach von Italiens „friendly fascism". Der Ministerrat der Europäischen Union ging auf Distanz zum „neofaschistischen" Außenminister Italiens. Die elf Abgeordneten der *Alleanza Nazionale* wurden zu personae non gratae im Europäischen Parlament. Von der New York Times über Le Monde bis zu El Pais äußerte sich die Internationale Presse besorgt über die „italienischen Vorgänge". Parallelen zum Jahre 1922 wurden evoziert. Sollte Italien noch einmal zum Laboratorium epochaler Veränderungen in Europa werden? Wer aber trat tatsächlich im April 1994 in die italienische Regierung ein? Waren es Faschisten, Neofaschisten, Postfaschisten, Rechtsradikale oder nunmehr geläuterte Rechtskonservative? Ist die *Alleanza Nazionale* eine Anti-Systempartei oder akzeptiert sie grundsätzlich die Werte, Institutionen und Verfahren der Demokratie sowie die daraus resultierende Kontingenz der politischen Entscheidungen?

Für eine empirisch begründete und wissenschaftlich fundierte, definitive Antwort auf die Frage, ob die *Alleanza Nazionale* als neofaschistisch-radikal oder postfaschistisch-

1 Die *Camera* (das Abgeordnetenhaus) hat 630 Abgeordnete, der *Senato* verfügt über 315 Sitze.

2 Noch 1994 zitierten deutsche Beobachter den MSI als Beispiel für eine stagnierende, regional begrenzte Partei, „die im Vergleich zu anderen rechtsextremen Parteien in Europa ihre Wählerbasis nicht erweitern konnten" (Greß 1994: 195). Gleichzeitig mit der „Publizierung" der „Diagnose" war die MSI-Nachfolgeorganisation zur mächtigsten rechtsradikalen Partei Westeuropas aufgestiegen.

konservativ, ob als autoritär oder demokratisch zu bezeichnen ist, erscheint es noch zu früh. Dennoch lassen sich mit dem theoretischen und methodischen Instrumentarium der Parteienforschung erste Antworten auf die gestellten Fragen und überprüfbare Hypothesen in Hinblick auf die zukünftige Entwicklung erarbeiten. Ich will dies im folgenden in vier Schritten tun. Zuerst sollen die Konturen des Archipels der radikalen Rechten gezogen werden. In einem zweiten Schritt will ich die historischen Entwicklungslinien des MSI, der einzigen relevanten rechtsradikalen Partei in der Nachkriegsgeschichte Italiens, skizzieren. Danach soll der Wandel und Aufstieg des MSI bzw. der *Alleanza Nazionale* erklärt werden. Die sich daraus ergebende Frage, inwieweit sich die Nationale Allianz zu einer neuen und demokratischen Partei gewandelt hat, will ich abschließend auf den Ebenen der Programmatik, der politischen Strategie, der Parteistruktur und Wählerschaft beantworten.

2. Die extreme Rechte in Italien

Wie in Belgien, Frankreich, Deutschland und den meisten west- wie osteuropäischen Ländern konnte sich auch in Italien die radikale Rechte nach 1945 nie als ein kompaktes Lager oder gar als homogener „Block" organisieren. Die Topographie des italienischen Rechtsextremismus glich eher einem unübersichtlichen Archipel, in dem eine dauerhafte straff organisierte Partei in der Mitte von vielen kleinen fluktuierenden Bewegungen, Gruppen, Zirkeln, Zeitschriften und Diskursmilieus umgeben war. Auch wenn viele dieser Gruppen und Zirkel aus Abspaltungen radikaler und theoretisch innovativer Dissidenten des MSI hervorgingen, waren die ideologischen Bindungen und organisatorischen Verbindungen an den MSI, wenn sie den Bruch überhaupt überdauerten, schwach und instabil (Zuchinali 1986: 15ff.). Hierarchische Unterordnungen unter die Partei blieben selten und zeitlich stets begrenzt.

Versucht man die Unübersichtlichkeit dieses Archipels zu lichten, wie es in jüngerer Zeit der italienische Rechtsextremismusforscher Piero Ignazi getan hat (Ignazi 1989b; 1994a), lassen sich innerhalb der extremen Rechten Italiens „drei unterschiedliche Komponenten" erkennen: der Neofaschismus des *Movimento Sociale Italiano,* die *Destra Radicale* und die *Nuova Destra* (Ignazi 1994a: 170). Die bedeutendste und beständigste Gruppierung innerhalb der extremen italienischen Rechten war seit 1948 der neofaschistische *Movimento Sociale Italiano.* Er und vor allem seine jüngste „Transformation" in die *Alleanza Nazionale* werden im Zentrum meiner Analyse stehen.

Die *Destra Radicale* wurde in den 50er Jahren zum Sammelbegriff jener Gruppen, die sich aus Protest gegen die legalistisch-parlamentarische Politik des MSI von diesem abspalteten. Unter Berufung auf die zivilisationskritischen Schriften Julius Evolas der 20er und 30er Jahre[3], lehnten sie nicht nur das demokratische System in toto ab,

3 Als besonderer Bezugspunkt galt Evolas 1934 erschienenes Pamphlet „Revolte gegen die moderne Welt". Julius Evola (1898-1974) verband Elemente des deutschen Idealismus mit den traditionalistischen Gedanken des Taoismus und der Konservativen Revolution zu einer elitären, radikalfaschistischen Synthese. Als Ideenlieferant für den Faschismus der 20er und 30er Jahre war Evola (etwa gegenüber den programmatischen Schriften Giovanni Gentiles) unbedeutend, nicht zuletzt deshalb, weil er dessen demagogische und plebeische Elemente negierte. Bedeutung gewannen seine Schriften vor allem für die radikale Rechte

sondern wandten sich gegen die „Dekadenz der Moderne" und die Auflösung einer vorgeblich organischenen Gesellschaft in der – auch vorfaschistischen – Vergangenheit (Zuchinali 1986: 18, 200). Trotz des gemeinsamen ideogischen Bezugs blieb die radikale Rechte ein organisatorisch heterogenes Lager. Es umfaßte radikalfaschistische Gruppierungen wie *Ordine Nuovo* (Gründung 1956) und *Avanguardia Nazionale* ebenso, wie die klandestin operierenden Terrorgruppen *Ordine Nero, Terza Positione* und *Nuclei armati rivoluzionari* der 70er und 80er Jahre. Die Gruppierungen der radikalen Rechten waren untereinander stets nur lose vernetzt. Gemeinsam war ihnen neben dem ideologischen Rückgriff auf Julius Evolas Schriften die unerbittliche Opposition zum MSI. Der *Movimento Sociale* war ihnen nicht potentieller Bündnispartner, sondern Verräter. Ihn galt es ebenso zu bekämpfen wie die bürgerlichen und kommunistischen „Systemparteien" (Ignazi 1994a: 170).

Die *Neue Rechte* Italiens war kaum organisiert, nicht klandestin-terroristisch, sondern suchte den öffentlichen Diskurs. Initiiert von jungen Intellektuellen um Marco Tarchi, die aus Entäuschung über den ideologischen Anachronismus des MSI Ende der 70er Jahre aus der Partei ausgetreten waren, verstand sich die *Nuova Destra* nach dem Vorbild der *Nouvelle Droite* in Frankreich vor allem als eine kulturelle Strömung (Zuchinali 1986: 22). In einem ambitiösen ideologischen Projekt wollten die rechtsradikalen Dissidenten neue ideologische Koordinaten für die gesamte italienische Rechte ziehen. Ausgehend von der Zivilisationskritik Evolas sollte ein bizarres Amalgam aus nostalgischen Elementen der konservativen Revolution der Weimarer Republik und der „faschistischen Romantik Frankreichs" (Drieu la Rochelle, Brasilach, Rebatet) mit ökologischem, antikapitalistischem, antietatistischem und antiamerikanischem Gedankengut die Rechte „modernisieren" und aus dem „Tunnel des Faschismus" (Tarki) führen (Ignazi 1994a: 171). Strategisch entwickelte die *Nuova Destra* einen „Gramscianismus von rechts", indem sie zunächst auf das Ziel der politisch-kulturellen Hegemonie innerhalb der Rechten zielte (Revelli 1984: 137). Zu Beginn der 90er Jahre hat die Neue Rechte Italiens wie ihr Vorbild in Frankreich an öffentlicher Resonanz verloren. Ihr Wortführer Mario Tarchi ist von der politischen in die akademische Welt gewechselt[4]. Die Aktivitäten erschöpfen sich in der Herausgabe zweier Zeitschriften (*„Diorama", „Trasgressioni")* mit nur marginaler Verbreitung. Die angestrebte Brückenfunktion zwischen der extremen und demokratischen Rechten war zu Beginn der 90er Jahre gescheitert.

Die *Lega Nord* ist nicht der extremen Rechten zuzuordnen. Dies wird deutlich, wenn man sie an folgenden drei Kriterien mißt: der Positionierung ihrer Wählerschaft auf der Links-Rechts-Achse, den programmatischen Kernbeständen und der Position zum demokratischen „System". Die durchschnittliche Selbstplazierung der Wähler der *Lega* „liegt grosso modo im Zentrum des Links-Rechts-Kontinuums" (Mannheimer 1993: 258). Freilich ist dies der statistische Durchschnitt. Sie verteilen sich von extrem rechts bis extrem links fast gleichmäßig über das gesamte Links-Rechts-Spektrum. Auf der ideologischen Ebene gibt es keine Verbindung zum faschistischen Gedankengut. Im Gegenteil, meist liegen die programmatischen Kernpositionen der *Lega* diametral quer

erst in der Nachkriegszeit. Demgegenüber begrenzte der explizite Antimodernismus seiner Theorie den Einfluß auf die *„Nuova Destra"*.

4 Tarchi arbeitet heute als Wissenschaftler am Institut für Politikwissenschaft der Universität Florenz.

zur (neo)faschistischen Ideologie (Diamanti 1993: 93ff.; Stegmüller 1994: 270ff.). Dies gilt für den radikalen antinationalen Föderalismus ebenso wie für die wirtschaftsliberalen Entsolidarisierungskonzepte. Am ehesten gibt es noch über die xenophobischen Tendenzen der *Lega* programmatische Berührungspunkte zur extremen Rechten. Diese nach innen gerichteten Tendenzen sind aber nicht „rassistisch" (Braun 1992: 131) motiviert. Sie basieren nicht auf ethnischer Exklusion, sondern gründen in wirtschafts- und sozialegoistischen Motiven[5]. Auch bei der Stellung zum demokratischen „System" lassen sich keine rechtsextremen Positionen erkennen. Zwar mobilisiert die *Lega* gegen das alte politische System der *partitocrazia* und gegen den verdeckten Zentralismus des dezentralen Einheitsstaats Italiens. Aber diese Kritik bewegt sich innerhalb der Variationsbreite demokratischer Systeme.

Ebensowenig wie die *Lega Nord* als rechtsextrem einzustufen ist, kann sie als „nationalpopulistisch" (Backes 1991: 14) bezeichnet werden. Das Gegenteil ist der Fall. Sie ist nicht „national-", sondern „regionalpopulistisch". Ihr Programm zielt nicht auf die nationale Einheit, sondern auf die nationale Entsolidarisierung. Die radikalen Föderalisierungskonzepte sind gerade gegen die regionalen Verteilungspflichten des National- und Zentralstaates gerichtet. Die *Lega* vertritt in Norditalien „die Interessen der egoistischen Mitte der Gewinner im gegenwärtig herrschenden Gesellschaftssystem" (Uessler 1994: 262). Sie ist eine radikal „rechtslibertäre Partei", deren populistische Elemente nach einer kurzen Zeit des Realismus seit 1996 zunehmend ins Irrational-Sektiererische abzugleiten drohen.

Mit diesem kursorischen Durchgang durch die extreme Rechte in Italien ist deutlich geworden, daß sich der italienische Rechtsextremismus mit den Begriffskonventionen der bundesrepublikanischen Extremismusforschung nicht analysieren läßt. Die 1974 von einer außerwissenschaftlichen Instanz, dem bundesdeutschen Verfassungsschutz, vorgegebene und von der extremismustheoretischen Forschungsrichtung um Backes und Jesse (1993) übernommene Differenzierung zwischen verfassungsfeindlichem Rechtsextremismus und nicht-verfassungsfeindlichem Rechtsradikalismus greift für Italien nicht. Wie oben gezeigt, ist es gerade die *Destra Radicale*, die radikale Rechte, die ohne Kompromisse auch und gerade auf die Strategie terroristischer Gewalt gegen das verhaßte demokratische System setzt. Eine solche Begriffsverwendung liegt freilich auch quer zur Konvention, die Rechtsradikalismus als einen „eher unverbindlichen catch-all-term ... zur Bezeichnung aller Strömungen rechts des etablierten Konservatismus" (Jaschke 1994: 28) begreift. Denn in der italienischen Forschung hat sich gerade umgekehrt *„estrema destra"* (Ignazi 1994a: 170) oder *„extreme right"* (Furlong 1992; Sidoti 1992) als Sammelbegriff durchgesetzt, wobei die radikale Rechte die extreme Form des Rechtsextremismus ist.

3. Die neofaschistische Rechte: Der Movimento Sociale Italiano

Der *Movimento Sociale Italiano* wurde 1946 auf Initiative ehemaliger Freiwilliger der Miliz der *Repubblica Sociale Italiano* (RSI) und einzelnen Führern des *Partito Fascista*

5 Von einem „inneritalienischen Rassismus" zu sprechen, ist begrifflicher Unsinn, da Nord- und Süditaliener weder unterschiedlichen Rassen, Ethnien noch Sprachgemeinschaften angehören.

Repubblicano (PFR), wie Giorgio Almirante, Arturo Michelini und Pino Romualdi, gegründet (Ignazi 1989a: 15). Zunächst verhalten, dann aber immer offener bezeichnete sich der MSI selbst als legitimen Erben der Republik von Saló. Der historische Bezugspunkt war also jene letzte Form des faschistischen Regimes, das Mussolini nach seiner Absetzung durch den faschistischen Großrat im Jahre 1943 unter dem Protektorat der nationalsozialistischen Wehrmacht in Norditalien errichten durfte. Der ideologische Rückgriff des MSI galt deshalb zunächst nicht dem bürgerlich-etatistischen Faschismus der Regimephase von 1926-1943, sondern den antibürgerlichen und antikapitalistischen Theoremen, die den „Bewegungsfaschismus" in seiner frühen Periode charaktisiert hatten und in der Agonie des faschistischen Regimes von Saló 1944 noch einmal wiederbelebt wurden. Freilich finden sowohl der Bewegungs- als auch der Regimefaschismus in seiner Gentilianischen Ausprägung ihre ideologische Fortsetzung im italienischen Neofaschismus der Nachkriegsperiode. Der Konflikt zwischen beiden Faschismusvarianten zog sich mit wechselnden Führungsansprüchen und Dominanzverhältnissen durch die gesamte Nachkriegsgeschichte des MSI bis in die 90er Jahre hinein.

Der ideologischen Spaltung entsprach auch eine klare geographische Trennlinie: im Norden dominierte die radikale, sozial-korporatistische Strömung, die an das Erbe des Bewegungsfaschismus anknüpfen wollte; im Süden beherrschten „moderate" monarchistisch-etatistische und „qualinguistische"[6] Tendenzen die Partei und ihre Wahlkampagnen. Diese Strategie war der politischen Kultur des Südens angepaßt und bei den Wahlen erfolgreich. Es kristallisierten sich Wählerhochburgen im *Mezzogiorno* heraus, die auch heute noch die regionale Wählerstruktur der *Alleanza Nazionale* prägen. In den 50er und 60er Jahren war es das erklärte Ziel der Parteispitze, den MSI im Bündnis mit den Monarchisten aus seiner politischen Isolation zu führen. Der *Movimento Sociale Italiano* sollte sich als respektabler Bündnispartner der Christdemokraten profilieren und damit als regierungsfähige Kraft in das politische System Italiens integriert werden. Das strategische Kalkül der gemäßigten Führung (1950-1969 De Marsanich und Michelini) schien Ende der 50er Jahre aufzugehen, als der MSI in Absprache mit den rechtskonservativen Liberalen (PLI) und den Monarchisten einige christdemokratische Regierungen unterstützte. Für die DC-Regierung von Giuseppe Tambroni waren die Stimmen des MSI 1960 sogar wahlentscheidend.

Mit dem Tod Michelinis im Jahre 1969 vollzog sich jedoch ein programmatischer, organisatorischer, personeller und strategischer Wandel. Unter der Führung von Giorgio Almirante wurde der Partei eine moderne zentralistische Struktur gegeben. Sie wurde zu einer Massenpartei mit ausdifferenzierter Oranisationsstruktur und dem typischen dichten Kranz an flankierenden Organisationen (Studentenverband, Gewerkschaften, Veteranen-, Freizeit- und Emigrantenverbände). Mitte der 80er Jahre zählte die Partei in 2.270 Sektionen 119.528 Mitglieder. Rund 60% konzentrierten sich davon auf den südlichen Landesteil (Ignazi 1989a: 295).

Nach der Wahlniederlage von 1968 (4,5%) versuchte die neue Parteiführung unter Giorgio Almirante die Wählerbasis mit einer riskanten Doppelstrategie zu vergrößern.

6 Der *Qualunquismo* ist nach der von 1945-1948 existierenden „*Fronte dell'Uomo Qualunque*" (Jedermanns-Front) benannt, einer rechtspopulistischen Partei Süditaliens, die „contro tutti i partiti" (Ignazi 1989: 31) angetreten ist.

Auf der einen Seite öffnete sie sich noch stärker den monarchistischen und rechtskonservativen bürgerlichen Schichten. Auf der anderen Seite versuchte sie über eine Gegenmobilisierung zur „kommunistischen Subversion" der Jahre 1969-1972 auch radikale Gruppen der außerparlamentarischen Rechten in die Partei zu integrieren. Dieses Projekt einer „modernen Rechten" wurde durch die Umbenennung der Partei in *Destra nazionale* auch nach außen symbolisiert (Ignazi 1989a: 133). Kurzfristig brachte die Strategie sichtbare Erfolge. Bei den Parlamentswahlen von 1972 erzielte der MSI mit 8,7% der Wählerstimmen seinen bis dahin größten Wahlerfolg. Doch schon kurz danach brachen die internen Widersprüche der Doppelstrategie auf. Der gemäßigte monarchistische Flügel distanzierte sich von den Radikalen und verließ nach der Wahlniederlage von 1976 die Partei. Obwohl über die Hälfte der Abgeordneten der Parlamentsfraktion aus der Partei austraten und die *Democrazia nazionale* gründeten, überlebte diese die nächsten Parlamentswahlen nicht. Die „Nationale Demokratie" verschwand 1979 von der politischen Bühne.
Die Abspaltung der Gemäßigten stärkte die radikalen Kräfte im MSI. *Pino Rauti*, der 1956 den MSI verlassen und *Ordine nuovo* gegründet hatte, trat wieder in die Partei ein. Innerhalb des MSI wurde Rautis neuformierter *corrente* zu einem Laboratorium undogmatischer politischer Projekte. Nicht mehr der Kommunismus und die einst bekämpfte linksradikale „Subversion" war nunmehr der Hauptfeind, sondern das „Regime" selbst und seine „Staatspartei". Die DC wurde als Hauptverantwortliche der moralischen und politischen Krise Italiens angesehen. Kritisiert wurden vor allem die „Vermassung", das Konsumdenken und die Entfremdung einer „amerikanisierten Gesellschaft". Mit dem Selbstverständnis, der Faschismus sei keine konservative, sondern eine revolutionäre Bewegung, versuchte sich der sozialfaschistische Flügel um Rauti terminologisch und programmatisch der kommunistischen Wählerschaft anzunähern. Kapitalismus und Amerikanismus wurden angeklagt. Sie vor allem hätten die nationalen, sozialen und kommunitären Ressourcen unter Hedonismus, Materialismus und Egoismus verschüttet. Die nationalrevolutionäre Strömung blieb während der 80er Jahr stark, konnte aber trotz der kurzzeitigen Wahl Rautis zum Generalsekretär (1990-91) nie die minoritäre Position in der Partei verlassen (Ignazi 1994b: 60ff.). 1991 übernahm wieder der Exponent der „gemäßigten Mehrheit", Gianfranco Fini, die Führung des MSI. Dies war der erste Schritt eines längeren Weges, der die italienischen Neofaschisten aus dem politischen Ghetto führte.

4. Das Ende der Stigmatisierung des MSI und der Aufstieg der Alleanza Nazionale

Kurz vor den Parlamentswahlen 1994 veröffentlichte das italienische statistische Institut CENSIS Daten, aus denen hervorging, daß die extremistischen Einstellungen der italienischen Wähler im allgemeinen und die rechtsextremen wie rechtskonservativen Attitüden im besonderen weiter abgenommen haben. Nur noch 2,4% der Wählerschaft bezeichnete sich selbst als konservativ, 1,3% als faschistisch und 1,1% als radikal (CENSIS, zit. nach Weber 1995). Unmittelbar nach der Veröffentlichung dieser Daten stimmten 13,5% der italienischen Wähler für die *Alleanza Nazionale*. Was zunächst den Verdacht falscher Daten nährt, zumindest aber als ein Paradox erscheint, wurde jüngst von Gabriele Calvi und Andrea Vannucci (1995: 130ff.) überzeugend erklärt.

Sie haben gezeigt, daß der Parteiwechsel (über 50%) der italienischen Wähler mit einer Stabilität ihrer politischen Einstellungen und Werte einherging. Nicht die politischen Präferenzen veränderten sich also, sondern die traditonellen Parteien des alten Parteienregimes (DC, PSI, PRI) waren für die Mitte-Rechts-Wähler und ihre konservativen Einstellungen als Adressaten völlig unglaubwürdig geworden. Das Zentrum des Parteiensystems war plötzlich leer geworden. Um dieses nun parteiungebundene gewaltige Wählerreservoir konkurrierten vor allem *Forza Italia, Lega Nord* und *Alleanza Nazionale*. Aber insbesondere für die alte neofaschistische Führung stellte sich die Frage nach einer glaubwürdigen Strategie, die sie bei den Mitte-Rechts-Wählern nicht mehr als eine Partei auf dem äußersten rechten Flügel des Parteienspektrums ausweisen würde. Wie die MSI-AN-Führung dieses strategische Problem gelöst hat, soll im folgenden durch einen Ansatz erhellt werden, der struktur- und handlungstheoretische Elemente verknüpft.

In der zweiten Hälfte der 80er Jahre verstärkten sich politische und kulturelle Tendenzen, die dem MSI die Perspektive eröffneten, das politische Ghetto zu verlassen, in das ihn die Parteien des Verfassungsbogens mit ihrer *conventio ad excludendum* für vier Jahrzehnte eingeschlossen hatten. Dabei ist zwischen langfristigen Trends und strategischen Handlungen der MSI-Führung um Gianfranco Fini zu unterscheiden. Die langfristigen Trends veränderten die Opportunitätsstrukturen des politischen Handelns für den MSI. Sie bildeten eine Art strukturellen „Filter" (Elster 1979: 112) und erweiterten den „Handlungskorridor" (Schmidt 1987: 192), innerhalb dessen sich für Fini ein Set von strategischen Optionen öffnete, die zur vollen Legimiation des MSI als regierungsfähiger Partei führen konnten.

4.1 Der „strukturelle" Handlungskontext

Zu den langfristigen Entwicklungen, die einstige Handlungsrestriktionen in Handlungsmöglichkeiten verwandelten, zählen die Historisierung des Faschismus, die Erosion der subkulturellen Milieus, die nachlassende Wählerbindung und die progredierende Delegitimierung des alten politischen Systems und seiner *classe politica* (Ignazi 1994b: 106; Höhne 1995: 183). Zunächst verwischte die Historisierung des Faschismus die manichäischen Trennlinien zwischen Faschismus und Antifaschismus, die den politischen Diskurs im Nachkriegsitalien geprägt hatten (Galli della Loggia 1994). In mehreren Etappen argumentierte Italiens bedeutendster Faschismusforscher Renzo de Felice gegen den „antifaschistischen Konformismus" (1965) in der italienischen Geschichtswissenschaft und für die Differenzierung in gute und schlechte faschistische Regime und Bewegungen (wobei der italienische Faschismus zu den Besseren gehörte, 1975) bis hin zur starken Relativierung der faschistischen Verbrechen (1986)[7]. De Felices Dominanz im italienischen Historikerstreit trug dazu bei, den Faschismus als historisches Phänomen und nicht als aktuelles Problem zu betrachten. Er schwächte auf diese Weise die Integrations- und Mobilisierungskraft des Antifaschismus, der die politische Kultur des Nachkriegsitalien nachhaltig geprägt hatte. Aus dem Schatten

7 Ich übernehme diese Interpretation der Schriften de Felices von Rolf Uessler (1994: 252f.), die auch von dem Faschismusforscher Jens Petersen (1994) geteilt wird.

dieser öffentlichen Debatte trat ein in der programmatischen Substanz unveränderter MSI, der nun aber zunehmend diskurs- und bündnisfähig für die anderen Parteien wurde.

Auch die Erosion der katholischen und kommunistischen Subkultur seit den 70er und 80er Jahren (Caciagli 1994: 262) verlief zugunsten des MSI. Insbesondere die Säkularisierung der subkulturell an die *Democrazia Cristiana* gebundenen katholischen Wähler lockerte deren Parteibindung. Rechtskonservative Wähler, die unter dem Einfluß des katholischen Integralismus und Ost-West-Konflikts christdemokratisch wählten, konnten nun auch von weiter rechts stehenden Parteien wie *Forza Italia, Lega Nord* oder dem *MSI* bzw. der späteren *AN* erreicht werden.

Doch von entscheidender Bedeutung für die veränderten Handlungsbedingungen war der Legitimitätskollaps des alten politischen Systems. Die Aufdeckung der Korruptionsskandale zu Beginn der 90er Jahre diskreditierte fast die gesamte etablierte politische Klasse. Die beiden Staatsparteien DC und PSI kollabierten. In dem Maße wie die alten Regierungsparteien an Legitimität verloren, gewann der MSI politische Reputation. Die völlige Ausgrenzung der Neofaschisten von politischen Ämtern und parastaatlichen Positionen hatte den MSI außerhalb des Systems der staatsklientelistischen Korruption gelassen. Allein die Tatsache, nicht in die Korruption der Vergangenheit verwickelt gewesen zu sein, genügte in dieser Phase, sich als eine zukunftsfähige Kraft zu erweisen, auch wenn sie sich, wie der MSI, schon länger in einem unaufhaltsamen Niedergang zu befinden schien (vgl. Tabelle 1).

Mit dem Legitimitätsverfall der „ersten Republik" und der sie tragenden Staatsparteien veränderte sich die Wettbewerbsstruktur des italienischen Parteiensystems. Bis zum Ende der 80er Jahre dominierte die Links-Rechts-Dimension. Ihr wurde ein „all-inclusive status within the hierarchy of cleavages" (Sani/Sartori 1993: 329) attestiert. Andere *cleavages*, wie die Konfliktlinien zwischen Zentrum und Peripherie, Materialismus und Postmaterialismus, waren marginal oder wie der säkular-laizistische cleavage von einem „defensiven Wettbewerb" (ibid.) gekennzeichnet. Die Konkurrenz um die Wähler wies eine weitgehend eindimensionale Struktur auf. Während der 60er, 70er und 80er Jahre waren die Parteien auf dem Links-Rechts-Kontinuum in einer stabilen, asymmetrisch-tripolaren Grundstruktur eingefroren: die beiden Außenpole wurden von der Antisystempartei MSI und der semi-akzeptierten Kommunistischen Partei besetzt. Die *Democrazia Cristiana*, die Sozialistische Partei und die kleineren laizistischen Parteien okkupierten das Zentrum. Zu Beginn der 90er Jahre änderte sich dann die Wettbewerbssituation dramatisch. Zu der nach wie vor gültigen Links-Rechts-Polarisierung kam als zweite relevante Wettbewerbsdimension die Frage der „I." und „II. Republik". Die zweidimensionale Wettbewerbssituation läßt sich zu Beginn des Jahres 1994 mit nachfolgender Skizze verdeutlichen.

Mit dem Kollaps der DC und des PSI war das Zentrum des Parteiensystems fast verwaist. Ein gewaltiges Wählerpotential, das insbesondere von der *Democrazia Cristiana* jahrzehntelang eingefroren war, wurde plötzlich frei. 1994 erreichte der „Instabilitätsindex", der das prozentuelle Minimum der Wechselwähler mißt, das Rekordniveau von 37,5%. Diese Marke wurde in Europa in diesem Jahrhundert nur 1919 in Deutschland, 1945 in Frankreich und 1950 in Griechenland erreicht, also immer in Situationen, in denen es zu einem Regimewechsel kam (Bartolini/D'Alimonte 1995: 444). Tatsächlich gaben 1994 über 50% der Wähler einer anderen Partei ihre Stimme

Abbildung 1: Das Parteiensystem Italiens 1994

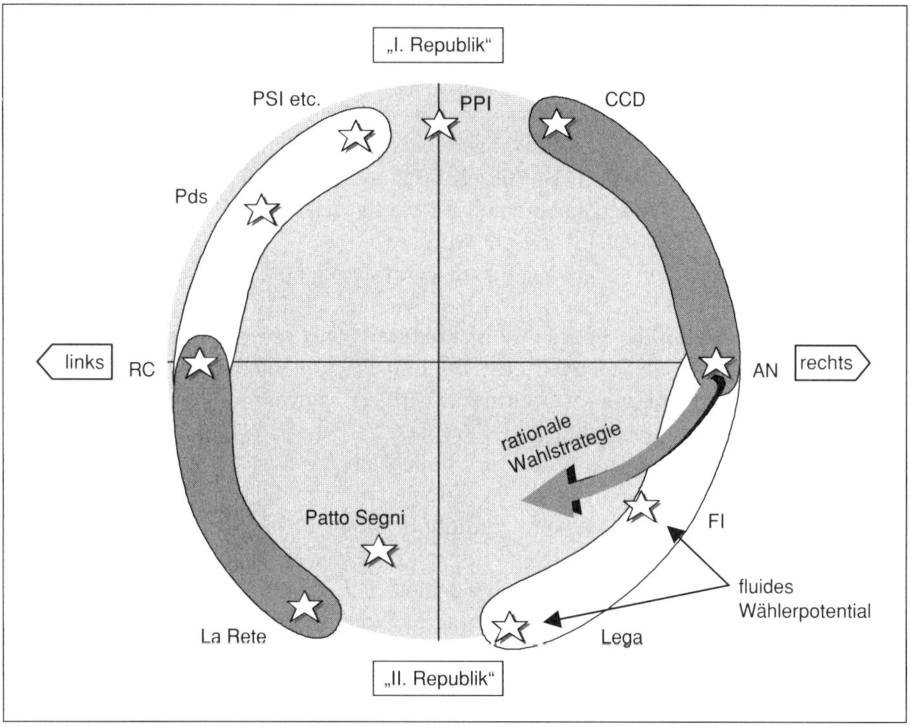

als bei den Parlamentswahlen 1992 (Parisi 1995: 17). In dieser Situation mußte es sich für den MSI „lohnen" (und für den AN auch nach 1994), vorsichtig stärker zur Mitte des Parteiensystems zu tendieren. Um dies aber glaubwürdig und wählerwirksam tun zu können, mußten die Neofaschistischen an demokratischer Legitimität gewinnen.

4.2 Die Handlungsstrategie des MSI

Auf dem Hintergrund dieses Handlungskontextes waren es dann vier strategische Schritte, die dem MSI bzw. der AN den größten Wahlerfolg ihrer Geschichte (1994: 13,5%) und die Legitimation als regierungsfähige Partei eintrugen. Der erste Schritt erfolgte 1993 zu den Bürgermeisterwahlen in Rom und Neapel. In Neapel erhielt die Enkelin des *Duce* Alessandra Mussolini 44,4% der Stimmen und unterlag in der Stichwahl nur knapp dem Kandidaten des progressiven Lagers. Noch wichtiger waren jedoch die Kommunalwahlen in Rom. Aufgrund des absoluten Mehrheitswahlrechts mit zwei Wahlgängen und einer schon in Auflösung begriffenen DC konnte sich der Führer des MSI als der Kandidat des gesamten politischen Lagers rechts von der Mitte präsentieren. Mit der Betonung traditioneller Werte wie Nation, Familie und dem Recht des ungeborenen Lebens vermochte Fini große Teile der verwaisten christdemokratischen Wählerschaft, die diese Werte in der alten *Democrazia Cristiana* aufgrund deren *catch all*-Charakters schon lange nicht mehr eindeutig erkennen konnten, zu gewinnen. Mit 46,9% der Wählerstimmen unterlag Gianfranco Fini nur knapp dem Kandidaten des vereinigten „progressiven Lagers". Damit realisierte sich auf lokaler Ebene unter exzessiver medialer Beobachtung zum ersten Mal das Ziel des MSI-Führers, seine Partei zum legitimen Aggregationszentrum der italienischen Rechten zu machen. Darüber hinaus nutzte Fini den „generellen Personalisierungstrend" (Cavalli 1991) in der italienischen Politik, um über sein telegenes Auftreten dem MSI ein bürgerliches Image zu geben.

Der zweite Schritt auf dem Wege zur politischen Legitimität war die Umbenennung des *Movimento Sociale Italiano* in *Alleanza Nazionale*. Die Umbenennung erfolgte im Januar überraschend als eine einsame Entscheidung der MSI-Spitze. Weder wurden die zuständigen Parteigremien befragt noch der statuarisch notwendige Parteitag einberufen (Valentini 1994: 677). Nicht gewählte Delegierte, sondern eine handverlesene Versammlung lokaler Funktionäre akklamierte die Führungsentscheidung. Eine Programmdebatte fand nicht statt. Der MSI wurde nicht aufgelöst, sondern besteht innerhalb der Alleanza Nazionale weiter. Er ist nicht nur ihr Kern, sondern repräsentiert sie noch immer weitgehend (Ignazi 1994b: 113). Die neu eingetretenen Monarchisten, Rechtsliberalen und Rechtskonservativen aus der DC bilden nur eine kleine Minderheit. Sie alleine reichen nicht aus, um den antipluralistischen MSI zu einer demokratischen Allianz zu wenden (Trautmann 1994: 13). Dennoch wirkte sich die Namensänderung, als das Symbol eines vorgeblichen Bruchs mit der neofaschistischen Vergangenheit, positiv auf die Wahlchancen der AN unter den konservativ-bürgerlichen Wählern aus.

Der dritte und entscheidende Schritt in die Legitimität des fälschlicherweise als „II. Republik" bezeichneten politischen Systems Italiens (Merkel 1994a) war die Wahlkoalition des MSI mit der *Forza Italia* Berlusconis. Freilich war es nicht das Handeln, die *virtù* von Gianfranco Fini selbst, die diese Entscheidung erzwang. Es war zum guten Teil auch *fortuna*, die nach Machiavellis politischer Handlungslehre erst jene *occasione* herbeiführt, die der *uomo virtuoso* ergreifen muß (Machiavelli 1972) und von Fini auch ergriffen wurde. In Berlusconis Strategie sollte der Nationalismus der AN ein Gegengewicht zum regionalistischen Radikalismus der *Lega* bilden. Damit sollte der Wählerschaft signalisiert werden, daß die Dreier-Koalition sich weder in sezessionistische Abenteuer stürzen noch in einen anachronistischen Nationalismus zurückfallen werde. Der *Forza Italia* sollte es zudem eine *pivotal role* in der Koalition sichern und dadurch mehr Handlungsfreiheit in der Regierungspolitik erlauben. Tatsächlich wurde die *Alleanza Nazionale* nach dem Regierungseintritt zur entscheidenden Stütze Berlusconis im Dauerkonflikt mit der *Lega Nord*, die sich über den internen Regierungsdissens ein eigenes politisches Profil geben mußte, da sie im Norden Italiens mit *Forza Italia* um die selben Wählerschichten konkurriert. Der eigentliche Nutznießer dieses Dauerkonflikts war die Alleanza Nationale. Sie erschien den Medien und der Öffentlichkeit als der ruhende und verläßliche Pol dieser Regierung. Die konventionell solide Regierungspolitik der Nationalen Allianz im Jahre 1994 erwies sich als der vierte und letzte Schritt zur Legitimierung als regierungsfähiger Partei.

Hat die *Alleanza Nazionale* mit der formellen Integration in das politische System tatsächlich die Wende von einer neofaschistischen Bewegung zu einer „demokratisch-nationalpatriotischen Partei" (Fini) vollzogen? Wie tief ist der Bruch mit der rechtsextremen Vergangenheit? Dies soll abschließend systematisch auf den Ebenen der

Programmatik, der Wählerschaft, der Organisationsstruktur und der Führungseliten untersucht werden.

5. Kontinuität oder Bruch? Vom Neo- zum „Postfaschismus"?

5.1 Programmatik

Auf der programmatischen Ebene ist der wahltaktische Terminus „Postfaschismus" bisher leer und unbestimmt geblieben (Ignazi 1994b: 119). Die zentralen neofaschistischen Werte und Theoreme wie Nationalismus, Zentralismus, Antiliberalismus, Antiegalitarismus und Militarismus liegen nach wie vor den außen- wie innenpolitischen Konzepten der AN zugrunde (Tesi 1995: 8ff). Allerdings sind sie jetzt „in eine modernistische Rhetorik eingepackt" (Höhne 1995: 195), die ihren traditionalistischen, antimodernistischen Kern verhüllt.
Nationalismus und Irredentismus kennzeichnen auch die außenpolitische Programmatik. Konsequent wird die Aufkündigung des Vertrags von Osimo verlangt. Mit diesem Vertrag haben Italien und Jugoslawien die nach dem Zweiten Weltkrieg offenen Grenzfragen zwischen beiden Ländern geregelt. Mit der völkerrechtswidrigen These, daß die istrische Grenzfrage nach wie vor offen sei, schließen die außenpolitisch kaum gewendeten „Postfaschisten" an die in ihrer Partei außerordentlich populäre Irredenta des Jahres 1915 an. Damals hatten die Irredentisten (u.a. Gabriele d'Annunzio) mit dem Anspruch auf die italienischsprachigen Gebiete in Istrien, Fiume (Rijeka) und Dalmatien Italien in den Ersten Weltkrieg gezwungen. Solange die Grenzfrage „im Osten" nicht gelöst ist, will die AN die Assoziation Sloweniens an die Europäische Union blockieren (Tesi 1995: 36). Der ungebrochene Nationalismus der Nationalen Allianz wird auch in der Ablehnung der Verträge von Maastricht deutlich. Sie müssten revidiert werden, weil die Währungs- und Wirtschaftsunion die nationalen Interessen Italiens grob verletze (Fini 1994: 26). Während diese nationalistischen außenpolitischen Positionen des AN eine klare Kontinuität zur Programmatik des MSI aufweisen, ist der traditionelle Antiamerikanismus des italienischen Neofaschismus dabei, sich aufzulösen. Vor allem Fini akzeptiert die Hegemonie der allein übriggebliebenen Supermacht und will Italien weiter fest verankert in der Nordatlantischen Allianz belassen.
Die *Alleanza Nazionale* tritt als Verteidigerin der zentralistisch-nationalen Territorialverfassung Italiens auf. Sie wendet sich scharf gegen die Forderungen der *Lega Nord*, das Land über drei Makroregionen radikal zu föderalisieren. Auch die Autonomie-Rechte der Provinz Südtirol verstoßen aus der Sicht der AN-Führung gegen das zentralistische Prinzip der nationalen Einheit. Das „Südtirol-Paket" müsse wieder aufgeschnürt (Fini 1994: 25) und die Autonomie Südtirols zugunsten nationaler Prärogativen eingeschränkt werden. Den Italienern müsse in ihrem eigenen Lande die Gleichberechtigung mit den „Deutschen" (ibid.) ermöglicht werden. Um den Zentralismus eines starken unitarischen Staates zu garantieren, soll das gegenwärtige parlamentarische durch ein präsidentielles Regierungssystem verstärkt werden (Tesi 1995: 14)[8].

8 Der AN spricht von „presidenzialismo", meint aber ein „parlamentarisch-präsidentielles" Mischsystem französischer Prägung.

Mit der Betonung der nationalen Einheit in einem starken zentralistischen Staat wahrt der AN seine ideologische Kontinuität. Gleichzeitig weiß er seine Prinzipientreue mit den Interessen seiner großen süditalienischen Wahlklientel zu verbinden, die in hohem Maße vom Zentralstaat als Arbeitgeber und seinen direkten und indirekten Finanztransfers abhängt (Höhne 1995: 195). In der Innenpolitik ist der starke, unitarisch-zentralistische Nationalstaat, wenn nicht gar Mussolinis *Italianità*, der ideologische wie interessenpolitische Fluchtpunkt der alten Neo- wie der neuen „Postfaschisten".
In der Wirtschaftspolitik stand die *Alleanza Nazionale* auf dem „linken" Flügel der Regierungskoalition von 1994. Gegen die neoliberalen Konzepte von *Forza Italia* und der *Lega Nord* trat sie in der Tradition des MSI für einen sozial orientierten, etatistischen Kapitalismus ein. Die radikale sozioökonomische Entsolidarisierung des Nordens vom Süden und den forcierten Abbau des *stato assistenziale* lehnt die AN ab. Die im Ideologem der „Volksgemeinschaft" wurzelnde sozialfaschistische Idee der staatlichen Intervention in die Wirtschaft wird heute im AN durch eine eigeninteressierte elektorale Rationalität stabilisiert: nach wie vor hat die *Alleanza Nazionale* ihre wichtigsten Wählerhochburgen unter den sozial marginalisierten Schichten des italienischen Südens, die weitgehend von staatlichen Finanztransfers abhängen. Eine Neoliberalisierung des italienischen Wirtschaftsetatismus liefe gegen die Wahlinteressen der *Alleanza Nazionale*. In der Territorial-, Wirtschafts- und Sozialpolitik dominiert noch eindeutig die neofaschistische Ideologie.

5.2 Wählerschaft

Der *Movimento Sociale Italiano* zielte seit seiner Gründung auf zwei unterschiedliche Segmente der italienischen Wählerschaft. Die traditionelle, neofaschistisch-konservative Linie sprach vor allem jene nostalgisch reaktionären Schichten an, die eine ausgeprägte Präferenz für hierarchische Ordnungen und den starken Staat haben. Damit konnte der MSI in der von „ruralismo-romanità-clericalismo" (Ignazi 1990: 118) geprägten politischen Kultur des rückständigen Südens seit seiner Gründung erfolgreich Wähler gewinnen. Die radikale, gegen das demokratische System und seine liberaldemokratischen Werte auftretende Linie sprach dagegen die rechtsextremen Segmente des jüngeren, unruhigen und rebellischen Überzeugungs- und Protestpotentials an. Im Süden des Landes vermochten die Neofaschisten stets beide Segmente der Wählerschaft zu mobilisieren. Nicht zuletzt deshalb lagen dort von Anfang an ihre Hochburgen. In Norditalien dagegen erreichte der MSI fast nur die gutsituierten rechtskonservativen Wählerschichten, die, der sozialen Konflikte und des schwachen Staates überdrüssig, die forcierte Durchsetzung von law and order einforderten. Anders als im unterentwickelten *Mezzogiorno* konnte der MSI den radikalen Anti-System-Protest im sozioökonomisch fortgeschrittenen Norden kaum mobilisieren.

Tabelle 1: Wahlergebnisse des MSI und der AN (1994) seit 1948 (Angaben in %)

1948	1953	1958	1963	1968	1972	1976	1979	1983	1987	1992	1994	1996
2,0	5,8	4,8	5,1	4,5	8,7	6,1	5,3	6,7	5,9	5,4	13,5	15,7

In den Parlamentswahlen von 1994 verdreifachte die *Alleanza Nazionale* fast den Stimmenanteil des MSI von 1992 (5,4%) auf 13,5% und konnte diesen bei den vorgezogenen Neuwahlen von 1996 noch einmal auf 15,7% erhöhen. Aber trotz des starken Zuwachses blieb die regionale Hochburgenstruktur innerhalb der Wählerschaft erhalten. In allen Regionen südlich von Umbrien erzielte die AN wie einst der MSI deutlich überdurchschnittliche Wahlresultate. In den „roten Regionen" Mittelitaliens und der katholischen „weißen Zone" wie den Industrieregionen im Norden Italiens erzielt die AN nach wie vor Wahlergebnisse weit unter dem nationalen Durchschnitt. Tabelle 2 zeigt die Kontinuität der regionalen Stimmenverteilung nach geopolitischen Zonen vom MSI zur AN.

Tabelle 2: Verteilung der MSI und AN-Wähler (1994) nach geopolitischen Zonen (Angaben in %)

	1948	1953	1958	1963	1968	1972	1976	1979	1983	1987	1992	1994
Industriedreieck	12,7	16,3	17,9	18,6	19,3	18,9	18,4	19,8	21,4	23,0	19,9	13,6
Weiße Regionen	6,4	8,2	10,8	8,8	8,6	6,8	7,2	7,4	7,6	9,9	9,3	8,4
Rote Regionen	11,3	14,2	15,5	14,8	14,2	11,0	11,0	11,0	12,2	14,0	15,6	15,8
Süden	66,6	61,4	55,8	57,8	57,9	63,3	54,3	61,1	58,7	53,1	55,2	62,2

Quelle: Ignazi (1994b: 104).

Nach der von Pasquino und Parisi für Italien entwickelten Wählertypologie ließ sich der größte Teil der MSI-Wähler unter den Typus des *voto di appartenenza* fassen. Das sind jene treuen Stammwähler vor allem in Sizilien, Kampanien, Latium und den Grenzregionen von Friaul, Venetien und Südtirol, die über eine häufig subkulturell und familiär vermittelte feste Parteiidentifikation gleichsam „blind" den MSI wählen (Ignazi 1994b: 103). Die zweite bedeutsame Kategorie von Wählern fällt in den Bereich des *voto d'opinione*. Im Falle des MSI sind dies weniger die aufgeklärten, ungebundenen und gut informierten rationalen Meinungswähler. Es sind vielmehr überwiegend Protestwähler an den Rändern des demokratischen Systems. Sie entscheiden von Wahl zu Wahl neu, ob ihr Protest gegen das „System" sich am sichtbarsten in der Wahlenthaltung oder in der Stimmabgabe für den MSI ausdrückt. Der geringste Teil der alten Wählerschaft kam aus dem Bereich des *voto di scambio*. Das sind jene Stimmen, die im klientelistischen *do ut des*-Verfahren den Parteien für materielle Tauschgüter wie Arbeitsplätze, Renten oder Staatsaufträge gegeben werden.
Mit den Parlamentswahlen von 1994 beginnt sich eine Verschiebung des vorherrschenden Wählertyps für die AN abzuzeichnen. Der Bereich des *voto di appartenenza* verliert an Gewicht, während deutlich mehr Meinungswähler (*voto d'opinione)* für die *Alleanza Nazionale* stimmten. Aber auch diese „Meinungswähler" unterscheiden sich von den früheren rationalen Protestwählern. Während letztere deutlich am Rande des demokratischen Systems angesiedelt waren, überwiegt heute der ehemals christdemokratische rechtskonservative Wähler, der auf der Suche nach einer neuen Wählerheimat ist. In Zukunft wird auch das Gewicht des *voto di scambio* in der Wählerschaft des AN ansteigen. Dies wird in dem Maße geschehen, wie die Nationale Allianz auf nationaler, regionaler und kommunaler Ebene Regierungsverantwortung übernehmen und über

öffentliche materielle Ressourcen verfügen kann und so zum „akzeptierten Tauschpartner" der klientelistischen Wählerschichten wird.
Die Konturen des typischen AN-Wählers: jung, männlich, städtisch, im Süden lebend und unterdurchschnittlich gebildet (Ignazi 1994b: 105), dürften bei einem anhaltenden Wahlerfolg der Allianz undeutlicher werden. Der zukünftige AN-Wähler dürfte bei anhaltenden Wahlerfolgen dann eher dem traditionellen christdemokratischen denn dem alten neofaschistischen Wählertyp ähneln. Dann werden rationale Wahlüberlegungen der Parteieliten den Anpassungsdruck an das demokratische System erhöhen.

5.3 Organisationstruktur und Führungseliten

Die „neue" *Alleanza Nazionale* besitzt kein neues Statut. Es gelten die statuarischen Regeln des alten MSI. Neu sind nur vier auf dem „Gründungskongreß" von Fiuggi (1995) beschlossene Artikel, die an den akklamierten alten und neuen Parteichef Gianfranco Fini weitreichende Machtbefugnisse delegieren. Die nationale Versammlung, das höchste Gremium zwischen den Parteitagen, löste das alte Zentralkomitee des MSI ab. Doch das von Fini installierte innerparteiliche Wahlsystem[9] sicherte, daß sich hinter dem neuen Terminus das alte, vor allem Fini ergebene MSI-Führungspersonal verbirgt. Die Kontinuität der Parteieliten wird auch in der politischen Herkunft der AN-Parlamentarier sichtbar. Von den 1994 gewählten 150 Abgeordneten und Senatoren der Allianz gehörten 120 dem MSI an, für den sie in der Vergangenheit meist in Gemeinde, Provinz- und Regionalparlamenten saßen. Nur 21 Parlamentarier waren parteilos. Sechs kamen von den Christdemokraten und drei von den Liberalen des PLI (Höhne 1995: 197).
Die Organisationsstruktur der AN wird fast ausschließlich von den 8.412 Sektionen und 250.000 Mitgliedern des MSI getragen[10]. Die nach dem Muster der *Forza Italia* zu den Parlamentswahlen 1994 von Fini lancierten *circoli d'ambiente* sind weder strukturiert noch organisiert. Es blieb bisher ungeklärt, wie sie neben die alten Sektionen in die Organisationstruktur der AN integriert werden sollen. Gegenüber den straff organisierten territorialen Grundeinheiten des MSI dürften sie kaum nennenswerte Wirkung im Parteiapparat entfalten können. Auch auf der Organisationsebene überwiegt also die Kontinuität.

6. *Ausblick*

Sieht man von der Strategiewende der AN ab, dominieren in allen klassischen Parteidimensionen die Elemente der Kontinuität. Hier ist die *Alleanza Nazionale* dem MSI

9 200 Mitglieder der *Assemblea Nazionale* wurden von der alten MSI-Führung ernannt; weitere 200 wurden auf einer festen unveränderlichen Liste dem Kongreß zur Auswahl vorgelegt; 50 wurden von Fini persönlich ernannt und nur weitere 50 Mitglieder konnten vom Kongreß in freier Wahl bestimmt werden.

10 Dies sind die offiziellen Angaben des MSI bei seiner nominellen Auflösung 1995. Schätzungen von italienischen Parteienforschern gehen jedoch von gut 100.000 Mitgliedern zu diesem Zeitpunkt aus.

noch immer zum Verwechseln ähnlich. Eine Distanzierung von der neofaschistischen Vergangenheit ist bisher noch nicht erfolgt. Sie würde auch zu existenzgefährdenden Traumen, Spannungen und Abspaltungen in der neuen Partei führen. Der Begriff Postfaschismus ist bisher eine leere Worthülse geblieben (Ignazi 1994b: 119).
Geändert hat sich aber die politische Strategie. Mit dem neuen Image einer nationalkonservativen Kraft hat die AN bedeutende Wahlerfolge erzielt. Sie verdreifachte fast die Wählerstimmen des MSI und beginnt sich als legitimierter Akteur in der italienischen Politik zu etablieren. Auch wenn diese wahlstrategische Wende noch keinen nennenswerten programmatischen, organisatorischen und personellen Unterbau besitzt, könnte der schiere Erfolg und der Wunsch nach Fortsetzung dieses Erfolgs einen echten Wandel in der Partei herbeiführen. Die Transformation von einer rechtsextremen Weltanschauungs- und Protestpartei zu einer nationalkonservativen Interessen- und Klientelpartei oder gar gaullismusähnlichen nationalen Sammlungsbewegung hängt aber in hohem Maße von bestimmten „Randbedingungen" ab:

- die moderate Wahlstrategie muß weiter Erfolg haben;
- *Forza Italia* muß zum einen weiter zu einem Bündnis mit der AN bereit sein; zum anderen muß es der *Alleanza Nazionale* gelingen, in das Elektorat seines Koalitionspartners einzudringen, da hier die meisten ungebundenen Wähler mit konservativen Einstellungen zu finden sind;
- der italienischen Wirtschaft und Gesellschaft müssen dramatische Krisen erspart bleiben, die rechtsextreme Protesthaltungen zu einer erfolgreichen Wahlstrategie machen würden;
- an der Spitze der Partei müssen politische Unternehmer stehen, deren primäres Ziel die Maximierung von Wählerstimmen ist.

Bleiben diese Randbedingungen des Parteienwettbewerbs über längere Zeit stabil, ist die Wahrscheinlichkeit nicht gering, daß die demokratischen Verhältnisse die AN und nicht die AN die demokratischen Verhältnisse ändert. „Verschlechtern" sie sich, dann dürfte nicht der nationalkonservative Präsidentialismus De Gaulles, sondern die *democradura* des Rechtspopulisten Perón zum strategischen Bezugspunkt der *Alleanza Nazionale* werden. Dann aber drohen Wählerverluste, die die *Alleanza Nazionale* erneut an den äußersten Rand des italienischen Parteiensystems drängen könnten.

Literaturverzeichnis

Alleanza Nazionale, 1995: Tesi politiche approvate dal congresso di Fiuggi. Fiuggi.

Backes, Uwe, 1991: Nationalpopulistische Protestparteien in Europa, in: Österreichische Zeitschrift für Politikwissenschaft 20, 7-17.

Backes, Uwe/Jesse, Eckhard, 1993: Politischer Extremismus in der Bundesrepublik Deutschland. Berlin.

Bartolini, Stefano/D'Alimonte, Roberto (Hrsg.), 1995: Maggioritario ma non troppo. Bologna.

Beyme, Klaus von, 1988: Right-Wing Extremism in Post War Europe, in: West European Politics 11, 1-18.

Braun, Michael, 1992: Rechtsextremismus und Rassismus in Italien, in: *Christoph Butterwege/Siegfried Jäger* (Hrsg.), Rassismus in Europa. Köln, 119-134.

Caciagli, Mario, 1988: The Movimento Sociale Italiano-Destra Nazionale and Neofascism in Italy, in: Westeuropean Politics 11, 19-33.

Caciagli, Mario, 1994: Ein, zwei, viele Italien: Veränderungen in der politischen Kultur Italiens, in: Sozialwissenschaftliche Informationen 4, 257-264.

Calvi, Gabriele/Venucci, Andrea, 1995: L'elettore sconosciato. Analisi culturale e segmentazione degli orientamenti politici nel 1994. Bologna.
Cavalli, Luciano, 1991: Governo del leader e regime dei partiti. Il Mulino.
Diamanti, Ilvo, 1993: La Lega. Roma.
Elster, Jon, 1979: Ulysses and the Sirens. Cambridge.
Ferraresi, Franco (Hrsg.), 1984: La destra radicale. Milano.
Fini, Gianfranco, 1994: Tranquilli, alla fine vincerà Fini. Interview von A. Padellaro mit G.Fini, in: L'Espresso v. 15.4.1994, 22-28.
Fritzsche, Karl-Peter, 1987: Die politische Kultur Italiens. Frankfurt a.M./New York.
Fritzsche, Karl-Peter, 1991: Vom Postkommunismus zum Postfaschismus? – Das Beispiel des Movimento Sociale Italiano, in: *Uwe Backes/Eckhard Jesse* (Hrsg.), Jahrbuch Extremismus & Demokratie, Bd. 3. Bonn, 52-69.
Furlong, Paul, 1992: The Extreme Right in Italy: Old Orders and Dangerous Novelties, in: Parliamentary Affairs 3, 345-356.
Galli della Loggia, Ernesto, 1994: Intervista sulla destra. Roma-Bari.
Greß, Franz, 1994: Rechtsextremismus in Europa, in: *Wolfgang Kowalski/Wolfgang Schroeder* (Hrsg.), Rechtsextremismus. Opladen, 185-211.
Höhne, Roland, 1995: Alleanza Nazionale – Eine demokratische Rechtspartei.
Ignazi, Piero, 1989a: Il polo escluso. Bologna.
Ignazi, Piero, 1989b: La cultura politica del Movimento sociale italiano, in: Rivista Italiana di Scienza Politica 2, 431-465.
Ignazi, Piero, 1990: Il voto del MSI: durevole ma inquieto, in: *Mario Caciagli/Alberto Spreafico* (Hrsg.), Ventánni di elezioni in Italia. 1969-1987. Padova, 97-120.
Ignazi, Piero, 1994a: L'estrema destra in Europa. Bologna.
Ignazi, Piero, 1994b: Postfascisti? Dal Movimento sociale italiano ad Alleanza nazionale. Bologna.
Jaschke, Hans-Gerd, 1994: Rechtsextremismus und Fremdenfeindlichkeit. Opladen.
Kowalski, Wolfgang/Schroeder, Wolfgang, 1994: Einleitung. Rechtsextremismus – Begriff, Methode, Analyse, in: *dies.* (Hrsg.), Rechtsextremismus. Opladen, 7-22.
Machiavelli, Niccolò, 1972: Der Fürst. Stuttgart.
Mannheimer, Renato, 1993: Léttorato della Lega Nord, in: Polis (VII), 253-274.
Merkel, Wolfgang, 1994a: Italien: Das Phantom der „II. Republik", in: Sozialwissenschaftliche Informationen 4, 293-304
Merkel, Wolfgang, 1994b: Die Alleanza Nazionale: Vom Neo- zum Postfaschismus?, in: Sozialwissenschaftliche Information 4, 277-284.
Nedelmann, Birgitta, 1992: Italien in „kreativer Konfusion"? Zur Selbstreformierung einer reformbedürftigen Demokratie, in: Staatswissenschaften und Staatspraxis 3, 524-555.
Parisi, Arturo M.L, 1995: The difficult Task of the Voter, unveröffentl. Ms.. Bologna.
Petersen, Jens, 1994: Renzo De Felice und Italiens Historikerzunft, in: Frankfurter Allgemeine Zeitung v. 7.12.1994.
Revelli, Marco, 1984: La nuova destra, in: *Franco Ferraresi* (Hrsg.), La destra radicale. Milano, 119-214.
Sani, Giacomo/Sartori, Giovanni, 1983: Polarization, Fragmentation and Competitions in Western Democracies, in: *Hans Daalder/Peter Mair* (Hrsg.), Western European Party Systems. London/Beverly Hills, 307-340.
Schmidt, Manfred, 1987: Vergleichende Policy-Forschung, in: *Dirk Berg-Schlosser/Ferdinand Müller-Rommel* (Hrsg.), Vergleichende Politikwissenschaft. Opladen, 185-201.
Sidoti, Franco, 1992: The Extreme Right in Italy: Ideological Orphans and Countermobilization, in: *Paul Hainsworth* (Hrsg.), The Extreme Right in Europe and the USA. London, 151-174.
Stegmüller, Sibylle, 1994: Die Lega Nord und der Neo-Föderalismus, in: Sozialwissenschaftliche Informationen 4, 270-276.
Tesi, Fiuggi, 1995: Tesi politiche approvate dal congresso de Fiuggi, Januar 1995.
Trautmann, Günter, 1994. Die italienische Politik nach dem Wahlsieg Berlusconis, in: Aus Politik und Zeitgeschichte B 34, 10-19.
Uessler, Rolf, 1994: Rechtsextremismus in Italien, in: *Wolfgang Kowalski/Wolfgang Schroeder* (Hrsg.), Rechtsextremismus. Opladen, 248-276.
Valentini, Chiara, 1994: Alleanza Nazionale: la componente „storica" del Polo delle libertà, in: *Paul Ginsberg* (Hrsg.), Stato dell'Italia. Milano, 677-680.

Weber, Peter, 1995: Italiens demokratische Erneuerung. Anpassungsprobleme einer schwierigen Demokratie, in: *Winfried Steffani/Uwe Thaysen* (Hrsg.), Demokratie in Europa: Zur Rolle der Parlamente. Opladen, 178-203.

Winkler, Jürgen R., 1995: Rechtsextremismus als Objekt der neueren sozialwissenschaftlichen Forschung, in: Politische Vierteljahresschrift 36, 300-318.

Zuchinali, Monica, 1986: A destra in Italia oggi. Milano.

Rechtsextremismus in Osteuropa

Klaus von Beyme

1. Cleavage-Strukturen der Gesellschaften als Ansatzpunkt für die Entstehung des Rechtsextremismus

Die Cleavage-Struktur-Forschung hat vor allem zwei dominante Spaltungen herausgestellt: Arbeit versus Kapital und Zentrum versus Peripherie. Die Strukturen der Konfliktlinien erwiesen sich jedoch in Osteuropa als komplexer: Die lange Zeit des Kommunismus hat einige Konflikte kaum noch zum Anknüpfungspunkt für Rechtsextremismus werden lassen.

(1) Der *Stadt-Land-Konflikt* war durch sozialistische Modernisierungspolitik weitgehend seiner Brisanz, die er zwischen den Weltkriegen hatte, beraubt worden.

(2) Der *Konflikt von prokirchlichen und laizistischen Parteien* war durch eine äußerste wirksame Säkularisierungspolitik entschärft worden. Die generalisierte Aussage ist freilich nach Religionen zu spezifizieren: Die *lutherischen Kirchen* hatten Kristallisationspunkte für die Opposition dargestellt (DDR, Estland, Lettland), traten aber nach der Revolution ins Glied zurück und dienten kaum als Ansatzpunkt für Nationalismus und Extremismus. Die *orthodoxen Kirchen*, vor allem in den Balkanländern, nahmen zum Teil eine extrem nationalistische Haltung ein, wurden aber nicht zum Ansatzpunkt rechtsextremistischer Parteibildung, wenn man einmal die vielen slawophilen Gruppen in Rußland mangels politischer Relevanz ausklammert (Laqueur 1993). Die *römisch-katholische Kirche* in Osteuropa hat wohl im Vergleich zur Zeit zwischen den Weltkriegen die erstaunlichste Entwicklung durchgemacht und sich vom Rassismus und Ultra-Nationalismus abgewandt, mit dem sie in der Ära des Faschismus gelegentlich paktierte (Brown 1994: 2). Die laizistischen Teile der alten Solidaritätsbewegung in Polen begannen in der Ära Walesa „Iranisierungstendenzen" anzuklagen. Die roll-back-Politik der Kirche bezog sich auf die klassischen Restissues der alten Kirchenkämpfe wie Abtreibung und Ehescheidung. Viele Polen haben in Umfragen die Kirche nicht mehr als die vertrauenswürdigste Institution empfunden, weil sie zu eng mit den staatlichen Institutionen verflochten sei (CBOS 1993, Nr. 21: 63). Aber in Fragen extremistischer Äußerungen eines polnischen Nationalismus hielt sich die polnische Kirche zurück.

(3) Im Schema der cleavages nicht einmal aufzeichnungswert ist die Spaltung *Monarchisten – Republikaner*. In vielen Ländern (Rußland, Ungarn, Rumänien, Bulgarien, Albanien) sind Kronprätendenten aufgetreten. Politische Bedeutung haben sie nicht erlangt, wie sie sie in Westeuropa noch in Italien (1945/46) und in Spanien (1977) gehabt haben. Die lange Zeit der sozialistischen Herrschaft scheint kaum noch emotionales Potential für Monarchen bei der Mehrheit übrig gelassen zu haben. Selbst

Schaubild 1: Soziale und politische Konflikte und ihre Widerspiegelung im Parteiensystem

wenn monarchistische Gruppierungen, die es in einigen dieser Länder an der Peripherie der politischen Arena gibt, an Bedeutung gewönnen, ist es unwahrscheinlich, daß sich daraus ein Bündnis nach Art der italienischen Monarchisten und Neofaschisten in der 50er Jahren entwickeln könnte.

Nur zwei der acht cleavage-Linien in Osteuropa sind daher Ansatzpunkte für Rechtsextremismus:

(1) Der Gegensatz von *Westlern und Indigenisten*. Die katholischen Länder, wie Polen, Ungarn, Tschechien, Litauen, Kroatien und Slowenien fühlten sich in ihrem Nationalismus überwiegend als zu „Europa" – im westlichen Sinne – gehörig. Dennoch hat es selbst in der polnischen Solidaritätsbewegung einen Gegensatz zwischen Westlern und Indigenisten gegeben. Adam Michnik argwöhnte, daß jede Wiederanknüpfung an die Bewegungen vor dem zweiten Weltkrieg im Chauvinismus enden müsse. Auch die Reklerikalisierung Polens hat ähnliche Debatten ausgelöst (Vinton 1994a: 63f.). Eine weit stärkere Bedeutung hatte traditionell der Gegensatz von Westlern und Slawophilen, von Aufklärern und Indigenisten in den Ländem orthodoxer Tradition. Einige der 84 rechtsextremistischen Organisationen in Rußland knüpften schon im Namen an die slawophile Tradition an. Der Panslawismus hat sich jedoch meist auf die slawischen Völker der früheren Sowjetunion reduziert. Die Pamjat'-Bewegung hat sich mehrfach gespalten. Dmitrij Vasilevs Gruppe (National-patriotische Front) nannte sich christlich, die Pamjat'-Gesellschaft Emejanovs und Dobrovolskijs hingegen war eher pagan und faschistoid. Andere Gruppen betonten den Monarchismus, den Fa-

schismus oder den Nationalbolschewismus. Einig waren sie eigentlich nur in einem Punkt: im *Antisemitismus*. Antiwestliche Töne lassen sich auch bei eigentlich modernisierten faschistoiden Gruppen nachweisen. Selbst bei Žirinovskij finden sich Elemente der Ideologie, die an die *Eurasische Bewegung* anknüpfen, eine Bewegung, welche die Sonderrolle Rußlands zwischen Asien und Europa betonte.
Diese Konfliktlinie erhält eine gewisse Sprengkraft, nachdem die Kommunisten als Postkommunisten ihre Variante eines klaren Westlertums zum Teil aufgegeben haben. Das kommunistische Anti-Westlertum richtete sich gegen den Kapitalismus, nicht gegen die Aufklärungsideen des Westens, denen der Marxismus zugerechnet werden mußte. Mit der nationalistischen Wende und der Zuwendung zum Nationalbolschewismus in vielen Grüppchen tritt das Antiwestlertum in neuen Varianten auf, meist jedoch ohne die stark christlich-missionarische Note des Slawophilismus im 19. Jahrhundert.

(2) Der eigentliche Ansatzpunkt für den Rechtsextremismus war der *Nationalismus*. Der Nationalismus war in allen postkommunistischen Ländern die ideologische Kraft, die das Vakuum der untergegangenen kommunistischen Ideologie ausfüllte. Der Nationalismus in Osteuropa ist nicht plötzlich wiedererstanden, sondern hat Osteuropa nie verlassen (Brown 1991: 35). Er hatte sich unter der Glocke der sowjetischen Dominanz und der kosmopolitischen Ideologien der nationalen kommunistischen Parteien nicht offen entfalten können. Der ideologisch auferlegte Internationalismus wurde als Ideologie entlarvt. Nationalismus schien auf einer realistischen Sicht der Dinge zu beruhen: „Nation und Natur – Worte aus einer Wurzel" faßte eine Diskutantin in Moskau die neue ideologische Illusion in unfreiwilliger Deutlichkeit zusammen (Meždunacional'nye 1992: 44).

In den postkommunistischen Ländern kam es zu drei Antibewegungen gegen das alte Regime: es wurde ein gescheitertes *Wirtschaftssystem* abgelehnt, es wurde ein ineffizient gewordenes *politisches System* über Bord geworfen, und es wurde die *Unabhängigkeit von einer dominanten Macht*, der Sowjetunion, gefordert. In multiethnischen Systemen führte dies zu einer doppelten Antihaltung. Moskau war nach seiner Entmachtung der weniger gefährliche Feind. Die dominante Nation in einigen Ländern (die Russen in der GUS, die Serben in Jugoslawien, die Tschechen in der Tschechoslowakei) wurde das Hauptangriffsziel des neuen Nationalismus der Peripherie. In Rußland hat man versucht, die alte Reichsideologie abzustreifen und zwischen „russisch" (ethnischer Begriff) und rußländisch (staatsrechtlicher Begriff) zu unterscheiden. Es zeigte sich jedoch selbst in der Verfassung der Rußländischen Föderation, und noch stärker in den Entwürfen vor ihrer Verabschiedung, daß die Trennung beider Begriffe nicht konsequent durchgehalten wurde.
Die Gegengewichte gegen einen neuen Nationalismus waren schwach: die Eliten der friedlichen Samtrevolutionen hatten die *„Zivilgesellschaft"* auf ihre Fahnen geschrieben. Sie verstanden diese jedoch in einer a-politischen und wirtschaftsfremden Weise, wie sie die Genesis des Begriffs im angelsächsischen Protoliberalismus schwerlich beglaubigte. *Citoyen* und *l'homme* waren als Träger von Rechten akzeptiert, nicht hingegen der *bourgeois* als freies Wirtschaftssubjekt. Nationalismus konnte sich daher weit stärker als im Westen mit einem paternalistischen Etatismus auch im Postkommunismus verbinden (vgl. von Beyme 1994: 100ff.).

Der Nationalismus der Nachfolgestaaten ist nicht immer mit einer Deprivationstheorie und Kolonialisierungsthese zu erklären, wie sie in den 60er und 70er Jahren die Linke im Westen entwickelt hat. Es waren keineswegs die ärmsten Gebiete wie Zentralasien in der Sowjetunion oder Montenegro in Jugoslawien, die am eifrigsten die Separation vom alten multiethnischen Staat betrieben, sondern eher jene Gebiete, die vergleichsweise gut entwickelt waren (die baltischen Staaten, Slowenien, Kroatien) und die nicht mehr mit den Entwicklungsgebieten teilen wollten. Selbst in der Tschechoslowakei waren es keineswegs nur die Slowaken, die auf Loslösung pochten. Auch in Tschechien war die Tendenz zur Auflösung der Föderation erstaunlich stark.
Ethnisches Bewußtsein und Anknüpfung an alte eigenstaatliche Traditionen waren in Osteuropa weit weniger entwickelt als in Westeuropa. Drei Gruppen von Ländern lassen sich in Osteuropa unterscheiden:

(1) Nationen mit langer staatlicher Kontinuität, hohem ethnischen Bewußtsein und relativ großer ethnischer Homogenität. Russen, Ungarn und Polen hatten das stärkste Bewußtsein der historischen Ethnie in Verbindung mit einer alten Staatlichkeit, die nur gelegentlich unterbrochen war.

(2) Späte historische Nationen mit geringer ethnischer Homogenität, aber einem politisch stark angeheizten ethnischen Bewußtsein. Gerade die Kompensation der staatlichen Tradition bei einigen Ethnien, wie der Ukrainer, der Slowaken, der Kroaten, der Armenier und Georgier, deren Eigenstaatlichkeit früh untergegangen war (Ukraine 1654) führte zu kompensatorischem Nationalismus, der Feindbilder beschwor und Mythen pflegte. Die neuen Verfassungen legten davon Zeugnis ab, wenn die Slowaken sich auf das Großmährische Reich beriefen und die Kroaten die souveränen Entscheidungen ihrer Stände beschworen und einen förmlichen Traktat zur Geschichte in die Verfassung einbauten.

(3) Neue Nationen mit wenig eigenstaatlicher Erfahrung und geringer ethnischer Homogenität. Mangelndes ethnisches Bewußtsein in Verbindung mit fehlender staatlicher Tradition war nur gelegentlich ein Grund dafür, nationalistische und extremistische Gruppen zu begünstigen, wie in Belarus (Markus 1994: 10). Die Erfindung von Ethnien und Staaten durch die Kommunisten hatte ihre Nachwirkung im Postkommunismus. Mazedonien sieht sich in der griechischen Tradition und findet dabei Glauben und Eifersucht nur bei den Griechen selbst, die dem gleichen Mythos anhängen, aber andere Schlüsse aus ihm ziehen, nämlich daß Mazedonien eigentlich griechisches Territorium sei (Hobsbawm 1994: 49).

Der zweite Typ scheint am anfälligsten für Rechtsextremismus, weil er weder die gelassene Selbstsicherheit etablierter Nationen noch das geringe Engagement der ahistorischen Nationen entfaltet.
Auch im Westen hat kaum ein Parteiensystem dem Idealtyp je entsprochen, daß pro cleavage-Linie je zwei gegensätzliche Parteien entstanden. Finnland und Italien kamen diesem Idealbild lange am nächsten. Das Gegenbild drängte in Richtung Volksparteien, die mehrere cleavages zu amalgamieren und zu bündeln vermochten. Die Forumsparteien in Tschechien, der Slowakei, in Ungarn und Polen haben dies versucht und sind erodiert.

Matrix 1: Ethnisches Bewußtsein und staatliche Kontinuität

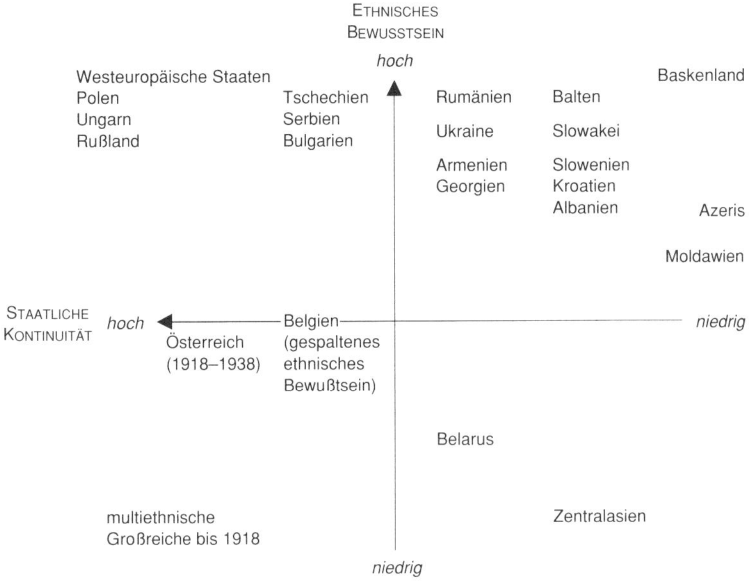

Drei Gruppen von Ländern lassen sich in Osteuropa unterscheiden:

(1)	Nationen mit langer staatlicher Kontinuität, hohem ethnischen Bewußtsein und relativ großer ethnischer Homogenität	Rußland, Polen, Ungarn, Tschechien
(2)	Späte historische Nationen mit geringer ethnischer Homogenität, aber einem politisch stark angeheiztem ethnischen Bewußtsein	Serbien, Kroatien, Rumänien, Slowakei, Ukraine, Kaukasien
(3)	Neue Nationen mit wenig eigenstaatlicher Erfahrung und geringer ethnischer Homogenität	Albanien, Mazedonien, Belarus, Baltische Staaten, Moldawien, Zentralasien

Viele cleavages haben weniger neue Parteien hervorgebracht als *Fraktionen* innerhalb von Parteien, die sich erst im Konfliktfall spalteten, wie die nationalistische Gruppe um Csurka in der ungarischen Forumspartei. Die Fraktion um Csurka zeigte Charakteristika eines modernen Faktionalismus mit eigenen Publikumsorganen und einer Organisation, wie „Magyar Ut", die sich auch um wirklich rechtsextremistische Gruppen bemühte, während Csurka abstritt, ultra-nationalistische und rechtsextremistische Ziele zu verfolgen (Oltay 1994: 58). In den Querelen mit seinem Ministerpräsidenten vor dem Parteiausschuß war die Fraktion vermutlich gefährlicher denn als unabhängige Partei HJLP (Ungarns Gerechtigkeits- und Lebenspartei). Die Prozentklausel, vor den letzten Wahlen 1994 von 4 auf 5 angehoben, blockierte nach westlichem Vorbild kleine extremistische Parteien. Unter den Wählern zeigten Umfragen nur etwa 1 Prozent Sympathien für den Rechtsextremismus. Dennoch radikalisierte sich auch in Ungarn der „lunatic fringe" in Skinhead-Gruppen und paramilitärischen Einheiten. Wie in anderen Ländern ist die rechtsextreme Szene bevorzugter Adressat internationaler Netzwerke (Miszlivetz 1993: 38).

2. Grundlagen für die neu entstehenden Parteiensysteme

Eine klare Orientierung für ein kommendes Parteiensystem ließ sich nicht finden. Drei Modelle waren denkbar: 1) Anknüpfung an die vorsozialistischen Parteiensysteme, 2) Anknüpfung an die Blockparteien, wo sie existiert hatten, 3) Schaffung eines neuen Parteiensystems. Der dritte Weg wurde am häufigsten beschnitten.

1) Es gab *kaum Kontinuität zu den vorsozialistischen Parteiensystemen*. Nur in Tschechien (eine christlich-soziale Volkspartei) und in Ungarn (Christdemokratische Volkspartei und die Partei der Kleinen Landwirte) ergab sich eine partielle Wiederanknüpfung an das vorsozialistische Parteiensystem. Aber in allen Ländern hatte der Sozialismus die Sozialstruktur tiefgreifend verändert. Vor allem die Bauernparteien, die in der Ära zwischen den beiden Weltkriegen in vielen Ländern (vor allem in Polen und Bulgarien) rechtsextremistische Tendenzen aufwiesen, waren in ihrer sozialen Basis durch die Industrialisierungs-, Modernisierungs- und Urbanisierungspolitik geschwächt. Ein Teil der Kollektivbauern von der DDR bis nach Bulgarien waren konservativ im Sinne einer Nostalgie für das alte Regime und stimmten für die kommunistischen Nachfolgeparteien. Es ist schwer, dieses Wahlverhalten auf einer Rechts-Links-Skala zu verorten. Formal war das Verhalten „konservativ", inhaltlich galten die Positionen der postkommunistischen Nachfolgeparteien weiterhin als „links". Nur in einer Minderheit der osteuropäischen Länder spielt die Kontinuität zu rechtsextremistischen Bewegungen, deren Führer in der Ära des Sozialismus im Exil lebten, eine Rolle, wie bei den Ukrainern, der kroatischen Ustascha-Bewegung oder der rumänischen Eisernen Garde.

2) Die Alternative zur *Anknüpfung an ein überkommenes Parteiensystem hätte das Blocksystem* der Parteien sein können, und zwar in den Ländern, die es unter dem Sozialismus als kommunistische Konzession an vorsozialistische Konfliktstrukturen bis 1989 konserviert hatten. Die Nationaldemokratische Partei in Ostdeutschland zeigte, daß potentiell rechte Parteien wenig Chance hatten, nach einer langen Phase der Kooperation im Blocksystem sich glaubhaft als rechte Alternative zu präsentieren. Die Blockparteien waren nicht durch Eigenprofilierung gegenüber den Kommunisten hervorgetreten, am meisten noch die „Demokratische Partei" (SD) in Polen ab 1980 (Ziemer 1992: 303). In Ungarn haben die Kleinen Landwirte ihre Wiedergründung erst in der Endphase der Erosion des kommunistischen Systems ohne Blockparteien betrieben. Rechtsextremistische Parteien spielten in der Erosionsphase des Kommunismus keine wichtige Rolle.

3) Eine dritte Option wurde überwiegend in Osteuropa gewählt: es entstand ein *neues Parteiensystem*. Sie war behindert durch das Fehlen einer organisatorischen Infrastruktur. Es war leichter, neue Parteien zu gründen – und viele blieben Taxi-Parteien, bei denen sich wenige Getreue um einen „leader" scharten, die in ein paar Taxis untergebracht werden konnten – als Interessengruppen von sozial repräsentativer Qualität zu bilden. Wie in allen Transformationsprozessen – zuletzt in den 70er Jahren in Südeuropa – war die Zahl der extremen Gruppen besonders groß. In Rußland wurden noch 1994 84 rechtsextreme Gruppen gezählt. Die meisten waren Randgruppen. Dennoch hatten Žirinovskijs Liberaldemokraten 23,5% der Stimmen bei den Wahlen 1993

erhalten. Die meisten Gruppen hatten keine soziale Basis und waren im Lande kaum repräsentiert. Die Programme glichen einander wie „eine Erbse der anderen". Die Namen stellten bereits unspezifische Kombinationen von nationalen, sozialistischen und liberal-demokratischen Elementen dar. Žirinovskijs Gruppe begann 1988 unter der Bezeichnung „sozialdemokratisch" und wurde erst nach dem Gründungskongreß im März 1990 in „Liberal-Demokraten" umbenannt. Das Programm wurde ähnlich variabel gehalten. Nur ein Programmpunkt zeigte Kontinuität: die Abschaffung der autonomen Gebietseinheiten, zunächst in der Sowjetunion, später in der Rußländischen Föderation (Pribylovsky 1994: 30).

3. Die Ausfransung des Rechts-Links-Schemas in den postkommunistischen Systemen

Immer hatte es auch im Westen Gruppen gegeben, welche das Rechts-Links-Schema zu sprengen versuchten. Die syndikalistischen Ursprünge des Faschismus in Italien und Spanien verloren sich rasch. Linke Nationalsozialisten – wie die Brüder Strasser – und Nationalbolschewisten konnten sich in Deutschland nicht durchsetzen. Das *Rechts-Links-Schema* wurde von der Mehrheit der Bürger akzeptiert. Die Mehrheit der Rechtsextremisten wurde als „rechts" empfunden und ordnete sich selbst als „rechts" ein. „Rechts" wurde im 20. Jahrhundert vielfach die Metapher, die den *Konservatismus* ablöste, um nicht offenbaren zu müssen, wie weit rechts man stand. Noch die *„konservative Revolution"* hat trotz einiger protofaschistischer Züge das Wort „konservativ" für sich akzeptiert und es lediglich durch revolutionäre Zusätze dynamisiert.
Die Überlagerung der cleavages *ancien-regime – neue Demokratie* und *rechts – links* hat in Osteuropa zu einer eigenartigen Ausfransung des Rechts-Links-Schemas geführt. Klar ist allenfalls die Mitte, diese aber ist vielfach fragmentiert (mit Ausnahme von Albanien und Bulgarien).

Tabelle 1: Einordnung in das Rechts-Links-Schema

	EU	Alb.	Bulg.	CS	Pl.	Rum.	Ung.	Rußl.	Estl.	Lettl.	Lit.
links	28	19	23	20	15	18	15	25	11	16	14
rechts	20	25	23	31	20	16	13	9	21	19	26

Quelle: Eurobarometer: Central and Eastern Eurobarometer 1991/92; 1992/93. Brüssel, EG.

Nur die Tschechoslowakei erreichte Durchschnittswerte in der Akzeptanz des Rechts-Links-Schemas. „Rechts" überwog in den meisten Ländern, mit Ausnahme von Rußland. Es bleibt aber fast überall eine gewisse Desorientierung auf der Skala, die die Mehrheit nicht zwischen rechts und links optieren läßt, oder sich – wie auch im Westen, wenn diese Antwort vorgesehen ist – in der Mitte einordnet.
Die Einordnung auf einer Rechts-Links-Skala wird in Osteuropa durch zwei Entwicklungstrends erschwert: a) Die Kooperation zwischen Postkommunisten und Ultranationalisten. „Les extrêmes se touchent". b) Die *Vagheit des Parteien- und cleavage-Systems* begünstigt populistische Politiker.

3.1 Die Kollusion zwischen Kommunisten und Nationalisten

Das Rechts-Links-Schema war vielfach schwer anwendbar, weil es zur *Zusammenarbeit von Ex-Kommunisten und extremen Nationalisten* kam. Bei Žirinovskijs Gruppe hielt sich hartnäckig das Gerücht, die Gruppe sei vom KGB gefördert worden (Laqueur 1993: 318). Diese Kooperation etablierte sich vor allem in jenen Ländern, in denen alte Kommunisten die postkommunistische Nachfolgepartei in der Hand behielten. Die Spitzenkader wurden ausgewechselt, mittlere Kader der alten Kommunisten blieben an der Macht und verbrämten die Kontinuität mit nationalistischen Parolen, am krassesten in Serbien und in Rumänien, aber auch in Kroatien. Die rumänische Partei zeigte die Konflikte innerhalb solcher Nachfolgeparteien am stärksten. Der Flügel unter Petre Roman, der einen eher gemäßigten Kurs in Richtung Verwestlichung steuerte, geriet in Konflikt mit dem Zentrum der Partei unter Präsident Iliescu und wurde in die Opposition gedrängt. Diese parteiinternen Konflikte waren begleitet von Schlammschlachten, bei denen sich jede Seite des Zugangs zu Geheimakten bediente, Iliescu der „Securitate", Roman der Geheiminformationen aus dem Außenministerium. Wo ein Land sich im offenen Bürgerkrieg befand wie Restjugoslawien, waren im serbischen Teil fast alle Parteien mit ultranationalistischen und rechtsextremistischen Zügen behaftet. In Bürgerkriegsgebieten konnten sich nicht einmal ansatzweise Elemente einer demokratischen politischen Kultur herausbilden. Extremismus und Ultranationalismus waren in Serbien daher eher die Norm als die Ausnahme (Markotich 1994: 95).

Die Verbindung von Nationalismus und Kommunismus milderte in einigen Ländern die Folge der kommunistischen Sozialisation. Umfragen zeigten nämlich in den meisten Ländern Osteuropas, daß die alte Ideologie nur in einem Punkt bei der Mehrheit Wurzeln geschlagen hatte: *Antifaschimus* wurde von der Mehrheit internalisiert. Was immer es an faschistoiden Bewegungen zwischen den Weltkriegen in osteuropäischen Ländern gegeben hatte, die Nationalisten waren doch vielfach an die Seite der Kommunistischen Parteien gezwungen worden, die den Widerstand gegen den deutschen Nationalsozialismus, und auf dem Balkan gegen den italienischen Faschismus, am effektivsten organisierten.

Die Times Mirror Studie von 1991 zeigte, daß eine Mehrheit in Osteuropa nicht der Meinung war, daß auch die Faschisten Rede- und Assoziationsfreiheit haben sollten. Auf die Frage „sollten Faschisten Redefreiheit" genießen, haben auch in Ländern, bei denen das Mehrparteiensystem akzeptiert war, 60-70% in Osteuropa mit „nein" geantwortet.

Nur Griechenland (63%) und Deutschland (West) (59%) kamen im Westen an die osteuropäischen Zahlen heran. In Ostdeutschland hatte das antifaschistische Selbstverständnis des alten Regimes sogar am stärksten nachgewirkt. Es bestand in Osteuropa überwiegend kein Zusammenhang zwischen der Intensität der Akzeptanz des Mehrparteiensystems und der organisatorischen Toleranz gegenüber dem Rechtsextremismus.

Solche Zahlen sind freilich mit Vorsicht zu behandeln: „Faschismus" war eher ein historischer Feind als eine konkrete neue Bedrohung. Die Ultra-Nationalisten wurden von den meisten Befragten offenbar nicht als Faschisten empfunden, so sehr sie von den demokratischen Parteien gelegentlich auch so etikettiert worden sind. Wo Natio-

Tabelle 2: Redefreiheit für Faschisten

	Ostdt.	CS	Ung.	Pl.	Bulg.	Rußl.	Ukr.	Lit.
Akzeptanz des Mehrparteiensystems	91	77	73	66	75	60	72	74
(stark)	52	37	18	23	27	21	21	30
Redefreiheit sollte Faschisten nicht gegeben werden	79	67	72	62	68	65	73	71

Quelle: Times Mirror, Center for the People and the Press: The Pulse of Europe. A Survey of Political and Social Values and Attitudes. New York (Mimeo).

nalismus und Neokommunismus oder Postkommunismus eine Symbiose eingingen, wurden die Begriffe Extremismus und Faschismus von den Bürgem kaum identifiziert.

3.2 Der Populismus

Schon in der dritten Welle der Demokratisierung in den 70er Jahren des 20. Jahrhunderts in Südeuropa, zeigte sich, daß die alten Massenparteien mit klarer Ideologie und großer Mitgliedschaft sich nicht wieder herstellen ließen. Der parteiliche Organisationsgrad lag in den neuen Demokratien unter 2%, im Gegensatz zu vielen konsolidierten Systemen, die in der zweiten Welle der Demokratisierung nach 1945 einen Organisationsgrad von 4% und mehr realisiert hatten und bis zur postmodernen Erosionsphase der Parteimaschinen annähernd halten konnten (vgl. von Beyme 1984: 226f.).
Je schwächer die Parteienstrukturen, umso größer ist die Chance von *politischen Unternehmern*, sich zu profilieren. Nationale Eliten haben ihre Liebe zur Unabhängigkeit erst entdeckt, nachdem das Zentrum der Peripherie den früheren Wohlstand des Gulasch-Kommunismus nicht mehr garantieren konnten. Entgegen jenen Ansätzen, welche die Sowjetunion in ihrem Zerfall aus ethnischen Konflikten erklären, ist bemerkenswert, wie ruhig sich die Ethnien bis etwa 1990 hielten – mit Ausnahme der baltischen Staaten, die ihre Annexion von 1940 innerlich nie akzeptiert hatten. Der Populismus war schon immer durch eine Mischung von rechten und linken Elementen gekennzeichnet. Populistische Doktrinen zwischen den Weltkriegen rückten immer näher in den Dunstkreis faschistischer Bewegungen.
Charismatische Führer setzten in Osteuropa auf die überparteiliche Karte. Die losen Strukturen schlugen sich in der Bevorzugung eines *semipräsidentiellen* Systems nieder, das sich nach französischem Vorbild in Osteuropa mit Ausnahme von Tschechien und Ungarn durchsetzte. In Osteuropa hatte der Populismus keine etablierten und diskreditierten Parteienstrukturen aufzubrechen, es sei denn die Relikte des alten Blocksystems unter der Führung der Kommunistischen Partei.
In Osteuropa waren – nicht nur in Rußland – alte Traditionen entstanden, die den Populismus begünstigten. Populismus schien die Mitte zwischen einem modernen Parteiensystem nach westlichem Vorbild und den indigenistischen Traditionen des jeweiligen Volkes. Er wurde – im Gegensatz zu Westeuropa – begünstigt durch die Nichtexistenz eines breiten *Bürgertums*. Die postsozialistischen Länder waren somit

in einer ähnlichen Lage wie die osteuropäischen Systeme, die in der ersten Demokratisierungswelle nach 1918 Demokratie wagten, aber bald im Populismus oder gar in einem faschistoiden Regime endeten.

Populismus ist generell eher moralistisch als programmatisch und appelliert eher an Sentimente als an die Vernunft. Populistische Führer rühmen sich eines quasi mystischen Kontaktes mit den Massen. Selbst de Gaulle – ein vergleichsweise intellektueller Charismatiker – tat dies, wenn er rhetorische Fragen an die Massen stellte, und deren Zustimmung antizipierte mit dem Ausruf: „je vous ai compris" (ich habe Euch verstanden!). Populistische Bewegungen waren auch im Westen lose organisiert und von geringer Disziplin. Die Führung gerierte sich antiintellektuell, wie Walesa gegen die Intellektuellen der Solidarität und der KOR-Gruppe, die sich die Nelkenrevolution in ihren Resultaten so nicht vorgestellt hatten. Populismus pflegte Antipathien der Massen gegen das soziale Establishment auszunutzen. Noch war dies in Osteuropa die alte Nomenklatura-Elite, zunehmend wird es jedoch die neue Bourgeosie und eine politische Elite, die in Ansätzen im Postsozialismus entsteht.

Populistische Bewegungen verneinen den Klassenkampf. Diese Versuchung war im Postsozialismus verlockend, weil der Marxismus 70 oder 40 Jahre pausenlos zum Klassenkampf mobilisiert hatte. Populistische Führer sind häufig irreligiös, aber sie appellieren an die religiösen Gefühle der Massen. Angesichts der Laizisierung, die der reale Sozialismus erreicht hatte, war diese Form von Populismus naheliegend. In Rußland hatten 1991 63% Vertrauen in die Kirche, aber nur 12% der Befragten erklärten sich als gläubige Christen (Laqueur 1993: 278). Diese enorme Schere zwischen Ungläubigkeit und dem Bedürfnis, Religion als kulturelles Erbe oder als heiles Subsystem in einer unübersichtlichen Gesellschaft zu bewahren, erleichterte populistische Demagogie. Die Führung beschwört religiöse Werte, lehnt aber das religiöse Establishment ab. Jedes Establishment wird abgelehnt. Der Kult des einfachen unverdorbenen Volkes schlägt leicht in einen latenten Rassismus um (Wiles 1969: 170). Wo die nationale Frage nicht gelöst scheint oder die neuen Systeme sich im Prozeß der Nationsbildung noch bedroht fühlen – und sei es auch nur, daß Moskau ein Veto gegen ihren Beitritt zur Nato einzulegen versucht – schlägt diese Disposition in Nationalismus um.

Rechtsextremisten haben starke populistische Elemente. Seit ein technik- und kriegsbegeisterter Faschismus nicht mehr möglich erscheint, tritt Rechtsradikalismus sogar zunehmend als Populismus auf. Wie in Deutschland wurde auch in anderen Ländern ein neuer Typ in der Wissenschaft akzeptiert: der *radikale Rechtspopulismus* (Plasser/Ulram 1994). Die Grenzen zwischen Rechtspopulismus und Rechtsextremismus blieben fließend. Žirinovskijs Gruppe begann zunächst als Demagogie für konstitutionelle Rechte und transformierte sich erst um 1991 in eine rechtsextremistische Partei.

Dieser neue Typ von Populismus entsteht vornehmlich in den Ländern, in denen sich eine neue Gruppierung gegen ein etabliertes Parteiensystem durchsetzen muß. In Osteuropa ist dies jedoch kaum der Fall. Allenfalls in Tschechien und Ungarn ist auch das Parteiensystem relativ konsolidiert, und es ist kein Zufall, daß hier dieser neue postmoderne radikale Rechtspopulismus am klarsten profiliert ist.

Die Republikaner erlangten 1992 5,89% der Stimmen in der Tschechischen Republik. Sie konzentrierten sich als Protestwähler vor allem in einigen Gebieten mit großen wirtschaftlichen Schwierigkeiten in Nord- und Südböhmen (Pehe 1994: 51). Ab 1993 zeigten die Meinungsumfragen einen gewissen Niedergang des Rechtsradikalismus:

das Vertrauen in die Regierung Klaus und ein bescheidener Aufschwung schwächten das Protestpotential. Die tschechischen Republikaner zeigten auch in ihrer sozialen Basis die größte Ähnlichkeit zu ihren Namensvettern in Deutschland (vgl. Falter 1994: 68): Modernisierungsgeschädigte, eher in mittleren als größeren Städten, vorwiegend männliche Wähler mit relativ bescheidenem Bildungsgrad (Pehe 1994: 53).
Csurkas Abspaltung von der Forumspartei trat 1994 unter dem vollmundigen Etikett „Partei der Ungarischen Wahrheit und des Ungarischen Lebens" (PUWUL, ung. MIEP) an. Sie gewann keinen Wahlkreis und scheiterte mit 1,59% an der Fünfprozenthürde. Ihre Wählerbasis besteht vornehmlich aus älteren Menschen. Sie gilt jedoch unter den rechtsextremistischen Parteien Osteuropas eher als eine gemäßigte „radikale" Partei, selbst in ihrer Ausländerfeindlichkeit, wenn man einmal von dem unverhohlenen Antisemitismus absieht.
Nicht alle populistisch-radikalen Bewegungen Osteuropas folgen dem tschechischen Muster einer klaren Randpartei. Populismus steht in vielen Ländern im Zentrum des Parteiensystems, nicht an der Peripherie. In vielen postkommunistischen Ländern gibt es populistische Führer, die eher einem archaischeren Populismus zuneigen, wie Mečiar in der Slowakei, Walesa in Polen, in gewisser Weise sogar Jelzin in Rußland.
Beiden Formen des Populismus in Osteuropa wird man schwerlich gerecht, wenn man sie als Neofaschismus darstellt. Schon der Altfaschismus Osteuropas hatte sehr viel weniger moderne Züge als in Westeuropa, und er entwickelte kaum Kontinuität, obwohl Historiker schwache Verbindungsfäden von der russischen Emigration zu heutigen Rechtsextremisten-Klüngeln in Rußland haben nachweisen können (Laqueur 1993: 107ff.). Der neue radikale Populismus in Osteuropa hat seine Basis vor allem bei den *Verlierern der zweiten Modernisierung*. Waren der Altfaschismus und Altpopulismus vor allem eine Reaktion auf die erste Modernisierungswelle nach dem ersten Weltkrieg, so hat der Sozialismus in Osteuropa schon beträchtliche Modernisierungsarbeit geleistet, bei Faktoren wie Urbanisierung und Säkularisierung sogar außerordentlich tiefgreifend. Aber es handelte sich um eine *partiell fehlgeleitete Modernisierung*, in der zwar die Industrialisierung dogmatisch forciert wurde, aber nicht in lebensfähige Ökonomien einmündete, die auf dem Weltmarkt bestehen konnten. Der Ostblock-Protektionismus konservierte 40 Jahre Illusionen über die *sozialistische Scheinmodernisierung*. Der Zusammenbruch dieser Scheinblüte der Ökonomie nach 1989 war umso radikaler. Die *Koalition der Verlierer* der zweiten Modernisierung war größer als jede Verlierer-Koalition zuvor. Sie umfaßte Teile der alten Nomenklatur-Eliten, soweit sie nicht durch *Manager-buy-in* den Anschluß an die Marktwirtschaft bruchlos schafften, große Teile der wenig ausgebildeten Arbeiterschaft, Teile der Kleinunternehmer der ersten Stunde, die die Konsolidierung ihrer Unternehmungen nicht schafften, weil sie noch zu sehr dem archaischen Modell eines Basar-Kapitalismus verbunden war, die meisten Frauen auf dem Arbeitsmarkt und das Gros der mittleren Angestellten in produktiven und unproduktiven (Überwachungs- und Agitationsarbeit) Bereichen.
Auch in westlichen Demokratien wächst das Heer der systemverdrossenen Modernisierungsverlierer. Hier werden auch die Modernisierungsbedrohten einbezogen, die für Österreich rund 17% an den Wahlberechtigten ausmachten (Plasser/Ulram 1994: 15). Sie haben einen Vertrauensverlust hinsichtlich der Wachstumslogik erlitten, sie pochen auf den *status quo ante* des Wohlfahrtsstaats in den fetten Jahren, sie sind vor allem von Xenophobie erfaßt, weil nur für sie ausländische Arbeiter potentielle Kon-

kurrenten im Kampf um Arbeitsplätze, Wohnungen und Frauen sind. Auch für Deutschland hat diese These von den Modernisierungsverlierern große Plausibilität erlangt. Auch hier wurde der subjektive Faktor in die Analyse einbezogen. Schon die Angst vor dem Arbeitsplatzverlust stärkt die Affinität zu den Rechtsparteien (Falter 1994: 76).

In Osteuropa ist der subjektive Faktor anders zu bewerten. Hier geht es weniger um eine eingebildete potentielle Bedrohung, sondern um die reale Bedrohung. Sie ist durch die tägliche Liquidationsprivatisierung evident. In Ostdeutschland ist jeder dritte Arbeitsplatzbesitzer potentiell bedroht, weil er weiß, daß er die Arbeit künstlichen ABM-Maßnahmen verdankt. Umso beachtlicher erscheint es, daß langfristig die Erwartung an die wirtschaftlichen Aussichten für die eigene Person günstiger erscheinen als die Hoffnung auf Besserung der wirtschaftlichen Lage des Landes (Eurobarometer 1992, 1993; vgl. von Beyme 1994: 209). Im Westen gibt es bei der Verliererkoalition eher die umgekehrte Meinung: die Aussichten für die eigene Lage werden ungünstiger eingeschätzt als die Entwicklung der Volkswirtschaften in Europa, wie die EU-Eurobarometer gezeigt haben.

Die Entwicklung des Populismus in Osteuropa ist noch stärker von der tatsächlichen Entwicklung der Wirtschaft abhängig als im Westen. Obwohl die Akzeptanz der Marktwirtschaft und der Demokratie relativ groß war, ist das Vertrauen in die Haltbarkeit des Systems gering. Anfang der 90er Jahre war sie in Ländern wie Tschechien und Ungarn, welche die besten Konsolidierungsaussichten hatten, besonders gering. Die Wahrscheinlichkeit, daß das System binnen eines Jahres in die Diktatur umschlagen könne, wurde als groß eingeschätzt. An der Spitze lagen Lettland (34%), Rußland (33%), Rumänien (23%). Der letztere Fall zeigt jedoch die Problematik: es ist die Frage, ob Rumänien nicht längst eine Diktatur darstellt, mit einigen Einsprengseln demokratischer Rechte und einem begrenzten Pluralismus (Eurobarometer 1992, 1993; vgl. von Beyme 1994: 340). Es klafft in allen postkommunistischen Ländern eine Schere zwischen der Akzeptanz nicht-extremistischer Positionen und dem Gefühl der Hilflosigkeit gegenüber extremistischen Tendenzen.

Der osteuropäische Populismus ist jedoch überwiegend noch nicht als Rechtsextremismus einzustufen. Im Gegensatz zu der Zeit zwischen den Weltkriegen ist dafür nicht zuletzt die internationale Solidarität verantwortlich. Zwar sind die westlichen Hilfen begrenzt (wenn man einmal von dem Transfer von West- nach Ostdeutschland absieht, der das Zwölffache der Pro Kopf-Hilfe des einstigen Marshallplans erreicht hat), aber die Hoffnung auf künftige Hilfe und europäische Integration ist gleichwohl groß. Populistische Führer wie Walesa, Mečiar, ja selbst Iliescu, sind nicht unempfindlich gegenüber der internationalen öffentlichen Meinung. Die Slowakei hat mehrfach Bestimmungen der Nationalitätenpolitik auf Kritik des Europarates hin geändert, obwohl der Europarat allein keinerlei Einfluß auf die Wirtschaftshilfe an osteuropäische Länder hat. Aber die Hoffnung auf Beitritt zum „Klub" zwingt auch Populisten zur Einhaltung demokratischer Mindeststandards und trägt dazu bei, daß Populismus nicht – wie nach 1919 – vielfach in Rechtsextremismus umschlägt.

4. Rechtsextremistisches Potential in den Parteiensystemen Osteuropas

Rechtsextremistisches Potential ist – nach Abzug der Randphänomene des Populismus und des Nationalkommunismus – nur mäßig in den Parteiensystemen Osteuropas vertreten.
Ethnische Parteien könnten in einigen Ländern ein subextremistisches Potential darstellen. Am besten organisiert sind die ungarischen Minderheiten in der Slowakei und in Rumänien. Aber gerade sie versuchen, den Nationalismus der dominanten Staatsnation nicht zu reizen und vertreten recht moderate Autonomie-Wünsche, die den Bestand des neuen Staates im Stadium des Nationbuilding nicht ernsthaft gefährden. In Rumänien hat diese Mäßigung freilich nicht immer zur Mäßigung des anti-ungarischen rumänischen Nationalismus geführt. Die Partei der Nationalen Einheit der Rumänen (PUNR) hat im September 1994 gefordert, die Partei der ungarischen Minderheit (UDMR) zu verbieten, weil sie antirumänische Ziele verfolge. Pikanterweise geschah dies, als der rumänische Außenminister Melescanu in Budapest über einen Nachbarschaftsvertrag verhandelte (Süddeutsche Zeitung, 7.Sept. 1994: 8). Solche Störmanöver von Extremisten sind gefährlich, wenn sie nicht vom „lunatic fringe“, sondern von einem Koalitionspartner kommen. Rumänien hat nicht nur das stärkste nationalistische Lager. Es kommt auch sonst dem serbischen Modell des Pan-Extremismus fast aller Gruppierungen am nächsten, obwohl es sich nicht – wie Serbien – im Bürgerkrieg befindet.

Tabelle 3: Nationalistische und rechtsextremistische Parteien

Bulgarien		CS	Slov.		Polen		Rum.	Slov.		Ung.	Rußl.
1990	1992	1992	1990	1992	1991	1993	1990	1990	1992	1994	1993
0,6	1,1	5,8	10,0	10,0	7,5	5,7	2,1	10,1	9,9	1,6	23,5 Lib.Dem.
						2,7		7,7	8,8		5,5 Travkin
						PartX 2,7		3,3			
						0,1					

Quelle: von Beyme (1994: 298f.).

Wie erklärt sich die unterschiedliche Stärke des Rechtsextremismus in Osteuropa? Mehrere Faktoren wären zu nennen: Bedrohungsgefühle, Irredenta-Gefühle, Xenophobie.

4.1 Bedrohungsgefühle

Kaum ein neues Land ist ernsthaft bedroht. Nur die „Homelands“ in Rußland wie Tschetschenien und Tatarstan haben wenig Aussicht, sich von Rußland zu lösen, auch wenn dieses anfangs Souveränitätserklärungen von früher nur autonomen Gebieten tolerierte (mit Ausnahme von Tschetschenien im Dezember 1994). Es bleibt erstaunlich, wie rasch Rußland – nach ein paar linkischen Versuchen Gorbatschows, die Sezession aufzuhalten – die Loslösung der drei baltischen Staaten hingenommen hat. Im Kaukasus zeigte sich jedoch, was die Mäßigung Rußlands erklärt: die Hoffnung auf Sammlung der ehemals „russischen Erde" in der GUS. Wer diese Hoffnung wie Georgien mit Füßen trat, riskierte mit 5 Millionen Menschen gegen 90.000 Abchasier einen Krieg zu verlieren. Präsident Ševardnadze hat die Lektion rasch begriffen und sich der GUS wieder angenähert.

Ohne Hysterie hat nur eine alte Vormachtnation die Trennung überlebt: Tschechien. Serbien hingegen hat in einer extremistischen Reaktion auf den Zerfall des multiethnischen Staates reagiert und mit der ethnischen Säuberung der beanspruchten Regionen begonnen. Rußland unter Jelzin mußte eher Säuberungen hinnehmen, da der Exodus der Russen aus den transkaukasischen und zentralasiatischen Republiken aus Unsicherheit eher ein freiwilliger als ein erzwungener ist. Gleichwohl verbreitet sich unter russischen Nationalisten ein Gefühl von Weimar: obwohl Rußland keinen Krieg verloren hat, sondern nur den globalen Systemwettbewerb, fühlt es sich durch die Schrumpfung der Macht gedemütigt – wie die Rechte in der Weimarer Republik (Javlinskij 1994: 10). Selbst eine Dolchstoßlegende fehlt nicht: „im Felde unbesiegt". Die russische Armee operierte mit Augenzwinkern zentraler oder regionaler Kommandeure als Freischar außerhalb der russischen Republik – wie am Anfang der Weimarer Republik. Rechtsextremisten beuteten die neuen Minderwertigkeitskomplexe für ihre Propaganda aus. Žirinovskij predigte: „Ich erlaube niemandem, die Russen herabzusetzen" (Liberal 1993:1). Selbst Jelzin war nach dem Putsch gezwungen, in diese Larmoyanz einzustimmen: „Rußland darf man nur mit Sie anreden", wo doch gerade von slawophilen Nostalgikern „Mütterchen Rußland" schon immer gerade aus Liebe geduzt worden ist.

Außenpolitische Bedrohungsgefühle haben sich gleichwohl in den neuen Staaten entwickelt. Fragen nach Bedrohungsgefühlen förderten gewisse Ängste gegenüber Großmächten zutage, vor allem gegenüber Deutschland und Rußland. Sie haben aber kaum etwas mit Gebietsansprüchen zu tun, allenfalls in Polen gegenüber den Deutschen. Untereinander empfanden sich ex-sozialistische Staaten nur im Falle Bulgariens (gegenüber Jugoslawien mit 18%) als bedroht. In Ungarn äußerten sogar 42% Sorgen vor Übergriffen Rumäniens. Alle übrigen Bedrohungsperzeptionen lagen unter 10% (Times Mirror 1991: Q.102: 109).

4.2 Irredenta-Gefühle

Von 23 Grenzen innerhalb der GUS sind nur 3 ethnisch unumstritten. Rußland hat sich für den Fall des Scheiterns der GUS Grenzkorrekturen vorbehalten. Am schärfsten sind die russischen Irredenta-Gefühle auf der Krim gegen die Fremdbestimmung aus Kiew aufgebrochen und schwelen als latentes Konfliktpotential.

In vielen Ländern sind Irredenta-Gefühle und Haß gegen Minderheiten sowie die Abwehr von Einmischungsversuchen anderer Nationen zugunsten der Minderheiten eigener Sprache im Ausland Gründe für latente Konflikte. Bemerkenswert bleibt gleichwohl, wie wenig bewaffnete Konflikte im ehemaligen Ostblock, vor allem bei den Ex-RGW-Ländern außerhalb der ehemaligen Sowjetunion drohen. Staatsnationen und Minderheiten werden im Verhältnis von *Opfern* und ihren *Unterdrückern* gesehen, wie in folgender Matrix (Offe 1994).

Matrix 2: Opfer und Unterdrücker in der Nationalitätenpolitik

	Minderheit	Mehrheit
Opfer	Ungarn in der Slowakei und in Rumänien	Albaner in Kosovo; Moslems in Bosnien-Herzegowina
Unterdrücker	Serben in Kosovo; Serben in Teilen Kroatiens und Bosniens	Bulgarien; Bulgarisierung der Türkischen Namen (1985); Esten und Letten in ihren Staatsangehörigkeitsgesetzen

Abweichend vom westeuropäischen Modell treten Minderheiten (Quadrant 3) in einigen Fällen gleichwohl als Unterdrücker auf. Die Serben haben diese Rolle in Kroatien und Bosnien regional aufs Grausamste vervollkommnet. Häufiger ist es der Fall, daß eine unterdrückte Minderheit eine Irredenta einer benachbarten Staatsnation ist. Im westeuropäischen Rechtsstaat treten diese Nationen in der Regel nicht als Unterdrücker der Mehrheit im benachbarten Irredentagebiet auf. Schweden nehmen keine Rache für finnische Versäumnisse in der Åalandpolitik. Im Westen haben die meisten Minderheiten keine dominante Staatsnation an ihren Grenzen, die ihnen wenigstens auf diplomatischem Wege beispringen kann. Dies ist hingegen in Osteuropa häufiger der Fall: bei den Ungarn im Verhältnis zur Slowakei und Rumänien, bei den Kosovo-Bewohnern im Verhältnis zu Albanien, bei Serben und Kroaten in anderen exjugoslawischen Republiken, den Mazedoniern in Bulgarien im Verhältnis zu Mazedonien.
Die subjektiven Indikatoren müssen mit den objektiven verglichen werden. Die Umfragen der Times Mirror-Studie (1991) haben gezeigt, daß das Gefühl, Gebiete anderer Staaten gehörten eigentlich zum eigenen Land, relativ verbreitet war – selbst im Westen (Tabelle 4). Selbst 39% der Tschechen hatten dieses Gefühl – vor der Loslösung der Slowakei. Die an die Ukraine verlorene Karpatho-Ukraine könnte Gegenstand von solchen Irredentagefühlen sein. In Ungarn, dem großen Verlierer der Pariser Vorortverträge nach dem Ersten Weltkrieg, ist das Irredentagefühl mit 68% am stärksten. Aber auch Bulgarien fühlte sich mit 52% nicht als territorial saturiert. Mazedonien ist hier das Ziel territorialer Anspruchsgefühle in Bulgarien. In der ehemaligen Sowjetunion wurden nur die Litauer befragt, von denen 46% solche Gefühle zu Protokoll gaben. Sie richten sich zum Teil auf das Königsberger-/Kaliningrader Gebiet. In Rußland (22%) und der Ukraine (24%) lagen diese Einstellungen etwa auf dem Niveau westlicher Staaten (Tabelle 4). Polen lag im ganzen ehemaligen Ostblock mit 60% relativ hoch. Gerade hier kann aus solchen Zahlen jedoch nicht auf einen Wunsch nach Anschlußpolitik geschlossen werden. Innerpolnische Umfragen zeigen, daß die Thematisierung der Ostgrenzen im Hinblick auf mögliche deutsche Thematisierung der verlorenen Ostgebiete gefürchtet wird.

4.3 Xenophobie

In Osteuropa leben die Ethnien nicht nach einem Schachbrettmuster territorial abgrenzbar, sondern nach Art eines Flickenteppichs miteinander verwoben. Dieser Umstand schafft mehr Reibungsflächen zwischen den Minderheiten. Der ethnische Wett-

Tabelle 4: Meinungsdaten zum Nationalismus

	USA	UK	F	E	I	GR	D	DDR	CS	UNG	PO	BUL	Ruß	UKR	LIT
1) Ich bin sehr patriotisch eingestellt.	88	72	64	70	69	72	74	69	70	70	75	75	60	62	63
2) Wir sollten für unser Land kämpfen, ob es recht oder unrecht hat.	55	56	37	46	39	28	31	16	28	30	47	53	42	36	39
3) Es gibt Teile der Nachbarländer, die eigentlich uns gehören.	–	20	12	48	29	39	43	25	39	68	60	52	22	24	46
4) Wir sollten den Zugang zu unserem Land mehr als bisher kontrollieren!	–	79	86	66	84	70	70	70	65	68	58	38	45	31	54
5) Negative Meinung über Juden	6	14	–	–	–	–	26	–	14 Slow. 33	11	34	9	22	22	10

Legende: 1-4: Zustimmungsquoten. Quelle: Times Mirror 1991, Qu. 64: 73-79.

bewerb um knappe Ressourcen ist im Postkommunismus außerordentlich scharf geworden. Im Vergleich Ost-West scheint der Patriotismus der Osteuropäer „normal" bei 60-75% zu liegen. Das sind Werte, die respektable Demokratien wie Großbritannien, Frankreich oder Spanien erreichen. Die Deutschen in West wie in Ost liegen unter diesem Level. Wird die Zusatzfrage gestellt, ob man – „right or wrong my country" – in jedem Fall für es kämpfen solle, ist der Prozentsatz der Zustimmung bei den Osteuropäern niedriger als bei den Amerikanern und Briten. Die DDR bildete das absolute Schlußlicht mit nur 16% Zustimmung zu dieser Frage.
Nationale Toleranz ließe sich an den Werten der Antipathiegefühle gegenüber der Zuwanderung aus dem Ausland messen. Auf beiden Skalen dient Westeuropa nicht unbedingt als Vorbild. Selbst gegenüber den Juden, die als religiöse Minderheit kaum noch sichtbar werden, wurden in Großbritannien bei 14% und in Westdeutschland bei 26% negative Einstellungen gemessen. Letzteres würde dem Ausmaß des russischen Antisemitismus entsprechen (16%). Nur Polen liegt deutlich noch über diesem Niveau (34%), obwohl es kaum noch Juden in Polen gibt. Katastrophal ist die Einstellung zu den Zigeunern, selbst in Spanien (Times Mirror, App. Q: 64).
Die Umfragen haben differenziert nach den empirisch am meisten vorkommenden Minderheiten gefragt. Jedes Land hatte seinen Lieblingsfeind: Frankreich die Nordafrikaner (42%), Deutschland die Polen (49%) und Türken (46%). Daß 21% der Briten die Iren negativ sahen, die ihnen sprachlich und historisch so nahe stehen, ist fast verwunderlicher als die Ablehnung ferner stehender Gruppen durch die Mehrheit. In Osteuropa waren für die Tschechoslowaken die Ungarn die Hauptgegner, für die Litauer erstaunlicherweise die Polen (30%) eher als die Russen (21%), was mit den Anteilen dieser Minderheit im Lande nicht erklärt werden kann (Zensus 1989: Russen 9,4%; Polen 7%); in Polen sind es die Deutschen (45%) und Ukrainer (41%), in Rußland die Kaukasier (ca. 46%), mehr als die Zentralasiaten und in Ungarn die Rumänen. Angesichts der Spannungen zwischen Ungarn und Rumänien ist die Zahl von 30%,

die eine negative Einstellung zu den Rumänen haben, geradezu moderat zu nennen (Tabelle 5).

Die ethnischen Konflikte sollten anhand dieser Zahlen nicht überbewertet werden. Vielfach wird auch die eigene Ethnie abgelehnt, wenn sie zugereist ist: Ungarn zu 40%, in Deutschland zu 24% im Westen und zu 25% im Osten (Times Mirror, Qu. 64: 73-79). Die Zahlen über Xenophobie in Osteuropa sind erschreckend, wenn man sie ohne Vergleiche mit Westeuropa publiziert. Im Vergleich werden sie hingegen recht stark nivelliert, so daß das Ausmaß der ethnischen Konflikte verniedlicht zu werden droht.

Für Westeuropa wurde die Zuwanderung zum Testfall ethnischer Toleranz. Seit der friedlichen Revolution von 1989 wurden die Westeuropäer verstärkt vor die Notwendigkeit gestellt, zu akzeptieren, daß sie Einwanderungsländer geworden sind. Selten wird so krass deutlich, daß kein direkter Weg vom verbalen zum tatsächlichen Verhalten führt. Explosionen von Konflikten führen eher zu der alten Erfahrung, daß häufig das Verhalten sich ändert und die Einstellungen im nachhinein den neuen Tatsachen angepaßt werden. Hier liegt der einzige Fall vor, wo die osteuropäischen Länder eher Nachzügler der Intoleranz wurden, weil sie allenfalls Durchreiseländer für die Immigranten geworden sind. Am häufigsten wird die Forderung nach Kontrollierung des Zuzugs nicht im zur Zeit – nach der Schweiz – am stärksten belasteten Land erhoben (Deutschland 70%), sondern seltsamerweise in Italien, das noch gering belastet erscheint (86%), gefolgt von Frankreich (84%). In Osteuropa reflektieren die Zustimmungszahlen zur restriktven Einwanderungspolitik noch das Wohlstandsgefälle: die ČSFR (63%) und Ungarn (68%) lagen an der Spitze, aber selbst die Russen (45%) bauten schon vor in der Formierung ihrer Meinungen, weil sie ahnten, daß sie von den Bürgern der ehemaligen Union aus dem Süden überflutet werden würden. Was im Sozialismus vermieden wurde: daß Barackenstädte sich um Moskau bildeten wie um Sao Paulo, wird unter Bedingungen der liberalen Demokratie weniger möglich sein (Tabelle 4).

Die Umfrageergebnisse, die die subjektiven Indikatoren der Nationalismusforschung liefern, deuten auf Meinungen hin. Aber jeder weiß, daß Augenblicksmeinungen noch keine verfestigten Attitüden sind und daß sie, wenn sie schließlich entstehen, sich nicht notwendigerweise in politisches Handeln umsetzen. Die Organisationsfähigkeit der Ethnien Osteuropas ist noch begrenzt. In archaischen Systemen mit annähernd zwei Staatsvölkern, wie in Kasachstan, sind fast alle politischen Gruppen ethnischer Natur. In den reiferen Systemen ist der ethnische cleavage einer unter vielen und bei weitem nicht der dominanteste. In relativ homogenen Systemen wie Polen und Ungarn wäre für einen ethnischen cleavage auch nicht genug Pluralität vorhanden. Die größte ethnische Minderheit in Ungarn nach den Roma, die Deutschen, haben sich relativ stark integriert und zeigen abnehmende Fähigkeit, ihre Sprache zu sprechen. Für Polen gilt gleiches – wie spätestens die „Rückwanderer" zeigen, die spät ihr „deutsches Herz" wiederentdeckten. Größere Organisationen mit über 100.000 Mitgliedern reklamieren allenfalls die Ungarn in Rumänien und in der Slowakei, die Türken in Bulgarien und die Albanier in Rest-Jugoslawien. Die Größe der potentiellen Gruppe gibt noch keinen Aufschluß über die tatsächliche Organisationsmacht, wie die slawischen Minderheiten der drei slawischen Republiken der GUS zeigen. Die Gegensätze werden offenbar nicht als so groß empfunden, und die Hoffnungen auf die Pufferfunktion der GUS sind noch groß genug, um keine Massenbewegungen der slawischen Minderheitsethnien zu schaffen. Anders ist das dort, wo Russen in etwa gleicher Stärke einem nichtslawischen Volk wie den Kasachen gegenüberstehen.

Die friedliche Lösung von ethnischen Problemen im Nation-building-Prozeß hing von der Loyalität der kleineren Minderheiten ab. Die Russen haben in den baltischen Staaten anfangs die Unabhängigkeit dieser Länder begrüßt und sich erst autonomistisch (z.B. in Narwa/Estland) verhalten, als diskriminierende Staatsbürgerschaftsgesetze sie benachteiligten. Die Polen in Litauen hingegen waren gegenüber dem Sajudis-Nationalismus skeptisch und unterstützten eher die Reformkommunisten. Sie traten für die Erhaltung der Sowjetunion ein, was die Spannungen zwischen Polen und Litauern noch lange erhielt (Girnius 1994: 6). Polnische Enklaven in Weißrußland und Litauen wurden sogar zum Kalkül russischer Nationalisten, um einen Korridor zum Kaliningrader Gebiet herzustellen. Die Realisierung solcher Pläne hätte aber zweifellos zu bewaffneten Konflikten und zur Anheizung des Extremismus der neuen Staatsnationen führen müssen.

Die Annäherung an den Westen hat nicht wenig dazu beigetragen, daß auf nationalistische Experimente verzichtet wurde, obwohl gerade die KSZE die in der Zeit der Systemkonkurrenz erworbenen Kredite in der postkommunistischen Phase nicht hat erneuern können. Dennoch blieben rechtsextremistische Potentiale latent, die im Falle offener nationaler Konflikte aus der Reserve treten können.

Da der Stalinismus die Grenzen innerhalb der Sowjetunion vielfach nicht nach klaren ethnischen Kriterien geschnitten hatte, sind alle Nachfolgestaaten der Union multiethnische Gebilde. Jeder Versuch der dominanten ethnischen Gruppe, den Staat zu nativisieren, wird von der Gegenseite als „Rechtsextremismus und Ultra-Nationalismus" gebrandmarkt, wie der relativen kasachischen Mehrheit in Kasachstan oder der Usbeken in Usbekistan (Brown 1994: 14). Fundamentalistische religiöse Bewegungen werden von den laizisierten Führungen der Ethnien ebenfalls gern als „extremistisch" bezeichnet, obwohl der Fundamentalismus in den islamischen Republiken noch keineswegs den Fiebergrad des Iran und einiger arabischer Länder erreicht hat. Die Forschung wird sich hüten, jede Feind-Etikettierung „rechtsextremistisch" zu übernehmen, zumal manche der Bewegungen eher noch einem archaischen Tribalismus verhaftet sind, als daß sie eine moderne ultra-nationalistische Partei darstellten.

Bemerkenswert moderat hat sich überwiegend auch die moldavische Führung verhalten. Der Staat wird als multiethnisch definiert, und weder die Option des Anschlusses an Rumänien noch die einer völligen Moldavisierung wurde zur herrschenden Politik. Das hat nicht verhindert, daß es auch in Moldova zu ethnischen Konflikten kam, etwa mit den Gagausen (christianisierte Türken), und vor allem mit den Russen in Transdnjestrien, die nicht nur eine Republik in der Republik errichteten, sondern auch kräftig als extremistische und nationalistische Pressure Group im Moskauer Militärestablishment wirkten.

Selbst die Ukraine, die als eine der wenigen Sowjetrepubliken eine Kontinuität rechtsextremistischer Gruppen des Exils kannte – der ermordete Bandera wurde wieder zum Volkshelden – ist mit Ausnahme der Krim ein von Rechtsextremismus ganz unerwartet verschontes Gebiet geblieben. Rußland und die Ukraine haben ein Sonderproblem: sie berufen sich auf die gleiche Tradition. Einerseits waren gerade die Westler von Belinskij bis Struve immer voller Arroganz gegenüber der Eigenständigkeit

der Ukraine (Solchanyk 1993: 251), andererseits haben sie selbst die altrussische Tradition auf dem Boden der Ukraine immer voll für ihre russische Mythenbildung beansprucht. Ein Intellektueller stellte indigniert fest: „Die Ukrainer wollen uns aus unserer Wiege werfen!“ Wirtschaftliche Probleme der Ukraine haben Mitte der 90er Jahre eine Wiederannäherung an Rußland möglich gemacht. Die GUS als Integrationsrahmen der Zukunft – der eine Konföderation wirklich freier Staaten möglich machen könnte – erzeugt nicht nur auf Seiten der Russen bisher eine Art „vorauseilender Gehorsam“ und eine Tabuisierung des militanten Ultranationalismus.
In den anderen Ostblockstaaten fehlte diese Bremse des Extremismus, aber es gab eine noch wirksamere: den Wunsch nach westlicher Hilfe und Integration in die westlichen Organisationen. Zur Realisierung dieser Wünsche mußten die neuen Staaten ein Minimum an demokratischen Wohlverhalten zeigen, und auch populistische Charismatiker hüteten sich, eine bestimmte Grenze zwischen Populismus und Rechtsextremismus zu überschreiten.

Literaturverzeichnis

Beyme, Klaus von, 1984: Parteien in westlichen Demokratien. 2., überarb. Aufl. München: Piper.
Beyme, Klaus von, 1994: Systemwechsel in Osteuropa. Frankfurt: Suhrkamp.
Brown, Bess, 1994: Central Asia. Radio Free Europe/Radio Liberty (RFE/RL) Research Report: Special Issue: The Politics of Intolerance. Nr. 16, 14-16.
Brown, J. F., 1991: The Resurgence of Nationalism. Report on Eastern Europe. Nr. 24, 35-37.
Brown, J. F., 1994: Extremism in Eastern Europe and the Former Soviet Union. RFE/RL. Nr. 16, 1-4.
Brunner, Georg, 1993: Nationalitätenprobleme und Minderheitenkonflikte in Osteuropa. Gütersloh: Bertelsmann Stiftung.
CBOS, 1993: Public Opinion Research Center, Warschau, Public Opinion, Nr. 2.
Eurobarometer Central and Eastern Eurobarometer 1991/92, 1992/93 Brüssel: EG.
Falter, Jürgen W., 1994: Wer wählt rechts? Die Wähler und Anhänger rechtsextremistischer Parteien im vereinigten Deutschland. München: Beck.
Gerlich, Peter u.a. (Hrsg.), 1992: Regimewechsel, Demokratisierung und politische Kultur in Ost-Mitteleuropa. Wien: Böhlau.
Girnius, Saulius, 1994: The Baltic States. RFE/RL. Nr. 16, 5-8.
Hobsbawm, Eric, 1994: Die Erfindung der Vergangenheit. Die Zeit. 9. Sept., 49.
Jawlinskij, Grigor, 1994: Gedemütigt, wie Deutschland nach dem Versailler Frieden. FAZ, Nr. 286, 10.
Jasinska-Kania (Hrsg.), 1992: Bliscy i dalecy. Warschau, Institut socjologii.
Laqueur, Walter, 1993: Der Schoß ist fruchtbar noch. Der militante Nationalismus der russischen Rechten. München: Kindler.
Liberal. Izdanie Liberal'no-Demokratičeskoj Partii. 1993. Nr. 1.
Markotich, Stan, 1994: Serbia. RFE/RL. Nr.16, 95-100.
Markus, Ustina, 1994: Belarus. RFE/RL. Nr. 16, 9-13.
Mežnacional'nye protivorečija v Rossii, 1992: Sociologičeskie Issledovanija. Nr.II, 32-47.
Mislivetz, Ferenc, 1993: Die Radikalisierung der Rechten in Ungarn, in: Die Neue Gesellschaft/Frankfurter Hefte, 33-38.
Mommsen, Margarete (Hrsg.), 1992: Nationalismus in Osteuropa. München: Beck.
Najaylo, Bohdan, 1994: Hungary. RFE/RL. Nr.16, 55-61.
Offe, Claus, 1994: Der Tunnel am Ende des Lichts. Erkundungen der politischen Transformation im Neuen Osten. Frankfurt a.M.: Campus.
Oltay, Edith, 1994: Hungary. RFE/RL. Nr.16, 55-61.
Pehe, Jiri, 1994: The Czech Republic. RFE/RL. Nr. 16, 50-54.

Plasser, Fritz/Ulram, Peter, 1994: Radikaler Rechtspopulismus in Österreich. Die FPÖ unter Jörg Haider. Wien, Zentrum für angewandte Politikforschung.

Pribylovsky, Vladimir, 1994: A Survey of Radical Right-Wing Groups in Russia. RFE/RL. Nr. 16, 28-37.

Schneider, Eberhard, 1994: Rußland auf Demokratie-Kurs? Neue Parteien, Bewegungen und Gewerkschaften in Rußland, Ukraine und Weißrußland. Köln: Bund.

Shafir, Michael, 1994: Romania. RFE/RL. Nr. 16, 87-95.

Solchanyk, Roman, 1993: Regionalismus und Nationalismus in der Ukraine, in: *Guido Hausmann/Andreas Kappeler* (Hrsg.), Ukraine: Gegenwart und Geschichte eines neuen Staates. Baden-Baden: Nomos, 249-271.

Times Mirror, 1991: Center for the People and the Press: The Pulse of Europe. Survey of Political and Social Values and Attitudes. New York.

Veen, Hans-Joachim/Weilemann, Peter R. (Hrsg.), 1993: Rußland auf dem Weg zur Demokratie? Politik und Parteien in der Russischen Föderation. Paderborn: Schöningh.

Vinton, Louisa, 1994: „Outsider" Parties and the Political Process in Poland. RFE/RL. Research Report, Nr.3, 13-22.

Vinton, Louisa, 1994a: Poland. RFE/RL. Nr. 16, 62-67.

Wiles, Peter, 1969: A syndrome, not a doctrine: some elementary theses on Populism, in: *Ghita Ionescu/Ernest Gellner* (Hrsg.), Populism. Its Meanings and National Characteristics, London: Weidenfeld & Nicolson, 166-179.

Ziemer, Klaus, 1992: Fehlstart in die Demokratie? Prämissen, Struktur und Defizite des neuen polnischen Parteiensystems, in: *Klaus von Beyme* (Hrsg.), Demokratisierung und Parteiensysteme in Osteuropa. Geschichte und Gesellschaft, 311-333.

Die Neue Rechte in den USA. Kulturelle Dimension und politischer Prozeß

Michael Minkenberg

1. Einleitung

In den vergleichenden Studien des gegenwärtigen Rechtsextremismus in westlichen Gesellschaften geraten die USA kaum in den Blick. Dies liegt zum einen daran, daß es sich dabei um eine vergleichende Parteienforschung handelt, der in den USA ein nennenswertes Untersuchungsobjekt fehlt. Zum anderen tragen die Eigenarten des US-amerikanischen politischen Systems, z.B. die Annahme eines „American exceptionalism", dazu bei, populistische Bewegungen von rechts als Ausdruck eines spezifisch amerikanischen Demokratieverständnisses aufzufassen (z.B. Federici 1991) und den Rechtsextremismus auf einen Kern antisemitischer und offen rassistischer oder nazistischer Gruppen zusammenschmelzen zu lassen (vgl. etwa Weinberg 1993), der im Vergleich zu Europa kaum ins Gewicht fällt. Allerdings gibt es gute Gründe, die USA als Fallbeispiel für Rechtsextremismus in westlichen Gesellschaften zu erwägen. Denn den wenigen vergleichenden Studien über die rechtsextremen Parteien in Westeuropa (Betz 1994; Kitschelt 1995) liegen Annahmen und Konzepte („post-industrielle Gesellschaft", „Individualisierung") zugrunde, die sich in ihrem Geltungsbereich auf die Gesamtheit westlicher Demokratien, also auch auf die USA, erstrecken. Auch operiert die Erforschung des Rechtsextremismus in den USA (vgl. Lipset/Raab 1978; Hixson 1992) mit Variablen und Modellen, die den Vergleich nahelegen.
Dies gilt insbesondere für den Zusammenhang von Modernisierung und Rechtsextremismus, der im vorliegenden Beitrag am Beispiel der Neuen Rechten in den USA erörtert werden soll. Im Mittelpunkt der Argumentation steht die These, daß die Neue Rechte in den USA wie auch in anderen westlichen Demokratien eine Reaktion auf den jüngsten, mit dem Jahr 1968 symbolisierten Modernisierungsschub westlicher Gesellschaften darstellt. Diese Argumentation soll in folgenden Schritten vorgenommen werden: Nach einer allgemeinen konzeptionellen Grundlegung von Rechtsextremismus und Neuer Rechten werden die Besonderheiten des amerikanischen Rechtsextremismus im Kontext der politischen Kultur der USA herausgearbeitet. Darauf folgt eine Diskussion der Agenda der Neuen Rechten, in deren Zentrum eine Rekonstruktion der amerikanischen Nation als christliche „Kulturnation" steht. Schließlich soll in einer Analyse der Rolle der Neuen Rechten im politischen Prozeß gezeigt werden, daß die Neue Rechte als soziale Bewegung begann, inzwischen jedoch mit der Republikanischen Partei ein symbiotisches Verhältnis eingegangen ist und dadurch zu einem Rechtsruck der Partei und einem *realignment* eines Teils der amerikanischen Wählerschaft beigetragen hat.

2. Zum Konzept der Neuen Rechten in Kontext der Rechtsextremismusforschung

Ausgangspunkt der folgenden Überlegungen zu einem komparativ fruchtbaren Konzept einer Neuen Rechten sind zwei Feststellungen: zum einen die inzwischen fast uneingeschränkt akzeptierte These, daß Rechtsextremismus als „Reflex auf intensive Modernisierungsschübe in den jeweiligen Gesellschaftssystemen" (Greß et al. 1990: 354) aufzufassen ist. Zum anderen die Beobachtung, daß die westlichen Demokratien in den vergangenen Jahrzehnten mit zunehmender internationaler Verflechtung derartigen sozialen und politischen Modernisierungsprozessen unterworfen sind, die zu einer Angleichung der Erfolgsbedingungen von Rechtsextremismus führen (vgl. Stöss 1994: 42-44).

Eine analytisch und komparativ brauchbare Konzeptualisierung von Rechtsextremismus ist der Aufsatz von Scheuch und Klingemann (1967). Die Autoren verbinden Persönlichkeitsmerkmale wie den autoritären Charakter und soziale Prozesse wie die relative Deprivation und Statusunsicherheit auf der „Nachfrageseite" mit der politischen Philosophie und der Positionierung im politischen Raum auf der „Angebotsseite" von Rechtsextremismus. Diesem Modell zufolge, das Rechtsextremismus als „normale Pathologie westlicher Industriegesellschaften" begreift, entwickeln bestimmte Individuen und Personengruppen in Zeiten zunehmender Spannungen und Konflikte – als Folge von intensiven Modernisierungsschüben – rigide Orientierungen. Sie können dann von Parteien und Bewegungen mobilisiert werden, die eine Auflösung von Widersprüchen und Konflikten durch das Versprechen einer (verbesserten) Wiederherstellung vergangener gesellschaftlicher Werte und Ordnungen und von dementsprechenden Deutungsmustern anbieten. Dabei ist dieses Vergangenheitsbild *länderspezifisch* „jeweils die Romantisierung der letzten stabilen Periode vor Beginn der 'Moderne'" (Scheuch/Klingemann 1967: 23). *Länderübergreifend* vereint Rechtsextremisten die Ablehnung von Gleichheit und Pluralismus, eine homogenisierte und organische Auffassung der Gesellschaft, ein ethnisch oder rassisch abgeleitetes und chauvinistisch überhöhtes Konzept der Nation und eine autoritäre Vorstellung von Politik und politischer Führung, in der Regel im Zusammenhang mit einer anti-liberalen oder dezidiert anti-linken (anti-kommunistischen) Zielrichtung (vgl. auch Lipset/Raab 1978: 4-17; Stöss 1989: 18-21).

Inwieweit diese Vorstellungen als gegen das politische System einer liberalen Demokratie gerichtet eingestuft werden können, muß jeweils am Einzelfall überprüft werden. Generell wird in der Literatur eine anti-systemische oder anti-demokratische Zielsetzung zum Definitionsmerkmal von Rechtsextremismus gemacht (Ignazi 1992: 11-12). Grundsätzlich gilt, daß antiparlamentarische Kritik, religiöser Fundamentalismus, oder Fremdenfeindlichkeit an sich noch nicht als Nachweis einer antidemokratischen Haltung oder Verfassungsgegnerschaft eingestuft werden können. Allerdings können sie zu einer Delegitimierung des Parlaments und der Parteien zugunsten einer starken und unabhängigen Exekutive, zur Aufweichung der verfassungsmäßig festgelegten Trennung von Staat und Kirche und damit zur Infragestellung des Pluralismus, oder zu einer rassistischen, die Menschenrechte verachtenden Politik, d.h. zu einer Radikalisierung nach rechts führen. Eine eindeutige demokratiefeindliche Position läßt sich allerdings aus der expliziten Ablehnung der Verfassung oder der Befürwortung von Gewalt zur Durchsetzung politischer Ziele ablesen. Daher soll im folgenden eine

Unterscheidung zwischen einem offen systemfeindlichen Rechtsextremismus und einem nicht explizit systemfeindlichen Rechtsradikalismus getroffen werden (vgl. zu diesbezüglichen Differenzierungen Eatwell 1991: 5).

Auf der Nachfrageseite, d.h. bei der Beeinflussung von Mobilisierungschancen kommen die jeweilige politische Kultur sowie darüberhinaus das jeweils vorhandene Institutionengefüge zur Geltung. Dies betrifft insbesondere die Erfolgsbedingungen der konkreten organisatorischen Ausformungen des Rechtsextremismus bei der Mobilisierung von Öffentlichkeit. Daher kann die Antwort auf die Frage, ob der gegenwärtige Rechtsextremismus eine „neue soziale Bewegung von rechts" sei (Jaschke 1992; Leggewie 1994; Kriesi 1995) je nach Land und historischer Epoche unterschiedlich ausfallen. Prinzipiell bestehen die beiden Möglichkeiten, daß er sich um eine Partei als Hegemon des rechten Lagers oder eher als Bewegung in einem „Netzwerk von Netzwerken" organisiert. Hier legt ein Ländervergleich nahe, daß die spezifische institutionelle „Gelegenheitsstruktur" eines Landes auf der „input"-Seite (etwa im Sinne von Kitschelt 1986; vgl. auch Tarrow 1994), der politisch-kulturelle Kontext und, als dynamische Komponente, der politische Prozeß selbst (McAdam 1982) bestimmen, wie sich der Rechtsextremismus organisatorisch manifestiert und welche Wirkungen auf das politische System er entfaltet (vgl. auch Rucht 1994).

Ausgehend von den vorigen Erörterungen soll die Neue Rechte im folgenden als ein Ausdruck von Rechtsradikalismus in westlichen Demokratien verstanden werden, der im Kontext rapiden sozialen und kulturellen Wandels einen neuen Diskurs um nationale Identität in Abwehr linker bzw. liberaler Konzepte und Themen entfacht und nach rechts radikalisiert und dabei die Öffentlichkeit gegen die etablierten Parteien und Institutionen zu mobilisieren versucht. Als solcher nimmt die Neue Rechte eine Scharnierfunktion zwischen dem etablierten Konservatismus und einem militanten antidemokratischen Rechtsextremismus ein (Gessenharter 1989).

Der hier als Ausgangspunkt für die Entstehung und Verbreitung der Neuen Rechten genommene jüngste Modernisierungsschub ist andernorts bereits ausführlich dargestellt worden (vgl. z.B. Rucht 1994: 138-156; Betz 1994: 27-35). Dazu zählt vor allem der ab den sechziger Jahren sich abzeichnende Übergang westlicher Industriegesellschaften in eine Phase des „Post-Industrialismus", der genau jene Bedingungen von Dynamisierung und sich beschleunigendem sozialen und politischen Wandel hervorbrachte, die einer erneuten Mobilisierung der von Scheuch und Klingemann identifizierten „normalen Pathologie" Vorschub leisteten. Dies geschah nunmehr im Zusammenhang einer neuer „post-industriellen" Konfliktdimension und eines Wertewandels (Inglehart 1977): der Neuen Politik mit den neuen sozialen Bewegungen und Parteien der post-materialistischen Neuen Linken auf der einen und der neokonservativen Reaktion, die um den „Agglomerationskern" (Karl Mannheim) des Kulturellen den Weg für das Erstarken einer Neuen Rechten ebnete, auf der anderen Seite (vgl. Dalton 1988; Minkenberg 1993; Kitschelt 1995).

Die neokonservative Reaktion auf den Postmaterialismus und die darauf bezogene Agenda der Neuen Linken schlägt sich auf den Ebenen von etablierten Eliten, politischer Bewegungen und in der Öffentlichkeit nieder. Obwohl es deutliche Unterschiede gibt zwischen dem intellektuellen Neokonservatismus kultureller Eliten und dem Radikalismus und Populismus der Neuen Rechten, finden sie sich doch auf dem rechten Pol der neuen Konfliktlinie und ihrer Gegnerschaft zur Neuen Linken vereint

(vgl. im folgenden Minkenberg 1990: 30-44). In der Tat liegt die Neuheit dieses Konservatismus nicht so sehr in den Themen oder der zugrundeliegenden Weltanschauung selbst, sondern in der Konfiguration der politischen Kräfte, in der sich eine neue Allianz traditioneller linker mit traditionell rechten Gruppen ergibt. Die neokonservative Reaktion ist der Agenda der Alten Politik, d.h. Themen des Wirtschaftswachstums, technologischen Fortschritts, wirtschaftlicher und nationaler Sicherheit, Recht und Ordnung usw., verhaftet. Sie verbindet diese mit einer Betroffenheit über den „Verfall" bürgerlicher und traditioneller Werte und Sekundärtugenden, einer auf ein „vernünftiges" Minimum des Wohlfahrtsstaats zielenden Sozialstaatskritik, Angriffen auf die „Gegenkultur", alternative Lebensweisen und anderes „abweichendes" soziales Verhalten, und einer ideologisch motivierten Interessen- und Machtpolitik des Neonationalismus, der sich gegen Schuldzuweisungen (Drittes Reich, Kolonialismus, Vietnam) zu immunisieren und (bislang) durch einen militanten Antikommunismus nach innen und außen zu legitimieren sucht.
Die Neue Rechte radikalisiert diese Agenda nach rechts und spitzt einzelne Themen bis an die (oder zuweilen jenseits der) Grenzen der Demokratieverträglichkeit zu. Damit trägt sie zu einer weiteren Polarisierung zwischen den politischen Kräften bei. Hierbei ist zu berücksichtigen, daß im Unterschied zu den neuen sozialen Bewegungen in den genannten Ländern die Agenda der Neuen Rechten und einzelne Issues stark vom nationalen Kontext, besonders der nationalen Geschichte und ihrer Verarbeitung, geprägt sind. Während jene sich um die gleichen einzelnen Themen, z.T. als „single issue"-Bewegungen (Abtreibung, Anti-AKW, Frieden) organisierten, trifft die Agenda der Neuen Rechten auf besondere historische Sensibilitäten, die mobilisierungshemmend wirken (z.B. Rassismus in den USA, Faschismus in Europa).

3. *Politische Kultur und Rechtsextremismus in den USA*

Für die folgenden Ausführungen wird davon ausgegangen, daß die politische Kultur eines Landes Form und Inhalt von Politik gleichermaßen bestimmt. D.h. die politische Kultur umfaßt sowohl den vorherrschenden Politikstil und die dominanten politischen Normen im Sinne von Almond und Verbas klassischer Studie zur *civic culture* als auch grundlegende politische Werte und Vorstellungen von Legitimität politischen Handelns im Sinne von Pappi (1986). Die Besonderheiten der amerikanischen politischen Kultur ergeben sich aus der Geschichte der USA als „first new nation" (Lipset 1963) ohne feudale Vergangenheit und als Einwanderungsland ohne ethnische oder religiöse Homogenität, in dem allerdings die weiße angelsächsische protestantische (WASP-) Kultur der frühen Einwanderungsgruppen dominierte. Die politische Konstruktion der amerikanischen Nation, im Gegensatz zu einer ethnisch oder völkisch konstruierten „Kulturnation" (vgl. Anderson 1983; Alter 1985), und die über Partizipationsnormen erfolgte Etablierung einer *civic culture* führte zu einer folgenreichen Ausgrenzungs- und Integrationsleistung. Zum einen verhinderte sie das Entstehen einer dem europäischen Faschismus vergleichbaren rechtsextremen Bewegung (vgl. Lipset/Raab 1978: 6). So fristen die etwa fünfzig von der Anti-Defamation League in den achtziger Jahren gezählten Gruppen, die der Neonazi-Szene zugehören, ein marginales Dasein in der amerikanischen Gesellschaft (vgl. Weinberg 1993; Cox 1993; Barkun 1994). Zum anderen korrespondiert diese Ausgrenzung mit der Integration der verschiedenen Einwanderergruppen, die sich wenn nicht kulturell, so doch politisch assimilierten (vgl. Fuchs 1990: 1-30). Dies verhinderte allerdings keineswegs, daß anläßlich neuer Einwanderungsschübe immer wieder fremdenfeindliche oder „nativistische" Reaktionen entstanden (vgl. Daniels 1990: 165-284). Aber daraus konnten sich keine völkisch orientierten oder regimefeindlichen politischen Bewegungen oder Traditionen entwickeln, die als Bezugspunkte für einen politisch relevanten Rechtsextremismus dienen könnten.

Allerdings weist von Anfang an der Konflikt um die Sklaverei auf grundlegende Widersprüche in der amerikanischen politischen Kultur hin, die bei einer allzusehr auf liberale Tradition und die *civic culture* fixierten Sichtweise leicht aus dem Blick geraten (so bei Fuchs 1990). Auf das „amerikanische Dilemma" (Myrdal 1944), d.h. die Diskrepanz zwischen den universalistischen Werten und Versprechen der amerikanischen Demokratie und den Institutionen und Praktiken des Rassismus, soll hier nicht weiter eingegangen werden. Die vor allem in den Südstaaten praktizierte Verweigerung elementarer Grundrechte gegenüber Schwarzen und die Fortführung der „white supremacy", im biologischen Rassismus „wissenschaftlich" gerechtfertigt, wurde auch von den liberalen Reformen des New Deal stillschweigend übergangen. So stellte lange Zeit der Rassismus ein für weite Teile der Öffentlichkeit akzeptables Deutungsmuster dar, das auch nach den ersten Versuchen zu seiner Überwindung bis in die Nachkriegsjahrzehnte eine breite kulturelle Resonanz hatte. In den zwanziger Jahren hatte der Ku Klux Klan vier bis fünf Millionen Mitglieder und verfügte über beträchtlichen politischen Einfluß (vgl. Cox 1992: 287-292). Noch in den sechziger Jahren gelang es der Bewegung des Südstaaten-Gouverneurs George Wallace, den „white backlash" gegen die Reformen der Bürgerrechtsbewegung und gegen das liberale Washingtoner Politestablishment zu mobilisieren und dabei in der Präsidentschaftswahl von 1968 die Unterstützung von fast zehn Millionen Wählern zu erhalten (Lipset/Raab 1978: 338-427; Hixson 1992: 113-174).

Das Jahr 1968 markiert zugleich einen Wendepunkt in der Politik der USA wie auch derjenigen anderer westlicher Demokratien, an dem sich ein gesellschaftlicher Modernisierungsschub ablesen läßt. Auf der politischen Ebene umfaßte dieser in den USA das Auftreten neuer emanzipatorischer sozialer Bewegungen (vor allem Bürgerrechtsbewegung und Frauenbewegung), eine Politik des Ausbaus des Sozialstaats (Great Society) und eine Reihe liberaler Reformen und Gerichtsurteile: in der Gesetzgebung die Voting Rights- und Civil Rights-Gesetze der Johnson Administration 1964 und 1965, „affirmative action"- und „school busing"-Programme; in der Rechtsprechung die Entscheidungen des Supreme Court zur Abschaffung des Schulgebets in öffentlichen Schulen in Engel v. Vitale (1962) und zur Legalisierung von Abtreibung in Roe v. Wade (1973) (vgl. Shell 1986: 107-117; Rucht 1994: 138-183; Lowi 1994: 176). Diese politische Modernisierung war eingebettet in ein öffentliches Meinungsklima, in dem sich die Mehrheit der Amerikaner zu einem „operationalen Liberalismus" von Sozialstaat, egalitären Reformen und wirtschaftlichem Staatsinterventionismus bekannten (Free/Cantril 1967).

Für die Rechte in den USA, insbesondere den Rechtsextremismus, war „1968" äußerst bedeutend. Denn die Einlösung der Menschenrechte und der amerikanischen Verfassung für die Schwarzen einhundert Jahre nach dem 14. Amendment hatte zur Folge, daß der institutionelle Rassismus auch im Süden weitgehend abgebaut wurde. Die damit einhergehende Delegitimierung des offenen Rassismus' entzog jeder zukünftigen Mobilisierung eines „white backlash" à la George Wallace den Boden. Öffentliche Meinungstrends seit den sechziger Jahren belegen einen grundlegenden Wandel. So wich die noch bis zur Mitte des 20. Jahrhunderts vorherrschende Auffassung von der genetisch bedingten Überlegenheit der Weißen gegenüber den Schwarzen und die sozialdarwinistisch begründete Dominanz der ersteren über die letzteren einer allgemeinen Befürwortung der Gleichberechtigung der Schwarzen bei etwa neunzig Prozent der weißen Bevölkerung in den achtziger Jahren (vgl. Schuman u.a. 1985: 165-171; Page/Shapiro 1992: 68-81). Rassistische Organisationen wie der Ku Klux Klan, der im Laufe der sechziger Jahre massiv gegen die Bürgerrechtsbewegung mobilisierte und noch einmal erheblichen Zulauf hatte – er verzeichnete 1967 mit 55.000 Mitgliedern den höchsten Stand seit den zwanziger Jahren – erlebten fortan einen unaufhaltsamen Niedergang. So ist der KKK heute in fast zwanzig Gruppen mit insgesamt mehreren tausend Mitgliedern zersplittert (Cox 1992: 290-294; Weinberg 1993: 187-190).

Diese Entwicklungen bedeuten allerdings keineswegs, daß der Rassismus in den USA überwunden ist und das „amerikanische Dilemma" der Vergangenheit angehört (vgl. Kinder 1986). Zum einen sind diskriminierende Praktiken weiterhin Bestandteil des Alltags in den ethnischen Beziehungen, und die allgemeine Akzeptanz der Integration und Gleichberechtigung der Schwarzen geht mit vehementer Ablehnung konkreter Programme zur Durchsetzung derselben (besonders „school busing" und „affirmative action") einher (vgl. Mayer 1992: 22-28). Zum anderen zeigt die Unterstützung für David Duke in der U.S. Senatswahl in Louisiana von 1990 (44 Prozent der Stimmen gegen den Demokratischen Kandidaten) und in den „primaries" der Gouverneurswahlen von Louisiana 1991 (32 Prozent gegen einen Amtsinhaber und einen ehemaligen Gouverneur), daß eine Vergangenheit als Neo-Nazi und Führer des Klan keine abschreckende Wirkung auf (weiße) Wähler hat. Im Gegenteil, die Stimmen für Duke waren nicht zuletzt ein Ausdruck eines besonders im Süden anzutreffenden „symbolischen Rassismus", der nicht mehr biologisch argumentiert, sondern sich als Kritik an staatlichen Programmen zur Integration der Schwarzen und an den angeblich einer Integration im Wege stehenden Werten derselben zu erkennen gibt (vgl. Rose 1992). Daher ist das Duke-Phänomen nicht auf die zweifellos vorhandenen Besonderheiten von Louisiana reduzierbar. Es reflektiert einen allgemeineren Wandel von einem alten (biologischen) zu einem neuen (symbolischen oder kulturellen) Rassismus, der an einer vermeintlichen kulturellen Inkompatibilität bestimmter Bevölkerungs- und Einwanderungsgruppen ansetzt und aus dem Zusammenwirken der Modernisierung von 1968 und der Mobilisierung einer Neuen Rechten im Kontext einer neuen kulturellen Konfliktlinie hervorgeht.[1]

1 Zum Konzept des „neuen Rassismus", der sowohl in den USA als auch in Westeuropa identifiziert wird, vgl. Barker 1980, Kinder 1986; Balibar 1991. Neuerdings machen, ausgelöst durch die Diskussion um das Buch *The Bell Curve* (Herrnstein/Murray 1994) und die darin vertretene These von der genetisch bedingten niedrigeren Intelligenz der Schwarzen, wieder die vertrauten biologischen Argumente die Runde (vgl. Jacoby/Glauberman 1995).

4. Die Agenda der Neuen Rechten: Kulturnation Amerika

Während „1968" das Ende des alten Südens und des offenen Rassismus in den USA signalisiert, bedeutet es zugleich den Beginn der Mobilisierung einer neuen rechten Bewegung, die ein lange verborgenes zweites „amerikanisches Dilemma" offenbart: die Unvereinbarkeit der universalistischen Prinzipien der amerikanischen Demokratie mit den Institutionen und Ideologien einer dogmatischen Religiosität. Diese wurde in der Gründungsphase der USA z.B. in Massachusetts im puritanisch-theokratischen Modell einer durch einen bestimmten religiösen Glauben definierten politischen Gemeinschaft, eines „covenant", praktiziert und verbreitete sich von dort aus (vgl. Wald 1992: 46-49). Wie die Sklavenhaltergesellschaft konnte sich dieses Modell auf nationaler Ebene nicht durchsetzen, doch erlaubte es der amerikanische Föderalismus, daß es ebenso wie jene auf regionaler Ebene in einzelnen Staaten (vor allem im Süden und Mittleren Westen) so lange fortbestand, wie es nicht direkt mit der liberalen, säkularen Republik kollidierte.

Genau dies trat nach 1968 ein, denn mit dem Ausbau des Sozialstaates und der Kompetenzen des Bundes, mit wichtigen legislativen und judikativen Entscheidungen und mit den neuen sozialen Bewegungen wurde ein bislang verborgener Wertekonflikt auf nationaler Ebene offen ausgetragen (vgl. oben und Lowi 1994: 176). Den post-materialistischen Modernisierern, die eine Einlösung des Gleichheitspostulats der amerikanischen Demokratie, weitergehende Säkularisierung und Demokratisierung der amerikanischen Gesellschaft forderten oder diese bewirkten, standen nun Gegner gegenüber, die bislang kein Interesse an nationaler Politik hatten und überwiegend auf lokaler und einzelstaatlicher Ebene operierten. Eine genuin amerikanische Rechte, die sich als „Mischung aus Bibel und Edmund Burke" (Lowi 1996: 24) charakterisieren läßt, formierte sich zum ersten Mal in der amerikanischen Geschichte als nationale rechtsradikale Bewegung.

Die Ideologie der Neuen Rechten speist sich aus verschiedenen, sich aber überschneidenden Quellen. Dazu gehören die neokonservativen Intellektuellen um Irving Kristol, Norman Podhoretz, Daniel Bell und Michael Novak, die sich in direkter Reaktion auf die Gegenkultur und Protestbewegungen der sechziger Jahre zusammenfanden (im folgenden vgl. Minkenberg 1990: Kap. 3; Ehrman 1995). Die neokonservative Ideologie ist weniger an der Kritik an einzelnen sozialstaatlichen Programmen der Great Society festzumachen. Vielmehr zeichnet sie sich durch die Einbettung dieser Kritik in eine allgemeine Diagnose einer Krise der amerikanischen Gesellschaft und Demokratie aus, welche sich den Neokonservativen zufolge vor allem in einem Verfall der moralischen und kulturellen Grundlagen der USA manifestiert. Die neokonservative Antwort auf diese Krise beinhaltet im Kern die Rekonstruktion einer staatsbürgerlichen Moral, welche sich nicht allein aus den politischen Normen der civic culture speist, sondern gezielt kulturelle und religiöse Traditionen der USA mit aufnimmt. So heben Bell, Kristol und Novak gleichermaßen die Rolle konservativer Kirchen als Gegenkräfte zu den modernisierenden Tendenzen eines „secular humanism" und der Gegenkultur von „1968" hervor und verweisen auf die Notwendigkeit einer von jüdisch-christlichen Traditionen abzuleitenden moralischen Verankerung und Beschränkung amerikanischer Politik und Wirtschaft (vgl. Minkenberg 1990: 88-90; Lowi 1994: 147-157; Draper 1995: 31-32).

Der moralistisch angereicherte Gesellschaftsentwurf der Neokonservativen kann kaum als rechtsradikal eingestuft werden. Aber der Versuch, die „kulturellen Widersprüche des Kapitalismus" (Bell 1976) zu überwinden oder wenigstens deren Auswüchse einzudämmen, verschärfte die „kulturellen Widersprüche" der amerikanischen Demokratie. Denn mit dem neokonservativen Diskurs wurde die Rekonstruktion der amerikanischen Nation als „Kulturnation" im Sinne einer religiösen und tendenziell ethnischen Wertegemeinschaft intellektuell vorbereitet. Der Durchbruch dieser Agenda als handlungsleitendes politisches Programm erfolgte dann in den achtziger Jahren mit den Bewegungen und Organisationen der Neuen Rechten, der Präsidentschaft Ronald Reagans, und, wie noch zu zeigen sein wird, der sich zunehmend unter dem Einfluß der Neuen Rechten befindlichen Republikanischen Partei.

Die christlich-fundamentalistische Neue Rechte unter der Führung von Geistlichen wie Jerry Falwell von der Moral Majority und Pat Robertson von der Christian Coalition sowie deren in Washington, DC, tätigen politischen Organisatoren und Lobbyisten um Paul Weyrich, Howard Phillips und Richard Viguerie vertritt eine radikale Variante des Projekts einer amerikanischen Kulturnation. Sie stellt in ihrer Konsequenz die Verfassungswirklichkeit der amerikanischen Demokratie zumindest teilweise in Frage und identifiziert wie die Neokonservativen als Hauptgegner einen in allen Bereichen der amerikanischen Gesellschaft tätigen „secular humanism" (zur Konvergenz der beiden Strömungen in den achtziger Jahren vgl. Minkenberg 1990: 148-158).

Im Mittelpunkt der Agenda der Neuen Rechten stehen die Bibel, die in der Tradition des amerikanischen Fundamentalismus als oberste weltliche Autorität gilt (vgl. Marsden 1980), und eine sich daran orientierende Staatsphilosophie. Die als Populismus verpackten politischen Forderungen der Neuen Rechten nach Föderalisierung und Dezentralisierung der Entscheidungsprozesse und nach verstärkter Anwendung direktdemokratischer Mittel wie Referenda knüpfen nur oberflächlich an frühere populistische Bewegungen vor der Nationalisierung der Politik im New Deal an (vgl. Hertzke 1993: Kap. 2). Denn die Kritik an den „special interests" und an den politischen Eliten richtet sich vor allem gegen das liberale Ostküstenestablishment und die Demokraten und weist verschwörungstheoretische Qualitäten auf (vgl. Kazin 1994: 255-266). Die populistische Rhetorik dient in erster Linie der Durchsetzung der antipluralistischen Agenda der Neuen Rechten und soll zur Delegitimierung derjenigen Institutionen beitragen, die diesem Ziel im Wege stehen. Daher enthält die Agenda der Neuen Rechten eine starke Portion Antiparlamentarismus (vgl. hierzu Lowi 1994: 203). Die radikale Kritik der Neuen Rechten am Kongreß (eine inzwischen in über zwanzig Einzelstaaten erfolgreich umgesetzte, verfassungstheoretisch umstrittene Forderung sind die „term limits" für Kongreßabgeordnete), der Parteienpolitik und der Bundesgerichte kann nicht darüber hinwegtäuschen, daß die Neue Rechte eine etatistische Staatsphilosophie im Sinne eines europäischen Konservatismus hat. Denn sie befürwortet eine starke, unabhängige Präsidentschaft (z.B. mittels der Aufwertung des präsidentiellen Vetos gegenüber dem Kongreß im „line item veto"), eine von gerichtlichen Interventionen möglichst freie Durchsetzungsfähigkeit der Administrationen sowie die Stärkung (einzel)staatlicher Kompetenzen, vor allem im Bereich von „law and order" (z.B. in der Anwendung der Todesstrafe), und des Militärs. Darüberhinaus akzeptiert die Neue Rechte auch den modernen Wohlfahrtsstaat, sofern er überwiegend in den Händen der Einzelstaaten bleibt (vgl. Lowi 1994: 197-208).

Die etatistische Ausrichtung der Neuen Rechten zeigt sich insbesondere, wenn man deren religiös-moralische Agenda in Betracht zieht. Wie der „Religionskrieg“ (Pat Buchanan auf dem Republikanischen Parteitag 1992) der Neuen Rechten um die Wiederzulassung des Schulgebets in öffentlichen Schulen, um das Verbot der Abtreibung und den Abbau staatlicher Förderung von Kunst zeigt, soll der Staat eine Wächterrolle zur Aufrechterhaltung einer öffentlichen Moral einnehmen, die den klassischen Vorstellungen des liberalen Nachtwächterstaates entgegengesetzt ist. In den Worten von Paul Weyrich: „Government has an important role in upholding the society's moral fabric – by its own example; by its use of the 'bully pulpit' inherent in government; and, sometimes, by legislation“ (Weyrich 1986: C4). Gerade die religiös-moralische Agenda der Neuen Rechten wirft aber nicht nur Fragen nach deren oft mißverstandenen Staatstheorie, sondern darüber hinaus nach dem Demokratie- und Verfassungsverständnis der Neuen Rechten auf.

Offiziell will die Neue Rechte der Krise der USA mit einer Aufwertung von „family values“, den Werten der traditionellen amerikanischen Mittelstandsfamilie, begegnen. Jedoch verbirgt sich dahinter das Programm einer christlichen Demokratie, das sowohl den pluralistischen Verfassungsprinzipien, z.B. der Trennung von Staat und Kirche gemäß der gängigen Auslegung des First Amendment, als auch der multikulturellen Realität der amerikanischen Gesellschaft zuwiderläuft (vgl. Wald 1992: Kap. 5; Lowi 1994: 190-197). Zwar läßt sich eine Abschwächung der ursprünglich eindeutigen religiösen Sprache der Neuen Rechten und die neuerliche Verwendung von Begriffen der Linken – z.B. die Betonung von Individualrechten des Embryos in der Abtreibungsdiskussion, von „choice“ in der Schulgebetsfrage – feststellen. Doch wäre es verfehlt, dies als Zeichen einer Liberalisierung oder Säkularisierung des Programms zu interpretieren, denn es handelt sich in erster Linie um eine strategische Anpassung der Führung, die zudem von den Anhängern bislang kaum mitvollzogen wurde (vgl. Moen 1992: 126-137). Die im Grunde nach wie vor antimodernistische Zielsetzung der Neuen Rechten zeigt sich am deutlichsten in ihrem Kampf gegen die Evolutionslehre bzw. um die Aufwertung der biblischen Schöpfungsgeschichte als gleichrangige Theorie, die Bekämpfung von Homosexualität, Feminismus und einer sehr weitgefaßten Pornographie, die auch moderne Kunst und den Sexualkundeunterricht an Schulen mit einschließt.

Ein zusätzliches Gewicht erhält dieser Antimodernismus mit dem spezifischen Nationalismus der Neuen Rechten, der sich im militanten Anti-Kommunismus und in einer moralisch-religiösen Überhöhung der amerikanischen Nation bemerkbar machte. So verkündete Jerry Falwell die missionarische Weltmachtrolle der USA: „We have the people and the resources to evangelize the world in our generation“ (Falwell 1981: 212). Dieser Nationalismus wird neuerdings mit einem wachsenden Nativismus angereichert. Neben der Ablehnung der amerikanischen Mitgliedschaft in den Vereinten Nationen und dem Widerstand gegen die zunehmende internationale Verflechtung der USA im North American Free Trade Agreement (NAFTA) verbreitet sich eine Gegnerschaft zur gegenwärtigen Einwanderung, die inzwischen von sechzig Prozent der Amerikaner als „schlecht für das Land“ eingestuft wird.[2] Die Kandidaturen Pat Buchanans und (eingeschränkt) Ross Perots im Wahlkampf von 1992 sowie die inzwi-

2 Vgl. *Newsweek*, 9. August 1993: 18f.

schen als verfassungswidrig zurückgewiesene Proposition 187, die 1992 in Kalifornien per Referendum Bildungs- und Sozialleistungen an illegale Einwanderer und deren Kinder verbieten wollte, sind nur die bekanntesten Anzeichen dieses „Blut-und-Boden Konservatismus" (Starobin 1995). Wie besonders Buchanans Wahlkämpfe von 1992 und auch wieder 1996 zeigen, verschmilzt diese America First-Position umstandslos mit der kulturnationalistischen Agenda der religiösen Rechten (vgl. Lowi 1994: 211-215). Sie endet schließlich in der Konstruktion eines sehr europäisch anmutenden „neuen Rassismus", der auf „kulturelle Homogenität" der USA abzielt: „Immigration from countries and cultures that are incompatible with and indigestible to the Euro-American cultural core of the United States should be generally prohibited" (Buchanans Berater Samuel Francis, zitiert in Starobin 1995: 3025).

Damit ist die „Systemfrage", d.h. die Frage nach den Übergängen der Ideologie der Neuen Rechten in den Rechtsextremismus, aufgeworfen. An verschiedenen Punkten wird deutlich, daß die Neue Rechte bzw. führende Vertreter am Rande der legitimen politischen Ordnung operieren. Zum einen gehören Rassismus und Antisemitismus zwar nicht zur offiziellen Agenda, aber doch zum Repertoire der Neuen Rechten. So klingen in Buchanans Reden und in Pat Robertsons Buch „The New World Order" (1991) verschwörungstheoretische antisemitische Töne an, die auch nicht durch das Engagement der Neuen Rechten für den Staat Israel neutralisiert werden können.[3] Zudem weist die Stoßrichtung der „family values"-Rhetorik, die sich vor allem auf die klassische weiße Mittelstandsfamilie bezieht und den oft zerrütteten Familien der schwarzen Unterschicht lediglich den Abbau der diesen zugute kommenden sozialstaatlichen Programme anzubieten hat, und der xenophobische Nativismus ebenfalls auf ethnische Prioritäten im Programm der „Kulturnation Amerika" hin.

Das Verfassungsverständnis der Neuen Rechten tritt vor allem in moralischen und religiösen Fragen zutage. Die Bekenntnisse verschiedener Führer der Neuen Rechten zur „christlichen Nation" Amerika (vgl. Anti-Defamation League 1994: 4-6; 155-162) zeigen, daß die von der Neuen Rechten z.B. in Wahlkämpfen eingegangenen Kompromisse und Koalitionen ein „pluralism for people who hate pluralism" ist (Lowi 1994: 190). Dies wird noch deutlicher anhand der Abtreibungsfrage und der Rolle militanter Anti-Abtreibungsorganisationen wie der Operation Rescue oder der Army of God, aus deren Reihen heraus Brand- und Bombenanschläge auf Abtreibungskliniken verübt und Morddrohungen an Abtreibungen vornehmende Ärzte ausgesprochen werden (vgl. Blanchard 1994). Insgesamt bildet die Neue Rechte ideologisch jenes „Scharnier" zwischen einem verfassungskonformen Konservatismus und einem militanten Rechtsextremismus, wie es auch für westeuropäische Gesellschaften festgestellt wurde (vgl. Gessenharter 1989; Minkenberg 1996a). Die kulturnationale Agenda vereinigt rassistische und religiöse Elemente zu einem antipluralistischen Programm, das einige Grundlagen der amerikanischen Demokratie angreift und in polarer Opposition zur Agenda der Neuen Linken, insbesondere der Frauenbewegung, dem Multikulturalismus und den neuen liberalen Kräften in der Demokratischen Partei, steht. Es bietet einerseits Übergänge in die rechtsextreme Ideologie von Christian Identity, David

3 Vgl. Lowi (1994: 214), Lind (1995) und Lind/Heilbrun (1995). Es ist bezeichnend, daß Robertson ausgerechnet von Neokonservativen wie Midge Decter und Norman Podhoretz gegen die Vorwürfe des Antisemitsmus in Schutz genommen wurde (vgl. Podhoretz 1995).

Duke oder militanten Abtreibungsgegnern und beeinflußt andererseits, wie im folgenden gezeigt werden soll, in zunehmendem Maße die Programmatik und Ausrichtung der Republikanischen Partei.

5. Die Mobilisierung der Neuen Rechten: eine soziale Bewegung von rechts

Die Mobilisierung der Neuen Rechten, wie auch diejenige der neuen sozialen Bewegungen, wurde von der Abschwächung alter und dem Entstehen neuer Konfliktlinien – der mit dem Wertewandel einhergehenden Dimension der Neuen Politik – begünstigt. Bereits 1968 zeichnete sich eine Polarisierung von Kräften ab, die quer zum etablierten Parteiendualismus und zu den bestehenden Trennungslinien in der amerikanischen Gesellschaft verlief: den Protestgruppen und Bürgerrechtsbewegungen (im Wahlkampf von 1968 um Eugene McCarthy und Robert Kennedy) standen die Unterstützer von George Wallace und seiner Bewegung gegenüber. Diese Konfliktkonstellation verschwand keineswegs in den siebziger und achtziger Jahren. Sie setzte sich in den Wahlen von 1972 und 1974 mit der Polarisierung zwischen den post-materialistischen „New Liberals" um George McGovern und der Nixon bzw. Wallace zugewandten materialistischen „Silent Minority" fort (vgl. Miller/Levitin 1976). Diese von Wallace zuerst gegen beide etablierten Parteien mobilisierten, dann von Nixon und Carter zeitweilig aufgefangenen Gruppen bildeten später einen wichtigen Anteil am Mobilisierungspotential der Neuen Rechten (vgl. Minkenberg 1990: Kp. 5).

Neben der neuen Konfliktlinie haben sich die spezifisch amerikanischen Gelegenheitsstrukturen auf Mobilisierung und strategische Ausrichtung der Neuen Rechten ausgewirkt. Dazu gehören auf der „input"-Seite insbesondere die offene Regime- und Entscheidungsstruktur der USA mit heterogenen und durchlässigen Parteien und einem Koalitionsbildungen begünstigenden Wahlsystem und ein auf die verschiedenen, dezentral organisierten Entscheidungsinstanzen ausgerichteter Interessengruppenpluralismus (vgl. Kitschelt 1986: 63-67; Rucht 1994: 314-316). Hinzu kommen die in der *civic culture* angelegte hohe Bereitschaft zu Partizipation und Konfliktorientierung. Allerdings sollten die Gelegenheitsstrukturen nicht als starr und institutionell determiniert aufgefaßt werden. Gerade eine historische Betrachtung legt es nahe, sie in einer dynamischen Perspektive im Sinne eines „Prozeßmodells" politischen Protestes zu begreifen und die Wechselbeziehungen zwischen sozialen Bewegungen und ihrer Umwelt, insbesondere andere Bewegungen und Parteien, miteinzuschließen (McAdam 1982: 53; Tarrow 1994: 81-99). Für die USA ergibt sich daraus als länderspezifisches Merkmal ein historisches Interaktionsmuster von neuen (linken) Bewegungen und (rechten) Gegenbewegungen und wenigstens im Falle der Neuen Linken und Neuen Rechten fast spiegelbildliche Kooptation durch die beiden großen Parteien mit der Konsequenz zunehmender parteipolitischer Polarisierung (Lo 1982; Ginsberg/Shefter 1985; Hertzke 1993).

Unter den rechten Gegenbewegungen im Mobilisierungszyklus der siebziger und achtziger Jahre ist die christlich-fundamentalistische Neue Rechte zweifellos der Hauptakteur. Im Gegensatz zu den neokonservativen Intellektuellen oder den Wahlkampforganisationen von Pat Buchanan oder Ross Perot, treffen auf sie allgemeine Definitionskriterien einer sozialen Bewegung zu, wenn darunter etwa „ein auf gewisse

Dauer gestelltes und durch kollektive Identität abgestütztes Handlungssystem mobilisierter Netzwerke von Gruppen und Organisationen" verstanden wird, „welche sozialen Wandel mit Mitteln des Protests – notfalls bis hin zur Gewaltanwendung – herbeiführen, verhindern, oder rückgängig machen wollen" (Rucht 1994: 76-77; siehe auch Bruce 1988: Kap. 1-3). In der Gründungsphase ab Mitte der siebziger Jahre waren politische Aktivisten und Lobbyisten wie Paul Weyrich, Howard Phillips und Richard Viguerie, die auf jahrelanges Engagement in der Republikanischen Partei zurückblicken konnten, aber nicht dem konservativen „mainstream" zuzuordnen waren, ausschlaggebend. Sie etablierten eine Reihe von in Washington DC tätigen Lobby-Gruppen wie Conservative Caucus oder die Free Congress Foundation und bauten ein Netzwerk auf, das „single issue"-Gruppen wie die antifeministische Stop-ERA-Kampagne von Phyllis Schlafly und die Anti-Abtreibungsgruppen der Right-to-Life Bewegung miteinbezog. Schließlich stellten sie Verbindungen zu fundamentalistischen Geistlichen und Fernsehpredigern – mit anfangs parteipolitisch ausgeglichenem Hintergrund – zur Mobilisierung der „grass roots" her (vgl. Lienisch 1982: 405-410). Mit der Gründung von Jerry Falwells Moral Majority im Jahre 1979 wurde die größte und wichtigste Organisation der Neuen Rechten geschaffen (vgl. Minkenberg 1990: 110-126; Himmelstein 1990: 80-94; Moen 1992: 15-32). Gerade die Gründung von Organisationen wie der Religious Roundtable und der Moral Majority in gleichen Jahr durch dieselben Aktivisten verdeutlicht die enge Vernetzung des Spektrums und die Rolle von Eliten (vgl. Moen 1992: 70). Die Strategie der Neuen Rechten bestand, ganz im Sinne des „Mimetismus" von Gegenbewegungen (vgl. Lo 1982: 119; McAdam 1983) in bewußter Kopie der Vorgehensweise der Neuen Linken unter Einsatz modernster Technologien aus dem Anlegen von „direct mail"-Datenbanken, der Registrierung und Mobilisierung von Wählern, Lobby-Tätigkeiten in der Hauptstadt und dem Anlegen eines engmaschigen Kommunikationsnetzes (Viguerie 1981: 20). Unter dem Einfluß der Washingtoner Führung um Weyrich und Geistlicher wie Falwell war die Neue Rechte zudem stark auf die nationale Politik ausgerichtet. Mit dem äußerst knappen Scheitern des Ratifizierungsprozesses des Equal Rights Amendment im Jahre 1978, für das die Frauenbewegung und ihre Verbündeten in der Demokratischen Partei jahrelang gekämpft hatten, und mit den Wahlen von 1980, aus denen Ronald Reagan als Sieger und liberale Demokraten wie Sen. George McGovern als Verlierer hervorgingen, feierte die Neue Rechte ihre größten nationalen Erfolge.[4]

In dieser Phase vollzog die Neue Rechte ihre erste folgenreiche strategische Anpassung an das politische System, indem sie ihre ursprüngliche überparteiliche Position zugunsten der Republikaner aufgab (vgl. Bruce 1988: 56-58). Dies war ein bemerkenswerter Schritt, denn das Mobilisierungspotential der Neuen Rechten lag eher bei traditionellen Demokraten vor allem aus dem Umfeld der Wallace-Bewegung (in der ersten Hälfte der siebziger Jahre arbeitete Viguerie sogar mit George Wallace zusammen). Insbesondere die weißen fundamentalistischen Christen – die wichtigste Zielgruppe von Moral Majority und anderen religiös-politischen Gruppen der Neuen Rechten – hatten eine traditionell Demokratische Parteineigung. Noch 1964 gaben viele von ihnen Lyndon Johnson ihre Stimme, und während der siebziger Jahre iden-

4 Der unmittelbare Beitrag der Neuen Rechten zum Wahlausgang 1980 ist umstritten; vgl. Hixson (1992: 258-265)

tifizierten sich nur ein Viertel mit der Republikanischen, jedoch über vierzig Prozent mit der Demokratischen Partei (vgl. Hixson 1992: 244; Minkenberg 1996b: 178). Diese Gruppe macht etwa fünfzehn bis zwanzig Prozent der amerikanischen Bevölkerung aus und gehört zusammen mit den Charismatikern (oder „Pentecostals") zu denjenigen unter den orthodoxen Protestanten in den USA, den Evangelikalen oder „Born-Again Christians", die an die Unfehlbarkeit der Bibel glauben (vgl. hierzu Marsden 1980; Hunter 1983).

Die sozialen Charakteristika dieses neurechten Potentials haben wenig scharfe Konturen. So handelt es sich dabei überwiegend um Angehörige der Arbeiterschaft und unteren Mittelschichten mit eher geringer formaler Bildung und starker Konzentration in den Südstaaten. Traditionelle Religiosität und antimoderne Werteorientierung wirken sich stärker auf die politische Orientierung aus als soziale Charakteristika (vgl. Minkenberg 1990: 231-258; Ammermann 1991; Hertzke 1993: 211-230). Daher ist die Mobilisierung dieser Gruppen „Statuspolitik" nur in dem Sinne, daß es um die Verteidigung von Werten und einem darauf gegründeten Lebensstil und weniger um dem Erhalt des sozioökonomischen Status geht (vgl. Hixson 1992: 238-248). Das heißt, die politische Mobilisierung muß im Zusammenhang mit deren Status und einer Intensivierung kultureller Konflikte als Folge des oben skizzierten Modernisierungsschubs, als Zusammenspiel bereits existierender traditionalistischer und religiös-fundamentalistischer Orientierungen und den Veränderungen des sozialen und kulturellen Milieus dieser Gruppen vor allem im sich wirtschaftlich und politisch modernisierenden Süden gesehen werden. Nur in diesem subjektiven, auf Werte und Lebensstil bezogenen Sinne können die Unterstützer der Neuen Rechten als „Modernisierungsverlierer" bezeichnet werden.

Sofern sie traditionelle Demokraten waren, wurde für diese amerikanischen Wähler die zunehmend die postmaterialistische Neue Linke kooptierende und sich den ethnischen Minderheiten und vor allem den Schwarzen immer mehr öffnende Demokratische Partei fremd. Zwar konnte Jimmy Carter als Südstaatler und sich bekennender wiedergeborener Christ in der 1976er Wahl einen Teil dieser Wählerschaft für die Demokraten zurückgewinnen, doch war dies nur eine kurzes Intermezzo. Für die Strategen der Neuen Rechten verkörperten die Demokraten nunmehr den inneren Hauptgegner, so daß sie Ende der siebziger Jahre ihre überparteiliche Strategie aufgaben. Auch die Option, eine eigene Partei zu gründen, kam nach dem gescheiterten Gedankenspiel einer von Reagan und Wallace geführten dritten Partei und nach Reagans Republikanischer Kandidatur 1976 nicht in Frage (vgl. Himmelstein 1990: 82f.). So blieb die strategische Entscheidung, sich auf die Republikanische Partei zu konzentrieren und Druck auf sie auszuüben übrig, zumal Reagan 1980 erneut und mit weitaus besseren Chancen auf Nominierung und Gewinn der Präsidentschaftswahlen kandidierte. Inzwischen hatten Republikanische Eliten damit begonnen, die Neue Rechte für die Partei zu kooptieren und sich ihrer Einflußmöglichkeiten zu bedienen. Reagan selbst gab sich als Verbündeter der Neuen Rechten zu erkennen und nahm nach seiner Nominierung als Republikanischer Präsidentschaftskandidat am „National Affairs Briefing" rechter religiöser Gruppen in Dallas teil (vgl. Moen 1989: 39-41). Republikanische Senatoren wie Jesse Helms oder Orrin Hatch und Republikanische Abgeordnete wie Newt Gingrich übernahmen Teile des Programms der Neuen Rechten in ihren Gesetzgebungsinitiativen (vgl. Moen 1989: 93-140).

6. Der Marsch durch die Institutionen: Neue Rechte und Republikanische Partei

Gemessen an den Erwartungen der Neuen Rechten bedeutete Reagans Amtszeit allerdings ein Mißerfolg, denn die kulturelle Agenda wurde hinter die Sozial- und Wirtschaftspolitik und die Außenpolitik zurückgestellt. Die neu aufkommenden Spekulationen über die Gründung einer dritten Partei (vgl. Bruce 1988: 147-155) sowie die Auflösung von Organisationen wie Moral Majority (1986) wurde in den Medien und der Wissenschaft bereits als Ende der Neuen Rechten interpretiert (so etwa bei Bruce 1988). Doch fand in den achtziger Jahren keineswegs ein Rückzug der Neuen Rechten statt. Vielmehr zeichnete sich eine Reaktion auf das Reagan-Regime auf verschiedenen Ebenen ab: Radikalisierung des Abtreibungskonflikts, Reorganisation des Netzwerks der Neuen Rechten, und Revision der Strategie. Im Zusammenwirken mündeten diese Reaktionen in einem Prozeß der fortschreitenden Übernahme der Republikanischen Partei durch die Neue Rechte, in einer Symbiose von Bewegung und Partei.

Die Radikalisierung des Abtreibungskonflikts läßt sich ablesen an der Gründung neuer militanter Organisationen wie die 1987 von Randall Terry ins Leben gerufene Operation Rescue, an z.T. gewalttätigen Protestaktionen vor Abtreibungskliniken und gegen das dort arbeitende Personal (vgl. Anti-Defamation League 1994: 113; Blanchard 1994: 61-72), an den seit 1985 von durchschnittlich 60.000 Teilnehmern besuchten Massendemonstrationen („March for Life") in Washington DC (vgl. Rucht 1994: 336-343; siehe auch Meyer/Staggenborg 1995), und an einer Polarisierung der öffentlichen Meinung in dieser Frage (vgl. Minkenberg 1996b: 168f; siehe auch Cook u.a. 1992). Das Ergebnis der Intensivierung des Abtreibungskonflikts war u.a. die Mobilisierung neuer Aktivisten, die nun auch für andere Aktionen der sich reorganisierenden Neuen Rechten zur Verfügung standen.

Diese Reorganisation der Neuen Rechten bestand zunächst im Verschwinden alter und der Gründung neuer Organisationen mit weiterhin starker Vernetzung. Zu den neuen Gruppen gehören Pat Robertsons American Freedom Council (gegründet 1985), Gary Jarmins American Freedom Coalition (1987) und Gary Bauers Family Research Council (1988) (vgl. hierzu Moen 1992, bes. 42-72). Auf der strategischen Ebene fand neben der oben angesprochenen rhetorischen „Säkularisierung" des Vokabulars eine Abwendung von der Lobbytätigkeit in Washington DC und eine Konzentration auf die „grass roots" in den Einzelstaaten und lokalen Arenen (Parteien, Gerichte, „school boards" usw.) statt. Insbesondere die Unterwanderung lokaler und einzelstaatlicher Parteiorganisationen der Republikaner mit dem Personal der Neuen Rechten sollte das Verhältnis zwischen Neuer Rechter und Partei völlig verändern.

Hierbei war die Kandidatur des rechten TV-Predigers Pat Robertsons im Jahr 1988 ein entscheidender Schritt. Mit der Rekrutierung traditionalistischer Christen per Fernsehen und der Hilfe eines Netzwerks von Abtreibungsgegnern und lokalen Pastoren baute er eine schlagkräftige Wahlkampforganisation auf, die ihn in die Lage versetzte, auf dem Republikanischen Parteitag in New Orleans den Ton anzugeben und die Themen der Neuen Rechten in der Wahlplattform unterzubringen (vgl. Pomper 1989: 65; Hertzke 1993: 135-50). Zwei Jahre nach der Wahl löste Robertson den American Freedom Council auf und nutzte das aus diesem und seiner Wahlkampforganisation hervorgehende organisatorische Netzwerk, um die Christian Coalition zu gründen.

Diese wird von Ralph Reed geleitet und hat sich, in der Nachfolge der Moral Majority, zur wichtigsten Organisation der Neuen Rechten in den neunziger Jahren mit nach eigenen Angaben ca. eine Million Mitgliedern entwickelt (Anti-Defamation League 1994: 27; Green 1995: 8). Reed umreißt die Strategie der Neuen Rechten folgendermaßen: „What Christians have got to do is to take back this country, one precinct at a time, one neigborhood at a time and one state at a time" (zitiert in Anti-Defamation League 1994: 27).

Das Zusammenspiel von Neuer Rechter und Republikanischer Partei in der Nominierungskampagne der Präsidentschaftswahlen von 1992 ähnelte dem von 1988 mit einigen kleinen Unterschieden. Im Jahr seiner Abwahl fand sich Bush gleich zweimal von rechtsaußen herausgefordert: von der extremen Rechten meldete sich David Duke (siehe oben) und ließ den rechtsradikalen Pat Buchanan, einen Fernsehjournalisten und ehemaligen Redenschreiber für Nixon und Reagan, fast moderat erscheinen. In mehreren Staaten erhielt Buchanan ein Drittel der „primary"-Stimmen, doch gelang es ihm nicht, den Amtsinhaber ernsthaft zu gefährden. Immerhin schaffte er es, mit seiner harten Haltung zum Mißbrauch des Sozialstaates, zu Gesetz und Ordnung und zur Einwanderung seinem Konkurrenten auf der extremen Rechten das Wasser abzugraben. Diese Themen und Buchanans hypernationalistische, rassistische und religiöse Botschaft an die Wähler trugen ihm Zulauf vor allem unter denjenigen zu, denen George Bush zu moderat war und die 1988 Robertson unterstützten (vgl. Hertzke 1993: 239).[5] Der Republikanische Parteitag in Houston wurde weitgehend von der Neuen Rechten, deren Anhänger etwa 300 der insgesamt 2000 Delegierten stellten, organisiert und stand unter dem Motto „Family Values". Die Öffentlichkeit erfuhr vom „keynote speaker" Buchanan sowie von Pat Robertson, Ronald Reagan und anderen, daß im Lande ein religiöser Krieg um die Seele Amerikas herrschte. Diese Stoßrichtung fand sich auch in der Wahlplattform wieder, die mehr als alle vorherigen die Agenda der Neuen Rechten übernahm (vgl. Wills 1992).

Der Rechtsruck der Republikaner in Richtung der Agenda der Neuen Rechten läßt sich auch aus einer kombinierten Sichweise der 1992er und 1994er Wahlen herauslesen. Zwar hatte George Bush 1992 in allen Wählergruppen einen Einbruch erlitten. Doch setzte sich zugleich ein Trend fort, demzufolge die wirtschaftlich Bessergestellten und diejenigen, die als Anhänger der Neuen Rechten gelten, d.h. weiße „Born-Again" Christen bzw. Fundamentalisten, weiter überdurchschnittlich für die Republikaner stimmten (vgl. Quirk/Dalager 1993: 75-83). D.h. der weiße Süden und insbesondere die Anhänger der Neuen Rechten stellen in den neunziger Jahren die Grundlage einer jeglichen Republikanischen Wahlkoalition dar. Eingehende Datenanalysen (vgl. Minkenberg 1996b, Tabellen 4 und 5) belegen auf eindrucksvolle Weise, daß es der Neuen Rechten gelang, diese ursprünglich eher zu den Demokraten neigenden Wähler für die Republikanische Partei zu mobilisieren und damit zu einem *realignment* im Sinne von Sundquist (1993: 14) beizutragen (vgl. auch Smidt 1993). Offensichtlich war die Mobilisierung der Fundamentalisten nicht an die Person Reagans gebunden, denn sie setzte sich auch nach dessen Abgang und unter dem für jene wenig attraktiven Bush

5 Siehe auch *The New York Times* 11. Dez. 1991, S. B12; 15. Jan. 1992, S. A1, A16; 8. März 1992, S. A26; *Congressional Quarterly Weekly Report*, Beilage zu Bd. 50, Nr. 32 vom 8. August 1992, S. 31.

fort. Auch ist diese Mobilisierung nicht mit einer neuen Responsivität der alten Republikanischen Parteieliten verbunden, vielmehr hat die Neue Rechte die Partei durch ihre Unterwanderung responsiver gemacht.

Der Prozeß der wachsenden Einflußnahme auf die Republikanische Partei setzte sich trotz der Kontroverse um die Rolle der Neuen Rechten im Wahlkampf von 1992 und dem Ausgang der Wahlen unvermindert fort. Im November 1992 gewannen Aktivisten der Neuen Rechten als Republikanische Kandidaten 40 Prozent der Sitze in den insgesamt 500 Wahlen zu „school boards", Stadträten, Einzelstaatsparlamenten usw.[6] Zudem trug die strategische Umorientierung der Neuen Rechten auf die lokale und einzelstaatliche Ebene erheblich dazu bei, daß sie 1994 achtzehn einzelstaatliche Organisationen der Republikaner kontrollierte, während sie in dreizehn weiteren Fällen einen gewichtigen Einfluß geltend machen konnte (Persinos 1994). In einigen besonders aufmerksam verfolgten Wahlkämpfen von 1994 scheiterten die Rechtsaußenkandidaten in der Nominierung (Paul Quist in Minnesotas Gouverneurswahlen) oder in der eigentlichen Wahl (Oliver North in den U.S. Senatswahlen in Virginia), aber diese Kandidaturen können bereits für sich genommen als Gradmesser für den fortschreitenden Einfluß der Neuen Rechten gelten. Wichtiger noch sind die weniger beachteten Erfolge derartiger Kandidaten, z.B. in den Gouverneurswahlen von South Carolina und Iowa oder den U.S. Senatswahlen in Oklahoma und Minnesota (vgl. Rozell/Wilcox 1995). Die historische Bedeutung der Wahlen von 1994 erschließt sich mithin erst aus der Kombination von zwei verschiedenen Umständen, daß erstens die Republikaner zum ersten Mal in 42 Jahren als Mehrheitspartei in *beiden* Häusern des Kongresses aus den Wahlen hervorgingen (und dazu auch noch 30 der 50 Gouverneursposten besetzen) und daß dies zweitens einer Partei gelang, in der die Neue Rechte eine größere Rolle spielt als je zuvor.

Im 104. Kongreß wurden nun wichtige Senatsausschüsse von wohlbekannten Rechtsaußen wie Sen. Jesse Helms und Sen. Orrin Hatch, deren Aufstieg in den siebziger Jahren untrennbar mit dem der Neuen Rechten verknüpft ist, geleitet. Mehrere der elf neuen Senatoren vertreten Positionen der Neuen Rechten in Themen wie verschärfte Verbrechensbekämpfung und Todesstrafe, Gegnerschaft zur Abtreibung, Kampf jeglicher Kontrolle des Schußwaffenmarktes und Wiedereinführung des Schulgebets in öffentlichen Schulen (Cohen 1994). Der neue Sprecher des Abgeordnetenhauses, Newt Gingrich, hat sich seit seinem Einzug in den Kongreß 1979 als Verbündeter der Neuen Rechten hervorgetan und gehörte zu den Wortführern der Rechtsaußen im Abgeordnetenhaus.[7] Im von ihm wesentlich mitformulierten „Contract with America" der Republikanischen Partei findet sich die politische Philosophie der Neuen Rechten sowie eine Reihe der von ihr vertretenen Positionen wieder (vgl. Fallows 1995).

Zusammenfassend läßt sich feststellen, daß die Neue Rechte es vermochte, aufgrund einer neuen Konfliktlinie in der amerikanischen Gesellschaft nach 1968 ein Potential von Wählern auf der Basis ihrer religiösen und traditionalistischen Werte und nicht ihres sozioökonomischen Status zu mobilisieren. Durch verschiedene strategische Entscheidungen gelang es der Neuen Rechten, dieses Wählerpotential dauerhaft an die Republikanische Partei heranzuführen. Gleichzeitig machte sie die Partei für diese

---

6 Siehe hierzu *The New York Times*, 21. November 1992: S. A1, A9.

7 Siehe hierzu „Master of the House" in *TIME* 146 (25. Dez. 1995): 30-49.

Wähler attraktiver, indem sie die Parteiorganisation von innen und von der lokalen Basis her zu übernehmen begann, anstatt wie bis in die zweite Hälfte der achtziger Jahre hinein von außen Druck auf sie auszuüben. Damit entging die Neue Rechte dem drohenden Tod durch Kooptation, und die Republikaner wurden immer mehr zur Partei der Bewegung.

7. Schluß

„Extreme *rightist* movements have been more indigenous to America and have left more of a mark on its history" (Lipset/Raab 1978: 3; siehe auch Lowi 1994: 122). Der vorliegende Beitrag liefert neue Argumente für diese auf den Vergleich linker und rechter Bewegungen abzielende These, denn er zeigt, daß mit der Neuen Rechten eine nationale rechtsradikale Bewegung in den USA entstanden ist und sich mit beispiellosem Erfolg im amerikanischen politischen System etabliert hat. Allein schon der Umstand, daß sie nunmehr seit zwanzig Jahren und damit doppelt so lange wie die regional ohnehin begrenztere Wallace-Bewegung existiert, ist bemerkenswert. Darüber hinaus haben es ihre Führer verstanden, durch strategische Anpassungen an veränderte Bedingungen im politischen Prozeß die Bewegung in die Republikanische Partei hineinzutragen und einen wichtigen, ideologisch homogenen Teil der amerikanischen Wählerschaft für diese zu mobilisieren. Mit dieser Symbiose von Bewegung und Partei hatte die Neue Rechte entscheidenden Anteil daran, daß die Republikaner von heute in Ideologie, Personal und Wählerkoalitionen eine radikal andere Partei sind als vor zwanzig Jahren. Diese Symbiose hat ebenfalls dazu beigetragen, die antipluralistische kulturnationalistische Agenda der Neuen Rechten in der Öffentlichkeit aufzuwerten und somit den nationalen Diskurs im Sinne dieser Agenda nach rechts zu verschieben. Der Beitrag schließt mit einigen vergleichenden Bemerkungen zu den USA und Westeuropa. Zwar liegen sprichwörtlich Welten zwischen dem religiösen Fundamentalismus der amerikanischen Neuen Rechten und der völkischen, eher areligiösen Ideologie des europäischen Pendants. Auch unterscheidet sich, gemäß der jeweiligen Gelegenheits- und Kontextstrukturen die Organisation und Rolle der Neuen Rechten im politischen Prozeß. Aber es dürfte deutlich geworden sein, wo Basis und Berührungspunkte für den transatlantischen Vergleich liegen. Sowenig z.B. die Abtreibungsfrage in den USA und die Asyldebatte in Deutschland als Issue-Konflikt miteinander zu tun haben, sosehr stehen sie doch in einem größeren Zusammenhang der Rekonstitution der jeweiligen nationalen Gemeinschaft in scharfer Abgrenzung zu Konzepten und Ausgrenzung von Gruppen („secular humanism", Multikulturalismus), die hier als Neue Linke zusammengefaßt wurden und die von der Neuen Rechten nicht als politischer Gegner, sondern als innerer Feind der Nation definiert und bekämpft werden. Zu den Gemeinsamkeiten oder Parallelen gehören: die Wiedergeburt von Carl Schmitt in Gestalt der Neuen Rechten in Europa und in den USA (Freund-Feind-Denken, Antiparlamentarismus, Antipluralismus hüben wie drüben), die erfolgreiche Anwendung einer Strategie zur Erlangung „kultureller Hegemonie", mit der die Neue Rechte Antonio Gramsci für sich zurechtbiegt, schließlich die organisatorische Durchdringung des politischen Spektrums, das vor allem die etablierten Rechtsparteien, aber indirekt auch die großen Linksparteien auf den rechten Kurs bringt. Pat Robertsons und Pat Buchanans Pläne für eine christlich-demokratische Union sind noch ein Stück weit entfernt von den völkischen Phantasien Le Pens oder Schönhubers, aber sie haben die USA schon merklich in diese Richtung gerückt.

Literaturverzeichnis

Alter, Peter, 1985: Nationalismus. Frankfurt a.M.: Suhrkamp.

Ammerman, Nancy, 1991: Southern Baptists and the New Christian Right, in: Review of Religious Research 32,3, 213-236.

Anderson, Benedict, 1983: Imagined Communities. London: Verso.

Anti-Defamation League, 1994: The Religious Right: The Assault on Tolerance and Pluralism in America. New York: ADL.

Balibar, Etienne, 1991: Is There a 'Neo-Racism'?, in: *Etienne Balibar/Immanuel Wallerstein* (Hrsg.), Race, Nation, Class. Ambiguous Identities. London: Verso, 17-28.

Barker, Martin, 1980: The New Racism. Conservatives and the Ideology of the Tribe. Frederick, MD: University Publications of America.

Barkun, Michael, 1994: Religion and the Racist Right. The Origins of the Christian Identity Movement. Chapel Hill, NC: The University of North Carolina Press.

Bell, Daniel, 1976: The Cultural Contradictions of Capitalism. New York: Basic Books.

Betz, Hans-Georg, 1994: Radical Right-wing Populism in Europe. New York: St. Martin's Press.

Blanchard, Dallas A., 1994: The Anti-Abortion Movement and the Rise of the Religious Right. From Polite to Fiery Protest. New York: Twayne Publishers.

Blanchard, Dallas A./Prewitt, Terry J., 1993: Religious Violence and Abortion. The Gideon Project. Gainesville, FL: University Press of Florida.

Bruce, Steve, 1988: The Rise and Fall of the New Christian Right. Conservative Protestant Politics in America 1978-1988. New York: Oxford University Press.

Cohen, Richard E., 1994: No More Nice Guys, in: National Journal 26, 46 (12. November), 2634-2647.

Cook, Elizabeth A./Jelen, Ted G./Wilcox, Clyde, 1992: Between Two Absolutes. Public Opinion and the Politics of Abortion. Boulder, CO: Westview Press.

Cox, Michael, 1992: Beyond the Fringe. The Extreme Right in the United States of America, in: *Paul Hainsworth* (Hrsg.), The Extreme Right in Europe and the USA. London: Pinter, 286-305.

Dalton, Russell, 1988: Citizen Politics in Western Democracies. Chatham House, NJ: Chatham House Publ.

Daniels, Roger, 1990: Coming to America. A History of Immigration and Ethnicity in American Life. New York: Harper.

Draper, Theodore, 1995: An Anti-Intellectual Intellectual, in: The New York Review of Books 42,17 (2. November), 29-34.

Eatwell, Roger, 1991: Neofascism and the Right: Conceptual Conundrums? Papier zur „Conference on the Radical Right in Western Europe". Minneapolis, November.

Ehrman, John, 1995: The Rise of Neoconservatism. New Haven, CT: Yale University Press.

Fallows, James, 1995: The Republican Promise, in: The New York Review of Books 42,1 (12. Januar), 3-6.

Falwell, Jerry, 1981: The Fundamentalist Phenomenon. Garden City, NY: Doubleday.

Federici, Michael, 1991: The Challenge of Populism: the Rise of Right-wing Democratism in America in the Postwar Period. Ann Arbor, MI.

Free, Lloyd/Cantril, Hadley, 1967: The Political Beliefs of Americans, New York: Simon and Schuster.

Fuchs, Lawrence, 1990: The American Kaleidoscope. Race, Ethnicity, and the Civic Culture. Hanover, NH: Wesleyan University Press.

Gessenharter, Wolfgang, 1989: Die „Neue Rechte" als Scharnier zwischen Neokonservatismus und Rechtsextremismus in der Bundesrepublik, in: *Rainer Eisfeld/Ingo Müller* (Hrsg.), Gegen Barbarei. Frankfurt a.M.: Athenäum, 424-452.

Ginsberg, Benjamin/Shefter, Martin, 1985: A Critical Realignment? The New Politics and the Reconstituted Right, in: *Michael Nelson* (Hrsg.), The Elections of 1984. Washington DC: CQ Press, 1-21.
Green, John, 1995: The Christian Right and the 1994 Elections: An Overview, in: *Mark J. Rozell/ Clyde Wilcox* (Hrsg.), God at the Grassroots. The Christian Right in the 1994 Election. Lanham, MD: Rowman and Littlefield, 1-18.
Greß, Franz/Jaschke, Hans-Gerd/Schönekäs, Klaus, 1990: Neue Rechte und Rechtsextremismus in Europa. Opladen: Westdeutscher Verlag.
Herrnstein, Richard/Murray, Charles, 1994: The Bell Curve. New York: Free Press.
Hertzke, Allan D., 1993: Echoes of Discontent. Jesse Jackson, Pat Robertson and the Return of Populism. Washington, DC: CQ Press.
Himmelstein, Jerome, 1990: To the Right. The Transformation of American Conservatism. Berkeley, CA: University of California Press.
Hixson, William B. Jr., 1992: Search for the American Right Wing. An Analysis of the Social Science Record. Princeton, NJ: Princeton University Press.
Hunter, James D., 1983: American Evangelicalism: Conservative Religion and the Quandary of Modernity. New Brunswick, NJ: Rutgers University Press.
Ignazi, Piero, 1992: The silent counter-revolution: Hypotheses on the emergence of right-wing parties in Europe, in: European Journal of Political Research 22,1, 3-34.
Inglehart, Ronald, 1977: The Silent Revolution. Princeton, NJ: Princeton University Press.
Jacoby, R./Glauberman, N., (Hrsg.) 1995: The Bell Curve Debate. New York: Random House.
Jaschke, Hans-Gerd, 1992: Formiert sich eine neue soziale Bewegung von rechts?, in: Blätter für deutsche und internationale Politik 37, 1437-1447.
Kazin, Michael, 1995: The Populist Persuasion. An American History. New York: Basic Books.
Kinder, Donald, 1986: The Continuing American Dilemma: White Resistance to Racial Changes 40 Years after Myrdal, in: Journal of Social Issues 42,2, 151-171.
Kitschelt, Herbert, 1986: Political Opportunity Structures and Political Protest: Anti-Nuclear Movements in Four Democracies, in: British Journal of Political Science 16,1, 57-85.
Kitschelt, Herbert, 1995: The Radical Right in Western Europe. In Zusammenarbeit mit *Anthony McGann*. Ann Arbor, MI: The University of Michigan Press.
Leggewie, Claus, 1994: Rechtsextremismus – eine soziale Bewegung?, in: *Wolfgang Kowalsky/Wolfgang Schroeder* (Hrsg.), Rechtsextremismus. Opladen: Westdeutscher Verlag, 325-338.
Lienisch, Michael, 1982: Right-Wing Religion: Christian Conservatism as a Political Movement, in: Political Science Quarterly 97,3, 403-425.
Lind, Michael, 1995: Reverend Robertson's Grand International Conspiracy Theory, in: The New York Review of Books 42,2, (2. Februar), 21-25.
Lind, Michael/Heilbrun, Jacob, 1995: On Pat Robertson, in: The New York Review of Books 42,7 (20. April), 67-71.
Lipset, Seymour M., 1963: The First New Nation. The United States in Historical and Comparative Perspective. New York: Basic Books.
Lipset, Seymour M./Raab, Earl, 1978: The Politics of Unreason. Right-wing Extremism in America, 1790-1977. 2. Auflage, Chicago: University of Chicago Press.
Lo, Clarence, 1982: Countermovements and Conservative Movements in the Contemporary U.S., in: Annual Review of Sociology 8, 107-134.
Lowi, Theodore J., 1994: The End of the Republican Era. Norman, OK: University of Oklahoma Press.
Lowi, Theodore J., 1996: Das amerikanische Dilemma, in: *Herbert Dittgen/Michael Minkenberg* (Hrsg.), Das amerikanische Dilemma. Die USA nach dem Ende des Ost-West-Konflikts. Paderborn: Schöningh, 19-30.
Marsden, George, 1980: Fundamentalism and American Culture. New York: Oxford University Press.
Mayer, William, 1992: The Changing American Mind. How and Why American Public Opinion Changed between 1960 and 1988. Ann Arbor, MI: University of Michigan Press.
McAdam, Doug, 1982: Political Process and the Development of Black Insurgency. Chicago, IL: University of Chicago Press.
Meyer, David S./Staggenborg, Suzanne, 1995: Countermovement Dynamics in Federal Systems: A Comparison of Abortion Politics in Canada and the United States, Papier zur Jahrestagung der American Political Science Association. Chicago: IL.

Miller, Warren/Levitin, Teresa, 1976: Leadership and Change. Cambridge, MA: Winthrop.
Minkenberg, Michael, 1990: Neokonservatismus und Neue Rechte in den USA. Baden-Baden: Nomos.
Minkenberg, Michael, 1993: The New Right in Comparative Perspective: The USA and Germany. Western Societies Occasional Paper 32. Ithaca, NY: Cornell University.
Minkenberg, Michael, 1996a: The New Right in France and Germany: Nouvelle Droite, Neue Rechte and the New Radical Right Parties, in: *Peter Merkl/Leonard Weinberg* (Hrsg.), The Extreme Right in the 1990s. London: Frank Cass (im Erscheinen).
Minkenberg, Michael, 1996b: Das Ende der konservativen Ära? Öffentliche Meinung und amerikanische Wählerschaft in den neunziger Jahren, in: *Herbert Dittgen/Michael Minkenberg* (Hrsg.), Das amerikanische Dilemma. Die USA nach dem Ende des Ost-West-Konflikts. Paderborn: Schöningh, 155-189.
Moen, Matthew, 1989: The Christian Right and Congress. Tuscaloosa, AL: University of Alabama Press.
Moen, Matthew, 1992: The Transformation of the Christian Right. Tuscaloosa, AL: University of Alabama Press.
Myrdal, Gunnar, 1944: An American Dilemma. The Negro Problem and Modern Democracy, New York: Random House.
Page, Benjamin/Shapiro, Robert, 1992: The Rational Public. Fifty Years of Trends in Americans' Policy Preferences. Chicago, IL: University of Chicago Press.
Pappi, Franz Urban, 1986: Politische Kultur. Forschungsparadigma, Fragestellungen, Untersuchungsmöglichkeiten, in: *Max Kaase* (Hrsg.), Politische Wissenschaft und politische Ordnung. Opladen: Westdeutscher Verlag, 270-291.
Persinos, John, 1994: Has the Christian Right Taken Over the Republican Party?, in: Campaigns and Elections (September), 21-29.
Podhoretz, Norman, 1995: In the Matter of Pat Robertson, in: Commentary 100,2, 27-32.
Pomper, Gerald, 1989: The Presidential Nomination, in: *Gerald Pomper* (Hrsg.), The Elections of 1988. Chatham House, NJ: Chatham House Publ., 33-72.
Quirk, Paul/Dalager, Jon, 1993: The Election: A 'New Democrat' and a New Kind of Presidential Campaign, in: *Michael Nelson* (Hrsg.), The Elections of 1992. Washington, DC: CQ Press, 57-88.
Robertson, Pat, 1991: The New World Order. New York: Word Publishing.
Rose, Douglas, (Hrsg.) 1992: The Emergence of David Duke and the Politics of Race. Chapel Hill, NC: The University of North Carolina Press.
Rozell, Mark/Wilcox, Clyde, (Hrsg.) 1995: God at the Grassroots. The Christian Right in the 1994 Elections. Lanham, MD: Rowman and Littlefield.
Rucht, Dieter, 1994: Modernisierung und neue soziale Bewegungen. Frankfurt a.M./New York: Campus.
Scheuch, Erwin/Klingemann, Hans-Dieter, 1967: Theorie des Rechtsradikalismus in westlichen Industriegesellschaften, in: Hamburger Jahrbuch für Wirtschafts- und Gesellschaftspolitik 12, 11-29.
Schuman, Howard/Steeh, Charlotte/Bobo, Lawrence, 1985: Racial Attitudes in America. Trends and Interpretations. Cambridge, MA: Harvard University Press.
Shell, Kurt L., 1986: Der amerikanische Konservatismus. Stuttgart: Kohlhammer.
Smidt, Corwin, 1993: Evangelical Voting Patterns, 1976-1988, in: *Michael Cromartie* (Hrsg.), No Longer Exiles. The Religious New Right in American Politics. Washington, DC: Ethics and Public Center, 97-104.
Starobin, Paul, 1995: Right Fight, in: National Journal 49, 3022-3026.
Stöss, Richard, 1989: Die Extreme Rechte in der Bundesrepublik. Opladen: Westdeutscher Verlag.
Stöss, Richard, 1994: Forschungs- und Erklärungsansätze – ein Überblick, in: *Wolfgang Kowalsky/Wolfgang Schroeder* (Hrsg.), Rechtsextremismus. Einführung und Forschungsbilanz. Opladen: Westdeutscher Verlag, 23-66.
Sundquist, James, 1983: Dynamics of the Party System. Alignment and Realignment of Political Parties in the United States. Washington, DC: Brookings.
Tarrow, Sidney, 1994: Power in Movement. Cambridge: Cambridge University Press.
Wald, Kenneth, 1992: Religion and Politics in the United States. 2. Auflage, Washington, DC: CQ Press.

Weinberg, Leonard, 1993: The American Radical Right: Exit, Voice and Violence, in: *Peter Merkl/ Leonard Weinberg* (Hrsg.), Encounters with the Contemporary Radical Right. Boulder, CO: Westview, 185-203.
Weyrich, Paul, 1986: The Cultural Right's Hot New Agenda, in: Washington Post 4. Mai, C4f.
Wills, Gary, 1992: The Born-Again Republicans, in: The New York Review of Books 39 (24. September), 9-14.

VI.

Reaktionen der Gesellschaft

Zeitgeschichte als Erziehungsaufgabe. Die Auseinandersetzung mit der NS-Vergangenheit in der deutschen Pädagogik

Peter Dudek

1. Einleitung

In den Überlegungen der deutschen Widerstandskräfte und der Alliierten, den Nationalsozialismus auch mentalitätsgeschichtlich zu überwinden, spielten die Faktoren Erziehung und Bildung eine zentrale Rolle. Zwar haben sich die umfassenden Pläne der Re-education in West und Ost nicht so realisieren lassen, wie sie von den Besatzungsmächten intendiert waren. Aber dennoch blieb neben den verfassungsrechtlichen Veränderungen im Westen und dem sozio-ökonomischen Strukturwandel im Osten der gesellschaftliche Auftrag an die Pädagogik, mit der verhängnisvollen Tradition der deutschen Bildungsgeschichte zu brechen, eine 1945 konsensfähige Option. Ich will im folgenden vor diesem Hintergrund einige Entwicklungslinien der west- und ostdeutschen Pädagogik in ihrer Auseinandersetzung mit der NS-Vergangenheit rekonstruieren. Zunächst skizziere ich die für meine Zugangsweise zentrale Differenz von Erziehungswissenschaft und Pädagogik, stelle eher andeutend – mich den restriktiven Umfangsvorgaben der Herausgeber beugend – die zeitliche Entwicklung vor und benenne einige Felder, in denen das „Dritte Reich“ in der pädagogischen Fachpublizistik thematisiert wurde. Danach wende ich mich zunächst dem Geschichtsunterricht in der SBZ/DDR zu, um im Anschluß daran den Wandel und die Bedeutung des Nationalsozialismus in der historisch-politischen Bildung des Bundesrepublik darzustellen.

2. Pädagogik als Wissenschaft und Praxis

Wissenschaftliche Disziplinen lassen sich in unterschiedlicher Weise als soziale Systeme, als Unternehmen zur Erkenntnisgewinnung oder als selbstreferentielle Kommunikationsgemeinschaften beschreiben, denen neben ihren Ausbildungsaufgaben die Funktion zukommt, durch Forschung bestimmte Typen von Wissen zu erzeugen. Ich verwende an dieser Stelle *Pädagogik* wissenssoziologisch als einen Sammelnamen für die Vielfalt von Wissensbeständen, die im Prozeß der Erziehung und Bildung selbst genutzt, reflektiert und erzeugt werden. Erziehungswissenschaft bezeichnet dann dasjenige Wissen, in dem Pädagogiken und Strukturen des Bildungs- und Wissenschaftssystems in theoretischer Wendung und aus der Perspektive eines von Erziehung entlasteten Beobachters zum Gegenstand der Analyse werden. Die mit dieser Unterscheidung implizierte Differenz von Professionswissen und Theoriewissen, ist für mein Thema deshalb von Relevanz, weil sich mit ihr zwei Felder der pädagogischen Verarbeitung der NS-Vergangenheit identifizieren lassen, nämlich der Diskurs über die historische Erforschung zur Situation von Erziehung, Bildung und Erziehungswissenschaft im Nationalsozialismus und der Diskurs zur pädagogischen Verarbeitung der NS-Vergangenheit im Rahmen historisch-politischer Bildung.

Mein Blick richtet sich also auf das System der Wissensgenerierung (Universitäten, Pädagogische Hochschulen) und das der Wissensvermittlung (Schule), also gleichermaßen auf die Disziplin und die pädagogische Profession, somit auf die Forschungsleistungen der Historischen Pädagogik und den fachdidaktischen Diskurs über die Vermittlung der NS-Vergangenheit im Geschichtsunterricht. Letzterer fiel in beiden deutschen Staaten zunächst in den Bereich der Pädagogik. In der SBZ/DDR verstanden sich die sog. Geschichtsmethodiker bis zum Ende als Geschichtspädagogen und die Geschichtsmethodik war eine pädagogische Teildisziplin, deren Vertreter an den Universitäten und Pädagogischen Hochschulen in den Fakultäten für pädagogische Wissenschaften angesiedelt waren. In der Bundesrepublik waren es bis weit in die sechziger Jahre hinein ebenfalls die akademischen Pädagogen und Lehrer, welche die Diskussionen um die didaktisch-methodischen Fragen des Politik- und Geschichtsunterrichtes bestimmten. Eine eigenständige Politikdidaktik entwickelte sich erst in der zweiten Hälfte der sechziger, eine eigenständige Geschichtsdidaktik erst Anfang der siebziger Jahre. Deshalb konnte Sontheimer 1963 zu Recht noch eine „faktisch weitgehend vorhandene Monopolherrschaft der Pädagogen" (Sontheimer 1963: 169) auf diesem Gebiet beobachten.

Eine von mir durchgeführte Inhaltsanalyse von insgesamt 23 pädagogischen und fachdidaktischen Zeitschriften der BRD und DDR sowie sämtlicher, thematisch einschlägiger Hochschulschriften in Ost und West (Dudek 1994, 1995; Dudek/Rauch/Weeren 1995) zeigt neben gemeinsamen Trends auch deutlich die unterschiedlichen Konjunkturen und differenten Muster der Thematisierung des Nationalsozialismus. Zunächst gilt gesamtdeutsch, daß bis etwa 1948 eine Neubegründung des Bildungssystems, der Unterrichtsinhalte und Erziehungsziele eine kritische Auseinandersetzung mit der Pädagogik im „Dritten Reich" geradezu einschloß. In Zeitraum von 1945 bis 1950 erreichen Zeitschriften wie die „Frankfurter Hefte" Spitzenwerte von über 20% NS-spezifischer Abhandlungen und selbst in der von Herman Nohl edierten, führenden pädagogischen Zeitschrift „Die Sammlung" liegen die Werte bei immerhin fast 13%. Versteht man Zeitschriften als wichtige Medien disziplinärer Kommunikation, die verläßlich die Themen und Probleme widerspiegeln, über die eine Disziplin forscht und reflektiert, so sind die Forschungsdefizite offensichtlich und gravierend. Mit Ausnahme der achtziger Jahre kann man für die pädagogische Zeitschriftenproduktion festhalten: Für beide deutsche Staaten gilt der überraschende Befund, daß der Nationalsozialismus nicht im Hinblick auf die eigentlichen pädagogischen Handlungsfelder (Schule, Jugendarbeit, Erwachsenenbildung, soziale Arbeit) diskutiert wurde.

Verfolgt man die zeitliche Verteilung der NS-spezifischen Abhandlungen entlang der Gesamtzahl aller Abhandlungen, so lassen sich für die DDR-Zeitschriften auf einem äußerst niedrigen Niveau nur geringe Konjunkturen feststellen. In der Bundesrepublik dagegen sinkt der Anteil während der fünfziger Jahre rapide, steigt während der sechziger Jahre und fällt dann in den siebziger Jahren überraschend unter das Niveau der fünfziger Jahre. Erst die achtziger Jahre lassen sich für die Bundesrepublik als das Jahrzehnt kennzeichnen, in dem die Erziehungswissenschaft einen unverkennbaren Aufschwung in der historischen Forschung zur Pädagogik im Nationalsozialismus zu verzeichnen hat, dessen Zenit inzwischen aber schon überschritten ist. Ein ähnliches Bild ergibt sich für die führende geschichtsdidaktische Zeitschrift, die 1950 gegründete Monatszeitschrift „Geschichte in Wissenschaft und Unterricht" (GWU): Bis 1960 betrug hier der Anteil NS-spezifischer Beiträge etwas über 12%, er stieg in den sechziger Jahren auf 17,6%, fiel in den siebziger Jahren auf 8,4% aller dort veröffentlichten Abhandlungen, um bis 1990 dann auf 16% anzusteigen. Das ostdeutsche Pendant, die 1948 gegründete Zeitschrift „Geschichte in der Schule", ab 1959 umbenannt in „Geschichtsunterricht und Staatsbürgerkunde", brachte es in den fünfziger Jahren auf 2,4%, in den sechziger auf 1,4%, in den siebziger Jahren auf 1,2% und in den achtziger Jahren auf 2,5% der Abhandlungen. Erst nach dem staatlichen Ende der DDR änderten sich die Relationen fundamental. In den Jahren 1991-93 betrug der Anteil der NS-spezifischen Beiträge in der GWU 11,7%, in „Geschichte-Erziehung-Politik", der Nachfolgezeitschrift, ist er im gleichen Zeitraum auf beachtliche 14,4% gestiegen.

Wie sehr gerade in der Bundesrepublik die Thematisierung der NS-Vergangenheit innerhalb der Pädagogik von spezifischen gesellschaftspolitischen Ereignissen abhängig war, kann exemplarisch eine Auswertung der erziehungswissenschaftlichen und schulpädagogischen Zeitschriften zwischen 1957 und 1964 illustrieren. Betrug hier 1957 der Anteil der NS-spezifischen Beiträge nur 1,9% aller Abhandlungen, so lag er zwei Jahre später schon bei 5,3%, 1960 dann bei knapp 10%, um dann wieder bis 1964 auf erhöhtem Niveau von 6,7% abzufallen. Nachhaltigen Anteil daran hatte die in diesen Jahren einsetzenden Forderungen, die NS-Zeit als Unterrichtsgegenstand an allen Schulformen obligatorisch zu machen. Vier politische Ereignisse der frühen sechziger Jahre waren es, welche die Institutionalisierung des Nationalsozialismus als Lernfeld historisch-politischer Bildung initiiert bzw. gefördert haben: Die antisemitischen Schmierwellen vom Dezember 1959, die erhebliche Nachfolgetaten in den folgenden Monaten auslösten, dann der in der deutschen Öffentlichkeit stark beachtete Eichmann-Prozeß 1961 in Jerusalem, der im Dezember 1963 beginnende Auschwitz-Prozeß in Frankfurt/M und die seit 1960 im Deutschen Bundestag geführten Verjährungsdebatten über nationalsozialistische Verbrechen. Alle diese Ereignisse führten zu einer Sensibilisierung der Öffentlichkeit für die nichtverarbeiteten Probleme der NS-Vergangenheit, speziell des Antisemitismus, aber sie machten zugleich die bis dato auffallende Zurückhaltung der Forschung und Lehre an den Hochschulen in diesem Bereich deutlich.

Für die akademische Pädagogik jener Jahre fallen die Befunde ebenfalls eher verhalten aus. Sie hat eine offensive Auseinandersetzung mit der Pädagogik im Nationalsozialismus weitgehend gemieden und unter disziplingeschichtlichen Aspekten die Frage nach den Kontinuitäten pädagogischer Denkformen vor und nach 1933 systematisch ausgeblendet. Otto Friedrich Bollnow (1903-1991), einst Assistent von Herman Nohl, hat aus der historischen Distanz kürzlich nochmals die im Selbstverständnis des pädagogischen Establishments der fünfziger Jahre zu suchenden Gründe zusammengefaßt:

„Man hat vielfach den Vorwurf erhoben, daß die Pädagogik die Auseinandersetzung mit der nationalsozialistischen Pädagogik versäumt habe. Darauf habe ich eine einfache Antwort: Eine nationalsozialistische Pädagogik hat es nicht gegeben, und darum kann man sich damit auch nicht auseinandersetzen. Was es gegeben hat, war politisch bestimmte Propagandaliteratur. Aber diese erreichte nicht das Niveau, mit dem man sich auseinandersetzen kann" (Kaufmann u.a. 1991, S. 50).

In ähnlicher Weise hatte schon zeitgenössisch Nohl das Selbstverständnis der damaligen Generation akademischer Pädagogen formuliert. Sie sahen disziplingeschichtlich die Entwicklung des Faches 1933 jäh unterbrochen, Politik habe über Pädagogik obsiegt. 1933 wurde die wissenschaftliche Pädagogik „kaltgestellt und hatte kein eigenes Wort mehr zu sagen" (Nohl 1954: 447). Freilich gab es auch nachdenklichere Stimmen (Dudek 1992), aber generell läßt sich die Auseinandersetzung der akademischen Pädagogik mit der NS-Vergangenheit während der fünfziger Jahre nur in ambivalenten Mustern beschreiben: Traditionalisierung und Kritik, Neubeginn ohne radikalen Neuanfang, die Deutung des Nationalsozialismus als eine primär ethische, moralische und anthropologische Herausforderung, Dominanz pädagogisch-lebensgeschichtlich inspirierter Reflexion statt distanzierter Forschung. Diese Art der Auseinandersetzung war theoretisch wenig fundiert und empirisch kaum gehaltvoll. Sie bediente sich einer überwiegend appellativen und engagierten Semantik, orientiert an den Mustern traditioneller Erziehungsreflexion über die Krisen der Zeit, die Zukunftsaufgaben der Pädagogik und blieb darin weitgehend den Leitbegriffen von Abendland und Christentum verhaftet.
Die DDR-Pädagogik ist in den fünfziger Jahren in ganz anderer Weise mit der NS-Vergangenheit umgegangen. Spätestens als die DDR mit dem III. Parteitag der SED im Juli 1950 zur Position überging, mit den personellen Säuberungen im öffentlichen Leben und den ökonomischen Strukturveränderungen seien irreversibel auch die Ursachen der NS-Diktatur auf ihrem Territorium beseitigt worden, sank rapide auch jene Gattung von pädagogischen Abhandlungen, die entweder die neue Schulreform vor dem Hintergrund der NS-Diktatur diskutierten oder das Nachleben des Nationalsozialismus in den Einstellungen der Bevölkerung kritisierten. Albert Norden hatte diese fatale Politik und ihre naiven Erwartungen bereits 1947 auf einen Nenner gebracht: „Nie wieder wird es in den beiden Sachsen, in Thüringen, Mecklenburg und Brandenburg einen Faschismus geben. Ökonomisch ist ihm das Rückgrat gebrochen, politisch wird er ausgerottet, und die Erziehungsreform vertreibt die Überreste seiner Ideologie aus den Köpfen" (Norden 1947: 266). Wenn die DDR-Pädagogik in den folgenden Dekaden den Nationalsozialismus als gegenwärtige Vergangenheit diskutierte, dann mit Blick auf die Bundesrepublik. In dieser Hinsicht waren der historische Nationalsozialismus und der Antisemitismus in der DDR-Pädagogik keine ernsthaften Themen mehr. Für die Praxis der Forschung war dies folgenreich. Denn das methodologische Prinzip der Historischen Pädagogik, so der DDR-Bildungshistoriker Gerd Hohendorf, lautete, „daß die Auseinandersetzung mit der Theorie und Praxis der faschistischen Pädagogik immer auch vom Standpunkt ihrer Gegner aus geführt wird" (Hohendorf 1989: 156). Weil die DDR-Pädagogik also die Position des politisch bewußten Gegners einnahm, konzentrierte ihr Personal seine intellektuellen Anstrengungen auf das Problem der Wiederholungsgefahr stärker als auf die Analyse des Nationalsozialismus, seiner Erziehungstheorien und seiner Erziehungspraxis. Auch

eine andere Variante des wissenschaftstheoretischen Selbstverständnisses, nämlich die Argumentation vom fiktiven „Standpunkt der Arbeiterklasse aus“, verstärkte solche Sichtweisen. Indem Faschismus und Antifaschismus zu Klassenbegriffen definiert wurden, konnte die DDR sich bis zuletzt jeglicher Mitverantwortung an den Verbrechen des „Dritten Reiches“ entziehen.

Vor diesem Hintergrund wird erklärlich, daß sich bis zu ihrem staatlichen Ende – in den Zeitschriftenaufsätzen und den Hochschulschriften – in zweifacher Hinsicht gegenwartsbezogene Begründungen für die Beschäftigung mit dem Faschismus als einer Herrschaftsform kapitalistischer Gesellschaften finden. Denn spätestens seit Anfang der fünfziger Jahre vollzog die DDR und damit auch ihre Pädagogik einen Perspektivwechsel. Nicht der Blick nach innen auf die mentalen Folgen des Nationalsozialismus, auf die historische Schuld und Verantwortung des deutschen Volkes gegenüber den Opfern stand mehr im Mittelpunkt der Reflexion, sondern der universale Blick nach außen, nämlich auf die Bundesrepublik als dem vermeintlichen Nachfolgestaat des „Dritten Reiches“ bestimmte nun die Aufmerksamkeitsrichtungen. Historische Faschismusanalyse hatte danach stets die (bildungs)politischen Entwicklungen in der Bundesrepublik unter dem Blickwinkel „faschistischer Tendenzen“ im Auge und verstand sich zugleich als Beitrag zur Stärkung der antifaschistischen Erziehung in der DDR.

Festzuhalten bleibt: In der Bundesrepublik hat die Erziehungswissenschaft den Nationalsozialismus erst seit den siebziger, und dann intensiv in den achtziger Jahren zu einem kontinuierlichen Forschungsthema gemacht. Vor dem Hintergrund der politischen Selbstdefinition der DDR ist das eigentlich überraschende Ergebnis unsere Analyse die Tatsache, daß die DDR-Pädagogik das Thema Nationalsozialismus eher dilatorisch diskutiert hat. Es war nicht zuletzt der Gründungsmythos des Antifaschismus, der eine kritische und ins gesellschaftliche Bewußtsein dringende Auseinandersetzung mit dem „Dritten Reich“ verhindert hat. Blieb der Nationalsozialismus in der Bundesrepublik als historischer Bezugspunkt der Selbstreflexion der politischen Kultur und mit Einschränkungen auch der Pädagogik präsent, so hat diese Auseinandersetzung in der DDR erst in den letzten Jahren ihrer Existenz vorsichtig begonnen. Die entscheidenden historischen Bezugsereignisse der DDR-Pädagogik waren nämlich nicht die Jahre 1933 bis 1945, sondern die gescheiterten Revolutionen von 1848 und 1918/19. In diesem Sinne verstand sie sich einerseits als Teil einer nachholenden Revolution, die ihr Augenmerk auf die Konstruktion bildungs- und gesellschaftspolitisch progressiver Traditionen richtete, und wähnte sich andererseits seit dem IV. Pädagogischen Kongreß 1949 in doppelter Hinsicht auf der Seite der historischen Sieger: Auf der Seite jener, die den Faschismus besiegt hatten und in der Front der sozialistischen Staaten, die den Kampf gegen den „kulturlosen USA-Imperialismus“ unter dem Signum einer „Erziehung zum Nationalgefühl und Nationalbewußtsein“ (Dorst 1951: 4) aufgenommen haben.[1]

---

1 So auch Walter Wolf, Mitglied des Buchenwald-Komitees und 1945-47 Volksbildungsminister in Thüringen, in einem unveröffentlichten autobiographisch Bericht von 1974: „Ständig klarer erfaßt unsere junge Generation, auf wen zu orientieren sich lohnt. Will sie doch zu den Siegern der Geschichte gehören!“ (Nachlaß Walter Wolf, Nr. 42, Bl. 66).

3. *Faschismus im Geschichtsunterricht der SBZ/DDR*

Drängender und den gesellschaftlichen Erwartungen direkter ausgesetzt als die Beiträge zur erziehungshistorischen Forschung waren in Ost und West die Fragen, wie das schulische Bildungssystem nach einer personellen Erneuerung die NS-Zeit mit seinen Mitteln bearbeiten und methodisch-didaktisch so aufbereiten soll, daß sie zum Gegenstand schulischer Lehre werden kann. Die „politischen Grundsätze" des Potsdamer Abkommens blieben in unterschiedlicher Weise bestimmend für die Politik der Besatzungsmächte. In der SBZ sollten diese Grundsätze durch vier grundlegende Maßnahmen umgesetzt werden: a) die Entlassung politisch belasteter Lehrer, b) die Kurzausbildung politisch zuverlässiger Neulehrer, c) die Strukturreform des Bildungssystems auf der Grundlage des „Gesetzes zur Demokratisierung der deutschen Schule" vom Mai 1946, d) die Neugestaltung der Unterrichtsinhalte und Lehrpläne – besonders für den Geschichtsunterricht – unter der Prämisse einer Abkehr von allen auch vor 1933 im Unterricht der deutschen Schulen vorhandenen „imperialistischen und militaristischen Tendenzen" und der Durchsetzung einer einer antifaschistisch-demokratischen Erziehung.
Nachdem der Geschichtsunterricht in allen vier Besatzungszonen seitens der Alliierten zunächst verboten worden war, wurde in der SBZ zunächst die „Gegenwartskunde" als durchgängiges Unterrichtsprinzip intensiv diskutiert und dann faktisch als Ersatzfach meist von den Geschichtslehrern unterrichtet. Seitens der Schulverwaltung wurde in diesem Zusammenhang im Herbst 1945 eine offensive Auseinandersetzung mit der NS-Vergangenheit vorbereitet und flächendeckend in allen Ländern am Beispiel des Nürnberger Prozesses durchgesetzt. Auf Initiative der DZfV unter Paul Wandel und als Ergebnis einer Tagung der Bildungsminster am 5. und 6. 11. 1945 in Halle[2] wurden die Anklageschrift und der Prozeßverlauf im Unterricht – teilweise schon ab Klasse 4 – behandelt, den Lehrern entsprechende Interpretationshilfen gegeben und die Schulen aufgefordert, über die Erfahrungen des Unterrichts ausführlich die Schulverwaltungsbehörden zu informieren. An die Landes- und Provinzialverwaltungen der SBZ schrieb Wandel am 19. 12. 1945 mit Blick auf die geistige Situation der Jugend:

> „Es gibt keine bessere Gelegenheit, ihr die Geschichte des Dritten Reiches, das wirkliche Wesen des Nazismus, so gegenwartsnah und anschaulich zum Verständnis zu bringen, ihr historisches und politisches Urteil zu bilden und zu schärfen, den Widerspruch der historisch-politischen Wahrheit zur nationalsozialistischen und militaristischen Phraseologie und Ideologie so überzeugend nahe zu bringen, wie den gegenwärtigen Prozeß in Nürnberg. Jene, denen die Jugend nachgelaufen ist, die sie gerufen und geführt haben, sitzen dort auf der Anklagebank. Die Jugend, die von ihnen mit zynischsten Mitteln, die nicht vor Mord und Verbrechen zurückschreckten, gegen einen angeblichen äußeren Feind geführt wurde, muß erkennen: *Auf der Anklagebank in Nürnberg sitzen die schlimmsten Feinde der deutschen Jugend und des deutschen Volkes.*"[3]

Zwar hatte die DZfV unmittelbar nach Kriegsende in Übereinstimmung mit KPD und SMAD den Bildungswert der Faschismus-Erfahrung offensiv propagiert, dabei die Verarbeitung der NS-Vergangenheit mit der Notwendigkeit eines umfassenden De-

2 Protokollnotiz Paul Wandel, in: BA Potsdam R-2/170, Bl. 37f.
3 Schreiben Wandel v. 19.12.1945, in: HSTA Weimar, MfV, Nr. 2080, Bl. 31.

mokratisierungsprozesses verknüpft, doch gleichzeitig wurde den Lehrern direktivistisch vorgeschrieben, welche politischen Lehrziele sie dabei zu vermitteln hatten.[4] Neben der antifaschistischen Gesinnung forderte Wandel in dem Schreiben zugleich die „pädagogisch-methodische Eignung" jener Lehrer, die den Unterricht in Gegenwartskunde durchführen sollten. Seinen Erfolg sah er „im hohen Maße abhängig von der Persönlichkeit des Lehrers".

Die von diversen Schulen und Schulräten Thüringens verfaßten Berichte an das Landesamt für Volksbildung scheinen diese Ansicht zu bestätigen, denn es handelte sich keineswegs nur um Erfolgsberichte. Neben der Pluralität der methodischen Gestaltung des Unterrichts dokumentieren sie die Schwierigkeiten, die die Behandlung der NS-Vergangenheit Anfang 1946 auch in der SBZ bereitete. Für die Universitätsstadt Jena konnte Schulrat Karl Schrader eine durchweg positive Bilanz ziehen, sein Gerarer Kollege Tauschner dagegen faßte die Lehrerberichte dahingehend zusammen, daß in den ländlichen Regionen „die Kinder dort von diesen Dingen keine Ahnung hätten, da im Elternhaus keine Zeitung gelesen und kein Radio gehört wird."[5] Der Schulrat des Kreises Meiningen konnte berichten, daß „der passive Widerstand, der anfangs vorherrschte", inzwischen überwunden sei. Lehrer aus dem Kreis Schleusingen sprachen ähnlich davon, „daß die Jugend ihrem Grundgefühl nach diese Betrachtungen (der NS-Zeit, P.D.) innerlich ablehnte", sie als Unterrichtsgegenstand schließlich akzeptierte. Kritisch äußerte sich ein Deutschlehrer der Oberschule Rudolstadt:

> „Bei der älteren Jugend begegnete ich dabei nicht sowohl einem Mangel an gutem Willen, sich im Sinne der dem Prozeß zu Grund liegenden Anklage aufklären zu lassen als vielmehr denjenigen psychologischen und intellektuellen Hemmungen und Schwierigkeiten, die immer dann vorliegen, wenn man jemand, der sich mit dem ganzen Gemüt einer großen Sache wie der Aufgabe der Vaterlandsverteidigung und nationalen Selbstbehauptung verschrieben hatte, davon überzeugen will, daß die für diesen Zweck eingesetzten Opfer in Wirklichkeit sinnlos gewesen sind. Ich fand hier einen Grad verzweifelter Stimmung vor, der auch nachträglich versucht, diesen Opfern auch nachträglich noch wenigstens einen gewissen Sinn zu geben und sich an diesen Rest von Sinn wie ein Ertrinkender an einen Strohhalm anzuklammern. Es will mir fraglich erscheinen, ob die Behandlung des Prozesses in vereinzelten Stunden bei solchen Voraussetzungen selbst bei vorsichtigster psychologischer Einfühlung des Lehrers in die jugendliche Psyche zu dem gewünschten Erfolg ... führen kann ... Selbst bei den jüngeren Schülern stößt man beständig auf ähnliche Hindernisse, auf tief eingewurzelte humanitäts- und rechtsfeindliche Vorstellungen, die sie gewissermaßen mit der Muttermilch eingesogen haben."

Bei allen methodischen Unzulänglichkeiten der Alt- und Neulehrer und anfänglicher Skepsis bei der Mehrheit der damaligen Schüler hatte der Unterricht über den Nürnberger Prozeß zunächst einen erheblichen Intensivierungseffekt für die Auseinandersetzung mit zeitgeschichtlichen Themen, der jedoch durch die bildungspolitischen Kurskorrekturen der Jahre 1948/49 wieder nachhaltig abgebremst bzw. auf eine identifikatorische „patriotische Erziehung" umgelenkt wurde.

Mit dem 1. 9. 1946 begann – wenn auch bis 1948 noch nicht flächendeckend – der

---

4 Im Unterricht sollten sechs Aspekte erarbeitet werden, in deren Mittelpunkt die Verflechtung von Kriegszielen, Kapitalinteressen und Massenmanipulation stand. Vgl. HSTA Weimar, MfV, Nr. 2080, Bl. 37f.

5 HSTA Weimar, MfV, Nr. 1958. Die folgenden Zitate stammen aus diesem Bestand, der die Erfahrungsberichte über die Behandlung des Nürnberger Prozesses im Unterricht enthält.

Geschichtsunterricht auf der Grundlage intensiver Vorarbeiten, an denen maßgeblich Ernst Hadermann (1896-1968), parteiloses Mitglied im NKFD und nach 1945 Leiter der Schulabteilung in der DZfV, und der kommunistische Historiker Werner Berthold beteiligt waren. Die Lehrpläne, die Geschichtslehrbücher und die Unterrichtshilfen wurden seit Anfang der fünfziger Jahre penibel bis in kleinste Lernschritte operationalisiert.

Dies entsprach inzwischen auch der politischen Linie der zentralen Instanzen der Volksbildung, die bis 1948/49 noch darauf bedacht waren, eine Auswahl der Geschichtslehrer nach parteipolitischen Gesichtspunkten und entsprechende Indoktrinationen zu verhindern. Auf Anweisung der SMAD vom 15. 5. 1946 teilte Volksbildungsminister Wandel den Landes- und Provinzialverwaltungen am 3. 6. 1946 mit, daß der Geschichtsunterricht nur von jenen Lehrern gehalten werden dürfe, „die sich als echte Demokraten und Antifaschisten erwiesen haben. Sie müssen befähigt sein, der Jugend nicht nur die Kenntnisse der historischen Ereignisse zu vermitteln, sondern in ihnen zugleich Verständnis für den inneren Zusammenhang der historischen Entwicklung zu erwecken; sie müssen fähig sein, durch die Analyse der historischen Entwicklung in der Jugend eine feste demokratische Überzeugung zu begründen, sie zur Achtung des Lebensrechtes und der Lebensformen anderer Völker zu erziehen, in ihr den Hass gegen Militarismus und Faschismus und den Willen zu aktiver Teilnahme an dem Kampf für die neue menschliche Gesellschaft zu wecken, die auf der Grundlage der Völkerfreundschaft und der Humanität aufgebaut ist."[6]

Wiederholt kritisierte die DZfV das geringe Niveau in der Geschichtslehrerausbildung und wies darauf hin, daß allein antinazistische Einstellungen für die Erteilung des Geschichtsunterrichts nicht ausreichen, sondern zur politischen auch die fachlich-methodische Eignung gehöre. So monierte ein Mitarbeiter der DZfV nach der Inspektion des Geschichtsunterrichts an einer Schule in Brandenburg Mitte November 1946: „Von den Schülern werden Urteile gefällt, die sie noch gar nicht zu fällen in der Lage sind. Die gute Absicht des Lehrers, die SED als aktivsten Faktor des Wiederaufbaus herauszustellen, könnte den Eindruck der einseitigen Parteipropaganda bei den Hörern erwecken. Der Lehrer ist für den Unterricht in Geschichte nicht genügend vorgebildet, greift auch methodisch oft vorbei. Die Beauftragung so unzureichend vorgebildeter Lehrkräfte für den Geschichtsunterricht muß als Mißgriff angesehen werden, auch wenn sie ideologisch einwandfrei sind."[7] Ähnliche Klagen waren auch aus anderen Ländern an der Tagesordnung, so in Thüringen, wo die zuständige Referentin im Ministerium „die Geschichtslehrer nicht nach dem Grundsatz auswählt, ob sie uns einen Unterricht im Sinne der Lehrpläne und Richtlinien gewährleisten, sondern daß sie nur konsequente Marxisten zum Geschichtsunterricht zulassen will."[8]

Vor dem Hintergrund der Faschismuserfahrung wurde ab 1946 gerade über die Konzipierung neuer Lehrpläne für den Geschichtsunterricht und die Neulehrerausbildung intern heftig gestritten. Für die KPD-Führung stand es dabei außer Frage, daß hier und in die Neulehrerausbildung drei Aspekte aufgenommen werden sollten, nämlich die Auseinandersetzung mit der Kriegsschuld Deutschlands, die Analyse der „faschi-

6 BA Potsdam R-2/665, Bl. 4.
7 BA Potsdam R-2/2458, Bl. 57.
8 Bericht von Hadermann an Volksbildungsminister Wandel. In: BA Potsdam R-2/665, Bl. 77.

stischen Ideologie" und die Geschichte der UdSSR. Der von der Unterrichtskommission der KPD am 22. 5. 1945 vorgelegte Entwurf ging von der Gesetzmäßigkeit des Untergangs des Imperialismus aus. So wie die Niederlage des deutschen Imperialismus 1918 eine gesetzmäßige Niederlage gewesen sei, sei auch der Untergang des deutschen Faschismus gesetzmäßiger Natur. Primäre Aufgabe des Geschichtsunterrichts sei es, diese Gesetzmäßigkeiten zu vermitteln. Grundlage der Richtlinienarbeit blieben zunächst aber die im russischen Exil vom NKFD unter Hadermann ausgearbeiteten Pläne, die zum Teil erheblich von jenen der KPD abwichen. Um diese im Sinne der KPD anzugleichen, berief die DZfV im Januar 1946 die „Kommission zur demokratischen Erneuerung des Geschichtsunterrichts", räumte Hadermann den Vorsitz ein und ließ aus taktischen Gründen auch „bürgerliche" Historiker mitarbeiten. In der ersten Sitzung der Kommission am 21. 1. 1946 mahnte er angesichts der Erfahrungen im „Dritten Reich" die zentrale Aufgabe der künftigen Geschichtswissenschaft und des Geschichtsunterrichtes an:

„Für uns ergibt sich daraus die Aufgabe, unsere geschichtliche Entwicklung daraufhin zu überprüfen, wie es dahin kommen konnte, das unser kulturell so hoch entwickeltes Volk als Ganzes sich schließlich fast widerstandslos einem so barbarischen autoritären und totalitären System auslieferte und auf den Weg maßloser Gewalt und Eroberung verführen ließ, der ihm die Feindschaft fast der ganzen Welt eingetragen hat."[9]

In seinen Ausführungen, die noch ganz im Kontext der damals auch von der KPD getragenen Misere-Theorie standen, machte Hadermann aber zugleich deutlich, daß er eine Verpflichtung der Lehrer zur Geschichtsauffassung des historischen Materialismus ebenso entschieden ablehnte, wie er die Vermittlung unterschiedlicher Geschichtstheorien in den Abschlußklassen befürwortete. Zwangsläufig mußte er mit den Vorstellungen von KPD/SED in Konflikt geraten. Denn während er und andere Historiker der Kommission den Schwerpunkt der Auseinandersetzung auf die Massenbasis der NSDAP legten und die Mitschuld des deutschen Volkes an den Verbrechen thematisieren wollten, konnte sich letztlich die KPD mit ihrer auf die Dimitroff-Formel reduzierten Faschismusinterpretation durchsetzen. Dazu initiierten KPD/SED in den Jahren 1945/46 zahlreiche Tagungen für Geschichtslehrer, auf denen diese einerseits in der Kritik an der NS-Ideologie geschult, andererseits auf die neuen Lehrpläne und einen Geschichtsunterricht eingeschworen wurden, „der stets in enger Wechselbeziehung zur politischen Gesinnungsbildung zu stehen hat."[10] Zwar hieß es in den ersten Lehrplänen noch allgemein, der Geschichtsunterricht solle „die tief in unsere Geschichte zurückreichenden Ursachen der jüngsten Katastrophe verständlich machen" (Lehrpläne 1946: 3), aber bereits der 1947 überarbeitete Lehrplan schnitt die Lehrinhalte weiter auf die marxistisch-leninistischen Grundformeln zu.

In der Konsequenz bedeutete dies den Abbruch der mentalitätsgeschichtlichen Diskussion, die Exkulpierung der Bevölkerung, die Heroisierung des kommunistischen

9 BA Potsdam R-2/651, Bl. 16r. Die Vorarbeiten zur Behandlung des Nationalsozialismus im ersten Geschichtslehrplan sind dokumentiert in: BA Potsdam R-2/549.

10 So der Dresdener KPD-Geschichtslehrer Friedrich Donath auf einer Geschichtslehrer-Tagung im Januar 1946 in Meißen, in: IML.ZPA IV 2/9.05 51, Bl. 15. Gleichzeitig forderte er, daß die sowjetische Verfassung „als modernstes Glied der Verfassungsgeschichte gebührend gewürdigt werden" (ebd.) müsse.

und die Abwertung des bürgerlichen und sozialdemokratischen Widerstandes sowie den Beginn der Universalisierung der Faschismusproblematik auf die Bundesrepublik. Parallel dazu begann sich das professionelle Selbstverständnis der Geschichtslehrer zu wandeln. Wenn Geschichtslehrer als Teilnehmer eines Fortbildungskurses Ende Januar 1949 in einem Erfahrungsbericht noch schrieben,

„In der Umwandlung der Mentalität des faschistisch stark versuchten deutschen Volkes haben wir Geschichtslehrer die bindende Verpflichtung, bei gewissenhafter Aufdeckung und Erforschung der Vergangenheit die Gegenwart zu erkennen und beispielhaft an der Zukunft der menschlichen Gesellschaft für Frieden, Einheit und Gerechtigkeit mitzuwirken."[11]

so spielte die NS-Vergangenheit spätestens seit der grundlegenden Revision des Geschichtsunterrichtes 1951 als Referenzsystem professioneller Selbstreflexion keine Rolle mehr. Sowohl in der akademischen Ausbildung der Geschichtslehrer als auch in den zahllosen Fortbildungskursen auf Länderebene ergibt sich das gleiche Bild. Was sich in den ersten Lehrplänen von 1946/47 schon andeutete, wurde in den weiteren Lehrplänen, den Geschichtsbüchern und den sie ergänzenden „Unterrichtshilfen" mit einem erstaunlichen Maße an Problemreduktion bis 1989 konsequent fortgeschrieben und zwar mit insgesamt ambivalenten Folgen. Denn einerseits betrieb die DDR mit ihrer antifaschistischen Staatsdoktrin eine extensive Geschichtspropaganda und unterhielt ein weites Netz von Institutionen der Traditionspflege. Sie ritualisierte die NS-Vergangenheit dabei stets zu Zwecken der eigenen politischen Legitimation und hielt sie bei zahlreichen Gelegenheiten präsent – so etwa bei den Gedenkstättenbesuchen anläßlich der Jugendweihe, in den Arbeitsgemeinschaften „Junge Historiker", der Ablegung des Fahneneides der NVA-Soldaten in Buchenwald oder im Rahmen der Namensträgerbewegung.

Andererseits verlief die Auseinandersetzung mit der NS-Vergangenheit im Geschichtsunterricht sehr selektiv, zugeschnitten auf das Postulat der historischen Sieger und die Universalisierung des Faschismus als im Westen noch immer latentes Imperialismusproblem. Vor diesem Hintergrund ist auch die didaktische Zielorientierung zu verstehen, im Geschichtsunterricht müsse an „einem konkreten, lebensnahen, überzeugungswirksamen Feindbild vom Imperialismus" (NN 1983: 62) gearbeitet werden. Zu welchen fatalen Konsequenzen und nicht intendierten Effekten die heroisch-identifikatorische Geschichtsmethodik in der DDR geführt hat, haben Rolf Schörken für das Lehrbuchwerk „Geschichte 5-10" (Schörken 1992) und Ulrich Wiegmann exemplarisch für die Darstellung jüdischer Geschichte in den Lehrplänen und Lehrbüchern gezeigt (Wiegmann 1993).

Ähnlich wie in der Bundesrepublik blieben auch in der DDR die Ergebnisse historischen Lernens weit hinter den offiziellen Programmformeln zurück. Empirische Untersuchungen des Leipziger Zentralinstituts für Jugendforschung sprachen schon 1988 von einer zunehmenden Ablehnung des im Unterricht vermittelten Bildes von der DDR-Geschichte und einer wachsenden Akzeptanz nationalsozialistischer Ideologiefragmente, die zwischen 10 und 15 Prozent lagen. Während und nach der staatlichen Implosion durchgeführte Anschlußuntersuchungen zeigten, daß es „bei den SchülerInnen zu einer spürbaren Zunahme profaschistischen Akzeptanzpotentials sowie

11 BA Potsdam R-2/221, Bl. 68.

rechtsextremer und ausländerfeindlicher Orientierungsmuster (kam). Zugleich wurde, ähnlich wie bei anderen bisher als unumstößlich geltenden Werten, der antifaschistische Charakter der DDR von immer mehr Jugendlichen in Zweifel gezogen" (Schubarth u.a. 1991: 13). Der antifaschistische Erziehungsstaat DDR mußte letztlich an der Formierung eines kollektiven Geschichtsbewußtseins scheitern, weil er zwangsläufig keine Kontrolle über die Erfahrungen der Heranwachsenden besaß und den Widerspruch zwischen einer „durchherrschten Gesellschaft" (Kocka) und der potentiellen Unverfügbarkeit der Subjekte auch durch die Erweiterung der Kontrollansprüche und die Intensivierung der politischen Indoktrination nicht auflösen konnte.

4. Nationalsozialismus in der historisch-politischen Bildung der Bundesrepublik

Generell fielen die pädagogischen und fachdidaktischen Reflexionen zur Frage nach dem Status und der bildungstheoretischen Bedeutung des zeitgeschichtlichen Unterrichts während der fünfziger Jahre auch in der Bundesrepublik bescheiden aus. Sie waren in dieser Hinsicht sowohl ein Abbild der gesellschaftlichen Aversionen und des Ressentiments gegenüber der Thematisierung der jüngsten Vergangenheit wie auch der Ausdruck konservativer Reserviertheit gegenüber der politisch brisanten Zeitgeschichte als Wissenschafts- und Unterrichtszweig. Diese begann sich erst nach 1945 als neue Teildisziplin der Geschichtswissenschaft zu etablieren und zwar – wie die Gründungsgeschichte des Münchner Instituts für Zeitgeschichte belegt – zunächst bedacht mit politischen, wissenschaftlichen und pädagogischen Aufgabenstellungen, was von den führenden Repräsentanten der historischen Zunft mit großer Skepsis beobachtet und abgewehrt wurde. Aber nicht nur die Spannungen zwischen Zeitgeschichte und Geschichtswissenschaft erwiesen sich als notorisch, sondern auch die zwischen Geschichtswissenschaft und einer sich erst allmählich aus der Pädagogik entwickelnden Geschichts- und Politikdidaktik.

Während Anfang der fünfziger Jahren in den Kreisen der Historiker und Geschichtslehrer die Frage kontrovers diskutiert wurde, ob zeitgeschichtlicher Unterricht überhaupt möglich und verantwortbar sei, berichten Lehrer, die dies versuchten, von erheblichen Widerständen aus Schüler- und Elternschaft. Für die Geschichte der Institutionalisierung des Nationalsozialismus als Gegenstand des Geschichtsunterrichtes sind drei Momente zentral: Erstens bedurfte es des „moral cry" als Reaktion auf die antisemitischen Schmierwellen 1960, um die Institutionalisierung erfolgreich durchzusetzen. Zweitens waren es couragierte Beamte und Minister in den Kultusadministrationen – etwa in Niedersachsen, Hessen oder Berlin –, die diesen Prozeß aktiv gegen andersartige Tendenzen in Teilen der Lehrerschaft vorantrieben. Und schließlich hatten die Lehrerbildner an den Pädagogischen Hochschulen einen wesentlich größeren Anteil an der Integration der Zeitgeschichte in die Lehrerausbildung als die Pädagogen und Historiker an den Universitäten (Dudek 1995: 272ff.). Daß seit Ende der fünfziger Jahre die Studenten für das Lehramt an Volksschulen sich zunehmend für die NS-Vergangenheit zu interessieren begannen, läßt sich an folgenden Daten ablesen. Ich ziehe dazu die Themen der Staatsexamensarbeiten in den Fächern Politik, Pädagogik und Geschichte heran, die zwischen 1948 und 1963 am Pädagogischen Institut

Jugenheim geschrieben wurden.[12] Von den insgesamt 271 Arbeiten in Geschichte widmeten sich 42 (15,5%) der NS-Zeit; allein 38 von ihnen wurden zwischen 1959 und 1963 geschrieben, wobei die Spitzenwerte mit 10 und 13 Arbeiten in den Jahren 1962 und 1963 lagen. Im Fach Politik betrug der Anteil der NS-spezifischen Arbeiten zwischen 1960 und 1963 18% – mit steigender Tendenz in beiden Fächern und thematisch konzentriert vor allem auf Außenpolitik, Widerstand und NS-Ideologie. Die erste Arbeit im Fach Pädagogik stammte allerdings erst aus dem Jahre 1969, und sie behandelte die „nationalsozialistische Pädagogik im Urteil angelsächsischer Autoren – nach Aufsätzen in der Internationalen Zeitschrift für Erziehung". Das gleiche Bild ergibt sich für die Jahre 1970 bis 1975. Hier wurden am Fachbereich Erziehungswissenschaften der Frankfurter Universität 1317 Staatsexamensarbeiten geschrieben, 4 von ihnen handelten über die NS-Zeit, während der Anteil der einschlägigen Examensarbeiten im Fach Geschichte auf knapp 22% stieg.

Die Ideen- und Lehrplangeschichte der historisch-politischen Bildung ist vielfach beschrieben worden. Über den Alltag des Geschichtsunterrichts in den fünfziger und sechziger Jahren sind wir dagegen kaum informiert. Wenn sich aber in jener Zeit Lehrer dazu publizistisch äußerten, dann reagierte der Topos der Klage über ein durch Ambivalenzen belastetes pädagogisches Feld. Im Widerspruch zum „bildungsoptimistischen Grundkonsens" (Dudek 1982) der didaktischen Literatur gestaltete sich offensichtlich dann der schulische Alltag. Noch 1964 mußte nämlich ein Hamburger Lehrer – und dies ist der Grundtenor aller veröffentlichten Lehrerberichte – notieren:

> „Wer als Lehrer uber Judentum und Antisemitismus unterrichten will, muß sich wie bei jedem Thema, das so eng mit der von Affekten und Schuldgefühlen belasteten Zeit des Nationalsozialismus verknüpft ist, darüber klar sein, daß seine Erziehungs- und Bildungsarbeit von weiten Kreisen der Elternschaft nicht unterstützt wird. Er wird damit rechnen müssen, daß viele Eltern sich noch nicht von der Vergangenheit gelöst haben und daher einen Druck auf die Lehrer auszuüben versuchen ..." (Dau 1964: 4).

Der in der pädagogischen Diskussion sich zunehmend durchsetzende Grundkonsens des zeitgeschichtlichen Unterrichts, nämlich die Betonung seiner erzieherischen Funktion wurde offensichtlich durch relativierende Voreinstellungen von Schülern, Eltern und Öffentlichkeit unterlaufen. Das häufig an den Tag gelegte „Verhalten gebrannter Kinder", der Wunsch nach „politischer Abstinenz" und die „Unbegriffenheit des Vergangenen" (Messerschmidt 1950: 37f.) zielten massiv auf Tendenzen einer Entpolitisierung der Geschichte allgemein und der Zeitgeschichte im besonderen. Gefordert wurde deshalb gelegentlich „eine gewisse Rücksichtslosigkeit des Lehrers bei der Korrektur familiär beeinflußter falscher Ansichten seiner Schüler" (Moltmann 1956: 174), aber Lehrer, so der Rat, sollten auch „nicht gegen Ansichten der Eltern direkt polemisieren" (ebd.). Die für ältere Lehrer lebensgeschichtlich prekäre Situation im zeitgeschichtlichen Unterricht erfordere vor allem „pädagogischen Takt" (Schallenber-

12 Der Bestand sämtlicher Staatsexamensarbeiten, die seit 1946 am PI Jugenheim, nach dessen Integration an der Hochschule für Erziehung der Frankfurter Universität und schließlich an der Universität selbst geschrieben wurden, befindet sich im Archiv für Hessische Schulgeschichte und ist bis 1980 vollständig bibliographisch erfaßt. Es handelt sich um Examensarbeiten im Rahmen der Grund-, Haupt- und Realschullehrerausbildung einschließlich der Arbeiten zur Erweiterungsprüfung.

ger 1959: 557) im Umgang mit den Jugendlichen der Nachkriegsjahre. Gelegentlich wurde das schon entwicklungspsychologisch begründet, mit Hinweisen auf „die diffizile psychische Situation unserer Jugend“ (Barthel 1962: 225). Aber dies war eher die Ausnahme im Vergleich zu den Klagen über das, was geschichtlich gefordert, gesellschaftlich jedoch nicht gesichert schien, nämlich die offene Auseinandersetzung mit dem Nationalsozialismus und seinen politischen Epigonen.
Die Existenz einer relativ starken rechtsextremen Jugendszene in den fünfziger Jahren veranlaßte deshalb den niedersächsischen Kultusminister Richard Voigt, am 16. 10. 1959 die erste Konferenz der Schulräte und schulfachlichen Dezernenten des Landes zu diesem Thema einzuberufen. In seiner Ansprache betonte er die Gefährlichkeit rechtsextremer Jugendgruppen, beklagte zugleich mangelnde Sensibilität und politische Indifferenz in weiten Teilen der Lehrerschaft und forderte die Schulaufsichtsbeamten auf:

„Werden Sie nicht müde, meine Damen und Herren, in Ihren Konferenzen und Besprechungen auf alle Hilfen hinzuweisen und daran zu erinnern, daß Gleichgültigkeit und Kraftlosigkeit gegenüber diesen zentralen Aufgaben der Schule mit Sicherheit zum Untergang unseres Staates führen, der stärker bedroht ist, als der sorglos dahinlebende wissen will: von außen durch die Machtansprüche der kommunistischen Welt, von innen durch das schon wieder wirkende Gift der Nazi-Ideologie“ (Voigt 1959: 292).

Lehrer befanden sich damals, folgt man ihren Selbstzeugnissen in der pädagogischen Publizistik, in einer verunsichernden Situation. Noch 1966 sprach der Oberstudienrat Otto Bessenrodt, Vertreter des niedersächsischen Philologen-Verbandes, vom „politischen Risiko des zeitgeschichtlichen Unterrichts“ (Bessenrodt 1966: 480), und sein Kollege Feller dramatisierte die Situation des Geschichtslehrers mit den Worten: „Schon eine sachliche Information kann für ihn einer Selbstanklage gleichkommen“ (Feller 1962: 129). Das Bemühen um Differenzierung und der Verzicht auf „Schwarz-weiß-Malerei“ könne zur Folge haben, „als 'Neofaschist' angeprangert zu werden. Man kann verstehen, wenn dann dieser oder jener – wenn auch zu Unrecht – bei sich im Stillen denkt: Ich male weder schwarz noch weiß. Ich male *gar nicht*!“ (Bessenrodt 1960: 152). Auf der anderen Seite hat es Lehrer gegeben, „die den Ungeist der Vergangenheit auch dann unverzagt als Ungeist anprangern, wenn sie selbst früher diesem Ungeist erlegen waren“ (Glaser 1959: 389). Konrad Barthel sah sogar eine „insgesamt bereitwillige und wohlinformierte Geschichtslehrerschaft“ (Barthel 1962: 221), die ihre subjektiven Ressentiments gegenüber Zeitgeschichte längst abgelegt habe. Appelle an die Schulpädagogen, gegenüber Schülern im Umgang mit ihrem eigenen Verhalten während des Nationalsozialismus „mit offenen Karten zu spielen“ (Weinstock 1959: 340), sind Indiz für das noch Ende der fünfziger Jahre hoch sensible Projekt des zeitgeschichtlichen Unterrichts, das angesiedelt war zwischen Verweigerung, „eigenen Erlebnisschilderungen ohne wissenschaftliche Grundlegung und Durchdringung“ (Barthel 1959: 252) und dem Bemühen nach ernsthafter Aufklärung. Für jene Zeit noch immer radikal anmutend, forderte Wolfgang Schlegel, Professor an der PH Kaiserslautern, vor der Versammlung der rheinland-pfälzischen Schulräte:

„Wenn wir in Lehrerbildung und Schulverwaltung nicht einsehen, daß die gesamte Frage der politischen Erziehung durch Zeitgeschichte eine Frage der Bewältigung eigener persönlicher

Vergangenheit der Lehrerschaft ist, werden wir uns weiter in Täuschungen und Illusionen bewegen, und alle Erlasse und Verfügungen werden umsonst sein!" (Schlegel 1961: 187).

Die Tabuisierung und Abwehr des Nationalsozialismus im schulischen Alltag erfaßte nicht nur die Lehrer, sondern auch die Schüler. Barthel beobachtete unter seinen Schülern „eine neue nationalistische Überheblichkeit, die in einer Art Trotzhaltung die nationalsozialistischen Handlungen, oft in sophistisch-scheindemokratischer Argumentation, verteidigt, ohne ideologisch wirklich vom Nationalsozialismus, etwa von der Rassenlehre, ergriffen zu sein" (Barthel 1959: 252). Registriert wurden verschiedene Formen gegenseitiger Schuldaufrechnung und Mechanismen instinktiver Abwehr, wenn es z.B. um die Thematisierung der Vernichtung der Juden ging. Diese „Spielart der Obstruktion" (Barthel) hat Kurt Fackiner 1959 in einer Umfrage unter 250 Frankfurter Unter- und Obersekundanern nachhaltig bestätigt bekommen, nämlich abwehrende und relativierende Einstellungsmuster von Gymnasiasten besonders bei moralischen Bewertungen der Judenvernichtung und des Attentats vom 20. Juli 1944. Fackiner resümierte:

„Mir scheint, daß das durch die Schule vermittelte Wissen auf diesem Gebiet (der Judenvernichtung, P.D.) abgelehnt wird. Diese Auslegung läßt sich durch die Zunahme der Äußerungen von Obersekundanern stützen, die behaupten, daß heute noch kein objektives Urteil zu diesen Fragen möglich sei und derzeit Verläßliches darüber von niemandem gesagt werden könne. Außerdem dürften wir alle darüber nur *eine* Meinung haben" (Fackiner 1959: 160).

Tjaden stieß bei der Auswertung mehrerer Gruppeninterviews mit Oberschülern auf ähnliche Reaktionen. Die dort befragten Schüler durchschauten die Konjunktur der Zeitgeschichte als Folge der antisemitischen Schmierwellen. Sie beklagten massiv „Überfütterung", „Oberflächlichkeit" und „Unglaubwürdigkeit" des Unterrichts und der Lehrer. Beobachtet wurde, daß die Beschränkungen auf die Daten und Bilder des Grauens und Terrors „sogar eklatante Reaktionen der Abwehr produzieren" (Tjaden 1962: 242). Ein befragter Obersekundaner berichtete:

„Zum Beispiel jetzt der Film 'Nacht und Nebel' lief bei uns in der Schule; der hat also, wie soll ich sagen, ein großes Lachen hervorgerufen (Lachen in der Gruppe), es ist wirklich wahr! Das war zuviel! Wir haben Witze darüber gemacht, in jeder Klasse. Man hat sich damit beschäftigt, aber man war nicht erschreckt ..." (ebd.).

Ähnlich berichtete Feller, „ein nicht unerheblicher Teil" seiner Schüler habe nach dem Besuch des Filmes „Mein Kampf" „impulsiv und lautstark gegen das, was er dort an Grausamkeiten gesehen hatte, (protestiert), und verlangte, endlich auch in der Schule mit den positiven Seiten des Nationalsozialismus, von denen die Eltern berichtet hätten, bekanntgemacht zu werden" (Feller 1962: 123).
Bilanziert man diese und ähnliche Berichte aus der Fachpublizistik, so wären die Widerstände gegen den zeitgeschichtlichen Unterricht primär der Familie zuzurechnen. Sie manifestierten sich aber weniger in offenen und politisch vorgetragenen Protesten, sondern in den Widersprüchen zwischen den lebensgeschichtlichen Erfahrungen und Erinnerungen der Eltern- und Großelterngeneration und dem in der Schule vermittelten Bild des Nationalsozialismus als eines totalitären Herrschaftssystems, das nur Opfer und Täter kannte. Zeitgeschichtlicher Unterricht in den fünfziger und

sechziger Jahre hatte damit zu rechnen, daß Erwachsene „in ihren Erzählungen den Kindern mitunter lichtere Vorstellungsbilder aus dem Kriege übermitteln" (Schallenberger 1958: 79) als dies der Geschichtsunterricht tat. Nicht selten griff der Verdacht um sich, daß Lehrer auf Anweisung „von oben" handelten, und daß „ein nicht geringer Teil der Schüler objektiv falsch informiert ist" (Feller 1962: 124), zeitgeschichtlicher Unterricht deshalb „Ähnlichkeit mit einer psychoanalytischen Behandlung" (Fackiner 1959a: 550) aufweise. Barthel unterschied im Verhalten der Elternschaft zum Nationalsozialismus drei Gruppen: Jene verschwindende Minderheit, die mit ihren Kindern offen und ernsthaft über die Verbrechen des NS-Regimes spricht, jene kleine Gruppe der „Unbelehrten und Unbelehrbaren" und schließlich die große „Gruppe der Schweigenden, derer, die dem Thema Nationalsozialismus in den Gesprächen mit ihren Kindern ausweichen" (Barthel 1959: 250).

Spätestens seit Anfang der siebziger Jahre ist dann aber die Institutionalisierung und Didaktisierung des Nationalsozialismus auch im Unterrichtsalltag und nicht nur in den Lehrplänen durchgesetzt, ohne daß sich dadurch die damit verknüpften Hoffnungen erfüllt hätten. Denn dieser bildungspolitische Sieg wurde seither von lauten Klagen über die Kenntnisdefizite von Schülern, die nur geringe Bedeutung des Unterrichts bei der Entwicklung ihres Geschichtsbewußtseins und schlußendlich bei der Immunisierung gegen rechtsextreme Einstellungen und Orientierungsmuster begleitet. Wer die strukturellen Grenzen schulischer Instruktion und die vielfältigen Möglichkeiten des Nicht-Lernens kennt, der wird hier nicht leichtfertig einen Pyrrhus-Sieg attestieren können. Aber: Mitte der neunziger Jahre müssen wir erkennen, daß Aufklärung notwendig, jedoch nicht hinreichend ist in der Auseinandersetzung mit antidemokratischen Einstellungen und tendenziell nazistischen Orientierungsmustern. Daß sich das Problem der NS-Vergangenheit quasi biologisch mit dem Tode der Täter und Opfer lösen werde, hat sich als Illusion erwiesen und zugleich die Einsicht gestärkt, daß Geschichtslegenden – ähnlich wie Märchen – eine generationsübergreifende Zählebigkeit besitzen und uns noch lange erhalten bleiben werden.

5. Perspektivwandel und Umdeutungen in der Pädagogik

Wenn in der Bundesrepublik im Zusammenhang mit NS-Vergangenheit und Rechtsextremismus öffentlich Pädagogik eingeklagt wurde, dann richteten sich die Erwartungen bis Anfang der achtziger Jahre ausschließlich an den Geschichtsunterricht und die intensive Behandlung des „Dritten Reiches". Mit der Existenz einer vorwiegend von männlichen Jugendlichen getragenen neonazistischen Scene mit direktem Bezug auf die SA-Traditionen begann allerdings der bildungsoptimistische Basiskonsens, nach dem historisches Wissen die Grundlage des subjektiven Geschichtsbewußtseins sei und den Grundstock politisch, moralisch und historisch legitimer Einstellungen und Überzeugungen bilde, zu bröckeln. Jugendbildung und Jugendarbeit reagierten darauf zunächst mit Kompensationsprogrammen und der Suche nach neuen Formen handlungsorientierter Aneignung der NS-Geschichte.

Noch völlig im Rahmen didaktischer Überlegungen und fixiert auf historisches Lernen plädierten Kritiker für eine lebenswelt- und bedürfnisorientierte Jugendbildungsarbeit, in der der Projekt- und Erlebnischarakter, die Alltags- und Naturorientierung in das

Zentrum aller Konzepte gerückt werden sollten. Erst seit Mitte der achtziger Jahre setzte in der Pädagogik unter dem Eindruck einer militanten Hooligan-Scene eine Umdeutung der Probleme ein, in deren Folge Schulpädagogik und Geschichtsdidaktik entlastet wurden und die Sozialpädagogik zum neuen klientadäquaten Handlungsfeld avancierte. Mit der Gewalteskalation der Jahre 1991/92 beschleunigte sich dieser Prozeß erheblich. Maßgeblichen Anteil an der Sozialpädagogisierung des Rechtsextremismus hatte das mit 20 Millionen DM von der Bundesregierung in den neuen Ländern aufgelegte „Aktionsprogramm gegen Aggression und Gewalt" (AgAG), das eine gewisse Sogwirkung auch in der offenen Jugendarbeit in den alten Bundesländern auslöste. Mit der Institutionalisierung sozialpädagogischer Projekte für gewaltbereite Jugendliche wird damit der Jahrzehnte behauptete Zusammenhang zwischen dem Lernen aus der NS-Vergangenheit und dem aktuellen Rechtsextremismus entkoppelt. Gegenwärtig befinden sich Projekte mit gewaltbereiten und rechtsextrem eingestellten Jugendcliquen meist in einem Experimentierstadium und arbeiten unter häufig schwierigen Rahmenbedingungen. Dabei sehen sie sich wachsender öffentlicher Erwartungshaltungen und zugleich zunehmender Kritik ausgesetzt.

Die Kontroversen entzünden allerdings nicht an der Tatsache, daß Sozialpädagogen im Rahmen der offenen, mobilen und aufsuchenden Jugendarbeit sich rechter und gewaltorientierter Jugendcliquen annehmen. Als problematisch eingeschätzt werden vielmehr zwei andere Umstände. Kritiker befürchten zum einen, daß die Umlegung gesellschafts- und jugendpolitischer Problemlagen auf die cliquenorientierte sozialpädagogische Betreuung die Rechtsextremismusgefahr individualisiere und als ein Phänomen jugendlicher Randgruppen entpolitisiere. Mit dieser Umdeutungsstrategie auf die Disziplinarmacht von Sozialpädagogik und Jugendarbeit werde diese mit illegitimen Leistungserwartungen konfrontiert, die die Grenzen pädagogischen Handelns überschreiten. Die Delegation der zentralen Zuständigkeit für Rechtsextremismus und Gewalt an die Pädagogik führe zu einer „entlastenden externen Pädagogisierung" (Helsper/Wenzel 1995: 14), womit der Beitrag anderer gesellschaftlicher Handlungsbereiche ausgeblendet werde. Zum zweiten hat das viele Projektansätze dominierende Konzept der „akzeptierenden Jugendarbeit" (Krafeld 1992) deshalb die Kritik auf sich gezogen, weil es a) mit einer antipädagogischen Haltung auf Beziehungsarbeit statt Aktivitätenangebote setzt und b) sich von einer aufklärenden Bildungsarbeit verabschiedend, einer klientorientierten Beliebigkeit das Wort rede, bei der der pädagogische Weg schon zum Ziel wird.

Ob die Arbeit mit rechten und gewaltbereiten Jugendcliquen mittelfristig Erfolge zeitigen kann, ist gegenwärtig völlig offen. Sie entbindet die Erziehungswissenschaft jedoch nicht von der Aufgabe, verstärkt und systematisch über die Grenzen und Möglichkeiten ihres Beitrages in der Auseinandersetzung mit Fremdenfeindlichkeit, Rassismus und Gewalt nachzudenken, und sie entlastet die Pädagogik nicht davor, den multikulturellen Alltag in Schule und Jugendarbeit so zu gestalten, daß die „Ethnisierung der sozialen Beziehungen" (Jaschke 1994: 184) tabuisiert und diese Tabuisierung als permanente Lernaufgabe verstanden wird. An diesen öffentlichen Aufgaben müssen sich Erziehungswissenschaft und Pädagogik stärker und ernsthafter beteiligen als sie dies in der Vergangenheit getan haben.

Quellen

Archiv der Akademie der Pädagogischen Wissenschaften (APW) und des Deutschen Pädagogischen Zentralinstituts (DPZI): DIPF. BBF/Archiv APWA.
Archiv für Hessische Schulgeschichte, Frankfurt/M.
Bundesarchiv Potsdam: Bestand Deutsche Zentralverwaltung für Volksbildung (DZfV) und Ministerium für Volksbildung: BA Potsdam R-2.
Hauptstaatsarchiv Weimar, Bestand Ministerium für Volksbildung: HSTA Weimar, MfV.
Nachlaß Walter Wolf: DIPF. BBF/Archiv APWA.
Stiftung Archiv der Parteien und Massenorganisationen der DDR im Bundesarchiv: Parteiarchiv der SED; Institut Marxismus-Leninismus – Zentrales Parteiarchiv (IML. ZPA).

Literaturverzeichnis

Barthel, Konrad, 1959: Schule und nationalsozialistische Vergangenheit, in: Gesellschaft-Staat-Erziehung 4, 246-254, 301-307.
Barthel, Konrad, 1962: Zeitgeschichte und exemplarisches Lehren, in: Geschichte in Wissenschaft und Unterricht 13, 221-240.
Bessenrodt, Otto, 1960: Zeitgeschichte – jetzt und heute, in: Die Sammlung 15, 149-154.
Bessenrodt, Otto, 1966: Meinung und Erkenntnis. Zum politischen Risiko des zeitgeschichtlichen Unterrichts, in: Pädagogische Provinz 20, 480-484.
Dau, Boy, 1964: Judentum und Antisemitismus. Ein Unterrichtsversuch im 10. Schuljahr einer Mittelschule, in: Germania Judaica 3, 1-32.
Dorst, Werner, 1951: Zu Fragen des pädagogischen Erbes in Deutschland, in: Pädagogik 6 (12), 1-17.
Dudek, Peter, 1982: „Aufarbeitung der Vergangenheit“ als Erziehungsprogramm? Über die Schwierigkeit, antifaschistische Jugendarbeit zu begründen, in: Neue Praxis 12, 317-332.
Dudek, Peter, 1992: Kontinuität und Wandel. Wissenschaftliche Pädagogik im Nachkriegsdeutschland, in: *Walter Pehle/Peter Sillem* (Hrsg.), Wissenschaft im geteilten Deutschland. Restauration oder Neubeginn nach 1945? Frankfurt a.M., 57-73.
Dudek, Peter, 1994: Nationalsozialismus in der pädagogischen Publizistik. Eine Möglichkeit der Klassifikation des Wissens über die NS-Vergangenheit und ihre Grenzen, in: *Klaus-Peter Horn/Lothar Wigger* (Hrsg.), Systematiken und Klassifikationen in der Erziehungswissenschaft. Weinheim, 295-318.
Dudek, Peter, 1995: „Der Rückblick auf die Vergangenheit wird sich nicht vermeiden lassen.“ Zur pädagogischen Verarbeitung des Nationalsozialismus in Deutschland (1945-1990). Opladen.
Dudek, Peter/Rauch, Thilo/Weeren, Marcel, 1995: Pädagogik und Nationalsozialismus. Bibliographie pädagogischer Hochschulschriften und Abhandlungen zur NS-Vergangenheit in der BRD und DDR 1945 – 1990. Wiesbaden.
Fackiner, Kurt, 1959: Wie sehen Schüler Fragen der Zeitgeschichte?, in: Gesellschaft-Staat-Erziehung 4, 157-163.
Fackiner, Kurt, 1959a: Jugend, Schule, Nationalsozialismus, in: Frankfurter Hefte 14, 549-560.
Feller, Heinz-Rudolf, 1962: Anmerkungen zur Behandlung des Geschichte des Nationalsozialismus im Unterricht der Höheren Schule, in: Pädagogische Provinz 16, 122-131.
Glaser, Hermann, 1959: Beim Wiederhören nationalsozialistischer Reden, in: Frankfurter Hefte 14, 388-390.
Helsper, Werner/Wenzel, Hartmut (Hrsg.), 1995: Pädagogik und Gewalt. Opladen.
Hillgruber, Andreas, 1961 Die Auseinandersetzung mit den überlebenden nationalsozialistischen Propagandathesen im zeitgeschichtlichen Unterricht, in: Pädagogische Provinz 16, 46-55.
Hohendorf, Gerd, 1989: Zur Auseinandersetzung mit dem Faschismus in der pädagogischen Historiographie der DDR, in: Pädagogik und Schule in Ost und West 37, 151-157.
Jaschke, Hans-Gerd, 1994: Rechtsextremismus und Fremdenfeindlichkeit. Opladen.
Kaufmann, Hans u.a. (Hrsg.), 1991: Kontinuität und Traditionsbrüche in der Pädagogik. Ein Gespräch zwischen den Generationen. Weinheim/Basel.

Krafeld, Franz-Josef (Hrsg.), 1992: Akzeptierende Jugendarbeit mit rechten Jugendcliquen. Bremen.

Lehrpläne, 1946: Für Grund- und Oberschulen in der Sowjetischen Besatzungszone Deutschlands. Geschichte. Berlin/Leipzig.

Messerschmidt, Felix, 1950: Neue Wege im Geschichtsunterricht, in: Geschichte in Wissenschaft und Unterricht 1, 36-46.

Moltmann, Günter, 1956: Zeitgeschichtlicher Unterricht. Bildungswerte und methodische Probleme, in: Geschichte in Wissenschaft und Unterricht 7, 158-177.

NN, 1983: Ein konkretes, überzeugungswirksames Feindbild vom Faschismus entwickeln, in: Geschichtsunterricht und Staatsbürgerkunde 25, 62-68.

Nohl, Hermann, 1954: Schuld und Aufgabe der Pädagogik, in: Die Sammlung 9, 446-449.

Norden, Albert, 1947: Lehren deutscher Geschichte. Zur politischen Rolle des Finanzkapitals und der Junker. Berlin.

Schallenberger, Horst, 1958: Politische Bildung in der Volksschulwirklichkeit, in: Pädagogische Rundschau 12, 71-80.

Schallenberger, Horst, 1959: Zur Diskussion über die politische Bildung, in: Pädagogische Rundschau 13, 557-563.

Schlegel, Wolfgang, 1961: Geschichtsbild und geschichtliche Bildung als volkspädagogische Aufgabe. Weinheim.

Schörken, Rolf, 1992: Didaktische Mechanismen im DDR-Lehrbuchwerk „Geschichte 5-10“, in: Geschichte in Wissenschaft und Unterricht 43, 93-110.

Schubarth, Wilfried u.a., 1991: Verordneter Antifaschismus und die Folgen, in: Aus Politik und Zeitgeschichte B 9, 3-16.

Sontheimer, Kurt, 1963: Politische Bildung zwischen Utopie und Verfassungswirklichkeit, in: Zeitschrift für Pädagogik 9, 167-180.

Tjaden, Karl-Hermann, 1962: Reaktionen von Schülern auf die Behandlung des Themas Nationalsozialismus im Unterricht des Gymnasiums, in: Gesellschaft-Staat-Erziehung 7, 238-243.

Voigt, Richard, 1959: Die politische Bildung und Erziehung und der Ausbau des niedersächsischen Schulwesens, in: Niedersächsisches Schulverwaltungsblatt. Nichtamtlicher Teil, 291-295.

Weinstock, Heinrich, 1959: Der Nationalsozialismus im Schulunterricht, in: Gesellschaft-Staat-Erziehung 4, 339-348.

Wiegmann, Ulrich, 1993: Zur Funktion des curricularen Vergleichs autoritärer Erziehungsverhältnisse: Juden und jüdische Geschichte in Lehrplänen und Lehrbüchern der letzten sechs Jahrzehnte, in: Pädagogik und Schulalltag 48, 234-244.

Rechtsradikalismus und die „Basiserzählung". Wandlungen in der politischen Kultur Deutschlands*

Thomas A. Herz

1. Ein Widerspruch tut sich auf

Die Bilder und Berichte über die Attacken deutscher Jugendlicher auf Asylbewerber, deren Heime, auf Ausländer und auf Behinderte sind um die Welt gegangen. Es sind die Bilder über Aufmärsche, über hochgereckte Arme, die zum Hitler-Gruß einladen, in vielen Ländern der Welt bekannt geworden. Diese Bilder erwecken den Eindruck, als stecke die Bundesrepublik in einer tiefen Krise. Gleichzeitig ist die Bundesrepublik in den Augen vieler – auch derjenigen, die als Asylsuchende hier Schutz suchen – der Hort der Stabilität und des Wohlstandes. Hier herrschen demokratische Verhältnisse. Es gibt mehrere Parteien, die um die Macht ringen, es finden Wahlen statt, eine freie Presse und viele Fernsehsender sorgen für Sichtbarkeit der Verhältnisse und für eine (mäßige) Kritik. Die politische Kultur ist demokratisch. Die ökonomischen Verhältnisse sind sehr gut, das System der sozialen Sicherung ist stark ausgebaut, das „soziale Netz" ist engmaschig geknüpft, d.h. ein großer Teil der Bevölkerung ist darin integriert. Es gibt eine offensichtliche Diskrepanz zwischen den sichtbaren Attacken auf Minderheiten und Ausländer und den herrschenden politischen und wirtschaftlichen Verhältnissen. Es liegt nahe, diese Diskrepanz mit wirtschaftlichen Problemen, vor allem mit den Problemen, die durch die Vereinigung der beiden deutschen Staaten entstanden sind, zu erklären. Diese Faktoren spielen als unmittelbare Auslöser von Ereignissen eine Rolle. Ich möchte hier jedoch auf kulturelle Vorgänge eingehen, ohne die eine angemessene Erklärung nicht möglich ist. Ich werde auf drei Aspekte der Ereignisse in den 1990er Jahren eingehen: a) auf die unverblümte Bezugnahme auf den Nationalsozialismus, b) auf die „Jugendlichkeit" der Handelnden, und c) auf die Gewalttätigkeit. Meine allgemeine These lautet: Diese drei Merkmale weisen eine Gemeinsamkeit auf. Sie ist in der politischen Kultur zu sehen. Mit politischer Kultur ist hier ein System von Bedeutungen zu verstehen, innerhalb dessen Menschen handeln (Geertz 1973). Dieses System nenne ich die Basiserzählung der Bundesrepublik (vgl. Trotha 1993). Es ist die Veränderung der Basiserzählung, die die Bezugnahme auf den Nationalsozialismus, die „Jugendlichkeit" und die Gewalt möglich macht. Bisherige

* Thomas Herz starb am 25. November 1995. Er konnte den vorliegenden Beitrag nicht mehr ganz fertigstellen. Aus diesem Grund wurden von Trutz v. Trotha, Freund und Kollege von Thomas Herz an der Universität Siegen, einige wenige redaktionelle Änderungen im Schlußteil des Manuskripts vorgenommen. Ebenfalls wurde versucht, das Literaturverzeichnis zu vervollständigen.

Theorien des Rechtsradikalismus haben kulturelle Vorgänge vernachlässigt. Dies möchte ich zunächst exemplifizieren.

2. *Warum Theorien des Rechtsradikalismus den Gegenstand nicht erklären können*

In den 1960er Jahren waren es gerade die Eigenschaften einer *stabilen Demokratie*, die als Ursachen für Rechtsradikalismus genannt wurden. Scheuch und Klingemann (1967) prägten, in Anlehnung an Talcott Parsons (1964a; 1964b; 1964c), den Begriff der „normalen Pathologie westlicher Industriegesellschaften" für den Rechtsradikalismus. Rechtsextremismus sei vor allem die Folge von „Nicht-Regierbarkeit". Wirtschaftliche Prosperität und politische Stabilität hätten hohe Erwartungen seitens der Bevölkerung erzeugt. So lange die Wirtschaft prosperiere und soziale Probleme nicht Überhand nähmen, so lange könnten Politiker die hohen Erwartungen erfüllen. Wenn aber Probleme auftauchten, dann könnten Situationen der Nicht-Regierbarkeit entstehen. Dann hätten rechtsradikale Gruppen große Chancen, unzufriedene Wähler zu mobilisieren. Eine weitere Voraussetzung dafür sei geringe Bindung an etablierte Parteien. Schließlich haben Scheuch und Klingemann bestimmte Persönlichkeitsmerkmale – den autoritären Charakter (Adorno et al. 1950) – als weitere Voraussetzung für die Wahl oder Unterstützung rechtsradikaler Parteien genannt.

Diese Theorie hatte den Vorteil, relativ präzise Bedingungen zu nennen, die zur Wahl oder zur Unterstützung einer rechtsradikalen Partei führten. Sie lenkte die Aufmerksamkeit auf politische Faktoren, auf die Leistungen von etablierten Parteien als Vermittler zwischen Wähler und Staat, und auf die Eliten. Durch die Nennung relativ spezifischer Faktoren ließ sie sich auch empirisch überprüfen. Erstaunlicherweise ist sie fast vollständig in Vergessenheit geraten. Sie taucht vielleicht in dem einen oder anderen Übersichtsartikel auf (z.B. in Stöss 1993)[1]. Ein Grund ist vermutlich die Veränderung des Erklärungsgegenstandes. Bei Scheuch und Klingemann war es Wahl oder Unterstützung rechtsradikaler Parteien. Mit der Theorie kann man jedoch nicht erklären, warum in den 1990er Jahren so viele Jugendliche sich rechten Themen zuwenden und wie es zu Gewalt von rechts kommt. Man würde jedoch fehlgehen, würde man annehmen, daß diejenigen Theorien und Hypothesen, mit denen man heute rechtsradikales Verhalten zu erklären sucht, die Defizite der damaligen Theorie behoben hätten. Was damals der Theorie fehlte, das fehlt auch heute.

Drei Merkmale der „Theorie des Rechtsradikalismus in westlichen Industriegesellschaften", die gleichzeitig Defizite sind, sind wichtig zu beachten. *Erstens* bezieht sie sich auf *alle Industriegesellschaften*, neben der Bundesrepublik z.B. auf Frankreich, England, die USA, Schweden und Italien. Die spezifischen Unterschiede zwischen diesen Ländern werden darin gesehen, daß die rechtsradikalen Parteien – Scheuch und Klingemann bezogen sich auf die Nationaldemokratische Partei Deutschlands (NPD), die in den 1960er Jahren Erfolge verbuchen konnte – immer einer rückwärtsgewandten Ideologie anhängen (Fetscher 1967; Niethammer 1969). Sie wollen die sozialen, poli-

1 In anderen Veröffentlichungen, z.B. in den Bibliographien der Sammelwerke von Otto/Merten (1993) und Butterwege/Isola (1991) wird sie nicht genannt. Vor allem in angewandten Analysen wird auf sie nicht Bezug genommen.

tischen und wirtschaftlichen Verhältnisse zurückdrehen. Sie hängen einer Vorstellung von einer besseren Vergangenheit an, die sie wiederherstellen wollen. *Diese Vergangenheit ist aber in der Bundesrepublik die NS-Vergangenheit.* In anderen Ländern, die keine solche Tradition haben – z.B. die USA und Schweden – haben rechte Parteien und Gruppen an einer anderen Tradition angeknüpft. Die NS-Vergangenheit der damaligen Rechtsradikalen in der Bundesrepublik wurde jedoch nicht zu einem besonderen Thema gemacht. Scheuch und Klingemann (1967) verwiesen die „rechtsradikalen Philosophien" (Scheuch/Klingemann 1967: 24) bzw. die rechtsradikalen Wert- und Orientierungssysteme ins Private (Scheuch/Klingemann 1967: 24). Mit anderen Worten: Die Untersuchungen, die damals unternommen wurden, waren *a-historisch* und wenig geeignet, die für eine bestimmte Gesellschaft geltenden Bedingungen für die Entstehung von Rechtsradikalismus herauszuarbeiten (Ausnahme: Herz 1975). Das gilt auch für Analysen, die in einer späteren Zeit entstanden und Rechtsterrorismus als Erklärungsobjekt hatten (z.B. Neidhardt 1982; 1992).

Eng damit verbunden ist eine *zweite Eigenschaft* der Theorie. Sie benennt zwar Ursachen des Rechtsradikalismus recht genau. Aber sie sind auf Politik, Wirtschaft und Soziales beschränkt. Kultur kommt nicht vor. So wurden, wie bereits erwähnt, „rechtsradikale Philosophien" ins Private verwiesen. Damit sind für ihr Weiterwirken Sozialisationsprozesse verantwortlich. Wenn aber Rechtsradikalismus in Deutschland erklärt werden soll, dann muß man auf die politische Kultur eingehen. Dann muß man den Bezugsrahmen herauspräparieren, auf den sich die Akteure beziehen. Dann muß man das *System von Bedeutungen*, das den Handelnden gemeinsam ist bzw. das sie durch ihre Handlungen rekonstruieren, aufzeigen (vgl. Geertz 1973). Dieses ist eine historisch spezifische politische Kultur, in deren Zentrum die Basiserzählung steht.

Das *dritte Merkmal* von Theorien und Erklärungen des Rechtsradikalismus, nicht nur in der Fassung von Scheuch und Klingemann (1967), ist darin zu sehen, daß Politik und politisches Handeln als die Folge individueller Einstellungen und Neigungen, psychischer und persönlicher Eigenschaften aufgefaßt wird. Diese Erklärungen verlegen die Ursachen für Rechtsradikalismus in die Personen hinein. Sie, die Wähler, sind es, die Defizite wahrnehmen. Das kommt in einer neueren Veröffentlichung besonders deutlich zum Ausdruck: „Die Bereitschaft zu politischem Protest ist also von der Unzufriedenheit quantitativ relevanter Bevölkerungsgruppen mit dem politischen System abhängig, die individuelle Unzufriedenheit muß als Folge politischer Deprivation wahrgenommen werden" (Emmert 1993: 89). Hier besteht eine Parallele zu dem sog. ätiologischen Ansatz in der Kriminologie. Auch dort wird abweichendes Verhalten als das Resultat von Eigenschaften der Person angesehen. Man kann jedoch Rechtsradikalismus (und abweichendes Verhalten) nur erklären, wenn man berücksichtigt, daß er das Resultat eines Prozesses ist, in dem die *Reaktion der Gesellschaft* bzw. gesellschaftlicher Institutionen eine entscheidende Rolle spielt. Berücksichtigt man, wie Institutionen mit dem Rechtsradikalismus umgehen, dann bedeutet dies auch, daß man den *prozessualen Charakter* des Rechtsradikalismus Rechnung trägt.

Theorien und Erklärungen des Rechtsradikalismus müssen deshalb den *historischen Kontext* berücksichtigen, auf dem spezifische Ereignisse sich abspielen. Dieser Kontext wird in der Bundesrepublik durch die NS-Vergangenheit gebildet. Sie müssen dem Sachverhalt gerecht werden, daß die NS-Vergangenheit ein *System von Bedeutungen* bildet. Dieses System ist Teil der politischen Kultur Deutschlands. Ich nenne diesen

Teil mit v. Trotha (1993) die Basiserzählung der Bundesrepublik. Die Theorien und Erklärungen müssen ebenfalls den *prozessualen Charakter* der politischen Kultur und des Umgangs mit Ereignissen wie Rechtsradikalismus und Neonazismus in Rechnung stellen. Rechtsradikalismus ist ein Zuschreibungs- und Definitionsprozeß, in dem die Reaktion gesellschaftlicher Institutionen eine wichtige Rolle spielt.

3. *Die soziale Konstruktion von Rechtsradikalismus*

Drei Dinge fallen auf, wenn man die Rechtsradikalen heute mit denen der 1960er Jahre vergleicht. Erstens sind die *Bezugnahmen auf den Nationalsozialismus* in der Gegenwart viel offensichtlicher als z.B. in den 1960er Jahren. Zweitens richtet sich das Interesse der Wissenschaft, der Medien und der Tagesgespräche auf *Jugendliche*. Drittens ist die *Gewalttätigkeit* viel größer als in den 1960er Jahren. Auf diese drei Punkte möchte ich eingehen.

3.1 Zum Problem der Bezugnahme auf den Nationalsozialismus

Meine These lautet: Man kann die Taten von Jugendlichen nur angemessen definieren und erklären, wenn man sie im Kontext der politischen Kultur interpretiert. Politische Kultur kann man rekonstruieren, wenn man andere Handlungen und Ereignisse berücksichtigt und ihre Gemeinsamkeit herausarbeitet. Das bedeutet nicht, daß ich hier eine Erklärung für den Ablauf des Angriffs auf ein Asylbewerberheim oder des Umwerfens von Grabsteinen auf jüdischen Friedhöfen zu geben beabsichtige. Die Abläufe liegen außerhalb meines Erklärungsansatzes. Um aber das Auftreten solcher Ereignisse erklären zu können, muß man den gemeinsamen Bedeutungshintergrund dieser und anderer Handlungen herausarbeiten. Nur wenn man dies tut, kann man einen Typus von Handlungen angemessen erklären. Gemeinsam ist den Handlungen der Nationalsozialismus, genauer: die *Basiserzählung*.

In einem Beitrag zu den jüngsten rechtsradikalen Gewaltereignissen schreibt v. Trotha: „Die Basiserzählung ist diejenige Konstruktion der Geschichte einer Gesellschaft und Kultur, die die beherrschenden legitimatorischen Konstruktionen der Vergangenheit enthält und deshalb in den Konflikten um die Konstruktion der Vergangenheit unausweichlicher Bezugspunkt ist. Aus diesem Grund zeigt der Wandel der Basiserzählung immer grundlegende Veränderungen der politischen Kultur an" (v. Trotha 1993: 6-7). Die Basiserzählung der Bundesrepublik ist die Geschichte des Nationalsozialismus und seiner „Aufarbeitung" (Herz/Schwab-Trapp 1995). Die Basiserzählung läßt sich in etwa wie folgt nacherzählen:

Die Deutschen sind, ohne zu wissen, worauf sie sich einließen, an die Nazis geraten. Die Nazis gründeten ein totalitäres und despotisches Regime. Es war eine Willkürherrschaft. Es gab Widerstand gegen das Regime, denn die Deutschen waren verleitet worden. Die Deutschen waren im Grunde eine „Gemeinschaft der Leidenden". Dies gilt vor allem für die Soldaten. Sie kämpften für das Vaterland, nicht für die Nazis. Ein Mittel, um das Regime zu stabilisieren, war der wirtschaftliche Erfolg, zumindest bis zum Kriegsbeginn. Nach 1945 hat man sich mit der NS-Vergangenheit erfolgreich auseinandergesetzt. Die Bundesrepublik ist zu einer demokratischen Gesellschaft geworden. Das Wirtschaftswunder und der Wohlfahrtstaat haben dazu beigetragen, eine stabile Demokratie zu errichten. Die Bundesrepublik ist eine pluralistische und offene Gesellschaft. Die Deutschen haben aus der NS-Vergangenheit gelernt. Es gibt keine Kollektivschuld, sondern nur eine kollektive Verantwortung. Die Deutschen haben Wiedergutmachung an das jüdische Volk geleistet und die Verbrecher verurteilt. Das Leiden ist Teil des jüdischen und nicht des deutschen Schicksals.

Im Kern der Basiserzählung steht die Ermordung der europäischen Juden. Gäbe es nicht diese Taten, wäre das NS-Regime eines unter vielen ähnlichen Regimen der letzten hundert Jahre. Dann würden wir über die NS-Zeit so sprechen, wie wir über die Zeit zwischen 1914 und 1918 sprechen. Das bedeutet nicht, daß dieses Thema ständiger Gegenstand von Erörterungen innerhalb der Basiserzählung bildet – im Gegenteil. Die Basiserzählung ist eine Konstruktion, deren Sinn darin besteht, die NS-Vergangenheit zu um-gehen oder im Sinne von Sykes und Matza (1968) zu neutralisieren. Die Ermordung der europäischen Juden ist die Quelle, die die Auseinandersetzungen über die nationalsozialistische Vergangenheit auflädt und mit Strom versorgt.

Die Abgrenzung vom Nationalsozialismus bildet einen wichtigen Bestandteil der Basiserzählung. Der Glaube an eine „Stunde Null", durch die alle Reste des nationalsozialistischen Regimes getilgt worden seien, gehört zu den festen Bestandteilen der Basiserzählung. Diese Vorstellung war die Bedingung für den Aufbau demokratischer politischer Institutionen und einer demokratischen politischen Kultur. Sie wurde praktisch zu einer Norm. Gegen diese Norm verstoßen hieß, die Gültigkeit der Grenze zwischen demokratischer und undemokratischer Kultur zu überschreiten.

Die Basiserzählung besteht, wie ich dargestellt habe, nicht nur aus der Vorstellung von einer „Stunde Null". Sie ist eine Erzählung, die aus vielen einzelnen Bestandteilen sich zusammensetzt. Man kann unter den Bestandteilen „Kurzgeschichten", Argumente, „plots", „slogans" und Erklärungen vielfältigster Art ausmachen (vgl. auch Alexander/Smith 1993). Es handelt sich um „Erklärungen" im Sinne von Scott und Lyman (1968), d.h. um die „angemessene" Interpretation von Handeln. Mittels der Basiserzählung gibt man Handlungen eine „vernünftige" Deutung. Oder aber: Mittels der Basiserzählung neutralisiert man abweichendes Verhalten und Verstösse gegen Normen (Sykes/Matza 1957). Sie sollte u.a. dazu dienen, die Kontinuität zwischen dem NS-Regime und der Bundesrepublik „wegzuerklären" (Herz 1995).

Diese Darstellung der Basiserzählung und ihrer „Funktion" soll jetzt benutzt werden, um die Gemeinsamkeit typischer rechtsradikaler Handlungen herauszuarbeiten. Man kann in den 1990er Jahren eine Vielzahl von Handlungen beobachten. Ich möchte hier drei Typen darstellen.

a) Zunächst sind die „spektakulären" Fälle zu nennen, wie die Angriffe auf Unterkünfte für Asylbewerber. Beispiele sind die Ereignisse in Hoyerswerda (18.9. – 24.9.1991) und in Rostock-Lichtenhagen (22.8. – 27.8. 1992). Die Attacken dauern mehrere Tage. Die Angreifer werden von den Zuschauern angefeuert. Die Polizei schreitet nur zögerlich ein. Die lokalen Verwaltungen geben nach und siedeln die Asylbewerber um.

b) Als zweites sind zu nennen die vielen antisemitischen Angriffe und Ausfälle. In Rostock wird am 2.11.1992 Ignatz Bubis, der Vorsitzende des Zentralrates der Juden, antisemitisch angepöbelt. Er war aus Anlaß der Angriffe auf das Asylbewerberheim in Rostock-Lichtenhagen zwei Wochen zuvor mit einer Delegation des Zentralrates nach Rostock eingeladen worden. Der Besuch war auf Einladung des Präsidenten der Rostocker Bürgerschaft, Christoph Kleeman (Neues Forum) zustandegekommen. Auf einer Pressekonferenz wird Bubis von dem CDU-Politiker und Vorsitzenden des Innenausschusses der Bürgerschaft, Schmidt, gefragt: „'Sie sind deutscher Staatsbürger jüdischen Glaubens. Ihre Heimat ist Israel. Ist das richtig so? Wie beurteilen Sie die täglichen Gewalttaten zwischen Palästinensern und Israelis?'" (Frankfurter Neue Presse 2.11.1992).

c) Der dritte Typus wird repräsentiert durch das Urteil gegen den Vorsitzenden der Nationaldemokratischen Partei Deutschlands, Deckert. Er wurde vom Landgericht Mannheim in Juni 1994 wegen der Leugnung von Auschwitz zu einem Jahr Gefängnis mit Bewährung verurteilt. In der Urteilsbegründung äußert sich das Gericht positiv über den Angeklagten. Er habe nur das deutsche Volk von den übertriebenen Forderungen der Juden nach Wiedergutmachung schützen wollen. Seine Motive seien lauter. Er habe allerdings einen falschen Weg gewählt (Althaus 1995).
Die Handlungen der Akteure haben eines gemeinsam. Sie stellen eine Verbindung zum Nationalsozialismus her. Die Jugendlichen richten ihre Attacken gegen Personen und Gruppen, die traditionell zu den Feinden rechtsradikaler Personen, Gruppen und Parteien gehörten: *Ausländer, Minderheiten und da vor allem Juden sowie „Schutzlose"*. Des weiteren benutzen sie Symbole, die direkt auf den *Nationalsozialismus* verweisen: Hakenkreuze, SS-Runen, den Hitler-Gruß. Sie skandieren NS-Lieder. Die Benutzung von Symbolen hat es auch in der 1960er Jahren gegeben. Mitglieder der „Aktion Widerstand" (gegen die Ostpolitik Willy Brandts) grüßten mit hochgerecktem Arm und drei ausgestreckte Finger, die wie ein „W" aussahen. Die Unverblümtheit, mit der heute NS-Symbole benutzt und typische Gegner attackiert werden, muß erklärt werden.
Die Politiker in Rostock stellen eine Beziehung her zwischen den Angriffen auf das Asylbewerberheim und Juden, Israel und den Palästinensern. Dies gilt nicht nur für den CDU-Politiker, der Bubis angriff. Es gilt ebenfalls für den Präsidenten der Rostocker Bürgerschaft, der Bubis einlud. Dabei muß man berücksichtigen, daß die Attacken auf die Zentrale Aufnahmestelle für Asylbewerber (ZAST) in Rostock-Lichtenhagen Zigeunern und Vietnamesen galten.[2] Der Richter schließlich, der die oben genannte Urteilsbegründung verfaßte, vergleicht sein Urteil mit dem Urteil gegen Hitler 1923 (Süddeutsche Zeitung 5.9.1994).
Die Akteure, die in ganz unterschiedlichen institutionellen Rahmen handeln, situieren ihre Handlungen in einem historischen Kontext, im Kontext des Nationalsozialismus. Nachdem dieser Kontext erläutert worden ist, wende ich mich den Attacken von Jugendlichen auf Asylbewerberheime, auf Ausländer, auf jüdische Friedhöfe etc. zu. Sie werden, so lautete meine These oben, durch eine Änderung der Basiserzählung möglich.
Eine Erklärung, die ein wichtiger Bestandteil der Basiserzählung wurde, war die

2 Kurz nach den Angriffen auf die ZAST versuchten französische Juden, eine Tafel an das Rostocker Rathaus anzubringen, die an die Verfolgung und Ermordung von Juden erinnern sollte. Dies steht aber beim Besuch der Delegation des Zentralrates nicht im Vordergrund.

Vorstellung vom natürlichen „Aussterben“ aller Reste des Nationalsozialismus. Durch die Generationenfolge, d.h. das Aussterben der alten und das Nachwachsen der jungen Generationen, würde man sich des Nationalsozialismus auf natürlichem Wege entledigen. Die Vorstellung wird institutionell besonders deutlich in den Strafprozessen gegen KZ-Schergen. Hier wird das Alter der Angeklagten und der Zeugen als Argument gegen solche Prozesse ins Spiel gebracht. Es wird argumentiert, mit der Zeit schwinde die Verhandlungsfähigkeit der Erstgenannten und die Erinnerung der Zeugen. Eines Tages werde es keine Strafprozesse mehr geben, weil alle potentiell anklagbaren Personen und alle potentiellen Zeugen tot sein würden. Die Vorstellung von einer Generationenfolge wird ergänzt durch eine allgemeine zeitliche Deutung der Beziehung zwischen den heute Lebenden und dem Nationalsozialismus. Die Beschäftigung mit dem Nationalsozialismus ist auf die Vergangenheit bezogen. Es gilt aber, „zukunftsfähig“ zu sein. Diese Idee kommt z.B. in dem Begriff der „Ewiggestrigen“ zum Ausdruck, der benutzt wird, um Rechtsradikale zu charakterisieren. Sie erscheint in den verschiedenen Beschreibungen der rechtsradikalen Ideologien, auf die in Abschnitt 2 hingewiesen wurde, und in denen betont wird, daß die Rechtsradikalen sich an der Vergangenheit orientieren (Scheuch/Klingemann 1967; Fetscher 1967; Niethammer 1969). Die zeitliche Deutung der Beziehung zwischen „heute“ und „damals“ wird unterstützt durch die Vorstellung von einer zeitlichen Distanz zum Nationalsozialismus, die ständig wächst. Damit werde der normativ verpflichtende Charakter der NS-Vergangenheit für das Hier und Jetzt immer schwächer.

Die zeitliche Perspektive sowie die Vorstellung von einem Generationenwechsel sind nur Teile einer umfassenden Basiserzählung. In ihr gehen Vorstellungen ein, wie die Deutschen sich mit den Nazis einliessen, was zwischen 1933 und 1945 geschah, und wie man die NS-Vergangenheit nach 1945 „aufgearbeitet“ hat (vgl. Herz 1995). Diese „Geschichtchen“ können benutzt werden, um in einem Streit um die NS-Vergangenheit Argumente zu mobilisieren. Die Argumente haben zwei Funktionen. Erstens dienen sie der Neutralisierung von Abweichung, haben also eine legitimierende Funktion. Zweitens können sie benutzt werden, um Abweichler zu bestrafen. Wenn Jugendliche ein Asylbewerberheim unter dem Skandieren neonazistischer Parolen anzünden, dann wird man sie bestrafen. Gleichzeitig heißt es, sie wüssten eigentlich nicht, was der Nationalsozialismus sei. Wenn ein Richter sich positiv auf Hitler beruft, dann läßt man ihn mit dem Argument ungestraft, der Instanzenweg werde sein Urteil korrigieren. Mit anderen Worten: Wer eine Norm verletzt, die unseren Umgang mit dem Nationalsozialismus regelt, kann, muß aber nicht bestraft und ausgegrenzt werden.

Die Norm wurde in der Vergangenheit weitgehend eingehalten. Die Abgrenzung vom Rechtsradikalismus, sei es der SRP, der NPD oder kleiner Zirkel und Grüppchen, war immer scharf, gerade weil er die NS-Vergangenheit heraufbeschwor und eine nicht gelungene Aufarbeitung implizierte. Vor allem: Es fand keine Verständigung mit Rechtsradikalen statt. Ein Vergleich zwischen den 1960er und den späten 1980er Jahren zeigt, daß die Abgrenzung an Klarheit und Schärfe verliert (Herz 1991). Einiges spricht dafür, den Beginn der Veränderungen im Umgang mit dem Nationalsozialismus und mit Konflikten, die mit der NS-Zeit in einem Zusammenhang stehen, um die „Wende“ 1982/83 anzusetzen. Das ist der Zeitpunkt, als Helmut Kohl die Regierungsmacht übernimmt. Als Beispiel können die Äußerungen auf der Reise Bundeskanzler Kohls nach Israel 1984 genannt werden (Althoff 1995).

In seinem Besuch in Israel 1984 prägte Helmut Kohl den Slogan „Gnade der späten Geburt“. Damit meinte er, daß diejenigen, die wie er die NS-Zeit nur als Kinder und Jugendliche erlebt hatten, zur damaligen Zeit also nicht politisch „reif“ waren, nicht mehr durch die NS-Vergangenheit zu belasten seien. Man müsse in die Zukunft blicken und die Vergangenheit vergangen sein lassen. Hierbei spielten zwar aktuelle wirtschaftliche Interessen eine Rolle, denn die Bundesrepublik verhandelte gerade mit Saudi-Arabien über die Lieferung von Panzern. Exporte solcher Waffen in ein Land, das sich im Kriegszustand mit Israel befand, konnte nur möglich werden, wenn man die besonderen Beziehungen zwischen Israel und der Bundesrepublik neu definierte. Aber es ging Helmut Kohl um mehr als nur wirtschaftliche Interessen, nämlich um den Versuch, die Legitimation der Bundesrepublik auf eine neue Basis zu stellen. Das konnte nur geschehen, wenn er und seine Mitstreiter die NS-Vergangenheit von der Gegenwart abspalteten.

Der Slogan „Die Gnade der späten Geburt“ sowie Kohls Argumente, man solle die Vergangenheit hinter sich lassen und sich der Zukunft zuwenden (vgl. Althoff 1995), mobilisieren die Vorstellung von einer Generationenfolge und die zeitliche Deutung unserer Beziehung zum Nationalsozialismus, die ich als Teil der Basiserzählung der Bundesrepublik beschrieben habe. Kohl kann sich auf ein „System von Bedeutungen“ berufen, die teils spezifisch, teils allgemein und alltäglich sind. Die spezifischen Elemente habe ich bereits angedeutet. Sie betreffen unsere Beziehung zum NS-Regime und seiner „Aufarbeitung“, die Beziehung zu Juden und die speziellen Beziehungen, die zwischen Israel und der Bundesrepublik bestehen. Diese Bedeutungen haben sich in einem langen und komplizierten politischen Prozeß etabliert, in den der Wiederaufbau der jüdischen Gemeinden in der Bundesrepublik, die Gründung des Staats Israel, Wiedergutmachung und Aufnahme diplomatischer Beziehungen zwischen Israel und der Bundesrepublik eingehen. Der Slogan hat aber auch eine alltags- oder lebensweltliche Bedeutung, auf die Kohl sich berufen kann. Die Generationenfolge ist ein quasi-biologisches Prinzip, das dem sozialen Wandel unterliegt, und mit dem jeder vertraut ist. Die Orientierung an der Zukunft ist ein Prinzip, das dem politischen Handeln zugrundeliegt und auch „von jedem“ eingesehen wird. Kohl setzt hier etwas ein, was Bourdieu „symbolisches Kapital“ genannt hat: allgemein anerkannte und nicht weiter in Frage zu stellende Prinzipien.

Die Mobilisierung von Bedeutungen ist nur die eine Seite des Handelns. Gleichzeitig findet eine Umdefinition der Basiserzählung statt. Diese quasi mikroskopische Veränderung (Geertz 1973) erhält ihre Legitimität dadurch, daß der Handelnde Bundeskanzler ist, d.h. die Spitze der Machthierarchie der Gesellschaft innehat. Kohls Reise nach Israel ist nur ein, wenn auch ein wichtiges Element in einem Diskurs, in dem es um eine Neudefinition der Rolle, die die NS-Vergangenheit spielen soll, geht.[3] Der Nationalsozialismus soll in den Hintergrund geschoben, er soll „neutralisiert“ werden.

3 In Bitburg 1985 sollte auf einem anderen Wege dasselbe Ziel erreicht werden. Wenn er und der damalige US-Präsident Ronald Reagan sich die Hand auf dem Soldatenfriedhof in Bitburg reichten, sollte die Nachkriegszeit zu Ende sein. Die Bundesrepublik sollte in den gleichen Status versetzt werden wie die Siegermächte. Helmut Kohl hatte bereits seinen Unmut darüber geäußert, daß diese Siegermächte USA, Großbritanien und Frankreich ein Jahr davor die Landung der Allierten in Normandie feierten und die Bundesrepublik bzw. ihn nicht dabei haben wollten.

Damit verändert sich die Basiserzählung der Bundesrepublik. Die Folge davon ist, daß Verstöße gegen Normen, die den Umgang mit der NS-Vergangenheit regulieren, z.B. als „läßliche Sünden“, als verständliche, wenn auch nicht als gutzuheißende, Taten behandelt werden. Die öffentliche Diskussion wird geöffnet für Themen, die früher nicht zugelassen waren oder nicht in dieser Form stattfanden.[4]
Man kann die Öffnung für neue Themen an verschiedenen Ereignissen erkennen, die früher als undenkbar galten. Das Hissen der sog. Reichskriegsflagge durch einen bekannten Wirtschaftsführer (Karl Dersch)[5] und die von einem Staatssekretär in Bonn geplante Feier in Penemünde (Erich Riedl)[6] gehören ebenso dazu wie die Änderung des Art. 16 GG. Das Handeln in den genannten Fällen läßt sich nicht allein auf individuelle Einstellungen oder Persönlichkeitsmerkmale, geschweige denn auf ihre autonome Änderung vom Zeitraum vor zum Zeitraum nach 1989, zurückführen. Man kann sie auch nicht in einfache Ursache-Wirkungs-Sequenzen einteilen. Die Handlungen haben auf der einen Seite Symbolcharakter (vgl. Schwab-Trapp 1994). Sie sind aber auch die Ursache für andere Handlungen.
Die Rechtsradikalen und Neonazis greifen deshalb Themen auf, die in der Öffentlichkeit erörtert werden, und radikalisieren sie. Das Thema „deutsche Identität“ gehört nicht erst seit der Vereinigung der beiden deutschen Staaten zu diesen Themen. Die Rechtsradikalen können das Thema nationale Identität nur radikalisieren, indem sie auf den Nationalsozialismus Bezug nehmen. Parallel dazu fordern Intellektuelle und Politiker, man dürfe das Thema nicht den Rechtsradikalen überlassen und müsse eine positive Beziehung zur nationalen Identität entwickeln. So nehmen sie gegenseitig auf das Thema Bezug.

3.2 Zum Problem der Jugendlichkeit

Die These dieses Abschnitts lautet: Mit der Zunahme von Angriffen auf Ausländer und Asylbewerber, mit der Zunahme von antisemitischen Attacken, mit der Zunahme der Benutzung von NS-Symbolen durch Jugendliche, wird eine wichtige Annahme der Basiserzählung in Frage gestellt: Die Annahme, der Rechtsradikalismus und vor allem die Bezugnahme auf die NS-Vergangenheit würde sich „auswachsen“. Mit dem Problem der Erklärung dieses Phänomens sind zentrale Institutionen der bundesdeutschen Gesellschaft konfrontiert: Wissenschaft, Politik, und Erziehungsinstitutionen. Ihre Vertreter regeln das Problem durch eine ambivalente Vorgehensweise. Sie definieren einerseits den Rechtsradikalismus als ein Problem von „Jugendlichen“. Andererseits trennen sie diese Jugendlichen vom Nationalsozialismus.
In den 1950er und 1960er Jahren waren die Anhänger der rechtsradikalen Parteien – dies war in den 1950er Jahren die SRP, zwischen 1964 und 1969 die NPD – vorwiegend in den älteren Jahrgängen zu finden. Es gab zwar Versuche der NPD, eine „Garde“ von „Jungen Nationaldemokraten“ zu gründen. Die Partei versuchte auch, in den

4 Zwei Elemente des neuen Diskurses sind die ethnische Homogenität Deutschlands und die stalinistische Vergangenheit der DDR (vgl. Herz 1993a, 1993b).
5 Vgl. „Fälliger Abgang“, in: Die Zeit v. 4.12.1992.
6 Vgl. „Schande“, in: Die Zeit v. 2.10.1992.

Reihen der Studenten Anhänger zu mobilisieren. In der späten Phase der NPD, im Zuge der Bundestagswahl 1969, organisierte die Partei eine Schlägertruppe junger Männer, die die Partei-Führer bei ihren Auftritten schützen sollte. Alle quantitativen Angaben über die Erfolge der NPD sprechen jedoch *dagegen*, daß es ihr auf breiter Basis gelang, unter Jugendlichen Anhänger zu finden. Noch in den beginnenden 1980er Jahren war die Korrelation zwischen Alter und rechtsradikaler Ideologie positiv, d.h.: mit steigendem Alter nahmen Überzeugungen zu, die man als rechtsradikal bezeichnen konnte (Sinus 1981). Unter Jugendlichen waren Sympathien für Ideen wie ein Einparteiensystem, eine ethnisch homogene Gesellschaft, einen alle Probleme und Gegensätze „ausgleichenden" Konsens, eine starke Führungsperson und anderes mehr gering.

Heute jedoch richtet sich unsere Aufmerksamkeit auf Jugendliche. In den Medien stehen sie im Scheinwerferlicht, z.B. wenn sie vor Gericht stehen. Über sie beraten Sozialarbeiter und Sozialpädagogen, über sie werden Tagungen abgehalten. Das Bild der Jugendlichen, das entsteht, ist das von unruhigen, unregierbaren, auffälligen Jugendlichen. Sie haben nichts im Kopf, ihre Ideen sind wirr, ihre Ziele unklar. Es sind Jugendliche der Unterschicht, Jugend ohne Arbeit, gefährliche Jugendliche. Das Bild der „classes dangereuses" scheint wieder im Entstehen. In der überwiegenden Zahl der „Bilder" handelt es sich um männliche Jugendliche. Der israelische Soziologe Stan Cohen hat einen sozialen Definitionsprozeß,[7] der mit unserem Fall vergleichbar ist, u.a. weil auch hier Jugendliche im Mittelpunkt stehen, mit dem folgenden Worten beschrieben: Die Nachricht über soziale Abweichung ist „die zentrale Quelle von Information über den normativen Haushalt einer Gesellschaft. Sie informiert über Recht und Unrecht, über die Grenzen, über die man sich nicht hinwegbewegen sollte, und über die Gestalten, die der Teufel annehmen kann" (Cohen 1990: 17). Sind es aber in unserem Fall Jugendliche? Oder: Wie soll man dieses Bild, das eine *Konstruktion* durch Medien, durch Sozialarbeit und Wissenschaft ist, deuten? Vielleicht haben wir es mit einer neuen Form eines alten, seit dem Aufkommen des Kapitalismus bestehenden Herrschaftsverhältnisses zwischen Jugend und Erwachsenen zu tun.

Jugend, so hat v. Trotha (1982) dargestellt, ist eine Lebensphase, die durch spezifische Formen der *sozialen Kontrolle* charakterisiert ist. Jugend ist nicht eine natürliche oder biologisch determinierte Lebensphase, sondern eine gesellschaftliche Organisationsform. Die Erwachsenen üben Herrschaft über Jugendliche aus. Jugendliche sind Konkurrenten: Auf dem Arbeitsmarkt, auf dem Heiratsmarkt, auf dem politischen Markt. Erwachsene können durch spezifische Regeln die Konkurrenz beschränken. Sie können die Grenze zwischen Jugend und Erwachsenen-Dasein markieren. Aber die Grenze zwischen Jugend und Erwachsenen wird zunehmend verwischt. v. Trotha weist auf drei „Grenzmarkierungen", die undeutlich werden hin.

Die erste bezieht sich auf Familie und Sexualität. Sexuelle Erfahrung wird heute früher gemacht als vor 30 oder mehr Jahren, auch wenn die in Untersuchungen aufscheinenden Unterschiede zwischen „damals" und heute auch dadurch zustande kommen, daß Jugendliche eher bereit sind, offen darüber zu sprechen. Es gibt heute keine großen Kollektive, die frühe Paarbildung, eheähnliche Beziehungen und frühe sexuelle Erfahrung mit den früher gültigen Normen zu verbieten suchen. Gleichzeitig kehren

7 Er untersuchte die gesellschaftliche Reaktion auf die Mods und Rockers in England der 1960er Jahre.

Erwachsene in den Status der Jugendlichkeit zurück. Sie lassen sich scheiden und leben wieder alleine; sie leben zwar mit Partnern, zeugen aber keine Kinder.
Die zweite „Grenzmarkierung" betrifft die Ausbildung. Zwar haben immer größere Anteile von Altersgruppen in das sekundäre und tertiäre Bildungssystem Eingang gefunden. Sie bleiben dem Anschein nach im Status des Auszubildenden und damit im Jugendstatus. Aber Bildungsstatus und Jugendstatus sind nicht mehr identisch. „Das heißt, die Tatsache des Schülerseins verliert ihre Eindeutigkeit im Hinblick auf die Verknüfung mit dem Jugendstatus. Zusammengefaßt bedeutet dies, wenn auch bisher sicherlich nur in Ansätzen erkennbar, daß der Schülerstatus sich in einen Berufskarrierestatus transformiert, der seinen Inhaber nicht von den Bedingungen und Anforderungen der Erwachsenengesellschaft als 'Jugendlichen' freisetzt, sondern den Schüler in die Bedingungen und Anforderungen der Erwachsenengesellschaft integriert" (v. Trotha 1982: 271). Gleichzeitig kehren Erwachsene durch die Forderung nach „life long learning" in den Status des Auszubildenden wieder.
Die dritte „Grenzmarkierung" bezieht sich auf politisches Verhalten. Die politische Abstinenz von (akademischen) Jugendlichen, welche noch in der Untersuchung „Student und Politik" aufschien, und die Wissenschaftler (Habermas u.a. 1961) in Erstaunen versetzte, wurde Mitte der 1960er Jahre jäh gebrochen. Die *Themen*, die für die Jugendlichen relevant wurden, waren nicht jugendspezifische Themen, sondern diejenigen, die die Erwachsenen umtrieben: Vietnam-Krieg, Ausgleich mit den Osteuropäischen Staaten, Bildungsreform, „mehr Demokratie wagen", wie es der sozialdemokratische Bundeskanzler Willy Brandt formulierte. Es sind dies Themen, die „links" besetzt sind. Die *Formen des politischen Verhaltens* änderten sich. Das aktive Wahlalter ist von 21 auf 18 Jahre vorverlegt worden. Neue (oder neu entdeckte) Formen wie das sit-in, das go-in (US-amerikanische Importe, wie die Bezeichnungen zeigen), die Bürgerinitiative, die Straßendemonstration, die Besetzung, die Mahnwache und andere mehr, wurden von den Jugendlichen und Studenten zuerst erprobt. Sie wurden dann von den Erwachsenen übernommen. Diese Formen sind von Inhalten unabhängig. Sie lassen sich für „linke" und „rechte" Ziele einsetzen (Herz 1988).
Wenn die Grenze zwischen Erwachsenen und Jugendlichen nicht mehr undurchlässig ist, sie vor allem im politischen Bereich nicht mehr ausgemacht werden kann, dann sind alle Versuche, diese Grenze doch zu markieren, als Versuche anzusehen, das Herrschaftsverhältnis zwischen Erwachsenen und Jugendlichen wiederherzustellen. Aber die Erwachsenen befinden sich in einem Dilemma. Die Taten von Jugendlichen und der Kontext, in den man diese Taten stellen muß, stehen im Widerspruch zur Basiserzählung. Sie enthält als ein wichtiges Element die Vorstellung, Rechtsradikalismus und die Bezugnahme auf die NS-Vergangenheit werde sich „auswachsen". Jugendliche Rechtsradikale widersprechen diesem Postulat, besonders dann, wenn der Eindruck erweckt wird, als handele es sich um ein verbreitetes Phänomen. Auf dieses Dilemma gibt es eine Antwort, die eine Änderung im Umgang mit Rechtsradikalismus bedeutet: Ausgrenzung *und* Integration. Gesellschaftliche Institutionen müssen, wenn sie die Herrschaftsverhältnisse aufrechterhalten wollen, Jugendliche ausgrenzen. Im Falle des Rechtsradikalismus würde dies jedoch eine *radikale Ausgrenzung* bedeuten. Bis in die 1980er Jahre galten auch jugendliche Rechtsradikale als Personen, mit denen man keine Verständigung suchte. Eine solche Ausgrenzung mag angehen bei kleinen Gruppen und bei einzelnen Individuen. Wenn jedoch die Zahl

der Fälle zunimmt, dann wird ein solches Verhalten problematisch. Deshalb muß auf die Ausgrenzung auch eine Reintegration erfolgen.
In der sozialen Kontrolle rechtsradikaler Jugendlicher durch gesellschaftliche Institutionen kommt es dementsprechend zu zwei Prozessen: a) Es findet eine *Pädagogisierung* des Verhaltens statt. Das Verhalten wird einerseits als abweichend dargestellt. Es muß andererseits durch verschiedene pädagogische Maßnahmen berichtigt werden. Das bedeutet, daß man, im Gegensatz zu der Zeit nach 1945, Bereitschaft zeigt, die Jugendlichen zu integrieren. Man will mit ihnen „ins Gespräch" kommen. Man will, wie es Sozialarbeiter sagen, die Jugendlichen „dort abholen, wo sie stehen" (vgl. Nickolai 1993; Ostendorf 1993; Maaz 1993). b) Es findet eine *Entpolitisierung* des Verhaltens statt. Integration und Pädagogisierung können nur geschehen, indem man das Verhalten von seinem „Makel", der ein politischer Makel ist, trennt. Die Bezugnahme auf NS-Symbole und der ganze Kontext des Handelns, welches oben als durch die NS-Vergangenheit bestimmt identifiziert wurde, muß neutralisiert werden. Das geschieht durch verschiedene Argumente wie, die Jugendlichen orientierten sich nicht am NS-Regime, sie lehnten die Wiederherstellung eines NS-Staates ab (Heitmeyer 1992: 592); „der Radikalismus von rechts sei ein kopfloses Ungeheuer"; die Jugendlichen hätten keine Erfahrung mit dem Nationalsozialismus; und ähnliche Argumente (Herz 1993). Durch diese beiden Mechanismen, die im Diskurs zum Ausdruck kommen, können „Erwachseneninstitutionen" von ihrer eigenen Verantwortung ablenken. Dies wird besonders deutlich, wenn wir uns dem Thema Gewalt zuwenden.

3.3 Zur Gewalttätigkeit: die Asyldebatte

Die These dieses Abschnittes lautet: Die Gewalt von rechtsradikalen und neonazistischen Jugendlichen gegen Asylbewerber, Ausländer und andere Minderheiten ist das Ergebnis eines Diskurses über Ausländer und Fremde, die vor allem durch Eliten produziert worden ist. In diesem Diskurs wird ein wichtiger Teil der Basiserzählung vergessen. Ich nenne ihn einen Prozeß des institutionellen Vergessens und der institutionellen Stigmatisierung. Die Rechtsradikalen handeln im Rahmen einer herrschenden und erzeugten politischen Kultur. Dies wird besonders deutlich im Falle der Diskussion um Asylbewerber und um die Änderung des Art. 16 GG Absatz 2.
Die Änderung von Absatz 2 des Art. 16 GG ist eng verknüpft mit der Basiserzählung. In den Debatten im Parlamentarischen Rat wurde auch das Recht auf Asyl erörtert. Viele der Argumente, die in den 1990er Jahren diskutiert werden, haben dort ihren Ursprung. Der vielleicht wichtigste Punkt dieser Debatte betraf eine „enge" oder „weite" Definition des Rechts auf Asyl. Sollte die Möglichkeit, Asyl zu suchen, an Bedingungen geknüpft werden, oder sollte sie unbedingt gelten? Die Antwort gab derjenige, der die bis Mitte 1993 gültige Fassung dieses Abschnittes des Art. 16 GG formulierte, der CDU-Parlamentarier v. Mangoldt. In einer Debatte am 19.11.1948 stellte er fest: „Nimmt man eine solche Beschränkung auf, dann kann die Polizei an der Grenze machen, was sie will. Es ist dann erst eine Prüfung notwendig, ob die verfassungmäßigen Voraussetzungen des Asylrechts vorliegen oder nicht. Diese Prüfung liegt in den Händen der Grenzpolizei. *Damit wird das Asylrecht vollkommen unwirksam.* Wir haben dafür Erfahrungen aus dem letzten Krieg, namentlich von der

Schweiz her“ (Schneider 1992; Hervorh. im Orig.). Hiermit formulierte v. Mangoldt ein zentrales Element der Basiserzählung: *Wir haben aus dem Nationalsozialismus gelernt*. Wir haben Institutionen geschaffen, die es unmöglich machen, daß sich die Geschichte wiederholt. Wir werden es nicht zulassen, daß erneut Menschen auf Grund von politischer Verfolgung an unseren Grenzen abgewiesen werden.

Dieses Element der Basiserzählung verliert in den Diskussionen um die Änderung des Asylrechts an Wirksamkeit. Ich nenne den Diskurs über das Asylrecht einen Fall von institutionellem Vergessen (vgl. Douglas 1986) und institutioneller Stigmatisierung. Wäre die Basiserzählung so, wie sie in Bezug auf das Asylrecht zu Beginn der Bundesrepublik etabliert wurde, für die Handelnden präsent, dann könnten sie nicht über Asylbewerber und über Fremde sprechen, schreiben und Bilder erzeugen, wie dies geschehen ist. Das institutionelle Vergessen ist die Bedingung für die Stigmatisierung durch den Diskurs über Asylbewerber. Dieser Prozeß der Stigmatisierung ist ein politischer Prozeß, in dem die Eliten eine entscheidende Rolle spielen.

Bereits seit Jahren, seitdem die Zahlen der Asylbewerber zuzunehmen begannen, wird diese Diskussion geführt (vgl. Wong 1992). Sie wurde bestimmt durch den Wunsch nach möglichst starker Einschränkung der Einwanderung. Es war von Beginn an das Ziel der CDU/CSU und der „Republikaner“, die Grenzen für Asylsuchende dicht zu machen. Durch eine systematische Propagierung dieses Ziels ist es diesen Parteien gelungen, zuerst auf Landes- und kommunaler Ebene nicht nur die Mitglieder der eigenen Partei, sondern auch SPD-Bürgermeister und -Ministerpräsidenten und dann die Führung der SPD auf ihre Seite zu ziehen. So ist allmählich die Vorstellung, die Asylbewerber wolle keiner haben und sie sollten am liebsten abgeschoben werden, entstanden. Erinnert sei an den Wahlspot der „Republikaner“ bei der Berliner Wahl zum Abgeordnetenhaus 1989, als auf dem Hintergrund von Bildern türkischer Gastarbeiter die Melodie des Films „Spiel mir das Lied vom Tod“ erklingt. Hier wird eindeutig das Thema Gewalt ins Spiel gebracht. Erinnert sei an die sog. Zählappelle, die in Kiel und Siegen 1992 veranstaltet wurden, entwürdigende Darstellungen, deren symbolische und faktische Wirkung im umgekehrten Verhältnis zum gewünschten „Spar-Effekt“ auf Sozialausgaben stand. Die Änderung des Art. 16 GG und die Diskussion, die ihm vorausgegangen ist, kann in seiner Wirkung auf Rechtsradikalismus und Attacken auf Asylbewerber vermutlich nicht hoch genug eingeschätzt werden. Die Diskussion schafft eine negativ markierte Gruppe und legitimiert Angriffe auf sie. Die Eskalation der Demonstrationen und die Benutzung von Gewalt ist wiederum abhängig von der Reaktion der Behörden und der Polizei. Die Aufnahme von Asylbewerbern und ihre Unterbringung stellt die lokalen Behörden vor große Probleme. Es mangelt an Wohnraum, vor allem an billigen Quartieren. Man konkurriert mit anderen Gruppen, vor allem mit Armen und sozial „Schwachen“. Die Unterbringung stößt auf Widerstand in der Bevölkerung. Sie will nicht ein Asylbewerberheim in ihrer Nähe haben. Aber solche Probleme sind *durch administrative und politische Entscheidungen erzeugte Probleme*, wie sich besonders im Falle der Geschehnisse in Rostock zeigen läßt (Althoff 1994). Die städtischen Behörden haben, trotz besseren Wissens, Asylbewerber vor der Zentralen Annahmestelle für Asylbewerber (ZAST) kampieren lassen. Die sanitären Verhältnisse waren untragbar. Was aber machen Menschen, wenn sie keine Toiletten, keine Stellen zum Waschen, keine Schlafgelegenheiten haben? Sie tun „es“ in der „freien Natur“. Dieses Verhalten haben die Behörden in Rostock nicht vorausgesehen, oder, schlimmer: in ihren Strategien einkalkuliert. Sie wußten desweiteren, daß die für die Asylbewerber und die Bewohner unhaltbaren Verhältnisse zu Spannungen führten. Sie haben Warnungen, die in der lokalen Presse (Ostsee-Zeitung) veröffentlicht wurden, ignoriert. Dort wurde einige Tage vor den Attacken auf die ZAST gemeldet, eine Gruppe habe vor, eine Aktion gegen die Asylbewerber an dem Wochenende um den 22. August durchzuführen.

Gewaltausübung ist eine Sache von Jugendlichen. „One can say with certainty ... that terror was (and is) practiced by young people and that in most other respects the differences among terrorists are more striking than what they have in common" (Laqueur 1977: 125, zit. n. Neidhardt 1992). Dabei sind zwei Faktoren für die unmittelbare Eskalation von Gewalt entscheidend: Je größer die Enthaltung oder gar Unterstützung von Dritten und je geringer die staatlichen Eingriffe, desto eher kommt es, „ceteris paribus", zu Gewalt. Die Jugendlichen hatten beides: Die Unterstützung durch die umherstehenden Anwohner, die hier ein besonderes und vielleicht für sie spannendes Spektakel erlebten, und eine zögerliche und z.T. gar nicht anwesende Polizei. Die Jugendlichen konnten sich erfolgreich wähnen, denn die Attacken hatten einen einschüchternden Effekt, sowohl auf die Asylbewerber als auch auf die Polizei. Über diese unmittelbar wirkenden Faktoren hinaus gilt es aber, den historischen Prozeß und die in ihm handelnden Akteure in den Blick zu nehmen. Wir haben es hier mit einem langen, in die Gründungsphase der Bundesrepublik zurückreichenden politischen Prozeß zu tun. In ihm wandelt sich die Bedeutung eines Abschnittes des Grundgesetzes, der ausdrücklich eine Antwort auf die Erfahrungen mit dem Nationalsozialismus ist. Sie ändert sich durch faktische Änderung des Asyls (Zunahme der Zahl der Bewerber; Verschiebung ihrer Verteilung auf Herkunftsländer; Einwanderung von sog. Volksdeutschen u.a.m.), vor allem aber durch eine Änderung des Diskurses selbst. Der Diskurs über das Asyl verbindet sich mit dem Diskurs über Gastarbeiter, Ausländer und „Fremde". Er wird getragen von den Eliten in Politik, Wissenschaft und Medien. In diesem Prozeß, der zur Gewaltausübung führt, stehen die Jugendlichen am Ende. Es sind aber diese Handlungen, die dramatisiert und in einer spezifischen Weise benutzt werden. Die Gewalt wird einerseits benutzt, um die Forderung nach einer Änderung des Asylrechts Nachdruck zu verleihen. Andererseits dient sie dazu, soziale Kontrolle über Jugendliche zu organisieren.[8]

8 Rechtsradikalismus als „Jugendphänomen" zu behandeln, ist selbst unter dem Gesichtspunkt der „Jugendlichkeit" der Täter eine Konstruktion. Von den Jugendlichen, die einer Tat mit rechtsradikalem Hintergrund verdächtigt werden, sind 2/3 über 18 Jahren. Fast 8 von 10 sind arbeitslos, Lehrling oder Auszubildender oder (voll oder teilweise) erwerbstätig [vgl. Helmut Willems: Fremdenfeindliche Gewalt, vervielf. Ms., Trier o.J. (1993). Die Angaben beziehen sich auf polizeiliche Ermittlungen zwischen Januar 1991 und April 1992. Die Zahl der Fälle beträgt 1.398: 105, 111, 119]. Zu den Verurteilten (n=148) schreibt Willems: „Es bestätigt sich also keineswegs das Bild der Öffentlichkeit vom Prototyp eines fremdenfeindlichen Gewalttäters, der weder schulisch noch beruflich integriert ist. Die Einbindung der Jugendlichen in Schule, Lehre und Beruf ist vielmehr überaus häufig zu finden. Was sich in vielen Fällen jedoch ebenfalls zeigt, sind berufsbedingte Unzufriedenheit, Überforderungen, mangelndes Durchhaltevermögen und fehlendes Selbstbewußtsein oder schlicht Desinteresse, die mit instabilen beruflichen Werdegängen einhergehen" (171).

4. *Im Schatten des Diskurses über „jugendlichen Rechtsradikalismus": Erwachsene und politische Eliten*

Ich fasse zusammen. Mein Ausgangspunkt war eine Kritik der geltenden Theorien und Erklärungen des Rechtsradikalismus. Ich habe dafür plädiert, Rechtsradikalismus in seinen historischen Kontext zu stellen, ihn aus der Sichtweise einer richtig verstandenen politischen Kulturforschung, d.h. von seinen Bedeutungen her, zu interpretieren, und schließlich den prozessualen Aspekt, d.h. die Reaktion gesellschaftlicher Institutionen, stärker in den Blick zu nehmen. Ich habe drei Thesen formuliert. *Erstens*: Die Bezugnahme auf den Nationalsozialismus wird durch eine Änderung der Basiserzählung möglich. *Zweitens*: Der Umgang mit dem jugendlichen Rechtsradikalismus ist eine Folge des Widerspruchs zwischen der Basiserzählung und der unverblümten Inanspruchnahme von NS-Ideologemen. *Drittens*: Die Bedingung der Möglichkeit von Gewalt ist das institutionelle Vergessen von Elementen der Basiserzählung und die daraus folgende institutionelle Stigmatisierung.

Welche Funktion hat die Hervorhebung von Jugendlichen als die aktiven Rechtsradikalen? Die wichtigste ist die *Ablenkung von den Erwachsenen*. Die Erwachsenen spielen eine Rolle in den *etablierten* rechtsradikalen Parteien, d.h. unter den sog. Republikanern, in der DVU, in der NPD, in der FAP und anderen als Parteien organisierten rechtsradikalen Strömungen. Desweiteren kann man von allen anderen Formen des Rechtsradikalismus der Erwachsenen absehen, die in Meinungen und Einstellungen, aber auch in der Unterstützung von und Solidarisierung mit den Jugendlichen, erfolgt. Man hat bei den Ausschreitungen gegen Asylbewerber, z.B. in Hoyerswerda und in Rostock-Lichtenhagen, gesehen, daß Erwachsene die Attacken von Jugendlichen mit offener Sympathie unterstützt haben. Man findet ebenfalls in Meinungsumfragen einen beträchtlichen Anteil der erwachsenen Bevölkerung, die Verständnis für die Attacken aufbringt. Vor allem aber kann man den Blick von den Eliten abwenden. Die politischen und administrativen Eliten waren, wie ich in den beiden vorhergehenden Abschnitten dargestellt habe, aktiv im Hinblick auf die NS-Vergangenheit und die Änderung des Art. 16 GG. Inaktiv waren sie, als es um den Schutz von Ausländern ging. Bundesinnenminister Seiters sinnierte im Fernsehen als erstes über das Bild der Deutschen im Ausland, als er sich in Rostock sehen ließ, anstatt für einen effektiven Schutz für potentielle Opfer zu sorgen. Der Wunsch, auch Bundeskanzler Kohl bei der Beisetzung der in Mölln getöteten Frauen und Kinder zu sehen, fertigte er mit dem Wort „Beileidstourismus" ab. Das Verhalten der politischen und administrativen Führung in Rostock war eine entscheidende Ursache für die Ausschreitungen.

Auch das Verhalten von Teilen der Medien-Elite ist fragwürdig. In der FAZ schrieb F.K. Fromme nach den Ausschreitungen in Rostock: „Wird ein Anteil von fremdartigen, sich an die Sitten des Landes nicht einmal ansatzweise anpassenden Zuwanderern erreicht, die zudem in ihrer großen Mehrheit den Namen Asylbewerber nicht verdienen, und schafft es der Staat nicht, solche Leute nach kurzer Zeit abzuschieben oder besser gar nicht erst ins Land zu lassen, gibt es Eruptionen bei einer Bevölkerung, die selbst innerlich Asyl suchen möchte auf einer sozialstaatlichen Insel der seligen Sicherheit".[9]

---

9 fr. (Friedrich Karl Fromme): „Zwischen den Fronten", in: Frankfurter Allgemeine Zeitung v. 25.8.1992.

In einer Sendung des RTL im Sommer 1992, „der heisse Stuhl" betitelt, wurde Daniel Cohn-Bendit zum Thema Ausländer und Einwanderung mit einer Gruppe von rechtsradikalen Rassisten konfrontiert. Fromme und Kracht (der Leiter der RTL-Sendung) repräsentieren spezifische politische Kulturen und institutionelle Interessen, der erstgenannte eine bürgerliche, konservative Kultur, der andere die Kultur des Massenpublikums. Der eine ist bemüht, traditionelle Normen und Werte zu stärken, der andere sucht, die normativen Grenzen zu überschreiten. Aber beide tragen zur Verfestigung von Vorurteilen bei.
Bourdieu spricht von einer „Komplizenschaft" bei der Erzeugung von legitimen Wahrnehmungweisen und Weltbildern. Keine Komplizenschaft ohne diejenigen, die die Sichtweisen übernehmen sollen, aber auch nicht ohne die „Wort-Führer" (Bourdieu), die sie prägen. Da politische Kultur öffentlich ist und kollektive Geltung besitzt, kommt es für die Forschung darauf an, die erwachsenen „Wort-Führer" in den Blick zu nehmen.

Literaturverzeichnis

Adorno, Theodor W./Frenkel-Brunswik, Else/Levinson, Daniel J./Sanford, R. Nevitt, 1950: The Authoritarian Personality. New York.

Alexander, Jeffrey C./Smith, Philip, 1993: The Discourse of American Civil Society. A New Proposal for Cultural Studies, in: Theory and Society 22, 151-207.

Althoff, Martina, 1995: Die symbolische Ökonomie politischer Konflikte. Eine Diskursanalyse um Helmut Kohls Israelreise 1984, in: *Thomas Herz* (Hrsg.), Umkämpftes Terrain. Diskurse über den Nationalsozialismus nach 1945, 142-164. Vervielfältigtes Manuskript. Siegen: Universität-Gesamthochschule Siegen.

Althoff, Martina, 1994: „Das sind keine Nazis, das sind unsere Kinder". Der Diskurs über die Ausschreitungen in Rostock. Vervielfältigtes Manuskript. Siegen: Universität-Gesamthochschule Siegen.

Butterwege, Christoph/Isola, Horst (Hrsg.), 1991: Rechtsextremismus im vereinten Deutschland. Bremen, Berlin.

Cohen, Stanley, 1990: Folk Devils and Moral Panics. Oxford.

Douglas, Mary, 1986: How Institutions Think. Syracuse.

Emmert, Thomas, 1993: Die Entwicklung des rechtsextremen Protestpotentials vor dem Hintergrund sozialen Wandels, in: *Manfred Muck/Hans-Peter Schmalzl/Hans-Martin Zimmermann* (Hrsg.), Immer dazwischen: fremdenfeindliche Gewalt und die Rolle der Polizei. Hilden.

Fetscher, Iring, 1967: Rechtes und rechtsradikales Denken in der Bundesrepublik, in: *Iring Fetscher* (Hrsg.), Rechtsradikalismus. Frankfurt/M., 11-29.

Geertz, Clifford, 1973: The Interpretation of Cultures. New York.

Habermas, Jürgen/v. Friedeburg, Ludwig/Oehler, Christof/Weltz, Friedrich, 1961: Student und Politik. Eine soziologische Untersuchung zum politischen Bewußtsein Frankfurter Studenten. Neuwied.

Heitmeyer, Wilhelm u.a. 1992: Die Bielefelder Rechtsextremismus-Studie. Weinheim, München.

Herz, Thomas A. (Hrsg.), 1995: Umkämpftes Terrain. Diskurse über den Nationalsozialismus nach 1945. Vervielfältigtes Manuskript. Siegen: Universität-Gesamthochschule Siegen.

Herz, Thomas A., 1993a: Politische Kultur im neuen Staat. Eine Kritik der aktuellen Forschung, in: PROKLA 91, Jg. 23, 231-250.

Herz, Thomas A., 1993b: Gefahrlose Vergleiche, unnütze Modelle, in: Kriminologisches Journal 25, 169-175.

Herz, Thomas A., 1991: Rechtsextreme Parteien und die Reaktion der Gesellschaft, in: Sozialwissenschaftliche Informationen 20, 234-240.

Herz, Thomas A., 1988: Politische Konflikte, Wertwandel und Modernisierung, in: *Heinz Otto Luthe/Heiner Meulemann* (Hrsg.), Wertwandel – Faktum oder Fiktion? Frankfurt a.M., 48-72.

Herz, Thomas A., 1975: Soziale Bedingungen für Rechtsextremismus in der Bundesrepublik Deutschland und in den Vereinigten Staaten. Meisenheim.

Herz, Thomas A./Schwab-Trapp, Michael, 1995: Konflikte über den Nationalsozialismus nach 1945. Eine Theorie der politischen Kultur, in: *Thomas Herz* (Hrsg.), Umkämpftes Terrain. Diskurse über den Nationalsozialismus nach 1945. Vervielfältigtes Manuskript. Universität-Gesamthochschule Siegen, 7-29.

Maaz, Hans-Joachim, 1993: Gewalt in Deutschland. Eine psychologische Analyse, in: Aus Politik und Zeitgeschichte B2-3/93, 26-32.

Neidhardt, Friedhelm, 1992: Left-Wing and Right-Wing Terrorist Groups: A Comparison for the German Case, in: International Social Movement Research 4, 215-235.

Nickolai, Werner, 1993: Integration statt Repression, in: Neue Kriminalpolitik 5, 7-9.

Niethammer, Lutz, 1969: Angepaßter Faschismus. Politische Praxis der NPD. Frankfurt a.M.

Ostendorf, Heribert, 1993: Mit Strafrecht lassen sich soziale Probleme nicht lösen, in: Neue Kriminalpolitik 5, 26-29.

Otto, Hans-Uwe/Merten, Roland (Hrsg.), 1993: Rechtsradikale Gewalt im vereinigten Deutschland. Bonn.

Parsons, Talcott, 1964a: Some Sociological Aspects of the Fascist Movements, in: *Talcott Parsons*, Essays in Sociological Theory. New York, London, 124-141.

Parsons, Talcott, 1964b: Social Strains in America, in: *Daniel Bell* (Hrsg.), The Radical Right. Garden City, N.Y., 209-229

Parsons, Talcott, 1964c: Social Strains in America: A Postscript (1962), in: *Daniel Bell* (Hrsg.), The Radical Right. Garden City, N.Y., 231-238

Scheuch, Erwin K., unter Mitarbeit von *Hans D. Klingemann*, 1967: Theorie des Rechtsradikalismus in westlichen Industriegesellschaften, in: Hamburger Jahrbuch für Wirtschafts- und Gesellschaftspolitik. Bd. 12. Tübingen, 11-29.

Schneider, Hans-Peter, 1992: Das Asylrecht zwischen Generosität und Xenophobie, in: Jahrbuch für Antisemitismusforschung 1, 217-236.

Schwab-Trapp, Michael, 1995: „Pleiten, Pech und Pannen". Kohls Reise durch die Fettnäppfchen, in: *Thomas Herz* (Hrsg.), Umkämpftes Terrain. Diskurse über den Nationalsozialismus nach 1945. Vervielfältigtes Manuskript. Universität-Gesamthochschule Siegen, 165-187.

Schwab-Trapp, Michael, 1994: NS-Konflikte: Auseinandersetzungen um Interpretationsherrschaft. Überlegungen zur symbolischen Dimension politischer Konflikte, in: *Werner Patzelt* (Hrsg.), Politische Symbolik. Vervielfältigtes Manuskript, AK Soziologie politischen Handelns, Dok. 3. Dresden.

Scott, Marvin/Lyman, Stanford M. 1968: Accounts, in: American Sociological Review 33, 44-62.

SINUS (Hrsg.), 1981: 5 Millionen Deutsche: „Wir sollten wieder einen Führer haben ...". Reinbek b. Hamburg.

Stöss, Richard, 1993: Rechtsextremismus und Wahlen in der Bundesrepublik, in: Aus Politik und Zeitgeschichte, B11/93, 1993, 50-61.

Sykes, Gresham M./Matza, David, 1968: Techniken der Neutralisierung: Eine Theorie der Delinquenz, in: *Fritz Sack/René König* (Hrsg.), Kriminalsoziologie. Frankfurt a.M., 360-371.

Trotha, Trutz v., 1982: Zur Entstehung von Jugend, in: Kölner Zeitschrift für Soziologie und Sozialpsychologie 34, 254-277.

Trotha, Trutz v., 1993: Politische Kultur, Fremdenfeindlichkeit und rechtsradikale Gewalt. Notizen über die politische Erzeugung von Fremdenfeindlichkeit und die Entstehung rechtsradikaler Gewalt in der Bundesrepublik Deutschland, Beitrag zur Tagung „No Justice – No Peace?", Pennsylvania State University, Sept. 1993 (Stark gekürzte engl. Fassung in: Crime, Law and Social Change 24, 1995. 37-47).

Wong, Diana, 1992: Fremdheitsfiguren im gesellschaftlichen Diskurs, in: *Joachim Matthes* (Hrsg.), Zwischen den Kulturen? Sozialwissenschaften vor dem Problem des Kulturvergleichs. Göttingen, 405-419.

Anti-Faschismus und politische Gegenwelten

Antonia Grunenberg

Vorbemerkung

Wenn im folgenden vom Paradigma des Anti-Faschismus die Rede ist, dann in dem Sinne, daß hier eine geschlossene Denkfiguration vorliegt, die die politische Kultur Deutschlands zu verschiedenen Zeitperioden beeinflußt hat. Diese Denkfiguration ist Teil einer breiteren intellektuellen Kultur, die Deutschland in diesem Jahrhundert geprägt hat. Das Paradigma wirkte weit über seinen ursprünglichen Rahmen, seinen konkreten Anlaß, seine ursprünglichen Motive und Zielsetzungen hinaus. Als Teil der sozialistischen Theorie und Ideologie, die zu Zeiten weit in das bürgerlich-liberale 'Lager' hineinreichte, wurde es neben dem Faschismus-Paradigma zu einer der 'erfolgreichsten' Denkfiguren dieses Jahrhunderts.

1. Anti-Faschismus als politisches Paradigma

„The political thinker is a social being and his thoughts are social actions or events. The words and concepts he uses are part of a shared inheritance which severely constrain his liberty to conceptualize and theorize. It is shared inheritance, variously named traditions, universes of discourse, languages of legitimization, vocabularies and paradigms, which must provide the context in which individual thinkers perform their social actions“ (Boucher 1985: 155). Was David Boucher über die Metastruktur des politischen Denkers äußert, gilt abgewandelt auch für den politischen Akteur. Auch der politische Akteur oder, genauer gesagt: der militante Kämpfer ist ein Mitglied der Gesellschaft, steht aber zugleich gewissermaßen 'über' dieser Gesellschaft, deren Einheit und deren zukünftiges Telos er zu kennen meint (Howard 1995: 74). Zugleich ist der politische Akteur Träger des Erbes der Vergangenheit, der gemeinsamen Traditionen, Diskurswelten und Legitimationssprachen und zwar sowohl derjenigen Teile, die er ausdrücklich akzeptiert als auch der Teile, die er negiert bzw. radikal verändern möchte. In diesem Sinne agieren in ihm, wie in den theoretischen bzw. paradigmatischen Konzeptionen seines Denkens und Handelns, Anteile von geschichtlich-kulturellen Paradigmen, die älter sind als das Paradigma selbst, sozusagen abgelagert in der gemeinsamen kulturellen Geschichte ruhen.
Vor diesem Hintergrund interessiert im folgenden am Paradigma Anti-Faschismus nicht nur die wörtliche Bedeutung als Handlungs- und Denkkonzeption gegen den 'Faschismus', will sagen: die internationale Strategie der Kommunisten und Linkssozialisten gegen Faschismus, Nationalsozialismus und Militärdiktaturen verschieden-

ster Art. Für die Wirkungsgeschichte entscheidender ist die nicht offenliegende narrative Struktur, sind die Konnotationen der Begrifflichkeit, die unausgesprochenen heuristischen Kontexte (vgl. Grunenberg 1993: 21ff.). Unter dem Aspekt der verborgenen narrativen Struktur ist dieses Thema überdies hochrelevant für die politische Theoriebildung. Politisches Denken ist Teil des sozialen und politischen Aktionsfeldes einer Gesellschaft und repräsentiert eine bestimmte Art und Weise, sich Geschichte und Gesellschaft anzueignen. Im Medium des Anti-Faschismus-Paradigmas wird besonders deutlich, wie theoretisches Denken im Grenzbereich zwischen Theorie und Ideologie konstituiert wird.

Es erscheint um so notwendiger, das Paradigma Anti-Faschismus in diesem erweiterten Kontext des Verstehens wahrzunehmen, als seine Konnotationen durch die Vermengung mit anderen Paradigmen (Stalinismus, post-stalinistischer Totalitarismus, Linksliberalismus; Überlagerung von theoretischen Konzeptionen durch machtpolitische Konstellationen u.a.m.) immer vielschichtiger geworden sind. Auch die hoch-emotionale Besetzung des Themas in den Auseinandersetzungen zwischen Ost- und Westdeutschen über das Erbe der Vergangenheit zeigt dies.[1] Gerade in dieser Debatte wird deutlich, daß das Anti-Faschismus-Paradigma neben den wörtlichen Sinnebenen noch zusätzliche Sinnkonstruktionen transportiert.

Ich werde im folgenden die komplementäre Mehrdeutigkeit und Zugeordnetheit der beiden Begriffe Faschismus und Anti-Faschismus vor ihrem Entstehungshintergrund interpretieren und sie zurückbetten in ihre theorie- und kulturgeschichtlichen Konnotationen. In einem zweiten Schritt werde ich die Veränderung innerhalb des Paradigmas nach 1945 für die beiden deutschen Staaten beschreiben. (Da das Augenmerk in diesem Artikel auf der intellektuellen Geschichte und der heuristischen Tiefendimension und weniger auf der realen Geschichte antifaschistischer Gruppen, Konzepte und Machtkämpfe liegt, werde ich nur am Rande auf die Geschichte der anti-faschistischen Gruppen unter National-Sozialismus und Stalinismus eingehen.) Und schließlich werde ich die Bedeutung der Anti-Faschismus-Debatte nach 1989 thematisieren.

2. Anti-Faschismus als Alternative zur politischen Moderne

Der Begriff 'Anti-Faschismus' suggeriert zunächst völlige Klarheit, wenn nicht Eindeutigkeit. Es handelt sich in der landläufigen, auch heute noch in der öffentlichen politischen Diskussion gängigen Rezeption um die Gesamtheit aller gegen den 'Faschismus' gerichteten oppositionellen Werte, Einstellungen, Handlungen, programmatischen Zielsetzungen, und dies in internationalem Maßstab. Unter dem Generalnenner des Paradigmas Anti-Faschismus firmierten die bewaffneten und zivilen Aktionen der deutschen Anti-Faschisten gegen das nationalsozialistische Regime, der militärische Kampf, den die Internationalen Brigaden im Spanischen Bürgerkrieg gegen

1 Vgl. z.B. Simon (1992). Hier wird versucht, über individualpsychologische Kategorien die Erinnerungsarbeit an der gemeinsamen deutschen Geschichte unter dem Terminus 'Schuldbewältigung' zu subsumieren, eine Kategorie, vor der die vielschichtigen deutschen Realitäten nach 1990 nur 'versagen' können. Ähnlich wie Simon überträgt Maaz (1990, 1992) umstandslos Kategorien der Psychoanalyse auf Phänomene der politischen Kultur und Geschichte.

die Truppen des faschistischen Generals Franco ausfochten ebenso wie der Widerstand gegen Mussolini, die Aktionen der Kommunisten gegen das Horthy-Regime in Ungarn und die Strategien der polnischen Sozialisten und Kommunisten gegen die autoritäre Herrschaft des Diktators Pilsudski. Aber hier fängt die Unklarheit schon an. Was meinte eigentlich Faschismus? Und was war anti-faschistisch?[2]

Anti-Faschismus als intellektuelles Konzept wie auch als politische Kampf- oder Kampagnentaktik kam auf in den zwanziger Jahren, und zwar nicht nur auf die nationalsozialistische Bewegung und Partei in Deutschland und das faschistische Italien bezogen, wo Benito Mussolini 1922 die Macht ergriffen hatte, sondern zum zweiten auch bezogen – und dieser Aspekt trat in der Folgezeit in den Vordergrund – auf diktatorische politische Ordnungen überhaupt. Im intellektuellen Kontext des frühen Antifaschismus-Konzepts verschwammen die Differenzen zwischen den nationalistischen autoritären Regimes (wie etwa in Polen, Ungarn, Rumänien oder Portugal) und der rassistischen Ausrichtung der nationalsozialistischen Partei und Bewegung unter dem Generalnenner, daß dies alles 'Faschismus' sei. Die Konstruktion eines globalen Faschismuskonzepts[3] wurde so zum Medium einer globalen anti-Strategie, die im Kontext der Internationalisierung der kommunistischen Bewegungen und Parteien stand.

Bereits auf dem V. Weltkongreß der Kommunistischen Internationale 1924 wurde der Faschismus als das 'bloße Kampfinstrument der Bourgeoisie gegen das Proletariat' definiert.[4] Unterscheidungen zwischen parlamentarischen Ordnungen, Militärdiktaturen und originär faschistischen bzw. nationalsozialistischen Systemen wurden als zweitrangig wahrgenommen. Unter der Voraussetzung, daß Faschismus als reguläre, wenngleich extreme, Herrschaftsform des Bürgertums begriffen wurde, wie dies der bulgarische Kommunist Georgi Dimitroff als Leiter des Exekutivkomittees der Kommunistischen Internationale in einer programmatischen Rede 1935 vertrat, wurden zwischen Demokratie und Faschismus nur noch graduelle Unterschiede wahrgenommen.[5] Folgerichtig wurde Demokratie von den Kommunisten als latent faschistisches System eingeordnet. Nach der Unterzeichnung des sogen. „Stalin-Hitler-Pakts" 1939 wurden von den Kommunisten sogar England und Frankreich zeitweise als faschistische Mächte apostrophiert.

Das Konzept des Anti-Faschismus konnte deshalb eine so große Bedeutung erlangen, weil es Teil einer anti-bürgerlichen intellektuellen Kultur war, die solche Denkfiguren begünstigte. Anti-bürgerliche Denkweisen und Denkfiguren waren nicht nur in den Reihen der Arbeiterbewegung präsent; sie prägten auch jene Schichten, die zwar von der Modernisierung profitierten, den damit einhergehenden sozialen und politischen Wandel aber ablehnten und den revolutionären demokratischen bzw. republikanischen Traditionen der Engländer, Nordamerikaner und Franzosen fremd und ablehnend gegenüberstanden. In der deutschen Ideengeschichte des 19. Jahrhunderts wurde die

---

2 Funke (1990: 7 u. 15f.) verweist, wie andere auch, darauf, daß 'Faschismus' seit jeder als diffuser Sammelbegriff benutzt werde; 'Antifaschismus' hingegen sei sowohl 'wissenschaftlicher Ordnungsbegriff' wie Denunziationsformel im Streit antagonistischer Systeme.

3 Unter dem Schirm dieses Konzepts wurden nicht nur europäische, sondern auch überseeische autoritäre Regimes subsummiert, so die Militärdiktaturen in Japan und Indonesien.

4 Vgl. V. Weltkongreß der Kommunistischen Internationale, 1970: Protokoll, Berlin, S. 123ff.

5 Vgl. Communist International, Moscow 1935: 7th congress. Resolutions, including also the closing speech of Georgi Dimitroff, New York, S. 35.

Welt der Deutschen als Schauplatz eines Kampfes der Gegensätze angesehen, der nach Auflösung, ja Erlösung oder zumindest „endgültigen" Lösungen verlangte. Die bürgerliche Lebenswelt und die moderne Demokratie erschienen schon Kritikern der Moderne wie Friedrich Nietzsche als soziale und politische Formen, die diese Gegensätze nur verschleierten (vgl. z.B. Nietzsche 1959: 17). In den Imaginationen des englischen Wahl-Deutschen Houston Stewart Chamberlain (1932), in den weltanschaulichen Traktaten und Philosophemen der völkischen Kulturkritiker Oswald Spengler (1933: 24; 1920: 87 u. 101; 1986) oder Christoph Steding (1936: 219ff.) standen die Deutschen in einem ewigen Kampf gegen das Anti-Deutsche: gegen Juden, Engländer, Franzosen, Russen, Niederländer, Schweizer, Rundköpfe, Krummnasen, Theologen, Aufklärer...

Mit gängigen Klischees grenzten sich Teile des Bildungsbürgertums gegen benachbarte europäische Kulturen ab. Gegen den französischen Esprit wurde die 'Tiefe' der deutschen Volksseele beschworen. Der Mythos einer substanziellen deutschen Kultur wurde gegen die angebliche Oberflächlichkeit einer europäischen Zivilisation ausgespielt.[6] Die Wendung gegen Frankreich zielte auf den Unterschied zwischen romanischen (katholischen) und germanischen (protestantischen) Kulturen (vgl. Mann 1977a: 21ff.; 1977b). Die Wendung gegen England zielte gegen den politischen Liberalismus, der auf der freien Marktwirtschaft beruhte und gegen das 'Volk der (jüdischen) Händler' (vgl. Sombart 1915; Spengler 1920: 35 und 55).

Die Katastrophe des Ersten Weltkriegs vermochte diese Stereotypen nicht aufzulösen. Im Gegenteil: Deutschland, das nach Meinung seiner Eliten aufgebrochen war, in diesem Krieg die Gegensätze zu überwinden, indem es die Vorherrschaft über Europa erlangte, sah sich im Bewußtsein breiter Teile des Adels, des Militärs, der Bürokratie und des Kleinbürgertums (wieder einmal) als ihr Opfer.

Auf der radikalen Linken, die sich von der Sozialdemokratie abgespalten hatte, entstand aus der Kritik an den sozialen Folgen der Moderne, wie sie in der Tradition der Kritik von Marx und Engels am Kapitalismus seit dem „Kommunistischen Manifest" von 1847 gängig war und aus der Ablehnung des Ersten Weltkriegs bzw. der jungen Weimarer Republik ebenfalls eine heftige Wendung gegen die liberale Demokratie. Darin verband sich die marxistische, anti-liberalistische Fundamental-Kritik an der parlamentarischen Demokratie und an der politischen und sozialen Wirklichkeit der Weimarer Republik mit der Hinwendung zum sozialen Groß-Experiment Sowjetunion, das die Vision einer egalitären politischen und sozialen Neuordnung verkörperte.

Die Ablehnung des politischen Liberalismus, die Rechten und Linken gemeinsam war, rührte aus einer zum Teil unterschiedlich motivierten Kritik an der Moderne her, vermischte sich aber in der Zielsetzung wieder. Diese Gemengelage führte auf beiden Seiten zu einer strukturell ähnlichen Verengung des politischen Blickfelds, zu einer Reduktionslogik, die die vielschichtigen Interessenlagen, Konflikte und Handlungs-

6 Die Abgrenzung gegen die französische Kultur war freilich nicht neu. Conrad Wiedemann verdanke ich den Hinweis auf die gegenrevolutionäre, anti-französische Haltung etwa der Weimarer Klassiker, aber auch Lessings um 1800, wie auch später der deutschen Romantiker, die ihre Enttäuschung über den Verlauf der Französischen Revolution in ein deutsches Sendungsbewußtsein transformierten, das sich damit legitimierte, die französische Nation habe ihre aufklärerische Mission gegenüber Europa verloren.

spielräume innerhalb der modernen Gesellschaft auf eine Lösungs-Formel reduzieren wollte.

Die theoretischen und ideologischen Konnotationen des Anti-Faschismus-Paradigmas in Deutschland sind ohne diese Tradition der Anti-Bürgerlichkeit und der dichotomischen Reduktionslogik nicht zu erklären. Das Konzept kann daher auch nicht nur aus der Tradition der Arbeiterbewegung und der Existenz des Nationalsozialismus erklärt werden. In der kommunistischen Presse der zwanziger Jahre wurde Anti-Faschismus als eine Mischung aus Anti-Kapitalismus, Anti-Liberalismus, Anti-Nationalsozialismus und Pro-Sowjetismus verstanden und propagiert. Anti-Faschismus wurde zu einer Art Basis-Strategie gegen die neue demokratische Ordnung. Sie zielte auf alle ihre Repräsentanten (sozialdemokratische Politiker, liberale wie konservative Parteiführer und nationalsozialistische Demagogen), ihre Institutionen (Parlament, Gerichte, Regierung) und ihre politischen Werte und Überzeugungen. Faschistisch waren in diesem Rahmen („gelbe") Unternehmergewerkschaften, der sozialdemokratische Polizeipräsident von Berlin, Arbeitgeber, Polizei, Generäle wie Bankiers (vgl. Zetkin 1960: 415). Anti-Faschismus ist somit auch Teil der breiten populistischen Anti-Weimar-Bewegung (vgl. Winkler 1993: 349ff.). Natürlich zielte das Antifaschismus-Paradigma auch gegen den aufkommenden Nationalsozialismus, aber nicht im Sinne eines Kampfes für Demokratie, sondern im Sinne einer Auseinandersetzung mit einer gegnerischen Organisation, die aus dem Wege zu räumen ein Schritt auf dem Weg zur Macht sein sollte. Dieses Verständnis von Anti-Faschismus verschiebt sich teilweise in der Zeit der nationalsozialistischen Herrschaft und des II. Weltkrieges. Nach Beginn der nationalsozialistischen Herrschaft setzt von Seiten der bürgerlichen und linksliberalen Exilkultur als auch von Seiten der Kommunisten eine Erweiterung des Antifaschismus-Paradigmas ein, die dessen reduktionistische Logik teilweise und zeitweise aufbricht und das Konzept enger auf den Widerstand gegen Hitler bezieht.[7] Die Orientierungsbedürfnisse innerhalb der nicht-kommunistischen NS-Gegner trafen auf das Bestreben der Kommunisten, sich Bündnispartner im bürgerlichen Lager zu suchen, um eine 'Volksfront' gegen den Faschismus aufzubauen und ihre Isolierung zu überwinden. Gleichzeitig wurden diese Erweiterungstendenzen konterkariert durch die Unterordnung des kommunistischen Anti-Faschismus unter den Stalinismus, der die totalitären Tendenzen,

7 Erster realer Übertragungsraum dieser Erweiterung des Paradigmas war der Spanische Bürgerkrieg 1936-1939, der die Europäisierung des Faschismus zu beweisen schien; immerhin unterstützte das NS-Regime den spanischen Diktator mit Waffen und Bomben. – Aufschlußreich ist in diesem Kontext, welche Schwierigkeiten bürgerliche Nazi-Gegner haben, sich in den Rahmen des Anti-Faschismus einzuordnen. Erika und Klaus Mann, die Kinder von Thomas Mann, versuchten in ihrem Buch 'Escape to Life' (1938) das zu leisten, was der Begriff suggerierte, nämlich einen breiten Konsens aller NS-Gegner unter dem Anti-Faschismus-Paradigma zu konstruieren. Darauf verweist die – von heute aus gesehen fast naiv anmutende – Formulierung, die Feinde Hitlers, d.h. die Anti-Faschisten seien nicht nur „Juden und Bolschewisten ... sondern (umfaßten) alle edleren Elemente des deutschen Geistes ... – die erhaltenden wie die fortschrittlichen, die religiösen wie die intellektuellen – (die) sich einig (sind) in ihrer unbedingten, leidenschaftlichen Ablehnung des Nazi-Ungeistes" (Mann/Mann 1991: 394). Die Sozialpsychlogin Wanda von Baeyer-Katte (1990: 25) wies unlängst zutreffend darauf hin, daß der „bürgerliche Antifaschismus der frühen dreißiger Jahre ... dadurch gekennzeichnet (ist), daß er nicht das geringste Gefühl für Bedrohung, nicht die geringste Bedrohungsempfindlichkeit entwickelte."

die in diesem Paradigma latent immer vorhanden waren, zur vollen Ausbildung brachte.[8]

3. Antifaschismus als Staatsmythos – das Paradigma im Zentrum der deutschen Teilung

Den größten Legitimationsgewinn erzielte das anti-faschistische Paradigma nach dem II. Weltkrieg, im Zuge der Teilung Deutschlands und der Gründung des Staates 'Deutsche Demokratische Republik'. Von der Weimarer Republik und den Jahren des Nationalsozialismus unterschied sich der Anti-Faschismus der Nachkriegszeit grundsätzlich, weil er auf der erfolgreichen Niederwerfung Hitlerdeutschlands aufbauen konnte, über (wenngleich geliehene) staatliche Macht verfügte und Orientierungswissen für eine desorientierte Bevölkerung bereitstellen konnte. Damit reklamierte das Paradigma erneut eine Eindeutigkeit, die es in der Vorkriegszeit nicht gehabt, aber durch die Faktizität des NS-Terrors und die Schrecken des Krieges scheinbar erreicht hatte.
Das Anti-Faschismus Paradigma war auch deshalb so erfolgreich, weil seine Protagonisten, die unter Verfolgung gelitten hatten und zum großen Teil im Zuchthaus, KZ oder im Exil gewesen waren, das jenseitige Ziel (die Errichtung einer anti-faschistischen Ordnung) als diesseitige Politik verfolgen konnte: die Errichtung einer nicht-kapitalistischen, anti-liberalen Ordnung, in der die parlamentarischen Interessenorganisationen und die demokratischen Verfahrensweisen im Interesse ihrer Überwindung funktionalisiert werden konnten (vgl. Meuschel 1992: 164).
Der unter Aufsicht der sowjetischen Militärbehörden entstehende anti-faschistische Staat verstand sich – in Anknüpfung an die anti-republikanische Politik der Kommunisten und Linkssozialisten in der Vorkriegszeit – gleichermaßen als Antwort auf die sozialen Ungerechtigkeiten und Ungleichheiten der Weimarer Republik wie den Terror des nationalsozialistischen Staats und – last but not least – auf die bürgerliche Demokratie generell (vgl. Florin 1994: 127). Der neue Staat verfolgte eine Doppelstrategie von anti-faschistischer Reformpolitik und kommunistischer Herrschaftspraxis. Der Staats- und Institutionenaufbau, bei dem unter dem Vorwand der Entnazifizierung und Entpreußifizierung auch alle Elemente föderaler Strukturen beseitigt wurden, die Enteignungen von Kapitalbesitz, die Verstaatlichung der Industrie und des Grundbesitzes wie auch die Bildungsreform orientierten sich an der Alternative einer demokratisch apostrophierten, gleichwohl anti-liberalen politischen Ordnung. Die Politik des neuen Staates konnte an ein weit verbreitetes Scham- und Versagensgefühl ebenso anknüpfen wie an mentale Dispositionen, die die Verdrängung begünstigten. Die Geschlossenheit des offiziell präsentierten, quasi staatlich 'verordneten' Anti-Faschismus in der DDR ließ die individuelle Verantwortung eher in den Hintergrund treten, da diese mit dem korporativen Selbstbild des neuen Staates kollidierte. Das Profil der neuen Staats- und Gesellschaftsordnung wurde jedoch nicht nur im Blick auf die Vergangenheit und Zukunft konzipiert, sondern auch mit Bezug auf die Präsenz des westdeutschen Schwesterstaats und auf die Ost-West-Spaltung. Zusätzliche Legitimation erwuchs also aus der Existenz des west-deutschen Staates, der auf der als „kryp-

8 Vgl. hierzu die Präsenz des Anti-Faschismus-Paradigmas in den Moskauer Schauprozessen (vgl. Rohrwasser 1991: 129ff.).

tofaschistisch" apostrophierten liberalen Marktwirtschaft mit pluraler politischer Ordnung aufgebaut wurde. Das vielleicht augenfälligste Symbol dieser Konstellation aber war die Berliner Mauer, der 'anti-faschistische Schutzwall', der 1961 errichtet worden war, um die Abwanderung von Arbeitskräften zu verhindern und den damit verbundenen Legitimationsverlust des Staates zu blockieren und sich gleichzeitig propagandistisch als Stein gewordene Anklage gegen den proto- bzw. kryptofaschistischen Schwesterstaat präsentierte.

Ein durchaus beabsichtigter und politisch geschickter Nebeneffekt entstand daraus, daß der neue Staat sich so als 'Sieger über den Faschismus' deklarieren konnte.[9] Die damit verbundene moralische Aufwertung erlaubte die Integration weiter Teile ehemaliger Anhänger und Mitläufer des Nazireichs und die Erhebung der kommunistischen Widerstandskämpfer in den Rang von Staatsgründern.[10] Die Kehrseite dieser Integrationsstrategie war der Einsatz des Anti-Faschismus als innenpolitisches Kampfinstrument, um reale oder potentielle politische Gegner zum Schweigen zu bringen. Wie aus den Erinnerungen seinerzeit führender Kommunisten hevorgeht, herrschte in den innenpolitischen Auseinandersetzungen der fünfziger Jahre jene Logik des Leninschen 'Wer gegen wen?', die den Moskauer Schauprozessen in nichts nachstand, nur daß die Betroffenen in der Regel nicht umgebracht wurden (vgl. Janka 1991: 273ff.; Grunenberg 1993: 139ff.).

Anti-Faschismus war daher nicht nur Gründungs-Mythos, sondern auch dauerhafte Staatslegitimation. Sein Erfolg beruhte auch darauf, daß der Staat gleichermaßen als ideologische Erziehungsdiktatur wie als autoritärer Sozialstaat auftrat, der in bevormundender Fürsorglichkeit seine Bürgerinnen und Bürger auch mit der „richtigen" Weltanschauung versorgte (vgl. Grunenberg 1990: 139ff.; Schubarth/Schmidt 1992; Schubarth 1992; Wittich 1992). Die Gründung einer Partei für ehemalige Nationalsozialisten (die NDPD), das Angebot der sozialen Integration in einen Staat, der Loyalität forderte und dafür Entsühnung bot, all das schuf Legitimation, die essentiell für den neuen Staat war und lange trug. Der politische und soziale Konsens, der dadurch mit gefügt wurde, hielt bis in die achtziger Jahre hinein. Er war besonders ausgeprägt bei Intellektuellen und sozialen Aufsteigern aus der Arbeiterklasse, deren Biographien selbst noch durch den Nationalsozialismus bzw. die Aufbauphase des Staates DDR geprägt war (vgl. Grunenberg 1995; Niethammer/von Plato/Wierling 1991: 281ff.).

Die anti-liberale, anti-westliche Prägung der ostdeutschen Republik führte auf der konzeptionellen Ebene dazu, den neuen Staat als das schlechthin andere, ultimative

---

9 Dies wurde später kritisch von einigen Schriftstellern angemerkt (vgl. Hermlin 1982: 399; Wolf 1990a: 11).

10 In den von Lutz Niethammer herausgegebenen Akten des kommunistischen Widerstands im KZ Buchenwald wird der Anti-Faschismus als Überlebenspraxis im KZ dokumentiert (Opfertausch und Selbstverwaltung); andererseits werden die Spannungen zwischen den politischen Konzeptionen der inhaftierten Kommunisten und den in Moskau im Exil befindlichen KPD-Kadern belegt. Schließlich geht daraus hervor, daß es „auch in eingeweihten Kreisen der DDR ... jenseits des offiziellen Antifaschismus ein Wissen um abgründige Verstrickungen der gefeierten Widerstandshelden" gab. Dies ist deshalb wichtig, weil die DDR mit den ermordeten wie mit den überlebenden Kommunisten der KZs einen staatstragenden Legitimationskult betrieb, der diese in den Rang von 'großen Persönlichkeiten der Geschichte', quasi von geistigen Staatsgründern, hob. Dies ungeachtet der Tatsache, daß dieselben Kommunisten bis in die fünfziger Jahre hinein systematisch kaltgestellt, verfolgt oder – im besten Falle – funktionalisiert wurden (vgl. Niethammer 1994: 11, 45f., 52, 59ff.).

Modell von Politik und politischer Organisation in der deutschen Geschichte zu legitimieren. Darin schien in seitenverkehrter Form das Erbe jenes in Deutschland traditionellen Bestrebens der intellektuellen Eliten wieder auf, ein anderes, 'das andere' politische Modell zu finden im Vergleich zu den Formen des Liberalismus, die von Frankreich und England oder den Vereinigten Staaten repräsentiert wurden.

4. Anti-Totalitarismus versus Anti-Faschismus: Die Bundesrepublik

Umgekehrt suchte die Bundesrepublik unter den Bedingungen der globalen Blockspaltung den politischen Anschluß an den Westen und die Einkehr in den konstitutionellen Liberalismus, der in der Weimarer Republik nicht gelungen war.
In der frühen Bundesrepublik wurde daher Anti-Faschismus als Synonym für Pro-Sowjetismus marginalisiert und durch einen Anti-Totalitarismus ersetzt, der hauptsächlich anti-kommunistisch und anti-sowjetisch war.[11]
Der gegen das Anti-Faschismus-Paradigma und seine staatliche Verkörperung DDR gerichtete westliche Anti-Totalitarismus nach 1945 war stark, weil die Westallierten Westdeutschland als Frontstaat gegen den sowjetischen Block aufbauten und schützten, weil er auf einer stabilen sozialen und politischen Rahmenordnung beruhte, weil seine führenden Politiker um die Verbrechen des Stalinismus wußten, weil er von der Sowjetunion – ex negativo – propagandistisch bestätigt wurde und – last but not least – schließlich auch deshalb, weil es keine Alternative zu der herrschenden Blocklogik gab. Diese Disposition kam der Orientierungs- und Sprachlosigkeit weiter Teile der Bevölkerung entgegen, die, ähnlich wie in der DDR, auf Orientierungswissen und Stabilität angewiesen waren. Die junge Bundesrepublik setzte – im Unterschied zur politischen Führung der DDR und der Sowjetunion – als Rechtsnachfolgerin des Deutschen Reiches auf die Kontinuität der Eliten. Dies betraf zentrale, regionale und lokale Verwaltungen, Legislative, Judikative, die Ärzteschaft, die Anwälte und Teile der akademischen Intelligenz. Hier wirkten mentalitäre Dispositionen der Verdrängung, die einer Regierung, die auf Kontinuität setzte, zusätzliche Legitimation verschafften. Auch vor diesem Hintergrund hatte ein anti-kapitalistischer und anti-liberaler Anti-Faschismus in der Bundesrepublik keine Chance. Zwar wiesen Umfragen bis Ende der fünfziger Jahre einen hohen Prozentsatz von Anti-Semitismus und Sympathie für die Nationalsozialisten aus (vgl. Merritt/Merritt 1970: 110ff.), aber die politische Führung der neuen Republik legitimierte sich auch über den (meist konservativen) Widerstand. Dazu gehörten Konrad Adenauer, Eugen Gerstenmaier, Alois Hundhammer, Josef Müller und andere.[12]

---

11 Dies gilt ungeachtet der Tatsache, daß es selbstverständlich Versuche gab, in der Bundesrepoublik eine anti-faschistische politische Kultur zu schaffen. Dazu zählen die vielen, von der DDR über Jahrzehnte hinweg finanzierten anti-faschistischen Komittees und Organisationen, wie auch die KPD (später DKP) selbst. Ihren Einfluss jedoch würde ich eher als indirekt und teilweise marginal ansetzen, trotz anderslautender Einschätzungen etwa des Verfassungsschutzes (vgl. Bloch 1990).

12 Wenngleich einschränkend hinzugefügt werden muß, daß sich Teile der deutschen Öffentlichkeit und die Bundeswehr jahrelang sehr schwer taten mit der Anerkennung des militärischen Widerstands und der Gruppe um den 20. Juli 1944 (vgl. Benz/Pehle 1994: 9; Steinbach/Tuchel 1994: 7). Das gleiche gilt für den nicht-kommunistischen, links-sozialisti-

Zu dem widersprüchlichen Bild der jungen Bundesrepublik trug das Ineinandergreifen von konservativem Anti-Nazismus und einer Kontinuitätspolitik, die die Duldung oder schleppende Aufklärung von Nazi-Verbrechern in Kauf nahm, erheblich bei. Da die sogenannte „Bewältigung" der Nazi-Verbrechen nicht von Staats wegen verordnet werden konnte, sondern einer (vielfach aus Eigeninteresse) schleppend arbeitenden Justiz überlassen war, brachte erst der generationelle Wechsel eine erneute öffentliche Thematisierung des nationalsozialistischen Erbes.[13] Damit endete die erste Phase der Nachkriegszeit und mit ihr die rein anti-kommunistsche Ausrichtung des anti-nazistischen Anti-Totalitarismus.

Die studentische und außerparlamentarische Bewegung, die sich seit Mitte der sechziger Jahre an den Universitäten und anderen Bildungsinstitutionen sowie in den Medien artikulierte, kündigte den Konsens der Kontinuität und forderte eine Kultur des radikalen demokratischen Neubeginns. In ihr hatte das Antifaschismus-Paradigma seinen Platz als Gegen-Kultur der Erinnerung gegen die offizielle Kultur der Verdrängung. Dem negativen Bild der Weimarer Republik in der öffentlichen Meinung der Bundesrepublik, das in der Formulierung des Grundgesetzes und im Selbst-Bild der Republik seinen Ausdruck fand, wurde jenes intellektuelle Konzept entgegengesetzt, das in dem Wort des Frankfurter Philosophen und Gründers des Instituts für Sozialforschung, Max Horkheimer, seinen Ausdruck fand: „Wer aber vom Kapitalismus nicht reden will, sollte auch vom Faschismus schweigen" (Horkheimer 1939: 115).

Mit dem staatlich sanktionierten Anti-Faschismus der DDR verband viele junge Fundamental-Demokraten jener Zeit eine radikale Kritik an der kapitalistischen Wirtschaftsordnung und an einem parlamentarischen System, in dem sie nur die Kontinuität, nicht aber die demokratische Selbsterneuerung sahen. So wurden zum Ziel ihrer Kritik nicht nur alte Nationalsozialisten und ihre Beschützer, sondern auch Sozialdemokraten, die im Widerstand gewesen waren und Konservative. Darin wiederholte sich noch einmal als historisches Apercu jener anti-liberale Impuls des Anti-Faschismus, der sich in der Zwischenkriegszeit so verheerend auf die politische Kultur der Weimarer Republik ausgewirkt hatte. Nur daß die zweite deutsche Republik aufgrund der Stabilität ihrer demokratischen Ordnung und ihres Schutzes durch die Westmächte unvergleichlich stabiler war.

---

schen oder sozialdemokratischen Widerstand. Einer der Schwerpunkte der CDU-Wahlpropaganda waren Kampagnen gegen SPD-Politiker wie Willy Brandt und Herbert Wehner, der eine wegen seiner unehelichen Geburt und seiner Zeit im norwegischen Widerstand, der andere wegen seiner Konvertierung vom Kommunisten zum Sozialdemokraten. Willy Brandt wurde erst mit seiner Kanzlerschaft rehabilitiert; bei Herbert Wehner ergeben die Aktenfunde bis jetzt, daß die Grenzen zwischen dem stalinistisch geprägten Antifaschisten und dem anti-totalitären Sozialdemokraten durchaus unklar waren sind (vgl. Müller 1993: 13ff.; Wehner 1984: 329-345).

13 Dieser Wechsel setzte Anfang der sechziger Jahre ein; symbolische Daten dafür sind der erste der drei großen Auschwitz-Prozesse, der 1963 begann und der erstmalige Eintritt der Sozialdemokraten in die Regierung im Jahre 1967.

5. Anti-Faschismus im Medium des Epochenbruchs von 1989

Das Paradigma Anti-Faschismus hat in seiner wechselvollen Wirkungsgeschichte verschiedene Etappen und Akzentuierungen erfahren. Es mag nicht verwundern, daß es in einer historischen Situation erneut aufkam, in der das Ende des anti-faschistischen Zeitalters durch den Zusammenbruch seines augenfälligsten Symbols, der Berliner Mauer, eingeläutet wurde. In diesem Paradigma begegneten sich nicht nur antithetisch zueinander stehende politische Ordnungen, sondern es wurden auch Biographien gelebt, die nun scheinbar abrupt abgeschnitten und (im Bewußtsein der Beteiligten) 'entwertet' wurden. Im Vereinigungsprozeß stehen wirtschaftliche, institutionelle und mentale Veränderungen sehr ungleich zueinander. Mentale Veränderungen laufen bekanntlich, dafür war die Nachkriegszeit in Westdeutschland ein Lehrstück, sehr langsam und uneben. Anti-Faschismus ist daher nicht nur 'Erbekanon' der deutschen Geschichte, dessen anti-bürgerliche Anteile in Umbruchssituationen immer wieder aktualisiert werden, sondern ist Medium einer Auseinandersetzung zwischen Ost- und Westdeutschland, die auf dem Wege von Verfahrensprozeduren und Institutionengründungen nicht 'geregelt' werden kann.
Last but not least ist das Anti-Faschismus Paradigma zur quasi instinktiven Reaktionsweise west- und ost-deutscher Intellektueller und Jugendlicher auf den verstärkten Rechtsextremismus nach der Vereinigung geworden (Domdey 1994).
Diese Auseinandersetzung ist inzwischen breit dokumentiert. Sie ist Teil der wissenschaftlichen Debatte über die deutsche Geschichte der jüngsten Vergangenheit (vgl. Funke 1990; Wilke 1990; Rudzio 1990; Runge 1992; Knütter 1991). Neben dieser wissenschaftlichen erschien eine Fülle von biographisch motivierter, teil-wissenschaftlicher oder schlicht polemischer Literatur, die stark von moralischen Implikationen bestimmt war. Dazu gehört auch ein Teil der sozialpsychologisch orientierten Literatur (Wolf 1990b; 1990c; Müller 1994; Heym 1995; Braun 1992; Haug 1992; Giordano 1987; Röhl 1994).
Davon unterschieden ist noch einmal die Literatur, die eher der ideologischen Rechtfertigung zuzurechnen ist. Hierhin gehören jene 'Rettungsversuche' der Frühzeit der DDR, deren Autoren damit argumentieren, daß der Anti-Faschismus in der DDR erst in den fünfziger Jahren funktionalisiert und zum innenpolitischen Kampfinstrument gemacht worden sei, wobei seine ursprünglichen Intentionen und seine Glaubwürdigkeit verlorengegangen wären (vgl. Schubarth 1992; Noll 1992).
Überblickt man das Tableau der zahlreichen Aufsätze, Bücher und Zeitungsartikel, so gewinnt man den Eindruck, als stießen in der Debatte über Gestalt und Erbe des Anti-Faschismus nach 1989 noch einmal jene Welten aufeinander, die sich in den vergangenen fünf Jahrzehnten so feindlich gegenübergestanden hatten: Westen und Osten; Demokratie und (poststalinistischer) Totalitarismus. Zugleich wurden in diesem Streit noch einmal die Positionen jener Auseinandersetzung um 'das Wesen' einer für Deutschland angemessenen Organisation des politischen Gemeinwesens deutlich, die seit dem Ende des I. Weltkriegs zwischen Linken und Rechten immer wieder aufgelebt waren. Paradigmatisch prallten in der Auseinandersetzung zwischen Bürgerrechtlern und Linken auf der einen Seite und Liberaldemokraten auf der anderen Seite nach 1989 zwei unterschiedliche, ja geradezu dichotomisch zueinander stehende Auffassungen von Demokratie aufeinander: ein fundamentaldemokratisches, an direkter

Partizipation (und nicht an Repräsentation) und der fürsorgenden Funktion des Staates orientiertes, mit moralischen, anti-kapitalistischen Werten argumentierendes Verständnis – und ein pragmatisches, an Repräsentation, positivem Recht, parlamentarischen Verfahrensweisen und Pluralität sich orientierendes Verständnis von Demokratie. Eine Auseinandersetzung um die jenseits dieser auseinanderstrebenden Verständnisse von Demokratie lagernden Defizite des politischen Gemeinwesens scheitert gegenwärtig an dem fehlenden politischen Übertragungsraum, an den unterschiedlichen linguistischen Kontexten des politischen Diskurses, an der divergenten Interpretation dessen, was Tradition und Geschichte sein solle.

Literaturverzeichnis

Baeyer-Katte, Wanda von, 1990: Psychologische Bedingungen des Antifaschismus, in: *Bundesministerium des Innern* (Hrsg.), Bedeutung und Funktion des Antifaschismus. Bonn, 21-38.

Benz, Wolfgang/Pehle, Walter H. (Hrsg.), 1994: Lexikon des deutschen Widerstands. Frankfurt a.M.

Bloch, Hans-Joachim, 1990: Aspekte des Antifaschismuskampfes der orthodoxen Kommunisten, in: *Bundesministerium des Innern* (Hrsg.), Bedeutung und Funktion des Antifaschismus. Bonn, 39-51.

Boucher, David, 1985: Texts in context. Revisionist methods for studying the history of ideas. Dordrecht. Boston.

Braun, Volker, 1992: Iphigenie in Freiheit. Frankfurt a.M.

Chamberlain, Houston Stewart, 1932: Die Grundlagen des 19. Jahrhunderts. München.

Domdey, Horst, 1994: Ein Lager regeneriert sich, in: Kursbuch, Juni 1994, Berlin, 69-74.

Florin, Wilhelm, 1994: 'Was würde sein, wenn Deutschland ein Sowjetstaat würde?'. Maschinenschriftliche Ausarbeitung, in: *Peter Erler/Horst Laude/Manfred Wilke* (Hrsg.), 1994: 'Nach Hitler kommen wir'. Dokumente zur Programmatik der Moskauer KPD-Führung 1944/45 für Nachkriegsdeutschland. Berlin, 125-130.

Funke, Manfred, 1990: Faschismus und Antifaschismus – Versuch einer historisch-politischen Begriffsbestimmung, in: *Bundesministerium des Innern* (Hrsg.), Bedeutung und Funktion des Antifaschismus. Bonn, 7-20.

Giordano, Ralph, 1987: Die zweite Schuld oder Von der Last ein Deutscher zu sein. Hamburg.

Grunenberg, Antonia, 1990: Aufbruch der inneren Mauer. Politik und Kultur in der DDR 1971-1990. Bremen.

Grunenberg, Antonia, 1993: Antifaschismus – ein deutscher Mythos. Reinbek.

Grunenberg, Antonia, 1995: Schriftsteller und Widerstand in den siebziger Jahren, in: Materialien der Enquete-Kommission 'Aufarbeitung von Geschichte und Folgen der SED-Diktatur in Deutschland'. Baden-Baden/Frankfurt a.M., Bd. VII, 1, 758-786.

Haug, Wolfgang Fritz, 1992: Die Wiederkehr des Unerwarteten. Versuch einer deutsch-deutschen Moment-Aufnahme, in: *Brigitte Rauschenbach* (Hrsg.), Erinnern, wiederholen, durcharbeiten. Zur Psycho-Analyse deutscher Wenden. Berlin, 276-285.

Hein, Christoph, 1995: Die fünfte Grundrechenart. Aufsätze und Reden. Frankfurt a.M.

Hermlin, Stephan, 1982: Äußerungen 1944-1982. Berlin/Weimar.

Howard, Dick, 1995: Zur Politik der Urteilskraft, in: *Antonia Grunenberg/Lothar Probst* (Hrsg.), Einschnitte. Bremen, 64-82.

Heym, Stefan, 1995: Auf Sand gebaut. Sieben Geschichten aus der unmittelbaren Vergangenheit. München.

Horkheimer, Max, 1939: Die Juden in Europa, in: Zeitschrift für Sozialforschung, Jg. VIII (1/2), 115-137.

Janka, Walter, 1991: Spuren meines Lebens. Berlin.

Knütter, Hans Helmut, 1991: Antifaschismus und politische Kultur in Deutschland nach der Wiedervereinigung, in: Aus Politik und Zeitgeschichte B9/91. Bonn, 83-111.

Maaz, Hans-Joachim, 1990: Der Gefühlsstau. Ein Psychogramm der DDR. Berlin.

Maaz, Hans-Joachim, 1992: Die Entrüstung. Deutschland, Stasi, Schuld und Sündenbock. Berlin.

Mann, Erika/Mann, Klaus, 1991: Escape to Life. Deutsche Kultur im Exil. München.
Mann, Thomas, 1977a: Betrachtungen eines Unpolitischen. Frankfurt a.M.
Mann, Thomas, 1977b: Gedanken im Kriege, 1914, in: *Thomas Mann,* Essays, Bd. 2. Frankfurt a.M., 23-37.
Merritt, Anna J./Merritt, Richard J. (Hrsg.), 1970: Public opinion in occupied Germany. Illinois.
Meuschel, Sigrid, 1992: Antifaschistischer Stalinismus, in: *Brigitte Rauschenbach* (Hrsg.), Erinnern, wiederholen, durcharbeiten. Zur Psycho-Analyse deutscher Wenden. Berlin, 163-171.
Müller, Heiner, 1994: Krieg ohne Schlacht. Köln.
Müller, Reinhard, 1993: Die Akte Wehner. Moskau 1937-1941. Berlin.
Niethammer, Lutz, 1991: Flüchten und Standhalten. Getzel Taube, Unternehmer, 70 Jahre, in: *Lutz Niethammer/Alexander von Plato/Dorothee Wierling* (Hrsg.), Die volkseigene Erfahrung. Eine Archäologie des Lebens in der Industrieprovinz der DDR. Berlin.
Niethammer, Lutz (Hrsg.), 1994: Der 'gesäuberte' Antifaschismus. Die SED und die roten Kapos von Buchenwald, Dokumente. Berlin, 248-299.
Nietzsche, Friedrich, 1959: Die Geburt der Tragödie. München.
Noll, Chaim, 1992: Treue um Treue. Linke Gefühlslagen und die literarische Beschwörung der besseren DDR, in: *Cora Stephan* (Hrsg.), Wir Kollaborateure. Der Westen und die deutschen Vergangenheiten. Reinbek, 90-106.
Röhl, Klaus Rainer, 1994: Morgenthau und Antifa. Über den Selbsthaß der Deutschen, in: *Heimo Schwilk/Ulrich Schacht* (Hrsg.), Die selbstbewußte Nation. Berlin, 85-100.
Rohrwasser, Michael, 1991: Der Stalinismus und die Renegaten. Stuttgart.
Rudzio, Wolfgang, 1990: Antifaschismus als Volksfrontkitt, in: *Bundesministerium des Innern* (Hrsg.), Bedeutung und Funktion des Antifaschismus. Bonn, 65-82.
Runge, Irene, 1992: Wer hat Angst vorm schwarzen Mann, in: *Karl-Heinz Heinemann/Wilfried Schubarth* (Hrsg.), Der antifaschistische Staat entläßt seine Kinder. Berlin, 132-139.
Schubarth, Wilfried/Schmidt, Thomas, 1992: 'Sieger der Geschichte'. Verordneter Antifaschismus und die Folgen, in: *Karl Heinz Heinemann/Wilfried Schubarth* (Hrsg.), Der antifaschistische Staat entläßt seine Kinder. Berlin, 12-28.
Schubarth, Wilfried, 1992: Antifaschismus in der DDR – Mythos oder Realität, in: *Brigitte Rauschenbach* (Hrsg.), Erinnern, wiederholen, durcharbeiten. Zur Psycho-Analyse deutscher Wenden. Berlin, 172-179.
Simon, Annette, 1992: Zweifache und zweiseitige Verdrängung – Schamosigkeit und Scham, in: *Brigitte Rauschenbach* (Hrsg.), Erinnern, Widerholen, Durcharbeiten. Zur Psycho-Analyse deutscher Wenden. Berlin, 246-252.
Sombart, Werner, 1915: Händler und Helden. Leipzig.
Spengler, Oswald, 1920: Preußentum und Sozialismus. München.
Spengler, Oswald, 1933: Jahre der Entscheidung, Bd. 1. München
Spengler, Oswald, 1986: Der Untergang des Abendlandes, 8. Aufl. München.
Steding, Christoph, 1936: Das Reich und die Krankheit der europäischen Kultur. München.
Steinbach, Peter/Tuchel, Johannes (Hrsg.), 1994: Lexikon des deutschen Widerstands 1933-1945. München.
Wehner, Herbert, 1984: Zeugnis. Persönliche Notizen 1929-1942. Bergisch Gladbach.
Wilke, Manfred, 1990: Antifaschismus als Legitimation staatlicher Herrschaft in der DDR, in: *Bundesministerium des Innern* (Hrsg.), Bedeutung und Funktion des Antifaschismus. Bonn, 52-64.
Winkler, Heinrich-August, 1993: Weimar 1918-1933. München.
Wittich, Bernd, 1992: Initiationen eines Antifaschisten, in: *Brigitte Rauschenbach* (Hrsg.), Erinnern, wiederholen, durcharbeiten. Zur Psycho-Analyse deutscher Wenden. Berlin, 180-188.
Wolf, Christa, 1990a: Das haben wir nicht gelernt, in: *Petra Gruner* (Hrsg.), Angepaßt oder mündig? Briefe an Christa Wolf im Herbst 1989. Berlin, 3-12.
Wolf, Christa, 1990b: Im Dialog. Aktuelle Texte. Frankfurt a.M.
Wolf, Christa, 1990c: Reden im Herbst. Berlin/Weimar.
Zetkin, Clara, 1960: Ausgewählte Reden und Schriften. Berlin.

Fließende Grenzen zum Rechtsextremismus? Zur Debatte über Brückenspektren, Grauzonen, Vernetzungen und Scharniere am rechten Rand – Mythos und Realität

Eckhard Jesse

1. What's right?: Einleitende Überlegungen

Im Jahre 1993 wurde in Frankreich ein „Appell zur Wachsamkeit" (abgedruckt bei Faber/Funke/Schoenberner 1995: 292f.) veröffentlicht. Die Initiatoren glaubten vor den die Demokratie delegitimierenden Strategien rechter Zirkel warnen zu müssen und riefen ein „Komitee der Wachsamkeit" ins Leben. Ist in Deutschland ein solches „Komitee der Wachsamkeit" erforderlich? Dringen rechtsextreme Ideologien, Zirkel und Organisationen gleichsam unaufhaltsam in die demokratische Mehrheitskultur vor? Werden sie salonfähig gemacht? Rutscht die Bundesrepublik damit nach rechts ab, wie vielmals geargwöhnt (Pflüger 1994)? Oder trifft eher folgende Behauptung Claus Leggewies den Kern der Sache? „Erwünscht ist, auch in Hörsälen und Seminarräumen, weniger das systematische, *alles* ergründende, damit auch wilde und gefährliche Nach-Denken als das politisch korrekte Vor-Sprechen" (Leggewie 1994: 139f. – Hervorhebung im Original).

Mit Begriffen wie „Brückenspektrum", „Grauzone", „Vernetzung" und „Scharnier" soll der Sachverhalt umschrieben werden, daß sich die Grenze zwischen dem demokratischen Konservatismus und dem Rechtsextremismus verwischt und die extreme Rechte folglich eine Aufwertung erfährt. Die Untersuchung geht der Frage nach, ob der demokratische Konservatismus erodiert. Gelegentlich scheint es dabei unerläßlich, auch das Pendant der linken Variante des Extremismus anzusprechen, ohne daß der Beitrag deswegen *in toto* vergleichend angelegt ist.

Er analysiert zunächst die Ergebnisse der Publizistik und der Forschung zur Frage der Grauzone am rechten Rand. Der Tenor der meisten Publikationen ist eindeutig (Kapitel 2). Dann seien die Befunde des Verfassers verdeutlicht, bezogen auf unterschiedliche Ebenen. Der ebenso eindeutige Tenor steht in krassem Gegensatz zu der dominierenden Lesart (Kapitel 3). Schließlich geht es darum, die Gründe für eine derartige Diskrepanz zu benennen und zu gewichten (Kapitel 4). Die abschließenden Ausführungen schlagen – anknüpfend an das Leggewie-Eingangszitat und unter Berücksichtigung der doppeldeutigen „What's right?"-Frage – den Bogen zu den einführenden Überlegungen.

Ein Wort zur Terminologie: Der Begriff der „Neuen Rechten" ist wenig geeignet, jenes Spektrum zwischen Konservatismus und Rechtsextremismus zu erfassen, das viele Autoren im Auge haben (Gessenharter 1989a, 1989b; Mantino 1993; Terkessidis 1995). Mit der schwammigen Vokabel (Backes/Jesse 1993), deren ubiquitärer Gebrauch in einem bemerkenswerten Gegensatz zu ihrer mangelnden Trennschärfe steht, sollten vielmehr intellektuelle Strömungen charakterisiert werden, die sich positiv auf die „konservative Revolution" der Weimarer Zeit beziehen (Bartsch 1975; Feit 1987; Koelschtzky 1986; Schönekäs 1990; Müller 1995; Worm 1995), Übereinstimmungen zur französischen *Nouvelle Droite* um Alain de Benoist aufweisen und in mancher Hinsicht die „Neue Linke" zum Vorbild genommen haben. Der Verfasser analysiert die Frage der Abgrenzung ausschließlich mit Blick auf die extremistische Rechte – unabhängig von der Einordnung der „Neuen Rechten", deren Repräsentanten in der Tat häufig in einem Grenzbereich von rechtsdemokratisch und rechtsextremistisch angesiedelt sind. Vielfach wird in der Diskussion – wohl bewußt – nicht ausreichend zwischen einer demokratischen und einer antidemokratischen Rechten sowie einer möglichen Grauzone differenziert.

2. Perzeption: Publizistik und Forschung

Auch wenn die Frage nach den Grenzen zum Rechtsextremismus bisher nirgendwo systematisch untersucht worden ist, erschien in den neunziger Jahren eine Überfülle an Literatur dazu, wobei die Art und Weise der Auseinandersetzung meistens oberflächlicher Natur ist (Hethey/Kratz 1991; Kratz 1990, 1995; Sieber u.a. 1994; Siegler/Tolmein/Wiedemann 1993; Seeliger 1990; Venner 1994; Worm 1995). Frühere Arbeiten (Bamberg 1978, 1980; Taler 1972) konnten diesem Thema auch keine anderen Einsichten abgewinnen. Zumal Antifa-Positionen werden von dieser Thematik geradezu magisch angezogen.

Viele versuchen, die Unionsparteien in die rechtsextremistische oder doch zumindest ganz rechte Ecke zu rücken, z.B. durch eine Konstruktion von Parallelen zu Rechtsaußengruppierungen. Noch simpler ist das Argumentationsschema, zwischen beiden Richtungen bestehe faktisch kein Unterschied mehr: „Der CDU und vor allem der CSU gefährlichen Populismus vorzuwerfen, weil sie den Rechtsaußenparteien mit Ressentiments gegen Europa und gegen Ausländer Stimmen abjagen wollten, geht fehl. Denn der Vorwurf setzt voraus, solche Kampagnen würden wider besseres Wissen oder wider eigene Empfindungen betrieben, wofür es keinen Beleg gibt" (Sieber u.a. 1994: 11).

Bei dem immer wiederkehrenden Unterfangen, den Nachweis zu führen, die demokratischen Parteien unternähmen nichts gegen den Rechtsextremismus, bedient man sich zuweilen Stereotypen, die das Attribut „dialektisch" verdienen. Um die These aufrechtzuerhalten, daß trotz des Verbots dreier Vereinigungen durch das Bundesinnenministerium im Jahre 1992 nichts gegen den Rechtsextremismus unternommen wird, heißt es: „An eine inhaltliche Auseinandersetzung mit volksverhetzender, rassistischer Ideologie, wie sie in den Strafgesetzen eindeutig unter Strafe gestellt ist, will Seiters sich hingegen nicht heranwagen. Aus gutem Eigeninteresse" (Siegler/Tolmein/Wiedemann 1993: 58f.). Wie hätte man wohl argumentiert, wären die Verbote nicht erfolgt und gäbe es die Strafgesetze nicht? Man suggeriert geradezu einen „Pakt" zwischen Rechtsextremisten und den staatstragenden Kräften, einschließlich der SPD: „Von der SPD bis zu den militanten Neofaschisten zieht sich ein gemeinsames Band, das sich am kürzesten mit der 'Republikaner'-Parole 'Deutschland zuerst!' ausdrücken

läßt. Es unterscheidet sich die Wortwahl und die Gestik des Vortrags" (Siegler/Tolmein/Wiedemann 1993: 159). Nicht viel anders heißt es in einem „Handbuch" über „Drahtzieher im braunen Netz": „Der Staat betreibt den Abbau demokratischer Rechte, rechte Konservative und Neonazis rücken bei der Feindbildbestimmung des Anti-Antifaschismus und der Geschichtsleugnung zusammen" (Antifaschistisches Autorenkollektiv 1996: 248). Offenkundig handelt es sich um eine Art Stellvertreterkrieg. Gemeint ist weniger die extremistische Rechte als die demokratische Mitte. Die Politik der „Einverleibung der DDR durch die BRD" erscheint für den RAF-Verteidiger und MfS-Informanten Klaus Croissant, der zu einem einschlägigen Band ein Vorwort beigesteuert hat, „in ihrer ideologischen Stoßrichtung weitaus gefährlicher (...) als die verbalradikalen Phrasen rechtsextremistischer Scharfmacher" (Hethey/Kratz 1991: 8). Verbreitet ist auch folgende Strategie der Diskreditierung: Wird in einem rechtsextremistischen Periodikum ein Autor oder eine Partei positiv erwähnt, gilt dies für manche Kritiker als ein hinreichender Beleg der Nähe, ohne auf die bewußte, aber unfreiwillige Vereinnahmung – je nach Perspektive – hinzuweisen und auch ohne zu prüfen, ob die inkriminierten Aussagen an sich rechtsextremistisch sind. Behauptete personelle Klüngelei gilt als strategische Klügelei, unterstellte personelle Überlappungen firmieren als ideologisch-organisatorische Vernetzungen. Wer etwa zu einem Sammelband von einer (Un-)Person wie Rainer Zitelmann, der als „der" Mann der „Neuen Rechten" durch einen Teil der Medien geistert, eine Abhandlung beisteuert, sieht sich dem Vorwurf ausgesetzt, mit den Positionen des Herausgebers zu liebäugeln oder zumindest dessen Reputierlichkeit aufzuwerten. Es kommt vielfach weniger darauf an, was man schreibt, sondern wo man schreibt.
In Publikationen wissenschaftlichen Zuschnitts ist ebenfalls die Auffassung verbreitet, die extreme Rechte sei im Vormarsch. Bei Peter Steinbach heißt es mit Bezug auf die Diskussion über die NS-Vergangenheit in der zweiten Hälfte der achtziger Jahre, ohne den Sachverhalt zu präzisieren: Die Terminologie von Bundestagsabgeordneten erinnere „an die gängigen Behauptungen der rechtsextremistischen Zeitungen und an die Propagandareden der 'Republikaner'. Die Grenzen zwischen der Rechten und der Mitte verschwammen zusehends" (Steinbach 1995: 106). Hans-Ulrich Wehler spricht im Hinblick auf eine Reihe von Büchern und Zeitschriften explizit ebenso von einer „Erosion der Abgrenzung" nach rechts wie Martin Greiffenhagen implizit (Wehler 1995: 11; Greiffenhagen 1994: 103). Selbst ein dem Extremismusansatz verpflichteter Autor wie Armin Pfahl-Traughber (1994b: 160, 163; 1995: 272) verwendet die ursprünglich für die linke Grauzone gebrauchte Formel von der „Erosion der Abgrenzung" (Rudzio 1988) – bei aller Distanzierung von verschwörungstheoretischen und dramatisierenden Konstruktionen. Wolfgang Gessenharter, der mit seinen programmatischen Beiträgen über die „Neue Rechte" als Scharnier zwischen Konservatismus und Rechtsextremismus (1989a, 1989b) die Diskussion beflügelt hat, sucht mit dem Buch „Kippt die Republik?" (1994) diese These möglichst umfassend zu belegen. Der Asylkompromiß zwischen den tragenden Parteien im Jahre 1992 gilt ihm als ein bedenkliches Entgegenkommen an die „Neue Rechte". Dabei sollte er gerade durch die Senkung der Zahl der Asylbewerber dazu dienen, der extremen Rechten das Wasser abzugraben – mit Erfolg, wie sich gezeigt hat. Noch drastischer heißt es bei Uwe Worm (1995: 11): „Der geradezu durch Suggestion und Kollektivsymbolik herbeigeredete sogenannte Asylkompromiß ist eines der jüngsten und wichtigsten Beispiele dafür, daß es im

politischen Spektrum immer wieder zur Einbindung von Teilen oder Begrifflichkeiten der 'Neuen Rechten' kommt."
Den Behauptungen von einer „Erosion der Abgrenzung" nach rechts(außen) liegt nur selten eine historische Perspektive zugrunde und niemals ein Vergleich zwischen rechts und links, ob nun auf organisatorischer oder ideologisch-intellektueller Ebene – ein Desiderat der Forschung. Wer vergleicht, kann schwerlich eine „Erosion der Abgrenzung" nach rechts sehen und kommt eher zu einem umgekehrten Ergebnis, welche Dimension man auch betrachtet (Backes 1993; Backes/Jesse 1996; Krüger 1995).[1] Aber dieses Thema ist nahezu tabuisiert.

3. Befund: Staatliche Institutionen und intellektuelles Milieu

Bei der Frage nach der Grauzone muß man sich darüber im klaren sein, worauf sie sich bezieht. Dem Verfasser geht es zum einen um das Verhalten staatlicher Institutionen und der Parteien, die maßgeblich die politische Willensbildung prägen, zum anderen um die Rolle der Medien einschließlich der intellektuellen Szene, die auch charakteristisch für die politische Kultur und die kulturelle Hegemonie sind. Ein Blick auf die *vox populi* kann zudem aufschlußreich sein.
Die Abgrenzung von Rechtsaußenpositionen gilt für die demokratischen Parteien ohne Ausnahme, auch die Parteien der rechten Mitte gehen ihnen gegenüber auf strikte Distanz. Um dies nur an der CSU zu zeigen, der am weitesten rechts angesiedelten Volkspartei. Sie zeichnet sich durch Abschottung zur extremistischen Rechten und Linken aus. Gegenüber der Partei der REP gelang es ihr, einen klaren Abgrenzungskurs durchzuhalten – aus prinzipieller Motivation wie aus taktischem Interesse. Immer wieder ist kritisch auf die populistische, politikunfähige und in weiten Teilen auch extremistische Strategie der REP hingewiesen worden (CSU-Landesleitung 1994; Hirscher 1990). Die CSU versteht sich als Partei der „kämpferischen Mitte". In ihrem neuen Grundsatzprogramm heißt es: „Die parlamentarische Demokratie, der starke und liberale Rechtsstaat, die Soziale Marktwirtschaft und die föderative Ordnung sind für die CSU die Bauelemente unseres demokratischen Staates und die Markierung der politischen Mitte. Diese Mitte kann am besten von Volksparteien gesichert und auch für die Zukunft ausgebaut werden. Deshalb geht für uns die Ablehnung jedes Extremismus mit unserem Kampf gegen eine Zersplitterung des Parteienspektrums und gegen das Erstarken extremer Parteien Hand in Hand."[2] Solche Formulierungen sind für die CSU nicht Rhetorik geblieben. Gleiches gilt für die CDU, wie zahlreiche Publikationen etwa der Konrad-Adenauer-Stiftung belegen. Bekanntlich geht die Union sogar so weit, daß rechts von ihr „keine demokratisch legitimierte Partei entstehen darf" (u.a. Theo Waigel, zit. nach Gessenharter 1989: 425), womit ihr strategisches Ziel gleichsam *per definitionem* den Erfolg einer rechten demokratischen Partei ausschließt. Es hat in der Parteiengeschichte der Bundesrepublik Deutschland seitens demokrati-

1 Um nicht mißverstanden zu werden: Der Vergleich zwischen den Extremismen ist für die Frage nach der „Erosion der Abgrenzung" keine *conditio sine qua non*; er rückt aber vielfach die Proportionen zurecht.
2 CSU-Landesleitung (1993: 148).

scher Gruppierungen niemals – mit gewissen Abstrichen für die frühe Phase – gravierende Tendenzen in Richtung einer Zusammenarbeit mit rechtsextremen oder auch nur dezidiert rechten Kräften gegeben, von einer Koalition gar nicht zu reden. Was im Jahre 1968 für die baden-württembergische CDU galt (Ablehnung einer wie immer gearteten Zusammenarbeit mit der NPD, die auf 9,8 Prozent der Stimmen gekommen war), war auch ein Vierteljahrhundert später im „Ländle" noch akut: Als die CDU nach der Landtagswahl im Jahre 1992 mit der Partei der REP (10,9 Prozent) eine rechnerische Mehrheit gehabt hatte, stand weder eine Koalition mit der damaligen Schönhuber-Partei noch ein „Magdeburger Modell" mit umgekehrten Vorzeichen zur Debatte. Statt dessen verhandelte die CDU nicht nur mit der SPD, sondern auch – wenngleich erfolglos – mit den Grünen. Nach dem Zusammenbruch des „realen Sozialismus" in der DDR ist keine Aufwertung rechtsextremistischer Tendenzen erfolgt. Die zeitweiligen Erfolge rechtsextremistischer und rechtspopulistischer Parteien Ende der achtziger, Anfang der neunziger Jahre führten erst recht zu einem deutlichen Abgrenzungskurs der demokratischen Gruppierungen. Ließ ein Politiker Avancen gegenüber einer Rechtspartei erkennen, wurde er flugs zurückgepfiffen.

Von den Schaltzentralen der Macht ist die extreme Rechte ausgeschlossen – ganz im Gegensatz zur Weimarer Republik, als der freiheitlich-demokratische Basiskonsens weder in den Führungsetagen der Wirtschaft noch bei den kulturellen Eliten ausgeprägt war. Entgegen manchen Annahmen ist die deutsche Justiz heute – anders als damals – keineswegs auf dem rechten Auge blind. Gleiches gilt für die Polizei, wie empirische Erhebungen zeigen (Jaschke 1989: 1994b). Bekanntlich werden aufgrund der Rechtslage von der Justiz besonders rechtsextreme Propagandadelikte geahndet. Die Aktivitäten der Bundesprüfstelle für jugendgefährdende Schriften bekommen immer wieder Autoren aus dem rechts-, nicht aber solche aus dem linksextremen Milieu zu spüren (Jesse 1990). Weshalb dieses Ungleichgewicht?

Der Verfassungsschutz, der gemeinhin als „rechts" gilt, ist in einigen Bundesländern eigentümlicherweise dazu übergegangen, vor der „neuen Rechten" zu warnen und auf Grauzonen aufmerksam zu machen. Eine vergleichbare Warnung findet sich gegenüber der „neuen Linken" nicht. So spricht der Verfassungsschutzbericht von Brandenburg für den Berichtszeitraum 1994 von einer „Grauzone zwischen Rechtsextremismus, Rechtsradikalismus und Nationalkonservatismus". In dem baden-württembergischen Verfassungsschutzbericht 1994 heißt es ohne erläuternde Beispiele, die Trennlinie „zwischen 'klassischen' Rechtsextremisten und der 'Neuen Rechten'" werde immer brüchiger. Hingegen ist der nordrhein-westfälische Verfassungsschutzbericht mit seinen Bemerkungen zur „Neuen Rechten" nicht nur ausführlicher, sondern auch konkreter, wenngleich noch nicht deutlich genug. So sieht er Vereinnahmungstendenzen durch die „Neue Rechte" und bezieht sich dabei auf den umstrittenen Ullstein-Band von Schwilk/Schacht (1995), der vereinzelt auch „Beiträge mit eindeutig rechtsextremistischer Zielsetzung"[3] enthalte. Eine Konkretisierung unterbleibt. Unabhängig davon, ob dies so stimmt: Gehört eine solche Feststellung in den Verfassungsschutzbe-

3 Vgl. für die Belege: Ministerium des Innern des Landes Brandenburg (1995: 30); Innenministerium Baden-Württemberg (1995: 76); Innenministerium des Landes Nordrhein-Westfalen (1995: 114). – Auch der Verfassungsschutzbericht des Bundes trifft Aussagen über die „Neue Rechte", wenn auch nur knapp. Vgl. Bundesministerium des Innern (1995: 157).

richt, dessen Aufgabe vornehmlich darin besteht, organisatorische Strukturen in extremistischen Milieus zu erfassen? Der Nachweis wäre mühelos zu führen, daß sich in einer Fülle von Sammelbänden und Zeitschriften (nicht nur in dem Periodikum der ehemals DKP-abhängigen „Blätter für deutsche und internationale Politik") Autoren aus der extremen Linken gemeinsam mit Demokraten ein Stelldichein geben – etwa in Readern zum Rechtsextremismus (beispielsweise: Butterwegge/Isola 1991; Hellfeld 1989; Hethey/Kratz 1991; Jäger 1988; Kellershohn 1994; Lohmann 1994). Aber darüber redet kaum einer. Der „Kampf gegen rechts" schweißt demokratische und antidemokratische Positionen von links vielfach zusammen. In einer Antifa-Schrift wird behauptet, der Verfassungsschutz sorge dafür, daß das rechtsextremistische Netzwerk „unbeobachtet operieren kann, indem die Struktur der Organisation gänzlich verschwiegen wird" (Linke 1994: 147). So abenteuerlich verdreht firmiert die Observierung von Rechtsextremisten durch den Verfassungsschutz.

Wie Studien zeigen, ist die „Medienlandschaft" in Deutschland alles andere als rechtslastig; dies gilt auch für die Zeit seit der deutschen Einheit (Schneider/Schönbach/Stürzebecher 1993). Stellt sich heraus, daß ein dezidiert Rechter wie Alfred Schickel eine Rezension oder ein „Konservativer Revolutionär" wie Armin Mohler einen Essay für den Rundfunk verfaßt hat, schlagen die Wellen hoch, lassen Konsequenzen nicht auf sich warten. Intellektuelle, die sich als entschiedene Anti-68er verstehen, verfügen über keine „gute Presse". Gewiß hat in den letzten Jahren eine Reihe von Organen für Aufsehen gesorgt, wie die frühere Monats- und jetzige Wochenzeitung „Junge Freiheit". Doch ist es ihr bisher trotz massiver Anstrengungen kaum geglückt, aus dem Bereich der *lunatic fringe* herauszukommen. Vornehmlich Politiker, die in der Union nicht (mehr) das Sagen haben – etwa Heinrich Lummer (CDU) oder Peter Gauweiler (CSU) –, schreiben für Blätter wie die „Junge Freiheit". Deren Kurs ist auch heute noch nicht klar demokratisch-konservativ, obwohl rechtsextreme Publizisten wie Hans-Ulrich Kopp und Andreas Molau aus der Redaktion ausgeschieden sind. „Erfolgreicher" war da schon der Verleger Herbert Fleissner mit Titeln, deren Autoren – man denke etwa an Léon Degrelle, Wilfried van Oven, Wolfgang Strauß – nicht anders denn als rechtsextrem bezeichnet werden können (Sarkowicz 1994; Pfahl-Traughber 1994a). Sie sind allerdings weder im Ullstein noch im Propyläen Verlag erschienen (anders Zens 1993).[4] Auch in der Festschrift für Armin Mohler, einem notorischen Repräsentanten der „Konservativen Revolution", tummeln sich Demokraten und Rechtsextremisten (Fröschle/Klein/Paulwitz 1995).

Eine realistische Sichtweise muß allerdings folgenden Umstand berücksichtigen: Es liegt in der Natur der Sache, daß Autoren aus dem demokratischen und dem extremistischen Bereich in Berührung miteinander kommen. Doch sind solche Überlappungen – was die extreme Rechte betrifft – bei weitem die Ausnahme. Das Meinungsklima ist ihnen abträglich. Daher gehören gemeinsame Bände, Zirkel und Veranstaltungen entgegen notorischen Behauptungen nicht zur Regel. Manche Kritiker treiben ein regelrechtes Verwirrspiel, um Schnittmengen zu konstruieren. So heißt es über Hans-Gerd Jaschke: „Die ideengeschichtliche Rekonstruktion des Rechtsextremismusforschers und Mitarbeiters am Frankfurter Institut für Sozialforschung stieß bei den Protagonisten der 'Neuen Rechten' auf so viel Zustimmung, daß sie diesen ursprüng-

4 Fleissner ist Ende des Jahres 1995 aus dem Ullstein Verlag ausgeschieden.

lich in der Beilage von *Das Parlament* erschienenen Aufsatz in ihr Jahrbuch aufgenommen haben. Diese Veröffentlichungsstrategie gehört zu dem diskursiven Verwirrspiel, das die 'Neue Rechte' in den vergangenen Jahren betrieben hat. Doch nicht allein die Publikationspraxis ist hier von Interesse, symptomatisch ist vielmehr das Verfahren einer unkritischen Rekonstruktion der 'Konservativen Revolution' in der gegenwärtigen Rechtsextremismusforschung, von dem sich die Epigonen der Weimarer Rechten anscheinend eine ideengeschichtliche Aufwertung versprechen können" (Müller 1995: 151).

Alle außerparlamentarischen Proteströmungen seit dem Ende des Zweiten Weltkrieges – bei denen sich demokratische Mehrheits- und extremistische Minderheitskultur verzahnen – waren in der Bundesrepublik im linken Spektrum angesiedelt. Linksextremistische Bewegungen können sich heutzutage von den an der Konstitution öffentlicher Meinung in besonderem Maße beteiligten Gruppen viel eher akzeptiert oder doch zumindest toleriert fühlen als rechtsextremistische, die nach wie vor – und vielleicht sogar in verstärktem Maße – tabuisiert und stigmatisiert werden. Eine empirische Untersuchung kommt zu einem aufschlußreichen Ergebnis: „Die Rechtsextremisten spüren ihre Isolation, die Ablehnung der Gesellschaft. Die Linksextremisten empfinden sich als getragen von der Sympathie eines großen Teils der Gesellschaft, wobei sie verständlicherweise diesem Teil der Gesellschaft die größere moralische Integrität zusprechen. Sie bewegen sich darum mit größerer Freiheit in der Öffentlichkeit, wählen Wohnformen (Wohngemeinschaft), Geselligkeitsformen und Protestformen, die weithin sichtbar sind (Demonstrationen, Bürgerinitiativen, Friedensbewegung), während sich die Rechtsextremisten gerade umgekehrt eher geheimbündlerisch verstecken" (Noelle-Neumann/Ring 1984: 192). Auch wenn diese Aussage die Integration von Linksextremisten wohl überzeichnet, gerade nach dem Zusammenbruch des Kommunismus, ist doch folgendes Phänomen schwerlich zu leugnen: Die Abgrenzung zwischen linken Demokraten und Linksextremisten wird zumal bei vielen Intellektuellen nicht annähernd mit jener Schärfe vorgenommen, wie das immer noch gegenüber rechts gilt.

Allerdings müssen manche Vorkommnisse Verwunderung und scharfe Kritik hervorrufen. So wurde 1993 durch den geschäftstüchtigen Rechtsextremisten Gerhard Frey bekannt, daß der berühmte Grundgesetzkommentator Gerhard Maunz jahrelang als sein Berater und sogar als Autor für die „Nationalzeitung" tätig gewesen sein soll (Linke 1994: 121-129; Stolleis 1993). Auch wenn noch manches unklar zu sein scheint – Gerhard Frey hat naturgemäß größtes Interesse daran, die Kooperation als möglichst umfassend zu deklarieren –, ist die Person Maunz ins Zwielicht geraten. Immerhin hat dieser sich nicht offen dazu bekannt, weil er um die Konsequenzen – einhellige öffentliche Empörung – nur zu gut wußte. Daraus könnte man schließen, daß sich ansonsten vielleicht mehr auf rechtsextremistische Positionen einlassen würden, wäre die gesellschaftliche Ächtung nicht so stark. Das Beispiel läßt sich demnach auch umgekehrt in dem Sinne deuten, daß der *cordon sanitaire* zwischen demokratischen Rechten und antidemokratischen Rechten funktioniert. Der erste BND-Chef Gehlen und der frühere bayerische Innenminister Seidl sollen ebenfalls mit Frey gekungelt haben – jedenfalls nach dessen Angaben.

Die massive Isolierung rechtsextremer Kräfte in der Mehrheitskultur – besonders im intellektuellen Milieu – läßt sich ferner daran ermessen, wie schwer es ehemaligen

Rechtsextremisten fällt, gesellschaftliche Akzeptanz zu finden. Eine weitverbreitete Vorstellung ließe sich so zusammenfassen: Einmal rechtsextremistisch – immer rechtsextremistisch. Ein Beispiel: Die kulturpolitische Monatszeitschrift MUT war mit ihrem Redakteur Bernhard C. Wintzek bis Ende der siebziger, Anfang der achtziger Jahre auf nationalistischem Kurs und orientierte sich danach in eine konservative Richtung um. Seit den neunziger Jahren repräsentiert das Blatt Positionen von der linken bis zur rechten Mitte. Obwohl Wintzek in einem Beitrag eigens auf seine Vergangenheit kritisch Bezug genommen hat (Wintzek 1992) und der Tenor seines Periodikums seit vielen Jahren keinerlei Gelegenheit für irgendeinen Soupçon mehr bietet, wird es nach wie vor häufig im rechtsextremistischen oder doch zumindest neurechten Spektrum verortet (Lange 1993: 112f.; Wehler 1995). Selbst ein Kenner der Materie wie Wolfgang Gessenharter spricht noch heute davon, es handle sich um ein „stramm konservatives Blatt" (Gessenharter 1994: 127f.).[5]

Sind bei der Bevölkerung die Vorbehalte gegenüber der extremen Rechten, mehr als ein halbes Jahrhundert nach dem Ende des Zweiten Weltkrieges, geringer geworden? Davon kann keine Rede sein – trotz der vielerorts behaupteten Ausländerfeindlichkeit. Nichts hat der Partei der REP so geschadet wie die fremdenfeindlichen Übergriffe zu Beginn der neunziger Jahre. Die Ablehnung des Rechtsextremismus in jeder Form ist nicht nur im intellektuellen Milieu weitverbreitet, sondern auch bei der sogenannten „schweigenden Mehrheit", wenngleich dort rechtspopulistische Gedankengänge zuweilen auf Sympathie stoßen. Auf die Frage nach der Einschätzung, ob in einem geschilderten Fall ein Rechtsextremist oder ein Linksextremist bei einer Diskussion vom Publikum ausgepfiffen worden ist, nannten doppelt so viele den Rechtsextremisten.[6] Wie die Meinungsforschung gezeigt hat, ist die Gruppe der Rechtsextremisten weitaus mehr geächtet als irgendeine andere. Im Jahre 1992 wollten 77 Prozent der Deutschen keine Rechtsextremisten als Nachbarn haben, 67 Prozent keine Drogenabhängigen, 66 Prozent keine Betrunkenen, 64 Prozent keine Zigeuner und 61 Prozent keine Linskextremisten.[7] Durch die deutsche Vereinigung ist entgegen manchen An-

5 Ein besonderes Kabinettstückchen ist Uwe Worm mit seiner „Würdigung" der Zeitschrift MUT gelungen. Auf vier Seiten, die von Fehlern strotzen, zitiert er – bei 16 Anmerkungen – kein einziges Mal direkt aus MUT. Alle Achtung! Die aus zweiter Hand gearbeiteten Passagen sagen mehr über Worm aus als über MUT (vgl. Worm 1995: 78-81). Bei seiner sechsseitigen „Analyse" von MUT schafft es Michael Venner immerhin, *ein* Zitat direkt aus MUT zu präsentieren. Da Periodika wie MUT nur selten bzw. unvollständig in öffentlichen Bibliotheken zugänglich seien, „muß vor allem bei der Untersuchung der früheren Jahrgänge auf Sekundärliteratur zurückgegriffen werden". MUT gehört für den Autor – ausgerechnet neben dem rechtsexstremen Blatt „Nation Europa" – zu den Zeitschriften in der Grauzone (Venner 1994: 97-100, Zitat: 90).

6 Die Frage lautete folgendermaßen: „Ich möchte Ihnen nun von einem Vorfall erzählen, der sich kürzlich bei einer großen öffentlichen Diskussion ereignet hat. Ein Linksextremer und ein Rechtsextremer diskutieren miteinander. Einer von beiden wurde vom Publikum ausgepfiffen. Was meinen Sie, welcher von den beiden wurde ausgepfiffen: der Linksextreme oder der Rechtsextreme?" Es waren vor und nach dem Zusammenbruch des Kommunismus in Deutschland praktisch keine Unterschiede feststellbar. Im September 1989 fielen auf den Linksextremisten 20 Prozent, auf den Rechtsextremisten 39 Prozent, im April 1992 auf den Linksextremisten 24 Prozent, auf den Rechtsextremisten 46 Prozent (nur in den alten Bundesländern) (vgl. Noelle-Neumann/Köcher 1993: 604).

7 Die Frage hieß: „Auf dieser Liste hier steht eine Reihe ganz verschiedener Personengruppen. Könnten Sie einmal alle heraussuchen, die Sie nicht gern als Nachbarn hätten?" (Piel 1996: 167).

nahmen – mit Blick auf die Labilität der politischen Kultur in den neuen Bundesländern – das rechtsextremistische Potential nicht größer geworden.

Eine „Erosion der Abgrenzung", wie sie Wolfgang Rudzio für das Verhältnis zwischen linksdemokratischen und linksextremistischen Kräften vor der deutschen Vereinigung nachgewiesen hat und wie sie heute nach dem Zusammenbruch des Kommunismus unvermindert – wenngleich in abgeschwächter Form – fortbesteht, findet auf dem rechten Spektrum damit kein gleichrangiges Pendant, auch was die Bevölkerung betrifft – ungeachtet aller Behauptungen von interessierter Seite über gefährliche rechtspopulistische Anwandlungen.

Ist nun die These von einer „Erosion der Abgrenzung" ganz aus der Luft gegriffen? Ihr Aufkommen hängt auch damit zusammen, daß sich im letzten Jahrzehnt ein Kreis entschieden konservativer und offensiv auftretender, nicht dem Milieu der „alten Rechten" entstammender Publizisten zu Wort gemeldet hat, der die Methoden der „68er" mitunter nachahmt – Unterschriftenaktionen durchführt, Tabubrüche begeht, offensiv auftritt und dank geschickter Vermarktungsstrategien viel Lärm entfacht.

Rainer Zitelmann – zwischen 1987 und 1992 Wissenschaftlicher Assistent an der Freien Universität Berlin, später Cheflektor des Ullstein Verlages (1992-1993) und jetzt als Ressortleiter für „Zeitgeschichte" bei der Tageszeitung „Die Welt" tätig – gilt wegen seiner guten Kontakte als *spiritus rector* derjenigen, die sich dezidiert als Anti-68er verstehen und etwas vollmundig das Wort von den „89ern" für sich reklamieren (Bubik 1995). Mit einer Reihe von ihm herausgegebener und unterstützter Sammelbände (z.B. Schwilk/Schacht 1995) hat er die politische Kultur der Bundesrepublik zu beeinflussen gesucht (Schneider 1995). Gegner sehen in diesen Büchern Beispiele dafür, „daß auch etabliert-konservative publizistische Eliten in Deutschland die fremdenfeindlichen Stimmungen schüren" (Jaschke 1994a: 50).

Am deutlichsten wird Zitelmanns politisches Credo in seiner Streitschrift „Wohin treibt unsere Republik?" (1994). Hier wendet er sich gegen die unaufhörliche Linksverschiebung der Bundesrepublik Deutschland aufgrund des erfolgreichen Wirkens der 68er-Bewegung: „Wie feiner Staub, der mit hohem Druck durch alle Ritzen und undichten Stellen der Gesellschaft gepreßt wird, hat sich die Ideologie der 68er heute in allen Bereichen der Gesellschaft festgesetzt" (Zitelmann 1994: 37). Auch wer diese Kernthese Zitelmanns als überzogen ansieht, dürfte sich schwertun, darin und in anderen Maximen einen rechtsextremen Gehalt auszumachen. Die früheren 68er sind zwar häufig an den Schalthebeln der Macht, haben ihre Position aber gemäßigt und einstige programmatische Vorstellungen (Beseitigung des „Monopolkapitals", Einführung der „Rätedemokratie") längst aufgegeben. Die Charakterisierung der Bundesrepublik als eine Art „DDR light" (Zitelmann 1994: 202) ist weit hergeholt und läuft auf eine fahrlässige Einebnung der Unterschiede zwischen einem demokratischen Verfassungsstaat und einer keineswegs kommoden Diktatur hinaus. Wie dieser programmatische Band deutlich macht, handelt es sich bei Zitelmann, der mittlerweile seine politische Heimat auf dem rechten Flügel der FDP gefunden hat, um einen in der Wolle gefärbten National-Liberalen oder National-Konservativen, der eine „Wende im intellektuellen Milieu" (Zitelmann 1994: 114) anstrebt. Wer immer wieder den „antitotalitären Konsens" (Zitelmann 1994: 13, 203) einfordert, kann schwerlich als Parteigänger der extremen Rechten gelten, auch nicht im Sinne der Konzeption einer „Neuen Rechten". Die forsche Art des Zirkels um Zitelmann hat eine massive Reaktion ausgelöst, die auch

vor Insinuationen nicht zurückschreckt, Zitelmann sei Anhänger oder doch zumindest Wegbereiter der antidemokratischen Rechten. Man sollte diese Strategie freilich umgekehrt deuten: So bleiben Konservative, die sonst möglicherweise nach rechtsaußen abwandern würden, im demokratischen Bereich integriert.
Das Neuartige ist also weniger eine Erosion der Abgrenzung nach rechtsaußen als vielmehr die Existenz einer prinzipiell demokratischen Rechten im intellektuellen Milieu, zumal in der jüngeren Generation. Diese beide Aspekte dürfen nicht miteinander verwechselt werden. Allerdings gesellen sich zu diesen „89ern" auch Repräsentanten einer Richtung, die zumindest Ideologiefragmente der „Neuen Rechten" aufgreift und mit ihren Vorstellungen – etwa der Propagierung nationaler Machtpolitik – insofern in einer gewissen Spannung zu den Prinzipien des demokratischen Verfassungsstaates gerät. Der theoretische Kopf dieser Strömung ist wohl Karlheinz Weißmann, ein vielfältig ausgewiesener Autor (Weißmann 1992). Freilich fehlen bei ihm – und nicht nur bei ihm – Elemente, durch die sich ein beträchtlicher Teil der „konservativen Revolutionäre" der Weimarer Zeit auszeichnete – neuheidnisches Denken etwa, und die Kritik gegenüber dem Liberalismus fällt vergleichsweise moderat aus.

4. Interpretation: Diskrepanz zwischen Perzeption und Befund

Offenkundig lassen sich Perzeption und Befund nicht auf einen Nenner bringen. Die Wahrnehmung der meisten Autoren aus Wissenschaft und Publizistik, die sich zu dieser Thematik geäußert haben, geht davon aus, daß die Grenzen fließend geworden sind und die extreme Rechte längst salonfähig ist. Der *in nuce* erörterte Befund fällt dagegen anders aus. Was mögen die Ursachen für diese Diskrepanz sein?
Scharfe Kritiker der „rechten Szene" (Schmidt 1993; Schomers 1990; Svoray/Taylor 1994) nehmen häufig für bare Münze, was diese ihnen berichtet. „Antifaschisten" und „Faschisten" ziehen hier an einem Strang. Beide haben größtes Interesse an stattlichen Erfolgen der extremen Rechten, wollen aus unterschiedlichen Gründen den Eindruck erwecken, diese seien in tonangebenden Kreisen einflußreich. Maßlose Übertreibungen der einen werden von den anderen selten auf ihren wahren Kern reduziert, nicht zuletzt deshalb, um ein Feindbild aufbauen zu können. Und zu den „Erfolgen" zählt natürlich, daß man den Nachweis dafür bringen will, wie stark die „rechte Szene" ist und auf Sympathie im gesellschaftlichen Umfeld stößt. Hierzu gehören beispielsweise Berichte über finanzielle Unterstützung aus angesehenen „bürgerlichen" Kreisen (Hundseder 1995).
Lassen sich „die meisten Rechtsextremismusforscher dem linken Spektrum zuordnen" (Kowalsky 1992: 10), vergrößert sich dieser *bias* noch dadurch, daß die Thematik der „Grauzone" wiederum jene besonders anzieht, die erpicht darauf sind, Verbindungslinien zwischen Demokraten und Rechtsextremisten zu ziehen. Viele wollen weniger die extreme Rechte als vielmehr die gemäßigte Rechte bloßstellen. Nicht selten ist der eine oder andere einschlägige Autor – vor allem aus den Reihen der Publizistik – fest im extremen Milieu verankert (u.a. Kurt Hirsch, Martina Koelschtzky, Peter Kratz, Reinhard Kühnl, Oliver Tolmein) – wenngleich der anderen (linken) Seite. So ist eine „Haltet den Dieb"-Reaktion programmiert. Manch eine unbequeme Organisation wie etwa die „Gesellschaft für bedrohte Völker" oder die „Internationale Gesellschaft für

Menschenrechte" wurde als rechtsextremistisch unterwandert bezeichnet, hatte sie doch mit antikommunistischem Impetus den Finger auf eine wunde Stelle des „Realsozialismus" gelegt (Wüst 1995, 1996). Ein beträchtlicher Teil der Profession – dies gilt zumal für die empirisch arbeitende Rechtsextremismusforschung – hat sich der „Grauzonen"-Thematik bisher nicht angenommen, vielleicht auch deshalb, weil keine Notwendigkeit empfunden wurde, ihr nachzugehen. Auch das erklärt die augenfällige Diskrepanz zwischen Behauptung und Befund.

Bereits vor der deutschen Einheit – im Grunde seit dem Regierungswechsel 1982 – sind bestimmte Ereignisse (Reagans Bitburg-Besuch; „Historikerstreit"; Jenninger-Rede zur „Reichskristallnacht" etc.) als Tendenzen einer „Entsorgung der Geschichte" interpretiert worden. Damit würde dem demokratischen Fundament Substanz entnommen. Offenbar hat die Linke das Gefühl, sie sei dabei, die kulturelle Hegemonie zu verspielen (Hellfeld 1987, 1993). Kein anderes Thema als der „Rechtsextremismus" eignet sich angesichts der Last der leidvollen Geschichte besser, den demokratischen Konservatismus in die Defensive zu drängen. Manchen Anhängern eines linken Pluralismus fällt es schwer, sich zur Einsicht durchzuringen, daß der demokratische Verfassungsstaat einen konservativen Diskurs einschließt. Seit der zweiten Hälfte der sechziger Jahre ist eine – von Jürgen Habermas wie von Rainer Zitelmann unisono konstatierte – Linksverschiebung in wesentlichen gesellschaftlichen Bereichen eingetreten, die die immer schon verbreitete Sensibilität gegenüber Gefahren von rechts in eine Hypersensibilität gesteigert hat.

Möglicherweise ist der Übergangsbereich zwischen Demokratie und Rechtsextremismus stärker, als er nach dieser Analyse erscheint; manche geben sich aus Furcht vor Isolation und Ächtung nicht zu erkennen. Dieses von Niklas Luhmann mit dem Begriff der „Kommunikationslatenz" umschriebene Phänomen ist janusköpfig, weist also Vor- und Nachteile auf, die in enger Wechselbeziehung zueinander stehen. Zu den ersten sind zu rechnen, daß es dadurch der extremen Rechten erschwert wird, in der Mehrheitskultur Fuß zu fassen und sie ihre Ideen nur abgeschwächt zum Ausdruck bringen kann. Zu den letzten zählt umgekehrt, daß eine Auseinandersetzung mit einer Position, die sich nicht offen zu erkennen gibt, kaum möglich ist. Man kann ein Phantom – einen Rechtsextremismus ohne Rechtsextremisten – nicht angemessen bekämpfen. Die Parallelen zum Antisemitismus liegen auf der Hand (Bergmann/Erb 1986).

Die Schatten der Vergangenheit sind nach wie vor lang, die „Faschismuskeule" (Knütter 1993) ist nicht begraben. Mit zeitlichem Abstand wird nicht nur der Nationalsozialismus, sondern auch alles, was tatsächlich oder vermeintlich in seiner Tradition steht, als nicht weniger gefährlich angesehen. Klaus Schönekäs konstatiert zu Recht: „Von entscheidender Bedeutung für die Chancen rechter Politik in der politischen Kultur der Bundesrepublik ist [...] das als 'Schatten von Auschwitz' metaphorisch umschreibbare Nachwirken der deutschen Vergangenheit" (Schönekäs 1990: 307). Und diese „Schatten von Auschwitz" dauern auch nach der deutschen Einheit fort – „1989" überlagert nicht „1945" –, gelten selbst für jene dezidiert Rechten, die keineswegs dem „Auschwitz-Mythos" huldigen. Wer davon spricht, daß „Hitlers Schatten verblaßt" (Paul 1989), erfaßt weder die Zeitgeisttendenzen noch die politischen Tiefenströmungen in Deutschland.

Es handelt sich um eine merkwürdige Schieflage: Die (linke) Publizistik und auch ein Teil der Forschung halten daran fest, daß die extreme Rechte auf dem Vormarsch ist.

Auf breiter Front vorgetragene, der Monotonie tibetanischer Gebetsmühlen gleichende Warnungen vor der extremen Rechten stehen allerdings in einem merkwürdigen Kontrast zu deren eher randständigen Bestrebungen. Jene überlagern diese somit bei weitem. Kritiker, die einer realistischen Sicht der „Vernetzungen" am rechten Rand das Wort reden (Kowalsky 1994), geraten zuweilen in den Verdacht, als wollten sie diese herunterspielen. Es ist jedoch wohl eher umgekehrt: Wer derart auf – vermeintliche – Grauzonen fixiert ist, unterliegt einem Wirklichkeitsverlust und verliert tatsächliches rechtsextremistisches Gedankengut aus dem Auge (Jesse 1995).

5. What's right?: Abschließende Überlegungen

Wie gesehen, steht die (Rechts-)Extremismusforschung auf schwankendem Boden, weil kein hinreichender Konsens über das, was als (rechts-)extrem zu gelten hat, (mehr) besteht. Bei manch einem präjudiziert die Fragestellung offenkundig das Ergebnis, wonach sich das politische Gefüge nach rechts verschoben habe, zumal seit der Wiedervereinigung – eine „Stärkung rechter Positionen" (Greiffenhagen 1994: 104) sei eingetreten. Auch die Konzeption vom „Extremismus der Mitte", die seit einiger Zeit Zustimmung findet (Leggewie 1993; Kraushaar 1994; Trittin 1993; kritisch Backes/Jesse 1995), fügt sich in dieses Bild. Das Sündenregister vieler Publikationen ist lang.[8]

Ein demokratischer Verfassungsstaat wie die Bundesrepublik Deutschland benötigt ein *agreement on fundamentals*. Ungeachtet aller Auseinandersetzungen zwischen den Kontrahenten sollte unter den tragenden gesellschaftlichen Kräften Übereinstimmung darin bestehen, wer zu den demokratischen Kräften gehört und wer nicht. Es ist daher nicht nur legitim, sondern auch notwendig, sorgsam zu beobachten, ob die Grenzen zwischen dem demokratischen Konservatismus und dem Rechtsextremismus erodieren, etwa durch eine „Neue Rechte". Gerade demokratische Konservative müßten aus Gründen der Glaubwürdigkeit das größte Interesse daran haben, nicht mit einer Richtung identifiziert zu werden, die einen Brückenschlag nach rechtsaußen sucht. Auffallend ist folgender Befund: Zumal jene fühlen sich mit Argusaugen zur Beobachtung des rechten Randbereichs verpflichtet, die selbst zum linken Randbereich zählen und mit den Prinzipien des demokratischen Verfassungsstaates auf Kriegsfuß stehen. Eine antiextremistische Sichtweise ist vielen (nicht: allen) Kritikern nicht eigen. Der von den Gründungsvätern der deutschen Politikwissenschaft und jüngst auch von Jürgen Habermas beschworene „antitotalitäre Konsens"[9] – er steht leider auf tönernen Füßen. Um auf Claus Leggewies Eingangszitat zurückzukommen: Ein politisch korrektes linkes Nach-Sprechen beherrscht nahezu die intellektuelle Szene, nicht jedoch ein gefährliches rechtes Vor-Denken – auch und gerade bei diesem Thema, wobei nicht beabsichtigt ist, den Spieß umzudrehen und den Extremismusverdacht *in toto* zurückzugeben. Die intellektuelle Auseinandersetzung kann durch ritualisierte Beschwörun-

---

8 Diese Kritik bezieht sich nicht nur auf Deutschland, sondern *cum grano salis* auch auf Österreich. Vgl. neuerdings: Gärtner (1996), Purtscheller (1996), Antifaschistisches Autorenkollektiv (1996).

9 So die Wendung von Jürgen Habermas (1995: 690). Es wird allerdings nicht klar, wieso sich erst heute – „zum erstenmal" – ein solcher Konsens herauszubilden vermochte. Warum bedurfte es dazu des Zusammenbruchs der DDR?

gen zum Erliegen kommen. Der Umstand fördert weder die Streitkultur noch die Abwehrkraft des demokratischen Verfassungsstaates, dem beständige Herausforderungen zwecks Selbstvergewisserung der eigenen Prinzipien gut tun. Wenn die Auffassung verbreitet ist, die Grenzen gegenüber der extremen Rechten verwischten, so ist das, wie gezeigt, überwiegend ein Perzeptionsproblem.

Für eine vergleichend ausgerichtete politikwissenschaftliche Extremismusforschung[10] gibt es viel zu tun – den Strömungen von rechts oder links nachzugehen, die den demokratischen Verfassungsstaat zu delegitimieren suchen und sich dabei demokratischer Kräfte bedienen, ist nicht nur eine anspruchsvolle Aufgabe, sondern auch eine nützliche. Allerdings benötigen wir weder ein Auschwitz-Gesetz noch einen „Appell zur Wachsamkeit". (In Frankreich ist die Zahl derer, die keine Rechtsextremisten als Nachbarn haben wollen, mit 33 Prozent bedeutend niedriger – Piel 1996: 167.) Die Abwehrmechanismen der hiesigen politischen Kultur mit ihren erstaunlichen Mentalitätswandlungen funktionieren gegen rechts (anders als in Weimar), und zwar zum Teil in einer so rigorosen Weise, daß auch über jeglichen Verdacht erhabene Kräfte des Verfassungsbogens in eine anrüchige rechte Ecke geraten. Der „Blick nach rechts" ist überscharf entwickelt, der nach links hingegen getrübt. Die vielberufene „Erosion der Abgrenzung" nach rechts existiert – glücklicherweise – so nicht, wohl aber – leider – eine „Expansion der Ausgrenzung", jedenfalls bei einem Teil der einschlägigen Autoren. Rechten „Scharnieren" wird vielfach mit inquisitorischem Eifer nachgespürt, während für die „Erosion der Abgrenzung" nach links z.T. das intellektuelle Sensorium fehlt. Hier ist die Profession gefordert.

Literaturverzeichnis

Antifaschistisches Autorenkollektiv (Hrsg.), 1996: Drahtzieher im braunen Netz. Ein aktueller Überblick über den Neonazi-Untergrund in Deutschland und Österreich. Hamburg.

Backes, Uwe, 1993: Rechts- und linksradikale Intellektuelle in Deutschland. Mechanismen zur Delegitimierung des demokratischen Verfassungsstaates, in: *Eckhard Jesse* (Hrsg.), Politischer Extremismus in Deutschland und Europa. München, 111-131.

Backes, Uwe/Jesse, Eckhard, 1993: Neue Linke und Neue Rechte – Ein Vergleich, in: *Dies.* (Hrsg.), Jahrbuch Extremismus & Demokratie, Bd. 5. Bonn, 7-28.

Backes, Uwe/Jesse, Eckhard, 1995: Extremismus der Mitte? – Kritik an einem modischen Schlagwort, in: *Dies.* (Hrsg.), Jahrbuch Extremismus & Demokratie, Bd. 7. Baden-Baden, 13-26.

Backes, Uwe/Jesse, Eckhard, 1996: Politischer Extremismus in der Bundesrepublik Deutschland, 4. Auflage. Bonn.

Bamberg, Hans-Dieter, 1978: Die Deutschland-Stiftung e.V. – Studien über Kräfte der „demokratischen Mitte" und des Konservatismus in der Bundesrepublik Deutschland. Meisenheim.

Bamberg, Hans-Dieter, 1980: Gefährdung unserer Demokratie von rechts. Die Feinde in Gesellschaft und Staat. Hannover.

Bartsch, Günter, 1975: Revolution von rechts? Ideologie und Organisation der Neuen Rechten. Freiburg/Brsg.

Bergmann, Werner/Erb, Rainer, 1986: Kommunikationslatenz, Moral und öffentliche Meinung. Theoretische Überlegungen zum Antisemitismus in der Bundesrepublik Deutschland, in: Kölner Zeitschrift für Soziologie und Sozialpsychologie, 223-246.

---

10 „Vergleichend" bezieht sich dabei ebenso auf rechte und linke Extremismen wie auf verschiedene Länder. Studien zum ersten Bereich sind Mangelware, zum zweiten häufig oberflächlich gestrickt.

Bubik, Roland (Hrsg.), 1995: Wir 89er. Wer wir sind – was wir wollen. Berlin.
Bundesministerium des Innern (Hrsg.), 1995: Verfassungsschutzbericht 1994. Bonn.
Butterwegge, Christoph/Horst Isola (Hrsg.), 1991: Rechtsextremismus im vereinten Deutschland. Randerscheinung oder Gefahr für die Demokratie, 2. Auflage. Bremen/Berlin.
CSU-Landesleitung (Hrsg.), 1993: Grundsatzprogramm der Christlich-Sozialen Union in Bayern. München.
CSU-Landesleitung (Hrsg.), 1994: Republikaner-Politik: Schaden für Deutschland. Chronologie des Versagens. München.
Faber, Richard/Funke, Hajo/Schoenberner, Gerhard (Hrsg.), 1995: Rechtsextremismus. Ideologie und Gewalt. Berlin.
Feit, Margret, 1987: Die „Neue Rechte" in der Bundesrepublik. Organisation – Ideologie – Strategie. Frankfurt a.M./New York.
Fröschle, Ulrich/Klein, Markus Josef/Paulwitz, Michael (Hrsg.), 1995: Der andere Mohler. Lesebuch für einen Selbstdenker. Armin Mohler zum 75. Geburtstag. Limburg.
Gärtner, Reinhold, 1996: Die ordentlichen Rechten. Die „Aula", die Freiheitlichen und der Rechtsextremismus. Wien.
Gessenharter, Wolfgang, 1989a: Die „Neue Rechte" als Scharnier zwischen Neokonservatismus und Rechtsextremismus in der Bundesrepublik, in: *Rainer Eisfeld/Ingo Müller* (Hrsg.), Gegen Barbarei. Essays Robert M.W. Kempner zu Ehren. Frankfurt a.M., 424-452.
Gessenharter, Wolfgang, 1989b: Konservatismus und Rechtsextremismus – Nähen und Distanzen, in: Gewerkschaftliche Monatshefte, 561-570.
Gessenharter, Wolfgang, 1994: Kippt die Republik? Die Neue Rechte und ihre Unterstützung durch Politik und Medien. München.
Greiffenhagen, Martin, 1994: Rechtsextremismus in Deutschland, in: Europäische Rundschau, Heft 2, 99-106.
Habermas, Jürgen, 1995: Zur Auseinandersetzung mit den beiden Diktaturen in Deutschland in Vergangenheit und Gegenwart, in: *Deutscher Bundestag* (Hrsg.), Materialien der Enquete-Kommission „Aufarbeitung von Geschichte und Folgen der SED-Diktatur in Deutschland" (12. Wahlperiode des Deutschen Bundestages), Band IX. Baden-Baden/Frankfurt a.M., 686-694.
Hellfeld, Matthias von, 1987: Modell Vergangenheit. Rechtsextreme und neokonservative Ideologien in der Bundesrepublik. Köln.
Hellfeld, Matthias von (Hrsg.), 1989: Dem Haß keine Chance. Der neue rechte Fundamentalismus. Köln.
Hellfeld, Matthias von, 1993: Die Nation erwacht. Zur Trendwende der deutschen politischen Kultur. Köln.
Hethey, Raimund/Kratz, Peter (Hrsg.), 1991: In bester Gesellschaft. Antifa-Recherche zwischen Konservatismus und Neo-Faschismus. Göttingen.
Hirsch, Kurt, 1989: Rechts von der Union. Personen, Organisationen, Parteien seit 1945. Ein Lexikon. München.
Hirscher, Gerhard, 1990: Die Republikaner. Auseinandersetzung mit einer Protestpartei zwischen Rechtspopulismus und Rechtsextremismus. München.
Hundseder, Franziska, 1995: Rechte machen Kasse. Gelder und Finanziers der braunen Szene. München.
Innenministerium Baden-Württemberg (Hrsg.), 1995: Verfassungsschutzbericht Baden-Württemberg 1994. Stuttgart.
Innenministerium des Landes Nordrhein-Westfalen (Hrsg.), 1995: Verfassungsschutzbericht des Landes Nordrhein-Westfalen über das Jahr 1994. Düsseldorf.
Jäger, Siegfried (Hrsg.), 1988: Rechtsdruck. Die Presse der Neuen Rechten. Berlin.
Jaschke, Hans-Gerd, 1989: Auf dem rechten Auge blind? Innere Sicherheit, streitbare Demokratie und das Primat der Gesinnungsjustiz, in: *Gerhard Paul* (Hrsg.), Hitlers Schatten verblaßt. Die Normalisierung des Rechtsextremismus. Bonn, 164-194.
Jaschke, Hans-Gerd, 1994a: Rechtsextremismus und Fremdenfeindlichkeit. Begriffe, Positionen, Praxisfelder. Opladen.
Jaschke, Hans-Gerd, 1994b: Eine verunsicherte Institution. Die Polizei in der Auseinandersetzung mit Rechtsextremismus und Fremdenfeindlichkeit, in: *Wilhem Heitmeyer* (Hrsg.), Das Gewalt-Dilemma. Gesellschaftliche Reaktionen auf fremdenfeindliche Gewalt und Rechtsextremismus. Frankfurt a.M., 305-339.

Jesse, Eckhard, 1990: Streitbare Demokratie und „Vergangenheitsbewältigung", in: *Bundesamt für Verfassungsschutz* (Hrsg.), Verfassungsschutz in der Demokratie. Beiträge aus Wissenschaft und Praxis. Köln u.a., 255-305.

Jesse, Eckhard, 1995: Zur Überschätzung der 'Neuen Rechten'. Die Sichtweise der Extremismusforschung, in: Die Neue Gesellschaft/Frankfurter Hefte, 152-154.

Kellershohn, Helmut (Hrsg.), 1994: Das Plagiat. Der Völkische Nationalismus der *Jungen Freiheit*. Duisburg.

Knütter, Hans-Helmuth, 1993: Die Faschismus-Keule. Das letzte Aufgebot der deutschen Linken. Frankfurt a.M./Berlin.

Koelschtzky, Martina, 1986: Die Stimme ihrer Herren. Ideologie und Strategie der „Neuen Rechten" in der Bundesrepublik. Köln.

Kowalsky, Wolfgang, 1992: Rechtsaußen. ... und die verfehlten Strategien der deutschen Linken. Frankfurt a.M./Berlin.

Kowalsky, Wolfgang, 1994: Comeback oder Abgesang der Rechtsintellektuellen?, in: Die Neue Gesellschaft/Frankfurter Hefte, 830-834.

Kratz, Peter, 1990: Gaddafi – Mechtersheimer – Schönhuber. Quellen und rotgrüne Querverbindungen neofaschistischer Deutschland-Vereiniger, hrsg. von der Bonner Initiative Gemeinsam gegen Neofaschismus. Bonn.

Kratz, Peter, 1995: Rechte Genossen. Neokonservatismus in der SPD. Berlin.

Kraushaar, Wolfgang, 1994: Extremismus der Mitte. Zur Geschichte einer soziologischen und sozialhistorischen Interpretationsfigur, in: *Hans-Martin Lohmann* (Hrsg.), Extremismus der Mitte. Vom rechten Verständnis deutscher Nation. Frankfurt a.M., 23-50.

Krüger, Olaf Konstantin, 1995: Eine Republik errötet. Vom ambivalenten Verhältnis zu PDS und Republikanern. Aachen.

Kühnl, Reinhard, 1990: Gefahr von rechts. Vergangenheit und Gegenwart der extremen Rechten. Heilbronn.

Lange, Astrid, 1993: Was die Rechten lesen. Fünfzig rechtsextreme Zeitschriften. Ziele, Inhalte, Taktik. München.

Leggewie, Claus, 1993: Druck von rechts. Wohin treibt die Bundesrepublik? München.

Leggewie, Claus, 1994: Vergeßt '68! Denkt gefährlich!, in: Kursbuch 116, 131-141.

Linke, Annette, 1994: Der Multimillionär Frey und die DVU. Daten, Fakten, Hintergründe. Essen.

Lohmann, Hans-Martin (Hrsg.), 1994: Extremismus der Mitte. Vom rechten Verständnis deutscher Nation. Frankfurt a.M.

Mantino, Susanne, 1993: Die „Neue Rechte" in der „Grauzone" zwischen Rechtsextremismus und Konservatismus. Eine systematische Analyse des Phänomens „Neue Rechte". Frankfurt a.M. u.a.

Ministerium des Innern des Landes Brandenburg (Hrsg.), 1995: Verfassungsschutzbericht Land Brandenburg 1994. Potsdam.

Müller, Jost, 1995: Mythen der Rechten. Nation, Ethnie, Kultur. Berlin/Amsterdam.

Noelle-Neumann, Elisabeth/Renate Köcher (Hrsg.), 1993: Allensbacher Jahrbuch der Demoskopie 1984-1992. München.

Noelle-Neumann, Elisabeth/Ring, Erp, 1984: Das Extremismus-Potential unter jungen Leuten in der Bundesrepublik Deutschland 1984. Bonn.

Paul, Gerhard (Hrsg.), 1989: Hitlers Schatten verblaßt. Die Normalisierung des Rechtsextremismus. Bonn.

Pfahl-Traughber, Armin, 1993: Die „Junge Freiheit". Ein publizistischer Brückenschlag zwischen Rechtsextremismus und Konservatismus, in: Die Neue Gesellschaft/Frankfurter Hefte, 44-49.

Pfahl-Traughber, Armin, 1994a: Ullsteins Beiträge zu einer national-konservativen Tendenzwende, in: Die Neue Gesellschaft/Frankfurter Hefte, 824-830.

Pfahl-Traughber, Armin, 1994b: Brücken zwischen Rechtsextremismus und Konservativismus, in: *Wolfgang Kowalsky/Wolfgang Schroeder* (Hrsg.), Rechtsextremismus. Einführung und Forschungsbilanz. Opladen, 160-182.

Pfahl-Traughber, Armin, 1995: Rechtsextremismus. Eine kritische Bestandsaufnahme nach der Wiedervereinigung, 2. Auflage. Bonn.

Pflüger, Friedbert, 1994: Deutschland driftet. Die Konservative Revolution entdeckt ihre Kinder. Düsseldorf.

Piel, Edgar, 1996: Spuren der NS-Ideologie im Nachkriegsdeutschland, in: *Heinrich Oberreuter/Jürgen Weber* (Hrsg.), Freundliche Feinde? Die Alliierten und die Demokratiegründung in Deutschland. München/Landsberg am Lech, 145-167.

Purtscheller, Wolfgang (Hrsg.), 1996: Die Rechte in Bewegung. Seilschaften und Vernetzungen der „Neuen Rechten". Wien.

Rudzio, Wolfgang, 1988: Die Erosion der Abgrenzung. Zum Verhältnis zwischen der demokratischen Linken und Kommunisten in der Bundesrepublik Deutschland. Opladen.

Sarkowicz, Hans, 1994: Rechte Geschäfte. Der unaufhaltsame Aufstieg des deutschen Verlegers Herbert Fleissner. Frankfurt a.M.

Schmidt, Michael, 1993: Heute gehört uns die Straße. Der Inside-Report aus der Neonazi-Szene. Düsseldorf u.a.

Schneider, Beate/Klaus Schönbach/Dieter Stürzebecher, 1993: Journalisten im vereinigten Deutschland. Strukturen, Arbeitsweisen und Einstellungen im Ost-West-Vergleich, in: Publizistik, 353-382.

Schneider, Michael, 1995: „Volkspädagogik" von rechts. Ernst Nolte, die Bemühungen um die „Historisierung" des Nationalsozialismus und die „selbstbewußte Nation". Bonn.

Schönekäs, Klaus, 1990: Bundesrepublik Deutschland, in: *Franz Greß/Hans-Gerd Jaschke/Klaus Schönekäs*, Neue Rechte und Rechtsextremismus in Europa. Bundesrepublik, Frankreich, Großbritannien. Opladen, 218-349.

Schomers, Michael, 1990: Deutschland ganz rechts. Sieben Monate als Republikaner in BRD & DDR. Köln.

Schwilk, Heimo/Ulrich Schacht (Hrsg.), 1995: Die selbstbewußte Nation. „Anschwellender Bocksgesang" und weitere Beiträge zu einer deutschen Debatte, 3. Auflage. Berlin/Frankfurt a.M.

Seeliger, Rolf, 1990: Grauzone zwischen Union und der Neuen Rechten. Personen, Institutionen, Identifikationen. München.

Sieber, Ursel u.a., 1994: Deutsche Demokraten. Wie rechtsradikal sind CDU & CSU? Göttingen.

Siegler, Bernd/Tolmein, Oliver/Wiedemann, Charlotte, 1993: Der Pakt. Die Rechten und der Staat. Göttingen.

Steinbach, Peter, 1995: Der Historikerstreit, in: *Heiner Lichtenstein/Otto R. Romberg* (Hrsg.), Täter – Opfer – Folgen. Der Holocaust in Geschichte und Gegenwart. Bonn, 101-113.

Stolleis, Michael, 1993: Theodor Maunz – Ein Staatsrechtslehrerleben, in: Kritische Justiz, 393-396.

Svoray, Yaron/Taylor, Nick, 1994: In der Höhle des Löwen. Ein Israeli ermittelt in der Neonazi-Szene. München.

Taler, Conrad, 1972: Rechts, wo die Mitte ist. Der neue Nationalismus in der Bundesrepublik. Frankfurt a.M.

Terkessidis, Mark, 1995: Kulturkampf, Volk, Nation. Der Westen und die Neue Rechte. Köln.

Trittin, Jürgen, 1993: Gefahr aus der Mitte. Die Republik rutscht nach rechts. Göttingen.

Venner, Michael, 1994: Nationale Identität. Die neue Rechte und die Grauzone zwischen Konservatismus und Rechtsextremismus. Köln.

Wehler, Hans-Ulrich, 1995: Angst vor der Macht? Die Machtlust der Neuen Rechten. Bonn.

Weißmann, Karlheinz, 1992: Rückruf in die Geschichte. Die deutsche Herausforderung: Alte Gefahren – Neue Chancen. Berlin.

Wintzek, Bernhard C., 1992: Maß und Mitte, in: MUT 296, 27-31.

Worm, Uwe, 1995: Die Neue Rechte in der Bundesrepublik. Programmatik, Ideologie und Presse. Köln.

Wüst, Jürgen, 1995: Angriffe von links und rechts. Menschenrechts-Organisationen und der Vorwurf des politischen Extremismus, in: Liberal, Heft 4, 62-68.

Wüst, Jürgen, 1996: Die Internationale Gesellschaft für Menschenrechte (IGFM) im Visier von Antifa und Staatsicherheit, in: *Uwe Backes/Eckhard Jesse* (Hrsg.), Jahrbuch Extremismus & Demokratie, Bd. 8, i.E.

Zens, Maria, 1993: Vergangenheit verlegen. Über die Wiederherstellung nationaler Größe im Hause Ullstein, in: Blätter für deutsche und internationale Politik, 1364-1375.

Zitelmann, Rainer, 1994: Wohin treibt unsere Republik? Frankfurt a.M./Berlin.

Verzeichnis der Autoren

Herausgeber:

Falter, Jürgen W., Prof. Dr., Johannes Gutenberg-Universität Mainz, Institut für Politikwissenschaft, Saarstr. 21, 55099 Mainz.

Jaschke, Hans-Gerd, Prof. Dr., Fachhochschule für Verwaltung und Rechtspflege Berlin, Fachbereich 3, Alt-Friedrichsfelde 60, 10315 Berlin.

Winkler, Jürgen R., Dr., Johannes Gutenberg-Universität Mainz, Institut für Politikwissenschaft, Saarstr. 21, 55099 Mainz.

Backes, Uwe, Dr., Austr. 66, 95473 Creußen.

Bergmann, Werner, PD Dr., Technische Universität Berlin, Zentrum für Antisemitismusforschung, Rohrdamm 22, 13629 Berlin.

Betz, Hans-Georg, Dr., John Hopkins University, SAIS, 1740 Massachusetts Ave., NW Washington DC 20036-1984, USA.

Beyme, Klaus von, Prof. Dr., Universität Heidelberg, Institut für Politikwissenschaft, Marstallstr. 6, 69117 Heidelberg.

Birsl, Ursula, Dr., Georg-August-Universität Göttingen Zentrum für Europa-und Nordamerika-Studien, Humboldtallee 3, 37073 Göttingen.

Birzer, Markus, Dipl.-Pol., Universität der Bundeswehr Hamburg, Institut für Politikwissenschaft, Postfach 700822, 22043 Hamburg.

Brosius, Hans-Bernd, Prof. Dr., Ludwig-Maximilians-Universität München, Institut für Kommunikationswissenschaft, Öttingerstr. 67, 80538 München.

Demirović, Alex, Dr., Johann Wolfgang Goethe-Universität Frankfurt, Institut für Sozialforschung, Senckenberganlage 26, 60325 Frankfurt.

Druwe, Ulrich, Prof. Dr., Johannes Gutenberg-Universität Mainz, Institut für Politikwissenschaft, Saarstr. 21, 55099 Mainz.

Dudek, Peter, Prof. Dr., Johann Wolfgang Goethe-Universität Frankfurt, Fachbereich Erziehungswissenschaften, Senckenberganlage 13-17, 60325 Frankfurt.

Eckert, Roland, Prof. Dr., Universität Trier, Fachbereich IV (Soziologie), 54286 Trier.

Erb, Rainer, Dr., Technische Universität Berlin, Zentrum für Antisemitismusforschung, Rohrdamm 22, 13629 Berlin.

Esser, Frank, M.A., Ludwig-Maximilians-Universität München, Institut für Kommunikationswissenschaft, Öttingerstr. 67, 80538 München.

Fijalkowski, Jürgen, Prof. Dr., Freie Universität Berlin, Fachbereich Politische Wissenschaft, Aternplatz 1, 12203 Berlin.

Franke, Siegfried F., Prof. Dr., Universität Stuttgart, Abteilung Wirtschaft und Öffentliches Recht, Keplerstr. 17, 70174 Stuttgart.

Gabriel, Oscar W., Prof. Dr., Universität Stuttgart, Institut für Politikwissenschaft, Keplerstr. 17, 70174 Stuttgart.

Gessenharter, Wolfgang, Prof. Dr., Universität der Bundeswehr Hamburg, Institut für Politikwissenschaft, Postfach 700822, 22043 Hamburg.

Grunenberg, Antonia, Prof. Dr., Mathildenstr. 72, 28203 Bremen.

Heitmeyer, Wilhelm, Prof. Dr., Universität Bielefeld, Fakultät für Pädagogik, Postfach 100131, 33501 Bielefeld.

Herz, Thomas A., Prof. Dr., Universität Gesamthochschule Siegen, Institut für Soziologie, Postfach 101240, 57012 Siegen. †

Hoffmann-Lange, Ursula, Prof. Dr., Universität Bamberg, Institut für Politikwissenschaft, Feldkirchstr. 41, 96052 Bamberg.

Husbands, Christopher T., Dr., The London School of Economics and Political Science, Department of Sociology, Houghton Street, London WC 2A 2AE, GB.

Jesse, Eckhard, Prof. Dr., Technische Universität Chemnitz-Zwickau, Philosophische Fakultät, Postfach 964, 09009 Chemnitz.

Klein, Markus, Dipl.-Volksw., M.A., Johannes Gutenberg-Universität Mainz, Institut für Politikwissenschaft, Saarstr. 21, 55099 Mainz.

Küchler, Manfred, Prof. Dr., Hunter College, Department of Sociology, 695 Park Avenue, NY 10021, New York, USA.

Koopmans, Ruud, Dr., Wissenschaftszentrum Berlin für Sozialforschung, Abteilung Sozialer Wandel, Institutionen und Vermittlungsprozesse, Reichpietschufer 50, 10785 Berlin.

Mantino, Susanne, M.A., Universität Stuttgart, Institut für Politikwissenschaft, Keplerstr. 17, 70174 Stuttgart.

Mayer, Nonna, Research Director, CEVIPOF CNRS MSH, 54 Boulevard Raspail, 75006 Paris, Frankreich.

Merkel, Wolfgang, Prof. Dr., Johannes Gutenberg-Universität Mainz, Institut für Politikwissenschaft, Saarstr. 21, 55099 Mainz.

Minkenberg, Michael, Dr., Georg-August-Universität Göttingen, Zentrum für Europa-und Nordamerika-Studien, Humboldtallee 3, 37073 Göttingen.

Möller, Renate, Dr., Universität Bielefeld, Fakultät für Pädagogik, Postfach 100131, 33501 Bielefeld.

Paul, Gerd, Dr., Johann Wolfgang Goethe-Universität Frankfurt, Institut für Sozialforschung, Senckenberganlage 26, 60325 Frankfurt.

Rucht, Dieter, PD Dr., Wissenschaftszentrum Berlin für Sozialforschung, Abteilung Sozialer Wandel, Institutionen und Vermittlungsprozesse, Reichpietschufer 50, 10785 Berlin.

Scherr, Albert, Prof. Dr., Fachhochschule Darmstadt, Fachbereich Sozialpädagogik, Adelungstr. 51, 64283 Darmstadt.

Willems, Helmut, Dr., Deutsches Jugendinstitut, Abteilung Jugend und Politik, Postfach 900352, 81503 München.

Würtz, Stefanie, M.A., Universität Trier, Fachbereich IV (Soziologie), 54286 Trier.